JN232818

日本デザイン学会編集

デザイン事典

ENCYCLOPEDIA OF DESIGN

朝倉書店

序

　1960年代は，高度経済成長を支える産業技術として，デザインが広く社会に登用されていった時期である．それ以来，グラフィック，プロダクト，エンバイロメントなどの領域にわたって，デザインは，日本の経済的伸展と生活の近代化に大きく寄与してきた．

　宮下孝雄編『デザインハンドブック』（朝倉書店，1958年刊）『新版デザインハンドブック』（同，1969年刊）が30年余にわたって多くの人びとに愛読され，16刷（新版）もの多くを数えてきたという事実は，デザインが社会の中で躍動し，不動の地位を獲得してきたことの反映といってよいであろう．また，この本は，20世紀におけるデザインに求められる実に多面的な事項を詳細かつ的確に論述した不朽の書であったといってもよいであろう．

　しかし，いずれの技術も，社会・産業が変化していくにつれ，そして，何より人びとの生活志向が新たな方向性を求め始めるにつれ，自ずと，その内実が変容し，さまざまに新たな視点と探求が生まれ，実働の領域が拡大していく．私たちの生活・社会のより健全な質の向上に寄与する技術としてのデザインの世界も，また，同様である．

　朝倉書店から21世紀におけるデザインのあり方を展望することができるデザイン事典を編纂したいとのお話をいただいたのは，私が日本デザイン学会の会長を務めていた5年ほど前のことである．そのお話は，20世紀におけるデザインの全容を集大成したこれまでの書籍の内容を大幅に改訂し，21世紀に求められるデザインの全容を新たな視点からまとめたいという要請であった．お声をおかけいただけたことに心から感謝したものの，一方では，その仕事の大きさと困難さを私は率直に感じていた．目覚ましく変化していく時代の中で，日々に領域が拡大していくデザインの科学，デザインの現場を，紙面に定着していくことの困難さに思いが及んでいたからである．

　日本デザイン学会の会員諸氏にそのありがたいお話を紹介し，ぜひ，日本デザイン学会を挙げてその困難な課題に取り組みたいと，私は考えた．さいわい，金沢美術工芸大学教授・黒川威人氏，筑波大学教授・原田昭氏，拓殖大学教授・宮内悊氏，そして，当時三菱電機株式会社デザイン部長であった和田精二氏の4名が，共同編集者として力を貸してくださることになった．私が提起した全体構成や事項を下敷きにして，私たちは，頭をつきあわせ，事項を整理・追加しつつ，漸次，21世紀に求められるデザインの姿を描いていった．そして，それぞれの事項の執筆を，日本デザイン学会員はもとより，各界の第一線で活躍されている諸氏にもお願いすることとした．また，寄せられた玉稿の掲載に際しては，署名原稿とし，それぞれの執筆者の見識が本書に反映されるようにした．同時に，個々の事項の記述にあたっては，参考文献を添えてより詳細な探究が可能となるように配慮するとともに，関連する事項への案内を明記することとした．

　執筆依頼をお願いして，はや4年が過ぎようとしている．いま，ようやく，すべての原稿と校正が整い，図版が整理され，本書の執筆にご協力してくださった

実に多くの方々全員によって，21世紀におけるデザインの姿がまとめられた．

お寄せいただいた玉稿や図版を通読・拝見し，ご執筆いただいた方々は，「ふみひと」として，その任を十分に果たしてくださったと実感する．「ふみひと」とは，古代朝廷において記録を職とした官の呼称である．「ふみひと」は，単に事実や史実の記録にとどまらなかった．彼らは，「これまで」や「いま」に自らの視線を注ぎ，広い意味での「経世」のあり方，すなわち，世の治め方，生活のあり方を思索し記述した．彼らは，「これまで」と「いま」を確かめ，「明日」の地平を切り拓くことに努めた．本書『デザイン事典』は，その掲載した項目とその内容からして，現代の「ふみひと」たちが，「明日」のデザインのあり方を確かなかたちで思索したものである．

本書は，21世紀というこの新しい時代を通じて，デザインを志す方，デザインを学ぶ方，デザインを研究する方，デザイン実践を行う方たちに，これまでのデザインが築き上げてきた資産を提示するとともに，これからのデザインに通底するさまざまな理念と実際をまとめたものである．私たちは，この書が，21世紀という始まったばかりのこの時代を通じて，多くの方々の座右の書として広く活用されていくことを願ってやまない．

なお，本書の装幀は，安起瑩氏(当時，筑波大学大学院生)の作品である．これは，日本デザイン学会のすべての会員に呼びかけてコンペを行い，同学会出版編集委員会ならびに本書編集委員会の合同審査会(審査委員長・西川潔氏)において最優秀に認められたものである．また，本書の版面構成には，筑波大学教授・西川潔氏，筑波技術短期大学教授・石川重遠氏よりご助言をいただいている．

この書がこうして刊行に至るまでには，企画から校正に至るまで，朝倉書店編集部にひとかたならぬご尽力をいただいている．心から厚く御礼を申し上げたい．

    2003年9月吉日

本書編集委員会代表　宮崎　清

千葉大学工学部長・教授

編集委員・執筆者一覧

■**編集委員**(50音順. [ ]内は担当部)

黒川 威人	金沢美術工芸大学[第4部]	
宮内 悊	拓殖大学[第1部]	
和田 精二	湘南工科大学[第5部]	
原田 昭	筑波大学[第3部]	
宮崎 清	千葉大学[編集委員代表, 第2部]	

■**執筆者**(50音順. ＊は章編集担当)

青木 史郎　(財)日本産業デザイン振興会	岡田 明　大阪市立大学
青木 弘行＊　千葉大学	岡本 慶一　東京富士大学
安次富 隆　(有)ザートデザイン	小川 一行　長岡造形大学
阿尻 雅文　東北大学	小川 富由　東京都
阿部 紘三　阿部紘三デザイン事務所	奥山 健二　名古屋市立大学
荒井 利春　金沢美術工芸大学	小田嶋 孝司　(株)SHIFT
李 昇姫　筑波大学	落合 勉　M&Oデザイン事務所
飯田 健夫　立命館大学	小野 英志　岡山県立大学
五十嵐 浩也　筑波大学	尾上 晏義　(有)インターソフト
池澤 寛　アール・デー・デザイン	小原 康裕　千葉大学
石井 賢康　(有)ニドインダストリアルデザイン事務所	面矢 慎介　滋賀県立大学
石川 弘　千葉大学	恩地 惇　(株)GK京都
石田 光男　拓殖大学	海保 博之　筑波大学
石村 真一　九州芸術工科大学	垣内 良規　富士通(株)
稲次 敏郎　宝塚造形芸術大学	勝井 三雄　勝井デザイン事務所
稲場 満　ソニー(株)	勝浦 哲夫＊　千葉大学
井上 勝雄　広島国際大学	加藤 俊男　イメージラボテクスト
井上 尚夫　(株)井上尚夫総合計画事務所	加藤 俊一　中央大学
井口 博美　(株)イード	加藤 久明＊　加藤逗子デザイン研究所
伊原 久裕　九州芸術工科大学	金子 修也　(株)GKグラフィックス
岩田 洋夫　筑波大学	釜池 光夫　千葉大学
上野 義雪　千葉工業大学	川崎 和男＊　名古屋市立大学
上原 勝　千葉工業大学	河村 暢夫　静岡文化芸術大学
宇波 彰　札幌大学	菊地 禮　前松下電器産業(株)
瓜本 忠夫　特許庁	北島 宗雄　(独)産業技術総合研究所
栄久庵 祥二　日本大学	北原 理雄　千葉大学
海老澤 伸樹　(株)本田技術研究所	君島 昌之　東京純心女子大学
大澤 浩一　(株)ニデア	木村 一男　名古屋学芸大学
太田 徹也　(有)太田徹也デザイン室	吉良 康宏　ヤマハ(株)
大平 智弘　武蔵野美術大学	桐山 登士樹　(株)トランク

工藤　　　卓	近畿大学		曽根眞佐子*	文化女子大学
久保　光徳	千葉大学		高井　一郎	高井工業デザイン室
車　　政弘	九州産業大学		高津　道昭	前筑波大学
黒川　威人*	金沢美術工芸大学		高梨　廣孝	静岡文化芸術大学
黒川　雅之	黒川雅之建築設計事務所		高橋　賢一	(株)ソフトディバイス
黒木　靖夫*	(株)黒木靖夫事務所		高橋　　靖	千葉工業大学
黒田　宏治	静岡文化芸術大学		滝波　　泰	文化庁
源田　悦夫	九州芸術工科大学		竹末　俊昭	拓殖大学
小池　星多	武蔵工業大学		武田　　徹	国際基督教大学
古賀　唯夫	九州産業大学		竹原あき子*	和光大学
後藤　忠俊*	会津大学		田中　一雄	(株)GK設計
近藤祐一郎	東北工業大学		田中　太郎	前(株)セイコー
酒井　正明	キヤノン(株)		田中　正明*	前女子美術大学
榊原　　晏	多摩美術大学		田中みなみ	相模女子大学
坂下　　清*	武蔵野美術大学		田中　　央	(株)田中デザインオフィス
坂野　長美	サイン研究家		田中　義信	(財)日本産業デザイン振興会
坂本　英之	金沢美術工芸大学		田邉　　隆	前(社)日本デザイン保護協会
相良　二朗	神戸芸術工科大学		田畑多嘉司	(株)アクシス
佐藤　典司	立命館大学		玉田　真紀	尚絅女学院短期大学
佐藤　啓一	Illinois Inst. Of Tech.		陳　　其南	国立交通大学(台湾)
佐渡山安彦	和歌山大学		柘植　喜治	千葉大学
佐野　　寛	目白大学/(株)モスデザイン研究所		坪郷　英彦	山口大学
佐野　邦雄	静岡文化芸術大学		寺内　文雄	千葉大学
篠原　　宏	(有)篠原宏デザイン事務所		田　　慕玲	(株)イード
澁江　建男	(株)クリエイティブボックス		戸崎　幹夫	富士ゼロックス(株)
嶋田　　厚	前筑波大学		利光　　功	大分県立芸術文化短期大学
清水　忠男	千葉大学		富田　泰行	(株)トミタ・ライティングデザイン・オフィス
庄子　晃子	東北工業大学		豊口　　協*	長岡造形大学
杉田　　豊	前筑波大学		鳥越けい子	聖心女子大学
杉山　和雄*	千葉大学		内藤　政敏	前松下電器産業(株)
菅　　泰孝	(株)GKインダストリアルデザイン		中井　正一	千葉大学
鈴木　　邁*	前千葉工業大学		長沢　幸子	文化女子大学
鈴木　　誠	東京農業大学		長澤　忠徳	武蔵野美術大学
須永　剛司	多摩美術大学		中島　利誠	昭和女子大学
世古　一穂	参加のデザイン研究所		永田　　喬	千葉大学
瀬下　紀夫	前セイコーインスツルメント		長谷　高史*	長谷高史デザイン事務所/愛知県立芸術大学

中村 文彦	横浜国立大学	
中村 祐二	(株)東芝	
中山 修一	神戸大学	
梨原 宏	東北工業大学	
西川 潔*	筑波大学	
西沢 健*	(株)GK設計	
野口 薫	日本大学	
野口 尚孝	北陸先端科学技術大学院大学	
萩原 祐志	九州芸術工科大学	
朴 燦一	千葉大学	
橋本 周司	早稲田大学	
橋本 良雄	前東亜大学	
蓮池 公威	富士ゼロックス(株)	
蓮見 孝	筑波大学	
畑山 一郎	(株)未来技術研究所	
羽原 粛郎*	明星大学	
林 進	岐阜大学	
林 泰義	(株)計画技術研究所	
原田 昭*	筑波大学	
原田 悦子	法政大学	
原田 利宣	和歌山大学	
樋口 孝之	樋口孝之デザイン研究室	
日高 一樹*	日高国際特許事務所	
日野 永一*	実践女子大学	
日原 もとこ	東北芸術工科大学	
日比野 治雄	千葉大学	
比良木 髙幸	弘前大学	
平野 拓夫	金沢美術工芸大学	
平野 哲行*	(株)平野デザイン設計	
深澤 直人	Naoto Fukasawa Design	
福川 裕一	千葉大学	
福田 民郎	京都工芸繊維大学	
藤田 治彦	大阪大学	
藤田 雅俊	久留米工業高等専門学校	
古堅 真彦	岐阜県立国際情報科学芸術アカデミー	
古田 一義	道具眼	
古屋 繁	拓殖大学	
細谷 多聞	(財)国際メディア研究財団	
堀田 明裕*	千葉大学	
米谷 美久	オリンパス光学工業(株)	
益田 文和	(株)オープンハウス	
増成 隆士	筑波大学	
町田 俊一	岩手県工業技術センター	
松岡 由幸	慶應義塾大学	
丸岡 隆之	前(財)伝統的工芸品産業振興協会	
水谷 敏明	トヨタグループ産業技術記念館	
三井 秀樹	筑波大学	
三橋 俊雄*	京都府立大学	
三留 修平	(株)イード	
宮内 悊*	拓殖大学	
三宅 なほみ	中京大学	
宮崎 清*	千葉大学	
宮崎 紀郎	千葉大学	
宮沢 功	(株)GK設計	
宮智 英之助	パトスデザイン研究所	
村越 愛策	(株)アイ・デザイン	
面出 薫	(株)ライティング・プランナーズ・アソシエーツ	
望月 史郎	東京家政学院大学	
百田 暢夫	前松下電器産業(株)	
森 典彦	東京工芸大学	
森本 一成	京都工芸繊維大学	
森山 明子	武蔵野美術大学	
矢崎 克彦	(株)エムズオフィス	
藪 亨	大阪芸術大学	
山内 陸平	京都工芸繊維大学	
山岡 俊樹	和歌山大学	
山岸 政雄	金沢学院短期大学	
山口 昌伴	(株)GKデザイン機構	
山崎 信寿	慶應義塾大学	
山下 三郎	東北工業大学	
山田 裕一	(財)日本産業デザイン振興会	
山中 敏正	筑波大学	

山村 順次	千葉大学	若林 尚樹	東京工科大学
山村 真一	(株)コボデザイン	和田 精二	湘南工科大学
山本 建太郎	京都工芸繊維大学	渡辺 敦	かながわ環境教育研究会
油田 信一	筑波大学	渡辺 眞	京都市立芸術大学
吉田 愼悟	(株)カラープランニングセンター	渡辺 誠	千葉大学

目次

1 デザインの流れ・広がり［編集：宮内 悊］

- 001 概説　宮内 悊　002

1 デザインの流れ・広がり［編集：宮内 悊・日野永一］

- 101 デザインの歴史をめぐって　宮内 悊　004
- 102 デザインとは何か　嶋田 厚　006
- 103 日本におけるデザインの流れ　日野永一　008
- 104 ヨーロッパにおけるデザインの流れ　藤田治彦　012
- 105 アメリカにおけるデザインの流れ　栄久庵祥二　016
- 106 ファッションデザインの流れ　長沢幸子　018
- 107 今日のデザイン哲学　宇波 彰　020
- 108 未来を切り拓くデザイン　山田裕一　022

2 デザインの名作たち－道具編［編集：竹原あき子］

- 201 道具デザインの名作をめぐって　竹原あき子　024
- 202 1900-40年代　安次富 隆・石井賢康・海老澤伸樹・落合 勉・面矢慎介・　026
- 203 1950-70年代　加藤俊男・河村暢夫・木村一男・車 政弘・古賀唯夫・佐野邦雄・　032
- 204 1980年代　篠原 宏・澁江建男・瀬下紀夫・髙井一郎・高梨廣孝・武田 徹・　046
- 205 1990年代　竹原あき子・田中太郎・田畑多嘉司・内藤政敏・橋本良雄・　054
米谷美久・益田文和・宮智英之助・矢崎克彦・山内陸平

3 デザインの名作たち－空間編［編集：西沢 健・長谷高史］

- 301 空間デザインの名作をめぐって　西沢 健　060
- 302 都市空間　奥山健二　062
- 303 外部空間－広場・道路　坂本英之　064
- 304 シビック空間－橋梁・ダム　長谷高史　066
- 305 ランドスケープ　鈴木 誠　068
- 306 住空間　工藤 卓　070
- 307 商業空間　柘植喜治　072
- 308 業務空間　栄久庵祥二　074
- 309 文化施設　井上尚夫　076
- 310 ストリートファニチュア　田中一雄　078
- 311 環具－家具が作る空間　清水忠男　080
- 312 イベント空間　藤田雅俊　082
- 313 光空間　富田泰行　084
- 314 情報空間　宮沢 功　086

4 デザインの名作たち－伝達編［編集：西川 潔・羽原粛郎・田中正明］

- 401 伝達デザインの名作をめぐって　西川 潔　088
- 402 ディジタルグラフィック　勝井三雄　090
- 403 コンピュータグラフィックス　三井秀樹　094
- 404 CI　小田嶋孝司　096

405	広告	佐野　寛	098
406	パッケージ	金子修也	102
407	ポスター	高津道昭	104
408	書籍デザイン	羽原粛郎	106
409	絵本	杉田　豊	110
410	新聞・雑誌デザイン	宮崎紀郎・羽原粛郎・小野英志	114
411	書体デザイン	田中正明	116
412	イラストレーション	石田光男	120
413	ダイアグラム	太田徹也	124
414	色彩計画・スーパーグラフィック	吉田慎悟	126
415	サイン計画	西川　潔	128
416	ピクトグラム・アイコン	伊原久裕	130
417	看板	坂野長美	132

501	展望	宮内　悊	136
502	第1部年表	宮内　悊	138

2　デザインと生活・社会　[編集：宮崎　清]

001	概説	宮崎　清	152

1　家庭生活のデザイン　[編集：曽根眞佐子]

101	生活設計としてのデザイン	曽根眞佐子	154
102	ハレとケのデザイン	面矢慎介	156
103	食生活のデザイン	山口昌伴	158
104	衣生活のデザイン	玉田真紀	164
105	住生活のデザイン	車　政弘	168
106	結界のデザイン	宮崎　清	172
107	右と左のデザイン	阿部紘三	174

2　公共環境のデザイン　[編集：黒川威人]

201	場と流れのデザイン	北原理雄	176
202	集まり空間のデザイン	池澤　寛	178
203	道のデザイン	中村文彦	180
204	緑のデザイン	林　進	182
205	水辺のデザイン	大澤浩一	184
206	音のデザイン	鳥越けい子	186
207	光のデザイン	面出　薫	188
208	橋のデザイン	杉山和雄	190
209	情報のデザイン	村越愛策	192
210	景観のデザイン	黒川威人	194
211	防災のデザイン	中井正一	196

3 デザインのエコロジー ［編集：後藤忠俊］

301	エコロジカルデザイン	後藤忠俊	198
302	自然との共生の哲学	林　進	200
303	一物全体活用	山下三郎	202
304	超臨界のデザイン	阿尻雅文	204
305	生物とデザイン	上原　勝	208
306	循環型・輪廻転生のデザイン	上原　勝	210
307	持続可能な社会	渡辺　敦	214
308	ローマテリアルの再発見	宮崎　清・三橋俊雄	216
309	多孔質環境のデザイン	近藤祐一郎	220

4 福祉社会のデザイン ［編集：堀田明裕］

401	高齢社会の到来	堀田明裕	222
402	高齢者の身体特性と生活	岡田　明	224
403	身体的ハンディキャップ者と住宅	荒井利春	226
404	身体的ハンディキャップ者と機器・設備	梨原　宏	228
405	身体的ハンディキャップ者と情報	森本一成	230
406	身体的ハンディキャップ者と移動	上野義雪	232
407	身体的ハンディキャップ者と安全	相良二朗	234
408	生きがいのデザイン	梨原　宏	236
409	健康・福祉のまちづくり	相良二朗	238
410	バリアフリーデザインからユニバーサルデザインへ	堀田明裕	240

5 伝統文化のデザイン ［編集：宮崎　清］

501	伝統的造形文化の継承と創新	宮崎　清	242
502	手づくりと機械生産	石村真一	244
503	伝統工芸と伝統的工芸	田中みなみ	248
504	伝統技術の伝承	日野永一	250
505	伝統を生かしたデザイン	坪郷英彦・宮崎　清	254
506	伝統的地場産業のデザイン	町田俊一	258
507	伝統的街並みのデザイン	福川裕一	260

6 地域振興のデザイン ［編集：三橋俊雄］

601	地域のアイデンティティ	三橋俊雄	266
602	地域振興デザインの類型	望月史郎	268
603	地域資源調査	宮崎　清	272
604	地域産業クラスターとデザイン	宮崎　清	276
605	地域社会のデザインマネジメント	菊地　禮・宮崎　清	280
606	市民参加のデザイン	世古一穂	284
607	博物館・文化施設のデザイン	朴　燦一	286
608	地域間交流のデザイン	山村順次	288
609	ワークショップ	林　泰義	292
610	NPO	林　泰義	294

| 701 | 展望 | 宮崎　清 | 296 |

3　デザインの科学と方法　[編集：原田　昭]

| 001 | 概説 | 原田　昭 | 300 |

1　デザインの生活・社会科学　[編集：宮崎　清]

101	概説－デザイン学は生活科学から	宮崎　清	302
102	生活学	宮崎　清・田中みなみ	304
103	生活様式と生活史	面矢慎介	306
104	生活規範と生活志向	田中みなみ・宮崎　清	308
105	デザイン史学	藪　亨	310
106	デザインと文化変容	陳　其南・宮崎　清	312
107	デザインの文化生態学	望月史郎	314
108	機能主義とデザイン	藤田治彦	316
109	デザインの記号論	渡辺　眞	318
110	反デザイン	中山修一	320
111	デザインにおける適正技術論	三橋俊雄	322
112	デザインと多様性科学	樋口孝之	324

2　デザインの人間科学　[編集：勝浦哲夫]

201	概説－人間中心のデザイン	勝浦哲夫	326
202	設計の科学	佐藤啓一	328
203	身体の科学	山崎信寿	330
204	生理の科学	勝浦哲夫	332
205	認知の科学	野口　薫	334
206	感性の科学	飯田健夫	338
207	行動の科学	橋本周司	340
208	文化の科学	宮崎　清	342
209	社会の科学	樋口孝之	344
210	マネジメントの人間科学	戸崎幹夫	346

3　デザインの感性科学　[編集：鈴木　邁]

301	概説－感性とデザイン	鈴木　邁	348
302	感性の認識論	増成隆士	350
303	感性の構造	森　典彦	352
304	感性と快適性	中島利誠	354
305	感性と人工物	原田悦子	356
306	感性とインタラクション	古堅真彦	358
307	感性の数理モデル	北島宗雄	362
308	感性の多義性	原田　昭	364

4　デザインの形態科学　[編集：川崎和男]

401	概説－概念と形態との間にあるもの	川崎和男	366
402	イメージの抽象過程	李　昇姫	370
403	形態と数理	小川一行	374
404	形態の生成プロセス	菅　泰孝	378
405	画像情報処理による支援	加藤俊一	380
406	ダイナミックビジュアライゼーション	小池星多	384
407	ビジュアルデザイン	西川　潔	386
408	色彩の科学	日比野治雄	388
409	文字とレイアウト	宮崎紀郎	390

5　融合科学としてのデザイン　[編集：青木弘行]

501	概説―イノベーションのデザイン	青木弘行	394
502	創造力とデザイン科学	野口尚孝	396
503	使うことのデザイン科学	三宅なほみ・古田一義	398
504	問題解析のデザイン科学	山中敏正	402
505	新技術とデザイン科学	細谷多聞	404
506	制御のデザイン科学	油田信一	406
507	素材・材料のデザイン科学	青木弘行	408
508	構造のデザイン科学	久保光徳	410
509	インタラクションのデザイン科学	五十嵐浩也	414
510	環境のデザイン科学	恩地　惇	416
511	福祉のデザイン科学	荒井利春	418

6　デザインの分析と予測　[編集：杉山和雄]

601	概説―各手法の位置づけ	杉山和雄	420
602	グラフ理論によるデザイン分析	釜池光夫	422
603	類縁を考慮したデザイン分析	森　典彦	426
604	多変量解析によるデザイン分析	井上勝雄	428
605	自己組織化特徴マップによるデザイン分析	渡辺　誠	430
606	重回帰分析・実験計画法によるデザイン予測	松岡由幸	432
607	ニューラルネットワークによるデザイン予測	原田利宣	434
608	ラフ集合を用いたデザイン予測	古屋　繁	436
609	ファジィ理論を用いたデザイン提案	萩原祐志	440
610	遺伝的アルゴリズムを用いたデザイン提案	田　慕玲	442

7　インタラクションのデザイン科学　[編集：原田　昭]

701	概説－情報としてのデザイン	原田　昭	444
702	認知の科学と情報デザイン上の問題発見	海保博之	446
703	情報の構成	須永剛司	448
704	インタフェースデザインプロセス	蓮池公威	450
705	インタラクションシナリオ	髙橋賢一	454
706	概念モデルのデザイン	尾上晏義	458

707	ユーザインタフェースの構造化と基準	山岡俊樹	460
708	デザインとアルゴリズム	大平智弘	462
709	バーチャルリアリティによるインタフェース	岩田洋夫	464
710	マルチメディアとインタフェース	若林尚樹	466
801	展望	原田 昭	468

4 デザインと法律・制度 [編集：黒川威人]

001	概説	黒川威人	472

1 創造者の権利を守るために [編集：日髙一樹]

101	デザインを保護する法律	瓜本忠夫	474
102	意匠法の歴史	田邉 隆	476
103	意匠法のしくみ	瓜本忠夫	482
104	デザインビジネスと知的財産権	日髙一樹	488

2 よいデザインの選奨－Gマーク制度

201	「グッドデザイン賞」の制度	平野拓夫	492
202	Gマーク制度の変遷	平野拓夫	494
203	最近のGマークデザインの動向	平野拓夫	496

3 モノづくりの責任－PL（製造物責任）法

301	PL法とは何か	上原 勝	498
302	PL法とデザイン	上原 勝	500
303	PL法と国際社会	上原 勝	502

4 グローバルスタンダード－世界に合わせる [編集：加藤久明]

401	ISO（国際標準化機構）とは何か	加藤久明	504
402	ISOの変遷とデザイン	加藤久明	508
403	IEC（国際電気標準会議）の変遷とデザイン	中村祐二	512

5 建物の安全を守るために

501	建物の安全を守る法の種類	小川富由	518
502	建物の安全を守る法の変遷	小川富由	522
503	建物の安全を守る法とデザイン	小川富由	524

6 美しい景観を守るために [編集：黒川威人]

601	景観条例の始まり	黒川威人	530
602	各地の景観条例	黒川威人	534
603	屋外広告物条例の変遷と実際	山岸政雄	538

7 美しい伝統文化を守るために [編集：黒川威人]

| 701 | 文化財を守る法 | 滝波　泰 | 540 |
| 702 | 伝統産業を守り育てる法 | 丸岡隆之 | 544 |

8 デザインを振興する行政施策

| 801 | デザイン行政・振興の歩み | 青木史郎 | 550 |
| 802 | デザイン行政・振興の始まりと今後の課題 | 青木史郎 | 556 |

| 901 | 展望 | 黒川威人 | 560 |
| 902 | 第4部年表 | 黒川威人 | 562 |

5 デザインと経営 [編集：和田精二]

| 001 | 概説 | 和田精二 | 570 |

1 企業経営とデザイン [編集：黒木靖夫]

101	概説	黒木靖夫	572
102	デザイン組織の経営	黒田宏治	574
103	日本のデザイン産業	森山明子	578
104	拡大するデザインの対象領域	長澤忠徳	582
105	デザインのコラボレーション		
105-1	企業における社外とのコラボレーション	竹末俊昭	586
105-2	産学官のコラボレーション	蓮見　孝	590
105-3	企業間のコラボレーション	酒井正明	594
106	デザインマネジメント		
106-1	デザインマネジメントとは	佐渡山安彦	598
106-2	デザインマネジメントの方法論	三留修平	602
107	デザインマネジメントの現状		
107-1	企業内デザイン組織－乗用車	水谷敏明	606
107-2	企業内デザイン組織－エレクトロニクス	榊原　晏	610
107-3	デザインオフィス	山村真一	614

2 デザインの実務 [編集：坂下　清]

201	概説	坂下　清	618
202	コンセプトメーキング	吉良康宏	620
203	マーケティング	山本建太郎	624
204	ユーザインタフェースデザイン	山岡俊樹	628
205	ソリューションデザイン	垣内良規	632
206	情報デザインの広がりとヒューマンインタフェース	髙橋　靖	636
207	モノの形態と構造	黒川雅之	640
208	製品設計から量産まで	畑山一郎	644

209	デザインの開発管理	比良木高幸	648
210	デザインの評価	井口博美	652
211	企業イメージの形成におけるデザインの役割	岡本慶一	656

3 海外のデザイン ［編集：平野哲行］

301	概説	平野哲行	660
302	ヨーロッパデザイン界の現状	桐山登士樹	662
303	アメリカデザイン界の現状	深澤直人	666
304	アジアデザイン界の現状	福田民郎	670
305	海外における日本企業のデザイン活動	稲場　満	674

4 デザインの教育・啓発・人材育成 ［編集：豊口　協］

401	概説	豊口　協	678
402	高等学校・高等専門学校・専門学校のめざすデザイン教育	君島昌之	680
403	大学のめざすデザイン教育	堀田明裕	684
404	デザインの啓発教育	佐藤典司	688
405	変化する企業内デザイン組織と人材育成	和田精二	692
406	企業における人材育成システム	百田暢夫	696
407	ユーザー視点からのデザイン	田中　央	700

| 501 | 展望 | 和田精二 | 704 |

付録：①デザイン関連機関・団体　　　　田中義信　　　708
　　　②世界のデザイン賞・コンペ　　　田中義信　　　710
図版・写真クレジット［第1部第2・3・4章］　　　　714
索引　　　　　　　　　　　　　　　　　　　　　　716

コラム「私の選ぶ図書10冊」

青木弘行……207／稲次敏郎……337／石川　弘……369／栄久庵祥二……393／岡田　明……401
小川一行……439／小原康裕……487／加藤久明……507／黒川威人……533／源田悦夫……537
清水忠男……549／庄子晃子……554-555／須永剛司……559／髙橋　靖……577／田中正明……585
田中　央……593／寺内文雄……609／利光　功……613／永田　喬……617／西沢　健……627
原田　昭……647／日原もとこ……665／日比野治雄……669／宮内　悊……673／宮崎　清……677
森　典彦……683／藪　　亨……687／山岸政雄……691／山中敏正……695／和田精二……699

■函・表紙・扉装幀：安　起瑩

第1部
デザインの流れ・広がり

1. デザインの流れ・広がり
2. デザインの名作たち―道具編
3. デザインの名作たち―空間編
4. デザインの名作たち―伝達編

1│001　概説

■ **本書の性格と役割**

　第1部は，全5部構成の『デザイン事典』の冒頭に位置し，「デザインの流れ・広がり」と題してデザインの理念と歴史および道具・空間・伝達の3分野の「20世紀デザインの名作たち」を選定・解説している．そして第2部以降は，実際的，具体的なデザインの諸相が展開されている．このような構成をとったのは，5人の編集委員が何度か討論し，抽象的，形而上的なものをまず述べる．その後に具体的，現実なものを続けるという，広く行われている形式を踏襲することとしたからである．

　次に編集上の全体的な方針について述べよう．この種の事典の性格と役割を検討した結果，掲載すべき項目は多いが，紙面がきわめて限られていて，それぞれの内容について十分言及できないことが明らかになった．そこで，できる限り網羅的に項目を扱うとして，より詳しい説明はそれぞれの分野の専門書にゆだねる．そのための索引を付すなど，橋渡しするのが本書の役割であるとした．そのことと関連して，第1部では簡略化した時代区分を採用した．

　以下は，その理由と紙面の制約から割愛せざるを得なかった歴史上の重要な事項，「名作たち」という取り上げ方に対するアノニマスデザインの位置づけなど，あらかじめ断っておきたい事柄である．

■ **時代区分と構成**

　上述のように第1部においても簡潔に述べることが求められた．そのため，慣習的な時代区分を廃し，今日（現代）を基準にして，これまで（過去）とこれから（未来）に大別した．これまでは，今日に連なる昨日（近世・近代）と昨日を介してつながっている遠い過去一昨日（古代・中世）に分けられる．

　この時代区分法は，これからを展望しつつ今日の問題解決を使命とするデザインにとって有用である．これを経済・社会制度と対応させるならば，一昨日は奴隷制と，昨日は封建制と，今日は資本制ということになる．また一昨日と昨日は農村の時代，今日は都市の時代ということができる．さらに技術の発達段階を組み入れるなど，時間の流れを構造的に把握することを助ける．このように時代区分を簡潔にした上で，もっぱら今日（現代）に照準を合わせ，第1章では20世紀のデザインの流れを日本，アメリカ，ヨーロッパと大きく三つの地域に分けて概観した．さらに近年目覚ましい動きを見せるファッションデザインを独立して扱う

ことにより，従来のデザイン史の構成と異なったスタイルを獲得した．

　これら4編の歴史的な叙述を皮切りに，現代デザインが基盤とする哲学を概説し，最後に「未来を切り拓くデザイン」と題して明日を展望した．そして第1部の末尾に道具・空間・伝達の3分野の「20世紀デザインの名作たち」が配されている．

　今日の問題解決がデザインの使命であり，それゆえに現代に照準を合わせるとすることに異論はなかろう．とはいえ，先述した時代区分からいえば昨日の出来事にあたるウィリアム・モリスらが，中世の人と物とのあり方を理想とした，いわゆる美術工芸運動を割愛せざるを得なかったことに忸怩たるものがある．なぜなら，今日の行き過ぎた浪費や自然破壊，過密で非人間的な生活環境を反省し，あるべきデザインの姿を考える上で，近代デザイン草創期のデザイン運動の意義はますます高まっていると思われる．このことのより詳しい論考は他の専門書に譲らざるを得ない．

■ **デザインを名作として扱うことの問題**

　第1部の最後に「20世紀デザインの名作たち」と題して道具・空間・伝達の3分野の名作を選び，写真を掲げて解説した．それらは，第1章のデザインの歴史を具体例によって強化し，ヴィジュアルに伝える役割も果たしている．このようにデザインをあたかも芸術作品のように扱った書物が近年，時々見受けられる．例えばペニー・スパーク著『20世紀デザイン』のカバーは，数十名のデザイナー名をレイアウトしたものである．そして表紙をめくると，デザイナーの肖像に続いて，バックを消して生活感をぬぐい去った製品が美しくレイアウトされている．紙面から受ける印象は，美術書そのものである．

　本書で取り上げた「名作たち」は，平面作品であるところの伝達デザインや製品だけではない．空間分野まで幅広く扱っているので，美術書的な印象は薄まるが，タイトルに込められたデザインを名作とする扱い方は，前述した美術書に近いものがある．ともあれ，それらの物が，日常生活の用を果たすだけでなく，美的なものとして享受されている事実を示すことがねらいである．その意味で，本書はデザインの仕事にたずさわったり，デザイナーになりたいと願っている人だけでなく，一般の人たちの興味に応え，「デザインの名作たち」が「アートの名作たち」と肩を並べて20世紀の生活を支えてきたことを示している．

■アノニマスデザインとヴァナキュラーデザイン

いうまでもなくデザインには，いつ誰がデザインしたか不詳の名作が数多くある．ヴィクトリア朝のストリートファニチュア，コカコーラのボトル，ドイツのビヤホールで使われるマグ，日本の駅弁のパッケージ，あげれば限りがない．問題はデザインの名作といったとき，デザイナーとリンクさせてそれらのアノニマスデザインの名作たちが無視されがちなことである．

1993年，日本デザイン学会は魅力ある学会誌づくりと論文集の確立のために，特集号を刊行した．その第1号は「デザインのパイオニアたちはいま」，第2号は「アノニマスデザインを考える」である．つまり，デザインにおける有名性と無名性を対置させた内容でスタートした．筆者が責任編集者をつとめた第2号では，「アノニマスデザイン」という言葉がS・ギーディオンやB・ルドフスキーの著書を通じて広まったことなど，多角的にアノニマスデザインが論じられている．その中で，デンマークのデザイナー，ヤン・ニールセンが「日本ではデザイナーの参加のしかたがグループ・ワーキングで，したがってアノニマスです」と述べたことが紹介されている．彼によれば，日本の工業製品はアノニマスデザインであって，デザイナーの肖像と作品を並べるという扱い方は疑問だということになる．

アノニマスデザインは時として，地方の無名の人びとが幾世代も経て完成させたヴァナキュラー（その地方固有の）デザインと同じ意味に使われる．わが国でその事への関心が高まったのは，第二次大戦後まもなく行われた，オレゴン大学の金沢調査が契機だったように筆者は記憶している．当時，通産省は続々と海外からデザイナーを招いて講習会を開き，その記事が数少ないデザイン誌の紙面を埋めるといった状況にあった．ところがその逆に，戦勝国の人びとがはるばる貧しい敗戦国の日本にやってきて，デザイン調査を行ったのである．学ぶべきものが実は国内にあったということを知ったのは，衝撃的だった．

もちろんわが国では，明治以来，民家や民具の研究が行われてきた．しかし，それらの成果がデザイン関係者の目に触れるようになり，さらにはデザイン関係者がそのことにたずさわるようになったのは戦後のことである．そして日本デザイン学会や日本民俗建築学会，日本民具学会，日本生活学会員によってアノニマスデザインの研究が行われ，それらが果たした生活文化としての価値を明らかにしつつある．

■グッドデザインの総和はグッドデザインか

アノニマスデザイン研究の成果は，生活と空間・用具の渾然一体とした秩序の発見であり，そうした目に見えないシステムが生活文化の基層にあったことの認識である．しかし，近代産業はそうした伝統的な生活を解体する．そして解体した生活を新しく合理的な製品にして家庭に送り込んだ．その様態をB・ルドフスキーは『裏から見た現代住宅』で，「われわれの家庭のガラクタ荷物がとめどもなく殖えていくということは，われわれの都会が増大していくのと同じように厄介な手の下しようもない問題である」と嘆いた．それらの製品が有用で，オブジェとしても美しく，グッドデザインの認定を受けたとしよう．しかし，それまで成立していた生活と物との秩序は確実に破壊される．グッドデザインの総和がグッドデザインだという保証はなく，われわれの家庭の風景がそれを実証している．

1930年ミラノ生まれの建築デザイナーで早逝したJ・C・コロンボは，「住環境における時間と空間とはフレキシブルでエラスティック（可塑的）な関係でなければならない」と主張した．そして，従来の形式的・象徴的なオブジェクト的家具とはまったく異なる新しい革新的なデザインを数々提案した．

あり余る物に囲まれた今日，どのように物を制御し，現代の技術の恩恵を引き出して生活空間を構成するかがデザインの問題である．伝統的な日本家屋では椅子は使用されなかった．一方，平均的なアメリカ人の家庭には家族数の5〜7倍の椅子があって住空間の相当部分が椅子に占領されている，とB・ルドフスキーは嘆く．そして，椅子を使用しない日本家屋の生活を讃えた．またチャールス・イームズは「ノンファニチュア」の生活を唱道した．椅子を使わない生活もまた空間デザインの名作ではないだろうか．かつて湯川秀樹博士が，建築家の集まりで「空き地をそのままにしておくこともデザインである」と説いたように，昨今では，物を作らないことも立派なデザインなのである．

〔宮内　悊〕

■文献

ペニー・スパーク：20世紀デザイン，デュウ出版，1999.

日本デザイン学会編：デザインのパイオニアたちはいま．デザイン学研究特集号，1(1)，1993.

日本デザイン学会編：アノニマスデザインを考える．デザイン学研究特集号，1(2)，1993.

B.ルドフスキー著，小池新二訳：裏から見た現代住宅，彰国社，1959.

1|101 デザインの歴史をめぐって

デザインの理念やその流れについての論考に先立って，なぜデザインの学習において歴史を学ばなければならないのか．初学者のみならず，デザインの実務にたずさわる人びととの資格要件として，なぜデザインの歴史が課せられるのか．その理由についてまず筆者の考えを述べたい．続いて，デザイン史とデザインの歴史の違い，デザインの領域による歴史の古さや関わり方について触れておくこととする．

■デザイン教育とデザイン史

文部科学省の科学研究費の申請区分表を見ると，「歴史」の項目のある学問はそれほど多くはない．同省が新しく大学を設置する際に適用する「大学設置基準」によれば，「文学系」と「芸術系」が歴史を必須な教科とすると明記されている．デザインは絵画，彫刻，建築，工芸，写真，音楽などとともに「芸術系」に属す．つまり，これらの専門分野では，歴史教科を開講しないと大学教育として認可されないのである．また先述したように，建築士やインテリアプランナー，インテリアコーディネーターなどの資格試験でも，当該分野の歴史が課せられている．

アメリカの芸術系教育でも，歴史教科が重視されていて，"Art and Design"のカテゴリーに属するアメリカ212大学の組織であるNASADのガイドラインによれば，歴史関連科目は卒業必要単位の10～15％である．この数字は，わが国のデザイン教育の倍くらいにあたるものと思われる．またアメリカの建築教育では，歴史教科に加えて，異文化への理解を深めるため，文化人類学などの教科が開講されている．これらのことから，近頃教育の外部評価をめぐって何がその領域の「コア」であるかが議論されているが，デザイン史は疑いなくデザイン教育の「コア」の一つといえる．

では歴史を学ぶことにどんな意義があるのだろうか．この問題を考えるのに，ケンブリッジ大学教授K・H・カーの『歴史とは何か』がまず思い浮かぶ．序文で，翻訳者の清水幾太郎は「過去は，過去のゆえに問題となるのではなく，私たちが生きる現在にとっての意味のゆえに問題になるのであり，他方，現在というものの意味は，孤立した現在においてではなく，過去との関係を通じ明らかになるものである」と述べている．

同様に歴史の重要性に触れたデザイン教育の現場での発言を記しておこう．戦後まったく何の母胎もないところから国立九州芸術工科大学を創設した小池新二・初代学長は，第4回の入学式で，120名の新入生に対して次のように述べている．「本学に学ぶ者は，技術の習得とともに，歴史を学ぶことによって，本学の理念を把握し一つの態度を身につけていただきたい．諸君に望むことは一にこれに尽きる」

清水と小池の言葉は，われわれの存在，生きる意味，そして明日を考えることは，歴史を学ぶことから始まる，といっているのである．

■デザイン史とデザインの歴史

アメリカのデザイン史家J・A・ウォーカーは，「デザイン史（Design History）とデザインの歴史（History of Design）をはっきり分けて考えることが重要である」と主張する．彼によれば，前者はデザインを社会的歴史的現象として説明することであり，後者は学問としてのデザイン史の研究対象を指す，という．また，対象分野については，「何か唯一の研究対象を思い浮かべがちだが，誰もが同意できるような特定の領域はない」と主張する．その指摘は同感であり，もっぱらデザインの特質に由来している，といえる．つまりデザインは，建築とか自動車とかコップとか，具体的な器物や領域を特定せず，「企てる，計画する」など，知的な活動を意味する言葉だからである．したがって人によって対象領域が異なる．また新しい技術が開発されると，それにともないデザインが対象とする領域が広がっていく．つまるところ，文化人類学者が物質文化と規定するところの「アイデア，作るプロセス，そして作られた用具から施設など，物的な生活手段」のすべてがデザインの対象であり，デザインの歴史の対象ということになる．

一方，デザイン史の方は，デザインという行為が他とは区別される職能ないし仕事として成立した以降の歴史的展開が課題となろう．対象とする領域によって問題の発生や職能の成立が異なることに，デザインの問題の複雑さが隠されているように思われる．

■領域によるデザイン問題の発生の違い

人類の歴史は，モノを作ってきた歴史である．必要なモノは自分でデザインし，作り，使用する生活であった．先進国でも，そうした生活様式は農村では近代まで行われていた．生活を安全で利便にするための掘り割りや道，橋，家屋のような大型の構造物は，一人では作れない．みんなが共同して作り，そして使用した．階級社会が出現すると，権力を握った者が誰かにデザ

第1章 デザインの流れ・広がり

インを命じ，作らせる，という図式が生まれる．

人工材料を用いた複雑な構造の，あるいは精密な加工を要する高性能なモノは，生産設備が整って初めて作ることができる．

そうしたモノづくりにおいて，一個ずつ作るか，同じ物を組織的に大量に作るかによって，デザインのあり方が大きく異なってくる．いうまでもなく後者の場合，形態や寸法の規格化や標準化が前提とされ，さらにはそれを効率的に生産する設備が必要である．そして生産された品物を輸送・流通させるシステムがなければならない．つまり，デザインをめぐってその取り組み方が組織的になる．

新石器時代の鏃は，獲物の大きさに対応して何種類かにグルーピングできるという．紀元1〜2世紀頃の古代ローマのアレッゾの町では，標準化された型を使用して製造された水差しや皿，壺が大量に船積みされて輸出されていたという．古代ローマ時代の陶工が，現代とほとんど同一な生産方式を行うことができたのは，粘土の成形技術が確立していたことに加えて，上述した流通のシステムが整備していたからにほかならない．

一方，同一の建築物が同時に複数建てられるようになるのは，近代になってからのことであり，今でも多くの建物が単品生産されている．

古代ギリシャでは，後世の規範とされた神殿が建てられ，彫刻や陶器が作られた．興味深いのは，それらをデザインし作ることをtechne（ギリシャ語）といったことである．この言葉から英語のtechnologyが生まれるのであるが，当時は美と技術不可分の一体化した概念であった．

だが，ネッサンス期以降techneの概念から芸術が脱落する．以来，デザイナーは計画し設計図を引く人となり，技術者は作る専門家となって別々の道を歩むこととなる．そして建築や家具，インテリアなどの領域では，デザイナーは様式を規範として創作活動を行っていく．20世紀に入ってもわが国の国会議事堂，ナチスの諸建築，さらには第二次大戦後の北京の人民大会堂まで様式の歴史を辿ることができる．

グラフィックデザインの場合も，複製技術の確立が契機となって，それ以前のアートから分かれて独自な領域を確立していく．そして工業デザイナーやグラフィックデザイナーは，大量生産，大量消費社会の進展と連動して活動の場を広げていった．現在では情報技術が生み出した新たなデザインの領域において，映像を専門とするデザイナーたちが活躍している．

■**生活空間の演出者**

デザインという行為，そしてデザイナーという職業は，もっぱら作ることの文脈において語られてきた．しかし，空間と物と生活の間に位置するもう一人のデザイナーが存在する．

わが国では，住まいの美的構成を「しつらえ」と呼んできた．平安貴族たちは，衝立や屏風，御簾，机や棚，手箱などの調度を選び，生活空間をしつらえた．その優れた実例は作者名とともに記録され，有職故実として洗練されていった．

近世大名たちは，雅の生活を理想としたので，礼法家を召し抱えた．礼法家はその要請に応え，大名たちのために美術品を鑑定し器物を選び，さらにはそれらの洗練された使い方を指南した．つまり時代を遡るほど，物をデザインし作った人の名前はわからなくなるが，その良し悪しを評価した人たちは有名である．

工業化社会が到来し，モノが大量生産され，供給されるようになると，選ぶことを専門とする人びとが再び登場する．イギリス・ビクトリア朝後期には，量産品の選択に迷う大衆を相手に，絵入りの雑誌や新聞が「上品なテイスト」をしきりに解説した．その様子は各種の「モノマガジン」が氾濫するわが国の現状と似ている．選んだり，解説したりする人びともまたデザイナーであり，インテリアコーディネーターはそのことを専門とする職業として登場した．

成熟した工業化社会は，世界中に"do it yourself"を流行らせていく．みんながデザイナーとして，楽しみながら自分の生活にうるおいを与える風俗は，モノづくりの原始形態への回帰ともいえなくはない．

終わりに，デザイン史家は対象領域に関する保守性を捨てて，現状を批判し問題提起するアプローチをすべきだと，J・A・ウォーカーは主張しているが，デザイン史研究は日進月歩であり，そうなる日は遠くあるまい．

〔宮内　悊〕

■**文献**

日本デザイン学会編：特集アクレディテーション（専門認定制度）と資格制度をめぐって，デザイン学研究特集号，7(3)，2000．
Walker, J. A.：Design History and the History of Design（栄久庵祥二訳：デザイン史とは何か，技報堂出版），1998．
K. H. カー著，清水幾太郎訳：歴史とは何か，岩波書店，1962．
Smith, E. L.：A History of Industrial Design, Phaidon, 1951．

1|102　デザインとは何か

■ **工業化とデザイン**

　デザインという言葉は，「意図をもって何かを企てる」という原義をもって古くから使われてきた英語のdesignを，外来語としてそのままカタカナ表記にしたものである．

　わが国で以前から使われてきた図案，設計，意匠など多くの類義語を結果的には集約した形で，あえて採用されたこの外来語が，社会的に認知され，広く普及をみせたのは，20世紀も半ば過ぎてのことだった．

　しかし，必ずしもそれは日本ばかりでなく，近年，ヨーロッパやその他の国々においても，それぞれ自国語のそれに近い意味の語を用いずに，わざわざこのデザインという英語を借用ないし併用している事実には，イギリスが世界に先駆けて工業化した国であったという事態がかかわっている．モノづくりの工業化過程に生まれ出てきた新しい局面と，それが生み出す意味合いとを，いち早く担って使われ出したこの英語には，他の伝統的な類似の諸国語では，どうしてもそこに盛りきれないニュアンスがある．イギリスに始まった工業化の波が，多くの国と社会に及ぶにつれて，国際語としての「デザイン」は，近代，そして産業社会という巨大な制度と分かちがたいものとして通用してきた．

　産業革命は人類社会のあり方にドラスティックな変化をもたらした．生産の主体は個人から組織となり，科学技術に裏付けられた新しい機械と動力が導入され，企業という組織によって生産される多量の人工物は，圧倒的に複製された商品という形となった．生産システムは分業が主軸になり，製造工程そのものにも，それぞれに専門化と特化が拡大した．

　当初，企業家は，職人ないし技術者の力を借りて販売すべき製品を決定し，それを生産していったが，やがて，産物の品目や用途および買い手の嗜好に応じて，アーティストの助力も仰ぐことになる．

　社会的分業化の広汎な進展の中にあっても，なお，必ずしも役割分担を明確化できないままに，ケース・バイ・ケースで対話を通じて行われていった，この三者による共同作業こそ，近代デザイン活動の核心をなしたものと見ることができる．

　ファジーで特化の困難なこの活動に合理化のメスを入れ，あえて一つの限定領域を設定したのは，新しい大衆国家，工業国のアメリカであった．大量生産システムを文字どおり実現したのはヘンリー・フォードであったが，そのT型フォードがGMの挑戦に敗れたとき，アメリカのインダストリアリズムはそこから皮肉な教訓を引き出した．つまり，大量の消費者の購買意欲の活性化を促すことがないところに，大量生産は成り立たないという冷厳な認識がそれである．この時期，初めて，インダストリアルデザインという職能がこれも英語を主たる母国語とするアメリカ社会で認められ，自らデザイナーと名乗る職業人が誕生する．企業組織は，先の三者による有機的な共同作業の過程から，もっぱら外見上の形態にかかわる部分をことさらに分離し，それを限定特化してデザインと呼んだ．結果として，インダストリアルデザインとはスタイリングデザインのことであり，デザインとは最終的にスタイリングのことだという解釈が，別にネガティヴな含みもなく，アメリカ全土に社会通念として定着していく．

　一方，アメリカとは違って，古い伝統に立ち，産業体制の拡張も比較的に緩慢であったヨーロッパでは，当初から資本主義的な工業化に批判的な流れが強く，とくに人文的な分野でのオピニオンリーダーたちは，保守と革新，右翼と左翼を問わず，さまざまな角度から危惧の念を表明してきた．そうした状況の中で，後にモダンデザイン運動と呼ばれる動きが生まれ，多くは産業体制の外部から，製品の品質を市民生活の質の向上にからめて具体的に提案した人びと，いわゆるモダンデザインのパイオニアたちが活躍を見せる．

　しかし，そこでは中産階層の生活環境におけるアートとテクノロジーとの融合が主たる関心事であって，経済成長や企業活動への内的関連に踏み込むことはまれであった．パイオニアたちのほとんどは，実際には自分の職業を，画家，工芸家，建築家と称していた人びとであり，それを言説の場に持ち込んで世に広めた者は，主に建築史家と美術史家だったのである．

　W・モリス以降，「アーツ・アンド・クラフツ」から，「アールヌーヴォー」，そして「バウハウス」に至るまで，彼らが自らの製作を介して訴えかけた相手は，あくまで「消費者」でなくして心ある「使用者」であった．それが，モダンデザイン運動を支えたものは，美的であると同時に倫理的な衝動であったと称されるゆえんでもあるが，残念なことに，そこに見られるユートピアニズムには，アメリカに始まる嵐のような「高度大量消費社会」のイメージが内包される余地はなかった．

■ **神の造化から人間の造化へ**

　それにしても，工業革命の進展以降，今日までに地

球上に産み出された人工物は，廃棄されたものを含めて，いったい，どれほどの量になるだろう．わずか100年の間に，私たちの周囲を取り巻くものはすべて人工物——すなわち，デザインの産物となってきた．私たちが立っているこの空間は，圧倒的に人間が造り上げてきた人工環境なのである．

20世紀の後半から，生態系や資源，ひいては人類の死活にかかわる環境問題が，経済成長を中軸に置いて描かれてきた近代的なものの見方に，大きな修正を迫っている．工業化の母胎の中で育まれ，成長してきた近代デザインも，当然，その意味を問い直さねばならない時期が来ている．というのも，環境問題とは自然環境それ自体ではなく，それを脅かして形成される人工環境の問題であることを，今や，だれもが気づいている．

冒頭にも触れたように，英語としてのデザインは，工業化以前から使われていた．しかも，そこでは，デザインは人間の営みというよりも，神だけがもつ能力，つまり，「造化」の働きにほかならず，その意図とは，すなわち，神意を指すものと考えられていた．自然，とくに生物，有機体に見られる恐るべき精緻なデザインがそのまま神の存在の明証として語られていたのである．

もちろん，現在では，こうした神の造化とされたデザインも，本来，意図をもたない進化の産物であり，逆に，デザインという能力は生物進化の過程で人間だけが身につけた，言語能力と並ぶ決定的な能力であることが明らかとなっている．それは，人類が人類になったときから，脳の内部に生じたイメージを意図的にフィジカルな世界に実現させる活動にほかならない．無数のサンゴが行ってきた地球規模での恐るべき造形活動はよく知られているものの，彼らは別に意図的にそれを企てたわけではない．「意図をもって何かを企てる」のはまさしく人類だけである．その結果としての人工物は50万年前からすでに作られていた．デザインは決して，近代になって発生したものではない．

さらに加えれば，これまでデザインという行為はいわゆるモノづくりとして，しばしばモノにこだわって語られてきた．しかし，すべてのモノは知覚という情報の形でしか，人間の前に立ち現れることはできない．デザイン活動が原初的に始まるのは人間の脳の内部であって，知覚の対象であるあらゆる形態，色彩，材質ばかりか，モノとモノとの関係，さらに情報と情報との関係までが，イメージとしてそこで組み合わされていく．最近，デザインの実践分野でも情報への関心が急速に高まっているが，それは必ずしもIT革命への対応に限られるものではない．デザインはもともと人類独自の情報活動の本質的な一翼だったのである．

たしかに，デザインが近代になって，高度な産業システムと結びつき出したのは事実だが，決して，それがすべてではなかった．そうした形以外でも，さまざまな地域で人びとは，なおさまざまな人工物生成を行いつづけてきたし，さらには，近代的生産手段をとりながらも商品という形でなくとも，多くの事物を意図的に生成しつづけてきた．膨大なインフラストラクチャーや，各種公的機関が手がけた都市からミサイル網に至る計画事例を見ても明らかである．

このように見れば，デザインは，産業の世界ばかりではなく，美術，工芸，建築はもとより，工学全般，そして政治，経済，生活の関連部分のすべての広大な領域で行われていると考えざるを得なくなる．もちろん，具体的には，それぞれの場の条件で，大から小までそれぞれの形をとるのは当然であるが，今日，改めて，デザインとは何かと問われれば，端的に，それは地球に変化を与える人間活動のすべてと答えるほかはないように思われる．それは，まさに第二の「造化」であるかもしれない．しかし，この造化には，神の造化とは違って，問題解決の能力はあるものの，当然そこに予めセットされた聖なる神意や予定調和があるはずがないのは自明である．

〔嶋田 厚〕

■文献

S. ギーディオン著，栄久庵祥二訳：機械化の文化史，鹿島出版会，1977.

A. フォーティ著，高島平吾訳：欲望のオブジェ，鹿島出版会，1992.

V. パパネック著，阿部公正訳：生きのびるためのデザイン，晶文社，1974.

D. ノーマン著，野島久雄訳：誰のためのデザイン？，新曜社，1990.

R. ドーキンス著，日高敏隆監修：ブラインド・ウォッチメイカー（上・下），早川書房，1993.

柏木博：ユートピアの夢，未来社，1993.

1|103 日本におけるデザインの流れ

■**近代デザインの黎明期(1868-1911)**

近代の日本が産業におけるデザインの意義を認識するのは，1873(明治6)年のことである．

この年，明治政府はウィーンで開催された万国博覧会に国として初めて参加する(❶)．近代国家建設をめざす政府は海外技術の伝習などと並び，海外の需要動向を把握して国産品の輸出振興を図ることを参加の目標の一つとした．当時の欧州では，製品のデザインの良し悪しが輸出の拡大に関係することから，それらに関する論議が高まっていた時期でもあった．博覧会の顧問として参加していたお雇い外国人G・ワグネル(Gottfried Wagener, 1831-1892)は，帰国後も報告書などでデザインの重要性をたびたび訴えた．

この博覧会後，ヨーロッパ各地でさまざまな技術を学び，帰国後各方面で活躍した伝習生の一人である平山英三(1855-1914)はウィーンの美術工業学校で5年間にわたりデザインを学び，帰国後は特許局で意匠審査の任にあたると同時に東京高等工業学校工業図案科教授として教育にも携わる．同じく納富介次郎(1844-1918)は陶磁器の製法を学び帰国後石膏型の技法を伝えたが，1887(明治20)年日本最初のデザイン教育機関といえる石川県の金沢区工業学校を創立し，また富山県高岡(1894年)，香川県高松(1898年)の工芸学校をも設立した．

❶ウィーン博日本館展示(『澳国博覧会参同記要』1897年より)

政府は国内の産業を振興させるため，万国博覧会に倣って合計5回にわたる内国勧業博覧会を開催したほかに，たとえば農商務省は1882(明治15)年から内国絵画共進会を開催するなど，デザインの振興にも力を注いだ．もっとも当時は絵画とデザインの区別も未分化で，絵画振興がデザインの振興にもつながるとされることも多く，前記の共進会もデザイン振興の面では成果を上げ得なかった．なお当時はデザインという語は用いられず，その訳語である「図按(図案)」の語が用いられていた．

国内各地でも地域の産業振興のため，デザインの振興を図ったところも少なくない．西陣織や友禅染などの産地京都では，デザイン振興をその柱の一つとして，1890(明治23)年に京都美術協会が結成される．また染織関係の図案の需要が大きいことから，明治中期以降図案家として独立する者も多く，友禅図案会(1892年)，図案精英会(1902年)など各種団体の結成も見られる．大阪でもモスリン図案家を中心として1897年頃に尚美会が結成されている．独自の地場産業をもたない東京の図案家の動きはこれより遅い．1901(明治34)年秋に，前年パリで開催された万国博覧会でのアールヌーヴォーの隆盛に影響を受けた福地復一(1862-1909)を中心とする日本図案会と，東京高等工業学校工業図案科教授の井手馬太郎(1870-1910)を中心とする大日本図按協会の二つの団体が相次いで結成された．前者は展覧会などの，後者は雑誌『図按』の発行でそれぞれの活動を行うが，二人の指導者が没したことでこれらの会も自然消滅した．

明治期はデザインによる産業振興の大きな成果を上げ得なかったが，デザイン教育機関の設立は次の時代の布石として重要な意味をもっている．近代的な学校教育制度による美術教育の最初は1876年の工部大学校(現東京大学工学部)付属の美術学校であるが，1883年に幕を閉じる．フェノロサ，岡倉天心ら国粋主義者を中心とする東京美術学校(1887年創立/現東京芸術大学)では1896年に図案科が設置され，福地復一らが指導にあたり，京都府画学校(1880年創立/現京都市立芸術大学)にも1888年に応用美術科が設置される．

一方，各地の中等工業教育機関においても，デザイ

❷東京高等工業学校工業図案科の授業

第1章 デザインの流れ・広がり

ン・工芸教育の整備が行われた．こうした各地の工業学校・工芸学校の教員を養成するため，1897（明治30）年東京工業学校（後東京高等工業学校，現東京工業大学）工業教員養成所に工業図案科が置かれ（❷），2年後には本科にも設置された．また京都では地元実業界の要請があって，1902（明治35）年に京都高等工芸学校（現京都工芸繊維大学）が開校され，図案科では建築家武田五一，画家浅井忠らが指導にあたった．

こうした教育機関が整備と同時にデザインの指導法についての研究も進められ，東京高等工業学校工業図案科助教授（後愛知県立工業学校へ転任）の小室信蔵（1870-1922）は，当時のヨーロッパでの研究成果を取り入れた新しい指導法を確立し，1907年の東京勧業博覧会に発表する．これは同年『おだまき』と題し出版された（❸）．これは実物のスケッチから始まり，「便化」と呼ばれる方法でパターンを作成し，これをもとに模様の展開を図るという方法で，これは後に彼の『一般図按法』でさらに体系化される．この便化の方法は広く普及し，その後のデザイン教育の中心的な指導法となった．また，この方法論が確立されたことにより，絵画とデザインの区別が次第に認識されるようにもなってきた．

❸小室信蔵『おだまき』1907年より「便化創案」

明治期の広告物は，当初木版の錦絵風のチラシが主流を占めていたが，洋風印刷技術が実用化されるにつれ新しい表現が試みられた．三越呉服店は1907（明治40）年にその年に開催された東京勧業博覧会で受賞した岡田三郎助「某婦人の像」を石版印刷でポスターとして使用した．これが人気を博したので，1911年に当時としては破格の賞金でポスターの懸賞募集を行った．一等に選ばれたのが橋口五葉の美人画であった．これらの影響もあって，ポスターに対する関心が高まり，その表現も無名の画家から画家の手に移り質的な

向上が図られたが，この後，絵画主義的な美人画が中心を占めるようになった．

■大正・昭和初期（1912-1945）

明治期の工芸品は旧態依然なものが多く，海外では粗製濫造の傾向とともにデザインも千篇一律として飽きられるようになった．農商務省は不振に陥っている工芸品の輸出を振興させるため，1912年に東京高等工業学校長手島精一ら4名にデザインの改善を図る具体策を諮問した．これに対して，本省内への管掌機関の設置，工芸審査会議の設置，展覧会の開催，海外駐在官の派遣，工芸博物館の設置などを内容とする「工芸振興に関する建議書」が提出された．これを受けて翌年から開催されたのが，農商務省主催図案及応用作品展覧会（略して農展と呼ばれた）である（❹）．その初期には各工芸産地からの出品も盛んであったが，やがて美術工芸家の出品が中心となり，審査員も美術工芸家が多くを占めるようになって1938年には廃止された．しかし工芸品の輸出振興は大きな目的であったため1933年には商工省（1925年設置）主催の輸出工芸展が，そして1939年には商工展・輸出工芸展を合併して工芸品輸出振興展・輸出工芸図案展が開催されるが，戦時色が強くなるにつれ3回で幕を閉じることになった．

❹農展出品作品「本棚図案」

商工省は工芸振興のため，1928（昭和3）年に仙台に国立の工芸指導所（後産業工芸指導所，製品科学研究所）を設置した．ここでは各地の工芸の指導にあたるほか，雑誌『工芸ニュース』を刊行し（1932-75年），また顧問にブルーノ・タウトを招いたり，ここで学んだ多くの所員が敗戦後のデザイン界の指導者として活躍する．各地方においても，たとえば雑貨生産の中心地大阪では，早くからデザインの振興に力を注ぎ，府は1917年に商品陳列所内に図案課を置き，1935年から大阪府工業奨励館は「工芸品の工業化，工業品の工芸

化」のスローガンのもとに工業品美化運動を提唱し，産業工芸博覧会を開催した．昭和期に入ると各県に工業試験所の設置が相次ぎ，これらの機関でデザイン指導が行われ，工芸指導所を中心として全国的な組織も作られた．

教育機関の動きとしては，1914年東京高等工業学校工業図案科の廃止が文部省により突然決定されたことがあげられる．経費削減のための行政改革が理由とされたが，高等工業学校の大学昇格の妨げのためだと噂された．関係者の反対運動もあって，1921年に東京高等工芸学校が創設されることとなる．

関東大震災によって東京は一変し，昭和に入ると新聞・ラジオなどのマスメディアの発達や地下鉄など都市交通機関の開通など，都市は近代的な容貌を示し始める．流線型が流行し，「モダン」が合い言葉となり，街はショーウィンドウやポスターが人目を惹く存在となった．

第一次世界大戦では，欧米諸国は宣伝の手段としてポスターを積極的に活用した．1921年に新聞社の主催によってこれらのポスターが紹介され，社会的にも大きな関心を集めるようになった．また大正期からは，モリスの思想のみならず，ウィーン分離派・アールデコ・ロシア構成主義・ドイツ工作連盟・バウハウス等々の，海外のデザイン思潮も紹介され，関係者への刺激を与えた．当時これらの動きは一般に新興工芸運動と称された．

ドイツ工作連盟など海外の動向に刺激を受け，工芸の産業化を目的とし，工芸関係者のみならず企業家・行政関係者・教育者などを結集して，1926（大正15）年に設立されたのが帝国工芸会である．雑誌『帝国工芸』の刊行（1927-38年）などの活動を行ったが，戦時下の1942年に解散する．

バウハウスも大正末から紹介され，その教育に共鳴した川喜田煉七郎は1933年，東京銀座に「建築工芸学院」を設立し，そこでの教育だけでなく地方での講習会や，雑誌『アイ・シー・オール』を刊行する．この教育方法は専門教育より，構成教育として普通教育の中に影響を与えた．

当時応用美術として軽んぜられていたデザインであったが，デザイナー自身が自己の社会的存在を意識し，身近な人びとが集まり，新たな場を求めてグループを結成する動向が大正末から昭和初期にかけて見られる．杉浦非水を中心とする1925年の七人社展覧会，1926年の濱田増治を中心とする商業美術家協会の結成，1927年の森谷延雄の木の芽舎，1928年の蔵田周忠などの型而工房等々．多くは純粋芸術に対する反発という形で，新しい芸術を確立しようとする意志が見られる．

こうした時代の動きも第二次世界大戦に突入すると，多くのデザイナーはその活動を停止せざるを得ない事態に追い込まれた．

■昭和後期（1945-）
敗戦による一面の焦土の中で，進駐軍のもち込んだパッケージの鮮やかな色彩に眼を奪われたデザイナー，進駐軍の家具で設計の考え方を学んだデザイナーなど，直接にもち込まれた欧米の生活様式は日本のデザインに大きな刺激を与えた．とくにアメリカの工業デザインは，従来の産業工芸の概念を大きく超えたものであった．こうした海外の動向は『工芸ニュース』などによって紹介され，勝見勝などの評論家はその啓蒙に力を尽くした．産業工芸試験所が行った外人意匠専門家招聘計画による海外デザイナーの講習会や，日本貿易振興会（JETRO）の産業意匠改善研究員（海外デザイン留学生）制度などは，世界のデザイン動向の息吹を直接に伝えるものであった．

1951（昭和26）年，松下幸之助はアメリカ視察旅行でデザインの価値を認識し，帰国後直ちに自社のデザイン部門の強化を指示した．こうした動きは一社に留まらず，電機メーカー，自動車メーカーに相次いでデザイン部門が設置されるようになった．そして戦前からの産業工芸関係者たちの間に，デザイン事務所を設立するなどの動きもあった．また，戦後の学制改革で新制大学が発足し，従来専門学校の段階までしか行われていなかったデザイン教育は，大学の中でも行われることになった．

こうしたデザイン関係者の数が増えるに従って，1951年の日本宣伝美術会（1970年解散），1952年の日本インダストリアルデザイナー協会（JIDA）など，それらの間に職能団体の結成の動きが出てくる．デザイン研究者・教育者を中心として日本デザイン学会も1953年に設立された．

当時はまだ社会のデザインに対する認識が薄く，欧米製品の模倣を行う日本企業もあった．1957（昭和32）年，時の外務大臣の欧米視察の際，ロンドンの空港で新聞記者からイギリス製品のデザインを模倣した日本製品を突きつけられ詰問されるという事件があった．この事件は国会でも問題となり，政府は1959年に輸

第1章｜デザインの流れ・広がり

出品デザイン法を公布し，デザインが模倣ではないという保証を得た商品のみが輸出を認可されるという制度を実施し，その実施機関として繊維・雑貨・陶磁器・機械の各デザインセンターが設置された．また，デザインの啓蒙や奨励のために1957年からGマーク制度として知られるグッドデザイン商品選定事業を開始し，翌1958年にはデザイン行政を統括するために通商産業省の中にデザイン課を設置した．また企業に対するデザイン振興活動として1960年には東京にJETRO（日本貿易振興会）によってジャパン・デザインハウスが，大阪には地元自治体と産業界の共同で大阪デザインハウス（現大阪デザインセンター）が開設された．こうして模倣防止問題から始まったデザイン行政であるが，さまざまな啓蒙活動によって社会的な問題として認識されるようになった．その後1969年に日本産業デザイン振興会が設立され，デザイン振興の中核的業務を行っている．

当初欧米のデザインに追いつくことが願いであった日本のデザイナーが，国際的な存在としての自己を自覚したのは1960（昭和35）年，東京で開催された世界デザイン会議（WoDeCo）からであろう．日本人の海外渡航が自由化以降は海外との交流も活発となるが，1973年の世界インダストリアルデザイン会議（京都），1978年の世界クラフト会議（京都）をはじめ数多くの国際会議も開催されるようになり，1989年には名古屋で世界デザイン博覧会が開催された．また継続的に海外との交流を図るために1981年に国際デザイン交流協会が大阪に設立され，隔年の国際コンペをはじめさまざまな事業を展開している．またデザインは先進国だけの問題ではなく，アジアにおいてもそれぞれの国がデザイン問題に直面し，日本はそれらの国々との協力関係が求められている．これらの国からの留学生も相当な数に達している．こうした観点から日本デザイン学会においてもアジアデザイン学会を結成した．実務面でも海外で活躍する日本人デザイナーの数も少なくなく，また日本企業の中でも海外のデザイナーに依頼するケースも珍しくなくなってきた．

敗戦後の日本の経済はアメリカ経済の影響を受け，大量生産・大量消費を前提とし，市場調査によるマーケティングや広告によって消費者の需要を拡大する構造となっていった．1950年の朝鮮戦争の特需によって企業はその体力を回復し，国民の生活水準の向上とともに家庭電化製品を中心に普及が見られ，1954年頃には三種の神器として洗濯機・冷蔵庫・掃除機（その後テレビ）が家事労働を軽減するものとしてもてはやされた．経済の高度成長とともに，デザインは現代の合理的生活を具現化するイメージをもって家庭の中に入り込んでいった．

商業美術と呼ばれていた分野も，世界デザイン会議を機に視覚伝達デザインとしての役割が認識され，1964年の東京オリンピックでは勝見勝をデザイン・ディレクターとして統一ある広報活動やサインデザインなどが行われたが，これは1970年の大阪万博などその後のイベントのデザインを方向づけただけでなく，デザインを社会的に認識させるのに効果があった．企業においても個々の製品や広告のデザインだけでなく，それら相互の関係，さらにはCI（コーポレート・アイデンティティ）などシステムとしてとらえられるようになった．

現在のデザインは，その対象も点から面への広がりを見せて，今や社会の必要不可欠なシステムの一つとして人びとの生活の中に深く根ざした存在となっている．しかし1973年の石油ショック以降，従来の大量生産・大量消費に対する反省も見られ，また産業の拡大に伴う大気汚染による公害などの環境問題，さらに，たとえば日本の木材輸入によるアジアの森林資源の破壊といった地球資源の浪費などの新たな問題も生じ，現在デザインという側面からの英知が求められている．一方，コンピュータをはじめとする情報機器の発達はデザインの方法にも変化をもたらし，制作現場での利用は当然のこととなっている．

高度成長期以降，日本の産業発展の一翼を担ってきたデザインであったが，現在は児童・老人や障害者など社会的弱者を含めた万人のために，作る側の論理だけでなく，使う側の論理にも立脚したすべての人のためのデザインが求められている時代である．［日野永一］

■文献

文部省編：デザイン史，実教出版，1996．
日本デザイン学会：デザインのパイオニアたちはいま．デザイン学研究特集号，1(1)，1993．
日本デザイン学会：デザインのあゆみ．デザイン学研究特集号，3(3)，1996．
日本デザイン学会：デザインあの日あの頃．デザイン学研究特集号，6(2)，1998．
出原栄一：日本のデザイン運動，ぺりかん社，1989．
柏木博：近代日本の産業デザイン思想，晶文社，1979．

1｜104　ヨーロッパにおけるデザインの流れ

■デザイン教育の源流

1837年，ロンドンに官立デザイン学校（School of Design）が創設された．大陸には先例もあったが，各地に次々と分校を設け，欧州有数のデザイン教育組織となった．その初期には人物デッサンよりも植物画に力を入れるなど，アカデミックな美術教育とは一線を画し，その校数は1884年には177校に達した．本校は1896年に王立美術大学（Royal College of Art）となったが，第二次大戦直後，一時，王立デザイン大学とする案が浮上するなど，興味深い歴史を有している．

同校収集の参考品と1851年万国博の展示品の一部を基礎に，翌年ロンドンに創設された製品美術館は，装飾美術館と改称後の1857年に郊外に移転，サウスケンジントン博物館として拡充された．同館はデザイン学校とも連携し，海外の注目を浴びた．第2回ロンドン博翌年の1863年，パリに創設された産業応用美術中央同盟の目的は，イギリスに対抗してフランス製品のデザインの向上を図ることだった．同盟は美術館や図書館を開設，講演会や展覧会を運営し，装飾美術館創設のために結成されていた別の組織と合併，1881年に装飾美術中央同盟となった．パリの装飾美術館が創設されたのはその翌年である．

ウィーンでは1864年にオーストリア芸術産業博物館が設立され，3年後に工芸学校が附設された．ドイツでは1865年にカールスルーエ工芸館，1867年にはベルリン工芸美術館とその附属校，1868年にはケルン産業博物館とミュンヘン工芸学校，1869年にはハンブルク美術工芸館と創設が続き，北欧諸国やアメリカ合衆国にも同様の動きがあった．サウスケンジントン博物館自体は1899年にヴィクトリア・アンド・アルバート美術館と改称され，滞英中の富本憲吉が足繁く通ったのもこの美術館である．同館は工芸とデザインの教育の世界的基礎だったのである．

■アーツ・アンド・クラフツ運動と唯美主義

イギリスでも工芸は展示の機会に恵まれなかったが，1888年にアーツ・アンド・クラフツ展が始まり，状況は一部改善された．1861年のモリス・マーシャル・フォークナー商会創設とともに事実上始まっていたアーツ・アンド・クラフツ運動（The Arts and Crafts Movement）は，W・モリスの晩年になってその名称を得たことになる．モリスらが追究した「生活のための芸術」は同時代の唯美主義が唱える「芸術のための芸術」とは正反対の芸術であった．しかし，一見対極に位置する二つの芸術観には共通の基盤もあった．美の創造と享受にのみ価値を認める唯美主義は日常生活をも芸術化せずにはおかない．生活の芸術化という点で唯美主義は生活芸術と表裏一体をなすものであった．

■世紀転換期のベルギー，フランス，イタリア，スペイン

アーツ・アンド・クラフツ運動は欧州大陸で「新芸術」の形成に寄与した．アールヌーヴォー（Art Nouveau）の名は，ビングが1895年にパリに開いた店の名に由来する．それは流麗な曲線を多用したオルタ，ヴァン・デ・ヴェルデ，ギマールなど，ベルギーとフランスのデザイナーの有機的様式を指すが，バルセロナのガウディ，グラスゴー派，ドイツ語圏各地の分離派，そして直線主体のウィーン工房の作品にも共通性がある．また，ドイツのユーゲントシュティル（Jugendstil），イタリアのスティレ・リバティ（Stile Liberty）など，各国にはそれに対応する各々の「新芸術」が生まれた．当時の美術家は工芸に魅かれ，それはアカデミズムに対する姿勢でもあった．新たな絵画に向かった画家だけではなく，新分野に向かった画家もいたのである．

これらの新様式は個人の想像力の産物であるとともに，近代社会の出現により必要となった施設や設備をどのように作るか，19世紀以来大規模に用いられるようになった新素材をいかに使用すべきかといった大きな課題に対して，世紀転換期の世代が示した解答でもある．また，アールヌーヴォーを支えたのは，おもに社会の革新層であった．少なくとも，その発祥の地ベルギーの場合，それは明らかである．

■20世紀初頭のドイツ語圏諸国

ドイツ語圏諸国は，先進各国の動きを国家的意義をもつ新動向としてとらえた．それは，しかるべき成長段階にさしかかった近代産業国家にとっての歴史的判断であった．19世紀後半のドイツの工芸博物館や工芸学校の充実ぶりには目を見張るものがあり，そのような生活文化と産業工芸の発展策は，ベルギー人ヴァン・デ・ヴェルデのヴァイマール招聘や，ムテジウスの『イギリスの住宅』の出版などに示されるように，20世紀に入っても強力に推進され，1907年のドイツ工作連盟（Deutscher Werkbund）の結成に至る．これはデザインの向上と輸出振興を目的とする組織であり，1910年にはオーストリアで，1913年にはスイスでも，同様の工作連盟が結成された．

1914年にケルンで開催されたドイツ工作連盟展は，三つの点でデザイン史上重要である．第一に，それはドイツのデザインの新たな展開を，その国力の充実ぶりとともに，世界に披露した展覧会であった．イギリ

スの視察団はその成果に驚き，アーツ・アンド・クラフツ運動の限界と自国における類似の組織の必要性を認識し，それが翌年のデザイン産業協会(Design and Industries Association)の設立に結びついた．第二に，それは機能主義(3｜109参照)と結びつけられ，のちには国際様式という一つの様式として扱われるようになる，より徹底した近代建築の成立を告げる展覧会でもあった．そして第三に，同展に際して開催された連盟総会で，それぞれ規格化と個性重視の立場に立つムテジウスとヴァン・デ・ヴェルデとの重要な論争があった．ゲルマン・ヨーロッパにおける近代デザイン運動の双璧の個性の対立だが，建築畑デザイン官僚，対，画家出身建築家という構図も見える．また，同年8月にドイツ軍はケルンに近い国境を越えて中立国ベルギーに侵攻するわけだが，7月にヴァン・デ・ヴェルデは10年以上勤めたヴァイマールの美術工芸学校の校長職を辞している．規格統一化と個性重視の二つの立場の対立は，大国対小国という，イデオロギー対立の色彩をも帯びていたのである．

第一次大戦後も，ドイツ工作連盟は個性重視の立場には立たなかった．同連盟は規格化，標準化，生産の機械化を推進し，その成果の一つである，ミース・ファン・デル・ローエが指揮した1927年のシュトゥットガルトの住宅展は全世界に影響を与えた．連盟は，標準化という方針では決して相いれないわけではないナチスによって，のちほど触れるバウハウス同様，1933年に解散させられたが，第二次大戦後復活した．

■未来派/構成主義/デ・ステイル/バウハウス

ヨーロッパの芸術家たちの感性の針は，アールヌーヴォー全盛の1900年から10年もたたないうちに，「装飾」から「反装飾」へと大きく振れていた．ウィーンの建築家ロースの1908年の講演「装飾と罪悪」と並んで重要な初期の「反装飾」思想の表明に，サンテリアが「装飾は撤廃されねばならぬ」と明言したイタリア未来派(Futurism)の建築宣言がある．この宣言がなされたのは1914年のことだが，装飾に否定的な未来派の思想は，すでに詩人マリネッティによる1909年の未来派創設宣言に示されていた．

立体派や未来派の影響下，革命前から1920年代にかけてのロシアで，構成主義(Constructivism)と呼ばれるようになる造形運動が繰り広げられた．革命後最高潮に達したのち，純粋造形派と実用派とに分離するなどして弱体化したが，その前衛的思想と造形は，日本をも含め，世界的影響を与えた．オランダでは1917年創刊の『デ・ステイル(De Stijl)』誌を核としたグループが，構成主義 に通じる造形運動を展開した．彼らは当初，モンドリアンが新造形主義として唱えることになる思想を尊重していたが，その画家自身は，それを教条的だと批判するドゥースブルフに不満を抱いてグループを去った．ドゥースブルフが唱えたのは，対角線構図なども許容し，現実空間への積極性をもったエレメンタリズムである．純粋派と実用派への分離は，各国の構成主義的運動に共通した運命であった．

ヴァイマール美術工芸学校を基礎に，グロピウスを校長として1919年に創設されたバウハウス(Bauhaus)は，初期には手工作を重んじ，表現主義的な傾向もあったが，構成主義やデ・ステイルの影響を受けて，次第に合理主義的傾向を強めた．政治的圧力により1925年にデッサウへ，1932年にはベルリンへの移転を余儀なくされ，翌年，閉鎖された．とはいえ，その間，マイヤー，ミースが校長職を引き継ぎ，それらの建築家，クレーやカンディンスキーなどの画家，モホイ＝ナジなどの革新的造形作家を糾合した総合的な造形教育機関であった．影響は戦後のデザイン教育にまで及ぶ．

■アールデコと1925年以後のフランス

その斬新な新校舎と合理主義的傾向を強める教育内容などがあいまって，バウハウスのデッサウ時代が始まる1925年には，装飾を排除したモダニズムが最高潮に近づく年というイメージが強い．しかし，それはアールデコ(Art Deco)が西洋世界全体に広がる年でもあった．「装飾美術」を意味するその名は同年パリで開催された現代装飾美術・産業美術国際博覧会に由来し，「1925年様式」とも呼ばれる．

幾何学的合理性を追究するモダニズムに対し，アールデコは幾何形態の装飾性に注目し，キュビスム，ウィーン工房，ロシアバレエ団など，種々のイメージを取り入れた．ル・コルビュジエが装飾批判の書『今日の装飾芸術』をまとめた背景には，そのような状況があった．ジュルダン，マレ＝ステヴァン，シャロウ，エルブストなど，フランスの革新的なデザイナーたちは，装飾美術家協会(SAD)を離れ，1929年に近代美術家同盟(UAM)を結成した．

■近代建築国際会議CIAMと国際建築

ル・コルビュジエはギーディオンらとともに，建築家の国際的連携を目的に，近代建築国際会議(CIAM)を1928年にスイスのラ・サラで結成した．1929年にフランクフルトで開催された第2回会議では「生活最小限住宅」，1930年のブリュッセルでの第3回会議で

は「合理的建築要項」の報告書を作成するなど，社会意識を前面に出して運動を展開した．第4回会議は1933年にアテネからバルセロナへと向かう船上で行われ「アテネ憲章」がまとめられた．大戦後も活動は続けられたが，1956年にユーゴスラビアのドブロブニクで開催された第10回会議で事実上分裂し，オランダのオッテルローでの1959年会議が最終会合となった．

グロピウスは1925年に『国際建築』をバウハウス叢書第1巻として出版したが，それを様式の意味で用いたのではなかった．CIAMが問題にしたのも，様式ではなく，社会的存在としての建築であった．1932年，ニューヨーク近代美術館で近代建築展が開かれた際，国際様式(International Style)という言葉が生まれた．「ボリュームとしての建築」，構造や構成上の「規則性」，「付加的装飾の忌避」を特徴とした新様式で，バウハウス校舎などが典型とされた．その意味で，国際様式は国際建築の真の背景に疎いアメリカの，そして美術館の所産であった．だが，様式としてとらえることがまるで無意味だったわけではない．のちのCIAM崩壊の背景には世代間の齟齬があったが，若い世代には，国際建築も普遍性を有するものではなく，やはり特定の世代と時代の様式であり，近代建築の巨匠たちのドグマに過ぎない，と感じられるようになる．

■ニュータイポグラフィとアイソタイプ

構成主義，デ・ステイル，バウハウスなどの運動は，視覚伝達デザインでも一つの国際的なスタイルを形成した．サンセリフの書体や，非対称のレイアウトが試みられ，セリフのある伝統的で時には装飾的な書体で組まれた文章が左右対称に配された従来の印刷物にない，簡潔かつダイナミックな構成の新聞，雑誌，ポスターなどが現れた．新しいタイポグラフィの代表的な実践者はライプツィヒ出身のチヒョルトであった．

「世界言語」エスペラントの運動が全世界に拡大しつつあった1920年代，ウィーンでは「言葉なしの世界言語」アイソタイプ(Isotype)の試行が社会学者ノイラートによって進められていた．彼自身は1934年にオランダ，1940年にはイギリスに移住し，また弟子が渡米するなどしてアイソタイプは国際的に普及し始めた．

バウハウス以後，グラフィックデザインへの写真の使用において新局面を開いたのは，マターなど主にスイスのデザイナーたちであり，この伝統は大戦後も継承された．

■国際タイポグラフィック様式とウルム造形大学

のちに国際タイポグラフィック様式と呼ばれるようになる，近代タイポグラフィを基礎とするグラフィックデザインの様式が1950年代にスイスで形成された．シンメトリーを避けたグリッド上の調和的構成，事実に即し目的に適った写真とコピーの使用，そして，左右の一端(通常は左端)のみを揃え，他の一端は凹凸の余白を残して組まれたサンセリフ書体による文字群の配列などを特徴としていた(Meggs, 1992)．

これらの表面的特徴の背後には，この様式の基礎を築いたデザイナーたちの自らの職業についての倫理観があった．デザインは社会的に有益かつ重要な活動，科学的な問題解決行為であり，奇をてらった個人的な解決とは相いれない．デザイナーは社会に重要な情報を広める客観的伝達者として存在し，その理想は明快さと秩序の達成である．このようなデザイン観である．この様式を代表する一人がバウハウスに学んだマックス・ビルであり，そのようなデザイン観のもとに，戦後のデザイン教育に一時代を画したのが，1955年から1969年まで活動を展開したウルム造形大学であった．

■イギリスにおけるCIとポップアートの萌芽

近代デザイン史の表舞台から消えていた感のあるイギリスだが，穏健な改革は続いていた．大戦期で注目されるのは，1910年代に着手され，1930年代に一応のかたちが整った，ロンドン地下鉄のデザイン統一計画で，現在のCIの先駆である．1932年に実施されたモリソンによる『タイムズ』紙へのニューローマン体導入と紙面刷新も重要である．20世紀のタイポグラファーはサンセリフだけに専念していたわけではなく，チヒョルトも後年ローマン体やスクリプト体を手がけ，サンセリフの長文を読むのは紛れもない責め苦だとさえ語っていた．現代生活を実際に支えているのは穏健なモダンデザインであるといって過言ではない．

第二次大戦直後のイギリスはむしろ過激であった．ポップアートの理論はロンドンの現代芸術研究所(ICA)に集うインディペンデントグループの1952年以来の交流から生まれた．そこに商業文化への嫌悪はなく，大衆文化が評価され，「広告と建築」「消費者と商品」などが研究対象となった．アメリカに先駆けたイギリスのポップアートは，現代の都市環境やマスメディアの問題に注目した諸領域の人びとが触発しあいながら近未来を模索した，広範な文化活動であった．

■北欧と東欧のデザイン

1930年代に注目され始めた北欧のデザインは，戦後まもなく，再び世界的脚光を浴びた．自然の素材を生かしたモダンデザインの可能性が示されていたから

である．その後も，スカンジナヴィアのデザインの質は高く，新素材を使っても，その木工品やガラス器などと同様，クラフツマンシップが発揮されたデザインが特徴となっている．同地の工芸博物館や学校がそうであるように，北欧の関係機関はおもにイギリスやドイツの先例を参考に出発したが，アーツ・アンド・クラフツ運動の理想はむしろそれら北欧諸国で花開いた．

東欧諸国は主にグラフィック分野で優れた作品を生んでいる．良質とはいえない材料と技術で制作される直截で個性的な作品からは，新奇性と綺麗さだけを問題にし，本当の質を問わない先進工業国のデザインが学ぶべきものは多い．

■デザイン史研究／ポストモダニズム／戦後イタリアデザイン

現代デザインの歴史的位置の確認のために，ペヴスナー，バナム，ジェンクスという，ロンドンを本拠とした直系の研究者3代の史観変遷に注目してみよう．ドイツから帰化したペヴスナーは『モダンデザインの展開』(Pevsner, 1936/49)でモリスからバウハウスへと至る唯一無二の近代デザインの系譜を確立した．その系譜を再検討したバナムは『第一機械時代の理論とデザイン』(Banham, 1960)において，近代の巨匠たちの理論とデザインの限界を指摘し，それに代わるものの価値に目を向けさせた．この観点こそ上述のブリティッシュポップの視点に他ならない．この観点を発展させたのがジェンクスだった．ジェンクスは諸運動間の絶対的ヒエラルキー不在の歴史を現代にまで延長し，『現代建築講義』(Jencks, 1973)を著したが，諸動向を並列的に扱うという新機軸を打ち出した彼にさえ，何らかの現代のパラダイムへの欲求は存在した．これが言葉としての「ポストモダン」誕生の背景で，それは次の主著を通じて広まった(Jencks, 1977)．ジェンクスはそれを積極的に「モダン」に代わるものがない時代と状況を示す形容詞として否定的に用い，新パラダイムの出現には20年はかかるだろうと記したが，パラダイムを渇望する時代がそれを流行語とした．言葉自体かなり廃れたのちも「ポストモダン」的状況は続く．

この状況に先駆けたのは，イギリス以上にイタリアのデザインであった．イタリアには，現代的状況を予見した未来派の運動があっただけではなく，他の欧州諸国には比肩するもののない古代以来の造形の伝統があった．戦後イタリアのデザイナーたちは，アメリカの商業主義的デザインを洗練させる一方，北ヨーロッパ主導の禁欲的モダンデザインに大胆な色とかたちを，そして，さまざまな意味を導入したのである．

■デザインとメディアのミュージアム

1989年，ロンドンにデザインミュージアムが，南西ドイツのヴァイルにヴィトラ・デザインミュージアムが相次いで開館し，デザインの美術館活動も盛んになった．1997年，最新設備を備え，ドイツのカールスルーエに開館したZKM芸術メディアテクノロジーセンターは，バウハウスをモデルの一つとして，バウハウスが手仕事から機械へと導いた芸術を，さらにディジタルテクノロジーへと方向づけようとしている(❶)．

❶ZKM芸術メディアテクノロジーセンター（カールスルーエ）のCD-ROM

現代ヨーロッパを象徴するデザインに（エコロジー関連は他節に譲るならば），SwatchとiMacがある．後者はアメリカ製品だが，デザイン担当者はイギリスに生まれ，教育を受けたデザイナーであった．パソコンとしては革命的なiMacのカラフルなデザインは，1980年代以来人気の高いスイスの腕時計Swatchの路線上に位置づけられる．造形上だけではなく，ともに製造会社が不利な経営状況からの挽回を図り，成功した製品としても共通する．その意味で，デザインの重要性を再認識させたが，考えさせられる側面も大きい．両製品は形態と機能が乖離したマイクロテクノロジーの時代を，また，少なくともSwatchは，使い捨て文化に巻き込まれてしまったヨーロッパを象徴している．カラフルで中身の見える透過性外被は，そのようなデザイン行為の表面的な重要性と本質的な無意味さを，ともに暗示しているのである．

［藤田治彦］

■文献

Meggs, P.：A History of Graphic Design, New York, 1992.
Pevsner, N.：Pioneers of the Modern Movement, London, 1936 (Pioneers of Modern Design, New York, 1949).
Banham, R.：Theory and Design in the First Machine Age, London, 1960.
Jencks, C.：Modern Movements in Architecture, New York, 1973.
Jencks, C.：The Language of Post-Modern Architecture, New York, 1977.

1│105 アメリカにおけるデザインの流れ
－ビジネスおよびマスカルチャーとしてのデザイン

　デザインの発展を担った主要な3国を概観するとき，イギリスの場合，デザインは政府による輸出振興策の一環として行政との強い結びつきのもとに発展し，また，ドイツはデザイン哲学と教育の面で近代デザインの確立に貢献したが，アメリカのデザイン史上における独自性は，デザイン活動が当初から経済活動と強いつながりをもってきたことが挙げられよう．この企業活動との関係の強さは，今日にいたるまで，アメリカンデザインの基本的性格を形づくってきた．

　早くも，1919年，アメリカにおいてインダストリアルデザインはサービス活動であるという定義を与えられたが（ジョセフ・サイネル），デザインが職業として初めて成立したのも，アメリカにおいてであった．その発展の端緒は1920年代にさかのぼる．デザイン事務所の開設が相次ぎ，まず1926年にはW・ティーグ，27年，28年，29年にB・ゲデス，R・ローウィ，H・ドレフュスが相次いで事務所を設立した．企業内デザイン部門としては，ジェネラル・モータース（GM）が1927年に「アート・アンド・カラー」部門を設置したのをもって嚆矢とする．しかしGMの場合，それ以前の1921年にはすでに，その製品政策要綱で「販売におけるスタイルの重要性」が指摘されていた．周知のように，GMが先行するフォードに追いつき追い越したのは，デザインの導入を通じてであった．1920年代から30年代にかけてデザインの導入を積極的に図ったのはGMばかりではない．百貨店（メイシー），通信販売会社（シアーズ・ローバック），鉄道業（ペンシルベニア鉄道），電話会社（ベル・テレホン），家電メーカー（ジェネラル・エレクトリック）がデザインの経済的効果に着目し，その導入を図った．

　では，企業がデザインを必要とした時代背景は何であったか．一言でいえばそれは，「市場の飽和」である．市場の飽和が競争の激化を生み，その競争を勝ち抜くツールとして，デザインが導入された．これが，デザインサービスへの需要が企業の側から発生した背景である．自動車を例にとれば，ほぼ一家に一台の割で普及した時点で，製造過程にデザインが導入された．こうしたデザインの導入による製品の多様化とともに，消費者にとっては商品選択の幅が飛躍的に増大し，アメリカ社会に消費文化の華が開くことになった．しかしながら，この流れの中にあって，デザイナーは販売の単なる助っ人であったわけではない．上記パイオニアの著作が雄弁に物語っているように，彼らは芸術家であると同時に改革者であった．倫理的な心情を根底にもった彼らの世直しの気概が，単なる前時代の延長ではない物質文明の新たな型の創出を導いた，ということができよう．

■大衆文化としてのデザイン

　アメリカにおけるデザインの第二の特徴は，それがマスカルチャー（大衆文化）の一環として成立し発展したということである．その意味で，アメリカにおけるデザインは映画，漫画，ショウビジネスと同列にある．ヨーロッパのデザインがそのルーツを前衛美術に有し，エリート層には理解できても一般大衆には馴染みにくさをもっていたのとは大きく違う．デザイナーは新しい工業文化の形成にリーダーシップを発揮し，S・ギーディオンをして「公衆の趣味の形成に及ぼしたインダストリアルデザイナーの影響力に匹敵するのは映画のみである」といわしめたが，一方で，大衆の趣味に自らを沿わせることもやってきた．30年代における流線形の流行はその象徴的な現象であった．

　善きにつけ悪しきにつけ，アメリカのデザインは大衆とともにあったが，その悪しき面が顕在化したのが1950年代である．地位の象徴（ステイタスシンボル）を創出する一方，恒例のモデルチェンジを通じて，大衆の欲望の定期的更新にデザインは大きな役割を果たした．まさに，「欲望の制度化と，その制度的解決の担い手」になったといってよい．20, 30年代にあった世直しの意気は影を潜め，デザイナーは産業の潤滑油，セールスマンになった．その社会的地位も，企業の経営最高責任者と対等に渡り合ったかつてとは異なり，組織の歯車の一つになった．しかし，スタイリングデザインが横行しその商業主義が批判される50年代にも，光の部分はあった．ヨーロッパモダニズムを体現したG・ネルソン，C・イームズによるオフィスデザインがそれである．近代デザインは，モノの機能に従わざるを得ないとき，あるいは，機能がモノの製作・製造において一義的であるとき，その特性，長所を発揮する．オフィス家具はその意味で，近代デザインを受容するにふさわしい対象であった．逆に，趣味（テイスト）が主な関心事になる場面では近代デザインは影を薄くする．ローウィがいうように「デザイナーは居間から入ろうとして断られ」，そして，「勝手口にまわると受け入れられた」のである．

■低迷からの脱出

　60年代に入ると，アメリカ的デザイン文化に対す

る自信が失われ始める．フォルクスワーゲン・ビートルや日本のトランジスター製品のアメリカ市場への浸透とともに，他国のデザイン文化に対して徐々にアメリカ人の目が開かれた．一方で，R・ネイダーやV・パパネックによる現代モノ文明のありように対する根源的批判，V・パッカードによる企業の「計画的廃物化戦略」への批判が，旧来のデザイン体制を大きく揺さぶった．こうした流れは70年代に入っても続く．

80年代に入っても，日本，ヨーロッパに対するアメリカの製造業の劣勢，全般的低迷は続くが，80年代の終わり頃から90年代の初頭にかけて，モノづくりに対する姿勢，方法に根本的変化が見られ始める．エンドユーザー重視を信条とし，良いモノを作るための組織論，作業プロセス論が活発に展開される．こうして，論議はマネージメントをも巻き込んだ「モノづくりに対する総合的取り組み」の様相を呈するようになった．定型的組織に対する「チーム」の重視，ライバルに学ぶ「ベンチマーキング」，経営者を中核にマーケッター，エンジニア，デザイナーが作業空間を共有し共同で仕事を進めるコンカレンシーの導入など，一言でいえばなりふり構わぬ，本物のモノづくりへの強いこだわりが，実際，90年代前半に入り大きな成果を生み始めた．メディアもグッドデザインの振興に一役買った．経営・経済誌『ビジネスウィーク』とアメリカ・インダストリアル・デザイナー協会（IDSA）が共催で，1980年代の当初より，過去1年間に市場に現れた製品をデザインの立場から評価し金・銀・銅賞を与え誌上にて発表するという試み（インダストリアルデザイン優秀賞－IDEA）がそれである．毎年約千点のエントリーがあるが，これまでの受賞実績から，アメリカにおけるデザイン重視企業としてアップル，ブラック＆デッカー，コンパック，ヒューレット・パッカード，ナイキ，ラバーメイド，IBM社などが一般に知れわたることになった．アメリカらしいデザイン振興の方法といってよいだろう．

■エンドユーザーの重視

こうしたデザイン活動の枠組みの変更と平行して，1980年代末から90年代にかけてデザイン活動自体にも大きなシフトが見られた．エンドユーザー重視の観点から，製品の使い勝手にデザインの主眼が置かれ，そのための方法として学際的取り組みのもと，データをベースとしての知的・分析的アプローチが活発に採り入れられるようになった．デザインの成果物に現れた傾向としては，かつては存在したコンピュータと消費財，オフィスユースとホームユースの間のデザイン上の相違が小さくなった．換言すれば，ボーダーの曖昧化あるいは消失である．美的意匠あるいは外観など，製品の造形性がデザインサービスの重要な柱であることに変わりはないが，近年の顕著な傾向として，デザイン活動が企業の総合的な経営戦略にまで踏み込むかたちでコンサルタント業務化し始めてきていることも指摘できよう．このことはとくに，IDEO, FITCHなど，大規模事務所の場合に当てはまる．

1990年代後半以来，モノづくりの手法がいわゆるデザインの境界を超えて進化する状況が顕著になりつつある．これまで述べてきた諸傾向に加えて，インターネットが本格化した現在，「マスカスタマイゼーション」と称される新奇なモノづくりの方法が前面に躍り出てきた．経営・経済誌『フォーチュン』（1998年9月28日号）はこれについて次のように書いている．

「今，静かな革命がモノの作り方，サービスの供給の仕方において進行しつつある．数百万の顧客を抱える企業があなた一人のためだけにデザインされた製品を作ろうとしている．モノとサービスの種類は既に多岐にわたっている．あなたの必要にぴったり適したデル・コンピュータ，身体にピタリ，フィットしたリーヴァイスのジーンズ，あなたの体質にあった総合ビタミン剤も製造されている．CD，教科書，化粧品も同様である．ホテルに泊まればあなたの好きなワインが待っている．好きな人形のデザインもお好み次第……」

企業と消費者ないしユーザーとのインタラクティブかつシームレスな関係．このマスカスタマイゼーションの基本的特性こそ，アメリカにおけるデザインのありようを，GMにおけるデザイン部門の設置以来，今日まで規定してきた要因ではないだろうか．創意が決して市場と大衆から遊離しないことにより，デザインがマスカルチャーの一環であり続けたことは，アメリカにおいて，今も昔も変わっていない． ［栄久庵祥二］

■文献

A. P. スローン著，田中融二ほか訳：GMとともに，ダイヤモンド社，1967.
R. ローウィ著，藤山愛一郎訳：口紅から機関車まで，鹿島出版会，1981.
S. ギーディオン著，栄久庵祥二訳：機械化の文化史，鹿島出版会，1990.
フォーチュン誌，1998年9月28日号．
ビジネスウィーク誌，「Annual Design Awards」欄，1980年代初頭以後，毎年5，6月頃刊行．
Votolato, G.: American Design in the Twentieth Century, Manchester University Press, 1998.

1│106 ファッションデザインの流れ

■20世紀以前

　被服の基本着装方式である貫頭型，巻き付け型，包纏型，体形型の四形態は古代よりすでに存在していた．メキシコのポンチョ（貫頭型），エジプトのロインクロスやローマのトガ（巻き付け型），東洋のカフタンや日本の和服（包纏型）などである．現代の洋服の基礎となるのは，ヨーロッパでは発達した人体をかたどって縫製した被服（体形型）である．中世から近世の宮廷衣装などを経て，19世紀末に女性のファッションはきついコルセットで作り上げたS字型シルエットとなった．なお，1858年シャルル・フレデリック・ウォルトがパリに自分のメゾン（店）を創設し，現在のオートクチュールの起点となった．

■20世紀前半

　1906年ポール・ポワレが発表したコルセットを必要としない新しいデザインのドレスにより，女性の身体が開放され，現代に直接つながる被服の基礎が築かれた．また同時代，マドレーヌ・ヴィオネは女性の身体により強く意識を向け，バイアスカットなどの技術により身体の線と動きの表現を追求した．
　第一次世界大戦を契機として女性の社会進出が進み，機能的で実用的な被服が求められた．時代を的確に捉えたガブリエル（通称ココ）・シャネルは，ジャージー，ツィードなど実用的または紳士ものとされる素材を女性の被服に取り入れるなどして，自立した女性のための簡潔で機能美あふれる服を作った．アールデコ様式全盛期にシャネルらが世に送り出した「ギャルソンヌ」と呼ばれるスタイルは日本にまで及び，「モガ（モダンガールの略）」と呼ばれる風俗となった．シャネルらクチュリエが作るオートクチュールがヨーロッパのファッションを担った．
　世界大恐慌に続く1930年代のヨーロッパではロングドレスなど再び女性らしいスタイルが流行した．アメリカではハリウッド映画が確立し，その中に登場するオートクチュールの衣装は映画を観た世界中の人びとの憧れとなった．
　第二次世界大戦下の1940年代は，各国とも戦時の殺伐とした世相を反映して，硬いミリタリールックや日本においては国民服，標準服の時代となった．ヨーロッパと切断されたアメリカでは既製服産業が隆盛した．クレア・マッカーデルらが職業をもつ女性や主婦を対象としたデザインの水準の高い既製服を作り，今日アメリカンルックとして知られる数々のカジュアルウエアを発表し，浸透させた．

■20世紀後半－1980年代

　第二次世界大戦が終結すると1944年にパリ・オートクチュールが復活した．1947年にクリスチャン・ディオールが発表した「ニュー・ルック」は，平和と女性らしさの復活を表し，人びとの幸せな夢の象徴として世界中に受け入れられた．以後1960年代まで，パリ・オートクチュールが世界の流行を牽引した．ここで発表され世界中に影響を与え，20世紀後半のファッションデザインの基本型として定着したものに，ディオールのHライン，Aラインなどのいわゆるアルファベット・ライン（1954-57），クリストバル・バレンシアガのドレスやスーツやコート（1950年代），シャネルのシャネル・スーツ（1954）（❶），アンドレ・クレージュのパンタロン（1963）から始まりイブ・サンローランのパンツ・スーツ（1966）への流れなどがある．ロンドンのマリー・クワントがストリートファッションにインスピレーションを得て考案し（1960年頃），クレージュがパリ・オートクチュールで発表したミニスカート（1965）も一世を風靡した後，基本型の一つとして定着した．
　素材面では化学繊維の開発も著しい．ナイロン（1935），ポリエステル（1946）など，続々開発が進んだ．これらの技術はシルクのストッキングをナイロンストッキングに変化させ，さらにミニスカートの流行に伴いパンティストッキングに変化させた．またブラジ

❶CHANEL：シャネル・スーツ

ャー，ガードルなど下着にも伸縮素材が用いられ，一見19世紀までの形状と似ているように見える下着でも着心地ははるかに改善された．スポーツ用被服，宇宙服などの特殊な用途の被服の開発も進んだ．

　宇宙計画が進むなど科学の発展が目覚しい未来志向の1960年代では，世界のファッションは引き続きパリ・オートクチュールが牽引していたが，一方でビートルズに代表される若者も文化の重要な担い手として浮上した．若者から自然発生的に生まれるストリートファッションも大きな流行につながるようになった．その代表的なものとして，60年代後半に急速に広まったＴシャツとブルージーンズがある．

　1970年代は，泥沼化したベトナム戦争などの影響から既存の体制に反抗し自由を求めた時代である．ファッションの中心は，限られた富裕層対象のオートクチュールから広い中流層対象のプレタポルテ（高級既製服）へと移った．それまではファッション後進国であった日本のデザイナーが国際舞台において活躍し始めた．高田賢三は，西欧の服作りの枠からはみ出した平面裁断で日本的感性の光るエスニックファッションをパリ・プレタポルテコレクションで発表し，大成功を収めた．森英恵は，1977年に日本人として初めてパリ・オートクチュール会員に正式に登録された．プレタポルテのコレクションはミラノ，ロンドン，ニューヨークでも1年に2回の割合で行われ，世界に影響を与えるようになった．

　1980年代は70年代とはうって変わり保守回帰の時代となった．女性の社会進出は高い水準で進み，仕事での成功を演出するためにヨーロッパ伝統の構築的で高級な服が再び求められた．また素材に強みをもつイタリアのプレタポルテが世界の流行に大きな影響を与えるようになった．

　日本ではそれまでばらばらに開催されていたプレタポルテのコレクションが，1985年より「東京コレクション」として一括して開催されるようになり，東京も世界へ向けてファッションを発信する都市の一つとなった．日本人デザイナーの国内外での活躍も目覚しく，一枚の布やプリーツによる新しい服を提案しつづける三宅一生に続き，西欧の伝統的なエレガンスや服作りのセオリーの枠を超え素材重視の抽象的で斬新な服を提案しつづける川久保玲（ブランド名はコム・デ・ギャルソン）および山本耀司は，「東洋の衝撃」としてパリを通して世界で認められた（❷）．

　また80年代にはジャン・ポール・ゴルチェによる性差の揺らぎの問題や下着のアウター化，アズディン・アライアの「ボディコンシャス」による身体の再認識，ヘルムート・ラングの新素材使用に端を発した皮膚感覚の再認識などが提起された（深井，1998）．

■ **1990年代以降‐21世紀へ**

　1990年代は1980年代から引き継がれた性差の揺らぎや皮膚感覚の問題が繰り返し検討された．また，1980年代の男性と対等に仕事をする強い女性像とはうって変わり，自立はしているが精神的により深いものを追求する静かな女性像がデザインの中心に据えられた．今後ファッションは記号的側面をますます強め，インターネットなどの情報化の進展に伴い，全世界で同時的な変化が進むものと考えられる．

　ファッションデザインは，一人のデザイナーのクリエイティビティによってのみ動かされるものではなく，ビジネスとしての側面も含めて時代や社会背景と密接に結びついていることも忘れてはならない．したがって，人間が本能的に何かを着たいと感じながら社会の中で生きつづける限り，ファッションデザインは今後も情熱的な変化を続けるであろう．　　　　［長沢幸子］

■文献
深井晃子監修：カラー版世界服飾史，美術出版社，1998．
Haye, A. de la and Tobin, S.：Chanel The Cootoriere at Work, p.95, Victoria & Albert Museum, 1994.
川久保玲監修：COMME des GARÇONS，pp.14-15，筑摩書房，1986．

❷川久保玲：東洋の衝撃・穴のあいたセーター（1982）

1|107　今日のデザイン哲学

■モダニズムデザインの哲学

　今日のデザイン哲学は，三つの時期に分けることができる．一つはモダニズムデザインの哲学であり，2番目はポストモダンのデザインの哲学，3番目はこれから始まろうとしているデザインを先取りする哲学である．

　モダニズムのデザインを支える哲学は，18世紀以来の啓蒙主義，19世紀の進歩主義を背景にしている．それは，プラスの価値を信頼する哲学である．その基本的な背景にあるのは産業革命である．人類の前進，生活の合理化などを目標とする産業革命は，モダニズムのデザインを生む原動力であったといえよう．

　モダニズムのデザインの哲学はいたるところに見出すことができる．たとえば，ヴィクター・パパネックは，『地球のためのデザイン』の序論にあたる「デザインの力」の章で次のように書いている．「すべての人間には，理解可能な秩序，美しさ，適性，簡潔性，予言的思考および遊び心のある革新を求める根源的な要求がある．デザイナーは作品を通じてこれらを満たすように試みる」．モダニズムのデザインを支えていた哲学は，機能性・進歩・美しさ・グッド・スピードといったすべてプラスの価値をもつ理念である．

　たとえば，今世紀前半に大きな影響力をもっていたフランスの哲学者ベルクソンに「生の飛躍」（エラン・ヴィタル）という概念がある．それは上方に向かって飛躍する，生命体のもっているエネルギーを概念として表現したものである．時代精神は，上昇するもの，スピードのあるもの，美しいもの，グッドであるものを求めた．このフランスの哲学者の理念が，イタリア未来派を媒介にしてアメリカに伝わる．それが，たとえば船舶・飛行機・自動車などの流線型というデザインになり，スカイスクレーパーのような高さを求める建築になり，情報の伝達のスピード化を実現するさまざまな機器の発達として具体化された．建築物は高層であることに価値が見出されることになる．こうして機能主義が装飾主義よりも優位に立ち，それはナチズムにおいて，異様なかたちを取って具体化されるという副産物を生むケースも生じた．しかし，一般的には，かたちと機能と美しさは，ほとんど同じものと考えられた．パパネックのように，デザイナーが秩序・美しさを求めるのは，当然のことと考えられた．もちろん，モダンデザインにも多様な要素が含まれているから，一概にはいえない部分も残されてはいるが，少なくとも1960年代前半あたりまでは，デザインはモダニズムの哲学を文字どおりに受け取っていたのである．

■ポストモダンのデザインの哲学

　「ミネルヴァのふくろうは夕暮れになって飛ぶ」という言葉があり，それは，哲学が現実よりも遅れて登場するという意味であるといわれている．これは，モダニズムの後に登場するポストモダンについても当てはまることであり，ポストモダンもまず建築の領域で語られ，実践され始めたと考えられる．中心になるはずの価値がなくなり，小さな価値のものを寄せ集めて何かを作るという方法が求められた．それをリオタールをはじめとする哲学者たちが理論化し，概念化していった．ただし，ポストモダンは，デザインの領域では，あまり明確に具体化されずに終わったということもできるかもしれない．ポストモダンの哲学は，それまで自明のこととして受け取られていた，進歩・理性・真理・美しさ・グッドといったプラスの価値について，その「脱構築」を求める．「脱構築」とはもともとは建築の用語で，新しい建築を作るときに以前にあったものを一度解体して作り直すという意味である．ハイデガーにおいてすでに見出される「脱構築」を哲学の領域で徹底的に論じたのは，フランスの哲学者ジャック・デリダである．デリダは，西欧の伝統的な価値の基準とされてきた真理・理性・進歩といったプラスのイメージのある概念についての根本的な見直しを求めたのである．基本的には，このような考え方は「神の死」を論じたニーチェの哲学の系譜につながるものである．あらゆる価値の転倒を求めるニーチェのニヒリズムが，ポストモダンの源流にある．

　デザインの領域では，このような「脱構築」は具体的なかたちをもつものとして示されることは少なかったが，それでも，支配的な価値の消滅した時代においては，たとえばキッチュや，まがいものが作られ，また，さまざまな要素の寄せ集めという方法が試みられた．支配的な価値のあるものがなくなった時代においては，過去のデザインのイディオムを「引用」する方法が多用されて，折衷主義のデザインになる．これは70年代の建築においてとくに見られた傾向であった．また，小さな価値しかもたないものを寄せ集めたり，ことさらに今まで無価値と考えられてきたものを積極的に使う「キッチュ」として具体化される．ポストモダンのデザインの中心はキッチュであるとさえいえるかもしれない．ポストモダンはモダニズムに対する内部からの批判であったといわれている．振り返ってみると

きに，それは，20世紀の世紀末に向かう時代に，どのように未来をイメージするかを模索する哲学であったと評価できるであろう．

■これからのデザインの哲学

21世紀初期のデザイン哲学の方向を仮に予測するならば，次のようになるであろうし，また，その傾向は多少とも感知することができる．それは20世紀までの哲学を支配してきたデカルト的な思想体系の崩壊であり，それに代わる新しい哲学の台頭である．その傾向は，20世紀末になってにわかに論じられ始めたアフォーダンス理論の中に読み取ることができる．アフォーダンス理論は，アメリカの心理学者J・J・ギブソンによって示され，そのあと，アーノルド・D・ノーマンによってデザインの領域に拡大された．アフォーダンス理論とは，モノが人間に対して呼びかけ，メッセージを発していると考える立場である．

ノーマンが『誰のためのデザイン？』で紹介しているイギリスの鉄道の駅にあるパネルシェルターの例はしばしば言及される．それによると最初パネルシェルターをガラスで作ったところ，蹴飛ばされて破壊されたので，ベニヤ板にしたところ，今度は落書きをされたというのである．それは，ガラスが「蹴飛ばせ」というメッセージを，ベニヤ板は「落書きせよ」というメッセージを発しているからであると解釈できる．このように考えるのは，モノに言語と意識を与えることである．それは，長い間支配的であった，精神と物体を分離させるデカルト哲学の完全な否定である．21世紀の新しいデザインは，おそらくこのような一種のアニミズム的・心身融合な哲学をもとにして展開されるであろう．それは，エコロジー的な思想でもある．最近，哲学・美学の領域でしばしば「崇高（サブライム）」の概念が論じられている．それもまた，人間と世界もしくはモノとの間に，今までの「美」や「グッド」や「キッチュ」では処理しきれないものがあることがようやく意識され始めたということであろう．判断力批判におけるカントの崇高論が今いたるところで再検討され，アメリカではテクノロジカル・サブライムという考え方も展開されつつある．これはポストモダン以後のデザインの哲学への示唆を支える傾向である．　　［宇波　彰］

■文献

V. パパネック著，大嶋俊三ほか訳：地球のためのデザイン，鹿島出版会，1998．

Norman, D. A.：The Design of Everyday Life, The MIT Press, 1998（野島久雄訳：誰のためのデザイン？，新曜社，1990）．

1|108　未来を切り拓くデザイン

■拡張された三つのデザイン

　1989（平成元）年に名古屋市で行われた世界デザイン会議の中で，ドムス・アカデミーの教授（当時）であったエツィオ・マンジーニ氏は，現代の環境の特徴を三つのパラドックスをひいて次のように説明している．

　まず，エレクトロニクス・テクノロジーによって非物質化が進んでいるにもかかわらず，物理的に廃棄されるゴミの量は増えつづけていること．端的な例でいえば，ペーパーレス・コンピュータが普及しても，紙の消費量はいっこうに減らない．また，情報社会はノイズのない社会のように思われていたにもかかわらず，われわれの環境はノイズに満ちあふれている．そして，生活の中に高度な機器が入り込み，家事労働をはじめ快適な生活が実現できると思われたにもかかわらず，都市空間などわれわれをとりまく環境の劣化は進む一方である．通信や情報技術の進展によって切り拓かれる未来は，パラドックスに満ちた社会なのだと彼は述べた．それは，明るい未来などはどこにも存在しない，ノー・フューチャーだという一つの冷静なものの見方なのかもしれない．そして，これは，インターネットをはじめ，技術の変化やその革新のスピードがますます速くなった21世紀の今日でもそうである．未来がさらに不透明さを増しつつある今，デザインには一体何が成しえるのだろうか．

　デザインは80年代，アヴァンギャルド（前衛的）で人びとを驚かせ，野心的なものとして非日常的な空間（象徴性）をみごとに演出し作り上げた．90年代はそれとは対照的に，われわれの日常を簡便に，穏やかにするものとして，適切で妥当（adequate）なデザインが求められた．インタラクションデザイン，ユニバーサルデザイン，エコロジーデザインという三つのテーマが注目されるのも，そうした流れの現れである．

　今や日常生活の中に，パソコンに限らず玩具から家電製品，車，住宅まで，いたるところにマイクロプロセッサが使われている．コンピュータが広く浸透し，人間をサポートする環境，コンピュータの遍在化（ユビキタス・コンピューティング）は，人びとに対してそれらのモノとどのように対話し，そのパフォーマンスをフルに使いこなし，機能を最大限に発揮させることができるのだろうか．そのために，かつてデザイナーが造形家として行なった形や色や素材による美的創作活動だけではなく，もっと使いやすく，わかりやすいインタフェース（コミュニケーション），そしてそれら電子的性格が加わったモノとのインタラクションの形成こそが，デザインに期待されている大きな役割である．

　一方，エコロジーデザインの視点は，「何一つ無駄にしない，何一つ残らない」新しい循環システムへの転換を必要とする．これまでのモノづくりが素材を加工し，それらをアッセンブル（組み立て）することで付加価値を与えることであるとするならば，付加価値を取り去っていくこと，資源から製品を生産する「工場」に対して製品を素材，原料に戻していく「逆工場」（inverse industry）の発想が今後のモノづくりに課せられている．デザインにとっては，循環のプロセスの中で全体のコンテクストを理解せず部分（detail）に突入してしまうことへの戒めである．

　ユニバーサルデザインがわれわれに目覚めさせてくれたことは，人を不能（disable）にさせないということである．製品は，メーカー間の熾烈な機能・性能競争によってますます高度化する一方だが，その高性能の製品を使い，享受できるのは一部の人たちにすぎない．高機能，高性能になればなるほど，操作は複雑化し，専門的知識を必要とする．そうなることでその製品を使えない人びとを大量に生み出す．つまり，製品によってそれを使えない人たちにするのでなく，だれでも共用できる製品をめざすべきである．

　デザイナーは，ユニークさや見た目のインパクトだけでなく，いわば適切なデザインを求められているのである．これらは90年代に拡張されたデザインといえるだろう．デザインが果たすべきは，日常の平穏であり，日常の充実であり，その経験の質を高めることなのである．今日のデザインは，こういった課題をもとに発展をしているといえる．

■転換期の中で

　デザインの行為は，すでに存在するコスモス（秩序）をカオス（混沌）としてとらえ，新たなコスモスを創造する行為だと考えれば，21世紀を迎えた今日は，新たなコスモスを再創造する時代といえるだろう．

　日本のデザインは，大きく変わろうとしている社会や企業活動の中で，転換期を迎えている．これまでのデザイン活動，とくにインダストリアルデザインの多くは，企業内デザイン部門から生まれてきたものである．組織力をもって世界に対応してきたデザインともいえる．しかし，企業内デザイン組織の活動は，ややもすれば，量産メリットを最大限生かし商品をいかに作りやすいデザインにするか，いかに他社と差別化

し，売りやすいものにするかに力が注がれる．その結果，デザインの横並びの状況が同質化を生み，突出したものが生まれないという問題点も指摘されている．それらを克服するために企業のデザイン部門の改革や改組が行われ，また，社内の業務や職能という縦のつながりから社外の専門家や企業，エンドユーザーとの新しいつながりや広がりをもったオープンエンドなデザイン活動が始まっている．

一方，日本の主力だった企業デザイン部門の動きとはちがった形で30代の若いフリーランスデザイナーの動きが注目されるようになった．彼らは，自らの主張がしっかりしている．個性的で何かと日々戦っている様子が直に伝わってくる．見方を変えれば，既存のデザインからもっとはみ出していこうとする異端児なのかもしれない．彼らは，それぞれが会社勤務，海外経験，フリーランスデザイナーの事務所勤務などを経ていて，現在の地位にいる．

彼らに代表されるアプローチは，独立しているがゆえに生まれ，彼らの個性やオリジナリティの中から生まれてきたデザイン戦略である．力強い個性をもったフリーランスデザイナーは，ビジネスパートナーとしてどのような役割を担うことになるのだろうか．組織活動を主としてきた企業のデザイン部門は，フリーランスとの新しい形のコラボレーションの方法を注意深く作り上げていく必要があるだろう．それによって日本のデザインは大きく，そして面白く変わることができるのである．

■ **デザインのエンライトメント**

21世紀を迎えてグッドデザイン賞の大賞（グランプリ）には，それぞれエンターテインメントロボット「AIBO」(1999-2000)，衣服「A-POC」(2000-2001)，公共施設「せんだいメディアテーク」(2001-2002)が選ばれている．そのどれもがこれまで日本が作り上げ，発展させてきた技術やデザインとは異なった性格をもったものである．

ソニーの作り出した「AIBO」は，車や家電製品のように，人の身体に代わる，人を助けるといった（たとえば，電気洗濯機は主婦の家事行為を軽減させた）ものではない．この犬型のロボットは，人に資するという機能を果たすことのない製品である．あえていえば，人の心を癒し，コミュニケーションの相手の役割を果たすペットのような製品である．

三宅一生の「A-POC」は，人と衣服の新しい関係を作り出している．"A PIECE OF CLOTH（一枚の布）"の頭文字をとったこの衣服は，その名の通り，一枚の布が服や家具など多様な形に変化する．購入者はそれぞれ自分でその部材を切り離し，身につけることができる．デザイナーが織布の段階から生産プロセスをコントロールできるので，一人一人のオーダーに対応でき，生産過程での無駄をなくすことが可能である．個別対応と量産成果という相反する条件を満たす，これからの生産方式を予感させている．

伊東豊雄設計の「せんだいメディアテーク」は，柱と梁からなるこれまでの構造とまったく異なった「プレート」「チューブ」という高度な建築構造だけではなく，運用のプログラムやしくみといったソフト面の工夫によって，公共施設，建築空間そのもののあり方を一変させた．美術館や図書館の習慣的なモデルを組み直して作り出された複合施設は，本を読む，コンピュータを使う，映像を観る，展示作品を観賞する，ディジタルコンテンツを作る，ワークショップに参加する，人びとが語り合う……など，さまざまな活動や行為を包み込むフレキシブルな情報空間を生み出している．この施設は，人がそこに接触し，交流すること，そのための媒介物としての建築である．つまり，それ自身がメディアの役割をなすのである．

これらは，これまでの日本のデザイン活動を一歩進めて，ヒトとモノとの新しい関係を作り出し，技術やエンジニアリングに目標を与え，21世紀の産業や生活の具体的なイメージを駆き立ててくれるようなモデルの提示である．実験精神から導き出されるこれらのデザインの概念や方法論に，日本の未来を拓くキーが隠されているように思われる．そしてそれは同時に，ある意味では世界の未来を拓くものでもある．

長らくデザインは，産業やビジネスの中でその役割を果たしてきた．未来を切り拓くデザインは，デザインの基本的な力である「ことば」（いってみる），「ビジュアル」（描いてみる），「かたち」（作ってみる）この三つの力によって，自分たちの取り組むべき新しい仕事や領域を作り出すことが今後のテーマとなる．それは，コミュニティ，サービス，コミュニケーションなどの従来のデザインの範疇から欠けている社会システムを充実させていく取り組みであろう．そして，それは，われわれの環境や生活や文化の創造を通して，新たな秩序を開明（エンライトメント）することである．

［山田裕一］

1|201 道具デザインの名作をめぐって

20世紀という産業革命とポスト産業革命の時代は，ありあまる製品を産み廃棄してきた．生まれては消える製品の中から名品として記憶に残る，あるいは今でもなお生産を続けている製品は，ある時代の技術とその時代の人間の欲求の間に放たれた火花が産んだものにちがいない．その1世紀の工業製品を素材という視点で振り返れば，鉄の名品からプラスチックの名品へ，技術の面から回顧すればエンジンと熱の名品からエレクトロニクスとクールな名品へ，そしてそれらを熱望した社会的な側面から分析すれば高価で特権的な階級の名品から大衆の名品へと変化し成長した．

技術と産業面では，大戦の間が20世紀後半の技術革新の基盤を築いたのは皮肉ながらも確かな事実だ．中でもプラスチックと成型合板，そして演算と通信技術の飛躍的な進歩は，確実に次の世紀に向かって歩み始め，その技術を取り込んだハイテックなモダンデザインの名品を産んだ．BICの使い捨てボールペン，そしてダイナースカードがともに戦争の直後1950年に生まれたのも事件ともいうべき出来事だった．これらは大量消費から大量廃棄の時代へ突入したことを象徴し，手の掌サイズのカードはまもなくあらゆる製品のデザインを左右する鍵をにぎる存在となる．この二つのデザインの果たした役割は測り知れない．

■1940年代までのデザイン

20世紀のデザイナーのほとんどが影響を受けた古典ともいうべき書籍の出版は，ほとんど1930年から1940年代だった．ルイス・マンフォードは『技術と文明』を1934年に，ハーバート・リードは『芸術と技術』を1934年に，ニコラス・ペヴスナーの『モダンデザインのパイオニア』は1936年，ジークフリート・ギーディオンの『空間・時間・建築』は1941年，と7年間に集中している．イギリス工業部品のスタンダードの誕生(1902)，ドイツのヴェルクブンド(1907)，バウハウス(1919)，アールデコ；エスプリヌーヴォー展(1925)などの量産とモダニズムの刺激が工業製品を技術が生んだ作品ととらえ，現代社会にとってかけがえのないものである，とデザインの役割を理論的に問い直す書籍だった．1934年にニューヨークの近代美術館(MoMA)が工業製品をかけがえのない美しいものとして"Machine Art"展で展示したのは，その証明だった．この年代までの名品は，ドイツとアメリカに集中する．量産がデザインの質を要求した結果であろう．

■日本デザインの文法を作った1958年

日本に目を向ければ1958年から1960年代の前半は日本デザインの第一次黄金期といえるだろう．大量生産と大量消費が家族の快適な生活を約束すると信じていた1960年代前半までは，一家に一つの製品が多く，それらは金属の時代であったことを物語る．1960年代後半がデザインの大きな転換期であったことも明らかだ．プラスチックの成型技術の進化は鉄でかなわなかった造形と軽量化を可能にし，家族というより個人の日常生活を充実させる名品が現れる．だが，1958年が日本のデザインにとって決定的な年だったこともはっきりする．スバル360，ソニーのラジオTR-610，そしてホンダのスーパーカブが同じ年に発売され，ニコンF，キャノネットとセイコーファイブを加えて日本の経済のゆくえを決定した五つの輸出産品の名品は，1958年から1963年のわずか5年間に登場し世界の市場を驚かせ始めた．経済の上昇期にはスタイルが過剰になりその反対の時代には機能性が求められ，デザインは簡素に，そして問題解決がデザインに要求されるというが，この5年間の日本デザインはそのどちらでもなく，優れた性能をあくまでもコンパクトにデザインするという「精緻の構造」といってもよい日本デザインの文法を編み出し，ヨーロッパのデザインと産業界にショックを与えた．

■日本のデザインのアイデンティティを求めて

1960年代後半から1970年代に向けて，日本のコンパクトなデザイン手法が世界のスタンダードになり始める．1972年のホンダのシビックの成功はそれを如実に物語る．その間イタリア，ことにオリベッティやスーパースタジオはデザインの概念を変えようと先鋭的な運動を繰り広げた．その刺激的なスローガン，華やかさ，先進素材の使い方と造形はジャーナリズムを通して日本はもとより世界的に影響を与えたかに見えるが，輸出産品として普及することはむずかしく，今なお生産されているものはない．だが，事務機器を生活の用具にしたデザインの手法は，新しいライフスタイルの提案として受け取られ刺激材として機能した．それと時を同じくして，1964年の東京オリンピック開催と新幹線の開業をきっかけに，日本のデザインは伝統を振り返り始めた．和風を製品のアイデンティティ確立の助けにしようと努力したが，日本デザインのアイデンティティは結局，1980年代に頂点を極めたハイテク機器の量産を待つことになる．

第2章｜デザインの名作たち－道具編

■ライフスタイル提案の 1970-1980 年代

1972年にホンダ・シビックは「新しい生活のスタイル」を提案し，コンパクトな日本の自動車のデザインが世界に認められたのは先駆的な作業だった．1979年のソニーのウォークマンは新しい音楽とのつきあい方を提案し，同年発売のオリンパスXAもまた精密機器を皮膚感覚にデザインし記録の日常化を容易にした製品だった．その流れに沿って1980年代のデザインの大きな流れはライフスタイルの提案に向かっている．エレクトロニクス搭載，ディジタル化の波の中でデザイナーの作業は造形への取り組みの向こうで人の暮らしと製品との関係を模索し始めたのも新たな挑戦だった．ナショナルのアルファチューブは姿勢に合わせるテレビを提案し，ソニーのプロフィールはテレビを情報機器ととらえ，従来のテレビ解体に挑戦しているのは注目すべき成果であろう．モノクロームで直線的なドイツのブラウンが代表する機能主義に理想を見出し，それを追い求めてきた日本のデザインが，1980年代になってそれまでの傾向に決別したのはハイテク機器の量産に入ったときからだった．機器は家具の一部でもなく，インテリアの装飾品でも彫刻でもなく，機械部品の一つ，あるいは複雑な機能を包む薄い一枚のカバーでしかないことを認識しそれをロジカルに追求した．薄いカバーであることを主張したとき，その表面に現れるグラフィカルな処理は，1958年に編み出したコンパクトであるためのデザイン文法にハイテクであることを主張する表面処理の文法を確立したのだ．「ブラックとマット」と表現してもいいこの基本的な文法は，インターナショナル様式となり工業製品のデザイン国境が消えた．トヨタ・セルシオ，シャープのビューカムまでが日本の第二のデザイン黄金期といえよう．

ほぼ10年間デザイン変更をせず，これこそスタンダードとだれもが評価したアップル社のマッキントッシュのデザインは，かつてオリベッティ社のバレンタインがそうしたように，1984年にコンピュータを家庭に導くきっかけを作った．いやマックの初代のすごさは，専門家しか使えなかった道具を初心者でも使えるようにアイコンという視覚と触覚を同時に刺激するデザインを投入したことだった．この白い箱のデザインが事務環境の色彩を変革した事実も忘れてはならない．静かに浸透していったマックの横でポストモダンのデザインが麗々しく取りざたされたが，名品として残る製品はない．だがイタリアンデザインは，ミニマリズムを信奉してきたモダンデザインへのアンチテーゼとして機能したことは確かだ．

■形態は機能に従わない 1990 年代とデザインの未来

1990年代はコンセプト優先のデザインといえる．あるいはとりとめのないデザインの時代でもあった．最先端の技術を搭載している製品の傾向は，携帯電話が代表するように，電話もファックスも電子メールもあるいは家電製品の制御もできる情報の端末化を模索し始めた．自動車でさえ，情報の端末であることを宣言したのだ．性能を特定できないままスクリーンとボタンがある容器という条件だけで，多くの機器のデザインが成立する．カメラか，コンピュータか，ビデオか，電話か，手帳か，辞書か，電話帳か，いやそのすべてでありそのどれでもないのか，機能を特定できないディジタル世界の機器が増殖する．二つのロボットの登場は，ますます形態は機能に従わない時代，複雑な機能を象徴する形態がないことをはっきりさせた．1968年のラジカセに象徴される機器を「と」のデザインと呼べば，1990年代は「も」のデザインと呼べるだろう．多くの「も」を組み込んで豊かさへの階段を登り，21世紀は確実に環境保全を求める．その取り組みはすでに始まったが，1990年代の名品として後世に残るエコロジカルなデザインはトヨタのプリウスであろう．素材の開発と選択，省エネルギーとリユース，リサイクルに対応するデザインへと今後のデザインの焦点は絞り込まれるにちがいない．エコロジー，安全性，障害者への配慮，などデザインが挑戦してきた20世紀最後の課題は解答にとまどっている．

20世紀デザインの名品を選定した筆者たちはそれぞれ専門領域のデザイナーとして第一線で活躍し，選択すべき製品と格闘してきた．その実践の場から100年を振り返りながらこれぞという製品を選んだ．その基準は本章の最後に記したが，日本の製品を50％選ぶという条件で選定した結果，ヨーロッパから見たデザイン史とは異なる歴史が見えてきた．これまでのデザイン教則本では語られなかった日本のデザインの一世紀に光が当たったと確信する．産業の先進国から学び，1958年に自らのデザイン手法を編み出し，機能主義デザインの理想を追いながらも1980年代にハイテクというインターナショナルな様式を産み，今，日本のデザインはディジタル世界の渾沌の中にある．

［竹原あき子］

1|202 1900-40年代（1）

1 メルセデス・シンプレックス

手軽な交通手段としての車，その動力源である主体が馬から内燃機関へと移行していく，いわば自動車の黎明期の象徴的な存在といえる．プレス製フレーム，ペダル式ブレーキ，ドライブシャフト，4速コラムシフトなど，画期的な機構をもち，その後の自動車全体の発展に寄与した貢献は測り知れない．デザインからいうと，工芸といわれたものから工業デザインという新しい考えが芽生えてきた時代である．当時の車のデザインには，上記のような大きな変化に苦悩するデザイナーの姿が垣間見える．そんな中で，このシンプレックスは馬車の趣を残しながら，機能的な新しい発想を組み合わせ，全体としてコンパクトかつシンプルにバランスよくまとめられている．当時の車の中では，高貴な雰囲気を漂わせ出色のデザインである．

[渋江建男・海老澤伸樹]

■製品名：メルセデス・シンプレックス
■会社名：ダイムラー–モトーレン–ゲゼルシャフト（現：ダイムラークライスラーAG）
■デザイン：同社デザイン部門
■発売年：1902年

2 亀の子束子

かつて台所用の物洗い道具には，稲藁や木の皮，棕櫚，竹などさまざまな植物繊維が使われていた．それらを束ねて使う物洗い具の名称も地方によりさまざまであった．それを「束子（たわし）」の名で総称するようになったのは，この明治時代のヒット商品である亀の子束子の後のことである．考案したのは，東京小石川で棕櫚縄製品を製造していた西尾正左衛門．繊維を2本の針金で撚って棒状にし，これを輪に曲げて両端を結束するというシンプルな構造のデザインである．発売後，すぐに材料は少量の繊維しか取れない棕櫚から，量産のきく輸入品のココヤシの実の繊維に変わった．素材の特性を生かしたシンプルな構造と握りやすい形態，さらに考案者・西尾の近代的事業感覚（ネーミング，特許・商標権，ブランドマーク，パッケージ，店頭ディスプレイ，広告など）によって全国商品となり，海外にも輸出された．昭和30年代から普及してきたスポンジなどの化学素材の「束子」とともに，今日まで台所道具の定番であり続けている．

[面矢慎介]

■製品名：亀の子束子
■会社名：西尾正左衛門商店（現：亀の子束子西尾商店）
■デザイン：西尾正左衛門
■発売年：1907年

3 ベスト・ポケットコダック

今世紀初頭の注目される動向の一つとして，ロールフィルムの出現がある．それまでの限られたスタジオ空間の活動から自由な野外活動へ，さらに極地遠征へと新しい欲求の高まりに応じて，日中装填と連続的撮影を可能にしたロールフィルムは，カメラのあり方に大きな影響を与えていく．中でもイーストマンコダック社は有名な広告「あなたはボタンを押すだけ，あとは当社が引き受けます」のフレーズをかかげ，簡易ハンドリングと写真処理サービス（DPE）による近代写真システムの基盤を築き，カメラの普及に道を開いていく．このような情勢の中で，とくにベスト・ポケットコダックは，折たたみのコンパクト性において現代の小型カメラに匹敵し，楽々とポケットに収めることができる．アルミ合金ボディは精度と強度を保証し，一方携帯性，操作性に優れた機能構成は近代合理性の範を示すデザインの基本といえよう．また，コンテッサ，小西六をはじめ同形式のカメラが多く市場に出回り，一時代を形成した．

[篠原 宏]

■製品名：ベスト・ポケットコダック
■会社名：イーストマン・コダック（アメリカ）
■デザイン：同社設計部門
■発売年：1912年

第2章｜デザインの名作たち－道具編

4 ジョーンズ・サイクロン

バイクデザインを語る上で欠かすことのできない存在はレーシングマシンである．1885年，ダイムラーの開発成功で一躍世間の注目を集めた「エンジン付き自転車」はその後多くのエンジニアや町工場の職人達の努力によって急速に改良され，1920年代になると「顧客に迷惑のかからない」バイクも出そろうことになる．当然のように技術力を誇示するためのレースが盛んに行われた．ここで取り上げたサイクロンは，ミネソタ州のジョーンズ社が1914年に開発したレーシングマシンである．当時としては超先進技術だったOHCエンジンを搭載．美しいエンジンのみならず「レース終りまで壊れず走り，一番でゴールする」というわかりやすい目的に合わせて極限まで検討され単純化されたプロポーションのすばらしさは，モーターサイクルデザインのエッセンスである．　　　　　　［宮智英之助］

- 製品名：サイクロン
- 会社名：ジョーンズ（アメリカ）
- デザイン：同社デザイン部門
- 発売年：1914年

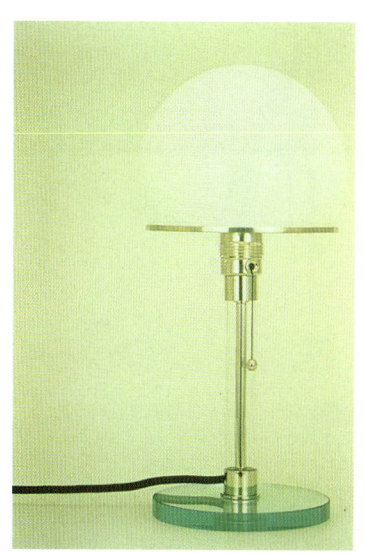

5 バウハウス・テーブルスタンド（ガラスタイプ MT9/ME1）

この照明器具は，バウハウスの学生であったワーゲンフェルドとユッカーの共同で1924年にデザインされた．当時のバウハウスでは，ウィリアム・モリスの思想を採り入れ，「素材の真理」と，「形は機能に従う」という法則を結びつけモダンデザインを実践しようとした．そのバウハウスの姿勢が読み取れる好例がこの製品であって，工業素材（ガラス・金属）の使用を強調し，ガラス軸の中を通るコードを見せる，などで各部の機能を意識させている．基本的な幾何形態で構成されたフォルムは，今日からすると常識的でかつ必然的なデザインではあるが，当時の既成概念の中で幾多の試行錯誤の末到達し，バウハウスの最も有名な製品の一つに数えられた．
　　　　　　　　　　　　［落合　勉・加藤俊男］

- 製品名：ワーゲンフェルド・ガラスランプ Wg24
- 会社名：テクノルーメン（ドイツ）
- デザイン：ウィルヘルム・ワーゲンフェルド＋カール・J・ユッカー
- 発表年：1924年

6 ライカ

ライプチヒ見本市に出品されたライカが近代カメラの原型となった．一般には市販されていない映画用の35ミリフィルムを使い2コマを1画面とし，後々ライカ判と称される36×24mm画面の小型カメラの提案であった．すべてが金属でできており精密加工が可能なところから，第一次世界大戦後，急速に進歩する科学技術に伴い新しい機能が次々と組み込まれて，カメラが精密機械へと進展していく．目覚ましく発展する科学技術のその成果は人の心を引き付ける魅力をもっているが，技術を優先するあまり，時として冷徹な冷たさを感じさせることがある．1932年，ライカに対抗して発売されたコンタックスの直線的デザインは，いかにも近代的な精密機械らしさを感じさせたが，写真を写す道具として，手に優しく親しみのあるライカの方がカメラの主流となっていった．　　　　［米谷美久］

- 製品名：ライカ
- 会社名：ライツ（ドイツ）
- デザイン：オスカー・バルナック
- 発売年：1925年

1│202 1900-40年代(2)

7 スチールパイプ椅子 モデルB3

マルセル・ブロイヤーのスチールパイプ椅子やパイプとガラスの机などは，家具のデザインに革新をもたらした．1920年代のモダンな建築は透明な空間や光そして構造を露わにすることを目標にしていた．その空間にふさわしい家具を提案したことに歴史的な意味がある．スチールが工業素材として普及したこの年代に，アドラー社の自転車にヒントを得たブロイヤーがパイプを椅子に応用することを思いついた．アルミニウム，スチールパイプ，ガラスといった新しい素材に果敢に取り組んだ時代の作品である．後年バウハウスの同僚であったカンディンスキーのために製作したため「ワシリーチェア」と呼ばれるようになった． [竹原あき子]

- ■製品名：スチールパイプ椅子 モデルB3
- ■会社名：ノル（アメリカ）
- ■デザイン：マルセル・ブロイヤー
- ■発売年：1925年

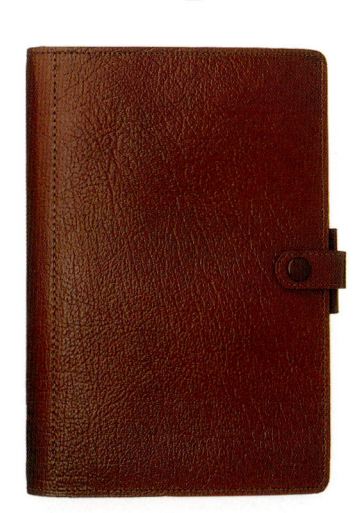

8 ロレックス

ロレックスは，1926年に世界で初めての実用的な防水腕時計として発売して以来，外装やムーブメントは改良しているが，現在にいたるまでその基本的なスタイルは一貫して変えることなく作り続けている時計である．デザインスタイルは基本的に定番モデルが主流で，ケースの素材，バンドの素材と形状，ベゼルの装飾的なカット，ダイヤルの色調やアワーマーカーの素材や形状に変化をもたせることによって，客が「選べる」商品バリエーションを構成している．価値観が多様化し，消費者が移り気になっているといわれる現代にあっても，その一貫して変わらないデザインポリシーとアフターサービス体制，そして高い信頼性などの実績が評価され，高価格商品ながら幅広い顧客層から支持されている．機械式の自動巻時計ながら，クオーツ全盛の現代にあってもその魅力を失わない「大人のウオッチ」である． [田中太郎]

- ■製品名：ロレックス
- ■会社名：ロレックス（スイス）
- ■デザイナー：同社デザイン部門
- ■発売年：1926年（写真は現行モデルの元となった1931年のもの）

9 ローライ・フレックス

当時の35ミリフィルムはまだ性能的に十分とはいえず，一般的には大伸し写真にも耐える120（ブロニー）フィルムが広く使われていた．ローライ・フレックスはこの120フィルムを使う二眼レフカメラである．レンズを収納しないのでカメラは大きくなるが，革製の蛇腹を使うこれまで主流のスプリングカメラに比べ，発展する精密機械技術を組み込むに十分な素地をもっていた．優れたファインダーに加え，次々と新しい機能が組み込まれて，カメラとしての完成度を高めていく．この新しく提案された二眼レフは大きい箱型のカメラで，デザイン的にはその処理がむずかしいのだが，北欧スウェーデン製のカメラ，ハッセルブラードとともに，いかにもヨーロッパ調クラフトマンシップの漂う優れたデザインに仕上がっており，ライカに対抗した近代カメラのもう一方の雄として，後々のカメラデザインに大きい足跡を残した． [米谷美久]

- ■製品名：ローライ・フレックス
- ■会社名：フランケ・ウント・ハイデッケ（ドイツ）
- ■デザイン：ラインホルト・ハイデッケ
- ■発売年：1929年

10 ファイロファックス

"File of Facts"がファイロファックスの名前の由来である．その名前通り，事実をファイルするシステムがこの手帳には備えられている．使い手を徹底的に研究した成果がこのシステム手帳のヒットにつながった．そのルーツは，ロンドン郊外の印刷会社が，科学者，医者など職能人に対応できる手帳制作を英国陸軍将校から依頼されたことに始まった．外出の多い軍人と牧師が主なユーザーであったが，上質レザーの手作りでバインダーを使った数種類のリフィルも用意され，コンセプトはすでに確立していた．現在300種類以上のリフィル群を数え，カレンダー，スケジュール表パスポート入れ，地図，ゴルフ記録，五線譜，などあらゆる記録に対して対応する．またノルマンディー上陸作戦に参加していた将校が，ポケットにレザーカバーのファイロファックスがあったため，敵の銃弾を受けても助かったという．だが，現代人にとっての「ファイロファックス」は単なるデータバンクを超えてイマジネーションを蓄積する道具といえよう． [矢崎克彦・田畑多嘉司]

- ■製品名：ファイロファックス
- ■会社名：ファイロファックス（イギリス）
- ■デザイン：同社デザイン部門
- ■発売年：1920年代

第2章｜デザインの名作たち－道具編

11 ブガッティ・ロイヤル

　この時代，高級車は完全に貴族や大金持ちの社会的ステイタスのシンボルであり，ほとんどがいわゆるコーチビルダーとよばれる架装業者により，顧客の注文で専用のデザインが施されるのが普通であった．エットーレ・ブガッティは，高性能な自動車の開発技術者と同時に工芸家でもあった．彼がロイヤル・ファミリーのために6台の異なるタイプを作り上げた車が，このブガッティ・ロイヤルである．6.3mを超える全長と4.3mの長大なホイールベースという大きさをもつが，ブガッティの特徴である水平なボンネットラインや美しいフェンダーの造形と，小振りなキャビンとのバランスが独特の存在感と気品を感じさせる．工芸としての車の一つの頂点である．この後，次第に濃くなる社会的混乱と価値観の変化の中で，ブガッティをはじめとする優雅なあまたの高級車メーカーはその姿を消していった．
[渋江建男・海老澤伸樹]

- 製品名：ブガッティ・ロイヤル
- 会社名：ブガッティ（イタリア）
- デザイン：エットーレ・ブガッティ
- 発売年：1930年

12 ブルゴイユ・ワイングラス

　シンプルなアールデコ様式の透明クリスタル「ブルゴイユ」は，ステムをもつワイングラスの固定観念を覆した形態であり，時代の雰囲気が伝わる．ゴブレット，赤ワイン，白ワイン用とサイズは異なるが相似の形態である．現代生活にも違和感なく使用される．ルネ・ラリックはフランス，シャンパーニュ地方生まれで，若い頃はジュエリーのデザイン制作をしていた．1908年より香水瓶のデザインと生産を始め，この後，デザインの対象は花瓶，各種のテーブルウェア，ランプ，小像，装身具，室内装飾，建築エレメントなど多岐にわたり，32年の彼のカタログには1500のデザインがリストアップされるほどである．彼はアールヌーヴォーからアールデコまで時代を映すデザイナーであり経営者だった．とくに，透明クリスタルとフロステッド・クリスタル（デミクリスタル）の組合せは独特であり，乳白色のオパルセントガラスも有名である．
[車　政弘]

- 製品名：ブルゴイユ・ワイングラス
- 会社名：ラリック（フランス）
- デザイン：ルネ・ラリック
- 発売年：1932年

13 バーリントン・ゼファー号

　1934年，アメリカでこれまでの蒸気機関車に代わって軽量ステンレス構造による初めてのディーゼル機関の車両が登場した．ギリシャ神話Zephyrusからバーリントン・ゼファー号と名づけられたこの車両は，近代的流線型のスタイルとともにアメリカにおける鉄道輸送の幕開けとなった．走行時速を160kmとして計画されたこの車両は，先頭部分の形状にもマサチューセッツ工科大学での模型による風洞実験や各種技術的解決が施された．とくに，構造面においてトラス構造が用いられるなど，当時の科学技術の結晶であるといってよい．しかし，特筆すべき点は単に最先端の技術のみならず，斬新な外観とともに乗客にとっての諸設備や備品などのデザインにも十分配慮され，快適性の追求と旅の魅力を提供したことにある．当時のアメリカにおいて最も近代的な交通機関のシンボルとなり，この車両によってアメリカ鉄道が最盛期を迎えることとなった．
[山内陸平]

- 製品名：バーリントン・ゼファー号
- 鉄道会社名：バーリントン・クインシー鉄道（アメリカ）
- 製造会社名：エドワード・G・バッド
- デザイン（内装設備，備品）：ポール・クレ＋ホラバード・ルート
- 発表年：1934年

1|202　1900-40年代(3)

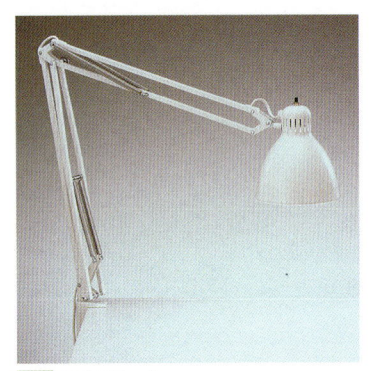

14　ラクソL-1

ラクソL-1は、1937年J・ヤコブセンによってデザインされ、今日でも生産販売されているアームライトの代表傑作である。51年アメリカにノックダウン工場をもち、全米への販売を展開し大ヒットした。スリムな角パイプによる平行リンク機構のアームとバランススプリングにより、スムーズな動きで灯具が平行運動するという画期的機構を有し、シェードは光をある程度制御するように反射カーブをなしている。ラクソのオリジナルは1933年、英国の若きデザイナー、ジョージ・カワーダインが人間の腕のメカニズムである一定張力の原理にもとづいて制作したエンジニア用デスクライト「アングルポイント」である（イギリスのバネ会社ハーバート・テリー社で製造、販売）。ヤコブセンはイギリス旅行中にこの「アングルポイント」を見て北欧における特許使用権を買い取り、アームやシェードをデザインしたのである。

［落合　勉・加藤俊男］

- ■製品名：ラクソL-1
- ■会社名：ラクソ（アメリカ）
- ■デザイン：ヤック・ヤコブセン
- ■発売年：1934年

15　S1

1930年代、流線形(stream line)の嵐が世界中を吹き抜けた。スピードが新しい時代のキーワードとなり、流線形は時代のシンボル的な存在となった。その影響は自動車などの交通機関だけでなく、生活用品にまでおよんだ。そうした時代の流れの中で、当時ようやく定着したインダストリアル・デザイナーも多くの機関車を手がけたが、その中の典型ともいえるのがレイモンド・ローウィによるペンシルヴァニア鉄道のS1であろう。ニューヨーク大学で風洞実験を重ねて生まれたというそのデザインは、これまでの一体型の流線形から脱し、砲弾型のボイラーと完全にカバーされた走行部が分かれたスタイルで、数本の全長にわたって配されたストライプがよりスピード感を強調している。同機は完成されると同時に、ニューヨークの世界博に出品されて喝采を浴びたが、その後実際に使用されると全長43mという巨体が災いしてか、わずか十数年で解体されてしまった。

［木村一男］

- ■製品名：S1
- ■会社名：ペンシルヴァニア鉄道（アメリカ）
- ■デザイン：レイモンド・ローウィ
- ■発表年：1937年

16　ウィリーズ・ジープ

20世紀に車によって、そのあり方が大きく変化したことの一つが「戦争」のスタイルかもしれない。輸送におけるスピードと量の革新的な変化は、その兵站戦略や戦術を大きく変えることになった。ウィリーズのジープは、アメリカ陸軍の偵察用車両の開発要請に対して、同社の小型車をベースとした安価で軽量な小型の四輪駆動車を提案したことによる。2040mmという短いホイールベースと細身で大径のタイヤ、走破性の高さとシンプルな構成が、当初の偵察用にこだわらない幅広い用途を広げ、1945年までに約50万台が生産された。戦後、同社は農業用の車としてジープの民主化を図り、全米のみならず、全世界的に成功を収める。現代においても、いわゆるレジャー用車両として基本のスタイルは踏襲されている。アメリカンプラグマティズムの最も成功したデザインともいえるだろう。

［渋江建男・海老澤伸樹］

- ■製品名：ウィリーズ・ジープ
- ■会社名：ウィリーズ・オーハーランド（アメリカ）
- ■デザイン：同社デザイン部門
- ■発売年：1941年

第2章｜デザインの名作たち－道具編

17 トーストマスター1B9

　1943年に発売されたトーストマスター1B9は、当時の家庭電化製品の中で最も人気のある商品となり、それ以降のトースターの基本型となった。1940年代後半から96年までほとんどデザインを変えずに生産された「サンビームT-20」も、このデザインの影響を受けている。トーストマスターが販売された当初は、外観だけを流行りの流線形に変えて購買意欲をそそっていた他の工業製品と同等に扱われ、批判されたこともあったが、実際はそれ以前の箱型のトースターに比べて構造がシンプルで生産性もよく手入れもしやすいなど、機能的にも優れていたのである。オーブントースターが一般的になった今日でも、このデザインに酷似したトースターが存在し続けているのは、このトースターのデザインが、パンを焼くだけの機能に徹し、贅肉を削ぎ落としたアノニマス性を備えていたためなのかもしれない。　　　　　　[安次富 隆]
■製品名：トーストマスター1B9
■会社名：マグロウ電気会社（現：トーストマスター）（アメリカ）
■デザイン：ジーン・ラネキー
■発売年：1943年

18 合板の椅子

　19世紀半ばにオーストラリアのトーネット社は、薄い木の板を曲げる技術を開発した。その技術は、第二次世界大戦中に航空機の部品を生産するために合板を曲げることができるまでに改良された。イームズは傷ついた兵隊のための3次曲面のある添え木をこの合板で作ることに成功した。戦後すぐ、クッションがなくても快適に座ることができる曲面をもった合板椅子の生産技術を自らの工房で開発することになる。工具はもちろん、合板のための糊、プレス機器などすべてはイームズ夫妻自らの考案だった。この合板の椅子こそ、軽量で安く、快適であり、なおモダンなデザインをアメリカの一般家庭に普及させた。しかもその直後に着手したFRPの椅子も革新的だったが、部品を組み合わせて豊かなバリエーションを生み出すというデザイン手法を提案した椅子でもある。　　　　　　[竹原あき子]
■製品名：合板の椅子（プロトタイプ）
■会社名：エヴァンツ・プロダクツ（現在はハーマンミラー）[アメリカ]）
■デザイン：チャールス・イームズ
■発売年：1945年

19 タッパーウェア

　第二次大戦中に発達したポリエチレン製造技術をもとに、アメリカのデュポン社とともに化学者・発明家アール・タッパーが開発したといわれるのが、ポリエチレン射出成形による一連の家庭用食品容器、「タッパーウェア」である。軽く、柔らかく、丈夫で壊れにくく、特許の空気密閉蓋の付いたこの製品は、食品容器としてアメリカのみならず世界中に販売され、多くの類似商品を産み、とくに、普及しつつあった電気冷蔵庫の中で食品の乾燥を防ぐための容器として、ラップフィルムとともに台所の必需品となった。また、このポリエチレンの柔らかさと丈夫さ、手になじみ滑りにくい触感、淡いパステルカラーで中身の見透かせる半透明の外観など、それまでになかった新しい素材感覚を家庭用品の中にもたらした。それまでのプラスチック製品に伴っていた「イミテーション素材」「代用素材」というイメージを払拭し、プラスチックならではの独自の機能と外観をもった製品として、その後、多くのプラスチック製品が家庭に受け入れられる素地を作った。　　　　　　[面矢慎介]
■製品名：ワンダリアボール[日本名：小型ボールセット（3）]
■会社名：タッパーウェア（アメリカ）
■デザイン：アール・S・タッパー
■発売年：1946年

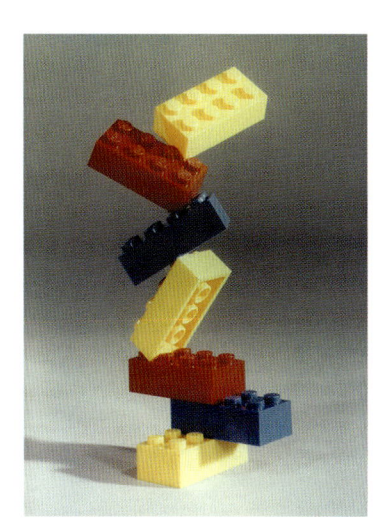

20 レゴブロック

　レゴブロックはポッチ（凸）とチューブ（凹）の突起がついたプラスチックのブロック玩具。たったそれだけのブロックで子供は世界を構築することができる。1949年、木材の玩具会社はプラスチックの成型機器を導入して最初のレゴによるトラクターを発売した。組み立て解体することができる世界で初めてのブロック玩具は、レゴ社の未来を約束した。といっても、初期の業界の評価は低かった。だが季節も、年令も、男女の別も問わず遊ぶことができるこの玩具は、第二次世界大戦直後の、廃虚となったヨーロッパの都会の子供たちにあらゆる家や職業にかかわる物を作る楽しみを与えた。レゴブロックは20世紀というプラスチック時代を代表する堅牢で、色彩豊かで、合理的な教育玩具として成長しつづけている。LEGOとはデンマーク語の"leg godt"（良く遊ぶ）という意味。　　　　　　[石井賢康]
■製品名：レゴ（LEGO）ブロック
■会社名：レゴ（デンマーク）
■デザイン：ゴッドフレッド・キアク・クリスチャンセン
■発売年：1949年

1|203　1950-70年代(1)

21　ビック・クリスタルスティックボールペン

累計約820億本のボールペンがビックによって生産され，その大半がクリスタルボールペンシリーズである．数字は大衆に浸透したデザインの度合を示している．ビックの登場以来，各社は同様の透明スティックタイプのボールペンを市場に出し，ボールペンデザインの原点がここにあることを示す．その第一歩は，フランスのインク製造メーカーのプロダクトマネージャーだったマルセル・ビッシュが，インクと樹脂および鋳型の知識をもとに，筆記具の大衆化に向けてペン製造会社を作ったことから始まった．ラヂス・バイロが発明したボールペンの特許を取得し1950年，BICの商標をつけたボールペンを発売した．当時，欧米市場には劣悪品が多くユーザーも懐疑的で，安くて信頼性の高いものはなかった．ビックはこの点に注目し，頑丈で耐久性・信頼性があり，市場に安く供給することに成功したのである．ポリスチレン樹脂の軸は，従来の鉛筆型の軽快な感覚をそのまま応用し，さらに透明にしてインク残量を一目でわかるようにした．またインク色をキャップ色にするなど，シンプルな構造と機能性を前面に表現したデザインにまとめ上げた．この斬新なデザインは発売と同時に世界中で受け入れられ，全米規模のTVキャンペーンでは"Write first time, Every time only 29C(セント)"というヘッドラインで紹介し，それまでの大衆の筆記具習慣を一変させた．　　　[矢崎克彦・田畑多嘉司]

■製品名：クリスタルスティックボールペン
■会社名：ビック(フランス)
■デザイン：デコルタージュ・プラスティーク・デザインチーム
■発売年：1950年

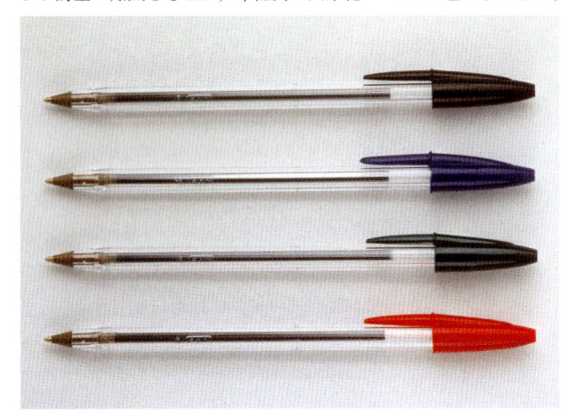

22　ダイナースカード

「財布をもたずに夕食を食べる会(ダイナースクラブ)」が発行した会員証が世界初のクレジットカードだった．その持参者はクラブに預託金を収め，そこから食事代を後払いするシステムだった．86×54mmサイズのカードにはそんなメッセージが込められ，これがカードサイズに情報を載せる端緒となった．やがてカードに実際に磁気情報を書き込み，銀行のキャッシュカード，プリペイドカードとして使われるようになり，1974年には，フランス電信電話会社が半導体チップをカードに貼り付けてしまうICカードを採用した．コンパクトフラッシュカードやスマートメディアなど，より小サイズの情報メディアも90年代に現れたが，今なおクジレットカードサイズのPCカードが「業界標準」的地位にあるのは，それが大きさとして手ごろだからである．生みの親たちのサイズデザインの妙を感じる．ただし，かつてAmexカードがドル札と同じ彩色を施して紙幣代わりに使えることを示したような，強い表現の意思を伴うグラフィックデザインが最近のPCカードに見当たらないのは淋しい．　　　[武田　徹]

■製品名：ダイナースカード
■会社名：ダイナースクラブ(アメリカ)
■デザイン：ダイナースクラブ(ラルフ・シュナイダー+フランク・マクナマラ)
■発行年：1950年

23　ブラウン・シェーバー S-50

1950年に発売された「S-50」以来，流行に左右されることなく独自のデザイン理念を貫いてきたのがブラウンのシェーバーである．歴代のシェーバーを比較してみると，BRAUNのロゴの位置やスイッチの操作方法が統一されていること以外，決して同じスタイリングではない．それにもかかわらず，デザインに統一観を感じるのは，目に見えないデザイン思想があるからに他ならない．それは53年の「正直であること」「押し付けがましくないこと」「実用的であること」という2代目経営者エルビン・ブラウンのビジョンが貫かれているからだ．たとえば，80年の「ミクロン」で開発されたエラストマとABSのダブルインジェクション成型のボディは，握り心地のよさと滑りにくさという機能性と，無数の半球形の滑り止めをレイアウトした斬新なデザインを実現し，その手法はそれ以降の製品に受け継がれている．ブラウン・シェーバーのデザインがスケッチやモックアップに頼らず，外観も機能も製品と変わらないプロトタイプによって決定されていることに，抽象的な理念を具体化しようとする意志の強さを感じる．　　　[安次富隆]

■製品名：ブラウン・シェーバー S-50
■会社名：ブラウン(ドイツ)
■デザイン：マックス・ブラウン
■発売年：1950年

第2章｜デザインの名作たち－道具編

24 日本アルミ・丸瓶

わが国の誰もが知っている懐かしいやかんのデザインといえば，このふっくらした丸形やかんの他にはない．しかし，これほどに普及した形でありながら，この独特のデザインの出自も，デザイナーもよくわからない．アノニマスデザインの代表的製品である．この丸い形の原形は，やかんよりずっと容量の小さい鋳造・鍛造の金属製急須や湯沸かしとして，遅くとも19世紀末にはあった．この形をもとに，アルミのプレス成形によってさまざまな容量のものを量産したのが，日本におけるこのデザインの始まりであろう．メーカーも複数あったと思われる．アルミのプレス成形は量産性に優れているが，薄手のアルミは変形・摩耗しやすく，器物の形状を工夫したデザインが必要になる．このやかん独特のどこかユーモラスなまるまるとした形も，パイプ状の弦も，現れた当時のプレス技術に適合しやすい形である．また，1937年以降，アルマイト（陽極酸化被膜）処理が施され，耐摩耗性も耐食性も向上した．シュウ酸による酸化皮膜の薄い金色は，アルマイト処理しないそれまでの白みがかった銀色のアルミ製品よりも高級感があり，内外の市場で好まれる色だった．軽く，安価な普段使いのやかんとして，現在でもなお需要がある．　　　　　　　　　　　　[面矢慎介]

■製品名：丸瓶（発売当初は「瓶」）
■会社名：日本アルミニウム工業（現：日本アルミ）
■デザイン：同社デザイン部門
■発売年：1952年

25 ヒモイス

座ぶとんを置いて使える椅子．明治以来ヨーロッパの影響を住環境に取り入れたとはいえ，机と椅子が家庭に普及するには時間がかかった．ことに安楽椅子が家庭内で機能を発揮することはほとんどなかった．しかも戦後の貧しさの中で渡辺力が座ぶとんをそのまま椅子の背と座面に張ったロープ上に置けばいい，という発想でデザインしたのがこのヒモイス．ローコストで生産するために木材（ナラ）は直線の加工だけにし，簡単にロープがかかる穴が空いているだけ．日本の風土と文化に合わせた椅子が極限の条件から生まれた．畳の上でも使える椅子にふさわしく座までの高さも低い．彼がデザインした籐の椅子にも同様な配慮が見られる．　　　　　　　[竹原あき子]

■製品名：ヒモイス
■会社名：横山工業 
■デザイン：渡辺力
■発売年：1952年

26 オゼキ・AKARI 37D

「地球全体を彫刻に見立てて，大地そのものを作品とし空間を彫刻する……」．個々の彫刻の存在を超えて，庭園設計でも高い実績を残す彫刻家イサム・ノグチにとって，竹ひごに手漉きの和紙を被せた提灯は，素材のもつ軽さ，重力を感じさせない素材への興味をかき立てるものであった．1950年代初めに岐阜を訪れたイサム・ノグチは，当時の岐阜市長から伝統的な提灯の産業を活性化することを依頼される．当時日本は，戦後復興期にあってその後の経済成長に向かう過渡期であったが，「AKARI」と名づけられ製品化されたこの提灯は，生活に潤いを与える実用品であり，「人びとの役に立つ芸術」を志した彼の本懐とするところであった．提灯がもつ機能を見事に生かし，しかも当時の学生でも買える価格で，たちまち世界中の人びとに受け入れられ，日本の伝統工芸を世界の照明器具に押し上げた．　　　　　　　[落合 勉・加藤俊男]

■製品名：AKARI 37D
■会社名：オゼキ
■デザイン：イサム・ノグチ
■発売年：1953年（製作1951年）

27 ベル・トリムライン/プリンセス

電話ほど短期間に形と機能を進化させ，コミュニケーションのルールを変えた機器も珍しい．黎明期の電話は多数の聴取者に向けて音声を送信した．つまりラジオ受信機に近い位置にあり，形もそれに準じていた．電話機の前で人びとは通話内容を聞いていた．やがてハンドセットが付き，人と人が直接受話機でつながる今の電話の形が一般化するが，定置された機体に歩み寄るスタイルは維持される．それが変貌を遂げるのはベル社からトリムライン，そしてそれをコンパクトにしたプリンセスが登場したときである．半導体技術の利用でダイヤルの戻る勢いでパルス信号を生成する必要がなくなり，小型化されプリンセスには初めからハンドセットにプッシュホンが付いている．このデザインが生活の中の電話の位置づけを大きく変えた．カールコードの伸びる範囲内ではあるが，初めて電話を持ち歩いて相手の番号をプッシュし，話すことが可能となる．こうしてコードに縛られないフットワークを得た電話はパーソナル色を強くし，後の携帯電話の時代を導くことになる．　　　　　　　　　　　[武田 徹]

■製品名：トリムライン/プリンセス
■会社名：ベル（アメリカ）
■デザイン：ヘンリ・ドレフス[トリムライン]/ベル電話研究所[プリンセス]
■発売年：1955年（写真はトリムライン）

1│203　1950-70年代(2)

28 シトロエン DS19

　第二次世界大戦により中断されていた，シトロエンの自動車普及拡大プロジェクト構想に則り，50年代から70年代まで適応させるべく，パッケージング，エンジニアリング，スタイリングを革新した意欲作．ドライバーとパッセンジャーの肉体的労力と疲労からの開放のために，複雑無比な油圧制御システムをサスペンション，ブレーキ，ギアシフトに採用．1個のオイルポンプに生命のすべてを賭けるようなこのシステムと，空力を意識し，あたかも宇宙から飛んできたかのような前衛的なスタイリングは当時大半の国々でためらいの眼差しに遭遇したが，フランス国民は，それを当然のことのように受け入れ，パリサロンでの発表当日に1万2千件のオーダーを受け，75年の生産終了までに145万台以上が市場に送り出され，その役割を全うした．まさにフランスのアヴァンギャルド気質が生んだ珠玉の1台．　［渋江建男・海老澤伸樹］
- 製品名：シトロエンDS19
- 会社名：オートモビル・シトロエン（フランス）
- デザイン：フラミニオ・ベルトーニ
- 発売年：1955年

29 東芝 RC-10K

　「飯炊き」という習熟を必要とする作業を電気で簡略化しようとする試みは，すでに今世紀初頭からさまざまなかたちで行われ商品化もされてきた．1955年に発売されたこのモデルは，二重釜方式，形状ともに電気釜の典型となり，一般家庭への急速な普及を促した．58年に10％だった電気釜の普及率は61年には40％を超えた．日本人の米食への思い入れはことのほか大きく，今日でも鉄製の釜と直火で炊くという作業に郷愁を覚え，味覚については釜炊きの味を理想とする．このモデルの形状は伝統的な羽釜を思わせると同時に近代的で，輝かしい電化生活という往時の人びとの憧れをとらえて巧みである．味覚は従来の釜炊きには及ばなかったが，80年代後半の静電加熱式の出現によって理想の味に近づいた．時を同じくして，その形状から伝統的な釜を彷彿とさせるものがなくなった．「ご飯」も「ライス」と呼ばれる時代である．　［内藤政敏］
- 製品名：RC-10K
- 会社名：東芝
- デザイン：同社デザイン部門
- 発売年：1955年

30 ソラーリ・チフラ

　革新的な技術が開発され，それが社会に大きな影響力をもつと予測されるとき，デザイナーはどのようなスタンスに立つべきか．デザインとしては新しい造形が生まれるチャンスであるが，そこに流されずに，もう一歩踏み込んで「その技術をどのように人間化するか，人間の側に近づけるか」を使用者の立場に立って考える必要がある．そうした基本をしっかり押さえたプロセスを経たものは，ある種の「誠実さ」を生み，そこが，使用者・市民に伝わり，理解され支持される．とくに，不特定多数の人びとが対象となるパブリックスペースで用いられるものにはその作業は欠かせない．時計におけるアナログからディジタル表示への草創期のパブリックデザインのプロトタイプとなったこの時計は，リーフ式の表示機構で，明快で魅力的な文字による告時機能と，その他の要素との主従のバランスがよく取れている．空港をはじめとする施設に多用され最も重要な要素である「信頼性」を獲得した．　［佐野邦雄・橋本良雄］
- 製品名：チフラ
- 会社名：ソラーリ（イタリア）
- デザイン：ジーノ・ヴァッレ＋ジョン・マイヤー＋ミケーレ・プロビンチャリ
- 発売年：1956年

第2章｜デザインの名作たち－道具編

31 バタフライスツール

椅子とはヨーロッパ的な姿であって当然．だがこのスツールは機能的にはヨーロッパ的でありながら、表面の木目そして使われたカーブはどこか日本の建築、屋根や鳥居を思わせる．合板の研究から曲げ加工の開発まで開発期間は長かったというが、戦後まもなく日本を代表するモダンな椅子が誕生したのは、柳の民芸から得たアノニマスデザインへの理念があったからにちがいない．そばにあって自己主張せず、機能的で、なお美しいデザインへの見事な解答だった．2枚の板、2個のボルト、1本のステーという簡素な構成．部品で配送され、自宅で組み立て可能という利便性は、今なお生産されて世界中で発売され続けている理由でもある． [竹原あき子]

- ■製品名：バタフライスツール
- ■会社名：天童木工
- ■デザイン：柳宗理
- ■発売年：1956年

32 ネッキ・ミレラ

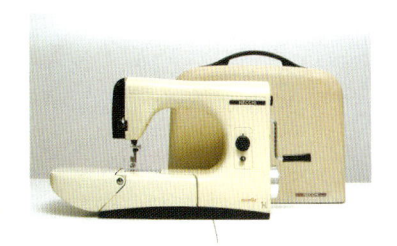

「ミレラ」のテーブルから緩やかに立ち上がったアームが大きなアーチを描いて針先へ移行する造形は、視点を針先へ注視させ、ケースカラーと明度差をつけたスイッチの配色は、作業者の目が針先とスイッチ間を行き来するのを容易にしており、このデザインが単に感性に頼った造形ではなく綿密に計算されたものであることを伺わせる．また、糸送りのパーツや磨かれた「はずみ車」は、ケースの柔らかなフォルムを寸断した面に内部から突出するようにレイアウトされており、柔らかなボディから高性能エンジンが露出しているF1カーを思い起こさせる高級感、高性能感を見事に演出している．ミシンは1755年にドイツで発明され、1851年にシンガー（米）によって実用的な道具となった．その後、足踏みミシン、電動ミシンを経て、現在はコンピュータや液晶画面を備えさまざまなパターンの飾り縫いや刺繍までできる道具へと進化したが、基本構造はシンガーのミシンと何ら変わっていない．多機能性や利便性といった説明しやすい機能だけでなく、「ミレラ」のようにマインドに直接訴える機能の追求にも力を注ぐ必要がある． [安次富 隆]

- ■製品名：ミレラ
- ■会社名：ネッキ（イタリア）
- ■デザイン：マルチェロ・ニッツォーリ
- ■発売年：1957年

33 セクチコンシリーズ

時計のデザインの要点は、自らが感じ取った「時間」をあらゆる社会的状況を踏まえて新たに定位することである．この時計は、第二次世界大戦後の荒廃した生活の中へ、美しさと一体化した精神性の高い静謐な時間が存在しうることを改めて提示し、平和な時代と未来を予感させた．塑性材料を用いたフォルムは、マッス（塊）としての魅力を崇高といってもよいほどの美と存在感に高めている．一方、文字盤の棒状の時間表示は1時から12時に向けてわずかに幅を増していくことにより、時間の経過を視覚化することを初めて試みている．密度の高い緻密に構成された文字盤は一つの「宇宙」を醸し出している．球状のものと、きのこ状のもの、やや背の高いものと3タイプが開発されたがそれぞれに魅力的で、それまでの時計のデザインの歴史からすれば突然変異に近いほど衝撃的な存在となった．とくにその造形力のすばらしさは、その後の各国のデザインの指標であり規範ともなった． [佐野邦雄・橋本良雄]

- ■製品名：セクチコンシリーズ
- ■会社名：エキャップメント・ユニバーサル（スイス）
- ■デザイン：アンジェロ・マンジャロッティ＋ブルーノ・モラスッティ
- ■発売年：1957年

34 スバル360

この車は、1954年制定の軽自動車規定（4輪360cc、3.0×1.3m）の中で開発された．当時、自動車といえば「四角の3ボックス」というイメージが定着していたが、「軽くて丈夫な車づくり」という設計思想のもと、デザイナーが創り出したスタイリングは、寸法上のバランスを考慮した末に「丸い2ボックス」となった．そして、「てんとう虫」という愛称で親しまれるにいたり、約11年間にわたり1回もそのスタイルを変えることなく支持され続けた．優秀な等速ジョイントの出現により時代はFF車へと移っていくが、「軽自動車」を実用レベルにまで昇華し、国民車の役割を果たすとともに、現在では世界に類を見ないカテゴリーへと至らしめる原動力ともなった． [渋江建男・海老澤伸樹]

- ■製品名：スバル360　K111
- ■会社名：富士重工業
- ■デザイン：佐々木達三
- ■発売年：1958年

1 | 203　1950-70年代（3）

35　ホンダ・スーパーカブC100

　40年以上も前に誕生して以来、世界の人びとから愛され続け、バイクの利便性と経済性を世界中に広めた車である。累計生産台数は2700万台（1998年末時点）に達し、基本仕様をほとんど変えないまま、その記録を今なお更新中。「誰の手のうちにも入るバイク」という明解にして困難な商品コンセプトに挑み、試行錯誤の結果、開発に成功したそのプロセスが注目される。たとえば、今では標準規格といえる10インチの点火プラグや、17インチタイヤのサイズもカブ開発陣が苦労して手にした「新」規格であり、「手のうちサイズ」感へのこだわりであった。カブデザインを決定づけたステップスルー部分は重要なポイントであったが、顧客への優しさがポリエチレン製レッグシールドを生んだ。廉価、軽量、耐久性を実現しただけでなく、顧客にはソフトな使い勝手を提供した。この材料の選択は、後のデザイン展開に高い自由度を与えることになる。スーパーカブと同じ戦後の混乱期に、イタリアのピアジオ社はスクーター「ベスパ150GS」を開発した。「スーパーカブC100」と「ベスパ150GS」は、同じ目的に至るデザイン手法の民族的な差を物語る。
　　　　　　　　　　　　　　　　[宮智英之助]

■製品名：ホンダ・スーパーカブC100（上）
■会社名：本田技研工業
■デザイン：木村譲三郎ほか
■発売年：1958年

■製品名：ベスパ150GS（下）
■会社名：ピアジオ（イタリア）
■デザイン：コラディーノ・ダスカニオ
■発売年：1955年

36　ソニー TR-610

　往時の日本の首相がヨーロッパのある国の大統領から「トランジスタの商人」と揶揄されて久しいが、わが国は単に先端デバイスを売る商人だったわけではない。真空管からトランジスタへの技術革新は、すべてのものを精緻にミニマイズするというわが国の伝統的な美意識によって熟成され、その果実が世界に受け入れられたのである。このモデルは1958年発売のトランジスタポケットラジオ。目いっぱい大きなスピーカーと小さなインジケーターを配した単純で緻密な造形は、この小さな箱がラジオであることを力強く語る。ワイヤー製のスタンドも使用者への心配りとして細やかである。そして、本体側面に設けた片手操作によるチューニング方式は、今日の携帯電話機に至るまで継承され、種々の小型機器における操作方法の典型になった。わが国のモノづくりの姿勢を端的に示した輸出電気製品の先達でもある。
　　　　　　　　　　　　　　　　[内藤政敏]

■製品名：TR-610
■会社名：ソニー
■デザイン：同社デザイン部門
■発売年：1958年

37　ルイス・ポールセン PH5 ペンダント

　PH5ペンダントのデザインは、「良質な光」を追求するデザイナーの意図から、次の点にコンセプトが置かれた。グレアのない光を得るためにまず、大小7枚（現在は6枚）のシェードを組み合わせることで、器具内部の光源はほとんど見えず、グレアが目に入らない構造とし、物と空間を見やすく照らすための第一条件を満たしている。人の生活にとって最適な色の光を得るために可視光線で人間の目の感度が相対的に低下する赤と青の光を強調するために、器具内部とシェードの一部は赤色と青色に塗装された。結果、暖かみと爽やかさのある光を同時に生んだ。理想的な人工照明である。光の照射方向をコントロールし、適切な影の効果を得るために3枚のメインシェードには対数螺旋1曲線が採用されている。この曲線で、光源の中心点からの光がシェードのどの部分にも同じ角度をもって当たるという特徴を生み、光を必要な方向にバランスよくコントロールしている。
　　　　　　　　　　　　　　[落合 勉・加藤俊男]

■製品名：PH5ペンダント
■会社名：ルイス・ポールセン（デンマーク）
■デザイン：ポール・ヘニングセン
■発売年：1958年

第2章｜デザインの名作たち―道具編

38 マキタ・電動カンナ・モデル1000

　マキタは創業90年の歴史を誇るが、モーターの修理やコイル巻の町工場が基盤になって今日がある．戦後、電動工具の先進国である欧米の製品を研究しながら世界のトップ企業の製品と互角に戦える今日の地歩を築いた．とくに、迅速なアフターサービス体制と製品の堅牢さは業界のトップレベルとして評価は高い．米国では1950年頃に、継ぎ目の目違いを取る程度の電気ハンドプレーナーは製造されてはいたが、58年同社が大工用のカンナの幅と同一の四寸(120mm)の携帯用電動カンナを発売し、大工の要望にマッチして爆発的な人気商品となり、会社発展の基礎となったといわれている．まだ、製品の総合的なデザインのバランスはとれていないが、機能部品を合理的に配置して現場での作業能率を飛躍的に高めた実績は評価されてよい．各社が後を追って類似品を製造したことはいうまでもない．

[河村暢夫]

- 製品名：電気カンナ・モデル1000
- 会社名：牧田電機製作所［現：マキタ］
- デザイン：伏屋房男＋同社設計部門
- 発売年：1958年

39 G型しょうゆさし

　1958年発表のG型しょうゆさしは現代日本の食卓の名品というに最もふさわしい．日本の食文化は多様になったが、しょうゆを卓上で使用する食卓作法は現代も継続している．そうした日本の食文化の継続性、普遍性が内在するデザインである．1960年第1回グッドデザイン賞受賞の食卓陶器セットの中心的な作品がこのしょうゆさしである．長崎県の白山陶器株式会社は、森のデザインとともにデザイン企業のイメージを確固としたものにした．このしょうゆさしは1987年フランス、ポンピドゥーセンター「日本の前衛芸術」展招待など多くの国際展に招待出品され、この後も森は数多くの優れた食器のデザインを展開し、1992年に平型めしわんシリーズを発表している．従来の飯碗が皿に近くなったような形態で、新たな飯碗の方向性を示した．しょうゆさしから飯碗まで日本の新たな食器の提案が続く．

[車　政弘]

- 製品名：G型しょうゆさし
- 会社名：白山陶器
- デザイン：森正洋
- 発売年：1958年

40 ニコンF

　「キネ・エキザクタ」(1936)に始まる35ミリ一眼レフカメラは、幅広く多様な分野のユーザーの支持を集めて、20世紀カメラの主流を形成したが、その成功の蔭に性能や技術に加えて、日本人の鋭い感性が働いている．精度以上の出来ばえを求める完全主義、光学的神秘性の魅力、凝縮された機構の意外性、触感を通しての身体的連携、システム選択による個性化、等々、いずれも日本の伝統に培われた「道」に通じる所産の結晶ともいえる．また、発展の要因として各メーカー相互の努力も見逃せない．コンタックスSのペンタプリズム搭載、アサヒフレックスのファインダー像の瞬間復帰、オリンパスOM-1の超コンパクト化、キヤノンAE-1によるエレクトロニクス導入と自動露光、ミノルタα7000のオートフォーカスなどの積み上げによって、一眼レフという一つの典型が築かれたのである．ニコンFは、このような一眼レフの進化の中で、同社が培ったシステムカメラの必須要件をベースに、付属品による多用途展開、高精度高品質、機動性、耐環境性、そしてシステムの完全互換性をロングライフのもとに持続、その信頼性とともに、システムデザインとして高い評価を得、日本のカメラ全体のアイデンティティ確立に貢献してきた．ユーザーニーズに応えるその付属品システムは200種を超え、写真世界のほぼ全域をカバーしている．

[篠原　宏]

- 製品名：ニコンF
- 会社名：日本光学
- デザイン：亀倉雄策＋同社デザイン課
- 発売年：1959年

037

1 | 203　1950-70年代(4)

41　ラウンジチェア

　1960年完成のホテル・ニュージャパン全館のインテリアデザインを剣持が担当したとき、メインバーの椅子としてこの原型が生まれた。竹を斜めに切り少々丸味を帯びたような形のものが、同年、大利根カントリークラブのラウンジに置かれた。その後、新制作展に数回出品を繰り返して少しずつ変化し、ニューヨーク近代美術館の20世紀デザインコレクションに選ばれたのがこの椅子である。「ジャパニーズモダン」を提唱した剣持らしく、畳の代わりに籐、座ぶとんの代わりにクッションを使い、いかにもモダンな和の雰囲気を出すことに努めているが、全体の造形は非日本的な曲面。細い籐の弦だけで編まれた椅子には構造を支える素材がない合理的な設計。1952年に柳宗理、渡辺力とともに日本インダストリアルデザイナー協会を設立するなど、日本のデザイン界をリードした剣持はラウンジチェアの他にも1955年にスタッキングスツールをデザインし、これは120万脚を超えるヒット作となった。二つとも現在生産されている。

[竹原あき子]

- 製品名：ラウンジチェア
- 会社名：山川ラタン（現：ワイ・エム・ケー）
- デザイン：剣持勇
- 発売年：1960年

42　キヤノン・キヤノネット

　SLがパワーの近代化を象徴したように、カメラは知性の近代化を推進するシンボルである。誰もが抱くビジュアル情報への期待、百聞は一見に如かず。そして消極的受信者もカメラをもてば、発信する当事者へ変身し夢が叶う。このようにカメラは衣、食、住に対する知、情、意の道具として、今日の情報社会に引き継がれてきた。時は折しもオリンピックの開催、相次ぐ博覧会に沸く国内情勢。このビジュアルコミュニケーションのはじける欲求に応えて知恵くらべの開発、コンセプトクリエーションの時代が始まり、形もサイズもさまざまにユニークなカメラが続出する。このような状況を先取りする形で、キヤノネットは露光の自動化を基軸に、開発・デザイン、生産、販売の総合企画にもとづく近代開発手法の確立をめざして計画が進められる。これまで複雑さや重厚な表現にこだわり続けてきたカメラ市場に、直裁にして端正な表現を心がけ、カメラデザインに新風を注いだ。一方、マーケティング、品質管理、コストパフォーマンスの成果とともに、2年半に100万台のベストセラーとなり、国際商品の地位も確立された。オリジナリティとシンプリシティを基本とする近代デザインの導入展開期にあたり、その意味、役割を演じたカメラである。

[篠原　宏]

- 製品名：キヤノネット
- 会社名：キヤノン
- デザイン：同社デザイン部門
- 発売年：1961年

43　リンカーン・コンチネンタル

　50年代は、政治的、経済的にも世界で一番の豊かさを実現させたアメリカの夢の時代であった。その時代背景を象徴し、締めくくる、いわばアメリカンドリームデザインの完成期を代表する製品といえる。ダイナミックで美しいスタイルは当時、工業デザイン賞にはなじみのなかった「車のデザイン」で初めて、「デザインと機能への新鮮かつ注目すべきアプローチ」としてIDI（米国工業デザイン協会）から、その年のデザインアウォードを獲得し、表彰されている。故ケネディ大統領もこの車に魅了された一人で、大統領専用車として愛用された。また、その後の大統領にも使用されたことは、この車が末永く人びとに支持され、愛されたデザインだということを物語っている。米国のみならず、その後の自動車デザインに与えた影響はきわめて大きい。

[渋江建男・海老澤伸樹]

- 製品名：リンカーン・コンチネンタル
- 会社名：リンカーン（アメリカ）
- デザイン：同社デザイン部門
- 発売年：1961年

第2章｜デザインの名作たち－道具編

44 IBM・セレクトリック

　ゴルフボールのような印字ボールを採用したIBMタイプライターには「ブレッド・ボーデッド」という新しい電子回路が組み込まれ，事務器機の歴史に大きな足跡を残した．印字アームがひっかかって素早いキー操作がしにくかった従来のタイプライターの欠点が解消し，印字スピードは向上し，ボール交換だけで字体変更ができ表現能力が高まった．デザインも画期的だった．装飾過剰の病に罹っていた当時のアメリカデザイン界と一線を画し，あくまでもシンプルで，洗練した優美さを感じさせる線と面がそこでは用いられている．それは刺激の強い意匠で需要を喚起し，飽きが来た頃にまたニューモデルを登場させて買い換えを導く「計画的陳腐化」のために奉仕するデザインから，所有する静かな喜びを長く保持させられるデザインへ回帰せよという主張を込めたものだった．デザイン担当したエリオット・ノイスは，企業の社会に対する役割をトータルに考えるIBM社のデザイン・ディレクターであった．　［武田 徹］

■製品名：IBM・セレクトリック
■会社名：IBM（アメリカ）
■デザイン：エリオット・ノイス
■発売年：1961年

45 ロットリング・バリアント

　赤いリングがシンボルのロットリングは世界中の建築，デザインを志す者の製図ペンの代名詞だった．製図ペンのロットリング社から筆記具のロットリング社へ転換を図り，優れた筆記具のデザインを送り出している．ロットリング社の歴史は1928年にまでさかのぼる．ドイツのハンブルグでビジネスをしていたウィルヘルム・リープがアメリカの産業博覧会で1本のペンと出会った．そのペンはペン先の細い管からインクが出ていた．ペンといえば高価な万年筆か羽根ペンが主流であり一般的なものはなかった時代である．この機構をヒントにリープは中パイプ式（ペン先が管と中針からなるもの）万年筆を考案し「ティンテンクリ」と名づけて31年に販売し，後のインディアンインク（墨）に対応する製図ペンへと発展した．烏口が一般的で，デザイナーのインク乾燥との戦いをこのペンは解決したのである．その後空気の流通部分に改良を加え，61年に現在のロットリングの元祖であるバリアントが誕生する．ロットリング・デザインの優れた特徴は，本体の各部品構造の精緻さのみならず，インクカートリッジ，ステンシル，コンパスなど，関連システム全体に息づくデザインが統合されていることにある．機能性のみを追求したシステムデザインの勝利であろう．

　　　　　　　　［矢崎克彦・田畑多嘉司］

■製品名：バリアント
■会社名：ロットリング（ドイツ）
■デザイン：同社デザイン部門
■発売年：1961年

46 フロス・アルコ

　イタリアンモダンデザインの代表的デザイナー，アキッレ・カスティリオーニの代表作の一つがこのアルコである．60年代，イタリアンモダンは工業発展と技術革新により成熟化し，70，80年代と世界のデザインをリードしてきた．その中で，イタリア照明デザインの父なる創始者と称されるカスティリオーニは，数多くの製品を手がけている．照明器具には「フリスビー」や「イポテヌサ」，「パレンテジ」など秀作が多い．このアルコは，大理石の台とU字形の細身のステンレススチール軸のアーム，そしてアルミ絞りシェードで構成されている．シェードからは下面に直接光が広がり，上部のパンチング穴からは，上方にも光がもれ広がるよう配慮されている．このアーチを描く美しいアームにより，広々としたリビングに最適である．円弧のアームはスライド可能でテーブルの高さに合わせてシェードの高さ位置を調節でき（シェード部も可動），美しいフォルムを維持できる構造としている．　　　［落合 勉・加藤俊男］

■製品名：アルコ
■会社名：フロス（イタリア）
■デザイン：アキッレ・カスティリオーニ
■発表年：1962年

039

1|203　1950-70年代(5)

47　モールトン AM-7

アレックス・モールトン博士は「なぜホイールはこんなに大きくなければならないか」と疑問をもち，1962年に小輪車を世に出した．オースチン・ミニのサスペンションの設計者でもあるモールトンは，自動車でミニが起こした革新が自転車でも可能ではないか，と挑戦した．84年に採用したトラスト構造（スペースフレーム）はAMシリーズから始まった．それまではFフレームと呼ばれる太いチューブが一本通ったタイプだったが，数多くの試作品の中からトラストフレームにたどり着いた．自動車マセラーティの「ティーポ」の「バードケージ・スペースフレーム」が自転車に応用されたようだ．自動車の設計者から自転車の設計者になったモールトンの思考が読み取れるデザインだろう．小輪車の乗り心地の悪さはフロントのリーディング式サスペンションとリアのラバーコーンでショックを吸収し，モールトンはこれまでの26インチが主流だった自転車のデザインを一変させた．クロモリチューブからは想像もできない軽やかな構造のデザインは，今なお続々と新しい機構を搭載し，これまで縁のなかった人や地域にも自転車に乗る楽しさを普及している．　　　　　　　[高井一郎]
- 製品名：モールトン AM-7
- 会社名：モールトン（イギリス）
- デザイン：アレックス・モールトン
- 発売年：1962年

48　セイコー・ファイブ

「ファイブ」の名は，自動巻，防水，3時位置の一つ窓デイデイト，4時位置に隠された小さなリュウズ，金属バンドを装着した男性的なデザイン，と五つのデザイン要素にちなんでいる．1960年代の初めに，工芸的で，貴重品，装飾品としての位置づけをめざしていたスイス時計の模倣から脱して，見やすさ，使いやすさ，丈夫さを軸に「機能は見えるように，性能は感じるように」というデザインポリシーを掲げ，ムーブメント設計者にアイデアを示して実現したのが，後に実用時計の常識となった「3時位置の一つ窓デイデイト」だった．スイス由来の「ライン規格」を廃し，「セイコー独自のミリメートル規格」に一新し，時計は水に弱いという常識をくつがえし，なおそれまでゴツかった防水時計をスマートにした．「ファイブ」はセイコースタイルの原型となった．東京オリンピックの前年1963年に発売されて以来，さまざまな改良が加えられながら基本的なコンセプトを受け継ぎ，四半世紀を経過した現在もなお製造し販売され続けている．　　[田中太郎]
- 製品名：セイコー・ファイブ SMA5 [8990-8990]（オリジナルモデルの型番号）
- 会社名：服部時計店（現：セイコーウォッチ）
- デザイン：田中太郎
- 発売年：1963年

49　座椅子

座ぶとんが立ち上がった，あるいは極度に脚が短い椅子．いや「どこでも椅子」といってもよい．靴を履いたまま生活することがない日本の生活様式になくてはならない椅子でもある．一枚の合板を曲げてくり抜いて成型しただけ，というシンプルな構成だが，背部は身体になじみ，腰椎を支えるカーブが心地よい．座面の穴は設置面がすべらないための配慮だが，軽量化にも貢献する．数十枚をスタッキングできる設計でもある．一枚板でできた座椅子の元祖といえよう．戦後の日本の食事に新しい様式を提案した作品．現在も生産中．[竹原あき子]
- 製品名：座椅子
- 会社名：天童木工
- デザイン：藤森健次
- 発売年：1963年

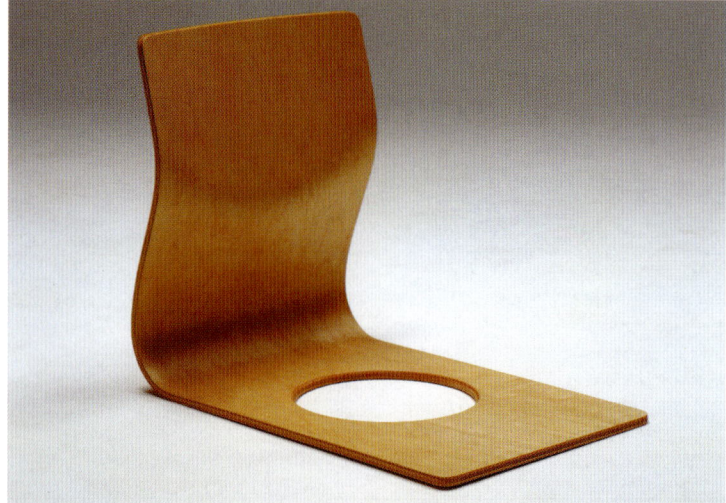

第2章｜デザインの名作たち－道具編

50 新幹線0系

1964年10月1日，東京－大阪間にまったく新しい構想の超高速鉄道「新幹線」が開通した．当時，時速200kmで走る鉄道は，世界のどこにもなかった．その成功は欧州各国に超高速運転による鉄道の再生の可能性を知らせることとなった．もし新幹線がなかったら，フランスのTGVもドイツのICEも実現していなかっただろう．その新幹線に最初に登場したのが0系である．これまでにない高速運転に適した形態の範を，航空機に求めたのは当然だったかもしれない．大量輸送を図るため車幅3.38m，車長25mの大型車体に2＋3列の座席配置が採用され，地盤の悪いわが国の事情から動力分散方式が採られた．現在の500系，700系にいたる設計の基本思想はここに確立されていたのである．この0系は64年から約20年間にわたって3216両が製造された．富士山の麓を走る0系のシーンは，生まれ変わった新しい日本のシンボルとなった．　　　　　　　　　　　　　　［木村一男］

- 製品名：新幹線0系
- 会社名：日本国有鉄道
- デザイン：日本国有鉄道車両設計事務所
- 発表年：1964年

51 ナショナル・飛鳥SE-200

東海道新幹線が開通し，東京オリンピックが開催された1964年に「飛鳥」と名付けられたこのステレオが発売された．造形のモティーフは正倉院の校倉造りである．どちらかといえば西欧的な色合いが強かったそれまでの音響機器に対して，「和」を前面に押し出したデザインはこのモデルが最初である．価格の125,000円は当時としてはかなりの高額であったが，細部まで行き届いた仕上がりと，直線で構成された簡潔なデザインが注目を集めてヒット商品となった．勢いづく経済成長とオリンピックという国際行事を開催するにいたった日本，その明るさと近い将来への期待が膨らむ中にあって，改めて自国文化を意識したからでもあろう．グローバル化が叫ばれる時代，デザインも例外ではないが，そのために均質化するのではなく，国や民族の特質を活かした「地域のデザイン」を再考するときでもある．　　　　　　　　　　　［内藤政敏］

- 製品名：飛鳥SE-200
- 会社名：松下電器産業
- デザイン：同社デザイン部門
- 発表年：1964年

52 ナショナルMC-1000C

本体樹脂成形による電気掃除機のさきがけである．このモデルが達成した生産性と操作性および造形の自由度は，それまでの板金製の類型的なイメージを一新し，以降今日にいたるまでの電気掃除機の原型となった．大きな車輪と前方の弾力性のあるソリ状の小車輪および樹脂による軽量化は，室内での操作性を飛躍的に向上させた．もともと西欧からの移入物である電気掃除機を，日本人と日本家屋の多様性に合わせて再構築した換骨奪胎である．走行性を強調した造形は独創性が高く，このモデルが示した樹脂成形による造形の自由度は，以降のデザインに多大の影響を与えるものとなった．現在，電気掃除機の種類は多種多様である．使い方や場所に応じての機能分化であろうが，必ずしも掃除作業を簡易化するものではない．箒とハタキの時代に比べて集塵の度合いに格段の差はあっても，電気掃除機はさらに単純化と簡易化が望まれる道具である．　　　　　　　　　　　　［内藤政敏］

- 製品名：MC-1000C
- 会社名：松下電器産業
- デザイン：同社デザイン部門＋インターナショナル工業デザイン
- 発売年：1965年

1|203　1950-70年代(6)

53　プラスチックのスタッキング椅子

1950年代からデザイナーは、プラスチックのもつ軽量、色彩の豊かさ、耐水性、成型のしやすさ、安価など、そのユニークな素材感を生かした製品のデザインに積極的に取り組み始めた。中でもマルコ・ザヌーゾやカルテル社などイタリア勢はプラスチックの可能性をあでやかに示した。このスタッキングチェアは最初のABS射出成型による大人のサイズの椅子である。後にポリプロピレンになるが、コロンボは座と背を一体にし、4本の足をはめ込む設計にしている。この後続々とプラスチックで椅子のみならずテーブル、棚などがプ生産されるきっかけを作る。　　　　[竹原あき子]

- ■製品名：ユニバーサルチェア　モデル4860
- ■会社名：カルテル（イタリア）
- ■デザイン：ジョエ・コロンボ
- ■発売年：1965年

55　ジャガーXJ6

1959年の英国のミニによって、60年代から70年代まで、明らかに自動車のデザインの主導権はアメリカからヨーロッパにシフトした。ミニをはじめとする60年代のヨーロッパの小型車は合理性と独創的デザインが大きな魅力となった。また高級車の分野においても、違う意味で、このジャガーを忘れることができない。低い全高と小振りなキャビン、大きめのタイヤ、大胆に絞り込まれたリヤ廻りの造形とアイデンティティあるフロントのイメージは、自ら運転するスポーティでエレガントな高級車という分野を確実なものとし、行動的なエグゼクティブという新興階層と結びついた。ライバルであるドイツの、より合理的かつ理性的な高級車と異なり、ジャガーには英国的な伝統の工芸的世界観がまだ十分に残っている。ウォールナットの木目に代表されるそのインテリアのデザインは、極力工業化された工芸的世界といえるだろう。　　[渋江建男・海老澤伸樹]

- ■製品名：ジャガーXJ6
- ■会社名：ジャガーカーズ（イギリス）
- ■デザイン：同社デザイン部門
- ■発売年：1968年

54　LAMY2000

ドイツ南西部ハイデルベルクで1930年に創業して以来、一貫してデザインを企業活動の中心に据えているのがラミー社である。伝統メーカーとの差別化がデザインであることを実証した数少ない企業ともいえる。その地位が確立されたのは66年に発表した万年筆、ボールペン、シャープペンシルシリーズLAMY2000である。そのデザインは、当時のテクニカルでクールなブラウンのオーディオ、ユニークなオリベッティの事務機器などの知的イメージと同様に、筆記具における革新を提案した。形は万年筆で一般的であった太軸だが、指先部分を太く支持部分を細くした優雅なカーブで「書きやすさ」をイメージさせ、ボディを黒のABS樹脂、クリップ・ペン先およびノック部分はステンレスを用い、軸全体にヘアラインを施すことで洗練された一体感と暖かみを強調している。クリップ部分にも同様のヘアラインを施すところはラミー・デザインの極みといってもよい。部品の継ぎ目をまったく感じさせない精緻なつくりは、シンプルなデザインゆえに課せられる加工技術への挑戦である。がっしりとした重厚感によって高いクオリティを実感させ、1本のボールペンが従来の一流万年筆に決してひけを取らないことを証明した。シリーズの中の4色ボールペンは、ヴィジョンメカニズムと呼ばれる機構をもち、この小企業の名を世界に浸透させた。従来ボールペンは複数の色芯を1本にまとめる場合、色数だけノック部分が必要だったが、ヴィジョンシステムは「振り子」を内蔵させ、ノック部分に記された色を自分に向けることで、4色の芯を一つのノックで選択できる。当時「手品」のようだと評されたが、これもシンプリシティを重んじた機能とデザインの思想が生んだ結論である。　　[矢崎克彦・田畑多嘉司]

- ■製品名：LAMY2000
- ■会社名：ラミー（ドイツ）
- ■デザイン：ゲルト・A・ミュラー
- ■発売年：1966年

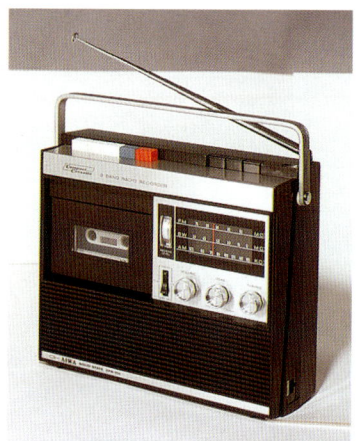

第2章｜デザインの名作たち－道具編

56 ラジカセ

世界初のラジカセ，アイワ「TPR-101」(1968年)は，スイッチ一つでラジオ番組を録音できる道具として誕生した．ラジオ部分とテープレコーダー部分を同比率でエリア分けしたデザインは，二つの機械が一体化したことを素直に表現している．大口径スピーカーを特徴とする初のステレオラジカセ，シャープ「GF-202ST」(1977年)によって，ラジカセは持ち運べるオーディオコンポとなり，屋外で音楽を楽しむ若者のグループも見られた．重低音をセールスポイントに登場したソニーの「ドデカホーン」(1987年)は，今にも走り出しそうな3次元的フォルムで従来の箱型イメージを一新し，ラジカセのデザインが自由造形の場になるきっかけを作った．行き過ぎた有機的造形が批判の的になったこともあるが，CDやMDなどの新しいミュージックソースをビルトインしながら今なお進化しつつけているラジカセは，新しいオーディオのカテゴリーを作っただけでなく，さまざまなサウンド・リスニング・スタイルを提供してきた画期的な発明といえる．

［安次富 隆］

■製品名：TPR-101（上）
■会社名：アイワ
■デザイン：同社デザイン部門
■発売年：1968年

■製品名：GF-202ST（中）
■会社名：シャープ
■デザイン：同社デザイン部門
■発売年：1977年

■製品名：ドデカホーン（下）
■会社名：ソニー
■デザイン：同社デザイン部門
■発売年：1987年

57 ホンダ・ドリーム CB750Four

多気筒スーパーバイク時代を切り拓いたCB750Fourは，1969年に発売し，アメリカを中心に世界のビッグバイクファンの夢を叶えたモデルである．GPマシンの直系であることを直ちに感じさせる4キャブ，4シリンダー，4マフラーの構成，そこから生み出される圧倒的なパワー，野性味溢れるダイナミックな外観がユーザーを魅了した．マシンの実用性，安全性，メンテナンス性が良く配慮されて完成度が高く，マーケットの信頼は高まり，CB750Fourはビッグバイクにおける世界のスタンダードを塗り替え，華やかなスーパーバイク時代が始まった．英国人エドワード・ターナーの設計の「トライアンフT120ボンネビル」は，「CB750Four」の出現で市場から消えたが，第二次大戦後のアメリカで，サイドバルブで非力だったハーレーやインディアンに対して，モダンスポーツバイクとしてBSA，ノートンなどとともに愛好されたバイクであった．

［宮智英之助］

■製品名：ドリームCB750Four（左）
■会社名：本田技研工業
■デザイン：池田均ほか
■発売年：1968年

■製品名：T120ボンネビル（下）
■会社名：トライアンフ（イギリス）
■デザイン：エドワード・ターナー
■発売年：1968年

1│203 1950-70年代（7）

58 マスセット・木登り林

「木登り林」は，幼稚園，保育園の4，5才児を対象とした遊具である．この年代は，友達との遊びを盛んに望むようになり，そのやりとりの中で自己の世界を広げていく．運動機能も発達し，新しい運動に興味をもつようになる．手と手，手と目の協応動作も発達してきている．「木登り林」は，直径42.7mmの鉄パイプ製で，高さ3.45m，手足をかけやすいように規則的にリングを付けてある．また，U字形部は，横への移動，一休み，揺さぶって飛び降りる，などのポイントとなる．この遊具で初めて遊び始めた4才の女児が，低いU字ポイントから繰り返し飛び降りる場面も見られた．また，子どもは鉄の棒が揺れることに興味を示す．かなりの揺さぶりにも耐えられるように，十分な基礎工事が必要である．色彩は，園児が「赤から青へ…」などと呼びやすい色，上部の球は白色．「木登り林」とは，園児が命名した． ［石井賢康］

- ■製品名：木登り林
- ■会社名：マスセット
- ■デザイン：NIDO インダストリアルデザイン事務所
- ■発表年：1968年

59 ダットサン240Z

日本の自動車産業隆盛の幕開けに登場したのが，このフェアレディZ（240Z）である．高速道路網整備計画が進み，多くのユーザーが魅力的な高性能スポーツスペシャリティカーに憧れた時代でもあり，このフェアレディZのロングノーズ・ショートデッキのプロポーションは，その華やかな容姿によって多くの人びとを魅了すると同時に，この時代に最も多くを生産するスポーツカーとなった．また，量産スポーツカーとして，価格，性能，居住性，スポーツ性，デザインのベストバランスを確立した点で「スポーツカー史上最も優れた車の一つ」として世界的な名声を得る日本車となった． ［渋江建男・海老澤伸樹］

- ■製品名：ダットサン240Z
- ■会社名：日産自動車
- ■デザイン：日産自動車（松尾良彦＋吉田章夫＋千葉陶）
- ■発売年：1970年

60 テライロンBA22

そもそも，日本の台所にハカリが登場するのは昭和30年代に入ってからではないだろうか．もともとさじ加減に塩少々で事足りていたこの国の家庭料理も，アメリカからホットケーキが入ってくると，小麦粉何グラム，バター何グラムのレシピは目分量では済まなくなる．当時のハカリは金属製で，いつも白い粉まみれのモダンな道具として人びとの記憶に残っているのではないだろうか．やがて，台所がキッチンと呼ばれ，さらにはダイニングキッチンとして家庭生活の中心に位置づけられるようになると，片隅にはプラスチック製のキッチンスケールが置かれるようになる．普段はあまり使われることがなくても，それは科学的な調理とバランスのよい栄養摂取の象徴であった．昭和も50年代に入り，ヨーロッパ流のシステムキッチンが人に見せる場所として登場すると，インテリア雑誌の中のいつも片付いたカウンターに似合うスケールはこのフランス製のテライロンをおいて他になかった． ［益田文和］

- ■製品名：テライロンBA22
- ■会社名：テライロン（フランス）
- ■デザイン：マルコ・ザヌーゾ
- ■発売年：1970年

第2章｜デザインの名作たち－道具編

61 ホンダ・シビック

新しい車は，常に新しいライフスタイルと結びついている．その意味でシビックの成功は「新しい生活のスタイル」の表現を，世界に先駆けて創造したからに他ならない．当時，先進的であったフロントエンジン，フロントドライブというハードを基本に，最小の大きさの中に大人4人を，いかに合理的にパッケージできるかというベーシックカーとしての明快なコンセプトをもっている．キャビンとトランクが一体となった2ボックスと呼ばれるスタイルとハッチバックという新しい使い勝手が，車の可能性を大きく広げ，世界中に受け入れられた．デザインの大きな特徴は「台形フォルム」と呼ばれるそのシルエットにある．非常に大きいホイールベースとトレッドが創り出す安定感と動き，小さいながらも強い「存在感」．シビックの成功は，FF2ボックスという市場を創出し，世界中に多くの競合車を生み出した．［渋江建男・海老澤伸樹］
- 製品名：シビック3ドアGL
- 会社名：本田技研工業
- デザイン：本田技術研究所デザイン部門（岩倉信弥＋大塚紀元）
- 発売年：1972年

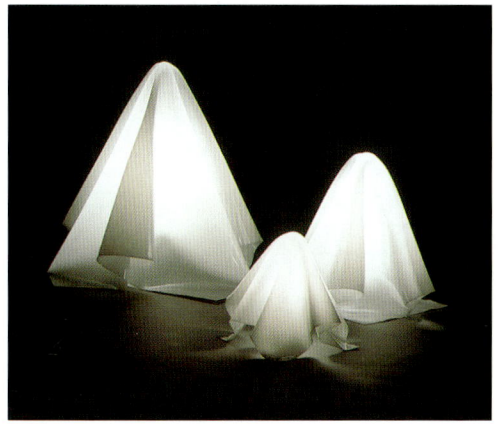

62 ヤマギワ・KシリーズS471

愛称「オバキュー」．倉俣史朗デザインのスタンド，Kシリーズは，白い布をふわりとかぶせたような軽やかなイメージのアクリル乳白色の板でできている．そのKシリーズには3サイズ，大中小，とあるが，一番大きなサイズが発表されたのは1972年であった．1960年代にはプラスチックの成形品が数多く生産され，照明機器にもその波が及んだ．だが，プラスチックでできた当時の照明機器は，ガラスあるいは金属でできたそれまでの照明機器のデザインを踏襲していた．それらに比較してKシリーズの入り込んだ深い折り襞は，ガラスでも金属でも成形できない，プラスチックならではの特色を備えている．2mm厚のアクリル板を200℃で熱し，頭の丸い筒に被せて形成する．内部構造の影が見えないように電球とアクリルシェードの間隔を空けた構造である．布がフワッと置かれたときの形．量産とまではいえないが，72年から生産が続いている，日本が産んだ照明器具の代表作の一つである．［落合 勉・加藤俊男］
- 製品名：KシリーズS471
- 会社名：ヤマギワ
- デザイン：倉俣史朗
- 発売年：1972年

63 ランボルギーニ・カウンタック

50年代から60年代末にかけてのイタリアの好景気がもたらしたスーパーカーブームの中心に君臨するフェラーリは，レース活動をそのバックグラウンドとして車づくりを行っていた．そのフェラーリのアンチテーゼとして設立し，不動の地位を築いたランボルギーニの代表車．2450mmのホイールベースの中に12気筒エンジンを押し込むという，居住性を度外視しているかに思える独自のレイアウトを最大限に生かすため，ショーカーでしか見ることのできないウェッジシェイプをスタイリングに取り入れた潔さは，数あるイタリアンスーパーカーの中で一際精彩を放っている．カースタイリングの先駆的役割を果たすイタリアンデザインの中にあって，未だこれを超えるものがないといえる孤高の一台．
［渋江建男・海老澤伸樹］
- 製品名：ランボルギーニ・カウンタックLP400
- 発売年：1974年
- 会社名：ランボルギーニ（イタリア）
- デザイン：ベルトーネ

1 | 204 | 1980年代（1）

64 ブナコ・木の大鉢

ブナコは技術開発によって蘇った日常生活の新しい華である．開発は当時，青森工業試験場長城倉可成，津軽塗の石郷岡啓之助の共同開発で1956年に開始された．「不正形板を基底とするテープ利用による器具製造法」の名称で59年出願された特許である．当時，食品分野の研究でブナ単板を筒状に巻いた小道具を用いていたが，これに着眼した非凡さがブナコを生んだ．ブナコはそもそも漆器木地として開発されたものである．木肌を活かした拭き漆，巻き目利用の研ぎ出し塗り，ブナコ独自の形態で勝負する無地塗，本格的蒔絵など，多彩な造形は地域の漆職人に大きな影響を与えた．1960年代，輸出向けの増産があったが，安定した品質の商品となるまで10年近くの歳月が必要だった．80年代からシリーズ展開によるデザイン開発に力を入れ，ヒット商品を次々に開発している．

[車 政弘]

- ■製品名：木の大鉢
- ■会社名：ブナコ漆器製造
- ■デザイン：望月好夫
- ■発売年：1978年

65 オリンパスXA

人の望みはとどまるところがなく，カメラにも数多くの要望が出てくる．技術の発展はこの要望を次々と実現させてゆくのだが，新しい機能が追加されるたびにカメラが大きくなり持ち運びにくくなる．カメラはその瞬間の映像を記録する道具なので，その場にカメラがなくては撮影できない．カメラをいつもポケットに入れて携帯できるように小型でケースをなくし，収納時にはスライド式バリアがレンズやファインダーを一度にカバーする．カメラとしては初めて通産省選定のグッドデザイン大賞を1980年に受賞し，以後のキャップレス・カメラの先立ちとなった．精密機械の代表として発展してきたカメラも，これまで使ってきた金属材料に変わってプラスチックが多用され，そのデザインも大きく変貌を遂げたが，そのプラスチックを生かしたデザインの一例といえよう．

[米谷美久]

- ■製品名：オリンパスXA
- ■会社名：オリンパス
- ■デザイン：米谷美久
- ■発売年：1979年

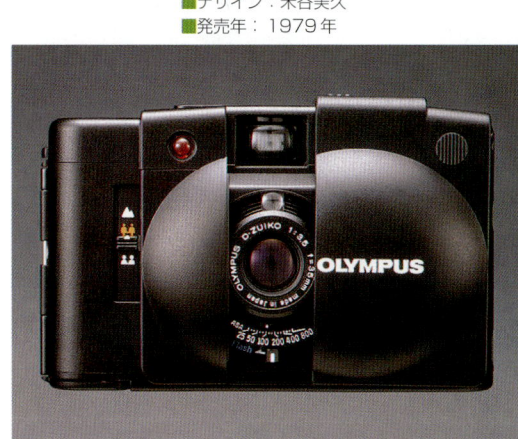

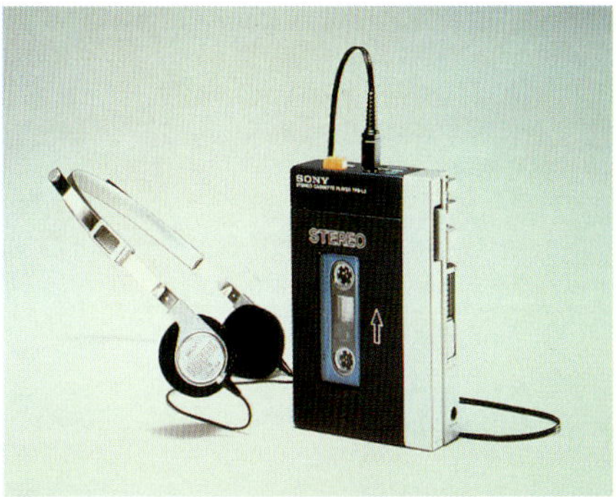

66 ソニー・ウォークマン TPS-L2

既存のモノラル・カセットテープレコーダーをステレオ化し，スピーカー，マイク，録音機能を省いた本体にヘッドホンを付属させた1号機．ブルージーンズを意識したメタリックブルーのカラーリング，従来のモノトーン一色のオーディオ機器にはないファッション性を備えていた．それによって「音楽を持ち歩く」というサウンド・リスニング・スタイルを生み，その後ヘッドホンや基板の小型化などの技術革新を誘発しながら多様にバリエーション展開され，「ウォークマン」という商品名は，ヘッドホンステレオの総称にまでなった．また，CDやMDなどのカセットテープ以外のメディアを用いたウォークマンスタイルの商品も数多く発売されている．その中には名品と呼ぶにふさわしいデザインも多い．しかし，ステレオサウンドを演奏会場と同じ音で，いつでもどこでも聞ける新しいファッションさえ創造した1号機ほど革命的なデザインはまだない．

[安次富 隆]

- ■製品名：ウォークマン TPS-L2
- ■会社名：ソニー
- ■デザイン：同社デザイン部門
- ■発売年：1979年

67 ナイキ・エアーシリーズ

空前のスニーカーブームを巻き起こしたナイキのエアーシリーズが発表されたのは，1979年のことである．マイケル・ジョーダン，カール・ルイス，ジョン・マッケンローなどスポーツ界のスーパースターが愛用することで着実にファンを増やしてきたナイキは，ハイテク・スニーカーともいわれるエアーシリーズの成功によって圧倒的なシェアを獲得した．エアークッションを巧みに取り込んで抜群の衝撃吸収性を実現した設計技術に負うところも大きいが，豊富なバリエーションをラインナップさせたコスメティックデザインがユーザーの心をしっかりとつかんだといってよい．スポーツシューズはテニスやバスケットなどのスポーツ用具として開発されたものであるが，エアーシリーズは本来の用途を超えてカジュアルシューズの地位まで獲得してしまった．93年に発売された「AIR MAX」は品薄状態になり，それを手に入れるために若者が高価なプレミアム価格で販売するスポーツショップに殺到するという社会現象まで発生した．

[高梨廣孝]

- ■製品名：エアーシリーズ AIR MAX
- ■会社名：ナイキ（アメリカ）
- ■デザイン：同社デザイン部門
- ■発売年：1979年

第2章｜デザインの名作たち－道具編

68 サロモン SX-90Equipes

スキー操作の要であるブーツの製法は，インジェクション成型のブーツが出現するまでは皮革製の登山靴と同じであった．イタリア北部ドロミテ地方の登山靴メーカーが主な供給源であった．ブーツがプラスチック成型へと移行する中でドロミテ地方のメーカーも伝統的な皮革製法に代わる成型ブーツの供給を始めた．しかし，プラスチックブーツはスキーヤーのパワーを忠実にスキーに伝達する点では優れていたが，着脱がしにくい上にフィッティングがむずかしいという欠点を抱えていた．ビンディングメーカーとしてはNo.1のシェアを誇っていたサロモンは，この欠点を解決した画期的なブーツをひっさげて業界に参入してきた．SX-90Equipesと名づけられたこのモデルは，シェルとは別にリアーカフという部品が装備され，この部品が大きく後に開くので着脱が格段に楽になった．また，ワンタッチのバックル操作でインナーを締め上げるフィッティングシステムが採用され，スキーヤーの足にぴったりフィットする理想的なブーツとなった．映画「スターウォーズ」から抜け出たような斬新なデザインも新しい時代の到来を予感させた．

[高梨廣孝]

■製品名：SX-90Equipes
■会社名：サロモン（フランス）
■デザイン：同社デザイン部門
■発売年：1979年

69 ザ・プリンス・クラシック/ザ・プリンス・グラファイト

長い歴史をもつテニスラケットの世界に素材革命が起こったのは1960年から70年にかけてである．スキーと同じように木製にとって代わってメタルやFRPが主流になった．素材が変わることによってデザインも多様化し性能も飛躍的に進歩を遂げたが，ラケットの設計思想まで変わるものではなかった．メタルスキーで一世を風靡したヘッドの創始者であるハワード・ヘッドは一時スポーツ業界から姿を消すが，79年異常に大きなラケットを手にスポーツ業界に再登場した．ルックスもさることながら，スウィートスポットの広い性能に人びとは驚嘆した．革命的な設計思想をもったこのラケットは「ザ・プリンス・クラシック」と名づけられ，アルミフレームにプラスチックのヨークが付いた複合ラケットであった．81年にはグラファイトフレーム「ザ・プリンス・グラファイト」が発売され，性能もさらに向上した．通称「デカラケ」として親しまれたプリンス・グラファイトは，20年以上を経た今日でも販売されており，テニス愛好者の拡大に最も貢献したラケットとして高い評価を受けている．

[高梨廣孝]

■製品名：ザ・プリンス・クラシック/ザ・プリンス・グラファイト
■会社名：プリンス（アメリカ）
■デザイン：ハワード・ヘッド
■発売年：1979年/1981年

70 ナショナル SL-10

LPジャケットの大きさに凝縮したリニアトラッキング式レコードプレーヤー．ジャケットサイズに機能上の必然性はないが，極限にまで最小化しようとする開発者の意志の現れである．また，精緻な外観には音への執着とディスクそのものへの愛着が現れている．リニアトラッキング式ピックアップの採用は忠実な音の再現とサイズの抑制に貢献するとともに，ディスクを堅牢な筐体に収め込むという新しい様式を生み出した．通常の開放的なプレーヤーとは異なる，音の出る箱である．この様式は現在のポータブルCDプレーヤー，MDプレーヤーなどの設計思想へと継承された．今，音楽は衛星から直接配信される時代である．音楽を楽しむことに伴う機器の操作やディスクへの気配りは無用になるわけだが，物への愛着やそれに対する細やかな振舞いが失われていくとすれば，単純にその便宜性をのみ喜ぶわけにもいかない．

[内藤政敏]

■製品名：SL-10
■会社名：松下電器産業
■デザイン：同社デザイン部門＋インターナショナル工業デザイン
■発売年：1980年

71 ソニー・プロフィール KX-27HF1

1921年に誕生したテレビは，映像/音声信号の受信機としてブラウン管，チューナー，スピーカーが一体化した装置として進化してきた．それに対してプロフィールは，一体化した装置をそれぞれブラウン管，チューナー，スピーカーに分けてコンポーネント化し，ビデオやパソコンなどの多様な情報機器から出力される映像情報の統合的表示装置としてデザインされた．プロフィールのテレビに対する新しい解釈と未来的なスタイル提案は，21世紀の映像装置のあるべき姿を先取りしていた．現実的には，受信装置としてのテレビは疑う余地もないほど一般に習慣化しているため，プロフィールのアプローチは現在でも受け入れられていないが，インターネットTVやディジタル放送の実現，情報機器の多様化などによって，プロフィールの考え方が常識となることは間違いないだろう．

[安次富隆]

■製品名：プロフィールKX-27HF1
■会社名：ソニー
■デザイン：同社デザイン部門
■発売年：1980年

1|204　1980年代(2)

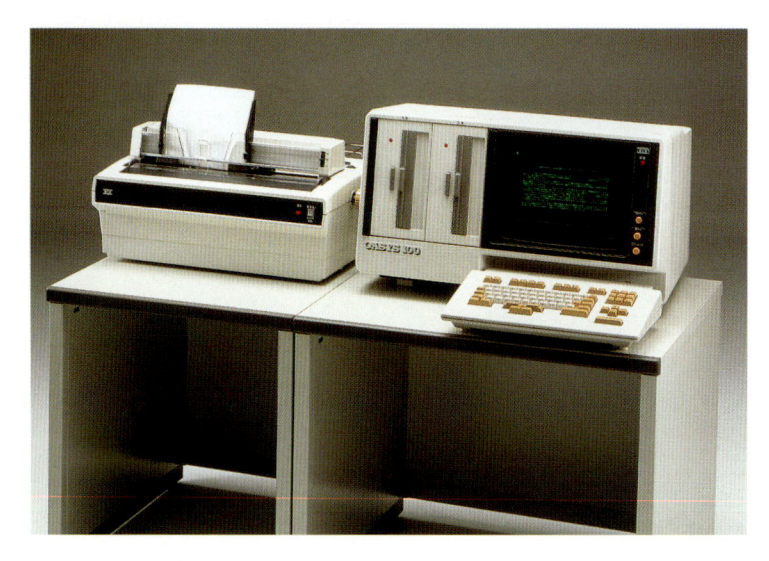

72 富士通 OASYS100

日本語ワープロとして富士通が最初に世に送り出したOASYS100には「親指シフト」と呼ばれる新しいキー配列のキーボード搭載モデルが用意されていた．親指シフトキーボードはワープロ開発競争において東芝の後塵を拝した富士通が，より合理的な日本語入力環境を得るために作り出したもの．親指と他の指の打鍵を組み合わせて操作することで30個のキーで濁音・半濁音を含めた日本語の仮名すべてが扱える．しかも手の動きを研究し日本語入力時に指の移動距離が小さく，早く打っても指どうしがからまない．ワープロ早打ちコンテストなどで親指シフトキーボード使用者が多く上位に入賞することから，その優秀性が窺える．人間工学を商品デザインに生かした好例だといえよう．ただし，いかに入力効率が高いとはいえ，一般的なJISキーボードに慣れ親しんでいるユーザーまでをも親指シフト陣営に取り込んでいくことはむずかしかったが，日本語をデザインし直したキーボードとして高く評価すべきだろう．

［武田　徹］

■製品名：OASYS100
■会社名：富士通
■デザイン：鎌田正一＋池上良巳＋中山泰
■発売年：1980年

73 ブルガリ・エキセントリカ

ヨーロッパの老舗といわれるブランドには，限られたファンへの贈り物にふさわしい形態，アイデアなどに秀でた工芸的な筆記具が多い．中でも19世紀から続くジュエリーメーカー「ブルガリ」によるボールペン「エキセントリカ」は，量産筆記具メーカーが考えもつかなかったシンプルで魅力あふれるデザインである．それはエレガントな水滴型の断面をもつ軸を，約100mmの胴体と40mmのクリップ部分に黄金分割し，約60°の回転繰り出しによってペン先を出す構造をもつ．外観上はきわめてシンプルな2部品のみで構成され，クリップは水滴型の中に見事に収められている．ペン先が出ているときに水滴型の軸はクリップと一緒に全身一体となり，その丸みのある三角形は指先に快くフィットする．またペン先を戻した状態では，水滴の平たい面が胴体となりクリップ部分が前面に出てくるしくみである．これはペン先が出たままの状態でポケットに差さないためインクで服を汚すことはない．回転時の形態の変化でON，OFFが瞬時に使用者にわかる明解さがデザインの成功を導き，ジュエリーメーカーのクオリティあふれる手作りの金属加工と表面処理が知的な美しさを引き立てている．ブルガリは筆記具が本業ではないが，逆に既成概念を超えて本質を見る発想が一本に象徴されている．このデザインは近年の量産メーカーにも大きな影響を与えた．

［矢崎克彦・田畑多嘉司］

■製品名：エキセントリカ
■会社名：ブルガリ（イタリア）
■デザイン：同社デザイン部門
■発売年：1980年

74 セイコー・ランナーズS229

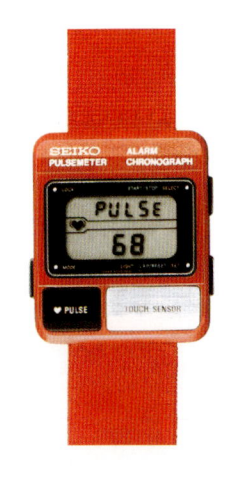

国産初の液晶ディジタルウオッチが商品化されたのは1973年10月．電子技術の進展とともにディジタルウオッチは続々と商品化され「多機能化」「低価格化」の流れをたどった．そんな中で多機能ウオッチの可能性に果敢にチャレンジし，タッチセンサによる心拍検出装置を組み込み，一般レベルの普及商品として実現した最初の製品だ．カラフルなプラスチックケースや汗に強いナイロンのマジックバンドなどを使用し，運動時の操作性，表示の視認性などを配慮しつつ角形にまとめた．ランナーズS229は，医療機器の匂いがしない健康的なスポーツファッションイメージをウオッチの分野でいち早く実現させたもの．長い歴史をもつ「計時」という「閉ざされた機能」に安住していたウオッチ界に与えたインパクトは大きく，「腕につける情報機器」ともいうべき新たな分野を開いた．時を計る機器からウェアラブルコンピュータなど「開かれた腕時計」への先駆けとなった点でも見逃せない．

［瀬下紀夫］

■製品名：ランナーズS229
■会社名：第二精工舎（現：セイコーインスツルメンツ）
■デザイン：第二精工舎時計外装部デザイングループ
■発売年：1981年

第2章｜デザインの名作たち－道具編

75 IBM・PC

　IBMがインターナショナル・ビジネス・マシンの頭文字だったように，IBMはパソコンにも「ザ・IBM・パーソナル・コンピュータ」略してIBM・PCを1981年10月に発表した．巨人IBMがパソコン開発のゴーサインを出してから4カ月目の成果だった．優秀なデザインコンサルタントがいたにもかかわらず，IBM・PCは丸みを帯びたディスプレイの形が特徴的なだけで個性的なデザインではなく「事務機器」風だった．ライバルAppleⅡがキーボード一体型の本体上にディスプレイを載せて「タイプライターの未来形」を感じさせるデザイン・メッセージを主張していたにもかかわらずである．とはいえ，このビジネスライクな外観は，IBM・PCがマニアの世界の遊び道具からビジネスユースに転換させる役割を推進した．貴重で高価でコンピュータのある部屋までわざわざ出向くイメージから，個人の事務机の上にスムーズに載せるには事務機器らしいアノニマスなデザインが必要だった．発売から3年後，IBMはパソコン市場で業界トップだったアップルを抜いた．だが，4カ月で発売にこぎつけた仕掛け：基本ソフトはマイクロソフト社のMS-DOS，マイクロプロセッサはインテル，そして仕様も公開し，互換機を積極的に推進した結果，互換機がコンパック社やデル社から売り出され，ユーザーはコストパフォーマンスの高い後発の機種を求め始めた．愛されることなくひたすら価格と機能で選ばれたIBM・PCの果たした役割とは，ビジネスという空間をデザインしたこと，といえるだろう．

[武田　徹]

■製品名：IBM・PC
■会社名：IBM（アメリカ）
■デザイン：同社開発チーム
■発売年：1981年

76 TGV

　フランス国鉄のTGV（train à grande vitesse）は，ヨーロッパの，否，世界における高速列車の代表格である．TGV車両は，1981年と83年の2段階の区間開通によりパリ-リヨン間で開業時のTGV-PSEから，89年にパリ-ルマン間で開業された最高時速300kmのTGV-A，さらにその後のTGVタリス，TGVデュープレックス，またTGV郵便列車など多種多様に展開されている．TGVの特徴は最高時速515.3kmまで記録しているようにその高速性能にある．このためにあらゆる面での技術的レベルの高度化が図られたことはいうまでもないが，TGVのコンセプトは「サービスの全体的なシステムの最適化」としている点である．この最適化の中で特徴的な点は，乗客の要求による車内の快適さとサービスの追求である．内部空間の構成において，ラウンジやミニコンパートメントなど通常のものの他に，家族連れのニーズにも対応して，大西洋線車両では家族用スペースと子供用スペースの二つの家族連れ用スペースが設けられるなど多様な構成となっている．サービス面では「楽しいひととき」というキャッチフレーズのもとに飲食サービスは航空機並みの内容とサービスが提供され，そのために座席のテーブルにも工夫がされている．その他，居住性，造形性，色彩感覚など総合的デザインレベルにおいて卓抜なものがある．またTGVの技術とシステムは，AVE（スペイン）やユーロスター（英仏海峡横断特急）にも導入され，現在ヨーロッパを代表する車両となっている．SNCFの広報官ジャン-ポール・ボナミーによれば「TGVは単なる列車や路線ではなく，TGVが敷かれるルートに適応する特徴的なパラメーターをもったシステムである」．

[山内陸平]

■製品名：TGV
■鉄道会社名：フランス国鉄（SNCF）
■製造会社名：フランス国鉄（SNCF）
■デザイン：同社デザイン部門
■発表年：1981年

77 ブラウン・クオーツ

　工業化による先進諸国では，時計はともすると管理社会のシンボルに陥る．この時計は告時機能に徹して，それ以外の一切の付加的要素やガラスや秒針までも排除しているにもかかわらず，管理時計的なイメージはない．そして，近代的な生活の場における最も自然な「時間」のあり方を的確に提示することに成功している．その意味で今日の時計における「スタンダードデザイン」といえる．プラスチック製の185mmの文字盤の中の時分針の長さや幅，読みやすい文字の選択や大きさ，目盛りの長さや太さなど構成要素が厳密に検討されて秩序を感じさせる．とくに時針と分針の文字盤からの高さが，それぞれの文字と目盛りが印刷されている面の高さと同一の高さとなっており，「同一面での表示は誤読率が低い」という人間工学の成果を，時計の文字盤に導入して見事に結実している．オフィスから個人の空間まで広く用いられ，国際的にも支持されて，いわば「世界標準」となっている．

[佐野邦雄・橋本良雄]

■製品名：ブラウン・クオーツシリーズ
■会社名：ブラウン（ドイツ）
■デザイナー名：ディーター・ラムス＋ブラウンデザイン部門
■発売年：1982年

1|204　1980年代(3)

78　ハーレー・ダビッドソンFXR-S

　映画「イージーライダー」で一躍有名になったのはチョッパーバイクだが，それらの多くは60年代後半のアメリカ世相を反映して生み出されたカスタマイズハーレーであった．こうした「自由と解放」を求めるエンスージャストたちの熱き思いに応えたハーレー社は，FXS/Low Riderを1977年に発表した．ツーリングモデルFLHエレクトラグライドから不要な部品をchopする（切り取る）手法で新しいデザインを誕生させた．キング&クイーンシートに伸びやかなライディングポジションを提案し，完成した新しいプロポーションに世界が注目した．20世紀で最も存在感のある「ハーレー・ダビッドソン」の中でも，FXR-SモデルはLow Riderをベースにエンジンのラバーマウント，5速ミッション，ベルトファイナルドライブなどの採用でユーザーの要望に応え，よりインパクトを強めたデザインである．創業以来，常に巨大な自動車社会の「攻勢」に対抗し，「存在感ある」バイクを模索し続けた同社の80年代の回答といえる．一方のヨーロッパでは，ドゥカティM900"Monster"がある．　　　　［宮智英之助］

- 製品名：ハーレー・ダビッドソンFXR-S（上）
- 会社名：ハーレー・ダビッドソン（アメリカ）
- デザイン：ウィリアム・G・ダビッドソン
- 発売年：1982年

- 製品名：ドゥカティM900"Monster"（下）
- 発売年：1982年
- 会社名：ドゥカティ（イタリア）
- デザイン：マッシモ・タンブリーニ

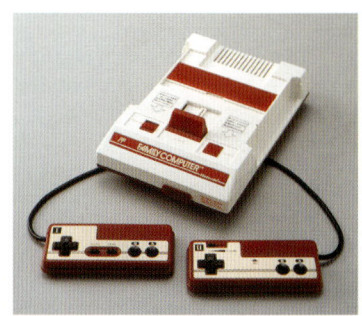

79　アラヤSP-1

　1970年代，アメリカ西海岸で見捨てられた自転車の部品をリサイクルし，坂道などで楽しめる自転車（MTB）の原型をデザインしたのはゲイリー・フィッシャーである．80年代にスポーツとして普及し始め，今や全世界の市場にあふれている．街中を走る自転車でさえマウンテンバイク風のスタイルを取り入れ始めた．それまで太めのクローム・モリブデンを曲線に成型したスタイルを離れ，コンパクトなダイヤモンドフレームのMTBをデザインしたのはジョン・ブリーズだったが，かならずしもアメリカのMTBは日本人の体型と日本の地形に合わなかった．78年にアメリカから極太タイヤとコンビネーションを組めるリムの製造を依頼されたアラヤは，日本向けのMTBの量産を試みた．下り坂の安全を考慮して短脚でも地面に足がつくようにサドルを下げる必要があった．ダイヤモンドフレーム上部のバーを前上がりにして，日本の体型と地形に対応した最初のスポーツバイクのデザインが完成した．　　　［高井一郎］

- 製品名：SP-1
- 会社名：アラヤ
- デザイン：同社開発部
- 発売年：1982年

80　任天堂ファミコン

　パソコンに先駆けて世界を席巻し，圧倒的成功を勝ち得たファミコンだが，ハードウェア的に新しい発明や技術が盛り込まれていたわけではない．その成功は巧みな商品デザインによるところが大きい．値段のこなれた古いCPUを使う不利をゲームの善し悪しを左右する描写機能に重点を置いた個性化でカバーする．作りが大げさになるジョイスティックではなく十字キーを搭載したのも厳しい生産コスト条件下でゲームマシンとしての操作性を最大限に高めるアイデアの産物だった．ROMカートリッジ採用はソフトハウスを任天堂が管理する（ROMの焼き付けは同社が独占していた）ための戦略でもあったが，ディスク駆動系が不要で耐久性を高めるメリットももっていた．そして15000円という驚異的な廉価販売も，量販されればスケールメリットで制作費が下がり，結果的に利益が出るという計算づくのものだった．ただ形を整えるだけでなく，商品の位置づけまで含めた広義の総合的商品デザイン．ファミコンはその成功例として注目に値する．　［武田　徹］

- 製品名：ファミコン
- 会社名：任天堂
- デザイン：同社デザイン部門
- 発売年：1983年

第2章｜デザインの名作たち－道具編

81 アウディ100

80年代になると，車の性能は飛躍的に向上し，最高速度200km/hの世界も限られた一部のスーパーカーだけのものではなくなった．そのような時代の中で，デザインは「空力」が機能として，大きな主題になろうとしていた．アウディ100は量産のセダンとして，初めて空気抵抗値(Cd)0.30を達成した．現在においてもCd0.30を下回る車は少ない．そのデザインは徹底してシンプル化されたモダニズムに満ちている．キャビンは，ガラスとサッシ/ピラーの段差を徹底してなくし，ボディにもホイールアーチさえ存在せず，滑らかな面を構成している．あたかもガラスウォールのモダン建築のような無機質のハイテック感覚である．この後，空力デザインは，当時のオーガニックスタイルと次第に結びつき，とくに80年代後半のアメリカの自動車デザインを大きく変化させる．

［渋江建男・海老澤伸樹］

- 製品名：アウディ100 2.3E
- 会社名：アウディ（ドイツ）
- デザイン：同社デザイン部門
- 発売年：1983年

82 ヤマハDX-7

20世紀はエレクトロニクスの時代であり，最初の電子楽器といわれるテルミンがロシアで発明されたのは1920年代のことである．電子楽器特有の魅力的な音をもったテルミンは，演奏のむずかしさゆえに普及することはなかった．本格的な電子楽器が市場に定着したのは，1960年代に鍵盤式シンセサイザー「MOOG」や「ARP」が登場してからである．83年に発売されたヤマハ・デジタルシンセサイザーDX-7は，プロからアマチュアまで幅広いユーザーを獲得した最初のシンセサイザーである．それはアナログからデジタル技術へと一気に加速させた技術革新もさることながら，プリセットされた音色がROMカートリッジにメモリされた「音色ソフト」の発売により，ユーザーはマニアックで難解なシンセの音作りから解放されたからである．また，「演奏者の表現力を活かす画期的な鍵盤メカニズム」「操作しやすいデザイン」「当時の常識の半分の価格」などが受けて，夢のようなキーボードとして全世界に普及した．

［高梨廣孝］

- 製品名：DX-7
- 会社名：日本楽器製造（現：ヤマハ）
- デザイン：吉良康宏（ヤマハ）
- 発売年：1983年

83 Mチェア

メッシュ構造をもつ成形合板の椅子．通気性のある座面を求めてデザイナー自身が素材開発に乗り出し成功した．合板を両面とも90°異なる方向からルーターを使って溝を彫り，溝が90°交わってできた四角な部分が穴となり，風と光りを通す．ブナの素材感をそのまま生かしたのは，自然環境や風土にあった生活をよしとするデザイナーの意志の表明だが，床づりの脚は椅子を引くときの音を少なくする配慮でもある，という．畳ずりの脚をもつ椅子をデザインし，高温多湿な日本の環境に対する住まいの提案をした戦前の形而工房の家具を彷彿とさせる．この経済性，簡素な美しさと機能性，これらの特色は日本の文化から生まれた．

［竹原あき子］

- 製品名：Mチェア
- 会社名：天童木工
- デザイン：三井緑デザイン事務所
- 発売年：1984年

1|204　1980年代(4)

84　アップル・マッキントッシュ 128k

「トースター並みの使いやすさ」をコンセプトに開発された初代マックは，コンピュータを家電製品並みの身近な道具に変えた．当時のコンピュータは一部のマニアや専門家向けのもので，デザインは事務的で素っ気なく，操作はキーボードでむずかしい「コマンド」を入力しなければならなかった．それに対して9インチモニターとフロッピードライブを一体化した初代マックのデザインは可愛らしく親しみがもて，操作もアイコンなどのGUI（グラフィカルユーザインタフェース）を使用し，マウスのワンボタンで行えた．GUIはゼロックス社のパロアルト研究所で開発されたものだ

が，アップル社の「Lisa」（1983年）で製品化され，初代マックはそれをさらに使いやすくした．また，すでにポータビリティを意識したキャリングケースも付き，モニター上でオートで動くユーザーガイド機能さえ実現していた．現在のパソコンはデータ処理スピードの向上などにより，カラー化したり動画が扱え飛躍的に進化したように見えるが，基本的には初代マックと何も変わっていないことに驚く．　　　［安次富 隆］

- 製品名：マッキントッシュ 128k
- 会社名：アップル（アメリカ）
- デザイン：ジェリー・マノック＋テリー・オヤマ＋スティーブ・ジョブズ
- 発売年：1984年

85　ナショナル・アルファチューブ TH28-D01X

インテリアを整えるにあたって大型テレビは収まりにくいものである．住宅事情や人それぞれの生活パターンから，洗濯機や冷蔵庫のようには置き場所を定めにくいからである．定めにくければいっそのこと，テレビを床に転がして自在に動かし，テレビを見る者に近づけるようにしたらどうか．見たいときに引き出して見たい場所で見る．部屋の隅に置かれた四角い箱に人が向き合うのではなく，テレビの方が人の行動に合わせるという，あくまで人を主体としたテレビのあり方．フローリングの普及ともあいまって，テレビの見方や収め方に対する斬新な試みである．このモデルの床置きを前提とした造形は，大型でありながら空間の広がりを阻害せず，視聴時にはその存在が空間構成を引き立てる．十数年前

に発売されたものだがいまだに新鮮であり，デザインの意図するところはむしろ今日的だといえるだろう．　　　［内藤政敏］

- 製品名：アルファチューブ TH28-D01X
- 会社名：松下電器産業
- デザイン：同社デザイン部門
- 発売年：1985年

86　コネクション・マシン CM-2

CM-2の8個の黒光りする立方体が結合されたフォルムの中で無数のLEDが点滅を始めると，スチールやガラスといった無機物で覆われたマシンがまるで細胞分裂を始めたばかりの生物のように見えてくる．この幾何学的フォルムは，65,536個のプロセッサをいかようにも繋ぎ替えられるこのマシンの特徴的な配線構造を視覚化するた

めに考えられた数学的概念モデル（12次元の超立方体）と一致する．またLEDは4,096個のチップに1対1で対応し，プロセッサの動作に呼応して点滅しており，慣れるとコンピュータ内部の状態をパターン認識できるのかもしれない．スーパーコンピュータの匡体の大部分は，発熱するチップの冷却装置や心臓部に安定したエネルギーを供給する電源である．電源部を椅子のように扱ってインテリア性をもたせたクレイのX-MPのようにスーパーコンピュータに似つかわしくない装置類を見栄えよく覆ったデザインは多いが，CM-2のように，目で見ることも手で触れることもできない配線のオリジナリティや可動状況を視覚化することに成功し，同時に見る人に多様なイメージを与える抽象彫刻のようなデザインはない．　　　［安次富 隆］

- 製品名：コネクション・マシン CM-2
- 会社名：シンキング・マシンズ（アメリカ）
- 開発・デザイン：ダニエル・ヒリス＋タミコ・シール
- 発売年：1987年

87　ナショナル・セパレ NI-N2000L

電源コードがないアイロン．電気アイロン誕生以来の画期的な出来事である．作業時に電源コードがついて回る煩わしさは，美しい仕上がりを旨とする細かな作業になじまない．これを取り去ることはできないか．思えば和裁のコテは炭火で温めながら使っていた．

アイロンがけ作業を仔細に観察すると，布をさばく時間が思いのほか長い．この時間に蓄熱して，その余熱を利用すればコードを取り去ることができるのではないか．コードをなくすという革新は特別な技術的成果によるものではない．地道な動作分析から得た着想がその実現を促した．本体は扱いやすく美しくまとまり，電源を供給する置き台はカバーをして，熱したままの本体を安全に納めることができる収納ケースになる．コードをなくすという機能的な進化にとどまらず，使用者の日常への配慮を伴ってコードレスアイロンは商品として完成した．　　　［内藤政敏］

- 製品名：セパレ NI-N2000L
- 会社名：松下電器産業
- デザイン：同社デザイン部門
- 発売年：1988年

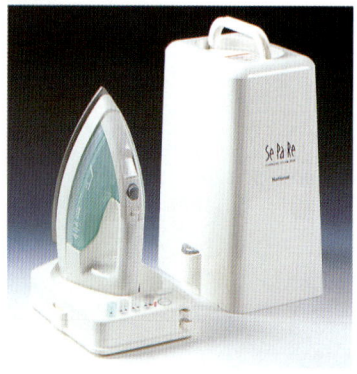

第2章｜デザインの名作たち－道具編

90 シャープ・液晶ビューカム

　液晶ビューカムは，従来のファインダーを「覗いて撮る」というスタイルから，画面を「見ながら撮る」というビデオ撮影の新しいスタイルを創造した．カメラ部分と4インチ液晶カラーモニターを並列にレイアウトすることによって，常にモニターに写った画像を確認しながらの撮影を可能にし，撮影したばかりの映像を楽しんだり，オプションのTVチューナーを接続してテレビ放送を見ることもできるようになった．回転するカメラ部分のグリップにはハンドストラップが付いていないため，常に両手でカメラを保持して撮影しなければならないが，逆に撮影アングルの自由度を向上させており，カメラを180度回転させると撮影者自身も入ったビデオ撮影さえ可能になった．液晶ビューカムのデザインは，その後のビデオカメラに影響を与え，現在はディスプレイ付きのビデオカメラが一般的となり，デジタルカメラなどの新しい撮影機器にも影響を与えている．まさに撮影装置の新たな進化の1ページを開いたデザインといえる．　　　　　　　　　[安次富 隆]

■製品名：液晶ビューカム
■会社名：シャープ
■デザイン：同社デザイン部門
■発売年：1992年

88 トヨタ・セルシオ

　1980年代後半，日本のバブル景気の中で「ジャパン・アズNo.1」の思いは車もまた同様であった．セルシオは，トヨタが威信を懸けて，全世界的に高級車分野への進出を図って企画された車であった．工場，設計基準からすべてを新たに構築して，そのボディ品質や精度・技術は瞠目すべきものであった．デザインもテーマ自体は抑制されたものであるが，十分に練り込まれた面の処理などは，さすがに美しく高いレベルのまとまりを見せる．基本的にはトヨタが国内の市場で培ってきた高級車づくりの手法を国際化したように見える．そのためか，たとえば欧米の名だたる高級車たちのデザインに比較して，独自の主張性や強引な威圧感が少なく，少し優しげなたたずまいが，日本的美学を表現していたのかもしれない．とくにアメリカでの成功は著しく，日本車として初めて，高級車分野にその地位を築いた．　　　　　　　[渋江建男・海老澤伸樹]

■製品名：トヨタ・セルシオ
■会社名：トヨタ自動車
■デザイン：同社デザイン部門
■発売年：1989年

89 事務椅子Picto

　戦後まもなくデザインの重要性に気づき，ウルム造形大学と協同して家具，いや工業製品の理想的な姿を製品に反映したのがドイツのウィルクハーン社だった．少ない素材で，廃棄物を少なく，最大の機能をもつ，という環境配慮をした椅子Pictoは，ロングライフでありながら，95％がリサイクルできるデザイン．木材は近隣の森から，表面処理は蜜蝋，アルミニウムはダイキャストで，組み立て分解ができる，そのために糊は使わない，等々．その製造工場もまた環境に配慮した建築．エコデザインの理想といえる椅子である．　　　　　　[竹原あき子]

■製品名：Picto
■会社名：ウィルクハーン（ドイツ）
■デザイン：Produkt Entwicklung Roericht Ulm
■発売年：1991年

■カメラ分野の現状と将来展望

　1990年代になってフィルム性能が急速に向上し，高感度で，少しぐらい露光を間違えても写るラチチュードの広いフィルムが登場する．そのフィルムの箱にプラスチック製の暗い単玉レンズをつけたレンズ付きフィルムと称する使い捨てカメラが登場してきた．もともとフィルムの紙製の箱が外装なのでカメラのデザインとしては評価できないが，これで写してもアルバムに貼る程度に引き伸ばした写真では結構よく写り，写真の普及に大いに貢献した．1995年，ディジタル・ビデオカメラが登場し，その一連としてスチール写真撮影用のディジタルカメラも登場してきた．最初25万画素だった撮像素子も急速に高密度化し，99年には200万画素のメガピクセル時代となり，携帯電話にもカメラ機能が組み込まれ普及するようになった．170年間続いた銀塩フィルムによる写真の世界に，電子写真という新しい可能性が加わってきた．デザインも電子カメラとしていろいろな試みがなされているが，まだその方向は定まらないのが現状である．今後はこれらの写真が普及定着していき，デザインとしてもカメラの分野に新しい世界を展開していくであろう．　　　　　　　　　　　　　　[米谷美久]

1|205　1990年代（1）

91　セイコーエプソンΣ5000

　レコードに音情報を刻むカッティングに300，400Wのエネルギーをかけているが，それを再生するプレーヤーがわずかなパワーで出力していることに疑問を感じたフリーランス・エンジニアの寺垣武が，入力された情報を忠実に再生する超精密な表面粗さ計としてレコードプレーヤーをとらえ，設計デザインしたレコードプレーヤーである．1.5度の浅いすり鉢状をしたターンテーブルに，4.2kgの重りでレコードを密着させたり，油やゴムを一切使用しない構造など，従来のレコードプレーヤーとは全く異なるアプローチでデザインされている．その結果，今まで再現されたことのないレコードに埋もれていた微細な音色を再現し，国内外の高い評価を得た．20年以上も前に成熟したと考えられているレコードプレーヤーの進化プロセス自体に疑問を呈したΣ5000は，モノの存在意義に立ち返った考察を常に行う必要性を教示している．
[安次富隆]

- 製品名：Σ5000
- 会社名：セイコーエプソン
- デザイン：寺垣武
- 発売年：1993年

92　ニュートン・メッセージパッド

　すでに一般名詞となっているPDA（パーソナル・ディジタル・アシスタント）だが，その由来はアップル社が1992年に提唱した概念APDA（Apple-PDA）にさかのぼる．それはパソコンをさらに個人生活に密着する（小型軽量で常時携帯できる）形に進化させ，文字情報だけでなく音声や画像情報を統合して扱わせようとするものであり，最初の結実として発売されたのがニュートンであった．「手帳」をメタファーとしている点がこのデザインの特徴である．ポケットに入るサイズ，片手でメモを取るように扱える形状が求められ，蓋の開閉も手帳のページをめくる感覚である．企画段階ではニュートンこそデスクトップコンピュータのすべてを廃棄物にするだろうと期待の星だったが，志の高さに対してハードウェア能力が不足気味だった．たとえばペン入力にも果敢に挑戦していたが，マシンパワーの制約から十分な性能を確保することができず，大衆的な支持を得られないまま98年にその継続が断念された．
[武田 徹]

- 製品名：ニュートン・メッセージパッド
- 会社名：アップル（アメリカ）
- デザイン：ティム・パースリー＋クスキ・モリほか
- 発売年：1993年

93　ユーロトラム

　鉄道車両は，その地域のアイデンティティとなるべきことをコンセプトにデザインされるべきである．この点において，ユーロトラムは現在ストラスブルグ市の顔として市民の誇りとなっており出色のものである．1994年に導入されたこの車両は，開発段階において全体のコンセプトからディテールにいたるまで，街，乗客，運転手の必要諸条件を十分満たすよう計画・開発され，その上何よりも美しい造形が先進の科学技術とともに要求された．具体的には，メインテナンス，ライフサイクルコストなどにも十分考慮され，ステップレスの超低床車両は広い扉幅を有し，乗客はもちろんのこと車椅子やベビーカーによる乗降を容易にし，安全性という点でも運転手にとっての広い視野の確保と操作性，乗客にとっての「揺れ」にも配慮されている．街にとって静かで清潔感があり，無公害のこの路面電車は，市民に愛され，都市の象徴となっている．
[山内陸平]

- 製品名：ユーロトラム
- 会社名：Adtranz & CTS ＋ GETAS ＋ IDPO（フランス）
- デザイン：フィリップ・ニーマン
- 発売年：1994年

第2章｜デザインの名作たち－道具編

94 ソニー・プレイステーション

家庭用ゲーム機の歴史は1966年，サンダース・アソシエーツ社が「TVゲーム装置」の特許を出願したことに始まる．76年アタリ社が発売した「アタリ2600」は，カートリッジを差し替えることで色々なゲームが楽しめ，全米で2500万台も売れる玩具市場空前のヒット商品となる．アタリは勢いを加速させるために技術仕様を公開し，ゲームソフトが自由に作れる市場環境を作った．結果は安直で粗末なソフトが大量に氾濫し，82年のクリスマス商戦で突然売れなくなってしまった．アタリショックは日本のゲーム業界にとって大きな教訓となった．83年，任天堂が発売した「ファミコン」は爆発的な人気を呼び，子供のいる世帯の70％に浸透した．その後，国内では数多くの家庭用ゲーム機が発売されたが，現在生き残っているのは任天堂，ソニー，セガの3社といってよい．94年に発売されたソニーの「プレイステーション」は，小売店から直接CD-ROMの発注を受けることで，高品質で安価なソフトウェアをすばやく提供する独自のシステムを確立し，他の2社を大きくリードした． ［高梨廣孝］

■製品名：プレイステーション SCPH-1000
■会社名：ソニー・コンピュータエンターテインメント
■デザイン：後藤禎祐（ソニー）
■発売年：1994年

95 ネットスケープ・ナビゲータ

世界中のコンピュータのメモリ領域に散在している情報をつなぐネットワークを作る．そんなプログラム World Wide Web を作ったのは欧州原子力原子力研究機構（CERN）所属のティム・バーナーズ・リーだった．これを NCSA（国立スーパーコンピュータ応用センター）で働いていたイリノイ大学生マーク・アンドリーセンとその仲間たちが改良し，文書だけでなく画像や音声データも扱える閲覧ソフト Mosaic に進化させた．彼らはやがてネットスケープ・コミュニケーションズ社を立ち上げ，ネットスケープ・ナビゲータとして発売する．その画面デザインの特徴は，マックOSのGUI思想をさらに進化徹底させた親しみやすさの演出である．マウスでクリックするだけで操作可能な愛らしい絵文字ボタンをウィンドウ外に配置して，TVのスイッチを操るのと同じ手軽さで誰もがインターネットの世界と接する道を開いた．台所の片隅からでも世界につながるインターネットの思想と画面のデザインは，視覚，触覚，聴覚などの感覚を総動員する新たな手法をこれからのデザインに課すだろう． ［武田 徹］

■製品名：ネットスケープ・ナビゲータ
■会社名：ネットスケープ・コミュニケーションズ（アメリカ）
■デザイン：マーク・アンドリーセンほか
■発売年：1994年

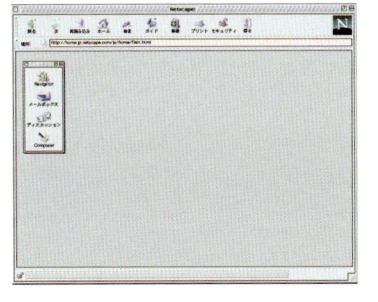

96 BCリフト

車椅子リフトは，庁舎，駅舎，空港，ペディストリアンデッキなどの公共施設に設置されている垂直移動のための移動機器である．今日，われわれがよく目にする車椅子リフトはステンレス製のデザイン的配慮のないものがほとんどである．デンマーク製のリフトは操作性に優れ，洗練されたデザインであり，未使用時には3cm未満の厚さに折り畳める垂直移動，斜め移動の可能なパブリックユースの移動機器である．スカンジナビアデザインで知られる北欧諸国は福祉国家として名高く，わが国の福祉制度のモデルとなってきた．老人や障害者・児などハンディキャップ者に対する社会サービスに加えて，北欧諸国の福祉機器は障害者，デザイナー，作業療法士，エンジニアなどのコラボレーションによって開発され，スウェーデンの国立ハンディキャップ者研究所がテストして合格した製品を推奨する制度がある．その成果がこのような清潔感あふれ，温もりのあるデザインを創り出しているといえる． ［古賀唯夫］

■製品名：BCリフト
■会社名：BCリフト（デンマーク）
■デザイン：同社デザイン部門
■発売年：1995年

97 マキタ・充電式ドライバドリル

米航空宇宙局（NASA）が建設中の国際宇宙ステーション内の作業用として，マキタの電動ドリルが採用された．NASAでは専用の電動工具は使われているが，市販の量産品が採用されたことは特筆すべきことである．宇宙飛行のクルーの1人が家庭で使用しており，安定した作業ができると推薦したことによって採用されたという話が報道されている．電動ドリルの歴史は産業革命以降の据え置き型の工作機械から携帯の要望で作られたものだが，コードが常に足手まといであって行動半径も限られる．最近では，バッテリー（蓄電池）の性能が向上し充電時間も短縮され軽量化が進む中で，コードレスの電動工具がユーザーの要望と合致して需要が伸びてきている．今では工具の主流となってきている． ［河村暢夫］

■製品名：充電式ドライバドリル6213 DWAE
■会社名：マキタ
■デザイン：河村暢夫＋同社デザイン部門
■発売年：1996年

1|205　1990年代(2)

98　第4次S-Tog(S4)

　1996年，デンマーク国鉄（DSB）はコペンハーゲン近郊の通勤線のために，車幅3600mm，従来の車両に比べ約600mmも幅広い異色の新車を登場させた．第4次型とされるこの車両の発想は，プラットホームの制限などから限られた全長の中でいかに余裕のあるスペースを確保するか，から始まった．そして1両の長さを約10mとこれまでの半分として，それによって生じるカーブでの偏軌量の差を生かして車幅を広げるという，まさにコロンブスの卵的なアイディアによって，この車両は実現した．そのため，従来の2軸台車に代わって油圧操作による1軸台車が開発され，これによって2t，約50％の重量軽減も可能になった．この革新的コンセプトにふさわしく，一人でも多く座れるようにとの発想から生まれた柔らかいカーブの座席の車内や，シンプルな外観デザインをもっている．自転車や車椅子利用者のためのスペースも確保され，FRPに代わってアルミなどリサイクル可能な素材が多用されている．

[木村一男]

- 製品名：第4次S-Tog（S4）
- 会社名：デンマーク国鉄（DSB）
- デザイン：コンセプト＝エンス・ニールセン＋モーゲン・ハンセン／エクステリア＝カール・プロ事務所／インテリア＝ペリカン・デザイン事務所
- 発表年：1996年

99　シマノ・デュラエース7700系

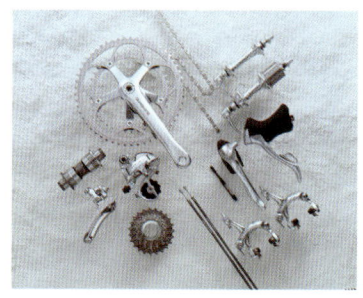

　自転車ほど使う人間と使用目的に自在に対応してきた量産機器は他にない．それは図面なしで組み立てられるほど部品が標準化されているからだ．部品メーカーの存在なくして自転車は語れない．部品メーカーは大阪府堺市に集中し，その堺にシマノがある．部品メーカーであるシマノのデザインコンセプトは変速機，ギア，チェーン，レバーなどを一つのシステムとしてとらえているところにある．デュラエースは後輪9段のギアに対応し世界のトップレーサーの信頼を獲得した．70年代の初めまで世界の大レースに使うロードレーサーはカンパニョーロだったが，現在ではシマノのパーツが優位を占める．自転車は部品の構成がそのまま表に現れ，それゆえ部品の機能美とそれらの構成バランスがデザインを決定し，デュラエースの美しさはそれを搭載する自転車の姿を予測させる．

[高井一郎]

- 製品名：デュラエース7700系
- 会社名：シマノ
- デザイン：同社開発部
- 発売年：1996年

100　USロボティクス・パイロット1000/5000

　パイロットはPDA（パーソナル・ディジタル・アシスタント）のカテゴリーの中で，アップルのニュートン，シャープのザウルスなどを最小限の機能だけでまとめ上げた電子手帳である．アメリカでは発売と同時に反響を呼び，1年も満たないうちに30万台を超えるヒットとなった．最大の特徴である119×81×180mmのポケットサイズは，シャツのポケットに入れても違和感がなく，手のひらPDAという名にふさわしい．四つのボタンは頻繁に使用する機能，たとえば電話帳やスケジュール表，備忘録，メモパッドなどがスイッチを切った状態でもワンタッチで画面に現れる設計となっている．CPUはモトローラ社のMC68328，通称「ドラゴンボール」を採用しその軽快なスピードも魅力の一つである．文字入力はGraffiti（グラフィティ）という専用手書き認識エンジンを採用し文字，数字，記号などを一筆書きで入力することができる．またPCとのリンクもでき専用接続ホルダーCraidle（ゆりかご）に載せ，ボタンを押せば1分ほどでデータはPCに転送される．モバイルとしても使用できるようになったが，これまで技術よりの発想で作られてきたこの電子手帳の分野に，ユーザーサイドに立って知的な遊び感覚を加えたデザインは，情報を身体と信号で運ぶ文化をさらに大衆化させた．

[矢崎克彦・田畑多嘉司]

- 製品名：パイロット1000/5000
- 会社名：USロボティクス（アメリカ）
- デザイン：同社デザイン部門
- 発売年：1996年

第2章｜デザインの名作たち－道具編

101 フェストCDD9.6ES

ドイツの工具メーカー，フェストはデザインの一貫性に秀でたものがある．奇をてらった造形ではなくあくまでも人間工学にもとづいた自然なフォルムを追求して成功している．多くの同社の機種の形態はデザインポリシーがあり，手本とすべき傑出した製品として評価したい．作業環境の配慮や道具の運搬についても考察されている．工具箱のシステムデザインも秀逸である．フェストの電動ドリルは1999年のドイツのGマークであるIF賞を受賞している．ドリルはバッテリーとハンドルとがバランスよく造形されており，美しい工具に仕上がっている． ［河村暢夫］

- 製品名：CDD9.6ES
- 会社名：フェスト（ドイツ）
- デザイン：同社デザイン部門
- 発売年：1996年

102 フォルクスワーゲン・ニュービートル

80年代後半の世界的なカーデザインの低迷期から現れたニュートレンドの典型作．それぞれの企業が今まで培ってきたデザインのレガシー（遺産）をもう一度見直し，現代に再生させることで，さらにその企業のイメージを確立させ，強めようとする動きである．これはデザイン界全体に見られる傾向でもあり，すでにダイムラー－クライスラー（独，米）やジャガー（英）などの製品に見受けられるが，過去にあった車をリニューアルさせた典型的な例はこの車が最初だろう．デザインのテーマに行き詰まった末の産物かもしれないが，なぜかほのぼのと懐かしく，強く人びとを魅了するものがある．デザインはくり返すのか，それとも熟成，進歩していくのか？　デザインについて今一度考えさせてくれる一台である． ［渋江建男・海老澤伸樹］

- 製品名：フォルクスワーゲン・ニュービートル　NBJ-01
- 会社名：フォルクスワーゲン（ドイツ）
- デザイン：同社デザイン部門
- 発売年：1998年

103 ブリヂストン・トランジット T20SCX

「車社会と自転車との共生」をテーマに掲げて生まれた「トランジット」のデザインの特徴は，片持ちシャフトドライブの採用とカーボン・モノコックボディである．シャフトドライブが日本に初めて輸入されたのは明治時代．イギリス女性のロングスカートをチェーンで巻き込んだり汚さないための設計だった．ところがチェーンや後輪をカバーして巻き込みや汚れから解放され，シャフトドライブの必要性はなくなり，1980年代まで進化しなかった．だが大気汚染は自転車に脚光をあびせ，新タイプのデザイン投入が始まり，シャフトドライブは元祖の汚れ防止とメンテナンスフリーを合言葉にしながら「トランジット」で復活した．折り畳み式の登場で片持ちシャフトドライブ方式はよりコンパクトになる可能性をみせた．Yフレームをカーボン・モノコックボディで軽量化しつつ視覚的にもまとまりとなった「トランジット」が，スーツ姿の紳士淑女の乗物になれば，21世紀のエコ社会文化の象徴になるだろう． ［高井一郎］

- 製品名：トランジットT20SCX
- 会社名：ブリヂストン・サイクル
- デザイン：同社開発部
- 発売年：1998年

1|205　1990年代(3)

104　パナソニック・トレンクル6500

「列車との共生」をうたって登場し業界に多大な反響を呼んだトレンクルは，JR東日本とナショナル自転車工業との共同開発だった．乗り心地は悪いが6.5kgという軽さは画期的である．折り畳んで電車に持ち込めるように5.8kgのプロトタイプを新幹線に使うアルミで制作してから，商品化する業者を捜したJR東日本の意気込みにデザイナーが応える，というプロセスもめずらしい．軽くてコインロッカーに入る大きさをクリアしたフレームはチタン．構造も折り畳み方式もシンプルなデザインで，袋に入れて電車に乗るための物理的な支障はない．自転車で街を走るためのインフラも交通法規も整備されていない日本で，旅客会社と自転車メーカーが先行して旅にふさわしい自転車を開発した事実は見逃せない．アメリカから，未来の自転車だと称賛が送られたという．エコ社会をリードする製品デザインの一つであろう．　　[高井一郎]

- 製品名：トレンクル6500
- 会社名：ナショナル自転車工業
- デザイン：同社開発部
- 発売年：1998年

105　スウォッチ・ビート

21世紀，時間は重要なテーマになる．「どのように生きるか」と深く関わっているからである．もともと時間の認識と表現は，それぞれの環境と固有の動機を反映して多様に豊かに存在するのであり，江戸の不定時法も生活に密着したすばらしい発想といえる．日本には物理的時間に対する芸術的時間という観点もある．現在は世界共通の普遍的時間の浸透の一方で，目的に応じた固有の時間の設定が考えられ始めている．たとえば，アメリカの宇宙船は「打ち上げ後時間」でコントロールしている．20世紀，世界の若者に時計をメディアにデザインメッセージを発信しリードしてきたスウォッチ社が，次のフェイズに向け開発したのが「ビート」であり，ローカルタイムの他に「インターネットタイム」がセットできる．この時刻は同社が生み出した世界共通時刻で，ホームページ(http://www.swatch.com)に表示されている．現行の24時間を1000単位に分け，スイスにある本社が時刻の0時を決めている．時刻のデザインを表現したもので，国際的な情報化社会に向けて影響力を発揮する．　　[佐野邦雄]

- 製品名：スウォッチ・ビート
- 会社名：スウォッチ(スイス)
- デザイン：ネグロ・ポンティ(MIT)ほか
- 発売年：1998年

106　コンビ・プリムターン

2000年4月から着用が義務化されたチャイルドシートは，後部座席に取り付ける．体重10kg未満は，衝撃を広い面積で分散して受け止められるように後ろ向きに，前向きは9kg以上になってからである．「プリムターン」は，着座部が360°水平に回転するので，この条件に的確に対応している．また，ドア側を向ければ，子どもに無理のない姿勢で簡単に乗せ降ろしができる．背もたれ生地には立体メッシュを，その下には網目構造をもつエアースルーフォームを採用．さらに本体にも空気孔を設け，高い通気性を実現した．蒸れない構造である．三段階リクライニング機構は，子どもを常に楽な姿勢にすることができる．チャイルドシートの台座が車の座席にしっかりフィット．シートベルトバックルでしっかり装着できるので，走行中もズレの心配がない．乳児でも安心して座らせられる．
　　[石井賢康]

- 製品名：プリムターン・ファーストEG
- 会社名：コンビ
- デザイン：オーブ
- 発表年：1998年

107　ハンディ・バーディ/ミニィ・バーディ

高齢化社会の到来とともに，わが国でも障害者を対象とした福祉機器(自立支援機器)デザインからすべての人びとにとって使いやすい道具というユニバーサルデザインへとデザインの考え方も変化してきた．一つの道具がすべての人びとに使えるということは理想であるが，一方で子供，大人，老人の身体機能，障害の種類，障害のレベルごとの身体機能特性もあり，これらの人びとの身体機能特性に適した道具も必要となる．どのような人にも握りやすい形状にまとめられているハンディ・バーディとミニィ・バーディは，発想としては子供のころ粘土遊びで握ることによってできるさまざまな手指の形を思い出し，粘土を握りその形を整理していった結果，鳥の形がイメージされたのではないか，また基礎造形でグリップをデザインした経験が，楽しみながら使えるパーソナルユースのボールポイントペンとして誕生したのではないか，と想像できる．　　[古見唯夫]

- 製品名：ハンディ・バーディ(上)/ミニィ・バーディ(下)
- 会社名：モリト
- デザイン：トライポッド・デザイン
- 発売年：1998年/1999年

第2章｜デザインの名作たち－道具編

108 プロジェクション・クロック・ジオ

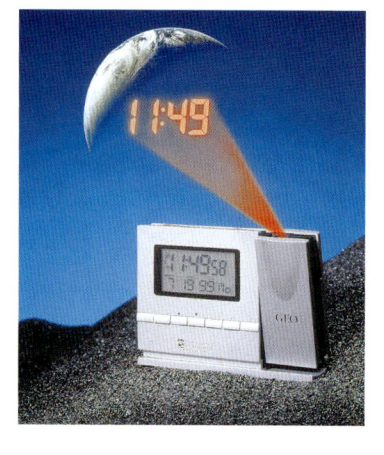

プロジェクション・クロック・ジオは，現在の時刻を暗がりの壁や天井に投影できるプロジェクター機能と電波時計機能を備えた置時計である．高齢になると，一般に眠りが浅く，また，朝早く目覚めるという現象がある．この現象は生理的要求もあるし，時間を知りたいという場合もある．電灯をつけると目が覚めてしまうが，暗がりの中で時間を知ることができれば完全に覚醒することは少ない．また，病気で寝ている人も起き上がらずに時間を知ることができる．ユニバーサルデザイン製品はパーソナルユース，ファミリーユース，パブリックユースに区分できるが，この製品はパーソナルユース，ファミリーユースに該当する製品であり，シンプルな形にまとめられている． ［古賀唯夫］

- 製品名：プロジェクション・クロック・ジオ
- 会社名：IDT（アメリカ）＋サイエンティフィック（香港）
- デザイン：IDTグループ（香港）
- 発売年：1999年

109 エンターテインメントロボット AIBO

高齢化に伴う医療介助や孤独な一人暮らしのペットとしてロボットに期待する必要が生じている．選択の余地はあるがほろ苦い現実でもある．近年ソニーが「エンターテインメントロボAIBO」を発売した．発売当初はインターネットによる限定販売とし，国内では即日完売という評判であった．学習能力を備え表現も豊かなものがあるようだが，暖かい人間関係が希薄になっていく社会において，ロボットに安らぎを求める現代人の悲哀を感じるのは筆者だけだろうか．今後さらに介護ロボット，家事ロボット，作業ロボット，清掃ロボット，マッサージロボット，など実用化が間近に迫っている． ［河村暢夫］

- 製品名：AIBO ERS-110
- 会社名：ソニー
- デザイン：同社デザイン部門
- 発売年：1999年

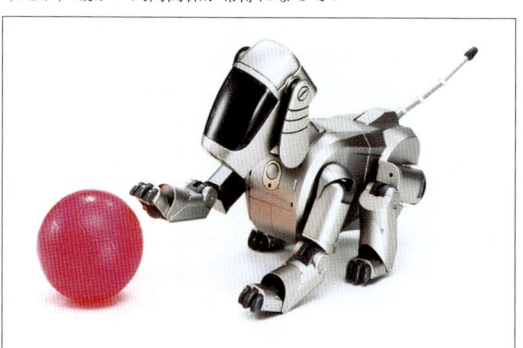

110 ホンダP3モデル

近年NHKテレビで放映され，雑誌や新聞に紹介され，従来のロボットの概念を払拭した外観の造形や身のこなしに圧倒的な話題性を提供したホンダのP3モデルを取り上げる．同社の発表資料によると，1986年に「人間と共存・協調し，人間のできないことを実現し，社会に価値をもたらすモビリティの創造」を基本コンセプトとしている．二足歩行に目標を絞り「人間はいかにして歩いているか」の解析からスタートしている．月面着陸の映像が再現されたような錯覚を受けるほど，しなやかに移動し，生命維持装置のごとく背負ったコントロールボックスが，ひときわ人間の行為に近づいてイメージされた．表面素材もしなやかさを表現するために吟味されたに違いない．車づくりの多くのノウハウを結実した秀作として評価するとともに実用化を期待したい． ［河村暢夫］

- 製品名：P3モデル
- 会社名：本田技術研究所
- デザイン：同社デザイン部門
- 発表年：1999年

■ 1 ｜ 201-205作品の選定基準

①20世紀を代表する名作であり，デザイナーの強靱な意志が読み取れる量産品であること．
②機構やメカニズム，素材や生産技術と工程などの革新をデザイナー自身が製品に反映したもの．
③その時代を表明する美しさ，優雅さ，ライフスタイルなどを提案するデザインであること．
④たとえ，一世を風靡しただけの短命なデザインであっても，時代を反映したもの．
⑤選択した製品が社会や生活に多大な影響を与え，あるいは今後与えると予想されること．
⑥国内と国外の製品はそれぞれのジャンル（モーターサイクル［4輪，2輪］，自転車，列車，家庭・電化製品，オーディオ機器，カメラ・映像関連，時計，照明，文具，クラフト，キッチンウェア，椅子，情報通信機器，ロボット・工具・計測器，福祉・育児・医療機器，スポーツ・遊具・楽器）で50％ずつを目安に選択する． ［竹原あき子］

1│301　空間デザインの名作をめぐって

　空間に対する考え方やその質は，時代とともに大きく変化する．とくに，19世紀後半から20世紀にかけての科学技術の進歩に対しては容認するもの，異議を唱えるもの，新たに発生する諸問題に着目する動きなどがさまざまに発生し，現代の都市に多大な影響を与えている．そこで，空間編の名作では科学技術を軸とし，それぞれ異なった視点から代表的作品を抽出した．

■中世までの空間

　文明の発生により「都市」という概念が生まれる．その中心には神や王といった存在があり，この時代の空間は，これらに対する尊敬，畏怖の念が込められた，イデオロギーに支配されたものだった．

　中世になるとヨーロッパでは城塞都市と呼ばれる都市空間が出現する．ここでも空間の中心には心の拠り所として絶対的な意味をもつ宗教的なシンボル，すなわち教会が存在していた．道路はそこから放射状に伸び，その構造は一元的な価値が市民生活を支配していたことをうかがわせる．

　この時代までの都市や諸空間は，人間の歩行速度や距離感といったスケールから逸脱することもなく，手工業的な手法により構築されたものである．その身体的尺度を基本に作られた都市は空間的快適さと魅力を備えているものであり，この頃までに空間の基本的要素は確立されたことを示している．

■産業革命

　フランス革命を契機に，世界が君主制国家から市民国家へと変わっていく中で，同時代に起こった産業革命によって人びとの生活形態が大きく変わり始め，それに伴って都市の構造，諸施設の性質が大きく変容する．18世紀後半から19世紀にかけては蒸気機関の発明，紡績機での大量生産，それに伴う資本主義経済への移行，また汽車の発明により，それまで教会・広場が担っていた都市の中心的役割が交通拠点としての駅にとって代えられたこと，といった事柄はそれまでの牧歌的な人びとの生活を一変させた．

　これらの変化に伴い，都市には新しい都市機能が必要とされた．宮殿や教会，庭園に代わって，庁舎・図書館・博物館・劇場・商業取引所・大型の市場などが作られるようになったのである．そのような時代背景のもと，都市空間のあり方についても詮議がなされる．オースマンのパリ大改造計画がその典型である．

　産業革命を経験し，もはやこの時代の精神が「機械文明」にあることは明白だった．これを決定づけたのが1851年の第一回万国博覧会である．シンボルとなった「水晶宮」（クリスタル・パレス）はジョゼフ・パクストン設計による，ガラスと鉄からなる巨大な温室であったが，人びとはこの施設に来るべき輝かしい20世紀の幕開けを予感したであろう．この衝撃と影響力はフランスなどにも伝わり，各国の最新技術を競い合う場として万国博覧会が与えた影響は測り知れない．

　しかしながら，機械文明は「諸刃の剣」であることを見落としてはいけない．都市人口の急激な増加と高密度化，それに加えて工場や交通機関，生活様式の変化に伴い家庭にいたるまで使用された石炭の煤煙と日照不足，上下水道の不備などが，生活空間の質を劣悪なものにしてしまう．ここでエベネザー・ハワードは緑に囲まれた居住空間を提唱し，「ガーデンシティ」（邦訳は「田園都市」）の建設を考えた．それが後にレッチワースやハムステッドに継承され，実現されていくことになる．このハワードの考え方は100年を経た今日でも多くの支持者を得ている．環境や人間の精神的荒廃に対し，歯止めをかけようとしたことが高く評価されているのである．

■20世紀－空間の多様化

　20世紀を迎えると，いよいよ市民生活のさまざまな局面に近代化の波が押し寄せることとなった．その典型は20世紀のアメリカにある．大量生産・大量消費がマスメディアを通して拡大され，アメリカは黄金時代に突入した．その起爆剤となったのがモータリゼーションであり，スーパーマーケットの出現である．これらの変化は都市構造を大きく変え，空間の質そのものにも変化をもたらした．

　ヨーロッパでは機械文明を立脚地点とし，それを市民生活に還元させようという動きとしてはワルター・グロピウス率いるバウハウスが第一に挙げられる．その教育理念は芸術と技術の統合であり，古典的装飾を廃し，人間と物によって空間の本質を素直に表現することを主眼と考えた．そこから生まれた製品には新しい時代精神を反映した「美意識」が備わっていなくてはならなかった．ここに今日的な意味における「デザイン」が確立したといえよう．

　この流れは結果的に国際様式として世界中に広まり，アメリカにおいてはリチャード・バックミンスター・フラーの「ダイマクシオン・ハウス」やチャール

ズ・イームズらによって実践された「ケーススタディハウス」などに受け継がれた．

一方，20世紀初頭の芸術分野に目を向けてみると，機械文明の浸透がもたらす近代的自我の誕生を促し，またそれを見つめ直す新たな動きが次々に生まれていた．アールヌーヴォー，構成主義，未来派，ダダイズム，シュールリアリズムなどである．これらの芸術運動は人びとの生活用品からインテリア，建築，さらには都市空間にまで大きな影響を及ぼした．ル・コルビュジェは「住宅は住むための機械である」と唱え，来るべき近代建築の定義づけを行った巨人であるが，その作品には同時代の芸術運動と同調した抽象的美の追求が一貫している．ミース・ファン・デル・ローエは従来の空間を定義づけていた柱や壁，床/天井スラブといった部位を抽象的レベルにまで還元し，透明性に満ちた浮遊感ただよう空間に構成した．

このような流れの中にあって都市空間に関してもさまざまな考え方が生まれた．コルビュジェは「輝く都市」において，都市は「住居」「余暇」「勤労」「交通」の機能を有し，そこで人びとは誰しもが「太陽」「緑」「空間」の三つを享受できる，と示した．これをもとにCIAM（Congrès Internationaux d'Architecture Moderne，国際近代建築家会議）はアテネ憲章（1932年）を発表した．これらの考えの基本には，新しい技術の発達はいかなる環境をも一様に制圧しうる，という態度があった．ところが現実には個人の自由，地域の特性，変化と流動性などこそ都市の本来の姿であるということが考えられるようになった．

その流れからいくつかの興味深い提案がなされた．アリソン&ピーター・スミッソンのベルリン計画は，現在の都市とは別に連続した空中歩廊を作り，都市の基盤を整備するという案である．それは自動車と歩行者を完全に分離することによって自然を残すことが可能になり，また新しい施設を建設することができるもの，つまりは自然の温存と，空間の変化，成長を同時に進めるシステムである．

また，ヨナ・フリードマンは現在のパリをそのまま残し，その上空に空中都市を作ろうとしている．その具体的試みは1970年の大阪国際万国博覧会におけるお祭り広場の大屋根として現れた．

日本ではメタボリズム（新陳代謝）という生物学的用語が用いられ，都市もまた細胞が代謝していくように生まれ変わる，という考え方が登場した．このような一連の考え方に共通したのは，機械文明に対する盲目的な依頼への反省であった．

■今日の状況

人間は過去の空間から変化とともに，新しい環境と空間に身を置き始めることによって，人間のあり方を考え直すようにもなった．機械的で巨大な，そして動的な空間の中で，失われつつあった「個人」を復権することである．1957年ソ連の人工衛星が宇宙に飛び出したとき，ガガーリンの「地球は青かった」という言葉は，改めて人間の存在や地球の意味を考え直させるよすがとなった．もちろんそれだけではなく，産業革命以降発達を見た機械技術とは全く異なる，電子技術の将来性をも示唆していた．情報化時代の幕開けともなったのである．

ちょうど時を同じくして芸術面でもポップアート運動（1960年前後）が起こり，芸術の大衆化が，「大衆文化」を芽生えさせた．商業媒体をも一つのアートとして表現するようになっていく．建築ではアーキグラム運動として「脱建築」「建築を超えて」をスローガンに，物的空間から離れ，情報的，あるいは状況的空間としてとらえ直した．「家も都市も，冷凍豆のパックも変わらない」という姿勢である．この潮流はポストモダニズムにも通じている．「モダニズムの後の」「反モダニズム」であり，そこには特定のイデオロギーはない．したがって，ヴァナキュラー（その土地特有の）から古典様式を再構成したもの，技術的表現，さらにはデコンストラクティビズム（脱構築）までが包含され，もはやモダンデザインのような特定の美意識は崩壊した．価値の多様化の時代に突入していくのである．

現代におけるメディアのめざましい発達と情報の横溢とともに，価値の多様化の問題には，「個人と社会」「自由と秩序」「人工と自然」「文明と文化」「世界と地域」といった関係が絡んでくる．さらには地球環境の問題，エネルギー，福祉問題など多くの課題が浮上している．しかし，これらに対して，解答がすぐに見つかるわけではない．まずは自らが理念をもつこと，進んで仮説を立て，創造し，実験をしてみるべき時代である．

本章「空間編」では，産業革命の帰結と，新しい時代が始まった19世紀後半から20世紀の，多様な試みの中で代表的な作品を取り上げている．また若干日本の作品が目立つが，空間の体験性を重要視したためで，その点をご理解の上，ご覧いただきたいと思っている．

〔西沢　健〕

1|302　都市空間

1 レッチワース田園都市

　田園都市構想は、産業革命後の19世紀末のヨーロッパにおいて、大都市の工業集積が高まり、人口の集中が進み、その都市問題が顕在化した時期に田園的環境を広範囲に保った新しい職住近接の都市計画として提案されたものである。エベネザー・ハワードの提唱した田園都市理念によって建設されたロンドン郊外のレッチワース田園都市は、理念と実際が調和して生み出された都市として20世紀の最も成功した都市計画の一つである。その後、この新都市建設の理念はヨーロッパやアメリカや日本に急速に広がり、その後ニュータウン建設の運動として世界中に広まった。これらの建設思想を継承して大都市郊外に建設された例としては、ロンドン郊外のベッドフォード・パーク、シカゴ郊外のオークパーク、ニューヨーク郊外のラドバーン、わが国では東京の田園調布が挙げられる。

[奥山健二]

■所在地：レッチワース／イギリス
■事業主体：第一田園都市株式会社
■デザイン：パーカー・アンウィル
■竣工：1903年

2 リバーウォーク

　テキサス州サンアントニオ市は、アメリカのベニスと呼ばれる水と緑の都である。この都市は成立の過程で、メキシコやスペインから建築様式や伝統文化などの歴史的な影響を受けた。人口は約120万人で、年間1千万人を超える観光客が訪れている。観光客は市の中心のリバーウォークを訪れるためにやってくる。リバーウォークはサンアントニオ川の主流と馬蹄状の支流で構成されており、川沿いに散歩道と公園、レストランやショッピングのできる店舗、さらにコンベンションセンターで構成されている。水路は1.6kmあり、川幅約15m、水深1m、川沿いの歩道は幅約2mで常に賑わっている。これは、河川の洪水対策のために1924年、市民有志が河川保存を呼びかけ、水門を設けたり引水して、建造物保存や自然環境保護も行った。そこでは、早くから景観規制のためのデザインマニュアルが作られ、環境と景観が守られている。都心を歩行者のために水路と緑の空間で構成した、快適な都市空間である。

[奥山健二]

■所在地：サンアントニオ／アメリカ
■事業主体：サンアントニオ保存協会
■デザイン：ハッグマン
■竣工：1938年-

3 ミュンヘンの歩行都市空間

　人口130万人のバイエルン州都ミュンヘン市は「ドイツの隠れた首都」「ビールと芸術の町」などと謳われ、美しい建築が独特の景観と雰囲気を醸し出す魅力的な街である。第二次世界大戦で市街地の45％が破壊されたが、主な建築は現在再建されている。戦後の車社会に悩んだ他のヨーロッパ諸都市と異なり、ミュンヘン市はいち早く都市の中心街路空間を歩行者のために獲得した。そこで取り入れた方策は、都市をいくつかの小ゾーンに分割して徒歩によるゾーン内移動を優先し、車によるゾーン間移動を外周の環状道路からのみ可能とし交通管理を行うというものである。都心部では近郊電車、地下鉄、路面電車、バスなど公共交通の利用促進を図り、車の通過交通を制限する。このトラフィックゾーンシステム（交通セルシステム）で公共交通機関を使いやすくした結果、中心街にノイハウザー通りなどの歩行者空間や広場を設け成功した。これを参考に町に人びとを呼び戻した都市空間は、世界各地に広まっている。

[奥山健二]

■所在地：ミュンヘン／ドイツ
■事業主体：ミュンヘン市
■竣工：1972年（ノイハウザー通り）-

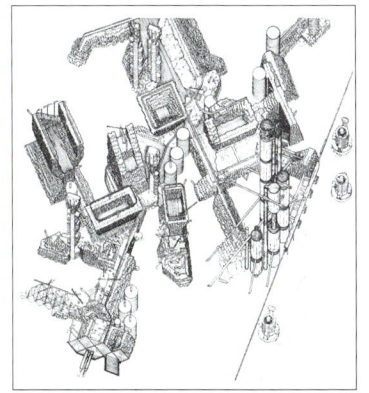

第3章｜デザインの名作たち―空間編

4 プラグイン・シティ

ポンピドゥーセンターや香港上海銀行，それに関西国際空港といった現代のハイテク建築は，1960年代のイギリスの前衛建築家グループであるアーキグラムの影響が大きいといわれている．その主張は「クリップ・オン（部品の取り付け）」の技術，使い捨ての環境，宇宙カプセル，そして大量消費のイメージといったことを非建築的な建築的イラストレーションで描き出すことであった．この作品はアーキグラムの中心となるピーター・クックによるもので，一種のユートピア都市構想である．「プラグイン・シティ」は差し込み式のシステムで構成された都市という意味であり，すべての都市の構成要素がプログラム化された耐用年数によって取り替えられる可変性，可動性のある都市のコンセプトである．
［奥山健二］

■デザイン：アーキグラム（ピーター・クック＋ウォーレン・カーク＋デニス・クロンプトン＋デイヴィッド・グリーン＋ロン・ヘロン＋マイク・ウェブ）
■発表年：1964年

5 パリのデファンスの新副都心

ラ・デファンスは，パリの都市軸であるシャンゼリゼ通りを北西に伸ばし，セーヌ川を越えた所に再開発で建設された国際業務地区としての新副都心地区である．その中心地は人工地盤の上に大広場があり，それを囲んで周辺に業務ビルやホテル，高層住宅が並ぶ．新凱旋門は，1983年国際コンペによって建設された巨大な業務ビルで，エトワール凱旋門と歴史の時間と都市の空間軸とに対峙しているパリの新しい都市のモニュメントである．1辺が105mの立方体にシャンゼリゼと同じ幅の中空を開け，その下に公共の広場をとり，さまざまな行事や催し物を行っている．凱旋門やパリ市街地を遠望できる最上階は美術館として公開されており，歴史あるパリの躍動的な都市づくりの新しい都市空間の表象の一つである．
［奥山健二］

■所在地：パリ/フランス
■事業主体：パリ市
■デザイン：ヨハン・オットー・V・スピーケルセン＋ポール・アンドリュー
■竣工：1989年

6 ポツダム広場のソニー・センター

ベルリン市のポツダム広場は，第二次大戦前は華麗で魅力のある都市の知的センターであった．1989年11月東西を隔てた壁が崩壊し，91年ベルリンがドイツ連邦共和国の首都並びに連邦政府の所在地に決定された．ポツダム広場開発はソニー・センターとダイムラー・シティーで構成され，市中電車や地下鉄の駅のターミナルがあり，ショッピングモール，オフィス，住宅，店舗，劇場，カジノなどを備え，ヨーロッパの新しい商業業務および文化の中心となる再開発のメトロポリスセンターとなった．これらの街区設計と各施設は世界で活躍する現代建築家のコンペ作品による設計であり，デザインの新規性を試みるだけでなく，環境的配慮や市民に建設現場を説明，公開するなどの人間を中心に据えた新しい都市空間建設の多くの試みがなされている．
［奥山健二］

■所在地：ベルリン/ドイツ
■事業主体：ベルリン市＋ダイムラー・ベンツ＋ソニー
■デザイン：ヘルムート・ヤーン
■竣工：2002年

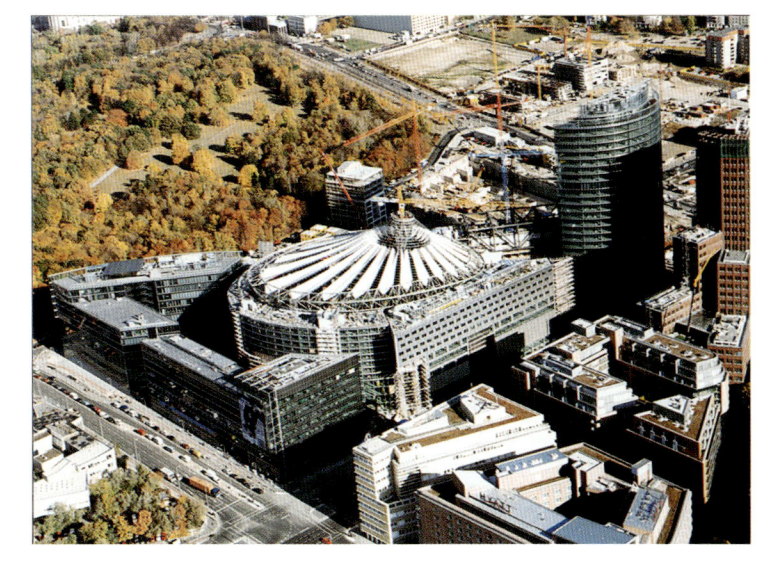

063

1|303　外部空間−広場・道路

7 イタリア広場
　機能主義への終焉を告げる70年代の広場．イタリア人街を代表するようにイタリア系住民によって作られた円形広場．中央部に配置されたシシリー島からイタリアの領土が段をなして隆起し，古典様式をモチーフとした書割とネオンサインで構成され，それらがスーパーグラフィック的に表現されている．トレヴィの泉を思わせる水盤，アドリアヌス帝のヴィラ廃墟を思わせるアーチなど，歴史的モチーフを文脈に無関係に配置するポストモダンの手法を用い，地区のアイデンティティを象徴化しつつ，さまざまなアクティビティ・プログラムに対応した可変的な使用に対する可能性を見せる．　　　　　　　　　　［坂本英之］
- 所在地：ニューオリンズ/アメリカ
- デザイン：チャールズ・ムーア
- 竣工：1978年

8 レ・アール広場
　高速交通網の結節点を構成する中心的外部空間として登場した現代都市の機能的側面を象徴する広場．地上レベルからテラス状に地下3階まで下降するサンクン広場がその実質的主体で，地上の街区型広場から地下4階の地下鉄駅までが立体的に交わり，現代都市における大深度地下化と外部空間とのつながりについて積極的な解答を求めた例．各階ごとセットバックしたすり鉢状のガラスのアーケードを通して地上部に垣間見える歴史的建造物が新しい都市景観を創出する．　　　　　　　　［坂本英之］
- 所在地：パリ/フランス
- 事業主体：パリ市
- デザイン：クラウデ・バスコニ＋ジョージ・ペンクリーチ
- 竣工：1979年

9 筑波センタービルの広場
　ミケランジェロによる歴史的イタリアンバロック広場「カンピドリオ」をオリジナルとして，筑波センタービル内において複写された中庭的外部空間．建築的には二層に分かれるサンクン形式をとり，都市的活動のない場所に人の集まる場を提供し，現代都市のもつ問題点を表現したとされる．広場の地盤中心部を隆起させ，世界の中心として表現されたカンピドリオに対し，中心に向かって地盤を下げる床面や騎馬像に代わってオリジナルにない水路を設けるなど，徹底したアイロニーな表現が駆使されている．　　　　　　　　　　　　　［坂本英之］
- 所在地：茨城県つくば市
- 事業主体：
- デザイン：磯崎新アトリエ
- 竣工：1983年

第3章｜デザインの名作たち－空間編

10　スファブルグ広場

都心のさびれた街区における地下駐車場建設に伴う再生事業であり，地下駐車場の屋根の上に計画された広場．都市広場がもつボイドスペースの性格を損なわないよう注意深く装置化されている．床下にはイベント用のテント，フェンスの基礎，光や水の演出装置が組み込まれていて，人工的演出とともに，都市にいながら自然を感じさせる．1時間ごとに変化する照明柱は歩行者がコインを入れてアームの角度を変えることができ，水圧式のキネティックアートとして人と空間をつなぐ．また，広場の床は35cm上がっていて，断面には照明が組み込まれているため，夜間は宙に浮いて見える．　　　　　　　　　　　　　　　　　　[坂本英之]

■所在地：ロッテルダム/オランダ
■事業主体：ロッテルダム市
■デザイン：ウェスト8
■竣工：1997年

11　グリューネ・ウー

シュツットガルト市の国際庭園博覧会（IGA）の開催に向けて，博覧会場として整備された全長18kmにおよぶ歩行者空間．その名（日本名：緑のUの字）の通り，市の周囲をU字型に取り囲むように配置され，ビオトープやエコロジー実験住宅（Whonen 2001）など自然豊かな緑の空間をつなげた．全行程において自動車との対面交通をなくした動線計画を取り入れている．都心部に位置する王の広場（König Platz）から直接アクセスすることができ，市民の散歩や自転車走行の場として都市生活に溶け込んでいる．将来はこの行程をさらに延長し，最終的には都市を一周する計画である．

[坂本英之]

■所在地：シュツットガルト/ドイツ
■事業主体：シュツットガルト市
■デザイン：ハンス・ルッツ
■竣工：1993年

12　シアトル・フリーウェイ・パーク

アメリカにおける都市景観の最も破壊的な要素の一つになってきたダウンタウン（中心市街地）のフリーウェイ（高速道路）の修景によって生まれたオープンスペース．主要都市空間を深くえぐり居住地区の個性やコミュニティを荒廃させてきたフリーウェイ（Interstate 5）にブリッジを架け，旧フリーウェイを都市景観の一部と見なし，景観の中に取り入れている．ハルプリンの好んで使う水は造型テーマ「水の渓谷」の主題としてだけではなく，交通騒音を打ち消す意味も併せもつ．高速道路上に突出する巨大なプランティング・ボックスの樹々は視覚的バッファとして，また風を防ぐ役目も果たす．　　　　　　　　　　　[坂本英之]

■所在地：シアトル/アメリカ
■事業主体：シアトル市
■デザイン：ローレンス・ハルプリン
■竣工：1976年

1|304　シビック空間－橋梁・ダム

13 漢那ダム

景観デザインや環境デザインの視点が、土木の世界に再認識され始めたのは1980年代の後半である。シビックデザインの造語から、建設省の土木構造物などへのデザインアプローチが開始された。この漢那ダムはそのような視点にもとづいた地域の景観との調和を第一に計画されたものである。沖縄のもつ伝統的な造形や素材を各所に採り入れた斬新的なダムとなっている。また、環境に対する配慮もなされ、ビオトープの設置や生態系の保存のための施設も用意され、これからのダムデザインのあり方を見せている。　　　　　　　[長谷高史]

- 所在地：沖縄県国頭郡宜野座村
- 事業主体：沖縄開発庁
- デザイン：アイ・エヌ・エイ
- 竣工：1988年

14 日吉ダム

ダムのデザインは、従来のダム本体のデザインからその周辺地域を総合的に環境デザインすることに変わりつつある。ここに示す日吉ダムは、その典型例である。ダムの目的は治水、発電、利水であるが、近年都市化による水需要の増加から利水目的が多くなりつつあり、受益者負担の原則から都市部からの開発費負担が増えている事業が多く、開発される地域の環境アセスメントが厳しく問われることが多い。そのことから、デザインの対象を本体の造形的課題にとどめず、道路、橋梁、公園、まちづくりなどの環境デザイン、地域振興デザインなどに広げられている。日吉ダムは土木構造物（ダム、ダム湖、道路、橋梁、公園など）と建築物（ビジターセンター、体育施設など公共施設）とのデザイン融合が評価され、99年度建築学会賞を受賞している。
　　　　　　　[長谷高史]

- 所在地：京都府船井郡日吉町
- 事業主体：水資源開発公団＋日吉町
- 企画：ダム水源地環境整備センター
- デザイン：樋口忠彦＋団紀彦建築設計事務所＋空間創研
- 竣工：1998年

15 パニックス・ダム

1970年代から景観デザインや生態系環境重視の考え方がドイツをはじめスイス、オーストリア諸国において政策として広められた。従来から景観重視の思想はまちづくりの基本コンセプトに挙げられていたが、酸性雨の被害から環境重視の思想が高まり、土木構造物の建設に際しては多くの場合、景観アセス、環境アセスや、その計画の公開が求められた。このパニックス・ダム（Panix dam）は、施行に伴い森林の伐採が必要となり、スイスでは森林は完全に保護されていることから、自然保護・景観上の対策が必要とされ、「U字谷の地形」「氷河が作った岩肌」「上流の滝」「樹林帯」が景観対策項目となった。ダム本体の端部は、U字谷のもつ柔らかい曲線を土盛と植栽によって再現し、原石を取り出した後の岩肌は新たに氷河の作った岩肌のように復元、上流部の滝の流域にはビオトープを作り、生態系の保存をした。このような景観デザインの検討が、現在では必要不可欠の条件となっている。　　　　　[長谷高史]

- 所在地：イランツ／スイス
- 事業主体：イランツ発電
- デザイン：エルンスト・バスラー＆パートナーズ
- 竣工：1989年

第3章｜デザインの名作たち－空間編

16 鶴見つばさ橋

1990年代に入って日本の橋梁の形態に一大変化が起きた．従来見られなかった斜張橋が一般の人びとの好みに合ったのか，各地で見られるようになった．その先駆けとなった横浜ベイブリッジはその支間長で世界第2位を誇るが，その延長線に首都高速湾岸線で接続する鶴見つばさ橋は，その形態美においては群を抜いている．日本の土木構造物としては珍しく基本構想の段階からデザイナーがかかわり，詳細にわたりデザイン検討がされ，最終的にはデザイン監理まで行われている．このようなデザイナーの関わりによって初めて意図どおりの形態が実現できる．結果だけでなくデザインプロセスにおいても画期的な事例である．　　　　　　　　　　　　　［長谷高史］

■所在地：神奈川県横浜市
■事業主体：首都高速道路公団
■デザイン：川上元美
■竣工：1994年

17 ガンター橋

スイスアルプスを縦断する高速道路の橋梁である．背景となるスイスアルプスに対してその斬新な橋梁形態は土木構造物の人工美を感じさせる．素材と形態の一致による機能美が完成されている．また計画においては，環境を配慮し，高速道路はなるべく山の切り土を避け，橋梁による施行を実施し，土木による環境破壊を最小限にとどめている．連続するピアと線として連なる道路の景観は，アルプスの自然環境の中に新しいかたちを創造している．日本でも多くの道路および橋梁が山並みの中を縫うように施行されているが，切り土処理が多く，巨大な法面が出現し，コンクリートの法枠が景観を台なしにしている事例が多いことから，このガンター橋は好例であり参考としてほしい．　　　　　　　　　　　［長谷高史］

■所在地：ヴァリス州ガンター／スイス
■事業主体：スイス連邦ヴァリス州政府
■デザイン：クリスチャン・メン
■竣工：1981年

18 ベック・デ・ローダ－フェリペⅡ世橋

1980年代から，サンティアゴ・カラトラバの作品が次々と紹介されるようになった．構造設計家である彼は，土木構造物の形態イメージを動物，植物などから引用し，場所場所に斬新な形態を提案してきた．この陸橋もバルセロナの市内に架橋されたものだが，その造形的アイディアは魚の曲線からきていることが彼のアイディアスケッチから読み取れる．彼はその造形的テーマを馬の骨格，牛のツノ，鶴の飛翔する姿，人の躍動する姿などさまざまなモチーフから採り入れ，それを修練させ，構造美までに高めている．一見やさしいデザインプロセスに思えるが，的確な構造まで昇華させる能力は卓抜している．構造家がデザイン的造形能力をも兼ね備えていることによるデザイン展開の好事例であろう．　［長谷高史］

■所在地：バルセロナ／スペイン
■事業主体：バルセロナ市都市整備局
■デザイン：サンティアゴ・カラトラバ
■竣工：1987年

1|305　ランドスケープ

19　森の墓園

　大地と空を実感させる創作されたランドスケープ．この墓園の芝生に覆われたランドフォームデザインは，もとは採石場として掘り取られた地形を再生するように，人工的に創造された．近代のランドスケープデザインがなしうることをいち早く示唆した作品．土（大地）のデザイン，緑（森）のデザイン，そして水（池）のデザインと石（コンクリート）のデザインが調和して一つの新しい環境を創造している．デザインは1914年の国際コンペティションにおけるG・アスプルンド（1885-1940）とS・レヴェレンツの入選作品をもとに，アスプルンドが作品化した．　　　　　　［鈴木　誠］

■所在地：ストックホルム/スウェーデン
■事業主体：ストックホルム市
■デザイン：グンナール・アスプルンド
■竣工：1917-40年

20　フォアコート・プラザ

　現代都市の広場として，モダンランドスケープの象徴となる作品．ローレンス・ハルプリン（1916-）による，ポートランド市における三つの広場をシークエンシャルに結んだ計画の締めくくりとなる広場．コンクリートによる造景は，モダンランドスケープデザインを象徴するようでもある．しかし，その形態はアメリカ西海岸の岸壁や低く連なる山々のイメージから援用されている．力強い水しぶき，土のマウンドに植えられた緑，直線形を使いながら自然風景も想起させる滝は，人間の手で抽象化した自然の活力を反映したデザインといえよう．また，この空間は都市社会における人びとのさまざまなアクティビティにマッチさせた舞台装置的役割も担っている．
　　　　　　　　　　　　　　　［鈴木　誠］

■所在地：ポートランド/アメリカ
■事業主体：ポートランド市
■デザイン：ローレンス・ハルプリン
■竣工：1961-68年

21　ラ・ヴィレット公園

　ラ・ヴィレットは，ランドスケープ作品として二つの大きな意味をもつ．一つは，この公園が21世紀の新しい公園像を探る目的をもって，1982年に国際コンペティションにより基本デザインが決定した点である．このコンペにさまざまな職能をもつデザイナーが参加し，それぞれの職域の交流を促進したのみならず，日本の公園デザイン手法と海外のそれとの対照がなされた．もう一つは，パリに100年ぶりに完成する大型新設公園として，その後のフランスのみならず，世界の公園デザインに「イベント」「プログラム」という概念をもって影響を与えた点である．その影響は，コンペ最優秀作として実現化されたベルナール・チュミ（1944-）のプランのみならず，第2位のレム・クールハースの設計作品（設計方法）もその後のランドスケープデザインへ大きな影響を与えた．　　［鈴木　誠］

■所在地：パリ/フランス
■事業主体：パリ市
■デザイン：ベルナール・チュミ
■竣工：1987-98年

第3章｜デザインの名作たち－空間編

22 明治神宮内苑・外苑

都市に人工的に造成された森，明治神宮内苑(72ha)．日本の都市林として記念碑的なランドスケープである．カシ，シイ，クスなどの常緑広葉樹を主木にして，マツ，ヒノキに加え若干の落葉樹をもって植生遷移にかなった生態学的な植栽を先駆的に実施した．数十年をへた現在，その造成手法が正しかったことが実証されている．また，明治神宮外苑の整備は，都市の緑地計画の縮図として地区のランドスケープデザインまでを具体化し，両者をして生態学的，都市緑地計画的，都市デザイン・空間デザイン的な観点から，日本の近代的なランドスケープデザインにかかわる技術と職能の基礎を築くこととなった． [鈴木 誠]

- 所在地：東京都渋谷区
- 事業主体：内務省明治神宮造営局
- デザイン：本多静六＋折下吉延ほか
- 竣工：1915-26年

23 多摩ニュータウン鶴牧・落合地区

ニュータウンという，日本の新しい住空間にふさわしく創作されたランドスケープとして，一つの到達点を示した作品．公園緑地といった大地と緑を基盤としたランドスケープを基本とし，街の基本的な空間構造(土地利用計画)を形成した．生活の場＝オープンスペースという図式から，オープンスペース＝森・公園・庭園というオーダーをもたせ，それぞれを有機的につなぐデザインが試みられた．計画的に作られた日本の新しい街，住宅地のランドスケープとして，それ以前の試行錯誤から脱皮し，オリジナリティある新しい生活環境を創造した作品である． [鈴木 誠]

- 所在地：東京都多摩市
- 事業主体：住宅・都市整備公団多摩開発局
- デザイン：上野泰ほか
- 竣工：1983年

24 啓愛社軽井沢山荘庭園

日本庭園の作庭技法をもって，自然環境豊かな場所に新しい試みの庭園を創作し，成功した作品である．ここでは，軽井沢という自然に合わせた日本の庭園の形の当てはめ(自然風庭園)が，一つの形式を形づくっている．そして，これまでの日本庭園に見られなかった草花を多く取り入れ，情景の創作にも成功している．ともすれば，完成からわずかの間に草花がダメになるが，このランドスケープには骨格があり，適度な管理により持続可能な植栽のデザインがなされている．戦後の日本庭園デザインの中に一貫して明るさや花を取り入れることを志した中島健(1914-2000)の作品． [鈴木 誠]

- 所在地：長野県軽井沢町
- 事業主体：ミネベア
- デザイン：中島健
- 竣工：1983年

25 札幌モエレ沼公園

公園の総面積は162ha．ゴミの埋め立て地であった場所(モエレ沼)を敷地として，「大地の彫刻」と呼ぶにふさわしいランドスケープを創造した．この公園は敷地の選定からマスタープランまでをイサム・ノグチ(1904-88)が制作し，その遺作として1998年に一部が完成した．園内にはイサム・ノグチが長年暖めていた高さ30mにおよぶプレイマウンテンなど，大地と一体となるスケールの彫刻的ランドスケープから，子供が触れて楽しめるヒューマンスケールのプレイスカルプチュアまでが配置される．「庭園は彫刻」であるとしたノグチの，ユネスコ本部庭園(1956-58)，チェイス・マンハッタン銀行プラザ(1961-64)，カリフォルニア・シナリオ(1980-82)など彫刻～空間～環境へと連なる一連の作品の集大成ともいえる． [鈴木 誠]

- 所在地：北海道札幌市
- 事業主体：札幌市
- デザイン：イサム・ノグチ
- 竣工：1998-2004年

1 | 306 | 住空間

26 シュレーダー邸

空間の分割と開放：1918年に発表されたリートフェルトの「赤と青のいす」は、機械で製材された規格部品を幾何学的に構成したもので、伝統的な手工芸的家具とはその制作工程と造形がまったく異なるものであった．シュレーダー邸はこの発想の延長上にあり、建築の外部および室内や家具などのすべてが、シンプルな面材と角材によって立体化された革新的な空間造形が見られる小住宅である．空間造形の構成材は赤・青・黄色の三原色と白・黒・グレイの無彩色のペンキで塗り分けられ、それぞれ独自の存在を際立たせている．2階の天井は窓ガラス越しにそのまま外部まで延長され、また、窓の出隅ではガラス戸を突きつけにする工法を工夫するなど、視線を広角に開放するデザインが試みられている．同様に2階フロアの可動間仕切り壁を用いた四つの小空間に分割・開放できるフレキシビリティは、それまでの伝統的な住宅には見られなかった空間を可変するデザインの先駆をなすものである．　　　　　［工藤 卓］

- 所在地：ユトレヒト/オランダ
- デザイン：ヘリット・トーマス・リートフェルト
- 竣工：1921-24年

27 サヴォア邸

工業化社会における田園住居：ル・コルビュジェが1926年に唱えた「近代建築の五つの原則」は、①ピロティ、②屋上庭園、③自由な平面、④横長連続窓、⑤自由なファサード、であった．サヴォア邸はこれらすべての原則を一つの作品に実現させたことで、20世紀を通じて最も知名度のある影響力の大きい住宅となった．従来の古典的な住宅の様相を一変し、近代工業化社会の新しい生活をイメージした白く軽々と草の大地に浮かぶ郊外型独立住宅である．工業生産品を象徴する自動車の最小回転半径に合わせたといわれる1階平面の半円形と、細すぎるほどの支柱によって開放されたピロティ、2階広間からの視線を解放する大きなガラス戸や横長に切り開かれたガラス窓、上下階移動に時間的ゆとりを感じさせる斜路、日光浴や眺望を楽しむ旅客船のデッキのような屋上庭園などは、パリの都市の日常から開放されて、太陽と緑あふれる田園を満喫するための生活環境装置となっている．　　　　　［工藤 卓］

- 所在地：ポワシー/フランス
- デザイン：ル・コルビュジェ
- 竣工：1928-31年

28 ヴィラ・マイレア

自然素材のモダンな空間：フィンランドの森の自然が室内空間の隅々まで浸透しているヴィラである．とりわけリビングルームは大きなガラス戸によって中庭に開かれ、戸外の空気と光を導き入れている．この空間を構成するすべての要素は、アールトによって吟味され選びぬかれた温もりのある自然素材で加工されている．小幅板の天井板、階段の集成材、手すり子の丸棒、鉄柱に巻かれた籐、暖炉の自然石、木製のブラインド、石器質タイルの床、明るい色調の板床、白いプラスター塗りの煉瓦壁、亜麻布の展示壁など、すべてが北欧の森の自然の質感に満ちている．暖炉の周りには木製や籐製の家具が置かれ、照明スタンドの赤い光が心地よい．アールトは建築のみならず家具や照明器具にいたるまで北欧の自然素材を用いた新しいデザインを開拓することで、フィンランドの伝統的なログハウスの住空間を変革してインターナショナルな住空間につながるモダンな空間を作り上げた．　　　　　［工藤 卓］

- 所在地：ノールマルック/フィンランド
- デザイン：アルヴァ・アールト
- 竣工：1937-39年

第3章｜デザインの名作たち－空間編

29 スカイハウス

夫婦の空間：近代日本の都市住宅の空間構成を鮮烈に提示した建築家菊竹清訓の自邸．一辺が10.2mの方形の空間を鉄筋コンクリートの4枚の壁柱で空中に高だかと持ち上げた明快な構成が力強い．この方形の空中空間は，夫婦を中心とする家族を自然災害や家族崩壊などの不安から守るための装置として発想されたという．室内は固定した壁で間仕切ることがない広々とした一室空間である．リビングと寝室はユニット化した「ムーブネット」と名づけられた可動収納家具で仕切られている．台所や浴室なども，いつでも新品に取り換えられることを想定した設備ムーブネットで装備された．子供部屋もまた，空中床から吊り下げるカプセル型のムーブネットである．一方，生活スタイルから見れば，床には「ばんだい」という多目的机が置かれ，洋風の「イス坐」中心の生活に和風の「ユカ坐」の伝統を残そうとしている．障子や格子戸も見える．いわゆる日本の伝統的な舗設（しつらい）のデザインを潜ませた和洋混合の新しい生活モデルを，斬新でモダンな空間に展開した．

［工藤 卓］

■所在地：東京都文京区
■デザイン：菊竹清訓
■竣工：1958年

30 アビタ67

工業生産型の集合住宅システム：EXPO '67のテーマは「人間とその環境」であった．若き建築家モシェ・サフディは，ユニット住居の立体的な集合による環境構成によってこのテーマに挑戦した．アビタ67はプレキャストコンクリートを用いたボックス住居ユニットを12階まで積み重ねた集合住宅である．ユニットは積み木のように段上に積まれ，しかもジグザグに配置されて，すべての住戸が階下の住戸の屋上をテラスとして利用できるテラスハウスとなっている．積み重ねられた住戸の下はピロティとなっており，エレベーターや空中歩廊，ホール，遊び場などの共用施設が設けられている．集合住宅のこのようなデザインのアイディアは1960年頃からいろいろ提案され始めていたが，アビタ67は，高密度でプライバシーを確保するという基本的な機能と，建築の工業化によるテラス付住戸を立体的に多様に組み合わせるという，それまでになかった住環境造形の可能性が新鮮であった．

［工藤 卓］

■所在地：モントリオール/カナダ
■デザイン：モシェ・サフディ
■竣工：1967年

31 2001年宇宙の旅

最先端技術と人間空間：1960年代は建築文化の革新の時代であり，人類の宇宙への旅立ちを夢みた時代でもあった．スタンリー・キューブリック監督の「2001年宇宙の旅」は，ヨハン・シュトラウスの「美しき青きドナウ」の音楽にのせてゆっくりと回転する宇宙ステーションや，宇宙船ディスカバリー号での出来事を人間とテクノロジーの叙事詩として映像化したものであった．フランスのデザイナー，オリヴィエ・ムルグがデザインした白いステーションラウンジに置かれたピンクのイス「ジン」はすばらしく未来的で，宇宙への大旅行をクールな感触で演出していた．人工知能をもったスーパーコンピュータ・愛称HAL9000が完全制御する人類の未来技術の可能性を暗示する宇宙船設備やクルーの冬眠装置は，メカニカルで透明感のある人工快適空間であった．2001年を過ぎた現在でも，この映画の先進性と夢の空間の独創性は変わらない．

［工藤 卓］

■ディレクション：スタンリー・キューブリック
■発表媒体：映画
■制作年：1965年

1 | 307 | 商業空間

32 神田小川町独立勧工場

明治時代に百貨店の原型といわれる勧工場(かんこうば)が東京に登場し，その後全国の主要都市にこうした商業空間としての施設建設が波及した．勧工場は，当時としては画期的な陳列即売システムを採用し，多様な商品を一カ所で選べる利便性から好評を得た．また建物の持ち主が出店者を募集し，保証金と出店料を取るという現代のテナントシステムの先駆けとなった．大型の小売店舗とユニークな販売促進，またガス灯など最先端の装置を採用したディスプレイなど近代商業空間の原型が生まれた．
[柘植喜治]

- 所在地：東京都千代田区
- 事業主体：神田小川町独立勧工場
- デザイン：
- 竣工：1899年

33 資生堂ブティック：ザ・ギンザ

内部空間設計を総称するインテリアデザインという概念すらなかった1960年代の日本において，剣持勇らパイオニアたちにより外資系のオフィスデザインやホテルの内装などから出発したインテリアデザインは，やがて倉俣史朗などの多くのデザイナーを育て，商業空間のデザイン活動において開花する．機能的でミニマリズム的な美しさを追求した日本のデザインは，世界の商業空間デザインをリードした．北原進はそのパイオニア的な存在の一人として活躍，資生堂ブティック：ザ・ギンザはその代表作である．
[柘植喜治]

- 所在地：東京都中央区
- 事業主体：資生堂
- デザイン：建築設計・監理＝芦原建築設計研究所／インテリアデザイン＝K.I.D.アソシエイツ（北原進・青戸修）／グラフィックデザイン＝仲條正義／アドバイザー＝資生堂デザイン部／施工＝日産建設＋高島屋
- 竣工：1975年

34 フロムファースト

商業空間デザインはそこに入居するテナントや商品と深い関わりをもつ．こうした商業施設すべてに必要な要件を総合的に企画立案していく職種がプロデューサーである．浜野安宏はこれを日本で初めてフロムファーストにおいて実践した．施設の開発だけでなく，商品企画，店舗構成，料飲施設，業務施設，居住者のキャラクターまでも想定したデザインは，青山・表参道に独特のライフスタイルをもつコミュニティを生み，その後この地区はデザイナーやアパレル業界が店舗や事務所を最も開設したい地域といわれるなど，洗練された商業空間デザインが集積する日本で最もハイエンドな界隈を形成した．
[柘植喜治]

- 所在地：東京都港区
- 事業主体：
- 企画：浜野商品研究所（浜野安宏）
- デザイン：山下和正建築設計事務所
- 竣工：1975年

第3章 | デザインの名作たち—空間編

35 ホートンプラザ

商業空間が培ったデザイン手法はやがて都市デザインに影響を及ぼす．衰退する中心市街地の活性を導いた初のケースとして注目されたホートンプラザは，サンディエゴのダウンタウンの6ブロックにわたる135,000 m^{2}の複合商業施設である．1984年創業後，このプロジェクトを起爆剤として同市は劇的な復興を遂げ，キャナルシティ博多をはじめ世界各地の大規模複合商業施設デザインによる市街地再開発のモデルとなった． [柘植喜治]

- 所在地：サンディエゴ/アメリカ
- 事業主体：ザ・ハーン・カンパニー
- デザイン：ジャーディ・パートナーシップ・インターナショナル
- 竣工：1984年

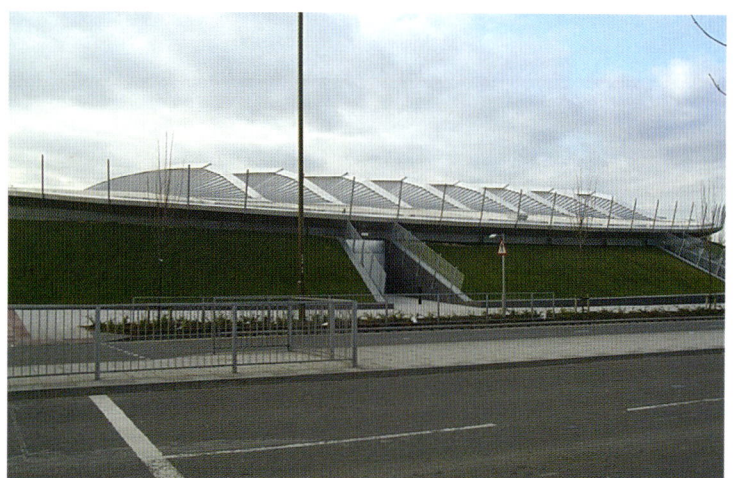

36 セインズベリー・グリニッチ・ペニンシュラ

20世紀高度経済成長に支えられて商業活動は世界規模で急成長し，それに伴って商業空間デザインも拡大の一途をたどった．市場がいち早く成熟したヨーロッパでは低成長経済社会に対応する商業形態に移行していく．90年代アメリカやアジアの市場に活力がなくなると，こうしたヨーロッパの商業施設が台頭し始める．厳しい出店規制や環境対策などの難問をクリアしながら，カルフール(仏)をはじめテスコ(英)やメトロ(独)が日本やアジアにおける商業空間デザインに新風を吹き込んだ．ロンドンのグリニッチ・ペニンシュラに出店したセインズベリーの特徴は風力，太陽熱，自然光，リサイクル素材を使いながら気分を高揚させるデザインを作り上げたことにある．21世紀の商業施設デザインのあり方を強く示唆しているといえよう． [柘植喜治]

- 所在地：ロンドン/イギリス
- 事業主体：ジェイ・セインズベリー・ピーエルシー
- デザイン：チェトウッド・アソシエイツ
- 竣工：1999年

37 シタデル・アウトレット

80年代商業を支えた流通産業は多様化し，アウトレットなどさまざまな小売業態を生んだ．シタデルはその代表である．アウトレットは出口を意味し，生産や流通に直結した工場や倉庫の「出口」の意味で用いられるようになった．通常の小売りとは異なる流通形態や工場からの直販形式を取り入れ，より安い価格で売るスタイルを確立させた．このような経営方針を反映し，空間もローコストな建材や構造を採用し，工場や倉庫建築的なデザインが特徴である．産業構造の変化に対応した新しい業態と商業空間デザインが生まれるきっかけを作った． [柘植喜治]

- 所在地：カリフォルニア/アメリカ
- 事業主体：ザ・シタデル
- デザイン：サスマン・プレジャ・アンド・カンパニー
- 竣工：1988年

1│308　業務空間

38　ユニオンカーバイド社

近代オフィスの歴史はF・ライトのラーキンビル(1906年)、東京海上ビル(1918年)以来、洋の東西を問わず、オープンな大部屋方式を出発点とした。写真は、SOMの設計になる1950年代の先端オフィスで、この型のオフィスの典型である。一定の空間モジュールで全体がシステムとして構成され、必要に応じて組み替えられる。組織形態としてはピラミッド型に対応し、個々のワーカーに創意よりも、均一な作業を効率よく遂行することを期待した空間構成である。ただし、欧米では写真に見られるように全員が一方向に向かって執務する学校式のレイアウトが多いが、日本では島型対向式が圧倒的である。前者は個人ワークに、後者はグループワークに適合的である。　　　　　　　　　　　[栄久庵祥二]

- ■所在地：ニューヨーク/アメリカ
- ■事業主体：ユニオンカーバイド
- ■設計：SOM
- ■竣工：1958年

39　セントラル・ベヘーア保険会社

1960年代に入り、ドイツにクイックボーナー・チームの発案になるオフィスランドスケープが出現した。オープンプランの執務室に、デスク、収納、間仕切り、植栽をランダムに配置した空間構成で、作業の流れ、ワーカー間のコミュニケーションの円滑化に提案の主旨があった。次いで、1970年代の初頭、オランダ・アムステルダムの郊外に革新的オフィス空間が出現した。ヘルマン・ヘルツバーガーのデザインになるセントラル・ベヘーア保険会社の建物がそれである。デザインは「コミュニケーション」「従業員の環境づくりへの参加」「平等」の三つの原則に沿って決定された。コミュニケーションを重視することから個室は設けられず、代わって、グループによる話し合いや作業のための空間が随所に配された。欧米のオフィスによく見られるステイタス表現も極力排される一方、空間の演出など従業員個々による環境づくりへの参加が積極的に奨励された。街路に似せた通路、ポスト、植栽が配され、あたかも都市のミニチュアのごとき観を呈している点もこのオフィスの特長である。　　[栄久庵祥二]

- ■所在地：アムステルダム/オランダ
- ■事業主体：セントラル・ベヘーア保険
- ■設計：ヘルマン・ヘルツバーガー
- ■竣工：1972年

40　サンダー・イオンゲストレーム社

1970年代から80年代の初頭にかけて、北欧を中心にコンビ・オフィスが登場した。レナード・ベルグストレーム建築事務所の設計になるこのオフィスはその先駆的事例で、フロアの中心に共用ゾーンを設け、建物の外周(窓際)に沿って個室を配する空間構成を特徴としている。ワーカーは個室では執務に集中し、一方、いす・机、植栽、自動販売機などを配した共用ゾーンでは、同僚とのコミュニケーション、気分の転換を図る。プライバシーとコミュニケーションの自由な行き来を実現させたそのアイディアは、以後のオフィスづくりに多大な影響を与えた。　　　　　　　　　[栄久庵祥二]

- ■所在地：ストックホルム/スウェーデン
- ■事業主体：サンダー・イオンゲストレーム
- ■設計：レナード・ベルグストレーム建築事務所
- ■竣工：1979年

第3章｜デザインの名作たち－空間編

41 ディジタル・エクイップメント社

エレクトロニクス企業の営業部（240人）が入っているこのオフィスは古い工場を改装して作られたものだが（自社設計），そのデザイン目標，プロセスにおいて大変ユニークである．まず注目されるのは，空間利用におけるフレキシビリティ．ワークステーションの実際の使用率は1/3以下であるという調査結果をもとに，固定式のものは少数に抑え，多くを使用時に天井から引き下ろして使う方式が採られた．ファイリング・キャビネットもキャスター付きの可動式である．その空間は基本的にオープンで，活動の性質に応じて多様に使いこなされていく方式が採られている．第2の特徴は，オフィスデザイン上の意思決定に従業員を参加させ，その判断と好みをオフィスインテリアに反映させることによって，彼らの働く意欲を刺激，生産性の向上をもたらしたという，デザインプロセスの独創性である．一見したところ田舎風の，素朴な印象のあるそのインテリアには，同社の組織論，ワークプロセスに対する分析結果，変化への備えが濃密に凝縮されている．21世紀を展望するオフィスの一つである．

[栄久庵祥二]

■所在地：ストックホルム/スウェーデン
■事業主体：ディジタル・エクイップメント
■設計：ディジタル・エクイップメント
■竣工：1992年

42 東京駅八重洲口・テレワークセンター

携帯電話にラップトップ，モデム，テレビ会議システムなど，情報技術の加速度的な発達と，仕事における個人主義と成果主義の伸長が相乗して，仕事は従来型のオフィスに毎日通勤して行う必要が少なくなりつつある．家庭に近隣，街頭，乗り物の中，リゾート地など，まさに「行く先々がオフィス」になる状況がある．「オフィス以外の場所でオフィスの仕事をする行為」（オルターナティブ・オフィシング）が胞子のように飛散して，その着地点に多様なワークプレイス（ホームオフィス，サテライトオフィス，テレワークセンター，執務対応の乗り物）を結晶させつつある．オフィス進化の現時点は，こうした新種のワークプレイスの原型が用意されつつある段階，といえよう．そのそれぞれには，技術システムと社会システム，人びとの生活価値観の現段階がカプセルのように封じ込められている．

[栄久庵祥二]

■所在地：東京駅八重洲構内のテレワークセンター
■事業主体：JR＋コクヨ
■設計：コクヨ
■竣工：1998年

43 ナショナル・オーデュボン協会

これまでたどってきたオフィス進化と距離を置いた地点に，オフィスの社会的責任を果たそうとする試みがある．オフィスはピーク時の総電力消費量の1/3を占め，さらに，オゾンを破壊するCFCsの1/4近くをエアコンの使用と建材の製造過程で放出しているという（米国の場合）．オフィス内の空気の汚染（シック・ビルディング症候群）も深刻である．ニューヨークに本拠を置く鳥類保護団体，ナショナル・オーデュボン協会の建物は，こうした傾向に歯止めをかけたいとするグリーンオフィスの先駆的事例である．オフィス内部には自然光が存分に活用され，また，窓からの明かりや部屋の使用状況をセンサで感知するなどして照明を調節することにより，改装前の電力消費量の2/3，額にして年間10万ドルの節約が図られている．一方では，建物のいたる所にリサイクル建材が使われている．経費節減というプラグマティックな狙いと，社会的責任の遂行という理想主義的目標の同時達成をめざしたこうした試みは，以来，世界的に着実な広がりを見せてきている．

[栄久庵祥二]

■所在地：ニューヨーク/アメリカ
■事業主体：ナショナル・オーデュボン協会
■設計：クロクストン・コラボレイティブ
■竣工：1993年

1│309　文化施設

44　ベルリン・フィルハーモニック・コンサートホール

　従来のようなプロセニアム型のコンサートホールのように舞台と観客とが二つのゾーンに分離され，一方向性のみが強調された形式が音響効果の面から一般的な中で，このプランは空間の中心に音楽を据え，周囲を観客席が囲むというアリーナ型の有機的な不整形平面をもつコンサートホールである．近代の音響工学の技術的発達が可能にしたともいえる．演奏者の周りを聴衆が囲むという形式は，古来から辻音楽に見られるように原初的な形態で，演奏者と観客の両者の関係性を多方位化し，融合化させ，親密で一体感のあるコンサートホールとなっている．音楽と建築を密接に結びつけた数少ない成功例である．　　　[井上尚夫]

■所在地：ベルリン／ドイツ
■設計：ハンス・シャロウン
■竣工：1963年
■備考：1956年の設計競技当選案．

45　キンベル美術館

　16本のサイクロイド曲線によるボールトユニットからなる展示空間である．外観は分節化されたボールト建築の繰り返しのように感じられるが，内部は一体の連続する展示空間として成立している．この展示空間のデザインとしての特筆すべき点は，天井スリットからリフレクターを介して反射侵入する自然光の採用と，従来にないヒューマンスケールの展示空間の創出で，芸術鑑賞は一人でするものという主張がごとに表現されている．カーンはアメリカンボザールの教育を受け，近代建築の均質空間に対して否定的な立場をとり，古典回帰的な指向が強い．カーンの一連の作品は，以降展開されていくポストモダニズムの先駆的役割を果たしている．　　　[井上尚夫]

■所在地：フォートワース，テキサス／アメリカ
■設計：ルイス・I・カーン
■竣工：1969-72年

46　シドニー・オペラハウス

　デザインはシェルボールトの群によって海に浮かぶ帆船をイメージさせ，海と港と渚という場所性とのコンテクストを重視した作品となっている．プランは上部にシェルボールトに覆われた劇場空間を，下部に上部を支えるためのサービス関係施設や機械室などを内包した基壇を採用している．この建築デザインのすばらしさは，メキシコのマヤ遺跡の原生林の大海原が眺められる基壇から発想を得たという，石で覆われたソリッドな基壇部と，その上に軽やかに浮かぶシェル群とを対置させた造形力の卓抜さと，オープンでダイナミックな近代建築の高度な手法を用いながら，その合理主義的な系譜を突き抜け，環境との調和や形態的な表現の可能性を開示したことにある．　　　[井上尚夫]

■所在地：シドニー／オーストラリア
■設計：ヨーン・ウッツォン
■竣工：1973年
■備考：1957年の国際設計競技当選案．政治的，経済的，技術的諸問題により建設が遅れた．

第3章｜デザインの名作たち－空間編

47 ポンピドゥー国立芸術文化センター

この施設は，現代芸術美術館，研究図書館，デザインセンター，音楽・音響研究（IRCAM）の主要な四つの専門領域からなっており，さらに事務管理と書店，レストラン，映画館，児童館，広場，駐車場を含む総合的な情報と催しのためのライブセンターである．従来のこの種の施設の伝統的な制度の枠組みを突き抜け，専門家を対象とするよりはむしろ旅行者や地域に住む人びとのためのダイナミックなコミュニケーションマシンとなっている．この建築は歴史的建造物に囲まれた一画にあり，それらの都市景観の文脈から逸脱し，露出した鉄骨フレームとガラス，むき出しの原色設備配管の組合せで構成されている．これは，近代建築の技術至上主義的な側面をより積極的に表現し，メカニカルな要素をデザインのモチーフにしている．
［井上尚夫］

■所在地：パリ/フランス
■設計：レンゾ・ピアノ＋リチャード・ロジャース
■竣工：1977年

48 チバウ文化センター

この施設は，ニューカレドニアのメラネシア人であるカナックの人びとの文化を記念するセンターで，子々孫々に伝える地域の伝統や行事の常設展示のためのものである．建築デザインは近代建築の教義や，モダン，ポストモダンといった西欧的な文脈の思考方法から離れ，文化人類学的な見地と，先住民土着文化や土地性から導き出された建築構想を主軸としている．さらに環境工学的にも南太平洋の暑い気候に対して省エネルギー化を図るためにパッシブな環境装置を計画し，快適な空間が生み出されている．この施設は，先住民土着文化の伝統的な工法や素材，職人性と科学性とハイテク技術，それらがみごとに融合され，将来の建築の方向性や環境デザインの視点としても重要な示唆を与えている．
［井上尚夫］

■所在地：ヌーメア/ニューカレドニア
■設計：レンゾ・ピアノ
■竣工：1998年

49 せんだいメディアテーク

図書館，市民ギャラリー，オーディオビジュアルのための施設，視聴覚障害者のための施設などの複合体で，従来型のように各々の施設が機能分化して設置されているのではなく，各々が融合し渾然一体となった新しいタイプの施設の提案となっている．建築デザインから見ても斬新な提案がなされていて，新しいドミノ理論ともいうべき，スチールパイプ群による樹状のシャフトで構築されたチューブ状柱と，プレートというスチールのハニカムスラブで構成されたシンプルな構造体に，外壁であるスキンは，二重ガラス，複層ガラス，アルミパネルで構成され，都市空間に対して透過する形態を表出している．施設のソフト，ハードとも未来的な提案となっている．
［井上尚夫］

■所在地：宮城県仙台市
■設計：伊東豊雄
■竣工：2000年
■備考：1995年の設計競技当選案．

077

1|310 ストリートファニチュア

50 パリ万博とストリートファニチュア

ナポレオン3世時代のセーヌ県知事G・E・オースマンは，パリ万博を第一目標に大規模な都市の区画整理を行った．パリのストリートファニチュアは，この都市整備と1855年以降7回にわたって開催された万博に伴って設置され，歴史上の原点的存在となっている．その造形はエコール・デ・ボザールの華麗で装飾的美学を展開させつつ，機能面では初の公衆トイレの整備や新たな都市インフラとしての地下鉄出入口，夜間空間を一変させる街路灯など，最先端の都市施設が計画された．これらは，都市を管理するための保安灯設置であったり，国威発揚のための最新様式（アールヌーヴォー）の登用など，国の権威を背景として整備されたものであった．しかし結果として，都市空間が変革され，その後の市民の屋外生活を大きく開くものとなった．

[田中一雄]

■所在地：パリ／フランス
■設置：1855年-20世紀初頭

51 ニコレットモールとストリートファニチュア

ニコレットモールは，歩行者ネットワークの構築とトランジットモールによる歩車共存道路によりダウンタウンを再生しようとするものであり，今日の中心市街地活性化政策の原点ともいえる．道路線型は，現在一般化しているS字方蛇行道路とし，車両に対する減速効果をもった動きとリズムによる空間構成となっている．また，その場と調和したストリートファニチュア類は，トータルコーディネイトされたものとなっており，東洋風の意匠をもつ寒冷地型のヒーター付きバスストップや，照明，信号，ボラードなど主に機能要素は統一され，植栽枡，オブジェ，彫刻，時計塔など演出要素はブロックごとのデザインとするなど，変化と統一の絶妙なバランスをもつものとなっている．この計画は，都市整備により人が再び集まり，不動産価値が上昇することを実証するものともなった．

[田中一雄]

■所在地：ミネアポリス／アメリカ
■デザイン：ローレンス・ハルプリン
■施工：1967年

52 コーディネイテッド・ストリートファニチュア・システム

1960年代以降，イギリスでは市民社会の成熟に伴い，既成市街地の改修整備が活発化した．これを受けて，IDを中心とするデザインカウンシルにおいてもストリートファニチュア類の整備啓発が行われていった．この計画はそのような時代背景において，1971年の「これからの街路展」におけるコンペ優勝作品を基本としたものである．それは，ID的方法論を展開した統一システムによる構成であり，アノニマスでインターナショナルなモダンデザインの特性を直截に表現した象徴的存在であった．内容としては2m×3mのモジュール構成とし，機能や地域区分によって赤黄青茶などの色彩システムが設定されていた．実施に際しては，計画当初の徹底したシステム性は緩められたが，地域全体にわたる共通のストリートファニチュアが風景の基調を作るものとなっている．

[田中一雄]

■所在地：ミルトンキーンズ／イギリス
■デザイン：バトラー-イシャーウッド-バートレット
■計画：1971年

第3章｜デザインの名作たち－空間編

53 EXPO'85筑波科学万博ストリートファニチュア

EXPO'85筑波科学万博のストリートファニチュアは、情報と技術の時代特性を反映した実験都市のための道具として設計された。それは、各ブロックごとの特色づけと、全体統一のコンビネーションによるものであり、成熟社会の中で、屋外空間にインテリア的な質をもたらそうとしたものでもあった。このコンセプトは、科学博のテーマとも呼応した軽快なシースルー構造のデザインとして具現化された。これは、物の存在感を主張せずに、群によって風景が形づくられることをめざしたものであり、かたちの造形から「造景」デザインへの変質を訴えるものであった。こうしたスケルトン的なデザインは、その後の内外のストリートファニチュアのデザインに影響を与えるものとなった。　　　　　［田中一雄］
■所在地：茨城県つくば市
■デザイン：GK設計
■竣工：1985年

54 バスストッププロジェクト

社会が成熟し、都市にアートが求められる時代となると、ストリートファニチュアの役割も変化していく。現代芸術が盛んな街ハノーバー市では1970年代より「アートをストリートに」という運動を行ってきた。この計画は、こうしたパブリックアート運動の一環として、市内のバス停や路面電車の停留所をアート化する計画である。そのデザインは、9人の建築家やアーティストによる個別の場所に対する限定的なアート作品として制作された。また、その成立過程においては、模型による展覧会の開催と徹底した議論による市民の合意形成、制作から維持管理までを含めた企業による資金参画など、そのプロセス自体も現代芸術のあり方を示したものとなっている。
　　　　　［田中一雄］
■所在地：ハノーバー／ドイツ
■デザイン：フランク・ゲーリー，エットーレ・ソットサス，アレッサンドロ・メンディーニ，マッシモ・イオザ・ギーニほか
■施工：1994年

55 LRT環境整備とストリートファニチュア

ストラスブール市では、市長選挙の争点ともなったLRT事業によって、中心市街地を活性化する歩行者環境の創出が行われた。これは、欧米で活発化しているLRT整備事業のモデルともいわれるものである。路線全域の停留所にはN・フォスターらによるガラスのシェルターと、J・M・ヴィルモットによる自動券売改札ポールが設置され、新たな風景を生み出している。また、オム・ド・フェール広場はその中心ともいえる停留所であり、無理のないスロープ処理による車椅子利用への配慮など、ユニバーサルデザインも随所に取り込まれたものとなっている。そのシェルターは、周辺の歴史的建造物とのバランスに配慮したガラスリングのデザインであり、世界遺産に登録された街の新しいシンボルともなっている。　　　　　［田中一雄］
■所在地：ストラスブール／フランス
■デザイン：ギー・クラボ
■施工：1994年

1|311　環具－家具が作る空間

56　グローブチェア（ボールチェア）

　エーロ・アールニオ（Eero Aarnio）は、フィンランド生まれの工業デザイナー。北欧の航空機会社「SAAB」の機体デザインを手がけたこともあり、流体力学の反映を思わせるさまざまなプラスチック製のいすデザインを生み出した。そうした数多くの作品の中でも、彼の代表作といえば、1963年に発表された"Globe Chair"として間違いないだろう。これは、一見すると、大きな球形を斜めに削いで中をくり抜き、円盤ベース上の回転軸によって支えられるようにしたものと見える。実際は、球形部分はプラスチック製の薄い成形シェルで、内側に布地で被った薄いクッション材を貼り付け、背もたれや座面に相当する部分には厚手のクッションを仕込んである。通常の椅子のように使えなくもないが、見ていると、人は足を引き上げ、あたかも小さな丸い内部空間をもつ洞窟の中に隠れるかのように入り込む。中に入ると、外部の音がかなり遮断されて静かな環境に包み込まれる。読書用として図書館に置かれることが多いというのもうなずけようというものだ。

［清水忠男］

■メーカー：アスコ
■デザイン：エーロ・アールニオ
■発表年：1963年

57　家具化された装置

　「ブラウン賞」はドイツのブラウン社が主催する国際デザインコンペティションで、30年以上の歴史を誇り、若手工業デザイナーの登竜門として知られている。1968年にこの賞を受賞したのは、当時イタリアの建築家A&P・G・カスティリオーニの事務所にいた梅田正徳だった。この作品は、電気、水道、ガスなどとの関わりが強いために、従来、建築の裏方として扱われることの多かった水まわりなどの設備類を、キャスター付きの家具としてコンパクトにまとめたもの。ホース類を引きずりはするものの、建築空間の中で自由に位置取りを行い、必要に応じて機能展開することが可能となっている。1960年代前半から70年代前半にかけて、イギリスのアーキグラム、イタリアのアーキズーム、日本のメタボリズムなどの建築家グループが、時間軸における建築の自由度を獲得しようと運動を展開しており、梅田のデザインもそうした流れに無縁ではない。しかし、概念的な2次元的表現にとどまらず、工業生産技術をふまえた、よりリアリティの高いイメージを提示した点が衝撃的だったのである。

［清水忠男］

■デザイン：梅田正徳
■発表年：1968年

第3章｜デザインの名作たち－空間編

58 アクションオフィスⅡ

　作り手，使い手のすべてを満足させる「成功した」製品の開発が，単なる思いつきとイージーな具体化から生まれることは少ない．まして，その製品が，多様な人間の行動を支援し包み込む環境の形成をめざすものであれば，なおさらのことである．ハーマンミラー社の「アクションオフィス」（Action Office）シリーズは，デスクの並びがすべてであったオフィス環境のイメージをパネルシステムによって一新する先駆けとなったものだが，それはまた，同社の研究所長，ロバート・プロブストによる「人間と環境の関わり」に関する地道な調査およびコンセプト提案をもとにして生み出され，調査とデザイン開発の理想的な共同の例としてよく引き合いに出される．1960年代初頭に建築家ジョージ・ネルソンのデザイン協力を得て発表した「アクションオフィスⅠ」は，まだ単体家具の寄せ集めの感があったが，1968年から発売された「アクションオフィスⅡ」に至ると，家具は，もはや，オフィス環境のほとんどあらゆる場面に対応して場を形成する環具となっている．

[清水忠男]

■メーカー：ハーマン・ミラー
■デザイン：ロバート・プロブスト
■発表年：1968年

59 室内化された家具

　デンマークの家具デザイナー，ベルナール・パントン（Verner Panton）は，数々のユニークないすのデザインで知られている．中でも，従来の4本脚をもついす形状から離れて，背もたれ，座面，脚部の一体化を図ったプラスチック製のスタッキングチェアは，1950年代に発表されたと思えない斬新さをいまだに持ち続けており，形態の優美な完成度という点でも20世紀いすデザインの代表作の一つといえるであろう．そのパントンが，1968年に発表したいす"PANTOWER"は，いすの概念を打ち破ったものとして注目された．硬質発泡ウレタン材を加工して布地で張りくるんだ何種類もの有機的な形態のソファーを立体的に組み上げ，あたかも自立した内部空間としてしまったのである．姿勢を規制する腰掛けとしてのいすが，人間を包み込む環具に変容し始めたといっていい．パントンは引き続き「VisionaⅡ」展にインスタレーションを発表したが，ここに至って，いすは，まったく室内空間化されている．

[清水忠男]

■メーカー：バイエル
■デザイン：ベルナール・パントン
■発表年：1968年

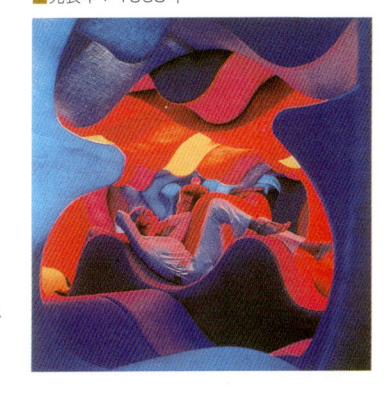

60 現代の茶室

　1588年，太閤秀吉が主催した北野天満宮の大茶会には，庶民からの参加も含めて200余りの茶室が並んだという．秀吉自身は，大社主殿の板の間に金箔貼りの茶室をしつらえた．金色に光り輝く茶室は利休の確立した侘び茶の世界からいささか遠かったが，それは組立式で，庶民の茶室同様，仮設的なものであった．それから400年余り後の1995年，インテリアデザイナー内田繁は，ミラノの「方法の記憶」展に「受庵」「想庵」「行庵」という三つの茶室を発表した．これらもまた，組立式である．利休たちは，柱梁構造の日本家屋の解放性に対して「囲い」と称する，壁に閉ざされた小宇宙の生成をめざしたようだが，内田の壁は，一見内外を仕切りつつ，つなげてもいる．象徴としての「囲み」表現なのだ．それは，壁に依存する西欧文化に育った観客にとっても十分に理解されたという．コミュニケーションの復権が大きなテーマとなっている現代にあって，この一連の茶室は，新しい環具の可能性を示しているように思われる．

[清水忠男]

■デザイン：内田繁
■発表年：1995年

081

1|312　イベント空間

61　万国博覧会

　産業革命が進展する1851年、第1回万国博覧会がイギリス・ロンドンで開催された。ジョゼフ・パクストン設計によるクリスタルパレスは、板ガラスの量産や鉄加工の工業化が可能とした建造物であった。これ以降、博覧会会場として準備される施設類は、それ自体が文字通り先進技術の博覧する機会となってきた。1889年、パリ万博での工業化建築技術の集大成として注目されたエッフェル塔、1893年、シカゴ博での高架鉄道、1900年、再度開催されたパリ万博でのエルンスト・ギマールによる地下鉄駅舎デザインなど、万博博覧会はその草創期により新しい技術と美学の提示が主要な役割となり、都市基盤整備の近代化にも大きな影響を与えた。日本では1970年の大阪・日本万国博覧会が「人類の進歩と調和」をテーマとして開催され、施設設計プロデューサー丹下健三率いる若手建築家、デザイナーによるお祭り広場の空間計画は、イベントの内容に合わせて変化する装置空間を現出させ、建築の進化を世界に印象づけた。これらパビリオンでの展示プレゼンテーションに加え、来訪者のためのパブリックスペースが不可欠となるため、パブリックデザインについてもさまざまな提案が試みられ、その成果は実際の都市空間に応用されてきた。　　　　　[藤田雅俊]

62　アートイベント

　アートの分野では、1960年代の前衛運動を経て、70年代には積極的に環境にかかわる活動が盛んになる。芸術のアプローチが、鑑賞の対象から人の認識や記憶、自然との関係に主題を移すこのような動きの中で、クリスト＆ジャンヌ＝クロードのプロジェクトは環境の日常性から非日常性への変容を、イベントにより表現するものである。1991年の「アンブレラ、日本−アメリカ合衆国、1984-1991」では日本の茨城県里川・東合戸地区（425人の私有地および公共用地：延べ19km・幅2.5km）と、アメリカ・ロサンゼルス州間高速道路5号線ヴァレー付近（25人の私有地および公共用地：延べ29km・幅2.5km）に3,100本の傘を設置し、背景となる地形や自然風景、住民との関わりなど対比的に浮かび上がらせた。それぞれの風土、生活様式、社会制度の相違と類似を顕在化するイベントプロジェクトである。　　　　　[藤田雅俊]

63　酉の市

　日本のおける伝統的なイベント空間は、寺社の法事・祝祭にまつわるものが多く伝えられている。このような祭事に伴うイベント空間は、周辺の環境を劇的に変える演出性を備えている。全国にはそれぞれ由来をもつ祭事があるが、庶民の生活に密着したものとして浅草・鷲神社の酉の市があげられる。毎年11月の酉の市に行われる開運・除災・商売繁盛を祈願する祭である。日本武尊が東夷征討の帰途、社前に熊手をかけお礼参りしたことが起源とされている。当初は「酉の祭（とりのまち）」と呼ばれた祭事であったが、縁起物の熊手や詣でる人びとをもてなす屋台が多く立つ市のようになったことから「酉の市」と呼ばれるようになった。境内には熊手を売る仮設店舗が一日にして建ち、周囲の風景を一変させる。この屋台では道路に向かって色とりどりの熊手がディスプレイされ、迷惑的なシークエンス空間を作り出す。当日は目当ての熊手を求める多くの人びとで賑わい、市は鷲神社境内にとどまらず三ノ輪方面、浅草方面、日暮里方面の各街路へと広がりを見せる。神社を中心として街全体がイベント空間と化す、年末の東京下町の風物詩である。　　　　　[藤田雅俊]

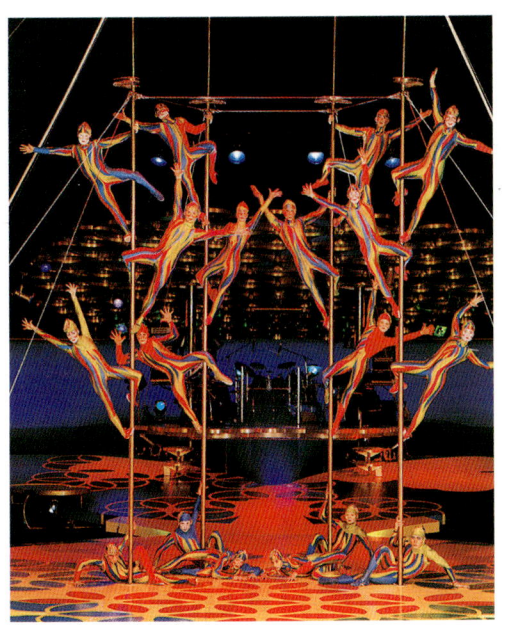

第3章｜デザインの名作たち－空間編

64 サルティンバンコ

サーカスの歴史は中世ヨーロッパの大道芸人や、近世初期の軽業師、イギリスの見世物などを経て、18世紀の後半にイギリスのフィリップ・アストレーが開拓した曲馬団中心の近代サーカスへ至る。戦後日本でもサーカスは庶民の楽しみとなっていたが、往時には30を超えていたサーカス団も、現在では木下サーカスをはじめとして5団体が活動するのみとなっている。これに代わり現在最も人気を集めているのが、1984年にカナダのケベックで旗揚げされたシルク・ドゥ・ソレイユである。世界17カ国から選び抜かれたアーティストによる公演は、全世界で7カ所で、サルティンバンコ（16世紀の大道芸人を意味するイタリア語）などの演目での公演を行っている。サーカスを原点とする移動仮設劇場は、まちの人びとに非日常への期待感を高める。その舞台はシンプルでありながらも、軽業芸をベースとした演出性・ストーリー性豊かなもので、衣装・音楽・空間デザインにもエキゾチックで緻密な配慮が行われている。すべてが一体となって現実から仮溝の世界へ誘う現代版サーカスである。

［藤田雅俊］

65 パラトゥーラ

ヨーロッパでは中世バロック期よりパラトゥーラと呼ばれるカトリックの祝祭イベントが行われてきた。都市空間をうまく使ったこのイベントは、簡易な装置により印象的な演出が可能なため、日本においても1995年より神戸の震災犠牲者の鎮魂と希望を象徴する「神戸ルミナリエ」として開催されている。都市の夜をさまざまなイルミネーションにより彩るこのイベントは、静粛と開放の両面性を持ち合わせており、神戸での復興への歩みを印象づけている。1999年からはミレニアムを迎える東京都丸の内においても、都心環境イメージの変容をアピールするために「東京ミレナリオ」が開催されている。神戸では祈りの空間演出であったイルミネーションが、丸の内では街路と建物のあり方を再認識させ、街をPRする装置として機能する。都市の夜を題材とした仮設空間デザインの演出手法である。

［藤田雅俊］

66 テクノロジーとパフォーマンス

コンピューターグラフィックスなどの映像を駆使した都市空間でのイベントも進化している。情報処理された映像や、レーザービーム、ライトアップ、花火と音楽や効果音を組み合わせたトータル・パフォーマンスの代表として、フランスの現代音楽の作曲家であり演奏家であるジャンミッシェル・ジャレが挙げられる。1988年ロンドンの夜を彩ったコンサートは、テムズ川と川沿いの建造物群を演出装置として利用した、五感のすべてに訴える現代の総合芸術である。ジャレはトータルな意味での、一過性の環境を生み出すプロデューサーである。1998年のパリ・アップル・エキスポでは3Dグラスを使用し、自身が出演、虚像とともに演奏したヴァーチャルパフォーマンスを行った。その後パリのミレニアムイベント、エレクトロニック・ナイト・イン・パリの演出を手がけている。

［藤田雅俊］

1|313 光空間

67 エッフェルタワー

エッフェルタワー(The Eiffel Tower)は,20世紀を代表する光を纏ったランドマークとして広く親しまれている.その光景観は建設当初から現代までの100年余りの間に,照明技術の発展とともに数度の改良が加えられて変遷してきた.完成当時の照明は,乳白ガラスカバー付きのガスバーナーによる灯具と周囲を照らすための巨大な投光器から構成されていた.万博(1900年)に合わせ白熱電球による照明が導入され,それ以降,電気エネルギーによる照明の時代に入った.広告目的のカラーランプによる照明が施された時代(1925-36年)を経て,現在の照明手法に近い投光器によるライトアップへと推移し(1937年),戦後も投光器による同様の手法で継続された(1958-85年).やがて時代は美しくかつ省資源化の光景観を求め,高効率高出力の高圧ナトリウムランプによる投光照明へと改善された(1986年).エッフェルタワーの照明は照明技術と照明文化の指標として,21世紀にも新たな光景観の創出を期待させる.

［富田泰行］

- 所在地:パリ/フランス
- 設計:ギュスターヴ・エッフェル
- 照明デザイン(最新):ピエール・ビドー(1986年)
- 竣工:1889年(タワー建設)

68 レインボーブリッジ

都心と臨海副都心を結ぶレインボーブリッジは,都心部の交通混雑緩和と港湾物流機能強化を目的に建設された.また,今後整備が進む副都心へのメインアクセスとして重要な役割を果たしている.都市構造物としての橋梁は,主目的である交通機能のほかに都市景観への寄与も多大であり,とりわけ照明は夜間景観形成に大きな役割を果たしている.当橋梁の照明は,主塔,ケーブル,桁,アンカレッジの各部の照明によって構成されている.主塔には2種類の光源が設置され,夏期(4-10月)は爽やかな白色,冬期(11-3月)は暖かみのある黄白色で微妙に色合いを変えている.また,ケーブルの照明には特色ある演出が加えられた.平時,週末,祝祭日で光色が変化し,時系列の光の展開を工夫している.このケーブル照明には,きわめて寿命の長い無電極低圧放電ランプが用いられメンテナンスを軽減するとともに,太陽電池の併用でケーブル照明の消費電力の40%を賄うなど,次世紀に向けた照明とエネルギーの新たな方向を模索している.

［富田泰行］

- 所在地:東京都港区
- 事業主体:首都高速道路公団+東京都
- 照明デザイン:石井幹子デザイン事務所
- 竣工:1995年

69 函館夜景

世界各地には夜景の美しい都市が数多くあり,まちを紹介する場面に度々登場する.美しい夜景は,自然が作り出す地形と人びとの暮らしが織りなすアノニマスで優れた都市景観である.その中でも函館の夜景は出色である.函館夜景の特徴は,大きくカーブを描く両側の海岸線によって分けられた光のゾーンと闇のゾーンのコントラストにある.主たる眺望点が市街地の南端に位置する函館山の山頂にあり,南向きの家々からこぼれる窓明かりが一層効果的に光のゾーンの「地」を形成している.さらに,点在する歴史的建造物をはじめランドマーク性の高い建物にはライトアップが施され,アクセントとなっている.また,歓楽街が市街地の北に位置していることで眺望点から遠く,大型看板やネオンサインがあまり目立たないことも好結果につながっている.このような夜景の存在は,街路や施設外観照明を計画する際,全体景の中でとらえていくことがいかに重要であるかを教えている.近年,光害が自然環境にとって深刻な問題となっているが,秀逸な俯瞰夜景の存在価値も含めて総合的見地から判断し対応していくことが,次代の都市照明に課せられた課題である.

［富田泰行］

- 所在地:北海道函館市

第3章｜デザインの名作たち－空間編

70 関西国際空港旅客ターミナルビル

関西空港旅客ターミナルビルは，メインターミナルビルとウイングによって構成されており，全長1.7kmにも及ぶ巨大な交通施設である．メインターミナルビル4階の国際線ロビーは主に間接照明が採用されており，当施設の大きな特徴となっている．これには，「日本建築の障子を通したソフトな光」を具現化したいという設計者の意図が大きく反映されている．また，旅立ちへの心理的効果を高揚させるための照度に対する工夫（人工照明の平均照度を国内の主要空港施設の半分以下に設定するなど）には，コンセプトと実用照度の関係に斬新さが伺える．昼間はトップライトガラスからの十分な採光が可能であり，夜間は下方からのアップライトにより間接的な光が空間に漂う．特筆すべきは，テフロン製のオープンエアダクト（帆）の存在である．この膜には空調（ジェット気流の放射）と照明（間接光の拡散効果）の二つの機能がもたされており，きわめて大胆でかつ精緻な設計となっている． ［富田泰行］

■所在地：大阪湾南東部泉州沖
■設計（建築＋構造＋設備）：レンゾ・ピアノ・ビルディング・ワークショップ・ジャパン（レンゾ・ピアノ＋岡部憲明）
■協力事務所：オーヴ・アラップ＆パートナーズ・インターナショナル・リミテッド（ピーター・ライス）＋株式会社日建設計（薬袋公明）
■基本コンセプト，機能計画および動的エレメントの設計：パリ空港公団（ポール・アンドリュー）
■CIQ，CABとの調整およびCIQ施設設計，エアサイド計画：株式会社日本空港コンサルタンツ（松本操）
＜CIQ＝税関・主入国管理・検疫，CAB＝運輸省航空局，エアサイド計画＝旅客搭乗橋の調整など＞
■竣工：1994年

71 ラスベガス

ラスベガス（Las Vegas）の発展は，照明広告の歴史そのものである．1920年代，それまで砂漠のオアシスとして，また宿場として成長してきた街が，ネオン照明をはじめとする看板照明を導入し，「エレクトログラフィック建築」を誕生させた．それらが群を成し，従来の都市の成り立ちとは異なる比類なき歓楽都市を形成することとなった．そして，現在のラスベガスはさらに大きく変容してきている．テーマパークホテルの出現で旧来のカジノ都市のイメージは払拭され，老若男女が集う安全な都市へと刷新された．そのような変遷を経てもなお，世界最大の光の都市であることに違いはない．夥しい数の電球によるイルミネーションやネオンサインに加え，コンピュータ制御によるレーザー，サーチライト，カラフルな投光照明が夜景の主役となっている．それらが大仕掛けな装置や音響システムと一体となり建物，広場，水系施設を彩る様は，照明広告の域を超えた都市を舞台とする光のエンターテインメントの新しい形である．かつて社会悪とされた賭事や酒などがここでは公然と行われていた如く，光害問題や環境保全が声高に叫ばれる中，ラスベガスの魅力的な光はますます輝きを増している． ［富田泰行］

■所在地：ネバダ/アメリカ

72 ハーバープレイス

光は水のある空間でその効果を増幅させる．ボルチモア，インナーハーバーのハーバープレイス（Harbor Place）は，ウォーターフロントのフェスティバル・マーケットプレイスの中でも光の魅力が際立っている好例である．ハーバーを囲むように施設が構成されており，人びとは対岸のきらめく水際線をごく自然に眺めることができる．直角に配置された2棟のパビリオン，国立水族館などの施設群を彩る鉛直面の光，水際線に沿ったプロムナードの連続する光が水面に映り込む．このような光空間の魅力は，各建築物，ピア，マリーナなどの卓越した空間構成の上に成り立っていることはいうまでもない．演出的な光は施設群のそれにとどまらない．さまざまなコンサートやフェスティバルが恒常的に催され，光，色，音が水際の空間を一層華やいだものにしている．これは，施設が完成した後の施設運用の重要性を如実に物語っている． ［富田泰行］

■所在地：メリーランド/アメリカ
■プランナー：ジェームズ・W・ラウス＋ラウス・カンパニー
■設計：ベンジャミン・トンプソン建築事務所（ハーバープレイス）
■竣工：1980年

085

1│314　情報空間

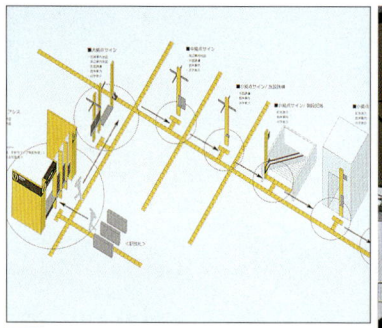

73　さいたま新都市サイン計画

さいたま新都市はJR大宮駅操車場の跡地，47.4haの敷地に首都圏整備計画の一環として計画・建設された．このサイン計画の意味は，五つの異なる事業主体によって建設されるペディストリアンデッキ上の歩行動線を，複数の事業者を横断的に調整し連続した情報システムとして構築したことにある．また，埼玉県の「バリアフリー都市宣言」を受けて晴眼者，全盲・弱視の視覚障害者，高齢者，外国人などの人びとに対応できる情報システムとして一体的にデザインされた．そして，効果的な情報環境をめざして人的対応の総合案内所，音声サイン，触地図，点字，誘導ブロック，可変表示などの多様な情報伝達媒体を総合的に計画し，トータルなシステムとして組み立てられている．この都市サインが新しい都市環境の風景として積極的に関与するように意図され，デザインされたことも大きい．これからのユニバーサルデザイン都市のあるべき情報空間の姿の一つを実現した点で重要な意味をもつ．　　　　［宮沢 功］

■所在地：埼玉県さいたま市
■事業主体：建設省＋郵政省＋埼玉県＋簡易保険福祉事業団＋住宅・都市整備公団
■デザイン：GK設計
■竣工：2000年

74　フランス，J・C・デコー社の電子情報装置

都市の公共環境は，一般的に土木構築物，建築，ストリートファニチュア，そして数々の公共情報，生活情報によって構成されている．J・C・デコー社は都市環境を構成する，ストリートファニチュア類（バスシェルター，電話ボックス，広告塔，公衆トイレ，キオスクなど）を広告掲載の権利と引き替えに設置し管理している．中でもこれらのストリートファニチュアのデザイン的質の高さは，結果として都市景観の質を高めている．ここで取り上げる電子情報装置はこれら一連のファニチュアの一つであるが，それ自体がもつデザイン精度と同時に，街の中にリアルタイムな情報を取り込んだことに大きな意味がある．今までの都市における情報は基本的に静的な手段（ポスター，文字・地図情報など）によって提供されてきたが，本来，都市の情報は常に変化しているものであり公共情報，商業情報はリアルタイムに提供できることが望ましい．そのように考えるとこの電子情報装置は，これからの都市における目に見えない情報のネットワークが作る都市の情報空間のあり方を示しているといえる．また，コンピュータを活用することにより，公共情報，商業情報など，多様な情報を都市生活者に必要な情報として，一体的に編集提供できるシステムとしているところが注目される．　　　　［宮沢 功］

■所在地：パリ／フランス
■事業主体：J・C・デコー
■デザイン：J・C・デコー
■竣工：1980年

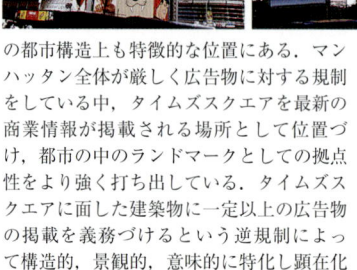

75　ニューヨークのタイムズスクエア

公共空間における商業情報は，いろいろな都市で良好な都市景観を壊すものとして問題になっている．都市の景観形成に関しても沿道建築物や道路景観に対するデザイン的コントロールなどが効果的に考えられている例は多い．しかし，屋外広告物については，広告物の面積や特定の色彩などに対する規制は多いが，効果的な活用という視点に立ったコントロールの事例は少ない．ニューヨークのタイムズスクエアはマンハッタンのほぼ中心部，セントラルパークの南端に位置し，グリッド状の街路パターンに対し斜めのブロードウェイ通りが作る三角形の敷地の交差点で，マンハッタンの都市構造上も特徴的な位置にある．マンハッタン全体が厳しく広告物に対する規制をしている中，タイムズスクエアを最新の商業情報が掲載される場所として位置づけ，都市の中のランドマークとしての拠点性をより強く打ち出している．タイムズスクエアに面した建築物に一定以上の広告物の掲載を義務づけるという逆規制によって構造的，景観的，意味的に特化し顕在化している点は他に見られないことである．商業情報のもつ景観的マイナス面ばかりでなく，都市活性化の手段として，また，地区の特徴的性格を演出する手法として，商業情報のもつ特性をもっと活用する必要があるのではないか．　　　　［宮沢 功］

■所在地：ニューヨーク／アメリカ
■事業主体：ニューヨーク市
■竣工：1988年

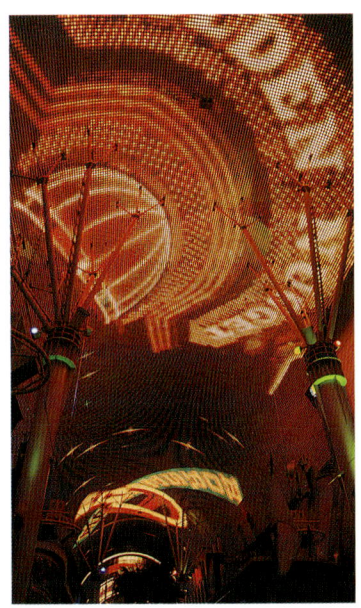

第3章｜デザインの名作たち－空間編

76 フリモントストリートのアーケード

フリモントストリートはかつてのラスベガスの中心であった．ところが1993年頃から，ストリップ大通りの両側に娯楽性を中心とした文化，教育的志向をもったファミリー全員が楽しめる大型のエンターテインメント型のホテルが建ち始めると，ラスベガスの中心はストリップ大通りに移ってしまい，フリモントストリートの客足は遠のいてしまった．そんな状態を回復すべく考えられたのが77億円をかけて計画されたこのアーケードである．ネオンの連なるフリモントストリートいっぱいに架けられたアーケードは，高さ30m，長さ400mの巨大なもので，そこには210万個の四色構成の電球，54万W，208個の指向性スピーカーによる音響システムが設置され，映像と音をコントロールするため250台のパソコンが備えられている．この巨大な電光スクリーンアーケードを媒体として，テーマの違う四本のプログラムが1時間おきに約6分間の壮大な音と光のショーとして映し出される．ストリップ大通りの巨大な建物，ネオン看板，通りに面したエンターテインメントが静的な商業情報による空間だとすると，フリモントストリートアーケードは，映像と音とコンピュータによる人と一体になった情報空間である．人びとが求めるエンターテインメント性を光，音，動きの作る総体的な情報によって包み込んでしまうという新しい商業空間の一つを示している． [宮沢　功]

■所在地：ラスベガス／アメリカ
■事業主体：フリモントストリート・エクスペリエンス・カンパニー
■デザイン：アトランディア・デザイン
■竣工：1995年

77 ウッドランドパーク動物園

1828年にロンドンで動物展示というシンプルな状況から始まった動物園は，動物園のもつ多様な情報を楽しみながら理解してもらうため，さまざまな試行錯誤を繰り返してきた．アメリカ，シアトルのウッドランドパーク動物園では，1976年ランドスケープアーキテクトであったジョン・コーが当時の機能主義的展示（個々の動物のニーズより管理の容易さなど，動物園経営の機能的視点）からできるだけ自然に近い展示手法にし，動物たちの元来のニーズに合うように考え，加えて動物の棲息地域保護の考えを展示メッセージに取り入れた新しい動物園の展示設計を行った．この中で初めてランドスケープ・イマージョンという言葉が使われ，環境全体を情報として観客に伝達するという動物園づくりがなされた．動物園の情報は，動物自体の詳細な個体情報，動物の仲間や生活などの周辺情報，生物進化の歴史や人類との関わりなどの民族学情報，棲息環境情報，そして地球環境，人と生物の関係や現在の課題など，情報内容が拡大，多様化している．このような情報内容をランドスケープ・イマージョンという考え方と，表示，実物，施設，遊具，空間，環境などを総合的に計画し，楽しみながら体感し，情報を得るという新しい動物園環境は，まさに新しい情報空間の一つの方向を示している． [宮沢　功]

■所在地：シアトル／アメリカ
■事業主体：シアトル市
■デザイン：ジョン・コー
■竣工：1899年（動物園），1998年（ランドスケープ・イマージョンによる「アフリカのサバンナ」）

78 渋谷の大型画像表示群

近年，情報技術の発達はめざましいものがある．とくに携帯電話，カーナビゲーション，パーソナルコンピュータなどの通信による情報伝達は，都市の情報構造を大きく変えている．中でも大型画像表示は，主要な駅前などでは必ず見られる媒体となっている．1999年12月に渋谷駅前に竣工した複合商業施設，キューフロントに付けられた巨大スクリーンと左右の大型画像の運営は，これからの新しい街の情報環境の可能性を示唆している．キューフロントのビル自体が巨大なスクリーンとなったサイバービジョンは，ハチ公広場と対応したインタラクティブな展開，E-mailやウェブサイトとの連携で全国の情報と連動させたり，時報，ニュース，環境映像等々，さまざまなコンテンツをサービスしている．また，左右の画像表示と連動したプログラムによって，地形的にも窪地で放射状の道路が交差する渋谷駅前を，一体となった情報空間として形成している．個別に成立することが前提の商業情報が地域と連動した情報として，また，リアルタイムで全国，世界のネットワークと連動してインタラクティブな情報を流したり公共情報を表示することで，都市の主要な情報環境として位置づけ，都市を活性化させ構造化させる有効な情報空間として機能している． [宮沢　功]

■所在地：東京都渋谷区
■事業主体：キューフロント
■デザイン：キューフロント
■竣工：1999年

1|401　伝達デザインの名作をめぐって

　伝達(コミュニケーション)デザインは機能を指した言葉で，メディアや表現の形式にかかわらない，マルチメディア時代にふさわしい用語である．類似のグラフィックデザインは印刷という複製の技術を，あるいは平面という形式を指し，ビジュアルデザインは刺激を受け取る器官，視覚に対応した用語である．

　編集にあたって，16の項目を設け，それぞれの項目に詳しい，あるいは斯界で著しい業績をあげたデザイナーや研究者に名作の選定を依頼した．

　16の項目は大きく四つのグループに括ることができる．第一は制作のツールによるもの．この場合コンピュータであるが，◇ディジタルグラフィック　◇コンピュータグラフィックス，がこれにあたる．第二はいわゆるメディアに相当するもので，◇パッケージ　◇ポスター　◇書籍デザイン　◇絵本　◇新聞・雑誌デザイン　◇スーパーグラフィック　◇看板，が該当する．第三は伝達デザインの基礎的要素で，◇書体デザイン　◇イラストレーション　◇ダイアグラム　◇ピクトグラム・アイコン，が相当する．第四は多様な要素をシステムとして組み上げるもので，◇CI(コーポレイト・アイデンティティ)　◇サイン計画　◇色彩計画，が相当する．

　これらは書体デザインと書籍デザインのように部分と全体の関係にあったり，イラストレーションとダイアグラムの関係のように，視点によっていずれともとれるものもあって明瞭ではない．また，広告にしても，その中心的メディアであるテレビCMについて項目を設けることができなかった．さらにホームページのデザインなども含めることができれば，より充実したと思われる．しかし，それぞれの項目にわずか1〜2ページが当てられるに過ぎないからやむを得ない．にもかかわらず，名作の選者には困難を承知で次のようなお願いをした．

①対象作品は20世紀を主とするが，それ以前のものも必要に応じて選出する．
②国内と国外の作品比率はとくに決めないが，双方が含まれることが望ましい．
③名作の定義，選択基準は各選者に任せる．すでに評価の定まった，広く知られる作品以外でも新たな角度から評価できれば積極的に採り上げたい．また今後大きな影響やデザインの進展に寄与が予想できる作品も視野に入れたい．

　なお，本章は内容からして図版主体であるが，各作品には選者による300字前後の解説を付けることとした．作品は多少多めに選んでいただき，編集委員が重複などの調整を行った．以上が用語の説明と編集の概要である．

　以下，それぞれの項目について，選者と評価基準などについて記しておく．

　ディジタルグラフィックの名作選定は勝井三雄氏に依頼した．川野洋の「Simulated Color Mosaic」や出原栄一の「樹木」のようなわが国のこの分野の古典ともいうべき作品から，1999年作の石崎豪作品まで12点が選ばれた．いずれもコンピュータにかかわるものだが，技術と創造が拮抗した関係にあるものに絞られている．前田ジョンの作品に選者が解説しているように，「ディジタルデザインのあり方を根本的に問う」作品群である．

　コンピュータグラフィックスは三井秀樹氏にお願いした．世界で最初に開発されたコンピュータからフラクタル理論によるT・リーブスの作品までエポックメイキングな作品が並んだ．わずか8点にコンピュータグラフィックスの発展が凝縮された感がある．

　CI(コーポレート・アイデンティティ)の選者は小田嶋孝司氏である．CIを企業戦略に絡め，社標づくりやその展開と考えるだけでなく，より広く社会との関係で考えれば，選者のいわれるとおり十字架や赤旗，あるいはナチスのハーケンクロイツも欠かせないだろう．「人はシンボルを操る動物」という言葉を想起するまでもなく，この主題は深遠である．ここでは狭義のデザインという観点から名作が選ばれた．

　広告の名作の選択は佐野寛氏にお願いした．19世紀の中葉以来，物資の大量生産時代の幕開けとともに，広告は需用と供給の間で重要な働きをし，今日に至っている．そして今後，メディアは多様化されてもその位置は揺らぎそうにもない．ここでは昭和初期のスモカの広告から，1994年のベネトンの広告まで通史的に概観されている．解説からわかるように，選者は広告のコピーの重要性を深く認識され，いずれの広告も時代を反映し社会的なメッセージを強く含んでいる．わずか13点であるが，これらから優れた広告はしばしば時代を写し，また先取りすらしていくことが理解されよう．

　パッケージの名作選定の作業は金子修也氏に依頼した．作者不詳の千歳飴の袋から，最近のチョコレートのパッケージまで，私たちが生活の中で親しく目に触れてきたか，現在も触れているものばかりである．コ

カコーラのボトルを選者はアメリカンサブカルチャーととらえるが，ある時代のシーンを鮮やかによみがえらせ，今の風景に占めるパッケージの名作は，商品の保護や店頭広告の機能を超えて，指摘のようにサブカルチャーそのものである．

ポスターの名作は髙津道昭氏の選択である．ポンペイの壁画に選挙ポスターらしきものが残っているが，歴史を通じて視覚伝達デザインのメディアとして，重要な位置を占め続けてきた．電子情報時代を迎えた今日も，その位置を他に譲る気配はない．選ばれた6点は20世紀のものに限られるが，いずれも強力な伝達力をもちながら象徴性も備え，造形作品として自立している．まさに名作中の名作である．

書籍デザインの名作の選者は羽原粛郎氏で，氏は本篇の編集委員でもある．8点の名作は，今世紀の，デザインにかかわるものという枠組みで選ばれた．L・リシツキー，J・チヒョルト，M・ビル，P・ランド，K・ゲルストナー，河野鷹思，原弘，杉浦康平と，ここに挙げられた作家は書籍に限らず20世紀のデザインを作り上げてきた巨匠ばかりである．

絵本は杉田豊氏の選択である．デザイナーはふつう送り手と受け手の間にいて，その双方に，またメディアに配慮しながら過不足のない情報の伝達をすべく，情報を加工する．しかし絵本の場合，しばしば送り手である著者とデザイナーを一人で行うことがある．ここに選ばれた10の作品はすべてそうである．どの作品も表現や素材の使用が実験的であり，絵本の枠を超えてビジュアルデザインの可能性をも広げてみせる．

新聞・雑誌デザインの名作は宮崎紀郎氏，羽原粛郎氏，小野英志氏によって選出された．雑誌はとくに星の数ほどあり，そのうちの多くが流星にも似て瞬く間に消えてゆく．したがって，名作の基準は一律にはゆかない．ここではタイポグラフィの観点から新聞2紙と「エミグレ」が，紙面デザインと編集の先見性から「ヴォーグ」と「ドムス」が，ダイナミックな写真の使用から「ライフ」が，合理的なレイアウトシステムの開発から「ノイエ・グラーフィク」が，それぞれ選ばれた．

書体デザインの名作は本篇の編集委員の田中正明氏が担当した．紙幅の都合でアルファベットに限ったが，いわゆる活字書体だけでなく個別に作られた書体や，書体主体のグラフィックも採り上げている．未来派のタイポグラフィから，コンピュータによるL・ポメロイの作品まで，モダンデザインの流れに沿って，時代を画した作品が並ぶ．

イラストレーションは説明的なものから象徴的で絵画に近いものまで多様である．石田光男氏の選出した名作は，どれも造形的魅力に富みながら，伝えるべき言葉や意味との太い絆がうかがえる．

ダイアグラムは前述したようにイラストレーションと重なる部分が多い．選者の太田徹也氏が「ダイヤグラムの手法の一つは，時空現象をコマ送り写真のように記号化，図譜化し，デキゴトの因果関係をわかりやすく解析すること」と解説されているように，イラストレーションに比べ，客観的で分析的である．地図，構造図，系統図などが代表的だが，これらはしばしば説明を超えてわれわれの思考にも影響を及ぼす．

色彩計画・スーパーグラフィックの名作は吉田愼吾氏に選定を依頼した．ギリシャの神殿が強い色彩で覆われていたことを挙げるまでもなく，色彩や装飾と建造物は長期にわたって一体であった．しかし装飾性や地域性を極端に廃したモダニズムの建築に対し，再び色彩の復権を示したのは20世紀も半ばを過ぎてからである．その契機となったシーランチから，推進者のP・ランクロの作品など10点の名作が選ばれた．

サイン計画は筆者が担当した．1916年に作られたロンドン地下鉄のE・ジョンストンによる専用書体から，道路標識，交通機関や公共施設のサイン計画の代表的事例を選出した．

サインあるいは電子機器の操作などにますますその重要度を増しているピクトグラムとアイコンの名作選出は，伊figure久裕氏にお願いした．具象性の強いO・ノラートのアイソタイプから，やや抽象的な太田幸夫のロコスまで5点が選ばれた．

看板については坂野長美氏にお願いした．看板が伝達デザインの対象になることは少ないが，昨今関心の高い景観の問題では，必ずマイナスの要素として採り上げられる．しかし，ここに並んだ作品から，優れた看板は伝える機能を満たしつつ，建物や景観を引き立て，また，時代や地域のシンボルになりうる重要なメディアであることが理解されよう．

以上，作品の読み取りの参考になればと若干のコメントを記した．それぞれが一冊の書物になるに十分な深さと広がりをもつ主題であり，これで20世紀を省みるには悲観的にならざるを得ない．しかし，一方で厳しく絞り込まれた作品群だからこそ，全体として何か伝わるものがあるのではと，わずかながら期待も抱いている．

［西川 潔］

1|402　ディジタルグラフィック[1]

1　Simulated Color Mosaic

プログラム「Kシステム」は、情報理論によって芸術活動のしくみとプロセスをモデル化したものである．本作品は5種類の色の図形素子が、タテとヨコに、N×M個並んだマトリックスをなし、それを生成するには、いくつかのデータ図形での図形素子5連結の頻度分析とモンテカルロ法が使われる．したがってそれは、データ図形が備える遷移確率行列のイメージ特性をもった新しい図形素子のマトリックスを乱数として発生させたものである．図形素子の結合は条件確率的であり、図形はマルコフ・チェインとなる．これは図形が自由に描けるもので、初期実験の記録に残る情報理論的表現である． [勝井三雄]
■デザイン：川野洋
■制作年：1970年

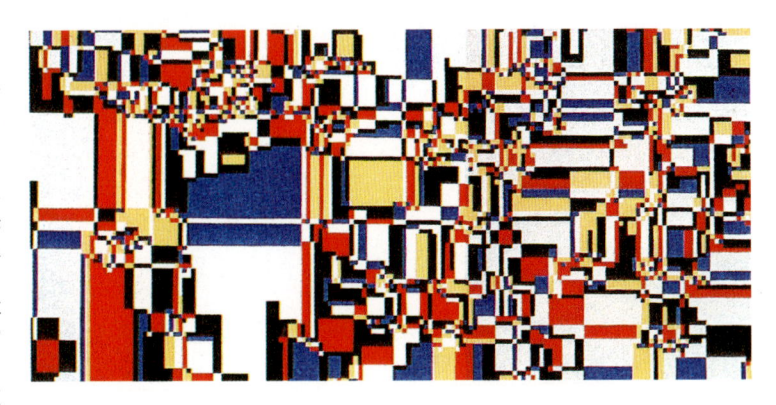

2　『ディジタル・ハーモニー』

ジョン・ウィットニーはカリフォルニアのパモナ大学を卒業した初期から、写真と作曲に興味をもっていた．彼はさまざまな映画やフィルム制作や実験的な仕事をこなす中で、テレビや映画の撮影、動くタイトルや文字の撮影法を新しく発見していった．ソール・バスに協力したヒッチコックの映画「めまい」のタイトルバック、チャールス・イームズ事務所のフィルムディレクターの仕事の後、1960年代から70年代後半にかけてライフワークである音楽の美しく確かに形づけられた動きの様式を、色と形とによる視覚表現にまとめ上げた．これは、ミュージカルハーモニーとビジュアルハーモニーが、コンピュータグラフィックによって見事に美しい色彩紋様に結実した作品である． [勝井三雄]
■デザイン：ジョン・ウィットニー
■制作年：1980年（著書『Digital Harmony』カバーより）

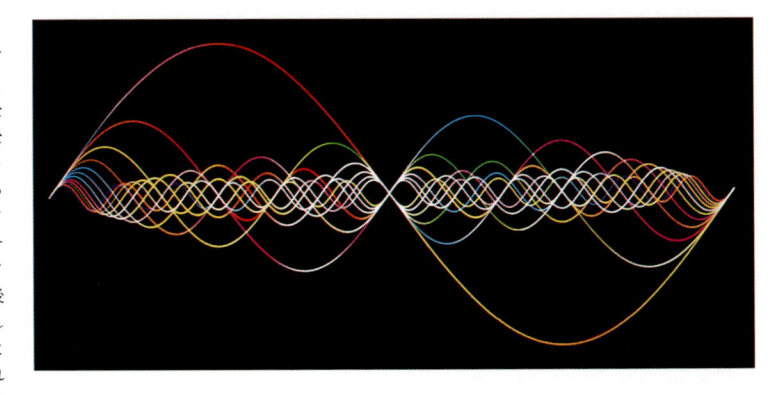

3　樹木

作者の発想は1973年頃、木々の梢に新芽が芽生え、それが若木に成長していくプロセスを観察しながら、木々の成長した状態は、実に複雑多岐にわたっているが、意外に単純なプロセスの繰り返しにすぎない、との発見から得ている．枝が成長するための原則から、その原形を発見したのである．一本一本の枝は、樹木の全体の形状については何も知らない．それでいて、同種の枝ぶりや全体の姿には共通した特徴があり、その成長のプロセスで繰り返される局所的造形現象を究明することから、造形方法のモデルとして、成長プロセスのシミュレーションを試みることになった．この造形方法のモデルによれば、枝分かれは常に直前の枝の先端から2本に分かれる．次に枝は立体的でなく平面的に伸びる．1から6の生成規則を一連の繰り返すプロセスとして記述したデータを、コンピュータに与えることにより、自動的に樹木図が制作される．関連する試みとしては、ベノア・マンデルブローが『フラクタル幾何学』(1977年)を発表する前後に、生成プロセスをもとにした自然形態の記述を行っている．その後、河口洋一郎が生成プロセスを使って、生成再生生物形態による作品活動に展開する動機をも作った． [勝井三雄]
■デザイン：出原栄一
■出版社：築地書館
■制作年：1983年

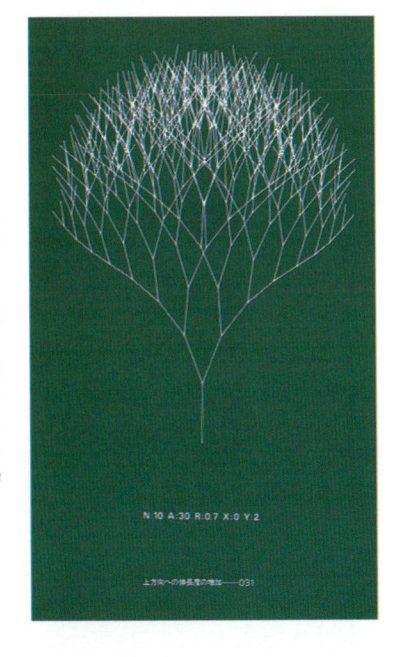

第 4 章｜デザインの名作たち―伝達編

4 『Octavo』

1984年マーク・ホールトおよびサイモン・ジョンストンによって設立され，翌年ハミッシュ・ミュアーが参加したイギリスのグラフィックデザイン会社に所属するメンバーが中心になったタイポグラフィ誌である．ナンバー入りの225部限定版．内容はタイポグラフィ，ビジュアルアート，建築，環境などの広範囲にわたるデザインに関する論評が掲載され，『Octavo』誌の実験はMacコンピュータのタイポグラフィとページ構成システムの技術的可能性に言及した．その結果，デジタルで形成される「階層的」タイポグラフィを生み出した．さらに，印刷出版物からインタラクティブなCD-ROMにいたるタイポグラフィの軌跡を伝えることを試みた最初のタイポグラフィ実験誌である． ［勝井三雄］

- デザイン：マーク・ホールト＋サイモン・ジョンストン＋ハミッシュ・ミュアー＋ミシェル・ブーケ
- 出版社：Eight Five Zero Publishing
- 制作年：1986-1992年

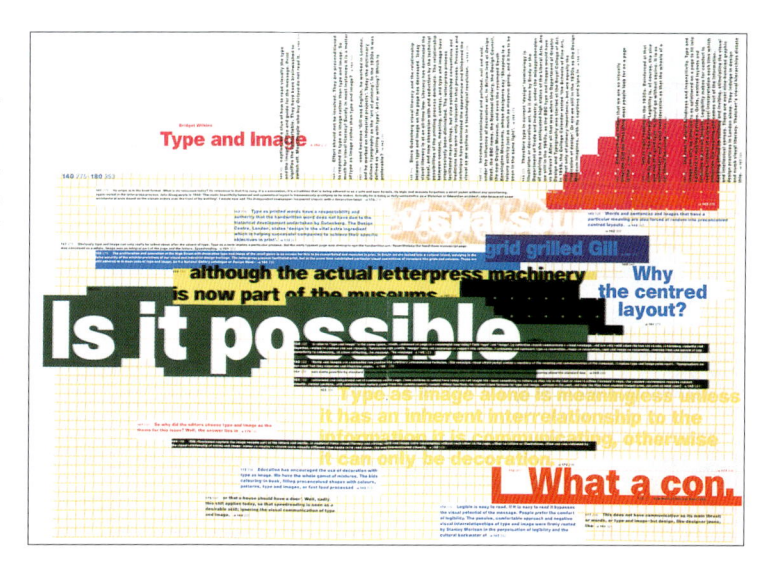

5 『森の書物』

『森の書物』は，カバーデザインをも含めて全面的にパーソナルコンピュータによって作られた本である．文書執筆の段階から，その編集，構成，デザイン，レイアウト，作図，写真アミ撮り製版，4色カラー色分解，版下にいたるすべての作業をDTPで完成した最初の本であった．それ以後の『都市の書物』『Twilight Review』誌『NHK SPECIAL 富士通』『ADALY重力のほとり』にいたる書物が造る宇宙像が展開されている．なお，『D-ZONE』は戸田ツトムのエディトリアルデザイン1975-99年の仕事，その集成である．エディトリアルデザインの最前線に立ち，まさにグーテンベルクの銀河系を凝視しつつ，ビジュアリティとは何か，一貫した膨大なブックデザインから鮮烈に語られている． ［勝井三雄］

- デザイン：戸田ツトム
- 出版社：河出書房新社
- 制作年：1989年

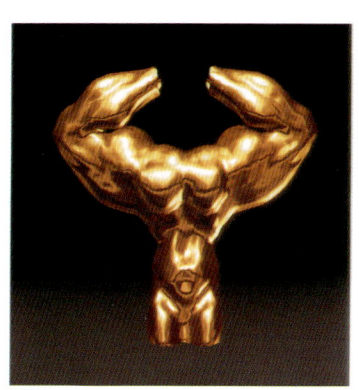

6 In Search of Muscular Axis

X, Y, Z, Oがあたかもボディビルダーのような筋肉隆々の振る舞いを見せる．肉体美を次々と披露する文字記号のオブジェクトの動きは，その骨格にまとわりつく筋肉の滑らかでリズミカルな動き「スケルトン・アニメーション」となって現れる．作者はこの技法をソニーブランドのロゴイメージ・アニメーションにも展開している． ［勝井三雄］

- デザイン：河原敏文
- 制作年：1990年

091

1|402　ディジタルグラフィック[2]

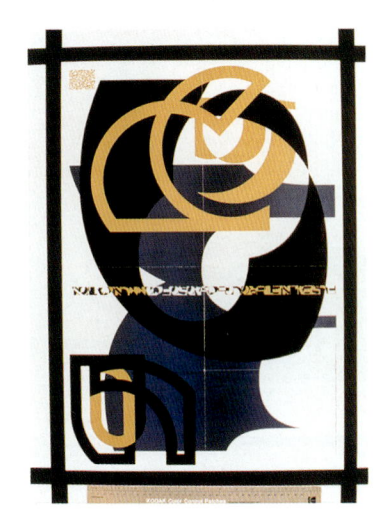

7 FUSE 1fontshop international 1991

コンピュータがデザイナーのツールとして定着するにつれて、そのテクノロジーが新しい表現を生んできた．特にタイポフェイス・デザインからエディトリアルを中心とするタイポグラフィに大きな変革が訪れている．日常性と移り気な風俗を背景にした雑誌媒体、革新的かつインタラクティブの可能性、気軽で完璧ではない未知数の魅力を秘めた実験的フォントを世界に衝撃波のように発信した．それは「テキスト－意味」へのコードから解き放ち、ディジタルスペースで創作されるかたちへと誘った最初の人ネヴィル・ブロディその人である．

[勝井三雄]

■デザイン：ネヴィル・ブロディ
■依頼者：FUSE誌
■制作年：1991年

8 Impressing Velocity

GPS（Global Positioning System）と呼ばれる衛星を使い、地表面上の経度・緯度・高度を計測する技術を使っている．一般的にカーナビゲーションなどに使われており、個々人の位置情報を地図上にマッピングする技術である．ここでは1992年に、富士山にGPSとビデオをもって登り、その時間と3次元の位置情報をもとにこのような図版を作成している．それぞれの高度における登山時の速度に従って、その高度の富士山断面図を拡大縮小している．疲れてくると当然登山速度は遅くなるので、その分富士山は大きくなったと考え、早く登っている高度では、富士山は小さくなるといった考えのもと富士山を変形させたものである．いわば、実体験から生まれた体感を形に変換したマップである．[勝井三雄]

■コンセプト・制作：藤幡正樹＋慶応義塾大学藤幡研究室
■制作年：1994年

9 BREATHING EARTH

「身体で直接感じる感覚をネットワークに置き換えることはできないが、見ることを通して心で感じる感覚、たとえば遠くの自然をイマジネーションとして経験することは、ネットワークでも可能だ」とインターネット上に「センソリウム」というサイトを立ち揚げ、ディレクションを担当する西村佳哲は語る．「インターネットを通じて世界を感じる」をテーマに地球上で発生する過去2週間の地震をアニメーションを使ってビジュアライズしたコンテンツを展開している．

[勝井三雄]

■デザイン：センソリウム
■ウェブサイト：http://www.sensorium.org
■制作年：1996年

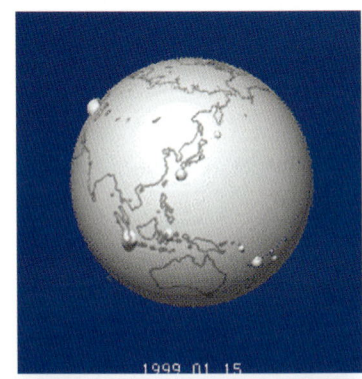

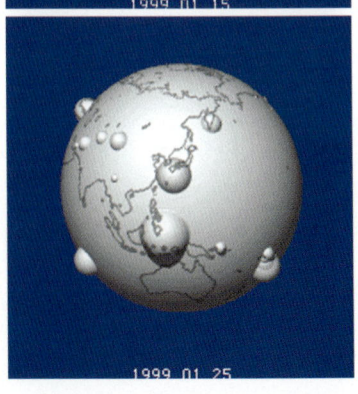

第4章｜デザインの名作たち－伝達編

10 Morisawa

写植メーカー「モリサワ」のロゴマークの展開型10点のポスターシリーズ．なお，『資生堂の広告30年記念ポスター』では，30年分のテレビコマーシャルフィルムからデータ素材，ビジュアル，オーディオ，そしてフィルムタイトルがイメージとして取り込まれた．30年分のテレビコマーシャルはイメージを構成する要素として，直感的にはわからない状態で表現された．前田ジョンの研究と制作行為は，本質的に表現プロセスをもつプログラムの開発によって，本来のデジタルデザインのあり方を根本的に問うことになった．　　[勝井三雄]
■デザイン：前田ジョン
■依頼者：モリサワ
■制作年：1996年

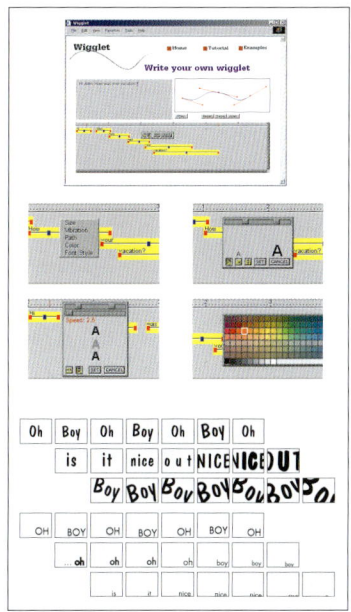

11 ミヤケイッセイ プリーツ ポスター

デジタル空間には，ピクセル上で再現される最小単位のRGBの光源によって構成されるビットパターンがある．これらは自然界に存在して，われわれ生物界に生成をもたらしている太陽光とは無縁で，きわめて人工的産物である．今やコミュニケーション・メディアでは必然的に存在し，光が色彩として従来の二次元印刷上のYMCとの関係で，新しく出現したデジタルなテクスチュアと命名した．このポスターはプリーツという衣服に付着したデジタルテクスチュアパターンを，二次元上の平面に色光の豊饒な輝きを失うことなく再現したものである．　　[勝井三雄]
■デザイン：勝井三雄
■依頼者：三宅一生
■制作年：1997年

12 WIGGLET

グラフィックデザインの視点からデジタル，メディア，デザインの領域で，インタラクティブなデジタル地図のディスプレイなど，多くの研究プロジェクトに取り組んできた．つねに二次元に記述されてきた言語情報を時空をともなった新しい動的なビジュアルデザイン言語，デジタルタイポグラフィとして，新たな表情をもたらすための理論的研究，表現の試みを行ってくる中で，キネティック，タイポグラフィを確立し，さらに人びとが日常的に容易に表情豊かにメッセージを制作できるツール「WIGGLET」を開発した．　　[勝井三雄]
■デザイン：石崎豪
■制作年：1999年

1│403　コンピュータグラフィックス

13　ENIAC（エニアック）コンピュータ

　世界で最初に開発された電子計算機．第二次世界大戦中，アメリカ陸軍の要請を受け，弾道計算を瞬時に行うため，ディジタル式の高速計算機の開発が始まった．ペンシルバニア大学のエッカートとモークリーによって1946年，完成したコンピュータはENIACと命名された．素子は現在のような超LSIではなく，18000本の真空管，7000個のコンデンサ，10000個の抵抗器からなっており，重さ30トン，畳80丈敷のスペースを占める巨大な鉄の塊であった．現在のコンピュータグラフィックスの興隆も，このコンピュータが誕生しなかったならば不可能であっただろう．　［三井秀樹］

■開発：ペンシルバニア大学（ジョン・P・エッカートとジョン・W・モークリーによるプロジェクト）
■制作年：1946年

14　サザーランドとスケッチパッドシステム

　コンピュータグラフィックスの発展に一大転機をつくったのがI・サザーランドによるスケッチパッド方式と呼ばれるCRT（グラフィックディスプレイ）と対話しながら図形や画像を生成していくシステムである．生成中の画像を見ながらライトペンやジョイスティックを操作しながら修正・加筆していくこの方式がMIT（マサチューセッツ工科大学）のサザーランドによってTX-2のコンピュータを使い開発され，今日のコンピュータグラフィックスの発展の基礎を作り上げた．　［三井秀樹］

■制作：アイヴマン・サザーランド（スケッチパッド方式の開発）
■制作年：1963年

15　ミッシェル・ノルの実験

　ミッシェル・ノルはベル電話研究所（現・AT&Tベル研究所）の研究員で，現代美術をコンピュータのシミュレーションによって分析した．この作品はピエト・モンドリアンの垂直・水平線で構成されているコンポジション「線の構成」（1917）をコンピュータシミュレーションによって生成し，本物の作品と並べ，どちらが本物の作品であるかを人びとに見せ，アンケート調査した．その結果，コンピュータ製モンドリアンの方を本物と答えた人の方が78％と，上回った．ノルはOPアートのブリジッド・ライリーの作品（ストリーム）も同様の分析をしたことで知られている．

　　　　　　　　　　　　　　［三井秀樹］

■制作：ミッシェル・ノル（ベル電話研究所）
■制作年：1964年

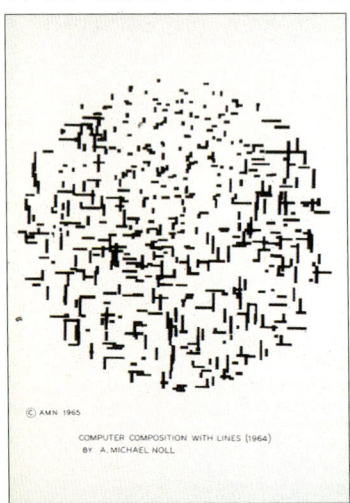

16　ヌード（知覚の学習）［通称：コンピュータ・ヌード］

　ケン・ノールトンとレオン・ハーモンはともにベル電話研究所（現・AT&Tベル研究所）の研究員で，1960年代のコンピュータアートの黎明期に活躍した．この作品は写真の明暗の階調をその濃度に応じて文字や記号に置換し，コンピュータ出力した最初の作品で，この2人のコンビで一連の作品を多数制作した．いずれも当時の技術では色彩や面表示ができず，XYプロッターによるラインドローイングであった．

　　　　　　　　　　　　　　［三井秀樹］

■制作：ケン・ノールトン＋レオン・ハーモン（ベル電話研究所）
■制作年：1966年

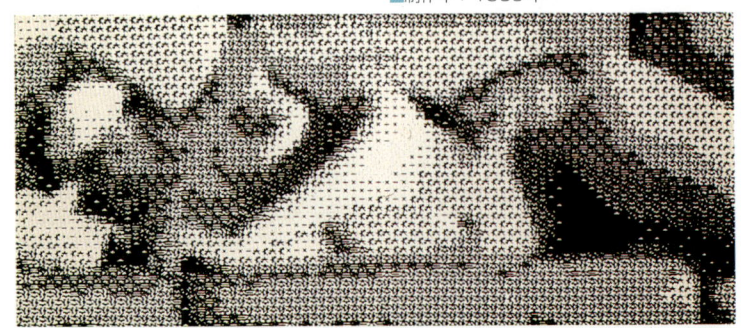

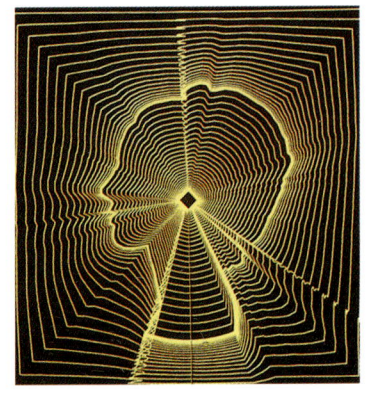

第4章｜デザインの名作たち－伝達編

17　Return to Square

コンピュータアートの第1次黄金期の作品の一つ．CTGは幸村真佐男，槌屋治紀を中心とする8名のグループで「モンロー・イン・ザ・ネット」などのポップ感覚の作品によってコンピュータアートの普及に一役買った．1968年ロンドンで開催された「サイバネティック・セレンディピティ展」で一躍有名となった．この作品はコンピュータの機能を巧みに利用し，正方形から女性の横顔の輪郭線に移行し，再び正方形にインビットウィーン（連続写像）する線画表示の表現である．　　　［三井秀樹］
■制作：CTG（コンピュータ・テクニック・グループ），XYプロッターによるドローイング
■制作年：1968年

18　テーブルの風景

ディジタルな数値によって，いかに写真のようなリアルな画像を作り出すかという技術開発は，1970年代前半から始まった．その成果はワイヤーフレームの隠線消去法，多面体を自由曲面に変えるスムーズ・シェイディング法によって大きく前進した．さらに，立体感を際立たせるためのハイライトとシャドウを物理的特性から割り出すレイ・トレーシング法と，対象の材質感を物体の表面に貼り付けるテクスチャマッピング法によって，写真のような映像となった．この作品は当時先端の表現技術を結集して作られたテーブル上の描写であるが，今見るとオレンジは陶器，スプーンは錫製，グラスはプラスチック製に見えてしまう．　　　［三井秀樹］
■制作：インフォーメーション・インターナショナル
■制作年：1979年

19　架空の惑星から見た架空の地球

1975年，IBMの研究員，B・マンデルブロによってフラクタル理論が提唱され，この理論により，それまで不可能であったコンピュータによる自然景観の描写が可能となった．作者はマンデルブロの弟子で，フラクタルによる可視化技術によって多くの自然の造形をコンピュータ上で再現した．フラクタルは自己相似性という性質をもち，自然界の雲や山並み，樹木，河川，稲妻などにこの性質が見られ，写真のようなリアルな画像が可能となった．この作品は，月の表面のような惑星の描写と架空の地球に見る海岸線が見事に再現されている．
　　　［三井秀樹］
■制作：リチャード・ボス（IBMワトソン研究所）
■制作年：1982年

20　海岸のある風景

フラクタル理論による自然界の造形表現技法を応用して制作された夕暮れの海岸の描写で，写真のようなリアルな画像が実現された．作者は当時最も進んだ技術とクリエイティビティを誇ったCGプロダクション，ピクサー社のアーティストであり，ここから劇場用映画「トイ・ストーリー」や「バグズ・ライフ」をはじめとする名作が生まれた．ただ，夕焼け雲や海に突き出た岩肌の描写はともかく，押し寄せる波頭は何か粘性のようなものを感じ完璧とはいえない．　　　［三井秀樹］
■制作：ビル・T・リーブス
■制作年：1986年

|095|

1│404 CI

シンボルとは本来象徴すべき「何か」を背景にもち、その「何か」と不可分の存在である。十字架は、あれがキリスト教の崇高な理念と不可分だからこそ「踏み絵」が成り立ったのであり、そうでなければ単なる十文字にすぎない。20世紀を代表するシンボルとは、したがって20世紀の社会、文化、産業に最も大きな影響力をもった「何か」のシンボルととらえることができる。20世紀を動かしたものは「何か」と言い換えることもできよう。このように、CIを本質的にとらえた場合、共産主義運動を象徴した「赤旗」や、ナチズムの象徴「ハーケンクロイツ」などは当然20世紀を代表するシンボルとして欠かせない。しかし、ここではその「何か」に、あくまでも「デザイン」が果たした役割の大きさという視点から選定してみた。

[小田嶋孝司]

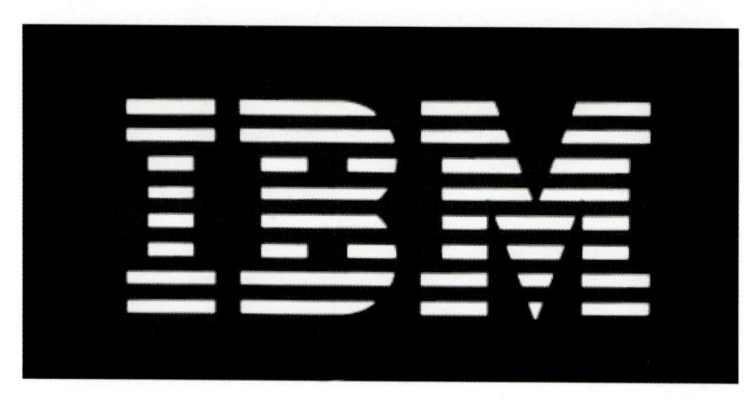

21　IBM
コンピュータの製造業からソリューションサービス業へと画期的飛躍を遂げたグローバル先端企業のシンボル。
■デザイン：ポール・ランド＋エリオット・ノイス
■導入：1956年（1972年、ストライプバージョンをメインロゴに設定）

22　Shell Oil
石油メジャー、ガスステーション、石油ショックなど、20世紀エネルギー資源を象徴するシンボル。
■デザイン：c.e.i（レイモンド・ローウィ　パリ事務所）
■導入：1972年

23　Coca Cola
全世界に浸透したアメリカ型生活文化を象徴するシンボル。
■デザイン：ランドー・アソシエイツ
■導入：1987年（リニューアル）

24　ソニー
全世界に浸透した日本型エレクトロニクス文化を象徴するシンボル。
■デザイン：同社宣伝部
■導入：1973年

第4章｜デザインの名作たち―伝達編

25　NTT
　公的企業の民営化，市場原理導入時代の幕開けを象徴するシンボル．
■デザイン：亀倉雄策＋PAOS
■導入：1985年

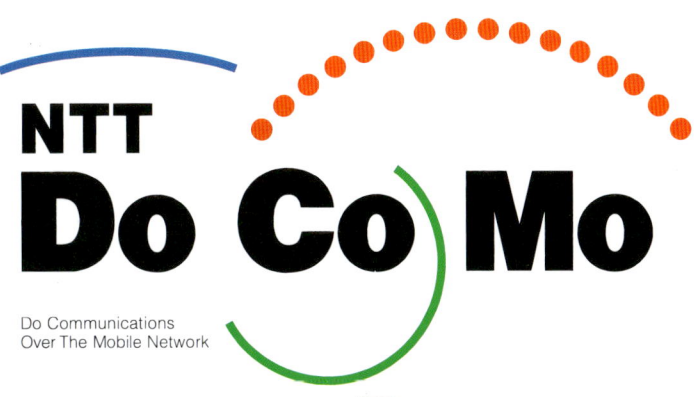

26　NTTDoCoMo
　モバイル通信ネットワーク時代の幕開けを象徴するシンボル．
■デザイン：PAOS
■導入：1992年

27　NASA（アメリカ航空宇宙局）
　宇宙探査から宇宙開発時代への移行を象徴するシンボル．
■デザイン：リチャード・ダン＋ブルース・ブラックバーン
■導入：1984年

28　EU
　ヨーロッパ合衆国をめざす壮大な政治的実験のシンボル．
■デザイン：不詳
■導入：1986年公式採用（最初は1955年欧州評議会のシンボルとして登場）

1|405　広告[1]

29　スモカ新聞広告
　印刷メディアの発達につれ、広告の主力メディアは、ポスターから新聞、雑誌に移っていった。複製の量＝人びとへの露出量が百の単位から万の単位へ二桁増していったからである。とはいえ新聞雑誌の印刷の質は低く、広告は、この広告に代表される通り言葉の力に依存していた。この広告はサントリーからスモカに移った片岡敏郎のコピーによる洒脱な広告シリーズの一例である。
　　　　　　　　　　　　　　　［佐野 寛］
■文案：片岡敏郎
■画＋デザイン：井上木它
■依頼者：寿毛加社
■制作年：昭和初期

30　イスラエル航空広告
　海の写真を20％ほど破って「大西洋が20％小さくなります」というキャッチフレーズを付け、高速ジェット機の就航を告げた広告。1959年のNY・ADC賞を獲ったこの広告で、DDB（Doyle Dane Bernbach）は日本の広告クリエイターの注目の的になった。この頃からヨーロッパに代わってアメリカ（とくにNY）が広告表現の「メッカ」になっていく。
　　　　　　　　　　　　　　　［佐野 寛］
■デザイン：ウイリアム・トービン
■写真：アーウィン・ギャロウェイ
■依頼者：イスラエル航空（イスラエル）
■制作年：1958年

31　フォルクスワーゲン広告
　「クリエイティブエージェンシーDDB」の名声を不動のものにしたフォルクスワーゲン広告キャンペーンの代表例。「Think Small（小さく考えよう）」はThink Bigをスローガンにしてきたアメリカ人に「小型車」を売り込むためのユーモアに満ちた呼びかけ。このVWシリーズはコピーライターという職業に脚光を浴びせたことでも有名。
　　　　　　　　　　　　　　　［佐野 寛］
■デザイン：ヘルムート・クローン
■コピー：ジュリアン・ケーニグ
■依頼者：フォルクスワーゲン（ドイツ）
■制作年：1960年

第4章｜デザインの名作たち－伝達編

32 CBS広告

広告は普通，デザイナーやコピーライターや写真家やイラストレーターが協力し合って作る．そのチームを指揮するのがアートディレクター（AD）で，この広告のADルー・ドーフスマンは，CBSの副社長でもあった．この広告は，次第にコピーの比重が増す時代の中でビジュアル表現の力を示した，デザイナーにとっては記念碑的作品．
[佐野 寛]
■デザイン：ルー・ドーフスマン＋アル・アマート
■コピー：ボブ・ストランスキー
■依頼者：CBS（アメリカ）
■制作年：1963年

33 ジャガー広告

1960年代，広告は次々カラー化していった．その面でもアメリカは日本の手本だった．スポーツクーペ：ジャガー（豹）を「猫の変種」といい，後は写真にすべてを語らせたこの広告がNY・ADC賞を獲ったのは「オリンピックをカラーで見よう」というナショナル・カラーテレビの広告が大成功した年でもあった． [佐野 寛]
■デザイン：チャールズ・アドニー
■コピー：ドン・ウィリアムス
■写真：マイク・クェスタ
■依頼者：ジャガー（イギリス）
■制作年：1964年

34 資生堂サマーキャンペーンポスター

東京オリンピックポスター以後，カラー写真によるポスターは，あっという間に日常化していき，やがて日本のロケ隊が世界中から「憧れのイメージ」を集めてくる時代が始まったが，このポスターがその「海外ロケによるポスター」第一号である．「憧れのハワイ」にロケしたロケ隊は，モデルの前田美波里含め4名．今から思うと信じられない「質素さ」だった． [佐野 寛]
■デザイン：中村誠＋石岡瑛子
■写真：横須賀功光
■依頼者：資生堂
■制作年：1966年

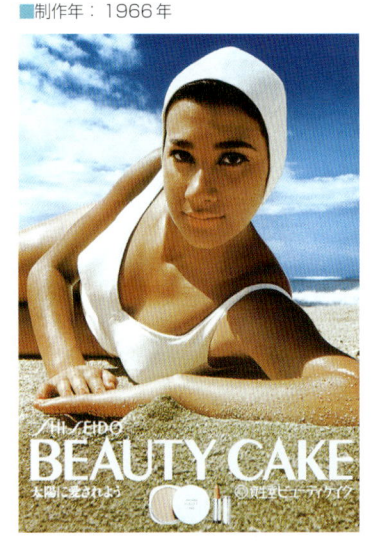

099

1│405　広告[2]

35　ゼロックス新聞広告
　「モーレツからビューティフルへ」というシリーズ広告の一つ．「ビューティフル」は当時盛んだったヒッピー運動のスローガン．Black is Beautifulは同じく黒人運動のスローガン．「黒は美しい，白は美しい」はゼロックスのセールスコピー．刺激的な写真で，それらの意味を統合させ，日本の「モーレツ社員」たちにメッセージした話題作．　　　　　　　　　　　　　　　［佐野　寛］
■デザイン：鈴木八朗
■写真：高梨豊
■コピー：桝田弘司
■依頼者：富士ゼロックス
■制作年：1970年

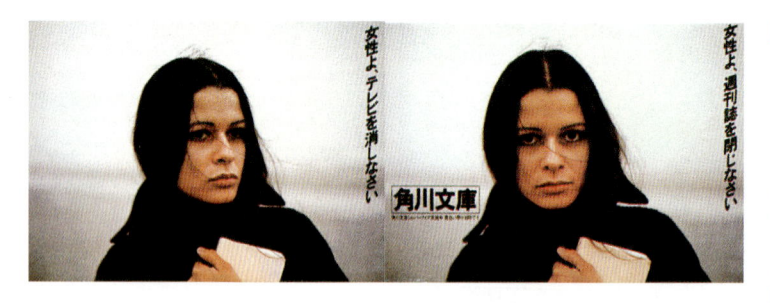

36　角川文庫ポスター
　1960年代末，先進諸国に燃え広がった全共闘運動は，70年代に入って女性解放運動にバトンを渡した．石岡瑛子は女性デザイナーとしてその運動に参加し，女性をターゲットとする広告主を説得して，女性に精神的自立を呼びかける広告を連作していった．「女性よテレビを消しなさい．週刊誌を閉じなさい」と呼びかけるこの広告はその一例．　　　　　　　　［佐野　寛］
■デザイン：石岡瑛子
■写真：沢渡朔
■コピー：杉本英之
■依頼者：角川書店
■制作年：1975年

37　パルコポスター
　角川文庫ポスターや「裸を見るな，裸になれ」と男性原理社会を批判するパルコポスターで評判をとった石岡瑛子は，当時「印度放浪」を出版して注目されていた藤原新也を起用し撮影したインドの働く女性のイメージに「あゝ原点」という自分自身の思いを重ねてメッセージ化し，「女性よ，あなたは素晴らしい．自信をもちなさい」と励ました．　　　　　　　　［佐野　寛］
■デザイン：石岡瑛子
■写真：藤原新也
■コピー：長沢岳夫
■依頼者：パルコ
■制作年：1976年

第4章｜デザインの名作たち―伝達編

38　サントリー広告

サントリーの広告は戦前から際立っていたが，1970年代以降は，広告の主役であるTVCFとポスターとを連動させて広告効果を倍加させてきた．この「夢街道」シリーズは，話題を呼んだ中国シリーズに次ぐシリーズで，いずれも「憧れの遥かな世界」をイメージ化し，その「遠い世界」へ馳せる思いとサントリーオールドのイメージを重ねさせようという広告．　　　［佐野　寛］

- ■デザイン：浅葉克己＋大木理人
- ■写真：高崎勝二
- ■コピー：長沢岳夫
- ■依頼者：サントリー
- ■制作年：1989年

39　西武百貨店新聞広告

前年までエジプトにロケして「不思議大好き」と「遠い世界への憧れ」を掲げてきた西武は，この年，メッセージの方向性を逆転させた．ウディ・アレンという「都会人のシンボル」を登場させて「おいしい生活」をメッセージする．つまり「身近な生活に目を向け，それを充実させよう」というこの広告は，遠くの憧れに向かって集団で走ってきた時代の終わりを告げてもいた．

［佐野　寛］

- ■デザイン：浅葉克己
- ■写真：坂田栄一郎
- ■コピー：糸井重里
- ■依頼者：西武百貨店
- ■制作年：1982年

40　ボルボ新聞広告

現代の広告が嘘をつくことはない．嘘がばれると大変だからだ．だがホントの全部をいうこともなく，その一部を拡大しているのが普通だ．だから「私たちの製品は……」と告白するこの広告を見たときは，みな驚いた．長いボディコピーを読むと，問題を自覚して解決のため努力していることを訴えているのだとわかる．さすが環境問題先進国の自動車と思わせた広告．

［佐野　寛］

- ■デザイン：？
- ■コピー：？
- ■依頼者：ボルボ・ジャパン
- ■制作年：1990年

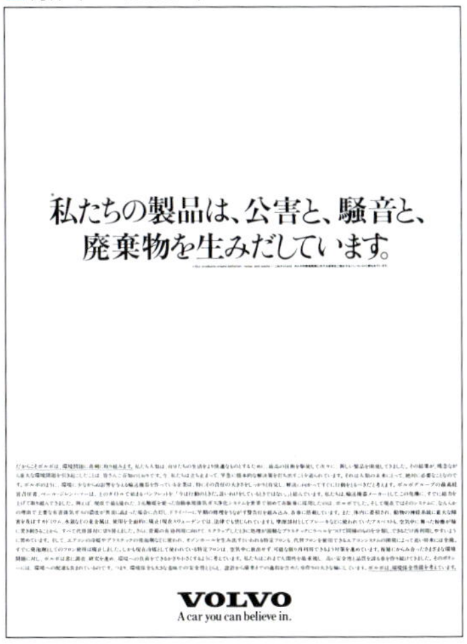

41　ベネトン広告

「広告は製品を売るのではない．（人種差別や階級差別や性差別と結びついた）生活様式や社会システムを売るのだ」と，このエイズと人種差別をテーマにした広告を作ったオリビエロ・トスカーニは批判している．そしてセンセーショナルな広告で，そうした旧い意識や様式に挑戦する．むろんそれは，「敵の敵は味方」という法則によって「差別」に敵対する世界中の若者やゲイピープルを味方にしようという高度な戦略なのだった．　　　　　　　　　　　［佐野　寛］

- ■デザイン＋写真＋コピー：オリビエロ・トスカーニ
- ■依頼者：ベネトン（イタリア）
- ■制作年：1994年

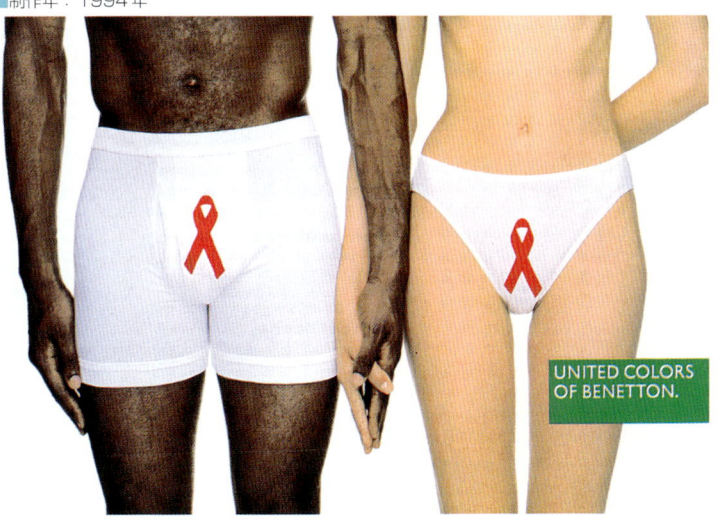

101

1│406 パッケージ

42 千歳飴の袋

千歳飴のもとは江戸市中で売られた千年飴で、その商品考案者は大阪の飴屋平野甚左衛門または浅草の飴売七兵衛との説がある。袋の原形デザイン者は商品考案者と推定され、明治以降、七五三の祝い物として無名の画工たちによって今見る姿に定着した。細長い飴は折り分けて皆で慶び味わうものとされ、パッケージに構成された濃密な愛でたのシンボル群が中身の飴にその特別な意味を付与している。　［金子修也］
■デザイン等：不詳

43 森永キャラメル

発売は明治32(1899)年で当初はバラ売り。箱入りになったのは大正3年からで、以後その黄色い箱のデザインは変わることなく今日まで続き、大勢の人に幼少期の思い出とともに親しまれてきた。パッケージを印象化する重要な表現要素の一つに色彩がある。その戦略をすでに大正時代に採り入れた、近代日本における色彩型パッケージの典型例。　［金子修也］
■デザイン：不詳
■依頼者：森永製菓
■発売年：1914年(箱入り)

44 コカコーラのボトル

味、ロゴ、ボトルのすべてがアメリカを象徴して世界に普及。日本での一般市販は昭和32(1957)年から。ボトルのデザインは無名の学生。リターナブルに耐える強度(専用配送車は工業時代の象徴)、持ちやすさ、セクシーなまでに豊かな形態が、この飲料をアメリカン・サブカルチャーにまでした。ついでながらコーポレートカラーの赤は製造工場の屋根の色と聞く。　［金子修也］
■デザイン：不詳
■依頼者：コカコーラ・カンパニー
■発売年：1915年

45 味の素

都市化の進行、サラリーマンの増加、生活改善運動、大正デモクラシー…。そんな時代に現れた赤い缶。そこには大正からやがて昭和の、良妻賢母の姿のマークがあり、それを透してこの時代の小家族化の進行、家庭料理の変化、膳から卓(ちゃぶ台)への転換普及、家族水入らずの食事風景が見える。日常生活に密着したパッケージは世に連れ、世の暮らしはパッケージに連れ。　［金子修也］
■デザイン：不詳
■依頼者：味の素
■発売年：1926年

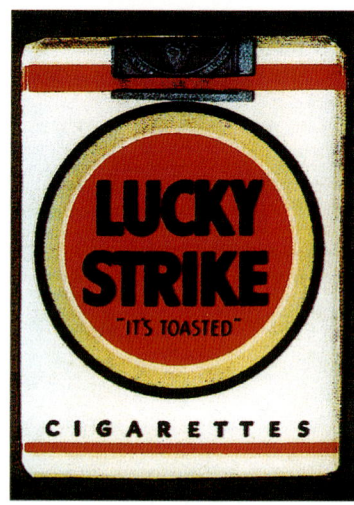

46 ラッキーストライク

箱の正面・裏面という概念を打破し、両面を同じデザインにして訴求力を倍増させたパッケージ。今では珍しくないが、これがデザインされた時代にあっては、パッケージを動態物としてとらえた画期的方法。幸運の標的という意味において名と図が一致していて明解で、第二次世界大戦中から戦後にかけて、これを持ち歩く米軍兵士によって世界に広がり知られた。　［金子修也］
■デザイン：レイモンド・ローウィ
■依頼者：アメリカン・タバコ(当時)
■発売年：1941年

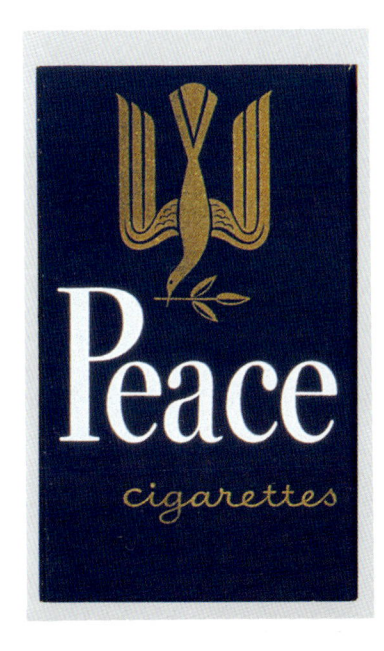

第4章｜デザインの名作たち―伝達編

47 ピース

昭和21(1946)年，戦災の跡が覆う町のタバコ屋に並んだピースは，以降の日本にデザイン時代の開演を予告するベルだった．当時として破格のデザイン料はデザインが何かを開眼させた．王道を行く端正なデザイン．日本の代表的タバコとあって，デザインモデルを仏像の手の模型上に載せてプレゼンテーションしたとの逸話がある．　　　　　　　　　　［金子修也］
- デザイン：レイモンド・ローウィ
- 依頼者：日本専売公社
- 発売年：1946年

48 キッコーマンしょうゆ卓上びん

1960年代にさしかかると核家族，単身生活者，外食が増加し，しょうゆの消費形態が変化し始めた．そこに卓上でそのまま使えるパッケージが出現．それまで中身と別物だったしょうゆ差しの買い揃えを不要にした卓上びんは，しょうゆの海外普及にも働いた．容器として本格的な機能をもち，詰め替えできて飽きのこないデザインで長寿商品となっている．　　　［金子修也］
- デザイン：GKグループ
- 依頼者：キッコーマン
- 発売年：1961年

49 カップヌードル

もとは中国の麺が日本でラーメンになり，インスタント化パッケージ化で普及し，ついに湯さえあれば器も不要の包装形態になり，いつでもどこでも暖かくの商品に進化した．発売は昭和46(1971)年．時あたかも浅間山山荘に銃をもつ犯人が立て籠もり，雪中で寒さと空腹に耐えて取り囲む機動隊員に，熱いカップヌードルが供された．画期的パッケージがあってのことだ．
　　　　　　　　　　　　　　　　［金子修也］
- デザイン：大高猛
- 依頼者：日清食品
- 発売年：1971年

50 化粧水「オイデルミン」

資生堂は「美と知のミーム」を企業文化の中心にしている．明治20(1887)年に発表された真紅のオイデルミンがもつ文化的遺伝子（ミーム）を受け継ぎ，同社化粧品事業百周年の平成9(1997)年に世界市場に向けてデザインを新たにしたもの．「美と知のミーム」のこのパッケージは権威あるデザイン賞のいくつかを受賞している．美につきる事例として紹介する．　　［金子修也］
- デザイン：セルジュ・ルタンス＋資生堂宣伝制作室
- 依頼者：資生堂
- 発売年：1997年

51 モロゾフ・チョコレートショップ北野工房のまち

パッケージには楽しさも大切．わけてもチョコレートのように「ちょっとお口に」のものだと，味覚のほかにパッケージによる充足感もうれしい．贈りたい，贈られたい気持ちにも通じる．ただしエコの時代に過剰な包装は喜ばれない．その頃合いを知り，素材と構造を工夫したかたちとグラフィックが魅力的な事例を，最近の優秀作品の中から選んだ．　　　　　　　　［金子修也］
- デザイン：小松眞一郎ほか
- 依頼者：モロゾフ
- 発売年：1998年

1|407 ポスター

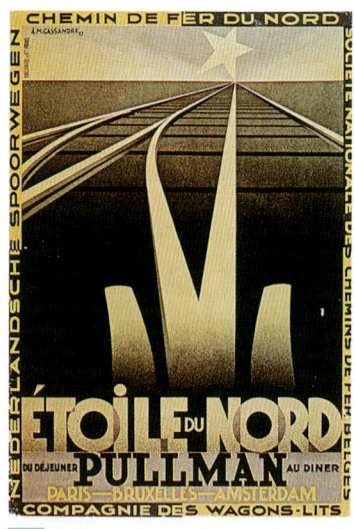

52 急行エトワイユ・ド・ノルド（北極星）

観光旅行に憧れる気持ちはどの時代も変わらないが，20世紀前半は鉄道と船舶による世界旅行の時代であった．とくにヨーロッパの大陸横断鉄道はその豪華な設備によって，人びとを魅了した．旅先の風景や民族性を謳うよりも，鉄道そのものを表現しようとしたところにメカニカルな力強さがある．
[高津道昭]
■デザイン：A・ムーロン・カッサンドル
■依頼者：北方鉄道＋ベルギー国鉄協会＋寝台車会社＋オランダ鉄道
■制作年：1927年

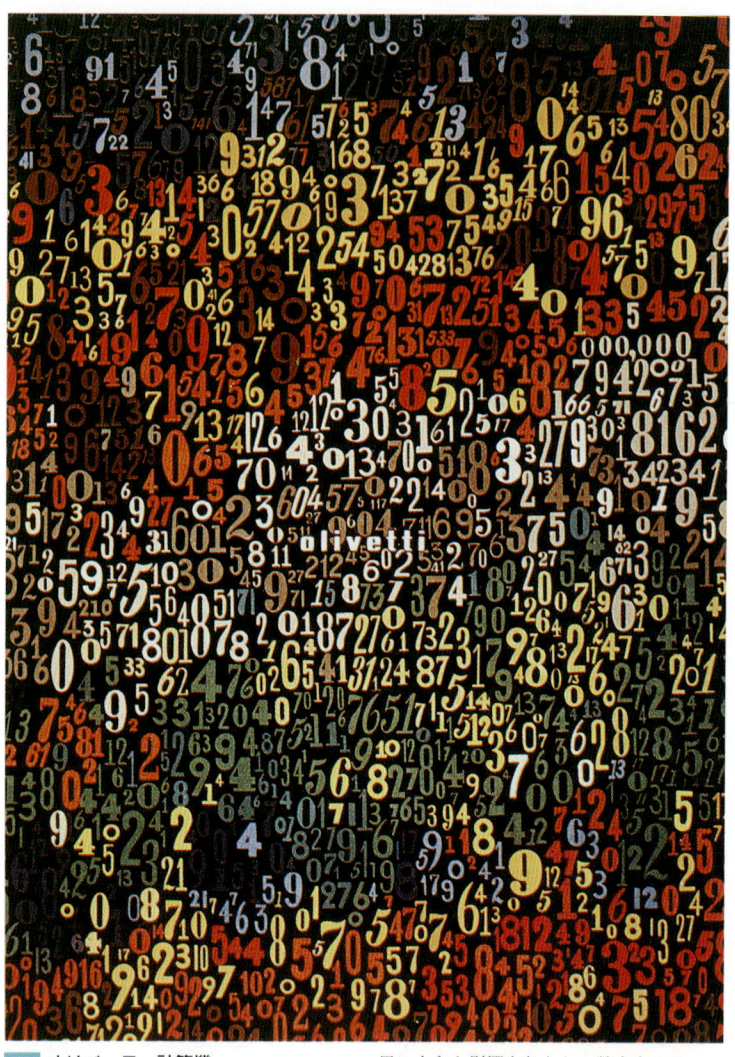

53 オリベッティ計算機

初代社長カミロに続き，2代目のアドリアーノは建築，製品，広告などのデザインに高い理念で臨み，世界的な数々の賞を独占した．中でもタイプライターや加算機などの広告は，内容にマッチしたモダンなデザインにより第二次世界大戦後のデザイン界に大きな影響を与えた．数字をモチーフにしたこの商品ポスターは，タイポグラフィや色彩の実験としても際立っている．
[高津道昭]
■デザイン：ジョバンニ・ピントーリ
■依頼者：オリベッティ社
■制作年：1949年

54 交通安全，子供を守れ！

交通安全のポスターはどこにでもありそうでいて，実は優れた作品は少ないように思う．この作品はコンペの当選作で，モノクロ写真を主体にしているが，これほど力強く，心理的なスリルを盛り上げている作品も珍しい．対角線を意識した斜めの構成，車輪と人物の比率，それらの位置関係など，すべてが的確でわかりやすい．
[高津道昭]
■デザイン：ヨゼフ・ミュラー・ブロックマン
■依頼者：スイス交通安全協会
■制作年：1953年

第4章｜デザインの名作たち－伝達編

55 東京オリンピック'64（第2号）

　東京オリンピック大会のための公式ポスター，4点連作のうちの第2作．過去のオリンピックポスターで写真を使ったものは珍しく，この作品の場合，デザイナーと写真家の間にフォトディレクターを参加させたのもユニークである．人物を浮き上がらせるためと，夾雑物を避けるため，背景は夜のような黒になった．　　　　［高津道昭］
■デザイン：亀倉雄策＋早崎治（写真）＋村越襄（フォトディレクション）
■依頼者：東京オリンピック組織委員会
■制作年：1962年

56 IBMコンピュータ

　IBMのCI政策として「柔軟性に富んでいながら確固たるシステム」を維持するため，あらゆる場面でIBMのネーミングを浸透させようと意図しているのは確かである．このポスターは，IBMを強く意識しながら驚くべき遊びの精神でその目的を達成した．簡単な知識で解き明かされる企業名．クイズ的発想をポスターに昇華させたところの高度の技が光る．　　　　　［高津道昭］
■デザイン：ポール・ランド
■依頼者：IBM
■制作年：1975-85年

57 日本舞踊，UCLA

　UCLAでは，毎年各国から民俗芸能を招いてパフォーミングを行っている．このポスターは日本の能，舞踊，狂言などが招かれた際のもので，勝見勝のプロデュースにより，日本の9人のデザイナーがそれぞれのテーマで制作した中の一つ．舞踊の女形の表情をできるかぎり単純な形で表現するため，水平・垂直方向の分割線とその対角線のみを使用し，わずかに円形も加えている．　　　　　　　　　　　　［高津道昭］
■デザイン：田中一光
■依頼者：UCLA
■制作年：1981年

1｜408　書籍デザイン［1］

　書籍のデザインは，実にその要素が多岐にわたる．一冊の書籍ができ上がるには，少なくとも次の行程を経なければならない．①原稿（内容），②印刷（版式・色彩の調整），③被印刷物（紙や表紙の素材の選択），④製本など，そのいずれの細部もデザインとしての要素は大きい．本書の方針で，この欄はとくに印刷の過程における内容表現のデザインの名作ということである．しかし，ここではできるだけ，その内容もデザインに関するものをとくに選んだ．書籍のデザインは印刷が発明されるや聖書を刷って人間を祈らせ，百科全書を刷って英智を知り，ウイリアム・モリスは芸術品にまで高めた．その後，デ・ステイルやバウハウスを経て，多岐にわたるデザイナーやアーティストが斬新なデザインを実現させて今日に至っている．
　　　　　　　　　　　　　　　　　［羽原肅郎］

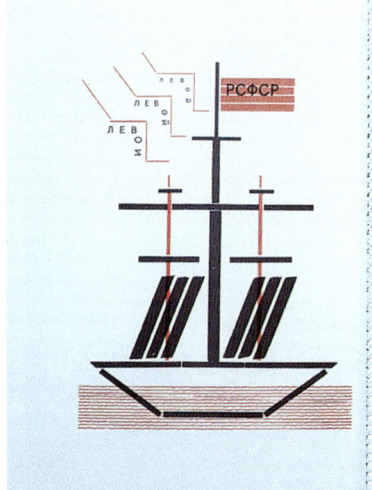

58 『マヤコフスキーの詩集』
マヤコフスキーの詩を赤色と黒色の2色によって文字を図のようにデザインしたり，簡単な図を入れたり，タイポグラフィによる表現の可能性を拡大した．また小口を段々に切って，小さな図と文字を入れ目次の役割もする視覚と内容表現の試みもある．全体がコンクリートポエトリー（具体詩）またはヴィジュアルポエトリー（視覚詩）的でもある．エル・リシツキーには，他にハンス・アルプと共著による『DIE KUNSTISMEN』などもある．
■デザイン：エル・リシツキー
■出版社：LUTZE&VOGT G.M.B.H（ドイツ）
■発行年：1923年

59 『ペンギン・ブック』
ヤン・チヒョルトは1928年に『ディ・ノイエ・ティポグラフィ』を著す．「新しいタイポグラフィ」それは，サンセリフ書体による非対称の原理にもとづく構成を主張，その世界に与えた影響は大きい．しかし，後年はこの『ペンギン・ブック』のような，伝統的な方式といっても過言ではないスタイルを追求した．それは，レジビリティとリーダビリティの習慣的見え方を重要視した常識的・一般的ともいえるデザインとして，今日その支持者は多い．
■デザイン：ヤン・チヒョルト
■出版社：ペンギン・ブックス
■発行年：1947年

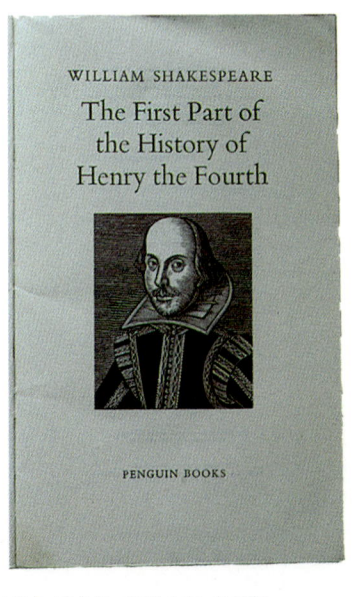

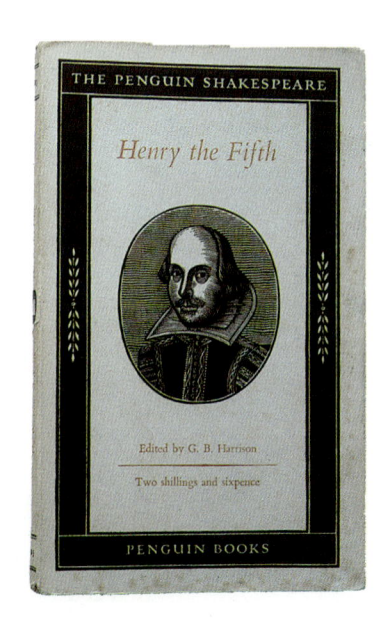

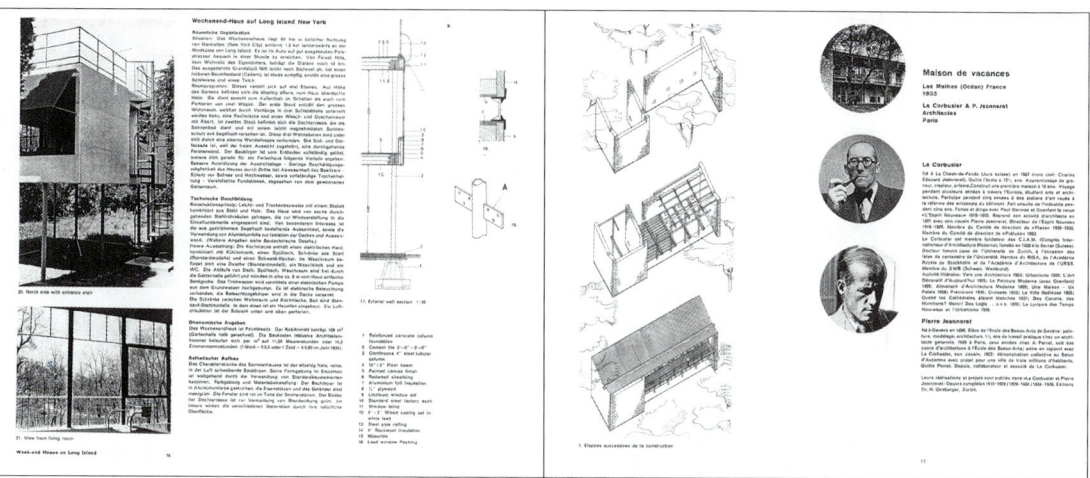

第4章｜デザインの名作たち－伝達編

60 『The New Architecture』
（アルフレット・ロート著）

ヤン・チヒョルトの『新しいタイポグラフィ』の主張が，サンセリフ書体による非対称の構成だとすれば，まさに本書はその典型である．さらに，書面を「横長」に位置させ，「のど」よりも「小口」を狭く（約5mm）仕上げた所など，1935年から出版しているル・コルビュジェ作品集の系譜であり，マックス・ビルがあえて実行した新しい造本型式でありレイアウトである．1953年のR・P・ローゼによる『New Design in Exhibitions』はもっと「天」と「小口」は狭く，それぞれ約3mmである．
■デザイン：マックス・ビル
■出版社：Dr.H.Girsberger Zurich（スイス）
■発行年：1940年

61 『Thoughts on Design』
（ポール・ランド著）

ポール・ランドはアメリカ生まれのアメリカ育ち，アメリカらしい豊かな生活者として，機知に溢れたグラフィックデザイナーである．本書は，グラフィックデザイナーの「デザイン思考」を著した書の中でも早期の貴書であろう．序文をマックナイト・コッファーが書き，内容には"The Beautiful and Useful" "The Designer's Problem" "The Role of Humor"などあり，ポール・ランドのデザインの基本姿勢が自作を添えて書かれている．
■デザイン：ポール・ランド
■出版社：Wittenborn, Schultz（アメリカ）
■発行年：1947年

107

1 | 408　書籍デザイン[2]

62 『Schiff nach Europa』
（マックス・クッター著）

　著者のマックス・クッターはクレディンガー，ゲルストナーとともに広告代理店GGKを創設したメンバーの1人である．本書は雑誌『ノイエ・グラーフィク』などのいわゆるスイス派グラフィックデザインの代表作ともいうべく，あらゆるタイポグラフィ，組版，レイアウトなどのヴァリエーションが試みられている．ゲルストナーには，この他にも『Kalte Kunst？』『デザイニング・プログラム』などの著書がある．

■デザイン：カール・ゲルストナー
■出版社：アーサー・ニグリー（スイス）
■発行年：1957年

63 『世界商業美術全集』（全5巻）

　グラフィックデザインの全集は『現代商業美術全集』（全24巻）としてアルス社から出版され始めている．しかし，ここではとくにモダンデザインの先駆的作品として本書を挙げた．タイトルは商業美術とあるが，まさにグラフィックデザインからヴィジュアルデザインの確立を確信する編集メンバーである．新しい視覚，新しい素材，新しい印刷，新しい製本，等々に純粋の希望と期待がある．

■編集委員：新井泉+原弘+土方定一+今竹七郎+勝見勝+亀倉雄策+河野鷹思+小池新二+瀧口修造+山名文夫
■顧問：今和次郎+宮下孝雄+恩地孝四郎+杉浦非水+和田三造
■装幀：河野鷹思
■題字：原弘
■出版社：イヴニングスター社，ダヴィッド社
■発行年：1951-53年

第4章｜デザインの名作たち－伝達編

64 『マルセル・デュシャン語録』
（瀧口修造編著）

箱に入ったフランス装（マルセル・デュシャンのグーン・ボックなどのイメージに由来しているのだろうか）の瀧口修造の自作自演のドラマのような本であり，美術作品であり，オブジェとしての本でもあろう．仕上がり33×26cmで秀英明朝体18ポイント14字詰，行間全角アキ，1段17行，1頁3段組を基本にして大胆に見事にレイアウトされている．フランス装の素材の選択にも緊張感がある．
■デザイン：瀧口修造
■出版社：東京ローズセラヴィ
■発行年：1968年

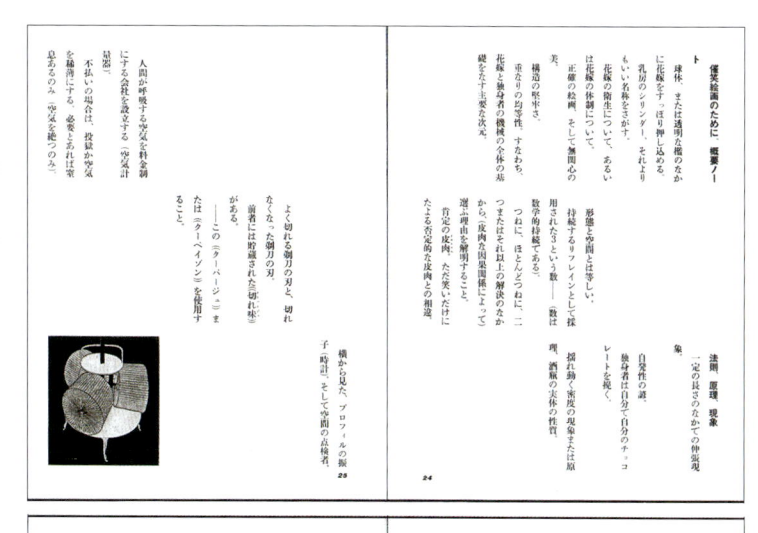

65 『全宇宙誌』（松岡正剛ほか編著）

杉浦康平は，人間の眼球が二つあり，それが，どんなものを，どうすれば，どのように，見え，見られるかを執拗に追究している1人である．本書では星空（宇宙は夜こそ見えるといわんばかりに…）のように全面を黒につぶし，文字や図，星座はインクを空に（紙の色＝白）して表現し，さらに小口にも星座などが現れるようにデザインされている．小口の図柄に本の内容と直接関係するものを挿入した例の先鞭として意義深い．このほかにも『星の本』（立体メガネをかけて見る）などがある．
■デザイン：杉浦康平
■出版社：工作舎
■発行年：1979年

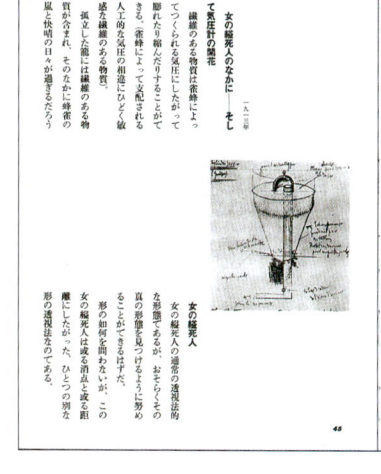

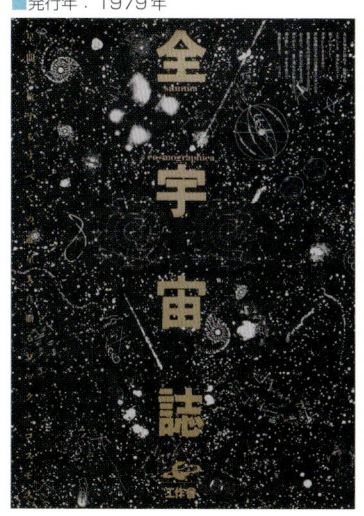

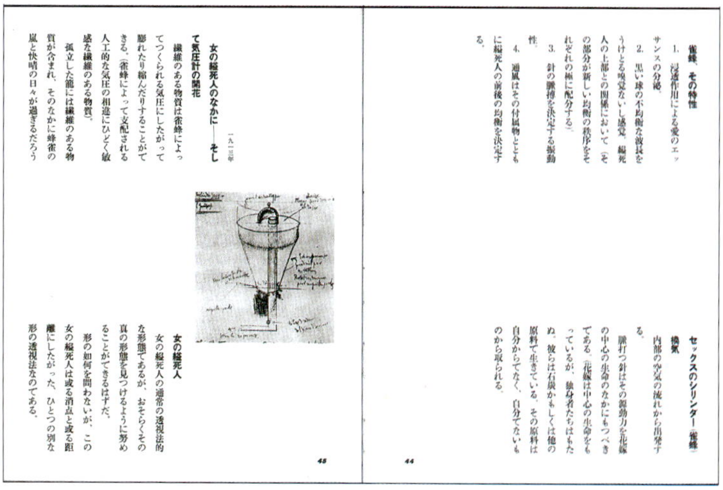

1｜409　絵本[1]

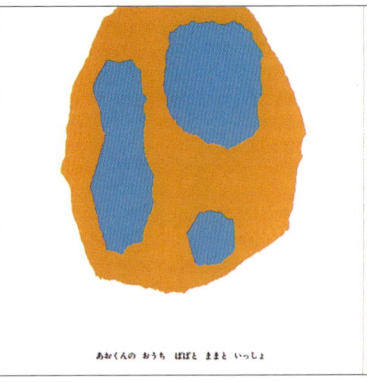

66　『あおくんときいろちゃん』(Little Blue and Little Yellow)

　レオ・レオーニの最初の絵本であり，創造的な衝動の表現とグラフィックデザインの導入を絵本に確立した作品である．紙（最初は雑誌の印刷物）をちぎったり，切ったりした形のコラージュ技法で構成されている．抽象形体の画面は，一頁，一場面の単位を保ち，二頁見開き頁としての視覚効果も考慮に入れたレイアウトで展開する．印刷原理の象徴である色の混合による友情物語を綴る筋立ては，微笑ましく，美しい．
[杉田 豊]

■著者＋デザイン：レオ・レオーニ
■出版社：Pautheou社（邦訳：至光社）
■発行年：1959年（邦訳：1967年）

67　『うたがみえる』(I SEE A SONG)

　エリック・カールは，『はらぺこあおむし』で著名であるが，より傑作な絵本は本書であろう．物語が見返し頁から始まり，見返し頁で終わるまれに見る絵本構成は，楽しさを倍増させる演出である．無(黒色)から喜び(多彩)が生まれる流れから人生観が見え，音楽が聞こえてくる．それぞれのうたを見てほしいとする感じる世界の領域の絵本である．独特の着彩した紙のコラージュは，カラーリストとして面目躍如たるものがある．
[杉田 豊]

■著者＋デザイン：エリック・カール
■出版社：トーマス・Y・クロムウェル（アメリカ）
■発行年：1973年

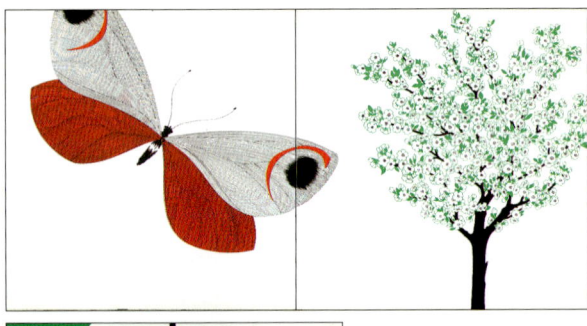

68　『リンゴと蝶』(La mela e la farfalla, THE APPLE AND THE BUTTERFLY)

　イエラ・マリのno wordの代表的な作品で，エンゾ・マリとの共著である．リンゴの断面の場面から，虫が食い，蛹になり，蝶になる．リンゴの花に卵を産み付け，幼虫が育っていく繰り返しのストーリーはエンドレスの構成である．デザイン的な表現技法でまとめ，同一構図の葉の色だけを変えた，時間の推移を表す展開は，フィルムのコマ割を見るようなリズム感がある．自然科学の知識の世界を詩情をも彷彿させる絵本にしている．
[杉田 豊]

■著者＋デザイン：イエラ・マリ＋エンゾ・マリ
■出版社：ヴァレンチノ・ボンピアーニ社（イタリア）
■発行年：1960年

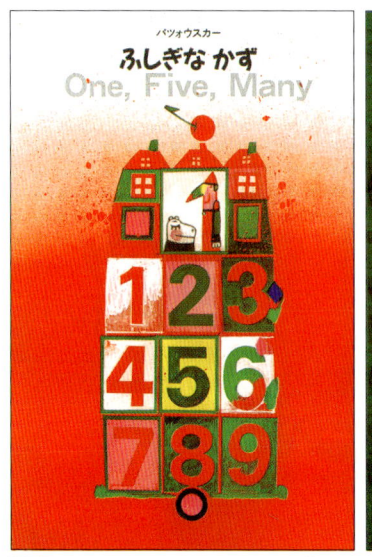

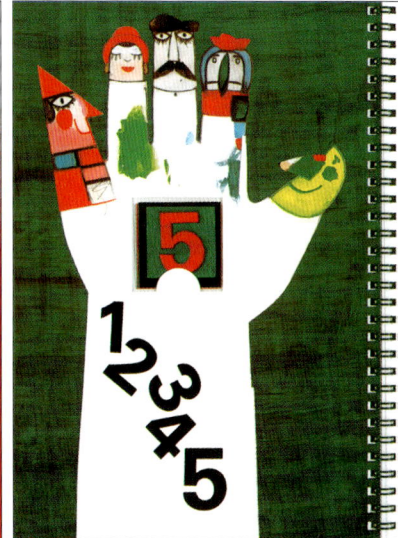

第4章｜デザインの名作たち－伝達編

69 『ふしぎなかず』（EINS, FÜNF, VIELE；ONE, FIVE, MANY）

クヴィエタ・パツォウスカーは画家であり，造形作家である．立体的な小物からプレイスカルプチャーまで制作する．描画はデザイン的な構成と，補色対比を効果的に使う色彩設計で，ユーモラスな親近感を生む．独特の「かずの本」であり，切り抜きなど用いた仕掛け絵本に仕上げ，家，カバ，ピエロが数字と踊る魅力ある画面．バウハウスに傾倒する造形思考が，子供たちへの愛情とともに伝わってくる．現代絵本作家の雄である．　　　　　　　［杉田　豊］
■著者＋デザイン：クヴィエタ・パツォウスカー
■出版社：ラーベンスバーガー（ドイツ）
■発行年：1990年

70 『かいじゅうたちのいるところ』
（Where The Wild Things Are）

モーリス・センダックの代表作品．「センダックの作品の共通する基本的なテーマは，エキセントリックな子供の世界である」（山口昌男氏談）といわれているが，媚びた姿勢のないいたずらっ子の感じと見られる子供を描く．自己の幼年時の厭な部分を表出している．アニメーションの発想から絵本ならではの楽しさを伝える画面構成は，並の夢物語とは異なる個性的な内容と余韻を残す．コールデコット賞（1964年）受賞．
　　　　　　　　　　　　　［杉田　豊］
■著者＋デザイン：モーリス・センダック
■出版社：ハーパー・コリンズ（アメリカ）
■発行年：1963年

1│409　絵本[2]

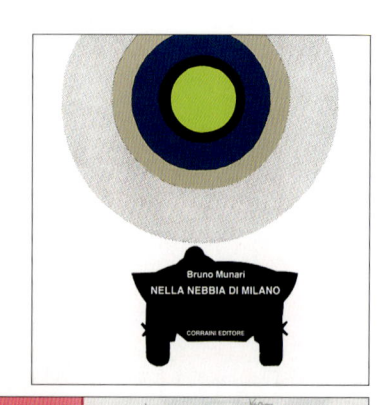

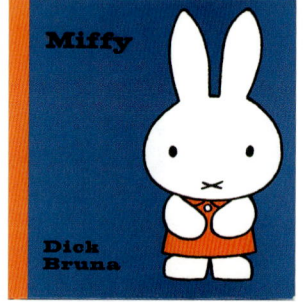

71 『ちいさなうさこちゃん』（Miffy）

　世界で最も知られ，最も売れているブルーナの絵本の代表的なタイトル．「幼児が初めて出会う絵本」のスローガンに見られるように，人びと（子供たち）に親しまれている．感覚的＝アート的な視点からの発想を，単純化された形態の線と，明解な色彩で構成し，デザイン的な表現に仕上げる．微妙に震える線はゆっくりと描き，限定した彩色と二つの層の原画づくりで，長時間のデッサン，正面の顔と目の位置など思慮深い制作である．　　　　　[杉田 豊]
■著者＋デザイン：ディック・ブルーナ
■出版社：メッツェン・チルドレンズ・ブックス（イギリス）
■発行年：1955年

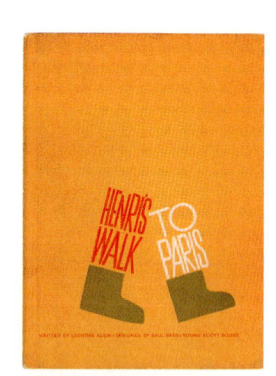

72 『きりのなかのサーカス』（NELLA NEBBIA DI MILANO, THE CIRCUS IN THE MIST）

　20世紀のグラフィックデザイナーの絵本制作としては画期的で知的な名作の一つである．トレーシングペーパーの表裏の印刷，色紙に穴をあけて見える場面の変化などと，仕掛け絵本としても優れた作品である．自由なデザイナーの発想による絵本づくりへの牽引となった欠かすことのできない珠玉の1点である．霧の中を歩き，サーカスの赤や黄色の光の中で夢を見せ，また霧の中を通って帰る見事な絵本の世界を描くブルーノ・ムナーリ．　　　　　[杉田 豊]
■著者＋デザイン：ブルーノ・ムナーリ
■出版社：コレイーニ（イタリア）
■発行年：1968年

73 『アンリちゃんパリへゆく』（HENRIS WALK TO PARIS）

　『80日間世界一周』などの映画のタイトルデザインで著名であるソール・バスの作品．グラフィックデザイナーらしい画面構成の佳作である．見返し頁のタイトルのトリミングから始まり，次の見開き頁にも足とタイトルの組合せを動的に置く．スミがなく，色面と文字とのレイアウトも大胆な変化を描く．アンリちゃんの全身を表さず，足だけで歩いて行く様子など巧妙な計算が光る絵本であり，頁をめくる楽しさを誘う洒落た作品である．　　　　　[杉田 豊]
■著者＋デザイン：ソール・バス
■出版社：ヤング・スコット・ブック（アメリカ）
■発行年：1962年

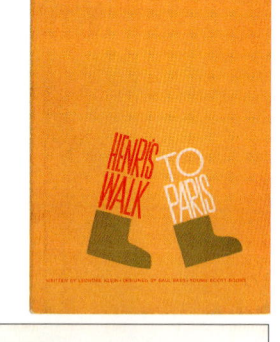

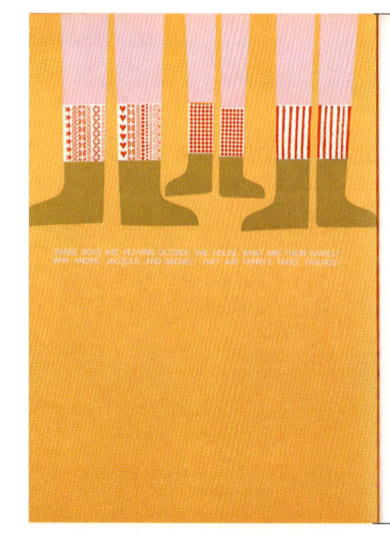

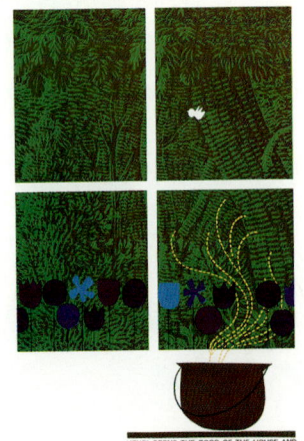

第4章｜デザインの名作たち－伝達編

74 『THE HIGHWAYMAN』

　現代の写実風の描画では最高の技術をもっていた画家チャールズ・キーピング．独特な色使いと，目線を低く正面からとらえたり，顔のアップなどの刺激的な構図の卓越した絵本である．走るような流麗な線を単色に見える色調で描き，画面に光を演出する．見返し頁が，ポジティブとネガティブになっているのも面白い．単色で多彩なドラマを映す情景は，グラフィカルな思考と見事なデッサン力の結晶であろう．ケイト・グリーナウェイ賞受賞．　　［杉田 豊］
■著者＋デザイン：チャールズ・キーピング
■出版社：オックスフォード（イギリス）
■発行年：1981年

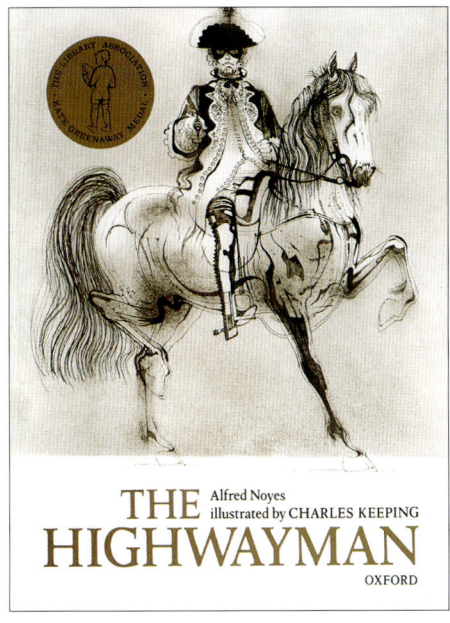

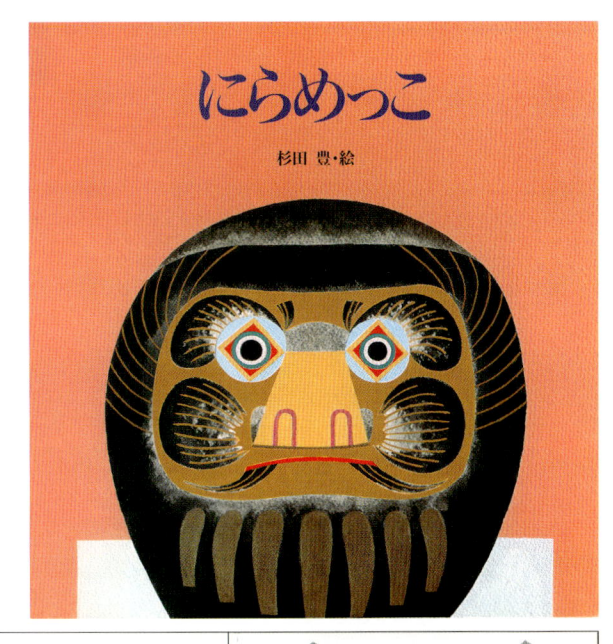

75 『にらめっこ』

　動物たちと正面を向いて対座し，見つめる場面からの発想の作品を絵本のイラストレーションとした．題名は自然と生まれ，伝承される歌の一部をリピートする．墨と金の色にこだわり，原画ではスミベタではない調子の変化を印刷に求め，逆に金は特色指定というグラフィカルな要求を通した，ちょっと贅沢な制作である．右頁に絵，左頁に文で白地を白色とするため，左頁は10％スミアミ，二段の文は100％と70％アミである．　　［杉田 豊］
■著者＋デザイン：杉田豊
■出版社：講談社
■発行年：1992年

1|410　新聞・雑誌デザイン

76　『ザ・タイムズ』
　タイムズ紙が紙面刷新のため新聞用書体として開発したタイムズ・ニューローマンを初めて使用した紙面．20世紀を代表する名作として知られるこの書体は，従来スタンリ・モリスンの作と見なされてきたが，米国モノタイプ社の売却資産からきわめて類似の書体が発見されたため，モリスンの関与が疑問視されている．　［小野英志］
■デザイン：不詳
■発行者：タイムズ（イギリス）
■発行年：1932年

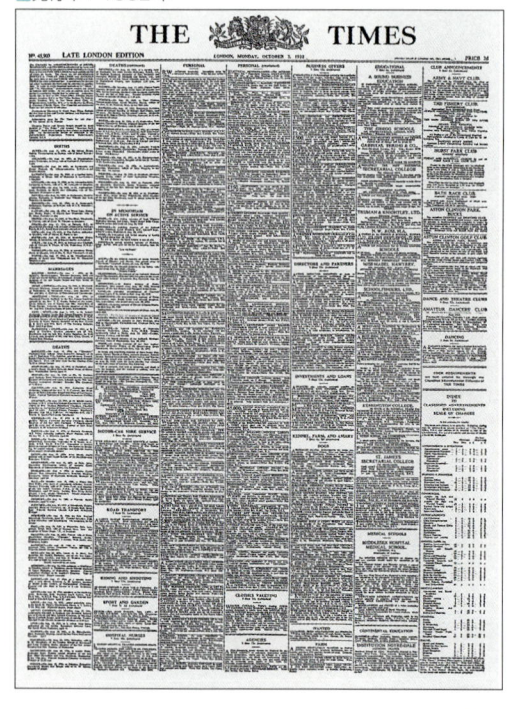

77　『ニューヨーク・ヘラルド・トリビューン―日曜版』
　1963年のある日"Who says a good newspaper has to be dull？"（よい新聞は退屈なもの，などという人はだれだ？：出原栄一訳）というキャッチフレーズの大型ポスターによって刷新された．とくにその日曜版は1：ニュース，2：家庭・流行・室内，3：ビジネス・経済・不動産，4：スポーツ・旅行・切手，それに「ブックウィーク」と「ニューヨーク」があり，いずれも各タイトルを太い罫線で囲み，その下に大きく写真や独特のイラストレーションをレイアウトしてアピールした．　［羽原肅郎］
■デザイン：ピーター・R・パラゾオ
■発行者：ニューヨーク・ヘラルド・トリビューン（アメリカ）
■発行年：1963年

78　『ヴォーグ』誌
　世界で広範に読まれているファッション雑誌．1892年，アメリカで創刊された．ハーフトーン（網目写真版）の発明により，活字と写真とを一緒に組版できるようになったことをいち早く取り入れ，写真を大胆に使用．ビジュアルな魅力を前面に打ち出した雑誌のさきがけである．イギリス版は，1916年創刊．ファッションのみならず，建築，インテリア，アート，ライフスタイルなど，生活をトータルに提案した．フランス版の創刊は1921年．世界トップクラスのフォトグラファーによる豪華な写真で読者を魅了した．1928年からアメリカ版ヴォーグのアートディレクターを勤めたメハメド・F・アハは，活気的なデザインアピールで有名．今日，オーストラリア版，ドイツ版，スペイン版，日本版などがあり，人の生き方としてのファッション情報を提供している．　［宮崎紀郎］
■デザイン：メハメド・F・アハほか
■発行者：ヴォーグ（アメリカ）
■発行年：1892年（アメリカ版）

第4章｜デザインの名作たち－伝達編

79 『ドムス』誌

建築雑誌として知られる．1929年，ジアーニ・マゾッキとジオ・ポンティがドムス出版を設立したことに始まる．紙面は，建築が中心ではあるが，インダストリアルデザインやグラフィックデザイン，アートの領域でも新進作家の作品を中心に，積極的に紹介している．ル・コルビュジェ，フランク・ロイド・ライト，オスカー・ニーマイヤーなど，数多くの建築家を，一流あるいは一流になる前に選び出す確かな眼力が編集の根底にある．近代建築をリードしたといわれるゆえんである．起用する建築写真家も，もちろん一流．大判の紙面に広がる迫力ある写真と，それを際立たせる紙面レイアウトは，1952年「革命的マガジン」として注目を集めた．　　　　［宮崎紀郎］

- ■発行者：ドムス（イタリア）
- ■発行年：1929年

81 『ノイエ・グラーフィク』誌

この『ノイエ・グラーフィク』誌によって，いわゆるスイス派と呼ばれるグラフィックデザインの一つのスタイルが独・英・仏の併記によって世界のデザイナーに深く浸透したといえるだろう．それはサイズは紙の寸法の無駄のない紙面，活字の寸法を基準としたグリッドシステムによるレイアウトの基本を作り，3種類以下のフォントによって全頁がアシンメトリーにレイアウトされている．合理的な方法と技術，高度な均質によって，知的で清潔なデザインを提示した．　　　　　　　　［羽原肅郎］

- ■編集＋デザイン：リチャード・P・ローゼ＋ヨゼフ・ミューラー・ブロックマン＋ハンス・ノイブルグ＋カルロ・L・ヴィヴァレリ
- ■発行者：オットー・ワルター（スイス）
- ■発行年：1958年

80 『ライフ』誌

"To see life；to see the world；〜"に始まる有名なライフ発刊の辞は，さらに「月世界に至る森羅万象を見よう〜」と夢を描いている．1936年，ヘンリー・R・ルースにより創刊されたライフは，やがて，1969年，人類を月世界へ送るアポロ計画の写真でその夢を実現している．ライフは，いうまでもない写真によるグラフ誌である．今日のグラフ誌のもとを作ったといわれる．事件や政治，映画や芸術，スポーツなどあらゆるジャンルを網羅した紙面は，その見事な写真とそれを際立たせるレイアウトで読者の圧倒的支持を得た．ライフ専属のカメラマンになることは，超一流のカメラマンの証明であった．創刊号の表紙を撮影したマーガレット・バーク・ホワイト，ユージン・スミス，カール・マイダンスなど枚挙にいとまがない．1967年に850万部を発行したライフは，しかし徐々に売り上げ部数が減少し，1972年には廃刊に至る．その後1978年から月刊誌として再刊されている．だが，それにも終止符が打たれるときがきた．2000年5月を最終とする発表がタイム社から出された．ライフはわれわれの前に，永久にその姿を見せることがなくなってしまったが，紙面はもちろん，LIFEの力強いロゴは，優れたデザインの一つとして歴史にとどめられるであろう．

［宮崎紀郎］

- ■発行者：ライフ（アメリカ）
- ■発行年：1936年

1│411　書体デザイン[1]

　欧文書体によるタイポグラフィのデザインの変遷を見てゆく。20世紀初頭は、アールヌーヴォーの余波が残っていたが、1914年に起きた第一次世界大戦によって、芸術思潮の変革がタイポグラフィにも一大革新をもたらした。いわゆる「モダンタイポグラフィの開拓者たち」によるデザインの革新から始まったのである。年代順の掲図によって見ていこう。
　概して、20世紀は、サンセリフ体が好まれ、さまざまなサンセリフ体が用いられた。21世紀に向かってはコンピュータ時代となるので、書体のデザインの様相は一変するだろう。

[田中正明]

82　Futurist Typography
　イタリアのソフィチによる未来派の詩的表現のタイポグラムである。20世紀の新しいタイポグラフィは、これら未来派の活動によって1915年頃から始まった。
■デザイン：アルデンゴ・ソフィチ
■制作年：1915年

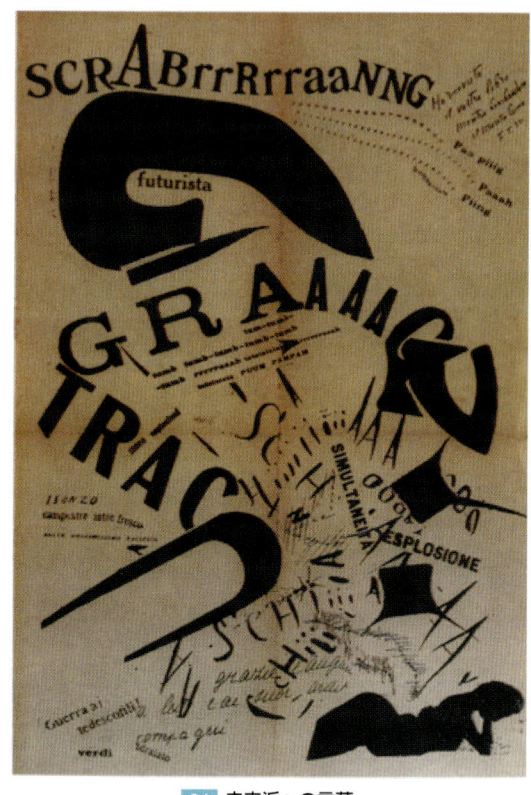

84　未来派への言葉
　　（Les mots en liberté futuristes）
　未来派の指導的なマリネッティによる1919年の『未来派への言葉』である。ダダとともにこれらの作品活動は世界的な影響を与えた。
■デザイン：F・T・マリネッティ
■発行年：1919年

83　クラブ・ダダ設立趣意書
　　（Club Dada Prospectus）
　ダダの運動も未来派と同じように第一次世界大戦中に始まって、タイポグラフィ界に大きな影響を与えた。これは1918年、ベルリンで発行されたダダ運動の趣意書の一部である。
■デザイン：不詳
■発行年：1918年

第4章｜デザインの名作たち—伝達編

85　バウハウスの業績報告書

モホリ・ナギによるバウハウスの業績報告書（1923年）の一部である．1919年に設立されたバウハウスの構成主義的なタイポグラフィの典型で，これら構成主義はダダのように破壊的なものではなく，新鮮だったので広く取り入れられた．
■デザイン：L・モホリ・ナギ
■発行年：1923年

86　バウハウスのアルファベット

バウハウスのバイヤーによる書体のデザイン（1925年）である．これは小文字のみによるもので，大文字を廃することによる効率化の主張で，バウハウスの合理主義，機能主義の考え方を示したもので，考え方としてデザイン界全般に影響を与えた．
■デザイン：ハーバート・バイヤー
■制作年：1925年

87　DIE KUNSTISMEN

エル・リシツキーが1925年に仕事した「芸術のイズム」の扉ページのデザインである．構成主義的な作品．
■デザイン：エル・リシツキー
■発行年：1925年

88　ハーグの印刷所のカタログ

第一次世界大戦の終結から10年ほどたった1929年，オランダのピエト・ツバルトによる印刷所のカタログの一部である．この頃には，各種の主義主張が入り混ざりながらも安定してきているが，このような新しいタイポグラフィが求められていた．
■デザイン：ピエト・ツバルト
■発行年：1929年

117

1|411　書体デザイン[2]

89　カッサンドルのアルファベット

1920年代後半から1930年代にかけては，デザインの黄金時代であるが，その中で出現したのが，このフランスのカッサンドルが1929年に創作したアルファベットである．
- デザイン：A・ムーロン・カッサンドル
- 制作年：1929年

90　記念冊子の表紙

1940年代は第二次世界大戦とその終戦後の時期で見るべきものがほとんどないが，1950年代には活動期に入った．この1955年のリノリューム会社の小冊子の表紙デザインは，1950年代のデザインの傾向の1つである．
- デザイン：ワルター・バンジェルター
- 発行者：Linoleum AG Giubiasco
- 発行年：1955年

91　ユニバース

1954年にはスイスのフルティガーによって，「ユニバース」書体が創作されて国際的な影響を与えた．この図は，ユニバース体のバリエーションを使って構成されたものである．
- デザイン：ブルーノ・ブファリ＋アトリエ・フルティガー
- 制作年：1960年頃

92　新聞広告

1960年代は世界的にデザイン活動が活況を呈したが，中でもスイスのデザインに見るべきものが出現した．これはスイスのカール・ゲルストナーとマーカス・クッターによる新聞の広告（1960年）のタイポグラフィである．
- デザイン：カール・ゲルストナー＋マーカス・クッター
- 制作年：1960年

第4章｜デザインの名作たち－伝達編

93 ヘルベチカ

1961年に，スイスのホフマンとミディンガーが，「ヘルベチカ」書体（1961年）を創作した．ヘルベチカ体は，ユニバース体とともに世界的に用いられた．
■デザイン：E・ホフマン＋M・ミディンガー
■制作年：1961年

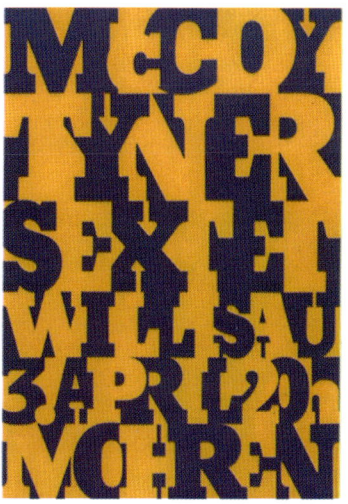

94 コンサートポスター

1980年につくられたスイスのニクラウス・トロクスラーによる文字だけの構成による音楽会（マッコイ・タイナー・シクステット）のポスターである．この頃には文字を複雑に組み合わせる手法が多く見られた．
■デザイン：ニクラウス・トロクスラー
■制作年：1980年

95 Research in Modern Typography

1980年代にはコンピュータの時代となり，文字の書体やタイポグラフィックな構成はほとんど映像のためとなり，書体に対する観念が従来と異なってきた．この作品は，この時代の代表的なタイポグラフィックなデザインを示すもので，コンピュータグラフィックスによる，スイスのリサ・ポメロイの1988年作．
■デザイン：リサ・ポメロイ
■制作年：1988年

1|412　イラストレーション[1]

96　習作

竹久夢二に憧れミュシャやビアズリーに多くの影響を受ける。山名文夫独特の繊細優美な女性像は、資生堂唐草模様とともに日本広告史上燦然と輝いている。SHISEIDOのアイデンティティは、山名文夫の描くイラストレーションなくして語ることはできない。一方、デザイン運動や教育面に積極的に参加、多摩美術大学教授、日本宣伝美術会(日宣美)初代委員長、日本デザイナー学院学院長など各要職につき、後進の指導にあたった。　　[石田光男]

■制作者：山名文夫
■制作年：1970年

97　息子たちを遠方から連れ戻せ

リトアニア生れ、1906年、8歳でニューヨークへ移住、20世紀アメリカを代表する具象画家と称される。絵画、版画をはじめポスター、イラストレーション、レタリング、写真、壁画などさまざまな分野にわたり活躍した。その制作活動はドレヒュス事件、サッコとヴァンゼッティ事件、ビキニ環礁の水爆実験・ラッキードラゴン(福竜丸)連作など、社会的テーマに正面から取り組み、事件の内容を主題とした絵画を制作、社会派リアリストの画家と呼ばれた。　　[石田光男]

■制作者：ベン・シャーン
■制作年：1960年代

98　ペピータ

スイス、バーゼル装飾美術学校、36年パリに行きポール・コランに1年学ぶ。帰国後、バーゼルにスタジオを開設、初期ポスター作品は精緻な写実で自然主義的画風であったが、40年代後半転機を迎え、より陽気で明るいユーモアに満ちたグラフィカルなイラストレーション表現へと移り、ロイピンならではのユーモアと特徴をもつスタイルを確立。「広告は知的でユーモアに満ちていなければならない」と語る。98年初の個展を東京で開催。　　[石田光男]

■制作者：ヘルベルト・ロイピン
■制作年：1958年

第4章｜デザインの名作たち－伝達編

99 ラディッシュ

　山の幸、海の幸など自然の恵みを暖かいかたちで包み、精緻な描写力で写実的に描いたイラストレーションは、大橋正の円熟期を示す作品であり、キッコーマンの企業理念であるPure（純粋）＆Natural（自然）を視覚的に表現したものといえよう。50年より半世紀近くキッコーマンの広告活動においてディレクション、デザイン、イラストレーションの仕事に携わる。他に明治製菓、大日本印刷、明治百年のマークなどデザインの仕事がある。
[石田光男]
■制作者：大橋正
■制作年：1976年

100 小泉純一郎

　武蔵野美術大学在学中、1957年登竜門の日宣美展で特選を獲得、デビューを果たす。似顔絵とは批評であり風刺画である。自己表現として対象に近寄るのではなく逆に自分の手元に全部引き寄せて、「オレにはこう見える」という人物論である、と記している。76年週刊朝日で「ブラック・アングル」開始、飯塚匡はこれらの連載作品を天才的画業であると讃えた。講談社出版分化賞、文芸春秋漫画賞、菊池寛賞など受賞。
[石田光男]
■制作者：山藤章二
■制作年：1997年

101 ハム

　パリ生まれ。エコール・ラボアジェで学ぶ。サヴィニャックは自己の才能に疑問を抱きカッサンドルを訪ね、35年助手となりポスター作家の道に入る。49年依頼主なしのノン・コミッションド・ポスター展の試みで、一躍パリの人気デザイナーとなる。作風は「ヴィジュアル・スキャンダル」と呼ばれ、奇抜なアイデア、明るくユーモラスで洒落た多くのポスターをつくる。「サヴィニャックはフランスの文化である」と亀倉雄策は展覧会図録に記している。
[石田光男]
■制作者：レイモン・サヴィニャック
■制作年：1951年

1|412　イラストレーション[2]

102　第七回秋の秀彩会

　第二次世界大戦後、日本のデザイン界に歴史的な足跡を残した名作「カロン洋裁」と「秀彩会」の数々のポスター、これらの作品は国際的な雑誌、とくに『Gebrauchsgraphik』、『GRAPHIS』に発表され、作品がもつ前衛性とモダニズム、すなわち自由な発想と造形への積極的な冒険により大きな評価を獲得した。68年からの「形状」シリーズ、大阪芸術大学のタペストリーなど、抽象造形にも醸成されたかたち、情趣に満ちた色彩を早川良雄は提示している。
[石田光男]

■制作者：早川良雄
■制作年：1951年

103　世界貯蓄会議 1976

　51年、クーパーユニオン・アートスクール卒業、同窓のシーモア・クワストらと共に、54年プッシュピン・スタジオを設立。作風はとくにプッシュピン・スタイルと呼ばれ、その革新的な表現は、装飾性がもつ力を紙面に反映させ、アールヌーヴォー、アールデコ形式に優れたデッサン力を背景として、自由で独創的なアイデアを提示した。60-70年代の日本および世界のアート、デザイン、イラストレーションの各分野に多大な影響を与えた。
[石田光男]

■制作者：ミルトン・グレイザー
■制作年：1976年

104　The Discovery（一大発見）

　アメリカン・イラストレーションの黄金時代（1890-1935年頃）の一翼を担う。ロックウェルは自然主義的な細密描写、ユーモアと画面構成による物語性によりアメリカ人に最も愛されている画家である。22歳でザ・サタデー・イブニング・ポスト誌の表紙を描き、以後47年間に321枚もの表紙絵を制作。64年よりルック誌をはじめ多くの肖像画を描く。73年マサチューセッツ州にノーマン・ロックウェル美術館開設、77年大統領自由勲章を受章した。
[石田光男]

■制作者：ノーマン・ロックウェル
■制作年：1956年

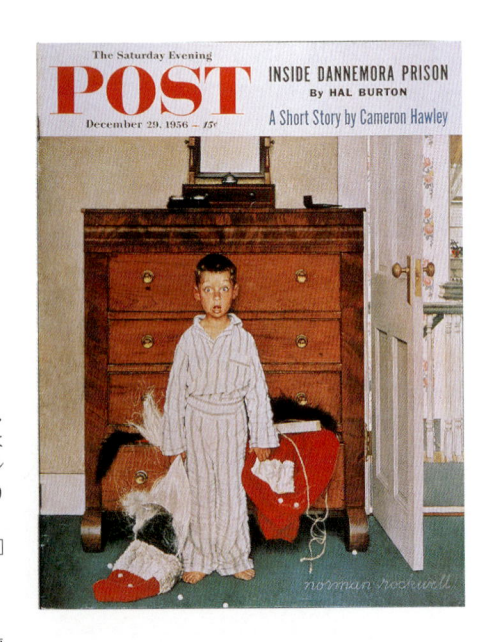

第4章｜デザインの名作たち－伝達編

105 チェ・ゲバラの精神

　オクラホマ生まれ．高校卒業後，ニューヨークのスクール・オブ・ビジュアル・アーツに奨学金を得て入学．ミルトン・グレイザーらに学ぶ．卒業後，プッシュピン・スタジオに入り63年独立．その作品は早くから一流誌に掲載され，一世を風靡する．アンリ・ルソーやマグリット的世界にアメリカンプリミティブアートと細密画手法でアメリカ人の心の故郷を描く．評論家，勝見勝は丹念に描いたマチエールに惹かれ，デイヴィスを最も好きな作家と記している．　　　　　　　　　　　　［石田光男］
■制作者：ポール・デイヴィス
■制作年：1967年

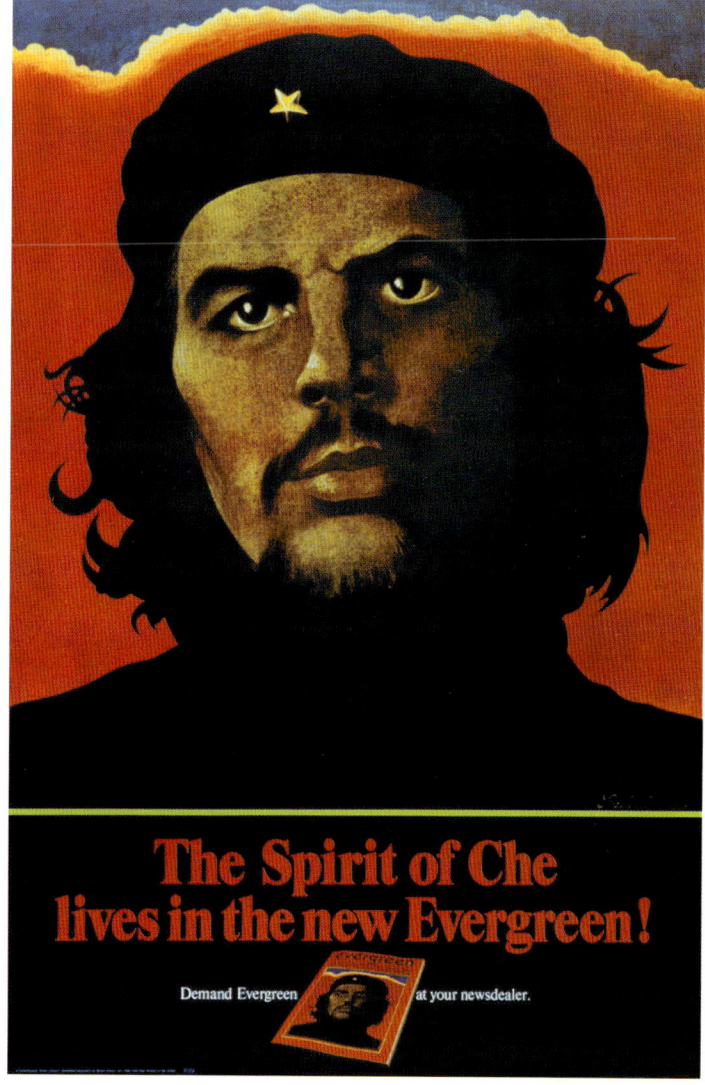

106 『The Art of Living』より

　ルーマニア生まれ．ブカレスト大学で哲学を，ミラノで建築学を学ぶ．イタリアで雑誌の挿絵作家として働く．42年渡米．建築家ならではのパースペクティブな手法で都会生活を鋭い諷刺とユーモアで描く．自由で奔放，洒落た画風でニューヨーカー派の代表的マンガ家となる．シーモア・クワストはある雑誌社の質問に，「動機はスタインバーグに鼓舞されて」と彼の名を筆頭に挙げている．画集に『All in Line』『The Art of Living』がある．　　［石田光男］
■制作者：ソール・スタインベルグ
■制作年：1940年

1│413 ダイアグラム

107 『Rules of The Game』

オリンピックなどの体操競技でよく見られる鉄棒とか平行棒の演技は、時間にすればほんの数十秒のデキゴトである。人間の目は、それを3次元、4次元の世界のデキゴトとして総体的に見ている。しかし、高速カメラでとらえた写真を見ると、静止したポーズの連続移動のようすがよくわかる。ダイアグラムの手法の一つとして、時空現象をコマ送り写真のように記号化、図譜化し、デキゴトの因果関係をわかりやすく解析することである。　　　　［太田徹也］
■アートディレクション：イアン・ウッド
■デザイン：ジョー・ゲイト＋ジョン・シーブライト
■出版社：パディントン・プレス（アメリカ）
■制作年：1976年

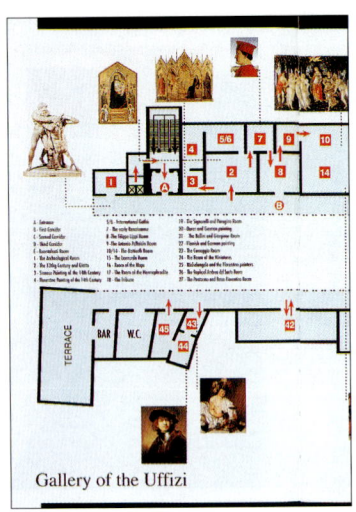

108 『ウフィツィ美術館ガイド』（ルチアーノ・ベルティ著）

ボッティチェリをはじめルネッサンス期美術の宝庫として知られるフィレンツェの美術館で発行しているガイドブックは、ダイアグラムの傑作でもある。とくに限られた時間で見て回る旅行者にはありがたい。イタリア語がわからなくても、スムーズに観たい絵のところへ誘導してくれる。コンパクトでわかりやすいビジュアル表現のフロアガイド。巨大な公共施設が増え続けている今、見習ってほしい作例といえる。
［太田徹也］
■デザイン：シルビア・ガルフォリ・キールグレン
■写真：パオロ・トシ
■出版社：ベコッチ（フィレンツェ）
■制作年：1993年

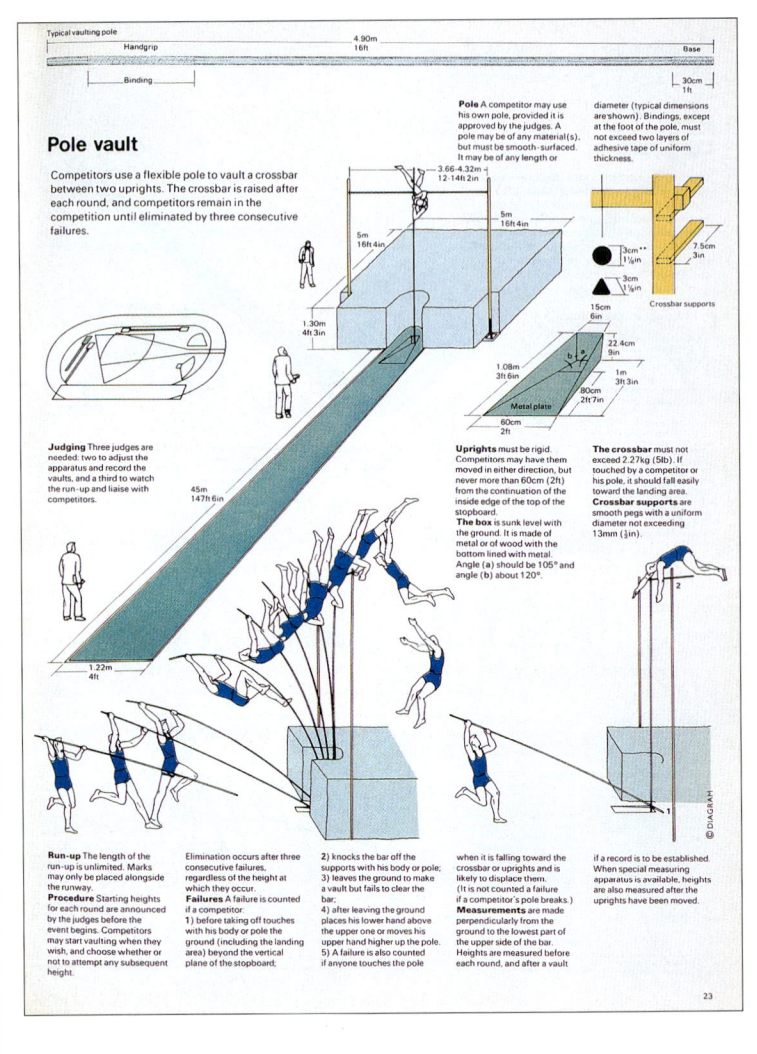

109 『ヨーロッパ地図』

ヨーロッパにおける国際間の旅行者を、五つのアイテムに分類し、グラフ化したもの。まさに一目瞭然といえよう。このダイアグラムの主役は色彩にある。旅行者数をストレートに矢印バーの太さで表しているのは、単純で力強く、子供にも理解される。このような色彩と線の微妙なバランスこそ、ダイアグラムの基本であり特徴である。目で触りたくなる、美しいと感じる色使いの成功例として挙げたい。　［太田徹也］
■作図：ジョン・バーソロミュー＋ディヴィッド・L・フライヤー
■ダイアグラム：ルーファス・セガール＋ディヴィッド・L・フライヤー
■出版社：ジョン・バーソロミュー（エジンバラ）＋フレデリック・ウォーン（ロンドン）
■制作年：1974年

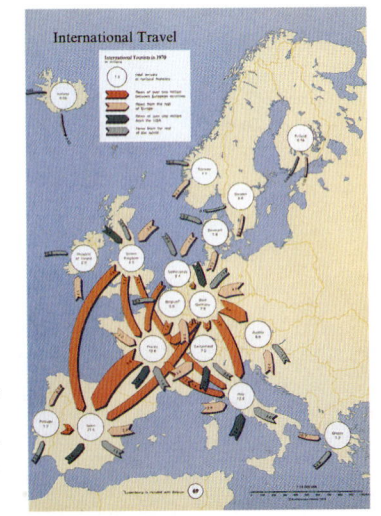

第4章｜デザインの名作たち－伝達編

110 旅行時間マップ

われわれが陸・海・空の交通機関をフルに活用して日本列島を旅行した場合を想定し，目的地までの距離と最短(到達)時間のデータを相関させて描いた時間軸地図．近くても早く到達できるとは限らないところが面白いアイロニーに富んだダイアグラムマップとなっている．一見，鳥が射落とされる瞬間を思わせる図像は目を引きつける．複雑な海岸線をもつ日本では，交通難所も多く，旅が思うにまかせない？

[太田徹也]

- ■デザイン：杉浦康平＋中垣信夫＋高田修地＋杉浦俊作
- ■出版社：朝日新聞社
- ■発行年：1969年

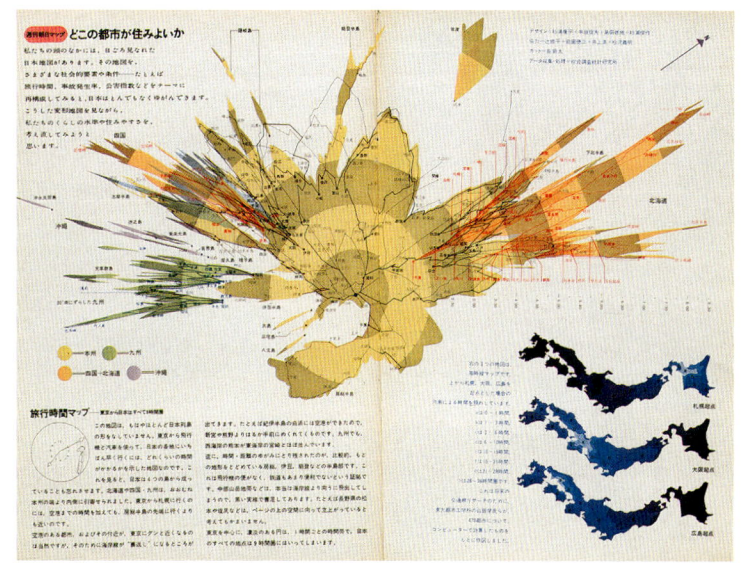

111 『世界地理地図帳』

人間の環境データを地理学的に視覚化した一つとして，ダイアグラムデザインのバイブルになっている．地形，地質，気候，農産物，鉱物資源，動植物の生態系，人口分布，文化遺産など，あらゆる生活情報が網羅，満載されて楽しい地図帳になっている．一方，風景の解釈，自然環境と人間生活の関わり，といった現代に共通する視点も驚きである．イラスト，写真，アイソタイプ，グラフ，印刷テクニックの巧緻さも研究者，マニアの心を十分にとらえている．

[太田徹也]

- ■編集＋デザイン：ハーバート・バイヤー
- ■発行者：コンテナ・コーポレーション・オブ・アメリカ
- ■発行年：1953年

112 ロンドン地下鉄路線図

この路線図は，ダイアグラム・サインの歴史的な名作である．各路線は系統別に色分けされ，垂直・水平・45度の角度でシンプルな幾何学的な形にシステム化され美しい．その反面，距離と時間を計ることはむずかしいが，駅名，乗り継ぎ指示など，利用者目的に適した機能をもち合わせている．グラフィックデザインとしての造形性に優れ，世界の主要都市の交通機関でお手本にされるデザインマップ．

[太田徹也]

- ■デザイン：ヘンリー・ベック
- ■依頼者：ロンドン交通営団
- ■発行年：1931年(細部が改良され公衆の目に触れたのは1933年)

113 ハイテクガラスの樹

進化図，系統図もダイアグラムの得意分野である．古い歴史をもつガラス工芸から，モダン建築やグラスファイバーへの近代まで，系統樹の形で表現することによってその全貌と素材の変容を見ることができる．時代と社会と生産の流れを進化拡大した空間表現には，あたかも樹木の成長を描くに似たダイアグラムデザインの新しい一面を見ることができる．

[太田徹也]

- ■デザイン：太田徹也
- ■依頼者：日本電気硝子
- ■発行年：1990年

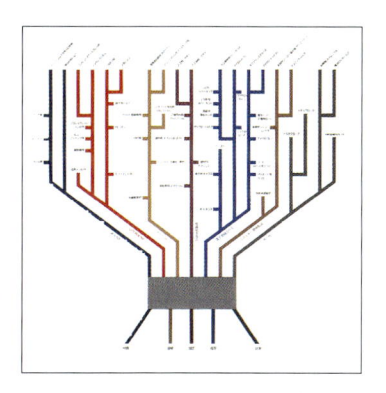

1│414　色彩計画・スーパーグラフィック

115　オーディトリウム－大学あるいは文化施設のための講堂
フランスにおけるスーパーグラフィック運動の初期の展開例．パリのアーティスト・デコレイターズ・サロンに展示されたこのオーディトリウムでカラリスト，ジャン・フィリップ・ランクロは室内空間を変容させる色彩の新たな可能性を示した．ここではパープル系のカラーグラデーションパターンが，床・壁・天井といった建築の部位にとらわれずに描かれ，まったく新しい色彩空間を作り出している．　　　［吉田愼悟］
■デザイン：ジャン・フィリップ・ランクロ
■制作年：1967年

114　シーランチ
建築家チャールズ・ムーアたちのグループが設計したカリフォルニアの週末住宅シーランチの内外壁にグラフィックデザイナーのバーバラ・ストウファッチャーは鮮やかな色彩のグラフィックパターンを描いた．スーパーグラフィックと呼ばれたこの手法は，瞬く間に世界中に広まっていった．スーパーグラフィックの高彩度色の使用は装飾性を排除した機能主義的建築への批判でもあった．　　　［吉田愼悟］
■デザイン：バーバラ・ストウファッチャー
■制作年：1965-69年

116　東京家禽センター
東京千駄ヶ谷に建設された真っ赤な外装に墨文字で「鶏」と書かれた東京家禽センターは，日本におけるスーパーグラフィックの作品として話題になった．この建築は明治神宮にも近い豊富な樹木に覆われた地域に建設されたために，原色の赤の使用は多くの議論を巻き起こした．しかし派手な赤い外壁は，比較的短い期間で建物のオーナーが変わって白色に塗り替えられた．　　　［吉田愼悟］
■デザイン：バンデコン
■制作年：1971年

117　グリニー団地
フランスにおけるスーパーグラフィック運動は，ニュータウンの景観計画とつながって新たな展開を始める．建築家エミール・アイヨは，それまでの画一的で無機的なニュータウンに，潤いと変化のある景観を作り出すために色彩計画を採り入れた．画家のファビオ・リエティはこの考え方に応え，緩やかに弧を描く住棟の外壁に鮮やかなカラータイルを使い，変化に富んだ色彩景観を描き出した．　　　［吉田愼悟］
■デザイン：ファビオ・リエティ
■制作年：1969年

118　バリオガウディ
スペインの建築家リカルド・ボーフィルは，彩度の高い鮮やかな色彩を使った独創的な建築を数多く作っている．スペインのレウスに建設されたバリオガウディは，小規模の都市開発のモデルとなるものをめざして，迷路のような空間を採り入れている．明るい土色のレンガと対比的に使われた原色の赤や黄色の塗装色は，この迷路のような空間の位置を知る手がかりとしても有効に働いている．　　　［吉田愼悟］
■デザイン：リカルド・ボーフィル
■制作年：1966-68年（第1期）

第4章｜デザインの名作たち－伝達編

119 レ・リナンデューセルジーポントワーズの集合住宅

ジャン・フィリップ・ランクロは，1970年代中頃から建築物をグラフィックパターンで覆っていくスーパーグラフィックから離れ，建築形態と色彩をより密接に関係させた色彩空間を作り始めた．セルジーポントワーズに建設された集合住宅では，適度に分節された住宅の形態に沿って色彩を塗り分け，形態と色彩が一体化した統一感と変化のある景観を作り出した． ［吉田愼悟］
■デザイン：ジャン・フィリップ・ランクロ
■制作年：1976年

120 色彩の地理学

カラリスト，ランクロは実際の色彩計画の仕事と並行してフランスの伝統的な街の環境色彩調査を行った．フランス中の街を歩き，民家の色彩を調査・分析し，地方色の存在を明らかにした．この仕事は「色彩の地理学」としてポンピドゥーセンターで発表され話題になった．その後ランクロは，地域に固有な色彩を都市再開発計画にも展開し，色彩の地域性を育てていくことを提唱している． ［吉田愼悟］
■デザイン：ジャン・フィリップ・ランクロ
■制作年：1977年

121 鴨池海浜ニュータウン

日本の環境色彩計画の先駆けとなったプロジェクト．鹿児島の空港跡地に計画された新しい街「鴨池海浜ニュータウン」では，周辺の環境色彩調査が行われ，地域にふさわしい外装色が選択された．海辺という地理的な条件を考慮し，海側から旧市街地へ向かって建築物の外装色の明度を徐々に落とし，地域になじませるように配慮した色彩構造が特徴となっている． ［吉田愼悟］
■デザイン：カラープランニングセンター
■依頼者：鹿児島県
■制作年：1974年

122 兵庫県出石

地域の景観形成に明確な数値による色彩基準を策定した事例．兵庫県では景観条例にもとづいて景観形成地区の指定を行っている．景観形成地区では地域に蓄積された色彩を調査し，地域に固有な色彩を守り育てていく色彩基準が策定されている．兵庫県の但馬地域にある出石町では，地域に多く残されていた民家の赤土壁の色を基調とした町並みの景観誘導を行っている．
［吉田愼悟］
■デザイン：カラープランニングセンター
■依頼者：兵庫県
■制作年：1986年

123 臨海副都心台場地区

設計者が複数になる大規模開発では色彩調整が不可欠になってきている．東京の臨海副都心台場地区では住棟の外装ばかりでなく，街路の路面やストリートファニチュアの色彩も総合的に調整された．住棟の基調色のサンドベージュ色を受け，舗道は石材の錆御影を使用している．低層部に組み込まれた商業店舗はそれぞれの個性を強調し，賑わいのある表情を作り出している．
［吉田愼悟］
■デザイン＋色彩調整：クリマ
■依頼者：東京都住宅局＋東京都住宅供給公社＋住宅・都市整備公団
■制作年：1998年

1│415　サイン計画

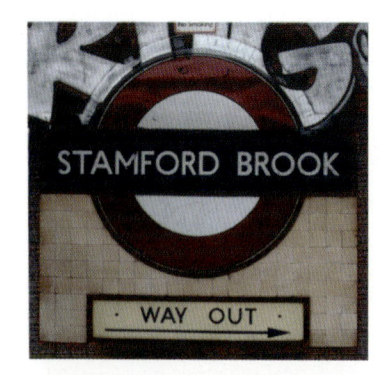

124 ロンドン地下鉄のサイン用書体

　この書体が完成したのは1918年である。Johnston's Railway Type または Underground と呼ばれ、後に広く使われたギルサンズ（1928年以降E・ギルが作成）の原型と目されている。サインにふさわしい高い判読性と美しさを備えている。小文字が加わるなど改良されながら、今日も用いられている。　　　　　　　　　　　［西川 潔］
- デザイン：エドワード・ジョンストン
- 依頼者：ロンドン交通営団
- 制作年：1916年

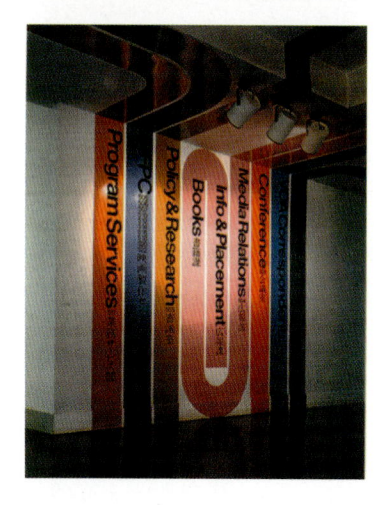

126 アメリカ文化センター（東京）のグラフィック・サイン

　スーパーグラフィックの手法と案内サインを結びつけた大胆な試み。タイポグラフィ、色彩、人物のシルエットなどそれぞれの質が高く多方面への影響が見られた。
　　　　　　　　　　　　　　　［西川 潔］
- デザイン：レイ・コマイ＋チームUSIS
- 依頼者：アメリカ大使館
- 制作年：1972年

127 パウリスタ大通りの道路標識（ブラジル・サンパウロ）

　道路標識やその他のサインの林立は、今日の都市にあっては避けられない。それに大胆に挑戦したのがこのプロジェクトである。多機能柱と名づけられた支持体には運転者向け、歩行者向け道路標識、道路名、地番、公共案内、信号、ゴミ箱、場所によっては郵便箱が組み込まれた。［西川 潔］
- デザイン：Cauduro/Martino 建築設計事務所
- 依頼者：サンパウロ市
- 制作年：1970年代

125 イギリスの道路標識

　自動車の普及に伴いイギリス政府は1933年に委員会を作り、道路標識の全面見直しを図り、現行サインの原型ができ上がる。その後、44年、63年と見直し案が出され、改良されながら今日に至っている。明瞭なシステムとグラフィックを備える標識のデザインには、デザイナーでタイポグラファーのJ・キニアーの力が大きいといわれる。彼によってJohnston's Railway Typeをもとにした専用書体が創られた。　［西川 潔］
- デザイン（AD）：ジョック・キニアー
- 制作年：1965年-

128 営団地下鉄サインシステム（東京）

　わが国におけるシステムサインの先行的事例。鎌田経世による専用書体も含めて、わかりやすさに徹したデザインは高く評価されている。現在も基本的なシステムは継承されている。
　　　　　　　　　　　　　　　［西川 潔］
- デザイン：村越愛策＋赤瀬達三＋坪井恭平
- 依頼者：帝都高速度交通営団
- 制作年：1973年

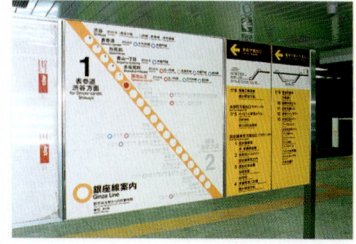

第4章｜デザインの名作たち－伝達編

129 ワシントン国立動物園サイン計画

動物の頭部のシルエットをシンボルとし，それをロゴタイプのオーの中に入れ，案内サインとして積み上げている．そのサインの脚もとからは，これから見られる動物の足跡，フットマークが路面に点々と描かれ誘導する．テーマパークにおけるサイン計画の代表的事例． ［西川 潔］
■デザイン：ワイマン・アンド・キャナン
■依頼者：スミソニアン・インスティテュート
■制作年：1976年

130 JR東日本標準サイン

国鉄の民営化に伴ってサインも洗練されたものに一新された．現在も逐次改新中である．営団地下鉄と同様に各路線の色を強調し，国際化に対応して英文も多用され，路線図，発着時刻表，駅周辺図に至るまで総合的にデザインされた点が評価されよう． ［西川 潔］
■デザイン：東日本旅客鉄道＋GKグラフィックス
■依頼者：東日本旅客鉄道
■制作年：1988年

131 ソラーナのサイン計画（アメリカ・テキサス州）

ソラーナは，新しく開発されたビジネスパークである．Huicholインディアンの描く動物（3種の哺乳類と3種の鳥類）のイメージにヒントを得た美しい立体造形はサインとともに，あるいは単独で設置された．空間のシンボルに，またランドマークとして機能している．建築デザイナー，環境デザイナーとの協同の結果，実現した．これからのサインのあり方を予感させる．
［西川 潔］
■デザイン：デブラ・ニコルスほか
■依頼者：IBM＋M.トーマス・パートナーズ
■制作年：1988年

132 大阪市立総合医療センター

1000床を超える大規模医療施設のサイン計画．患者のストレスは，巨大化・複雑化する施設にあって増大する一方である．移動や手続きの案内に的確なサインシステムは欠かせないが，それに加えてこの施設では位置の目印（ランドマーク）として多数のアートが配された．患者のストレスを軽減し，快適性を高めるには総合的なアプローチが必要であることを示した事例である． ［西川 潔］
■デザイン：西川潔＋水口弘志
■依頼者：大阪市
■制作年：1994年

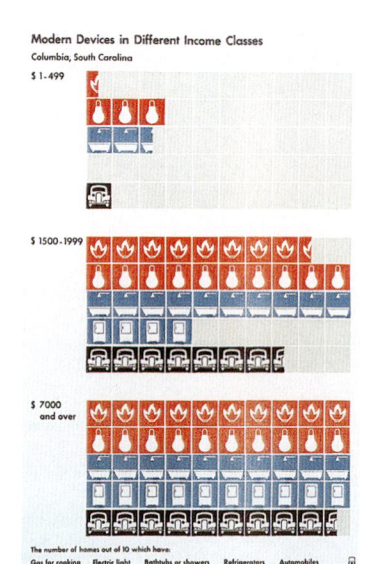

1|416　ピクトグラム・アイコン

133 アイソタイプ
　アイソタイプ（International System of Typographic Picture Education）はオットー・ノイラートによって考案されたピクトグラムを用いた視覚伝達の体系である．ノイラートのディレクションで版画家ゲルト・アルンツによってピクトグラムがデザインされ，その数は2000を超えた．多数のピクトグラムが体系的にデザインされた点で先駆的だった．　　　　［伊原久裕］
■デザイン：オットー・ノイラート＋ゲルト・アルンツ
■発表媒体：「学校教育へのウィーン・メソッドによる絵統計の応用」
■制作年：1933年

134 アイソタイプの統計グラフ「所得額別に見た近代的設備の普及度」
　アイソタイプは，もともとは統計教育を重視したノイラートの思想から生まれた．したがって，アイソタイプの中心はピクトグラムを用いた統計グラフにある．「数量の違いをピクトグラムの大きさではなく，数の違いで示す」としたアイソタイプの基本ルールは，今日でも通用する考え方であり，それを体系化した功績は大きい．
　　　　　　　　　　　　　　　　［伊原久裕］
■デザイン：オットー・ノイラート＋ゲルト・アルンツ
■発表媒体：「近代人の形成」
■制作年：1939年

135 東京オリンピックのピクトグラム（競技シンボルと施設シンボル）
　東京オリンピックは，ピクトグラムを使用した初の国際行事として画期的であり，これ以降の国際行事におけるピクトグラム使用の規範的事例となった．総合監修を担当した勝見勝は，アイソタイプの思想のよき後継者であり，日本の家紋の伝統をピクトグラムのデザインポリシーに生かそうとした．　　　　　　　　　　　［伊原久裕］
■デザイン：山下芳郎＋田中一光＋木村恒久＋広橋桂子ほか
■依頼者：東京オリンピック組織委員会
■制作年：1964年

第4章｜デザインの名作たち－伝達編

136 ロコス

アイソタイプ以降，自然言語に類似した文法をもつピクトグラムの体系を考案し，文章に該当する複合的なメッセージを構成しようとする実験的な試みが現れた．その中で太田のロコス（Lovers Communication System）は，学習の容易な独自の組合せ規則を考案し，なおかつ発音の可能性も検討した点で独創的である．　　　［伊原久裕］
■デザイン：太田幸夫
■制作年：1966年

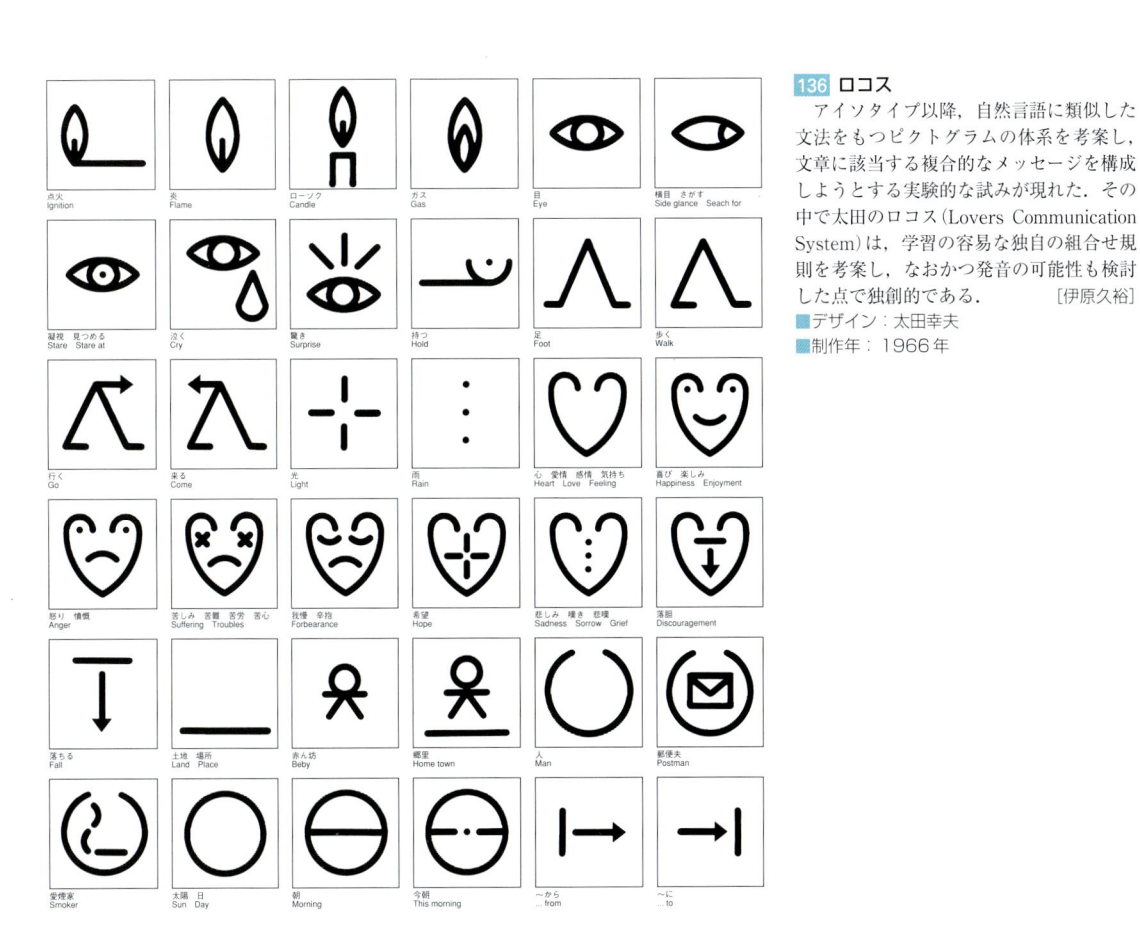

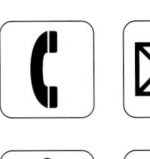

137 アメリカ運輸省のピクトグラム

標準化を目的として制作されたピクトグラムとしては最も完成度が高く，国際的に普及している．アメリカ・グラフィック・アーツ協会内に設立された委員会とアメリカ運輸省との協同作業により，事例収集，分析からデザインまで一貫して行われた点に大きな特徴がある．　　　［伊原久裕］
■デザイン：クック・アンド・シャノスキー・アソシエイツ
■依頼者：アメリカ運輸省
■制作年：1974-79年

1|417 看板[1]

■**138 江戸の看板**

　日本の看板の初めは，文献上は大宝律令（701年）にもとづく藤原京東西市の官制にさかのぼるが，実質的には「民」が商品経済の担い手に成長した室町末期以来．最盛期を迎える江戸中・後期には，屋根看板・袖看板・吊り看板・置き看板・建て看板・行灯看板などその全形態が出揃い，木彫・漆塗りなど工芸技術の粋をこらした豪華看板も盛行して，幕府禁令も繰り返し発せられるほどであった．同時に「物」に対する「情報」のデザイン面でも独自の発達を見せる．実物展示を原点に絵・模型・象形と多様に発展，造形的洗練度も高めたシンボル図像や，語呂合わせ・謎掛けなどユーモラスな言葉遊びの判じ物看板．後期には世界的にも進んでいたという庶民教育の普及を反映して文字表記も増大，書の美学に加え各種のデザイン文字も生む…など，かつての町人文化の高さを偲ばせる事例に富むのも大きい特徴である．図像系をお多福「下駄」，文字系を糊店の「のり」で代表させておくが，後者が東京のさる有名海苔店のパッケージに借用されているのは誤り．伝統の断絶の一象徴のようでもある．
〔坂野長美〕
■制作年：江戸末期

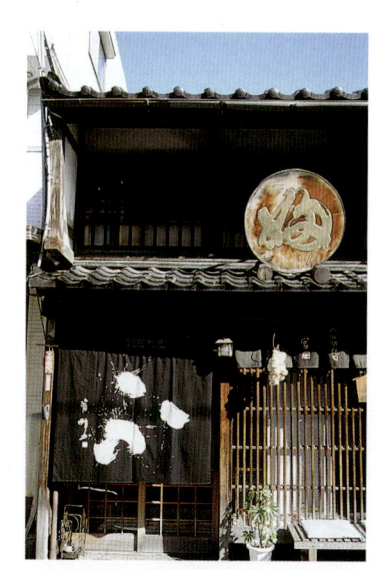

■**139 加賀御麩師「宮田」**

　暖簾は看板と一対になって商家の顔を形づくり，広告機能を分担してきた要素として抜きにはできない．発生形態としては看板が業種の図像表示，暖簾は固有の屋号表記で，これも民衆の圧倒的多数が文盲だった初期には絵で表し，やがては「洛中洛外図屏風」にも見るように紋章が盛んに使用された．時代とともにより記号化された商標も生まれ，識字率の向上を反映して文字表記も増大するなどの変遷を経て機能完全融合．「暖簾を誇る」といわれるように，看板と並ぶ象徴的成語としても今に生きている．また布という軽量級素材の特性は，定型を破る新しい試みにも多様に活用されるなど，今日なお媒体的生命力を失っていないのも暖簾の特徴である．創業明治8年という加賀麩老舗のこの暖簾は，「ふ」の1文字を象徴的に，現代書家によるみごとな筆致で押し出したもの．京都と並んで暖簾が現代に生きている都市・金沢らしさもよく伝える．
〔坂野長美〕
■暖簾揮毫：藤田畔玉
■依頼者：加賀御麩師「宮田」
■制作年：1984年

第4章｜デザインの名作たち－伝達編

141 旅館「くらしき」の道標型看板

日本民芸運動の創始者・柳宗悦と，倉敷紡績（現・クラレ）の大原孫三郎・総一郎2代の結びつきが生んだ，先駆的な店蔵の町並み保存・再生手法による倉敷の町づくり．その現・美観地区最初の宿泊施設である旅館「くらしき」も，もと砂糖問屋の大店に同一手法を適用して創業された．日本古来の道標に新しい生命を吹き込んだこの店頭照明看板も，当時の民芸運動との深い関わりを偲ばせるもの．店名・地名が同一のため観光客の記念撮影場所としても人気が出るなど，地名のもつアイデンティティ喚起作用でも優れたモデル．和風店舗へのその後の影響力も大きい名作看板である．
［坂野長美］
■デザイン：芹沢銈介
■依頼者：旅館「くらしき」
■制作年：1957年

140 京漬物「西利」

西本願寺の真っ向に立地する京漬物老舗の「西利」本店は，伝統に過激に挑戦したポストモダン建築で，地元の代表的建築家の一人・若林広幸の設計．そこに古い木の看板と，味のある俳画による新しい暖簾が大胆に配されて，対立と調和の原理そのままの小景観を現出している．これは経営者自身の原画，画題は漬物原料の京野菜で，季節ごとに旬の野菜を主役に，地色もとりどりに変化する暖簾に掛け替えられ，パッケージ類も同調して一変するというユニークな店舗CIの一環．保守と革新の両面をもつ京都の中でも先端的で，京都とはやはり日本の中でも随一に，暖簾が現代に生きる町だと思わせるものがある．写真は正月で，千枚漬用の聖護院かぶら．　［坂野長美］
■デザイン：宇津木欣一
■依頼者：京漬物「西利」
■制作年：1990年

142 ヨーロッパの伝統的看板

ヨーロッパの壁構造の建築物は，柱・梁構造の日本とは異質の看板形態を生んだ．壁面から直角方向に伸びる腕木に表示板を吊り下げた突き出し看板が，それを端的に代表する．素材も日本の木に対する鉄鋳物主体．腕木自体から職人技の装飾性に富む中の表示部分は，人物から動植物・天体・紋章・器物類に至るまでの，多種多様なモチーフのシンボル図像の宝庫で，それらは業種あるいは店格の誇りを表す．この文字に対する「絵ことば」方式は，王侯をはじめ文盲が大多数を占めた中世に発生，一方，多言語文化圏ヨーロッパとしても必然的に慣習化したため．今ではヨーロッパらしさのフォークアート的魅力で訴えるが，同時にそれらが各国各地に健在な中世都市，あるいは大都市発祥の地にも保全されている古い町並みに生き残り，また近・現代の都市空間にも基本形として受け継がれていることは，和洋・伝統と近代の断絶を経た日本人の目にはヨーロッパの歴史的連続性の一象徴のようにも映る．一典型例として，南ドイツの小都市，シュヴェービシュ・ハルの居酒屋の看板を挙げておくが，町並み景観との「絵になる」融合感も，日本人がとくに感嘆するところである．　［坂野長美］
■デザイン：不詳
■依頼者：シューベック
■制作年：不詳

133

1|417 看板[2]

143 欧米近代の看板－デッサウ・バウハウス校舎の校名サイン

　欧米近代の看板で文字系，とくにモダンタイポグラフィでは，一つのプロトタイプを確立したものとして記憶されるのがデッサウ時代のバウハウス，ワルター・グロピウス設計の校舎の校名サインである．機能主義的近代建築のマイルストーンといわれ，自由なプランニングで主ファサードがない，あるいは四方正面の建物であったことで知られるこの校舎南西面の壁面に，サンセリフのユニバーサル書体で縦書きの大文字を誘目度高く配している．構造的にも単純明快，切り抜き文字を細い脚部で支えただけと最小限だが，これが微妙にフォトジェニックな効果を生むなど，バウハウスイズムに貫徹された建築空間との優れた一体感を達成している． ［坂野長美］

- デザイン：ワルター・グロピウスと印刷・広告工房（ハーバート・バイヤー主任当時）のチームワークと推測されるが詳細不明
- 依頼者：デッサウ・バウハウス
- 制作年：1926年

144 ワコール・ショールーム看板

　戦後日本のデザインの出発期といわれる1960年代後半は，看板も「サイン」という新概念でとらえ直され，時のトップ層デザイナーの目も改めて向けられ始めた時代である．その中で，女性市場で新興の企業イメージにふさわしく「クラシック・モダーン」をめざしたというこの看板は，ヨーロッパの伝統サインタイプが戦後モダニズムの新感覚でよくこなされ，素材・職人技とともに質の高さもこの時代としては抜群で，小粒ながら光った．立地は西銀座の一角．当時はまだ珍しかったこのタイプも今や商業空間の一つのボキャブラリーとして日本各地に普及・定着しているが，この域に達したものはまだ少ない．西欧モデルの単なる模倣性から脱却するための，一指標ともいえる先駆例． ［坂野長美］

- デザイン：早川良雄
- 依頼者：ワコール
- 制作年：1967年

第4章｜デザインの名作たち－伝達編

145 テイジン・ネオン広告塔

1920年代の導入以来，電気照明看板と呼ばれてきたネオンサインも，戦後復興期の建築物高度制限30m時代が生んだ屋上広告塔として，日本独特に発達してきた．したがって，看板というには大型だが，これもやはりその延長ととらえることができる．屋外広告としてはとくにアメリカの影響が強く，都市活性化の一方で景観上批判の多い分野でもある．しかし戦後のその興隆期，時の第一線デザイナーがこれにかかわり，デザイン水準向上と技術進歩，また都市景観意識の上でも寄与したという貴重な足跡も残されている．銀座の空に輝いた「テイジン広告塔」はその代表例．全面乳白のアクリル板で覆った光の3原色のネオン管が，散光する色の掛け合わせで7色のソフトな光を放ちながら点滅した．ビル形態と同調させた筒型の塔屋，昼間はそれが白1色の地色となりネオン管露出の醜さも解消するなど，昼景への配慮もその後に影響を及ぼしている．　　　　　　　　　［坂野長美］

■デザイン：伊藤憲治
■依頼者：テイジン
■制作年：1962年

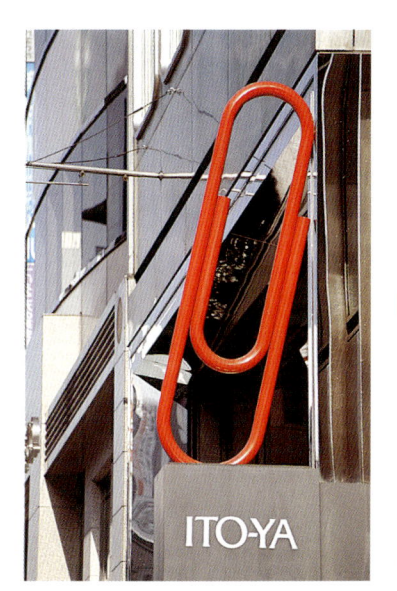

146 銀座伊東屋「赤いクリップ」

1904（明治37）年，日本初の和漢洋総合文具店として創業した銀座伊東屋は，戦後の現店舗ビル新築（1965年）当時に掲出した店頭電光文字看板で長年なじまれていたが，それに代わる老舗の新しいシンボルとして，この「赤いクリップ」サインを打ち出した．スーパースケールのクリップとは思い切ったイメージ一新だが，実物展示という看板の原点につながる模型看板の現代的再現として諸方に好評．時流に即して導入されたCIの一環で，ビル本体とのプロポーションや正統派モダニズムのシンプルなデザインなど，周辺環境との関係性よく納めたところにも計画的アプローチが読みとれる．現代の看板の方向性の1モデルといえる事例である．　　　　　　　［坂野長美］

■デザイン：酒井孝夫＋市川和彦＋森嶋　紘（ロゴ）
■依頼者：銀座伊東屋
■制作年：1987年

1 | 501 | 展望

■デザインコンシャスな世界へ

　デザインの理念と歴史，名作たちという第1部の枠組みに沿って，展望を述べよう．しかしSF的な未来論は無意味なので，さまざまな予兆の中から今後のデザインの姿をさぐってみたい．

　まず指摘したいのは，デザイン教育の量的な拡大である．2000年のデータによれば，わが国の四年制デザイン学生の入学定員は26,603人に達する．大学のカリキュラムもデザイナー教育から，消費者サイドに立ったコースや学科が登場しつつある．大学院教育の拡大と充実も目覚ましい．その結果，人びとのデザインに対する意識は前世紀より格段に高まり，かつてないデザインコンシャスな世界の到来が予想される．具体的にはデザイナーの知名度の向上が挙げられる．もちろん前世紀でも，多くの人びとが東京都庁舎の設計者名を知っていた．前世紀末には環境デザインやイラストレーション，マーク，ポスター，特定の工業製品などのデザイナー名を一部の人びとは知っていた．それが21世紀には，広く一般の人びとが生活を彩るさまざまなデザインを誰がデザインしたか，画家や音楽家のように知るようになり，デザインの特質や主張にも詳しい．そうした時代の到来が予測できる．

■デザインのグローバル化とリージョナル化

　ここで，どこかの先進国の標準的な家庭のシーンをイメージしてみよう．居間には，多国籍企業が有名デザイナーを起用し，世界に展開している工業製品が置かれている．それらは前世紀に源をもつ生活に快適さや効率性を提供する「利便性・効率系」のデザインということができよう．しかしそれらだけではない．壁に掛けられた民族性豊かなタピストリーや床のラグ，卓上のティーポットとカップなどは，海外旅行で求めた品である．それらは旅の思い出につつまれた生活にうるおいを与える「やすらぎ・愛着系」のデザインということになる．

　やすらぎ・愛着系への関心は，前述したデザイン教育の普及の影響もあろうが，直接的には海外旅行の一層の拡大である．背後には，前世紀の負の遺産である「民族主義」を克服しようと，異文化や肌の色の違う人びとに積極的に接する気運の高まりがある．

　その普遍的，国際的に対する地域的，民族的という構図は，音楽や美術，文学などに見られるように，人間の本性に根ざした問題であり，デザインもその対立的な軸に沿って展開していくのではないだろうか．

　現代文明の問題の出発点は，1972年にローマクラブが発表した成長の限界にある．そして経済学者D・L・セイヤーズは現代を「消費を人工的に刺激しつづける砂上の楼閣のような社会」と指摘した．誰しも逃れられない資源や環境の問題は懐疑と不安を生んだ．バンクーバーの芸術家テッド・デイブは，「まるでわれわれの人生と夢が，マーケットの後ろであったように感ずる者のために抗議のジェスチャーをしよう」と「何も買わない日」のポスターを作成した．

　しかし，IT革命はますます商業主義を拡大しつつある．そうした潮流に対して，近年反グローバル化運動が激しさを増している．彼らは，グリーンピースなど環境団体の分派だったり，NGO活動にたずさわる市民などである．そして，グローバル化が企業活動を利するばかりで，一般市民の生活の向上につながっていない，社会的弱者，貧困国をより窮地に追い込むだけだ，とインターネットを武器に主要な国際会議で抗議している．

　普遍的，国際的に対して「やすらぎ・愛着系」のデザインはまったく個人的な基準や価値によって選ばれるのだが，いうまでもなく長い歳月をへて，無名の人びとが作り上げてきたものである．民族のアイデンティティと，一人の人間のそれとの共鳴である．そしてそれらの民族性豊かな品々は，今後デザイン界にさまざまな影響を与えていくのではないだろうか．

　知人の生物学者によれば，生命を直接作り出せない人間は，新種を作る際にはかならず原種に立ち戻るという．原種は株といい，国家がそれを収集，培養して研究者に提供しているとか．民族性豊かな品々は，創造性を刺激するという意味でその株にあたる効用を秘めているように思われる．たとえば，キュービズムがアフリカのプリミティブアートに触発されたように，またモダンデザインのパイオニアの一人といわれるペーター・ベーレンスが，AEG社から依頼されて扇風機をデザインした際，ギリシャの酒杯を逆さにしてその台にしたことが思い出される．

　歴史とつながる，地域とつながることが，21世紀のデザインの一つの流れになるのではなかろうか．

■新しい哲学の構築－循環の思想

　未来が無限ではなく，また人間のためだけにあるのではないことがわかると，「共生の思想」とか「循環型社会」というスローガンが目につくようになった．その表層下では，真摯な哲学論議がかわされてきた．

梅原猛によれば，西アジアで発展した小麦農業と牧畜が西洋哲学のもとになり，人間中心主義の西洋文明を作った．その近代の主観主義や人間中心主義の考え方が，容赦なく自然破壊を行った，と説く．一方，東洋文明は「米文明」に由来し，米作は水が必要で，その水は森が蓄える．そのため，牧畜や畑作よりも自然破壊が少なく，必要とする集約的な労働が，個人より集団の関係を重視する社会を作った，と主張する．

西洋文明が生んだキリスト教は，永遠の神の国を説くのに対して，東洋文明が生んだ仏教は，欲望のコントロールを教義の中心に置き，生きとし生けるものは皆等しく生命の現れであり，輪廻転生するという考え方に立つ．その生命の平等性と連続性の教えは，行き詰まった現代文明を超える思想である，という．

ともあれ，成長の限界以来，それまでのヨーロッパ文明的な展開に代わる哲学が求められているわけで，山川草木すべてに仏性があると説く日本人にはなじみ深い仏教文化に期待したい．

■ **自然との共生**

画家で建築家のフンデルトヴッサー（1928-2000）は，醜い現代文明の象徴として「血を流す建物」という絵を描いた．建物はどれも直線的で平面的で，ただただ合理なだけであった，と告発する．そして，都市生活の中で自然とどう付き合うかをテーマに，屋上にうっそうと樹木が茂るウィーン市の集合住宅を作った．また彼は，仏教の思想のように水が循環して植物を生やす「カウントダウン時計」を東京に作った．

水も緑もわれわれの生活に不可欠な要素であり，近年ますますそのことが顕在化してきた．2000年春のゴールデンウィークに東京代々木公園で開催された第1回東京ガーデニングショーの人出は，全国10位の56万人であった．そこでは伝統的な庭園だけでなく，生活感にあふれたミニ庭園の提案も評判だった．そうした情景は，筆者が四半世紀前にロンドンに遊学したときに見たガーデンシティの情景や，たまたま立ち寄った精神病院で園芸が作業療法（occupational therapy）として行われていたことを思い出した．

窓ガラスが割られ，落書きだらけの荒廃したアメリカ西海岸の公立中学校では，「学校菜園」を取り入れたところ校内に穏やかさを取り戻したという．子どもたちは，学校菜園を通して生き物や他人への心づかいとか忍耐，自制心を学んだのである．緑は万人にとって「たのしみ」であり「いやし」であり，自然との共生が時代を貫くキーワードである．

■ **ミッシングテクニシャンへの期待**

小池新二・九州芸術工科大学初代学長は，その建学理念に中国古代哲学の混沌の思想を据え，現代文明の混沌（カオス）にオーダーを与えるのがデザインだとした．そして混沌の思想を表す校章のデザインをイタリア在住の彫刻家，吾妻兼治郎に依頼し作成した．さらにデザイナーは，これまでのような狭い工学のスペシャリストではなく，水平思考のできるコーディネーターであることが望ましい．今のところまだ「ミッシング・テクニシャン（幻の専門家）」ではあるが，と述べた．「高次なデザイン」という言葉も語った．しかし，かならずしも真意が伝わらず，その解釈をめぐって紛糾する場面もあった．

それから30数年が経過した．デザインをめぐる産業界の状況も教育・研究の現場も驚くほど変わった．今，改めて小池の言葉を考えてみると，その先見性に思いを新たにする．まず小池の源になっている混沌の思想について，中国哲学者・福永光男の言葉を借りよう．福永によれば，「なんでも包含する漢方薬のような混成複合が特色の総合哲学」という．現代は国際化，情報化がもたらす異質なモノが重層的に混在し，物事を一元的に割り切るのが困難となった．「混沌」は時代を貫く統合の原理となるかもしれない，という．

まさにデザイナーはそうした哲学を基盤にして，モノや情報を作り出すと同時に，それらの汎濫を制御しなければならない．そのためには，広汎な文化的，社会的視野に立って技術を方向づけるという役割を果たさねばならない．つまりデザイナーは，到来したデザインコンシャスな世界の中で，生きとし生ける者のために進むべき道を探求する「高次なデザイン」を負わされており，その実践者がミッシングテクニシャンということになろう．それはまたD・デューリング（元イギリスデザイン学会長）のいう，それがわれわれ自身の理論的役割なのである，と一致する． ［宮内 悊］

■ **文献**

Whiteley, N.: Design for Society, Reaktion Books, 1993.
Smith, E. L.: A History of Industrial Design, Phaidon, 1951.
福永光男：混沌の思想，朝日新聞夕刊，1991年12月25日付．
梅原猛の世界，朝日新聞，1997年1月6日付．
Durling, D.: Doctorates in Design: Good or Bad, デザイン学研究特集号，7(3).

1│502　第1部「デザインの流れ・広がり」年表

年代	世界のデザイン	日本のデザイン	社会の動き
1790		京都御所に紫宸殿落成	
97	ゼネフェルダー「リトグラフ」		聖堂(昌平坂学問所)を官学とする
1800			伊能忠敬，蝦夷地を測量
1810			
15			杉田玄白『蘭学事始』
18	ボドニ『活版術便覧』		
19	ジョン・ラスキン生(英，1900没)		イギリス人ゴルドン，浦賀に来港し貿易を要求．塙保己一『群書類従』完成
1820			
21			伊能忠敬「大日本沿岸実測全図」完成
22	ニエプス「写真術」		イギリス船，浦賀に入港し薪水を要求
1830			水戸藩主徳川斉昭，藩政改革に着手
31	●ゴッドフリード・ワグネル生(独，1892没)		
34	ウィリアム・モリス生(英，1896没) ラスキン『近代画家論』		江戸大火
37	ロンドンに官立デザイン学校創立 タゲール「タゲレオタイプ」		ヴィクトリア女王即位．大塩平八郎の騒動大坂に起こる
39	シュヴルール「色彩調和論」		渡辺崋山，高野長英ら逮捕
1840			アヘン戦争(1840-42)勃発
41	タルボット「カルロタイプ」		徳川斉昭，大砲鋳造．トーマス・クック，案内付団体旅行業を開始
44		●納富介次郎生(1892没)	オランダ，日本に開国を勧める
48	ラファエル前派結成．チャールズ・ホーム生(英，『ステューディオ』誌創刊者，1923没)	本木昌造，鉛活字をオランダより購入	
49	シェーカーコミュニティを開く		江戸幕府，諸藩に沿岸防備の強化を命令 楢橋宗建，種痘に成功
1850			佐賀藩，反射炉築造
51	第1回ロンドン万国博		英仏海底電線開通
52	アントニオ・ガウディ生(西，1926没)		
53			クリミア戦争．ペリー(米)，浦賀に来航 日米・日英・日露和親条約締結
55	●第1回パリ万国博とストリートファニチュア	●平山英三生(1914没)	江戸大震災
56	ルイス・サリヴァン生(米，1924没) オーエン・ジョーンズ『装飾の文法』		アメリカ総領事ハリス着任
57	サウスケンジントン博物館開館	長崎で鉛活字を用いた蘭文の書物を出版	
58	●シャルル・フレデリック・ウォルトがパリに自らのメゾン建設		日米修好通商条約締結
1860	モリス，自邸レッドハウスを完成 アルフォンス・ミュシャ生(チ，1939没)		イギリス－インド間電信開通．桜田門外の変
61	モリス・マーシャル・フォークナー商会設立	ラザフォード・オールコック(英，駐日公使)，第2回ロンドン万国博のために日本の文物を収集	アメリカ，南北戦争勃発
62	第2回ロンドン万国博 グスタフ・クリムト生(墺，1918没)		第2回ロンドン万国博に日本の文物が初めて体系的に紹介される
63	パリに産業応用美術中央同盟設立		アメリカ，奴隷解放宣言．ロンドン地下鉄開通
64	オーストリア芸術産業博物館開館 トゥールーズ・ロートレック生(仏，1901没)		鹿児島藩，英・米両国に留学生を派遣 岸田吟，横浜で新聞紙を発行
66	ヴァシリー・カンディンスキー生(露，1944没)		福沢諭吉『西洋事情』

[凡例]米＝アメリカ，英＝イギリス，伊＝イタリア，ウ＝ウクライナ，豪＝オーストラリア，墺＝オーストリア，蘭＝オランダ，カ＝カナダ，西＝スペイン，瑞＝スウェーデン，S＝スイス，チ＝チェコ，独＝ドイツ，ハ＝ハンガリー，仏＝フランス，フ＝フィンランド，ベ＝ベルギー，露＝ロシア．●＝第1部で取り上げられた事項を指す．

年代	世界のデザイン	日本のデザイン	社会の動き
67	ベルリン工芸美術館開館．ウィーン工芸学校創立 フランク・ロイド・ライト生(米，1959没)		明治天皇践祚．江戸一大阪間に蒸気飛脚船を就航．徳川幕府，大政奉還 片山淳之介『西洋衣食住』 渋沢栄一『航西日記』
68	ケルン産業博物館開館 チャールズ・レニー・マッキントッシュ生(英，1928没)．ペーター・ベーレンス生(独，1940没) チャールズ・L・イーストレイク(英)『家政の趣味への指針』	品川硝子製造所設立	明治維新．廃刀令発布．工部省
69	ハンブルク美術工芸館開館		スエズ運河開通．五箇条の御誓文．東京ー横浜間の電信開通
1870	ヨーゼフ・ホフマン生(墺，1956没)	富岡製糸工場設立	普仏戦争
71	ジャコモ・バッラ生(伊，1958没)	工部省勧工寮活字局設置	ドイツ帝国成立．廃藩置県
72	ピエト・モンドリアン生(蘭，1944没)		ロンドンー上海間海底電線開通．新橋ー横浜間鉄道開通．学制発布 福沢諭吉『学問ノススメ』
73		●明治政府，ウィーン万国博に参加出品 小学画教本，文部省から刊行．工学寮開校	
74		起立工商社，東京に設立	東京銀座にガス灯が点く．オフセット印刷の実用化．田中機械工場(後の東芝製作所)設立
75	ロンドンにリバティー商会設立	香蘭社(陶器)，佐賀県有田に設立	
76	トマーソ・マリネッティ生(伊，1944没)	工部大学校付属美術学校創立	電話機実用化(アメリカ)
77	モリス，古代建築保存協会設立，「装飾芸術」を講演 ワット社(英)カタログ『美術家具』	大蔵省図案調製所設立．金沢加工会社設立．第1回内国勧業博覧会，東京で開催．美術館設置．工学寮校内に美術学校創立し西洋画科と彫刻科設置．ジョサイア・コンドル(英)，アントニオ・フォンタネージ(伊)，ヴィンチェンツォ・ラグーザ(伊)来日．石川県工業学校創立．東京美術学校創立	西南戦争．日本，万国郵便連合加入 エドワード・モース(米)，大森貝塚発掘 開成学校と医学校を併せて東京大学創立
78	カジミール・マレーヴィッチ生(ウ，1935没)	エルネスト・フェノロサ(米)，東京大学文学部教授となる．ゴットフリード・ワグネル京都府に招かれる．日本，パリ万国博に参加出品 黒川真頼『工芸志料』	電信中央局開局．東京株式取引所開く 日本化学会設立．銀座通りに煉瓦街完成
79		江戸川製陶所設立．龍池会(後の日本美術協会)設立．弘前漆器授産会社設立(津軽塗の発祥)	グランド将軍来日
1880	シカゴ派台頭 ブルーノ・タウト生(独，1938没) クリストファー・ドレッサー(英)「芸術家具商連盟」設立	京都府立画学校(後の絵画専門学校)創立 大蔵省に製品図案協議員制度設置	フランス，郵便電信省設置
81	パブロ・ピカソ生(西，1973没)	東京職工学校創立	
82	センチュリー・ギルド(英)創立 クリストファー・ドレッサー(英)『日本の建築，美術，手工芸』	国立中央博物館開館．工部大学校の美術学校廃止．フェノロサの忠告により文化財の保護運動起こる	上野動物園開園．東京銀座にアーク灯が点く
83	ワルター・グロピウス生(独，1969没)	パリ工業所有権保護同盟条約締結．コンドルの設計で鹿鳴館完成	ロベルト・コッホ(独)，コレラ菌発見
85	ウラジーミル・タトリン生(露，1953没)	文部省図画取調掛設置．東京大学工芸学部設置	日本，メートル条約加入
86	ミース・ファン・デル・ローエ生(独，	文学および美術的著作権に関する国際条	

年代	世界のデザイン	日本のデザイン	社会の動き
	1969没)	約締結．帝国大学工科大学造家学科設置．造家学会発足．ヘルマン・エンデ，ヴィルヘルム・ベックマン来日	
87	ル・コルビュジェ生(仏，1965没)	●東京美術学校(現，東京芸術大学)創立 ●金沢区工業学校創立	東京に電灯が点く 牧野富太郎『日本植物志図篇』
88	アーツ・アンド・クラフツ展協会第1回展	特許条令発布	
89	●エッフェルタワー(仏)		大日本帝国憲法発布．日本，ベルン条約調印
1890	エル・リシツキー生(ウ，1941没)	京都美術協会結成．第1回帝国議会．小学尋常科に手工教育加わる．横浜に椅子製造工場設立(わが国の洋家具製造の始まり)	ラフカディオ・ハーン(小泉八雲，米→日)来日
91	トーマス・エジソン(米)，活動写真機発明．ジオ・ポンティ生(伊，1979没)		日本鉄道，上野一青森間開通．シベリア鉄道起工
92	●『ヴォーグ』誌創刊．ヘンリー・フォード(米)，最初の自動車を製作		ロンドンにジャパン・ソサエティ設立
93	アールヌーヴォーの運動がフランス，ベルギーを中心に起こる．ユーゲントシュティル運動起こり，『ユーゲント』誌創刊．シカゴ万国博開催 レイモンド・ローウィ生(仏→米，1986没) 美術と応用美術の総合誌『ステューディオ』創刊	日本，シカゴ万国博に参加	塙保己一編『群書類従』刊行開始 北里柴三郎，ペスト菌発見
94		実業教育費国庫補助法成立．高岡工芸学校創立	日清戦争(-1895)
95	モホリ・ナギ生(ハ，1946没) バックミンスター・フラー生(米，1983没)	京都国立博物館開館	下関講和条約調印
96	ロンドンに王立美術大学創立．『アーキテクチャル・レビュー』誌創刊(英)	東京美術学校に図案科，西洋画科，鍛金科増設．第1回絵画共進会開催．大阪工業学校創立	日本銀行設立
97	ウィーン分離派台頭	京都帝国大学創立．農商務省に商品陳列館開館．帝国図書館開館	黒田清輝画「湖畔」
98	エベネザー・ハワード(英)，ガーデンシティを提唱．オットー・ワグナー(墺)らのセセッション運動，ドイツ，オーストリアで起こる	高松工芸学校創立．香川県工芸学校創立	上野公園に西郷隆盛像(高村光雲作)
99	パリ万国博のエッフェル塔建設 ●ウッドランドパーク動物園(米)	意匠法制定．『国華』誌創刊 ●神田小川町独立勧工場	日本，工業所有権保護同盟に加盟
1900	第2回パリ万国博．ヘルベルト・バイヤー生(墺→米，1985没)．	女子美術学校創立．東大に美学講座開設．アールヌーヴォー様式，日本に伝わる．	上野一新橋間に公衆電話設置．足尾鉱毒問題発生
01		東京高等工業学校(前，東京工業学校)に建築科，製版印刷科とともに工業図案科増設．カナ文字タイプライター誕生	ノーベル賞第1回授賞行われる
02	マルセル・ブロイヤー生(ハ，1981没) ●メルセデス・シンプレックス(独)	京都高等工芸学校(現，京都工芸繊維大学)創立，図案科，色染科，機械科設置	日英同盟締結 (-1921)
03	ヨーゼフ・ホフマン(墺)がウィーン工房開設．ライト兄弟(米)，飛行機発明 ●レッチワース田園都市(英)	文部省が国定教科書作成	アメリカでフォード自動車会社設立
04	表現主義盛んとなる		日露戦争(-1906)．三越呉服店(デパート)で洋家具の販売開始
05	ゲオルグ・ケルシェンシュタイナー(独)「図画能力の発達」発表	実用新案制度の公布．『みづゑ』誌創刊	アインシュタイン(独)，特殊相対性理論発表．日露戦争終了(ポーツマス条約締結)

[凡例]米＝アメリカ，英＝イギリス，伊＝イタリア，ウ＝ウクライナ，豪＝オーストラリア，墺＝オーストリア，蘭＝オランダ，カ＝カナダ，西＝スペイン，瑞＝スウェーデン，ス＝スイス，チ＝チェコ，独＝ドイツ，ハ＝ハンガリー，仏＝フランス，フ＝フィンランド，ベ＝ベルギー，露＝ロシア．●＝第1部で取り上げられた事項を指す．

年代	世界のデザイン	日本のデザイン	社会の動き
06	●ポール・ポワレ(仏)がコルセットを必要としないドレスを発表		
07	ドイツ工作連盟「DWB」結成	文部省美術展覧会(文展)．東京府立工芸学校創立．東京府勧業博覧会開催(上野) ●亀の子束子	足尾銅山暴動に軍隊出動
08	立体派台頭．アメリカで量産大衆車T型フォード発売．アメリカでゼネラル・モーターズ(GM)社設立	赤坂離宮完成	『日本百科大事典』(三省堂)刊行
09	イタリア未来派台頭	意匠法改正．三越呉服店に図案部設置	
1910			日英博覧会開催．『白樺』誌創刊
12	フューザン会美術展 ●ベスト・ポケットコダック(米)	工芸振興に関する建議書の答申	元号を「大正」に改元
13	アールデコ台頭	農商務省図案及応用作品展覧会(農展)．日本標準規格(JES)制定．フランク・ロイド・ライト(米)設計の帝国ホテル完成	フォード社，コンベアシステム採用 週刊誌『週刊朝日』と『サンデー毎日』創刊 日本共産党設立
14	●ドイツ工作連盟展(ケルン)．イタリアで未来派宣言 ●ジョーンズ・サイクロン(米)	●森永キャラメル	第一次世界大戦勃発(-1918)
15	イギリス産業デザイン協会(DIA)設立．ロシア構成主義台頭 ●Futurist Typography ●コカコーラボトル(米)	デザイン産業協議会(DIA)発足．芝浦電気会社，扇風機，電熱器などを製造．邦文タイプライター完成． ●明治神宮内苑・外苑(-1926)	文学座発足．東京フィルハーモニー発足
16	ダダ台頭．サンフランシスコ万国博覧会 ●ロンドン地下鉄のサイン用書体	東京高等工業学校工業図案科廃止	チャップリン喜劇映画が人気に
17	デ・ステイル台頭 ●森の墓園(-1940，瑞)	毎日新聞社の商業美術振興運動始まる	ロシア革命
18	●クラブ・ダダ設立趣意書		第一次世界大戦終了．武者小路実篤ら「新しき村」建設
19	ワイマールにバウハウス設立 ●未来派への言葉	文部省美術展(文展)，帝国美術院展覧会(帝展)と改称	山本鼎，農民美術運動や自由画運動を起こす．東京に白木屋，松屋，高島屋デパート開店
1920	英国産業美術協会(BILA)設立．アメリカ・デザイナーズ・インスティテュート(ADI)発足 ●ファイロファックス(20年代～，英)	分離派建築会設立	日本，国際連盟に加盟
21	●シュレーダー邸(-1924，蘭)	東京高等工芸学校(現，千葉大学)が芝浦に創立．自由学園創立．新意匠法制定．	
23	●エル・リシツキー『マヤコフスキーの詩集』 ●バウハウスの業績報告書	創宇社建築会結成．宮下孝雄，デルタ研究所設立	関東大震災
24	シュールレアリスム台頭 ●ワーゲンフェルド・グラスランプWg24(独)	パリで現代装飾美術工芸博覧会開催．杉浦非水らが七人社結成．純日本式船内装飾(長城丸)	メートル法実施
25	バウハウスがデッサウに移転．パリ現代装飾産業美術博覧会 ●バウハウスのアルファベット ●DIE KUNSTISMEN ●ライカ(独) ●スチールパイプ椅子モデルB3(米)	●現代装飾美術・産業美術国際博覧会 ●『国際建築』誌，『新建築』誌創刊 ●スモカ新聞広告(昭和初期)	普通選挙法・治安維持法公布．東京放送局，放送開始
26	●デッサウ・バウハウス校舎の校名サイン ●ロレックス(英)	帝国工芸会設立．柳宗悦らが日本民芸協会設立．浜田増治らが商業美術家協会設立．高村豊周らが工芸団体「无型」結成．東京府美術館開館 ●味の素	元号「昭和」に改元．国産奨励運動起こる

年代	世界のデザイン	日本のデザイン	社会の動き
27	●GM「アート・アンド・カラー」部門設置 ●「急行エトワイユ・ド・ノルド(北極星)」ポスター	北原千鹿ら工人社結成．上野伊三郎ら日本インターナショナル建築会結成．帝展に工芸部増設．森谷延雄ら木の芽舎結成．『帝国工芸』誌創刊	上野，浅草営団地下鉄開通
28	●近代建築国際連盟第1回会議(スイス，ラ・サラ) ●サヴォア邸(-1931，仏) ●近代美術家同盟(UAM) ●近代建築国際連盟第2回会議(フランクフルト)	国立工芸指導所設立．蔵田周忠らが型而工房結成	最初の普通選挙実施．世界大恐慌．野口英世，西南アフリカ黄熱病調査
29	ニューヨーク近代美術館開館 ●ローライ・フレックス(独) ●『ドムス』誌創刊 ハーグの印刷所のカタログ ●カッサンドルのアルファベット	帝国美術学校(現，武蔵野美術大学)創立	飛行船ツェッペリン来訪．小林多喜二『蟹工船』発禁
1930	●ブガッティ・ロイヤル(伊) ●近代建築国際連盟第3回会議(ブリュッセル)	工芸集団「ビルド」結成	東海道線に特急「燕」営業．豪華客船「浅間丸」等進水
31	●ロンドン地下鉄路線図	『アイ・シー・オール』誌創刊	満州事変
32	●ニューヨーク近代美術館(MoMA)で近代建築展開催 ●ブルゴイユ・ワイングラス(仏) ●『ザ・タイムズ』紙創刊	川喜多錬七郎らが日本建築工芸学院設立．ブルーノ・タウト来日．『工芸ニュース』誌創刊	活弁，楽士がトーキー映画反対運動
33	●近代建築国際連盟第4回会議(アテネ〜バルセロナ) ●アイソタイプ	『木材工芸』誌創刊	ヒトラーがドイツの政権握る．日本，国際連盟脱退
34	●バーリントン・ゼファー号(米) ●ラクソL-1(米)	第1回大阪国際見本市	アメリカ，ルーズベルト大統領がニューディール政策実施
35		第1回産業工芸博覧会が大阪で開催．図案家連盟結成．高村豊周らが実在工芸美術会結成．多摩帝国美術学校(現，多摩美術大学)創立	海外で日貨排斥運動起こる ●ナイロン
36	●『ライフ』誌創刊	東京駒場に日本民芸館開館．日本工作文化連盟設立	二・二六事件．スペイン内乱，フランコ勝利
37	パリ万国近代芸術博覧会．モホリ・ナギ(ハ)らシカゴにニューバウハウス創立．スクール・オブ・デザイン創立 ●ヴィラ・マイレア(-1939，フ) ●ペンシルヴァニア鉄道S1(米)	トヨタ自動車工業社設立．流線形流行	日中戦争勃発
38	●リバーウォーク(1938-，米)	代用品工業協会設立．代用品愛用運動起こる	国家総動員法成立．零式戦闘機(零戦)登場．乗用車生産中止
39	ニューヨーク万国博 ●アイソタイプの統計グラフ「所得額別に見た近代的設備の普及度」	商工省主催の輸出工芸振興展と輸出工芸図案展開催．上田義一らが生産意匠連盟結成．大泉博一郎がOA設計事務所設立．『月刊民芸』誌創刊	第二次世界大戦勃発
1940	●マックス・ビル『The New Architecture』 ●ソール・スタインバーグ『The Art of Living』	塚田敢らテクネ工芸会結成．ペリアン女史(仏)来日	大政翼賛会設立．日独伊三国同盟調印．七・七禁令公布
41	●ウィリーズ・ジープ(米) ●ラッキーストライク(米)		日本，真珠湾を奇襲攻撃，太平洋戦争開戦．国民学校令施行，小中学校で工作科必修に
42		『建築設計資料集成』(丸善)刊行	関門海底トンネル開通
43	●トーストマスター1B9(米)	大日本工芸会(日本美術及工芸統制協会	軍需省設立

[凡例]米＝アメリカ，英＝イギリス，伊＝イタリア，ウ＝ウクライナ，豪＝オーストラリア，墺＝オーストリア，蘭＝オランダ，カ＝カナダ，西＝スペイン，瑞＝スウェーデン，ス＝スイス，チ＝チェコ，独＝ドイツ，ハ＝ハンガリー，仏＝フランス，フ＝フィンランド，ベ＝ベルギー，露＝ロシア．●＝第1部で取り上げられた事項を指す．

年代	世界のデザイン	日本のデザイン	社会の動き
44	英国産業デザイン協議会(CoID)設立 アメリカで工業デザイナー協会設立 ●パリ・オートクチュール復活	と改称)設立 高等工芸学校図案科廃止．美術および工芸展の開催中止	緊急国民勤労動員方策要網決定
45	●合板の椅子(米)	西川友武らが工芸学会設立	広島・長崎に原子爆弾投下，第二次世界大戦終了
46	●ENIAC(エニアック)コンピュータ(米) ●タッパーウェア(米)	金沢美術工芸専門学校創立．日本工芸協会設立．『工芸ニュース』その他の雑誌復刊 ●レイモンド・ローウィ(米)，たばこ「ピース」の外装をデザイン	日本国憲法発布．当用漢字と現代かなづかい決定 ●ポリエステル
47	●クリスチャン・ディオール「ニュールック」 ●ヤン・チヒョルト『ペンギン・ブック』 ●ポール・ランド『Thoughts on Design』	全日本図案保護連盟結成	民間貿易再開，傾斜生産方式実施
48	ニューヨーク近代美術館「ローコスト家具デザインコンクール」	『美術手帖』誌，『日本民芸』誌創刊	
49	アスペン国際デザイン会議 ●「オリベッティ計算機」ポスター ●レゴブロック(デンマーク)		湯川秀樹，ノーベル物理学賞受賞．新制大学発足
1950	ドイツ工作連盟再建．ニューヨーク近代美術館「グッドデザイン展」開催 ●ブラウン・シェーバーS-50(独) ●ビック・クリスタルスティックボールペン(仏) ●ダイナースカード(米) ●レイモン・サヴィニャック「ハム」	湘南型電車登場．建築基準法，建築士法制定．文化財保護法制定	朝鮮戦争勃発
51	ロンドンで英国大博覧会開催．第1回アスペン国際デザイン会議(米)．工業デザインに関する世界最初の「国際デザイン会議」(英)	日本宣伝美術協会設立(-1970)．松下電器産業株式会社，日本最初の製品意匠課設置．海外市場調査会(現，日本貿易振興会JETRO)設立．東京芸術大学に工芸計画科．千葉大学に工業意匠科設置 ●オゼキ・AKARI 37D ●『世界商業美術全集』(全5巻)(-1953) ●早川良雄「第七回秋の秀彩会」	サンフランシスコ平和条約，日米安全保障条約調印
52	イリノイ工科大学創立	日本インダストリアル・デザイナー協会設立．アド・アート・ディレクターズ・クラブ設立．毎日新聞社，第1回新日本工業デザイン展とデザインコンペ開催．国立近代美術館開館 ●日本アルミ・丸瓶(発売当初は「瓶」) ●ヒモイス	企業合理化促進法公布
53	●『世界地理地図帳』 ●ヨゼフ・ミューラー・ブロックマン「交通安全，子供を守れ！」	日本デザイン学会設立．日本流行色協会設立 レイモンド・ローウィ『口紅から機関車まで』(邦訳)	NHK，テレビ放送開始
54	ウルム造形大学創立 ●ディオール「アルファベット・ライン」 ●シャネル「シャネル・スーツ」 ●ユニバース書体	桑沢デザイン研究所創立．GKデザイン・グループ発足．ワルター・グロピウス(独)来日，近代美術館で「グロピウスとバウハウス展」開催．産業工芸試験所「デザインと技術展」．小杉二郎第1回工業デザイン展．第1回全日本自動車ショー開催．日本，国際標準化機構(ISO)加入	

年代	世界のデザイン	日本のデザイン	社会の動き
55	ニューヨーク近代美術館のグッドデザイン展中止．スウェーデンで国際工芸博覧会開催 ●シトロエンDS19(仏) ●ベスパ150GS(伊) ●ディック・ブルーナ『ちいさなうさこちゃん』 ●記念冊子の表紙 ●ベル・トリムライン/プリンセス(米)	●バタフライスツール 日本繊維意匠センター設立．造形教育センター設立．銀座松屋にグッドデザイン・コーナー設置．亀倉雄策らグラフィック五五展開催．第1回海外派遣意匠改善研究員出発．『リビングデザイン』誌創刊 ●東芝RC-10K	神武景気
56	ロンドンにデザインセンター(CoID)開設 ●近代建築国際連盟第10回会議(ユーゴスラビア，ドブロブニク) ●ソラーリ・チフラ(伊) ●IBMロゴ(米) ●ノーマン・ロックウェル「一大発見」	外国人デザイナー招請計画発足．雑貨意匠センターと陶磁器意匠センター設立．日本デザイナー・クラフトマン協会設立．大阪に総合デザイナー協会設立．Gマーク制度スタート	スエズ動乱
57	国際インダストリアル・デザイナー団体協議会(ICSID)設立 ●セクチコンシリーズ(ス) ●ネッキ・ミレラ(伊) ●カール・ゲルストナー『Schiff nach Europa』	通商産業省に意匠奨励審議会設置．グッドデザイン商品選定事業始まる．国立近代美術館で「20世紀デザイン展」開催 ●旅館「くらしき」の道標型看板	ソ連初の人工衛星．日本，南極に昭和基地建設
58	●ユニオンカーバイド社(米) ●ルイス・ポールセン「PH5ペンダント」(デンマーク) ●イスラエル航空広告 ●『ノイエ・グラーフィク』誌創刊 ●ヘルベルト・ロイピン「ペピータ」	意匠法改正．通商産業省貿易振興局にデザイン課設置．日本優秀手工芸品対米輸出推進計画(丸手)実施 ●ソニーTR-610 ●スバル360 ●スカイハウス(東京) ●ホンダ・スーパーカブC100 ●G型しょうゆさし ●マキタ・電動カンナ・モデル1000	欧州ECC発足．ブリュッセル万国博．東京大学，電子計算機PC-1を製作
59	●近代建築国際連盟最終会合(オランダ，オッテルロー) ●レオ・レオーニ『あおくんときいろちゃん』	丸クラフトセンター．松屋クラフトコーナー設置．機械デザインセンター設立．輸出品デザイン法公布．関西意匠学会発足．『デザイン』誌創刊 ●ニコンF	岩戸景気．ソ連，月の裏側の写真発表
1960	●フォルクスワーゲン広告(独) ●イエラ・マリ&エンゾ・マリ『リンゴと蝶』 ●新聞広告 ●ユニバース	ジャパンデザインハウス設置．世界デザイン会議，東京で開催．グッドデザイン・コミッティ結成．大阪デザインハウス開設．パッケージデザイン協会設立．デザイン学生連合結成 ●ラウンジチェア	カラーテレビ本放送開始．安保闘争
61	前衛建築雑誌『アーキグラム』創刊 ●フォアコート・プラザ(-1968, 米) ●リンカーン・コンチネンタル(米) ●ロットリング・バリアント(独) ●IBM・セレクトリック(米) ●プラグイン・シティ ●ヘルベチカ書体	●キヤノン・キャノネット ●キッコーマンしょうゆ卓上びん	ベルリンの壁(-1989)．東海道新幹線試運転開始．日本消費者協会設立．国産旅客機YS11の第一号機誕生．消費製品の品質表示法公布．巡航見本市船「さくら丸」竣工
62	●モールトンAM-7(英) ●フロス・アルコ(伊) ●ソール・バス『アンリちゃんパリへゆく』	●亀倉雄策「東京オリンピック'64(第2号)」 ●テイジン・ネオン広告塔	NHK, FMステレオ実験放送開始
63	国際グラフィック・デザイン団体協議会(ICOGRADA)設立	国立近代美術館の京都分館(工芸館)開館，「手と機械展」開催	ケネディ大統領暗殺．日本，原子力発電に成功

[凡例]米＝アメリカ，英＝イギリス，伊＝イタリア，ウ＝ウクライナ，豪＝オーストラリア，墺＝オーストリア，蘭＝オランダ，カ＝カナダ，西＝スペイン，瑞＝スウェーデン，ス＝スイス，チ＝チェコ，独＝ドイツ，ハ＝ハンガリー，仏＝フランス，フ＝フィンランド，ベ＝ベルギー，露＝ロシア．●＝第1部で取り上げられた事項を指す．

年代	世界のデザイン	日本のデザイン	社会の動き
	●ベルリン・フィルハーモニック・コンサートホール(独) ●グローブチェア(フ) ●アンドレ・クレージュ「パンタロン」 ●スケッチパッド・システム(米) ●CBS広告(米) ●モーリス・センダック『かいじゅうたちのいるところ』 ●『ニューヨーク・ヘラルド・トリビューン日曜版』創刊	●セイコー・ファイブSMA5 ●座椅子	
64	ニューヨーク世界博覧会．アメリカ・インダストリアル・デザイナー協会(IDSA)設立 ●ミッシェル・ノルの実験(米) ●ジャガー広告(英) ●プラグイン・シティ	勝見勝ら案内標識のピクトグラム・デザインを実施．人間工学会設立 浪速芸術大学(現，大阪芸術大学)設立．第1回学生デザイン会議，「デザインと未来」をテーマに開催．第1回日本インダストリアルデザイン会議．日本建築センター設立 ●東京オリンピックのピクトグラム ●新幹線0系 ●ナショナル飛鳥SE-200	オリンピック東京大会．東海道新幹線開業
65	●プラスチックのスタッキング椅子(伊) ●2001年宇宙の旅(米) ●アンドレ・クレージュ「ミニスカート」 ●シーランチ(-1969，米) ●英国の道路標識	●ナショナルMC1000C	犬山市に明治村開村．ソ連，衛星船で初の宇宙遊泳
66	●イブ・サンローラン「パンツ・スーツ」 ●LAMY2000(独) ●ヌード(知覚の学習)(米) ●バリオガウディ(-1968，西)	日本デザイナー団体協議会設立．東京造形大学創立．愛知県立芸術大学創立．国立劇場開場 ●資生堂サマーキャンペーンポスター ●太田幸夫「ロコス」	中国，文化大革命始まる
67	モントリオール万国博覧会 ●ニコレットモールとストリート・ファニチュア(米) ●アビタ67(カ) ●ポール・デイヴィス「チェ・ゲバラの精神」 ●オーディトリウムー大学あるいは文化施設のための講堂(仏)	武蔵野美術大学に基礎デザイン学科新設．ジャパン・ファニチャー・センター設立 ●ワコール・ショールーム看板	第三次中東戦争勃発．3C(カー，クーラー，カラーテレビ)時代
68	バウハウス展．ウルム造形大学閉鎖 ●室内化された家具 ●アクションオフィスⅡ(米) ●ジャガーXJ6(英) ●トライアンフT120ボンネビル(英) ●ブルーノ・ムナーリ『きりのなかのサーカス』	日本初の超高層，霞ヶ関ビル完成．九州芸術工科大学創立 ●ホンダ・ドリームCB750Four ●アイワTPR-101 ●マスセット・木登り林 ●家具化された装置 ●CTG「Return to Square」 ●瀧口修造『マルセル・デュシャン語録』	パリ，5月革命．文化庁発足，文化財保護法改訂．大学騒動激化．川端康成，ノーベル文学賞受賞
69	●キンベル美術館(-1972，米) ●グリニー団地(仏)	日本産業デザイン振興会設立 ●旅行時間マップ	アポロ，人類初の月面着陸
1970	●パウリスタ大通りの道路標識(ブラジル) ●テライロンBA22(仏)	大阪で日本万国博開催．千里ニュータウン建設．日本産業デザイン振興会ショールーム開館．日本宣伝美術会解散．工業製品使い捨て化流行 ●ダットサン240Z ●川野洋「Simulated Color Mosaic」	東京に大気汚染公害発生．原子力船「むつ」進水

年代	世界のデザイン	日本のデザイン	社会の動き
71	バウハウス50年展(各国を巡回) ローマクラブ『成長の限界』刊行 ●コーディネイテッド・ストリートファニチュア・システム(英)	●ゼロックス新聞広告 ●山名文夫「習作」 デザイン協議会(DC)発足．大阪デザインセンター発足．デザイン奨励審議会「70年代のデザイン振興政策のあり方」について通商産業大臣に答申．家具の歴史館東京晴海に開館 ●カップヌードル ●東京家禽センター	バイコロジー運動．日本列島改造論
72	●Shell Oilロゴ(蘭) ●セントラル・ベヘーア保険会社(蘭) ●ミュンヘンの歩行都市空間(独)	●ホンダ・シビック ●ヤマギワ・KシリーズS471 ●アメリカ文化センター(東京)のグラフィックサイン	沖縄復帰
73	●シドニー・オペラハウス(豪) ●ジェンクス『現代建築講議』 ●エリック・カール『うたがみえる』	世界インダストリアル・デザイン会議(京都)．デザイン・イヤー，ICSID日本大会京都で開催 ●SONYロゴ ●営団地下鉄サインシステム(東京)	ベトナム戦争終結．石油危機で物価上昇．江崎玲於奈，ノーベル物理学賞受賞
74	●ランボルギーニ・カウンタックLP400(伊) ●『ヨーロッパ地図』 ●アメリカ運輸省のピクトグラム(-1979)	工芸財団，国井喜太郎賞創設．『工芸ニュース』誌休刊 ●鴨池海浜ニュータウン(鹿児島)	省エネルギー省資源対策強化．経済成長率低下．狂乱物価．オカルト・ブーム．佐藤栄作，ノーベル平和賞受賞
75	●ポール・ランド「IBMコンピュータ」	財団法人伝統的工芸品産業振興会設立．日本産業デザイン振興会に地方産業デザイン開発センター開設．沖縄国際海洋博覧会 ●フロムファースト(東京) ●資生堂ブティック「ザ・ギンザ」(東京) ●角川文庫ポスター	山陽・九州新幹線開通．ベトナム戦争終結
76	国際インテリアデザイナー団体連合(IFI)発足 ●シアトル・フリーウェイ・パーク(米) ●ミルトン・グレイザー「世界貯蓄会議1976」 ●レ・リナンデュ−セルジーポントワーズの集合住宅(仏) ●『Rules of the Game』 ●ワシントン国立動物園サイン計画(米)	日本デザイナー・クラフトマン協会，社団法人日本クラフト・デザイン協会と改称．「デザイン業」の項，日本標準産業分類に新設 ●パルコポスター ●大橋正「ラディッシュ」	
77	●色彩の地理学(仏) ●ポンピドゥー国立芸術文化センター(仏)設立	国立民族学博物館(大阪)開館 ●森英恵，パリ・オートクチュール会員となり日本人として初めて進出 ●シャープGF-202ST 桑沢洋子没	日本，静止気象衛星「ひまわり」打ち上げ成功 情報誌『ぴあ』創刊
78	●イタリア広場(米)	世界クラフト会議(WCC)京都で開催．日本グラフィックデザイン協会(JAGDA)設立 ●ブナコ・木の大鉢	日本語ワープロ，急速に普及
79	●ナイキ・エアーシリーズ(米) ●サロモンSX-90Equipes(仏) ●ザ・プリンス・クラシック(米) ●レ・アール広場(仏) ●サンダー・イオンゲストレーム社(瑞) ●テーブルの風景(米)	伝統的工芸品産業振興協会の工芸センター開設．アスペン国際デザイン会議，「日本と日本人」をテーマに開催 ●ソニー・ウォークマンTPS-L2 ●オリンパスXA ●杉浦康平『全宇宙誌』装幀	イラン革命 テレビゲーム「インベーダー」大流行
1980	●ブラウン・クオーツ(独)	第1回日本文化デザイン会議開催．グッ	イラン・イラク戦争(-1989)．パーソナ

[凡例]米＝アメリカ，英＝イギリス，伊＝イタリア，ウ＝ウクライナ，豪＝オーストラリア，墺＝オーストリア，蘭＝オランダ，カ＝カナダ，西＝スペイン，瑞＝スウェーデン，ス＝スイス，チ＝チェコ，独＝ドイツ，ハ＝ハンガリー，仏＝フランス，フ＝フィンランド，ベ＝ベルギー，露＝ロシア．●＝第1部で取り上げられた事項を指す．

年代	世界のデザイン	日本のデザイン	社会の動き
	●ブルガリ・エキセントリカ(伊) ●ハーバープレイス(米) ●J.C.デコー社の電子情報装置(仏) ●インダストリアル・デザイン優秀賞—IDEA ●コンサートポスター ●ジョン・ウィットニー『ディジタル・ハーモニー』	Gデザイン選定事業にデザイン大賞やロングライフ特別賞を新設．日本記号学会設立 ●ソニー・プロフィールKX-27HF1 ●ナショナルSL-10 ●富士通OASYS100	ルコンピュータ(パソコン)が普及
81	工業，グラフィック，インテリアの三デザイン領域の国際「81デザイン会議」，ヘルシンキで開催 ●メンフィスのデザイン活動 ●フランス国鉄TGV ●IBM・PC(米) ●ガンター橋(ス) ●チャールズ・キーピング『THE HIGH-WAYMAN』 ●ザ・プリンス・グラファイト(米)	神戸ポートアイランド博覧会「ポートピア81」開催．小池新二没 ●セイコー・ランナーズS229 ●田中一光「日本舞踊-UCLA」	
82	●ハーレー・ダビッドソンFXR-S(米) ●ドゥカティM900(伊) ●アラヤSP-1(米) ●架空の惑星から見た架空の地球(米)	コンピュータグラフィックス82(東京)開催．JAGDA第1回コンピュータ・シンポジウム ●西武百貨店新聞広告	東北・上越新幹線開業
83	●アウディ100(独)	国際デザイン交流協会設立．第1回国際デザインコンペ．日本コンピュータグラフィックス協議会設立．CG注目浴びる．勝見勝没 ●任天堂ファミコン ●ヤマハDX-7 ●筑波センタービルの広場 ●多摩ニュータウン鶴牧・落合地区 ●啓愛社軽井沢山荘庭園 ●出原栄一「樹木」	新興工業国の製品，日本市場に溢れる．
84	●アップル・マッキントッシュ128k(米) ●ホートンプラザ(米) ●『Emigre』誌創刊 ●NASA(アメリカ航空宇宙局)ロゴ	住宅改築の日本リフォームセンター設立 ●Mチェア ●加賀御麩師「宮田」看板	NTTキャプテン・システムの営業開始
85		●ナショナル・アルファチューブTH28-D01X ●EXPO'85筑波科学万博ストリートファニチュア ●東京コレクション開催 ●NTTロゴ	円高ドル安．東京の地価暴騰
86	●EUロゴ ●海岸のある風景(米) ●『Octavo』誌創刊 (-92)	東京サミット開催 ●兵庫県出石	
87	●コネクション・マシンCM-2(米) ●Coca Cola ロゴ(米) ●ベック・デ・ローダ-フェリペII世橋(西) ●ラ・ヴィレット公園 (-1998，仏)	●銀座伊東屋「赤いクリップ」 ●ソニー・ドデカホーン	
88	●シタデル・アウトレット(米) ●Research in Modern Typography ●ソラーナのサイン計画(米) ●ニューヨーク・タイムズスクエア(米)	●ナショナル・セパレNI-N2000L ●漢那ダム(沖縄) ●JR東日本標準サイン	ソ連でペレストロイカ，大統領制発表

年代	世界のデザイン	日本のデザイン	社会の動き
89	●デファンスの新副都心(仏) ●タイムズスクエア(米) ●パニックス・ダム(ス) ●デザインミュージアム(ロンドン),ヴィトラ・デザイン・ミュージアム(ドイツ,ヴァイル)開館 ●meta-1 1989(英)	●世界デザイン博覧会(名古屋) ●トヨタ・セルシオ ●サントリー広告 ●戸田ツトム『森の書物』	昭和天皇崩御，年号「平成」に改元．天安門事件勃発(北京)
1990	●クヴィエタ・パツォウスカー『ふしぎなかず』	1990年10月1日を「デザインの日」に制定 ●ボルボ新聞広告 ●ハイテクガラスの樹 ●京漬物「西利」看板 ●河原敏文「In Search of Muscular Axis」	東西ドイツ統一
91	●FUSE 1fontshop international 1991 ●事務椅子ピクト(独)	●シャープ液晶ビューカム ●NTTDoCoMoロゴ	EC統合．湾岸戦争勃発
92	●アンドレ・シトエン公園(パリ) ●ディジタル・エクイップメント社(瑞)	●杉田豊『にらめっこ』 ●セイコーエプソンΣ5000	
93	●ニュートン・メッセージパッド(米) ●グリューネ・ウー(独) ●ナショナル・オーデュボン協会(米) ●ルチアーノ・ベルティ『ウフィツィ美術館ガイド』		
94	●ユーロトラム(仏) ●ネットスケープ・ナビゲータ(米) ●ベネトン広告(伊) ●LRT環境整備とストリートファニチュア(仏) ●バスストッププロジェクト(独)	●ソニー・プレイステーション ●鶴見つばさ橋(横浜) ●関西国際空港旅客ターミナルビル ●大阪市立総合医療センター ●藤幡正樹「impressing velocity project」	
95	●フリモントストリートのアーケード(米) ●BCリフト(デンマーク)	●レインボーブリッジ(東京) ●現代の茶室	阪神淡路大震災
96	●デンマーク国鉄第4次S-Tog(S4) ●USロボティクス・パイロット1000/5000（米) ●フェストCDD9.6ES(独)	●マキタ・充電式ドライバドリル ●シマノ・デュラエース7700系 ●前田ジョン「Morisawa」 ●センソリウム「BREATHING EARTH」	
97	●スファブルグ広場(蘭) ●ZKM芸術メディアテクノロジーセンター	●勝井三雄「ミヤケイッセイ・プリーツポスター」 ●資生堂オイデルミン	
98	●フォルクスワーゲン・ニュービートル(独) ●スウォッチ・ビート(ス) ●チバウ文化センター(ニューカレドニア) ●ウッドランドパーク公園のランドマークイマジネーション(米)	●ブリヂストン・トランジットT20SCX ●パナソニック・トレンクル6500 ●コンビ・プリムターン ●ハンディ・バーディ ●日吉ダム(京都) ●札幌モエレ沼公園(-2004) ●東京駅八重洲口テレワークセンター ●臨海副都心台場地区 ●モロゾフ・チョコレートショップ北野工房のまち	
99	●セインズベリー・グリニッチ・ペニンシュラ(英) ●プロジェクション・クロック・ジオ(米・香港)	●ミニィ・バーディ ●ソニー AIBO ERS-110 ●ホンダP3モデル ●石崎豪「WIGGLET」 ●渋谷の大型画像表示群	
2000		●せんだいメディアテーク(仙台) ●さいたま新都市サイン計画	

[凡例]米＝アメリカ，英＝イギリス，伊＝イタリア，ウ＝ウクライナ，豪＝オーストラリア，墺＝オーストリア，蘭＝オランダ，カ＝カナダ，西＝スペイン，瑞＝スウェーデン，ス＝スイス，チ＝チェコ，独＝ドイツ，ハ＝ハンガリー，仏＝フランス，フ＝フィンランド，ベ＝ベルギー，露＝ロシア．●＝第1部で取り上げられた事項を指す．

年代	世界のデザイン	日本のデザイン	社会の動き
02	●ポツダム広場のソニー・センター(独)		

[宮内　悊]

■文献
阿部公正監修：世界デザイン史，美術出版社，1997．
出原栄一：日本のデザイン運動，ぺりかん社，1989．
小成隆俊編著：欧米比較情報文化年表，雄山閣出版，1998．
図説日本文化史大系編集事務局編：図説日本文化史大系(全13巻，改訂新版)，小学館，1967．
BRITISH DESIGN AT HOME, The Victoria & Albert Museum, 1994.

東京都庭園美術館・社団法人国際芸術文化振興会企画編集：リバティ・スタイル展，国際芸術文化振興会，1999．
内山武夫監修，NHK大阪放送局：モダンデザインの父ウィリアム・モリス，NHKきんきメディアプラン，1997．
吉田光邦編：万国博覧会の研究，思文閣出版，1986．
森仁史編：デザインの揺籃時代，東京美術，1997．

第2部 デザインと生活・社会

1. 家庭生活のデザイン
2. 公共環境のデザイン
3. デザインのエコロジー
4. 福祉社会のデザイン
5. 伝統文化のデザイン
6. 地域振興のデザイン

2|001 概説

■草ぼうぼうの空間の大切さ

「二つのビルに挟まれて,草ぼうぼうの空地があるとしましょう.デザイナーたちは,そこを,楽しい遊具やベンチが置かれた公園にしたいと考えるでしょう.建築家たちは,そこに,ユニークな形状の建築物を建てたいと考えるでしょう.しかし,素人の私は,専門家の皆さんとは違って,草ぼうぼうの空地のままにしておきたいと思うかもしれません」.かつて,湯川秀樹博士は,デザイナーと建築家たちの集まりの中で,このような問題提起を行った.この湯川博士の問題提起は,草ぼうぼうの空地を巡ってもさまざまな見方があることを説くとともに,「人間にとって,草ぼうぼうの空地とは何か」を考えることなくしてそれに手を加えていくことの危険性を訴えたものといえる.

いうまでもなく,デザインは芸術活動そのものではない.芸術は,芸術家自身の感性に依拠した芸術家自身の心情の吐露そのものである.芸術的創作活動は,その意味において,芸術家それ自身の中で完結している.しかしながら,デザイン行為は,確かにそのような芸術的要素を含むものの,デザインする者それ自身の中だけで決して完結しない.草ぼうぼうの空地を公園に改造するか,そこに建造物を建てるかは,デザイナーや建築家が独自に決定できることではない.仮に公園に改造するにしても,遊具やベンチを設けることの必要性自体から検討を重ね,最終的には周辺住民との間での合意形成が求められる.仮に建造物を建てるにしても,その機能に対応した構造と形態を,周囲の景観との調和も考慮しながら,構想していかなければならない.湯川博士が説くように,より根本的には,「草ぼうぼうの空地のままにしておきたい」という考えをも視野に入れて,「どのような状態が最善であるか」を多面的角度から考察することが,デザイナーや建築家には求められる.このことは,デザインが,すぐれて,人びとの生活や社会そのものと緊密に結びついた社会的実践であることを意味している.

■「あるべき生活」の計画・設計行為としてのデザイン

デザイン(design)の語源は,「指示する」「計画を立てる」などを意味するラテン語のdesignareである.この原義が示すように,デザインとは,ある一定の目的を心に描きその実現をめざして企てを立てること,すなわち,計画・設計を行うことである.ところで,デザインがその実現をめざす一定の目的とは,何なのであろう.それは,いうまでもなく,「あるべき人間生活の構築」である.プロダクトデザイン,グラフィックデザイン,エンバイロメントデザインなど,すべてのデザイン領域がその実現をめざす目的とは,いずれも,「あるべき人間生活の構築」にほかならない.

このことは,とりもなおさず,デザインが,単に物質の美的生産に寄与する芸術的一領域にとどまらず,人間の生活形態・生活技術・生活秩序など,人びとの生活の形式と内容を豊かにするものであることを意味している.こうして,デザインとは「あるべき人間生活の構築」を目標とするすぐれて社会的な行為である.

■「当為」と「存在」

「あるべき人間生活の構築」に向けての計画・設計者であるデザイナーは,当然,「あるべきこと」に関して広く豊かな造詣を有していなければならない.「あるべきこと」に強い関心を抱き,「あるべき人間生活」についてのイメージが構想されているとき,初めて「あるべき人間生活の構築」に向けての計画・設計を展開することができるからである.この「あるべきこと」を,哲学の世界では当為(Sollen)と呼んでいる.

では,「あるべき人間生活」を構想するにはどうしたらよいのだろうか.「あるべきこと」は「あること」と対極をなしている.したがって,「あるべき人間生活」は,「ある人間生活」への内省なくしては,構想できない.「あること」に満足している中からは,決して,現実に内包されている人間生活のさまざまな課題を発見できないし,その「あるべき」方向性も見出し得ない.こうして,「あるべきこと」「当為」の世界は,同じ哲学の世界で「存在」(Sein)と呼ばれる「あること」への内省を通して,初めて想起されてくるのである.

人類の歴史は,「存在」の中に問題を発見し,その問題を解決しながら「当為」の世界を模索・構築することの繰り返しであった.その結果として,人類史の最先端に位置している私たちは,今や,過去のいずれの時代よりもさまざまな点で優れた現代を築き,日常的にも非日常的にもその恩恵に浴しているといってよい.しかし,人類史上で最も優れた現代という時代のなかに,いささかも問題は存在しないのであろうか.

「当為」を導くのには「存在」そのものに関する総点検が不可欠である.以下,この視座に立って,現代という時代の総点検を若干試みることにしよう.

■均一性・一様性の検証

機械による大量生産の主導原理は,経済的効率性に

裏打ちされた均一性と一様性に代表される．しかしながら，これまで疑うことのなかったこの原理を，今や再検討する必要がある．一つの雛型(model)を大量に複製(copy)する手段としての機械は，確かに，豊かな物質文化をもたらした．しかしながら，均一性・一様性は必ずしも「豊かさ」の絶対的基準ではない．

私たちは，人間が機械を支配するのであり，機械は人間の従属物であると考えてきた．人間の心や価値観が機械によって侵害されることはないと考えて疑わなかった．しかし，個々人の生活様式が均一化・一様化している今日の現実は，個々人の心の世界が均一化・一様化していることの反映といえないか．そうだとしたら，私たちは，まだまだ人間的生活の創造手段として機械を使いこなしていないことになる．

今，均一性・一様性という機械そのものの哲学を超えて，いかにしたら真の意味で人間が機械の主人公になれるかを真剣に模索する必要がある．そして，絶えず，「豊かさ」の検証を行う必要がある．

■人間と人間社会の復権

人工頭脳やオートメーション機能を満載した工業製品の洪水の中で，今日の私たちの生活は大きく規定されている．枚挙にいとまがないほどに便利な工業製品が，私たちの生活の中に取り入れられている．しかし，「限りなく便利な生活」を提供してくれる人工頭脳やオートメーションに対する私たち人間の自律性が消失していくとすれば，技術が人間を支配することになる．そして，技術の専制下では，人間の個性は屈服し，人間の主体性も喪失されていく．

今日の高度に発展した技術や新材料をもってすれば，私たちのおよそすべての欲望を満足させる製品や環境を創造することが可能であるだろう．その意味で，現代は「不可能なことがない時代」である．それゆえにこそ，「何を創作し何を創作しないことが大切であるか」を見極める必要性がある．「いかにして」という方法上の問題をほぼ超克した時代であるからこそ，「なぜ」「何を」が真剣に問われなければならない．

便利な省力化された製品を大量に社会に送り出す結果が，もし人間の本来もっていなければならないさまざまな資質，たとえば，モノを創作することの喜び，モノを使うことの楽しみ，モノを慈しむ心などを蝕むことに通じているとするならば，そのような製品の計画・設計は中止されねばならない．人間がより人間らしくなるためにこそ，これまでのモノづくりがなされ

てきたと同じように，今後も，モノづくりは「人間の人間化」のためにこそ展開されなければならない．

■自然との共生の哲学と実践

今日ほど自然との共存が問われている時代はない．湯川博士が問題提起したように，草ぼうぼうの空間がこの地球から失われていく中で，今日の私たちは，改めて自然の大切さに思いを巡らしている．経済効率至上主義にもとづいて豊かな物質文明を手にすることができた代償として，私たちは，この地球を痛めつけ犠牲にしてきた．この地球の有限な資源を過度に搾取し，モノづくりする過程で大量のエネルギーを使用してきた．また，大量の産業廃棄物が排出され，地球的な規模での汚染を進めてきた．

今日，地球環境全体のあり方が見直される中で，およそすべての産業は，「この地球をどうしていこうとするのか」「この地球の有限な自然資源とどのように付き合っていくのか」という課題に直面している．

かつての手づくりの時代にあっては，この地球から適度に資源をいただき，資源をいただけることに感謝しつつモノを生産し，モノを慈しみつつ生活の中で用い，モノに寿命が到来すると再び地球に戻すという循環的なサイクルが貫かれていた．工業化社会になってからは，このような自然との矛盾のない関係が崩れてしまった．プラスチック製品は必ずしもすべてが地球に戻り得ているのではない．その処理の過程の中で，大気中に害悪を放出しているものも決して少なくない．結果として，自然を痛め続けている構造がまだまだ改善されてはいない．

デザインがモノの形態・色彩などの表面的性状を決定していく行為のみでなく，人間の生活文化全体のより健全な構築をめざすものであることを考えると，上記の諸問題は，いずれも，デザイン領域の中で真剣に考究されていくべきことである．人間愛・人類愛とともに有限の自然に対する愛に満ちた哲学に立脚して，私たちは，「あるべき人間生活の構築」に関する計画・設計を展開していかねばならない．

〔宮崎　清〕

■文献
宮崎清：21世紀に向けてのデザインビジョン．インダストリアル・デザイン（森典彦編），朝倉書店，1993．
Walker, J. A.: Design History and The History of Design（栄久庵祥二訳：デザイン史とは何か，技報堂出版，1998）．

2|101 生活設計としてのデザイン

■生活設計としてのデザイン

　生活を設計する．生活をデザインする．この二つの言い方について，考えてみよう．

　生活することとデザインすることとは，言葉を定義するような場面では，ほとんど同義といってよい．設計もデザインも，計りごと，企りごとを具体的な行為で形に決めこむこと，設定を設けることをいう．

　本来同義である二つの言葉が，日常語として用いられる場面では，やはり意味の含みがちがう．生活設計と生活デザインの二語の間には意味の隔たりが，確かにある．それは一つのことの二つの側面をいっているように感じられる．

　生活設計とは，生活を展開していくためのシナリオ，楽譜のようなものであり，生活デザインとは，シナリオにあやをつけて演出し，演技すること，楽譜にめりはりをつけて演奏することにあたるのではないかと思われてくる．

■生計を超えて，生活

　生活の第一義は生きていることをいう．医学の方では，生命を保っていることを証す兆候のあることを「生活反応がある」という．第二義としては，経済的に生活していけることをいい，「生計を立てる」ともいう．経済学，家政学，生活白書などでは，この意味の範囲で，「生計＝生活設計」という言葉を用いている．個人または家族の収入・支出の経年変化を予測し，収支計画を立てることを，ライフステージ設計，生活段階設計，略して「生活設計」といっている．

　しかし，生活とは，経済的に暮らしが立てばよいというものではない．「より豊かな生活を」といった表現をするときに想起される生活の内容，質を含めて生活を組み立てたい．そんなふうに生活の意味内容を拡張し，深めてとらえようとするとき，生活は生計に加えられて，質的な，美的な秩序をもった，歴史的な時間も含めたドラマの演出として，生活のありようが企画され，設計される対象となる．

　そうした生活を企り計っていこうとするとき，生活設計に対して生活デザインという言葉が浮上してくるのである．

　経済的な生活基盤を設定するのがライフステージ生活設計ならば，その条件のもとにどう生活展開をしていくかの工夫がライフスタイルデザイン，生活様式デザイン，略して「生活デザイン」ということなのである．

■生活風景をデザインする

　日本の古都を訪ね，欧米の町々を通りすがるとき，そこにはそれぞれの持ち味のある風景に心うたれる．街路のありようから建物のたたずまいに，親しめる個性がある．その町を作り上げた人びとの感性，美意識，秩序感，共に住む作法があることが，感じられる．そうした個性ある魅力を構成する最小単位は，個々人の生活の場面である．

　欧米の家庭を訪れると，その生活景観，住まいの風景が非常によく整えられているのに，舌を巻く思いがする．日本では，伝統的な建物を残す旧家を訪れると，整然とした秩序に目を瞠ることがある．どうも日本の現代住居だけが，暮らしの場としての秩序を失い，美意識が活かされかねているように見受けられる．これはどうしたことだろうか．

　欧米では，家を保つ者（ハウスキーパー）たる主婦の職責としての家事のうちに，壁紙を選びなおして貼り替えるインテリアデザインや，器物を飾りつけるインテリアコーディネーションが含まれている．日本では，旧時代の亭主が，床の間の掛け軸を時節に応じて替え，出入の庭師や大工に美意識と見識をもって指図していた．亭主が茶道具を見つくろい，客人に亭主自ら茶をいれるのが最高のもてなしであった．花を活けるのは主婦の仕事であったし，冬座敷を夏座敷に仕替えること（京都では「建替え」という）も女仕事でやってのけた．生活デザインは暮らしの作法にしっかりと組み込まれていたのであった．

　生活のしかたへの知識（方法），見識（価値判断）を深め，感性と美意識を磨いていくと，生活景観，暮らしの風景にある個性をもった秩序のありようが立ち現れてくる．秩序とは，オーダーであり，システムであり，それを実行していく手順，作業方法（略して「作法」）の謂である．

　日本の伝統にみる生活設計の演出，演奏としてのデザインは，ある完成をみていた．季節感の演出は，四季の移り変わる日本での，生活デザインのメインテーマであった．たとえば先述の夏座敷は，襖，障子を簀戸に替え，間仕切りには巻簾の御簾を垂らし，軒先に陽除けの簾を掛けまわし，畳の上には竹皮を編んだ，肌ざわりの冷たい網代（うすべり）を敷いた．卓上の煙草盆に，冬には土物を置き，夏には目に涼しいクリスタルガラスに替えた．衣服にも器物にも，冬もの，春もの，あいもの，夏もの，秋ものの区別があり，仕舞い替えによって生活の舞台の配役が刷新された．季節

❶日本の伝統的デザイン例

感の演出は，器物の材質転換や色，柄の選択に加えて，光の調節，音のデザイン，空気の流れづくり，水の活用（打ち水），そして庭木の盛衰も背景づくりにあずかっていた．まさに五感の設計術として，生活デザインのシステムは作り上げられていた（❶）．

現代日本の生活景観が秩序と美を失っているのは，多くのものが，住まいのありようまで含めて，新しいものに替わっていって，それらを五感になじませて用いていく暇(いとま)がなかったせいであろう．生活デザインを立て直すには，モデルデザインとしての伝統的生活がもっていたデザインのあり方を学び直すことから始めるべきであろう．

■誰が，デザインする

生活をデザインするのは，究極的には生活をする人自身でなければならない．生活者自身の美意識，感性，価値観によって形成されるライフイメージは，察知しきれるものではないし，押しつけもできない．

生活者自らのライフイメージを大切にすることが，生活デザインの始まりといってよいだろう．生活者の生活デザイン力は，ライフイメージを深めることと，その対応方法の学習が必要である．「学ぶ」ことは「真似(ま)ぶ」ことといわれる．日本の伝統的な生活デザインは，相互に学び，真似ぶことの集積として，構築されてきたのである．

ライフイメージを深めるには，生活を大事に見つめていくしかない．より高い質を求め，感性，五感，美意識を磨いていくとき，望ましいものと望ましくないものの見分けができるようになり，生活の組み立てと

しての生活景観，生活風景に，一つの個性をもった秩序の美が立ち現れてくる．「人柄」というときのように，個性ある生きざまが生活景観に立ち現れる．本来，「家柄」という言葉も，そういう住まいのありようをいったのであろう．

生活デザインが，このように生活者自身の自己表現である限り，職能としてデザイナーの立ち入ることのできないデザイン領域である．もちろん，生活への美意識と見識に磨きをかけたデザイナーなら，よきアドバイザーとなり，よきアシスタントとなることはできよう．しかし，現代のデザイナーは得てして生活感覚を欠き，実生活をよく知らず，自らの生活をよくデザインしきれていない人が多い．生活感覚を欠いたものが人さまの生活デザインに介入することは，おこがましい限りといってよい．

デザイナーが生活デザインの向上充実に資することのできる唯一の道は，デザイナー自身の生活の場をデザインしていくことである．デザイナーの自宅を，新しい生活デザインモデルとして学び，真似びのモデルとして世に提供していく，そういう役割がデザイナーの職能として課せられているのである．

欧米の名だたるデザイナーの自邸に招かれて目を瞠るのは，いずれ劣らずそれぞれの感性，美意識による美と秩序をしっかり築き上げていることである．生活を知っているな，生活デザインができているなと，つくづく思い知らされるのである．

インテリアデザイナーは自分の家に置きたい家具をデザインして，世にも送り出している．テキスタイルデザイナーは自分の家に掛けたいドレープの色柄を作り出している．インダストリアルデザイナーは自分の家の食卓にふさわしい食器や食具（ナイフ・フォークなどのセット）をデザインし，日々用いている．生活デザインにかかわるデザイナーは，まず生活者としてプロフェッショナルでなければならず，自らのライフイメージを自ら具現して，生活を楽しむ生活デザイナーでなければならない．

[曽根眞佐子]

■文献

川添登・一番ヶ瀬康子編著：生活学原論，光生館，1993．
GK道具学研究所編著：住まい考，筑摩書房，1987．

2｜102　ハレとケのデザイン

　人間の生活原理には，いずれの民族にあってもハレ（晴れ）とケ（褻）という対立する二つの側面があり，それに対応した物質文化の意匠・デザインがある．広い意味でのデザインが生活文化を創造する行為であるとするなら，人間生活の中に遍在するこのハレとケの原理を見逃すことはできない．

■日本の伝統的生活原理としての「ハレとケ」

　ハレとケの概念は，もともと日本民俗学において発見され，日本の民俗研究，常民の生活様式分析の鍵になる独自の概念である．ハレが年中行事や神事および人生儀礼（出産や婚姻など）の特別に改まった機会を指し，それ以外の普段の日常をケと呼ぶ．この対立するハレの時とケの時を峻別するのがかつて常民の生活感覚であり，それは稲作農耕を基盤として成立した（ハレの神事には，ケの稲作農耕の感謝と祈願が表現される）とするのが民俗学の一般的な理解であった．近年の民俗学ではこのハレとケの2項対立にケガレを加えた3項関係に関する理論（ケを農業生産を可能にするエネルギーとし，これが消耗することでケガレが生まれ，それを回復するのがハレであるとする3項循環論など）も提起されている（坪井，1982および宮田，1985）．

　ハレとケを日本人の民俗的世界の分析概念から拡張して，広く人間生活の中に遍在する日常（ケ）と非日常（ハレ）の律動（区切り・けじめ）として考えることもできる．日常の生活とは，ともすればさまざまの生活行為の単調な繰り返しの時間の連なりでしかない．これに対して，集約的な区切り・けじめにあたる濃密な時間（儀礼などの宗教的営み）が多くの民族に存在する（清水，1978）．この非日常のときにあっては日常では禁止されている逸脱や興奮が許され，しばしば奨励されたりもする．生活の流れの中には，このような日常・非日常の秩序があり，それは宗教的世界観の中に生きる伝統的社会ばかりでなく，現代社会の中にも見出せる．いわゆるハレの日，ハレの場にあっては可能な限りでの最高の生活文化の表現として，普段の日常とははっきり異なる行動様式や意匠が選び取られる．これを人間の文化一般の本質的特性の一つと見ることもできる．生物学的欲求の充足ではなく，文化的欲望を満たす快楽の追求に文化の成立をみる見方（丸山，1984）によれば，（しばしばハレの場において行われる）過剰の蕩尽こそが文化であり，そこに人間の生きる喜びがあるとされる．

■ハレのデザインの総合としての祭

　ハレの場にあってはそれに対応したハレの意匠・デザインがある．このことを最もよく例証するのが，祭礼であろう．各地に伝承されてきた祭（神祭り）にあっては，祭の開始から終了までのプログラム（進行の手順），参加する人の行動や所作，衣装や化粧，祭の中心として登場する物質的備え（神殿飾り，御輿や山車，御神体，依代），祭の空間を作り出す備え（注連縄，御幣，祭提灯，旗，幟），音と響き（囃子，かけ声，太鼓，鉦），祭の飲食（御神酒，直会）などの総体がハレの場として「デザイン」されている．視覚的デザインのみならず，人間の五感が感受するすべてのデザインがあいまって，独特の祭体験としての緊張や高揚，興奮などが生まれる．

　日本の伝統的なハレのデザインの好例として，祭の

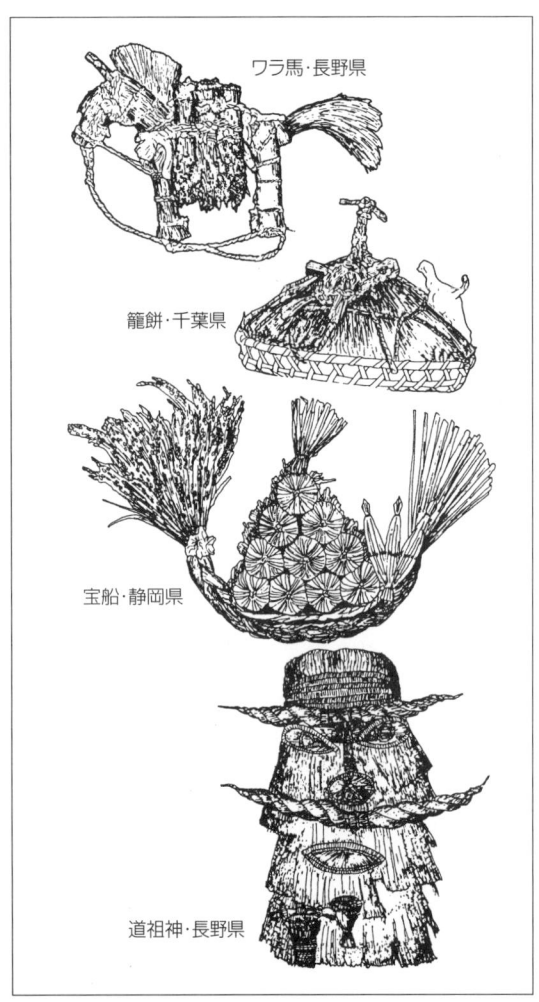

❶ハレにおける藁製神具（宮崎，1985）

他にも，各種のシメ縄（注連縄）の意匠やその用い方を挙げることもできる（2｜106参照）．

■「ハレとケ」の意匠，モノと空間の事例から

ハレとケの使い分けに対応する物質文化の意匠もある．たとえば，日本では稲作の副産物としての藁を日常の生活全般において活用してきた．その一方で，年中行事や人生儀礼などのハレの機会にも，神とのコミュニケーションを目的とするさまざまなかたちの藁製の神具，造形物（❶）が作られてきた（宮崎，1985）．その造形感覚は日常用の藁製民具とは明らかな違いがある．

また，ハレとケそれぞれの機会に対応するために，生活空間には使い方の階層的な秩序があった．四間取りの農家住宅の一例（❷）では，そこで行われる生活行為との対応から，内部空間は日常（昼・夜）と非日常の領域に区分することができ，四つの畳間の性格は，ハレ（奥座敷）とケ（納戸）の二つを極とする質的位相の中に連続的に位置づけられている（福島ほか，1977）．

■現代社会にも「ハレとケ」はあるか

ところで，ハレとケの律動・区分は，現代社会にも伝承されているのだろうか．ハレとケを狭義にとらえれば，農耕を中心とした文化，農耕神をめぐる民俗から離れ，ハレ（非日常）の次元の生活がケ化（日常化）したこと（ハレのケ化．たとえば日常的な飲酒，日常的な米食など）によって，ハレとケの原理は衰退・消滅したことになる（坪井，1982）．しかし，祭や年中行事の存続や復興などに見るように，広い意味でのハレとケ（ケ化したハレ）の律動・区分は，現代にあってもかたちを変えながら残っている．いわば，ハレとケは混在化しつつ今も変動の過程にあるのではないか．

■次代のデザインのための思考仮説として

従来優勢だったデザインの思考は，モダンデザインの近代主義的思考であった．これに対して，ハレとケという民俗的思考は，一見きわめて対立的である．とくに近代主義的デザイン思考の特徴である，普遍主義，機能主義，装飾の否定とそれに付随する一定の美意識（シンプル・モダン）の規範化が行き渡る過程において，抜け落ち，捨てられた生活文化は多い．これは洋風化＝近代化を進めてきたこの100年あまりの日本をはじめとする非欧米諸国にとくに著しい問題であろう．

ハレとケの民俗的思考と近代以降のデザイン思考とをつき合わせてみることによって，新たなハレとケの律動，あるいはその等価物を作り出すような生活様式・生活文化のデザイン（それは物や空間の外形操作とは限らない）の構想が生まれてくるかもしれない．

［面矢慎介］

■文献

清水昭俊：生活の諸相．現代文化人類学（石川栄吉編），pp.41-53，弘堂，1978．
坪井洋文：稲を選んだ日本人，pp.205-221，未来社，1982．
福島慎介ほか：農家住宅の構成と使い方にみられる秩序性・大和高原都祁村の場合．デザイン学研究，26：66-67，1977．
丸山圭三郎：文化のフェティシズム，pp.113-117，勁草書房，1984．
宮崎清：藁Ⅰ，pp.156-191，法政大学出版局，1985．
宮田登：新版・日本の民俗学，pp.228-229，講談社，1985．

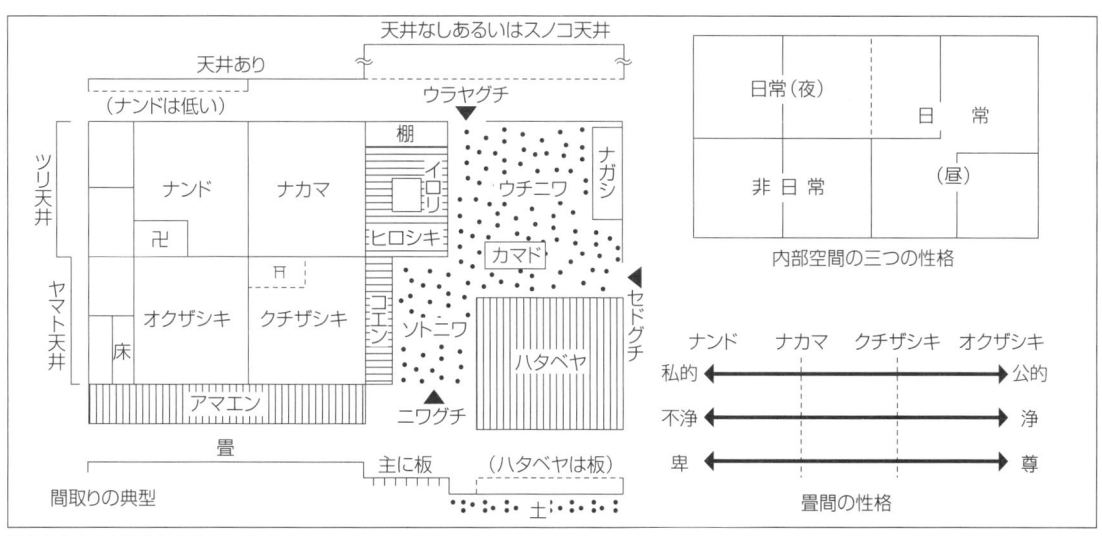

❷農家住宅の空間的秩序（福島ほか，1977）

2|103　食生活のデザイン

■食生活のデザインとは

　家庭生活を衣食住というが，重要度からいえば食衣住の順であろう．

　食べること＝食べ事は，人類においてはたくさんの矛盾（課題）をはらみ，その統合的（トータル）な解決が求められるがゆえに，計画，設計，デザインのテーマでありつづけた．

　食べ事は，個体の生命維持という第一命題を達成する，原初的な営みである．まず，食べ続けることの実現が，食料入手の共同作業を生み，分配という，個体の欲求との矛盾を生む．一方に飢える民があり，一方に飽食の民が並存する現代の矛盾に連なる．雌雄，夫婦の共棲と育児が個体の生命維持と家族共食との間に矛盾を生む．

　食料はほとんど動物や植物など生命体の屍体であるから，季節によって一斉に収穫期を迎え，食料の備蓄のための保存加工が必要になってくる．これが「調理という矛盾」の出発点である．人口が増えると，環境がもたらす食料が不足してくる．この矛盾の解決は大きく二つあった．一つは自然環境を作り変えて栽培，養殖を行う食物生産の人為化であり，これが環境と人口との矛盾の解決である．もう一つ，そのままでは食べられないものを食べられるようにする，毒ぬき，あく抜き，軟化，寄生虫の排除などの調理が発生する．豊饒を祈る神人共食の儀式食は大盤振舞の過食を生み出し，現代では宴会食の連続が生活習慣病につながっている．神人共食という食物豊饒への手続き（儀礼）が客人（まろうど・まれびと）へのもてなしという文化に引き継がれ，ホームパーティーなど，家庭の食事の場をセミパブリックな場に作る必要を生じている．一方では家族への食の分かち合いと共食による家族のコミュニケーションの場が，個々人の社会的存在としての事情から家庭の食事の場に同時に集まれなくなっていく．食卓から家族の崩壊が始まるという矛盾が現出している．さらには，家庭から出る食べ残し，手つかず食品の排出――生ゴミのたいへんな増加，水道水の異常浪水，洗剤による汚染などの環境課題を現象している．

　食生活にかかわるこれらの諸矛盾をトータルに解決していくことが，食生活のデザインの基本的課題である．

■食の文明と文化

　人間，食べ続けることが，生きることである．この一事は，なまやさしい事ではなかった．

　狩猟採集時代の食べる風景を訪れてみたことがある．そこは岩蔭遺跡で，一時期，一団の人びとが棲んで炉灰や土器などの生活痕を残して，数年で立ち去っていく．その跡を岩庇裏から剥落する岩屑が覆い尽くした頃に，次の一団が棲みついて数年，また去っていく．

　その岩蔭に立つと，見遙かす山々に潜む猪や鹿の骨が足下から出土している．見下ろせば川面が光っている，その渓谷から獲れた魚の骨や貝の殻が足下に堆積している．数年で立ち去るのは，10人に満たない小集団でも毎日を食べ続けていくと，食べていける自然環境が，数年で食べていけない環境になってしまうからだった．そこでまた食べられる環境を求めて火の場を構える，さまよえる台所の時代であった．

　この遺跡でも，縄文晩期の層からは，底面に籾痕のある土器が発掘されている．縄文農耕の予兆は，弥生の農耕社会へと拡張されていった．自然環境を恒常的に食べられる環境に作り変えて，その真ん中に住処を構え，竈を据える．台所の始まりである．

　人間，生きるために食べるのか，食べるために生きるのか．生きるために食べるのは，食の文明レベルの食べ方である．より美味しいものを，より楽しく食べるために生きる．筆者はこれが食の文化の究極の表現だと思っている．生きるために食べ続けていける体制は，食べられる環境を人工的に作り出すことによって成立した．私たちは農耕社会を築いた弥生人の末裔である．

　人類が生命を維持し，食いのばしていく工夫，肉体的充足に加えて精神的充足，健康の保持と美味の探求のために作り上げた工夫の体系は，食の文明と食の文化に大きく分けられる．

　文明とは，より安全な生存（サバイバル）を叶えるために人類が創り出した普遍的な生存の方法である．

　食の文明とは食料の確保のための人為的な生産――農耕や漁撈，牧畜であり，食料の保存加工と，安全や可食化のための火の使用，鍋や刃物の活用など，人類に普遍的な方法の体系である．

　文化とは，人類に普遍的な生存の方法――すなわち文明の，地域環境への適用とその継承，発展である．

　食の文化は，地域環境によって農耕を主とするか，牧畜を主とするかの選択から分化を始める．農耕なら環境条件によって，米の栽培を主とするのか，小麦か，雑穀か，の違い．そこから神に捧げるパンとワインの

文化，餅と酒の文化が発生してくる．

食の文化は環境への地域的適応の食物体系（システム）の上に立って，食物分配の作法，神人共食の行事食から客人に供応する饗宴の食といったハレの食の様式を生み出す．さらに，味覚と取り合わせの妙，食器の美の善し悪し——食の評価が問われてくる．美食という評価によって食べられる「料理」は，17世紀頃からヨーロッパではレストラン料理に，日本では料理屋料理として愉しまれることになるが，それが食文化の大きな評価軸として民衆のものとなるのは，ごく最近のことである．ちなみに日本では，第二次大戦以前には食事はハレの行事食を別とすれば労働力の維持のための　食であり，量目が評価基準であった．第二次大戦の戦中・戦後の飢餓時代には生命維持のための量が求められた．食の文明の維持がやっとの時代を乗り越えた1960年代には飽食の時代を迎える．その後，1980年代にやっとグルメの時代を迎えるが，美食——美味しさを本格的に愉しむ食文化が十分に築き上げられる以前に，乱食・偏食から拒食症候群など，食文化の崩壊が起こってきている．食生活のデザインの立て直しが今求められている由縁である．では，なぜ日本では飢餓時代，飽食時代の後に美食の文化の確立に至らず，食文化崩壊の危機を迎えてしまったのか．その要因として，筆者は日本の近代のほぼ100年にわたる生活近代化が，欧米の生活文化をモデルとしてきたことにあった，と考えている．

食生活のデザインは，食の文明にもとづいて地域環境から生まれる食の文化を支えるデザインである．日本の近代は西欧という異質の環境に継承発展されてきた文化の移植をモットーとしてきたが，異なる環境が育んだ文化をそのまま別の環境に移植しようとしたのであるから，多くの不都合が生じているはずである．衣の文化では，洋装一辺倒に対して，和装のよさが見直され始めている．住居も，ヨーロッパの北国においては，発達した洋風住居の非解放性に対し，もう少し親自然的な空間に戻そうとする動きがある．食生活の備えであるキッチンにも，同様の問い直しが——これは衣，住のそれに比べてかなり遅れてであるが，21世紀の課題として，なされていくこととなろう．

この意味での食生活デザインの再設計（リデザイン）という課題を大きな前提として，以下に述べるデザイン要素の再検討をもって，日本型食生活の装備をデザインの課題としていくべきであろう．

■食餌から食事へ－食べ事のデザイン

先に，生きるために食べるのは食の文明レベルである，といった．また別の表現をするなら，生命を維持するために食べるのを食餌といい，食べることを生きるのを食事といおう．さらに，食事を食べ事と読み替えてみると，その内容が豊かにふくらんで見えてくる．食べ事とは，次の各項の複合展開である．

	例 1	例 2
いつ食べる？	正月の元旦の朝	夜中の二時頃
どこで食べる？	床の間のある座敷で	受験の勉強部屋で
何を食べる？	切餅のお雑煮を	鍋ラーメンを
なぜ食べる？	よき年への願いを込めて	気分をまぎらわすために
何で食べる？	おろしたての柳箸で	安物の割箸で
誰と食べる？	祖父母を交え家族全員で	ひとりで
どう食べる？	かしこまって食べる	壁を背に足投げ出して

お正月の例は古めかしすぎるか．ならば，たとえばわが夫婦の銀婚の祝いに，永年付き合ってきた友人夫婦を招いて，マンネリ化している日常にハレの気分を，という場合を考えてみよう．いつ——×月×日夕方六時より，と招待状が出してある．どこで——オープン型システムキッチンとダイニング・リビングで．何を——各家で自慢料理を一品ずつ持ち寄り，わが家では「おにぎり百珍」を．なぜ——同年輩の友人たちの夫婦円満も祝して．何で——こんど揃えた英国W社の食器セットのお披露目を兼ねて．どう——ワイワイガヤガヤと．

食事を食べ事といえば祝い事から神事（かみごと）までが組み込まれてくる．食べ事は，意味を食べる演出要素の編集であり，デザインの対象なのである．

生きるために食べる食餌が，食べ事を生きる営みに昇華するとき，食生活のデザインは始まる．この次元でのデザインの課題は，美味しく楽しく意味ある食べ事の創造を通じて，健康を叶えることにある．

■食べ物の風景

現代の食生活は食品と調理装備の商品化が，進み過ぎているように思われる．食生活をデザインするといえば，システムキッチンの性能機能をどうアレンジして，加工済み，調理済みに近い食品をどうあしらうかの省力化，能率，便利が焦点となっているが，調理の楽しみと料理の美味の復権をめざす，食べ事デザインの修正が求められ始めている．

食生活のデザイン要素は高度に商品化されているけれども，縄文の風景に見えたように食品は生物の屍体という自然体に加工を加えたものであり，それを摂食する身体は現代の食品のあり方よりももっと原始に近い．

　食することの歓びの原点は，生命体の生命をいただいて，人間の生命をつなぐ，厳粛な儀式性（セレモニー）にある．食品の配分が流通に頼るほど，食品の原形，生命体としての形態は変形され，たとえば魚は頭を落とされ，尾鰭を落とされて，切り身，刺身から魚肉ハムなどに，抽象的な非生命的物質と化し，記号化される．

　これが，生ゴミが包装ゴミとともに大量に排出され，食物廃棄が安易に行われることになる大きな原因となっている．

　食品の抽象化，記号化は，食べられる生物の種多様性を単純化していく．魚は鯛や鮃など十指を挙げるのがやっとになり，雑魚は流通から無視されていく．同様にして，雑穀，雑菜が切り捨てられていく．食材である生命体の屍体は，食品加工産業における加工の段階で多くの部分が切り捨てられ，食品としての生命体の生きる姿が視界から遠のくほど，生命実感を喪失した食品はポイポイと捨てられやすい存在となり，食生活は浪費が多くなり，単純化し，味も落ちてくる．野生に近いトマトの味覚の濃厚さに驚き，これが本来のトマトであったかと嘆ずることがある．食品の抽象化，記号化は食味と栄養の貧困化にもつながってしまうのである．

　調理とは，食品を食べやすいように加工することであるが，その前に食材がしっかりしていなければ美味を引き出すことはむずかしい．

　食材は，田畑のありようによって，味も栄養も創出されている．田畑が，野山が，第一次の調理を決定的に行っている．その原点により近いところでの第二次調理が行われることが望ましい．太陽と水，風と土のありようによって美味と栄養を稔らせる，食材の生命体として生きている風景に，台所は近づいていくべきである．

　そうとなれば，台所は，加工度の高い食品や調理済食品をアレンジするだけの装備から，尾頭を備えた魚をおろし，五体の備わった泥つき野菜を処理できる装備を構え直すべきである．

　これが，四季にわたってとりどりの収穫をもたらす日本の環境風土に合った四季対応型日本型台所のあり方である．それでは，日本が近代化モデルとしてきた西欧型キッチンは，間違ったあり方をしているのか．そうではない．食の文明を西欧の環境風土に適応させた食文化システムは，牧畜を主軸に農耕を加えた食料体系であり，収穫には，ハム・ソーセージ・パンなどへの保存食加工を伴う食品体系を発達させていた．それに対応する調理装備は，日本の四季対応型に対して二季対応型なのであった．さらにタンやテール（舌や尾っぽ，その他の部分）も家庭料理の一品となって，まるごと食いが体系化されていた．だから，台所では火にあぶり，あるいは鍋で煮る，火の上と鍋の中が調理の場所になっている．したがって流し（シンク）は小さく，調理台もほとんどいらない．西欧型キッチン（キッチンの語源は火を扱うこと，である）は，西欧の環境から生まれた食文化を叶えるタイプを形成しているのである．

■キッチンを支えるライフライン

　食べ事の都市化が，食べる営みの基盤をいかに脆弱なものにしてしまっていたかを痛感させたのは，1995（平成7）年の阪神・淡路大震災であった．現代の文明はほんの十数秒間のゆさぶりをかけただけで崩壊し，食べ事の装備と，食べ事に深くつながっている排便の装備が壊れて，たちまち原始に戻った．燃料と水はストップし，各戸のキッチンのほとんどは食料備蓄を一週間分も保たず，冷蔵庫の中で食物は腐り出し，乾物箱はとうの昔に消えていた．調理器具の多くは電動式なので使いものにならなかった．

　送電の復旧は早かったが，それまでの間不自由をしのげたのは家族ぐるみで野外調理を楽しんできた一家であった．トイレの方は，環境負荷の大きい水洗式はいずれ改めるべきと意識されてきてはいたが，無排水コンポストイレの普及には至っていなかった．便器に，日に日に排便がうず高く積もるありさまは文明の悲哀を感じさせた．トイレの無排水化は，台所まわりの一環として，生ゴミ処理機とともに検討が始められるべきである．

　ライフライン寸断で最も困ったのはトイレとキッチンの水であった．住まいの中の水系は麻痺していて，どこにも水を溜める装備がなかったことが気づかれた．20世紀末の住居を水の視点から見ると，家の中をまるで小川が流れているような状況になっていた．その水系が遮断されたのだから，セントラルなインフラストラクチュアのみに頼るのは危険だと，インフ

ラ分散のためにコミュニティごとに汲み上げ井戸を設けようとの議論が起こったが，喉元過ぎて，どうなったのだろうか．

問題は，災害時の応急給水の自給というところには，じつはない．むしろ，住居内に水を溜める装備をもつことが必要である．

各住戸の中を流れる水は，一人一日200 l とされる．四人家族なら一年間に800 l ×365日＝約300 m^3，容量1.5 l のペットボトルにして20万本である．この浪水ぶりの結果，都市水道の浄水が間に合わず，水道の水がカルキ臭く，かび臭く，不味くなってきている．それゆえに蛇口には浄水器が取り付けられているが，水道水は貯水しておくことでカルキ臭さがかなり抜ける．貯留式浄水装置を設ければ，非常時の水の確保に有効である．さらに，浴槽の夜間電力使用のためのボイラーを二重にして保温層を水に置換すれば，さらに溜める水が増える．

そして，流しには，直接水栓を設けず，汲んでくる水とし，流しを貯留型二槽式，ないし三槽式にして汲んできた水を三度使うようにすれば，流れる水——蛇口からほと走る水の水圧をブラシ代わりの流れものに比べると，1/5までの節水は可能である．ペットボトル20万本の水を放流しているのは，住まいの水系がデザインの対象として意識されなかったために起こっている事態である．

■生ゴミの出ない台所システム

京の都は節約をモットーとするライフスタイルを究めてきた．節約を京ことばで始末という．始末とは「始めから末（おしまい）まで」の意であり，口うるさいお姑さんが「うちの嫁は始末のよい嫁」といえば，最高の誉め言葉だった．

そんな，始末のよい嫁が立ち働いていた京の町家の通り土間に，最近まで生き残っていた昔の台所を調査したことがある．

水は，水道が引いてあったが，もと井戸のあったところに蛇口があって，雑巾水にも使い，台所へは湯茶用と墨書きしたバケツや水汲手桶で運んできて，水甕に溜めて使っていた．汲んできた水はまず洗い上げに使い，その水を下洗いに，さらに泥落としにと，三度に使った．調理では，食材は切れ端でも買ってきた値段の内だと，とことん使い切るようにしていた．たとえば茄子のヘタも，刻み目を入れて他の端材と一緒に精進揚げにすれば，料理の一品になった．生ゴミ

は，もっと手をかければ一品になる食品に，手をかけないことを決めたものである．始末のよい嫁は，手間を惜しまず，生ゴミをほとんど出さなかった．

そして，竈の湯釜には，いつも大量の湯が沸いていた．食品はまるごと買ってきたから包装材は少なかったが，それでも燃えるゴミは出る．牛肉を包んだ竹の皮や蒲鉾の板，何でも燃えるゴミは竈にくべて湯を沸かしたので，燃えるゴミは出なかった．

燃えるゴミについては，今さら竈を設けるわけにもいかないので，食品包装の撤廃などの運動によって解決すべきだが，生ゴミを出さないことは，可能であり，かえってプラスの要因ともなりうる．

21世紀のキッチンの環境負荷の軽減と美味の追加を叶える19世紀型日本型台所に，日本の台所は発展的に回帰していくことが期待される．

■食生活の時間・空間・人間

食生活のデザインは，大きく時間軸のデザイン，空間軸のデザイン，人間軸のデザインの三つの視点から見ていくことが必要であろう．

時間軸——いつ食べるかは，何を食べるかと大きくかかわってくる．まず，人間の側では，生活的リズム（朝飯，昼飯，おやつ），生活リズム（三度三度と週末），めりはり（お正月，誕生日），そして食物の旬，鮮度，保存加工，食べ頃といった屍体の側の都合がかかわってくる．江戸末期には完成されていた日本型台所は，保存加工が中心で，一年の計，三年の計（例：三年味噌を順に食べる）での食べる計画に従う備え（例：漬物部屋，味噌づくりの大竈など）であった．台所の近代化，西欧化は「その日そのつど」の能率化や合理化であった．象徴的なのがNHKのロングラン番組「きょうの料理」である．日本の食材環境では明日もまた「きょうの料理」では，昨日の余りものは——生ゴミになる．少なくとも一週間の計で台所を設計し直すといった，時間軸の視点が必要である．

空間軸——どこで食べるかは，誰と食べるかとも深くかかわってくる．庭で食べる——バーベキューパーティー．台所で食べる——クック＆ダイニングが人気を持ち始めている．外で食べる——外食と手弁当のせめぎ合い．寝室で食べる——介護食等々，食べる場所から見た空間軸のデザインの視点が必要である．

人間軸その①——誰と食べるか．一時期，働き過ぎのお父さんが食卓を家族と一緒に囲めない，子ども

の個食――孤独食が増えていると，家族崩壊の原因と見なされ，批判の的となったことがあったが，果たしてそうだろうか．銘々膳，箱膳の時代はむしろ個々人の都合による個食（家族ばらばら）が前提であった．ヨーロッパでは子どもは幼い頃から寄宿舎（ドミトリー）（例，ルナールの『にんじん』）に託され，かえって仲間食の体験を積んでいた．そして夫婦はしばしばレストランへ（欧米レストランは子どもの同伴を拒否する――ファミリーレストランは別）．どこで――誰とは，安易な一家団欒幻想に託すのみではデザインになっていないことが，立証されつつあると見た方がよいだろう．

　人間軸その②――これまでの住まいも台所も，「核家族の，子どもの成長期」という，じつはかなり短いライフステージを対象としたデザインで事足れりとされてきた．しかし，家族形態は大きく変わる．一方で単身赴任をはじめとする独居家族，夫婦二人家族などの家族形態も大きな存在となってきている．また，普段は一人，二人家族でも，ときに10人，20人を招くパーティーを支える必要もある．キッチンは，固定的なものではなく組み変えができ，また伸縮できるものである必要がある．住居もキッチンも，現在のセットアップ式――いったんでき上がったらそのまま変更がきかないのでは，十分なデザインとはいえない．

　人間軸その③――誰が台所に立つか．「私作る人，私食べる人」のコマーシャルが問題にされたことは記憶に新しい．台所に立つのは主婦とは限らなくなったのである．男女雇用機会均等法の成立から男女共同参画社会への転換の中で，台所に立つ主夫の比率も高くなった．複数の人が共働できる台所，健康で創造的な調理に対する基礎と素養は幼い頃に学ぶのが肝腎と，子どもが参加できるキッチンも提唱されている．急速に高齢社会に達した現在，老人の自立のための食育の必要も再検討されている．一方では，20世紀末の人気の的となった対面式キッチンは，「台所からもコミュニケーションがとれる」から，調理してその場で食べる「台所もコミュニケーションの場」へと拡張されてきている．食べ事における人間関係の再編成も，また，食べ事の場所のあり方を決める大きな要素となってきているのである．

■**美味しいキッチン－腕前と道具の再検討**
　日本の現代キッチンは，明治後半からの西洋風キッチンをモデルとする台所改善運動の延長線上に花咲いた形である．その台所改善の目標は，日本の四季対応型，旬・季節，一年，三年の時間どりを無視して，西欧の二季対応型の，「その日そのつど」だけの時間どりでの能率を中心に設計するという大きな錯誤の上に，さらに台所改善の目標にたくさんの誤りや見識の不足をもたらしている．

　台所の近代化――台所改善の目標は，近代西欧文明の技術思想にも，大きくからめとられてきた．衛生，家事労働の能率化，合理性，便利，機械化による筋肉労働の代替，自動化による感知能力の代替，注意力をカバーする安全対策などであった．衛生を叶えるために厨房家具（セットキッチン，システムキッチン）が発達し，その配置には能率化，合理化のための動線計画（歩数節約）がうたわれ，能率や労力軽減の目標を実現するためにと，電気・ガスの調理家電といわれる自動調理機器が大いに発展し普及した．

　一方では，食品加工産業が発展し，食品は多かれ少なかれ加工処理がなされ，袋から出して暖めるだけといったインスタント食品，調理済食品も勢揃いしている．

　調理機器による調理の能率化，合理化や加工済，調理済食品の利用によって，はたして，食の健康と美味は叶えられたであろうか．これらの発展の背景には，西欧流の家事思想が，強く働いてきた．西欧の中流以上の家庭では，家事（ここではそのうち主に炊事）は本来サーバント（奴隷＝ヒューマノイド・ロボット）に課せられる労働であったが，近代になって工場労働市場が拡大し，サーバント人口は工場の労働力として吸収されていき，婦人＝家庭の主婦がこれを代替することになった．家庭婦人が家事を担当すべきである，という社会的性差別（ジェンダー）を前提として，1950年代に家庭婦人の奴隷的家事労働からの解放＝婦人解放運動が起こされる．そこで，家事は必要悪とされ，これをできるだけ排除するために，一つにはキッチンレイアウトの工夫，もう一方では調理機器の自動化が推進されたのであった．だが，家事，とくに炊事・調理は，果たして必要悪として合理化すべき対象にすぎないのだろうか．

　1970年代末に，美味と調理の楽しみ，その創造性にこだわる男たちが「男子厨房に入る」宣言を唱えて台所に入り始めたことは，それまで一直線に発展してきた台所近代化――能率化，合理化，自動化路線への異議申し立てとして象徴的な出来事であった．彼らは，美味を求めて，加工度の少ない自然体の食材からの調

理に挑む．

さらには，商品化のために食材が栽培の次元で形が整えられ加飾され，味と栄養が貧弱化しているのに対して，より自然体に近い食材の再発見に取りかかる．流通のために添加剤，増量剤，保存料などを含み，味覚を低下させるだけではなく危険をはらむ食品を拒否し，そして調理の感覚と技を楽しむために，機械化，自動化された道具よりも，人の手で操作する調理や包丁技に凝り始める．

20世紀末の子どもたちは幼い頃から「刃物追放」によって工作能力を失い，自然の食材に目を触れることも少なくなっている．そこで，ことに若い世代の食生活は，生物の生命をいただいて人間が生命をつなぐ，その感動の原点としての健全な生命欲の発露としての食欲を失い，「ばっかり食べ」の偏食，拒食症も含む乱食に走り，過食しながら栄養バランス失調としての栄養不良に陥っている．

以上が，ほぼ100年にわたる台所改善——食生活のデザインの，いわば誤りの集積としての，20世紀末の食生活デザインの結果なのである．

■**これからの食生活デザイン**

20世紀末の食生活の場は，キッチンセットを並べること，そこに調理家電と大容量の電気冷凍冷蔵庫を組み込むことで完成するかのような様相を呈している．そしてさらに「もっと収納を」と幅木までが引き出しに．——機器装備に機能性能が高められながら，道具の混乱と調理の貧困，食材の人工化が進んでおり，生命欲に根ざす食欲の減退に至っている．「男子厨房に」ではないが「デザイナー厨房に入る」宣言を唱えて，台所・キッチンに入り直し，より自然に近い食材と台所での取扱いのしやすい装備の再設計，親自然・近自然食材の供給と，ハウスガーデン・キッチンガーデン（家庭菜園）による一部の自給を可能とする住宅の再設計を視野に含めて，より健康で，美味しく，創造力や人間の感覚・身体能力としての技を取り戻し，新しい人間関係の和を生み出す「食生活改善」に乗り出すことが，これからの食生活デザインの課題となっているのである．

［山口昌伴］

2│104　衣生活のデザイン

■今求められる衣生活をデザインする意識

　近代社会で布や衣服のデザインといえば，まず，産業におけるデザイン活動を思い浮かべるであろう．布も衣服も工業製品として生産されたものを購入するのが当たり前の衣生活であり，身近な自然の恵みとしての素材から繊維を取り，糸にして，それを用いて織物を作るような自給自足の生活など考えられないような時代となった．衣生活を営むためには，既製服の情報が欠かせないものであり，絶えず流れるテレビや雑誌，店頭でのファッション情報が多かれ少なかれ入らなければ，現代社会から取り残されてしまう，そんな不安な気持ちになる人も多い．そして安い既製服が誰にでも手軽に買えるようになった今，服装の話題は，とかく，外面的で軽薄なことと思われがちだが，果たしてそうだろうか．社会生活を営む上で，自己を主張していくには，服装はなくてはならないものである．自分の内面と合わない服装を画一的に着せられたり，大人になっても服装を内面と照らし合わせてコントロールできない不自由な人の集まる社会は，たとえ，衣服が平等に買え，一人一人が有り余るほどの衣服をもっていたとしても，豊かで成熟した社会とはいえない．また，膨大な石油を使って衣服が大量生産され，一方，個人の身勝手な行動によって廃棄された衣服がゴミの山になる，そんな社会構造を豊かだと喜んでいてよいのだろうか．自分を見失わないで，風潮に流されずに生きていくためには，生活者自身が衣生活全体を見直して，自分にふさわしい衣生活をデザインすることを自覚していく必要がある．

　繊維産業やアパレル産業の領域でデザインといえば，生活スタイルを予測しながら，いかに生活者の欲求を先取りし，人びとを惹きつける物を作るかが重要なテーマとなる．大量消費が見込まれて初めて産業が成り立つ今の時代，生活者を無視して物は作れない．もちろん，生活者自身が自ら必要なものを作ることができなくなった現代において，物を作る産業側が生活を理解し，何を作るべきか生活創造的な活動をしようとする考え方は必要不可欠なことである．こうした提案が，生活をより快適にし，よい方向へ変えていくきっかけにもなってきた．近年の，軽くて伸縮性もあり洗濯してもシワにならないなどの画期的な新素材を使った衣服は，工業化時代でなければ考えられなかったことである．常に新しい開発をめざしてきた産業の恩恵を生活者は受けてきた．しかし，こうした産業だけのデザイン活動では，経済効率の悪い部分や，生活を見ようとしても入り込めない部分，どうしても標準に合わない人たちは取り残されていってしまう．また，生活者自身が，実は自分のライフスタイルがよく見えない，しっかりした生活観をもてない状況も起きてきている．

　衣生活をデザインするということは，人間が生活する上で着るとはどんな意味があるのか，衣服に求められる役割は何か，さらに，物としての衣服を設計するだけでなく，入手から着用，管理や廃棄まで含めた衣生活全般がどうあるべきかという考えにもとづき，衣生活を創造的に計画していくことである．デザインの目的が，いかに人びとの生活や社会をよりよいものにしていくかにあるとすれば，生活者が一方的にモノを受ける社会構造では，本当の意味での生活の創造にはなり得ない．衣生活をデザインする主体は，近年大きく移り変わってきた．工業化以前にあった生活者主体の衣生活と，産業がデザインの主体となった衣生活を比べてみると，現代私たちが置かれている状況をより理解することができる．なぜ今の既製服の時代においても，生活者が主体となって衣生活のデザインをもう一度考え直さなければならないのかについて考察したい．

■工業化社会以前の衣生活と生活者主体のデザイン

　自ら着る衣服や寝具を自給自足しなければならなかった時代には，布や衣服は，簡単には手に入らない貴重な物であった．日本において，こうした意識は，地域によって異なるが，昭和30年代頃まで各地域でまだもたれていた．高橋九一著『稗と麻の哀史』には，岩手県の明治から大正時代の農民の生活が描かれており，その中に明治生まれのおばあさんの痛烈な話がある．「食べ物は稗と稗糠で何とか間に合わせたが，困るのは着物だったよ．とにかく，麻を作って織って着物にして家族みんなの分をみな渡さねばならないから，それ以上は捨て子さ」．食べる物は何とかなったが，着るものが作れないので，子供を間引きしたという悲惨な話は，木綿の栽培ができない土地や，糸や古手を買うための換金作物の育たない自然環境の厳しい，貧しい山間部などでは，この地以外でもあり得たことである．家族全員の衣服をまかなうために，麻の繊維を取り，それを糸から織物とし，衣服を縫っていくことが，いかに労力のいることであったかをこの話は物語っている．大麻の栽培もできないところでは，苧麻（からむし），葛や科，藤など，その土地で繊維になるものは何でも用いて生きてきた．

第1章 | 家庭生活のデザイン

　日本の産業区分を見ると，昭和10年代は農業，林業，漁業といった第1次産業に従事する者が50％を超えていた．しかし，昭和30年代になると雇用者の割合が50％を超え，第1次産業に従事する者は著しく減少して，昭和60年には9.3％と1割にも満たない数となった．金銭と物とを交換して生活するサラリーマン的な生活が一般的になったのは昭和30年代頃からであり，昭和初期までは金銭で新しい衣服を購入する感覚は当たり前ではなかった．もちろん地域差はあるが，地方では多くの一般庶民は，せいぜい古手，つまり，古着や古布を買うか，糸を買って自前で布を織ることが当たり前の生活であった．古手を利用して家族の衣服をまかなったり，織物を作る技術や知恵をもたなければ，衣生活を営むことはできなかったのである．したがって，それぞれの生業，たとえば，農業や林業，漁業，商業などの作業に合わせて，どのような衣服が着やすく作業がしやすいか，しかも，いつまでも作業に耐え，丈夫で長持ちするか，雨や雪，風などにも耐えられるかを考え，家族それぞれの好みや身体の特徴に合わせて，衣服の素材や構成を工夫してきた．また，物として実用的であるばかりでなく，縫い文様や，絣や縞，絞り，接ぎ合わせなどの文様によって，夫の男前や家柄，作り手の技量の誇りを表現したり，家族の安全，子供の成長や健康，作物の豊穣などの願いが込められた．家計や家の格式，地域の気候風土によって，衣服のあり方は，当然違っていった．農作物に恵まれない土地では，環境の厳しさから，慎ましい衣服しか着られないが，そこで生き抜こうとする力は実にたくましく，ぼろ布から生まれた衣服でも，その工夫や知恵には限られた条件の中で生きようとする生活者の姿勢が感じられた．

■生活者主体の衣生活のデザインを支えた背景

　こうして生活する中から生まれた衣服は，素材を手に入れるのにも，それを管理し長持ちさせるためにも，さらに着古した物を繰りまわして使うためにも工夫があった．まさに，素材から製作，管理，再利用まですべてについて，生活者自身はたとえ意識していなくとも，衣生活をデザインしていく考え方が自然に暮しの中から生まれていたといえる．また，それを支えるように，さまざまな社会システム，たとえば，古手を売り買いする商人や，新品だけでなく染め直しも含めて糸や布を染める紺屋，衣服を作る技術と知恵を伝承する家庭や地域社会，繊維素材を育む自然環境とその摂理を守る社会の意識などが成立していた．地域間の緩やかな交流や競争があり，物や人，情報が流れて互いに影響されることはもちろんあったが，しかし，大きく突然に慣習が変化することはできなかった．今まで生きてきた生活を捨ててしまうことは生活の糧をなくすことになったし，地域に根差さなければ，人は生きていけなかった．衣服もまたその生きる証であったので，慣習から逃れることはできなかった．

　こうした衣生活は，主に家を守る女性，主婦や娘たちによって，ずっと支えられてきた．どんなに苦しくとも，これを放棄することができない厳しさがあった．生業と日常の裁縫などの家事は直接結びついていたので，これをやめることは生きていくことを投げ出すことにも繋がった．縫うことは人によっては，何よりも辛い仕事であったという女性もいた．しかし，一方，多くの女性たちにとっては，家族のために縫うことは，他の労働よりも楽しみや安らぎを与える仕事であり，自分たちが衣生活を支えているという誇りが，技術を伝え，新しい工夫を生み出し，地域の文化を創ってきたのである．今は消えつつある在来型の刺し子や裂織，寄切れなどの作業着は，そうした生活背景を教えてくれる．

　やがて，昭和30年代頃から，大量生産により作られた既製服が安く手に入るようになり，また都市部に働きに出て現金収入が得られるようになると，女性たちは衣服を自給する作業から解放され，各地の作業着も着られなくなっていった．衣生活をデザインする主体は，生活者自身から産業へと移行していった．

■日本の繊維・アパレル産業の成立

　明治時代に始まった繊維の工業生産は，近代国家の設立には欠かせない外貨獲得のためと，軍需用の製品を作る目的が主なものであり，一般庶民の衣生活を大きく急速に，洋装のスタイルや消費型衣生活に変えるまでには至らなかった．しかし，昭和30年代以降の繊維産業からアパレル産業への進展は第2次産業革命といわれるほど，人びとの衣服への価値観と衣生活のあり方を著しく変えた．

　天然繊維の綿，毛，絹および再生繊維のレーヨンと3大合成繊維であるナイロン，ポリエステル，アクリルの国内生産状況（❶）を見ると，昭和30年代前後に次々と開発された石油から製造した合成繊維によって，繊維産業は規模を拡大していったことがわかる．合成繊維は今まで生活者が扱い慣れてきた天然繊維と

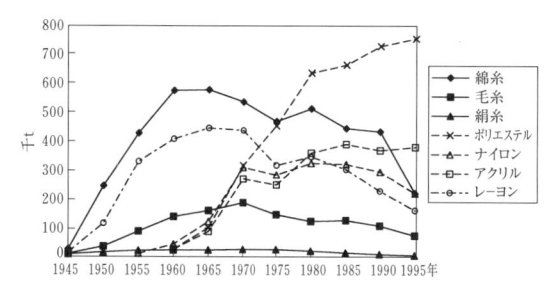

❶日本の天然繊維と化学繊維の生産状況
（通産省：繊維統計年報より作成）

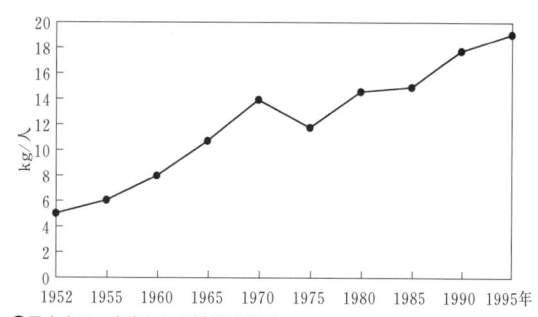

❷日本人の一人当たりの繊維消費量
（通産省：繊維需給表より作成）

は違い，縫いにくく，アイロンで溶けるなど，家庭裁縫には向かない素材であった．そのため一般家庭に普及させるのに，合成繊維の素材を生かした用途を産業側が製品として展開していく必要性が出てきた．昭和30年代は，都市部では洋装が普及していたが，しかし，まだ，布は買っても，衣服は仕立ての上手な人や専門店に注文することが主流であった．繊維産業は新しい合成繊維を普及させるために，既製服として販売することを苦慮した．生活者の好みを先取りした，従来にはない便利で消費意欲をかきたてるような衣服をデザインするようになり，現代のアパレル産業の土台を作り上げた．

■工業化社会での衣生活と産業主体のデザイン

既製服販売の初期には，注文服は高級品だが，既製服は安物という価値観があった．しかし，素材や縫製など製造技術の開発が進むとともに，テレビが普及し始め，高速道路や新幹線などの交通網も発達して，雑誌やテレビ，百貨店など数多くの宣伝によって物や情報が急速に流通し出すと，生活者の消費欲求は高まっていった．女性が新しい職業に就き，家庭から社会へ進出することが目覚ましくなったときでもあり，手間や時間のかかる家庭裁縫や注文服よりも，すぐに購入できる既製服の方がスピード化した生活スタイルには合理的であった．昭和35年に国民所得倍増計画が出され，新聞には盛んに「消費は美徳」という言葉が使われた．工業生産が大規模になり生産量が増すことは，雇用者の給料が上がり，家計の所得も増えて生活が豊かになるという発想であった．一人当たりの繊維消費量（❷）は，オイルショックで一時下がるが，一貫して増えている．都市部だけでなく，地方でも所得は年々上がり，新しい衣服を買うことは，生活水準が他の人よりも豊かであることの象徴になっていった．豊かな生活には何を着たらよいのかを提案するように，新しい素材を用いたレジャーやスポーツ用のカジュアルウエアが昭和40年代には次々と企業デザイナーによって企画され，生活者は衣服をいかに選ぶかという受け手の立場になっていった．

産業に対して弱い立場，受動的な立場として消費者という言葉が叫ばれ出したのもこの時代である．注文する個人対作り手という一対一の対応だったときには，でき上がった衣服についての不満や細かな注文を直接やり取りすることができた．しかし，個人対繊維産業やアパレル産業では，生活者はトラブルについてどう対応したらよいのかわからず，不満を解消する場がなくなってしまった．衣服を購入したが，洗濯したら縮んだり色落ちしてしまった，自分に合ったサイズがないなど，天然素材や注文服とは違った扱いに戸惑い，トラブルが起きた．昭和36年にはこうした問題に対応するために財団法人日本消費者協会が発足している．このことは，生活者自身が先行して，個人の要望を作り手に直接語っていた社会構造が成り立たなくなったことを象徴している．個人のトラブルを個人のものとせずに，大衆の社会的な声としてまとめなければ生産側には取り上げられない，そうした社会構造になっていった．

また，昭和35年頃から海外のトップデザイナーが来日して百貨店と契約を結ぶことが相次いだ．日本の経済力が上がり，国際的にも魅力ある市場となってきたことの結果だが，今まで生活とは無関係だった者までもが，フランスやイタリアのファッション情報に関心をもつようになった．流行を追いたくないのに流行遅れは恥ずかしい，流行の情報を知らないと仲間に入れない，そんな若者世代も生まれてきた．服装は自分らしさの表現と主張しながら，いつも誰が何のために発信しているのかよくわからない流行の服装に左右されながら生きている．そうした不満をどこに向けたら

いいのかわからない，何を着ても自由な社会の中で自分を見失い，目に見えない服装の束縛に縛られている不思議な現象が生まれてきた．

■循環型社会に向けた課題

　もう一つ社会構造が大きく変わったことによる衣生活の問題として，今後考えていかなければならないことは，ファイバーリサイクルの問題であろう．家庭から出る包装容器などの廃棄物の量に対して古繊維類の割合が少ないため，近年まで政策としてほとんど取り上げられてこなかった．繊維産業が化学繊維を扱わなかった時代には，衣生活の中で，できる限り再生利用する工夫がなされてきた．家庭で布を捨てることなど考えられないことであったし，古着や古布，塵ほどの繊維屑までも買い取る商売が成り立っていた．ところが，現在では，新しい衣服を買うために，いかに数年前のまだきれいだが着られない服を処分するか頭を悩ます時代となった．実際，やむを得ず燃えるゴミとして出してしまう人も多い．

　現代でも資源回収された衣服は，再生業者によって，ウエス，中古衣料，反毛素材として利用されている．ウエス（工場用の拭き布）には，新品より洗いざらしの吸湿性のよい木綿が求められる．中古衣料は，主として災害が多く衣料が極端に不足しているアジア方面へ商社を通して輸出される．中古衣料として利用される服種は下着から外衣まで80種類以上に及んでいる．反毛とは，繊維をほぐして再び綿状にすることだが，明治時代以来，昭和20年代ぐらいまで栄えてきたのは純毛の反毛であった．羊毛は国内では自給できない素材であり，輸入価格が高かった頃は，国内の毛織物をできるだけ再生利用することが行われてきた．しかし，輸入コストが安くなり，ウール衣料の品質基準が厳しくなった現在では，新品に比べて質が劣る反毛の需要が少なく，衣料以外の用途開発が課題となっている．また，戦後の化学繊維も含めたあらゆる素材を綿にする一般反毛は，家の断熱材や車のクッション材，モップ，フラワーポット，軍手などに使われているが，各領域でリサイクルが進み，需要が少なく，さらに用途を開発する必要に追い込まれている．近年，繊維やアパレル産業では，回収されたペットボトルからポリエステル素材を作ることが盛んに行われ始め，寝具産業でも，家庭の寝具を診断して引き取り，再生利用するシステムが出てきた．しかし，膨大な生産量に比べて，ごくわずかな取り組みがあるだけの矛盾を感じずにはいられない．生産から回収，再利用まで循環するシステムを作るまでには至っていない．新しい素材を利用する方が効率のよい設備を抱えた生産体制，また，新品で安い衣服に慣らされてしまった消費者の意識のどちらにも大きな問題がある．

■生産と生活を結ぶシステムの必然性

　かつて使い手と作り手が一対一で向き合い，物を作ってきた時代の価値観をもう一度呼び起こすことは難しい．工業生産された安い価格の物をいつでも購入できる便利さの恩恵を受けている私たちだが，実は，大規模に作りつづけるためには，とてつもない量の資源や，たくさんの雇用者の労力を注ぎつづけていることを忘れてしまっている．これからの衣生活を各自がどう考えデザインしていくかという発想がなければ，どこまでも受け手になってしまう時代でもある．自己を見つめる青年期の制服はどうあるべきか，お金と時間をつぎ込んで追いつづけたい流行の服にはどんな意味があるのか，心身に障害をもつ人の衣服は不自由を強いられたままでいいのか，地域の伝統的な衣生活文化は消えていってしまってよいのか，衣服のリサイクルはできる人がすればよいのかなど，考えていかなければならない問題は山積している．個人の無責任な意識が大衆となれば大きな社会の流れとして産業を動かしてしまう，私たちには，そうした社会構造の中に生きていることを実感し，意識的に衣生活を変えるような生き方が求められているのである．

　個別の衣服の着用にとどまらずに，人と物と周囲の環境が関わりをもちながら，衣生活の文化は形成されていく．どんなに作る側が新しい提案をしても，生活する側が問題に気がつき，意識を変えなければ，生活は変わっていかない．こんな衣生活を送りたいと思っても，一人だけの声では生産する側に届かない．生産と生活を繋げるパイプが必要であり，その間をスムーズに互いに行き来できるシステムが必要である．

〔玉田真紀〕

■文献

高橋九一：榊と麻の哀史，翠楊社，1983．

徳永幾久：刺し子の研究，衣生活研究会，1989．

日本家政学会編：日本人の生活 － 50年の軌跡と21世紀への展望，pp.416-417，建帛社，1998．

林邦夫：戦後ファッション盛衰期，源流社，1987．

中野静夫・聰恭：ボロのはなし－ボロとくらしの物語百年史，リサイクル文化社，1992．

2│105　住生活のデザイン

■気候風土と住生活

　世界の住生活と住居は，さまざまな様相を呈する．『住まいの原型Ⅰ』（泉，1971）『建築家なしの建築』『驚異の工匠たち』（B・ルドフスキー，1976，1981）はそのことを提示して，モダンデザインの建築がすべてではないと気づかせた．それは気候風土が形成する住居の多様性であった．

　洞窟居住の例としてカッパドキアの集落がよく知られる．また，中国黄土高原の地下住居，ヤオトン（窰洞）も風土が生み出した住居の好例である．中央アジアからモンゴルではユルタ，ゲルなどと呼ばれる移動住居があり，東南アジアから中国南部には高床住居が分布する．高床住居は湿潤熱帯地域に適した住まいのあり方である．スカンジナビアでは寒さを防ぐ累木式住居があり，スコットランドでは石を多用した住居が発達した（❶）．

　気候風土の違いや，その地域の資源と生産，流通，消費の特性によって住まいのかたちは異なる．

❶オーストリアの寒冷な森の民家（1836年建設）
　ザルツブルグ野外博物館（撮影：車）

❷中国陝西省農村の四合院型住宅の中庭（院子）
　（撮影：車）

　このような気候風土の特性に従う初源的な住まいとは異なり，世界中に共通して広がる中庭式の住居がある．これは防御と同時にコントロールされた自然を享受するものといえよう．中国に多く見られる中庭式住居，四合院や三合院もその一例である（❷）．その形態にはかつての社会制度，家族制度が投影されてはいるが，おだやかな自然を住生活の中にどう取り込むかという観点が貫かれている．快適な住生活を実現するためさまざまな知恵が住居に投入されてきたのである．

■住居の機能

　住居における生活行為として，世界的に共通するものとして，睡眠，休息，育児，教育，性交，食事，家庭のさまざまな用具類を管理する家財管理や，女性と男性，外来者と居住者の隔離，そして接客が挙げられる（石毛，1971）．このほか，排せつ，入浴，化粧，着脱衣，団らん，信仰，知的活動，娯楽，美的活動，隠退などがある．

　日本の住居は歴史的にこれらの生活行為を住居内部に取り込んできたといえる．しかし現代，こうした住生活行為は住居以外の社会的な空間へと移行している．住生活の外在化，社会化，商業化，ホテル化といった現象である．出産は産院で行われ，葬式は葬儀場で行われ，結婚式はホテルで，病気の治療は病院で，教育については学校でというように，都市そのものが住居の機能をほとんど備えているといってよい．

　それでも全面的に住生活が外在化するものではない．家族や個人の生活の拠点として，住居は今日も重要な単位である．社会とのネットワークは一方で拡大するが，それとともに家族や個人の空間をより豊かにしたいと希求する傾向は高まると考えられる．

　前述の生活行為を空間としてどう成立させるかということが，現代にいたる住宅計画上の大きな問題であった．住生活の現代化にとって，住生活が秩序立ち，能率よく行われるためには，食事をする空間と就寝する空間を分けることが必要だ，と西山夘三は食寝分離論を提起した．同時に，夫婦と子ども，性別，年齢に応じて寝室を分ける就寝分離論は，夫婦生活のプライバシーと子どもの人間形成重視の考え方で，現在の住宅計画の基本的方向性を示したものであった．この考え方は，都市住居に限らず，農家の職住混在から職住分離への過程で，日本農家の田の字型プランから公私室型への展開があり，食寝分離，就寝分離が実現されていく（佐々木，1978）．

第1章 | 家庭生活のデザイン

■ nLDK型住居

1951年の吉武泰水らの〈51C型〉案が公営住宅の基本プランとして実現し、この案をもとに、1955年、日本住宅公団（現都市基盤整備公団）が実施した2DKという考え方は、2室の寝室に食事の空間（ダイニング）と、台所（キッチン）を備えた構成であった。これは食寝分離、就寝分離の主張を実現したものである。この成立過程で1950年頃から公務員住宅の2寝室、1応接室、台所という考え方があったが、予算の圧縮で応接室は実現できなくなり、公務員住宅の規模の縮小とあいまって2DKが公団の標準設計になったものである（日本住宅公団10年史刊行委員会、1965）。

これはその後、2LDK、3DK、3LDK、4LDKなど寝室が増え、リビングを付設したパターンへ展開していく。現在の分譲集合住宅のパターンもこの流れに沿うものである（❸〜❺）。

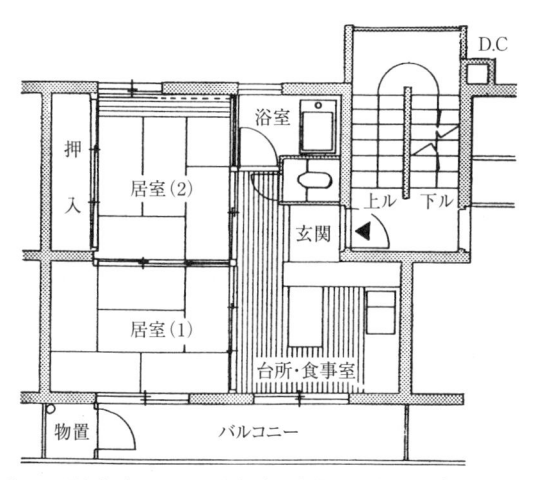

❺初期のダイニングキッチン（日本住宅公団10年史より）

また2DKの公団住宅には椅子を用いる食卓、ステンレススチールの流しの採用、台所の小型換気扇、玄関の鉄の扉に付けられたシリンダー錠、浴室が設けられ、新しいアパートや集合住宅の基本的設備として、その後の日本の都市住宅の方向性に大きな影響を与えた。

住生活行為と空間との対応には、①個人の空間（private space）、②家族共同の生活空間（family space）、③外来者との応対のための空間（public space）、④家事労働と衛生のための空間（working and sanitary space）の四つがある。しかし、②と③については住宅面積の問題が大きく絡む。接客空間と家族の共同空間を分割すべきだとするデュアルリビングの考え方もあるが、一方で、居住面積を考慮すればインテリアエレメントで時系列的に使い分けるべきだとする不完全分離の考え方もある。この接客空間は前述の公務員住宅の応接室と同じように見えるが、むしろ現代日本の地域社会、近隣のコミュニティと住居との関係を再考する意味から、社会的関係を受けとめる空間として、または社会に開放する住空間として、とらえ直す必要性が生じている。また、「新しい個人の自由を含みながら、同時にかつての家族の共同体の実感が得られるような住まい」（服部、1999）が必要であり、その上に新たな近隣関係の構築が必要となる。

❸2DK型住宅プラン1955年（日本住宅公団10年史より）

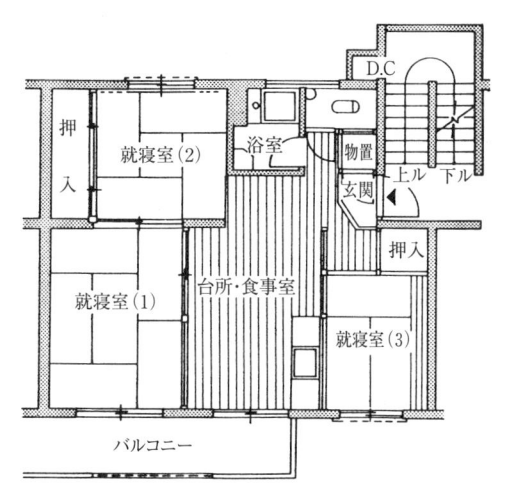

❹3DK型住宅プラン1957年（日本住宅公団20年史より）

■ 上足文化と起居様式

住宅の中で履物を脱ぐ上足文化は北アフリカ、イス

ラム諸国，インド，東南アジアから中国西南部，朝鮮半島，そして日本に見られ，中国北部でも床暖房システムのカンの上では履物を脱ぐ．また，台湾の住居は原則的に地床式住居であるが，最近では都市の集合住宅で床材がリノリウムなどに変わることにより，日本や韓国などと同様の上足文化へ移行している．靴を脱ぐ住生活文化は地域的に大きな広がりをもつ住生活様式である．

日本の住居の伝統的起居様式は，上述の上足文化で，ユカ坐を基本とするものであった．これをイス式へ改めるべきだという明治期以来の主張は，西欧を範とする合理主義，近代化路線によるもので，1920年，生活改善同盟が出した住宅改善の綱領には「住宅は漸次椅子式に改めること」とある．また，森本厚吉は，「文化アパートメントハウスをめぐっての改良方針」の中で，畳を廃し板床とし，椅子テーブルを使用して坐居を廃すること，としている．こうした主張は繰り返しなされてきた．しかしその実，多くの人びとが受け入れることはなかった．その理由には，家具購入費や住宅面積の拡大の必要性，暖房法の問題点，衣生活における和装と住様式の伝統などが挙げられる．

イス坐かユカ坐かという住宅における起居様式は，現代日本では併存状態である．

❻は関東以西の356例の住宅で食卓の使われ方をみたものだが，朝食時では椅子式テーブルの使用が多いが，日曜日の昼食，夕食となるにつれユカ坐の食卓が選好され，食事を伴う接客や正月の食卓は逆転して座卓などのユカ坐の食卓が多く使用されるという結果である．よりくつろぎたいとするときユカ坐が好まれ，儀式性が必要な場面になるとユカ坐が採られていることが注目される（車ほか，1995，1996）．また，リビングの応接セットを購入後，再び廃棄して電気やぐらこ

たつなどのユカ坐で使うテーブルへ転換する「ユカ坐回帰現象」（沢田，1995）が1975年頃から生ずるが，これは電気やぐらこたつによる採暖の合理性とともに，四季を通じて使用できる座卓型が開発されたことと関連している（車，1998）．

かつて老人同居世帯で老人室は和風畳敷きであったが，最近ではそうでもなくなった．むしろイス式，ベッド式の方がよいという考え方になってきている．その理由の一つは産業構造の変化によるものだという指摘がある．つまり，多くの人びとの生産活動が農業や漁業だった社会ではくつろぐかたちとしてユカ坐の生活が成り立っていたのである．立ったり座ったりの繰り返しに耐える身体だった．しかし，第3次産業の比率が高くなることによって，農林漁業の身体技法がほとんど必要なくなり，このことがイス坐への移行を促している一因ではないかと考えられている（渡辺，1990）．

今日の高齢化社会で，立ち居振舞いが困難なユカ坐から姿勢の変化が楽なイス式の起居様式への移行が受け入れられ始めた．今後，高齢者が動きやすいという理由でイス坐が普及していくだろう．しかし，座敷（ユカ坐）における生活作法は身についていても，リビング（イス坐）における作法はいまだ成立しているとはいいがたい．西欧の模倣としてのイス坐でなく，新たなイス坐の生活作法を含めた様式を考える時期にきているといえる．

畳に布団より，フローリングにベッドの方が活動的であり，かつ衛生的であるという主張も長い間なされてきたが，居住面積との関係もあり，ベッドによる就寝が受容されてはこなかった．しかし，高齢社会を迎え，畳の上にベッドが配置されるという実態が増加している．

■増加する住生活用具と住空間

現代の住生活を支えているものは上下水道の普及，ガス，電気などのエネルギーである．こうした社会化されたエネルギーや水の供給システムによって住生活は成立しているといえる．電気やガスのエネルギーや多くの水を必要とする生活用具で覆われている．以前の家事労働に比べ確かに効率がよく，楽なものとなった．家事労働の軽減のため家電製品が住宅の中を席巻したのは1960年代以降のことである．電気洗濯機，電気冷蔵庫，電気掃除機，電気炊飯器をはじめ多くの電化製品が生活の重要な用具として定着した．それら

	椅子座	床座	掘ごたつ座	床椅子混合	床座(2卓)	椅子掘ごたつ混合	不明
朝食	61%	22%	3%	2%	2%	1%	11%
夕食	52%	26%	6%	4%	3%	0%	9%
昼食	50%	31%	2%	4%	3%	0%	10%
正月	29%	47%	2%	1%	2%	0%	18%
接客	12%	48%	2%	8%	14%	0%	15%

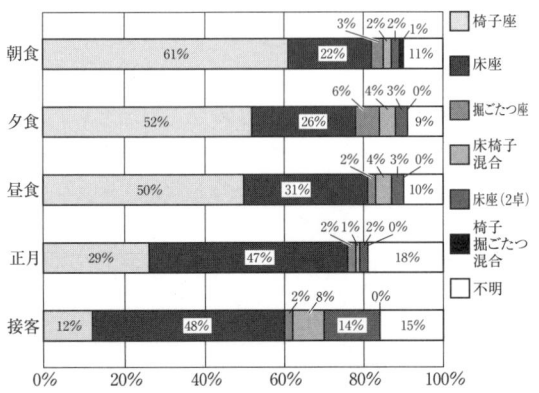

❻現代日本住宅の食事の起居様式（関東以西356例，1995年調査）

はその後，全自動洗濯機，大型冷凍冷蔵庫，電子ジャー炊飯器へと性能が向上し，さらに快適な室内の温度を保つためのエアコンディショナーや，テレビなどの大型化，そしてパソコンなどの登場で住空間は新種の道具が次々と登場する舞台と化している．生活財の増減の要因は新商品への代替，流行，新機能商品の低価格化，生活の質の向上や生活スタイルの変化，新しい価値観や志向性の作用などである．しかも，全体として生活財は少なくはなっていない．このことが室内景観を不統一なものにしてしまうのである（疋田，1995）．こうした現状に対応した住様式が確立されるまでに多くの時間が必要と考えられるが，ハウジングメーカーでは，この問題を解決しようとする提案も行われている（❼）．

❼蔵のある家（ミサワホーム GOMAS パンフレットより）

■**インテリアデザインから住生活デザインへ**

インテリアデザインは，人びとが住み，働き，憩う生活空間を，人びとの生活行為や生活意識に深く関わりつつ，室内のさまざまな構成要素を一つの空間として，合理的，美的に編成，統御しようとするデザイン行為である．インテリアデザインは住宅だけでなくオフィス空間，公共空間，商業空間などをも対象とする．

第二次大戦後の駐留軍の諸施設の需要はインテリアエレメントの規格や性能についての向上をもたらし，今日のインテリア産業の基礎につながった．1960年代から住宅設備の部品化，工業化が進み，多くのインテリアエレメントで構成される工業化住宅が実現していく．こうした部品群の構成による住宅を居住者と生産者との間にあって，適切な助言提案をする職種が必要とされ，1983年，インテリアエレメントを生産・販売する企業群による（社）インテリア産業協会が発足し，インテリアコーディネーター資格試験制度が設けられた．また，1987年，（財）建築技術普及センターがインテリアの質の向上を目的としてインテリアプランナー資格試験制度を発足させるなど，集合化する住宅の改造，改編にあたり，住宅設備やインテリアエレメントを全体として調和あるものとしていくために必要な資格制度が設けられた．

この間，阪神淡路大震災を経験して住宅の耐震性の強化が叫ばれるとともに，バリアフリー型住宅も一般的な住要求となっている．さらに，シックハウスの原因除去に向けてさまざまな取り組みがなされつつある．パッシブ・ソーラーハウスなどエネルギー消費の少ない住宅の提案も盛んになってきた．安全で，健康的，効率がよく，快適な住宅性能が求められている．

一方，住民自身が組織的に土地取得，建物の設計，工事発注などの業務を行い，住宅取得，管理するコーポラティブハウジングの試みも活発化している．

住生活は住空間を毎日使用する住み手の問題である．住み手が住むことについて主体的イメージをもち，住生活デザインを志向しなければならない．住生活デザインとは，家族と社会生活と空間と物とが織りなす日常生活の積み重ねのデザインである．　　［車　政弘］

■**文献**

服部岑生：変化する家族と住まいの実像．すまいろん，50，p.6，1999．

疋田正博：なぜモノがあふれているのか．すまいろん，36，pp.23-27，1995．

石毛直道：住居空間の人類学，鹿島出版会，1971．

泉靖一：住まいの原型Ⅰ，鹿島出版会，1971．

車政弘ほか：現代日本住宅の食卓と食事空間の調査研究1．デザイン学研究第42回研究発表大会概要集，p.1k6, 1995．

車政弘ほか：現代日本住宅の食卓と食事空間の調査研究2．デザイン学研究第42回研究発表大会概要集，p.67, 1996．

車政弘：電気やぐらこたつデザインの変遷－電気やぐらこたつの卓子化過程．デザイン学研究第45回研究発表大会概要集，pp.222-223, 1998．

B. ルドフスキー著，渡辺武信訳：建築家なしの建築，都市住宅別冊集住体モノグラフ.2, 1976．

B. ルドフスキー著，渡辺武信訳：驚異の工匠たち，鹿島出版会，1981．

日本住宅公団10年史刊行委員会：日本住宅公団10年史，pp.136-138, 1965．

佐々木嘉彦：建築計画学における生活の捉え方．生活学論集2 住生活と地域社会，pp.198-208，ドメス出版，1978．

沢田知子：ユカ坐・イス坐　起居様式にみる日本住宅のインテリア史，pp.171-191，すまいの図書館出版局，1995．

渡辺武信：椅子座と床座の現状－設計の体験をとおして．作法と建築空間，pp.115-144，彰国社，1990．

2|106 結界のデザイン

■仏教における「結界」

「結界」は，仏教用語の一つで，作法によって一定の地域を区画制限すること，また，その区画制限された地域を意味している．密教では，結護（結界護身の意）と称し，修行や修法のために境域を設定し，印や呪によって魔障が入り込むのを阻止する宗教的空間を設ける．古くは，高野山や比叡山などは結界地とされてきた．空海は，高野山開祖に際し，七里四方を結界して魔性の侵入を避けたという．

このような仏教世界における本来の「結界」の意から転じて，寺院の内陣（像を安置している中央部）と外陣（内陣の周囲または外側にある一般参詣者の席）との境界に設えられる柵，または，僧俗の座席を区分するために外陣に設けられた木柵を意味するようになった．

■モノと意味との連合としての「結界」

仏教用語としての「結界」は，一般でも使用されるようになり，広く「空間の区切り（space segmentation）」を意味する日本独自の概念として定着した．

たとえば，商家にとっては，帳場の周りに設えて金銭を取り扱うための空間を仕切る柵が結界であった．これは高さ50～70cmほどの木製の柵で，持ち運びできるほどに軽く，越えようと思えば越えられるものである．しかし，これが帳場机を囲うように設えられると，用のない者はその内に入ることをしなかった．結界に囲われた内側は，金銭を取り扱う特別の空間として意味づけられたからである．

たとえば，田畑や家屋敷の境を象徴する地点に結界石と呼ばれる石を据える習俗がある．矩形の空間であれば，四隅の角にその石は置かれる．人びとは，それぞれの石を結ぶ線を想起し，それを隣の空間との境界線としてきた．

また，庭園の小道に棕櫚縄が結ばれた球状の小石が置かれることがある．茶室の踏み石の上に，それが置かれることもある．人びとは，その石を結界石・関守石などと呼び，決してその石の先に進むことをしない．すなわち，その小さな石は，それ以上進入できない空間を示す標なのである．

また，関西地方で「結界する」「界を結ぶ」とは，屋敷や庭園を限る垣を設けることを意味している．ときに，屋敷を構えたり造園すること自体を，そのように表現することもある．

上記の事例に見られるように，結界は，領域を区切るための物体自体を意味するとともに，それによって区切られた内の空間を意味する．このような結界の文化は，いわば約束事として，物体の有する結界としての意味が広く人びとに了解されていて初めて成立する．帳場の結界にしても，庭園の小道に置かれる関守石にしても，越えようとすれば容易に越えられる．しかし，人びとがそれを越えようとしないのは，モノが結界として意味づけられていることを了解しているからである．こうして，結界の文化は，モノとその意味との連合づけ（association）の上に成立している．その連合づけが了解できなければ，たとえば結界石は単なる石にしかすぎなくなる．モノ・結界に対するいわば「意味の乗物」としての認識が社会的に共有されていて初めて，結界の文化は存立する．結界の文化は，「見立て」の文化であるといってもよい．

■象徴的・精神的標としての「結界」

日本における結界の意匠的特質は，「意味の乗物」としての結界それ自体が，いわば，非物質的・非純粋機能的なことにある．物質的発想にもとづけば，たとえば庭園の小道に設えられる結界石・関守石は「越えようと思えば越えられる」ほどのものであるはずがない．結界は，「進入禁止」の文字を明記した立看板を設けるとか，堅固な壁を設けるような手法に拠らない．日本における空間区切りの意匠は，決してベルリンの壁のような物質的・純粋機能的なものではない．すぐれて，非物質的・意味的である．

日本における垣根の意匠は，非物質的・非純粋機能的である．柴や竹など自然の素材を用いて築かれてきた日本の垣は，「透垣」とも呼ばれるように，いわば「透ける隔て」である．外から内の空間の様子を窺うこともできるし，内の気配が外にも通じる．しかし，垣の内を覗き見ることは無作法・禁忌とされてきた．日本の結界は，こうして，社会的規範に支えられてきた．結界は，すぐれて象徴的・精神的な標・サインなのである．

標としての結界は，古事記にも見える．山部赤人が詠んだ「明日よりは若菜摘まんとしめし野に昨日も今日も雪は降りつつ」の「しめし」は，「示し」「標し」であり，「占めし」でもある．この歌からは，野山の一角を「自分が若菜摘みをする空間」として「占めた」ことを「標」によって他者に「示した」ことが知れる．その「標」は，たとえば，「占めた」空間に立つ木の枝に縄をかけたものであったかもしれないし，あるいは，「占めた」空間の四隅に杭を打ち縄をまわしたものであったかも

しれない．いずれにしても，何らかの「標」を設えることにより，野山の一角を「自分の占有空間」として切り取ったのである．ここにおける「標」も，非物質的・非純粋機能的であったに相違ない．そのような「標」が「標」として機能するのには，それが「意味の乗物」であるとの社会的了解が欠かせなかったのである．

■「つなぎ」としての「結界」

上述のように，結界は「区切り」である．しかし，その字が示すように，「結界」は「界を結ぶもの」でもある．「区切ること」が同時に「結ぶこと」でもあるところに，結界の特質がある．

それは，「ここ」と「となり」のみでなく，「人」と「人」，「人」と「自然」，「この世」と「あの世」などを「区切りながらつなぐ」ものでもある．畳の縁を「結界」と見立てて，上座と下座とを区別する．障子に映る木の枝の揺らぎを通して，外の気配を窺い知る．縁側は，庭に広げて干す穀物の取り込みの空間であり，また，腰掛けて庭の自然を鑑賞するための空間でもある．村はずれの大木は，遠来の客を迎えたり見送ったりする地点でもある．大木や巨石に掛けられた注連縄（しめなわ）は神の依代（よりしろ）であることの標であり，人と神とをつなぐものでもある．

「区切りながらつなぐ」結界の概念は，日本人の暮らしの中に，独自の生活様式と生活調度を生み出した．結界は，四季に恵まれた気候風土の中で自然とともに生きることを良しとしてきた日本人の暮らしの哲学と，すぐれて呼応していたのである．開放的な住まいを作り上げてきた日本人は，軒を長く出す構えにし，陽が室内に直接的に射し込むのを避けつつも，適度に陽射しを和らげて室内に取り入れてきた．板縁や畳に映る影の長さによって，人びとは，一日の陽の傾き，春夏秋冬の陽の傾きを感じ取った．長く深い軒は，外と内との空間的な「隔て」の機能を有するが，同時に，それは，外と内との空間的・時間的な「つなぎ」の役割を果たしていた．

室内にあっては，たとえば，土間と板間の境に内暖簾がかけられ，空間の「隔て」とされる．部屋と部屋との境には障子・襖・板戸などを建てて，境とする．板間や畳間の内は，たとえば屏風や衝立などによって自在な仕切りがなされる．しかし，これらの暖簾・障子・襖・板戸・屏風・衝立は，いずれも「隔て」ではあるものの，物理的な意味では完全な「隔て」ではない．むしろ，「つなぎ」を意識させる「隔て」である．こうして，結界は，住まいの内外を自在に融合させてきた．

「隔て」であるとともに「つなぎ」であるからこそ，結界は，結界の一つ一つに接する人びとに「心のけじめ」を迫る．たとえば，暖簾を分けて内に入るとき，逆に，暖簾をくぐって外に出るとき，心も，外から内，内から外へと向かう．障子戸や襖戸を開けるときにも，その縁に手を添える一定の作法が生まれ，緊張と開放の心の移りを感覚する．村はずれの大木を村境としてきた地域の人びとにとっては，その大木が内界と外界の象徴的・精神的区切りそのものであったから，その大木の下を通るたびごとに，外に出ることの緊張感，内に戻ったことの安堵感を味わう．結界は，こうして，人びとに「心のけじめ」を求めるものでもある．

■「結界」のさまざまな展開

日本の伝統的な文化の中には，数多くの豊かなデザインの所産を見出すことができる．結界もその一つである．必ずしも物質的手段に拠らずに人びとに伝えたいメッセージが内包され，人びとがその意味を見立てることができ，それによって社会規範に沿った行動を多くの人びとがなしえた社会は，さぞかし，健全な社会であったことだろう．

また，結界の意匠は，すぐれて地域性に富んでいる．地域が異なれば，異なる材料，異なる形態によって，「空間の区切り」「空間の結び」としての結界が表出される．それは，かつての地域がいかに豊かな意匠能力を有していたかをよく示している．

結界は，今日でも一部の社会においては生きているものの，およそ過去の文化になりつつある．しかし，結界の文化は，そのコンセプトと意匠展開の点で，すぐれたデザイン性を有している．その豊かな所産の本質を学ぶことの中から，今日にあっても，時代に即応した結界のデザインを再興させていくことが可能であろう．たとえば，光による結界，色による結界，音による結界など，新たな結界デザインの展開が考えられる．「区切り」と「結び」の両面を意味的に内包した日本の伝統的な結界の意匠は，これからの空間演出デザインに示唆する点が多い．

〔宮崎　清〕

■文献
総合佛教大辞典編集委員会編：総合佛教大辞典，法藏館，1987.
森蘊：結界の立地的考察．南都仏教，20：17-33，1997.
伊藤ていじ・岩宮武二：結界の美，淡交新社，1966.

2|107　右と左のデザイン

■右利きの道具

　人間の身体は，正面から眺めると左右対称である．しかし注意して見ると，人それぞれに利き手，利き足，利き目，利き耳があることがわかる（コレン，1994）．
　10人中9人は右利き，10人中8人は右足利き
　10人中7人は右目利き，10人中6人は右耳利き
　ブリティッシュコロンビア大学のスタンレー・コレンのこの調査結果に従えば，地球上の人口60億の10％，すなわち6億人が左利きということになる．目，耳，足の左右に多少の機能的優劣があっても，普段の生活にさほど不都合はないが，手については差し障りが生ずる．いうまでもなく，この世は右利き社会であるから，左利きはさまざまな場面で人知れず苦労する．右利きにとっては何気ない日常茶飯の動作に，それは見受けられる．浴室のカランのレバーハンドル・洗面化粧台の引出しやスイッチ類はほとんど右側についていて扱いづらい．急須は右手で柄をもって時計と逆回りにまわすと茶が出るのだが，左手でそれをするとねらいが定まらない．通勤電車の自動切符販売機や自動改札機も右利き用であるから，左手で操作するとぎこちない姿勢になる．スポーツ施設のロッカーは，左利きが扉を開けようとする際，隣の人にぶつかってしまう(❶)．ボール盤や電動のこぎりは，右側に操作部があるために，左手を自分の体の前を横切るように伸ばすことになり，注意深く作業をしないと衣服の袖を刃などに引っかけて思わぬ事故になったりすることがある．

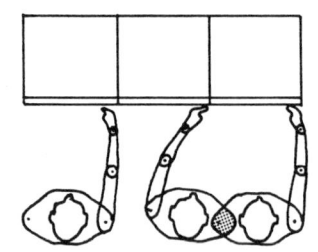

❶ロッカーの開閉

■右利きの文化

　ほとんどの人が右手使いということは，「人は2足歩行をする」ことと同じくらい自明なのだろうか．
　100万年前のオーストラロピテクスと呼ばれる猿人は，右手に道具らしきものをもっていたし，北京原人の石器は右手に適するように作られていたことを示唆する証拠があると坂野登は述べている（坂野，1982）．また，3千年以上前の甲骨文字から漢字にいたる過程は，右利き文化の成熟化への変遷を表している（甲骨文字は無方向的なのに比べ，漢字は右利きに有利なフォルムである）．このことから，人は元来右利きであることがわかる．また，本来，機能の差異しかなかった左右の手の運動が，さまざまな地域・民族・社会のしくみと相まって意味をもち始め，時代の様式に組み込まれていくことも史実からうかがえる．右は吉，幸福，神聖を表し，左は凶，悪，不幸につながることが多くの民族に見られる．仏教では，左は誤，右は正であり，イスラム教では，左手を不浄として忌み嫌う．日本は明治以降近代化を進めるにあたり，規律・統制を重んじたが，身体の体系的改造もその一つとして組み込まれた．姿勢を正し，整列して行進する隊列行進はその例であり，（右）手の動作は大切な役割を担っていた（野村，1981）．剣道，茶道，書道など「道」と名のつく伝統文化も右手の技に重きを置く世界である．このような背景の中で，私たちも子どもの頃から右手を使うようにしつけられた．

■左利きへの配慮

　しかし，最近になって，左利きの子どもを無理に矯正することは好ましくないという考えが高まっている．左利きにもいろいろあって，訓練によって右手使いになる人もいれば，生涯左手使いを通す人もいる．つまり，次のようになる．
　① しつけや訓練によって，成人するまでに右手使いになる
　② 両手使いになる
　　A：どちらも自由に使える
　　B：文字は右手，力仕事や細かな作業は左というように，作業分化する
　③ 左手しか使わない
　この個人差は，どうやら脳の機能的な非対称性と関係があるらしい．人の脳は左（半球）と右（半球）に分かれていて，左は右の手足を，右は左のそれを支配することが医学的に解明されている．左右の半球はそれぞれ異なった機能（左半球—知性・科学・論理，右半球—直観・芸術・神秘）をもち，相補的である．また，左利きは遺伝的な要因という考え方と後天的な病理的要因によるものという考えがあり，Lenneberg(1967)によれば，「思春期までは脳の可塑性は高く，機能の変更も可能であるという」（八田，1996）．事実，左手も右手も訓練すれば使いこなせるようになる．それは，足についても同様である．自動車・飛行機・楽器・パソコンのキーボードなどは，両手，足を自由に操らな

くては使えない．今後，道具は，技術革新に伴って，多様，細分，複合化が進むにつれ，手や目の動作に頼ってきた道具のあり方から，身体のあらゆる部位を活用したり，神経や脳により近接するものに移行していくだろうし，本来利便性を求めてきた道具によって，退化してきた身体を元に戻す（活性化する）原初的な道具も生まれてくるだろう（右利きの退化した左手を活性化する道具が生まれても不思議ではない）．また，今後，社会のしくみや考え方が変わるにつれ，昔ほど左利きが不自由な生活を強いられることも少なくなるのではないだろうか．そうはいっても，現実に左利きの交通，作業事故（工作機械などの），それに伴う死亡者が多いことは，道具や環境をデザインする上で常に留意すべき重要な点である．

■道具のデザイン

右と左のデザインは，次のように整理できよう．
① 人命にかかわる，危険度の高い，緊急を要するもの（こと）に，利き手専用具を用意する．
② どちらの手でも使えるものにする．
　A：左右の手で使えるよう道具の柄を付け替える
　B：ドアのレバー式ハンドルをノブ式ハンドルに変える
　C：左右共用のための工夫，考案から新しい使い方や場が生まれる

A，Bについては，最近少しずつ考えられ始めている．ここでは，Cについての考え方を三つ挙げておく．

[公衆電話機（❷）]

現在の電話機は左右非対称なので，受話器を右手にもち，左手で盤面を操作する場合は受話器のコードが操作面を横切ったりしてわずらわしい．そこで，レイアウトを左右対称にし，受送話部分を固定すると，利き手，利き耳に関係なく使用でき，手荷物があっても楽になる．

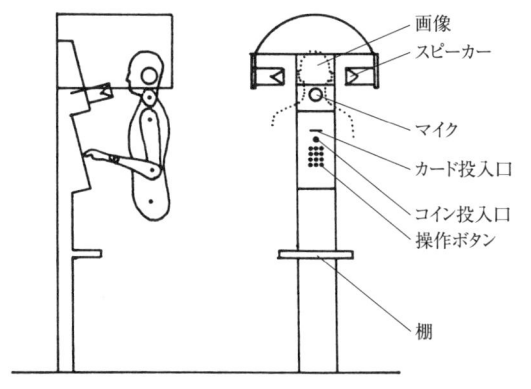

[テーブル付スタッキングチェア（❸）]

10人に1人のために左利き用椅子を用意するのは困難なので，左右，中央どちら側にも移動できる旋回式のテーブルを考えれば，ノート型パソコンや資料類も置けるようになる．

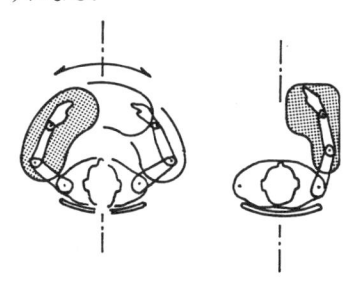

❸テーブル付スタッキングチェア

[作業台のレイアウト（❹）]

作業台に向かって右側に収納，引き出し（工場の場合はベルトコンベアや部品棚）を設けるのが一般的だが，左利きにとっては逆になるので不便である．❹のように左利きと右利きが向い合うと作業がしやすくなる上，手元照明が1カ所にまとめられ，棚や収納ゾーンの反対側の空間の自由度も高まる．

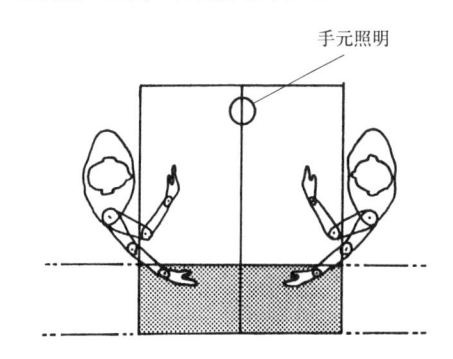

❺作業台のレイアウト

[阿部紘三]

■文献
坂野登：かくれた左利きと右脳，青木書店，1982．
野村雅一：しぐさの世界―身体表現の民族学（NHKブックス429），1981．
H. ポイズナー・E. S. クリマ・U. ベルギ著，河内十郎監訳：手は脳について何を語るか，新曜社，1996．
八田武志：左ききの神経心理学，医歯薬出版，1996．
スタンレー・コレン著，石山鈴子訳：左利きは危険がいっぱい，文藝春秋，1994．

❷公衆電話機

2│201 場と流れのデザイン

■ 公共環境とデザイン

　日本では，歩道にテーブルと椅子を並べて喫茶店やレストランを開くことは法律で禁じられている．公共の空間だからというのが大きな理由である．一方，パリのカフェテラスに代表されるように，欧米では歩道は単なる通路ではなく，人びとにくつろぎを提供するオアシスであり，公共環境の柔軟な利用が都市の表情を生き生きと引き立たせている．

　「公共」の和語にあたる「おおやけ」は，もともと「大きな家」，支配者の宮殿を意味している．これに対して，英語の public は「人びと」を意味する people と同根であり，人びとの共有のものというニュアンスを強く含んでいる．そこでは公共環境は市民共有の財産である．しかし，公共環境の管理が「おおやけ」の手に委ねられてきた私たちの社会では，それは人びとの生活から切り離された存在になりがちである．

　環境デザインとは，人びとの活動のための場をデザインすることである．場は，人びとの生活で満たされることによって生命を吹き込まれ，真の輝きを発揮する．

■ モニュメントとしての都市空間

　米国ボストンの中心街にガヴァメントセンターと呼ばれる一郭がある．ここは以前，港に近い文化ゾーンだったが，古い港が衰退するにつれて荒廃し，戦後はスラム化が進んでいた．ボストン市は，ここを再開発して行政センターを作ることにし，敷地をほぼ全面的にクリアランスして，その中心に大きな広場を置いた（北原，1983）．

　ガヴァメントセンターの広場は，伝統的な都市の中央広場を再現しようとしたものである（❶）．その意図は，図面や模型で見る限り，みごとに実現されている．しかし，現実の広場は人影がまばらで閑散としている．広場の一辺は 100 m 以上あり，歩く人が蟻のように見える．それは人間のための環境というより，一種のモニュメントになっている．

■ 生活の場としての公共環境

　ガヴァメントセンターから通りを一本隔てたところに 3 棟の市場が並んでいる．市場は 19 世紀の建物で，重厚な御影石造りだが，戦後は荒廃が進み，再開発のために取り壊されそうになっていた．

　しかし，1970 年代にこの地区の整備に取り組んだ建築家とディベロッパーは，ガヴァメントセンターのようなクリアランス方式をとらず，市場の建物を保存しながら街の活気を再生しようとした．彼らの方針は本物の「場所」を作ることだった．ギリシア様式の中央棟は修復されて食品店街になり，側面にカフェテラスやワゴンショップのためのガラス屋根がつけられた．建物の間の荷さばき場は歩行者専用の広場に姿を変えた．そこには木が植えられ，ベンチやストリート・ファニチュアが置かれ，さまざまなアトラクションが行われ，いつも大勢の人で賑わっている（フリーデンほか，1992）．

　ファニュエルホール・マーケットプレイスと名づけられた新しい市場は，それまでの都心開発の常識を覆す成功をおさめ，開業 5 年後には年間 1,500 万人の利用者を集めた（❷）．物的空間だけで都市を作ることはできない．マーケットプレイス成功の背景には，ハードとソフト両面のきめ細かなデザインがある．生きた公共環境を作るには，都市空間の視覚的側面に加えて，人びとの生活の場として街を再生することが必要不可欠である．

❶ ボストン，ガヴァメントセンター（1963-70）

❷ ボストン，ファニュエルホール・マーケットプレイス（1973-78）

第2章 公共環境のデザイン

■場と流れのデザイン

　都市の生命はさまざまな種類の交流によって支えられている．人と人との交流はその代表例である．心に残る街には必ず魅力的な生活がある．多くの人が集まり，彼らの間に生き生きとした交流が展開されている．人びとがパリのシャンゼリゼに憧れ，ローマのスペイン階段を愛するのは，それが美しいからだけでなく，そこに生活が満ちあふれているからである．私たちを魅了するのは，沈黙の空間ではなく，カフェテラスでくつろぎ，階段に腰掛けて談笑する人びとである．

　デンマークの都市デザイナー，ヤン・ゲールは，公共環境では人が人を呼ぶと指摘している．多くの人がいて何かが行われていると，もっと多くの人と出来事がそこに引き寄せられる（ゲール，1990）．

　こうした公共環境のあり方は，場（place/field）と流れ（communication/activity）の二つの概念を導入すると理解しやすい．物理学の定義では，「場」は物体から物体への作用や信号伝達を媒介する空間である．このとらえ方は公共環境にも適用することができる．それは単なる空間の広がりではなく，生活やさまざまな交流を媒介する「場」でなければならない．一方，「場」における作用や伝達を生み出すのは，物体の静的な併存ではなく，人，情報，物流などの動的な相互関係である．これを「流れ」という概念で表すと，「場」が本来の意味で「場」として存立するためには適切な「流れ」が必要であり，「流れ」にはそれを保証する「場」が必要である．

■協働のプロセスづくり

　「場」の形成には，物的空間とともに「流れ」のデザインが必要である．人間的スケール，都市の記憶につながる歴史性，地区の文脈を踏まえたデザインは，ボストンの例が示すように，「場」と「流れ」を両立させるのに大きく寄与するが，ここではそれに加えて，「場」を支え「流れ」を生成する地域の主体，住民との協働にもとづくプロセスづくりの重要性を指摘しておきたい．

　愛知県西春日井郡西枇杷島町（にしびわじま）は，名古屋市に隣接し，江戸時代から青物市場として栄えた町である．しかし，戦後市場が町外に移転してから急速に活気を失い，近年では，人影のまばらな旧美濃街道沿いにわずかに残る古い商家だけが昔の面影を伝えていた．この状況に危機感を抱いた町と住民は，専門家の協力を得て，1980年代後半に町のアイデンティティ再生に取り組み始めた．住民は「枇杷島みのじ会」という組織を作り，

❸西枇杷島，みのじ遊々市（1998）

町歩き，町並みカルテづくり，まちづくり新聞の発行など，精力的に活動を展開した．町は，みのじ会と協議しながら，街道筋の整備を進めた（北原，1997）．

　プロセスを積み重ねる中で，住民，行政，専門家の協働が次第に板につき，町並みに少しずつ生気がよみがえってきた．移築保存された古い問屋の前では毎月朝市が開かれ，町外からも常連客を集めている．1998年からは住民の企画運営で，50以上の屋台が並ぶフリーマーケット「みのじ遊々市」が催されている（❸）．これらは物的に見ればささやかな成果だが，そこには着実に「流れ」が生まれ，「場」が育ちつつある[注]．

　公共環境は私たちの共有財産である．公共環境のデザイナーは「場」と「流れ」を総合的にとらえ，多くの人びとと現実の都市の中で協働し，その実現をコーディネートしていくことができなければならない（ポーマイア，1993）．

［北原理雄］

■注

　西枇杷島町は2000年9月の豪雨で全戸の6割が浸水する被害を受けたが，町づくりの経験を活かし，着実な復興を遂げている．

■文献

北原理雄：都市設計の実現．都市設計（新建築学大系17），pp.322-324，彰国社，1983．

B. J. フリーデン・L. セイガリン著，北原理雄訳：よみがえるダウンタウン，pp.5-12, 139-148, 222-227，鹿島出版会，1992．

J. ゲール著，北原理雄訳：屋外空間の生活とデザイン，pp.92-100，鹿島出版会，1990．

北原理雄：住民参加のまちづくり．環境をデザインする（環境デザイン研究会編），pp.41-42，朝倉書店，1997．

C. ポーマイア著，北原理雄訳：街のデザイン，pp.47-52，鹿島出版会，1993．

2|202　集まり空間のデザイン

■スコアの手法

　1985年，ジャーディ事務所には，サンディエゴの再開発ホートンプラザの巨大な模型が展示されていた．ジャーディはこの模型を持ち込んで光や音や匂いに映像を加えたパフォーマンスを行ったのだそうだ．市長はじめ関係者はあっけにとられたのだが，数日後に評価するとの電話があった．この難航していた再開発が実現に向けて動き出したのだった．

　彼は，最初のシナリオがよく描けたとき，プロジェクトは成功するといっている．そのシナリオとは，空間のフォルムや色彩のみでなく，風，音，匂い，光の明暗や舗道の足ざわりと人間の動きを意図するものである．集まり空間をデザインすることはオーケストラで音楽を演奏するようだとも彼はいっている．

　気候がウェットかドライが，歩行者にどのような影響をもたらすのか？　音楽のスコアのようにハ長調をニ長調に転調したらどのように雰囲気が変わるのか？　暑い，涼しいの感覚をダイヤグラムに表現して分析し，集まり空間のシナリオを描くのである．このように音楽のスコアを都市デザインに導入したのはビクター・グルーエンだった．ウィーンを故郷とするグルーエンらしい発想である．

　その後，ローレンス・ハルプリンは都市のタウンスケープをスコアで描き，それをランドスケープデザインに活用することを試みている．

　ジャーディは，建物を黒く塗りつぶしてそのすき間の空間デザインにエネルギーを注いでいる．集まり空間には賑やかさと静かで落ちつける空間が求められる．それらをあたかも宝石をちりばめるようにつないでいく．それは彼の試みるネックレス・ドローイングなのである．

■アクセスの分析

　集まり空間のデザインについてその空間がどれだけの人間を集めるのか，というシミュレーションが計画の出発点であり，ゴールである．

　10m当たり1〜2人の閑散な風景で人間はどう感じるのか？　アメ屋横丁の歳末風景のように10m当たり100人を超える人間が路地にあふれたときどうなるのか？　その意味で，来街者数とその空間のコンセプトは企画の骨子である．

　どのようなシナリオでどれだけの人を集めるのかは計画の最終段階まで繰り返されることになる．同時に来場者の交通手段であるマイカー，自転車，バス，電車などと歩行者の比率の予測が計画の前提となる．これらの比率とどちらの方向からやってくるのかの分析によって動線計画を進めることになる．

　たとえば身近かな問題として日常利用している駅の動線計画をチェックしてみよう．エスカレーター，切符売場，改札口が適切に配置されていない事例があまりにも多いことに気づかれるだろう．大量の人の流れを横ぎらなければ切符売場や改札口にたどりつけない事例は，あるべき動線計画の基本を忘れたものといえよう．

　フランスでは国家的プロジェクトとして，ラングドック・ルシオン地方に大規模リゾート村を数多く実現させている．シーズンになると，それぞれのリゾート村までハイウェイから車の渋滞が延々と続く．今では反省としてそれぞれもっと小規模な計画にすべきだったといわれている．

　このように，アクセスの能力が計画の規模を決定することになるといえよう．

■路地と広場

　集まり空間をデザインするときに興味ある一つの手法は，同一スケールでヨーロッパの都市の広場や路地と重ね合わせて見ることである．

　ローマでは，スペイン階段を起点としてこの都市のメインストリート，コンドッティ通りがあり，イタリアを代表するブランドショップが並んでいる．日本の都市ではその都市のメインストリートを広い街路とする考え方があるが，市民は好んで細い路地を歩くものである．ミラノのガレリアはパサージュの代表作であるが，親しみのもてる空間としてはブリュッセルのギャラリー・サンテュベールが優る（❶）．ちなみに，いつも賑わいを見せる原宿の竹下通りだが，もし，あの街路の幅員が6mを超えていたら，あのような人気ある街とはならなかっただろう．

　ヨーロッパの都市では路地を抜けると広場に出会う．その都市の中心にマーケット広場があって，朝市が開かれている．夜と朝の食事を簡素にすませる市民にとって，ランチはその日のメインの食事であり，旬の食材を求める市民で朝市は賑わっている．このように，生活に結びついた広場は市民に親しまれる存在となっている．

　アントワープでは市庁舎広場に市民が集まり，カフェテラスで談笑する風景が見られる（❷）．

　コミュニティが崩壊すればこのような風景は見られ

❶ギャラリー・サンテュベール

❷アントワープ市庁舎広場

ないだろう．そこには郊外のショッピングセンターでは得がたい歴史の蓄積があり，伝統の街並みがもたらす安堵感がある．

　ニューヨークのペリーズパークは間口13m，奥行30mのポケットパークだが，超高層ビルの谷間にあって風害もなく落ち着ける空間となっている．16本の樹木の下にテーブルと椅子が置かれていて，新聞や本を読むビジネスマンの休息の場となっている．

　同様に，ロックフェラーセンター・プラザも夏はカフェテラス，冬はアイススケートリンクとして市民に親しまれている．とくにここに飾られているクリスマスツリーは，毎年話題を提供するシンボルとなっている．

■ニューアーバニズムデザインの潮流

　1990年代からアメリカの多くの都市で，成長管理が定着するようになった．成長を否定するものではないが，それがもたらす社会の歪みを最小にしようとする考え方である．

　その歪みとは
　　① 大気や水質の悪化
　　② コミュニティサービスの低下
　　③ オープンスペースやランドマークの喪失
　　④ 交通渋滞
　　⑤ 近隣関係の崩壊
　　⑥ 受け入れがたい用途の混在
　　⑦ 治安と安全の喪失
　　⑧ タウンスケープの悪化
である．

　ニューアーバニズムデザインが指向するのは旧き良きアメリカ社会の再生であり，通勤，通学と買物に歩いて可能な街の実現である．これらは日本の都市にも共通した課題だろう．コミュニティの連帯感なしには公園や広場は人間不在の空間となってしまう．また，安全が確保されなければ活用されない．

　アイダホ州のボイジー市では，90年代に入って市民を巻き込んでビジョンづくりを始め，軌道修正した市の包括プランを完成させて注目されている．この都市では夏の夕方，市民がダウンタウンに集まって談笑しており，旧き良きアメリカ社会が維持されている．ミニパーク，ネバフッドパーク，コミュニティパークに大規模な公園と特別の用途の公園がそれぞれの機能を果たし，それらをつなぐ遊歩道がはりめぐらされている．緑豊かな都市を実現させる条例に感服するが，それらが実現できたのはこの都市のコミュニティが健全である証しだろう．

　このような環境重視の発想が，日本の都市の集まり空間のデザインに求められるものだろう．　　[池澤　寛]

■文献
池澤寛：街並みのスコア，プロセス・アーキテクチャー，1985.
池澤寛：街づくり・デザイン・ノート，商店建築社，1987.
池澤寛：人の集まるデザイン，プロセス・アーキテクチャー，1993.

2|203　道のデザイン

　道には，さまざまな機能がある．交通だけでなく，生活空間，憩いの空間，あるいは防災のための空間としての機能を有している．しかし，ここでは，とくに交通に絞って，以下の議論を展開する．

　この10年近くで，交通の考え方は大きく変化している．具体的には，環境問題への対応，福祉問題への対応，情報技術の著しい進歩との呼応，そして，市民参加の潮流への対応，といった四つの切り口で説明できる．交通が変わることは，当然ながら，それを支える道のデザインを大きく変えることになる．そこで，以下，順番に，この四つの切り口から，道のデザインの動向をまとめる．

■環境という視点から

　ここでは，環境という言葉の意味を，大気汚染，騒音などいわゆる環境問題の対象と，安全という意味の2点でとらえる．従来の道づくりは，基本的には自動車の走行の円滑を重視し，そこに安全が加わってくるものであった．したがって，道路の設計においても，自動車が中心であり，他の交通手段への配慮はあくまで二次的なものであった．

　しかしながら，環境問題への対応から，徒歩や自転車(これらを green-modes と呼ぶことがある)，あるいは公共交通機関が見直され，それらに対応した道のデザイン事例が，とくに欧米諸国で多く見られるようになった．代表的な動きを❶に，関連する事例を❷～❼に示した．

方向性	考え方	具体例
歩行者重視	幅員確保 自動車走行抑制 歩行者専用	車道縮小で歩道拡幅（❷） 歩車共存道路（ボンエルフ）（❸） 歩行者専用空間（❹）
自転車重視	専用通路確保 段差の解消	自転車専用車線（❺） 車道境界部の段差微調整
公共交通重視	自動車抑制	トランジットモール（❻） モノレールと歩行者の併用空間（❼）

❶自動車を重視しない道づくりの新しい動き

■福祉という視点から

　以前は交通弱者という，よく考えると少しわかりにくい概念で論じられていたが，最近では，移動困難者あるいは移動制約者のためのデザインと位置づけられる．目の不自由な人，耳の不自由な人，足の不自由な人だけでなく，重い荷物をもった人，ベビーカーを押している人，妊娠している女性などがすべて含まれる．ただし，その移動制約の内容によってデザインとしての対応も変わってくる．

❷歩行者モール（リーズ，イギリス）：幅員は十分に広いというほどではないが，両側の建築物のボリュームとファサードを調整することで，快適な空間を演出している．

❸用賀プロムナード（世田谷区）：歩行者の快適性を確保するべく，自動車が走行しにくい線形を実現．写真奥のほうに自動車が見える．わが国では各地のコミュニティ道路がこの考え方を踏襲する．そのルーツは，1970年にオランダのデルフト市で実験的に導入されたボンエルフ（Wonnerf）．

❹用賀プロムナード（世田谷区）：車道幅員（往復2車線）に比べて十分な歩道が確保されている．

　移動制約者の移動を支援する考え方については，ハード面，ソフト面を含めて，バリアフリー思考からユニバーサルデザイン思考に変わりつつある．典型的な例が，車椅子対応のバスであろう．福祉問題がクローズアップされたころ，わが国では公営交通を中心に，リフト付き路線バス（ドアに車椅子用のリフトが設置されているバス）が導入された．このリフト付きバスは，当然ながら，通常のバスよりも高価であるが，リフトによって利便性が改善されるのは車椅子利用者のみであろう．その後，現在では，車内にステップのないノンステップバス（❻）が導入されるようになった．

❺自転車専用車線(アムステルダム,オランダ):自転車の利用シェア(分担率)を国家目標として40％と明言しているオランダでは,各地の道路に十分な量の自転車専用車線が導入されている.写真は,アムステルダム中央駅から伸びるメインストリート部分だが,十分な幅員の歩行者空間(平日朝は写真のように荷捌き車両進入可),方向別の自転車車線,その右側は路面電車の通路,その右側が一方通行の自動車用車線という断面構成になっている.

❻トランジットモール(デンバー,アメリカ):専用のバスのみの走行が認められているモール.バスはモール内のみを往復するノンステップの無料バスで沿道がコストを負担している.

❼モノレールの走るピア(シドニー,オーストラリア):ウォーターフロント再開発の中で整備されたピアの一つは,都心を片方向循環する小型モノレール(VonRoll)と空間を共用している.

こちらも高価なバスであるが,車内にステップがないことの恩恵を,ほぼすべての利用者が享受できる.

■情報という視点から

現在,交通にたずさわる専門家の多くは,この通信情報技術の著しい発展に頭を抱えている.ITS(Intelligent Transport Systems:高度道路交通システムという訳語があてがわれている)という言葉が少しずつマスメディアにも載り始めているが,これまでは夢物語に近かったことが現実的になりつつある.たとえば,すでに,カーナビゲーション上に渋滞情報が流れているが,これも一昔前は夢物語であった.

実用化が進みつつあるのは,高速道路の料金所で一旦停止しなくても済むしくみなどであるが,将来的には高速道路上での自動走行も実現する.これらの技術の発展に,交通の計画論や道路デザインが,現時点では十分に追いついておらず,いわばseeds-orientedな状況である.たとえば,料金所がノンストップになれば,これまで料金所を1カ所に集約する必要のあったインターチェンジの設計は,大きく変わる.自動走行が実現すれば,道路の設計自体が大きく変わる.今の,そしてこれからの交通問題,道のデザインを考えた際に,必要な技術がどのあたりなのか,needs-drivenな議論が期待されるところである.

■参加という視点から

いわゆる計画への市民参加については別の項を参照されたいが,交通の分野でも参加という言葉の影響が明らかにある.とくに注目したいのが,TDM(Transportation Demand Management:交通需要マネジメント)である.これは,これまでのように交通の需要の拡大に合わせて道路など交通施設を整備していくだけではなく,需要の中身を見直すことの必要性を問うた概念である.具体的には,個人あるいは企業が交通行動を見直すよう促す施策群である(この部分が十分には理解されていない向きがある).個人らが交通行動を見直すためには,交通問題に一緒に取り組む必要がある.そのためのツールとして,社会実験に注目が集まっている.新しい施策自体を市民に認知してもらう,あるいはその効果を実感してもらうために,短期間あるいは中から長期間,試行的に施策を導入する事例がわが国でも増えている.交通問題とその対策のプロセスに参加することで,個人の意識が高まり,必要に応じて交通行動が変化する.この従来のトップダウンとは異なる考え方が,交通のデザイン,道のデザインにも大きく影響してきている.　　　　[中村文彦]

■文献

新谷洋二編:都市交通計画,技報堂出版,1993.
交通工学研究会編:渋滞緩和の知恵袋,丸善,1998.
秋山哲男・中村文彦編著:バスはよみがえる,日本評論社,2000.
三船康道・中村文彦ほか:まちづくりの近未来,学芸出版社,2001.

2|204 緑のデザイン

■デザインにあたっての基本的視座

これからの緑のデザインの基本的視座は，以下の3項目に置かれる必要がある．

[緑を基盤にして都市機能をどうデザインするか]

緑が果たす機能は大きく二つに分けられる．第一は生活的価値面(value of life stock)，第二は生産的価値面(value of productive stock)の機能である(林, 1996)．前者においては，大気浄化，騒音防止，災害防備などの環境保全機能，医療・健康回復，保健休養，自然環境教育などの福祉機能，森や木にかかわる技術や歴史の伝承などの文化機能，自然と人工が調和する景観機能を主とする生活環境機能をデザインすることが内容となる．この機能が不十分な場合，アメニティ(amenity)が達成されない．後者においては，森から得られる木材その他の産物の持続的再生産および緑の場を活用して，養蜂，きのこ栽培，樹下での薬草・山草栽培などを行う生産的機能のデザインが主内容となる．生産的側面を欠いた緑は再生産・循環の根拠をもたず，空疎な場となる．

[緑環境をどうデザインするか]

この課題では緑の環境を多様にデザインすることが基本となる．緑の諸機能は一つの形や構造をとる環境では実現できない．緑環境の画一化は機能面の偏りを示すことになる．デザイン対象となる場が小面積単位で与えられる場合には，多様な緑の環境をデザインし，それぞれを都市域内に分散させて配置する方法をとる．狭い面積に多くの機能を包摂するデザインは，かえって場の機能を喪失する．これからの緑環境のデザインにおいては，それぞれの機能を明確にしつつ，小面積であってもできる限り密度高く配置していくことが望ましい．逆に与えられた対象の面積が広い場合には，地形や植物の成育状態，住民による利用形態などを考慮できるデザインユニット(design unit)を設定し，それぞれに固有の機能を与えて全体として多様な環境をデザインする手法をとる．

多様な緑環境をデザインすることは，人と緑との関係の多様化を保証し，多くの住民にアメニティを与えるのみならず，生物種が多様に生きていく空間を形成していく上でも重要な要素である．都市の緑環境であっても，生物生息空間を多様に確保できるデザインを原則とすることは，都市に生物的要素を確保する役割を環境デザイナーが担っていくための必須条件となり，社会的評価も向上するのである．

[緑を守り，育てる社会システムをどう形成するか]

緑のデザインは専門性が高く誰にでもできるものではないが，形成された場をあらかじめ設定された基準に沿って維持管理していくことであれば，一般住民参加は十分可能である．緑は形にされた時点が完成ではなく，時間をかけてゆっくり育てていくものである．環境保全を担うのは，地域住民が形成する社会システムである．緑環境は住民が直接保全活動にかかわってこそ，自らの生活領域に引き込んでいける．計画段階からこの原則を貫き，ユーザーである住民の意向を十分に把握して設計・デザインすることが，維持管理の社会システム形成に有効であり，その段階にまでデザイナーは責任をもたねばならない．

ロサンゼルス市では公園樹や街路樹が，それらを管理する住民組織とともにデータベース化され，市民・専門家・行政のパートナーシップのもとに緑環境の保全・改良システムが編成されている．樹木枯死が確認されたら，行政が専門家の派遣と苗木・道具・資材の搬入日を調整し，住民組織の集合日時に合わせて配置するシステムが定着し作動している．このシステムがあってこそ，住民が親しみ，保全にかかわり，その結果，緑環境が十分な機能を発揮する実態が形成されている．

緑の環境デザイナーは，社会システムデザイナーの資質をも併せもつことにより，行政と市民を結ぶ技術者として自立していけるのである．

■デザインの基礎技術

緑のデザインは，植物を配置する技術と，植物を利用して行う環境形成技術の二分野で構成される．以下，それぞれについて整理する．

[植物を配置する技術(plant technology)]

植物の配置にあたっては，従来，画一的な指標にもとづいてデザインされた例が多いが，今後は地域にあった植物によるデザインが基本になっていく．したがって，その地の自然緑地の状態を十分に分析し，デザインに生かすことが要求される．植物配置をデザインする場合に考慮すべき基礎条件は，次のとおりである．

① 種構成：　最も重要なことは，園芸品種を導入してよい空間と，地域の在来種に限定する空間とを峻別することである．これを十分に考慮しないとミスマッチングをもたらす．植物景観の特性を維持するためには，地域の在来種を尊重した種選択をするとともに，植物の遺伝子を保存する時代の要請に対応し，種内の

交雑を防ぐ知識をもち，同一種であっても品種の選定を慎重に行うという「種管理技術」(species management)をもたねばならない．

② 植生構造(vegetation architecture)： 植物を配置する場合，垂直方向においては高木のみの一層，高木と下層灌木との二層，数層に分化した多層，これら三つの構造が基準デザインとなる．平面的には一定区画内に均等に配置するか，ある部分に集中させて配置するかの二方式が基準となる．これらをどう組み合わせるかは，植物間の競争関係や光環境への適応を基本にし，それに人の利用形態を考慮したデザイン選択により決定される．

③ 樹形(tree form)： 樹木の種によっては，株立ちや枝分かれなど自由に変形が可能である．また，さまざまな形状(生活形という)を利用したデザインも可能である．旧来の発想ではまず樹種を決めるのが常態であるが，これからはその場に合った形を決め，それに適合できる種類を選ぶ方がデザインの多様性を確保できる．植物の形状形成特性を十分に把握しておくことが，優れた緑のデザインを行うための必須条件となる．

④ 色： 植物は季節により葉色が変化する．落葉樹，常緑樹ともに種ごとの季節変化はダイナミックである．花の色も加え，植物の生命の巡りを色によりデザインする感覚が基礎要件となる．緑のデザインは，植物季節のデザイン(フェノロジーデザイン)でもある．

⑤ 生物生息環境： 緑の環境は，生物に対して多様な生息条件を提供する．生物種の生息が把握されているデータを収集し，それを指標にして生物生息環境を設計する．一般に，デザインの対象になる都市域では「人里型」の生物が住むので，基本的な生態系のしくみを理解しておけば，デザイン面での自由度は相当広いことを知っておきたい．これからの緑のデザインは，エコデザインを無視しては成り立たない．多様な生物と人に優しい本質的なユニバーサルデザインを望みたい．

⑥ 時間： たとえばオーストリアの都市林では，10年単位で100年間の時間デザインを行っている．樹木の成長や樹種の交代，あるいは草本種の出現や衰退などの過程に合わせ，人による利用の変化も想定して長期の計画を立て，5年分期ごとのモニタリングも行い，健全な成育チェックも欠かさない．デザイナーの仕事は，設計と施工完了で終了とはいかないのである．緑のデザインは，時間変化を盛り込んだ内容をとって

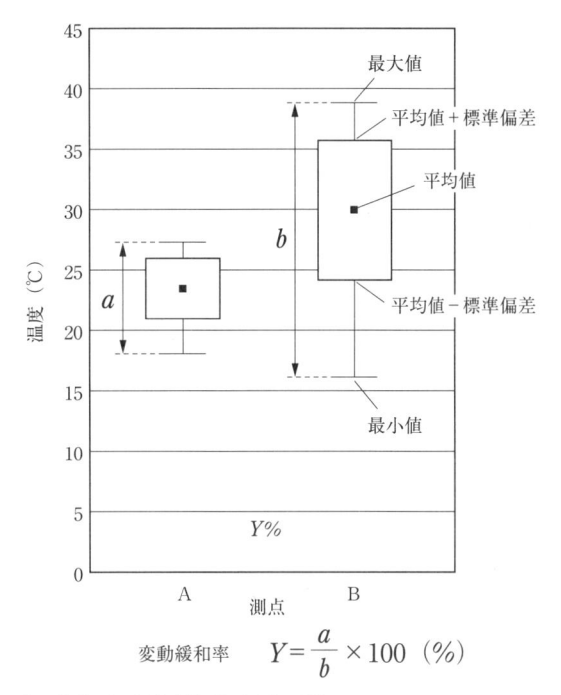

変動緩和率　$Y = \dfrac{a}{b} \times 100$（％）

❶変動緩和率の算出方法（温度変化の例）

こそ，本来の役割を果たせる．サステイナブル(持続可能な)デザインへの道が，ここに開ける．

[緑を利用してどう環境形成を行うか(environmental technology)]

緑のデザインの主要目的に，過酷な都市環境や自然環境を緩和する微気象(micro clinate)設計がある．緑による環境形成の基本は，温度や風などの環境形成因子の変動幅を小さくし，快適な環境域を形成することにある．これを「変動緩和作用」(fluctuation relief)と呼び，緑を利用した環境形成作用の基本とする(❶)．工学的な環境制御が一定値を基準にする「定常化」に置かれるのに対し，植物によるそれは「変動緩和」に置かれる特徴を有する．壁面緑化による「緑の冷暖房」効果はその典型である(林，1998)．地球温暖化防止は，すべての環境デザインに与えられている基本テーマである．緑の環境デザインのもつ「変動緩和」の意義は，今後ますます重要さを増す．　　　　　　　　　[林　進]

■文献
林進：ガーデンからフォレストへ．森林－日本文化としての(菅原聡編著)，pp.239-243，地人書館，1996．
林進：緑の冷暖房のすすめ．建築ジャーナル別冊(人間環境ネットワーク編)，pp.1-32，企業組合建築ジャーナル，1998．

2|205 水辺のデザイン

■日本の水辺の特徴

公共環境における水辺は，大きく二つに分けることができる．一つは公園の池やせせらぎに代表されるような，自然によって形成されたものではなく人為的に作られ維持管理されている水辺である．もう一つは，本来は地象と気象によって自然に形成された川，湖沼，海であり，必要に応じてこれに人の手が加わって作られた用排水路，運河，溜池などの水辺である．

一方で，日本国土の多くはアジアモンスーン気候であるため，多雨で森林や河川，湖沼などの自然が豊かな地域であり，多様な動植物の生息環境でもある．古来，人びとはこうした水辺の恵みを求めて水辺に定住し，水田を中心とした農耕生活を続けてきた．一方，河川沿いは氾濫原であり洪水の危険性が高く，そのために各地でそれぞれの地域にあった洪水対策を工夫し，暮らしの知恵として受け継いできた．この知恵は川・水辺という自然との共生技術であり文化でもある．

こうした考えから，公共環境としての日本の水辺は，水が高いところから低いところに向かって流れ，この自然原理によって形成される生物の生息環境であるとともに，水辺にかかわる人びとの暮らしを含め，歴史・文化の総体としてとらえることが重要である．

■水辺のデザインのための基本的な視点および課題

今日的な水辺のデザインを考える上で基本的な視点を整理すると，次の3点である．

[水系・流域で水循環を考える－暮らしの中に水のつながりが見えるようにする] 自然界に存在する水辺は，降った雨が流域の地形に沿って低いところに向かって流れ，川となって海に注ぐ．また，樹林地や農地では地下に浸透し，地下水を涵養し，湧水となってわき出し，晴天時でも川や池沼の水源となる．そして，水辺は水蒸気を大気へ蒸散させ，やがて雲となり雨となって再び大地に戻る．こうした流域での水の循環系の中で水辺をとらえる必要がある．都市の中では，小川や水路が下水道や道路整備によって埋め立てられたり暗渠化され，水の連続性が分断され日常生活の中で見えにくい構造になっている．これからの水辺のデザインは，こうした水の自然な連続性，健全な循環系を取り戻すために，地域の重要な構造としてそのしくみを見えるようにする必要がある．

[水辺の自然を保全・回復する－生物の多様な生息環境を確保する] 水辺は人びとの暮らしにおいて不可欠であるとともに，多くの生物の生息空間でもある．しかし都市化により日本の都市の河川はやむなく人工化され，水質悪化と平常時流量の減少などによって生物の生息環境としての役割を大きく損ねてしまった．これからの水辺のあり方は，この生物多様性，持続可能性をまず回復させ，水辺にかかわる新たな開発をできる限り回避し，やむを得ない場合でも代替の水辺環境を新たに再生する努力が求められる．その上で，人びとの水辺の利用や関わり方など自然との共生を工夫する必要がある．そのためには，自然の摂理や水の流れによって形成される水辺空間や生物生息条件の担保を基本に水辺のデザインを考える必要がある．

[地域性，文化を尊重する－水辺と人びとの関わりを取り戻す] 日本の水辺の多くは，農業用水，生活用水のように地域の人びとの暮らしの中に取り込まれ使われながら維持されてきた．その結果，水辺の使い方，維持管理などの水辺の作法や，井戸端会議に代表されるようなコミュニティが形成され，水辺の文化も育まれた．水辺との日常的な関わりが薄れつつある今日においても，こうした人びとと水辺との関わりを抜きにしては水辺のデザインはあり得ない．地域の暮らし，地域文化の文脈の中で水辺をとらえることが不可欠である．

■水辺のデザイン手法

[生態系の多様性の確保－自然性，生物生息環境としての役割を基本とした水辺の多様性を確保する] 水辺の自然性は生物の多様性，空間の多様性によるところが大きい．この多様性は四季形態を変化させながら流水が上流から下流へ流れる絶えまない連続性と変化から生まれる．多様性はたとえば，洪水や渇水，水質の急変など水環境に一時的変化が生じ，生態系が部分的に損なわれても，すぐに回復できる柔軟性でもある．このような多様な水辺環境の整備は，渓谷・河岸段丘・扇状地・自然堤防・三角州などの流れに従った地域環境特性と，流水の蛇行によって生じる瀬・淵・河原・水辺から堤内地に向かって形成される特有の横断形などを手がかりに，空間の多様化を図る必要がある．

[時空間の連続性の活用－水辺と周辺環境を経年変化や空間の連続性を考慮してなじませる] 河川のように長く連続した水辺では，周辺も含めてその整備が時空間のパッチワークにならざるを得ない．とくに，河川と周辺とが一体となった景観を成すためには，周辺を川に配慮した形にコントロールすることが重要である．また，整備に使用される材料の経年変化の違いや個々の

施設のライフサイクルの違いを考慮する必要がある．空間的，時間的に水辺と周辺，各々の施設を互いに調和させ，なじませる工夫が望まれる．

[「図」と「地」の把握－水辺とそこに生息する生物，人間活動との関係を考慮する] 水辺の景観は背景となる「地」の部分とこれに配置される「図」の部分とからなる．水辺の風景の中で通常「図」となるのは川面をはねる魚や飛来する水鳥，水辺での人びとの活動であったり，行き交う車や船であろう．一方で，橋や水辺への階段，ランドマークとなる特徴的な樹木，あるいは水辺の彫刻などが「図」として扱われる場合もある．水辺における「地」と「図」はその場所性によって変わりうる．この場所性を読み，「地」となる施設，「図」となる施設の配置を考え，材料，色彩，形態を決めていくことが重要である．対象とする水辺の「地」となっている要素（材料，色彩，形態など）を読み取ることができれば，自ずと整備しようとする施設を「地」とするか「図」とするかが見えてくる．過度な設計にならぬよう心がけるべきである．

[水辺「らしさ」への配慮－水辺の周辺を水辺の気配が感じられるような環境に誘導する] 河川は本来，低い所を流れるものである．それゆえに，水辺に自生する植生，流入する支川や水路，水辺に適した土地利用があり，これらで構成される水辺らしい景観がある．そして，水辺を利用し維持してきた地域の人びとの暮らしがあった．かつてはこれらによってその場所は水辺の気配が感じられ，水辺「らしさ」を形づくっていた．しかし，都市化によって利便性，安全性が追求された結果，水辺とは関わりのない空間，街並みができ上がった．つまり，水辺からいったん街中に入れば水辺が感じられない，見えない都市構造となっている．もう一度，水辺を生かした街にしていくためには，既存の水路や池，沼を都市の中の緑地として生かし，水辺に連続させて公園や緑地などのオープンスペースを確保し，水辺になじむよう建物や周囲施設を規制誘導することによって，水系のつながりや水循環系が街の中で見えるようにする必要がある．

[「人並み」の技術の見直し－さまざまな人びとが水辺にかかわれるヒューマンスケールを導入する] 自然回復手法として土木の伝統工法が見直されている．これは自然系素材を使用し人力によって制作し維持管理する工法であるため，整備がヒューマンスケールであり親しみやすく景観的に優れている点が評価されている．また，水辺の特性などを読み，場所ごとに適した工法が工夫されたため，結果的に変化に富んだ空間ができ，そこに水辺の多様性が生まれた．伝統工法はこうした水辺での暮らしを前提としていたから，水辺を生活に取り込み共生するための生活技術でもあった．一方，並外れた専門的な技術によって作られた近代的な土木施設は，特殊な技能者による機械などを用いた整備や管理に陥りやすい．遠ざかった水辺を人びとの生活の中に取り戻すためには，「人並み」の生活技術を再評価，再構築する工夫が求められる．

[手を加えない「余地」を残す発想－不確定要素が多いときは将来に可能性をつなぎ，あえて何もしない] すべての水辺を同程度に利活用することはまず考えられない．水辺周辺の利用が不確定な状況や地域要望がまとまらないような段階では，むしろ水辺整備を最小限にとどめ，利用の方向性を検討できるような状況になるまで未整備の状態でとどめておくことも考えられる．未整備の状態に保つことによって，その川のもつ本来の自然性が回復されたり新しい可能性が生まれてくる場合もある．このように，予測不確定な状況に対して積極的に将来に可能性を残すための「余地」の発想が必要である．

[参加による水辺の活性化－設計などへの地域参加や水辺のイベントなどのソフトな仕掛けを組み込む] 水辺にかかわる人びとの存在があって初めて水辺「らしさ」は生まれてくる．したがって，人びとの意識の再生・高揚が不可欠であり，この市民意識の再生速度と整備の速度がずれを生ずると，せっかく整備されたのに，利用されなかったり，苦情が出たり，安全対策が過度に求められたりなどのトラブルも発生しやすい．そこで，川との付き合い方を徐々に回復するソフトなしかけが水辺のデザイン過程で求められる．そのため，計画段階から関係者に呼びかけ，プランづくりから整備・維持管理にまでかかわってもらうような参加のプロセスが重要である．また，散策，水遊び，観察会，清掃，学習などの水辺ならではの活動・体験を通して，水辺との付き合い方を体験を通じて取り戻し生活の中に定着させていくことが重要である．

［大澤浩一］

■文献
土木学会編：水辺の景観設計，技報堂出版，1988.
日本河川開発調査会（石崎正和）監修：環境創造・維持管理復元技術資料集成，第2巻，水のシステムとデザイン編，綜合ユニコム，1992.
森本幸裕・亀山章編：ミティゲーション―自然環境の保全・復元技術，ソフトサイエンス社，2001.

2 | 206 | 音のデザイン

■公共空間の音の種類

デザイン活動との関係で「公共空間の音」といった場合，一般にイメージされるのは，スピーカーから流される「信号音」や「告知のための音」である．しかし，公共空間で私たちが実際に体験する音は，そのような「放送機器」を介した「人工音」ばかりではない．

たとえば，夕方，市街地の商店街では，車道からは車の走行音，歩道を行く人びとの話し声，街路樹のざわめき，店頭からのBGMや呼び込みの声，作業音など，さまざまな音が聞こえてくる（環境デザイン研究会，1997）．私たちはまた，日々の生活において，賑わいや活気を求めて商店街に出かけたり，静けさや小鳥の鳴き声を求めて都市の公園でひとときを過ごしたりする．

確かに「信号音」は，「公共空間の音」として重要なものの一つである．景観の行政担当者などがその計画者，管理者の立場から，それらに対して高い関心をもつのは当然のことであろう．しかし，デザイン活動の対象となる「公共空間の音」がそうした音のみに限られるとすれば，デザイン活動そのものが，「公共空間を管理するための行為」となってしまう．

私たちの豊かな生活文化の創造にかかわる行為としての「音のデザイン活動」のために必要な基本的態度は，まず，「公共空間の音」を，最初からそのような特定の種類の音に限定することなく，各種の「公共空間における音環境を構成する音」というより広い立場から，それらの音全体を「公共空間の音」として位置づけ，デザイン活動における考慮の対象としていくことである．

■音のとらえ方

ある空間において，特定の音が「望ましい音」か「望ましくない音（騒音）」かは，音そのものの「良し悪し」というよりはむしろ，そうしたトータルな景観との関連において規定される．たとえば「電子音」のような人工音は，その音量レベルがいかに低いものであっても，自然の山や森の中では，その景観を破壊する要因，すなわち「騒音」になり得る．一方，同じ音が，都市の繁華街においては「都市景観」の賑わいを生む「望ましい音」にもなる．

このように，公共空間の音を把握する場合，個々の音そのものの性格や特性を考察するだけではなく，それらの音を，それぞれの空間の音環境全体のコンテクストへ，さらには聴覚のみにとどまらない五感全体を踏まえた景観全体のコンテクストへと引き戻し，そうした全体性の中で，それぞれの音のあり方を把握し，その内容を検討していく必要がある．

このような作業のための有効な枠組みとして，「サウンドスケープ（soundscape：音の風景）」という考え方がある．この考え方を通して私たちは，個々の音を個別に扱うのではなく，その場の聴覚的な景観の要素として，さらには，全身の感覚で把握するよりトータルな景観の中でとらえることになる．さらには音を，それぞれの地域の歴史や風土の一部として位置づけ，いわば「気配」や「雰囲気」の一部としてもとらえることができるようになる（鳥越，1997）．

■音のデザインの方法

こうした基本的な考え方を踏まえ，音のデザインの具体的な方法を考えると，それらは，「音そのものをデザインする」場合と，「音の発生する状況をデザインする」場合の二つに大別される．つまり，ある空間に音のサインが必要な場合，スピーカーを通じて音を直接導入する方法が前者だとすれば，後者は，道路空間に木の葉のざわめきや小鳥の声を導入するために街路樹を植えるといった方法のことである．

また，一般に「音のデザイン」というと，「音づくり」がイメージされる．けれども，その活動内容には，特定の空間に新たな音を導入する「音の付加」だけではなく，地域のアイデンティティを支えているような音を「保全」したり，不必要な音を「除去」するなど，特定の「音」の存在に対しては，「プラス」「ゼロ」「マイナス」のすべての方向への働きかけが含まれていることを忘れてはならない．

たとえば，長崎市民の団体「長崎・サウンドデザイン塾」が平成4年に行ったものに，＜ながさき・いい音の風景＞というプロジェクトがある（ながさきの風景・音の文化研究会，1993）．これは，長崎市民を対象に，それぞれの地域ならではの音風景の推薦を呼びかけたものだが，そこで推薦された音の風景の一つに「稲佐山の展望台から聞こえる風の音，小鳥の鳴き声，街の音」があった．しかし，実際の現場に足を運んでみると，展望台に設置されたいくつかのスピーカーから常に流されている音楽が，それらの音をかき消していた．このような場合，その「音楽を止める」という，音そのものに対しては「マイナス」の行為が，その場の音環境のデザインとしては，むしろ，ポジティブな意味をもつ．

一方，同様に推薦された「山王神社境内で聞こえる大楠の音風景」の場合，その「楠の保全」が，「木の葉のざわめき／小鳥の鳴き声／地域の人びととの会話」といった音を守り伝えることになり，それは，神社の境内という公共空間の「音のデザイン」としても，貴重な意味

をもつことになる．

■サウンドスケープ調査

音のデザイン活動の一部として常に必要なのは，「現場の調査」である．ここで大切なのは，それが，単に，それぞれの場所にどのような音があるかを把握することにとどまらず，その音環境を構成する個々の音，「静けさ」や「賑わい」などの音環境の特定の状態が，それを聞く人びとにとって，どのように認識され，理解されているかをも問題とする「サウンドスケープ（音風景）調査」でなければならないということである．

たとえば，先の「山王神社の大楠の音風景」を推薦した人は，それを「地域のアイデンティティ」を支える音風景として認識している．あるいは，ウグイスの鳴き声に人びとは春の訪れを感じる．「サウンドスケープ調査」とは，このように，音環境全体をいわば「広義の情報システム／音の文化」として読み解くことである．

こうした作業が「音づくり」に先行することにより，デザインの対象として想定している音と同様の情報機能をもった音がすでに存在していることが明らかになった場合には，新たな音づくりは「不要」と判断されるかもしれない．あるいは，「必要」とされた場合にも，その「音づくり」にあたっては，既存の音文化や，さらには音にとどまらない景観や文化の全体を踏まえつつ，その内容を検討することができるようになる．

■信号音・告知音のデザインプロセス

公共空間における音のデザイン活動は，以上のような広い地平をもつ活動である．そのことを確認した上で，ここではあえて，スピーカーなどから流される「サイン音のデザイン」の主な作業内容を，簡単にまとめてみたい（❶）．

初めに，デザインしようとする音がどのような「社会的・情報的機能」を担うものであるかを，その社会や地域的特性をも踏まえた現場の情報システム全体の中で確認・検討する必要がある．たとえば，プラットホームのベルをデザインする場合，その音は「電車の発車を知らせる」という情報機能をもつことを確認する．そして，「電車の発車を告知するサインとしてベルが必要か否か」を問う．その結果，電車の発車を告知するためには，人の「声によるアナウンス」と「ホイッスル」で十分であると判断して「発車のベル」を廃止したとすれば，その行為は「ベルの音」に関しては「マイナスのデザイン」となる．しかし，それもまた，公

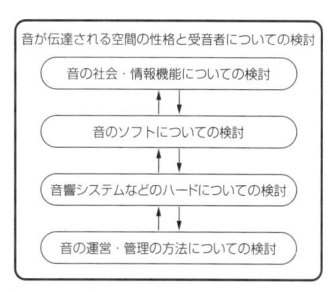

❶信号音・告知音のデザインにおける検討事項

共空間の音についての立派なデザイン活動である．

電車の発車を伝えるためには「ベル」が不可欠だと判断された場合は，次に，「電車が発車する」という情報を与えるにはどのような音がふさわしいか」，すなわち「音のソフトについての検討」が必要になる．

放送機器を通して流される音の場合，その後もさらに，スピーカーの種類，設置の場所や台数など，伝達経路としてのシステムデザインや，そのシステムの運営や管理の方法の検討も，「音のデザイン」の一環として忘れてはならない作業である．

一方，視覚障害の人びとにとって，駅構内の壁からの反響や足音などが，その場の状況を伝える重要な「音のサイン」として機能しているが，そうした貴重な音の情報が「デザインされたサイン音」によってかき消されてしまうこともある．障害をもった方々のためには「サイン音」の開発のみならず，こうした面からの検討も今後の重要な課題である．

■開かれた地平をもった「音のデザイン」

「公共空間における音のデザイン」は，このように，「騒音の規制や制御」の活動はもとより，「音づくり」から「音の保全」まで，さまざまな活動をその中に含み込む，広くて奥深い領域である．そこには「音の専門家」ならではの，各種の知見や技術が必要である．と同時に，「音のデザイン」は全体として，単なる「音の専門家」だけの活動にとどまるものではない．それは，他のさまざまな専門家や生活者にとっても，自らの問題としても取り組んでいける，開かれた地平をもった活動であることを忘れてはなるまい．　　　　［鳥越けい子］

■文献

環境デザイン研究会編：環境をデザインする，pp.146-156，朝倉書店，1997．

鳥越けい子：サウンドスケープ—その思想と実践，鹿島出版会，1997．

ながさきの風景・音の文化研究会編：ながさきの風景・音と耳と心，長崎伝習所／長崎サウンドデザイン塾，1993．

2|207 光のデザイン

■あかりのデザインから光のデザインへ

いつの間にか「照明デザイン」という代わりに「光のデザイン」という言葉を使うようになってきた．太陽光を用いたデザインも重要視されてきたので，照明というより光という方が広義に感じられるせいである．しかし，人類が火を操るようになった太古の時代から，気の遠くなるような「あかりのデザイン」が展開されていたことを忘れてはならない．電気エネルギーを光に置き換える技術を発明する約100年前(19世紀末)までは，光は神であり，あかりは生活のシンボルであったに違いない．まして夜の帳が降りた後にさえ，再び昼を再現するかのような強力な光を手に入れることなど，誰も想像できるはずもなかった．つまり20世紀の光の出来事は人類史上に起きた最大級の事件なのである．これは神への冒瀆，または新たな光の人体実験の始まりかもしれない．

二度にわたる不幸な世界大戦を経過した後に，庶民の住空間や都市全体に光の増量が繰り返されてきた．とくに日本の場合には経済成長に比例して光は増量され，腹いっぱいの飯と同様に均質でたっぷりな光に満たされることが豊かさの象徴であった．そして今，高度経済成長期に別れを告げるようになって初めて，豊かさとは光の肥満体ではなく，楽しく快適にシェイプアップした生活を心がけることであると語られるようになった．光の量から質への転換が叫ばれ，わずかな量のあかりを楽しむ時代の再来が期待されている．

■公共環境の五つの光害

地球上のいたるところで即時的な生きた情報が飛び交い，人びとは昼夜なく24時間を活動し楽しむことができるようになった．太陽に支配される昼の12時間より，人工光によって演出される夜の12時間の方にこそ，生活の価値が発揮されることも少なくない．それに伴い現代都市は，豊かさの象徴として多彩な光を従え，さらに革新的な光学技術の開発に支えられて，際限なく多様な夜の表情を提供するに違いない．しかし反面，これまでの都市の夜景や公共環境の光環境について，その実態を反省し改善しなければならない点も少なくない．近代化の旗印のもとで私たちは光に関するいくつかの大切な思い違いをしてきたようである．それらは「増量を続けた明るさ」「影を追放した均質な光」「緊張感を強いる白い夜」「眩しい光」「時を止める光」の五つの光害として語られる．

光の足し算，掛け算をしつづけてきた結果，現代人は今や光の過食症にかかっている．しかし光の引き算は大変難しく，光のダイエットは口でいうほどやさしくない．均質に明るくするのが近代であった．「ユニフォームに…」という概念はとくに日本人の得意とするものである．それを追い求めた結果，日常生活の中の無表情を作り出し，日本古来の美しい陰影を追放してしまった．白い光のもとで人間は緊張感をもって活動的になり，黄色からオレンジ色の暖かい光のもとで心が沈静する習性をもつことが実証されている．ところが，わが日本人は真っ白な光に近代をなぞらえ，白色蛍光灯の住宅照明と，水銀灯の道路灯に偏って白けた夜景を作ってきた．眩しい光はグレアと呼ばれて欧米人には嫌悪されてきたが，日本人はそれに疎い．「眩しさ＝明るさ」とさえ誤解している場合もある．眩しい光は百害あって一理なしの悪光として追放されねばならない．時を止める光とは変化のない安定した光の供給状態を指している．もちろん安定した光の供給が都市生活の品質というものだが，実はこの変化のない光が大罪な場面が多い．自然な光の移ろいが肝要なのである．太陽光も灯火も移ろい変化する中でこそ快適で美しい情景を提供する．光のデザインは時の流れを視覚化する役割を担っているのである．

■光のデザインの新たな役割

光のデザインの効能が熱っぽく語られ始めたのはつい最近のことである．戦後50年間の照明を振り返って見ると，その急速な役割の変遷がうかがわれる．1950年代「照明＝電気」の時代から，60〜70年代に「照明＝家具，器具」，80年代「照明＝光」を経て，90年代には「照明＝風景」(筆者は，照明＝気配とさえ吹聴している)と語られるに至った．21世紀には「照明＝刺激，治癒」とさえいわれている．

公共環境における光デザインの役割はますます高まるに違いない．デザインされるべき環境の質は光デザインのあり方にこそ快適性の評価が大きく左右されるからである．そして，その光デザインを支える照明技術やデザイン概念，思想なども日々塗り変えられていくことになると思われる．生活の中の光物が増大し，高品質の光に対する欲求が増大し，地球上の有限のエネルギーに対して真摯な態度になるからである．明らかに，これからは20世紀型の光デザインでないものへの方向転換が図られる．

21世紀には，電気エネルギーは高価になるので光の量でなく質にこだわった生活が求められる．つまり，

わずかな電気エネルギーでも明るいと感じられる技術が開発される．太陽光を利用した光デザインが脚光を浴びる．灯火を利用した昔ながらの生活の楽しみ方も復権する．光を発する側の技術でなく受ける側の素材技術が進歩する．わずかな光を受けても十分に明るく輝く素材が使われる．全般を照らしていた照明が局部を照らすようになり，美しい陰影が復活する．全体のためから個のためへ，ゼネラルからパーソナルな光に移行する．照らす光が少なくなり，自発光する光が増える．街全体は暗めになるが，局所的には刺激光が増大する．自動車の安全技術が向上し，自動走行などの発達により道路灯の数も激減する．人間が輝くものを身にまとうよう（ウエアブルな光）になる．

■コンセプトからディテールまでのデザインプロセス

光のデザイン分野は多岐多様にわたるが，建築照明や都市環境照明では数年から数十年もの長い歳月を費やすこともしばしばである．光のデザインは事業者や建築設計者，設備設計者や音響設計者など，さまざまな方との共同設計であるので，段階的にそのデザインの密度を深め，光の効果を検証し，抽象的なイメージの発想から具体的な結果を残すまで，そのプロセスは明確に管理される必要がある．

建築照明デザインのプロセスはおおむね4段階に分割される．光のコンセプトを立案する基本計画段階．ここでは何が光のデザインに求められる課題なのか，どんな光環境をイメージすべきなのかが語られる．次に照明手法を検討し，ベーシックな光を作る基本設計段階．ここではコンセプトを具体化するための照明手法が開発される．多くの可能性を否定せずさまざまな手法のアイデアが検討される．さらに多くの可能性から現実的な1案に絞り込む実施設計段階．ここに至って初めて照明器具や収まりの詳細，照度の検証や施工費との整合性などを解決する．そして施工が始まり現場で光を作っていく製作・施工監理段階である．この段階に至っても原寸大の光の実験や特殊照明の効果実験などが行われ，設計段階のものを間違いない施工に結びつけてゆく．東京都の複合文化施設である東京国際フォーラムは，このデザインプロセスがきちんと管理された好例で，照明計画を担当した（株）ライティングプランナーズアソシエーツは，基本計画から施工管理までのプロセスに6年半を費やして完成した（❶）．

これらの各段楷に区切って事業者や設計チーム内部へ光のデザインのプレゼンテーションを行い，承認やコンセンサスを得ながら進行するが，建築照明ではこのプロセスを通常3〜6年の歳月をかけて行うことになる．施設の規模が大きくなればなるほど期間は長くなり，都市環境照明などに至っては，10年以上かかって街づくりのための照明デザインの成果を実現することもしばしばである．

公共環境の光のデザインは重要性を増すと同時に，たくさんのモラルの渦に飲み込まれ，さまざまな解釈を伴うバリエーションを見せることだろう．そのときに思い起こすべきことは，光のデザインが他のデザイン分野に比較して，その評価軸を明確にもち得ない性格にあるという点である．モノのデザインほど機能や役割が単純でないからである．光の英雄が突然，大罪人にもなり下がる．光のデザインはそれだけ発展途上のジャンルでありながら，最も直接的に生活の価値にかかわる力をたずさえた，興味の尽きない仕事である．

[面出 薫]

❶東京国際フォーラム

■文献
近田玲子・中島龍興・面出薫：照明デザイン入門，彰国社，1995．
面出薫・LPA：建築照明の作法，TOTO出版，1999．

2|208 橋のデザイン

■橋梁形式とデザイン

道路，川，ダム，港など数多い土木構造物の中で，橋は昔から，他の構造物には見られない象徴性を有した特別な存在であった．それは，橋が，自然を克服したことを直接的に理解できる対象であることに加え，延々と続く道路や川，とらえどころのない港の風景と異なり，視対象としてのほどよいまとまりをもち，構造という人の工夫が直感できる対象であることに帰因している．したがって，今日でも橋は，それが適切に建設されるならば地域を代表する一大モニュメントとなりうる．どの地域でもめぼしい橋が絵葉書になり，観光資源の一つになっていることからも，それは明らかである．橋のデザインは，「文明の時代に求められる社会的要請」(Fabar,1945)なのである．

さて，古くは木，石が中心であったが，近代橋になってからは鋼とコンクリートが橋の主たる材料になっている．最近，全体をFRP(Fiber Reinforced Plastic)で作った橋も現れたり，FRPを吊り材として使用することも検討されている．近い将来には，強化プラスチックも橋の材料として多用されるようになるかもしれない．

橋の構造形式は一般に❶に示すように，桁橋，トラス橋，アーチ橋，ラーメン橋，斜張橋，吊橋に大きく分けられるが，それぞれはさらに構造あるいは支承条件によっていくつにも細分化される．また，これらの形式の中間型や複数個の形式を組み合わせたもの（たとえば，アーチ橋の一部をトラスにした形式）もある．加えて，桁橋，トラス橋，アーチ橋には，路面の位置が構造体の上にあるもの，真ん中にあるもの，下にあるものといった種類もあり，それぞれ上路橋，中路橋，下路橋と呼ばれている（❷）．

❸は，日本の道路橋における各構造形式の標準適用スパン（橋脚から橋脚までの長さ）を示したものである．これに見るように，同じ桁橋でもコンクリートのスラブ橋ではスパンは25mくらいまで，鋼の連続プレートガーダー桁橋では30mから60mの範囲，同じ鋼の連続箱桁は50mから最長280mくらいまで適用することができる．また，一般に，ここに示した標準適用スパンより短いスパンを用いることは不経済となり，長いスパンは構造的に無理となる．

橋のデザインは，まず架橋地点にとって経済的，構造的，施工的そして景観的に最もふさわしい橋種を探し出し，あるいは創り出すところから始まる．たとえば橋長200mの所があるとすると，それを1スパンで

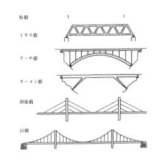

❶橋の構造形式

❷上路橋，中路橋，下路橋

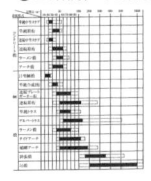

❸日本における道路橋の標準適用スパン

第2章 | 公共環境のデザイン

跨ぐのか，あるいは橋脚を数基設置して短いスパンで構成するのかなどを検討せねばならない．場合によっては構造的工夫も必要となる．

■構造形のデザイン

ところで，今日では「景観」という言葉が定着しているが，1970年代までは「美観」の語が用いられていた．土木構造物の中での美に対する議論が主として橋に向けられていた時代はそれでもよかったが，1980年代になって，その議論が道路や川，港にまで及ぶようになると，美観という言葉では収まりが悪く，「景観」という周辺環境との調和がより重視される言葉が主流となってきた．橋においても，昔から橋梁本体の美的工夫と周辺環境との調和は橋のデザインの2本柱であったが，美観という言葉の感覚から，ややもすると，周辺景観との調和がおろそかになる傾向もあり，景観の語が定着して今日に至っている．ただ，景観という言葉も，その生い立ちと語感から来る印象によって，周辺環境との調和のみが議論されやすく，設計対象そのものの美的工夫がなおざりになる点が指摘されている．ことに，美的トレーニングは積んでいるが，橋梁技術に対する知識は十分でないという人が景観を担当する場合は，架橋地点に最もふさわしい橋種の策定は橋梁技術者が行わざるを得ず，景観検討は，見た目としての形の整合性を頼りに全体を整えたり，高欄や親柱に地元の名産や歴史的事柄を彫刻やレリーフにして設置したり，舗装タイルだけを検討することで，景観に配慮したとする傾向が多々見られる．

しかし，それが本来の意味でのデザインでないことは明らかである．既存の橋梁形式の中で，自由度のある部分についての検討に加えて，橋梁本体に対する構造的あるいは美的工夫が重要である．❹はCalatrava設計のアーチ端部にコンクリートが用いられているMeridaのアーチ橋である．一般に，アーチは荷重を受けて横に広がろうとする動きをするため，アーチ端部には複雑な力が作用する．大地に直接力を伝えるか，アーチの端部どうしを結んで対処するなどの方法が採られるが，ここではコンクリートを用いることでこれに対処している．コンクリートが手を伸ばした格好は魅力的な形になっているだけでなく，その塊と自重は複雑な力を吸収し，アーチが横に広がろうとする動きの制御に有意に加担しているとともに，アーチの長さが短くなっている分，工費も安くなっているものと思われる．架橋地点の特性に合わせて，経済性を含めた構造的な工夫を行い，それが魅力的な形につながる．これこそが橋の場合における本来の意味でのデザインであろう．

❹Calatrava設計のアーチ橋

■技術の習得

このような本格的な意味での「デザインの意識」が橋のデザインの世界で顕著になってきたのはここ数年のことである．橋の建設が以前ほどの象徴性をもたなくなった今日では，「景観設計を行うとコストがアップする．橋は渡れればそれでよいのではないか」という意見は相変わらず多い．これに対し，橋のデザインは決してコストアップにつながるものではなく，ことに長大橋梁においてはより経済的で，景観的に優れたものができるという認識は徐々に広まってきた．しかしそれには美的トレーニングを積んでいるというだけでは対応できない．一人前の車のデザイナーになるのには10年以上かかるといわれるように，構造や施工に対する十分な知識を修得せねばならない．一方，橋梁技術者も単に意識を変えればそれで対応できるというものではない．形に対する理解を深め，魅力的な構造形に仕立て上げる技術を身につけねばならない．デザインと橋梁工学のどちらを先に学んでもよいが，そのどちらをも身につけなければ橋のデザインはできない．日本においても，計画時の設計を担当する設計コンサルタント会社あるいは，橋の建設・施工を担当する建設会社や橋梁メーカーには景観設計を担当するチームがあり，そこではデザインと橋梁工学の双方を身につけた人達が育ちつつある．これからの本格的な橋のデザインに期待したい．

［杉山和雄］

■文献

O. Fabar : The Aesthetic Aspect of En gineering Design, The Institution of Civil Engineers, 1945.

2|209 情報のデザイン

ここでの情報とは約120年前，福沢諭吉がinformationを「情報」と訳した，いわゆる「案内，知らせる」など目に見えるものに限定し，「知性，知識」など，目に見えないものは除く．そこで，この「案内」が公共の環境でどのようにわれわれの生活・社会とかかわっているかについて考えてみる．

環境の中での「案内」の最もプリミティブなものは，電柱などに貼られた喪中を示す「指さし」があげられよう．わが国独特のものとして，これほど廉価で効果的なものは見あたらない．

■情報デザインが環境を悪くする

日本の都市景観を悪くする「モノ」としての代表は電柱，看板，自動販売機といわれている．この三者がいずれも情報のデザインと深くかかわっているからである．そこで，この三者について考えてみる．

昔から電柱は生活に欠かせない電気と電話を供給するためにあるが，今日のコンクリート製の電柱は，それ自体への色彩が重視される傾向にある．避暑地などでは目立たなくするために，付近の樹相に合わせた着色が施されている．しかし，切れたクモの巣のような電線とバケツのような変圧器は，都市景観を台無しにしている．電気のみならずガス，給排水を含めた共同溝の整備という方向に進むべきであろう．しかし地中化されれば必然的に舗道上に突き出たトランスが，次の問題を提供することになる．

第二の看板は，その大きさと多さという物理的な面から，都市の表層を覆いすぎてはいないかという問題を抱えている．公共の環境を独占する私企業の商業サインの華々しさに比べて，交通案内など生活上必要な公共的なサインが埋もれている例は少なくない．しかし，都市景観を活性化し消費を促す商業サインを一概に排斥するわけにはいかない．一方，公共サイン自体は媒体としての金を生まないため，一度設置されるとその取り替えも容易にはいかない．全国に設置されている道路標識にしてもしかりであり，設置される環境および周辺との間に多くの調整が必要となる．この問題を自治体あるいは屋外広告業団体まかせにした，これまでの行政側にも責任がある．サインは，その公私を問わず，放っておけば自然発生的に増殖するものにほかならない．さらに，地盤・看板・かばんなどという言葉が端的に表しているように，市場経済を優先したこれまでの政治体制にも問題があろう．都市景観については，「公共の色彩を考える会」のように，広い視野から問題を検討することが急務な今日である．

第三の自動販売機については，今後は商品を売ることよりも，商品そのものの廃棄という問題に真剣に取り組む必要がある．自販機そのもののデザインが優れているいないにかかわらず，それは単に私企業の看板であり，また，道路脇を占有する工作物にすぎない．

デザインは，本来，われわれの生活・社会を便利にするものである．上記三者には，単に「モノづくり」としてではなく，「環境の中でのありよう」を考えたデザインが求められる．

■デザインされたもの，されないもの

一般的に環境で目につく情報のデザインは多い．そこにはデザインされたもの，されないものなど実に多種多様である．とくに前者は都市景観を覆い隠すばかりの大型屋外広告物であり，後者は交通案内を含めたいわゆる看板のたぐいである．デザインされたとはいえないナンバープレートや道路交通標語板なども含まれよう．ところが広告は投資に見合う金が入るのに引き替えて，公共サインはその維持管理に多額の費用がかかる．たとえば，道路情報案内盤は，刻々変化する状況をドライバーに提供する．その制御にしばしば問題があり，渋滞が解消しているのにいつまでも表示されているといった批判もある．このような背景には，案内盤を設置提供する側とそれを管理する側の一本化がなされていないこと，製作メーカー側に情報のデザインに対する配慮が不足していること，道路（ハード）と情報（ソフト）の統合性に欠けていることなどの問題が存在している．

具体的に見ることにしよう．❶は「明治通り　新宿四付近　渋滞0.5 km」という表示で，ドライバーにとって必要な0.5という数字が見えにくい．これはJIS16ドット文字で，「付近」と「0.5」は通称半角といわれる文章に用いるものである．屋外で300 mm以上もある大型の文字表示にはもう少し視認性やスペーシングに気を配る必要がある．大切なのは表示内容（ソフト）であり，ここでは0.5という細かい数値より500mとか1kmといった，大づかみな表示の方が有効である．

❷は新幹線ホームの発車案内盤．可変式の黒いプラスチック板にスクリーン印刷が施されているため，文字と数字は正確に再現され，視認性のよい状態となっている．

❸は新幹線コンコースの改札口上部に設置されたドット文字で，和文は22ドット，英文は18ドット，

❶道路情報案内盤　❷新幹線ホームの発車案内盤

❸高輝度発光ダイオード(LED)を集合したユニット(24×24＝576ドット)を1単位(96×96mm)として横・縦に組み合わせて表示面を構成．図はユニット2段組　和文の文字高は22ドットの88mm，英文・大文字は18ドットの72mm．図中の数字はドット数を示す．
写真❷，❸のデザイン：(株)アイ・デザイン

ともに制定書体に近づけて独自にデザインされたものである．

■求められる自己規制と自己管理

　このように，情報をデザインしたものとしてよく見られるものに，ターミナル駅の案内サインなどがある．ところが，私企業の案内サインは維持管理の面でそれぞれの領域内にとどまってしまう．たとえば新宿駅ではJR，地下鉄，各私鉄，さらに自治体やデパートなど，三者三様の案内サインを各自が設置・管理している．表示面を視覚的に構成する矢印や文字，ピクトグラムといった諸要素も三者三様になっている．これでは，その環境の中で「乗り換え・乗り継ぎ」を円滑に行おうとする利用者がまごつくのも当然である．さらに，「安全」という条件などを付加すると情報デザインはますます複雑なものとなってくる．

　デザインは「生活・社会」と密接にかかわるといっても，環境の情報，「知らせる」ということがいかに難しいかを覚悟して取り組まなければ，都市景観の改善にはつながらない．

　情報のデザインにとってもう一つの課題に，コンピュータ技術により発達しつづける「情報の世界」がある．そこには複雑に入り組んだコミュニケーションの構造をわかりやすくするデザインや，伝達を円滑にするための使いやすい道具のデザインも含まれよう．人びとの日常生活に欠かせないコミュニケーションを重視して，よりよい相互理解と知識の伝達を図ることも重要な課題である．情報のデザインには，デザインそのものの自己規制と自己管理が必要となる．それがなければ，デザインは科学ではなく単に表層の問題としてのみ考えられてしまうからである．　　　[村越愛策]

■文献

村越愛策：図記号のおはなし，日本規格協会，1987．
ジョエル・アーンスタイン著，村越愛策訳：グラフィックシンボル辞典，丸善，1985．
日本インダストリアルデザイナー協会編：インダストリアルデザイン事典，鹿島出版会，1990．
森典彦編：インダストリアルデザイン，朝倉書店，1993．
環境デザイン研究会編：環境をデザインする，朝倉書店，1997．
村越愛策監修：世界のサインとマーク，世界文化社，2002．
村越愛策解説：案内用図記号(JIS Z 8210)，日本規格協会，2002．
坂本百大ほか編：記号学大事典，柏書房，2002．
日本規格協会編：JISハンドブック―図記号，日本規格協会，2002．

2|210 景観のデザイン

　最近全国各地の自治体で景観条例を制定するところが急速に増え，日常生活においても「景観」という言葉を耳にすることが多くなった．ここでは，景観をデザインする立場から言葉の意味を再確認し，デザインにあたって要求される問題を整理してみたい．

　「景観」というのはもともとはドイツ語のLandshaftに対して植物学者の三好学が与えた訳語であるとされるが(辻村，1937)，今日では「自然の風景と人工の風景が入りまじっている現実のけしき」(『広辞林』)を意味する．工学系でこの用語を最初に使い始めたのは土木工学であると思われるが，篠原修によれば，それは，わが国では名神高速道路以降であろうという(篠原，1998)．高速道路という歴史上かつてなかった巨大な構築物が美しい田園風景の中や伝統的な町並みに出現するようになったことが動機であったと考えられる．その後，景観が対象とすべき範囲は経済成長と足並みをそろえるかのように拡大した．今日では，場所や規模，地域によってさまざまな景観が検討されるべき対象として浮かび上がっており，景観とデザインの関係は時代とともに重要性を増している．それは，戦後の高度経済成長と工業化社会の急速な進展によって，特色ある景観が次第に破壊ないし失われつつあるという現実と表裏一体をなしている．

　景観をめぐる実学としては造園学，建築学，土木工学，都市学・都市計画学，デザイン学などがあり，これらのどの分野からもアプローチが可能だが，知識としては広く通じておく必要がある．わが国では，大学のデザイン教育の場において，これに最も近い専門領域として「環境デザイン」が急速に領域を形成したが，職能として業界を確立するまでには至っていない．

■景観の種類

　『景観用語事典』(彰国社)では，景観分類の観点を下記3種類に大別している．

　まず，景観の対象側に依拠した分類として，地理学的観点，すなわち自然の営為や人為によって土地は固有の外観を呈することに着目した自然景観・文化景観(これには耕作景観・交通景観・村落景観・都市景観・工業景観などがある)といった分類．風景地理学的観点として，上記地理学の自然景観の概念に造園学や森林美学の目的論的観点を融合させた山岳・森林・瀑布・渓河・平原・海岸・湖沼の七つに分類する視点．さらに工学的観点として，景観操作の直接対象として，それぞれ固有の課題を有する都市景観・街路景観・道路景観・港湾景観・河川景観，別に土木構築物による分類として橋梁景観・ダム景観などを挙げる．

　次いで，視点-対象の相互関係に着目した分類として，囲繞景観・眺望景観といった人間心理を左右する分類．また，外部景観と内部景観という分類では，例として高速道路利用者の視点と，沿道住民など非道路利用者の視点を挙げる．最後に，主として視点の静動に着目した分類として，後述するシーン景観とシークエンス景観を挙げる(斉藤，1998)．

■景観の類型

　同上書ではこれを受けて，景観とは，物的環境と人間の心理，生理が関係して生じる包括的な人間の心的現象である，とし，デザインする立場に立てば，以下の4類型に分類できるとしている．

① シーン景観：絵画や写真のような，すなわち視点が固定されたいわゆる透視図的な眺め．

② シークエンス景観：視点を移動させながら，たとえば歩きながら，もしくは車を運転しながら，次々と移り変わっていくシーンを継起的に体験していく場合の眺め．

③ 場の景観：シーンやシークエンスの体験が統合されて，ある一定範囲の景観の特徴を論ずる場合で，「京都の都市景観」とか「尾瀬の景観」というような場合である．景観は限られた視点からの眺めではなく，一定の範囲の複数の不特定の視点からの眺めの総体を意味している．

④ 変遷景観：長い時間の経過に伴って，対象そのものが変化し，景観が変わっていく場合を指す．自然石などが年を経ることによってなじんでくるというエイジングや，街路樹をはじめとする植物の成長などの自然の力，建築物の建て替えや住まい方の変化，開発行為などの人間の力などがある．道路や河川その他土木施設は，それらの寿命が長い以上，変遷景観というとらえ方が常に重要である(天野，1998)．

■景観デザインをめぐる視点

　芦原は，景観を次のように分類することが可能だと考えている．すなわち，「内から眺める景観」と「外から眺める景観」である(芦原，1990)．この視点は，建築家らしく，西欧の家と日本の家のつくりに着目したものである．すなわち，壁面によって外部の自然と画然と仕切られる西欧の建築では，内部は内部で一つの

完成した空間があり，部屋ごとに独立している．これに対し，日本の家屋の場合は柱梁構造であるため，外部の自然との境が明瞭ではない．柱と柱の間にある戸を開け放てば縁側越しにそのまま庭へと続いてしまう．したがって，日本の庭園は内から眺める景観が主なのであり，西欧の場合は庭は庭で回遊しながら眺める場であって，建物の中との連携が意識されることはない，とするものである．和辻哲郎が「風土」で述べた日本人の「うち」「そと」感とも相通じる視点である．

その他，最近ではそれぞれの専門分野で特化した景観の研究がなされるようになった．たとえば色彩景観，緑地景観，水辺景観，里山景観などがある．これらは「景観の種類」で取り上げた分類の中に含まれるものではあるが，問題の所在をどこに置くかで切り口を異にする．例として，色彩景観が取り上げられるようになった背景には，都市景観の荒廃の一因を色彩が担っているとの認識がある．かつて，自然素材によって建築物ができていた時代には考えられなかった多様な色彩が工業材料の進展とともに入り込み，伝統的な景観に破綻をきたしている例は枚挙に暇がない．1981年には都バス（東京）の色彩が問題となったように，それは建築物にとどまらないところが特徴である．

緑地景観や水辺景観に関心が高まっているのは，地球環境の悪化とともに，世界的に自然回復に対する関心が高まっていることと連動しているが，「日本の文化はその最高度の表現において，たえず自然を指向する傾向をもっていた」と見るオギュスタン・ベルクの指摘が含蓄深い（ベルク，1990）．

なお，デザインの対象としては，従来の公園や建築の外回りの空間（外構）に加えて，高速道路のパーキングエリアやウォーターフロント，道の駅など新しい概念の計画緑地が増えつつある．里山景観はそうした計画されたエリアを離れた，やや広域の都市近郊の景観に対して使われる．それは単なるアメニティとしての緑陰や美観を超えて，生産や信仰の場であるなど多様な土地利用がなされてきた景観である．そこに日本独特の田園美があったとする考え方であり，農水省が最近その保存活用に力を入れ始めている．

■景観デザインから風景デザインへ

さて，では実際に環境をデザインするにあたってはどのように計画し，進めるべきなのだろうか．

「景観設計の目的は，「よい風景」を作ることであり，また，その一環として風景を構成するさまざまな公共施設や公共空間を「よい形」にしつらえることである．景観設計は，その対象が公共施設や公共空間などのようにきわめて公共性が強いこと，そして設計対象の寿命（耐用年数）がきわめて長いこと，環境を形成することなどによって，他のデザインとは明瞭に識別されねばならない（伊藤，1998）」．こうしたことから，進士は，より適切な用語として「風景デザイン」を提唱する．そして，「日常的な生活風景の質的向上をめざし，人びとの記憶や思い出など人間性に十分配慮したトータルなまちづくり」が大切であるとして，具体的な風景の創り方，すなわち総合的な環境の質の向上のためには次の三つのステップで進めるのがよいとしている．

第1段階　ディスアメニティの解消（環境整備）：直接的には看板，電柱などの視覚的環境の不快なものを除去するのが目的である．

第2段階　アメニティの維持（景観整備・都市美の向上）：生活者にとって日常生活が満足に営めるような機能的で合理的な景観的秩序を維持するのが目標で，町並みの統一やグリーンミニマムの確保による緑との調和環境の整備などによって，主に建築群や街路や植栽などを空間的にコントロールする諸計画を用意するステップ．

第3段階　アメニティの向上（ふるさと風景の創造）：土地・自然・歴史文化と地域との景観的連続性を確保するとともに，各要素間の有機的統一を図ることによって，安定感があって固有性や象徴性をもった環境をめざす．わがまち・わがふるさとを感じうる風景を創造していくステップ．

以上の三つのステップは現実性のある施策イメージを整理したものであって，これらは同時併行的であったり，一気に最終段階がめざされてもよい（進士，1999）．

[黒川威人]

■文献

辻村太郎：景観地理学講話，p.1，地人書館，1937．
篠原修：まえがき．景観用語事典（篠原修編），彰国社，1998．
斉藤潮：景観の種類．景観用語事典（篠原修編），pp.14-15，彰国社，1998．
天野光一：景観の種類．景観用語事典（篠原修編），pp.28-29，彰国社，1998．
芦原義信：続・町並みの美学，pp.15-32，岩波書店，1990．
オギュスタン・ベルク著，篠田勝英訳：日本の風景・西欧の景観－そして造景の時代，p.147，講談社，1990．
伊藤登：景観の計画・設計．景観用語事典（篠原修編），p.83，彰国社，1998．
進士五十八ほか：風景デザイン－感性とボランティアのまちづくり，pp.63-64，学芸出版社，1999．

2 | 211 | 防災のデザイン

日本は災害の国である．われわれは，地震・津波・風水害・崖崩れ・噴火といった自然災害の危険に絶えずつきまとわれている．

日本に災害が多いのは，日本列島の位置と密接な関係がある（小島，1993）．地球表面は厚さ数十kmの岩盤すなわちプレートによって覆われているが，日本付近ではそのうちの四つが境を接している．これらのプレートは互いに力をおよぼし合っており，あるプレートは他のプレートの下へともぐり込んでいる．日本付近に地震や火山活動が多いのは，このようなプレート間の力学によるものである．また，日本列島はユーラシア大陸の東岸に位置しており，温帯モンスーン地帯にあると同時に台風の通り道にもあたっている．このため年間を通して降水量が多く，豪雨に伴う洪水や土砂災害が多い．

ここでは，自然災害を未然に防ぐ，あるいは，できる限り低減するための手だてについて考える．

■地形・地盤と災害

自然災害の危険性を知る手がかりは，その土地の地形と地盤にある．地形と地盤の性質を的確に把握することは，その土地にどのような災害の危険が潜んでいるかを知ることへと直結する．

日本の都市の多くは台地や低地などの平野に立地しているが，この平野は，固い岩ではなく比較的軟らかい土で覆われている．土は原則としてできてからの年代が長い（古い）ものほど堅固であり，年代の短い（新しい）ものほど軟弱である．とくに，日本の低地のかなりの部分を占める「沖積層」と呼ばれる地盤は，今から約1万年前までの間にできた地盤であり，非常に軟弱である．これに対して，平野の中でも少し小高い土地は，約100万年前から1万年前までの間にできた「洪積層」と呼ばれる地盤であり，沖積層に比べるとより堅固である．大まかにいって，低地が前者，台地は後者にあたる．

一般に，軟弱な沖積層は災害の危険が高い．地盤が軟らかいために大きな建物を建てると沈下が生じ，また，地震の際には固い地盤に比べて揺れが大きくなる．このような地盤に建物を建てるには，綿密な地盤調査としっかりした設計・施工が必要である．これに対して，台地では，表土のすぐ下に比較的固い地盤が現れるため，ある程度大きな建物でも直接支えることができる．地震のときの揺れも沖積低地よりは小さめである．ただ，台地には細かな谷が刻まれていることも多く，この場合には崖崩れや地震時の揺れ方に注意が必要となる．

このように，地形がわかるとその土地の地盤がわかり，潜在的な災害の危険度が推測できる．しかしながら，近年の急速な開発により，都市域ではほとんど自然の地形がわからなくなっていることが多い．丘陵地や台地の造成地，海岸の埋立地などは，前述の法則に従えば最も最近にできた地盤であり，災害にはとくに弱いと考えてよい．本来の地形を知ることが大切であるゆえんである．

本来の地形を知るには，古い時期の地形図を見ればよい．❶は，1903年に作成された5万分の1の地形図（曾我野－現在の千葉市南部）の一部を表している．この地域は下総台地と呼ばれる台地と東京湾沿いの海岸低地からなっており，台地には幅の狭い谷状の低地が奥深く進入している．この地方で「谷地」と呼ばれる独特の地形である．❶からこのような地形を読み取ることは必ずしも容易ではないが，土地利用や植生に着目するとこれが容易に行える．❷は❶から読み取った土地利用である．一方，現在の土地利用は❸のようである．❷と❸に対して❹のような規則を適用すると地形分類が得られ，地盤および関連する災害の危険性を理解することができる．

■防災の設計

どのような場所にどのような災害が起こりうるかは，たとえば上で述べたような方法で判断することができる．災害の起こり方がわかると，これに対処すること，すなわち，防災の設計が可能となる．

防災の設計における基本的な考え方は，あらゆる局面において被害や障害をゼロにすることはできない点にある．すなわち，どの災害に対しても，ここまでは大丈夫であるがこれ以上はもたないという安全の限界を定め，その範囲で万全を期す．

たとえば，地震に対する建物の設計を考えてみる．この場合，建物がどのくらいの強さの地震に耐えられるかを決めることになる．

まず，建物が建てられる地点に将来の一定期間（100年とか500年）に来襲するであろう地震動を予測する．これを地震危険度解析という．この解析には，地震発生の不確定さに加えて，断層の形状や破壊のしかた，発生源から建物建設地点にいたる経路の地層構造の複雑さ，地震動が大きく増幅される地表付近の地盤条件など，多くの不確定性が伴っている．これら種々の不

❶ 古い時期の地形図（曽我野）

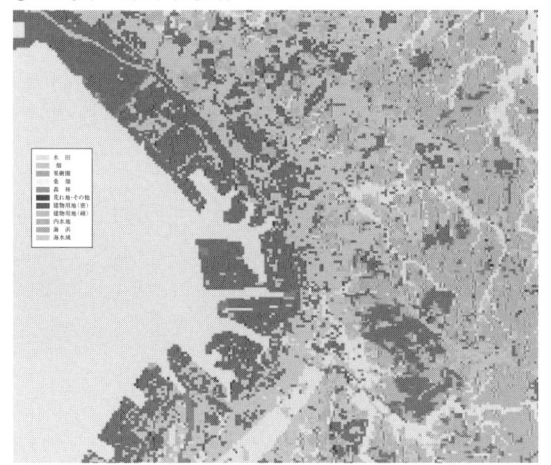

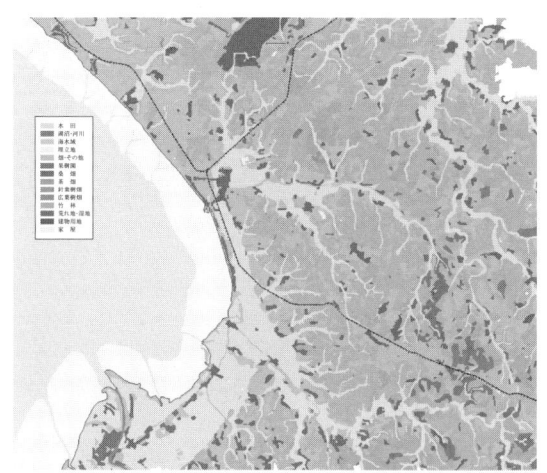

❷ 1903年の土地利用（千葉市）

❸ 1989年の土地利用（千葉市）

❹ 土地利用・地形・地盤の関係

古い時期の土地利用	現在の土地利用	推測される地形	推測される地盤
水田	水田	低地 後背湿地	軟弱な沖積地盤
水田	建物,道路など	盛土地	表層に盛土 下部に沖積層
海,干潟 湖沼	それ以外	埋立地	表層に盛土 下部に沖積層
森林	建物,道路など	平坦化地	洪積層の 切土・盛土
森林	森林	低地以外	洪積層
畑,果樹園	—	微高地,台地 丘陵地	洪積層
建物	—	微高地,台地	沖積の砂・れき 洪積層

確定要因を考慮するため，地震動の性質を出現頻度（年発生確率や再現期間）などの関連でとらえる確率論的なモデルが用いられる（土木学会，1989）．

地震危険度解析の結果は，ある地域における地震動を予測するためのグラフとして与えられる．このグラフは，横軸が地震動の大きさ，縦軸が年発生確率を表し，1年間に当該地点で地震動の大きさがこの値を超える確率を意味している．このような曲線はハザード曲線と呼ばれる．これを用いることによって，当該地点が将来の一定期間にある大きさの地震動に見舞われる確率が求められる．

ハザード曲線によれば，年に数回程度は発生するような小さな地震もあれば，数百年に1回程度の大きな地震もあることがわかる．すべての建物を，大地震に対しても全く損傷のないように設計することは，経済的に見て合理的とはいえないため，現行の設計法では二段構えの方法が採られている．すなわち，第一段階として，建物の供用期間内に数回程度は発生するような地震動に対して基本的な耐震設計を行い，建物の使用性が損なわれないようにする．第二段の設計では，供用期間内の発生回数が1回以下の大地震に対しても，建物が崩壊に至らないことを確認する．

こうした設計によって，ほとんどの災害には対処が可能である．しかしながら，予想を超えて大きな災害に対しては被害を免れないこともあり，そのためには，日頃より災害の危険がどのあたりに潜んでいるかの理解と危険に対する心構えが大切といえる． ［中井正一］

■文献
小島圭二：自然災害を読む，岩波書店，1993．
今村遼平ほか：画でみる地形・地質の基礎知識，鹿島出版会，pp.30-67, 1983．
土木学会編：地震動・動的物性．動的解析と耐震設計，第1巻，技報堂出版，1989．

2|301 エコロジカルデザイン

■エコロジカルデザインの背景と目標

資源と環境を活用して多くの道具やしくみをデザインし，豊富な製品を利用して私たちは便利な生活を確立してきた．しかし，産業革命以降の人間活動の飛躍的拡大によって，地球温暖化問題をはじめオゾン層の破壊，内分泌攪乱化学物質（環境ホルモン）による生態系への影響拡大，種の絶滅の危機など，人類の生存と発展の基礎である環境が地球規模で危機にさらされようとしている．1992年にリオデジャネイロで開かれた環境と開発に関する国際会議（環境サミット）とリオ宣言，IPCC（気候変動に関する政府間パネル）が発表した地球温暖化に関する科学的検討結果の報告（霞ヶ関地球温暖化問題研究会，1991），各国間のさまざまな利害対立を含みつつも地球温暖化ガスの排出削減目標を決定した1997年の温暖化防止京都会議（気候変動枠組み条約第3回締約国会議），京都議定書の実施に道を開いた2001年のマラケシュ会議，さらにカルボーンらの著書『奪われし未来』などは，地球環境問題に対する国民の大きな関心を呼び起こした．

人類が地球とともに生き続けるためには，文明の基礎をなしていたこれまでの個人の習慣や価値観，技術や産業システム，経済や社会のしくみまでも変革が必要であるといえる．地球環境の現状を直視し，環境の持続性に配慮した道具やシステムをデザインしようとするのが，エコロジカルデザインである．デザイナーが企画した道具を製造するための材料や工程，それを使用することによるエネルギーの消費や排出物，道具の廃棄にいたるその全過程を考察し，地球環境に与える影響を十分配慮した製品やシステムをデザインすることが求められている．

■エネルギーの効率化，再生可能なエネルギーをめざしたデザイン

デンマーク，ドイツ，オランダなどは世界で最も積極的に地球環境保全政策を進めている国として知られる．デンマークの国家計画「エネルギー2000」は，コジェネレーション転換への助成制度，電力節約の総合資源計画，建築物の総熱需要の削減を義務づける建築規制，グリーン税の創設，風力・バイオマス・太陽熱など再生可能エネルギー拡大策などを内容とするもので，その成果は広く注目されている（林ほか，1998）．

これら世界各国の動きと国民の環境問題への関心の高まりを背景に，わが国においても政府・自治体，産業界，国民の間で多くの取り組みが始まった．

発電効率が45％弱の火力発電は，多くの場合50％以上のエネルギーを無駄にしており，発電に伴う排熱の有効活用は大きな社会的課題である．発電に伴って排出される熱水を地域冷暖房などに有効活用するコジェネレーション（電熱併給）・システムの取り組みがわが国でもようやく始まった．新宿副都心のガスタービン発電所は地域冷暖房の併用で80％以上の熱効率を上げているが，このシステムをさらに普及するためには地域分散型発電システムのデザインが必要である．デンマークでは熱水を地域に供給しない発電所の建設は認められないという．

全国約1,900カ所のゴミ焼却施設のうち150カ所程度で発電が行われているが，その発電効率は10〜15％程度と低く，技術的改良が進められている．一部の焼却施設では排熱を地域冷暖房などに利用しているが，ゴミ焼却熱の有効利用はいまだ不十分である．小型ゴミ焼却炉から発生するダイオキシンが社会的問題となり，焼却施設の集中化による大型高温連続焼却炉の建設とゴミ発電が計画・検討されているが，ゴミの集中搬入によって生ずるさまざまな問題と廃熱の有効活用方法など，解決すべき課題も多い．ゴミ固形化（RDF）とゴミ発電および地域冷暖房を結合した地域分散型のエネルギー活用システムが考えられている（後藤，1997）．

太陽エネルギーの活用や地熱発電，風力発電が注目されている．ソーラーパネルは，政府の補助政策もあずかってわが国ではかなり普及している．火山国であるわが国では地熱発電の可能性が高く，すでに数十カ

❶風力発電機

所で稼働している．風力発電が国内のエネルギー総需要量の数％をまかなえる程度だとしても，その研究・普及は重要な課題である．近年，ブレード（翼），タワーなどのデザイン改良により，風力による発電単価は水力のそれに匹敵するまでになった．再生可能エネルギーの研究と普及に関する補助政策の一層の充実など，未来を見据えたエネルギー政策が求められている．❶は，積雪地域の国道で建設された融雪のためのロードヒーティング用風力発電機である．

■循環型社会をめざしたデザイン

大量生産，大量消費，大量廃棄の消費経済を根本的に見直し，循環型社会への転換が求められている中，ドイツなどの先進国と比較して欠点が指摘されるものの，わが国の法制度も整備されつつある．廃棄物処理法の改正（1991），再生資源の利用の促進に関する法律（リサイクル法，1995），容器包装に係る分別収集及び再商品化の促進に関する法律（容器包装リサイクル法，1995），特定家庭用機器再商品化法（家電リサイクル法，2001）の制定によって「環境への負荷の少ない持続的発展が可能な社会を構築する」ことを目標に，再生資源の活用に対する行政，産業，国民のそれぞれの義務と役割分担を明確にした．廃棄物の減量化を優先するとともに，製品や部品の再利用とリサイクルを徹底することが求められている．メーカー各社では，製品に組み込まれる部品数の減少，使用材料数の減少，分解可能なパーツの使用などによって，使用済み製品の部品再利用率やリサイクル率を向上させるためのさまざまなデザインが工夫されている．

国際標準化機構のISOは，環境管理全般を対象にする国際規格の一環としてISO 14001を制定した．環境方針および目標の設定，それを実行するための行動計画，目標の達成度を評価するための内部監査システムなどを内容とする環境管理・監査システムの国際規格である．グリーンプロダクトが優先的に通用する時代を迎えようとしている今日，国際的に通用する製品を設計するためには環境に配慮した生産・管理システムが必須になると考えられる．輸出産業を中心にISO 14001認定を取得する企業・事業所が増加しており，産業界にとどまらず大学や行政機関などにもこうした動きが広がり，環境適応型の社会システムを構築する上で注目される．

製品デザインの手法の一つとして，ライフサイクルアセスメント（LCA：Life Cycle Assessment）の手法が普及してきた．LCAは，原料資源の採掘から材料の精製，加工，製品の組立，輸送，製品の使用，廃棄にいたる製品の全生涯で，加えられるすべてのエネルギーと物質収支および排出物質による環境負荷性を評価検討し，環境負荷の最も少ない製品を生産することを目的としている．エコラベリングや，環境に対する負荷が少ない財を優先的に調達しようとするグリーン調達では，その判断基準としてLCAの結果表示が求められることになるといわれている．

■エコロジカル都市をめざしたデザイン

機能性と利便性の向上のみを追求してきたこれまでの都市は，人びとに真の豊かさを必ずしももたらしたとはいえなかった．ゆとりとうるおいのある生活空間を求めて，アメニティと景観，環境，自然に配慮したエコロジカル都市のデザインが注目されている．

年々増加する一般家庭の消費エネルギーをいかに減少させるかは重要課題である．さまざまな省エネの工夫と併せて，断熱と換気構造を工夫した省エネ住宅，太陽エネルギーの活用，屋上緑化，雨水の積極的な活用や地下浸透を図る浸透枡など，環境に配慮したさまざまなエコハウスが研究・デザインされている．

モータリゼーションの進展は，生活を便利にしたが，エネルギーの消費を増加させ大気汚染の問題を引き起こし，環境への負荷増大の大きな要因となっている．その改善策の一環として歩行者中心のまちづくり，市電の復活や市街地への自家用車乗り入れ制限を図るパークアンドライドシステムなどが試みられている．公共交通機関と物流システムのあり方も抜本的に見直す必要がある．

都市化とモータリゼーションの進行により，かつて身近にあった多くの河川・水路は暗渠となり，緑も少なくなって生活空間から自然が失われ，都市の無機化が進んでいる．都市部の水辺は緑と自然のエアポケットであり，自然と共生する生活空間形成のための中心的役割を果たすものと考えられている．身近な自然を生かしたさまざまな都市・景観デザインが試みられている．

［後藤忠俊］

■文献

霞が関地球温暖化問題研究会編・訳：IPCC地球温暖化レポート，中央法規出版，1991．

林智・矢野直ほか：地球温暖化を防止するエネルギー戦略，実教出版，1998．

後藤忠俊：焼却炉廃熱を利用したごみ処理施設の可能性，デザイン学研究特集号，4(3)，1997．

2│302　自然との共生の哲学

■基本的論点

「共生」という言葉を使うとき，現代において実体をもってそれを示せるのは，産業革命以来膨大に生み出してきた機械群との関係ではなかろうか(梅棹，1984)．人間は大量の機械群と共生する中で，経済を高度に発展させてきた．産業革命以来，その歩みの正当性が疑われることはなかったといってよい．

科学技術が限りなく夢の世界へ私たちを導き，未来は理想に満ちていることをほとんどの人びとが信じ切っていた1970年代に，地球温暖化防止や生物多様性保全(conservation of biodiversity)を国家戦略として推進しなければならない時代が来ることを誰が警告できたであろうか．経済を環境保全と関連づけて見る視点は，現状を肯定し，その上にさらに未来を築き上げていく思考過程からは生まれない．

現状肯定は，「何が起きるか」を明らかにすることから始まる．その上に築かれる未来観もまた，「何が起きるか」の思考枠から抜け出ることはない．人は現在に対する危機感を形成することがなく，したがって未来に疑念を抱くこともない．

「何が起きるか」を示す理論は，「記述的理論(descriptive theory)」と呼ばれる．この理論は，現状を批判的にとらえる性格をもたない．機械技術の進歩に支えられる経済発展が，この世界を構成する他の要素，たとえば環境に負荷を与えることはないということが，記述的理論の中に仮定されていたといってもよい(クラーク，1983)．

これに対して人間活動が必ず環境に負荷を与えずにはおかない，したがって常に「何が起きるか」を把握しておくのみならず，「何が起きるべきか」ということを推測できる論理枠を設定しておかねばならないという考え方が提起される．「何が起きるべきか」を論ずるのは「規範的理論(normative theory)」と呼ばれる．規範的理論をもつことで人間は，環境負荷への正当な評価をなすことができ，機械技術の進歩や経済発展の「陰」を直視する勇気を持ち得る．

現在，自然との共生を説くとき，論拠とすべき理論体系は，あくまで規範的理論の範疇に収められなければならない．人間活動が進められる過程で，自然との関係において「何が起きるべきか」を明らかにする視点をもつことが，共生を求める第一歩となる．

■感性の復権

環境の変化は突然に現れるのではなく，緩慢に進行する場合が多い．そしてある点(臨界点といおう)に達したとき，もはや制御しがたい様相をとって私たちの前に姿を現す．過去に頻発した公害問題がこのことを立証している．

日常世界においてもこのことは当てはまる．毎日接する周囲の環境や景観に対して，私たちは鈍感である．よほどの変化が起こらない限り，見過ごしてしまう．その結果多くの人の意に反して，知らぬ間に生活環境が悪化し，自然が破壊されていく．技術と自然との均衡をなくした都市域においては，この現象がとくに顕著に現れる．

自然との共生を論じるときに忘れてはならないことがある．技術はモノを作る．しかしその反面では，必ず何かが壊されている．技術を至上のものと見なせば，壊れるものに目がいかない．技術により壊されるのは，自然である．狭い視野の技術者は，技術が向かうものだけしか対象としてとらえることができない．すなわち記述論の枠内の思考しかできないのである．

これに対して，広い視野をもつことができる技術者は，技術とともに自然をも同平面の対象としてとらえようとする．そこに創造と破壊に対する人間的な痛みと，その結果としてのバランス感覚が生まれる．技術とともに自然を対象化できるのは，自らが立ち向かうものの未来の姿への想像力ではなかろうか．正負いずれにせよ，環境に対する人間活動の結果を想像できる者こそが，創造の営みを持続できる資格を与えられる．

環境への負荷を予測しようとする感覚は，自然への「畏れ」を基盤にしている．その感覚に支えられてこそ人は，創造へのつましい努力を重ねることができる．そして同時に，技術の成果として「何が起きるべきか」を想像する知恵を手にすることができる．すなわち技術と自然に対して「規範的理論」の枠をはめて対象化することができるのであり，その営みを支えるのは人の感性以外の何物でもない．感性の復権，自然との共生はここから始まる．

■自然破壊の人間的側面

自然破壊は，なにも自然の世界だけで起こるものではない．それと並行して人間破壊が生じてきたことを忘れてはならない．その事例を「雀のいない里」を例に挙げて示そう．

信州南アルプスの麓の村，長谷村．まだ所々に茅葺きの農家が残る村である．冬は格別の厳しさに見舞われるこの村では，とくに奥地集落の維持は困難を極め

る．年間を通じて地元で就業機会に恵まれないゆえに，人は村を去る．そして「雀の鳴き声がしないんですよね」と，寂しげにつぶやく老人だけが取り残される．

経済発展は都市を膨張させ，各地に自然破壊や環境汚染をもたらした．奥地山村は直接環境破壊の波にさらされたわけではない．しかし，山村から農林業発展の可能性を奪い，貴重な働き手をもぎ取っていったのは，都市中心の経済発展であった．経済の恩恵に浴することもなく，自立への展望もふさがれたままで，奥地山村の多くは崩壊を待つ．

自然に恵まれたこの地では，人は生き物たちに親しみ，日常を送る．朝な夕なに聞くともなしに耳に入る鳥の声が，人の感性世界を知らぬ間に形づくる．生き物たちもまた，人との生活空間の共有を求めて住み着く．あえて「自然との共生」といわなくても，ごく当たり前に「人里の生物の世界」が身近にある，そんな場所を私たちの国はたくさんもってきたはずである．しかし，もはや「雀の鳴き声が聞こえない」．

雀は周知のように人里の鳥である．人が去った里には，雀は居着くことはない．人とともに雀も去っていくのである．村には少しばかりの人々が住んではいる．けれど雀がいない．「もうここは人里ではない」と見なして，雀は去っていったのである．

雀には子供の声や姿が似合う．けれど奥地の山村では，もう赤ちゃんのおむつが翻る風景を見ることはない．1戸当たりの家族数が2人をとっくに割り込んでいる．たった1人で孤居，個食する老人たちの住まいが目立つ．雀さえもが見放したそんな里の風景は凄まじさを増す．

耕作する人影も絶えた田畑に，植林地が拡大してきた．離村していく人たちが杉や檜を植えていったのである．手入れもされないままに，植えられた樹木は鬱蒼と繁っていく．それが，一人住む老人の住まいを一日中日陰と化す．経済発展は，こんな「陰」をいたるところに残してきた．そしてそれを解決しないままに私たちは，新しい世紀を迎えた．自然との共生は，自然の恵みに囲まれて生活する術を奪い去ったところでは，可能とはならない．

■共生の哲学

自然との共生を説く場合，筆者は雑木林（coppice）の世界を例示する（❶）．種々雑多な植物がそれぞれに適した場所を占有し，微妙な光環境を分け合いながら共存している．早くから発芽し，定着した種は，年を

❶多様な植物の世界・雑木林

経て後からきたものに徐々にその場を譲り，交代して循環していく．季節別にも同様に，早春期，夏期，秋期というように，植物種の主役が移り変わっていく．それぞれが自己を主張し，動態的な平衡をもたらしつつ変遷する．

雑木林，それは主役のない世界であるといってよい．強いていえば"each as a hero"の世界である．機械システムとは異なる柔軟なダイナミズムのシステムがここにある．自然との共生の哲学は，生物をモデルにしたシステムを提示することを通じて可能になるのではないか．換言すれば「自然との共生の哲学」は，哲学と生物学との境界を超えるところにこそ形成されるのではないか．21世紀の新たな思想潮流がここに展望される．

■豊かさの概念

生物世界に現れる豊かさを，供給される資源量（栄養分などになる環境条件）と種の多様性を示す種数との関係で見ると，決して「右上がり」の傾向を示さない．多様性の頂点は，正規分布曲線の中央値よりも原点に近い側にくる．「多く与えられるほど豊かになる」ということは，生物界には当てはまらない．むしろ「適度な貧困さ」が，最も豊かな状態をもたらす．有限の資源を分け合ってこそ豊かに共存できる「共生の概念」を，「生物の叡智」を通じて学ぶべきであろう． ［林　進］

■文献

C.W.クラーク著，竹内啓ほか訳：生物経済学，p.24, 123, 啓明社，1983.

梅棹忠夫：新都市の創造．やわらかい新都市（梅棹忠夫，上田篤編著），p.18, 講談社，1984.

2|303　一物全体活用

　近代文明の発展は消費水準を高め，便利で豊かな人工環境（artificial environment）を演出したが，暮らし全般の水準を高めはしなかった．むしろ，所得効率性を第一義に考える経済開発偏重は，自然全体が一つの有機的システムであり，近代文明と一蓮托生の関係にある人間に，不可逆的とも受けとめられる環境破壊をもたらす恐れさえある．

■暮らしと環境を調える

　ところで，地域共同体（community）の暮らしが，いまでも息づいている純農村地帯である岩手県九戸郡大野村の事例を取り上げてみる．

　1980年より，「一人一芸の村づくり」をスローガンとして提唱，個人の創造的想像をかたちにする工芸的思想による村の新たな再生を実践的に試みるようになる．人は，利用できることを周りの環境に探し，また周りの自然環境（natural environment）を調えることによって生存が維持できる．企業誘致活動もそのような環境を調える手法の一つであるが，大野村は交通が不便であるので期待できない．村内にある有形資源と無形資源を生かす知恵と技術を育てつつ，新たに加えるものを選別・導入し，村の暮らしの質を向上させる目標が，表題のスローガンである．

　村の主産業の一つである畜産や酪農の農家は，生き物を扱っているから，不況の年でも出稼ぎには出られない．しかし，燻製を作るのに適した樺系の樹木が村にあるから，技術導入でハム・ソーセージは作れる．酪農家は原乳でアイスクリームを作ったり，北欧のように水の代わりに牛乳で炊いた栄養価の高いご飯を食することもできる．自作自用の生活・生産技術を高めるために，世界の料理を大野の素材を活用してどれくらい作れるかを試みてきた．この活動では，収入にはならないが，出費にもならない．しかし，生活の質と豊かさを確実に高めることはできる．

　村に豊富にある樹木を使って，自分たちの使う食器ができないか．ロクロの技術を導入して，さまざまな食器を作って，大野の素材による世界の料理を盛り付けて大パーティーを開いた．村民の味覚は，着実に広がり向上してくる（❶）．

　習得した生活・生産技術で，村の子供たちのために，最高の食器を提供しようではないかと，全国で初めて，村独自の企画による自作自用の学校給食器が使われるようになる．村人は，私たちもあのような食器を家庭で使いたいと希望者が増え，家庭の食卓のセンスアップにつながる．

　村の70歳を過ぎているA婦人は，茶道の先生であるセンスのよさを生かして，村のデザインセンターで裂き織りを指導している．この技術は，古布を無駄にしないで再利用（recycle）する生活の知恵でもある．その手織り機を作っているのが，大工の棟梁Bさん．歳をとってからは吹きさらしの現場での仕事より室内で作れる織り機づくりはありがたい仕事と，注文に応じて生産台数を増やしている．昔仕込みの大工の技量だから，他の木工製品への技術の再利用（reuse）ともいうべき応用が可能だ．A婦人が茶道で使用する茶炭は，これまた70歳を超えた林業家のCさんの仕事．かつての木炭づくりの高度な腕を買われて要望に応えている．Cさんの本業である林業では，力仕事は息子に任せ，伐採する樹木の目利きが今の役割だ．

　やはり，高齢の建具屋のEさんは，夏場は北海道で出稼ぎ大工，冬場は村の自宅で建具の仕事と器用に使い分けてきた．60歳に近づいたときから生活スタイルを縮小（reduce），建具の仕事と先祖が遺してくれた山林で椎茸生産に切り替えた．良質の椎茸を生産するために，用材として使えるような大径木で栽培している．あるとき，直径が尺5寸もあるような大木を切り倒したら，リスの怒りを買いホダ木の椎茸が大襲撃にあった．以来，リスの餌場を荒らさないように，動物との共存（coexistence）・共生（symbiosis）には十分配慮した環境づくりを心がけている．

　年齢に関係なく歳相応の生産参加が可能であるのは，地域共同体の特性としての誂えによる生産方式と，個人の創造性をかたちにできる属人的技能によるところが大きい．

　多種多様な技能をもった村民による新たな暮らしの系（system）は，互いの無償の情報伝達によって，生

❶「村の素材で世界の料理を作ろう」をテーマに，十数カ国の料理を学び，村の人たちが初めて作った器に盛り付けて，視野と味野を広げる．

活文化を新しく復活(renewal)させる力をもつ．

■共生と循環の構造

　工業の発達によって，富裕といわれる国となったわが国の企業社会と，自然環境との共生を目指している地域共同体の特性の相違をまとめると，❷のようになる．

　村の資源をソフト変換する生活技術と生産技術の密着化と高度化により，暮らし方が豊かさの質を求める方向に指向してくると，生産物に付加価値が生まれてくる．村の文化が育ってくるから，村の生産物に対して社会的な訴求力が強まってくる．❸のような自作自用・自給自足をもとにした生活・生産構造の組立てと持続による暮らし方と生産物が，資源循環型の生活スタイルを生み育てる孵卵器(incubator)である．

　「一物全体活用」は，自然環境を健全に再生(rebirth)しつつ，自然と人間との共生と循環を実現させる法則である．企業産業も地域共同体も，自然環境の資源を間接的あるいは直接的にせよ，利用せざるを得ない．今後，人間社会へストレスを与える有害物資を放出する工業は縮小の方向に向かうだろう．新しい状況による課題は，自然環境を持続的に循環できる暮らし方にある．「一物全体活用」の暮らしは，美しい風景を維持しつつ，❹のように生命体の共生と自然の循環による転生を繰り返すポストモダニズム思想と軌を同じくするものといえよう．

　現下の風景のありさまは，間違いなくわれわれの暮らしの実相を反映している．貧困な風景は，貧困な暮らし方と表裏一体をなすものである．質の高い暮らしは，住民の創造力(creativity)と想像力(imagination)のある生産と生活の相互作用により成り立っている．

　地域の暮らしの高品質化は，教育力と文化の伝承とともに家業的産業の発展を促進することになるだろう．暮らしの文化は美しい風光へと連続し，多くの人びとの共感により，価値の共有による公共的産業を誕生させることになる．

　工業社会をリードしてきた科学技術もまた，「一物全体活用」の道筋を解いてみせることによって，人間のための本質的な科学技術たり得るであろう．　〔山下三郎〕

	目標	価値観	性質	創造性	生産技術	労働
企業社会	所得効率性	量と効率	グループ以外に無関心	高収入の手段	非属人的	年齢制限あり
地域共同体	生活快適性	知恵と工夫	個々人に強い拘束力	自己実現	属人的	年齢制限なし

❷企業社会と地域共同体(コミュニティ)の特性要素

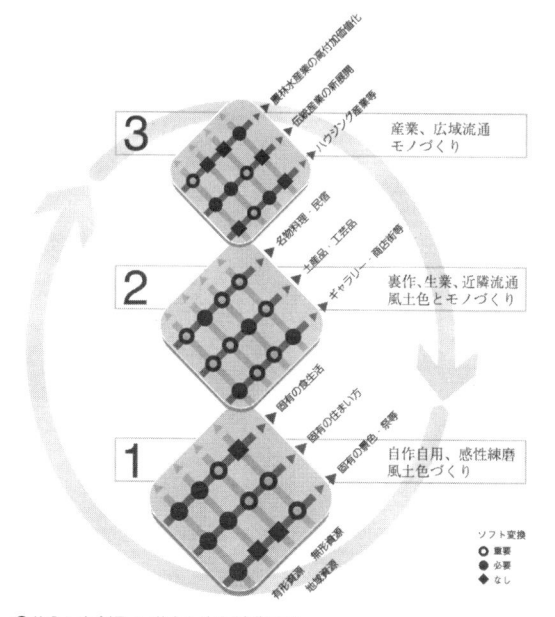

❸暮らしを創る ▶ 暮らしを経済化する

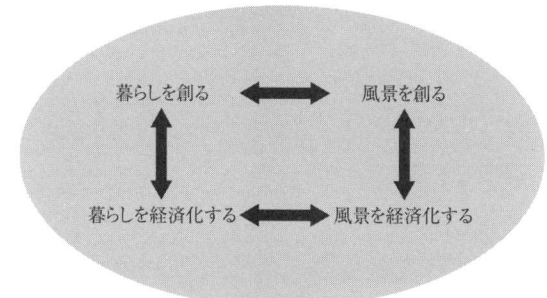

❹共生と循環による地域文化の再生と創造

■文献

R. H. ホイッタカー著，宝月欣二訳：生態学概説，培風館，1985．

東北工業大学工業意匠学科第三生産技術研究室：コミュニティ機能再生・増幅のための『裏作工芸』導入の実践的研究，第三生産技術研究室，1984．

山下三郎：東北における高齢者の新しい役割に関する調査研究報告書，第1部第3章第1節，pp.52-67，第2部第2章，pp.126-130，東北電力，1994．

山下三郎：躍動するみやぎ農業－魅力ある「集楽」農業を創造するために，pp.1-10，宮城県・伊達なむらづくり推進機構，1994．

山下三郎：いい街，美しい街をめざして－成長する風景・衰える風景，pp.7-36，一関市，1999．

山下三郎：社団法人岩手県産業貿易振興協会　設立60周年記念講演集「まち」の暮らしが「まち」の産業を育てる　地場産業の活性化と市町村の役割，pp.7-18，(社)岩手県産業貿易振興協会，2000．

2|304 超臨界のデザイン

今，社会に求められているのは，持続可能な社会システムの早急な構築である．エネルギー供給の制約のもとで，物質循環と環境保全を保ちつつ，社会のシステムをデザインしていくこと，それがエコロジーのデザインだと考える．

従来よりも少ない物質循環，エネルギー利用のもとで，今までと同じようにあるいはそれ以上に高い機能を発現させる，すなわち価値を生み出していくには，産業構造そのものを変革していく必要があり，そのためには新しい生産システム，生産手法そして新材料の開発（システム・技術のデザイン）が必要となる．

地球上の自然における主な溶媒は水である．工業プロセスも有機溶媒ではなく，水を溶媒としてはどうだろうか．実は，後述するように，超臨界領域まで工業操作範囲を広げることで，今までにない水の溶媒機能をデザインでき，「持続可能な社会システム」に求められる生産技術が生み出される．

■水の構造と物性のデザイン

水が，液体の水であったり，固体の氷であったり，気体の水蒸気であったりするのは，どのようにして決まるだろうか．

このような相の状態は，分子間の引き合う力（凝集エネルギー）と分子間の結合を立ち切ろうとする力（熱運動エネルギー）のバランスにより決まる．一般に，水蒸気を圧縮し，分子間距離が短くなると凝集エネルギーが運動エネルギーより支配的となり，液化する（❶）．運動エネルギーが温度とともに増大するのに対し，凝集エネルギーは分子間距離だけで決まるので，ある温度（374℃）以上となると，任意の分子間距離において，常に運動エネルギーが凝集エネルギーに比して大きくなる．そのため，水蒸気はいくら圧縮しても液化しない高密度水蒸気の状態となる．この状態が超臨界水状態であり，水蒸気の性質と液体の水の性質を合わせ持つようになる．臨界点の近くでは，凝集エネルギーと運動エネルギーが拮抗しているので，温度や圧力を少し変化させるだけで，その性質は大きく変化する．

■超臨界水の機能のデザイン

一般に，「水と油」といわれるように，水は最も強い極性溶媒の一つであるのに対し，炭化水素類は無極性あるいは弱極性であるため，室温付近で混ざり合うことはない．しかし，高温場では少しずつ水の極性（誘電率）が弱まり，臨界点近傍ではアセトンやメタノールのような極性の有機溶媒と同程度となる．そのため，水は炭化水素類とも均一相を形成する．もはや，この条件下では，「水と油の性質」ではないのである．そのため，今までの生産プロセスで使われてきた有機溶媒を超臨界水に代替することもできるのである．

水に酸素や水素のようなガスを吹き入れると気泡となってしまう．しかし，超臨界状態は，高密度の水蒸気状態である．したがって，これらのガスとも任意の割合で均一相を形成する．海底火山の近くでは，海水の温度は374℃以上であるし，2000ｍの海底では200気圧以上の高圧である．海底から吹き上がるガスは気泡にはならず，海水と均一に混ざり合う（❷）．

超臨界条件下では，ガスや油の水への溶け方が大きく変わるように，反応の平衡や速度も大きく変化する．

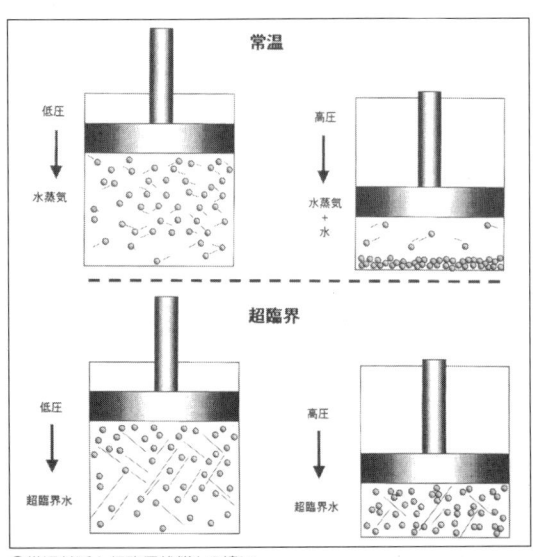

❶常温付近と超臨界状態との違い
（超臨界状態では圧縮しても凝縮せず，高密度の水蒸気状態となる）

❷海底火山付近の状態

通常の条件下では，生じなかったような反応を進ませたり，問題となっていた反応を停止させるといった反応場のデザインが可能となる（阿尻，1998）．

すなわち，超臨界水を反応溶媒として用いるプロセスは，単に有機溶媒の代替にとどまることなく，相の状態と反応の平衡・速度のデザインが可能なことにある．海底火山の近くはこのような状態にある（❷）．そこでは，アミノ酸，ペプチドが無機ガスから生成し，生命の誕生の起源となったというのが定説である．

自然の営みに学び，このような「場」を工業的な生産プロセスとして積極的に取り入れていくことが，「持続可能な社会システムの構築」には重要であろう．

■ 超臨界水の機能を使うエコロジー技術のデザイン
[リサイクル社会のデザイン]

植物は，CO_2とH_2Oとから太陽光のエネルギーを取り込み，炭水化物の合成（光合成）を行っている（$6CO_2 + 6H_2O = C_6H_{12}O_6 + 6O_2$）．$CO_2$の固定の観点から重要な点は，植物が$CO_2$を正味固定できるのは，植物が成長する10～20年間ということである．成長期を過ぎると，あるいは植物が朽ちたときには，微生物による酸化反応により，バイオマスは，逆にCO_2の発生源となる．

つまり，バイオマスを有効に利用する技術が必要なのである．とくに，廃棄物の大半はバイオマスであり，その利用手法の開発が重要である．上記の炭酸同化作用の原理からも明らかなように，バイオマスエネルギー利用とは太陽エネルギーの利用に他ならない．バイオマスを分解して化学原料の回収が可能となれば，原油からの石油化学製品の合成を抑制できる．すなわち，廃棄物バイオマスから化学原料が回収できれば，❸に示すように，廃棄物環境問題，CO_2問題，エネルギー問題のすべてを一挙に解決できることになる

[廃棄物バイオマスからの糖回収]

筆者らは，超臨界水中でのバイオマスの加水分解法がその一つの手法だと考え，プロセス開発のための基礎研究を行っている（Sasakiほか，1998；Arai and Adschiri, 1999）．高温水中では，高価な酸や塩基触媒を添加しなくとも，脱水縮合性結合が加水分解する．したがって，廃棄物の処理に適していると考えた．バイオマスの主成分であるセルロース（$C_6H_{10}O_5$）も，グルコース（$C_6H_{12}O_6$）の脱水縮合高分子である．実験の結果，セルロースを400℃の超臨界水中で分解したところ，❹に示すように，0.05秒というきわめて短い時間で加水分解し，グルコースおよびオリゴ糖に分解できた．これらは，食料，薬品，飼料やエネルギー源であるだけでなく，現在のプラスチックスのほとんどを，これを原料として作り出すことができる．

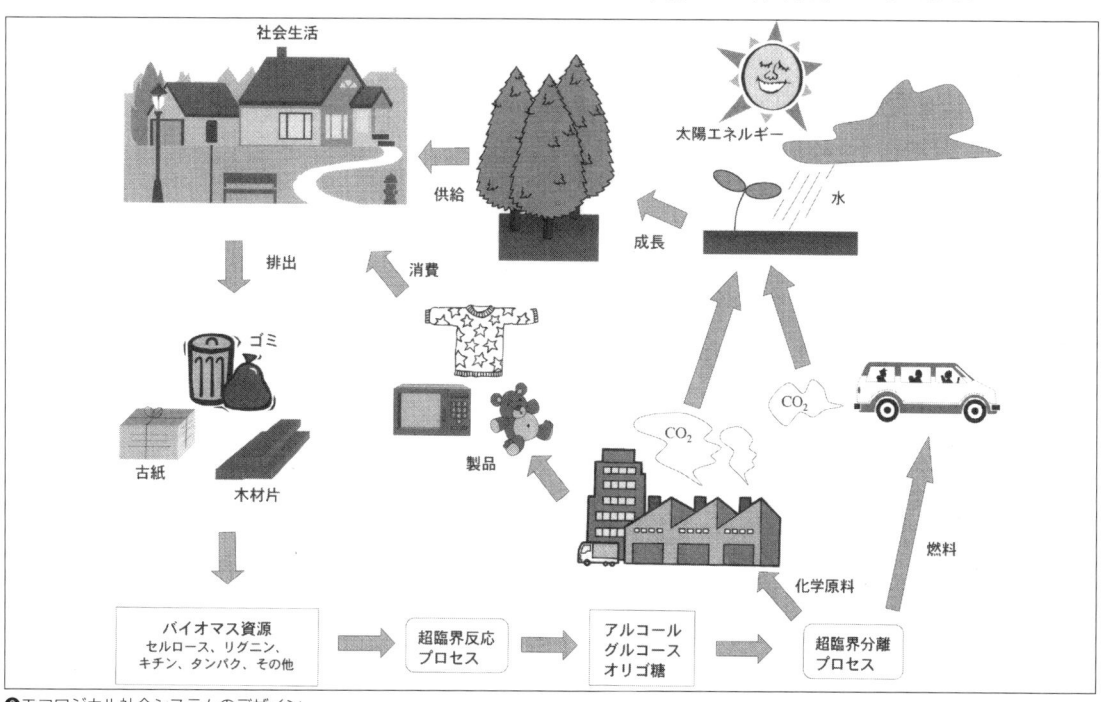

❸ エコロジカル社会システムのデザイン

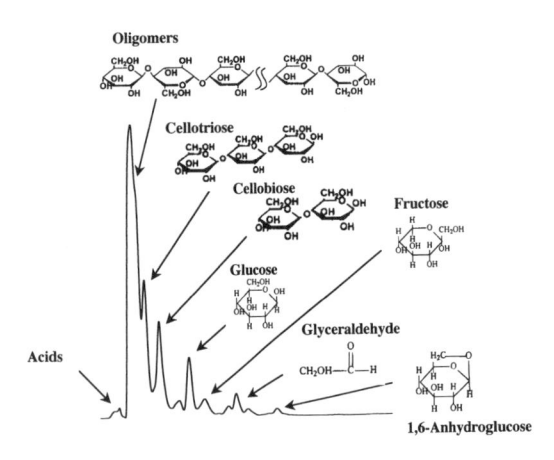

400 °C , 0.05 sec

❹超臨界水中でセルロースを分解すると，(多)糖が精製する．

[廃プラのケミカルリサイクル]

同様に，熱水中での無触媒加水分解を利用し，筆者らは，世界に先駆け，ポリエーテル，ポリエステル，ポリカーボネートなどの脱水縮合系プラスチックスからのモノマー回収の可能性を検討するとともに，廃プラスチックスのケミカルリサイクル法としての適用を試みてきた(Arai and Adschiri, 1999)．

すでに，この手法を用いた商業化プラントができている(❺)．ウレタンフォームなどの原料であるトリレンジイソシアネート(TDI)は，トリレンジアミン(TDA)から脱水縮合反応を経て合成され，その後段の蒸留プロセスで精製され製品となる．精製される過程で排出されるTDI残渣にも大量のTDIが含まれるが，それをさらに分離されることはなく，燃焼廃棄されていた．1998年，このTDI残渣を超臨界水中で加水分解しTDAを回収するプロセスが世界で初めて開発された．

この技術は，同様の工場内残渣やPETなどの脱水縮合系の廃プラスチックスに対して超臨界水ケミカルリサイクルプロセスとして適用でき，廃棄物の処理法の一つとして本技術が確立できると考えている．

■さまざまな超臨界技術の可能性

エコロジカル社会システムのデザインのためには，それに適した新規な技術が必要である．超臨界水の反応場としての利用は，まさに，デザイナブルな反応場にもとづくものである．ここでは，水の構造，物性のデザイン，そして超臨界水の機能のデザインを説明し，そのエコロジカル技術への応用例について紹介した．ここで紹介した内容以外でも，高分子合成としての利用，洗浄技術，機能性材料の合成を含め，さまざまな超臨界水の利用の可能性が見出されている．

しかし，超臨界技術をまさにデザインできる技術としていくためには，反応機構の解明や要素技術の開発といった超臨界水利用技術の基盤，そして技術を支える基礎科学・技術体系の確立が必要である．[阿尻雅文]

❺ポリウレタン原料TDI合成工場におけるTDI残渣からTDA(TDI合成原料)のケミカルリサイクルプラント

■文献

阿尻雅文：超臨界流体反応法の基礎と展開．第Ⅱ章 超臨界流体反応法，1．ジェネリックテクノロジーとしての超利内流体技術，pp.67-80，シーエムシー，1998．

Sasaki, M., Kabyemela, B. M., Adschiri, T. and Arai K.: Cellulose Hydrolysis in subcritical and supercritical water. *Journal of Supercritical Fluids*, 13, pp.261-268, 1998.

Arai, K. and Adschiri, T.: Importance of Phase Equilibria for Understanding Supercritical Fluid Environment. *Fluid Phase Equilibria*, pp.158-160, 673-684, 1999.

コラム「私の選ぶ図書10冊」

青木弘行[材料計画，感性工学／千葉大学]

① "ENGINEERING MATERIALS 1- An Introduction to their Properties and Applications"
"ENGINEERING MATERIALS 2- An Introduction to Microstructures, Processing and Design"(Michael F Ashby & David R H Jones著：PERGAMON PRESS, 1980)
　適切な材料選択を行うために材料の特性とその応用を第1巻で，材料の理解と活用を目的として各種材料のミクロな構造を第2巻で解説．翻訳本が内田老鶴圃から『材料工学入門1, 2』として出版されている．

② "THE MATERIAL OF INVENTION-MATERIALS AND DESIGN"(Ezio Manzini著，ARCADIA EDIZIONI, 1986)
　素材が有するさまざまな特性に着目し，その特性が具体的なデザインにどのようにして結びついているかを解説．素材が有する可能性と限界，デザインとの関わりに焦点を当てた意欲的な著書．

③ "Mutant Materials in Contemporary Design"(Paola Antonelli著，The Museum of Modern Art, 1995)
　ニューヨーク近代美術館(MoMA)で開催された特別企画展「現代デザインにみる素材の変容」の際に出版された書籍．各種素材がどのように変容してデザインの世界を構築しているかを理解することができる．

④ 雑誌『SD(9905)：特集／挑発するマテリアリティ』(鹿島出版会, 1999)
　素材の進化とデザインの可能性を，軽量化・単一化・表面操作・意味の変換・ミクロの複雑性という五つの切り口からとらえ，マテリアリティ・プロダクツとして54の代表的製品を紹介している．

⑤ 『素材と造形の歴史』(山本学治著，鹿島出版会[SD選書]，1966)
　素材の性質とそれにより作られた形態との関係に視点を置き，素材への科学的認識につながった造形的直感や感動の諸相を解説．

⑥ 『感性工学への招待―感性から暮らしを考える』(篠原　昭，清水義雄，坂本　博著，森北出版，1996)
　新しい学問体系である感性工学を，哲学・芸術・文学・心理学・感覚・感性情報処理・コミュニケーション・マルチメディア・バーチャルリアリティ・工業デザイン・ファッションとの関連において解説．

⑦ 『ライフサイクルデザイン』(山本良一，深沢　篤著，カタログハウス，1999)
　環境負荷の少ない製品を開発するためのヒントや枠組み網羅し，それらを体系的にまとめたマニュアル．欧州連合(EU)により組織された各国政府機関による研究プロジェクトの成果．

⑧ 『エコロジー幻想』(武田邦彦著，青春出版社，2001)
　前著『リサイクル汚染列島』(2000)とともに，エコロジー的発想の盲点を科学的に指摘した書籍．サステイナブルデザインを考える際の本質が指摘されている．

⑨ 『「技」と日本人』(風見　明著，工業調査会，1997)
　伝統に根ざす数々の技術に焦点を当て，日本固有の文化や国民性に着目しながら，モノづくりの日本的ノウハウや原点を浮き彫りにしている．

⑩ 『古代技術の超技術』(志村史夫著，講談社[ブルーバックス]，1997)
　奈良時代以前の先人たちの匠の技を，現代の科学・技術の視点から見直した書籍．効率や経済性，質より量を追求してきた近代技術に警鐘をならす好書．

2|305 生物とデザイン

デザインは人間のモノづくりの活動である．それゆえ，生物とデザインの関わりとは，生物と人間との関わりでもある．人類の誕生からこれまで，人は，生物と多様な関わり方をしてきた．そして，最近，環境汚染などの問題から，生物との新しい関わり方が求められている．これらの生物とデザインの関わり方を，身近な実例とともに，❶にまとめて示した．人が生物を利用する様子を，生物の自然体を利用する場合と，開発した生物類似人工物や人工的に生物を制御した物を利用する場合に分けて示した．以下に，表の意味を概説する．

表には，デザイン対象物，大別，および細別の3種に分け，前記2種については，細別の内容と重複するので，代表的な内容のみを記載した．以下に，表中の主な内容について概説する．

■生物体を利用するデザイン

「人は道具を使う動物である」という言葉がある．これらの道具に用いられた最初の材料は，石や小枝など身近なものであったと思われる．自然の生物を直接道具に利用していた．動物の力を借りることも行われていた．美しい花を好み，飾るように，生物のもつ特徴を利用することでもある．

また，人は多くの動物や木の実などの植物を食し，残りの骨や皮，木や草を材料に利用して，さまざまな道具や装身具，そして，住まいなど生活に必要なものを作ってきた．このように，生物を食し，残りものを材料に利用して道具を作った関係が，「生物とデザインの関係」を意識した最初であろうと思われる．

さらに，動物や植物の一部分を素材化して利用する技術が発達し，皮革・木材・草・紙など天然素材を利用した生活用品を作るようになった．

■生物の特性を利用するデザイン

生物の形・表面や機能を使用したり，模倣して利用する「生物に学ぶデザイン」が，デザインアイデアの一つの形になっている．また，大輪のばらのように，好ましい形や性質に生物を変えて利用するようにもなった．とくに，鳥やヘビなどの動物の特殊機能が解明され，超音波計測器や音熱センサなどのハイテク機器部品に応用されている．

■微生物を利用するデザイン

近年，エコデザインが注目されている．微生物の働きを活用したモノづくりと廃棄システムを考慮したデザインである．また，微生物によって分解する生物体の特徴を利用した生分解性材料を用いるデザインが注目されている．

■生物類似人工物を利用するデザイン

生物の特徴である経年変化し分解する性質は，製作した道具や機器の変化や破壊につながる．また，一つと同じものがない生物体を工業的に利用するには，多くの困難がある．そこで，生物に類似の人工物を開発し，工業材料に利用するデザインが発達し，多くの用途に利用されている．合成樹脂，合成ゴム，人工皮革，合成繊維などの開発と各種製品への応用である．これらの合成材料や製品は，均一均質で変化しにくく安定で，長期に使用できるために，有用な工業材料として大量に使用されている．しかし，近年，これらの合成材料の分解しにくい特性が，逆に，環境汚染を起こす原因になっている．

■生物と共生するデザイン

最近，ペットのためのデザインや動物のための動物園など，生物からのデザインが注目されている．これまで，デザインが人のためであったため，生物とデザインの関わりとは，人のために生物を利用するデザインであった．人間が生物の頂点にいる意識からである．

真に，生物のためのデザインを考えるには，人は生物の一種にすぎないし，生物なくして人は生きられないことに気づくべきである．これからの，生物と人との関わりは，生物と人の双方が利益を受ける相利共生でなければならない．

■生物体を用いるデザインの特徴

生物・生命体を材料にしてデザインする場合，次のような特徴を考慮する必要がある．

①生きている：生育環境を整える．
②生育で変化する：変色する：変形する．
③死滅する：分解する．
④環境を変えると著しく変化する．
⑤メンテナンスが必要である．
⑥同一物は存在しない：特殊模様が存在する．
⑦不均質である：工業化には均質化が必要である．
⑧同一種でも生育環境が違うと異質になる．
⑨他の生物に食べられる．

これらの特徴は，これまで欠点とされ，改善のために多くの技術が開発され，適用されている．たとえば，木材の防腐加工や防虫加工，表面塗装などによって，製品寿命が延ばされている．

しかし，これからは，これらの特徴を積極的に利用するデザインが重視されると思われる． ［上原 勝］

第3章 デザインのエコロジー

生物を使う	(代表的実例)	類似人工物・制御物を使う	(代表的実例)
●デザイン対象物名での分類：多数	(街路樹のデザイン，木の枕のデザイン，バイオセンサ)	●使用材料名とデザイン製品名での分類：多数	(人工皮革の靴デザイン，角柱竹を使う柱デザイン)
●大別した分類		●大別した分類	
生物をデザインする	(盆栽のデザイン)	生物をまねてデザインする	(竹製昆虫のデザイン)
生物を利用してデザインする	(樹木公園のデザイン)	生物類似人工物でデザインする	(プラスチック植木)
生物の機能を利用してデザインする	(エコデザイン)	生物機能をまねてデザインする	(木目模様の天板)
生物と共生するデザイン	(ペットのためのデザイン)	生物と共生するための人工物のデザイン	(ロボット)
●細別した分類		●細別した分類	
生物の形などを直接利用する		生物の形などをまねた人工物を用いる	
形：生物の自然形を利用するデザイン	(樅の木ツリー)	形：生物の人工形を利用するデザイン	(飛行機)
表面：生物の自然表面を利用するデザイン	(鮫皮とワサビ)	表面：生物表面をまねた人工物のデザイン	(木目調)
機能：生物の自然機能を利用するデザイン	(バイオセンサ)	機能：生物機能を応用した人工物のデザイン	(魚眼)
生物をものとして利用する		人工の生物体を利用する	
生きた生物体のデザイン	(森・木・枝のデザイン)	人工生物体を用いるデザイン	(人形を使う)
：群のデザイン，単体のデザイン，部分のデザイン		：群のデザイン，単体のデザイン，部分のデザイン	
生物体を材料にしたデザイン	(藁の家のデザイン)	人工の生物類似材料を用いるデザイン	(人工木)
生物体を素材にして利用するデザイン	(紙の文化)	人工の生物類似素材を用いるデザイン	(人工皮)
生物の創造物を利用するデザイン	(花を使うデザイン)	人工の生物成果類似物を用いるデザイン	(造花)
生物の機構を利用する		生物機構をまねて利用する	
生物のもつ環境を利用するデザイン	(鉢植えと生活)	人工の生物環境を用いるデザイン	(造花飾り服)
生物の生育形を利用するデザイン	(枝振りのよい木)	生物の生育形を制御するデザイン	(蔓飾りの窓)
生育機構を利用するデザイン	(廃棄ガス対策と街路樹)	生育機能を指針にするデザイン	(環境指針の葉)
イメージ生物を利用するデザイン	(ライオンの鬣で祈祷)	生物のイメージ（名称）を利用するデザイン	(鶴亀)
生物の働きを利用する		生物の働きを制御し（まねて）利用する	
植物の働きを利用するデザイン	(木陰にハンモック)	植物の働きを制御したデザイン	(木の枝の剪定)
動物の働きを利用するデザイン	(犬ぞり・乗馬)	動物の働きを制御したデザイン	(ペット犬との生活)
微生物の働きを利用するデザイン	(生ゴミの堆肥化)	微生物の働きを制御したデザイン	(石油タンパク)
生物システムを利用する		生物システムをまねて利用する	
生物群の環境を利用するデザイン	(森の中の散歩道)	人工生物群の環境を利用するデザイン	(人工芝コース)
生物社会を利用するデザイン	(蟻の社会と情報伝達)	生物社会をまねて利用するデザイン	(擬態迷彩服)
生物間の相互作用を利用するデザイン	(ビオトープ)	生物間サイクルを促進するデザイン	(生態サイクル)
人が生物と共生する		生物と共存するための人工物を用いる	
ペットのためのデザイン	(ペット用品のデザイン)	人工物をペットとするためのデザイン	(ロボット犬)
生物が害を受けるのを抑えるデザイン	(人工けもの道)	生物被害をなくす人工物のデザイン	(堰の魚道)
生物に助けられるデザイン	(魚付き林/保水林で防水)	生物の助けを制御したデザイン	(天敵昆虫の使用)
生物の生育を促進するデザイン	(農業デザイン)	生物の生育を促進する機器のデザイン	(照明灯)
生物の生育を抑えるデザイン	(防腐・防かび加工)	生物の生育を抑える物のデザイン	(除湿機)
生物による被害を抑えるデザイン	(防虫・防ねずみ加工)	生物忌避物質を利用するデザイン	(うなぎ塗料)

❶生物とデザインのかかわり
　生物体と生物類似人工物・人工的に制御した物に分けて分類した．

■文献
(上記の表は筆者が作成したもので，一部の実例は下記の参考にした代表的な文献による)
コンラート・ローレンツ著，日高敏隆訳：ソロモンの指輪，早川書房，1963．
I. B. リチネッキー著，金光不二夫訳：生物たちの超能力—バイオニクスへの道，東京図書，1973．
H. カラン著，寺嶋秀明訳：動物の行動と人間の社会—社会行動への構造的アプローチ，海鳴社，1980．
石井慎二編：新釈どうぶつ読本（別冊宝島119），JICC，1990．
三浦謹一郎ほか：生命体に学ぶ材料工学（材料テクノロジー24），東京大学出版会，1988．

2|306　循環型・輪廻転生のデザイン

　生物は，誕生し成長し，新たな誕生に代わり死し，生と死を繰り返し，世代を超えて生き長らえている．このように，生物は，生命を循環し，輪廻転生して成長している．自然界を含めた物質世界や人工物の世界に，このような循環成長を適用する考えが，循環型・輪廻転生のデザイン，いわゆるリサイクルデザインである．

■消費社会から循環社会への要求

　消費を美徳とした大量生産・大量消費・大量廃棄で成長してきた消費経済は，「無尽蔵の資源」と「無限の埋め立て廃棄」に支えられた社会であった．それゆえに，限りある資源と土地が意識され，成長する消費社会の危機が大問題になった．1971年ローマ・クラブが発表した「人類の危機」レポートにおける『成長の限界』（メドウズほか，1972）の警告によって，「限りある地球」が明確になり，成長を押さえる取り組みが唱えられた．そして，石油ショックや大気汚染などの地球規模の資源や環境，廃棄問題などの成長の弊害が身近に発生し，大量消費社会では成長に限界があることを知った．

　このような消費による成長に対して，生物から学んだ循環社会の中で「持続可能な発展」（フュスレ・ジェームス，1999）をする必要性が唱えられるようになった．

■限られた地球

　ところで，「宇宙船地球号」という言葉がよく聞かれる．地球とは，狭い宇宙船と同じように，外界の宇宙から閉ざされた狭い世界であることを，この言葉は的確に示している．この言葉が使われる前までは，地球は大きな存在で，局地的または一時的な変化や偏りがあっても，地球という大きな力で変化や偏りは自然に解消して，変わらぬ世界が無限に続くものとされていた．しかし，わずかな変化や偏りも地球全体に大きく影響することがわかり，地球とは，無限の世界ではない，宇宙船の中と同じ世界なのだと気づいたのである．このことが，「宇宙船地球号」の意味である．

　「宇宙船」である地球では，地球上で起こる物質的な変化は地球上で完結し，広い宇宙へ物質を放出したり，宇宙から物質を供給したりすることはない．より正確にいえば，ごくわずかな宇宙ゴミや隕石，月の石を除けば，地球上の物質は地球外と出入りしないので，地球上にとどまり，すべての物質の循環は地球上で完結している．そして，物質的に閉ざされた世界の中で，自然界の移り変わりや人びとの生活・営みのすべてが行われているのである．

　身近な一例として，新聞紙を考えてみよう．新聞紙を構成する成分は，木，パルプ，紙，再生紙，ゴミ，廃棄ガス，植物の栄養源，そして再び木へ循環している．この循環のどこかにとどまりができ，滞留が長期で膨大になるにつれて，個人，家庭，地域，社会，国，地球全体に影響は広がるようになる．

　このように，自然界に存在するすべての物質は，何らかの循環をして，再生されている．循環されない物質は，蓄積することになり，徐々に増加し，高濃度になり，大きな影響を及ぼすことになる．このことが，人の身体の中で起こった例に，PCB公害病がある．宇宙船地球号の喩えは，人の身体でも同じように限られた世界にあることをも気づかせる．

　以上より，自然を含めた人類の永続的生育のためには，自然界の循環システムを取り入れた，循環型デザインや輪廻転生のデザインが必要であることが理解される．

■世界を支配する三つの法則

　ところで，この地球上でのすべての現象は，次の三つの基本法則，①質量保存の法則，②エネルギー保存の法則，③エントロピー増大の法則に支配されている．これらの基本法則は，熱力学法則ではあるが，人間を含めた自然界や社会においても成り立つ．したがって，これらの法則に従うデザインを考えることが必要である（上原，1993）．

[物質は収支されている（質量保存の法則）]

　原子核反応を除くすべての変化に対して，物質は保存される．化学変化や物理変化で物質は変化しても消滅はしない．したがって，地球上の全物質量は増減することはない．ただし，有用物質が不要物質に変化したり，局在化したり，分散したりすることがある．系全体では，入った物質量と出て行った物質量（収支）は一定である．

　このことを実生活に当てはめれば，家庭に溜ってしまう新聞は，リサイクルに出すことで，ようやく，元の状態に戻ることになる．この新聞と家庭の関係を，機器や道具，材料などの物質と家庭，社会，国との関係に置き換えても，同様なことが起こる．限りある世界や省資源，環境汚染などの物質の移行に伴う問題は，まず，この法則への適応性を検討する必要がある．

身近なものを有効に利用して，まず，物質の偏りを小さくするデザインが求められている．それらの一環に，「リサイクル」「廃棄物の原点処理」「ゼロエミッション」などの最近の環境対策がある．

最近，「循環型経済システムの構築に向けて」と題する通産省の報告書が発表された（朝日新聞，1999）．この報告書の中では，廃棄物の発生抑制と製品や部品の再使用，そして再資源化のために，「長寿命製品，修復可能製品の開発」「回収再使用容器への変換」「中古部品の活用」などを促進して，循環型社会への変換を説いている．

❶にリサイクルが関係するデザインをまとめた．また，❷にリサイクルを配慮するデザインをまとめて示した（上原，1997）．

[エネルギーは収支されている（エネルギー保存の法則）]

原子核反応を除くすべての変化に対して，エネルギーは保存される．化学変化や物理変化では，物質がもつ内部エネルギーは変化しても，エネルギーの消滅はない．

地球上のエネルギーは，太陽エネルギーが入り，地球上での種々の活動が起こり，結果として宇宙空間に熱や光として発散して，収支している．この収支バランスが崩れると，大きな影響を起こすことになる．たとえば，石油のように長年かかって地中深く蓄積されたエネルギー物質を短時間に使用するなどの偏りが問

デザインとの関わり	具体的デザイン対象	備考（目的・説明など）
グラフィクデザイン	リサイクル広告 リサイクル案内・パンフレット リサイクルマーク	情報，通知， 啓蒙，喚起， 意識改革
イベント，企画	ガレージセール，バザー リサイクルショップ	再利用，有効利用， 意識改革
調査，シミュレーション	アセスメント LCA，PLA	意識調査，先行調査， 影響調査，モデル調査，試行調査
システムデザイン	回収システム 修復・再生システム 収集システム 処理システム	不用物，資源物，廃棄物 分別，輸送方法，作業性 再使用，部品再使用 再資源化，溶融，分解
リサイクルツール（リサイクル実施ツール）のデザイン	回収具のデザイン 減容化機のデザイン 素材化機のデザイン リサイクル車のデザイン 分別装置のデザイン	空き缶回収コンテナ 空き缶つぶし機 発泡材素材化機 分別収集車 一括素材化収集車
リサイクル考慮製品のデザイン 　長寿命型製品 　長期同モデル製品 　減容，減量型製品 　簡易包装	リサイクル率対応製品 長期耐久製品 長期部品保持製品 長期愛用製品 軽量製品，小型製品 簡易機構包装材	廃棄物減少，省資源， 省エネルギー， 簡単修理，壊れにくい 愛着，デザイン嗜好 輸送機器，輸送材 簡易パッケージデザイン
リサイクル可能製品のデザイン 　再使用型製品 　修復型製品 　部品交換型製品 　部品再利用型製品 　再資源化型製品 　再生素材化製品	リターナブル製品 再使用器具・材料 傷，すり減り修復製品 詰め替え製品 高価値部品使用製品 再資源化・再生製品 紙製品，屑鉄	再使用／ビン・PETボトル 輸送具，トレー，梱包材 ゴムタイヤ，靴底 化粧瓶，洗剤容器 トナーカセット アルミ缶，スチール缶 紙製飲料容器，磁石
リサイクル材料利用製品のデザイン 　再生素材利用製品 　副産物利用製品 　再生廃棄物利用製品 　廃棄物素材利用製品 　未利用資源利用製品	リサイクル製品（別製品へ再生） 再生紙製品，回収磁性体 再生PET製品 残査利用製品 加工屑利用製品 廃棄物利用製品 殻利用製品 枯木，枯葉，枯草利用製品 間伐材利用製品 砂・貝利用製品	リサイクル紙，袋，磁石 回収PET買物袋，衣類 アッシュ（灰）セメント，アッシュバルーン パーティクルボード 残査（灰），ガラスカレットの舗装材，コンクリート破片 籾殻浄化材，卵殻苗鉢 パーティクルボード，枕 木製マット，タイル 枕
リサイクル部品利用製品のデザイン	再生製品 　　（新生）	再生自転車， 　利用可能部品で組立

❶リサイクルがかかわるデザイン

デザインとの関わり	具体的デザイン対象	備考（目的・説明など）
易修復型製品のデザイン	修復可能製品 簡易修復機構製品	張り替えソファー
易分解型製品のデザイン	分解処理製品 接合方法工夫製品	減容埋立・解体処分 有効物・有害物取り出し
易部品交換型製品のデザイン	消耗部品使用製品	共通消耗部品， プリンタトナー部品
易部品取り出し型製品のデザイン	高価値部品使用製品 有害部品使用製品	有効部品の再利用 リサイクルのための取り除き
粉砕再生素材化型製品のデザイン	同素材構成製品	ガラス瓶，木製品 紙製容器
再資源化型製品のデザイン	再生素材構成製品	アルミ缶，スチール缶
焼却処分型製品のデザイン	易燃焼素材構成製品	エネルギー回収製品
減容埋立処分型製品のデザイン	易生分解素材構成製品	土中微生物分解素材

❷リサイクルを配慮するデザイン（処置・処理方法との関係）

題になる．

[変化の方向は支配されている（エントロピー増大の法則）]

この法則は，無秩序性，混乱性，拡散の増大の法則とも呼ばれ，変化の方向を示している．

たとえば，高い位置にあるものは低地には落ちるが，外界から作用しない限り，さらに高い位置に上昇することはない．また，砂糖と水は混合するが，砂糖水が砂糖と水には分かれない．高温のものは冷え，氷は融けて水になる．

このような変化の方向は，自発的変化の方向を示している．すなわち，外界から何らの作用をしなくても起こる変化の方向である．したがって，逆方向の変化を起こさせるためには，外界から相当する作用を施さねばならない．

次のような自発的変化こそ，自然の方向である．

① 安定化の方向：不安定な位置にあるものは安定な位置になろうとする．高い位置のものは低地に落ちる．
② 定常化の方向：質量やエネルギーの収支が保たれるために，過剰になると変化が速くなり，不足になると変化が遅くなり，その結果，定常的変化になる．
③ 平均化の方向：過剰の所には入りにくく，少ない所には入りやすい．その結果，平均化する．
④ 分散化，混合化の方向：全体が均一な状態が最も安定な状態である．ある純粋状態（純粋物）は，周辺と混合して均一化しようとする．これが，分散

化であり，混合化である．

これらの変化の方向は，変化の可能性を示したものであるが，変化速度が考慮されていないことは重要な注意点である．したがって，変化の方向を促進したり，制御や抑制したりするためには，外界から特別な操作を施す必要がある．たとえば，ゴミは放置しておけば，自然に散らかってしまう．意識的に操作しない限り，集めることはできない．これが自然の方向である．

なお，自発的変化とは逆方向の次のような変化が与えられたものが，価値あるものとなっている．

［純粋化（宝石），精製化（金属精錬），高温化（高エネルギー），低温化（貯蔵），遍在化・集中化・濃縮化（物やエネルギー，財産），高速化（車，飛行機），時間短縮化（情報）］

すなわち，人間は，自然方向とは逆の方向を施して成長してきたのである．

■ **生物の作用に助けられる世界**

基本法則に支配された自然界の中で，吸着現象は，基本法則とは逆方向に作用している（しているように見える）．吸着は，発熱反応なので安定化の作用ではあるが，特定物質が集まる現象である．この吸着現象を利用すると，分散化や混合化とは逆の，濃縮化や回収が可能になる．

生物の作用も，実は，この吸着現象を基本にして，有用成分を集め，太陽エネルギーを利用しているのである．このような生物の働きを利用して，人間は生きている．不可欠な食べ物や大気も生物の働きで作られたものである．人間を含めた地球上のすべての生き物は，究極的には太陽エネルギーによって生きている．

■ **時間軸の設定が解決策**

最近の多くの問題には，変化の方向だけではなく，変化速度が大きく影響している．たとえば，大気汚染問題には，急速に局所に汚染物質が発生することが大きく影響している．また，微量ながら長期にわたって変化することが影響している．

一方，微生物を主とする生物の働きは，急速ではないが，長期にわたれば，総働き量として膨大なものである．比較的質の悪いエネルギーや物を原料として働く生物の力が，問題解決になるかもしれない．

■ **求められる意識改革とデザイン**

以上から明らかなように，地球の永続的発展のため

には，次のように人びとの意識改革が求められる．今後，これらの改革に伴う技術や製品・道具が必要になる．そこに，新たなデザインが必要となる．

[自然エネルギーを利用するデザイン]

太陽エネルギーを利用する技術が求められている．熱（太陽熱・温水・地熱），力（風力・潮力・波力・人力），光（太陽光線），電気（太陽電池・燃料電池）などのエネルギーの質を考慮した利用技術を開発する必要がある．

[生物が支える人間社会のデザイン]

比較的質の悪いエネルギーや物を原料としても働く生物の力が，資源・環境問題を解決してくれる．そこで，微生物工学の技術開発が期待される．微生物を主とする生物の働きは，急速ではないが，長期にわたれば，総量としては膨大なものである．このように，地球上の多くの問題点の解決には，生き物の働きで助けられる技術に頼らざるを得ないのである．

[物質社会から脱皮する生活のデザイン]

限りある世界は物財への指向を制限している．物は消費されるべきではない．消費（中心）社会から生活（中心）社会に変換すべきである．物財への欲求から非物財での満足に変換すべきである．健康やスポーツ，知識，音楽，芸術，趣味など非物質的欲求に転換することが求められている．

[平衡の意識を取り入れたデザイン]

物や社会は常に変化している．これまでの科学技術は，変化しない世界を求める傾向にあった．たとえば，腐らない材料がそうである．今や，腐らないから，分解しないから問題となることに気づくべきである．

変化しているが，見かけは変わらない世界がある．出入りが等しい状態がそうである．たとえば，分解速度と生成速度が等しい状態，新陳代謝の状態，誕生率と死亡率が等しい人口構成など．これらの状態は，見かけは変わらぬ世界であるが，実は入れ替えが起こっている．このような状態を平衡という．この平衡こそが，地球や生物の永遠の存続になることに気づくべきである．

[偏りの価値観と分散指向するデザイン]

これまでの科学技術は，物質や情報，知識などの局在化や集中化によって価値を生み出してきた．多くの機器や道具は一層その傾向を強めるであろうが，一方，分散化して安定化する傾向も強まるであろう．たとえば，機器の小型化と汎用化はその好例である．

[速度軸を取り入れたデザイン]

高速度の新幹線よりも，ゆっくりした鈍行（船旅）を好む．高速度の運賃はいわば時間の購入代である．時間を有効に利用するようになるであろう．

高速度の変化は急激で，周辺にも大きな影響を残す．鈍行は変化が遅いために，変化に対応する時間がとれる．現代の社会情勢は，あまりに変化が速すぎて対応できない状態である．人間は生物でもある．生物の作用は急激な変化には対応できない．この速度軸の使い分けが重要になるであろう．

［上原　勝］

■文献

社説：発想の転換が必要だ．朝日新聞，1999年7月23日付．

清水紀夫・上原勝：ゴミ問題と熱力学．デザインと材料，p.208，技報堂出版，1993．

上原勝：リサイクル設計9原則から多様な展開へ―デザインとの関わりとリサイクル対策．エコロジー・リサイクル・PL法とデザイン特集号，デザイン学研究特集号，4(3)：34-39，1997．

D.H.メドウズほか著，大来佐武郎監訳：成長の限界―ローマ・クラブ「人類の危機」レポート，ダイヤモンド社，1972．

C.フュスレ・P.ジェームス著，山本良一監修，佐々木建訳：成長の限界を超えて―21世紀企業成長戦略「スーパー・エコイノベーション」，日科技連出版社，1999．

2 | 307 | 持続可能な社会

■持続可能な社会をめざすデザインの要件

デザインの目的は何か，どこをめざしているのかを問い直すことが重要である．行く先のない船出はない．自らがどこをめざすのか，何をもって航路を示すコンパスとするのかを明確にすることが重要である．

従来の自動車のデザインで考えてみよう．速く走れること，売れること，美しいこと，適当に陳腐化することなどがデザイン上の重要事項であった．昨今，「環境にやさしい」がキーワードとなり，デザイン上も考慮され始めた．しかし，ここにおいても，なんとなくエコ的に見えること，リサイクル材料を用いればよい，プラスチックの使用をやめればよいなどが配慮されるにとどまることが多い．

これからのデザインに求められることは，デザインしようとする製品やサービスが持続可能な社会に適したものであるという明確な目的をもつこと，そして，これをユーザーにわかりやすく説明できるようにしておくことであろう．このとき大切なことは，持続可能な社会において，その製品やサービスが満たすべき原則とは何かについて明確になっていること，また，これをユーザーとの間で合意できていることであろう．サッカーのゲームを考えてみよう．選手どうしも観客もルールを理解し，これに則りゲームを進めることが合意されていなければ，ゲームは成立しないし，楽しむこともできない．私たちが持続可能な社会を形成することも同じで，持続可能な状態の原則を理解し，合意することが重要である．

では，この原則とはどのようなものであろうか．これを明確に定義したナチュラル・ステップの活動とその概要を紹介する．

■「ナチュラル・ステップ」の活動

スウェーデンの小児ガンの医師であったカール・ヘンリク・ロベール博士は，環境問題を細部（枝葉）で対処するために起きる混乱状態から脱却するためには，問題を細部ではなく全体でとらえ（システム的視点），皆が納得できる科学的な原則にもとづいた「持続可能な社会の原則（幹）」を共有することが必要であることを提唱した．そして，「ナチュラル・ステップ」という環境団体を設立し，多くの科学者とともに議論を重ね，持続可能な社会の原則（四つのシステム条件）に関するコンセンサスを得て，この四つのシステム条件とそれにいたる方法論（バックキャスティング）の普及啓発活動を進めた．

ナチュラル・ステップの活動は従来の環境団体と異なり，企業や行政の活動を批判したり指示したりはしない．環境教育を通じ，進むべき方向についての合意形成を促し，個人個人が日常の職務の中でシステム条件に近づくための取り組みを一歩一歩進めていくことを支援するものである．

この考えはスウェーデンの社会に広く受け入れられ，スウェーデン国王の支持を受けるにまでなる．多くの企業や自治体が経営方針としてナチュラル・ステップのコンセプトを導入している．また，政府の事業の考え方の基礎ともなっている．現在，アメリカ，カナダ，英国，オーストラリア，ニュージーランド，南アフリカ，日本などで普及活動が進められている．

■科学的な原則と自然の循環

科学的な原則にもとづき，地球環境における価値の生産について考えてみよう．

われわれは，熱力学の法則から，物質やエネルギーは現れたり消えてなくなったりするものではないこと，また，物質やエネルギーは拡散する傾向にあることを知っている．物質的に閉鎖された地球において，この拡散した「質」を再構成し価値を上げるものは，太陽を駆動力とした反応プロセスである．原始地球の混沌とした状態から現在のような豊かで多様性のある環境を形成してきたもの，また，これを維持してきたものは，太陽エネルギーを駆動力とする「自然の循環」である．

■自然の循環と持続可能な社会のシステム条件

自然の循環と人間社会の関係を❶に示す．人間社会と自然の循環との関係は，三つの流れで関係づけられる．つまり，地殻からの流れ，自然の循環からの流れ，

❶自然の循環と人間社会

そして，人間社会からの自然の循環に戻る流れの三つである．そして，図の左上の太陽は，これらの流れ・循環の源動力が太陽エネルギーによるものであることを示している．

先に述べた，「何も消えてなくなるものはなく」「すべてが拡散する」という科学的な原則から，これらの流れはバランスを保つことが必要である．このために，自然の循環と持続可能な人間社会がうまく機能してゆくために，図の番号に示した，①地殻からの採掘，②人工的な物質，③自然の循環と多様性，④社会の効率と公平，の「四つのシステム条件」を守っていかなくてはいけないということになる．

■持続可能な社会の原則（四つのシステム条件）

持続可能な社会では，
1. 地殻から取り出した物質の濃度が，自然の中で増え続けない
2. 人工的に作られた物質の濃度が，自然の中で増え続けない
3. 自然の循環と多様性を支える物質的基盤が，守られている
そして
4. 人びとの基本的なニーズを満たすために，資源が公平かつ効率的に使われる

[システム条件1－地殻からの採掘]

システム条件1に反することによって増える物質には，大気中の二酸化炭素や酸性雨のもととなる硫化物，土壌中の重金属などがある．

われわれは，自然が長い時間をかけて地殻に閉じ込めたものを，これらの物質がゆっくりとしたプロセスで地殻に戻される量よりも多く地殻から取り出している．

つまり，この条件の意味することは，持続可能な社会では，石油，石炭，天然ガスや原子力を実質的には利用してはいないし，現在，社会にある金属は再利用するということである．さらに，とくに危険な重金属（たとえば水銀）のような物質などは，元の状態にして地殻に戻し，社会の資源としては使用を止めることを意味する．

[システム条件2－人工的な物質]

システム条件2に反することによって増える物質には，PCB，DDT，ダイオキシン，フロンなどの化学物質が挙げられる．

われわれが目に見える形で，また，目に見えない形で排出している廃棄物は，循環の中に組み込まれ，新しい資源として使われなければならない．したがって，現在増えつづけている自然に異質な物質の使用を抑え，自然が分解できず，循環のサイクルに組み込まれない物質の使用は止める必要がある．

[システム条件3－自然の循環と多様性]

システム条件3に反する活動は，森林の乱伐や砂漠化，緑地への高速道路の建設，水源の破壊などの自然破壊や，化学肥料や農薬の大量使用などの農地を劣化させてしまう生産活動などである．

これらの自然の能力を損なう活動を止める必要がある．

[システム条件4－社会の効率と公平]

持続可能な社会では，人間の基本的なニーズを効率的かつ公平な資源利用により満たさなければならない．なぜなら，地球の全人口はシステム条件の1〜3を満たした状態の資源利用によって生きていかなければならないからである．このためには，全世界で，科学的かつ組織的な効率化が必要である．グローバルな視点から見ると，公平であることが効率的であるということの重要な要素である．貧困が非効率性を生み出す．人間のニーズを満たすという視点からすると，10億人が飢餓に直面している状態は，資源が効率的には使われているとはいえない．地球規模での人間の利用に対して資源を無駄にしていては，私たちはシステム条件1〜3を守ることはできないのである．

■持続可能な社会に向けて－コンパスの活用

われわれの社会を持続可能な社会をめざす船に喩えると，ナチュラル・ステップのコンセプトはコンパスであり，ISO14001やEMASはその操縦法であるといえる．持続可能な社会を達成するためには，すべてのシステム条件に適合する必要があるが，一朝一夕に達成することはできない．しかし，今やらなければいつできる，自分がやらねば誰がやるといった強力な意志をもち，一歩一歩着実に，かつ，楽しみながらこれに向かって皆で歩んでいくことが，持続可能な社会達成の唯一の道であろう．

〔渡辺　敦〕

■文献
カール＝ヘンリク・ロベール著，市河俊男訳：ナチュラル・ステップ，新評論，1996．
カール＝ヘンリク・ロベール著，高見幸子訳：ナチュラル・チャレンジ，新評論，1998．
ナチュラル・ステップ・ジャパン教育資料．

2|308 ローマテリアルの再発見

■ハイテクの象徴としての人工素材・プラスチック

20世紀，人類は，高分子化学の成果として，石油化学製品を手に入れた．それは，人類の伝統的な生産と消費のスタイルを激変させた．人類史の中でも未曾有の大量生産・大量消費の出現である．今日，誰もが気軽に服飾を楽しみ，いつでも好きなものを食べることができ，快適な住環境の中で生活できるのは，プラスチックの存在に依拠しているといって過言ではない．しかしながら，それほどにまで快適で便利な生活の構築に寄与してきた石油化学製品は，一つの大きな欠点を有している．「土に還らない」ことである．

廃棄された石油化学製品のほとんどは，半永久的に土に還ってはくれない．焼却すると，ダイオキシンや環境ホルモンなどの有害物質を発生させる．残った灰も完全に土に戻ることはない．たとえ土に還ってくれるプラスチックが開発されたとしても，その土から再びプラスチックが生まれてくることはない．つまり，近代化学の成果としてのプラスチックは，いまだ，「資源循環システム」を構築し得ていないのである．

■ローマテリアルにおける資源循環システム

ハイテク（高度技術）の象徴としての人工素材・プラスチックに対し，木・草・蔓・樹皮などのローマテリアル（raw material）と呼ばれる自然素材は，およそすべて「資源循環システム」を持ち合わせている．自然の中から必要量を採取し，それを素材としてさまざまな道具を製作・使用し，道具に寿命が到来すると焼却したり腐熟させたりして，土に還す．そして，その土から，再び，新たな自然素材が成長していく．

自然素材の「資源循環システム」には，不要なものを捨て去るという意味での廃棄という概念はない．寿命の到来した道具類を焼却ないし腐熟させることが，すなわち，土を肥やし，新たな生命体を育む糧になっていたからである．こうして，ローマテリアル・自然素材の「資源循環システム」は，自然の世界と人間の生活とを不断に結びつけてきた．また，焼却・腐熟させても環境を汚染することもなかった．ローマテリアルは，現代社会が抱える環境問題にしっかりと対応しうるモノづくりを展開するにあたって，再評価されるべきであろう．

今日の工業社会が到来する直前まで，さまざまなローマテリアルが生活の全面において活用されてきた．とくに，山岳が国土面積のおよそ70％を占める日本においては，木材がその代表格であった．この木と並んで，藁も有効に活用されてきた．しかし，今日の工業社会の急速な進展の中で，藁はほとんど活用されなくなっている．

■自然と人間との輪廻の環

「藁一本も無駄にするな」といわれてきた．それは，親の子どもに対するしつけの言葉であり，同時に，藁を用いたモノづくりの姿勢でもあった．また，それは，日本人の自然の造化に対する畏敬の念を象徴していた．

かつては，日本人の生活の中で，藁を素材としたさまざまな用具が作り出されていた．「生活が藁とともにあった」といっても過言ではなかった．藁で作られたさまざまな生活用具は大切に使いつづけられ，やがて，それらにほころびが生じると丹念に補修が施され，再び使われた．ようやくそれらの用具に寿命が訪れると，それらが果たしてくれた役割に感謝しながら，燃料や堆肥として利用され，およそすべての藁が，終極的には，土に還され，新たな稲の生命を育む土壌となった．こうして，日本における藁の活用は，実にエコロジカルな自己完結型システムを形成してきた．そこでは，藁が藁を生み，大地と人間世界とが有機的に結びつけられ，輪廻の環が築かれていた．

しかしながら，先人たちが築き上げてきた「藁の文化」は，今日，瀕死の状態にある．稲の刈り入れが行われる頃になると，日本各地で藁を燃やす「野焼き」の白煙が立ち昇る．かつて「第二の米」とまでいわれ生活の隅々にまで活用されてきた藁が，今では無造作に焼かれ捨てられている．長い歴史の中で培われてきた日本人の「藁の文化」は今，消えようとしている．

■「藁の文化」のこれまで

かつての日本人の一生は，藁とともにあった．生活の中の藁の活用は，衣食住のみならず，労働，運搬，通過儀礼や年中行事，そして，子どもたちの遊戯の世界にまでわたっていた．

衣生活においては，頭にミノボッチと呼ばれる被りものを着用し，背や肩や腰を蓑や背中当てで覆い，藁手袋をはめ，脛巾，草履，草鞋などを着装した．雪国には，深沓や，新雪を踏み固めるための雪踏み俵などもある．頭の上から足先にいたるまで，日本人は身体の全体を稲藁で包んできたともいえる．

食生活においても，飯櫃入れ，鍋敷き，鍋つかみ，囲炉裏の火棚に吊るして川魚などを燻製にするための

第3章｜デザインのエコロジー

ベンケイ，塩の苦汁(にがり)を取り除くためのシオタッポ，束子(たわし)，卵の美しいパッケージなど，各種の藁製用具が作られ使われてきた．

畳の床，莚，円座，藁布団，縄暖簾(のれん)，幼児の保育容器である嬰児籠，箒など，住生活においてもさまざまに藁が活用された．壁土には藁寸莎(すさ)が混ぜられ，小屋組みには部材を結束する藁縄が用いられた．その藁縄は，近隣の人びとが付き合いの程度に応じて相当量を持ち寄ったものであった．藁縄は，物を結束する物理的機能ばかりでなく，人びとの心をしっかりと結びつける役割をも担っていた．

■一物全体活用

藁は，葉にあたるハカマ，茎にあたる稈(かん)，稈の先端のミゴの三部からなっている．これらの部材のすべてが，きわめて有効に利用されてきた．

脱穀後の稲藁は，ハカマもミゴも付いたまま，飼料，肥料，敷き藁などに用いられた．畜舎に敷いて牛馬に踏ませた敷き藁は，最終的には，田畑に運ばれて肥料となった．藁スグリの工程で稈から取り除かれたハカマは，卵や陶器などの割れやすい品々の容器や，布団，枕，沓類などの詰め物として用いられたり，飼料，肥料，燃料として利活用された．また，ハカマが取り去られたスグリワラは，屋根葺き材，風除け材，あるいは，注連縄(しめなわ)などの細工物の材料として用いられた．さらに，押し切りで一寸ほどに切られた藁寸莎(すさ)は，土に混ぜて，壁づくりに用いられた．藁の先端部の強靭で光沢のあるミゴは，精巧な細工物や栞に，また，結束材などに用いられた．

このように，ハカマ，稈，ミゴなど藁のすべての部材が合目的的に無駄なく活用されるところに「藁の文化」の特質の一つがある．この「神からのいただき物のすべてを無駄なく使いつくす」姿勢を「一物全体活用」と呼ぶ．これこそ，藁に限らず，自然の造化力による所産をすべからく活用する，日本人のモノづくりに対する観念であった．

■輪廻転生のデザイン

およそすべてのものに寿命がある．藁を素材として制作されたものにも，いずれは寿命が訪れる．むしろ，藁製の生活用具の寿命は，相対的に短いというべきかもしれない．そのことをよく知りつくしていたからこそ，人びとは，藁との適正な付き合い方を生活の習いとしてきた．

たとえば，草履や深沓が雨や雪に濡れると，囲炉裏の上の火棚に吊るして乾燥させた．また，一年間の家族生活に必要とされるおよそすべての藁製用具は冬の農閑期に制作されたが，それらは，使用されるまで，母屋の屋根裏空間に貯蔵された．そこは，囲炉裏から立ちのぼる煙によっていつも乾燥し，虫を寄せつけないところであったからである．藁の背中当てにほころびが生じると，女性たちは，冬の日だまりに腰をおろし，繕いをした．新しい藁やほろ布をほころびに差し入れ，補修に補修を重ねた．藁屋根が朽ちると，男たちは痛んだ部分に新藁を差し入れた．男も女も，藁のもろさを十分に知りつくしていたからこそ，修繕の技術をしっかりと身に付けていた．

また，次のような使い方も見られた．莚は，完成すると，まず，囲炉裏の周りの敷物として用いられた．ヒドコ（火床）・イジロ（居代）と呼ばれるように，住まいの中央に位置して常に火が焚かれた囲炉裏には人びとが集まり，新しい莚は踏まれることによってケバ立ちがなくなり，編み目が詰んだものになっていく．しばらく囲炉裏の周りに敷かれた後に，莚は，農作物の脱穀用や乾燥用の敷物として野外で使用されるようになる．とりわけネコ編み技法による美しい矢羽模様のネコ莚は，小豆はもちろん胡麻のような小さな粒状の穀物さえ脱穀や乾燥時に用が足せるほどに目が詰んだものになる．脱穀や乾燥に用いながら莚にほころびが生じると，新藁によって修繕がなされた．補修に補修を重ねながら使用していく過程の中にも，やがて，もうこれ以上は莚としての機能を果たすことができない段階が訪れる．そのときは，莚を一寸ほどに切り刻み，真壁の寸莎として活用したり，堆肥として腐熟させ，あるいは，焼却して藁灰を作り，大地を養う肥として藁の生まれた大地に還した．藁は，大地を肥やし，新たな作物を育てる糧となった．このように，「藁の一生」は，すぐれて循環的であり，輪廻転生のデザインを内包していた．

■等身大・適度適量の観念

現代のわれわれ日本人は，「藁の文化」に見られる自然や自然の造化に対する観念を，すっかり，どこかに置き忘れてしまったように思われる．「自然との共生」の理念と実践が問われている今日，われわれが根本的に考え直さねばならないものとして，日本人が守りつづけてきた自然やその造化に対する「等身大」の観念，そして，生産活動に対する「適度・適量」の観念がある．

われわれは，自然や自然物を超克と支配の対象として見るのではなく，あくまでも，人間と対等の，いわば「等身大の自然」として受けとめていかなければならない．また，自然や自然物を有限なものとして認識し，「適度・適量」の観念にもとづいて日々の生活に必要な分だけ自然から資源をいただいてこなければならない．「自然と等身大の自己確認」「適度・適量」の観念には，モノの生産と消費にかかわるすぐれて原初的で普遍的な姿勢が内包されており，このような生活規範を堅持して初めて，「一物全体活用」「輪廻転生」のデザインをわれわれ自身の生活の中に生かしていくことができる．

■日本におけるローマテリアルとしての藁

かつては，稲を育てることが，米とともに藁を得ることを意味していた．「米を作らば土肥やせ」「土を肥やさば藁作れ」と言い伝えられてきたほどに，藁は田畑を肥沃にする「養」「肥」であった．同時に，米を収穫した後の藁は，衣食住・生産・運搬・遊戯などの生活のほぼ全般にわたって活用されてきた．その活用の幅の広さと豊かな知恵は，この地球における広範な稲作文化圏の中でも，日本が他を凌駕している（宮崎，1995）．しかしながら，今日では，藁は米の収穫と同時に小さく切り刻まれ，野焼きされてしまっている．しかも，その野焼きは，大地を肥やすのではなく，大地の中に棲息し大地を肥やし続けてきた微生物・小動物の命を絶ってしまっているのである．

藁は，今日，生活素材としての使命を終えてしまっていいのだろうか．日本全国で1年間に収穫される藁を用いて太さ1cmの藁縄を綯うと，なんと，地球と月との間を40往復以上できる長さに達する．天文学的な量の藁が毎年生産されているのである（宮崎，1985）．

土中の微生物・小動物を殺戮するのでなく，これからめざすべきは，生活素材として藁を活用し，寿命が到来したときには大地に戻し，微生物・小動物の活性化を手助けする肥えとすることなのではないか．

上記の視点にもとづく実践事例を紹介しよう．

■「ワラボー」の椅子と遊具

収穫後1カ月間天日乾燥させた藁を束ねて，円柱状の棒を作る．全長50cm，直径6cmである．端から10cm間隔で，藁束をしっかり結わえる．その藁棒「ワラボー」に力を加え，圧縮強度を測定する．一本の「ワラボー」が約120kgの荷重に耐えられることが判明した．

このワラボー三本を脚とした椅子を作る．理論的には，360kgの荷重がかかっても耐えられる椅子である（❶）．また，ワラボーをユニットとして構造体を組み立て，幼稚園児に使ってもらう（❷）．園児たちは，「内に入る」「座る」「ぶら下がる」「登る」「飛び降りる」「家に見立てる」など，さまざまな遊びを作り出す．園児からは，「安心（ぶつけても痛くない，けがをしない）」「心地よい（柔らかくて温かい，香りがする）」「手軽（軽いので運べる）」，そして，「楽しい（いろいろな遊びができる）」などの感想が聞かれた．

ワラボーの活用は，さまざまに展開可能である．野外モニュメントにもなる．巨大なジャングルジムも作れる．住宅の構造体として活用することも不可能ではない．

もちろん，ワラボーの寿命は，木材や金属，プラスチックなどに比べて短い．自然のうちに風化していく．しかし，単に寿命が長ければよいのではない．今や，「モノ」に寿命が訪れたとき環境を傷めずに処理することができるかを，デザインコンセプトに据える必要

❶「ワラボー」の椅子

❷「ワラボー」の遊具

がある．この視点からワラボーを眺めると，ローマテリアルの藁が今日的・未来的な価値を内包していることは明らかである．

■籾殻燻炭を用いた水質浄化装置

今日では，家の前に水路があっても，生活と無縁になってしまっている場合が少なくない．稲作地域の多くの水路も，例外ではない．汚染の元凶は家庭から流れ出る生活雑排水である．米を育てる農村地域にあっては，その汚染された水が田に流れ込み，作物に影響を及ぼしかねない．水路の水質を改善するため，稲作地帯で大量に産出される籾殻を活用する手立てを試行した．

脱穀後に玄米を採取する際に入手できる籾殻に火をつけ，適度に炭化する．「籾殻燻炭」づくりである．自然素材はおよそ多孔質構造をなしているが，炭化によって，より一層多孔質化が進展する．籾殻も同様である（近藤ほか，1998）．この籾殻燻炭を袋詰めし，水路に浮かべておく．一定期間後に汚濁した水質の透視度が増し，浄化され，次のような変化が生じる．上流地点では魚類が棲息できないほどに汚染された水質が，袋詰めした籾殻燻炭を通過した下流地点では，水素イオン指数の上昇が見られ，魚類の繁殖が可能なほどになる．また，上流地点では水生植物の根腐れが生じるほどに汚染された水質が，籾殻燻炭の下流では，溶存酵素が増加して根腐れを生じないほどに浄化される．水路に浮かべた籾殻燻炭には多数の微生物が付着し，水質浄化の相乗作用を果たしている．水に浮かべた籾殻燻炭の袋に菖蒲などの水生植物の根を植えつけることによって，水路に花を咲かせることも可能である．菖蒲や水草が，また，水質浄化の役割を担う（近藤・宮崎，1997）．

この籾殻燻炭は，とくに，家庭からの雑排水の中に含まれる油成分の浄化に有効である．倍率を500倍ぐらいにして電子顕微鏡で覗くと，籾殻燻炭の小さな孔の中に汚泥の元凶である無数の微粒子が閉じ込められていることがわかる．

秋の収穫時には，新しい籾殻燻炭と交替する．そして，微粒子を無数に閉じ込めた籾殻燻炭は堆肥として田畑に戻す．水路に浮かべた籾殻燻炭は，水質浄化機能だけでなく，有機質堆肥として大地に戻される．この試行も，「資源循環システム」の再構築を目標とした，ローマテリアルの活用法である（近藤・宮崎，1998）．

■「自然との共生」に応えるローマテリアル

上記の「ワラボー」の椅子・遊具ならびに「籾殻燻炭」による水質浄化は，地域社会において毎年大量に産出されながらも今日ではほとんど生かされることのないローマテリアルの有効活用をめざしたものである．

環境問題の解決には，それぞれの地域に存在するローマテリアルとしての自然素材を有効利用可能な資源として活用する視点を堅持しつつ，思索と実践を重ねることが必要である．「自然との共生」という人類の今日的課題に応えていくためにも，原材料の大半を海外から輸入し，かつてはさまざまに活用されていたローマテリアルを大量廃棄してしまっているわが国においては，ローマテリアルの有する効能を再発見・再評価して生活素材として生かしていくためのデザインが，不断に展開されていく必要があろう．

ID(industrial design)は，わが国においては，「工業デザイン」と呼ばれてきたことに象徴されるように，工業的手段を前提として成立するものと考えられてきた．このような認識に対して，今後は，「工業化時代におけるデザイン(design in industrial age)」のあり方の思考とその実践そのものがIDであるとの認識が必要であろう．デザインは，自然の収奪なくしては成り立たない工業にのみ奉仕する実践ではないからである．

「工業化時代におけるデザイン」としてのIDにあっては，おのずと，旧来のIDにおいて見過ごされてきた「自然との共生」の理念が，その基底に据えられる．自然を守り育てるデザイン，自然の産物を最大限に活用するデザイン，自然との不断の循環を保障するデザインがめざされる．また，新しいIDにあっては，それぞれの地域に存在する自然資源の有効活用に関する探究がなされる．そのようなIDの世界の中で，ローマテリアルは，しっかりと位置づけられるに相違ない．

［宮崎 清・三橋俊雄］

■文献
宮崎清：藁（I・II），法政大学出版局，1985．
宮崎清：図説藁の文化，法政大学出版局，1995．
近藤祐一郎・宮崎清：排水処理実験による藁・籾殻の濾材としての可能性．デザイン学研究，44(3)：77-84，1997．
近藤祐一郎・宮崎清：エコロジカルシステムの再構築の可能性．デザイン学研究，45(3)：19-26，1998．
近藤祐一郎・青木弘行・宮崎清：稲作農村地域での有効利活用に向けた籾殻炭化法の探求．デザイン学研究，45(3)：37-44，1998．

2|309 多孔質環境のデザイン

■多孔質とは

筆者の身近にある辞書や辞典には，「多孔質」という言葉は載っていないが，一般に❶のように，大小無数の微細な孔が縦横無尽に走る物体を総称して多孔質材と呼ぶ．

このような多孔質材は木炭だけでなく，セラミックや金属，有機物，ガラスなど数多くあり，断熱材や防火材，吸着材，触媒などに広く利用されている．多孔質構造は，その素材や生成条件などによって大きく変化する．木炭を例に挙げると，木を無酸素状態で加熱すると280℃前後で急激に分解が始まり，無定形炭素に変化する．さらに700℃付近では炭の結晶化が進み，グラファイトとなる．そして，木の仮導管や細胞壁の基本骨格が残されたまま多孔質化が進み，❶のようなハニカム構造が形成される．

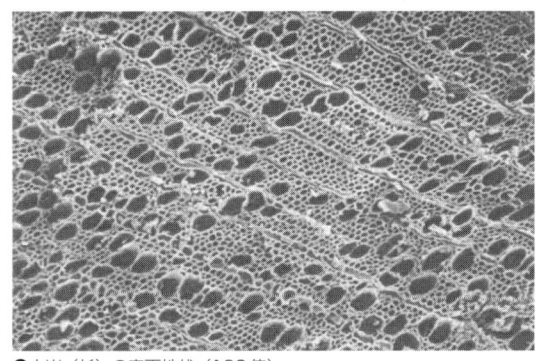

❶木炭（杉）の表面性状（100倍）

■多孔質材の単独的利用法－木炭を事例として
[細孔と微生物の働きの利用]

①土壌改良材： 木炭を土壌に混合することによって地力が高まり，作物の増収につながる．木炭は炭素と2〜3％のミネラルから構成されているので，有機物を養分とする多くの微生物にとっては着生しづらい場所である．ここに着生することができるのは，空中窒素固定細菌や根粒菌，VA菌根菌など，根にとって特定の有用微生物である．これらは細孔に着生して繁殖し，根と共生関係を築いてゆく．菌から根へは窒素やリン，カリなどの養分が運ばれ，逆に根から菌へは炭素化合物などの栄養素が運ばれる．さらに，このような有用微生物の増殖が他の病原菌の増殖を防ぎ，その結果，炭の周囲での根の生長につながる．

②発酵促進材： 木炭の堆肥混入は，堆肥の発酵を促す効果的な用法である．堆肥の生産は，有機物を餌とする従属栄養型微生物類（放線菌群や枯草菌類など）による好気性発酵を利用している．よって，木炭を堆肥に50％程度混入することによって通気性が良好になり，細孔に着生した好気性菌の増殖が促される．その結果，発酵が早く行われ短期間で完熟堆肥を作ることができる．さらに，微生物相が豊かな堆肥となり減農薬型農業に貢献できる．

③汚水処理： 木炭は多孔質で内部の表面積が1g当たり約300 m²（畳185枚分）である．アルカリ性ゆえに微生物が着生しやすく，木炭の内部表面に増殖し生物膜が形成される．ここに着生した光合成細菌や藍藻などの水中の有機物を分解する微生物によって水質浄化が行われる．下水処理場の2次処理や河川，排水路の直接浄化などに利用されている．

[表面積と吸着機能の利用]

木炭の吸着には，物理吸着と化学吸着がある．物理吸着とは，被吸着物質が分子間引力によって炭の表面に吸着される現象で，外からのエネルギーが加わると分離する．一方，化学吸着は化学的に吸着する現象で容易には分離しない．このような吸着現象を利用して，木炭は鮮度保持材や湿度調節材，消臭材などに用いられる．

①鮮度保持材： 一般に植物は自らの体内よりエチレンガスを発生し，これが植物の熟成老化を促進する．花卉や青果物の鮮度を保つためには，このエチレンガスを速やかに除去することが必要である．この吸着のために，木炭の多孔質が利用されている．

②湿度調節材： 木炭は，空気中の水蒸気を吸脱着することができるので，神社仏閣の床下に敷くなどして，古くから湿度調節材として使用されてきた．現代では，住宅の床下部，玄関，下駄箱，押入などで利用されている．

③消臭材： わが国では，古くから蔵の中や便所のそばに俵に入れた木炭を置き，カビ臭やアンモニア臭を取り除くために使用されてきた．現代の畜産業ではアンモニアを中心とする悪臭物質が問題になっている．それらが木炭の多孔質内部に吸着され，一部が分解されることによって，排泄された糞尿臭が減少する．その他，車内の空気清浄や冷蔵庫の脱臭，飲料水の浄化など多方面で利用されている．

さらに，吸着機能を利用し，ゴルフ場の農薬の吸着や風呂，炊飯，寝具，枕などに木炭が使用されている．

[硬度と構造の利用]

マクロ孔の径が大きく，孔と孔の壁が薄いものは軟質の炭となり，逆に径が小さく，壁が厚いものは硬質の炭となる．この特徴を利用して，木炭は燃料や研磨

材として利用される．

①燃料： マクロ孔の径が大きいもの（アカマツ，スギ，カラマツなど）は，酸素と炭素ガスが炭の内部を通気しやすいので火付きがよく，すぐに高温を得られる．反対に，マクロ孔の径が小さく壁が厚いもの（ナラ，カシなど）は，燃焼速度が遅く一定温度で燃焼を持続するために火持ちがよい．調理用木炭として有名な備長炭は，ウバメガシから作られている．

②研磨材： 木炭は組織がほぼ均一で，吸水性があり，さまざまな硬度のものがある．そこで，古くから漆器工芸や，金・銀・銅・七宝などの金属研磨に用いられてきた．また，日常生活でも，農耕具の刃研ぎや鍋底の磨きに利用されていた．

■多孔質材の複合的利用法－民家を事例として

わが国の伝統的民家（❷）は木造である．これは，気候や資源などの条件にもよるが，いかにして自然と調和するかという経験的思索によっているといえる．「自然との共生」的思想のもと，数千年にわたる試行錯誤の末に完成したのが，わが国の民家である．民家では，多孔質である自然素材が複合的に利用されている．

民家には畳の部屋がある．畳は，藁を糸で差し固めた床にイグサで編んだ表を付けたもので，優れた多孔質構造体である．それゆえに，室内と床下を通気によって循環させることができる．梅雨には室内の湿気を床下に逃がし，夏には涼しい空気を室内に取り込むことができる．このような空気循環がなされ，快適な空間を作ることができたからこそ，畳部屋は食事や生業，睡眠などのあらゆる日常行為の場として機能できたのであろう．

壁は，中心材の土壁と表面材の漆喰や砂壁からなる．土壁は竹や木板で組んだ骨組みに生土を塗り固めたものである．漆喰は消石灰にふのりや苦汁(にがり)，粘土などを配合し練り上げたもので，砂壁は色砂で仕上げたものである．これらには亀裂防止材としての寸莎(すさ)が混入されている．このような壁も多孔質構造体であり，熱容量が高く断熱性が向上するので，冬は暖かく夏は涼しい．そして，家が取り壊されるときには，土から生まれた家はそのまま土に還る．

屋根材として多く使われたものにカヤがある．カヤは屋根を葺くのに用いる草本の総称で，チガヤやスゲ，ススキなどがある．囲炉裏にくべられた薪の煙は建物全体に漂い，カヤ，丸太，荒縄などを燻製にして硬化させる．よって，木の柱や荒縄，カヤは時間が経つほど頑丈になり，時間の経過とともにに完成度が高まる．

❷わが国の伝統的民家（我妻家住宅・宮城県）

また，その煙にはメタノールやフェノールなどの殺菌成分が含まれているために，防虫作用が生じる．20～30年に一度の屋根の葺き替えは，煙の効果によっている．

下水道がなかった頃，台所からの生活雑排水は庭に設置された排水路を通して河川や土壌に流された．この水路は底が石や砂，土で作られていた．排水がここを通過するときに水が土壌に浸透し，ろ過されるしくみである．これによって分離された有機汚濁物は，微生物によって分解された．これは浸透式排水路に限らず地面一般に当てはまることで，土もまた優れた多孔質体といえる．

土の地面は雨が降ればそれを吸収し，空気が乾燥すれば水分を蒸発させ，土壌環境と周辺環境をうまく調湿する機能をもっている．そのような呼吸機能があるので，放射冷却現象やヒートアイランド現象とは無縁であった．

■「自然との共生」に応える多孔質環境

かつて人びとが活用した自然素材はその多くが多孔質であった．しかし，近代技術はそれをコンクリートやプラスチックなどの頑丈で無呼吸な素材に置き換えてしまった．その結果，廃棄物処理や温暖化現象などの問題が生じている．

エコロジーやサステイナブルなどがデザインのキーワードとなっている現代において，このような特徴を併せもつ多孔質材は「自然との共生」を可能にする素材である．21世紀のモノづくりにおいては，自然素材を活かした「多孔質環境のデザイン」が志向されるべきである．

［近藤祐一郎］

■文献

真田雄三・鈴木基之・藤元薫編：活性炭，講談社サイエンティフィク，1992．

炭やきの会編：環境を守る炭と木酢液，家の光協会，1991．

2 | 401 | 高齢社会の到来

■社会の高齢化

　わが国は1994年に65歳以上の高齢者の人口が全人口の14％に達し，いわゆる高齢社会に突入した．この状況は今後ますます進展し，全人口に高齢者が占める割合は2010年には22％，2020年には約27％になると予測されている．われわれ日本人はこのような高齢社会を今までが経験したことがなく，現在はもちろん，今後の社会のあらゆる側面にさまざまな影響が現れると考えられる．人口高齢化の原因として生活水準の向上，生活環境や栄養の改善，医療技術の進歩などによって死亡率が低下し平均寿命が伸びたこと，女性の晩婚化，非婚化による出生率の低下などが挙げられる．人口高齢化はわが国だけではなく全世界で進んでいることから，国連総会は1999年を国際高齢者年（International Year of Older Persons）と定めた．この国際高齢者年は1991年国連総会で採択された高齢者のための国連原則を促進し，政策や実際の計画・活動において具体化することを目的としている．この国連原則では，高齢者の自立，参加，ケア，自己実現，尊厳の五つの原則が掲げられ各国の高齢社会対策に関する計画などにこの原則が組み入れられることが奨励されている（総務庁，1999）．

■わが国の高齢社会の特性

　高齢社会への進展は世界的傾向であるが，他の欧米諸国と比べてわが国の高齢社会には以下のようないくつかの特色が見られる（岩井，1995）．

　①高齢化の速度：わが国の高齢化の速度は異常に速く，24年間で高齢化率が7％から14％に達している．この所要年数は，他の先進国と比較すると，約半分から1/3に当たる．それゆえ，短期間で高齢社会への社会的対応を進めなければならず，生活の基盤となる福祉制度や居住システムなどの生活環境整備が急務となる．

　②高齢者の絶対人数の増加：高齢化率からいえば他の先進国と現在はほぼ同じであるが，その絶対数で比較するとわが国の高齢者の数は膨大な数になる．たとえば，スウェーデンの人口は約860万人，そのうちの15％は約130万人であるが，わが国の場合，人口が約1億2500万人，その15％は約1900万人となる．このような数の高齢者のニーズにあった生活環境を提供するには，高齢者配慮の空間や製品が大量に供給できる工業技術が活用されなければならない．

　③平均寿命の伸び：わが国の平均寿命は戦後一貫して伸びており，1998年の厚生省の発表によると，わが国の女性は84.01歳，男性は77.16歳の世界一の平均寿命を維持している（厚生省，1999）．それゆえ，一人一人の高齢者の長期的な医療・福祉などの社会的支援システム，長持ちするあるいはリサイクル可能な生活環境の供給・対応を考えなければならない．

　④後期高齢者の増加：2022年には75歳以上の高齢者（後期高齢者）人口が，65歳から74歳までの高齢者（前期高齢者）人口を上回ると予測されている．後期高齢者は前期高齢者に比べ加齢による身体機能の変化が著しく，また，有病率も高いことから，日常生活の自立もむずかしい．できるだけ長く自立した生活が続けられるようにきめ細かに配慮された生活環境，生活用品が必要となる．

　⑤要介護者や寝たきりの高齢者の増大：要介護者（全く寝たきり，ほとんど寝たきり，寝たり起きたりなど）の65歳以上人口千人当たりの数は，在宅で49.3，特別養護老人ホームで12.4，老人保険施設で6.9，また病院・一般診療所では15.6となっている（総務庁，1999）．後期高齢者の増大とも関連し，介護保険などによる社会的な支援システムのもとに在宅介護や地域ケアなどの充実がますます重要になる．

　⑥女性高齢者の増加：1998年65歳以上の高齢者の男女比は，女性100に対して男性71である．非力な女性高齢者が老親を介護するような状況も含めて，女性高齢者の身体特性や生活感覚を配慮した公共空間や居住空間，生活用品などのデザインが今後必要であろう．

　⑦生産年齢人口比率の減少：15歳以上65歳未満の生産年齢人口比率の減少によって，この人口を構成する人々の社会的負担が増大する．高齢者ケアの場では若年ホームヘルパーや看護婦などの人手不足が生じる．高齢者ができるだけ自立した生活や仕事を長く続けられ，若年者の社会的負担が軽減できる生活環境システムが求められる．なお，生産人口より就業者人口でこの問題を考える方が的確であるという指摘もある．

　⑧高齢単身および夫婦のみ世帯の増大：わが国の高齢単身世帯と夫婦のみの世帯は1995年ではそれぞれ220万世帯，294万世帯であったが，2020年にはこれが537万世帯と585万世帯になると予測されている．高齢者だけの世帯では，加齢による身体機能の変化によって生活行為に支障が生じたとき対応がむずかしい．安全で健康な生活が確保・維持できる居住システムと事故や病気などが生じたときの支援や情報システムの充実が重要であろう．

⑨高齢化が地域に遍在：2000年のわが国の高齢化率は17.2％と予測されている．しかし，1998年にはすでに島根県で23.8％，高知県で22.5％，秋田県で22.0％の高齢化率となっている．この地域の過疎化現象は若者の流出によるものであるが，その結果，高齢者をケアする人材が都会よりも不足し，介護負担も多くなる．このような地域では，健康・安全に生活できる環境整備と介護支援システムの充実，とくに人手をかけない支援技術が必要となる．

■高齢社会の生活環境デザインの方向

以上のようなわが国高齢社会の状況は，高齢者の問題であると同時にこの社会を支えるすべての世代の問題でもある．医療や福祉サービス制度，年金，労働や余暇・生きがいの問題，日常生活の自立や介護の問題などは，これらを支える若年者の経済的負担，社会システムすべてに影響するからである．まず，第一に考えなければならないことは，高齢者ができるだけ長い期間，精神的，経済的，身体的に自立して生活できる個人，家族用の生活環境整備の問題であろう．さらに，身体的に自立不可能な高齢者を社会的に介護できる社会的システム，またこれらに付随した物的な生活環境の整備やその社会的な供給の問題などが検討されなければならない．

このような高齢社会を考えるとき，このデザインを今後どのような方向で進めていくかが重要であろう．われわれの生活環境は従来，成人健常者を平均的ユーザーとしてデザインされてきた．その結果，少数集団であった高齢者や身体障害者などは，生活環境に対して身体的ハンディキャップ者となり，それらは使いにくく場合によっては危険な生活環境にもなった．しかし，高齢社会の到来によって今まで少数集団であったこれらの身体的ハンディキャップ者が多数集団を占めるようになり，また，成人健常者もいずれはこのような集団に変質していくという事実から，高齢社会の問題はすべての人びとの問題ととらえなければならなくなった．すなわち，高齢社会のデザインは，身体障害者や身体の自由のきかない高齢者など従来少数集団として扱われてきた人びとを特殊化するのでなく，社会全体の中にすべての人びとを統合（インテグレーション）し，共生（ノーマライゼーション）できる方向で進めていかなければならない（丸尾，1989）．このような視点はデザインの基本コンセプトにあたるものであるが，具体的なデザインはこのコンセプトに沿ってさまざまな解決が提案され，生活の中で実験されることが必要であろう．このコンセプト自体の社会的合意の検討と，これにデザインとしてどのように対応していくべきかが，21世紀の生活環境デザインの大きな課題と考えられる．

■高齢者・身体障害者など身体的ハンディキャップ者を配慮した生活環境デザインの方向と課題

2000年度からわが国は介護保険制度を導入した．介護保険制度では人的介護が主であるが，介護者確保の困難や介護料の問題などがあり，十分なサービスが期待できないなどの意見がある．本来は高齢者などがこの制度を利用することなく，自立して生活を続けられることが望ましい．そのためには，高齢者や身体障害者など身体的ハンディキャップ者の要求に沿った生活空間や日常使用製品などの物的な生活環境デザインと，これらをどのように供給・運営・管理・維持していくかという問題が今後検討されなければならない．

以上のような生活環境デザインを進めるには，すべての生活空間を対象として，以下のような課題が考えられる．すなわち，高齢者・身体障害者など身体的ハンディキャップ者について，

① 生活要求の収集・分析とその情報システムの開発
② 身体特性データの蓄積
③ 生活環境の計画・設計方法の研究
④ 生活環境の評価方法の研究
⑤ 個別要求に対応したデザインを選択できるユーザー情報システムの開発
⑥ 環境供給側に必要なユーザー情報システムの開発

などが，今後の高齢社会の生活環境デザインにおける重要な研究課題であると考えられる．

［堀田明裕］

■文献

岩井一幸：生活の技術（講座高齢社会の技術3，徳田哲夫編），pp.173-178，日本評論社，1995．
厚生省：昨年の平均寿命，朝日新聞，1999年8月7日付朝刊．
丸尾直美：日本型福祉社会（NHKブックス455），日本放送出版協会，1989．
総務庁編：高齢社会白書，平成11年版，p.23，大蔵省印刷局，1999．

2|402 高齢者の身体特性と生活

■ 身体特性に対応したデザインの必要性とその背景

　高齢社会のデザインを考えていく上で，デザインされたものの高齢者ユーザーにおける使い勝手や安全性が問われている．いうまでもなく，加齢に伴って心身機能が変化し，それに対応できる，より使いやすく安全な生活用品や生活空間の提供が必要になるからである．さらに，これまで以上に高齢者の自立を促す製品も求められている．若年者の割合や複数世代の同居形態が減少していく中で，人手に頼れない高齢者自身が使えるものを提供していかなければならない．そのために重要なのは，高齢者をよく知らなければならないということである．もはやデザイナーやエンジニアは，自分自身の経験や基準をもとにモノづくりはできない．とくに加齢に伴う変化の大きい身体特性の理解は重要である．

■ 加齢に伴う身体機能の変化

　身体機能の変化に対するデザイン要素と対応事例を❶に掲げた．ここでは身体機能を，①体格，②運動機能，③感覚機能，に分けてまとめた．生活全般にわたり影響してくることがわかる．それぞれの機能変化に対応したデザイン上の考慮点を以下に補足する．

　①体格： ❷は日本人青年および高齢者の身長の相違を示したものである．青年群と高齢者群の差は歴然としている．これは加齢に伴う体幹部の萎縮や脊柱彎曲などによる個人内変化と，とくにここ20～30年の間に日本人の体格向上が顕著だったことによる世代的変化の影響を受けているからである．その結果，たとえば身長の違いが大きく影響を与えるものをデザインする場合，小柄な体格の代表として高齢女性の5パーセンタイル値(137.2cm)，大柄な体格の代表として青年男性の95パーセンタイル値(180.4cm)の双方を満足させるために，現在はその身長差約43cmに対応していかなければならないことになる．

　②運動機能： 最大筋力の経年変化は身体部位により多少異なるが，男女ともおおむね20～30歳代にそのピークを迎え，40歳以降，徐々に低下していく(日丸ほか，1991)．筋力の性差および個人差はかなり大きいので，青年男性の基準で操作に要する力を決めると高齢女性が使えないことになる．大きな力を発揮しない場面でも，負荷の割合は筋力により異なる．たとえば，最大筋力が50kgある人が5kgの仕事をすれば相対的には10％しか力を発揮しないことになるので，その仕事の持続は容易である．しかし，最大筋力が

主な身体機能の変化	デザイン要素とその対策例
1) 体格 ＜姿勢，寸法＞	
・不自然な姿勢での負担増	収納高さ・機器の操作位置の見直し[*1]
・一定姿勢持続による負担増	立位作業時のサポート[*2]
・姿勢変化(腰曲がりなど)による身長低下	収納高さ・機器の操作位置の見直し，視野の確保
2) 運動機能 ＜発揮力＞	
・最大筋力の低下	操作具の固さ・製品重量・ドア開閉力・容器開閉力の低減
・持久力の低下	繰り返し操作・持続操作の回避
＜スピード＞	
・反応(動作)時間の増加	乗り物への乗降時間・機器への入力待ち時間の設定延長
・歩行速度の減少	通路・ゲート・横断歩道の通過可能時間の増加
＜柔軟性，バランス＞	
・関節の柔軟性の低下	余裕のあるリーチ[*3]，被服・装具着脱の容易化
・姿勢変化時のバランス保持の低下	手すり・サポートの設置
＜操作能＞	
・微小発揮力の調整困難	手応え感の設定，微調整操作の回避
・微小移動操作の困難	キーおよびキー間隔の拡大，C/D比[*4]の増加
3) 感覚機能 ＜視覚＞	
・視力の低下，近点距離[*5]の増加	表示文字の拡大，照度の増加
・色覚の変化	表示色とその組合せの配慮[*6]
＜聴覚＞	
・聴力(とくに高音域)の低下	高音の報知音・警報の回避
＜触覚＞	
・皮膚感覚の低下	凸記号の拡大，表面テクスチャの配慮

❶ 加齢に伴う身体機能の変化と考慮すべき生活上のデザイン要素

[*1] たとえば，腰曲げを伴う低い位置，肩より高い位置をできるだけ避ける，など．
[*2] 寄りかかれたり身体を休める座具など．
[*3] 手の届く範囲．同じ身体寸法でも柔軟性の低下によりリーチは狭くなる．
[*4] 操作量(Control)を表示量(Display)で割った値．これが小さくなるとマウスカーソルの感度を上げたときのようにわずかな動きで出力が大きく変化し，高齢者にとっては困難な操作になる．
[*5] 焦点の合う最も近い距離．これが増加するのが老眼の特徴．
[*6] 眼の水晶体の黄濁化により，たとえば白と黄，黒と青の識別が困難になる．

		5 %ile	平均	95 %ile
青 年	男	161.0	170.5	180.4
	女	149.7	158.2	167.0
高齢者	男	149.3	158.6	167.9
	女	137.2	146.0	154.5

❷日本人青年および高齢者の身長

単位：cm　　青　年　男 2134名　女 2918名（20〜24歳）
　　　　　　　高齢者　男　494名　女　674名（70〜79歳）
　　　　　　　　　　　（人間生活工学研究センター，1997）

20kgしかない人が同じ5kgの仕事をすると，相対的には25%もの力を発揮することになるので，おそらくその力は数分しか持続できないことになろう（Rohmert, 1960）．つまり発揮力の大小によらず，筋力の低下した人にはより強い負荷になっていることを考慮すべきである．逆に弱すぎる発揮力でも問題になることがある．微妙な調整を必要とする弱い力での操作やタッチパネルなどのように手応えのあまりない操作の場合，かえって高齢者の多くは困難や負担を感じるようになることが経験上および研究例により知られている（岡田ほか，1995）．これは協調運動能力の低下，触覚や運動覚の低下などがその原因である．発揮力がゼロまたはそれに近ければよいというものでもない．

③感覚機能：　感覚には視・聴・嗅・味・触のいわゆる五感が知られているが，これらは外受容性感覚と呼ばれ外界からの刺激により生じる感覚である．その他にも，自分の足が今どの位置にありどのような動きをしているのか眼で確かめなくてもわかるように，自分の内部からの情報により生じる固有受容性感覚と呼ばれるものもある．運動覚や位置覚などがそれに含まれる．❶に示した感覚以外にもこれらの加齢による機能変化が知られており，その結果がさまざまな運動機能の低下としても現れている．

■身体特性に対応したデザインのための基本原則

では，こうした機能変化に合わせてどのようなデザインをしていけば高齢者の生活が補償されていくのか．その基本原則は，①自分の能力，機能レベルを中心にデザインしてはならない，②ターゲットとなる高齢者層を明らかにすること，③複数の感覚機能を動員できるようにすること，④安全率を高めること，⑤機能レベルを維持できること，などである．

1点目は，とにかく高齢者の特性をよく知るということである．ただし2点目に挙げたように，高齢者を一つの集団あるいは属性としてとらえるには無理がある．機能低下の時期と度合の個人差が複合され，高齢期以前の成人と比べてはるかに大きな個人差が存在するからである．3点目は，機能低下の個人差が大きいから，できるだけ複数の感覚を利用できるデザインが望ましいということである．たとえば，ボタンを押したときの機械の応答を確かめるのに，視覚的表示だけでなく音によるフィードバック，触覚による認知，押すときの手応え感も含めることが有効であろう．4点目は，デザインされたものがユーザーのベストコンディション時あるいは理想的環境下で使われるとは限らず，それから外れた場合でも余裕をもって対応できる必要があることを意味する．高齢者はその身体機能の限界付近で物を扱っている場合が多い．

5点目は別の重要性を含んでいる．すなわち，高齢者対応とは，機能低下に即したものを提供することだけでなく，機能低下を少しでも抑えることでもある．人間（あるいは生物一般）には「適応」という能力が備わっている．適度な負荷やストレスがあると，それに対抗するために身体の抵抗力や機能を高めることができる．勉強したり体を鍛えた結果，知力・体力が向上する．これが適応である．逆に安楽で快適すぎると抵抗力や機能を高める必要性はなくなり，それらが低下する．これも適応である．つまり，高齢者にやさしいものだけが高齢者対応とはいえない場合があることもデザイナーは知るべきである．一見矛盾したデザイン要求だが，これは物の使い方にも大きく依存しよう．その意味で，身体特性に対応したデザインは，モノを作ることだけではなく，使い方を考えることでもある．

加齢によりあらゆる身体機能が変化していく．そのことがネガティブに考えられがちだが，決してそうではない．機能低下した分を別のものや手段で置き換えていけばよい．それを可能にしていくことが，デザインの役割である．

　　　　　　　　　　　　　　　　　　　　［岡田　明］

■文献

日丸哲也・青山英康・永田晟編：健康体力評価・基準値事典, ぎょうせい, 1991.
人間生活工学研究センター：日本人の人体計測データ, 1997.
岡田明・阿久津恵美子・美甘佳子・丸本耕次：筋力トラッキングによる青年と高齢者の低負荷微細操作特性の検討．人間工学, 31（特別号）：384-385, 1995.
Rohmert,W.：Ermittung von Erhokungspausen Fur statische Arbeit des Menschen. *Arbeitsphysiol.*, 18：123-164, 1960.

2|403 身体的ハンディキャップ者と住宅

けがや病気などで身体に何らかの障害をもった場合，住宅の作り具合が生活の自立度や生活の質を大きく左右する．わが国の旧来の住宅は敷居やドア枠，玄関の上がり框など動線上の随所に段差があり，住宅内を車椅子で移動することはできない．また，杖歩行でも移動の制約を受ける場合が多く，とくにトイレや浴室においては自立的な使用は困難となる．

しかし，近年リハビリテーションの充実により，身体に機能的な障害のある人びとの在宅生活への復帰に向けて既存住宅の増改築が積極的になされるようになってきた．車椅子などの適切な福祉機器の適応と，それに合わせたトイレや浴室の改造や昇降機などの設備機器の導入が計画的になされ，さまざまな能力の人びとの自立度の高い住生活の追求が行われてきている．この住生活の総合的な支援といったプロセスは，個々の生活の場で発生するバリアをいかに解消していくかという，住宅改造のノウハウを充実させるとともに，それに必要となるリフトや特殊便器などの設備機器の開発を促してきた．さらに，既存住宅の改造等々の結果は，車椅子が必要となっても住宅改造せずに生活を続けることのできるユニバーサルな住宅設計を推進する力となっている．

障害の有無にかかわらず誰もが普通の生活を送れる社会環境を創っていくノーマライゼーションの理念が社会の目標となっている現在，さまざまな能力の人びとが地域において自立度の高い生活を続けていく基盤として住宅のあり方はきわめて大きな意味をもっている．ここでは，身体の機能的な障害に対して住宅がどのように対応すべきなのか，また，それはこれからの住宅を考えていくうえで，どのように位置づけていくべきなのかまとめてみたい．

■移動空間の基準としての車椅子

住生活における基本的な動作は，空間を移動する移動動作とトイレや浴室などで行う目的動作に分けられる．移動動作と目的動作を滞りなく行うことで住生活が形づくられる．この2種類の動作を確保することが身体に機能的な障害が生じた場合の住宅計画の基本となる．機能的な障害による移動方法を大きく分けると歩行，杖歩行，歩行器，車椅子自走，車椅子介助となる．この中で制約の大きいのが車椅子移動である．

車椅子で移動するためには，床面の水平性や仕上げ，一定以上の通路幅，方向転換のための回転スペース，建具の造りや建具周囲のスペース等々の物理的な条件が満たされねばならない．車椅子で移動可能な条件は住宅の基本構造とかかわり，建設した後で変更することは容易でない．住宅の設計時点で車椅子移動の基本条件を取り込んでおくことが必要となる．通路床面の水平性や通路幅などの条件は車椅子移動だけでなく杖歩行にとっても具合がよい．杖や足が床の段差に引っ掛かって転倒するといった危険がなくなるとともに，杖歩行に要する通路幅を確保することにもなる．

■屋外から住居への動線上のバリア解消

動線の水平性が大きく問題となるのが屋外から住居への移動である．一般的に道路から敷地，アプローチ，駐車場からポーチ，玄関の上がり框など大きな段差がある．スロープを設けて段差を解消するのは困難な場合が多く，スロープと昇降機の併用によって動線を確保するのが一般的である．

丘陵地の住宅では道路から敷地までに大きな段差が生じている場合がある．こういった現場では屋外用の段差解消機や階段昇降機の設置が必要となる．車椅子の移動は傘をさすことができないから，駐車場やアプローチ，ポーチに屋根がないと不自由をきたす．冬季は通路に積雪ができると車椅子での通行は不可能となる．住宅と併設して屋根付き駐車場がある場合は，駐車場に住宅への車椅子専用出入口を設け昇降機を設置する方法がとられる．こうすると雨雪の影響を受けずに住宅へ接近し出入りが可能となる．昇降機の代わりに住宅用エレベータを設置し，駐車場から住宅一階の床への移動を行い，さらに一階から二階への移動を行うといった積極的な方法もとられる．

玄関の上がり框は段差解消機を玄関に設置して車椅子での移動を行う方法と，上がり框のない設計とする方法とがある．車椅子常用の場合で専用出入口がない場合は，上がり框は設けずにフラットにして設計するのが実際的である．

■動線を短くする空間計画の必要

車椅子の通行を基準とすることにより通路幅を広げ方向転換のスペースを配置する条件を，そのまま導入すると建築の床面積を増やすことになる．住宅の新築や増築に際しての空間計画では，廊下が短くなる部屋の配置や，廊下を作らない設計が求められる．

廊下を少なくすることは単に床面積を減少させるだけでなく，車椅子での移動動作を単純にしたり移動距離を短くする．また，廊下の少ない空間の配置は厳冬

期における廊下と居室の温度差を少なくし，極端な温度差により高齢者が発作などを起こすことの予防にもつながる．

■椅子レベルで考える目的動作空間

　車椅子使用者には床に座ることや，床に敷いた布団に横になることは不可能か実用的な動作ではない．したがって，車椅子の場合はダイニングテーブルでの食事やベッドでの就寝が基本となる．トイレも和式便器ではなく洋式便器の使用となる．さらに浴槽も縁の高さが高い据え置き式のものではなく，和洋折衷型（深さ55cm程度）の浴槽を，洗い場から浴槽の縁までを40cm程度に敷設して使用する．床から40cmほどの高さの椅子レベルで目的動作空間を統一することが，車椅子からベッドや便器へ移ったり，浴槽や浴槽と同じ高さに設けた洗い場へ身体を移乗する基本的な条件となる．洗面やキッチンも，立位ではなく椅子座位で行えるよう下部を開放したカウンター型を用いる．

　脳血管障害やリウマチなどで動作に制限のある高齢者の場合も，椅子座位で生活空間を整えると自立的に日々の生活を継続することができる．それは立位から床座位への動作が困難であっても，立位から椅子座位へは実用性が高いことが多いからである．さらに椅子座位での動作は立位での動作に比べて，洗面やキッチンなどの空間における目的動作を安全にかつ持続的に行う基本条件ともなる．

■目的動作空間設計の視点

　トイレや浴室の設計にあたり必要となるのは，身体に機能的障害のある住まい手の動作を実際に知ることである．ここで入浴動作を例にしてまとめてみる．

　入浴動作は，①脱衣室で衣服を脱ぐ，②洗い場への移動，③洗い場での洗体，④浴槽へ入る，⑤浴槽内での身体の安定，⑥浴槽から出る，⑦洗い場での洗体，⑧洗い場から脱衣室への移動，⑨体を拭いて着衣する，といった一連の動作（要素動作）によって構成されている．浴室を設計する場合は脱衣室と洗い場と浴槽との関係を一連の要素動作と関係させ，それぞれを機能的に連続したものとして考えなければならない．一連の動作を理解して設計しないと，手すりや蛇口が動作を妨げるといった矛盾が発生する．

　自立度の高い設計は，片まひ者や車椅子使用者それぞれの目的動作の始まりから終わりまでを具体的に理解することから生まれる．

■機器操作のための手指や上肢機能への注目

　脊髄損傷の車椅子使用者の場合，その損傷部位によって車椅子上での身体のバランスや上肢の到達範囲，さらに手指の機能が異なる．手指機能の制限はリウマチや他の疾患においても見られる．また，片まひ者の場合では，杖をもった手で操作することも出てくる．したがって家具や設備機器を配備するにあたっては，操作性への配慮が必要となる．

　操作部の高さや角度，操作ボタンの大きさや手指の掛りやすさを丁寧に検討することで住まい手の自立度は向上する．機器の操作部の表示なども，文字の大きさや書体に配慮するとともに，文字と背景の対比が明瞭な読みやすいものを選ぶ必要がある．

■動作のシミュレーションや作業療法士との協働

　身体に障害のある人びとが自立度の高い住宅を得たり，そのための設計を行うには，動作のシミュレーションをして設計条件や設備機器の選択をするのが理想的である．さらに，身体機能の制限が大きい住まい手の場合は，作業療法士と協働で設計を行うことが必要となる．住生活における動作は多岐にわたり，動作の確認には時間がかかるとともに繰り返しも必要となる．動作シミュレーションハウスなどの公的施設の配備と，リハビリテーションや設計者との地域的な連係が今後の課題であるといえる．

■住宅のユニバーサルデザインの水準を高める

　身体に障害のある人びとの住宅設計は，誰にでも訪れる高齢期の身体能力に耐える機能を備えるとともに，その多くは高齢者だけでなく幼児から元気な若者を含めて使いやすい住宅の基本設計へとつながっていく．

　たとえば，片まひ者に使いやすい浴室の設計は現在一般住宅の浴室の基本となりつつある．また設計者には常にユニバーサルな方向の中で住まい手の問題を解決していく努力が求められているといえる．なぜならば，住宅とは身体に障害のある住まい手だけのものではなく，住まい手が地域の中で家族や隣人や友人との生活を豊かに育んでいくための場であるからである．

[荒井利春]

■文献

荒井利春：高齢社会へ向けての自立度と自立支援度の高い生活環境づくり．総合ケア，3(6)：6-35, 1993.

2│404 身体的ハンディキャップ者と機器・設備

　2015年には人口の1/4が65歳以上の高齢者で占められると予測されている．それに応じて心身に障害を抱える高齢者が増大し，彼らを支援する機器，設備への要求が高まっている．疾病による障害は身体疾患による障害（骨折，リューマチ，脊髄変性疾患，心疾患，神経疾患），脳血管障害による片麻痺，失言症，痴呆疾患による精神障害などとして現れる．これらの障害を克服し健全な日常生活を送るには，それを支援する機器，設備，住環境の整備が求められる．病院では身体機能回復のための訓練機器が使用されるが，退院後の住宅，高齢者施設やケアホームでの生活では日常生活を訓練，支援する機器，設備（福祉用具）の提供と，それを生かすバリアフリー環境が求められる．それらは身体機能の改善にのみ役立つものだけでなく，自立した日常生活，生きがいのある生活に役立つものでなければならない．障害には生物学的レベルの機能障害（impairment），個体的レベルでの能力障害（disability），社会的レベルでの不利（handicap）の3レベルがある．麻痺を回復させようとする訓練は機能障害への対応であり，麻痺した手に補助具をつけ食事を行う行為は手指関節の能力障害への対応である．車椅子の利用がしやすいようにスロープをつけるなどの措置は社会的不利への対応である．この対応は子どもから高齢者まで，誰もが共に使用できる健全な生活環境を指向するユニバーサルデザインへと結びつく．そしてどのような障害レベルにおいてもその人の毎日の生活が豊かになるように支援することが求められている．

■福祉用具とは

　心身に何らかの障害を抱える人のための機器，設備は一般に「福祉用具」と呼ばれている．それは彼らの日常生活を保持しその生活を豊かにするための機器・システムと理解されており，入浴，排泄，歩行・移動，自助具，コミュニケーション，食事，ベッド，リハビリテーション・レクリエーション関連などに分類される（足立ほか，1998）．入浴関連には浴槽，浴用椅子，専用リフト，手すり，自動水栓，滑り止めマットなど，排泄関連にはポータブルトイレなどトイレ機器用品，おむつ周辺用品，手すりなどがある．歩行・移動関連には杖，歩行器，車椅子，昇降装置，椅子テーブル，リフトなどがあり，自助具には，家事，食事など生活全般にかかわるものがある（❶）．

　コミュニケーション関連には情報の入手，伝達にかかわる補聴器，電話器，安全警報などがあり，ベッドには

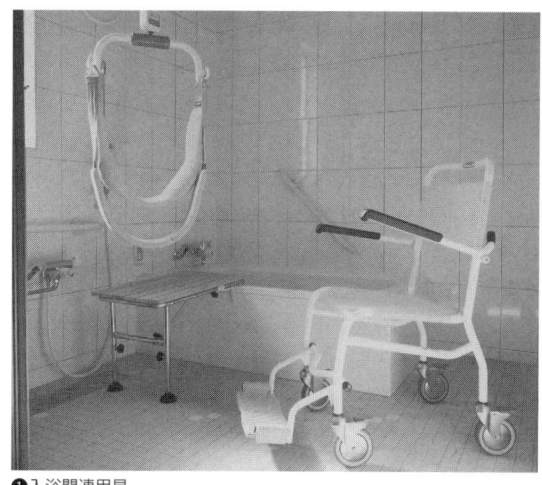

❶入浴関連用具

一般的なものから特殊なものまである．食事関連には飲食用具，調理器具などがあり，レクリエーション関連には各種作業療法用具，カラオケセット，スポーツセットなどがある．このほか多くの福祉用具が存在し，心身機能低下の程度，障害の種類・程度に応じて，地域の介護ショップ，地域ケアセンターなどを通して紹介される．

■必要とされる機器，設備の性格

　これらの機器・設備は，個々の要求に応えたものであり生産量は少なく，大量生産には結びつきにくい．そのため少量多品種生産，個別生産に依存し高価になりやすい．そこで車椅子など代表的な機器は，国の助成によって支給する方法がとられている．しかしそれらの多くは機能のみを優先した冷たさが目立ち，質の高いものをいかにデザインし生産供給するかが問われている．一方，これらの機器・設備は高齢者の要求のみでなく看護者，介護者の要求をも満たさなければならない（市川ほか，1998）．ベッドから車椅子への移乗，入浴，食事サービスなど，高齢者への介護は，介護者に多くの作業負担を与える．したがって，できるだけ作業負担を軽減する介護しやすいものが必要である．さらに個人住宅，集団が入所するケアホーム，保健施設，特別養護老人ホームでは，それぞれ求める要求は異なっている．住宅では，家族，ホームヘルパーらによる介護となり，施設では複数の職員らによる介護となる．どの場においても個々の気持ちをどのように受けとめ，安定した精神生活へと向かわせるかが問われている．

第4章 | 福祉社会のデザイン

■デザインの役割

　多様で複雑な要求をもつこれらの機器・設備のデザインには，機能の付与はもちろん，いかに使いやすく，心理的・生理的に優しく温かさのあるものとすることができるか，そしてその場をいかに健康的な生活イメージをもつ場とすることができるかが問われる．それを解決するには素材の選択と構成および寸法設定，色彩，形状付与にさまざまな工夫が求められる．

[素材と構成]　一般に素材は金属，プラスチックが利用されるが，木材など自然素材の利用にも多くの可能性がある．伝統的に日本人が親しんできた木材は，自然環境を守る再生産可能な素材であり，強度/比重は金属を上回る．木目は目に優しく，指先から木材に伝わる熱の移動量が人間の代謝量に最も近く，温かい感覚が大きい．温度，湿度の環境調節効果に優れさらりとした感覚をもつ．また，木質環境のある空間は情緒の安定にも効果がある（山田，1987）．すなわち，木材は資源的にも，強度的にも，心身の感覚特性からも優れた性質をもち，身体の機能に直接かかわる福祉用具の素材に適している．以上の考えから，木材を用いた福祉用具の開発事例が増え始めている（❷）．

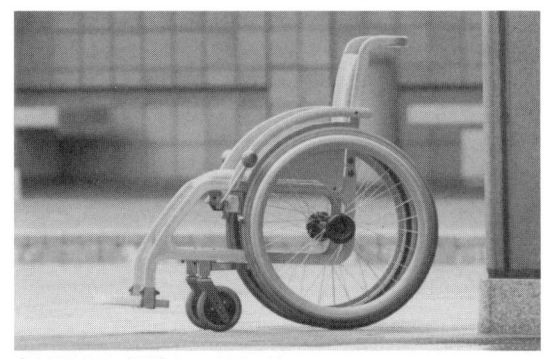

❷木製車椅子（デザイン：梨原　宏）

[寸法設定]　高齢者の身体寸法の正確なデータは整備されていないが，少ない研究データによれば車椅子を利用している高齢者の座高は男性で80～90 cm，女性70～80 cm程度で成人より10 cm程度小さい．背は曲がり，腹部の太りなどが目立ち，姿勢保持は健常者とは異なる様相を示す．こうした身体寸法あるいは姿勢保持条件をとらえた寸法設定が必要である．

[適切な色彩計画]　四季の彩りのある室内環境の演出，道具，設備への適切な色彩計画によるインテリア構成は，そこに暮らす人びとに安らぎと喜びを与える．一方，黄変，白内症などの視力の低下がある場合，色彩，形態認知に問題が生まれる．寒色系，低彩度の色彩は誤認知を招きやすい（日本建築学会，1994）．ステンレスなど光沢の強い反射面は目に眩しく，正確な形態認知を難しくする．これらのことを踏まえた適切な色彩計画，そのための素材選択が求められる．

[心を和らげる要素の付与]　機器・設備への心を和ませる，あるいは楽しみになる，仲間との輪を呼び起こす接点などの形態要素の付与は，生きがいを喚起する手がかりとなる場合がある．道具の使用目的，機能をよく理解した上での工夫が求められる（❸）．

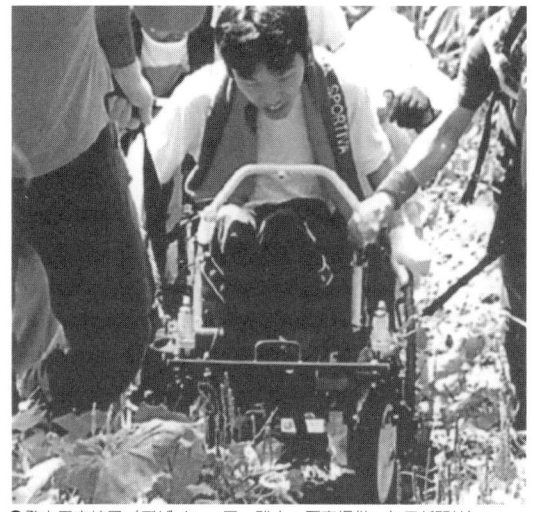

❸登山用車椅子（デザイン：巴　雅人，写真提供：毎日新聞社）

■これからのデザイン

　心身に障害を抱える人のための機器，設備を特殊なものとしてでなく，必要なものとして受けとめる姿勢が重要である．障害をもつ者も，障害をもたない者も共に信頼しながら，障害を超えた生きる自信と豊かな心を育むことができる道具環境を用意することが大切である．高度で複雑な機能をもつものより，日常的な理解しやすいものを提供する方が，使いやすく魅力のある道具環境を形成し人間関係を豊かにする．使用者の立場に立ち，そこにふさわしい道具環境を計画してゆくことが，これからのデザインの役割である．

［梨原　宏］

■文献

足立芳寛監修，後藤芳一編：バリアフリーのための福祉技術入門，オーム社，1998．
市川洌ほか：ケアマネジメントのための福祉用具アセスメントマニュアル，中央法規出版，1998．
山田正編：木質環境の科学，海青社，1987．
日本建築学会編：高齢者のための建築環境，彰国社，1994．

2|405　身体的ハンディキャップ者と情報

■ ハンディキャップとインタラクション

世界保健機関は人間の障害を機能障害，能力障害，社会的不利の3レベルに分けている．機能障害，能力障害のある人の要求に対するデザインは個人対応の特殊解のデザインになるが（堀田，1997），社会的不利レベルでは高齢者も含めた身体的ハンディキャップ者のためのデザインを必要とする．

情報は身体的ハンディキャップ者に限らず相手とのインタラクションを行い，生活を営む上で欠かせない．インタラクションの形態には❶に示す3種類がある．

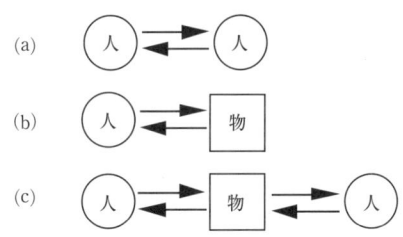

(a)　人 ⇄ 人

(b)　人 ⇄ 物

(c)　人 ⇄ 物 ⇄ 人

❶インタラクションの3形態

(a)は人と人とのインタラクションであり，日常生活の中で重要な位置を占める．(b)は人とモノあるいは環境とのインタラクション，(c)は電話やコンピュータのようなモノを介して人と人のインタラクションが成立する形態である．これらの形態のいずれにおいても，人には異なるさまざまな状況が背景としてあるが，情報はハンディキャップの有無にかかわらずすべての人に公平に存在し，社会的不利を被らない生活を支援するための基本的かつ重要な要素である．

インタラクションは一般に会話，対話，双方向と表現されることが多いが，相互影響と解釈するのがよい．なぜなら，対話や会話は相互の影響があってこそ成立すると理解することが重要だからである．つまり，情報は相互影響のための道具と考えることができる．したがって，情報はどの感覚器（視覚，聴覚，触覚，味覚，痛覚など）により取得されるかで，その与え方，使い方は異なる．基本的にはハンディキャップに応じた情報の扱い方が存在するが，ここでは主として視覚ハンディキャップ者のための情報デザインについて述べる．

■ 公共の音インタフェース

駅構内のアナウンスには，エスカレーターでは手すりをもって足元に注意とか，子ども連れは手をつないでと際限なく繰り返されるものがある．このうるさく感じるアナウンスも，視覚ハンディキャップ者にとっては有効な場合もある．駅のエスカレーターの注意放送は，そこにエスカレーターがあるという目印になるのである．また，レストランや駅などでは抑揚がなく感情に乏しい合成音声によるアナウンスがなされているが，これも彼らにとって重宝な存在である．音情報はその内容以外の情報ももっているのであり，誰のためのデザインかを視点を変えて考えることも必要である．

タッチスクリーンはATMなど公共の情報機器に多く利用されている．しかし，これは視覚ハンディキャップ者にとって難物である．音声案内が必要であるし，数字や文字を極力大きくし文字間隔を広くすること，文字と画面のコントラストを強くすること，カードや通帳挿入口と紙幣取り出し口などの点滅ランプ表示領域を広くし識別を容易にすること，ボタンを押したときのフィードバック音を鮮明に鳴らすことなどのデザインに配慮しなければならない．また，ATMのあるところへたどり着くことが困難な場合もある．これは点字ブロックなど案内情報のデザインをすることで，解決できる．

あるスーパーでは，視覚障害者のための店内案内システムを音声で行うトーキングサインシステムの実験を行った．手のひらほどの大きさの受信機から，たとえば「こちらはトイレです」という音声による案内が流される．このようなちょっとした確認の案内があるだけで，視覚ハンディキャップ者の心理的負担を大きく軽減することができる．

■ 情報処理機器アクセシビリティ指針

身体的ハンディキャップ者にとって情報機器は情報の受発信のためのツールとして有用であり，使いやすい機器の普及が望まれる．通産省は感覚運動機能障害に対する指針として，障害者等情報処理機器アクセシビリティ指針を1995（平成7）年に告示（第231号）した．利用者が情報機器を使用する場合の障壁として，次の4項目を示している．①上肢機能や視力の低下による情報処理機器利用上の障壁，②聴覚・言語障害によるコミュニケーション上の障壁，③情報処理機器を特殊教育に利用する際の障壁，④高齢化に伴って発生する情報処理機器利用上の障壁．

指針の内容はキーボード，ディスプレイ，マニュアル文章およびその他の4部構成になっており，細目は必須，重要，推奨の3レベルで分類されている．キーボードについては，順次入力，キーリピート条件設定

機，キー入力確定条件設定，マウス代行，トグルキー状態表示，キーボード接続インタフェース公開キーガードの提供，キー位置の触覚識別手段の提供がある．ディスプレイに関しては，画面の拡大表示，画面表示文字の音声化（かな漢字変換候補文字音声化機能を含む），表示中の画面情報出力機，出力情報の多重表現，表示色変更の各機能を，マニュアルに関しては電子化文書の提供を指摘している．そのほかには代替入出力装置，記録媒体の取り扱い，電源スイッチやリセットスイッチへの配慮，問い合わせ窓口の明確化が記載されている．

■ハンディキャップ者とインターネット

郵政省は，高齢化社会において高齢者や障害をもつ人びとに等しく情報通信システムを利用できる環境の整備を図ることを目的として，ハンディキャップ者がインターネットのホームページに電話（音声変換）やFAX（イメージ変換）を用いて，簡単にアクセスできるシステムの実験を行った．インターネットとハンディキャップ者とのよりよい共生環境づくりをめざしている．

コンピュータにより本は電子化され，音声合成や点字ディスプレイで読めるようになったことで，視覚ハンディキャップ者にとっての情報アクセスの範囲は一気に広がった．インターネットでは最新の新聞のニュース，天気予報，観光地案内，ホテルや飛行機の予約情報，電車の乗換案内，辞書のほかにディジタル音楽，ゲームの類にまでもアクセスでき，情報が入手可能になってきた．もちろん，こうした情報だけではなくハンディキャップ者にとって有効な情報（福祉機器など）も得られる．しかし，肢体不自由者のインターネットアクセスに関する情報をWWWで提供しているのはわずかであり，情報システム全般に関するアクセシビリティが検討されたことは少ない（伊藤・関根，1997）．

また，視覚ハンディキャップ者の情報源はこれまで点字本や録音テープに限られていた．この場合，必要な情報を健常者と同等のタイミングで入手するのは困難であった．こうした情報源不足は明らかに視覚ハンディキャップ者の社会参加に大きな障害であったが，近年はインターネットの普及により世界中の種々の情報にアクセスできるようになり，情報源は飛躍的に多くなっている．ウェブには画像情報が多く含まれるが，視覚ハンディキャップ者にとって有効な文字情報も多く，ホームページ上の文字情報を合成音声で読み上げることのできる機器が開発されている．しかし，コメントなしの画像情報を音声化することはできない．こうした画像情報を視覚ハンディキャップ者の新しい情報源として活用できるようにするには，画像にコメントをつけてデザインする必要がある．

一般的に，視覚ハンディキャップ者がテキストベースのブラウザでウェブページを読めるようにするには，①画像リンクにはコメント（alt属性）を付ける，②タイトル情報を付ける，③クリッカブルマップを使わない，④文字サイズを強調などのために変えない，⑤表を多用しない，ことなどがある．このようにすれば音声に変換することができるので，ウェブデザイナーは心がけるべきである．なお，表の読み上げソフトは存在するが，さらに開発が必要である．また，ダイアログボックスやフレーム，Javaを用いた動的な表示などの取扱いはむずかしいが，障害者を含むあらゆる人びとがアクセス可能なウェブのインタフェースのデザインが必要である．さらに，目が見えないとか耳が聞こえないといったハンディキャップ者のための情報があるだけでは効果が不十分ゆえに，そのような人びとがどうすれば必要な情報を得ることができるかに関する情報を与えることも重要である．

■ヒューマンインタフェースデザイン

ヒューマンインタフェースは人を選ばず，物を選ばず，常に円滑なインタラクションをめざすものである．ハンディキャップ者に使いやすいインタフェースは健常者にも使いやすいという意見があるが，必ずしも正しいとはいえない．ある特性をもつ人には使いやすくても，別の特性をもつ人には使いにくいのがむしろ普通である．あらゆる機器のインタフェース設計はユーザー特性を考慮して行わなければならない．コンピュータのようにユーザーの多様性をマルチモダリティによって解決できる場合はむしろ例外的であると考えた方がよい．

［森本一成］

■文献

堀田明裕：高齢社会におけるデザインの方向．デザイン学研究，44(3)：35-42，1997．

伊藤英一・関根千佳：障害者を取り巻くインターネット・アクセスの現状—肢体不自由者のWeb accessibility．第12回リハビリテーション工学カンファレンス講演論文集，12：117-120，1997．

2│406　身体的ハンディキャップ者と移動

■行きたいところに行ける環境

　日本の生活環境は，高齢者のみならず，われわれにとっても行きたいときに行きたい場所に迷うことなく，安全かつ確実に目的地にたどり着ける環境と逆行しているのが実状である．この原因を人間工学的に考えると，まず，目的地までの地理的条件を十分に把握しにくくなっていることが考えられる．次に目的地までの情報として重要な意味をもつサインに統一性がなく，かつ，そのサイン表示が見る人によってさまざまな受け取り方がされてしまう．また，歩行と密接な関係をもつ床や路面，階段，斜路などの条件が，歩行移動をする人の歩行能力の範囲外であるなど，多くの要因が挙げられる．

■人の属性と移動特性

　歩行による移動のしかたは，その人の属性，すなわち身体的特性によって異なる．大別すると身長・体重別（体型），年齢別，性別，障害別などになるが，これらは動作能力別で整理するとよい．一般的に幼児，子供，成人，妊婦，高齢者，荷物持ち，杖使用者，車椅子使用者，下肢障害者，視覚障害者などによって歩行移動上の特性が異なってくる．したがって，歩行困難者のとらえ方によって，移動空間に対する配慮のしかたが変わるということである．これらの中で，歩行弱者として考慮すべき対象は，幼児，高齢者，杖使用者，車椅子使用者，視覚障害者を中心に配慮していくのが基本になる．このうち，幼児から車椅子使用者については歩行ができるかどうか，視覚障害者では歩行環境をどの程度知覚できるかを明確にすべきである．しかし，実際には歩行困難性と歩行知覚性の両面をもつ場合があることに注意しなければならない．

■移動のしやすさと視覚情報の重要性

　人間は，情報の多くを視覚を媒体として知覚する．しかし，視覚による知覚のしかたは，視力や近点距離，ジオプトリーといわれる水晶体の調節力などによって異なり，加齢によりこれらの知覚能力は確実に低下する．とくに高齢者の場合には，老眼によって近くが見えない，遠くが見えない，暗いと見えないなど，情報源として最も重要な視覚の機能低下が生じることになる．したがって，サインが適切になされていても，高齢者にとっては，知覚能力の低下により知覚することそのものが困難になる．

■サイン計画

　サイン表示の問題には，ステレオタイプが大きく関係する．ステレオタイプとは，正しくはポピュレーションステレオタイプといわれるもので，集団の中の多くの人が知覚，判断，操作，行動などをする場合に，一定の傾向が見られる場合をいう．ステレオタイプで代表的な事例がワーリックの法則である．これは，縦型の計器盤にある指針を上の方向に動かそうとする場合，計器盤の上下，左右に用意したダイアルをそれぞれ右回し，左回しのどの方向に回そうとするかを明らかにしたもので，計器盤の左右にあるダイアルでは回す方向に一定の傾向があるが，上下の場合には傾向が見られず，操作時に迷いを生じるというものである．
　たとえば，駅の構内などで，上向きに表示された矢印があった場合，「同一フロアを直進せよ」という意味と「上の階に進め」という二通りの意味に解釈ができる場合がある．これは，矢印を平面的にとらえるか立面的にとらえるかでその意味が大きく違ってくるもので，まぎらわしい表示の代表例である．
　仮に，誰が見ても表示の意味を正しく理解できたとしても，表示場所や位置が不適切であると混乱してしまう．表示は，設置高さを決めて等間隔に行うなど，一定のルールにもとづくことが第一条件になる．ある場所では通路の突き当たりに，ある場所では通路の中間など，無秩序な設置は避けねばならない．案内表示を検討する場合，配置図や平面図の上で設置場所を決めず，必ず現場において確認することが重要である．

■移動と歩行面の条件

　移動に際して，歩行面の仕上げ状況が重要になる．歩行面は，単に凹凸など歩行上の支障となる突起がなければよいというものではなく，平滑で滑りにくく，転倒時を考慮して衝撃吸収特性があるなど，床材についての選択が重要になる．仮にやむを得ず段差が生じる場合，段差の高さを極力低い高さに設定する努力が必要で，この場合には，色の工夫や音声情報などにより，段差が確実に視認できる配慮をすべきである．
　段差や階段の代替手段として斜路の設置がなされるが，歩行面に勾配があると清掃時や雨，雪などによる水分の濡れがかえって滑りを生じさせることになる．仮に室内であっても，床のワックスがけが同様の弊害を生じることもある．
　自走式車椅子の場合，斜路は重要な上下移動の手段となるが，進行方向の斜路勾配（縦断勾配）とその距離

(制限長)は密接な関係をもつもので，勾配角度は制限長を考慮して決める必要がある．また，進行方向に対して左右方向の勾配(横断勾配)がある場合には，この斜路における登坂は，車椅子のキャスターが左右にぶれ，きわめて苦しい歩行環境を作ることになる．縦断勾配のない駅のホームの場合でも，ホームに沿って車椅子で移動しようとすると，車椅子は線路側に進んでしまう．これは，雨水がホームに降った場合，水勾配を線路側に設けることにより雨水を自然に線路側に流したり，ホームのウエット清掃時の水を排水しようとするための勾配である．また，車椅子では，登る場合を想定して斜路勾配を考えているが，実は，下る場合の方が危険を生じることを忘れてはならない．

■エスカレーターとエレベーター

機械的な上下移動の補助手段としてエスカレーターやエレベーターなどを採用する場合が多いが，高齢者や高齢障害者が使用することを考慮すると，いくつかの問題点が挙げられる．まず，エスカレーターの場合，出勤や帰宅のラッシュアワー時に，エスカレーターを階段のように駆け上がったり駆け下りたりする利用者がきわめて多く，エスカレーターのステップに立った状態で利用することがむずかしい環境になりつつある．また，よく観察していると，エスカレーターの乗降口でステップに足を乗せたり，床に足を降ろすことに苦慮している高齢者を見かけることがあり，一歩間違えば転倒して怪我や事故を生じる可能性がある．あまり知られていないが，車椅子でもエスカレーターを使用することができる．介助者つきで練習すれば，容易に乗り方をマスターできる．その他，ステップの間に靴をはさんだり，傘の先端をステップの刻みに引っかけるなど，事故に至らない配慮と高齢者に優しい機器としての対応が重要になる．

エレベーターの場合，行き先表示や操作面の表示に多くの問題がある．エレベーターの入口にある行き先階を表示する矢印が，近くでないと判別できないような大きさや形状，表示方法であると，逆方向のエレベーターに乗ってしまう．さらに，カゴの中では，扉の開閉ボタンが紛らわしい位置にあって，開けておくつもりが閉まってしまう，瞬時に階数表示ボタンを識別できない，車椅子用と一般用ボタンとの整合性がとれていないなど，操作系ボタンの見直しの必要がある．

誰が見ても表示の内容や操作のしかたがわかり，誤操作を生じない表示，操作感のある適度なストロークと変位をもつボタンなど，視覚と触覚機能を考慮し，実施設計に生かすことが重要になる．人間工学から見たデザインとは，その機能や形，材質，色彩などについて明確な理由づけがなされているものを意味する．

■手すり

移動を容易かつ安全にするものとして手すりがある．手すりは，下肢に障害があり自力で歩行が困難な場合の歩行を助けたり，視覚障害で現在位置や行き先を知るために重要な意味をもつ．しかし，その設置条件によっては，手すりの効果を発揮する場合とそうでない場合を生じてしまう．手すりは，廊下，階段，斜路など移動空間に用意されるのが一般的であるが，廊下に設置された手すりの前に物が置かれたり，手がかりとしての手すりが途中で切れたりしていると，その意味は半減してしまう．また，手すりの太さと断面形状，材質，取り付け高さは使い勝手に大きく影響する．これらについても十分な検討が必要である．とくに，火災や地震などの緊急時にはさらに重要な意味をもつため，単に設置すればよいというものではなく，綿密な計画のもとに検討されなければならない．手すりの端部に点字の表示がなされる場合があるが，表示位置や表示間隔など，設置のしかたについてはルール化しておく必要がある．

■交通手段

公共交通機関として，バス，タクシー，鉄道，航空，船舶など日常生活には欠かせない．これらに乗ってしまえば目的地まで何とか到達できるが，最も問題なのが乗降の可否である．車両の入口と段差や斜路，サイン表示など，乗降に対する配慮が重要になる．低床式のバスや路面電車は乗降をしやすくしたものであるが，車内の手すりや吊革，スタンションポールなどが適切な手がかりとしての役割を具備しているか，行き先の情報は適切か，立ち座りのしやすい座席が用意されているかなど，検討すべき点が多く残されている．

介助は人の手で施すのが本来的であるが，物で対応する場合には，人の温かさを少しでも残す努力がデザイナーとして必要である．

［上野義雪］

■文献

日本デザイン学会編：高齢化社会のためのデザイン．デザイン学研究特集号，4(4)，1997．

日本デザイン学会編：高齢社会とデザイン．デザイン学研究特集号，7(1)，1999．

2|407　身体的ハンディキャップ者と安全

■ハンディキャップト

　1960年代末，建築上の障害物の除去をめざしたバリアフリーデザインが提唱され，ユーザーグループとして，the handicappedという呼称が用いられた．ここでのthe handicappedには，心身に障害をもつ人，高齢者，妊娠中の女性，幼児，乳幼児を連れた人，外国人，怪我をしている人，大きな荷物をもっている人など，きわめて広範囲に，恒常的な問題も一時的な問題も含めてとらえられていた．しかし，バリアフリーデザインがわが国に紹介され浸透していく中で，「身体障害者」のためのデザインというように限定されてしまった．1980年には，世界保健機構（WHO）が国際障害者分類（ICIDH：International Classification of Impairment, Disability and Handicap）を定め，障害に対して機能障害，能力障害および社会的不利益という三つのレベルで取り組むことを提唱した．障害をもっている人が社会的に不利な状況に置かれるのは，その人の機能障害や能力障害に原因があるのではなく，生活環境や社会の理解に原因があるというのが国際障害分類の原点であったが，三つの分類があたかも「機能障害がある人は能力障害が生じ，結果として社会的不利益を被る」というように誤解されてしまった．また，「ハンディキャップ」が障害をもっている人のことをソフトに表現したいために「ハンディをもつ人」と短縮され誤用されてきた．北米では，ハンディキャップは差別的な言葉とされている．

■安全への要求

　あらゆる製品や建築のデザインにおいて，安全性は最優先で確保されるべき品質目標である．とくにPL法施行以降は，設計者が意図しない使い方に対しても事前に安全性を検討しておかなくてはならない．身体に障害をもっている人と安全との関わりは三つの局面でとらえることができる．一つは，機能障害や能力障害のゆえに，避難の面でも不利益な状況に置かれることが多いという点である．避難経路上の物理的障壁は避難行動を妨げる．二つめは，運動障害や感覚障害があると機器操作上の問題や環境との不適合を生じやすくなるという点である．歩行能力の低下は転倒や転落の危険性を高めるとともに，事故が発生したときの被害を大きくする．三つめは，障害をもっているユーザーが利用する機器に求められる安全上の配慮に関する問題である．障害をもっている人を対象にデザインされる特殊な機器だけでなく，障害をもっている人があらゆる製品を利用する可能性があり，利用したがっている．

■避難とデザイン

　運動障害や感覚障害のある人にとって，平常時のアクセスも不十分な状況にあり，誰もがパニック状態になる災害時の避難は満足にできる状況にはない．災害時の避難経路や非常口を示すサインにしても規格が定められて以来，公共空間では普及しているが，その建築物にアクセスできる人すべてがそこから脱出できるわけではない．非常口のサインは従来視覚のみに訴えてきたが，最近ではフラッシュライトや警報，アナウンスなどが組み合わされ，視聴覚の両方に訴えるものが使われるようになってきた．しかし，階段の昇降が不可能な人や困難な人が混じっている場合，避難経路に向かうことは，取り残されたり，押し寄せる人の波に巻き込まれ大惨事を引き起こす可能性がある．災害時にはなじみのある経路を脱出経路として選択しやすいが，多数の動きに左右されることも多い．「障害をもつ米国人法」のアクセスガイドラインでは，非難経路上の待避エリアを規定している．移動障害をもつ人が火災などから安全な場所で救急隊の到着を待つエリアには，適切なサインと双方向のコミュニケーション設備が求められている．具体的には防火区画で区切られた非常階段の踊り場に人の流れを妨げないスペースを確保した形で，一般の避難行動に従ってたどり着くことができる．双方向のコミュニケーションが設備されているため，救急隊が避難者の存在を把握できるだけでなく，取り残された感じを与えないで済む．

　安全が確保できないので移動障害をもっている人の利用を制限したり，住居は地上階に限るべきだという意見が出されることがある．しかし，当事者からは，「危険に遭う権利がある」という意見が出される．想定される危険とその代わりに手に入る利益を秤にかけて自分で判断をしたいということであり，自己決定，自己責任が求められている．

　避難器具などの災害に対する備えは，不幸な出来事である災害が生じたときに初めて効果を発揮する．犠牲者が生じるごとに対策が重ねられてきたが，逆にいえば，問題は意識された時点で初めて解決への取り組みが着手されるのであり，ハンディキャップトにとっての問題の存在は意識されてこなかったことが問題をより困難なものにしている．デザイン上の配慮としては，以下のことが挙げられる．

生じうる災害は多岐にわたっている．災害の種類によってとるべき対応は変化せざるを得ない．避難行動に制約がある人に対しては，早期の警戒と正しい情報の提供，正しい避難経路の案内誘導に加えて，複数の方法を確保しておくべきである．

災害はもちろん非日常の出来事であり，熟知していない環境で生じることも多い．その結果，避難行動は入ってきた経路を戻るか，多勢に従うかになる．主要な経路がアクセシブルに，しかも多数の同時使用に耐えられる構造であるべきである．平坦な移動経路は移動障害をもっている人だけでなく，パニック時の大量な移動にも安全な経路となる．

正しい情報の伝達は危険を回避する上で重要である．音声による情報に加えて電光掲示など文字情報を合わせて提供するべきであり，その場所が日ごろから熟知されているべきである．神戸市では，自動販売機に電光掲示板を組み込み，平時の防災啓蒙と災害時の情報伝達に利用している．

■危険回避とデザイン

操作系のデザインにおいて，エラーを未然に防ぐ工夫は従来から取り組まれてきた．たとえば，上や右方向が増加に作用したり，上のボタンを押すと上に上がるといったステレオタイプが採用されている．一方，操作が容易な方向が安全側に作用するように工夫されたものもある．前者は理解の容易さに重点を置き，後者は安全に重点を置いている．同一空間内で異なる操作方法の器具が混在していると，誤操作を引き起こしやすい．

操作具の配置は操作時の姿勢に影響を与える．高齢者などでは筋力の低下やマヒから，力が発揮できる範囲が狭まったり，片手による操作を余儀なくされることが多い．無理な姿勢からの転倒などが生じない配慮が求められる．感覚系の障害がある場合は，機能が触り分けできる操作具の形状や，視覚と聴覚，触覚へのフィードバックが提供されなくてはならない．

■製品事故とユーザー特性

障害をもっている人の利用を前提として作られた製品には，健常者用製品以上の安全性への配慮が求められるが，現実には多様な事故が報告されている．（財）

テクノエイド協会が1995（平成7）年に実施した「福祉用具に係る事故事例に関する調査研究事業」では，日本，アメリカ，スウェーデンおよびドイツにおける福祉用具にかかわる事故事例384件を収集し，その内容を要約・整理した．事故事例では車椅子に関する事故が最も多く，転倒・転落事故，手指の挟まれ，フレームなどの破損が多い．使用環境である道路や交通システムの問題と関係した事故が多いが，利用上の不注意や操作ミスなども含まれている．電動車椅子では，同様の問題に加え，電磁波や湿度など電気的な故障が事故につながっている．リフト類では，誤った使い方や点検・整備不良による破損や故障が発生している．

移動関連機器では使用環境の整備が進むにつれて事故は生じにくくなるが，利用者の絶対数の増加は，品質や保守に起因する事故を増大させる可能性がある．また，高齢化の進展に伴い，高齢者が利用する割合が増加するため，今後ますます製品の安全性や耐久性が重要な要件となる．さらに，保守・点検や正しい使用方法の伝達という利用技術に関する課題を解決していく社会資源の整備が求められる．

■challengedに応えるデザイン

「人の生命は地球よりも重い」とよくいわれるが，残念ながら現実には，とくに予防という視点からは，人の生命に対しても費用対効果という経済性が尺度として用いられる．安全欲求は最も基本的なものとして位置づけられているが，自己実現欲求を満たすためには安全が顧みられないこともある．危険を冒して社会参加することは冒険であり，挑戦である．障害をもっている人を表す言葉の一つにchallengedがあるが，危険を冒してという意味ではなくチャレンジできるように，社会基盤や建築および製品デザインが配慮されるべきであろう．

［相良二朗］

■文献

兵庫県社会福祉事業団福祉のまちづくり工学研究所編集発行：福祉のまちづくりの面的な展開の基本的方向と整備事例集，p.78，1996．

阪神・淡路大震災神戸市災害対策本部編：阪神・淡路大震災－神戸市の記録1995年，神戸市，1996．

財団法人テクノエイド協会：福祉用具に係る事故事例に関する調査研究事業報告書，1996．

2│408　生きがいのデザイン

■生きがいとは

　生きがいとは，若者，中年，高齢者に共通したテーマであり，老年を生きている人びとのみの課題ではない．とりたててこのことが高齢化社会の課題として問われるのは，老後の生活をどのように組み立て一生を終えるか，医療，介護，福祉の視点から問う風潮が強いからである．しかし，どのように心身が老化しても老化を一生の過程として受容し，他者との心温まるふれあいを通して，人間として必要とされているという自覚をもつことができるなら，そこに生きがいは生まれる．そのためには，ふさわしい生活環境と社会システムが整備されていなければならない．四季の彩りと美しい自然のある街路，使いなれた道具，暮らしやすい住まい，調和のある色彩，歩きやすい街並み，見やすいサイン，乗り降りしやすいバスや電車，入りやすいお店や公共施設，そうした誰でも使いやすいよく配慮された住環境要素には，人間が人間として必要とされているという気持ちを抱かせ，生きる自信と積極性を与える手がかりがある．しかし，配慮の行き届かない住環境では心身の負担を招き，積極的に他者へ働きかけようとする意欲を失う．そして，必要とされていないという気持ちを抱かせ，生きることへの自信を失わせるきっかけとなる．「生きがいのデザイン」とはこのことを問うものである（❶）．

ざけている．弱いものへの優しさが不足しているのである．しかし，高齢社会の到来は，心身に何らかの機能低下をもつお年寄りを対象とした道具環境への要求を高め，これを問い直すきっかけとなっている．子どもからお年寄りまで心身共に健康な生活環境の形成をめざすユニバーサルデザインはその現れである（古瀬，1997；川内，2001）．

■元気なお年寄りの増大

　現在の高齢化の特徴は，働く能力と意欲をもった元気なお年寄りの増大にある．彼らの多くは旅行や各種の趣味のプログラムに参加し，仲間や自然，作品とのふれあいを楽しんでいる．この動きは確かに生きがいのある生活の一面を表している．しかし，老化の程度が進めば，それへの参加の機会は次第に減ってゆく．それゆえ，生きがいを見出そうとする行為はそのようなことのみではないはずである．彼らには長く培われた多くの知識と技術，経験，そしてかけがえのない人間関係がある．それを生かすことができる生活プログラムを相互に協力して作り出すことができれば，元気な者もそうでない者も共に人間として必要とされているという気持ちに立てる生活をもつことができるだろう．そして，それぞれが必要とされる生活プログラムへの積極的な参加が期待できる．この社会システムの構築がこれからの課題である（❷）．

❶海と釣り

❷社会プログラム参加風景

■社会的側面

　現代技術は，都市環境に物質的な豊かさをもたらしたが，さまざまなところで社会不安，人間の温かみの欠落をもたらした．それは家庭崩壊，孤独，疎外感，憂鬱，ストレス，環境破壊などの悩みとして現代人の心に潜在している．市場には若々しく元気な人を対象とした商品，サービスが溢れ，それに適わない人を遠

■生きがいのデザインに向けて

[住環境イメージ]　使い込んだ道具，懐かしい思い出のある道具には使い込まれた美しさがある．選んだ食器に盛られた料理の美しさには，心のこもったもてなしがある．四季の草花は部屋を新鮮な彩りに変え，気持ちを新たにする．使い慣れた家具調度の配置には，

そこに住む家族に居心地のよさと団らんを生む．掃き清められたゴミ一つない美しい草花のある街路は，そこを通る人の心をはずませる．必要なところへ安心して行くことができる都市交通システムは，さまざまな接点の機会を増し自立した生活を育む．このような住環境イメージには，人が人として必要とされる環境形成のためのデザイン目標が内包されている（❸）．

❸都市の中の緑

[環境変化とデザイン]　何らかの疾病による病院への入院，退院後の施設や高齢ホームでの療養生活は，住み慣れた住宅からの離脱である．プライバシーが保たれ，懐かしい思い出の品を置き人を招くことのできる居室，ベッドから離床し積極的に参加したくなるプログラムや心を癒す花，音楽，絵画などが備わっていれば，生きる意欲は消えないであろう．しかし，わが国ではこの条件を満たす病院，施設は限られている．住み慣れた家や町を離れ別の都市で生活する場合にも，同様の問題が内在する．環境変化は心身に目に見えない深刻な負担を与え，生きがいを失わせるきっかけとなる．しかし，どんな小さなことであれ，そこに人を人として支える姿勢があれば，生きがいをもたらすさまざまな工夫を用意することができる．それがデザインの役割である．

[コミュニケーションと生きがい]　コミュニケーションは生きがいの原点である．会話のない生活は考えられない．独居生活者の孤独は社会的問題である．情報技術の進歩は，相手とコミュニケーションを容易に行うことのできる技術をもたらした．Eメール，FAX，携帯電話，テレビ電話などである．これらの情報関連技術は，住まいの安全についても外から管理することを可能とし，安心した生活を保証する．また，音声入力，片手入力などの周辺技術が進み，老化や障害の程度に合わせた通信を可能としている．こうした技術はコミュニケーションを図る上でのよい手段になるだろ

う（ノーマン，1990）．しかし，時間をかけ熟慮して書かれた手紙や葉書には，それらにはない相手への心づかいと温かさがある．

[ショッピングと生きがい]　買い物は生活の一部でありリズムである．大規模商店などの進出によって町にあった八百屋や魚屋が姿を消し，そこでの会話も失われつつある．時期を見て開かれる産地直送の野菜，海産物，花，日曜雑貨などが並ぶ買い物市場には，それを作り売る農家の高齢者とそれを買おうとする高齢者との間でにこやかな会話がはずむ．便利さ，品物の豊富さでは大規模店舗には負けるが，そこには確かに売る者と買う者との楽しげな会話がある．われわれはこの光景を日々の生活から見失おうとしている．新たな商いシステムの構築とそれによる暮らしやすい町の形成が求められている（❹）．

❹市場と買い物風景

[エコロジカルデザインと生きがい]　木材など地球環境に優しい素材による道具，設備，住まいは，土地の風土に合った生活環境を形成する（桑原，1994）．そして，心身に優しい性質をもち，長く安心して用いることができる．リフォームも容易である．一方，工業素材による道具など廃棄による生活環境の悪化は，われわれ人間すべての痛みであり責任である．そのため，リサイクルなどの技術開発の重要さが叫ばれ，研究が行われている．「生きがいのデザイン」とは，こうした地球に住むすべての人間が健康で明るく生きることのできる生活環境の形成を問う課題であり，エコロジカルデザインの役割は大きい．

[梨原　宏]

■文献
古瀬敏：バリアフリーの時代，都市文化社，1997.
川内美彦：ユニバーサルデザイン，学芸出版社，2001.
D. A. ノーマン著，野島久雄訳：誰のためのデザイン？，新曜社，1990.
桑原正章編：もくざいと環境，海青社，1994.

2|409 健康・福祉のまちづくり

日本国憲法では，すべての国民は健康で文化的な生活を保証されている．事故や疾病による身体の不調は，機能の障害や形態の異常を生じさせたり，活動や社会参加に影響を与え，文化的な生活を脅かす．福祉は，わが国では所得保障の意味合いが強く，戦後まず取り組まれた生活保護制度に基本を置いてきた．「身体障害者」や「児童」および「老人」それぞれに福祉法が制定され，セグメントされた福祉が提供されるようになったが，ここでも低所得という問題が根底にはある．保健と福祉は予防と対処という意味合いが強いが，従来まったく異なるものとして扱われてきた．保健は市民全般にわたって提供されるサービスだが，福祉は限られた一部の人びとに対するサービスと考えられてきた．高齢社会の進展は，福祉の意味合いを大きく変化させ，問題を一般化させてきた．現在では保健と福祉は一体のものとして扱われだしており，医療を加味した保健・医療・福祉の一体的な取り組みが喫緊の課題となっている．ここでは，それぞれの取り組みを概観する．

■健康・長寿のまちづくり

健康と長寿は多くの人が追求するものであり，幸福の大きな部分を占めるものといえる．戦後の公衆衛生や医療が十分でなかった時代には感染症が，高度経済成長時代には公害が，市民の健康を脅かしていた．現在は，栄養状態や公衆衛生，医療技術などの進展から，世界一の長寿国の位置を占めるに至っている．健康の維持には，適度な運動やストレスの解消など心身の状態を良好に保つための活動を手軽に行える環境の形成が重要であり，スポーツ・文化施設や公園などが整備された．また，病気などの発生を予防するための公衆衛生の普及，上下水道の普及も大きな役割を果たした．そして，医療機関が一次医療から三次医療まで重層的に整備され，身近な医療から高度医療までが提供されるようになってきた．一方，長寿県である長野や沖縄は医療的にはそれほど高い水準にあるわけではなく，自然の中での暮らしが健康・長寿の重要なキーワードとして見直されるようになってきている．社会インフラとしてのセーフティネットの整備が自然志向のライフスタイルと組み合わされることで，健康と長寿が両立するのであろう．

■福祉のまちづくり

1970年代から始まった「福祉のまちづくり」への取り組みは，移動障害をもつ車椅子利用者や盲目の人に対して，段差の解消や警告ブロックの敷設などの社会基盤改善として動き出した．このような動きを実現するデザインは社会参加上の障壁（バリア）を除去するバリアフリーデザインとして紹介された．1977年に神戸市は，「神戸市民の福祉を守る条例」の中で公共建築物などのバリアフリーを規定した．厚生省（当時）は「身体障害者モデル都市事業」を創設し全国に整備を進めた．また，運輸省（当時）は「公共交通ターミナルにおける身体障害者用施設整備ガイドライン」を1983年に策定し，鉄道駅舎での障害者配慮を進めた．このような一連の動きは，「社会参加上ハンディキャップを受けている身体障害者のために整備をしてあげましょう」という意味合いが強かった．当時の配慮は，「身体障害者」を特別な配慮を必要とする特別なユーザーグループと位置づけ，一般の利用とは分け隔てた形で提供された．インターホンで駅員を呼んで利用できるエレベーターや普段は施錠された専用トイレ，一般客の利用を止めて昇降するエスカレーターなどに例を見ることができる．この結果，バリアフリーデザインは特殊なもの，高額なもの，事業者に多大な負担をかけるものとして理解されてきた．一方，利用者側にとっても利用しやすいものではなく，身体障害をもってはいないが同様の配慮を希望するユーザーには関係のないものと受け取られてきた．

1980年代後半からは，社会の高齢化が現実の問題として顕在化してきた．「身体障害者」にはならないと信じていた市民の多くも自らが高齢者になることは否定できない．高齢者の多くは移動障害や感覚障害が発現し，経済性と効率性のみを追求してきた現代の都市は障害をもっている人にとっては生活が困難なものだということが改めて理解されるようになった．ここにおいて，能力や年齢，性別などの違いにかかわらず誰もが生き生きと社会参加できるまちづくりの重要性が認められるようになり，1993年の兵庫県と大阪府の「福祉のまちづくり条例」施行を皮切りに，全国の都道府県に条例制定が進んでいる．国レベルでも，建設省（当時）が1994年にハートビル法を施行し，2000年には交通バリアフリー法が施行された．

鉄道，バス，タクシーなどの公共交通，公益性の高い建築物，住宅，公園，道路，ストリートファニチュア，サイン，街路照明，情報通信など，広範な分野で新しい視点でのデザインが求められている．ユニバーサルデザインは年齢，人種，性別，身体能力などの違いに

かかわらず幅広いユーザー層を前提にデザインを行うことで、福祉のまちづくりの展開に重要な概念である。

■保健・医療・福祉のまちづくり

1995年わが国の65歳以上の人口は14％を超え、高齢化社会から高齢社会へ移行した（❶）。急速に進行する社会の高齢化に対応するためには意識的な変革が求められる。2000年時点での「寝たきり老人」の数は全国で100万人と見積もられており、その6割は3年以上寝たきり状態にある。社会構造の急激な変化は家庭介護の悲惨さを社会的な問題として明らかにしてきた。2000年4月に施行された公的介護保険は、特殊解としての福祉制度を一般解としての保険制度に改めるもので、革命的な変化といえる。

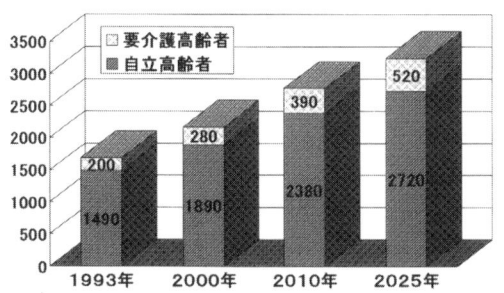

❶65歳以上の自立高齢者と要介護（虚弱・痴呆・寝たきりなど）高齢者の将来推計（平成9年版厚生白書）
高齢者が人口に占める割合は2050年頃をピークに増加を続けるが、要介護高齢者の占める割合も漸増すると予測されている。

高齢者はとくに日常の健康状態への注意が重要であり、予防的な施策が要介護状態や寝たきりへの変化を防ぐ上で効果的である。万一事故や疾患が生じた場合は医学的な処置が必要になるが、長期間の入院は帰る場所を失い、社会的入院につながりやすい。予防としての保健、治療としての医療、そして、生活を継続するための福祉が連携し、一体的にサービスが提供されることが今後ますます重要になってくる。

従来、特別養護老人ホームなどの福祉施設は人里離れた場所に建設されることが多かったが、最近は交通の便利な都市部や、郡部であっても集落の中に計画されるようになってきた。また、保健・福祉センターや医療機関、ケアハウスやグループホームなどの住宅、老人保健施設のようなリハビリテーション施設などが配置され、さらに健康維持や娯楽のための施設が隣接された複合体としての計画が増えている。このような保健・医療・福祉のまちづくりは、過疎地域においては新しい産業として位置づけることもできる（❷）。施

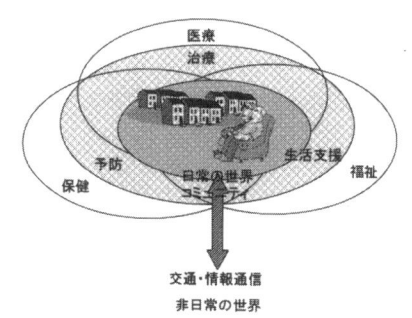

❷保健・医療・福祉の融合したまちづくり
高齢者が安心して生活を送るには、治療としての医療、予防としての保健、生活支援としての福祉が単独としてではなく、複合体としてサービスを提供するしくみづくりが施設としても、コミュニティとしても、また地方行政としても求められている。さらに、交通や情報通信の手段を通してより広い社会との交流も組み込まれているべきである。

設建設という公共投資に加え、自動化が進んだ製造業よりも雇用の場を提供し、食材をはじめとした物販を盛んにする地域密着型の産業といえる。このような施設群には高齢者が安全に利用できるような配慮に加えて、利用に抵抗を感じないような心理的配慮や、地域住民との相互利用が促進されるような共生の思想が取り入れられなくてはならない。これらは、バリアフリーとユニバーサルおよびノーマライゼーションをキーワードとして計画されるであろう。

■少数派にこそグッドデザインを

健康を前面に押し出した取り組みでは、健康を維持することに重点が置かれるあまり、健康を害してしまった弱い立場の人が押しやられる恐れがある。介護保険の施行状況から見ると、高齢者の9割は大きな問題なく生活を送ってはいるが、多数派である彼らもいつ問題を抱えるようになるかわからないという不安があり、これが消費行動を抑えている。健康という明るいところだけでなく、介護や福祉といったどちらかといえば暗い部分にも光を当てることができれば、安心を提供することができる。機能性だけを追求したあてがいぶちのデザインは、使う人に弱者というレッテルを貼ることになりやすい。弱者や少数派にこそよいデザインが提供されるべきであろう。

[相良二朗]

■文献

澤村誠志ほか：高齢障害者の地域リハビリテーションサービスの見直し、平成8年厚生省長寿科学総合研究第3分野第10班報告書, p.63, 1996.

兵庫県長寿社会研究所：高齢社会に対応した新しい住まいとケアのあり方に関する調査研究報告書, p.85, 1997.

2|410 バリアフリーデザインからユニバーサルデザインへ

■生活環境のバリアフリーデザイン

　社会で大多数を占める成人健常者は，日常の使いやすさなど意識せずに環境や製品を使用してきた．それは，従来の生活環境が成人健常者を対象ユーザーとしてデザインされてきたことや，たとえ使いにくくても成人健常者はそれを使いこなせることができたからである．しかし，身体障害者や高齢者など身体的ハンディキャップ者にとっては，それらの生活環境は決して使いやすいものではない．その原因は高齢者，身体障害者の身体特性と従来の環境条件との関係が円滑でないとき，すなわち，ある身体特性をもった人にとって成人健常者用の環境条件がバリア（障壁）となるとき，ハンディキャップ（不利）が生じ，これらの人びとが身体的ハンディキャップ者になるためである．

　バリアフリーデザインとは，ある身体特性をもった人が生活行為を行うとき，バリアとなる環境側の条件を取り除き，使用時に生じるハンディキャップを解消するデザインの考え方である．たとえば，車椅子使用者にとっては，階段や段差がバリアとなって移動不可能になる．これをフリーに（除去）にしハンディキャップを解消するには，スロープやエレベーターの設置，あるいは，段差を除去し移動面を平面にするなどが考えられる．

　わが国でこのような身体的なハンディキャップを被る人びとへの生活環境上の配慮，すなわち，バリアフリーデザインの動きが始まったのは1970年代である．当時は高齢問題がまだ顕著でなく，当初は車椅子使用者や歩行困難者，あるいは視覚障害者などの移動行動のバリアとそのハンディキャップ解消の問題が中心であった．建築分野では主に公共空間や建築空間における建物などへの近づきやすさ（accessibility）の確保の研究が日本建築学会などによって進められた．また，いくつかの地方自治体ではこれらの身体障害者を配慮した環境整備が始められた（日本建築学会，1981）．住宅の分野では，1970年の太陽の家「実験住宅テトラエース」（設計：東京大学生産技術研究所池邊研究室，森政弘研究室，ナショナル住宅）などの試み，また，製品レベルの対応では，重度の障害者を対象とした医療機器，介護機器など医療福祉分野における基礎的技術の開発が始まった時期といえる．

　1981年の国際障害者年，1982年の高齢者問題世界会議に始まる1980年代は，身体障害者配慮の生活環境や到来する高齢社会への国際的動きなど身体的ハンディキャップ者配慮の生活環境デザインが大きな流れとなってきた時代といえる．1980年から通商産業省の新住宅プロジェクトの一環として「高齢者，身体障害者ケアシステム技術の開発」が進められた．このプロジェクトでは，それまで特別仕様で対処していた身体的ハンディキャップ者のための居住空間デザインが，工業技術によって住宅や部品を供給し，一般住宅で身体機能の変化に伴って生じる多様なユーザー要求に，フレキシブルに対応できるシステム技術が提案された（通商産業省，1986）．製品の分野では1970年代に引き続き福祉機器を中心とした身体障害者個人の自立や介助を支援する目的のものがさらに幅広く開発されてきた．これらの機器のデザインには，新しい材料や情報技術などを利用したもの，また使い勝手や形態に優れた製品が多く見られるようになってきた．

■バリアフリーデザインからユニバーサルデザインへ

　1990年代高齢社会に突入したわが国は，高齢者や身体障害者など多様な身体特性をもった人びとが多数集団として大きな比率を社会で占めるようになり，その結果生活環境デザインの視点や方法も従来のバリアフリーデザインをさらに幅広くとらえる方向が求められ始めた．既存の生活環境を改善するというバリアフリーデザインは，ある条件内での改善工事とそのためのコストなどの理由から，そのデザインにも限界が生じる．また，すでに生産・流通ルートにのっている製品に対するバリアフリーデザインは，製品の一部に特別仕様を入れるデザインとなり，製品のコストアップにつながるため，マーケティングの枠外として扱われてきた．これに対し，当初から多様な特性・行動要求をもった人びとを配慮するユニバーサルデザインの概念が1990年代アメリカからわが国に導入され，大きな流れとなってきた．この概念は，アメリカ・ノースカロライナ州立大学ユニバーサルデザインセンターの故ロン・メイスが提唱したもので，消費者市場を前提にした，年齢，能力にかかわらずすべての人が使用可能なデザイン（design for all）という考え方である（Mace, 1998）．この概念は1960年代アメリカで起こった公民権運動の延長線上にあり，1990年にアメリカで成立したADA（American with Disabilities Act：障害をもったアメリカ人法）などがその背景にある．

　わが国では，ユニバーサルデザインをすべての市民の生活行動の確保と自立という理念の確立や，できるだけ多くの人びとができるだけ長く自立することによる社会的な経済的負担の低減，また，新たな生活環境

の視点による新商品の開発というマーケティング上のコンセプトの可能性など，さまざまな方向から検討され始めた．先に述べた1980年代の通商産業省新住宅プロジェクトはユニバーサルデザインという名称ではないが，すでにこの方向で進められてきたため，その成果が1990年代のわが国の住宅デザインの大きな流れとして定着した．また，E&Cプロジェクト（現（財）共用品推進機構）のバリアフリーの商品開発（E&Cプロジェクト，1994，1996），ユニバーサルデザインに関する行政関連の研究会・委員会や標準化の動き，関連学会の一連の研究会など，わが国でも幅広い活動が行われ始めた．

■ユニバーサルデザインの原則・条件

ユニバーサルデザインに包含される概念としてバリアフリーデザイン，アクセシブルデザイン（accessible design：障害をもった人がたやすく近づけ，使用できる製品・環境デザイン），アダプティブデザイン（adaptive design：障害をもった人の特別の要求に対応できるように配慮された一般製品・環境デザイン），トランスジェネレーショナルデザイン（transgenerational design：加齢による身体機能の変化に対応した製品・環境のデザイン）などがある（Pirkl, 1994）．また，わが国ではエイジレスデザイン（大阪府立産業デザイン研究センター，1995）という語も使用されているが，ほぼ，トランスジェネレーショナルデザインと同義語と理解される．

ユニバーサルデザインは以上のように種々の概念を含むが，基本的には社会的公平性の確保を目標にした社会開発の理念と考えられる．そのため，現時点ではこれを達成する具体的な方法が確立されているわけではない．現在は，ユニバーサルデザインに関する種々の事例報告やガイドラインづくりが行われている状況であるが，ロン・メイスが設立したユニバーサルデザインセンターが以下のような七つの原則（The Center for Universal Design, 1996）を提案している．

①公平な使用（equitable use）：誰にでも公平に使用できること
②使用時の柔軟性（flexibility in use）：使う上で自由度の高いこと
③単純で直観的な使用（simple and intuitive to use）：使用方法が簡単で直観的にわかるデザインになっていること
④わかりやすい情報（perceptible information）：環境の条件やユーザーの感覚能力にかかわらず，必要な情報がすぐ理解できること
⑤間違った使用への対処（tolerance for error）：間違った操作や危険につながらないデザインであること
⑥少ない身体的負担（low physical effort）：無理な姿勢や強い力なしで楽に使用できること
⑦接近や使用に対する寸法と空間の確保（size and space for approach and use）：適切な寸法と空間が接近，到達，操作のために用意され，ユーザーの身体，寸法，姿勢，動きと関係なく使えること

以上の原則はきわめて一般的で，生活環境を構成する製品や空間が当然具備すべき条件でもあり，従来のデザインにおいて本来考慮されるべきものであろう．また，わが国のE&Cプロジェクトでは，現状の製品やサービスにおける障害者や高齢者のバリア解消の視点を，開発時から共用品・共用サービスに活用するために，以下の五つの条件を提案している（E&Cプロジェクト，1996）．

①身体的な障害・機能低下のある人もない人も，共に使いやすくなっているもの
②特定の人向けに作られたいわゆる専用品でないもの
③いつでもどこでも，買ったり使ったりできるもの
④他の製品・サービスに比べ価格が高すぎないもの
⑤ずっと継続して製造・販売，または提供されるもの

高齢社会の生活環境のデザインは，以上のような原則や条件がすべての製品や環境に考慮されることが期待される．そのためには，高齢者や身体障害者など，多様な身体特性をもったユーザーと環境との関係分析や，これらの人を配慮した具体的なデザインの方法や評価方法の検討が必要であろう．

［堀田明裕］

■文献

E&Cプロジェクト編：「バリアフリー」の商品開発，同2，日本経済新聞社，1994, 1996.

Pirkl, J. J.: Transgenerational Design Products for An Aging Population, pp.227-228, Van Nostrand Reinhold, 1994.

日本建築学会建築計画委員会ハンディキャップト委員会：ハンディキャップ者配慮の設計手引，pp.10-12, 彰国社，1981.

大阪府立産業デザインセンター：エイジレス商品開発の手法の検討，pp.10-11, 1996.

Mace, R. L.: A Perspective on Universal Design. UD News line, 1(4), 1998.

通商産業省：高齢者・身体障害者ケアシステム技術の開発，同報告書，1980-1984.

The Center for Universal Design: The Principles of Universal Design, http://www2.ncsu.edu/ncsu/design/cud, 1995.

2│501　伝統的造形文化の継承と創新

■外向きから内向きへのベクトルの転換

　江戸時代もしくはそれ以前から日本各地で製造されていた織物・陶磁器・漆器などをはじめとする伝統的工芸品の多くが，明治時代には，世界の仲間入りをするべく，また，進んだ欧米の国々に伍した国づくりをするため，欧米にその名を知らしめる手段として，また，外貨獲得の手段として，海外に輸出された．戦後にあっては，進駐軍向けの土産物として，また，エキゾチックな雰囲気のある調度品として，伝統的工芸技術を活用したコーヒーカップやオードブル入れなどが製造された．総じて，日本経済の中心軸としての重工業が定着・進展して1970年代の高度経済成長の時代を迎えるまでの間，資源の乏しい日本においては，軽工業・手工業による輸出産品として，伝統的工芸品が活用されてきた．こうして，明治以降のこの国における近代化過程の中で，日本各地の地場産業として展開されてきた伝統的工芸品産業は，外貨獲得のための一手段としての位置を担ってきた．

　1974年制定の伝統的工芸品産業振興法（通称「伝産法」）は，伝統的工芸品産業振興のそれまでのベクトルを外向き・海外向きから内向き・国内向きに方向転換したものであったといってよい．

　伝産法は，日本経済の高度成長がまさに絶頂にさしかかったときに制定された．生活の欧米化志向の中で，1960年代には三種の神器（白黒テレビ，電気洗濯機，電気掃除機．白黒テレビは後に電気冷蔵庫に変わる）が，また，1970年代には3C（カー，クーラー，カラーテレビ）に代表される物資が，ほとんどの家庭に導入されていった．そして，1970年代の高度経済成長期には，日本の風土の中で古くから生産・使用されてきた伝統的工芸品が生活者から忘れ去られ，多くの家庭からその姿が消えていった．おのずと，各地に伝えられてきた伝統的工芸品産業はその存立自体が決定的に危ぶまれる状況に陥った．倒産・転業する企業も後を絶たなかった．また，後継者不足も顕在化した．

　そのような中で，広く国民各層から，「伝統的工芸品産業の火を消すな」の声が上がった．工業立国・科学立国としての日本のみならず，決して忘れてはならない「日本の生活文化の顔」として，伝統的工芸品とその産業を維持・継承・発展させていく要求が高まったのである．1974年の伝産法の制定は，国民のそのような声の結晶にほかならなかった．

■国際化の中での日本のアイデンティティ

　今，なぜ伝統的造形文化が問われるのだろうか．その事由の一つに，国際社会における日本のアイデンティティの確立という課題を挙げることができる．

　1980年代までの日本にあっては，島国日本を訪れる外国人の増加，あるいは，海外旅行に出かける日本人の増加といった，いわば表面的な国際化がその実態であった．1990年代に入ってバブル経済が終焉を迎えると，日本は国際経済の荒波にもまれることになった．海外資本が大挙して流入し，大企業も中小企業も，また，国内だけを市場としてきた保険・金融などの企業も，否応なしに国際資本とわたりあわなくてはならなくなった．このように急速に国際化していく日本にあって，いったい，われわれ日本人は，どこに向けて，どのように歩んでいったらよいのだろうか．

　国際化の中での日本のアイデンティティについて，国民生活審議会総合政策部会・新世代生活展望研究会報告書『新世代生活展望研究会報告』は，次のように記している．「今後，日本人はもっと自らのアイデンティティについて真剣に考え，自国に対して自信と誇りをもつことが求められていくのではないか」「日本が国際化のさらなる進展を図るためには，歴史を学び，自分の拠って立つ文化を見つめ直すとともに，世界を十分に理解することが必要であるが，この場合においても，日本人としていかに生きるか，何ができるか，自身のあり方を認識するというアイデンティティを確立し，日本人としての特性を意識しつつ，世界と付き合っていく術を身につけることが不可欠である．（中略）平安文化や江戸文化をはじめとして，過去世界的に優れた文化を生み出したことや，現在でも世界的に優れた技術を開発していること，世界で最長寿国であることなど，日本が世界に誇れるものはいくらでもある」

　上の報告書が指摘するように，今，国際化の進展の中で，「日本とは何か」を問い，「日本ならでは」の伝統的文化を継承発展させていくことが重要課題になっている．おのずと，デザインの世界においても，日本のアイデンティティの継承発展に寄与する活動が求められる．

■生活における伝統的工芸品産業の継承発展

　ところで，1974年に制定された伝産法は，日本各地に伝えられる伝統的工芸品とその産業的特質を次のように規定している．①産品の良質性に加え日常生活の中で用いられる生活用具であること，②中間段階で

機械を用いることはあっても製造の主要部分が手仕事に拠っていること，③少なくとも100年以上の歴史を有する技術・技法で製作されていること，④材料の伝統性があること，⑤一定規模（20企業以上もしくは30人以上の従事者）の産業として定立していること．

伝統的工芸品を「生活用具」と規定するところに，伝産法の特質が象徴的に示されているとともに，伝統的造形文化の継承発展に向けての基本的指針が集約されているといってよいであろう．もちろん，博物館や美術館に陳列されている工芸品や美術品に，日本の伝統的造形文化の特質を見ることもできよう．しかし，同時に，日本人の生活の中で使用されてきたいわば生活雑器としてのさまざまな生活用具も，また，かけがえのない伝統的造形文化にほかならない．

日本各地には，地域社会の中で育まれ，一定の地域で伝統的技術・技法を用いて製造され，今日まで受け継がれてきた伝統的工芸品が数多く存在している．1999年の財団法人伝統的工芸品産業振興協会による調査では，総計1,188品目の伝統的工芸品が日本各地に存在し，中には一県で60品目以上の産品を生産している地域もある．これらの伝統的工芸品は，いずれも，古くから生活用具として人びとに用いられてきたものばかりである．しかも，それらの多くは地域における産業として，多くの人びとの生業となってきた．これらの産業は基本的に，手仕事に拠っている．手仕事は，いったんそれが消滅すると，復興がきわめて困難である．日本文化のアイデンティティの一つがこの手仕事に支えられた伝統的工芸品にあることを考えると，その継承発展に積極的に参画していくデザイン活動が求められる．

■新世紀における伝統的工芸品産業

21世紀においては，伝統的工芸品産業を次の視点で再認識することが必要であろう．①豊かさに満ちた国民生活の実現に貢献する生活文化提案産業，②新しい産業展開に向けてのシーズを提供する産業，③特色ある地域づくりや地域活性化に貢献する産業，④わが国の産業文化を特色づける産業，⑤資源循環型産業の先行形態としての産業．

これらの視点を踏まえ，伝統的工芸品産業へのデザイン領域からの活動指針を記すと，次のようである．

①「地域の個性の華」のデザイン：　日本各地で製作されている伝統的工芸品は，それぞれの地域における生活や人びとの嗜好が反映し，すぐれて個性的である．「多様な個性の共生」としての豊かさを継承展開することが，伝統的工芸品のデザインにほかならない．

②「新しい多様な使い方」のデザイン：　たとえば伝統的な漆椀は，飯や汁のみでなくアイスクリームや菓子などの多様な食品を盛りつけて楽しむことができ，水を入れて花びらを浮かべれば四季の移ろいを楽しむ花生けにもなる．総じて，生活雑器としての伝統的工芸品に対し，「一器一用」ではない「一器多用」な使い方のデザイン展開をしていくことが可能である．

③「体験による認識＝体験知」のデザイン：　伝統的工芸品に関する認識は，生活の中でそれを使用することによって培われる．たとえば，漆器は塗りたてのときよりも生活の中で使用するにしたがって艶が増し，「古びる」はまさに「古美る」であるとの認識を使用体験を通して獲得することができる．それゆえ，使用とともに質が高まる産品という視点を据えた思考展開が伝統的工芸品のデザインには欠かせない．

④「伝統＝新しい」のデザイン：　数々の伝統的工芸品の中には，江戸唐紙の意匠のように，実に粋でモダンなものが少なくない．また，広く東南アジアや西欧の意匠を想起させるものもあり，古くから国際的な文化交流の上に花開いた造形文化であることをうかがわせる．「伝統的工芸品は今日にあっても世界的に通用するモダンな意匠である」との認識に立ち，伝統的工芸品のデザイン継承と展開を図る必要がある．

⑤「ヒューマンスケール」のデザイン：　伝統的工芸品は，長い歴史の中で使用を通じて確かめられ昇華されてきた適度な強度と耐久性を有している．その大きさや重量など，使用者の手に実によくなじんでくれる．伝統的工芸品のデザイン展開にあっては，徹底したヒューマンデザインの理念の継承発展に努めなければならない．

⑥「地産地消」のデザイン：　伝統的工芸品産業は，当該地域の風土と生活に対応して生誕し発展してきたものである．この地域内生産地域内消費を原点とする産業的特質を踏まえ，伝統的工芸品産業のデザイン振興を実践していくことが肝要である．　　　　　［宮崎　清］

■文献

国民生活審議会総合政策部会・新世代生活展望研究会報告書：新世代生活展望研究会報告—次世代に豊かさと活力を引き継ぐために，内閣府，1996年11月．

通商産業省伝統的工芸品産業審議会：21世紀における伝統的工芸品産業の在り方，通商産業省，1999年11月．

2|502　手づくりと機械生産

　18世紀末にイギリスで始まった産業革命は，19世紀前半からは欧米諸国で次々に展開された．産業革命の主軸となった機械化は，新しい産業を創出するとともに，伝統産業に漸次影響を与え，量産化を促進させていった．

　手づくりから機械化への進展は，木材加工品を事例に挙げれば，次のようである．

①製材から製品の加工にいたるまで，すべての工程が手加工で行われる．
②製品の加工はすべて手加工で行われるが，材料の木材は機械で伐採，製材される．
③製品の加工でも機械加工が一部行われ，材料の木材も機械で伐採，製材される．
④製材から製品の加工まで，ほとんどの工程が機械によって行われる．
⑤製材から製品の加工まで，すべての工程が機械によって行われ，一部が自動化される．

　機械の種類は，動力機械，伝達機械，作業機械，知能機械に大別される．実際の機械は，これらの要素が複合されていることが多く，複合的な機械として分類する必要もある．⑤の自動化を高度に展開するためには，作業機械にコンピュータが付加されるから，作業機械と知能機械が複合していることになる．

　手づくりの生産方法の機械化は，装置の発達と連動していることが多い．たとえば，木材の人工乾燥は，作業機械とは異なり，人工乾燥装置を使用して行われる．曲木という技法も，蒸気で木材を蒸すという作業は，蒸し煮窯という装置があって初めて成立する．こうして，機械化と装置は常に一体化している．

■手づくりとその変容

　先の①のような加工を，純粋な手づくりと規定することができる．およそ伝統産業は明治以前からの技術を継承しているが，このタイプの生産方法にも，明治後期以前とその後では少しずつ変化が生じる．ヨーロッパの影響を受けて手工具そのものが変化したため，手づくりではあるが，使用工具の材質や構造が微妙に変化した．従来から使用されていた和鋼（玉鋼）による鍛造では歩留まりが極端に悪いため，明治後期からヨーロッパより洋鋼が輸入されるようになる．使用する鉋（かんな）の形状は似ていても刃の材質は異なるといった現象が，伝統産業にも次々に起きたのである．

　また，明治後期あたりから，ネジの使用が増してくる．ヨーロッパではローマ期の遺構からネジが出土しており，中世には大型の木製ネジもプレス作業に広く使用されていた．

　木工用鉋の類に溝鉋と呼ばれるものがある．ネジで調節する自在案内定規が付加された溝鉋を機械づくり鉋と明治以降呼んでいる．こうしたネジを使用した工具は，すべて欧米の工具を手本としたことから，総じて機械と名付け，従来から使用していた工具と区別したのである．つまり，ネジそのものが機械と同じ扱いをされていたことになり，手工具による①の手づくりの内容も次第に変化し，現在では次のように分類される．

Ⓐ明治以前からの工具，工法を継承した伝統的な手づくり
Ⓑ明治以降に欧米の影響で成立した工具を一部加えて行う手づくり
Ⓒ明治以降に欧米の影響で成立した工具を多数使用し，新しい工法を加えて行う手づくり

　木材加工業においては，Ⓐのタイプは現在皆無に等しい．鉋，鋸という基本工具でさえ，ヨーロッパの影響を受けながら明治中期あたりから徐々に変化しており，現在伝統的と見られている技法そのものも，そうした変化を受けている場合が多い．すなわち，ネジの使用によって正確な定規類が付加され，製造方法の合理化がいたるところで進展したのである．ネジを使用しない場合であっても，ヨーロッパの影響は工具の発達に深く関与している．その事例として鉋の二枚刃が挙げられる．イギリスでは二枚刃の構造をもつ鉋の使用が，18世紀後半よりすでに始まっており，ネジで二枚の刃を互いに固定する構造を採用している．しかしながら，日本では二枚刃はネジを使用しないで固定する方法を考案する．独自な要素もあるが，元々の原理をヨーロッパから学んでいることは明らかである．逆目を防ぐ二枚刃の威力は甚大で，瞬く間に全国を席巻していく．ヨーロッパの技術革命が，アジアの東端に位置する日本まで深く浸透したということになる．

　Ⓒは西ヨーロッパで発達した手づくりの方法を取り入れたものである．日本の手づくりは，少ない工具を巧みに駆使して対応するものであった．たとえば，桶・樽職においては，内丸面の切削を数種の鏟（せん）で対応していたが，明治後期以降には数多くの鉋で切削する方法に変化していく．数多くの専用工具と定規を使用する方法は，日本独自の工作概念ではない．手づくりの概念自体も業種によっては大きく変化してきたのである．

　木材加工の分野で，現在手づくりと呼ぶものは，おおむね②の方法である．樹木の伐採と製材を手工具で

行うことはまれである．製材を前挽鋸で現在行うこともあるが，その目的は貴重な杢をもつ材料を有効に活用するという特殊な場合に限られている．大型の帯鋸による製材が，今日では一般化している．こうした機械化の導入は作業時間の短縮には貢献しているが，木材の製材方法として最適であるとは限らない．縦方向に鋸で木材を挽いた材が，割材より優れた性質をもつ材という論拠はない．製材時間の短縮，木材の有効利用，労働の軽減が，製材作業の機械化移行の主たる目的であった．その反面，材としては優れていても，歩留まりが悪く，労力の必要な割裂法は，産業の近代化の中で衰退していくことになった．

近年の手づくりは，③の一部も含めることが多い．基本加工は機械で行うが，技術の中心となる部分は手工具を使用していることから，手づくりという分類に属すと解釈しているのである．挽物加工の場合においては，電動の木工ろくろ・旋盤を使用して機械化するが，手でバイトをもって工作する場合は手づくりとしているようである．こうした回転体の電動化は，陶磁器製作においても手づくりと位置づけている．電動ろくろを使用しても，加工の主体が手であれば，現代は手づくりと総称しているのである．

①から③に手づくりの規定が移行していく理由の一つは，①での生産能率では特定な高級製品でない限り，生産者の生計が成り立たないからである．伝統文化の中で，手づくりが上手の製品に集中し，下手の製品に機械化がいち早く導入される主たる理由は，製品の低廉価にあったといえよう．下手の製品においても手づくりの作業が長く継承された場合は，簡単には機械化が進行しない特殊な技術が含まれていたということになる．

■**伝統産業における機械化**

日本の近世において，16世紀以降のイギリスで展開したマニュファクチュアと同一規定できる産業が存在したかどうかについては，いまだ確たる結論が示されない．しかしながら，分業化した手工業が明治期以前に存在したことは確かである．その状況を陶磁器業と樽業に見ることにしよう．

周知のように，陶磁器業に関しては，中国が先行していた．17～18世紀の景徳鎮は，生産方法・装置という面から見ても，世界をリードしていた．わが国の瀬戸や有田においても，景徳鎮の規模には及ばないが，他の産業に比較して，分業化が江戸期より進展していた．とくに有田の製品は，東インド貿易を通して世界の市場で高い評価を得ていたことに示されるように，優れた技術力を保持していた．有田は泉山陶石と呼ばれる磁器の原料を産出した．この材料の優位性が，高級磁器の生産に力を注ぐ要因となり，精度の高い分業生産が展開されることになる．しかしながら，こうした高級品を目的とする生産体制では，なぜか機械化は急速に展開しない．とくに，筆を使用した絵画表現には機械化の導入が困難で，結果的に手づくりによる分業化が明治以降も継承されることになり，小規模企業によって伝統技術が長く伝承されることとなった．

有田とは逆に，磁器材料の陶石に恵まれなかった瀬戸は，風化長石と白色粘土によって磁器を創出していくが，常に改良と工夫を余儀なくされた．有田の高級化に対し，やや普及品を商品化していった瀬戸は，輸出振興に伴う洋風技術の導入を明治以降積極的に進めていく．結果的に，瀬戸の陶磁器産業は，碍子やタイルに代表される近代工業に関与することが多くなり，機械化の進展は有田とは比較にならないほど大規模なものになる．有田と瀬戸という長い伝統をもつ陶磁器産業においても，分業化から機械化への進展は必ずしも同じ道を歩まなかったのである．

樽業の場合は，次のようである．江戸時代の中期から後期にかけて，西宮と灘地方で生産された酒は膨大な量で，1856(安政3)年に江戸へ送られた樽は，実に94万6000に及んでいる．樽生産に必要な大量の木材は吉野の植林が支え，継続的に樽を生産するシステムが確立されていった．ところが，小規模で経営される樽業の分業化は一定以上進展せず，明治以降も従来の方法で対応していた．樽業で機械化がなされていくのは，伝統的な醸造用の樽ではなく，輸出用のセメント樽が先であった．1895(明治28)年に深川のセメント工場が輸入樽を模造し，松材でわが国最初の輸出用セメント樽を製造する．翌1896年には，名古屋の浅野木工所が蒸気機関を利用して輸出用のセメント樽を製造している．樽の形は洋樽と同じ規格となり，ヨーロッパの円筒鋸がその後輸入され，安価なセメント樽の量産化を促進させていく．つまり，従来の和樽が機械化されたのではなく，洋樽の技術と機械を同時に導入し，セメントの輸出に備えたのである．

和樽の製造が機械化される契機は，1905(明治38)年になって，野田の醤油樽に秋田杉を大量に使用するようになったことにある．その後，大量生産化する野田の樽業に刺激され，東西の樽業が競い合って機械化

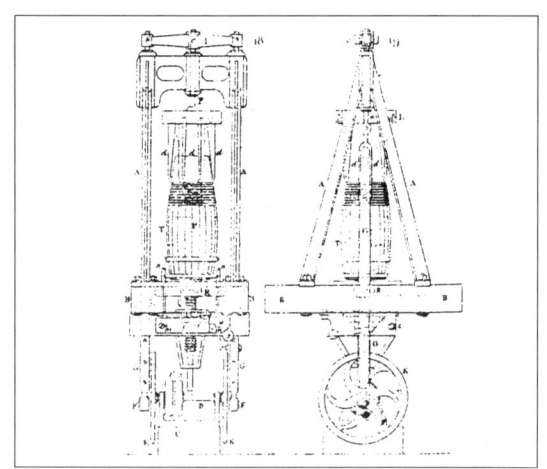

❶19世紀ヨーロッパの箍（たが）締め機械

❷江戸期の箍締め作業（今様職人尽百人一首）

に取り組むことになったが，機械化のモデルになったのは，❶に示したようなヨーロッパの樽用機械であった．ヨーロッパの機械を改良して特許にすることを一つの目標としていたようで，こうした風潮は樽業に限ったものではなかった．樽業の機械化は，量産化を前提とする醸造業に関連する業界に進展するが，地方の樽業では❷に似た伝統的な手加工に終始していた．樽業も陶磁器産業と同様に，江戸期から分業化がいち早くなされていたが，明治期以降に大量生産を急速に促進させていった醤油業の傘下にある企業だけが，機械化の導入を積極的に行っていった．酒造業で使用する樽は高価であることから，機械化への取り組みはやや遅れた．

■機械化の進展

先に分類した③〜⑤の展開が機械化の進展ということになるが，機械化が導入される際に，新しい技術が付加されるかどうかがポイントになる．つまり，似たような形態をした製品であっても，手加工の延長上に位置する機械化と，まったく異なる体系の技術で機械化するものが存在する．

前者の代表的な事例に木工ろくろ，木工旋盤による挽き加工が挙げられる．木工旋盤や木工ろくろの加工は，機械化がなされるまでは，装置を駆動させることに多くの労力が必要であった．一人が装置を回転させ，一人が刃物で加工するという二人での操作や，脚で装置を回転させて手で刃物を扱う一人での操作があった．その後，回転操作の電動化が進み，一人で刃物による加工に専念する作業形態となる．やがて量産化のための倣い装置が開発され，同じ形状の加工物を量産することが可能となった．この倣い装置に取り付けるバイトは，手動の基本加工を行うバイトと似た形状をしている．つまり，手加工に類似した切削を機械化したことで，同一形状の加工を繰り返し行っているのである．

後者の事例には，木材の曲げ加工が挙げられる．ウインザーチェアでは肘や背の部分に曲面を施しているが，19世紀前半までの製品は，ブナ材を湯で煮て曲げるという湯曲げ法で対応していたようである．19世紀の半ばになり，トーネット社がオーストリアで木材を蒸して曲げる技術を開発し，その後蒸し曲げ法によって曲面を成形することが主流となる．量産化を目的としたウインザーチェア製作においては，おおむねこの蒸し曲げ法を採用することになる．湯曲げ法によって形成された独自の形状が，より強い曲面形状を得ることができる蒸し曲げ法に変化したのである．この蒸して木材を軟らかくするという方法自体は，湯で煮ることと大きな相異点はない．トーネット社が取得した特許は，蒸した木に帯鉄を外面に当て，厚い材を一気に曲げるというものである．この方法は，二次元の曲げ加工に機械化の導入を可能にし，曲木椅子の大量生産に大きな貢献をした．

蒸し曲げ法は造船にいち早く導入されるが，明治30年代の後半から曲木いすに導入され，現在も少数の企業で行われている．

❸〜❺は，オーストリアのトーネット社で行われる曲げ加工の装置・機械・作業の場面である．❸は蒸気で木を蒸す装置で，機械ではない．❹は，いすの脚と背になる部分を手で曲げている場面である．こうした三次元の曲げ加工は機械化がむずかしかったから，現在でも手加工でなされている．❺では，機械による曲

第5章 | 伝統文化のデザイン

げ加工を行っている．手で材料を曲げるのではなく，治具そのものを回転させている．二次元の曲げの機械化は19世紀より進み，現在ではほとんどの企業が機械で曲げている．

三次元の曲げ加工についても，現在の科学技術を導入すれば，今後機械化される可能性がある．

■手づくりと機械生産の共存

現代における手づくりは，その規定が必ずしも明確ではない．純粋な手づくりとされる伝統産業でも，明治以前の製作技術を継承している場合は総じて少ない．伝統産業が古い時代からの技術に依拠しているとみなすことは，必ずしもできない．

機械化の歴史は，科学技術の発達と常に連動している．伝統産業における機械化の問題は，元々の手加工が機械化されたのか，または新たな加工方法が新しい機械によって成立したのかを検証することが大切である．さらに，機械化の技術開発費が生産コストと生産量の拡大にどのように関連しているかを知ることも，機械化のもつ意味を知る手がかりになる．

今後の手づくりと機械生産の共存を検討する際，重要な課題は製品の質である．19世紀後半より手づくりを重視したアーツ・アンド・クラフツ運動が開始された．この運動は，機械化による大量生産で製品の質が低下したことを契機としている．19世紀の機械化と21世紀の機械化を同一視することはできないが，製品の質に手づくりの精度が常に深くかかわっていることは共通している．その一つの事例に木材加工の倣い装置がある．

電動木工旋盤，木工ろくろで製品を量産する場合，倣い装置を使用する．ただし，倣い装置を使用する場合には，製品の表面形状に制約がある．小さなアールや直線の組み合わせによる角度の変更は，単一の倣いゲージによる切削では無理である．手づくりに近い精度を求めるには，複数のゲージとバイトを用意する必要がある．人間の手加工による技と製品の質を機械は簡単には超えることはできない．手づくりの質は，今後も製品の質を判断する大切な指標となっていく．

〔石村真一〕

❸蒸し煮窯（トーネット社）

❹手曲げ作業（トーネット社）

❺機械曲げ作業（トーネット社）

■文献
Paurin-Désormeaux, M. M. and Ott, H.：Tonnelier, Édition France-Livres, 1982.
石村真一：桶・樽（Ⅰ・Ⅱ・Ⅲ），法政大学出版局，1996．
S. ギーディオン著，栄久庵祥二訳：機械化の文化史，鹿島出版会，1977．

2|503 伝統工芸と伝統的工芸

■デザインにおける「工芸」の位置づけ

「伝統工芸」ならびに「伝統的工芸」は、「伝統」あるいは「伝統的」という語と「工芸」という語が結合してできていることは見ての通りである。したがって、「伝統工芸」および「伝統的工芸」を説明するには、それらがなぜ結合されたのか、また、さらにさかのぼって「工芸」という語の成立の経緯から見ていかなければならない。

日本におけるデザインは、工芸を抜きにして語ることはできない。現在の概念規定からいえば、デザインは機械生産による大量生産のための技術、他方、工芸は多分に手工業的なニュアンスでとらえられ、両者はかけ離れた存在と見られがちである。ところが、歴史をさかのぼってみると、今日の「デザイン」と派生時における「工芸」の語とは、概念的に見ると非常に近い存在であったことがわかる。

■「工芸」の派生

そもそも、「工芸」の語は中国に端を発し、技芸と同様に絵画を含めた手工的な工作技術を指した。工芸品が、いにしえより存在することから、ともすると「工芸」という語は古いと思われがちであるが、日本に「工芸」という語が導入されたのは明治時代に入ってからのことである。文明開化により欧米の技術水準への到達をめざした明治政府は、お雇い外国人により、農業や重工業などの技術の導入とともに、欧米の教育システムを導入した。その中で、西洋音楽や西洋美術が紹介され、教養として美術教育が導入され、「美術」という概念が定着した。また、fine artの訳語として「美術」が使われ、fine art（純粋美術）に対するapplied art（応用美術）の訳語として「工芸」の語が使用された。こうして、「美術」と「工芸」との分化がなされた。

■用の技術としての工芸

1873（明治6）年のウィーン万国博覧会で好評を博した工芸は外貨獲得のための手段として注目され、政府主導による数々の輸出工芸振興政策がとられてきた。その一環として1878（明治11）年に商工省の命により黒川真頼がまとめた『工芸志料』の中では、「工芸」の語は美術的要素を含めた工作技術の意味で用いられている。『工芸志料』の中で、黒川真頼は、工芸を織工・石工・陶工・木工・革工・漆工・金工・角工・紙工・画工の10部に分けている。もちろん、これらの技術は明治時代に「工芸」として扱われる以前より日本に存在していた。しかしながら、これらをとりまとめて表現する語は存在しなかった。江戸時代には、生活用具のほぼすべてが手工的な技術にもとづいて制作されていたが、とくにそれらをまとめて表現する語は存在しなかった。手工的技術を職能とする職人は、「士・農・工・商」の「工」に属し、生活用具づくり全般にたずさわる人びとと規定されていた。したがって、ここにこうして、江戸時代に「工」に属し、生活用具づくり全般にたずさわる人びとによる工作技術を、明治時代に「工芸」という概念で呼ぶようになったのである。

■工業と工芸

「工芸」の語は多分に手工的、軽工業的な意味を有し、明らかに「工業」とは異なる意味で用いられている。この意味の相違については、おおよそ、明治時代中期までの日本の産業構造を考えれば明らかである。すなわち、明治時代前期までは、日本の工業の多くは軽工業であり、「工芸」と「工業」との分化がなされていなかった。1885（明治18）年に東京大学に工芸学部が設置されたが、そこに含まれた学科は機械工学、土木工学、応用化学などで、今日の工学や工業に相当する意味合いが強かった。「工芸」という語が、数学や物理などの理学に対し、それらを応用する技術という意味で用いられていたのである。「工芸」は、一方では応用美術と位置づけられていたのに対し、他方では、理学を応用するための技術として位置づけられていた。一見かけ離れているように見えるものの、両者は応用のための技術という点で一致している。このことは「工芸」の概念を理解する上で興味深い。

しかしながら、明治時代の中期以降、西欧の技術が徐々に浸透し、日本における工業が手工業、軽工業、重工業と複合化するにしたがい、西洋的、科学的、機械的な技術を「工業」と位置づけ、芸術的、伝統的、手加工的な技術を「工芸」と位置づけるようになった。このように、「工芸」という語は複合した意味領域を包括しながら、また時代によって異なる概念規定がなされながら、今日に至っている。

■工芸における美術工芸と産業工芸

明治時代に概念規定がなされた「工芸」には、大きく二つの流れがある。一つはfine artに含まれる美術工芸であり、もう一つはapplied artとしての「用の美」の工芸である。後者は、産業工芸とも呼ばれる。

美術工芸としての工芸は、絵画や彫刻などと同様に

美術の中に含まれる．1890（明治23）年に創設された帝室技芸員は，日本美術の保護と奨励を目的として，画工・彫工・金工・漆工・織工の技芸を有する人員として帝国博物館総長に認められた者で，工芸の美術的要素を重視した政策の反映である．

一方，工芸はapplied artはもちろん，実用技術，産業的技術，量産技術などの意味で用いられ，広く手工業や軽工業を指した．昭和の時代に入ってから用いられるようになった「産業工芸」の語には，現在の「工芸」の語がもつ手工的，伝統的，美術的な要素は比較的薄かった．

なお，政府主導による輸出工芸振興政策の中では，工芸は美術というよりはむしろ産業としての意味合いが強かった．そのため，工芸の科学化や量産化が提唱された．

■伝統工芸と伝統的工芸

現在，一般的に，「工芸」という語から連想されるのは手工的なモノづくりの技術である．しかし，今日，「工芸」の語には，日本の伝統的な工芸に加えて，日本以外の国の工芸や職能集団によらない個人的な趣味の領域のモノづくりも含まれるようになってきた．いわば「工芸」の多様化である．そのような中で，江戸時代以前にその起源を有する「工芸」を指し示す語として「伝統工芸」「伝統的工芸」の語が生まれた．

「伝統」の文字の後に「的」が付いた「伝統的工芸」と「的」が付かない「伝統工芸」には，違いはあるのだろうか．周知のように，「的」は「～らしい」という意味を含むが，「伝統工芸」と「伝統的工芸」という二つの言葉の間にはそれ以上の相違はないといってよい．また，一般的にはほとんどの場合において区別されていない．「伝統工芸」「伝統的工芸」という概念は，行政的な区分用語である．

「伝統工芸」は文化庁が所管する領域である．「伝統工芸技術・文化財保存技術の保存伝承活動」の一環として，文化庁主催により，「歴史上もしくは芸術上価値の高い工芸技術の保護・育成」を目的とした「日本伝統工芸展」が毎年開催されている．これに対し，「伝統的工芸」は経済産業省が所管するもので，「伝統工芸」が主として伝統工芸の技術をもつ個人に対する保護・育成を主眼としているのに対して，地域産業として伝統的工芸品を生産する産地の保護・育成を図っている．これらを前述した明治時代からの流れに対応させるならば，前者は「美術工芸」に，後者は「産業工芸」に対応しているといえる．そして，これらの二つが両輪となって現代の日本の工芸文化を牽引している．なお，これらにかかわる法律については，第4部の第7章に解説されているので，参照されたい．

■工芸文化の継承をめざして

「伝統工芸」は最高峰の工芸技術の保護・育成によって工芸文化の美術的・技術的な水準を引き上げ，他方「伝統的工芸」は民衆の生活に根ざした生活用具の展開によって工芸文化の基層を下支えしている．このことは，「工芸」の有する本質的な要求事項である「用と美」に対応する．すなわち，生活用具としての「用」と，伝統的な技術に裏づけられた「美」の両輪が調和して動くことによって，初めて「工芸」が成り立つのである．

「文化」を民衆の暮らしぶりと定義するならば，工芸文化の継承のためには，「工芸」が広く民衆の生活に浸透し，「用」として暮らしを支えながら，「美」として暮らしを豊かに彩らなければならない．文化を創るのも民衆であるならば，それを継承するのも民衆である．明治以来，工芸品は手仕事によるため，大量に均一な製品を生産することができないことが弱点とされてきた．しかし，工業化の進んだ現在，むしろ少量多品種生産である工芸品の多様性は，民衆に取捨選択の幅の広さを与え，大量生産品とは異なる次元で民衆の生活文化形成に役立っている．

日本において「工芸」の語が誕生したのは，ウィリアム・モリス（William Morris）が工業化に向けて突き進むヨーロッパにおいて手仕事への回帰を呼びかけたのとほぼ同時期である．「工芸」の概念は，手仕事と機械生産との分化が始まった時期に誕生し，現在のデザインの概念に通底する点を数多く内包している．その意味においても，「工芸」という概念は，デザインの歴史における重要事項である．

［田中みなみ］

■文献

出原栄一：日本のデザイン運動，ぺりかん社，1985.
遠藤元男・竹内淳子：日本史小百科11・工芸，近藤出版社，1980.

2|504 伝統技術の伝承

■古代の技術伝承

生活のための用具製造の技術は，当然原始の時代から行われてはいたが，その高度な技術は5世紀頃に朝鮮半島からの移住者によってもたらされた．大和の天皇国家は，新渡来の工人たちの多くを部民(品部)として統制下に置き，先進的な技術を独占し権力を強化した．中心となる伴造は部民を指導し，国の必要とする物資の製作を担当したが，これらの技術の伝承は，その部の中でとくに家業として親子という関係の中で行われたと考えられる．その後も国家は集権制を図り，それら技術者を組織の中に組み込んでいく．しかし，古代国家の現業組織では組織上の上下に私的な結合関係はなく，雇用者から仕事に対する給付を受ける存在であった．しかも彼らの生活を支える主な業は農業であった(浅香，1971)．

10世紀頃から木工・仏師・織物などの部門で生産手段の私有化が始まり，新しい労働力の職階的な構成が見られる．そこには親方の命により働く弟子の存在が生じ，技術の指導と習得を目的とする私的な結合も生まれた．『春日権現験記絵』に見られるように，小者衆・童部など未成年者の労働もあったと考えられている(❶)．

15世紀頃から都市を中心とした貨幣経済の発展により，それまでの注文生産から商品としての見込み生産が行われるようになり，農業から独立しての手工業の成立が見られる．室町時代に成立した『職人歌合』には，こうした職業に従事する職人が詠まれ，都市の需要に応じて発展した彼らの様子を見ることができる．荘園制の下で職人達は座を結成し，座役を納入した領主の庇護の下で独占的な営業権をもっていたが，座に縛られない新興職人・商人層が台頭するにしたがって，信長や秀吉による楽市・楽座の例で知られるように商工業は直接領主の統制を受けることになり，公家や社寺が所有していた特権的な座は没落した．

近世の城下町が形成される際，領主は彼らを業種ごとに一定の地域に居住させ，経済的な統制を図った．現在でも鍛冶屋町・紺屋町・大工町などの地名が残る旧城下町も多い(遠藤，1956)．

■徒弟制度と技術伝承

近世には徒弟制度が確立し，その制度のもとでの技術伝習システムが一般的なものとなってくる．

職人は，①親方，②職人・手伝，③徒弟の三つの階層に分けられるが，徒弟制度とは非血縁者を雇用契約によって徒弟とし，見習工として親方の家に住み込ませ，家事や仕事の雑役に従事させながら技術指導を行い，一定の養成期間を経たのち職人として独立させるという制度であり，江戸時代においては技術伝習の基本的システムとなっていた．

徒弟として弟子入りを許されるには，いくつかの条件がある．まず年齢であるが，技術の習得に適し，また安い労働力であるということからも低年齢の者が喜ばれた．親も子供が早く職を身につけ自立することを望んでいた事情もある．『雍州府志』には17世紀の京都では12, 3歳が一般的であると記されているが，10～16歳くらいの者が多かった．その他に前科者でないことや，さらに労働力が不足した大都市以外の地方では，技術の漏洩を防ぐために他領出身者でないことなどが条件とされた．江戸期には士農工商という身分の固定制度も確立し，家業も長子相続が一般的となったことから，町人の二・三男，あるいは相続する土地ももたない農家の二・三男が，徒弟として商工業に従事する例が多かったと考えられる(❷)．

弟子入りを希望する場合は，まず「お目見得」として

❶ 『春日権現験記絵』に見る童部（日野永一『木工具の歴史』第一法規出版，1989年より）

第5章｜伝統文化のデザイン

❷江戸時代の親方と弟子塗師（左：『和国諸職絵尽』より）と木地師（右：『日本山海名物図会』より）

親方と会う．その場で弟子入りが決まることもあるが，時には数日間仕事をさせ適性を見てから決めることもあった．徒弟の側でも気に入らねば断わることもできたが，一度その家で食事をしたら断われない，一度断わればれば同種の職に就けないなどの慣習もあった．

親方の承諾を得ると親は手付けや酒肴料を納め，正式な契約として弟子の側から請状を差し出した．これには親や請け人（保証人）の連判が必要であり，ここには親方が無料で技術指導を行い，衣食住一切の面倒を見る代わりに，中途解約の場合は違約金を支払うことなどが明示されていた．1660年には，幕府によって必ずこの請状を取ることを命じられていたが，実際には口約束だけで正式な請状の作成を行わなかった例も少なくない．

明治期ではあるが，その請状（徒弟契約証書）に示された契約条項の例を示す（❸）．なお，これは石版印刷によるもので，所定の場所に氏名のみ記入すればよく，当時の一般的な書式であったと思われる．

通常職人の奉公期間は10年程度が多いが，商家では20年の例もあった．上記の例では10年となっている．明治以降は，義務教育と徴兵検査のため短くなり，通い弟子も出てくるようになる．

この間朝早くから夜遅くまで家事労働に追われ，昼は雑役というつらい毎日が一般的であった．技術の習得といってもとくに指導を受けるわけでなく，見よう見真似で学び取るしかなかった．衣食住一切は支給されたが，衣は押仕着せで夏冬2回が普通，休暇は正月・7月に3日ずつの藪入りだけで，小遣いはもらっ

ても給金はもらえない場合もあった．こうした苦しい生活に耐えきれず，駆け落ちして奉公期間中に逃げ出す者もあった．また期間中に暇を取った者には，請状にあるように1カ月いくらという飯料を弁償させた．

もっともこれを経験した者の述懐として，12，3歳では重労働は肉体的にも無理なので，身体がどうやら堪えられるまでに成長するのを待つと同時に，肉体自身を職人的なものに育てていくことと，職人生活の慣

　一．徒弟修業契約年期は◯年◯月◯日より◯年◯月◯日迄とす
　一．右年限内は貴殿御指揮の休暇日を除く外欠勤する事無之は勿論に矣處万一徒弟◯◯に於て不得止事故の為め日数を欠く事七日以上に及ぶ時は満期日後引続き補充致させ矣事　但し徴兵服務は此限りにあらず
　一．徒弟◯◯に於て徒弟契約期中は貴殿より無料にて業務を御教授被下矣而巳ならず食料着類等御給与被下矣就而は契約期限中は業務勉励仕らせ矣は勿論諸事御指揮に従い正実に服務可致矣事
　一．徒弟◯◯に於て前項に背き又は不品行の所為有之か其他御家定に背き若くは授業上御見込無之と御認定の上は契約年期中たりとも徒弟契約の解除御申出相成矣はば何時にても異論無く本人の身体及所持品等は証人◯◯と連帯にて速に引取諸事御指揮に従い可申矣事
　一．徒弟若くは其親族等に於ては徒弟契約期限中は決して此契約の解除を申出る等の義は致す間敷矣事
　一．前数項に背くか又は徒弟の行為に依り破約申出る節は契約当初より一ヶ月の食費及授業料を金◯円と見積り破約年月迄計算し本人は勿論証人（保証人）等此証書の署名者連帯して一時弁償可仕矣事

❸徒弟契約証書の例

251

習になれさせるという効用をもっていた(稲葉, 1957).

奉公が完了し年季が明けても，御礼奉公・恩返し奉公として，半年から数年(普通は1年)の間無給・半給で働いた．独立して仕事を始めるときは，主人から道具や資本の一部を与えられた．

こうした徒弟期間中に，どのように技術を習得したか2, 3の例を見てみたい(吉田, 1976；佐藤, 1962)．

1. 大工（愛媛県/昭和初期）
徒弟期間　16歳から21歳（5年）　　（維新前は14歳から25歳／10年）
仕事　1年目　雑用，道具修理，穴ほり道具とぎ，鋸引
　　　2年目　道具とぎ，建前手伝に従事
　　　4年目　技術習得
御礼奉公　1年（満期時に道具，羽織，袴を給与）

2. 家具工（愛媛県/昭和初期）
徒弟期間　12歳から20歳　（冬は足袋なし，自由外出なし）
仕事　膠着け手伝，荒削り，鋸引，塗下地手伝→桟削り，胴物（下駄箱，戸棚），既製品もの→タンス，仏壇，日本家具の注文品→飾窓，ケース，洋家具の注文品

3. 塗師（輪島）
徒弟期間　7年（安政頃まで13年，慶応頃から7年）
仕事　1年目　ほいまわし（追い回し/雑役）
　　　2年目　漆のクロメ（水分を抜く），カヤリ取り（塗りためを防ぐための品物の反転），木地，磨き
　　　3年目　俎板（仕事台）が与えられ，塗り仕事が許される．
　　　7年目　上塗り
御礼奉公　年季明けの12月25日の夜に親方との間に親子盃が交わされる．儀式が終わると弓張提灯を掲げ伊勢音頭で送り出される．正月4日からは1年間職人の半作料（賃金の半分）で御礼奉公を行う．

こうして年季を終えると職人としての資格を得るが，職人が親方になる道は狭く，18世紀には極端な制限も加えられて親方の息子か，親方株を譲り受けるか，買い取ることのできた者だけとなった．一般の職人は手間取りとして雇われ，賃金労働者となる者が多かった．

■伝統的工芸品産業に見る技術伝承

明治期の学校教育制度の整備にしたがって，工芸・工業高校が設立され，また徒弟制度の是正を目的の一つとして徒弟学校の設立も行われた．これらの学校はその後の教育制度の整備，とくに1893（明治27）年に実業教育費国庫補助法が制定されてからは，工芸学校・工業学校として伝統的な地場産業の中堅となる人材を養成していくこととなる．しかし，伝統的な手工業の分野では零細企業が多いため，これらの制度とは関係なく，徒弟制度による技術伝承の教育を色濃く残していたところも少なくない．

第二次大戦後，義務教育が9年に延長され，また兵役制度もなくなり，徒弟制度を取り巻く環境も大きく変化した．それに労働契約に関する意識は大きく変化し，近代的産業と同様に見習い期間から給与を支給する形態へと変化している．

高度成長期以降，伝統的産業は生活の洋風化に伴う需要の伸び悩みから従事者数は減少し，さらに近代工業と比較した労働条件の厳しさから若年労働力を惹きつける力を失い，後継者の不足に悩んでいるのが現状である．子どもが跡を継がないため，数百年も続いた家業を放棄せざるを得ないといったケースすらある．伝統的工芸品産業に例を取ると，通商産業省伝統的工芸品産業室の調査（1998）によれば，1974年に28万人いた従事者は98年には11万5千人と全体数の減少も著しいが，その中で1974年に約3割を占めていた30歳未満の従業者は98年には1割と，急激に老齢化が進んでもいる．

こうした状況の中では技術の伝承すら難しい状態であるが，その困難の中でどのようにそれが行われているかを見たい．

まず技術伝承の前提となる後継者の確保についてであるが，全体的に見ると約70％しか充足できていないが，実態は業種によって異なる．陶磁器・木工などの分野ではほぼ必要数を確保しているが，30％程度しか補充できない分野もある．総じて，たとえば陶器のように一貫制作を主体とし，またそこに自己表現が行われる場では後継者不足はあまり問題とならないが，人目に付きにくい，しかも分業形態をとる分野には人が集まらないという傾向が見られる．

各地の伝統的工芸品産業では，現在後継者に対しての技術の伝承をどのような形態で行っているのであろうか．上記の調査によると，徒弟制度が中心となっているものが6割弱，企業での研修中心が2割強，そして組合や試験所などの公的機関によるものが2割となっている．これらの中で徒弟制度のみに頼っているのは20％を占めている．現在にあってもやはり徒弟制度の形態が中心となっている様子がうかがえる．もちろん徒弟制度といっても過去のそれとは同一ではない．家事労働は皆無とはいえないまでもほとんど見られないし，通い弟子が多い．また高学歴指向の現在では，学歴や年齢もさまざまである．地場産業ではその

第5章｜伝統文化のデザイン

地に設置された工業高校の卒業生も少なくない．そして雇用形態である以上，賃金の支払いを行う必要がある．長期間の技術習得の間，零細な個人企業ではその負担は大きい．そのため都道府県の中には伝統的産業振興のため，雇用者に対し一定期間補助を行う制度をとっているところもある．

　組合が中心となって研修施設を設置し，共同で研修を行うところも少なくない．その場合，各産地における伝統工芸士の資格保持者に指導の中心となってもらうことが期待されている．また，各産地の工業試験所が講習会を開催したり，研究生を受け入れたりしている例も見られる．

　伝産法(伝統的工芸品産業振興法)による後継者の確保・育成，消費者との交流を目的とした「伝統産業支援センター」が全国で数カ所設置されているが，その中の一つ(財)京都伝統工芸産業支援センターでは，1995年に「京都伝統工芸専門校」を園部町に開校し，従来の徒弟制度に代え，講義による基礎教育と工房での実技教育を組み合わせた2年間の技術者育成を行っているが，ここではマーケティングや情報処理などの経営感覚も習得させることを意図している．京都の各組合から派遣された伝統工芸士が伝統技術の指導にあたり，卒業生は京都のみならず，全国の伝統的工芸品産地の企業に就職している．

　なお，今後の伝統的工芸品産業の技術指導の一つのあり方として，ここでのカリキュラムを紹介しておく．

◇一般教養課程：生活関係論・現代社会学・英語会話・教養科目（華道・書道・茶道）
◇専門教育課程
　①講義：工芸概論・デザイン論・日本文化論・工芸史・マーケティング学・生産経営管理学・伝統産業論・色彩学・素材論・工芸基礎専門学など
　②実習：基礎加工技術・デザイン実習・情報処理実習・工房実習・卒業製作

　伝統技術の伝承においては，近代的な学校教育制度が万能とはいえない面をもっている．親方の下で仕事を見習うというインターンシステムは，医師・弁護士・建築家・教師などの教育においても必要であろう．今後旧来の徒弟制度とは異なった，新しい徒弟制度による伝統技術の伝承の確立が行われることが必要になろう（❹）．

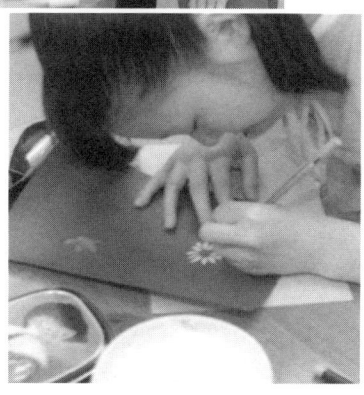

[日野永一]

❹現代の伝統技術伝習に励む若者（「京都伝統工芸専門校」案内より）

■文献
浅香年木：日本古代手工業史の研究，p.96，法政大学出版局，1971．
遠藤元男：職人の歴史，p.172，至文堂，1956．
稲場真吾：町大工，p.53，平凡社，1957．
吉田光邦：日本の職人，p.270，角川書店，1976．
佐藤守ほか：徒弟教育の研究，p.151，お茶の水書房，1962．
遠藤元男：近世職人史話，小川書房，1946年．
遠藤元男：職人と手仕事の歴史，東洋経済新報社，1978．
鈴木棠三編：日本職人辞典，東京堂，1985．
田村栄太郎：日本職人技術文化史(上)，雄山閣，1984．
吉田光邦：京の手仕事，駸々堂，1971．

2|505 伝統を生かしたデザイン

■伝統とは

　身の周りにある伝統的なデザインといえば，和服，下駄や草履，箸や椀，畳，木造の社寺建築などさまざまなものを挙げることができる．また，伝統的工芸品という言葉は，国の「伝統的工芸品産地の振興に関する法律」の対象となる工芸品であることを示すものである．そのような限定された意味にとらわれずに伝統（tradition）という言葉を辞書で引くと「ある系統を受け伝えること．また，受け伝えた系統」とあり，一定の連続性やまとまりのあるものが伝えられることと理解できる．伝統の対象として何が伝えられるかは重要なことであるが，ここでは，伝えられるものを慣習（custom），実用機能（function），形態（form）の三つの側面から見ていくことにする．

■慣習のデザイン

　高度成長期の始まる昭和30年代初めまでは，一般庶民の生活は江戸時代，明治時代とそう変わらない状態であったといえる．大きな変化があったのは東京や大阪を中心とした大都市周辺だけであり，大多数の農山漁村での生活はたいした変化がなかった．そうした生活を具体的に示してくれるのは，民芸・民具（folk craft）として民芸館や博物館に収蔵展示されているものである．民芸は柳宗悦を中心とした民芸運動を推進する人びとによって，庶民が作り使っていたものの中から美しさを基準として選び出されたものである．その母体は，民具すなわち近世・近代における庶民生活で用いられてきた生活用具であると位置づけてよいであろう．

　人間は衣食住の基本的生活の変化には保守的であり，なかなか変えようとしない傾向がある．箸の使用，畳空間を軸とした座式生活，これと関連する屋内で靴を履かない習慣などが頭に浮かぶ．習慣のデザインは長い間に選択されて一定の決まった行動パターンの中に位置づけられ，結果として形が決まったもの，すなわち長い年月の中でデザインされたものである．具体的には，家父長制にもとづいてイロリの周りの座り方が決められていたり，あるいは空間がそのために形づくられたりといった社会制度と関係づけられながら，作り方，使い方が決められてきたデザインである．

　例として背負子または背負梯子と呼ばれる運搬具を取り上げてみよう．背負子は日本の近世から山がちの地形の場所で種々の物資運搬に用いられた．それは全国に分布するが，民具研究の中では大まかな類型化がなされ，荷物を支える爪と呼ばれる腕木が付いたもの

❶山口県玖珂郡錦町の背負子

とそうでないもの，すなわち有爪型と無爪型に分けられている．ここで取り上げる山口県錦町域の背負子は有爪型で，朝鮮半島のチゲと呼ばれる背負子に近い形をしているため，その影響が考えられている（❶）．この地域の背負子を対象として，作り方から一集落全員の背負子の形態調査，実際に荷物を背負っての人間工学的調査まで詳しい調査分析が行われた．その結果，背負子は一人一人個人所有であり，個人の人体に合わせて大きさや背負い紐の調節がなされていること，人体への荷重のかかり方はヨーロッパ式のリュックサックとは異なり独自の合理性をもっていることが明らかとなった．しかし，背負子の下端がわずかに内側に入り込んでいる形態上の特徴については「この辺りでは昔からこの形」という回答しか返ってこなかった．おしなべて民芸・民具の領域のものにはこのような回答が付いてくる．この背負子のように，全体の力学的構造や用い方は合理的に解釈できるのに，どうしても解き明かせない側面が残る．

　地元の人は実用機能となじみの形態の二つの側面を区別せずに一体として認識しているのである．合理的な面も不明な側面もいずれも慣習として昔から継承されているものであり，生活の規範とも結びつき決して簡単に変えられるものではなかった．生活の規範とは，たとえば生活用具の作り方，使い方はだいたいこのようなものとして地域の中で共有されてきた了解事項にほかならない．

■実用機能のデザイン

　実用機能のデザインは，モダンデザインが追求し実

践してきたものである．日本における実用機能のデザインは日本の在来文化の中で培われた機能的造形感覚を具体的に示すもので，「用の美」という言葉で表現されてきた．

用に即したデザイン，そこから醸し出される用の美については，柳宗悦が説いた民芸の概念にすべて示されている．柳宗悦の息子・宗理は工業デザイナーであり，かつ父の跡を継いだ日本民芸館の館長でもある．柳宗理は，モダンデザインの祖であるバウハウスの教育精神と柳宗悦の民芸論は，①機能すなわち用に忠実であること，②技術を正しく生かすこと，③材料の性質を正しく生かすこと，④廉価であること，⑤量産を前提としている点で同じであり，異なるのはバウハウスが機械生産を前提としているのに対し，民芸論は手仕事を前提にしているところであると述べている（柳，1998）．もう1点異なるのは，使用者と生産者の物理的心理的距離であろう．民芸生産者と使用者の距離は直接的コミュニケーションができる範囲と想定できるが，工業デザインでは生産者と使用者が相対的に遠く離れた距離であり，その間を結ぶのがデザイナーである．

実用機能のデザインは重要ではあるが，唯一のデザインの見方ではないであろう．実用だけではなく，社会的，象徴的機能など，機能という言葉のもつ多義性を考える必要がある．

■形態のデザイン

伝統を生かしたデザインの一つである家紋は形態自体が重要な意味をもつよい例である．家紋はグラフィックデザインの機能の一つであるサインであり，技術や素材といった要素は副次的な役割でしかない．こうした形のもつ象徴的意味はさまざまなところで見出され，実用機能的な形以上に現代的重要性をもつ．

たとえば，婚礼などの祝い事に使われていた角樽にも現在ではプラスチック製のものが生まれている．めでたい形としてそのままプラスチックを素材として写されたのであり，素材や用や技術に忠実という実用機能的な立場ではなく，その形態がめでたいことを示す象徴的な意味をもっていることが重要なのである．

単一民族とされる日本では体験することは困難であるが，多民族が交差する地域に行けば民族衣裳の役割が見えてくる．たとえば中国南西部，雲南省景洪のバザールではさまざまな服装の人びとが出入りしている（❷）．そこでは，衣服の色柄や着装，頭搬や背負いで荷物を運ぶための竹籠の形や動作が民族によって異な

❷ 中国，雲南省景洪のバザール風景

っている．民族衣裳として私たちがエキゾチックに感じることの本質には，衣服に民族のアイデンティティが存在している．一目瞭然のサインとしての形や色，身体的所作が，ユニフォームとして象徴的な意味をもっているのである．

もう一例として，秋田県角館町雲然で作り続けられているイタヤ細工を取り上げてみよう（富木，1971）．イタヤ細工は，イタヤカエデの木を割って細いテープ状のヒゴを作り，それを籠編みの方法で組み，箕や籠を作る工芸である．その歴史は古く，江戸時代の寛政年間から生産されていたことがわかっている．とくに明治時代に入り，テープ状に削るための左ガンナと呼ばれる道具が考案され，ヒゴ作りの時間が短縮されるようになった．生産形態は農閑余業であり，農作業の合間の時期や農作業が終わった後の夜なべ仕事として行われた．作られる製品は脱穀調整用の箕，績んだ苧を入れるオボキ，女性用の小箱であるザモバコ，日常腰につけて使われる籠・カッコベが主要なもので，他に玩具としてイタヤ狐，イタヤ馬があった．生産者数は1937（昭和12）年の調べでは全戸数百数十戸の内30戸ほどであったが，昭和30年代初めには6戸に減り，昭和60年代にはさらに2戸までに減ってきた．

製品の中でとくに箕がたくさん作られた（❸）．箕は収穫した穀類の実を選別するときに必要な用具で，中にゴミの混じった脱穀直後の収穫物を入れ，高く掲げた状態で少しずつ落とし，風の力でゴミと収穫物を選別する．とくに箕が重要だったのは，そうした実用機能とは別に，角館以南の地域では正月を迎えるときに新しい箕を用意する習わしがあったからである．箕の新調は年神を迎えるために欠くことのできないことであり，搗き臼の上に新調の箕を載せ神の座とした．前年買ってまだ使えるものであっても，新しく購入した．

❸秋田県仙北郡角館町のイタヤ細工

❹国立民族学博物館でのクワキュウトル族の展示

角館や近くの大曲の歳の市は毎年箕を新調するための箕市であった．この地域の箕は，実用だけでなく，新年を迎える儀式に欠かせない信仰上の役割をもち，新しい年を迎える習慣の中で特別の意味をもっていたのである．このような意味は一般に食物を入れる器に共通したもので，それには生命を維持するために最も大切と思われてきた食物に対する古い観念が根底にあったと考えられる．日本各地に伝わる臼や曲物を大切にする行事も同じことである．

習慣，機能，形の側面は，民具・民芸の領域のデザインにはおおむね備わっていると考えることができよう．ここで大切なことは，産業社会の発展の中で，かつてはモノが基本的に備えていた意味合いが失われてきたことである．産業社会の中で生まれた工業デザインが追求した機能的デザインをもう一度考え直さなくてはならない．実用機能だけではない形の象徴性や社会性が日常生活の中にあふれており，文化を守ろうとする傾向の中に継承されていると考えられるからである．

■未開社会の工芸

アメリカの文化人類学者フランツ・ボアズが行ったクワキュウトル族と呼ばれる北アメリカ大陸北西海岸沿いに居住するネイティブアメリカンの工芸についての分析は，日本の民具や民芸を考える上でも重要な示唆を与えてくれる（❹）．狩猟採集経済の中でも高度に発達した芸術・文化をもっていたクワキュウトル族社会での工芸の役割を知ることは，一般的に産業社会以前の段階で必要とされた工芸の社会的役割を考える上で示唆に富むものである．オードリー・ホーソンによって要約されたボアズの工芸に関する指摘は次の4点である（Hawthorn, 1979）．

①身体技法としての技能： 工芸家は，道具や材料の使い方と選択を体の動きの中で経験的に覚えている．形や装飾のリズムやシンメトリーは一連の身体的な動作の型を発達させている．

②自然に対する民族的知識と活用技術： 素材とくに木材に対する詳しい知識をもち，材料ごとの用途を明確に判断する．

③文化の中で必要とされるもの： 文化は特定の用途のために多くの種類の形をしたものが作られることを要求し，工芸家はその多くの形を熟知している．

④社会で認知される形と工芸家のオリジナリティ：形は社会が認知し，受け入れてくれるような伝統的パターンの範囲内で作られなければならず，その形ははっきりとまた暗黙理に象徴的で感情的な意味をもっているものである．伝統的パターンはさまざまなエレメントから構成されており，エレメントを再統合したり，形を修正することによって工芸家はオリジナリティを表現しようとする．

①，②の技術・技能に関することは本文では言及しなかったが，③は習慣および実用機能のデザインで述べたことであり，④は形のデザインで述べたことに通じている．

■理解と創造

過去の伝統を生かしたデザインを理解することと，今後伝統を生かしたデザインを創造することとは別である．伝統を生かしたデザインを理解するためには，これまで述べてきたように，習慣，機能，形さらにボアズに従えば技能を分析していく必要がある．しかし，伝統を生かしたデザインを理解することはこれまであ

まりなされてこなかった．とくに，なぜこのデザインがあるかについての考察は希薄である．思想，芸術，建築など各分野でポストモダンの考え方が浸透してきている今日，伝統を生かしたデザインが発する実用機能の美だけではない多様な意味について理解することが重要になってきている．

伝統を生かしたデザインを創造するためには，理解する道，民芸館・博物館などにある資料に接して感動する道，直接過去のデザインを体得する道などが前提として考えられる．とくにモダンデザイン教育が浸透していく中で，工芸教育の古い方式として捨て去られてきた過去のデザインを体得する方法，すなわち模写・模造と呼ばれる秀作や様式の模倣を大切にする方法は，今後見直されていく必要がある．

■伝統を生かしたデザイン実践

伝統を生かしたデザインには，およそ，次の三つの型がある．①伝統的技術・技法ならびに形態をそのまま生かしての製造，②伝統的技術・技法を生かし，新製品を開発，③伝統的形態を生かし，新しい技術・技法にもとづいて製造．

①は，文字通り，伝統的デザインを遵守する型である．たとえば，藁を用いて昔ながらの草履などを製造するのがこれに相当する．この型は，総じて，伝統的材料，伝統的な製造技術や技法，その製品形状などが普遍的・社会的・文化的要請に応えうる場合に，意味をなす．文化庁による文化財指定は，この型の典型といえる．一般的には，たとえば藁製の草履の場合，その履き心地のよさ，適度な耐久性，適度な価格，意匠性などが今日の人びとに評価・受容されるとき，製造の有効性がある．しかしながら，伝統的技術・技法・形態を遵守したこの型による産品は，往々にしてその価値が人びとに伝承されていないゆえ，製造に際しては，この型による産品の普遍的・今日的意義を積極的に人びとに伝える必要がある．また，デザイン学においては，そのような産品の有する多様な価値を客観化・実証化する研究が望まれる．

②は，伝統的素材・伝統的加工技術・伝統的製造技法を生かし，新しい形状の産品を開発・製造する型である．たとえば，伝統的な藁製の草履の下に桐の台を付けた履物などがこれに相当する．藁や棕櫚などによる縄綯いの技術を生かして肩掛けポシェットを製造するのもこの型に相当する．この型は，伝統的素材・技術・技法などが織りなす素材感やテクスチャーの美しさを今日的生活に生かすことを意図して，新しい用途・形態の産品開発を行うものである．経済産業大臣指定の伝統的工芸品におけるデザイン開発は，まさにこの型に属する．

③は，たとえばビニール縄を用いて伝統的形状の草履や縄籠などを製造するものである．この型の場合，新素材への置換が産品の機能的・社会的要請にかなうか否かを十分に吟味する必要がある．往々にして，伝統的素材の有する機能性・社会性が検討されないままに，単なる新規性のみを求めた実践になりがちだからである．

およそ，伝統の中で生まれ継承されてきた素材選択や製造の技術・技法，それらを反映した産品形状やテクスチャーなどの意匠性は機能性・社会性においても優れていることに留意する必要がある．「不易流行」の概念をよく吟味し，伝統を生かしたデザイン実践を行わねばならない．すなわち，伝統の何を不易・普遍的なものと見なすのか，伝統の何を流行・可変すべきものと見なすのかを十分に思考し，伝統を生かしたデザイン実践にあたらなければならない．

もちろん流行・可変・新規であることが有意なこともあるが，時として，不易・不変なことがデザインの本質である場合も存在する．すなわち，「デザインしないことがデザインである」「デザインしないことが普遍的価値の創造である」場合もある．

なお，伝統を生かしたデザイン実践には，伝統的技術・技法ならびに形態をそのままに生かして製造されてきたものに関する「新しい使い方の発見・提案」も含まれる．たとえば，雪国における必需品として製作されてきた藁製の雪踏み沓を傘立てや花生けとして活用する発見・提案などは，これである．雪踏み沓は左右一対でその機能を果たしたが，傘立てや花生けの場合には左右のいずれかで用を足す．この発想は，いわば生活用具の文化的規制（使い方などに関する伝統的・社会的観念）を意図的に打破することでもある．

[坪郷英彦・宮崎 清]

■文献

柳宗理：講演「民芸とモダン・デザイン」．柳宗理デザイン，pp. 200-203，河出書房新社，1998．

富木友治：Bイタヤ細工．角館誌，第7巻，pp.351-364，角館誌刊行会，1971．

Hawthorn, A.：Style and Content in Northwest Coast Art. Kwakiutl Art., pp.19-21, University of Washington Press, 1979.

2|506　伝統的地場産業のデザイン

■地場産業としての伝統的産業

　全国には，それぞれの地域の歴史や風土，地理的な特性を背景とする漆器，陶磁器，木工品など，地域独自の製造業が展開している．これらの産業は地元資本を基盤に，地域内に産出する物産などを主原料とし，蓄積された経営資源（技術，労働力など）を活用して生産を行っており，中小規模の製造業が地域に集積しているという共通の特徴をもっている．これらの産業は一般的に地場産業と呼ばれ，そのような産業が集積している地域は産地と呼ばれる．その中でも時間的な蓄積をもつ産業は，伝統産業または伝統工芸産業と呼ばれている．

　地場産業の多くは明治以前に成立し，近世以前の歴史をもつものも多い．また，地場産業には，自然発生的に成立した産業と当初から産業として興されたものがある．成立の違いはあっても，多くの地場産業はその地域の素材を使用し，その製造技術は素材特性や地域の生活から生まれてきたものである．また，技術は後継者へ作業を通じて伝承されたため，きわめて緩やかに発展し，長い年月を経て確立された．それゆえ，伝統技術と呼ばれるまでに様式化している．

　自然発生的に成立した地場産業の製品は限られた地域の生活用品であったために，地域の生活様式が変化しない限りは，デザインを変えたり，新製品を開発する必要もなく，同じ物が綿々と作り続けられた．一方，最初から特産品として作られた製品も，市場が小さくその変化が緩慢なうちは，当初の技術や意匠をそのまま受け継いで製造され続けた．

■国を挙げての地場産業振興

　これらの産業は，近世以降，輸送手段などの発達に伴って流通範囲を拡大し，外貨獲得の産業として重要視された．そして，その振興施策が盛んに行われるようになった．流通の拡大を目的とした製品の一般化，産地としての名声を向上するための技術革新が，他産地の技術者招聘という形で展開された．その結果，他産地との交流が促進され，全国的に地場産業の技術は一定水準まで引き上げられた．

　明治以降，日本の近代化と同時に地場産業振興は活発化し，その手段としてデザインが積極的な関わりをもつようになる．それは，政府が輸出の主要品目に地場産業の製品，とりわけ伝統工芸品を位置づけたことから，生産技術の開発・改良とデザインの開発・改善が重要課題となったからである．1900（明治33）年に農商務省所管の「工業試験所」が東京に設置され，製品とその意匠に関する振興事業が開始された．また，期を同じくして全国各県でも振興機関が設置され，技術，経営，デザインなどの面で伝統工芸品を中心に振興が展開された（これらの機関は現在も各地で活動を続けている）．1928（昭和3）年には商工省所管の「工芸指導所」が仙台に設置され，東北を中心に振興事業が展開された．ドイツ人建築家のブルーノ・タウトなど，外国から人材を招聘して東北各地でデザイン指導を行ったことは，デザイン史上でも大きなエポックとなっている．その後「工芸指導所」は東京に移転し，通商産業省所管の「産業工芸試験所」として地域の工芸品振興のための研究・指導を行った．戦後のデザイン界でリーダーの役割を果たした人びとの多くは，ここから輩出されたのである．

　このように政府が率先して伝統工芸品の振興を行ったのは，各地の伝統工芸品が品質，精緻さ，意匠の巧みさなどの点で世界に誇り，貴重な外貨を獲得できる数少ない物産だったからである．現在では精密機器，家電製品などの工業製品に地位を明け渡したが，戦前は，漆器，鉄器，織物などの工芸品は外国で開催される万国博覧会などに日本の代表製品として出品され，常に高い評価を得ていたのである．

　輸出拡大のための振興は地場産業に近代化，工業化を促し，技術水準も明治以後の計画的な振興によって大幅に引き上げられ，産業の規模も飛躍的に拡大した．現在は地域経済を支える産業として全国に向けて生産を行っている．しかし，当初は地域の特性を色濃く反映していた地場産業も，その発展とともに，均質化の途をたどり「地域ならではの」という特色を喪失し，工業製品と変わらない競争社会に身を置くようになった．工業化，均質化は，多くの地場産業に，その存続にもかかわるほどの構造的な問題をもたらしているのである．

■地場産業の直面する諸問題

　地場産業が余儀なくされている競争とは，同業他産地との競争であり，類似した工業製品との競争である．この競争は品質の面よりも価格で競われることが多い．近代化と工業化を進めたとはいえ，地場産業にもたらされた変化の大半は規模と市場の拡大であり，技術革新や時代に適合させた製品の転換などはほとんどなされなかった．現在も大半の地場産業は職人による手作業で生産を行い，製品も工芸品的なものがほとん

どである．当然これらの製品は工業製品に比較してコストは高く，加えて，趣味性，嗜好性が強いために，全国の使用者に万遍なく流通させることはむずかしい．職人の手仕事ゆえにコストを下げることもできない．その職人も減少して後継者の確保が困難になっている．さらに，外観だけを伝統的な製品に似せて大量生産による低価格な製品を生産する企業が，産地の中に多く出現した．これらの製品は使用者に伝統的な製品の価値に対する理解を混乱させ，地場産業全体に対する信用の失墜を招く事態を引き起こし，問題をさらに悪化させている．

全国的に地場産業は衰退しているといわれる．国が指定する「伝統的工芸品」の産地では，1979(昭和54)年度のピーク時に比べて1997(平成9)年度は生産額，企業数，従事者数は半分近くに減少した．このような減少はもはや景気の悪化や，消費行動の鈍化では説明できず，地場産業の存在とその製品の必要性が問われていると考えるべきである．これは，地場産業の発展があまりにも緩慢であったために，生活文化や様式の急激な変化に適合できなかったことが大きな原因である．しかし，より根本的な原因は，地域が育み伝えてきた産業や製品とその意味を理解できない生活者や社会環境を作り上げてしまったことにある．これは個々の地域の均質化，つまり，地域の消滅を意味している．

気候や地理的な条件という地域格差を解消する努力が積み重ねられてきてはいるが，その反面で精神的に地域住民が受け継ぐべきものも失わせる結果を招いた．地場産業の問題を考える上で最も重要なことは，生活環境や生活方法を均一化して地域格差を解消することではなく，より豊かな生活に寄与するような地域の特性を再構築することである．過去においては，地域格差が生活上の不公平の要因でもあったが，現在はその不公平を解消できる科学技術が存在している．環境保全や資源・エネルギーの有効利用，健康的な生活の維持や高齢化社会への対応などの今日的な課題は，どれも実際に生活が立脚している地域と密接な関係をもっている．これらの課題に対して，従来は解消すべきであると考えられていた地域性や「地域ならではの」という個性が重要な意味をもつ．地場産業は，地域が健全な発展を取り戻すために生産技術や製品による文化的な価値創造に直接的な貢献をなすとともに，地域の自立を支える産業として再生されなければならない．そのためには，現在の地場産業がその成り立ちに立ち返ることが必要である．

第5章│伝統文化のデザイン

■地場産業成立の原点の再確認

自然発生的に成立した産業に立ち返るのであれば，地域の素材，技術を使い，地域住民のニーズでモノづくりを行うことである．外部に向かっていた産業に立ち返るのであれば，市場ニーズに忠実な製品開発，デザイン，生産を行い，生活の中で役に立つ実質的な価値をもつ製品を製造することである．

このとき，地域産業の大きな特色である伝統は，両者に対して異なった意味で貢献する．地域内完結型の産業であれば，伝統は地域の生活文化を考え，発展させる上で必要になる．また，外に向かった地場産業であれば，製品の機能的な価値に加えて，伝統が，量産品にはない高品質を提供する手段として大きな意味をもつ．伝統的な製品を作るにしても，単に昔と同じものや昔のものを真似た製品を製造するのでは地場産業の再生は望めない．そのために，デザインがますます重要になってくる．地域から生まれた伝統性や材料と技術による製品の普遍性を追求するとともに，常に移り変わっている生活に密着した製品の今日的な意味を，地域の発展を踏まえて追求することも同等に重要になってくる．

地域の中で生産にたずさわっていた職人の手作業や生活文化によって支えられ，生活の変化に伴って変容する地場産業には，素材や技術の特性を生かしたデザインのみならず，地域の生活文化がより的確に表現されたデザインが必要なのである．しかし，製品の企画やデザインなどの上位概念的作業が地域の中から生み出されなければ，地域性を製品の本質的な価値として位置づけることは困難である．

伝統的地場産業のデザインにとって重要なことは，素材や製造技術に詳しいデザイナーを採用することではなく，地場産業の担い手の中からデザイナーを創り出すことである．モノづくりについての哲学，理念，企画，デザインといったソフトな事項が地域の文化や独特の資源の中から生み出され，地域におけるモノづくりの中からデザイナーと呼べる人材が育まれたとき，真の意味での地場産業の自立と再生が可能である．

［町田俊一］

■文献
宮崎清編：年表・デザインのあゆみ．デザイン学研究特集号，3(3)：2-38，1996．
下平尾勲：地場産業，pp.3-33，新評論，1996．
21世紀の伝統的工芸品産業の在り方研究会：伝統的工芸品の現状．21世紀の伝統的工芸品産業の方向性と支援の在り方について―報告書，pp.5-7，2000．

2 | 507 | 伝統的町並みのデザイン

■伝統的町並みのデザインをどのように見るか

「伝統的町並みのデザイン」というと，格子，深い庇，軒線，土壁や板壁，瓦屋根，うだつなどの連続する姿が浮かび上がる．いずれも伝統的町並みの景観を構成する重要なパーツである．しかし，これらパーツを寄せ集めただけでは，伝統的町並みを保全したことにはならない．あるべきパーツが，一定の原理に従ってあるべき場所に置かれることが必要である．この原理を見つけ出し，増改新築などの過程で実践していくことが，町づくりとしての伝統的町並みのデザインということになる．

❶は，町並み保存では先進的な京都市の産寧坂伝統的建造物群保存地区の建築様式参考図集に掲載されている「むしこ造り町家住居様式」の図面である．伝統的建造物群保存地区は，1975（昭和50）年に文化財保護法と都市計画法を改正して生まれた，わが国の町並み保存制度である．同地区では，その地区で実現されるべきデザインが市の条例にもとづく「保存計画」に定められる．建物の外観などの現状を変更する場合は，そこに記された「建築物の外観の様式，材料及び色彩の基準」によらなければ許可されない．そして許可されれば，補助金などの助成措置がとられる．京都のこの地区の場合は，伝統的建造物の場合はこの基準に従って修理すること，それ以外の建物の場合もやはりこの基準に従って修景することとされている（地区内のどの建物が伝統的建物であるかは「保存計画」で特定されている）．図は，その基準をわかりやすくするために作成されたもので，この地区では，ほかに，「平屋建町家飾窓付店舗様式」「本二階建町家住居様式」など12種類の様式について基準が決められ，参考図が用意されている．

このように町並み保存制度では，主として伝統的な建物の外観の保全・維持が目的とされている．伝統的建造物群の制度によらず，国土交通省の補助制度や独自の条例などによって伝統的町並みの保全を図ろうとしているケースもあるが，手法はよく似ている．では，これらの基準や参考図に従っていれば，伝統的町並みが保全されていくことになるのだろうか．しばしば，歴史的な町並みでは外観が大切なのだから，外観さえ守っていれば内部はどのようにしてもよい，といわれる．しかしいくつかの疑問がわく．

たとえば，町並みの中の更地となった敷地に新しい建物をデザインする場合を想定してみよう．さまざまな立場をとりうるが，筆者は次の2点を原則とすべきと考える．①少なくとも隣接する伝統的建物の存在を脅かさないこと，②可能ならば，伝統的町並みと交響しあってより豊かな町並みを形づくること．ここで①を守るためには，町家の生命線ともいうべき中庭の環境を奪う建て方をしてはならない．②を可能にするためには，隣接する中庭と位置をそろえるなどして，中

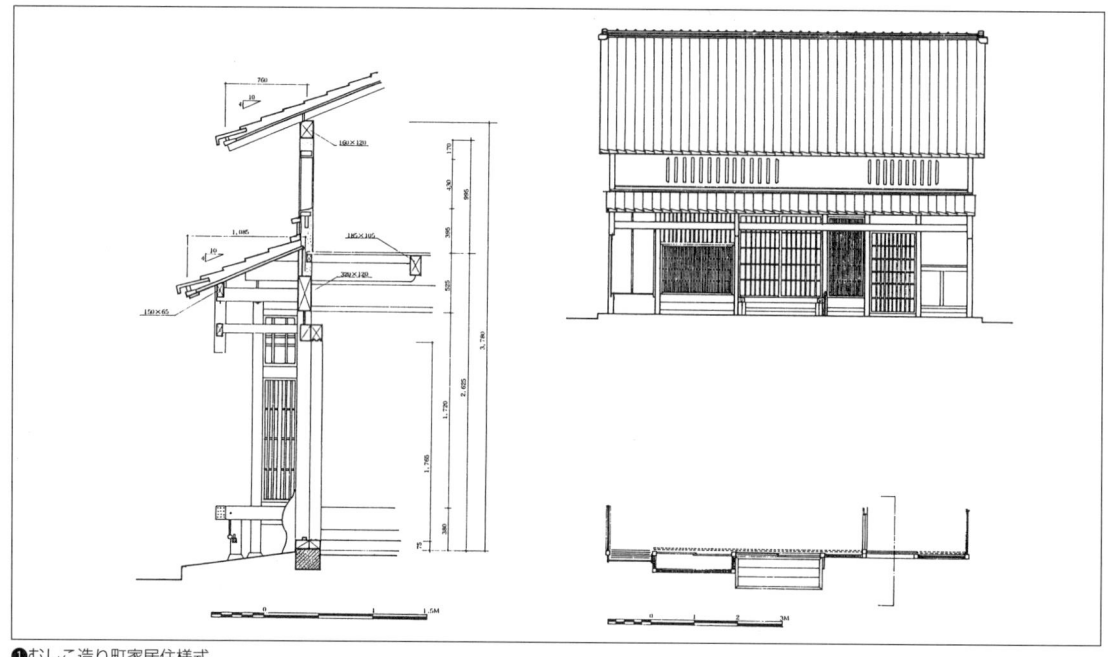

❶むしこ造り町家居住様式

庭の効果を高めることが望ましい．考慮すべきは，外観だけではないのである．これから説明するように，そもそも，さまざまなパーツがシステムとして成立している町並みや町家から外観だけを切り離すことは，外観そのものの意味を見失わせる．

伝統的町並みの保全では，文化財や景観として価値あるものを後世に遺すという目的に加えて，人びとの生活環境の維持・改善を実現しなければならない．商店街などの場合は，さらに経済的な活性化という目的が加わる．いうまでもなく，これら三つの目的それぞれを，自己目的的に追求すれば，相互に衝突し矛盾を引き起こす可能性が高い．

これら矛盾しがちな目的を両立（鼎立）させることは可能なのだろうか．もちろん可能である．可能になるのは，伝統的町並みの中に，優れた都市・生活空間を実現するデザイン原理を見出すことができるからである．伝統的町並みは単なる過去の遺物ではないのだ．以下では，そのことを具体例で説明してみたい．

説明では，アメリカの建築家クリストファー・アレグザンダーの『パタン・ランゲージ』を参照していく．この本には，生き生きとした都市や建築を生成するためのパターンが集められている．伝統的町並みのデザインというと地域性が強調されがちだが，これらパターンを参照することによって，伝統的町並みには古今東西を問わない普遍的なデザイン原理が潜んでいることが明らかになるはずである．

■町家と町並みのデザイン原理
[町家の特徴]
ここでは，奈良の町家と町並みを取り上げる（❷）．伝統的町並みには，商家の町並みのほか，武家屋敷，洋館群，農村集落などの類型があるが，ここでは最も類例の多い町家の町並みを対象に検討を進める．まず，この町家の特徴を挙げる．目標は，町家が町並みをなすとき，これらの特徴がどのような役割を果たすかを考えてみることである．

外側からは，次のようなことがわかる．①敷地が細長いウナギの寝床型である，②道路沿いに主屋があり，「ナカニワ（ウラニワ）」を挟んで「ハナレ」が配置される，③建物，とくに主屋の側面には開口部がなく，隣どうしは接している，④屋根は道に向かって吹き下ろす平入りで，軒が深い，⑤通りに面して庇がある，また柱間には格子がはめられている，⑥古い建物では2階が低く（ツシ2階と呼ばれる），土で塗り固めた虫籠窓が

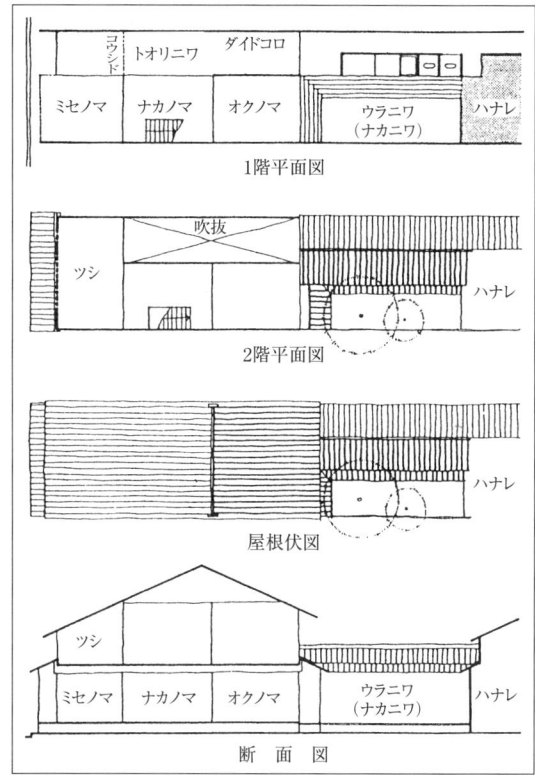

❷奈良の町家

使われている．

さらに，室内について，⑦裏まで通じる土間である「トオリニワ」がある，⑧部屋は，通り側から，「ミセノマ」「ナカノマ」「オクノマ」の3室が並ぶ，⑨「トオリニワ」は吹き抜けていて，一番奥に「ダイドコロ」がある，などの特徴が見出される．

[通りを囲む]
さて，このような町家が並ぶことによって生じる最大の成果は，道路沿いに建物が並ぶことである．歴史的な町では，通りが緩やかなカーブを描いていたり，交差点をT字路にすることが多いから，通り方向の視界も閉じられる．つまり通りは，広場のように囲まれた空間になる．通りは一つの町の単位となっていることが多いから，社会的な単位と空間的に閉じられた領域が一致する．

この「囲む」という手法は，空間を作る行為の中で最も基本的なものの一つである．チャールズ皇太子は，その近代建築批判の書『英国の未来像』の中で，特選パターンともいうべき10の原則を挙げているが，その一つに「囲み」を取り上げる．その説明は次のような書き出しで始まっている．「建築の大きな喜びの一つは，

デザインの優れた囲まれた空間を感じとることである」.

『パタン・ランゲージ』の中には，このような「すぐれた囲まれた空間」を実現するためのパターンが多く採集されている．最も基本的なものは「積極的な外部空間(positive outdoor space)」であろう．このパターンでは，建物は，単に外部空間に置かれるのではなく，外部空間を形づくるように置かれるべきだと主張されている．さらに「建物の正面(building fronts)」では，街路や広場について，建物をセットバックすることが社会的空間としての街路を壊すことにつながるとして，それら公共空間を縁取る建物がセットバックすることを許容すべきでないとする．

現実の伝統的町並みでは，駐車場や庭を作るために家をセットバックし，そこが歯欠け状態になっていることが多い．この点について『パタン・ランゲージ』は，「間を埋める住宅(housing in between)」というパターンを掲げ，町並みの歯欠けはコミュニティの病理の徴候であるから，そのような部分はただちに埋めるべきとする．

[コミュニティ/プライバシーの段階構成]

町家が通りを囲むことで，いわば，通りが部屋になり，建物が壁になる．優れたインテリアがそうであるように，通りの壁たる町家のファサードはただの壁であってはならない．実際，町家の特徴の⑤に挙げた庇や格子という伝統的町並みを特徴づけるパーツが，公的空間である通りと私的空間である建物との間を取り持つ役割を果たしている．とくに庇は，建築分野で「中間領域」と呼ばれる公私を介在する空間を形づくる．

このことは，⑧に挙げた町家の間取りと合わせて見ると，いっそう興味深い．町家を構成する三つの部屋は，通り側から，外来者の応対に使われる「ミセノマ」，家族の居間となる「ナカノマ」，そして格式の高い座敷であり主人夫婦の寝室となる「オクノマ」の順に並ぶ．つまり，通りから奥へ向かって，よりプライバシーの必要性が高い部屋が並ぶ．通りも含めて整理し直すと，伝統的町並みでは，「通り→庇下→ミセノマ→ナカノマ→オクノマ」という，コミュニティからプライバシーへ至る段階的な構成が成立している．

このような段階構成は，住まいにおける家族生活と通りにおける社会生活との双方のバランスをとり，両者を成立させるための必要条件である．『パタン・ランゲージ』では，このような段階構成を「親密さの勾配(intimacy gradient)」というパターンでとらえている．

また，「アーケード(arcades)」というパターンを挙げ，「アーケードは，建物の縁沿いの屋根付き歩道であって，部分的には内部空間，部分的には外部空間という性格を有し，人びとと建物との相互作用の中で重大な役割を果たす」とする．庇とアーケードは，本質はとてもよく似ている．台湾や東南アジアの華人街には，庇の下が通り抜けられるようになった町並みがある．

[内外を取り持つ柱間装置]

庇の下の壁には格子が多用される．格子は，「コミュニティ/プライバシーの段階構成」の中にあって，段差の大きな部分に置かれる装置である．格子があることで，家の中からは覗き込まれることを心配せずに，通りの様子が窺うことができる．通りは，塀で囲まれた屋敷町よりもはるかに親しみのもてる場所となる．夜は，通りを室内の明かりでやさしく照らす照明装置となる．

一般的にいって，通りに面する窓は，内外のバランスを保ち，美しい外観を作るために，最も注意が払われるべき部分の一つである．パターン「通りに面する窓(street windows)」は，「窓のない通りは目が見えないようなもので恐ろしい．同様に，街路に面して窓のない家は居心地が悪い」として，通りに面する窓は，窓際に腰掛けられるようにすること，1階の窓は窓を高い所に付けてプライバシーが侵されないようにすることを提案している．説明では，ペルーのミラドールという窓を例に取り上げている．町家では，部屋の部分は出格子にするのが普通であるが，この出格子も「通りに面する窓」の好例といえよう．

出格子はまた，壁面に凹凸のあるファサードを作り出す．『パタン・ランゲージ』には「建物のエッジ(building edge)」というパターンがあって，建物の壁は凹凸をつけ，人びとが佇むよう招き入れる「場所」を作るべきだとする．町家では，出格子がまさにそのような場所を作り出す．そこに，折り畳み式の床である「ばったり床几」が置かれる（相当するパターンとして「正面入口のベンチ(front door bench)」がある）．また，入口は奥まった場所に置かれることになるが，これによって「入口の遷移(entrance transition)」が可能になる．これは，街路と建物の入口との間に遷移的な空間を置く必要を示唆するパターンである．

[表通りの背後に生まれる秩序]

伝統的町並みのデザインでは，もっぱら通りから見える部分に着目するだけでは，本質を見失うことになる．表からは見えない最も重要なポイントは，中庭が

連続するということである．

町家では主屋が通り沿いに並ぶ．主屋は奥行き3～4室からなり（4室の場合は，「ミセ」と「ナカノマ」の間に「ウチゲンカン」が挟まる．この部分の通り庭は屋根を抜き，坪庭にするのが一般的である），それ以上になることはめったにないから，その奥行寸法はどの主屋もほぼ同じとなる．この結果，主屋の後ろにある各家の中庭が敷地を超えて並ぶのである．中庭は，町家へ日当たり・通風を保障する，いわば町家の生命線である．その中庭が，隣と位置がそろうことで，隣の庭越しからも日当たりや通風を受けることができるようになる．敷地ごとに単独で存在する場合に比べて，はるかに効果的・安定的にその役割を果たすことができるようになる．

❸は，筆者らがこの原理に気づいたときの様子を示したものである．中庭の連続を断ち切る建て方をした新しい建物に，隣家が苦情を訴えていた．苦情には，庭は家の中が覗かれることや，庭の景色を台無しにする洗濯物にも及んだ．「コミュニティ/プライバシーの段階構成」の中で最もプライバシーが守られるべき場所が，伝統とは異なる建て方によって侵されてしまったのである．

中庭について，『パタン・ランゲージ』は「生きている中庭（courtyards which live）」を挙げる．中庭は四周を壁で囲まれると「死んだ中庭」になる．そこで，中庭のどこかに，より大きなオープンスペースへの眺望が開かれる部分があることが重要とする．町家の中庭は，隣どうし連続することで両側面への視野を開き，この条件を満たすのである．

[秩序と多様性の両立]

都市では高密度の共同生活が不可避である．日当たりや新鮮な空気という有限な環境を，できる限り合理的かつ十分に分け合うことが必要になる．さらに，コミュニティとプライバシーの両立が大きな課題になる．これまで見てきた町家と町並みのデザイン原理は，これらのむずかしい課題への一つの解となっている．

しかし，伝統的町並みにはもっと偉大な点がある．上述の秩序が，個々の主体が，それぞれの必要に応じて，異なったときの建物を建てながら形づくられてきたという点である．町並みにはそっくり同じ建物は一つとして存在しない．人間がさまざまな個性をもつように，歴史的な町並みの建物も実に多様である．秩序はあるが，決して画一的ではない（現代の大規模開発の結果を思い浮かべられたい）．多様であるが，決して混乱には陥っていない（現代の混乱した町並みを思い浮かべられたい）．つまり「秩序と多様性の両立」を，一人ひとりの市民が，それぞれの建設活動を通して実現してきた．これは町づくりへの住民参加の究極的な姿というべきだろう．

かくして伝統的町並みの変化は，生物の成長に例えられる．ピースミールな成長でありながら全体の有機的秩序が保たれる．対する現代は，プランニングや開発・建築規制からなるシステムを構築してきた．にもかかわらず，われわれの作る環境は，なかなか伝統的町並みの質に及ばない．なぜなのだろうか．この点の解明こそが町づくりの基本的な課題であり，伝統的町並みのデザインを検討する場合の視座となる（『パタン・ランゲージ』は，有機的秩序を導く遺伝子をパターンという言葉で再獲得しようとする試みにほかならない（Alexander，1979））．

■ **デザインの固有性と普遍性**
[関東の町家と関西の町家]

以上は，関西に典型的な町家と町並みについての分析である．『パタン・ランゲージ』を参照することによって，そこに普遍性のあるデザイン原理が働いていることがわかったと思う．このことは，他の地域の町家と町並みでも成立するのであろうか．

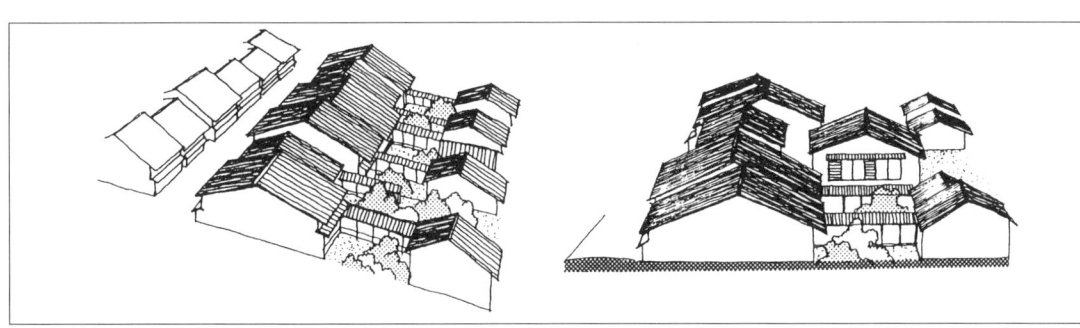

❸町並みに成立している中庭の連続と，それを断ち切る新しい建物

たとえば，江戸の影響を強く受けた川越の町家と町並みを見てみよう（❹）．川越の町家は，全体を土で塗り固めた「蔵造り」が特徴である．鬼瓦の後ろに盛り上げられた影盛や箱棟が，ことさらに屋根を立派に見せる．また2階の金庫の扉のような両開き戸，火災時に戸のすき間を塗り込めるため庇の上に置かれた目塗り台など，大げさに様式化された意匠が印象に残る．

しかし，川越全体を見渡すと，このような蔵づくりは数の上では少数派であって，多くは木部を露わにした町家であることに気づく．建物の間取りや構造は，蔵造りもそうでない建物も基本的には変わらない．この，より基本的なレベルで奈良の町家と比較すると，主な違いは主屋に見出される（❺）．①主屋は，店棟と住居棟からなっている．店棟の屋根は通りに向かって吹き下ろす平入りで街路に面する「建物の正面」を形づくる．②住居棟は，店棟と直行する屋根で，南隣と間隔を空け，そこからの採光や通風を期待する．③正面1階には深い庇が出ている．庇先に格子戸が建てられるようになっているが，昼間は取り外され，庇の下は開放される（ただし時代が下ると，庇先にガラス戸がつけられ，庇下も室内に取り込まれるようになる）．

このように，川越の町家は，関西とは少し異なるシステムを有している．しかし，もう少し基本的なレベルで見れば，細長い敷地や，主屋が接道・接隣・接地型であることなど，両者は共通している．

[海外の町家との相違点・共通点]

海外とも比較してみよう．❻は，ベトナムの中部にあるホイアンの町家である．ホイアンは，海のシルクロードと呼ばれる東西交易ルートに位置し，16世紀から17世紀初めにかけて日本人町もあった港湾都市である．正面のデザインはだいぶ違う．建具は，3間のうち，まん中が両開きの板戸，両側は溝に十数枚の板を落とす式である．華人街であるホイアンでは，龍眼，黄檗天井など中国風の意匠が持ち込まれる．時代が下り，フランス領になると，コロニアル様式が正面のファサードをもつようになる．内部は，土間で間仕切りが少なく，日本の感覚ではむしろお堂である．木造であるが，小屋組みは日本では見られないものである．

しかし，敷地の規模や形，主屋と離れを中庭を挟んで配置する構成，平入りの屋根，深い庇など，基本的な点は日本の町家と見まごうばかりである．

さらに，ヨーロッパ，たとえばイギリスのタウンハウスとも比べてみよう．外観は日本の町家とまったく

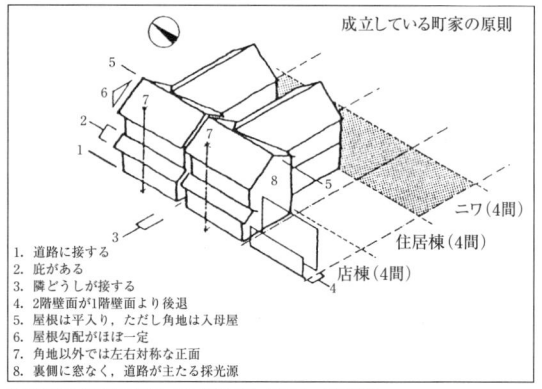

❺川越の町家に成立している原則（福川，1989）

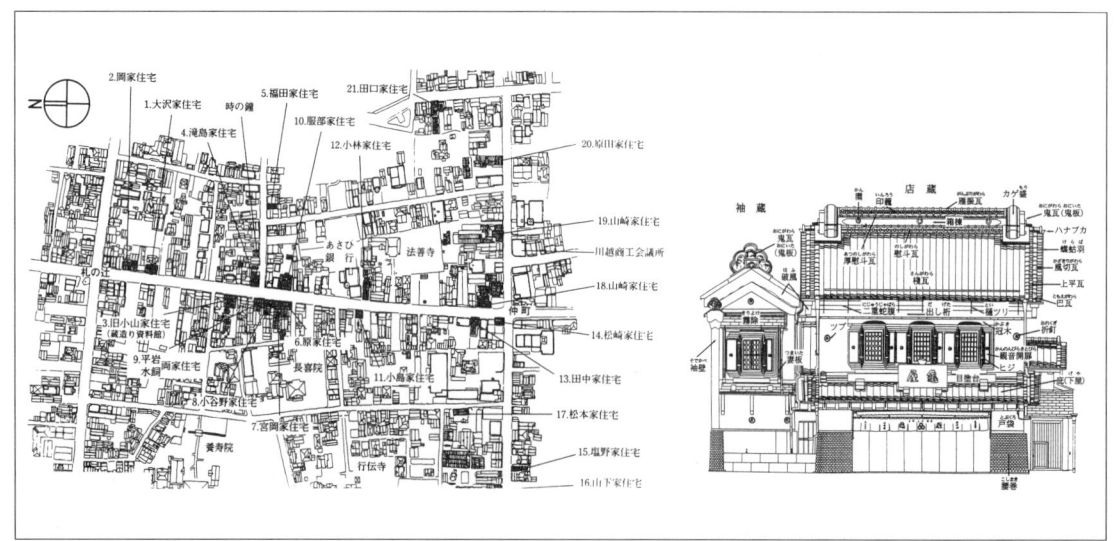

1. 道路に接する
2. 庇がある
3. 隣どうしが接する
4. 2階壁面が1階壁面より後退
5. 屋根は平入り，ただし角地は入母屋
6. 屋根勾配がほぼ一定
7. 角地以外では左右対称な正面
8. 裏側に窓なく，道路が主たる採光源

❹川越の町家（左：蔵造りの町並み，右：蔵造りの名称［原図：荒牧澄多］）

第5章 | 伝統文化のデザイン

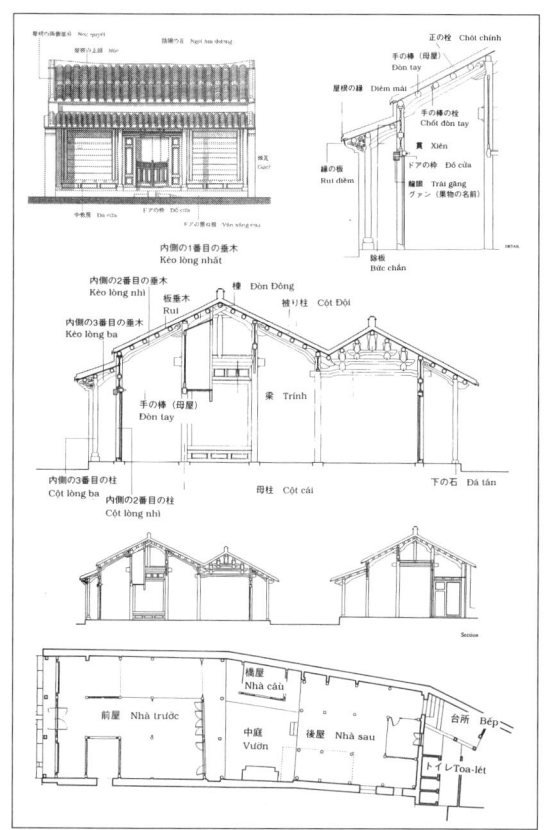

❻ベトナム・ホイアンの町家

異なっているが，子細に検討すれば，正面のドライエリア，そこをまたいで入口へ至る階段，窓の位置や形などが，庇や格子に相当する働きをしていることがわかる．そして，やはり基本的なデザイン原理（細長い敷地，接道・接隣・接地型の主屋，中庭など）は，日本やベトナムの町家とまったく共通しているのである．

■伝統的町並みデザインの意味

しばしば伝統的町並みの魅力は，その個性にあるといわれる．確かに，それぞれの地域ごとの外観上の特徴が見出され，それが魅力になっている．しかし，町づくりとしての伝統的町並みのデザインでは，単に表層を覆うパーツのデザインに着目するだけでは不十分である．その背後にあるより普遍的な町並みの原理を理解し，その中で各パーツが果たしている役割に注意する必要がある．もしそれを怠れば，「書割り」「民芸風」という批判を浴びることになるだろう．しかしも

し普遍的な原理を確実に守れば，状況によってはある程度大胆なパーツのデザインが許容されるかもしれない．

現代では建築の多くが，町家の備える一連の特性をすっかり失ってしまっている．現代の都市では，戸建て住宅はいうに及ばず，マンション，足下に広場を有するオフィスビルに至るまで，孤立した建物が一般化している．これらの建物は，「積極的な外部空間」を形成しない．連続した「建物の正面」を作らない．「コミュニティからプライバシーへ至る段階的な構成」を恐ろしく混乱させている．典型的な住宅団地では，一番奥まった部屋が公衆に開放されたオープンスペースと向き合ってしまうのである（香山，1990）．

このように現状をとらえれば，伝統的町並みのデザインは，広くわれわれの都市や建築のあり方を変えていく出発点とならねばならない．伝統的町並みのデザインは，究極の市民参加ともいうべきその実現プロセスを含めて，保守的な思想ではなく，真にラジカルな思想であることを肝に銘じたい．

［福川裕一］

■文献

C. アレグザンダーほか著，宮本雅明訳，西川幸治解説：オレゴン大学の実験，鹿島出版会，1977．
C. アレグザンダーほか著，平田翰郎訳：パタン・ランゲージ－町・建物・施工 環境設計の手引，鹿島出版会，1984．
C. Alexander: Timeless Way of Buildings, 1979.
M. Binney: Town Houses: Evolution and Inovation in 800 years of Urban Demestic Architecture, 1998.
プリンス・オブ・ウェールズ（チャールズ皇太子）著，出口保夫訳：英国の未来像－建築に関する考察，東京書籍，1991．
香山寿夫：都市を造る住居－イギリス，アメリカのタウンハウス，丸善，1990．
川越市：蔵造りの町並，川越文化財保護協会，1978．
南勝震・福川裕一：川越一番街における町づくりと町並み委員会－住民による町づくり委員会の可能性と限界．都市計画別冊（都市計画論文集），27：67-72，1992．
福川裕一：伝統的町並みの道路を軸とした空間構成とその現代的意味－町並み保全の意味と方法に関する一考察．日本建築学会論文報告集，320：136-145，1982．
福川裕一・西村幸夫：松代旧武家屋敷地区の空間構成－武家地の町並み保全のための基礎的考察．日本建築学会論文報告集，349：56-68，1985．
福川裕一：歴史的環境の保存－川越の町づくり．建築計画教科書，彰国社，1989．
福川裕一ほか：ベトナム・ホイアンの町並みと建築．昭和女子大学国際研究所紀要，vol. 3，1998．
福川裕一・青山邦彦：ぼくたちのまちづくり（全4冊），岩波書店，1999．

2|601　地域のアイデンティティ

■アイデンティティとは

　人間の価値観や生き方から地域のあり方にいたるまで，その多様性が尊ばれる社会になってきた．すなわち，そのことは，それらが固有な価値観や生き方，固有な地域らしさを求められていることを意味している．なぜなら，多様性とは，それが有する特質や固有性を他者に発信し，また互いにそれらを認め合ってこそ成り立つものだからである．

　アイデンティティとは，物事の本質や性質，資質における質的同一性，状態の同一性を指す言葉である．その言葉を敷衍して，地域アイデンティティとは，地域内外の人びとが当該地域に抱くイメージを地域住民が人びとに訴えたい自らの実体に同一化することととらえることができる．地域住民が他者の追従ではなく，オリジナルな地域発展の道をめざし，一体となって地域づくりに邁進し，その結果として誇りのもてる地域を築き上げていくためには，当該地域が共通の理念，共通の目標，共通の行動様式などの統合と整合を図っていくことが肝要である．そして，その同一化，一体化された姿が地域アイデンティティとして結実される．地域づくりに際しては，このような地域アイデンティティの確立が重要となる．

■「地域」が主人公

　「新幹線とドッキングしたスキー場の開発」というキャッチコピーのついたJRの中吊りポスターを目にしたことがある．そのポスターには，ホテルと新幹線，そして，スキー場で楽しむ都会の若者たちの姿が描かれていた．その絵からは，次のような地域開発のシナリオが読みとれる．目立った産業のない雪国の山間地域に対し，森林を伐採してスキー場を整備し，新幹線の乗り入れができるリゾートホテルを誘致して，都会型のスキー場を建設する．そこには，都会から若者たちが集まり，経済的波及効果によって地域の活性化が図られる，というものである．

　しかし，このシナリオが現実のものとなったとして，果たして「地域」が主人公になり得るのかという疑問が湧いてくる．当該地域の豊かな自然や歴史，生活文化が生かされ，いきいきと働く住民の姿を想像することができるだろうか．また，スキー場ができることによって，地域に対する新たな「誇り」や「想い」を住民が抱くことができるのだろうか．

　人間は尊厳をもって一個の人格を形成し，自己のアイデンティティを磨き，確立させていく．同様に，地域も，地域づくりの過程において「地域格」とでもいえる地域特有の格を形成し，地域のアイデンティティを確立させていくことが大切であろう．そのためには，いかに「地域」が主人公になり得るかが重要な課題になってくる．その意味で，上述の地域づくりのシナリオは，内発的な地域づくりを志向する当該地域にあっては，不適切な地域開発手法といえるのではないだろうか．

■内発的な地域づくりへ

　地域の時代が標榜されて久しいが，とくに，全国各地の主体的な地域づくりへの取り組みを支援すべく，1988年に自治省によって創設されたいわゆる「ふるさと創生」の施策を契機として，地域住民が主体性をもって地域開発計画を立案・実践することの重要性が広く叫ばれてきた．このような動向は，一面において，戦後から1960年代にいたるまで一貫して行われてきた中央主導型の地域開発が終焉を迎えつつあることを意味する．すなわち，1975年前後のいわゆる安定成長期に入り，それまでの地域開発が生起要因となったさまざまな社会問題が顕在化し，その結果，従来の地域開発に代わる新たな展開が要請され始めた結果といえる．

　1978年度版『国民生活白書』は，地域社会の重要性に関して次のように記している．「これまで経済欲求の追求のなかで忘れられていた人間味ある生活とか精神的な生き甲斐が重要であることに，人びとは気付いてきた．このような人びとの意識の変化に対応して，家族や地域社会など暮らしの足下を見直し，今後に望まれる新しい生活文化についての展望を開き，これを実現するための課題が何かを検討する必要が生じている」と．さらに，1983年度版『過疎白書』は，地域の有する潜在的資質は「美しく多彩な自然，可能性を秘めた地域資源，価値ある歴史的・文化的遺産，ゆとりある居住空間，強い連帯意識」などにあるとし，それらを活用することこそ過疎からの脱却の鍵であるとしている．加えて，同書は，地域産業おこし，観光資源の発掘活用や創出など地域活性化の方法を提示しながら，そのような方向性の地域開発を「内発性を重んじた地域開発の道」として推奨している．

　こうして，わが国における地域開発の動態は，近年，大きな転換点を迎えるに至った．それは，総じて「中央主導型」から「地域主体型」への転換であり，同時に，開発の指標に関しても，従来の「都市中心型」「経済効率優先型」とは異なった，「もう一つの開発」への模索であるといえよう．その一環として，地域の魅力づく

第6章 地域振興のデザイン

りやアイデンティティの確立などに向けた地域づくりの試行が各地で展開され始めた．それらの活動は，地域社会に内在する各種資源を住民自らの手で再発見・再認識し，よりいっそう磨き上げて地域内外に発信していく「内発的な地域づくり」ととらえることができる．また，そのような状況は，ようやく，「地域を文化がつくる」（山崎，1982）ことの重要性が認識され始めた反映ともとらえることができる．

■地域アイデンティティと「自立自存」

住民をして「内発的」な発展に向かわせることのできる根元的な力とでもいえるものは，地域の「自立自存（subsistence）」（イリイチ，1982）の力，地域が有する「自立自存」の価値である．地域の生活の中には，都会ではとうに失われてしまった人間と自然の共生にかかわる「自立自存」の力・価値を見出すことができる．たとえば，自然素材を用いたモノづくりの伝統的技術の中に，あるいは，自然への畏敬の念を表す儀礼や年中行事などに，地域の人びとが自然と共生してきた物質的・精神的な知恵を見ることができる（三橋ほか，1996）．「自立自存」の生活とは，自らが学び，自らの手で作り，自らの生活を通して積極的に自然に働きかけることであり，また，それは，「自らの，自前の能力」を個人，共同体，地域レベルが有していることで初めて可能である．すなわち，ここでいう「自立自存」とは，個人，共同体，地域が自然と共生することのできる「自らを主体とする能力」にほかならず，それゆえに，個人，共同体，地域が独自のしっかりした「顔」「アイデンティティ」を自らの中に内包していなければならないのである．

本来，そのような「自立自存」の力，地域固有の「顔」「アイデンティティ」は，どの地域でも持ち合わせていたはずである．時代とともに地域の「顔」がたとえ変容しても，あくまでも，地域固有の「顔」を堅持してきたはずである．しかし，今日，日本各地において，地域の「顔」「アイデンティティ」は急速に薄れ，もはや自分の「顔」を取り戻す，あるいは，新しく作り出すことが不可能な場合もあるように見受けられる．そうした状況下で，地域に残存する地域の「顔」「アイデンティティ」の根を地域の潜在的資質として掘り起こし，現代的価値として蘇らせることが，今，デザインに求められている．

■地域の価値を発信する

内発的地域づくりは，地域の潜在的資質，潜在的価値を総点検する作業から開始されることが肝要である．そこでは，自然的資源や歴史，生活文化的資源，人的資源などを地域の資質・価値として見直していく．住民自らが発見・再認識した地域の資質・価値，さらには，地域外の目からとらえた地域の資質・価値を，住民フォーラムやアンケート調査などを通じて共有化し，また，それらの機会を通して，多くの住民が参加・交流できる地域づくりへと展開していく．こうして，広く住民に地域づくりの意識を拡大させながら，同時に，CI（コミュニティ・アイデンティティ）計画を推進し，地域内外に地域の「顔」「アイデンティティ」を発信していく．加えて，地域の魅力づくりとしてのイベントや新産品開発，新産業開発などを推進し，新たな地域の「顔」「アイデンティティ」を創出していく．内発的地域づくりとは，このような循環型・螺旋型のプロセスによって漸次進められていくものである．また，そのプロセスは，以下の諸条件が満たされて，初めて，達成可能となろう．すなわち，①住民・生活者主体である，②地域の潜在的資質の活性化を図る，③全集落・全住民の参加をめざす，④基本的必要に関連した開発，⑤エコロジー的に健全である，⑥文化的独自性の追求をめざす，⑦地域共同体の一体感を促進する，⑧住民の手の届く技術・資本の導入や開発，などである．

上記のプロセスを繰り返しながら，地域のさまざまな資質・価値が醸成され，住民を地域発展に向かわせる主体性や創造的生産能力の向上が図られ，地域における「自立自存」の力が蓄積されていく．そして，新たな「自立自存」の確立の上に，さらなる地域のアイデンティティが築かれていく．

〔三橋俊雄〕

■文献

- 山崎正和：地域文化史の三段階．読売新聞，1982年11月10日付夕刊．山崎は，地域文化の歴史的発展過程を「地域が文化を作る」，「地域で文化を作る」「地域を文化が作る」の三段階でとらえ，今日，地域社会のまとまりや反映がむしろ文化活動によって支えられるという事態が出現し始めた，と述べている．
- I. イリイチ著，玉野井芳郎・栗原彬訳：シャドウ・ワーク（岩波現代選書），岩波書店，1982．subsistenceは，地域住民が生活の自立・自存を確立する上の物質的，精神的基盤というほどの意味に解されている．
- 三橋俊雄・宮崎清・松林健一：ものづくりを通した自然と人間の共生に関する行動と理念．デザイン学研究，42(5)：71-78，1996．自然と共生してきたモノづくりの行動に，適度・適量，一物全体活用，自然体を尊ぶ，共同性・共有性の四つの規範的観念が内在することを明らかにしている．

2 | 602　地域振興デザインの類型

　地域開発，地域活性化，村おこしなどと呼ばれるさまざまな地域振興計画が，今日まで全国各地で実施されてきた．それらの事例の中には，地域振興デザインを検討する際の現状認識，価値判断，アイデア探求や，チェックリストなどに活用できる視点が内包されている．ここでは，それを導き出す手がかりとして，計画の立脚点や志向性などにもとづいて分類し，二項対比的な型区分を示した．もちろん，現実の地域振興計画にはそれぞれの中間型も存在する．ここで重要なのは，型区分の細密さよりも，地域振興デザインに活用できる視点をいかに導き出すかである．

■内発性
[計画の主体性]
　○内発的計画立案型：外部計画者立案型
　○地元資本活用型：外部資本導入型
　○能動型：受動型

　地域振興計画を策定する場合，その計画を地域内部で主体的に立案して資金を調達する型と，それらを外部に依存する型とがある．前者が「起業」型の内発的地域振興であり，近年活発化しているさまざまな地域産業おこし，村おこしなどがそれに相当する．後者は従来からある「寄らば大樹」型の外発的地域振興であり，その典型例が企業誘致や工場誘致である．後者の型が地域振興計画のほとんどを占めていた時代があり，年月の経過とともに，外部の計画と資本によるリゾート開発，リゾートマンション，テーマパークなども姿を現してきた．

　都市に住む地元出身者や地域交流で訪れた都市住民の意見を募る方式は，計画立案の中間型として位置づけられる．また，農産物や樹木などのオーナーを募集して外部資金を導入する「ふるさとオーナー制度」も，同様に中間型となる．これらは地域が主体性をもてばもつほど，内発性が色濃くなる．

　1980年代には各地で地方博覧会が開催された．しかし，その多くは大手広告代理店によって計画され，結果的に立体映像と音響を中心とする類似の博覧会が続出し，赤字のまま会期末を迎えたものも少なくない．その中で既存の博物館をテーマ館として，レストラン，水族館，遊園地など既存施設を徹底的に活用した，北海道広尾町の「十勝海洋博」をはじめとして，地元の人材が企画から運営にまで携わり，広告代理店に頼らず地域の主体性を発揮した手づくりの博覧会に，成功事例が多かった．

[地域文化性]
　○地域資源活用型：外部資源導入型
　○自文化確立・創生型：異文化迎合・追随型
　○発信型：受信型

　地域振興の核となる社会・経済・文化的資源についても，地域内部から発掘して活用する型と，外部から導入する型とに区分できる．

　地域の産物を配送する「ふるさと宅配便」や，都市住民に地域の生活を体験させる「ふるさと会員制度」などは，地域資源活用型の代表例である．観光地の土産物でも，地域の素材や技術などを活用した産物，域外では入手しにくい固有性を発揮するものほど地域文化を発信できる．それに対して，域外の開発業者が作った土産物にその地域のレッテルだけを貼るいわゆる「レールもの」は，外部資源導入型の典型である．

　富山県東礪波郡利賀村の「国際演劇祭」，大分県の「湯布院映画祭」などは，外部からの文化的資源導入の要素を含んでいる．しかし，前者は合掌集落を貸すという地域からの情報発信が端緒である．後者ではUターンした映画監督経験者という地元の人材が中心になっている．そして独自のプログラム構成によって資源の内部化を図り，大都市ですらできないイベントを実施し，地域文化を発信している．

　雪を活用した交流イベントや商品づくりを実施している地域の中には，雪国らしい生活文化の創造を顕彰する制度や，雪国の自然・文化について情報を収集し発信するための研究所設立などを，相次いで実施している地域がある．そこには，イベントや産品づくりにとどまらず，地域振興の段階的発展を意図して地域文化を熟成させようという前向きの姿勢がある．

[地域完結性]
　○域内生産域内消費（地産地消）型：域外流通型
　○域内完結型：域外分担型

　地域の特産品は，それを域外に販売して経済的効果を上げ，域内産業を振興するために開発されることが多い．その場合，販路開拓と情報収集を兼ねたアンテナショップを開設し，量販をめざす自治体がある一方で，量販をめざさず販路を限定する事例もある．「十勝ワイン」を生産する北海道十勝支庁池田町は，札幌や東京に町営レストランを開設して販路開拓をするとともに，「作った物が自分の町である程度消費されないと，外に売り出すのはむずかしい」と考え，町民還元用ワインも出している．

　地域産品をできる限り地域内で生産し地元の消費を

優先させる，域内完結の志向性をより一層強調するのが，福島県大沼郡三島町の「まず自分たちの暮らしを豊かにするために物を作る．それを欲しがる人が出てくれば経済行為につながる」という考えにもとづく「地産地消運動」である．イベントやスキー場でも，地域住民が憩い楽しむことを目的の一つとして計画する地域があるように，域内完結性保持は特産品だけの課題ではない．

■全体性
[振興計画対象の全体性]
　○全域開発型：拠点開発型
　○全産業振興型：特定産業振興型
　○多品種振興型：特定品種振興型
　○通季節型：特定季節対応型

スキー場やマリンリゾートなどの開発では，一定期間内に，域内の限られた業種や地区だけがその恩恵を享受できる．このように区域・業種・物産・サービス・季節などを限定した開発が，これまでの地域振興計画には多かった．分業・分担による成果も一概に否定できない．しかし，それだけで地域全体の底上げができるわけではない．

群馬県利根郡新治村の「たくみの里」は，村内に点在する施設を周遊させる方式によって，特定拠点開発の限界を乗り越えようとしている．また，冬に積もった雪を夏まで残してイベントや宅配便に活用する事例は，限定された季節の枠を拡大する試みである．

「一村一品」「一地区一プライド」「一人一芸」などの標語には，地域の全域・全員へ計画対象を拡大しようとする精神が込められている．大分県の「一村一品運動」は，一自治体に着目すれば部分型であるが，県全体を見れば全体型である．同県大分郡湯布院町では「一村一品」だけでなく，旅館で使う食材を地元農家から調達するとともに，野菜の有機栽培用に旅館から出る生ゴミを微生物処理で堆肥にして還元し，農業と観光を結ぼうとしている．岩手県下閉伊郡田野畑村でも，観光施設で必要な食品や物品を供給するために，複数の第三セクターを設立して地元の全産業を有機的に結びつけ，村ぐるみの振興を図っている．

[担い手の全体性（参加性）]
　○住民計画策定型：行政計画策定型
　○全住民参加型：特定者参加型

振興計画の構想段階から実施段階に至る過程において，より多くの人びとの知恵や行動力を総動員する型と，行政担当者や一部の指導者など特定の人もしくは集団に委ねる型とがある．

大分県の「一村一品運動」は知事の強力な指導で推進されたが，これは知事が各市町村を巡り，車座で話し込むことから発動したものである．また，「県は自ら助くるものを助く」という方針にもとづき，自発的に行動を開始した市町村にのみ援助するという姿勢が貫かれており，単なる「トップダウン」型とは性格を異にする．福井県今立郡今立町でも町内72集落で懇談会を重ねる「出前行政」を実施している．この町のイベント開催に際して，町内人口の半数を超えるボランティアが携わったのも，この「出前行政」の成果である．

イベントの企画や運営だけでなく，来訪者に地域の事物を説明するガイドや体験活動を指導するインストラクターなどにも，ボランティア参加の事例が各地で見られる．新潟県東頸城郡安塚町では，得意分野でインストラクターになれるように，楽しみながら学ぼうという「生涯楽習」を実施して参加を促している．また，山梨県南巨摩郡早川町の「日本一の石畳の道」などの手づくり型環境整備では，企画にも作業活動にも多数の住民が参加している．

■連続性
[歴史との連続性]
　○歴史連続型：歴史断絶型
　○既存産業活性化型：新規産業創造型
　○保存・修復・保全型：創新型

振興計画の核とする要素と地域の生活・産業・文化などの歴史との間に脈絡があるか否かという点に着目すると，①地域の歴史を受け継ぎ，それを保存または部分修正を加えながら保全していく型，②歴史を基盤としながら，温故知新の視点から新しい産業や企画などを創造していく型，③歴史的資産に拘泥せず，ひたすら現代への適応を模索する型などがある．

歴史との連続性を顕著に示すものとして，各地の伝統的建造物群保存，いわゆる町並み保存による文化観光がある．前述の山梨県早川町では，伝統的な宿場の町並みを保存するとともに山間部特有の焼き畑農耕の復活をめざした活動を行い，歴史的資源に厚みを加えている．東京都墨田区の「小さな博物館」は，小規模な工場や住宅の一部を利用して伝統産業・伝統文化を紹介している．それは単なる紹介にとどまらず，既存産業の活性化をめざす「工房文化都市構想」の第一段階に位置づけられている．

京都府竹野郡弥栄町(やさか)には，近年になって生産を始めた特産品が多い．しかしそれは，地域の歴史や資源を有効に使って生産するという観点に立脚している．朝廷に献上していた歴史を発掘したことにもとづいて赤米を栽培し始め，それを赤米酒醸造へと展開している．減反による休耕田を活用してハトムギ茶を生産し，殻が薄くて出荷できない卵を使って「スイス村せんべい」という商品を開発している．

「東京臨海部副都心計画」「千葉市幕張新都心計画」などのように，ウォーターフロントという用語を使っていても実際には水際の歴史や立地特性との関わりが希薄な埋立地開発は，歴史にとらわれない志向性の典型である．

[日常との連続性]
 ○日常生活密着型：日常生活遊離型
 ○実情基盤型：イメージ先行型
 ○等身大開発型：巨大開発型

一般家庭で料理される郷土の味のような身近な生活文化資源をもとにして，地域の日常生活をあるがままに活用する「普段着の姿」の計画がある一方で，地域の日常生活とは縁遠い要因を振興の要素とする計画がある．また，個人や小集団がすぐに着手できるような規模・技術による等身大の開発は日常性と深く結びつくが，大資本・高度技術などへ依存する開発は日常生活との隔たりが大きい．

「ふるさと宅配便」の大半はその地域で収穫・生産されているもので，日常性と深く結びついている．北海道上川支庁鷹栖町の「オオカミの桃」という名のトマトジュースは，農家の主婦が余剰のトマトを持ち寄り庭先で作った自家用ジュースに端を発している．その背景には，「自分たちの健康は自分たちで守ろう」と町ぐるみで取り組んだ日常的な健康づくり活動がある．これは農林水産物をそのまま出荷する段階から，いわゆる1.5次産品へと進展させた事例でもある．

多くの観光客を動員している伝統的な祭りの大半は，元来，地域住民のために開催されていたものである．同様に，もともと観光の対象ではなかった日常的な生業の姿も，観光資源になる場合がある．たとえば富山県滑川市(なめりかわ)におけるホタルイカ漁は，定置網を揚げるときの一斉に発光する幻想的な様相が，遊覧船観光の対象になっている．北海道上川支庁美瑛町(びえい)には，美しい丘がうねる畑の風景を見るために毎年多くの人が訪れる．そこには急傾斜地を削って造成してきた歴史とともに，連作障害を避けるため各区画ごとに植える作物を毎年変えてきた農家の営みがある．作物によって異なる色が織りなすパッチワークのような景観は，農業の継続によってこそ保たれ，それが荒廃したら消滅してしまう．

知恵を働かせれば，身近な何気ないものが地域振興の資源になることがある．徳島県勝浦郡上勝町では，料理に季節の彩りを添える木の葉を，他の山村にまねできないコツで選別し，料亭に売り込んでいる．元手はゼロであり，リスクも小さい．等身大の手法の利点である．

■柔軟性
 ○柔軟発想型：硬直発想型
 ○逆手志向型：順手志向型
 ○裏作志向型：表作志向型
 ○複眼思考型：単眼思考型

開発計画策定に際して，旧来の手法や発想から脱却できるか否か，発想の展開や視野の広がりがあるか否かという視点に着目してみよう．

きれいな海を資源として海水浴客を呼ぶというような，地域の利点をそのまま活用する地域振興が順手志向型であり，マイナス要因をプラスに転換させるのが逆手志向型である．北国において邪魔者扱いされる雪・寒さなどを逆手にとったものとして，「雪下ろしツアー」（山形県東田川郡朝日村，新潟県北魚沼郡入広瀬村など），「地吹雪体験ツアー」（青森県金木村），「しばれフェスティバル」（北海道十勝支庁陸別町）などがある．観光資源としてだけではなく，雪だるまの形をした容器に雪と特産品とを詰め合わせた宅配便（前述の新潟県安塚町）や，雪で氷室を作り草花，果物，野菜などの長期保存，出荷調整に役立てる事例（岩手県和賀郡沢内村）もある．

ゴミ扱いされる邪魔者の活用事例としては，製材業者が処理に困っていたオガクズを利用したエノキダケ栽培（大分県日田郡大山町(ひた)）がある．災いを福に転じたものとして，葉たばこ畑の土の栄養分を食い荒らす害虫を繁殖させて商品化した「カブトムシ幼虫観察セット」の宅配便（福島県田村郡常葉町(ときわ)）がある．時代の流れに取り残されたと思われていたことを逆手に取った事例には，鉱山の廃坑を利用した醸造品の長期熟成（岐阜県吉城郡神岡町(よしき)），各地の町並み保存，廃屋や廃校を利用したセカンドハウスづくりなどがある．

こうした柔軟な発想による価値観の転換は逆手志向に限るものではない．開催地が増えてきた「映画祭」

は，「芸術・文化は都市のもの」という固定観念を打ち破ったものである．かつて沿岸捕鯨基地だった東京都小笠原村におけるホエール・ウォッチングは，クジラを「食べる」資源から「見る」資源へと転換したものである．

地域振興計画は，短年月の間にその効果が現れることをめざして推進されるものばかりではない．長年月の経過を前提として，当面は副業，副次的効果でよしとする考え方もある．それが裏作志向型であり，早くから「裏作工芸」を謳った岩手県九戸郡大野村の工芸品づくりはその代表例である．冬の農閑期に伝統的な杵つきの製法で収穫した米に付加価値を付けて売る新潟県岩船郡神林村の「きねつきもち・にいがた美人」も，その類例である．極端な場合，当初は地域振興という意図がなく遊び心から始めたことでさえ，結果として振興に結びつくことがある．

地域振興において経済的効果への期待は大きい．しかし，それのみにこだわることは一面的，単眼的である．経済的効果が大きくなくても，あるいはそれと無縁でも，地域住民が「やればできる」と元気になることや地域づくりに強い関心を抱くようになることなどを軽視してはならない．どこにでもある生活環境改善の活動だとしても，たとえば熊本県阿蘇郡小国町における河川浄化運動のように，「豊かな住環境を自分たちのために作ることが町の活性化につながる」という意識が根底にあればこそ，地域振興の端緒になりうる．「日本一の福祉の町」へ挑戦して地域ケアチームを組織し，80人いた寝たきり老人をゼロにした広島県安芸郡熊野町の実践的施策も，同様に位置づけられる．

■地域振興デザインの実践に向けて

ここに紹介した事例は，各地で実践されている地域振興計画のごく一部である．また型区分の中で提示した事例は，それ以外の型区分にも重複対応する場合がある．地域全体を屋根のない博物館に例えてありのままの生活・産業・文化・自然などを「まるごと展示」する「エコミュージアム」の概念は，ここに示したほぼすべての型区分に重複対応するため型区分の中では提示しなかったが，内発的振興計画のあるべき姿の一つである．

二項対比的な型区分を示したものの，紹介した事例には内発的振興計画が多い．外発的振興計画は，地域に「やる気」があっても，地域の意図と外部の意図が合致しなければ計画は進展しない．それに対して，身の丈に即した内発的振興計画は，地域に「やる気」さえあれば計画を多少なりとも進展させられる．その意味で内発的振興計画の方が，参考事例として有用だと考えたのが，その理由である．

先行事例を参考にしてこれからの地域振興デザインを検討するとき，「何をしているか」という事例の表面だけを見て模倣してはいけない．たとえそれが成功事例だったとしても，同様に成功するとは限らないからである．地域ごとに計画条件は異なり，その振興に一般解はない．先行事例の表面を見るのではなく，「何を『考えて』しているか」という内面を探り，計画対象地域の実情に合わせて「何ができるか」を改めて考え，地域独自の特殊解を探求しなければならない．上述の型区分は，その内面を探り，具体的方策を検討するための手がかりになるはずである．

とくに重要な留意点は，第一に地域の独自性を探ることである．地域の個性を発揮するためには，他地域にはないもの，あるいは少ないもの，他地域より勝るものを，住民の手足や知恵を総動員して，地域における生活の蓄積の中から探ることである．第二に地域の歴史や伝統文化の価値を見直すことである．日常的で身近なことに対して，ややもするとその価値を見失い，卑下してしまうことがある．その中に域外の人がうらやむほどの価値が隠れている場合がある．それを発掘して見直し，誇りと自信をもつことが大切である．第三に無理をせず持続性を考慮することである．「いつでもやめられる」程度の計画の方がリスクが小さく，持続的になる場合がある．時代や社会状況の変化にも対応しやすい．まさに「小さく生んで大きく育てる」思考法である．第四に，最も重要なこととして，地域住民が楽しむことである．地産地消も，イベントも，都市との交流も，自ら楽しいと感じられるものであればあるほど域外の人にも楽しく感じられ，うらやましい存在になるはずである．

[望月史郎]

■文献

三橋俊雄・望月史郎ほか：地域開発計画の型分類に基づく内発的計画の特質．デザイン学研究，94：51-58，1992．

望月史郎：日常性に基づく景観づくり．美しいむらづくり地域資源景観形成調査報告書，pp.18-26，21世紀村づくり塾，1996．

2│603　地域資源調査

■地域振興への新たなまなざし

　1970年代半ばから,「地域主義」が唱えられるようになった.そして,地域主義とは,「一定地域の住民が,その地域の風土的個性を背景に,その地域の共同体に対して一体感をもち,地域の行政的・経済的自立と文化的独立性とを追求することをいう」(玉野井,1977)と定義づけられた.「地方主義」から識別するため,「地域主義」は,「内発的地域主義」とも呼ばれた.また,この「地域主義」においては,「地域」が次のような姿で描かれた.「地域という(中略)人間等身大の視座に立つと,その世界の中に生活者という地域の担い手が現われます.国家や国民という概念だけではなしに,生活者という(中略)地域の担い手の姿を見つめますと,日常的責任をもって生活している人たちの顔やかたちやふるまいが浮かび上がってきます.その生活者たちは,地域における土と水からなる日常性の生態的生活環境の中で,生命を生み出し,生命を育て,生命を守っている」(玉野井,1985).

　なぜ,上述のような「地域主義」が唱えられるようになったのであろう.それを解くには,戦後の日本における地域開発の歴史を顧みる必要がある.それは,おおよそ,次の三期に分けられる.

　第1期は,戦争直後の「応急期」である.焦土と化した国土復興のために,政府は「復興国土計画要綱」(1946年)を設け,食糧生産と地方都市の復興にもとづいて経済力を充実させることに力を注いだ.

　第2期は,「回復期」とも呼べるもので,「国土総合開発法」(1950年)が設けられて以降のことである.この時期の地域振興は,「都府県総合開発」「地方総合開発」「特定地域開発」の三つを視野に入れたものであったが,とりわけ国内の後進地域開発に主力が注がれ,電力開発を最重要視して展開された.「離島振興法」「積雪地振興法」などによる開発が進められたのも,この時期である.やがて,1950年の朝鮮戦争による特需と連合軍による重工業再建許可を契機として,日本の地域開発は第3期に突入する.

　第3期は,都市化・工業化が急速に進展した「成長期」である.「首都建設法」(1950年)や「首都圏整備法」(1956年)に象徴されるように,第3期には,既成市街地の再開発,新市街地の工業開発,近郊地帯の緑地保全を柱とする整備に力が注がれた.しかし,人口と工場の一極集中,地価の高騰,環境の悪化,過密・過疎など,都市化と工業化の進展の中で,日本列島にさまざまな歪みが生起してきた.「全国総合開発」(1960年)は,そのような歪みを調整するために,全国を過密地域・整備地域・開発地域の三つに区分して全体的均衡を図っていこうとするものであったが,総じて経済開発に力点が置かれ,公害問題や過疎・過密地域の拡大など,依然として歪みの是正には程遠い状態を呈していた.

　このような戦後から高度経済成長期にいたる日本における国土開発計画の経緯の中で,広く国民の間に,「地域主義」の概念に立つ地域開発への志向が高まってきた.すなわち,それまでになされてきた「上からの開発」「外発的(exogenous)発展」に代わる「もう一つの発展」「内発的(endogenous)発展」が求められるようになったのである.それは,次の五つを主たる内容とするものである(鶴見・川田,1989).①単に物財の増大のみを志向するのではなく,人びとの精神的・物質的な基本的必要を充足する開発,②それぞれの地域の歴史性・風土性・社会性に根ざした開発,③それぞれの地域に内在する資源・知恵の利活用に準拠して,地域経済の自立性をめざす開発,④それぞれの地域のエコロジカルな環境保全を保証する開発,⑤それぞれの地域の歩むべき方向に関して地域住民自らが意思決定・政策決定に参加できる開発.

■「ないない尽くし」からの転換

　上記の五つを内容とする地域開発への希求は,いずれも,経済成長優先型の発展への内省,本物の豊かさへの内省,エコロジカルな生活環境形成への志向,地域アイデンティティの確立,自立・自存の地域社会形成の必要性,進路選択に関する自己決定の徹底化など,とりわけ1960年代半ばから1970年代半ばにかけての地域開発とそれがもたらす歪みに対する批判の中から生起したものであった.

　この時期を境として,人びとの地域を眺める目は大きく転換した.都市にあって,人びとは,緑地の希少化,空気の汚染,汚濁度を増す河川が都市の象徴になりつつあることに,疑問を投げかけ始めた.また,地方にあって,人びとは,過疎の進行,都市生活者との経済的格差の拡大,工場廃棄物の投棄場と化していく自己の環境に対し,疑いの眼を向けるようになった.総じて,都市においても,地方においても,人びとはそれまでの経済最優先型の地域開発に対する危機感を増大させていったのである.

　そして,たとえば地方において,人びとは,自己の環境を次のような目で眺め,再評価するようになった.

第6章 地域振興のデザイン

「森林はいずれゴルフ場化されるものとこれまで観念していたが，森林は森林として次世代に受け渡していく必要があるのではないか」「ここには工場も百貨店もないけれど，自然豊かな山や川や田畑があり，新鮮な空気に恵まれたかけがえのない地ではないのか」「春には山菜，秋には茸を提供してくれる山に抱かれての生活は，都市では味わうことのできない貴重な自然との共生の姿そのものなのではないか」．人びとの目は，それまでの「ないない尽くし」から，徐々に転換したのである．その転換は，「それぞれの地域に歴史を通じて伝承されてきたさまざまな資源を大切にし，自らの手でその資源を守り発展させていくことこそ，等身大の地域開発なのではないか」という方向への転換であった．「逆転の発想」「過疎を逆手に」などの標語が生まれたのも，このような人びとによる価値観の転換の産物であった(宮崎・三橋, 1993).

そして今，およそ地域開発・地域振興といえば，それぞれの地域に内在するさまざまな資源に準拠して，それを維持・発展し，それぞれの地域のアイデンティティをより一層明確にしていく実践であるという了解が，広く共有されるようになっている．また，地域社会における経済的自立も，そのような視点を堅持することによってのみ可能であるとの認識が築かれつつある．

■地域資源の領域

地域(region)とは，空間的に一定の領域をもち，共同のルールにもとづいて，人びとが日常的・非日常的な生活を展開している場である(木内, 1968)．およそ，地域は一夜にして成立しない．人びとが生活を展開してきた軌跡が表出され，現に人びとが生活している場こそ，地域だからである．それゆえ，地域には歴史(過去・現在・未来)がある．その歴史とは，人びとが周囲に存在するさまざまな資源を活用・産出してきたものの総体，現に産出しているものの総体，さらに，将来に産出していこうとしているものの総体にほかならない．

ところで，それぞれの地域に内在するさまざまな資源に準拠して地域振興を図っていくにあたり，どのような資源に着目する必要があるのだろうか．いったい，地域資源とは何なのだろうか．

資源(resources)とは，単にハードな物質のみを意味しない．人間性・風土性・歴史性そして生活文化など，およそすべてのソフトを含めて，資源という概念が用いられる．それゆえ，資源とは，地域に内在する物質的ならびに非物質的なものの総体といえる．

たとえば，地理学においては，地域資源として次の事項を挙げる(木内, 1968)．①位置・環境に関する資源：自然的位置，人文的位置，土地・景観，気候，水圏，生物，②社会生活に関する資源：生活様式，生活内容，行政，村落，都市，③経済活動に関する資源：農牧業，林業，水産業，鉱業，製造業，建設業，流通・サービス業，交通・通信，④人口・社会集団に関する資源：人口変化，社会集団，⑤文化に関する資源：言語・方言，宗教，伝承・芸能，物質文化，教育・学術など．

また，地域の活性化に寄与する可能性を内包した資源つまり「地域活性化資源」という観点からは，次が挙げられる(全国農業協同組合中央会, 1991).

類型Ⅰ・自然資源：[非生物資源](鉱物，地質・地形，星，気象，雪，水・温泉，海・河川・湖沼・溜池，地熱・海水・海洋エネルギー，土地・土壌，山，遊休地など)，[植物資源](山菜・茸・山葡萄，米・野菜・果物などの農産物，その他の植物，森林など)，[動物資源](プランクトン類，昆虫魚介類，野鳥，牛馬，その他の陸・海・空の動物)，[排泄物・落ち葉などの有効利用].

類型Ⅱ・生産資源：[農産物加工食品](山菜・茸，漬物，干し物，缶詰，豆腐・味噌・醤油・蕎麦など)，[畜産物加工品](牛乳，チーズ・バターなどの乳加工品，ハムなどの肉加工品など)，[農林生産物加工品](藁・竹細工など，紙，桐箪笥，他の木工製品，動物の剥製，その他の工芸品・民芸品など)，[水産物加工品](乾物，缶詰などの魚介類加工品，魚介類の工芸・美術品など)，[生産加工品の残滓や生産資源の有効利用・リサイクル品など].

類型Ⅲ・景観資源：[自然的景観](森林，海岸，山河，湖沼・溜池・クリーク，田畑など)，[社会(人工)景観](石垣，建物，家並み，公園・庭園，遺跡・文化財など)，[生活景観](炭焼き，干し柿・干し大根などの干物，稲架，音や煙・匂い，手入れの行き届いた生垣・庭・花壇などの生活感・うるおいのある風景など)，[総合景観](自然景観・社会景観・生活景観のバランスとしての快さを伴った景観など).

類型Ⅳ・人文資源：[文化資源]種々の文化・スポーツ・保養施設(美術館・博物館・工芸館，アスレチック施設，クアハウスなど)，種々の制度や組織(研究・生涯学習・住民活動システムを含む)，伝統的社会風

土（開放性，住民の主体性・学習力など），種々の技術（生活技術，有機農法・その他の生産技術など），無形文化財（芸能，祭り，行事，民話など），各種イベント，情報ネットワーク，農林・工・商（産出・加工・流通）の連携，交通システムなど，［人的資源］歴史的著名人，種々の高度技能保有者，家族・男女・世代間関係の特色，種々の地域住民活動（生活環境整備や環境保護活動などを含む），種々の交流活動（朝市，都市・農村交流や国際交流など）．

■地域資源の再認識にもとづく地域振興

さまざまな地域資源の再発見・再確認は，内発的地域振興の出発点である．その再発見・再確認の行為は，実地調査・実態調査・野外調査（field survey）などと呼ばれる地域調査によって行われる．また，地域調査においては，観察（observation），測定（measurement），面接（interview），アンケート（enquête）などの手法が，通常，複合的に用いられる．もちろん，地域調査によって採集されたさまざまな資料を，文字，写真・ビデオなどの映像，録音などとして，記録にとどめることが必要である．

地域資源の再発見・再確認のための地域調査は，当該の地域住民に加え，行政担当者や外部の専門家が混じったチームで実施することが望まれる．これは，当該の地域住民にとっては「当たり前」として見落とされがちな資源まで含めて，すべての地域資源の発掘を可能にするためである．外部専門家が地域調査のグループに入ることによって，地域住民がともすると見落としがちな資源の存在が確認されることも少なくない．たとえば，一本の木も，地域住民にとっては，以前から存在していたもの，日ごろから接してきたものだけに，その資源としての価値が判定できない場合もある．しかし，外部の目でそれを眺めると，木の肌の美しさ・力強さ，秋の色変わりや落葉の美しさなどが，価値ある資源として発見されるかもしれない．また，山菜を採取する地域の人びとの暮らしは，地域住民にとってはごく「当たり前」であっても，外部の者にとっては「自然との共生」が生きている暮らしとして認識されるかもしれない．さらには，裏山から採取した自然素材を用いての山籠づくりは，地域住民にとっては昔から行ってきたことで特段の目新しさはなくとも，外部の目からしてみると，それは，今日に生きる自立・自存の生活の表象であり，自然素材のやさしさと美しさとが凝縮された生活用具であり，しかも，裏山から自然素材を適度に採取してくることが裏山の成長を手助けすることにつながっているなどの，さまざまな価値の凝縮体としてとらえられるかもしれない．こうして，地域資源の発掘を内外の者の混成チームで実施することは，地元住民の資源を眺める視点の転換につながるばかりか，外部の者にとっても，地元住民からさまざまに教授されることの喜びを得る機会でもある．

地域資源の発掘と再評価は，決して，単眼的に行ってはならない．一方向の視点からでは，対象の有する一側面しか浮上しない．複眼的・多面的な視点を堅持して，資源発掘とその再評価がなされなければならない．「木を見る視点」「林を見る視点」「森を見る視点」を複合して，地域資源の発掘・再評価にあたる必要がある．当然，「木を見る視点」においても，地表に現れている部分だけを眺めるのでなく，木の根元や地中の様相などに思いを巡らして，全体的に観察することが肝要である．時には，根元の枯葉を手に取ってどのような生物が棲息しているかを調べたり，枯葉を踏みしめるときの柔らかな足の感覚を確かめることも欠かせない．微視的・巨視的観察を行うとともに，見る・聞く・触れる・嗅ぐ・味わうの五感を総動員して，対象の価値を確認することが肝要である．

地域資源の発掘・再評価に従事した者は，次のステップとして，発見されたさまざまな資源のリストアップ，それぞれの資源の関係性，そして，なぜ貴重な資源なのかを整理し，広く地域住民にそれらを提示する．同時に，個々の資源をどのようにしてより豊かな資源として磨き上げ，利活用していくかの具体的方向性を多面的に思考・展開する．さらに，資源と資源との結びつけ方を思考し，提示する．このとき，地域住民から，個々の資源の利活用に関する提案，資源相互の関係づけに関する提案などを，積極的に聴取することが必要である（❶）．

なお，地域資源の利活用にもとづく地域振興計画の策定に際し，最初から大規模な展開を志向することはきわめて危険である．ともすると，「金がないからできない」「金をどこからかもってこなければならない」との考えに陥ってしまうからである．まずは，「小さなこと」「やろうと思えばできること」「金はなくともできること」から着手すべきである．そのような実践の積み重ねの中で，すべての地域住民の間に，地域資源活用にもとづく地域振興の重要性の認識，一人ひとりの地域住民がその担い手になれる可能性の確認などが広まり，共有されていく．ここから，等身大の地域振

第6章 地域振興のデザイン

●地域資源調査にもとづく地域づくり計画のプロセス
- みんなで地域に輝く「光」探し
- 地域の「宝物」は私たちの力で
- 地域は私たちの学習・体験の場
- おばあちゃんから聞くドキドキ昔話
- 新しい発見の喜び
- おじいちゃんと一緒に楽しいものづくり体験
- 見つけた「光」でいっぱい地域宝物地図
- 発見した地域の宝物はみんなの財産

興，自立・自存の地域振興が始まる．

■「故郷づくり」のための地域資源発掘と伸展

『興業意見』をまとめたのは，今日の経済産業省の前身である農商務省の役人・前田正名である（宮崎・三橋，1990）．明治時代は勧業興国をキーワードに国づくりが進められた時代だが，それは，福沢諭吉が主導した大工業優先政策に支えられていた．欧米の進んだ諸技術をいわば鋳型にとって日本に移植してくることによって，それはなされた．国全体がそのような流れの中にあったとき，前田は次のように考えた．「日本各地には，それぞれの地域の風土と対応し，長い歴史の中で刻まれてきた地場産業がある．国づくりは，そのような地場産業の育成を図ることなくしてなし得ない」と．

前田の主張は，当時の省庁の中で必ずしも支持されなかった．前田は高級官僚の座を他に譲り，野に下った．そして，いわゆる「前田行脚」を展開した．草鞋履き・脚絆姿で，前田は全国各地をまわり，辻説法を行った．町村民たちを前にして，前田は説いた．「皆さんの地には，さまざまな資源があるでしょう．それらは，先祖たちから引き継がれてきたものに相違ありません．それは，かけがえのない地域の財産です．ぜひ，それらの資源を再評価して，その資源がさらに伸展していくような町づくり，村づくりを展開してください」と．この前田の訴えの中から，いわゆる「町是」「村是」づくりが生まれた．それは，今日の「地域計画」の走りである．

もちろん前田の生きた時代と今日とでは時代そのものが大きく異なるが，国づくりの本質論という視点から見ると変わりはない．いずれの国にあっても，国づくりとは，その国が歩んできた歴史の上に新たな歴史を積み重ねて刻んでいくことである．木に竹を接ぐ方式だけが国づくりではない．歴史には，民族の血が流れ，地域住民の心が反映している．地域資源とは，そうした民族の血，地域住民の心の表象にほかならない．

このような意味において，地域資源の再発見・再評価にもとづく地域振興計画の策定・実践は，それぞれの国の，それぞれの地域のアイデンティティをより明確化していくために不可欠である．前田の生きた時代とは比べものにならない速度と規模で国際化が進行していく今日であるからこそ，地域資源の再発見・再評価にもとづくデザイン活動が欠かせないのである．そのようなデザイン活動が欠落すると，国のアイデンティティ，地域のアイデンティティを喪失してしまう．

「故郷」とは何であろう．一人ひとりが生まれ成長してきた空間・時間としての「故郷」は，それぞれに大切にして輝かせてきた資源があり，一人ひとりがそれにかかわる実践をもっていてこそ，初めて，かけがえのない「故郷」になりうる．地域資源の発掘と再評価にもとづく地域づくりは，その意味において，「故郷づくり」でもある．

［宮崎 清］

■文献

木内信蔵：地域概論，東京大学出版会，1968．
玉野井芳郎：地域分権の思想，東洋経済新報社，1977．
玉野井芳郎：人間におけるジェンダーの発見．ヘルメス，1985春季号．
鶴見和子・川田侃編：内発的発展論，東京大学出版会，1989．
宮崎清・三橋俊雄：前田正名にみる「内発的」地域開発理念．デザイン学研究，77：17-26，1990．
全国農業協同組合中央会・農村生活総合研究センター：ふるさとのむらおこし資源あれこれ－地域活性化資源活用ハンドブック，農村生活総合研究センター，1991．
宮崎清・三橋俊雄：内発的地域振興の視座と過程．デザイン学研究，99：31-40，1993．

2|604 地域産業クラスターとデザイン

■内発的地域振興の視座

　地域振興計画の策定と実践へのデザインの参画は，単に，ハードとしてのモノの計画・設計にとどまらない．地域の歴史・環境・社会・産業などを総合的にとらえた上で，人びとのあるべき生活文化を具体的に提起する社会的実践も，また，デザインであるからである．私たちは，デザインという行為が，広い裾野の上に成立し，広範な社会的諸要素の秩序ある組み立てに寄与する実践であることを，改めて認識する必要がある．

　近年の国際化・情報化などの進展は，私たちの生活を大きく変容させつつある．地域のあり方も，その例外ではない．国際化・情報化の進行の中で，今，それぞれの地域には，当該地域固有の特質を発揮しながら，自立・自存していくことが求められている．また，そのためには，これまでしばしば行われてきた工場誘致や大型観光施設誘致などの外部依存型・重厚長大型の地域振興策ではなく，地域のさまざまな資源を最大限に利活用する，内発的な地域開発の必要性が高まっている．個々の地域が有する多様な潜在的資源の発掘とその多面的活用に依拠する内発的地域振興は，高齢化・過疎化などの地域が抱える諸問題への対応策としてのみならず，自立・自存の観点からしても，ますます重要な概念となっている．それぞれの地域に最も適合した振興計画の策定と遂行は，およそ，すべての地域住民が自らの意志を明確にし，地域社会の自覚的・主体的な担い手になることによって初めてなし得るのである．

　このような内発的地域振興を志向するに際し，「地域産業クラスター」の概念は不可避である．

■産業クラスターと地域開発

　内発的地域振興計画の策定と実践にとって，地場の産業を活性化することはきわめて重要である．それは，地域の経済的基盤を確立するためのみならず，地域に生活する人びとの生き生きとした活動を保証し，地域における生活文化を健全なかたちで確立するためにも有意義なことである．

　産業展開の形態には，「既存の地場産業の転換」と「新規の地場産業の創出」の二つがある（清成，1987）．そのいずれにおいても，製品開発という視点からだけでなく，地域固有のさまざまな資源を有効に活用しつつ，地域における諸産業が相互に効果的な結びつきを形成できるように計画することが求められる．

　いずれの地域の産業構造もクラスター（cluster）・房としてとらえることができる．クラスターとは，互いに密接に関連づけられた構造の単位である．ブドウの一粒一粒が互いに結びついて固まりとしての房を形成しているように，多くの場合，個々の産業は他の産業と互いに結びつきながら存立し得ている．

　地域における産業の展開に際しては，個々の産業が有機的に密接な関係をなし，それが基礎となって地域の産業全体が一つの秩序あるまとまりとして構造化されるように，計画・設計されねばならない．しかしながら，これまでの地域振興においては，このような概念が有効に活用されてきたとは必ずしもいえない．これからの地域振興計画の策定・実践には，当該地域に暮らす人びとの生活・労働を全体的かつ総合的に見渡し，個々の生活・労働が直接的あるいは間接的に関連づけられて地域全体の生産活動が活性化されるような，クラスターとしての産業構造の構築がめざされなければならない．

■歴史的生産活動に見られる産業クラスター

　伝統的産業の多くは，たとえその一つ一つが小規模とはいえ，数多くの多様な業種がきわめて密接に結びつくことによって全体的なクラスターをなし，その歴史的展開が遂げられてきた．

　漆製品産業を事例に考えてみよう．さまざまな漆製品の生産は，漆の木の栽培・管理，塗料としての漆の採取，漆製品の木地をなす木材の栽培・伐採・製材・乾燥，木地づくり，漆の下塗り・中塗り・上塗り・加飾，そして，完成品の流通など，多岐にわたる多くの業種が互いに連関して存在することにより，初めて可能である．また，そこには，山師，漆掻き，木地師，塗師，加飾師，商いなど，それぞれに専門的な技能・技術を保持した人びとが互いに結びつきながら存在している．これらの業種とそれを支える技能・技術のどれか一つでも欠けたら，漆製品産業は存立することができない．このような業種間および技能・技術間の全体的結びつきの上に，伝統的な漆製品産業は成立していた．「分業にもとづく協業」という形態のクラスターを，伝統的な漆製品産業はなしていたのである．また，このような個々の業種と技能・技術が全体的なクラスターとして構造化され，当該地域の人びとの生活・労働が生き生きとしていたのである（伝産協会，1980）．

　漆製品産業ばかりではない．それぞれの地域で育まれてきた地場産業は，およそ，人びとの生活・労働を

通じての社会的共生そのものであり，個々の生産活動が相互に関連して全体的なクラスターを形成している．地場産業が地域に根ざした産業といわれるゆえんは，それを支える幅広い裾野が互いに連関しつつ，全体として一つのクラスターをなしているからにほかならない．原材料の生産，数々の製造工程とそれごとに必要とされる道具・用具の供給，そして，流通など，地場産業においては，多くの人びとの業が相互に支援し合っている．それは，また，地域の風土に適合し，地域における雇用の維持・創出に寄与するとともに，広く社会的需要に応えつつ，当該地域の特色づくりや地域経済の活性化・発展に貢献してきた（森，1960）．

しかしながら，近年の生活文化の変容に伴い，伝統的な地場産業の中にもその存続が危ぶまれるものが現れつつある．地場産業が当該地域の風土・歴史・社会・生活文化と深く切り結んだ人びとの営為であることを考えれば，いったん滅びてしまうとその復興が困難ゆえに，なんとしてもその健全な維持・発展のための計画・設計がなされねばならない（通商産業省，2000）．そのようなとき，地場産業をクラスター構造として把握し，そのクラスター内の弱体化した部分や欠損部分を保全・修復し，全体としてのクラスターを活性化していくための手立てが講じられる必要がある．

■クラスターとしての把握・分析にもとづく地域産業の創出

地域産業をクラスターとして把握・分析することは，次のような新たな産業創出の可能性にもつながる．

たとえば，ブドウ産地がワイン生産をめざすことを想定して考えてみよう．この場合，まず，ワイン生産を志向するためには，主原料のブドウの生産を活性化しなければならない．ワイン生産を目標に掲げることが，派生して，ブドウ生産の活性化という新たな需要を生起させる．そればかりではない．ワイン産業が自立・自存するために必要な，醸造工場の設立・運営，ビンやラベルの意匠決定，ビン・ラベル・包装などの製造，そして，製品流通機関の創設など，さまざまな領域における業が派生する．さらには，ワインと地域農産物とを結びつけた新製品の開発・販売，レストランなどの観光・サービス業の展開など，全体の関係性に意を注ぎながら計画可能な産業がさまざまに考えられる．

このように，産業クラスターの構造を念頭に置くと，一つには「特定の産業活動に必要な財を地域内生産によって供給しようとする努力の誘発」（たとえば，ワイン生産をめざしてのブドウ栽培の活性化など），また，一つには「特定産業の生産財を別の新たな活動に結びつけようとする努力の誘発」（たとえば，ワインと地域農産物を結合しての新食品開発など），これら二つが複合的に展開され，第一次産業から第三次産業にいたる幅広い領域において，相互に支え合いながら全体として地場産業が発展していく可能性を切り拓いていくことができる．すなわち，産業クラスターの概念に準拠することによって，個々の産業を基軸とした多様な産業の総合的展開が可能となるのである．

■新しい産業クラスター創出としての地域資源活用

地場産業を創出していくに際しては，さまざまな地域資源を全体的に活用していくという視点を基底に据えて，新しい産業クラスターづくりを展開する必要がある．山村における新しい地場産業の創出を事例として，具体的に考えてみよう．

山村からは，各種の木々が産出される．杉林からは住宅建設用の角材が得られる．雪国であれば積雪の重みで根元の曲がった根曲がり材が得られる．住宅建設業生誕の基礎的条件が，これだけでもすでに整っている．根曲がり材を活用しての案内看板づくりやモニュメントづくりも可能であろう．また，山の木を切り出すのには，良材を見分けることができる杣人（そまびと）が必要である．杣人が切り出した跡には，苗木を植えなければならない．そのためには，苗木を育てる業が必要である．また，杣人が使う各種の山の道具を製作・補修する業が，農機具を製造する業と並んで必要である．住宅用角材を得るためには，規格寸法に従って製材・加工しなければならない．製材・加工過程からは，樹皮や端材，木屑など，さまざまな副産物が得られる．樹皮のテクスチャーを生かして，工芸品を創作することもできる．壁材，屋根材，垣根材，内装材などとしての樹皮の活用が考えられる．端材からも木工品製作を考案できよう．木レンガを端材で作ることも可能であろう．もちろん，端材は燃料にもなる．木屑は，緩衝材，肥料，燃料などになりうる．木が燃えた跡には木灰が残る．その木灰は，土壌改良剤，肥料，焼物の釉薬として活用できる．

このように見てくるだけでも，さまざまな業が成り立ち得る．杣人，建設業，鍛冶・鉄鋼業，製材業，樹皮工芸，木工芸，陶芸などが生誕可能である．

木工芸が生まれれば，山に自生する漆を採取・精製

❶山ブドウの籠づくり（福島県三島町）　　❷間伐材利用のバス停留所（栃木県黒羽町）

し，器物に塗装・加飾する業も創出できる．山に自生する蔓草などを用いて，さまざまな手づくりの工芸品を製作することも可能である（❶）．

　間伐材の活用も忘れてはならない．山を守り良材を育てるためには，間伐が欠かせない．里に降ろした間伐材を活用し，家具，各種木工品，木炭，柵などを生産することができる．間伐材で木レンガを作り，地域の歩道に敷き詰めることもできよう．住宅の内装や案内看板づくりにも，間伐材を生かせる．バス停留所や公衆便所，ベンチや電話ボックスなどのストリートファニチュアも作れる（❷）．

　山は山菜やキノコの宝庫である．春の山菜，秋のキノコに地域固有の伝統的方法で味付けした食品づくりができる．山の各所にはきれいな清水が湧き出ている．それらを瓶詰めにして，都市に送ることもできよう．山菜取りやキノコ狩りに，都市の人びとを呼び寄せることもできよう．夏には林間学校として地域を開放する．秋には紅葉狩りに人びとを招く．空家を改造し人びとの宿泊施設とする．家々が民宿経営を行う．閉ざされがちであった山村が，都市の人びととの交流を重ねて徐々に活性化していく．もちろん，宿泊客に提供する食品はすべて地元で採れる野菜，果実，川魚などである．食卓を飾る食器類も，木を生かして製作されたものばかりである．山の木でできた食卓には，木灰の釉薬を被った焼物に季節の野の花が生けられている．宿泊客には，古老たちが地域に伝わる昔話や歌謡などを聞かせる．春先の山入り，夏の盆，秋の収穫，正月行事など，山村に伝わるさまざまな年中行事を外の人びとに開放し，共に山村文化の豊かさを享受することも可能であろう．そのような人びととの交流の中から，山村の多様な文化を記録した写真集，説話集などの出版も決して夢ではない．

　このように考えてくると，山村の抱える資源を総動員することにより，たとえ個々は小規模であるとしても，実にさまざまな産業を創出することが可能である．第一次産業を基軸としながらも，第二次，第三次にまでわたる広範な産業の展開が可能である．

　ここで注意すべきは，一つ一つの業は，それ単独では存立が危ういということである．個々が他の業と直接・間接に連動することによって初めて定立し得るということである．たとえ個々が小規模であっても，それらが互いに結びつき相互に支援することにより，全体として山村が活性化する．しかも，それぞれの業の担い手は山村に生活する地域の民である．そして，それぞれの業に反映しているのは，人びとに共有されている生活技術，山村に生きる生活の知恵にほかならない．こうして，小さな単位が互いに堅く結びつくことにより，全体として山村における産業クラスター・房をなす．

■特化型産業創出と多様型産業創出

　地域づくりの究極的な目標は，地域の経済的自立にほかならない．その目標に向けて地域産業をどのように育んでいくかについては，いくつかの志向があろう．上の山村を想定して，考えてみよう．

　山村には文字通りに山しかない．山村には外の人を呼び寄せようとしてもなかなか集まらない．外材に押されて，山林経営だけでは山村は生き残れない．いっそのこと，山を切り崩し公害のない工業団地を作ろう．このようなかたちの地域産業創出もあろう．

　渓流には川魚が棲んでいる．イワナ，ヤマメ，マスなどを養殖して放流し，川釣りの里として売り出そう．そうすれば，釣り客が泊まる宿も必要となる．外部資本を導入してホテル建設を実現させよう．秋の紅葉狩

りの季節には都会客も訪れてくれるだろう．このようなかたちの観光産業創出も考えられよう．

上の二つの産業創出のうち，前者は山村の資源にこだわらずに新規な産業を外部から誘致しようとするものであり，後者は山村の抱える資源の一つに着目しそれを肥大化していこうというものである．また，前者と後者に共通するのは，いわば特化した産業を創出しようとする志向である．目玉産業創出志向，特化型産業創出志向といってもよい．

確かに，何か一つの目玉産業を創出することによって，地域の特色を明確化することができるかもしれない．しかしながら，このような志向には，往々にして地域産業をクラスターとしてとらえる姿勢が欠落しがちである．考えなければならないのは，いずれの地域にも，個々は小規模であるとしても多様な資源・業が存在しているという事実である．何か一つの資源・業のみに特化してその肥大化を遂行すると，地域が本来的に有している多様な資源・業が評価されないままに消失しかねない．同時に，目玉産業に関与できる地域住民が生まれる一方，他方には，目玉産業に関わりをもつことができずに地域への愛着を喪失していく住民が生まれる．換言すれば，特化型産業創出志向は，地域住民すべてが主人公になることのできる地域づくりとはいえない．

その点で，地域産業をクラスターとして把握することを基底に据えた地域づくりは，先に山村を事例として述べたように，明確に異なっている．特化型産業創出志向・目玉型産業創出志向に比べて，地域産業をクラスターとして把握することから始まる地域づくりは多様型産業創出志向ともいうことができ，地域に内在するおよそすべての資源・産業を互いにつなげながら地域社会の活性化と経済的な自立を志向するものである．それゆえに，多様型産業創出志向の地域づくりにおいては，およそすべての地域住民が主人公になれる可能性を有している．

■異業種交流・関係性のデザインという視点

それぞれの地域の産業をクラスターとして把握・分析することは，地域のさまざまな産業交流を促すことにつながる．本来の異業種交流は，そもそも，地域の産業をクラスターとして把握・分析する視点を基底に据えることにより，初めて成立する．

異業種交流は，これまで，異なる複数の素材の組合せによって新製品開発を行うことに代表されるかたちで実施されてきたものの，第一次産業から第三次産業にいたるまでの地域産業の横断的交流という視点からは，効果的なかたちでなされてきたとはいいがたい．その点，産業クラスターの概念にもとづけば，たとえば，ワイン生産という目標実現に向けて栽培されたブドウの色彩と香りを生かしてブドウ染めの和紙や繊維を開発するなど，ブドウ栽培という第一次産業と和紙・繊維製品製造という第二次産業とを結合し，それぞれをより一層効果的に進展させていく志向も探求できる．ブドウ栽培という第一次産業およびブドウを活用しての新食品製造という第二次産業との結合，また，それらと開発された新食品を人びとに提供する第三次産業との結合など，互いに異なる産業間の横断的関係づけも志向できよう．

異業種交流は，同一次元内の異なる業種が協力するという域にとどまらず，異なる次元の産業が有機的な関係性を構築し，互いに効果を及ぼし合うための連携づくりに発展していかなければならない．このような意味における関係性のデザインは，それぞれの地域が自立・自存的な地域振興を展開していく上で，今後ますます重要になっていくであろう．地域振興行政の観点からも，今後は，さまざまに異なる業種・産業間の有機的な関係性・連携体制の構築が地域産業施策の中心的課題になっていくといっても，過言ではないであろう（Mason, 1958）．

また，現代では，情報技術の飛躍的な進歩によって，地域という物理的な枠組みを超えた地域相互の連携が容易となってきた．今後の異業種交流は，これまでのように一定の地域内にとどまることなく，関係性・連携体制確立の時間的・空間的範囲を当該地域外にまで広く拡大していくことになろう．

［宮崎　清］

■文献

Mason, E.S.: Introduction to The Structure of American Industry, ed.by Adams, p.xiii, 1955（嘉治信三訳：アメリカの産業構造，時事通信出版局，1958）．

伝統的工芸品産業振興協会編：伝統的工芸品技術事典，グラフィック社，1980．

森嘉兵衛ほか：日本産業史体系，東京大学出版会，1960．

清成忠男：地域再生のビジョン，東洋経済新報社，1987．

通商産業省：21世紀の伝統的工芸品産業のあり方，2000．

2 | 605 | 地域社会のデザインマネジメント

■安曇野のデザイン

　アルプスの山並と安曇野の景観は美しい．そして，安曇野ではたくさんの道祖神に出会うことができる（❶，❷）．

　道祖とは古代中国の道の神思想で，村を悪霊から守る日本のさえ（塞）の神信仰と一緒になって，古くから全国に広まっていた．悪疫を塞ぎ，旅の安全を守りまた縁結びを願って，村の境や峠に立っている．その多くは自然石のままだが中には文字や神の像を彫ったもの，また石の祠やご神木などのところもある．

　安曇野の道祖神は集落の入口や三叉路，あるいは村の中央にある．そこが道の目印となり，また市場になって人が集まり男女の出会いの場ともなった．それが縁結びの神，さらに子孫繁栄，五穀豊穣の神にもなった．安曇野の四百余ある道祖神の大半は双体像といわれる男女二人の神が握手をしているか，酒器をもったほほえましい石像で，そのほかはすべて「道祖神」の文字が彫られたものである．地元には，江戸時代に修行を志した人が村々を回り，安曇野に出る石の上になれぬ手つきで鑿をもち，修行のために思いを込めて一生懸命に彫った．その熱心さに村人は心打たれて食事や宿を提供したことが伝えられている．石の形に同じものはない．しかし共通しているのは二人の顔の表情が何とも優しく穏やかで，かわいらしいのである．

　道祖神を彫りながら彼らは何を考えていたのだろうか．きっと家族の健康，平和で実りの多い村のこと，結婚の成就，旅立ちの無事など，さまざまなことを考えながら黙々と彫ったのであろう．たとえ腕が立たなくとも，真心込めて作ったからか，人をほのぼのとさせるものがにじみ出ている．そうして生まれた石像をみんなのために地域の最も重要なところに祀った．これはデザインであり，また地域のデザインそのものである．

■地域デザインのコンセプト

　地域が平和で，さらに発展的であることを望まない人はいない．言い換えれば，地域の発展はそこに住む人たちの生活に活力を与え，また地域文化を醸成する上にも必須のものである．地域おこしとは地域の構成や地域特有の地場産業を，時代の要請に合った形に再構築し，地域の活性化につなげようとするプロジェクトである．それにはまず地域のアイデンティティとしての独自性や文化性を明確にし，今日の多様な感性ニーズにも対応させる．そして収益の出る基盤を確立しつつ運営していかねばならない．

　1973（昭和48）年の第一次オイルショックを契機に，世界的に省エネルギー，環境，地球資源，リサイクリングなど，従来の経済中心の考えでは処しきれない問題が次々に生まれた．この新しい流れは個人の生活意識や価値観に大きく影響した．デザインに対しては，多様な中にも個性的なものを求めると同時に，地域性や伝統を踏まえたものも評価されるようになってきた．

　一方，経済発展に伴う人口の都市集中と急速な高齢化は，都市と地方の生活基盤のアンバランスをもたらした．そこに生まれたのが地域の再生をめざす「地域活性化」というコンセプトである．ここで時代の要請はデザインが地域活性化に新しい役割を果たすことを明確にした．

■日本のデザイン

　地域社会とデザインの関係は古くて新しいテーマである．日本の社会生活の中にデザインという言葉が登場するようになったのは戦後10年ほどたってからである．しかし，それまでの日本にデザインの思想がな

❶アルプスのふところ，安曇野の道祖神（堀金村）

❷安曇野の道祖神，双体像と文字碑（堀金村）

かったのではない．日本人のデザインの概念は民芸品に見られるように西欧の概念とは違うかたちですでに生活の中に生きていたため，日常的にとくに意識していなかったにすぎない．そして，戦後欧米から入ってきたデザインをきっかけにその意識が呼び起こされた．日本には昔から外国がうらやむ優れたデザインがある．伝統的な建築，庭園，また工芸品などである．とくに民芸品は，誰が考えたのか誰がデザインしたのかわからないがよくできていて身近な感じがし，そして素朴な美しさをもっている．日本のデザインの美しさ，よさがにじみ出ている．しかも，すべて生活の場に溶け込んでいる．それは日本のデザインの特徴といえよう．

■**デザインと行政**

戦後の1955(昭和30)年頃，イギリス政府から日本商品のデザイン盗用を指摘され外交問題にまでなった．調査によって盗用ではないことがわかったのだが，これを契機に，政府は通産省に輸出品のデザインを検査するデザイン課を設置した(1958年)．またGマーク制度を設けてメーカーや消費者のデザインマインドの向上に力を入れるなど，日本独特ともいえるデザイン行政が行われてきた．

明治時代から政府がデザインに関与した例があるのだが，とくに1928(昭和3)年に商工省が東北地方の工芸産業振興のため，仙台に「工芸指導所」を開設した．これが行政による地域デザイン支援の最初である．昭和40年代になってからは，自治体の工業試験所や，1970年代に設立された地域振興センターなどがそれに代わった．このように，主に行政や自治体機関によって地場製品のデザイン改善や消費者のデザイン啓蒙など，地域のデザインマインドの向上に力が注がれてきた．

■**デザインセンター**

1980年代後半になると全国各地にデザインセンター設立ブームが起きた．これは，かつて各地域に次々に美術館や文化ホールが作られたように，デザイン活動をより明確にするために，新しい体制と設備をもちたいという要求の反映である．しかし，いつまでも物を中心にするデザインセンターでよいのだろうか．地域に必要なデザインセンターの基本は，地域の将来につながる運営指針と，時代に合った具体的な行動計画をもつことである．時には有能な人材が要る．新しいデザインとは環境や景観を含めての地域づくり，デザインによる新しい産業の創出，地域のアイデンティティともいえる情報を含む地域文化価値創造などの地域デザインへの対応である．現在の行政では，デザインは商工部門の所管であり，プロジェクトが都市計画，土木，教育，環境，情報など多岐にわたると一商工部門では対応しきれない．加えて，いまだに存在するデザインへの理解不足や偏見を乗り越えていくためには，優れた構想力と実行力を必要とする．このように地域活性化のためのデザインセンターは，本来，地域でのデザインのあり方全般を思考し実践する役割を担っている．

■**一村一品の地域活性化**

1979(昭和54)年に大分県が始めた一村一品運動は全国に大きな影響を与えた．その後，四全総と呼ばれる第四次全国総合開発計画のもとで竹下元首相が「ふるさと創成」を打ち出し，全国に地域活性化の動きが始まった．大型の都市開発やリゾート開発から村の伝統工芸品に光を当てた村おこしまで，地域活性化の活動は多彩である．特筆すべきは，近代的産業基盤をもたない小さな町村での地域おこし計画で，地域の特産品である木工品，陶磁器，藁紙工品など，地域独特の伝統工芸品を核とした工芸村に代表される拠点づくりが共通したテーマになっていることである．

■**デザインマネジメント**

地域にとっての活性化計画は企業における新製品計画と同じである．新製品開発は企業経営上で最も重要な仕事の一つであるが，ヒット商品を出し利益を上げていくことは簡単ではない．

ここで新製品開発における重要な点を挙げてみよう．

①自己評価と目標： 自己のもてる力を冷静に評価し，出発点と目標を明確にすることによって自分のなすべきことがはっきりする．

②消費者の側に立ってのアイデア： コスト評価は重要だが，対象とする人たちの側に立つ考え方，評価を優先する．

③トップのリーダーシップ： トップの責任のもとで，全員一丸で取り組む．

以上は当然のことと思われるが，意外なことに一部局だけで進めていたり，第三者に任せているものも少なくない．とくに第三者に任せると，内容が玉虫色に

なりがちで責任の所在が明確でなくなる．

活性化が成功しているところに共通するのは，地域のもつ能力をよく見極め，それを踏まえた上で努力目標を明確にし，取り組んできたことである．たとえ計画が大きく立派に見えても，経営が継続しなければ意味がない．また常にトップの確固たるリーダーシップのもとでのマネジメント(management)が必要である．

マネジメントとは「経営」「管理」であり，また「その才覚，そういう才覚をもった人によって経営管理推進すること」である．

■海外の地域振興デザイン

東南アジア諸国は日本を見習ったのか，政府にデザイン機関をもつ国が多く，シンガポールなどは政府所管の立派なデザインセンターをもっている．どの国も早くから日本と交流があり，日本は現地へ出向いて実務指導や意見交換などに協力してきた．現地でのセミナー開催にあたって配慮すべきことは，スライドによる日本デザインの紹介をすることのみでなく，事前にできるだけ多く現地の希望を聞くことである．現地からの要望は，デザインにかかわる初期的かつ基本的な課題が多い．それは当然のことで，たとえ目標は高くもっても，さしあたっては基本の問題についての情報交換が肝要である．たとえばデザイン認識の高揚に向けては「企業内でのデザイン教育のあり方」を，またパッケージデザインの基本としては「輸送用段ボール箱のデザイン」の課題などを取り上げる．これらのテーマは普段は目立たないが，日本企業が今日あるのは，このような問題を一つ一つ解決してきたからであることを理解してもらうのに有効である．

地域活性化の具体例に台湾がある．台湾は日本の村おこしに関心を寄せ，日本で着実に成果を上げている町村の視察研究を重ねている．今では政府の支援がある一方，支援を受けずに独自の地域開発をしているところも多い．

■地域振興デザインのこれから

今や意識の有無に関係なくデザインは個人の生活に入り込んでくるが，一方では自分の意思でデザインを選択することもできる．しかしいったん外に出ると，それは一変する．雑然とした家並み，巨大で快くない色彩の広告，日本特有の電柱の林立などが迫ってくる．日本の社会はこれらをデザインの対象ととらえていないようである．地域を作っているのはそこに住む人たちである．「デザインは人のためにある」ことを忘れてはならない．

地域デザインの課題は大きく，山積している．

■大都市江戸のデザインマネジメント

江戸は人口100万人の大都市であった．しかし，この大都市にはいわゆるゴミ問題が存在しなかったといわれる．それには，大都市江戸に居住した人びとの生活の中にしっかりとしたマネジメントが徹底していたからである．

その一つは「補修の文化」である．たとえば，鍋釜にひびが生じたり，穴が開いてしまったとする．人びとは，それを廃棄しなかった．鋳掛屋がそれを補修してくれるシステムが社会的に堅持されていたからである．割れてしまった陶器なども，その破片を捨てずに保持しておけば，定期的に回ってくる欠け継ぎ屋によって復原してもらえた．傘張り職人も市中を徘徊していた．畳や襖の張替え，指物師による家具の補修，漆器の塗り変え，農具の補修，鋸の目立てなど，およそすべての生活用具の補修システムが整っていた．人びとは，補修に補修を重ね，生活用具の寿命をまっとうさせた．生活用具の使い方のマネジメントがきちんとなされていたのである．

「再生の文化」も存在していた．たとえば，使い古した衣類・布製品は問屋に引き取られ，陸路や海路によって木綿栽培が困難をきたしていた東北地方に運ばれ，そこで裂き織りされ，新しい布に蘇生された．古布を細く裂き，緯糸(ぬきいと)として機にかけ，丈夫な布に織られたのである．刺し子なども，この裂き織りとともに古布再生技術の一つといってよい．紙も再生された．反古紙は捨てずに溜めておかれた．定期的に巡ってくる反古紙買いがそれを集め，紙漉き工房に持ち込まれた．そこでは，漉き返し紙として，新しい紙に再生された．和紙の有する長い植物繊維がそれを可能にしたのである．大都市江戸には，使い古したものを新たな産品として蘇えらせる再生のマネジメントが存在していた．

加えて，「循環の文化」があった．家々の竈から出る煮炊きをした後の薪の灰は集められ，農作物の土壌改良剤として活用された．市中には定期的に灰市が立ち，近郷の農村部に引き取られていった．江戸は全国流通の基地であったから，各所から馬によって荷物が運び込まれた．しかし，馬の排泄物が市中を汚すことはなかった．馬糞拾いによって集められ，農作物の肥料とされたからである．人間の排泄物も同様であった．定

期的に回収される人糞尿は近郊の農村部に運ばれ，土を肥やす養いとなった．農家の人びとは，農作物と代替して養いとしての人糞尿を手にしたのである．このような循環のシステムは明治時代に来日した外国人モースを驚嘆させている．米国の動物学者で大森貝塚の発見者として知られるモースは，その著『日本その日その日』の中で次のように記している．「わが国で悪い排水や不完全な便所に起因するとされている病気の種類は，日本にはないか，あっても非常にまれであるらしい．これはすべての排泄物が都市から人の手によって運び出され，農地に肥料として利用されることに原因するかもしれない」大都市江戸には，明治時代にも引き継がれて世界の人に賞賛されるほどの循環の文化が築かれていたのである．

こうして，100万人都市江戸においては，補修・再生・循環の文化が育まれ，人びとの生活の隅々にわたってマネジメントが徹底されていた．江戸がゴミの生じなかった都市であったのは，人びとによるモノのマネジメントと行政によるシステム管理とが共存していたからにほかならない．

■木曾山のデザインマネジメント

木曾の山々には，今日でもヒノキが凛々としている．それは，江戸の時代から引き継がれてきた山のマネジメントが生きているからである．

江戸時代初期のおよそ50年間は，日本各地で城の建設がなされ，大建築ブームであった．そのため，全国の山林から用材が切り出され，中には尽き山と化すものも少なくなかった．木曾の山々もその例外ではなかった．このとき，この地方では，留山の制が徹底して布かれた．入山禁止である．山菜採りやキノコ狩り，薪刈りや一切の木材伐採がご法度となった．人びとは，鷹が生息する山を巣山と称して保護した．生活に必要な幸を得るための山は明け山と称され，集落の近くに確保された．以来，この地では，このような制が100年以上にわたって遵守された．そして，尽き山と化してしまった木曾の山々は，再び緑青々とした元の姿に蘇生した．

木曾五木といえば，ヒノキ・サワラ・アスナロ・マキ・ネズコである．全国でも名高い木曾五木は，この地の人びとによる江戸時代からの山の管理の所産にほかならない．それは末代までの地域の人びとの暮らしを見据えた，まさにデザインマネジメントである．行政がその制度を布き，人びとがそれを支えてきた．地域

第6章 地域振興のデザイン

社会のデザインとは，このような姿がその本道である．

江戸時代の儒学者・熊沢蕃山は「開発は水土の破壊である」という．また，「地域のことは地域の人に聞け」ともいう．蕃山のこの主張は，地域社会のマネジメントは地域の生活者それ自体が主人公であって初めて可能であることを示唆している．このことは，どの時代にも通じる歴史的普遍性であろう．

■美しさを表出するデザインマネジメント

私たちは，緑の木々に囲まれた農家の前庭の美しさにしばしば感動を覚える．そこには，塵ひとつだに落ちていない．箒目が立てられて，打ち水がなされている．なぜなのだろう．

農家の前庭は，収穫された穀物を広げて乾燥する場であった．そこは，筵を広げて穀物を脱穀する場でもあった．それぞれの節には，神々と共食するための餅を搗く場ともなった．盆には藁火を焚いて，祖霊を迎え・送りする場でもあった．農家の前庭は，神々や祖霊が降り立つ神聖な場，神々の恵みとしての収穫物を取り込む場であった．そこは，常に清浄に保持されるべき空間であった．神々の存在を観念し，神々との共住が暮らしそのものであった時代に生まれた人びとの空間マネジメントが，私たちを感動させるほどの美しい前庭となって表出しているのである．

マネジメントとは，単なる効率性や秩序性を求めての管理・監督を意味するのではない．マネジメントとは，本来的には，人間社会の平安，生活の豊かさ，自然環境の豊かさなどを希求しての人びとの日常的な営為にほかならない．それゆえにこそ，しっかりとしたマネジメントの反映として，私たちは，社会組織の中に，生活用具の中に，あるいは，生活環境の中になど，美しさを感得することができるのである．

冒頭に紹介された安曇野の道祖神・野仏たちとの出会いに快適な感動を覚えるのは，それらの道祖神に対するマネジメントが地域の人びとの日常的な生活の中に生き続けているからにほかならない．地域社会のデザインマネジメントとは，地域に生きる人びとが地域を愛する心の中から自ずと生まれる生活行動であり，生活規範であるといえる．

［菊地 禮・宮崎 清］

■文献

喜田川守貞著，宇佐見英機校訂：近世風俗志(守貞謾稿)全5巻，1996-2002.

桑子俊雄：環境の哲学，講談社学術文庫，1999.

大舘勝治：民俗からの発想，幹書房，2000.

2│606　市民参加のデザイン

まちづくりは本来そこに住む人びとのために市民，行政，企業の各セクターの主体がパートナーシップをもって協働して行うものである．これまでの市民参加の議論は行政がレールを敷いたところにどのように市民に参加してもらうか，もしくは参加させるか，といった行政主導型の市民参加の議論がほとんどであったが，筆者はそれを市民参加とは呼ばない．まちづくりという公共的で公益的な領域を市民，行政，企業の各セクターがそれぞれ対等のパートナーシップをもって協働して作り上げようとするプロセスに市民が参加することを市民参加という．

ところで一言で地域住民といっても，人びとは地縁でつながる同質的な人びととではない．人びとは個人的な視野や価値観のもとで，地域，または地域を超えた知縁との関わりをもち，また時々のライフステージにおいて地域や人と多様にかかわっていくものである．

こうした生活者に今求められているのは地域と住民，あるいは自治体と住民とネットワーキング型にゆるやかに創造的にかかわっていく協働関係である．そのためにはそこに住む人びと（住民という）が個々の利害だけにとらわれず，地球市民の自覚をもって，行政まかせではなく，自らの課題としてまちづくりに取り組むことが必要である．市民参加はお任せ民主主義からの脱却のプロセスでもある．

「参加」という視点から見れば，日常的な場面ではどの場合にも参加のプロセスがある．経験的に人びとが培ってきた「やり方」がある．しかし「市民参加」についてのそれぞれの参加の方法は，いまだ確立していないのが現状である．

■市民参加の八つのはしご

まちづくりにおいて，よく「住民参加」の重要性が強調される．

住民参加と一口にいうが，その意味するところや目的は人それぞれである．

アメリカの社会学者，シェリー・アーンスタインは住民の力という観点から住民参加の形態を，①あやつり，②セラピー（なぐさめ），③お知らせ，④意見聴取，⑤懐柔，⑥パートナーシップ，⑦委任されたパワー，⑧住民によるコントロール，の8段階に分けて「住民参加のはしご」と呼んでいる．

アーンスタインは8段階のうち，①～②は「住民参加とはいわない」，③～⑤段階は「印としての住民参加」で，⑥～⑧段階で初めて「住民の力が生かされる住民参加」だという．「住民参加とは，住民が決定に際して力を分担すること」で，それが住民参加の意義なのである．しかし，実際にプロジェクトを進めていく上で同時に重要なのは，「住民参加」を金科玉条として実施してはならないということである．複雑なまちづくりの問題を扱うのに経験に乏しい，住民の限られた知識や技術だけに頼っていたのでは，たとえどんなによい制度ができても，また，多くの住民の参加が得られても，良い結果が得られるとは限らない．

地域特有のニーズにあったまちづくりを実践していくためには，新しいプロフェッショナル，「参加のデザイン」の専門家が必要になっているのである．そのために市民参加を法律制度の中にきちんと位置づけることが必要なことはいうまでもないが，それと同時に大切なことは住民，行政，企業のトライアングルによるまちづくりの成功例を各地域で作り出していくことである．しかし，お上に何でもやってもらおうとする住民の意識が根強く，自分たちの住む町，暮らす町を自分たちで考え提案し，行動していこうとする人はまだまだ少ないのが現実である．

■「参加のデザイン」とは

そこで大切になってくるのが，専門家と住民の質の高いコミュニケーションを創造するための「参加のデザイン」であり，参加のデザインを構築できるプロフェッショナルの存在である．それを参加のデザインのコーディネーターと呼ぶ．参加のデザインは，①参加形態のデザイン，②参加のプロセスデザイン，③参加のプログラムデザインで構成される（❶）．

[参加形態のデザイン]

課題解決やプロジェクト，ワークショップなどへの参加者をどのように選択し，決定するか，というデザインである．三つのデザインの中で最もむずかしい．必要な参加者は利害関係のある当事者だけではないことはいうまでもない．

①地域の住民（直接利害のある人，ない人）
②自治体，政府の関連部署の担当者（直接の担当だけではなく，調整機関も含める必要）
③関連する事業者
④専門家（その課題の専門家，関連の専門家）

などを適切な構成で選ぶことが必要となる．この参加形態のデザインは，参加のデザインのコーディネーターが関係者（問題や課題解決の主体者）と協働して行うが，これには十分な情報収集とそれにもとづく個々の

第6章 地域振興のデザイン

```
┌─────────────────────────────────┐
│      ┌──────────────────┐       │
│      │  参加のプロセス      │       │
│      │    デザイン         │       │
│      │ 計画の設計づくりのプロセス │       │
│      │ に関連づけた市民参加の流れ │       │
│      │ を構想すること        │       │
│      └──────────────────┘       │
│ ┌──────────────┐ ┌──────────────┐│
│ │ 参加のプログラム  │ │ 参加構成の    ││
│ │  デザイン       │ │  デザイン     ││
│ │ 会議やワークショップなど市民 │ │ さまざまな立場や属性などを ││
│ │ 参加の集まりの具体的な進め │ │ 考え,バランスのとれた参加 ││
│ │ 方や運営方法を企画すること │ │ 者の構成を考えること    ││
│ └──────────────┘ └──────────────┘│
└─────────────────────────────────┘
```

❶「参加のデザイン」の三つのデザイン

人びとへの適切なインタビューに時間をかけることが必要不可欠である．必要な参加者がそろっていないと役者がそろわない舞台と同様問題解決は図れないし，結果が生かされず，せっかく市民参加で決定したことも参加していなかった人びとの異議申し立てによってひっくり返ってしまうことが多い．

[参加のプロセスデザイン]

問題や課題解決にいたる全体のプロセス，戦略を作ることである．参加の形態のデザインとリンクして大きな流れを作り，参加者全員がそれを共有し，今，どこにいるのか，何をすることが必要なのか，次にはどのようなプロセスで進んでいくのか，先の見通しをそれぞれが共有できるようにすることが必要である．参加のプロセスデザインはタイムスケジュールづくりではない．通常，タイムスケジュールを作ってそれにプロセスを当てはめがちであるが，まずプロセスデザインを作り，それに必要な時間を当てはめていくことが必要である．予定調和のためのスケジュールづくりとプロセスデザインは，本質的に異なるものである．

[参加のプログラムデザイン]

参加者が参加しやすく意見が出しやすい雰囲気や出した意見がわかりやすく整理され，生かされる方法，参加者が納得できる合意形成の方法などをデザインすることである．市民参加の集まりやワークショップ，研修会などではこのプログラムデザインに重点が置かれ，さまざまな手法がマニュアル化，ゲーム化されているが，本来このプログラムデザインは参加形態のデザイン，参加のプロセスデザインを補完するものであり，先の二つのデザインができていないと，どんなに工夫され楽しいプログラムがデザインされても有効な結果をもたらすものではない．プログラムデザインは参加のデザインの中で一番技術的な部分が多く，研修などで学びやすいと思われがちであるが，マニュアル化された手法が役に立つことは少ない．参加者，状況の違いに応じて臨機応変にプログラムを組み立てる能力，それが参加のプログラムデザインの本質である．

■参加のデザインの専門家の重要性

参加のデザインは多数の人間の手によって運営されるが，参加のデザインの総合コーディネーターの役割はとくに重要である．プロジェクトを企画し，運営する総合的な責任者である．幅広いネットワークを活用した，参加形態のデザインを行う．適切な情報提供を行い，ワークショップを推進し取りまとめ，プロセス全体の水先案内をする．また，たとえば行政から委託を受けたとしても中立的，独立的な立場をとることが必要である．参加した人びとが，平等に意見を言い合い，より民主的に創造的に議論が進んでいくよう，さまざまな手腕をふるい，ワークショップなどの会議をスムーズに進めていく役割である．参加のデザインの専門家として必要なことは，住民の有効で創造的な貢献を導き出すためのプロセスをデザインする方法論をもつことである．参加者の意見をコントロールするのではなく，進行をコントロールする．参加のデザインはいいかえれば計画プロセス論，デザインプロセス論である．参加のデザインのコーディネーターは，これまでにはない新しい職能をもった専門家である．

分権化するこれからの市民社会において，志や意識のある人びとが行う例外的な取り組みではなく，まちづくりや政策決定の原則となる．今後はこうした参加のデザインの専門家を養成する教育プログラムが，学校教育，社会教育，行政の職員研修などさまざまな場で必要である．筆者が主宰する特定非営利活動法人NPO研修・情報センターはその専門機関として，これからもさらに独自に，また各機関と連携して参加のデザインの専門家を養成することに力を入れていきたいと考えている．

[世古一穂]

2|607 博物館・文化施設のデザイン

■博物館・文化施設のデザインとは

　文化とは，大辞林(松村，1993)によると「社会を構成する人びとによって習得・共有・伝達される行動様式ないし生活様式の総体」である．言い換えると，文化は，人間として生きる証であり，創造的な営みの中で自己の可能性を追求する人間の根源的な欲求であり，生きがいである．また，人びとの心のつながりや相互に理解し尊重し合う土壌を提供するものであり，心豊かなコミュニティを形成し，社会全体の心の拠りどころとなるものである．さらに，文化は，それ自体が固有の意義を有するとともに，それらを共有する人びとにある特色を付け，共有する人びととの共通の拠りどころとなるものである．

　博物館のような文化施設は，このような文化(ソフトウェア)を盛る器(ハードウェア)である．また，それをデザインするという行為は，有形・無形の文化的ファクターと人びととのコミュニケーションをマネジメントする「ソフトの側面」や，そのための場所・空間である「器」そのものを計画・設計する「ハードの側面」の活動を総称するものである．とくに，「ソフトの側面」は，ハードを生成・決定する源になるもので，博物館・文化施設のデザインの核心ともいえる．「ソフト」のデザインが変われば「ハード」のデザインも変わるのである．

■博物館・文化施設のデザインと社会

[博物館・文化施設を取り巻く社会の情勢]

　今日，人びとの価値観の多様化，国際化の進展など急激な社会変化が進む中で，人びとは，経済的な豊かさがもたらす利便性や効率性などの恩恵を受けてはいるものの，必ずしも精神的な豊かさや心地よさといった「心の豊かさ」を実感できていないことが指摘されている．現代人には，心の豊かさや精神的な満足感をもたらす文化的要素が求められている．また，近年の急激な都市化や工業化の進展は，自然破壊などの環境問題，大都市への人口流入による都市の過密化，農村地域の存立そのものが危ぶまれる過疎化問題など，これまでに経験したこともない激しい変化に人びとを遭遇させた．

　このような地域社会の変動は，当然，地域社会の組織や住民の連帯にも大きな変化をもたらし，住民による地域問題への取り組みにも多大な影響を及ぼした．たとえば，農村地域にあっては，農業の構造変化や農民層の分解などによって村落における活動の停滞と連帯の弛緩がもたらされ，農業生産を巡って解決を要する諸問題も農家の連帯を通じて打開することが容易でなくなる状況が現れるようになった．一方，都市においても，高度成長の過程で進行した急激な人口流動，いわゆる過密化が，地域社会の秩序を損なう結果を生起させた．また，新しい来住者の増加による住民構成の複雑化と流動化が，都市における地域集団を形骸化させた．しかし，このような経済一辺倒の思潮に起因した多様な矛盾への反発感は，自らの生活文化を見直す気運を地域社会の人びとにもたらした．そして，それは，「町(村)おこし」あるいは「地方の自己主張」につながっていった．

　このような動きは国の政策にも反映し，「地方の時代」「文化の時代」が標榜されるようになり，喪失された地域社会アイデンティティの回復が図られている．このことは，今日，多くの人びとが文化を享受するのみならず創造に参加することを求めるようになっていることや，地域特有の歴史・生活文化などを生かしたまちづくりが実践されつつあることと連動している．

[博物館・文化施設のデザインと教育]

　前述した社会の情勢は，子どもたちの教育問題にも現れている．現在，子どもたちは，競争社会の中で学校教育課程以外の多くの学外学習などに追われ，生活に十分なゆとりをもつことができず，友達たちとの交流を深めたり，美しい自然や伝統的な生活文化と触れ合う環境に置かれていない．心の教育は，豊かな人間性や多様な個性を育むとともに，地域に対する愛着や連帯感の形成にも欠かせない．それゆえ，子どもたちどうしが触れ合う機会や豊かな自然や生活文化を体験できる「体験の場」を充実させる必要がある．そのためには，地域社会・学校・家庭，そして博物館のような文化施設が相互に連携し，子どもたちが，地域の自然や歴史，受け継がれてきた伝統，優れた生活文化などを学び，それらを大切にする心を培うとともに現代に生かすことができるような場や機会を提供する必要がある．そのことが，地域社会や地域の文化を支える基盤となり，さらには次世代への文化の継承や新しい文化の発信・発展にもつながっていく．博物館・文化施設のデザインにおいてもこのような視点を基底に据えなければならない．

[博物館・文化施設のデザインと情報化社会]

　今日，情報化の進展に伴うマルチメディアや情報のディジタル化などの新しい技術の発達は，従来できなかった新しい創作活動を可能にし，既存の美術館・

博物館などの文化施設の活動に大きな影響を与えている．マルチメディアや情報のディジタル化などの新しいコミュニケーションツールは，博物館・文化施設に新たな活動プログラムを生み出すことを可能にしている．たとえば，ディジタルメディアの開発による多様な情報の提供（CD-ROMやDVD-ROMなどのパッケージメディアによる情報発信，インターネットなどの情報ネットワークによる広域情報発信など）や，それらを支援・維持するための情報のディジタルデータベース化などがある．

今後の博物館・文化施設においては，人びとの多様な関心に応えるため，地域の歴史や芸術・生活文化に関する情報の提供や蓄積（データベース化）を行わなければならない．また，その運用と活動プログラムにおけるマルチメディアの積極的な利活用を促すとともに，新たな活動・実践の可能性（博物館・文化施設におけるコミュニケーション能力の増大）を積極的に開発・支援することが肝要である．

■博物館・文化施設のデザインと地域振興
[地域文化・生活文化の振興]

1970年代後半，地域住民が自らの社会を見つめ直すことを出発点としながら，個性豊かな地域社会の建設，魅力ある定住社会の形成に向けて，地域住民主体の視点に立つ「内発的地域振興計画」が求められ始めてから，多様な地域振興が各地で展開されてきた．その活動は，いずれも，地域の有する潜在的資質（たとえば，多彩な自然，歴史的・文化的遺産，伝統的な食生活の知恵，地域に伝わる年中行事など）の活用を重要視している．

それは，地域の歴史や生活文化そのものが地域の重要な資源であり，それらを育むことが地域社会全体の振興につながっていくとの認識に依拠している．地域に根ざした生活文化の継承や各種の活動プログラムを通じて主体的に地域独自の文化の振興を図っていくことは，地域における経済振興の実現に向けても，きわめて重要である．

現在，各地で，地域における文化への関心の高まりに応えて，文化を地域振興策の中枢に据えた運動がなされている．今や，地域文化の振興をより一層促進することにより，あらゆる人びとが，それぞれの地域で豊かな文化を享受できるような社会の実現が重要課題となっている．その課題の一端を担っているのが博物館・文化施設である．今や，地域社会は，博物館・文化施設に新しい変化を求めている．

[博物館・文化施設デザインの新しい動向]

地域振興を図るためには，地域の人びとが，心の豊かさを実感できるような生活環境の実現が必要である．生涯を通じて地域の生活文化と接し，個性豊かな文化活動を活発に行うことができる環境を整備する必要がある．文化は豊かな人間性を育むとともに，人と人との心のつながりや相互に理解し尊重し合う土壌を提供するものである．博物館・文化施設は，そのような社会的空間でなければならない．そこで，今，そのような社会的空間づくりが博物館・文化施設において模索されている．

その代表的な例としては，「地域の人びとの生活課題（地域課題）を中心とする調査・研究，地域と教育内容の連関を重視する活動プログラムの編成，ものを主体的に考え，組み立て，表現する能力の育成を住民自らが実践していく住民参加型活動」などの活動理念をもつ「地域志向型博物館」（伊藤，1993）や，「地域社会の人びとの生活と，そこの自然環境，社会環境の発達過程を史的に探求し，自然遺産および文化遺産を現地において保存し，育成し，展示することを通して地域社会の発展に寄与する」ことを目的にする「エコミュージアム（生活環境博物館）」（新井，1997）がある．

これらの博物館活動は，地域における個性豊かな文化の創造・蓄積および発信の促進を目的としている．また，これらの活動は，地域住民は単なる文化の受け身的な立場ではなく，自ら文化を創造・享受していく主体でなければならず，それを支援・援助することが博物館・文化施設の重要な役割であるとの認識にもとづいている．

これからの博物館・文化施設のデザインは，今までのような「文化のシンボル」というとらえ方から一歩踏み出し，社会の新しい要求に積極的に対応していくことが肝要である．

[朴 燦一]

■文献
松村明編：大辞林CD-ROM版，三省堂，1993．
伊藤寿朗：市民のなかの博物館，pp.158-162，吉川弘文館，1993．
日本エコミュージアム研究会編：エコミュージアム・理念と活動，pp.7-8，牧野出版，1997．

2|608 地域間交流のデザイン

■地域間交流の展開と意義
[地域間交流の展開]

近年，農山村を主な舞台として，グリーンツーリズムの語が頻繁に聞かれるようになった．従来から，農山村においては自然休養村，自然休養林，青少年旅行村，家族旅行村，観光農園，農林業体験学習，農山村留学，農山村と都市の住民の交流，ふるさと村などのほか，民宿経営，スキー場，ゴルフ場や別荘地の開発など各種の公的，私的な観光事業が展開されてきた（山村，1995）．

しかし，グリーンツーリズムの言葉は農林水産省が1992（平成4）年6月に公表した「新しい食料・農業・農村政策」（新政策）においてグリーンツーリズムを政策課題として取り上げ，翌7月に「グリーンツーリズム研究会中間報告」を発表して以後，広く使われるようになったのである（井上，1998）．この中間報告では，ヨーロッパ先進諸国の例にならって，グリーンツーリズムを「緑豊かな農山漁村地域において，その自然，文化，人びととの交流を楽しむ滞在型の余暇活動」と定義し，美しい農山漁村の景観を保全しつつ，都市住民との交流を深めて相互に心の安らぎを得るとともに，滞在客を増やすことによって農山漁村地域の経済活性化を図ることを意図している．その具体的施策の一つとして，1994（平成6）年に農林漁業体験民宿制度が発足した．

このような農山漁村における観光政策は，すでに昭和40年代中頃から当時の農林省構造改善局が制度化した自然休養村，その後も国土庁の過疎地域振興策としての「リフレッシュふるさと」推進モデル事業，農山村振興策としての山村都市交流環境総合整備モデル事業，運輸省の青少年旅行村，家族旅行村，環境庁の自然体験滞在拠点（エコロジーキャンプ）など地域振興，国土の環境保全の立場から全国的に進められてはきた．しかし，同時に民間資本の大規模な観光開発が活発化する中で，国民に広く浸透することはなかった．

こうした中で，石油ショック後の昭和50年代中頃から地域社会が主体となった「ふるさと村」が，過疎農山村を巻き込んで全国的に広がった．福島県三島町の特別町民制度は，ユニークなアイデアのもとに都市住民との交流事業を成功させた先駆をなした．これは町当局が年会費1万円で特別町民を募り，その収入で観光施設を充実させ，町民の家を「ふるさとの家」として会員に民泊させるものであった．岐阜県久々野町では，町当局が同じ年会費で年2回ほど果物や漬物などの特産品を送付し，アユのつかみ取り大会やハイキングを通じて地元民が会員と交流し，ふるさと通信を年4回送ったり民宿の玄関に特別町民の白樺の名札を掲げるなどして，交流の輪を広げた（山村，1985）．この動きは，その後残念ながら他の地域では単なる特産品の宅配へと展開した場合が多かった．

1988（昭和63）年，国が全国の市町村に一律1億円を交付した「ふるさと創生事業」では，全国地方自治体の8％に相当する市町村で農山漁村留学（48％），姉妹都市提携（22％），ふるさと会員（10％），その他（20％）の地域間交流に目が向けられた．しかし，その前年のリゾート法の制定やその後の短期間のバブル経済期を経て農山村の疲弊は一層進み，一方ではガット・ウルグアイ・ラウンドによって農業が国際競争にさらされる事態となり，ここに抜本的な農山村振興策が急務となったのである．

[地域間交流の意義]

経済的に不利な条件下にある農山村，とくに過疎化が進む中山間地域では，農民は今後農山村を定住地とし，余暇空間としての整備をして農外収入を得る手段を考える必要がある．そのためには，農山村の伝統的な景観や民俗文化，食文化などを都市住民に提供して交流を深めるような地道な観光活動が重要となってきた．一方，都市住民にとっても都市化によるストレス社会からの解放を求めて，心のふるさととしての農山村を訪ね，安らぎとゆとりを楽しむ観光が望まれるようになった．農山村と都市との地域間交流が経済的にも社会文化的にも，さらには環境保全的にも大きな意義をもつようになっているのである．

ここで，四国4県と中・南九州4県の全市町村をサンプルとして，地方自治体が都市との交流を図る上で魅力があると認識している事項および地域活性化への実際の取り組みをまとめると（農水省，1996），魅力的な点では，美しい自然景観をはじめ，特産品，歴史文化遺産，祭りが高い評価を得ており，次いで交通アクセス，農村景観，民俗習慣，動植物の生態系，気候，平和なコミュニティ，食文化，活気ある地場産業などがかなり評価されている．また，活性化への取り組みでは，祭りやイベントの開催，農産物直売所の設置，レクリエーション施設の整備，ふるさと宅急便や朝市・物産展の実施，郷土資料館の設置などが上位を占め，農山村での体験活動や山村留学，郷土料理・食文化の紹介，果樹や棚田のオーナー制度など，本来の交流が図られるべき活動は停滞的である（❶）．人的資源

第6章｜地域振興のデザイン

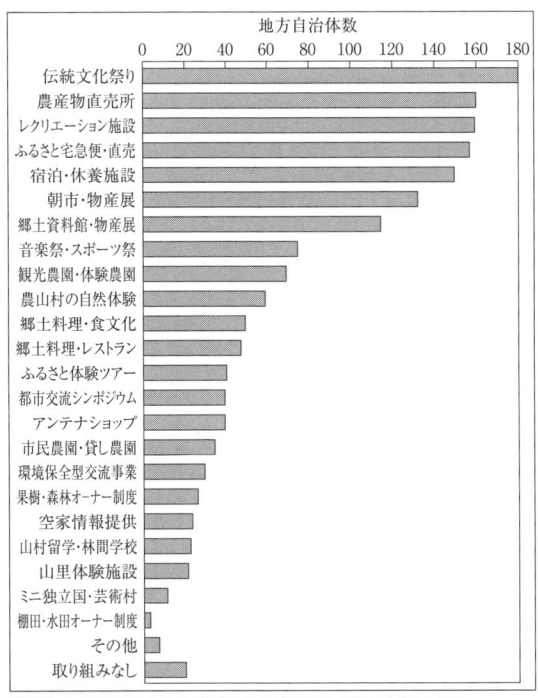

❶ 都市との交流による地域活性化の取り組み状況（1996年）
農林水産省ほかの資料による．

の不足が原因であるとはいえ，農山村文化の継承を地域振興の核に据える以上，ソフト面を重視し地域的特性を前面に出した方策が必要である．そして，今後の農山村振興においては，学校教育での生きた野外学習と連携することが重要であることをとくに強調したい．

■農山村における地域振興と地域間交流
[農山村の地域振興策]

1971（昭和46）年から始まった農林省の第二次農業構造改善事業において，5年間で200カ所の自然休養村が全国各地に指定された．自然休養村センター，観光農園や学童農園の造成などのために，当時すでに1カ所につき約3億円程度の事業が実施され，その1/2が国庫補助であった．この事業は，その後1979（昭和54）年から1988（昭和63）年までは新農業構造改善事業の自然活用村として位置づけられ，引き続き1989（平成元）年から1994（平成6）年までは農業農村活性化農業構造改善事業の地域活力促進型自然休養村，1995（平成7）年からは農村資源活用農業構造改善事業の自然休養村が指定された．農村資源活用型自然休養村では1カ所に5億円もの事業が認められ，3億円の融資が可能であり，市町村，第3セクターや農業団体主体のもとに，交流施設として農林漁業体験実習館，宿泊施設を併設した滞在型農園施設，ふれあい広場などが都市近郊に整備されている．こうして，1998（平成10）年現在，507カ所の自然休養村が全国各地に分布しているのである．

国土庁の山村都市交流環境総合整備モデル事業では，特定の山村と都市とが一体となって山村の観光振興を行うものであり，1カ所の事業費は1億5千万円で国庫補助は1/2である．たとえば福島県南郷村と埼玉県浦和市（現さいたま市）の場合，廃校となった小学校の校舎を利用した「ふるさとの家」が整備されたのをはじめ，スキー場，キャンプ場，遊歩道などが双方の費用分担によって整備され，スポーツや文化交流も盛んになった．浦和市の姉妹都市であるメキシコのトルカの市民が，南郷村を訪問して国際親善を深めたり，浦和市立のホテルが開業して，村の人口3千人の4倍の浦和市民が来村しており，8千万円の収入を上げたほか，知名度アップ，都市住民との交流による地域住民の自信回復，思わぬ国際交流など，この事業によるプラスの効果は大きい（中山，1988）．

[鴨川市大山千枚田の保全と観光的活用]

千葉県の南部，鴨川市の房総丘陵に位置する山間部には多くの棚田が分布しているが，昭和40年代半ば以降の減反政策，農業労働人口の流出，農民の高齢化，後継者不足などの不利な農業経営条件のもとに，その多くは耕作放棄されていた．しかし，最近の10年間に棚田は国土保全機能が見直されるとともに，その美しい農業景観が再認識され，観光資源としての価値は高く評価されるに至ったのである．

加茂川上流の内陸部に展開する大山地区では，水田の耕作放棄率が15％にも達している．棚田の最も美しい大山千枚田では，約4ha，400枚の田があるが，耕作放棄の田も多く見られる一方で，1997（平成9）年に復活した田もある（❷）．大山地区は1996（平成8）年に一帯の長狭地域をも含めた農水省農村資源活用農業構造改善事業地の一部に指定され，その補助金を得て棚田14枚，14aが復田され，さらに増えつつある（山村ほか，1999）．大山千枚田では，田植，稲刈りなどの体験農業参加者用の宿泊施設とオートキャンプ場が計画され，オーナー制度を導入した農業安定化方策も推進されている．これまでに，全国組織の「棚田支援市民ネットワーク」から農作業の手伝いに多数のボランティアが派遣されており，JRも稲刈り体験ツアーなどを催行した．

この自然休養村では，さらに食の健康村づくり事業

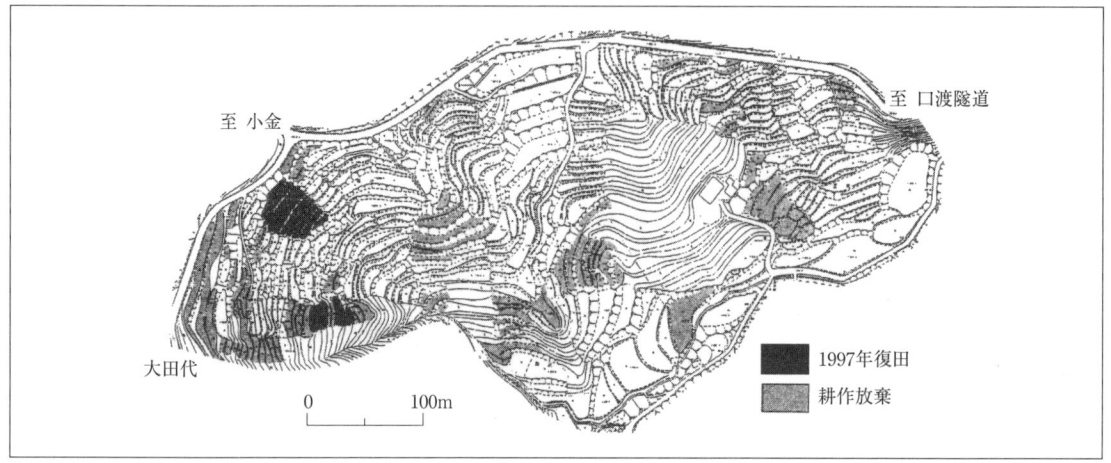

❷ 大山千枚田の土地利用（1999年）
注）鴨川市作成の大山千枚田地形図（1/1000）を使用．土地利用は1999年2月の現地調査による．凡例のない棚田は耕作されている棚田である．

（リフレッシュ・ビレッジ）を取り入れて宮中地区に総合交流ターミナル「みんなみの里」を新設し，地域住民231名の自主運営のもとに地域情報，郷土料理（ふるさと薬膳），農産物直売，農林業体験実習の機能を果たすこととした．総事業費約7億5千万円が投じられることになり，1/2が国庫・県補助，1/2が市当局の負担である．

このような事業はグリーンツーリズムのあり方として高く評価されるが，多くの他の同様の施設では単に農産品の販売に終わる例が見受けられるので，エコミュージアム（地域博物館）の視点から地域の自然，歴史，文化，生活などを実地にガイドする案内システムが確立される必要がある．案内する地域住民と訪問者との触れ合いを通じてこそ，心からの地域間交流が図れるのである．

■温泉地における地域振興と地域間交流
[温泉地における地域間交流]

今日では少なくなった長期滞在療養・保養型の湯治場こそが真の温泉リゾートであり，そこには，心身の安らぎを求めてやって来る人びとにとって，相互の心に触れる交流があった．田植や稲刈りの後，冬季の農閑期に2〜3週間も滞在して温泉入浴を楽しみ，骨休みをする習慣はとくに東北水田農民の間で広く行われ，また，温泉は慢性病やストレス解消に効能があるので，近年では多くの中高年の都市住民も湯治場を訪れている（山村，1998）．

こうした温泉地は，概して素晴らしい自然環境下にあり，温泉資源も豊かで，秘湯のイメージも強いので，都市からの老若男女が観光で来訪することも増えつつあり，世代や地域を超えての交流が見られるのである．秋田県田沢湖町玉川温泉は八幡平の山間にあり，優れた自然環境，温泉と施設をもち，その上温泉の効能が広く知られていて，多数の湯治客や観光客が年間を通して各地から集まる．客は50歳代以上の中高年の男女が多いが，東北地方は33％に過ぎず，残りは関東地方（35％），東京都（12％），その他の地方（20％）となっていて広域から来訪している．地熱のあるオンドル小屋や相部屋で数泊から3週間滞在し，共同生活をしながら療養や保養をする人びとは，お互いに気心が知れ，地域間交流が進むことにもなる．

また，山形県肘折温泉，大分県鉄輪温泉などのように全国各地には自炊をしながら湯治ができる温泉地もまだ残されており，湯治客が朝市や商店で地元民と話を交わしながら食材を購入する風景も見られる．温泉地の中心部にある共同浴場は，滞在客と地元民とが触れ合える広場でもあり，兵庫県城崎温泉の外湯巡り，熊本県黒川温泉の入湯手形による露天風呂巡りなどは，格好の地域間交流の機会を提供していることになる．

[大分県直入町長湯温泉のドイツとの交流]

九重山麓の長湯温泉は，近年「日本一の炭酸泉」をキャッチフレーズに温泉地の活性化を進め，地域社会を挙げてドイツとの国際交流を展開していることで知られる個性的な温泉地である（山村，1997）．しかし，交通不便な立地条件のもとで，かつてはありきたりの山間の小温泉地にとどまっていた．

1985（昭和60）年，入浴剤を研究していた化粧品会

第6章｜地域振興のデザイン

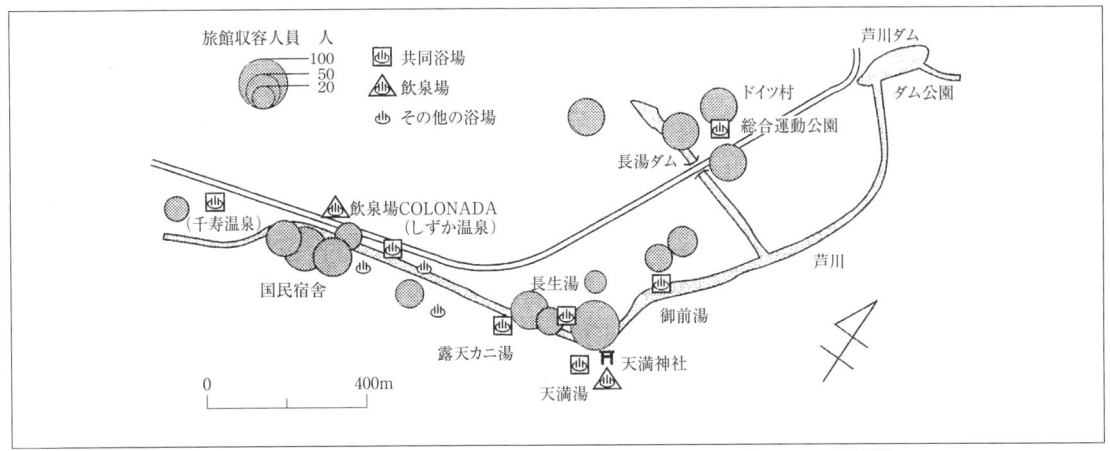

❸長湯温泉における温泉施設と宿泊施設（1996年）　（注）直入町の資料により作成．共同浴場のうちカッコ内は私営．

社の依頼で温泉のサンプルを送ったところ，炭酸泉日本一が証明された．これを起爆剤に地域活性化への取り組みが始まり，ふるさと創生事業とも相まって温泉地域振興へ向けての行政当局と地域住民との共同作業が一気に盛り上がったのである．まず，1989(平成元)年に「全国炭酸泉シンポジウム」を開催，次いで町長を団長に町民15人がドイツの温泉地を訪問し，炭酸泉で世界一のバート・クロチンゲンと友好親善都市関係を結んだ．翌年から毎年，ふるさと創生資金で若い町民3名を研修生としてヨーロッパに派遣し（1人40万円を補助），地域振興の人材育成に意を注いだ．その後，町民グループが何度もバート・クロチンゲンを訪ね（1人5万円を補助），1993(平成5)年にはドイツのコーラスグループ32名が来町するなど国際交流が定着し，1996(平成8)年までに3千人町民のうち100人がドイツを訪問したのである．

施設整備では，1994(平成6)年にドイツ風飲泉所COLONADAを完成させ，2年後には自炊ができる低廉な宿泊施設や共同浴場があるドイツ村を開村した．同時に，町内各地に地域環境にマッチした飲泉所を設置し，1998(平成10)年には歴史のある御前湯や長生湯の共同浴場を改築して，温泉客が集う新しい広場としての機能を果たしている（❸）．観光客は宿泊客，日帰り客ともに大幅に増加して30万人を数えた．

地域住民の地域文化おこしへの参加は活発であり，研修生の報告，国際化推進グループ「西方見聞録」の活動，外国人のホームステイ受け入れ，外国語講座(英語，ドイツ語)の開講，婦人会の国際交流講座，飲泉コップの開発などへと展開した．その後も国際イベントと銘打った大規模な温泉文化フォーラムを開催したり，ドイツ音楽とワインの夕べやハム・ソーセージ大飲食会など多彩な行事を開催している．1995(平成7)年からは直入町のラベル付ドイツワインを輸入し，ついにドイツにブドウ畑をもつまでになった．

このようなユニークな地域振興策と地域住民主体の地域活性化，地域間交流に対して1992(平成4)年から2年間にわたり自治省の「国際交流のまち推進プロジェクト町」の指定を受け，独自のプランニングによる温泉地づくりを進めている．こうして，長湯温泉は何よりも地域住民が地域の歴史や伝統を踏まえ，温泉文化の何たるかを考え，国際的にも国内的にも地域間交流を前提とした独自の地域デザインを構想して着実に実行に移しており，高く評価される．

［山村順次］

■文献
井上和衛：地域経営型グリーン・ツーリズムのあり方．グリーン・ツーリズム推進事業報告書，pp.1-106，21世紀村づくり塾，1998．
中山昭則：公的観光事業における農村型観光の展開．千葉大学教育学部地理学研究報告，9：13-24，1998．
農林水産省ほか：農山村地域の活性化に向けた居住促進方策調査，農林水産省ほか，1998．
山村順次：過疎山村における観光レクリエーション開発の新方向－岐阜県久々野町のふるさと村制度を中心として．地理学の社会化(千葉大学教育学部地理学研究室編)，pp.228-246，大明堂，1985．
山村順次：新観光地理学，大明堂，1995．
山村順次：大分県長湯温泉におけるドイツとの交流による地域活性化．温泉，65(9)：20-24，1997．
山村順次：新版日本の温泉地－その発達・現状とあり方，日本温泉協会，1998．
山村順次・三澤正・中西僚太郎・中山昭則：鴨川市大山地区における棚田の保全とグリーン・ツーリズムの展開．千葉大学環境科学研究報告，24：29-36，1999．

2│609 ワークショップ

■言葉の定義とアメリカでの発生
[言葉の定義]

　ワークショップ(workshop)とは，英語圏ではもともと「工作場(室)，仕事場，作業が行われる建物または部屋」を指す言葉である．より広義には「研修会，講習会」を指す．本章で取り上げるワークショップは，「デザインのプロセスに地域住民が参加して作業する集会」を指している．デザインに限らず計画や各種企画の立案過程への住民参加の作業集会をもワークショップという．今日では，これを「まちづくりワークショップ」と呼ぶことが多い．

[公民権運動からのアメリカでの参加のまちづくりの発生]

　アメリカでは，1954年の教育における差別撤廃を命じた最高裁判決を契機として公民権運動が全国的に高まり，1960年代中期には一連の公民権諸法が成立した．公民権運動は，同時に住民が自らの意志・提案を表現するための参加の要求を生むことになる．建築家，造園設計家そして都市計画家は，1960年代後半から70年代にかけて，地域の計画や公共建築のデザインなどへの住民参加の方法と技術としてさまざまな「まちづくりワークショップ(略称，まちワーク)」の開発に取り組み出した．

■日本における「まちづくりワークショップ」の普及
[多様なワークショップの流入と相互交流－70年代から80年代の動き]

　まちづくりの現場では1970年代後半には，冒険遊び場活動の一環としてヨーロッパからのワークショップや，アメリカからローレンス・ハルプリン(ランドスケープ・アーキテクト)の方法の導入があり，1980年代後半からは，ヘンリー・サノフ，ロビン・ムーア，ダニエル・アイソファーノ，そしてランディ・ヘスターなどの方法が導入された．同時に「まちワーク」と，ボイスなどの造型ワークショップの流れ，社会活動へのコミットから生まれた演劇ワークショップが，世田谷で偶然の機会を通じて交流し始めた．日本での一期を画する「まちワーク」の動きであった．世田谷区役所は，1980年代には住民参加のまちづくりに先駆的な取り組みを開始し，80年代末には住民主体のまちづくりのモデルプロジェクトにワークショップの方法を盛んに活用し始める．

[全国的普及期となった90年代]

　「まちワーク」は90年代には，まちづくりの基礎的な手法として全国に普及した．世田谷区はバークレーでワークショップを本格的に学んだ浅海義治をスカウトし，1992(平成4)年「世田谷まちづくりセンター」を設立し「まちワーク」への住民の取り組みを支援する体制を整えた．同じ年に設立された「世田谷まちづくりファンド」による資金助成に刺激された「住民まちづくり」の現場では，「まちワーク」がさまざまに活用され，新しい「まちワークの達人」たちが育っていくことになる．1994(平成6)年5月，高知県香北町で「第1回わくわくワークショップ全国交流会」が開催された．この交流会には全国から400人を超える「まちワーク人間」が集合し，日本での「まちワーク」普及の画期的な集会となった．

■相互学習・知恵の集約，創発の方法としての「まちづくりワークショップ」

　「まちワーク」の参加者にとって，その体験は従来の社会関係から開放され，自由に発想を育て合う，まったく新しい機会と受けとめられている．「まちワーク」が爆発的に普及している大きな理由はこの辺りにあるといえよう．

[「まちワーク」の目的は共同による発見と創造である]

　まちづくりは多様な主体による過程である．「まちワーク」は，関係者の相互信頼によりこの過程が豊かな「発見と創造」の実り生むことを目的とし，次の前提から出発している．すなわち関係者が「対等の立場でともに参加し共同して」まちづくりを進めることである．企画の当初からの参加が原則である．相互信頼が出発への合意の力となる．

[まちづくりの過程と「まちワーク」の全体プログラム]

　①まちづくりの過程を段階に分解する：「まちワーク」の企画は，複雑なまちづくりの過程を一つずつの段階に分解して単純化し，誰でも参加できる全体プログラムを組み立てることから始まる．
　②各段階の「まちワーク」は，必ず明確な作業目標をもち，充実した内容が用意され，作業結果につき参加者が十分な達成感を得られるよう企画する．

[「まちワーク」の第1歩は，住民・行政の相互信頼の形成]

　①現場の共同体験と課題の共同認識：まちづくりの現場での「まちの宝物さがし」「グループインタビュー」そして「課題発見ワークショップ」など，現場での共同体験と課題の共同認識が出発点になる．
　②十分な情報の共有：簡潔かつわかりやすい情報の提供．各主体のもつ情報，人材，そして知恵を生かすために，十分な情報の共有が基本的なベースとなる．

情報の共有が相互信頼の基礎であり，相互信頼が情報共有の基礎でもある．

[「まちワーク」が実現する水平の社会関係と相互学習]

①「まちワーク」の核心はグループワークにある(小グループ理論)：小グループは参加者をタテの関係からヨコの対等な社会関係に切り替える効果がある．

②参加者各人がそれぞれの意見を書く(公平で多様な自己表現機会)：書くことによって発信の機会が公平に与えられ，発信の頻度は大幅に高まり水平の関係を強化する働きがある．高齢の婦人や女性，さらには若年者も書くことには積極的である．

③討議過程が参加者に見えるように表現する(討議過程の視覚化による相互学習)：各人が書いたスティッキーをKJ法などにより意見群に集約する．メンバー間の意見の分布が視覚化されメンバー相互の学習が自然に進行する．

[最終成果の多様性の意味を読みとる－専門家の役割]

全体集約段階での成果の多様性，その差異の意味および共通の意志やイメージの確認と発見が創造へのバネとなる．専門家の役割は決して全体の過程を主導することではない．

①参加者自身による合意形成過程の運営管理：「まちワーク」のプロセスは，各人が参加しやすく作業の帰結が目に見える形で進行する．これによって，合意形成過程が参加者自身により運営管理される点に大きな特徴がある．

②多様性の意味を読む：「まちワーク」の過程から導かれる成果は，たとえば道路一つとっても多様な提案内容をもつものとなる．これを単純な技術基準の枠ではなく，提案の多様な内容を慎重に読みとることにより創造的な解決の糸口が発見できる．

③専門家が引き出す住民の創造性：専門家の役割は，参加主体の知恵を導き出し，その主張を的確に表現すること，そして参加者が求めつつ探し得なかった解決やイメージへの鮮やかな提案を生むことである．

[より広範な地域住民など関係主体への成果の報告と意見・提案の募集]

「まちワーク」に参加する住民は，とくに「まちワーク」に強い関心をもち，参加できる条件の人びとに限定される．このため，各「まちワーク」ごとの成果を「まちづくりニュース」などにより広く住民および関係者に知らせ，異論・反論を幅広く求める機会が必要である．「まちワーク」と広報・広聴のサイクルは，地域住民への成果の浸透の度合いを一定以上に高めるために繰り返し行われる．

[林　泰義]

■文献

農村生活総合研究センター編：むらと人とくらし－ワークショップによるむらおこし，農村生活総合研究センター，1991．

日本建築学会建築計画委員会設計方法小委員会編：人間-環境系の計画理論のとらえ方(続)，日本建築学会大会研究協議会資料，1992．

ヘンリー・サノフ著，小野啓子訳，林泰義解説：まちづくりゲーム－環境デザイン・ワークショップ，晶文社，1993．

マイケル・ノートン著，グループ99訳：僕たちの街づくり作戦，都市文化社，1993．

延藤安弘(文)，音部訓子(絵)，都市研究所スペーシア編：コーロギのなく　まちがいいナータウンウォッチング物語，名古屋市建築局住宅部住環境整備課，1994．

畠中智子ほか：特集－体験的参加型学習とワークショップ，社会教育，全日本社会教育連合会，1994．

世田谷まちづくりセンター編：わが町発見！－絵地図づくりからまちづくりへ，晶文社，1995．

東京ランポ，杉並・生活者ネットワーク：チャレンジ！市民の手でまちづくり(その2)わいわいまちづくり実践本－こんな杉並にすみたいね，まちづくりに夢をつなぐ市民の会，1996．

住宅総合研究財団住教育委員会編著：まちはこどものワンダーらんど－これからの環境学習，風土社，1998．

浅海義治・伊藤雅春・狩野三枝・大戸徹・中里京子：参加のデザイン道具箱 Part1-3，世田谷まちづくりセンター，1993-1996．

2 | 610 | NPO

■言葉の定義
[略称としてのNPO]

1995(平成7)年1月の阪神淡路大震災後,全国各地から集まった百万人を超えるボランティアの活動は,後に「ボランティア元年」といわれるほどの強烈なインパクトを日本社会に与えた.この実績と幅広い社会的関心が議員立法により1998(平成10)年3月に制定された通称NPO法(正確には特定非営利活動促進法)成立の大きな力となった.法の制定により新たに生まれた法人格は「特定非営利活動法人」と呼ばれる.NPOは,今日ではこの「特定非営利活動法人」の略称として使われるようになった.

[NPOとNGOの違い]

この二つはともに民間非営利組織である.NGOという言葉は,国連が市民による国際的な援助や支援活動を重視し,各国政府による援助組織と区別して非政府組織(Non Governmental Organization)と呼んだことから国際的に使われるようになった.日本では1980年代から草の根の途上国支援活動組織がNGOとして社会的に認められ,言葉としても一般に広く知られるようになった.

NPOとはアメリカの民間非営利法人(Non Profit Organization)の略称である.このNPOの実態は,90年代に入る頃から,日本でも次第に市民活動をしている人びとの間で広く知られるようになり,国内で活動する民間非営利組織をNGOと区別するためにNPOと呼ぶことが多くなった.

現在は,両者を包括する言葉としてNPOを使う傾向が広がっている.

[NPOの定義]

民間非営利法人は,各国の歴史的な過程によってそれぞれ独自のしくみに発展している.アメリカのNPO,イギリスのパブリック・チャリティ,ドイツのフェライン(登録協会),そしてオランダ,スウェーデン,デンマーク,イタリアなどで発達している協同組合など,組織の法的位置づけ,組織形態,そして運営方式などはさまざまである.したがって,これら各国のNPOを比較することは簡単なことではない.レスター・サラモンらが行った国際比較調査において,それは以下のように定義されている.ただし宗教および政治組織は除かれている.

①正式に組織されたものであること(法人格の保有)
②政府から独立した組織であること(独立性)
③営利を追求しないこと(非営利性)
④自己統治組織であること(自己統治性)
⑤自発的な意志によるものであること(自発性)

[NPOの非営利性とは?]

非営利とは,法人経営による利益を資金提供者や法人の役員に配分しないことを意味する.NPOは株式会社が利益を株式の配当,役員賞与として配分するような利益配分を禁じられている.したがって,NPOによる資金や人材の集め方は営利会社とまったく異なる.NPOはその使命(Mission)に賛同する者の寄付や融資,そして無償のサービスや物品の提供などと,自らの事業収益によって活動を支えるのである.

[NPO職員とボランティア]

NPO職員は本来有給であり,その点でボランティアとは区別される.NPOの存在によってボランティアは多様な活動の機会を得られる.一方,ボランティアによってNPOは多くの活動を支えられる.両者は相互支援の関係にある.NPO職員は,ボランティアとは異なる責任を,そのNPOの使命の対象となる人びとや使命に賛同して支援する人びとに対して負うことになる.またボランティアは,その活動を職業として担う決意をした場合はNPO職員となる道を選ぶこともできる.

■各国のNPO

世界の各国はそれぞれの歴史に応じた非営利法人制度をもっている.1980年代の欧米諸国では非営利セクターの雇用の伸びが大きく,とくにアメリカ,フランス,ドイツ三国では新規雇用に占めるNPOの割合は大きく約13%であり,雇用の増大に著しく貢献している.

アメリカの非営利セクターは世界的に最も発達している.NPOの法人格は州法の手続きにより簡単に取得できる.税法上の優遇措置はこれとは別に内国歳入庁への申請により1カ月程度で得られる.NPOの総数は,約120万,そのうち税制上の優遇を受けているものが約50万といわれる.その雇用者は,700万人を超え,労働人口全体の7%近く,国内総生産の6%を占める.

イギリスでは民間非営利組織はチャリティ法にもとづく公益活動委員会の審査によりパブリック・チャリティーズとしての資格と税制上の特権が与えられる.これが形成するセクターは「ボランタリーセクター」と呼ばれ,大きな社会的役割を担い100万人近い雇用者を抱え,イギリスの労働力の約4%を占めている.

ドイツにはフェライン（ereigenete Verein：邦訳では登録協会とよぶ）制度があり，誰でもが簡単な手続きで法人化できるしくみになっている．フェライン制度は，法人格を付与するのみのしくみであり，税制上の優遇は個別法によって認められるしくみになっている．その雇用者数は，100万余り，ドイツ全労働者の約3.7％を占めている．

■日本のNPO
[特定非営利活動促進法（略称，NPO法）]

日本には民法34条にもとづく公益法人制度があり，財団，社団，学校法人，医療法人，宗教法人などの公益法人が存在する．その数は30万といわれ，多くの雇用を抱えている．しかし，「公益」の判断は政府によるため，公益法人は縦割りの官庁ごとの主務官庁制度により厳しく監督される．この実態を，前述のレスター・サラモンがNPOの定義として挙げた5条件と比較すると「政府からの独立性」に欠けることが明らかである．しかも法人格取得手続きは通常2〜3年を要し，さらに通常2〜3億円の基金を積むことを求められる．草の根の市民が法人格を得ることなど到底望めない．

1998（平成10）年に成立した特定非営利活動促進法は，縦割りの主務官庁制の支配から独立した新しい法人格を12分野の非営利活動を特定して新たに創出すること，法人格取得の手続きを簡易，短期，資金積み立て不要の認証方式とすることなどを定めたものである．官僚統制の際立って厳しい日本ではNPOの独立性を実現するためには，今後も行政制度の変革を住民の活動を通じて続けることが求められている．

[NPOをめぐる日本の現在]

今日の日本では，高齢福祉における地域住民自身による相互扶助や住民自身による住環境の維持・改善などが広がり，また自然環境の保全，身体に有害な放射能や化学物質の放散防止，資源の有効利用・リサイクルなど幅広い分野で住民の活動が盛んになっている．これらの活動は，NPO法により社会的な位置づけを得て活性化している．1998（平成10）年12月のNPO法施行後，2004年3月までに約1万6千団体が認証を受けている．また各地には住民による非営利活動を支援する「NPOセンター」が住民自身の手で設立されている．

21世紀の国家は単純に市場と行政によっては支えられず，成長した非営利セクターによる社会的経済的貢献によって多くの矛盾を解決していく構造になると予想される．従来，独立した非営利セクターが存在しなかった日本では，社会・経済構造の新しい柱として，これを住民など民間の力と行政の連携でどう実現するかが基本的課題である．当面は，税の優遇制度の確立，非営利セクターへの多様な資金の流れの創出など，制度的社会的しくみをいかに整えるかが最大の課題である．

[林　泰義]

■文献

平山洋介：コミュニティ・ベースト・ハウジング－現代アメリカの近隣再生，ドメス出版，1993．

内橋克人：共生の大地－新しい経済がはじまる（岩波新書），岩波書店，1995．

阪神大震災復興市民まちづくり支援ネットワーク阪神大震災：復興市民まちづくり（95/1－95/4）Vol.1（余個），学芸出版社，1995．

P.F.ドラッカー編著，田中弥生訳：非営利組織の「自己評価手法」－参加型マネジメントへのワークブック，ダイヤモンド社，1995．

まちづくり才団・川の手倶楽部（墨田区向島），マヌ都市建築研究所：ドイツのまちづくりNPO－ハンブルグ・オッテンゼンの市民活動と行政対応，マヌ都市建築研究所，1996．

林泰義・山岡義典・鎌田宣夫・ハウジングアンドコミュニティ財団：住まいとコミュニティのための民間非営利セクター確立への提言，ハウジングアンドコミュニティ財団，1996．

総合研究開発機構：市民公益活動の促進に関する法と制度のあり方－市民公益活動基盤整備に関する調査研究（第2期），NIRA研究報告書，960075，総合研究開発機構，1996．

村林正次・岸本幸子：柔軟な成熟社会を築くNPOの展望－市民活動団体の実態とNPO推進方策Ver.2，住信基礎研究所，1996．

市民バンク・WWB/ジャパン：夢を育てる市民バンク－応援します起業家精神コミュニティバンクの挑戦，アドア出版，1996．

L.M.サラモン・H.K.アンハイアー著，今田忠監訳：台頭する非営利セクター－12カ国の規模・構成・制度・資金源の現状と展望（SPFグローバル・ブックス），ダイヤモンド社，1996．

山内直人：ノンプロフィット・エコノミー－NPOとフィランソロピーの経済学，日本評論社，1997．

山岡義典編著，早瀬昇ほか共著：NPO基礎講座－市民社会の創造のために，ぎょうせい，1997．

ハウジングアンドコミュニティ財団編著：NPO教書－創発する市民のビジネス革命，風土社，1997．

山岡義典編著，和田敏明ほか共著：NPO基礎講座2－市民活動の現在，ぎょうせい，1998．

山内直人編：NPOデータブック，有斐閣，1999．

シーズ＝市民活動を支える制度をつくる会：シーズブックレットシリーズ（1〜8）（NPO法案，NPO法人設立マニュアル，NPO税制などについての解説シリーズ），シーズ＝市民活動を支える制度をつくる会，1996．

2 | 701 | 展望

■歴史が明日を開く

いうまでもないが，歴史は，過去・現在・未来の不断の連関として存在する．もし過去から切り離して現在をとらえることができると考えるのなら，それはおそらく妄想にすぎない．同様に，私たちの未来を現在と切り離して構想できると考えるのなら，それは単なる絵空事にすぎないものとなろう．そのことに思いを馳せるとき，後期印象派の巨匠ゴーギャンが自らの作品に与えた次の言葉が，思い起こされる．「われわれはどこから来たのか．われわれはどこに立っているのか．そして，われわれはどこへ歩もうとしているのか」．21世紀の扉が開いた今日，このゴーギャンの言葉は，ひときわその重みを増している．

われわれはどこから来たのか．試みに，デザインにたずさわるわれわれにとっての道のりを素描してみよう．

明治から昭和戦前期の近代化過程の中で，日本における伝統的工芸と近代工業技術の融合を図ろうとする「産業工芸」運動が展開される．それは，すでに近代的なデザインの萌芽を内包したものであった．そして，戦後，アメリカ文化の受容と急速な高度経済成長を背景に，インダストリアルデザインが華開き，数多くの優れた工業製品が世に送り出される．この戦前戦後を通じたデザインの展開は，便利で高性能な製品を生み出し，人びとに豊かな生活をもたらした．「限りなく便利な生活」の到来でもあった．しかしながら，右肩上がりの経済成長の中で実現した「豊かな生活」も，環境汚染に象徴される重大な局面に逢着し，今や，その実態に対して懐疑が抱かれている．人びとは，それまでの価値基準だけでは充足されない「心の豊かさ」を求め，日本の伝統的文化の見直しや身近な地域への関心を高めていく．

今日は，価値観が多様化する中で，一人ひとりが実感をもって生きることのむずかしい時代である．また，急速に発展しつつあるITは，未来に何をもたらすのか．まさに，今日は混迷の時代である．

「われわれはどこにいるのか．われわれはどこへ歩もうとしているのか」．ゴーギャンの言葉を借りるまでもなく，現代を生きる者は，ひとしく，この問いが突きつけられている．デザインにたずさわる者も決して例外ではない．これまでのように便利で効率のよいものを「いかに作るか」が問題の中心を占めた時代は，終わりを告げた．デザインにたずさわる者は，今，「いかにして」の前段階にある「何を，なぜ，作るべきか」を問い直す時期に逢着している．

こうした状況に対処するには，近代化・高度経済成長とともに突き進んできた日本のデザインは「いったい，どのようであったのか」を，私たち一人ひとりが総括せねばならない．今，日本におけるデザインの展開過程を総括し，その歴史的意義の再検討を行うことが必要といえるのではないか．「歴史が明日を開く」のである．

■積み重ねられてきた生活文化の継承・発展

近代造形文化運動のパイオニアで建築家のワルター・グロピウスは，不朽の名著『生活空間の創造』の日本版への序（1954）の中で，「今や西欧の影響の洪水が到来しているが，貴重な遺産に恵まれた日本は，積み重ねられた文化の本質を将来ねばりづよく保ち得るであろうか」との疑問を提起している．どうだろう，私たちは，このグロピウスの問いに，果たして，「はい，しっかりと日本の文化の本質を保ち続けています」と即答できるだろうか．

明治時代以降の日本における近代化は，総じて，欧米の文物制度を鋳型にとって日本に移植するかたちでなされてきた．「文化は欧米にあり」という単眼的な発展の図式の中で，いきおい，「木に竹を継ぐ」式の近代化が図られてきた．欧米と日本の関係の図式は，そのまま，国内に持ち込まれた．「文化は都市にあり」という，一元的な発展の図式である．そして，「農山村の都市化」が進められてきた．

今，ようやく，私たちは，このような図式を信奉する先に広がるのは「根なし草の文明」であることに気づき始めている．そして，私たちは，日本におけるそれぞれの風土の中で育まれ継承されてきた生活文化を基盤に据え，歴史的文脈に依拠しながら，日本が，そして，それぞれの地域が，たどるべき道を摸索する作業の大切さに気づき始めている．いま，ようやく，グロピウスの問いかけに正面から応えようとする哲学と実践の萌芽が見られる．その萌芽のキーワードは「多様性」である．

■多様性科学の視点

20世紀は，さまざまな分野に科学（science）が浸透した時代であった．とりわけ，科学技術の進展とともに，その有用性が広く認知されるようになった．人類は，科学という知の体系を拠りどころとして，この世に生起するおよそすべての現象を解明し，それによっ

て豊かな生活・社会の創出が可能であると考えてきた．しかし，同時に，これまでの科学技術の進展を手放しでは喜べない問題が惹起していること，また，科学だけでは解明できないさまざまな現象が依然として存在していることも，明らかである．

これまでの科学は，還元主義（reductionism）に依拠していたといえる．それは，あらゆる現象は個々の構成単位に還元することが可能であり，構成単位ごとの構造や挙動を客観的・普遍的・合理的なデータにもとづいて解釈することにより，その総和として，現象の全体をとらえることが可能であるとする考えである．それゆえ，学問領域は細分化され，その内部において実証的方法によって見出された普遍性は，そのまま世界全体の普遍性に通ずると解釈されてきた．還元主義と称されるこの考え方は，およそ，これまでの科学の基盤となってきたといって過言ではない．

ところが，近年になって，これまでの科学を支えてきた還元主義に疑問が投げかけられてきた．すなわち，この世界はさまざまな物質系の集合システムとして存在しているのではないか，また，それらは集合システムとしての存在であるがゆえに，個々の物質系には，固有の機能とは異なった，多様な機能が内在しているのではないかという視点である．「集合系における多様性」という概念が，認識され始めたのである．

たとえば，生物学では，生物多様性（biodiversity）の概念が提唱されるようになった．それは，動物・植物・微生物などのあらゆる生物種とそれによって成り立つ生態系に加え，遺伝子の概念を融合させて，多様な生物界の全体を総合的に把握しようとする動きである．換言すれば，多様な生命の存在こそを尊重し，それを持続・保全しながら営まれる生活や社会の実現をめざそうとするものである．そして，1992年にリオデジャネイロで開催された環境サミットにおいて「生物多様性条約」が採択されたことを契機として，「多様性」の概念は広く普及するようになった．今日では，熱帯雨林における森林伐採や乱開発，地球温暖化による気候変動，オゾン層破壊による紫外線の増加，海洋汚染，酸性雨などのさまざまな現象が要因となって野生生物種の絶滅が急速に進行していることへの危惧の高まり，また，自然資源の保全・管理，地球環境保護などの観点からのエコロジー思想の成長の中で，「多様なものの多様な存在」という概念が重要な位置を獲得するようになっている．

今や，「多様なものの多様な存在」という視点は，人間活動に由来する地球環境問題に目を向けるとき，また，より豊かな生活・社会の創生をめざすとき，不可欠である．

■「多様なものの多様な存在」をめざすデザイン

デザインの領域でも，還元主義的方法論を積極的に導入してきた．研究においては，材料工学・人間工学・感性工学などへの分化がなされてきた．また，実社会では，大量生産方式を拡大することにより，物質面における豊かさが追求されてきた．

かつて三種の神器が叫ばれたとき以来，人びとは，物質的豊かを求め続けてきた．そのような人びとを大衆という一元的な概念でとらえ，規格化・標準化にもとづいて，さまざまなデザイン展開がなされてきた．しかし，このような時代の計画・設計理念は，特化した経済成長が終焉を迎えるとともに，終止符を打った．今，ようやく，私たちは，デザインの原点に立ち返って，その歩むべき道を探求しつつある．

そもそも，デザイン活動は，「現実社会の実態を的確にとらえ，あるべき姿を想起し，具体的な計画・設計を社会に還元する総合的プロセス」である．それゆえ，デザイン活動にはさまざまな知に依拠した総合的な視座が必要であり，自然科学・人文科学・社会科学・精神科学などの経験科学的考察が不可欠である．また，「多様なものの多様な存在」の哲学に依拠した研究・実践こそ，真のデザイン活動といえるのである．

この地球上には，さまざまな民族がそれぞれの生活文化を築き，実に多様な生活を営んでいる．そのような，まさに「多様なものの多様な存在」こそが，真の豊かさといえよう．「多様なものの多様な存在」は「多様な価値」を創造する．個々の存在が互いに結びつきつつ共存するとき，そこには，多様で豊かな生活文化を支える多様な価値の平野が広がる．より豊かな生活・社会の創生をめざす社会的実践としてのデザインは，「多様なものの多様な存在」に関する認識を豊かにするとともに，「多様なものの多様な存在」を進展させることに寄与していかねばならない．

〔宮崎　清〕

■文献

ヴィクター・パパネック著，阿部公正訳：生きのびるためのデザイン，晶文社，1974．

宮崎清・吉岡道隆：「文化」としてのデザイン．デザイン学研究，59：57-66，1987．

宮崎清：21世紀のデザイン．インダストリアルデザイン（森典彦編），朝倉書店，1993．

第3部

デザインの科学と方法

1. デザインの生活・社会科学

2. デザインの人間科学

3. デザインの感性科学

4. デザインの形態科学

5. 融合科学としてのデザイン

6. デザインの分析と予測

7. インタラクションのデザイン科学

3|001 概説

　2001年に閣議決定した科学技術基本計画では，これからの科学技術政策の基本的方向として，①新しい知の創造，②知による活力の創造，③知による豊かな社会の創生としている．

　今ここで改めて，科学技術のこのような方向を考慮しながらデザインの科学と方法の新たな枠組みをどのように構築すべきかについて考えることが必要である．

　社会・産業環境から求められているデザインのニーズは，従来からいわれているような，芸術と技術の中間領域にデザインを位置づけるのではなく，学際領域としてあらゆる科学の融合した領域として位置づけられるべきであろう．長年にわたるデザイナーのみを集結した巨大なデザイン組織の役割はデザイン領域を芸術や造形の分野に偏って閉じた専門領域であるという社会的認知を一般の人びとに植えつけたが，わが国のデザインが産業の発展のもとにこれだけの産業貢献をしながら，形の新しさや，色彩の新鮮さなどのデザインにおける表層的な面しか一般の人びとには認知させることができなかった．

　ところが，最近では，デザインという言葉がデザイン領域で考えるような狭義に意味ではなく，心理学では「認知的デザイン」，教育の分野では「教育のデザイン」，経済学分野では「グローバルデザイン」，ロボット工学では「センシングのデザイン」のようにデザインをより幅の広い「創造的活動」の意味として使用され始めている．今こそデザインの領域と役割の再検討とデザインの科学としての体系の再編を検討しなければならないのである．

　経済界の世界的な構造改革時代にあって，デザイン部門も変革期を迎えている．今こそ，デザインを科学の枠組みとして再編するという視点で捉えなおし，その基盤的構成を検討する必要がある．その視点から新たなデザイン技術を構築していかなければならない．

　生活用具のデザインは，これまで多様なデザイン技術を生み出してきた．中世においては，多くの生活用具には華麗な装飾が施され，「美しくする」ための美術工芸技術を誇った．産業革命期には不要な装飾をなくしたモダンデザインムーブメントが起こった．その後バウハウス運動により，工芸や建築設計技術と自然科学技術との融合が叫ばれ「機能的であるための」デザインの方向が示された．その後アメリカではマーケティングの進展による「売りやすくするための」商業的デザインが盛んになった．その後はデザインの中に取り込むために，人間工学の導入があった．家具や台所設備を人間寸法を基本とする「使いやすさ」を求める努力がなされた．また，市場のニーズをとらえるために統計学分野で開発されていた数量化手法が盛んに取り込まれ，コンセプトのデータ的背景を明らかにする努力が払われた．

　しかしコンピュータ技術の進展に伴い，工業製品の内部にマイコンが内蔵されるようになると，製品機能はきわめて多機能なものになり，生活者は目的とする作業を実行するために大部なマニュアルを参照し製品機能の操作手順を理解しなければならなくなった．このようになってデザインは，「わかりやすさ」を獲得するため，人間の思考や認識の科学である認知科学への接近ならびに電子情報工学への接近を始めた．操作手順や作業のシナリオ設計がデザインの対象となってきたのである．そしてまた，商取引のしかたも大きく変わろうとしている．また一方で最近では，工業製品を環境保全という立場から，資源を再利用する環境科学の「環境にやさしくする」エコデザインという方向も打ち出されている．さらにまた，工業製品のユーザーを限定する従来の開発の方向に代わって，身体障害者や高齢者にも心身障害学を基盤とした「誰もが使用しやすい」，「ユニバーサルデザイン」という方向も打ち出されている．このようにデザインは，デザイン教育の枠組みを崩さずにその時々のテーマに沿って関連諸科学や工学の知識を取り込んできたのである．

　今までデザイン教育は多くの人材を世に送り出してきた．しかし，これまでのような知識の取り込みによる方法の継続では未来を保証することができないことを教育界は知っている．何を保存し，何を新たに必要としなければならないかをデザインの体系として構造化し，長期的戦略とともにデザインのあるべき姿を創出し，描き出さねばならない時期に来ている．

　21世紀の人類の目標は，デザインを通して人間生活の中に「快適」，「感動」や「安心」を生み出して「心の豊かさ」を手に入れることである．20世紀の経済や自然科学が求めた方向では，結局「心の豊かさ」を手に入れることはできなかった．そこで，理性を中心とした価値観にもとづく方法ばかりでなく，感性を重視した価値観を取り込む方法が模索されねばならない．21世紀のデザインはまさに理性と感性の側面をどのように相補的に充足させるかにかかっている．そのためにはデザインを独立した領域として存在させるのでなく，「あらゆる科学を融合した領域」を新たな世界とし

て生み出すことが必要である．

■デザイン科学が多数の隣接領域を包含してそれを俯瞰的に見る視点

　デザイン研究の社会的還元という課題はこれまで，個々の研究者の学問領域に対応した固有の対象や方法を定めて，独自の研究展開を進めることによって，それぞれ個別に研究成果を社会への還元を行うことにより果たしてきた．しかし，個々の研究の進展は相互に独立であり，個々の研究領域相互の交流の方法については体系が存在しないという不均衡がある．それはデザインの隣接領域全体を俯瞰したとき，社会に存在する多くの問題群に対して，デザイン科学全体としての貢献が一様でないという，学問体系の不均質性と呼ぶべき問題を生じさせている．一方で現場の実践という立場から見れば，一個の人工物を作り出すためには，材料・生産技術・設計・流通・販売・営業・再生・廃棄など広範な領域にわたったデザインの同時的かつ統合的能力が現実に求められているのである．

　すなわち，デザインを実践する産業側では，個別化された領域の統合化への要求があり，デザインを研究する大学側では，領域のさらなる細分化への要求があるというジレンマが存在する．つまり実践側と研究側の双方のパイプが一本のパイプでつながれていないのである．このようなジレンマを解体し，産業と学術との間を連携し研究資源の円滑な循環システムを構築することが重要な課題である．

　デザイン学を社会的な観点から見れば，現代社会に現出する環境・人間・文化・技術との間の問題解決を任務とするという立場に立って，学問の状況についての俯瞰的視点に立ちつつ社会的問題の存在を見きわめ，均衡のとれた学術の進展に必要な方策を求めるとともに，隣接分野とともに協調した社会的貢献を実現するための新たな学術的枠組みを探ることが求められているのである．

■デザイン科学の規範を提供するための開かれた知の構築

　現代社会では，技術の変革，経済的変動，市場の変化，生活文化の融合，情報接触，環境的問題などの多様な価値の存在を歓迎すべきか忌避すべきか戸惑うことが多くなってきた．人びとは目前に迫る社会的問題に対していかに対処すべきかをもはや経験的な物差しで測ることができないでいる．

　このような状況下で，多くの社会問題に対して人びとは自らの行動決定の根拠を個々の学術に求めても，個々に分断された今日の学術によってはこの複雑な社会的融合問題を解くことができない．これを解くためには，各学問領域が社会に現出するそれぞれの関連問題について，関係ある諸領域間と共同研究協力体制を組み，現実的な社会問題の奥に潜む原因と結果の図式を社会に公開するように努めることが求められている．デザイン分野においても，社会的問題とデザイン科学との関連についての洞察にもとづいた新たなデザイン科学領域を切り開き，開かれた学術の枠組みを構築することが必要である．

　ここにいう開かれたデザイン科学の構築とは，その対象を，新たな生活文化の創造，高齢化，ユニバーサルデザイン，情報インタラクション，地域文化の固有デザインの尊重など，社会的に現出した諸問題に対して，デザイン科学としての課題の切り取り，研究計画の構成，評価規範の作成を行うことが必要である．デザイン科学の進展に人びとが関与する人間中心の社会的枠組みを探究しつつ，新たな評価規範システムを案出しなければならない．

■産業の動向を俯瞰的に見て知と実践を融合したデザイン科学の新たな枠組み

　デザイン科学における産学協同プロジェクトの役割は，上記のような学術領域のミッションとして実現されるべきであり，デザイン科学をこれまでのような個別研究のみとすべきではなく，デザインの社会的研究を開発し，生活文化を創造するという目的を遂行する任務としての自覚をもつ必要がある．創造活動としてのデザインの実践活動が社会的役割を担っていると同様に，知的活動としてのデザイン科学もまた社会的任務を負っているのである．そのためには，社会の最前線の現場の実践者と，研究者とが協同して，その時代時代の社会問題や社会的潮流に対して，社会としての行動規範の構築へ向けて隣接諸学からの研究者を交えつつ融合的研究ができるように体制を再編する必要がある．つまり縦割ではなく横割のデザイン研究開発組織を構築する必要がある．

　21世紀のデザイン科学の枠組み構築とは，以上のように研究としての枠組みだけではなく，社会的問題を解決する実践の枠組みを包括した新たな構造を構築することに他ならないのである．

〔原田　昭〕

3|101 概説－デザイン学は生活科学から

■「生活」への関心

デザインがわれわれ人間の「生活」のあり方に関する提案や実践を包含するすぐれて社会的活動であることを否定する者は，おそらくいないであろう．すでに第2部で見たように，デザインは「生活」と緊密に切り結んだ関係の上に成立する人間の普遍的営為である．

ところで，デザインが緊密にかかわるわれわれ人間の「生活」とは，いったい，何なのであろう．誰もが「生活」を行いながら，これまでは，「生活とは何か」に関する考察が必ずしも総合的になされてはこなかった．より豊かな「生活」を送るために「生活」の発展・向上に寄与することを目的とした学問として「生活科学」が叫ばれるようになったのは，このためである．

ところで，「生活」という概念に相当するのは，英語ではlife，フランス語ではvie，ドイツ語ではLebenである．しかしながら，これらの語は，日本語の「生活」を意味するばかりでなく，「生命」や「人生」をも含意している．19世紀後期から20世紀前期にかけて，たとえばフランスの哲学者ベルグソンが「創造的に進化するもの」としてvieを論じたり，ドイツの哲学者ジンメルが「生命の無限の活動」「生命の自己表現」としてLebenをとらえたりした（三木，1936）ことには，「生活」に関する西欧の認識がよく示されている．

21世紀においては，「生命」や「人生」をも含めて「衣食住」のあり方を総合的に考究する学問として，人間の幸せな「生活」を構築するための道標となる「生活科学」の確立が求められる．

■生活科学の全容

ところで，「生活科学」とは，どのような全体像をもつものなのだろうか．

三石巌は，物理学と生活，化学と生活，地学と生活，生物学と生活，生理学と生活，心理学と生活の観点から，「幸福のための科学，主体のための科学」としての全体像を綴っている（三石，1988）．また，園田恭一・田辺信一は，生活の主体，生活の技術，生活の構造，生活の周期などの項目を立てて生活原論を説いている（園田・田辺，1971）．

およそ，「生活」はいわば重層構造をなしている．前述のように西欧では，①生命・いのち・生存，②生活・生計・暮らし，③人生・生涯・世間など三重の意味において「生活」が語られるように，「生活」は人間が生きることのすべてにかかわる総合的な概念であるといえる．「生活」とは，「消費生活」「家庭生活」などの概念のみで括ることができない，生命体としての人間が生きることのすべてにかかわる総合概念なのである．このような生の営みとしての「生活」の重層性に関しては，次の二人の考察が刺激的である．

W・バックリーは，生命体の生存の営みを，機械的（mechanic），有機的（organic），社会文化的（sociocultural）システムの三つによって把握しようとした．そして，機械的システムを同一水準で生の均衡を保とうとする均衡モデル（equilibrium model）によって，有機的システムを生存を脅かそうとする力に抗しながらより高い水準で自己の生を維持しようとする恒常性モデル（homeostatic model）によって，また，社会文化的システムを変動する環境の中で自己の構造を変革しながらより一層精巧なものにしていく形態変革モデル（morphogenetic model）によって解き明かそうとした（Buckley, 1967）．

また，時実利彦は，バックリーとは異なる角度から，生の営みの構造を，「生きている」という受動的・植物的な生命維持のレベル，「生きていく」という能動的・動物的活動のレベルに大別し，さらに後者を「たくましく生きていく」本能的・情動的行動，「うまく生きていく」適応的行動，「よりよく生きていく」創造的行動の三つのレベルに分けた（時実，1970）．

バックリーや時実が説くように，人間の生の営みとしての「生活」は，単なる「消費生活」「家庭生活」などのいわば平板な概念のみでは把握できない重層構造をなしていることに留意すべきであろう．おのずと，「生活科学」は，生命体としての人間の重層的な生の全般にかかわる科学でなければならない．

■「こと」「もの」「いみ」の体系としての「生活」

「生活」とは，他者との関係の中で，それぞれの文化規範に則り，何らかの物財を用いて，自然に働きかける過程であるといえる（青井，1971）．人間は，何らかの目的に向けて行為をなし，何らかのものを生産し，そのことに対して意味づけを行う．パーソンズが説いたように，人間の行為（action）には目的意識が内在している（Persons, 1960）．私たちは，生の営みの中で，常に，何らかの目標に向けて何らかの行為を起こし，何らかを獲得し，そして，その過程に評価を行う．こうして，生の営みとしての「生活」は，行為－物財－意味の連関であるといえる．ここに，「行為の体系」「物の体系」「意味の体系」の三つの互いに連関した「生活」の諸相が想起される．したがって，「生活」を全体的に

第1章 デザインの生活・社会科学

把握・解析する試みは，これら三つの諸相の相互関係を視野に入れながら人間の生の営みの総体を観察することにほかならない．言い換えれば，「生活」の把握・分析は，「こと」「もの」「いみ」の関連についての総合的理解といえる．

冒頭にデザインはわれわれ人間の「生活」のあり方に関する提案や実践を包含するすぐれて社会的活動であると記したが，「生活」が「こと」「もの」「いみ」の体系であることを考えると，デザインは，「こと」「もの」「いみ」のあり方に関する提言や実践を包含した社会的行為であると言い換えることもできる．

■デザインにおける「生活」の理解

さて，生の営みとしての人間の「こと」「もの」「いみ」の体系としての「生活」を，デザインにおいては，どのような手順で把握したらよいのであろう．デザイン領域における「生活」の理解には，次の三つの手順が考えられる．

① 「もの」の理解：人びとが生の営みのために創造もしくは導入し，使用し，消費している物財の材料・形態・容量・重量・色彩など，「もの」の物理的諸特性を把握する作業で，「もの」のハードな様式的側面に関する理解といえる．

② 「こと」の理解：「もの」を使用して人びとが生の営みにおいて行う「こと」に関しての把握で，「ものの使用」に関する理解である．

③ 「いみ」の理解：人びとが生の営みのために使用する「もの」や「ものの使用」に関して抱く評価・価値観に関する把握である．

上の①②③の三つの諸相を生の営みのための空間である住まいを例にとると，具体的に，次のようである．①：敷地の様態，住まいの材料，規模，構造，間取り，色彩，建設年，建設費など，②：個々の空間の日常的・非日常的な使用法，作法，禁忌，清掃，維持・管理など，③：住まいやすさに対する考え，暮らしの嗜好性や志向性など．ここで注意すべきは，①の実体としての「住まい」の理解は，②の「住まい方」や③の「住まいの評価・価値観」と連動して初めて理解が可能ということである．こうして，①②③の手順を踏みながらも，絶えず，②から①に，③から②や①へのフィードバックを行い，生の営みとしての「生活」を総体として把握する必要がある（宮崎，1979）．

■デザインにおける「生活」理解の意義

なぜ，デザインにとって上記のような「生活」の理解が必要なのであろう．ある地域での「生活」調査での出来事を紹介しよう．

八ヶ岳の山麓でのことである．その地においては，冷蔵庫は冬に使用される．夏は涼しいから家の前を流れる小川に果実や飲料を浸しておけばよい．ところが，冬の寒さは実に厳しく，通電した冷蔵庫に食物を収納しないと，すべてが凍ってしまう．この地では，冷蔵庫は「温蔵庫」である．いったい，このような生の営みがあることを冷蔵庫のデザイナーたちは予知していただろうか．また，上の地では，とくに高齢者たちに，アルミニウムの鍋窯が文化的器物として高く評価されている．なぜなら，文化的＝アメリカ的＝アルミニウムの連合観念が濃密に形成されているからである．物財の選択は日本が歩んできた歴史の中で形成された人びとの価値観によって，大きく左右される．日本の伝統的器物としての土鍋は，この地にあっては姿を消している（宮崎，1987）．

デザインは，人びとの生の営みに対するさまざまな要求を聞き届け，人びとのより豊かで人間的な生の営みに対する願望を実現していくための手立てを提言・実体化する実践である．ときに，デザインは，人びとの不健全で歪んだ生の営みを，断固として拒絶・阻止する実践でもある．しかし，決してデザインする側がおごってはならない．人びとのさまざまな生の営みを相対的・総体的に理解することを通して，人びとに通ずるメッセージを人びとの生の営みの中から汲み取っていく努力を惜しんではならない．

何より，「生活」の根底には，生の維持，生の絶えざる更新過程がある．この視点を忘れては，「生活」のあり方を提言する実践としてのデザインは存立しない．

[宮崎 清]

■文献

三木清編：現代哲学辞典，日本評論社，1936．
三石巌：生活科学序説，光生館，1988．
園田恭一・田辺信一編：生活原論，ドメス出版，1971．
Buckley, W.：Sociology and Modern Systems Theory, 1967.
時実利彦：人間であること（岩波新書），岩波書店，1970．
青井和夫：生活体系論の展開．生活構造の理論，pp.139-180，有斐閣，1971．
T. パーソンズ・E. A. シルズ編，長井道雄ほか訳：行為の総合理論をめざして，日本評論社，1960．
宮崎清：野に出て生活をみること．インダストリアルデザイン，98：35-44，1979．
宮崎清：「文化」としてのデザイン．デザイン学研究，59：57-66，1987．

3 | 102 | 生活学

■ **大正期から昭和初期における生活の変貌**

「生活学」を初めて提唱したのは，今和次郎である．それは，1951 (昭和 26) 年に大阪新聞に発表された「生活学への空想」という短文においてであった (日本生活学会，1975)．今による「生活学」提唱の背景と経緯を見ていくことにしよう．

今は，1919 (大正 8) 年，農商務省の石黒忠篤から依頼され，同省の嘱託として本格的な農村調査を行うことになった．その農村調査を通して，今は，農村における生活者のみならず，都市居住者の間に生起しつつあった生活の大変貌に疑問と関心を抱いていった．

周知のように，大正期 (1912-26 年) から昭和初期にかけては，民主主義とともに外来の物品類が広く民衆の生活に浸透した時代である．また，人びとは，総じて，農林業に代表される伝統的な生業から，工場労働者を中心とするいわゆる会社勤めによって生計を立てる方向への転換の渦中にあった．それによって，人びとの生活時間に変化が生じた．すなわち，[生計を立てるための時間＝金を稼ぐための時間] と [生計を立てる以外の時間＝金を使う時間] との，生活時間の二分化である．

農村生活者にも浸透していく生活時間の二分化とその生活構造の変貌に直面した今和次郎は，漸次，人びとの生活の実態それ自体に眼差しを向けていくようになった．伝統的農業を基盤とする家庭生活においては，すべてが「生存 (existence)」のための時間であった．しかし，会社勤めという新たな生業の出現は，人びとの生活時間を，「生存のための時間＝勤務時間」とそれ以外の時間とに二分した．また，「生計のための時間＝勤務時間」が少なくて済む富裕層には，新たに，「余暇」という時間が発生した．このような生活時間の二分化は，同時に，生活の場の二分化をもたらした．すなわち，「金を稼ぐための場＝仕事場」とそれ以外の生活時間を過ごす場との二分化である．呉服屋から進展した百貨店が開設され，人びとは，そこを「余暇」の時間として活用した．都市周辺では民間鉄道会社によって鉄道網が整備され，都心と郊外の住宅地とが結ばれた．郊外にまで延びた鉄道は，各所に観光地を開設し，広告宣伝によって，人びとを余暇の活用へと駆り立てた．

今は，このような，生活の変貌振りを直視した．そして，考古学に対抗する学として，「現在という時代の様相を考える学」として，「モデルノロヂヲ・考現学」という概念を提起した．今は，その中で，東京銀座の街を歩く人びとの服装の観察を行うなど，さまざまな階層の民衆の生活実態を観察・調査し，スケッチ画を交えて，記録に留めた．

■ **大正期から昭和初期にかけての生活研究**

資本主義の進展段階であった大正期には，貧民窟の発生のみならず，職工や小作人における貧困問題が深刻化していた．当時の政府も，欧米の調査理論にもとづいてそのような人びとの家計調査を実施し『東京に於ける二十職工家計調査』『東京市京橋区月島に於ける実地調査報告書』などの生活調査報告書をまとめた．

また，大正期には，それまでエンゲル係数に代表される指標によって生活計測がなされていたのに対して，いかに有効に時間を使うか，余暇をどのように使うかなど，生活の近代化・合理化の一環として，時間の使い方に関する調査・研究がなされた．森本厚吉による 1920 (大正 9) 年の『生活問題』，1921 (大正 10) 年の『生存より生活へ』，1922 (大正 11) 年の『新生活研究』などは，その代表的所産である．

また，空間の使い方に関する調査・研究が，たとえば型而工房などによって試みられた．1928 (昭和 3) 年に蔵田周忠を中心に結成された型而工房では，関東大震災後に耐火住宅として建てられた同潤会アパートの内部空間にどのように家具が配置され使用されているかを，家具の面積率・容積率を用いて分析している (豊口，1987)．さらに，戦時下には，効率を最優先した合理性の追求を志向した生活研究が進展した．大河内一男による 1938 (昭和 13) 年の『国民生活の理論』，永野順造による 1939 (昭和 14) 年の『国民生活の分析』，篭山京による 1943 (昭和 18) 年の『国民生活の構造』，安藤政吉による 1944 (昭和 19) 年の『国民生活費の研究』などがそれである．

今和次郎の目には，これらの大正期から昭和初期にかけての生活研究は，いずれも，十全なものとは映らなかった．

■ **「生活学への空想」**

今和次郎は，それまでの生活調査・研究とは異なる視点での余暇研究や都市生活研究の必要性を訴え，実践した．

今は，1951 (昭和 26) 年に大阪新聞に発表した「生活学への空想」の中で，「労働力の再生産のための生活＝栄養と休養を基体とする生活」というとらえ方に疑問符を投げかけている．その上で今は，「生産学として

威力を発揮している経済学のふところから離れて，一本立ちの生活学を樹立する可能性はないものかと空想をしてみないわけにはいかないのである」と書く．また，今は，「労働力の再生産のための生活」という認識に依拠する経済学から離れ，一個の家庭生活を考え，「人間の生活行動の各分野を内容的に吟味した労働論・休養論・娯楽論・教養論などを一貫したものとして総合思索した生活原論を築き上げ，そして，衣食住などの姿をそれに即して新たに調整して各論として形成させていく」ことを掲げている（今，1971）．

今和次郎の提唱する「生活学」は，「現象」を読み取っていく作業である．それは，「現象」の観察・記録を徹底的に行い，その「現象」を生起させる要因にアプローチしていく試みでもある．それは，植物学の世界における「生態学(ecology)」のアプローチにも近似している．実際に，今は，生活財の使われ方や生活のパターンなど人びとの暮らしを観察・分析することによって，人びとの根底にある考え方や道徳観念などにアプローチしようとした（商品科学研究所・CDI，1980）．今は次のように書いている．「一人のひとの所有に属する全品物を調べ上げると，その人の性格なり傾向なりの特徴がありありと出てきます．その人の所有品はその人の生活全部の背景をなしているものですから」．さらに，今は，「各地方および各階級者の家庭にわたってこのような調査をやり，それらの比較において，物品の占有されている状況あるいは使用されている状況を窮め，そこから物品占有ないし使用に関する社会的ないし道徳的意味というようなことについて考えてみたい」と述べている（今，1971）．

■「消費」から「生活」へ

経済成長の中で，日本人の価値観は「生産」と「消費」を美徳とするものとなった．人びとは，「生産→流通→消費」というサイクルの中で，モノの動きにこそ注目はすれ，その流れの中で生起する「ヒトの暮らし」を看過することになった．ヒトは，モノの流れの末端にいて，次々と大量生産されるモノを怪物のように消費していく，いわば姿の見えない妖怪となった．

今和次郎が確立をめざした「生活学」の視点は，一人ひとりの「暮らし」を基点に据えてモノを見ようとするものであった．今日の私たちの身の周りには，実に多種多様な物品が，多種多様な目的のために存在している．これを今和次郎のいうところの「労働論・休養論・娯楽論・教養論などを一貫したものとして総合思索した生活原論を築き上げ，そして，衣食住などの姿をそれに即して新たに調整して各論として形成させていく」ことは必ずしも容易ではない．これに対し，「生産」を中心に据え，生産の都合だけを考慮してモノをデザインしていくことは，簡単なことであろう．しかし，持続可能な社会の形成に向けて進みつつある現在，モノのデザインは，今が指摘したように，まさに，一人ひとりの「生活」の現場から考えていかなければならない．

今和次郎の『生活学』の巻末に寄せる言葉の中で，西山夘三は，「1962年の『国民生活白書』は，この消費革命の進み具合を示す指標として，(1)穀物支出中のパンの支出割合，(2)副食品支出中の加工食品の割合，(3)医療費中の既製服の割合…(中略)などを挙げ，これらを『生活革新指数』とし，こうした生活の『洋風化』『アメリカ型化』が生活水準の向上，生活内容の高度化に連なるかのごとく国民に示した．しかし，そこには，大気の汚染，水の汚れはもとより，食物や母乳に入り込んでいる農薬の増加や，公害，環境汚染などの生活環境の破壊などについては言及されていない」と指摘している．また，西山は，このような数値のみに頼り，われわれの生活を具体的にどのように改善していけばいいのかという研究がなされていない理由として，「そういう学問がないからである」とし，今の「生活学」こそが，まさにそのような問題を取り上げようとする学問であるとしている．

生活という複雑な物体の生理学的大系をまず築こうとするのではなく，健全な生活の改善・構築を阻んでいる病理の解明からアプローチし，その病原を取り除こうとするのが今の提唱した「生活学」にほかならない．「生活学」は，こうして，「よりよき生活」への改変・構築を目的とする「実践の学」「目的学」である．この点において，「生活学」はデザイン学に通底している．

［宮崎　清・田中みなみ］

■文献

日本生活学会編：生活学第一冊，ドメス出版，1975.
豊口克平：型而工房から，豊口克平とデザインの半世紀，美術出版社，1987.
今和次郎：今和次郎集・第5巻・生活学，ドメス出版，1971.
商品科学研究所・CDI：生活財生態学－現代家庭のモノとひと，リブロポート，1980.

3│103 生活様式と生活史

■ 生活様式とは

　生活様式(way of life)とは，個人ごとに特有の「生活のしかた」ではなく，ある社会集団や地域的広がりに共通して見られる生活のしかた，暮らし方の型(類型・タイプ)である(吉野，1988)．生活様式は時代的に変化するものであり，ここでいう生活史とは，この生活様式の時系列的・歴史的な変遷・推移を指し，社会学分野でいうライフヒストリー(個人の生活歴，個人生活史)とは異なる．

　生活様式は，それを可能にする物質的あるいは非物質的な生活手段の体系によって支えられている．デザインは，この生活手段の各要素(たとえば生活空間や生活財)を計画・設計する行為であり，とくに現代の生活様式の形成にデザインは密接にかかわっている．

　現在にいたる生活様式の推移(生活史)をよく把握した上で，そこに適切なデザイン(新しいモノの創造)を行うためばかりでなく，デザインされた特定のモノ(対象物)が，なぜ，どのようにして生活様式の中に組み込まれ，どのように変化し，またやがて消滅していくのかなど，デザインをめぐる社会的現象を理解するためにも，生活様式の研究が必要となる．

■ 生活様式と「ライフスタイル」

　生活様式とよく似た概念に「ライフスタイル」がある．この語は日本では1960年代末から1970年代にかけてマーケティング分野から広まったといわれる．広くは個々人の生き方，および生活場面での自己表現といった意味だが，狭義には生活手段・生活財のほとんどが商品のかたちで暮らしに入ってくる現代の消費社会において，それら生活財に対する個人の選好パターンを指す．ここには個人の生活要求(生活行動のさまざまな側面のうち何を重視して暮らしているか)や，生活財・生活空間に対する美意識などが含み込まれている．

　この選好パターンによって生活者をグルーピングし，そのうちの特定グループ(ターゲット)に向けて，あるいは各グループに向けてそれぞれ適切と思われる商品開発・広告販売を行うことが，多く行われてきた．マーケティングやデザイン分野におけるこのような「ターゲット戦略」やライフスタイル分析など(いわゆるライフスタイルマーケティング)は，商品の開発・販売という限られた目的によるものであるとはいえ，消費行動という現代の生活様式の一部を精密にとらえようとしてきた．この意味でライフスタイル論は現代の生活様式研究の一領域といえる．

■ デザインの基礎としての生活様式研究の方法

　生活様式の諸相とその変動のありさまをとらえるには，さまざまの調査や研究の方法がある．代表的なものに，家計調査，生活時間調査，生活意識調査，住居学における住まい方調査，社会学におけるライフヒストリー調査，参与観察などのほか，海外との国際比較などが挙げられよう．中でもデザインにとくに関わりの深い研究のタイプとして，物質的な生活手段(モノ)の体系に着目する研究の系譜がある．

　たとえば，生態学の手法を借りて家庭内にある生活財(生活用具・用品のすべて)の徹底した悉皆調査を通して分析する「生活財生態学」は，家庭における商品の構成からライフスタイル・生活様式を探る試みであるが(疋田，1986)，これは考現学の創始者・今和次郎が行った「新家庭の品物調査」(1925)を受け継ぐものである．宮本常一門下による民具の徹底的な悉皆調査もまた考現学的調査の系譜に入る．

　今和次郎は所有全品調査によって，「品物使用の変移と始末」「品物に現れる個人的特徴」「各階級の生活比較」についてきわめたいとして，モノの保有状況からライフスタイルを明らかにする視点を先取りしているばかりか，「家の設計や，器具物の新しい工夫のためにこの調査は有効である」と，デザインへの応用を指摘していた(今・吉田，1930)．

　考現学は社会の表層に現れる風俗を研究の対象とする立場をとったが，ここでいう風俗とは，「生活様相とも，生活様式とも，その他なんなりと適切な名辞があればはめ代えていい」ともいっている．考現学は，生活様式という全体像としては目に見えにくい事柄を，その具体的な現前としての街頭の服装調査や家庭の品物を通して探る方法の試みであった．その現代的継承は，デザイン分野における生活様式研究の今後の課題であろう．

　また，考現学との直接の影響関係はないといわれているが，西山夘三は住居の住まい方調査をもとに住居学の体系化を進め，食寝分離論など後の住宅計画に貢献した．その西山は，生活科学を「生活様式の問題に取り組む学問」だといい，「現在の生活様式をどのように発展させてゆくべきかが，生活科学の課題」であるとしている(西山，1977)．近年の住居研究では，住宅内での起居様式に着目し，近代以降に導入されたイス坐と伝統的ユカ坐のせめぎ合いを経た現在，生活全般

の洋風化の中で劣勢になるかに見えたユカ坐への回帰現象が一部で起こっている(沢田, 1995)など, 生活様式研究として興味深い発見もなされている.

■デザインサーベイ

生活様式の研究には, 日常生活にかかわる風俗史や生活文化史, 民族誌・生活誌, 各種の統計的データなどの文献を利用することができる. 近年では, 現代の生活様式につながる高度成長期を中心とした「アメリカ的」生活様式の導入の経緯にも関心が向けられるようになった. しかし, デザインの立場からの生活様式研究として最も実りの多い方法は, デザイナーが自ら生活の現場(フィールド)に赴き, 生活をつぶさに直接観察・参与観察するフィールドサーベイ, デザインサーベイであろう.

生活あるいは生活様式というものの全体的・総合的な性質は, 実験科学のような分析的な手法によってはとらえがたい. そのため, デザインサーベイにおいては, これまで見てきたような多様な調査手法を駆使することが求められよう. さまざまなフィールド, つまりはさまざまな生活様式の現前の事例を数多く体験的に調査し, 比較することによって, 調査者であるデザイナー自らの視野を広げることができる. 一般に, 生活研究においては研究者自らもまた一人の生活者であるために, その視野も自らが体験してきた生活様式に規定されてしまうといわれる. この問題の解決は, 自らの生活体験, フィールドで体験的に得た知見を, フィールド至上主義に陥ることなく, 文献研究その他での知見と有機的に結びつけることによって可能だろう(宮崎, 1993).

■生活様式の近代化・現代化によって起こったこと

「近世以降の日本人の生活構造は, 徳川中期までに原型ができ, 明治期に定型化が行われ, 大正・昭和期にある変貌を受け, 最終的にいま解体しつつある」(日本生活学会, 1974)との見解に見るように, 近代以前の生活様式(構造)の基層の上にいったん築かれた近代的生活様式は, 現在, その解体と変容が進んでいる. これを資本主義社会下における生活の分解・荒廃化と見る指摘もあるが, むしろ次代の生活様式が生まれ, 定型化するにいたる過程での混乱・流動化の現象と見るべきだろう.

流動化の中にあるはずの現代の日本の生活様式には, しかし, すでに画一化・同質化された部分が少なくない. 耐久消費財の普及, 生活財全般の商品化, 情報機器やメディアの発展などの当然の帰結でもあるが, 住様式においても, 電気・ガス・上下水道・電話通信網などの都市的インフラを前提とし, 2DK, 3LDKなどのDK・LDK様式が一般化している. 好むと好まざるにかかわらず, これらが現代の生活様式として優勢なのは明らかだろう. かつて, 地域・生業・階級などによってさまざまだった生活様式が, 互いによく似通った同質的なものになった結果, 共通の尺度による生活研究が可能になり(川添, 1982), また, そこに新たに微細な差異を見出し, 時には積極的に差異を作り出そうとさえする前述のライフスタイルマーケティングの考え方も生まれたのである.

■デザインの課題としての生活様式提案

これまでのデザインは, 主として生活様式を支える物的手段を作り出す役割を担ってきた. では, これを一歩超えて, トータルな生活様式そのものを作り出すことは可能だろうか. 確かに, デザインされた個々のモノは, たとえ部分的でささやかなものであったとしても, 何らかの生活提案・生活イメージを含み込んでいる. しかし, それらは生活様式の分解・流動化を促進することはあっても, トータルで安定した生活様式には結びつきそうにない. 個別的な生活提案を重ねるとともに, デザイン以外の他分野との融合を含めて何か大きな思考の転換が必要とされているのではないだろうか.

[面矢慎介]

■文献

吉野正治:生活様式の理論, pp.17-21, 82-88, 光正館, 1980.
西山夘三:生活科学と住居学. 住居学ノート(西山夘三編), pp.1-17, 勁草書房, 1977.
川添登:生活学の提唱, pp.216-220, ドメス出版, 1982.
沢田知子:ユカ坐・イス坐－起居様式にみる日本住宅のインテリア史, 住まいの図書館出版局, 1995.
今和次郎・吉田謙吉:モデルノロジオ(考現学), pp.155-172, 1930(復刻版・学陽書房, 1986).
疋田正博:生活財の生態学. モデルノロジオ(考現学)(今和次郎・吉田謙吉編), pp.388-397, 1930.
商品科学研究所・CDI:生活財生態学－現代家庭のモノとひと, リブロポート, 1980.
真島俊一:間取りと生活. 生活学論集1－民具と生活(日本生活学会編), ドメス出版, 1976.
宮崎清:フィールドサーベイによるデザインの過程. インダストリアルデザイン－その科学と文化(森典彦編), pp.112-119, 朝倉書店, 1993.
日本生活学会:生活学の方向と生活学の内容. 生活学会会報, 創刊号, 1974.

3|104 生活規範と生活志向

■明治時代にめざされた「生活」

明治時代における家庭は，富国強兵のための基盤となる労働力養成の場であった．「家庭は国家の最小単位」とされ，家を治めることはひいては国を治めることであり，富国のためには家庭での倹約が旨とされた．家庭は，富国強兵のための殖産興業政策の中で，生産活動の一部に組み込まれていた．人びとには，天皇主権国家の一部を構成する要員として，質素倹約と労働を中心とした生活が強いられた．ちなみに，19世紀末における工場での労働時間は，農商務省の調査によれば，おおむね12時間前後である（中部家庭経営学研究会，1972）．また，家庭における内職や副業が奨励され，人びとの家庭生活はまさに労働中心であった．労働こそが規範であった一方では，「改良」の名のもとに，衛生面や身支度の時間短縮のため，洋風の服装や髪型の導入がなされた．ガス灯や電灯も1870年代末から1880年代半ばにかけて利用が始まったが，それらはたいてい会社や街路に導入されたもので，家庭においてはランプや竈の生活が続いていた．

■大正期から昭和戦前期にめざされた「生活」

大正時代は，民衆生活に民主主義の平等精神が入り込んだ時代である．1904（明治37）年から1909（明治42）年までには呉服店を前身とする五つの百貨店が出現していたが，1915（大正4）年には大阪に電鉄会社のターミナルデパートが開店した．百貨店では，化粧品・衣服・装身具・煙草などの嗜好品が販売され，ポスターを使った広告戦略を導入してPR合戦が繰り広げられ，市民の購買意欲を刺激した．一方，1894（明治27）年の日清戦争，1904（明治37）年の日露戦争を通じて軍国主義化が強まり，民衆生活に陰が落とされた．また，1923（大正12）年には関東大震災が起こり，社会不安が広がった．

1913（大正2）年に鳩山春子が著した『模範家庭』は，英国の家事読本を日本向けに翻訳し直したものである（鳩山，1990）．この本は，妻を亡くした労働者一家の様子を描きながら，家庭を運営していくのに必要とされる実務・実技とともに，家庭と家族関係を描き，精神や思想を伝えるものとなっている．たとえば，不況のために一家を支える父親の給料が減ったことを機会に，家族会議を開いて質素倹約に励む日常が描かれている．家事読本とはいえ，家庭運営のおよそすべてを網羅するもので，料理・洗濯・掃除などの家庭を衛生かつ健康に保つ方法，金銭を有効に活用する方法，休息や運動，正餐の整え方から家族会議を開いての将来計画までを扱っている．この本の解説の中で，編者石川松太郎は，「明治後期から大正期にかけての産業発展に伴う都市中産家庭の出現・増大と，こうした家庭での生活意識や育児思想に見合うものであり，さらに根深いところで大正デモクラシーとかかわったものとも解釈される」と述べている．文部大臣奥田義人と工業教育の発展に貢献した手島精一が序文を寄せている．手島は，その中で，たびたび「女子読物の如きも亦修養上好箇の資料たらずんばあらざるなり」と述べ，この書が，単なる家庭経営の方法論のみならず，質素を旨としながらも「home＝和気靄然として温情堂に満ち（中略）一面に整然たる秩序あると共に，他の一面に清温なる情味の掬すべきもの」の概念を教えるものであることを強調している（鳩山，1990）．

都市における核家族の誕生，明治時代までの家父長制度にもとづく生活規範から家族の誰もが平等であるという大正デモクラシーの精神に変化する時期にあって，何を規範としたらよいのか，「合理性」を具体的にどのように実現したらよいのかなどの疑問への回答を求めた結果が，このような，西洋の生活読本であったといえるであろう．

しかし，家庭生活を支える器具類は明治時代とほとんど変わるものではなかった．『模範家庭』にも，洗濯の日には通常より1時間早く起きて盥（たらい）で洗濯をする方法，また，毎朝の時間割として火種を用いて火口に点火することが記されている．こうして，ハードの側面では明治時代とほとんど変わらなかったが，中産階級以上にあっては，「家庭＝home」という概念が導入され，ソフト面において生活規範が変化したといえる．これを示す具体的な動きとして，1919（大正8）年の東京での文部省主催による生活改善展覧会の開催が挙げられる．生活改善は，西洋式の生活が庶民生活にまで導入されたこの時期に，また，好況と不況とが交互に訪れたこの時期に，合理と非合理とが混乱し，複雑化した消費生活に基本線を打ち出すことを目的として打ち立てられた．運動の目標は，①社交儀礼や行事の改善，②服装の改善，③食事の改善，④住宅の改善，などであった．

総じて，大正期から昭和戦前期においては，質素で合理的な生活が規範として設けられた中で，中流以上の家庭において，伝統を重んじたり，あるいは，新しい洋風のスタイルに移行するなど，それぞれの生活志向が現れ始めた．

第1章｜デザインの生活・社会科学

■昭和戦後期にめざされた「生活」

第二次世界大戦の敗戦を機に，地主・財閥・華族の封建的機構が解体し，名目上の身分・階層は撤廃された．また，連合国軍による占領統治・アメリカ軍駐留により，食料を中心とする物資不足の日本に，アメリカの生活用品・雑誌が持ち込まれた．これを通し，多くの日本人は，「アメリカ＝豊かな国」のイメージを抱き，物質的な豊かさを希求するようになる．

1950年代には朝鮮戦争が勃発し，日本は特需景気に沸いた．これにより，人びとの抑圧されていた物質的要求が一気に噴出した．それに輪をかけたのは，家父長制とそれまでの生活倫理の崩壊である．軍国主義の徹底化を支えてきたそれまでの教育や思想が破棄され，新しい価値観を受け入れた若年層が台頭し，米国の影響を強く受けた生活志向が進展した．

1950（昭和25）年度の『国民生活白書』は，生活革新の進行を次のように述べている．①食生活では，タンパク質食料としての肉・乳・卵，ビタミン源としての果物の需要増大，酒類は日本酒から洋酒に移行，茶や菓子など嗜好品の洋風化，②衣生活では，戦前からの男性外出着の洋風化に加え，女性の洋装化，家庭着・寝具の洋風化，③住生活では，洋家具やじゅうたん，カーテンの普及．これらを「消費革命」と称し，白書は，これらをもたらした背景として，インスタント食品をはじめとする家事労働節約の商品の購入，耐久消費財の急激な普及，テレビや旅行など余暇消費の増大の三つを挙げている．このような生活志向の強い都市労働者世帯，団地居住の核家族，比較的若い共働き世帯を主たるターゲットとして，新聞・テレビによる新商品売り込み広告に力が注がれた．

■高度経済成長期とその後にめざされた「生活」

1960（昭和35）年に成立した池田内閣は，所得倍増計画・高度経済成長政策を掲げ，大企業の成長を促した．その結果，技術革新とともに，多くの消費財が市民に行き渡り，消費市場は飛躍的に拡大した．こうして，大量生産・大量消費の時代を迎えた．

1955（昭和30）年，電気冷蔵庫，電気洗濯機，白黒テレビが「三種の神器」といわれ，サラリーマン家庭の購入目標となった．同年には，通商産業省が国民車構想を打ち出し，物質的豊かさへの志向が顕著となった．さらに，1966（昭和41）年には，カラーテレビ，クーラー，マイカーの「新三種の神器（または頭文字をとって3C）」につながっていった．

しかし，高度経済成長時代の「生活革新」は，同時に，「生活障害」に結びつくものでもあった．1969（昭和44）年度の『国民生活白書』の副題は「国民生活優先への展開」とされ，1962（昭和37）年度の「景気調整下の国民生活と生活革新の現段階」，1963（昭和38）年度の「消費生活の向上とその平準化傾向」とは趣を異にしている．「生活障害」とは，すなわち，公害や災害，住宅難や交通事故，地域格差や非行問題などである．高度経済成長により物質的には豊かな生活が実現したものの，人びとを取り巻く生活環境は決してよくなったとはいいがたく，国民の志向は，私的なものから社会的なものへ，また，物質的な面から精神的な面へと向けられた．そのために，生活目標として，①健康，②安全，③快適，④創造，⑤平等が掲げられた．このことは，1970（昭和45）年度の「豊かな人間環境の創造」，1973（昭和48）年度の「日本人の暮らしとその質」，1977（昭和52）年度の「暮らしを見直し，新しい豊かさを求めて」などの『国民生活白書』の副題によく現れている．公害に対する反省から環境保護のための法制化も進み，市民の購買意識も変化した．1955（昭和30）年から急激に伸長した食品添加物の指定品目数は1965（昭和40）年で頭打ちとなり，1972（昭和47）年には食品衛生法の改訂，1974（昭和49）年には農薬安全使用基準の制定をみた．また，1982（昭和57）年には無リン合成洗剤が有リン合成洗剤の生産量を上回り，1983（昭和58）年には有リン合成洗剤はほとんど生産されなくなっている．

今，大量生産・大量消費とそれを支える経済基盤によって個人的・物質的豊かさを「生活志向」として追い求める時代は終焉を迎え，人びとは社会的・精神的な豊かさを求めつつある．1996（平成8）年度の『国民生活白書』の副題「安全で安心な生活の再設計」は，まさに，今日の日本人が希求する生活志向を端的に表している．

［田中みなみ・宮崎　清］

■文献

中部家庭経営学研究会編：明治期家庭生活の研究，ドメス出版，1972.

鳩山春子訳：家庭教育文献叢書8　模範家庭（修訂増補），クレス出版，1990（原著：大日本圖書，1913）.

3│105│デザイン史学

デザイン史は，比較的に新しい領域である．その先進国である英国においてさえも，デザイン史が高等教育機関の科目として注目されるのは1970年代初めからである．しかもデザイン領域そのものが今なお広がりつづけており，デザイン史はデザインの過去を意味づけるとともに，それが編まれた時点でのデザインの方向性を見定めていくことにもつながっている．デザインの理論や批判と解き難く結びついているのである．そこで，ここでは20世紀におけるデザインの歴史研究の主潮を概観する．

■モダンデザインの修史をめぐって

モダンデザインは，バウハウス(Bauhaus, 1919-33)をその有力な推進力として発達する．ところが，バウハウスのカリキュラムには歴史の科目は組み込まれてはおらず，歴史学との積極的な関わりは慎重に回避されていた．それというのもバウハウスは，美術アカデミーを中心にした権威主義的な芸術教育に反対し，時代様式の継承や育成に背を向けており，デザインにおける歴史的な連続性をむしろ断ち切ろうと努めたのである．

しかしバウハウスに焦点を定めたモダンデザインの修史は，ニコラス・ペヴスナーの『近代運動の先覚者たち』(Pevsner, 1936)によっていち早く着手されている．本書においてペヴスナーは，アーツ・アンド・クラフツ運動の先導者ウィリアム・モリス(William Morris)からバウハウスの設立者ワルター・グロピウス(Walter Gropius)にいたるまでの，モダンデザイン成立の図式を簡潔に要約している．比較的に少数の先駆者たちが，陳腐な尚古主義から逃れて，改めて誠実さや合目的性や近代的表現をデザインに取り入れていったと推断したのである．

本書は，デザインに対する人びとの注意を喚起するとともに，デザインの歴史研究への端緒を開いた．そして，やがてその第二版が『モダンデザインの先覚者たち』(ペヴスナー，1968)と改題して，1949年にニューヨーク近代美術館(MoMA：The Museum of Modern Art, New York)から刊行されている．この近代美術館は，1938年に『バウハウス，1919年-1928年』展をいち早く開催し，モダンデザインの擁護とグッドデザインの普及に乗り出しており，ペヴスナーのデザイン史観はその優れた指針ともなったのである．

しかしペヴスナーのデザイン史は，直線運動的な歴史観にもとづいて複雑なデザイン現象を合理主義的に万人のための近代様式へと収束させるという，一種のイデオロギー的な偏向を含んでいた．彼はモダニズムの枠組みにとどまって，モダンデザインの理念を歴史的に正当化することに終始したのである．したがって，やがて戦後にモダンデザインが一応の発達をとげると，これに対して一定の距離を置いた批判や再吟味が始まるのであった．

第二次世界大戦後における市場情況の好転は，生産から消費への力点の移動をもたらしている．それに伴って消費者の多様な好みや願望へのモダンデザインの対応力が疑問視され始める．この頃(1960年)にレイナー・バンハムは，「もう一つのモダニズム」を追究し，『第一機械時代の理論とデザイン』(バンハム，1976)を著している．本書は，ペヴスナーのデザイン史では軽視されたり排除されていた未来派や表現主義に照明を当てており，「未来派のダイナミズムとアカデミー派の慎重さ」との間で進展する「第一機械時代」のデザイン理論の妥当性が検証されていた．そしてモダニズムの信条としての機能主義という考え方に異議を唱え，モダンデザインが内包する象徴的意味への注意を促したのである．

またバンハムは，一連の評論活動において当代のポップカルチャー(Pop culture)の理論とデザインにも取り組んでおり，デザインを本質的に大衆と結びついた消費現象として把握し，大衆文化とデザインとの関係についての論議を始めている．大衆に呼応して産業的に大量に産出され使い捨てられていくデザイン物品のスタイリングやシンボリズムが，デザイン史研究の新たなテーマとして浮上してくるのであった．

■デザイン史の再構築をめぐって

モダンデザインを主眼にしたデザイン史では，もっぱら考察対象が一群の名のある芸術家やデザイナーの創造的な行為とその所産に絞られていた．作り手知らずの通俗的なデザインは，質において劣等であり，数において無量であるという理由で，考察対象から排除されがちであった．ところが視点を変えて，むしろ作り手知らずの通俗的なデザインの産出と消費に注目し，より広くデザイン現象を考察する気運が生じてくる．

この先駆は，ジークフリート・ギーディオンの1948年の著作『機械化は指揮する』(ギーディオン，1977)である．本書は，機械化の過程で現れるさまざまな道具を考察対象としていた．こうした地味で人目を引かな

第1章 | デザインの生活・社会科学

い物品こそが人びとの安楽さや感情的傾向の基盤を形づくってきており，これらが蓄積すると大きな勢力になるから，日常生活の緩やかな進展は歴史上の大事件と同じほどに意味があると考えたのである．

こうした見地に示唆を得て，ヘルヴィン・シェーファーは，ペヴスナーの立論が，十九世紀のデザインは総じて装飾過剰で非機能主義的であるとの偏見を助長していることに疑念を抱いた．そこで彼は，前世紀における機能的なデザインの系譜について実証的な再検討を試み，『モダンデザインの根源』(Schaefer, 1970)を著している．そして機能的なデザイン形態は，今世紀に先立つ時代から，工業の領域における産業的で科学的な装置類や，昔からの日常的な有用物品のデザイン，すなわち作り手知らずの通俗的なデザインに脈打っていたことを明らかにしている．

しかし彼らの研究は，根本においては機能主義的で技術主義的なモダンデザインの方向を賛美し鼓舞するという立場を依然として崩していなかった．ところがその一方では，モダンデザインの思考の枠組みにとらわれず，さらに立脚点を受容者の側に据えて，デザインの歴史的な展開そのものを批判的に照射する試みが起こる．

この先駆者の一人ゲルト・ゼレは，「下位文化」におけるデザイン独自の価値に注目し，「少なくとも消費者として誰もがデザイン史のエキスパートであるはずだ」と考える．そして，『1870年から今日までのドイツデザイン史』(Selle, 1978)を著し，産業的実用形式の創案，生産，分配，消費の歴史を追究し，生産史的で受容史的な全体関係を暴き，「製品文化」の展開の連続性と非連続性の解明を企てている．

こうしたデザイン史再構築への試みは，1986年のアドリアン・フォーティの著『欲望の対象となるもの』(フォーティ，1992)によっても取り組まれている．本書によると，デザインは今や日常生活に不可欠な要素となっており，経済的でイデオロギー的な側面においても一般の認識以上に重要な活動力となっている．デザインは資本主義の歴史における特定の段階に現れ，産業的繁栄の発生に無上の役割を果たし，われわれの思考方式に影響を与えてきたのである．したがって，本書におけるデザインの歴史は産業社会の歴史でもあり，デザインが近代経済の進展にいかに影響を及ぼし，また影響されるかということにもとづいて，製品デザインの変化の原因が追究されている．

また近年，デザイン史の基本的前提や方法に疑問を投げかけ反響を呼び起こしているのは，女性が被る差別・抑圧からの解放をめざす「フェミニズム(Feminism)」の視点である．たとえばジュディ・アトフィールドは，「女性はデザインされた世界を男性とは違ったふうに体験している」ことを起点にして，「男性の必要性のみにもとづいて作られるのではない，「人びとが作った環境」と呼び得る未来に向けて，デザイン史の再構築を唱導している（アトフィールド，1998）．また，これに関連してクラフト再評価の気運も高まっており，クラフトは女性がデザインの能力と感受性を発揮することのできた希少な領域であるから，むしろその歴史を積極的に包含していくことがデザイン史に要請されるのである．

かくして，デザイン現象が日常生活の文脈に引き戻されて広範囲にわたって考察され，デザイン史研究の地平が大きく開かれる．「大衆文化の創造者としてのデザイナー」という神話性の除去が企てられ，日常文化におけるデザインの重要性と人びとの生活や考え方へのその影響力に注意が喚起されるのである．こうしたデザインの文化・社会史的な諸研究は，美術史や建築史の方法に倣った古典的なデザイン史とは別に，もう一つのデザイン史の思潮を形成しているといえよう．

［藪　亨］

■文献
Pevsner, N.: Pioneers of Modern Movement, London, 1936.
N. ペヴスナー著，白石博三訳：モダン・デザインの展開，みすず書房，1968.
R. バンハム著，石原達二・増成隆士訳：第一機械時代の理論とデザイン，鹿島出版会，1976.
S. ギーディオン著，栄久庵祥二訳：機械化の文化史，鹿島出版会，1977.
Schaefer, H.: The Roots of Modern Design, London, 1970.
Selle, G.: Die Geschichte des Design in Deutschland von 1870 bis heute, Köln, 1978.
A. フォーティ著，高島平吾訳：欲望のオブジェ，鹿島出版会，1992).
J. アトフィールド著，栄久庵祥二訳：デザイン史とは何か，技報堂出版，1998.

3 | 106 | デザインと文化変容

■「心智の構造」としての芸術・神話

人類学者たちは，ある程度の距離を保ちながら，原始民族における生活行為の観察を行ってきた．その際，人類学者は，原始民族がいかに身近な資源を使用し，それらを巧みに組み合わせて加工することにより，食物の獲得，住宅の建設，道具の製造などさまざまな物質生活のニーズに応えてきたかという問題に，とくに注意を払ってきた．

原始民族に見られるこのような人類の知性の展開こそ，すなわち，今日の「設計（design）」の起源でもあるといわれている．

芸術から神話にいたるまで，精神的な側面においては，原始民族も身近な各種の思想素材を運用してきたと考えられる．それに加え，原始民族の心智の論理を通し，素材の運用を想像し組み立ててきたとも考えられている．あるフランスの人類学者は，その優れた著作の中で，「彼らの芸術や神話は，原始民族が素材運用という形式の上に表現した心智の構造である」と述べている．

■「符号」としての「文化」

人類学においては，すべての建築（architecture）や物件（objects），工芸品（artifacts）などの設計産品を「文化」の表現形式と見なしている．すなわち，「文化」は，これらの産品の設計者や製作者の頭の中に潜在している「符号」（codes）あるいは「文法」（grammar）にほかならない．

「文化」は，およそ人間社会に本質的に存在するものである．そして，「文化」の作用は，人類すべての社会関係の形態，宗教の信仰と行為の様式の中にあふれている．もちろん，「文化」には，生産・製作される各種の物質物件あるいは使用される道具も含まれる．

本来，過去にあっては，今日のわれわれが「デザインされたもの」と見なすものであっても，それは，現実の生活機能に対するニーズと不可分な関係にあった．今日われわれが芸術品と見なすものであっても，過去にあっては，少なくも社会の宗教的儀式そのものとの区別さえ困難であった．言い換えれば，かつては，「独立に存在する純芸術」とでもいうべきものは存在し得なかったかもしれない．また，過去にあっては，現代では一般的に見られる「ファッション的な純設計」も存在し得なかったと考えられる．

■「現代主義」の産物としてのデザイン

芸術・設計，製作・産品は，基本的には，「文化」の情緒的な脈絡の中に内在するものであり，また，生活そのものとも区別できないものである．

これまでの人類の文化発展の脈絡から見れば，「設計（design）」は，一種の独特な活動である．それは，現代主義（modernism），理性的思考，分析哲学の産物にほかならない．その発展の極致は，当代までに山ほど累積されてきた「設計論述（design discourse）」の文献である．そこでは，デザイン活動が，純粋芸術と同様に，独特な領域として定立している．今や，デザインは，特定的な文化状況の中で漂うことができるようにさえなっている．そして，デザインは，一種の純粋な心智活動と見なされ，個別的文化の極限さえも超越しているかのように思われる．

■一致化した文化の形貌の来臨

過度の資本主義と福特主義（fordism）とが普遍的価値と見なされる趨勢の中で，この10～20年の間に，巨大な消費文化が全球化（globalization）してきた．そして，それは，これまでの人類史に見られないほどの影響力をもつようになり，世界の大部分の地域を巻き込んで，一致化した文化の形貌（configuration）を作り出してきた．すなわち，文化の画一性（cultural uniformities）である．

モダンデザイナーたちは，そのような全球化のために多大な貢献をなすとともに，同時に，地方文化の差異と多元的な文化価値を消滅させるいわば代理人となってきた．そして，モダニズムが夢想したあのジョージ・オーウェルの世界（George Orwell, 1903-1950. イギリスの小説家・随筆家で，1945年に『動物農場』，1949年には『1984』を著した），いわば「設計世界（the designed world）」が来臨した．

■「物極必反」の批判

しかしながら，現代主義・モダニズムの設計観念は，「物極必反」の影響で，おのずと，後現代（postmodern）の批判指向を生み出すようになった．

それは，ポストモダンの観念に関連する重要な領域，つまり芸術・文学・建築・デザインにおける現代化をもたらすとともに，いわば「文化転向（cultural turn）」をも生じさせた．モダニズムがめざした機能主義・効率性・経済性・精鋭化などの志向との「去文化化」の傾向は，その向かう方向に模糊としたものがあるとはい

え，地方感と多元主義のデザイン理念に転向しつつある．そして，これらは，より一層，ポストモダンにふさわしいデザイン思考になっていくであろう．

世紀末におけるポストモダン文化への転向は，全球化の情況の中で，後資本主義(post-capitalism)と後福特主義(post-fordism)の生産制度と機構を求め，一様化された傾向の中で，抵抗的な策略をとっている．地域化・個性化・少量化・生活化と文化特殊化のデザイン哲学にもとづいて，情報と資本との全球化の流れの中で，再び新たな生存空間(niche)が探求されている．現実的な生産条件においても，理想的な文化価値観においても，状況はこのようである．

■「文化の表現形式」としてのデザイン

デザイン・設計は，元来，文化活動の一環であり，その他の文化活動とも決して区別することができないものである．デザインは，文化の表現形式の一つであり，文化伝達意念の作用を有している．それゆえ，異なる民族群あるいは文化系統によって異なるデザイン哲学と産品型態が生み出されるのは，きわめて自然なことである．この意味において，われわれは，デザイン・設計を通して，産品の文化的意味を解読することができる．

一方，デザインは，純粋な理論あるいは数学の思考行為と同等であると見なす考えも存在する．この認識に立脚すると，人類に普遍的な知性能力の現れとしてのデザインは，個々の民族群の文化的特質や特殊性とは無関係であり，それらを超えて，すべての人間社会に普遍的であるということになる．デザインは，確かに，その一面において，人類に共通の言語表現となり，それゆえに，人類に共通するコミュニケーション形式となりうる側面を有している．

しかしながら，個々の民族群にとってより一層有用なデザインこそそれぞれの民族の文化伝統を形成することが可能であるとの認識をもつことは，今日および今後のデザイン界にとって，きわめて重要である．なぜなら，真の全球化は，個々の民族群の文化的特性や特殊性を相互理解・相互了解することを前提として，初めて成立することが可能であるからである．

■「文化の建造者」としてのデザイン

デザイン・設計は，文化の一部分のみならず，「文化の建造者」の一つにさえなることもできる．

デザインが「文化の建造者」になりうるとは，デザインが文化変容(culture change)をもたらす大きな要因になりうることを意味している．しかしながら，デザインによってもたらされる文化変容とその過程は，すべての人類に一様ではないことに留意せねばならない．つまり，文化変容はすぐれて個別的・多様的である．

周知のように，文化変容に関する人類学における顕著な研究は，J・H・スチュワートの『文化変化の理論』であろう（スチュワート，1979）．

文化の歴史的・進化論的な説明，すなわち，文化変容に関する説明は，およそ，次の三つの方法によってなされてきた．第一は，すべての文化・社会は互いに似かよった発展段階を辿ると仮定するもので，いわゆる「単系進化」の立場に立つものである．第二は，文化・社会の変化と発展は本質的に分岐的であると見なすもので，第一の立場とは対照的に，相対的に文化変容をとらえる「多系進化」の考え方である．第三は，第二の「多系進化」の立場に立ちながらも，文化は同じ条件下では同じように発展することもあり得るが，文化の具体的様相が人類のすべてのグループに整然と現れることはないと仮定するものである．スチュワートは，上述の著作の中で，この第三の立場に立つ方法論を展開したのである．

スチュワートの研究は，文化変容過程をすべての民族に普遍的と見なして文化変容の公式化をめざそうとする志向に対峙するものであった．彼はいう．「人は誰でも物を食べるが，これは生物学的事実であって文化的ではない．このことは，生物学的ならびに化学的過程によって普遍的に説明できる．人びとの異なるグループが何をどのように食べるかは，文化史と環境要因によってのみ説明可能な文化的事実である．（中略）全人類の行動を説明する公式によって，文化を説明することはできない」と．

[陳 其南・宮崎 清]

■文献

J.H. スチュワート著，米山俊直ほか訳：文化変化の理論，弘文堂，1979．

R. ベネディクト著，米山俊直訳：文化の型，社会思想社，1973．

B. マリノフスキー著，姫岡勤ほか訳：文化の科学的理論，岩波書店，1958．

3|107 デザインの文化生態学

生活の場で使用される人工物（モノ）は，必要に応じて機能や素材が改善され，姿を変える．また商品として市場に流通するモノは，消費者の要請に適応しながら，淘汰されないよう競争を繰り返している．家電製品を事例として，そのようなモノのありさまを，自然界に生息する生物であるかのようになぞらえ，文化的，社会的，経済的環境におけるモノの動態として，生態学の概念に対比させてみよう．

■モノの成長

人間は，骨格・筋肉などの発育とともに，幼児期に身長や体重を大きく伸ばす．その後，緩やかに発育する時期を経て，二次性徴とともに再び急成長する．しかし，脳・神経系，生殖器，リンパ系など器官によっては，異なる発育の様相を示す．各種のモノも，その構成部位によって発達の時期が異なる．

電気炊飯器を見ると，基本的な炊飯機構は，発売開始後20年以上にわたって大きな変化はなかった．炊飯原理の完成度が高かったという見方に従えば，幼児期に成年の90％程度まで急成長する，人間の神経系のような成長過程を示しているといえる．ジャー兼用炊飯器へとたどり着く前には，ご飯とおかずを同時に調理できる内鍋，炊飯以外の調理にも活用できる多機能性など，やがて衰退する付加機能が発達した．それは発育途上で成年の2倍程度まで伸びる，リンパ系のようである．マイコン内蔵炊飯器の登場後，それまで不十分だった火加減調節が本格的に備えられた．火力強化の進展はさらに遅く，加熱部拡大，内釜の熱効率向上などの改善を経て，IH加熱方式へと変化した．遅れて発達したこれらは，生殖器系の発育に例えることができる．

人間の発育状況に応じて栄養や教育が必要であるように，モノの構成部位にもその成長に応じた技術開発が必要になる．また，機能向上が遅れている部位であっても，開発努力の継続によって急展開する可能性が秘められている．

■環境の制約

生物が生息する場所の気候，土壌，他の生物など，環境を構成する要素が環境要因であり，そのうち成長を妨げる要因を環境抵抗という．家庭電化の初期には，「ハタキやホウキによる掃除は女の努め」「寝ていてメシを炊きたいとは嫁として不謹慎」など，今日とはほど遠い意識が普及を阻む要因になっていた．またその当時は，都市部の普及が農村部より早かった．これは，都市部より農村部の方が相対的に現金収入が少なく，手仕事を駆使する自給自足の生活様式を，色濃く残していたことによる．これらの環境抵抗を解消するために，種々の販促活動や広告を通じた意識改革，月賦販売による負担軽減などの対策が講じられた．

個々の家電製品が全家庭に行き渡ると飽和状態を迎える．一家に一台で十分なら，約4千万といわれる国内の全世帯数は，環境収容力（一定地域における生物の生息最大数値）に例えられる．飽和状態の製品であっても，全世帯が10年ごとに買い換えて世代交代すると，年間400万台，8年ごとで500万台という国内出荷台数が記録される．技術革新による進化や「家電から個電へ」という生活様式の変化などが，買い換え需要・買い増し需要を高めると，世代交代が早まったり環境収容力が拡大したりするため，国内出荷台数が増加する．

■環境への適応

生物が環境の影響を受けて形態や機能を変化させて，その生存や繁殖を有利にするように，多くのモノも，それが使われる場や，消費者の意識を反映した市場など，種々の環境に適応してきている．

家庭用ルームエアコンの色は，かつて茶系が多かったのに対し，現在は白系が主流である．主な設置場所が和風の居室から洋風の生活空間へと変化し，その色彩の違いに適応したからである．これは，冬と夏で体色を変化させる，ライチョウやエチゴウサギに類似している．

季節商品であった電気こたつは，暖房に使われるときは掛け布団で覆われるため，かつては機能一点張りの形態をしていた．コルツランプの採用によってヒーターが薄くなってから，家具調こたつとして形態を整え，年間通して使えるモノに進化した．座卓の代わりに利用する生活様式を反映して形態を変化させ，異なる季節の環境に適応したのである．

「家具調」という名称は，こたつが座卓という家具の形態を模したことを表現している．電気掃除機に使われた名称を見ると，使わないときは丸椅子の代用になるスツールタイプ，全部品収納ケースと組み合わせて持ち運べるトランクタイプ，自動車の形を模したクーペタイプなどがある．これらはすべて，昆虫が小枝や樹皮に似た姿をする擬態の事例と見なせる．

個別のモノが個別に適応するだけでなく，生活場面

における共通の要請に対して，異種のモノが同類の適応をすることがある．たとえば，ファジィ制御，静音，コードレスなどを主要訴求要因として，複数の家電製品を並べた広告は，きめ細かな自動化，騒音抑制，簡便操作など，別種のモノにおける同種の機能改善を示している．これは異種の生物が，類似の環境に適応して類似の形態や機能をもつようになる，適応集中という概念に当てはめられる．

それとは逆に，同一系統の生物が一定の環境の中で特有の形態や機能に分化する，適応放散という現象もある．大部分のメーカーが電気炊飯器にIH加熱方式を採用したときに，ただ1社，光エネルギーを内釜に直接吸収させて発熱させる方式を，採用したメーカーがあった．これは機能的分化の一例となる．同一機能のモノの中で新しい形態を生み出して差別化を図る形態的分化は，いうまでもなく，デザインの大きな役割として繰り返されている．

■**生存競争**

形態の差別化といっても，常に特異な形態を生み出すとは限らない．競合商品と大きく異なる形態を作らず，わずかな差異を付けただけで，全般的にそれと類似した形態をもつモノは少なくない．その背景には，群れを作る動物の行動様式に通じる意識があると見なせる．単独行動するより群れの方が他の動物に餌として狙われる確率が低くなるように，特異な形態で冒険するより類似形態の方が，失敗するリスクが小さいと判断しているかのようである．

家電製品普及初期の広告は，単一製品を訴求するより，複数製品を一括掲載した広告が多い．市場が未成熟だったことにもよるが，在来の道具から置き換えることを，家電製品群として訴求する方が，群れの特性を活用できたことにもよるのだろう．

そこには，群としての競争だけでなく，ホウキ・チリトリと掃除機，タライと洗濯機，カマドと電気炊飯器とガス炊飯器など，個別製品の間にも競争がある．それは種間競争（共通の環境に生息する近縁種の生物間で繰り広げられる競争）として位置づけられる．普及が進展すると，種間競争よりも種内競争（同種生物間に起こる競争）が盛んになる．種々の機能や形態などの改善によって，他メーカーの同種製品や自社の旧型製品などと競争するのである．

モノによっては，それが使用される環境に応じて，生物の棲み分け（階層構造）の概念に類似した様相を見せる場合がある．たとえば，主婦の年齢層が高い家庭では2槽式洗濯機が，低い家庭では全自動洗濯機が選択されるという事例や，標準的な家庭ではシリンダー型掃除機を使うことが多いのに対して，単身者は小型アップライト型掃除機を使うことが多いというような事例が相当する．

群れの特性を活用するとともに棲み分けをしているものとして，複数製品の色彩や形態などに共通性をもたせ，単身者，若い女性，あるいは富裕な熟年層など，主な購買対象を定めたシリーズ家電製品がある．これは，対象とする階層の生活様式や生活空間を調査し，その環境によりふさわしく適応しようとしたものであり，統一感のある生活空間を構成できるという点を強調し，単品製品より優位に立とうとしている．

■**生活の場から発する文化生態学**

生活の場におけるモノのありさまや，モノの変遷の実態を解明しようとするときに，生態学の知見が与える手がかりは少なくない．それは必ずしも純然たる学術的な適用でなくてもよい．成長，ライフサイクル，環境，適応，競争，淘汰，棲み分けなどの用語を，無意識に使っていることがあるように，その概念を市場解析やコンセプト設定へと結びつけ，デザインの発想に活用できればよい．デザインは多種の要因を総合する実践活動であり，意識するしないにかかわらず，他領域の知見を多様に活用している．生態学もその一つとして位置づけられる．

生態学に学ぶことは，その概念だけではない．生態学者が，生物とその生息環境を綿密に観察し続けて，生態系のしくみを明らかにするように，モノの変遷（成長・進化）やモノが利用されている生活の場（生息環境）を，入念に探索する姿勢も学ぶべきである．それによってモノと生活との対応関係を解明すれば，生態学の用語や概念を知らなくても，それを適用して得るのと同類の，デザイン発想を生み出すに違いない．

［望月史郎］

■**文献**

西山賢一：文化生態学入門—生物としての人間に未来はあるか．批評社，1992．

塩谷未知：生物学に学ぶビジネス戦略—イノベーションと生き残りへのヒント．実務教育出版，1997．

江原有信・市村俊英監修：旺文社生物事典（改訂新版）．旺文社，1994．

3|108 機能主義とデザイン

■機能主義の歴史的位置

　デ・ザーコの『機能主義理論の系譜』が示すように，機能主義的なものの考え方は古典古代にまでさかのぼる思想上の系譜を有する（De Zurko, 1957）．しかしながら，同書自体，古代からの系譜を延々たどって19世紀で終わるように，現代デザインの機能主義についての知識は未整理のままである．少なくとも機能主義という言葉がわれわれの分野の語彙に加わった時期と経緯ぐらいは確認しておく必要があるだろう．

　この言葉が日本のデザイン分野に現れたのは大正期のことだった．蔵田と改姓する前の濱岡周忠の『近代の建築思潮』が初期の一例である．「ファンクショナリズムは機能主義と訳される通り，自然科学に胚胎した建築の主智思想である．その考え方に従えば，建築は自然法則に従って実用目的を充当するために，人類生活の容器として存在する．ゆえに建築は工芸品と見られる．ゆえに建築の存在はその環境に適した機能に意義があり，材料，構造，形式のすべてが生物学的必要にもとづいてのみ組織さるべきであるという」（濱岡, 1924）．その参考書は，ことにファンクショナリズム（Functionalism）という言葉に関しては，1910年代末にアメリカで出版された建築書だった．1927年から濱岡（蔵田）周忠は東京高等工芸学校の講師となり，周囲に豊口克平らが集まって型而工房が結成される．この一例だけからも，機能主義という言葉は遅くとも昭和初年には，建築という領域を超え，日本のデザイン分野で使われるようになったと推定されるのである．

■ファンクショナリズム

　アメリカではグリノウが19世紀半ばに機能主義的発言で他に先駆け（藤田, 1985），世紀末には建築家サリヴァンが「形態は機能に従う（Form follows function）」という言葉を残した．欧州でも世紀半ばから，ピュージン，ゼンパー，ヴァーグナーらが，デザインの合理性や構造上の必然性を唱え，彼らの思想は20世紀へ継承された．ロースや未来派の反装飾論（1|104参照），ル・コルビュジエの言葉「住宅は住むための機械である」「椅子は坐るための機械である」などが知られる．だが，大陸ではファンクショナリズムに類した言葉は第二次大戦まであまり使われず，「目的建築（Zweckbau）」といった合目的性を直接表現する言葉が機能主義建築の意味で使われていた．また，そのイメージの強いドイツではあるが，機能主義再評価の気運が高まった戦後，アメリカの出版物『機能主義理論の系譜』に応えるように同国で出版されたポズナーの『機能主義の起源』（Posner, 1964）でさえ，副題「アーツ・アンド・クラフツ運動からドイツ工作連盟まで」の通り，機能主義のイギリス起源を示すものであった．

　機能主義をあくまでもファンクショナリズムの訳語としてとらえようとするならば，それは英語圏のなかでもアメリカからの導入語だった可能性が高い．『近代の建築思潮』出版6年前の9月，同国でおもに鉄骨，鉄筋コンクリートの研究をして帰国した早稲田大学講師，内藤多仲は建築学会での講演「近代の米国建築」を次のように結んだ．「更に一言す可きは近代の建築は有機的に充分の機能を有せざる可らず．最早外観の美のみを以て満足すべき時代に非らず」（内藤, 1918）．アメリカの機能主義理論の系譜では「有機的」と「機能的」という言葉はほぼ同義語として，または相補的に使われる場合が多いが，ここでは，その両語がまさに機能主義的文脈をなして使われている．この時期，濱岡は建築事務所勤務を経て，早稲田の選科に学んでいた．

■デザイン非芸術論

　学会誌『建築雑誌』によって学界内の思潮の変化を跡付けやすい建築分野を見るならば，機能主義と深い関係にあるデザイン非芸術論とでも呼ぶべき思想が，やはり大正期に主張され始めていた．その嚆矢が同誌掲載の野田俊彦の「建築非芸術論」で，「建築は芸術ではない」「建築はただ完然なる実用品であれば可である」などと論じるその反装飾主義的論調はロースの主張に通じる（野田, 1915）．これは東京帝国大学における卒業論文「鉄筋混凝土と建築様式」第一章の展開で，それを掲載させたのは内田祥三であった．内田と上記の内藤は同大学大学院時代の同期で，その共通の指導者佐野利器は，従来重視されていた芸術的側面よりも，耐震構造，防火，都市など，建築の技術的側面を重んじる教育を行い，その実践の先頭に立った人物である．

　野田自身はむしろ芸術とその理論を理解する人物で，それだけに，建築は単なる感情伝達の道具であってはならぬと主張したのであった．「建築非芸術論」には建築という芸術の本質的理解を説くところがあったのだが，上記のような人脈も関係し，技術優位の思想として受け取られた．佐野，内田，内藤といった構造や防災の専門家によってその基礎が築かれた技術優位の思潮は，第一次世界大戦，関東大震災という，世界的または国民的経験にも支えられ，以来，日本の建築界の基盤の一つとなって現在に至る．

■生活へのまなざし・生活科学への歩み

　洋式建築教育の導入以来，芸術的側面を重んじてき

た建築教育と建築思想に対し，佐野らが重視したのは技術的側面とともに社会的側面であった．技術優位の機能主義に対して，生活主体の機能主義とでもいうべきものがある．前者には技術中心主義に陥る危険性があるのに対して，後者の重要性と妥当性は否定しがたい．1919年から翌年にかけて文部省の肝入りで生活改善同盟会が設立され，佐野は住宅改善調査委員会の委員長となった．同会が発表した「住宅改善の方針」は次の6項目からなる．「①住宅は漸次椅子式に改めたい，②住宅の間取設備は在来の接客本位を家族本位に改めること，③住宅の構造及び設備は虚飾を避け衛生及び防災等実用に重きを置くこと，④庭園は従来の観賞本位に偏せず保健防災等の実用に重きを置くこと，⑤家具は簡便堅牢を旨とし住宅の改善に準ずること，⑥大都市では地域の状況に依り共同住宅（アパートメント）並に田園都市の施設を奨励すること」

「住宅改善の方針」は室内，家具，庭園，そして都市までをも対象にし，そこには日本における機能主義宣言といって過言ではない広範さがあった．各項目のほとんどに共通するのは，慣習や虚飾にとらわれず，実用を重視して生活を改善しようという主張であり，このような実用志向の思想は，諸領域の代表的人物を委員に加えたこともあり，デザイン諸分野に拡大していった．造園学の田村剛は『実用主義の庭園』(1919)の著者であり，家具室内設計では同じく委員の木檜恕一が熱心に生活改善を唱え，衣服関係では服装改善調査委員会が別に設けられ，同様の運動を展開した．

このような動きは第二次大戦まで各地で継続され，戦時中は耐乏生活を少しでも改善しようとする運動として展開された．とくに大正期から都市計画など多数の新事業に取り組んできた先進自治体であった大阪市は戦争中に生活科学研究所を作り，これが戦後30年を経て1975年に改称成立した大阪市立大学生活科学部の基礎となった．中央指導の生活改善とは別の系譜の組織だが，現在も進行中の日本各地の家政学部の生活科学部や生活環境学部などへの改組という静かな改革の震源となったのはこちらである．

■機能主義を補うもの

『近代の建築思潮』に戻ろう．同書で濱岡は参考にしたアメリカの建築書は扱っていなかった新思潮，「コムポジショナリズム」をも紹介していた．そのアメリカの1910年代末の出版物と濱岡の1924年の著書は，現在にいたる機能主義に対する二つの姿勢を代表している．前者は自己完結的思想としての機能主義，後者は美的思想—ここでは構成主義—によって補われるべき機能主義である．濱岡は次のように述べる．「建築における機能主義は科学組織による物質文明によく適合したけれども，建築新形式創造にはあらゆる苦悩を続けねばならなかった」(濱岡，1924)．

摩天楼でさえ装飾するアメリカ建築に対する批判の矢を放ったのはル・コルビュジェであった．やはり装飾に否定的な濱岡にとって機能主義は構成主義によって補完されるべき思想であり，機能主義という唯一の思想にではなく，「工芸ないし建築の価値を実用への適合で定めるファンクショナリズムと，構成それ自身，材料構造の美そのものとして建築の芸術的存在を認めるコムポジショナリズム」(濱岡，1924)という相補関係にある一組の新思想に期待したのである．だが，この期待も時代の刻印を帯びていた．構成が装飾という一種の適応技術を排除した結果としてその後出現した，それ自体これ見よがしの抽象彫刻と化し，周囲への迷惑を顧慮しない総ガラス被覆の大規模建築物など，排他的功利主義となりはてた機能主義と構成主義がもたらしたデザインと環境の問題は枚挙に暇がない．

■機能主義—デザインの永遠のテーマ

機能主義の問題はデザインの永遠の課題である．「形態は機能に従う」という言葉から連想される，人間が直接手で使う道具がわれわれの道具世界の大半を占めていた時代は遥か彼方へ遠ざかり，今われわれは形態と機能，あるいは外形と中身が乖離したマイクロテクノロジーの時代に生きている．しかし，そうした時代だからこそ，機能の自由かつ徹底的な追究が可能になったともいえる．他方，高度に発達したテクノロジーと機能主義は，実用または性能自体が美を生み出すという誤解を増大させ，デザインの質の低下を招きつつある．現在のデザイナーには，テクノロジーが可能にした美に依存し（それは実は単なる仕上げの滑らかさ，カラフルさ，新奇性などでしかないのだが），自らが責任をもつべき機能をないがしろにする傾向が強い．デザインはそれが扱う機能と，それ自体の機能の両面で，今，その存在意義を問われている．　　[藤田治彦]

■文献

De Zurko, E. R.：Origins of Functionalist Theory, 1957.
濱岡周忠：近代の建築思潮，洪洋社，1924．
Posener, J.：Anfänge des Funktionalismus, Verlag Ullstein, 1964.
藤田治彦：機能主義とピクチャレスク．京都工芸繊維大学工芸学部研究報告『人文』，34：89-113，1985．
内藤多仲：近代の米国建築．建築雑誌，387：108-125，1918．
野田俊彦：建築非芸術論．建築雑誌，346：714-727，1915．

3|109 デザインの記号論

■なぜ記号論なのか

　日本で記号論（semiotics）が主たる関心事になったのは，1950年代に入ってからのことである．最初は，科学哲学の分野において行動主義やコミュニケーション論が話題となったことにかかわり，アメリカのチャールズ・モリスやチャールズ・S・パースの記号論などが注目され，芸術記号論の系譜では，スザンヌ・ランガーの『シンボルの哲学』が1960年に翻訳され，芸術学の分野で注目された．記号論のもう一つの流れ，日本では記号学と呼ばれることが多いが，スイスの言語学者フェルディナン・ド・ソシュールを祖とし，ロラン・バルトなどの構造主義的記号論として展開する系譜は，1970年代になって注目されるようになった．それは文化現象を記号論的に読み解くことへの関心の高まりに呼応してのことである．

　「デザインの記号論」についてはいまだ確立した領域とはいえないが，本書で1項目としてスペースが与えられているのは，1980年代の日本の社会学の分野でブームとなった「消費記号論」によるところが大きいと思われる．確かに，1960年代にも，サイン計画やシンボルマークのデザインなどにかかわり，グラフィックデザインの分野でサインとシンボル論が話題にされたり，インダストリアルデザインに関して，「デザイナーとは記号を作成する専門家の一種であり，情報を処理する職業の一種である」（林，1968）というように，モノの記号的側面に注目した言説も見出せる．しかし，記号論的な視点で本格的にデザイン論を展開したものとはいえない．本格化するのは，やはり高度大衆消費社会の成熟期となり，ポストモダンの動きとも重なり，モノのイメージ性が商品価値として比重を高めた1980年代である．一方で，現代の消費は商品が記号として発する意味の消費であるというとらえ方にもとづき，J・ボードリヤールが批判的な消費社会論を展開し，その翻訳が相次ぎ，ある意味で柏木博のシニカルなデザイン論につながり，他方で逆に星野克美に代表されるように，マーケティング的視点を基軸とし，戦略的な記号操作の可能性を積極的に探る「消費記号論」，「記号論的マーケティング」が展開された．こうした背景が「デザインの記号論」に対する関心を高めたのである．

■デザインの記号論的構造

　モノは，どのように記号となり，どのような意味を語り，それは何のためであるのか．

[モノのどのような差異関係が記号になるのか]

　2種類の差異が区別される．一つは，モノを構成する部分や部品間の差異であり，もう一つは，他のモノとの差異である．

　言語における文章が言葉や記号から成り立っているのと同様に，モノも，さまざまな構成要素から成り立っている．この面でデザイン的に大きく関係するのは，近年とくに重要視されてきたインタフェースの問題である．モノが多機能化し，操作が複雑になるにしたがって，ボタンやスイッチ類および記号類を，識別しやすくし，的確に操作を導くためのデザインが必要となる．ただしこれは，記号論のテーマというよりは，大きくは人間工学的アプローチの範囲に入るし，今日的には認知科学的アプローチの領域である．

　デザイン記号論が主要な焦点とするのは，第二の差異つまり製品相互の差異である．品質・性能，価格，外観の違いが，モノの間にグレード差を生み出し，あるいは地域性（お国柄や企業スタイルといった差）や歴史性（現代，レトロあるいは歴史様式）の違いを反映する．ここにデザインの意味作用が発生する．デザインはそれを積極的にもくろむ．高品質・高性能，高価格の車なら，いかにも高級車らしく外観を整え，グレードの高さを誇示する．軽自動車がレトロ感覚を売りにするとき，丸型のランプが欠かせぬ記号となる．

[モノはどのような意味をどのように語るか]

　「製品言語」（product language）をデザイン論で問題にしたのは，ドイツのデザイン学者ゲルト・ゼレである（Selle, 1973）．彼は，製品が自己の技術的機能について語る作用と，それを超えた一連のメッセージを語る作用を区別する．機能主義的立場から前者については認めるが，後者については否定的，消極的である．ここで二つの様相が区別できる．一つは，製品が自己について語る意味作用であり，もう一つは他者についてのそれである．

　第一の意味作用にあって，ゼレが肯定するのは，「正直な造形」というモダンデザインの倫理的姿勢に適うもので，モノの機能特性を偽らず，誇張せずに形態が語ることを期待するものである．今日，機能主義的な姿勢としては基本的意義を失っていないが，意味作用としての実効性は疑わしい．機械製品のほとんどにおいて，外観からモノの品質・性能を知ることなどほとんど不可能だからである．

　さて正直な造形を期待するというのは，逆のケースが想定されるからである．倫理的に問題になるのが，

製品が自らをまるで別の何かであるかのごとく語る，あるいは「～である風を装う」という「まがい」の意味作用である．日本製なのにイタリア風であったり，安物なのに高級品を装ったり，プラスチックなのに木や金属に見せかけたり，という物真似，変装，偽装である．1950年代の日本のデザインでは，盗用問題が社会問題となるほどであり，それ以後も絶えずデザイン批判の主題となってきた．しかし「偽ブランド」などの問題は相変わらずであるが，ポストモダン以後，「まがい」であると明らかにわかるようにデザインし，「まがい」を遊び感覚でとらえ，「装うこと」を楽しむデザインも少なくない．今日では，キャラ的性格の強調も含めて，イメージにしろ「装い」にしろ，意図の明解さが期待されているといえる．

　第二の意味作用は，自らについてではなく，関係する他者について語る作用である．デザイナーズブランドに明らかなように，デザインはそれを生み出したデザイナーについて語る．デザインの個性は，デザイナーの思想，感性を反映する．また企業のデザインでは，集団作業の結果として，語られるのは企業ポリシーである．ただ，これらの意味作用がどれほど機能しているのか．デザイン文化を語るのなら，この意味作用がテーマにされるべきであろう．しかし受け手としてのユーザーの関心，期待は，別の方向に向かう．モノは，自らについて語るだけでなく，そのユーザーの社会的地位や好み，センスについても語る．

[人びとはなぜモノに語らせるのか]

　「かわいい」と感じたり，「高級だ」と感じたり，「エコロジカル」であるという意味を帯びることが，満足感を与えるからなのか．この面はもちろん無視できないが，それ以上に意味をもってくるのは，人が自分についての語りの作用として期待するからである．たとえば，多少高くても（燃費のよさによる節約分を割り引いても高い），エコカーを購入するのは，環境問題に対する意識の高さの反映であるが，同時に，他人に対して「私がそうした高い意識をもつ人である」と思わせることを期待するからである．車がかわいいだけでなく，乗っている人もかわいく見える，あるいは高級車に乗っている人はステイタスが高く見える．消費行為が消費記号論で問題にされるのも，ここにおいてである．消費行為において，モノの意味作用が「私」についての意味作用になるからである．

■意味の生成の場としての広告

　さて，意味論の次元で消費記号論においてよく利用された対概念が，デノテーション（denotation）とコノテーション（connotation）である．人によって扱い方が異なるが，星野克美の場合，モノの有用性，客観的事実にかかわる面をデノテーションとして扱い，それを超えて，モノが喚起する感情的効果やイメージ，あるいはステータスシンボルとして働くことなどをコノテーションとして扱う（星野，1984）．記号論的な厳密さに問題が残るが，消費の記号性を扱う場合には簡便な使い方である．

　このようなモノにおけるデノテーションとコノテーションの関係は，自動的でも，自然発生的でもない．両者の結びつきはどのようにして生まれるのか．1997年12月に発売されたトヨタの「プリウス」は，電気とガソリンを組み合わせたハイブリッド電気自動車としていち早く注目を集めた．燃費が28 km/l，排出ガスは規制値の1/10と，「エコカー」にふさわしい数値を示していた．しかし数値自体が意味を生み出すのではない．あらかじめ「地球環境にやさしいこと」を価値とする価値観が成り立った上で，テレビCMにおいて「エコプロジェクト」の産物としてプリウスが生まれたと語られたときに，結びつきが生まれる．人びとが事実であると経験的に知る前に，プリウスはエコカーであると語られる．これが広告の定義作用である．その上，広告は多数の人間に語りかけるから，所有する，しないにかかわらず，多くの人がこの結びつきを短期間の間に知として共有する．それによって意味作用は有効なものとして成立するのである．

　時に，デザインは，形態造形において差異のための差異を生み出し，記号操作だけで意味作用を成立させる，つまりシニフィエ（意味されるもの）なきシニフィアン（意味するもの）の創出ゲームといわれたこともあったが，それ自体もデザイン行為である宣伝広告こそが今日的な意味生成の場というべきであろう．その意味で，デザインは，意味の生成から流通まで，最も深くかかわっていることだけは確かである．　　　［渡辺　眞］

■文献

林進：現代デザインの社会的基盤．現代デザインを考える（林進編），p.15，美術出版社，1968．

Selle, G.：Ideologie und Utopie des Design, p.11, Verlag DuMont, Köln, 1973.

星野克美：消費人類学，pp.86-92，東洋経済新報社，1984．

3 | 110 | 反デザイン―オブジェクトの再文脈化

　1985年に京都国立近代美術館で開催された「現代デザインの展望」展は，デザインにおけるポストモダニズムの状況を紹介するものであったが，その展覧会カタログの中で，1972〜75年に『カサベラ』の編集長として反デザインを積極的に擁護してきたアレッサンドロ・メンディーニは，イタリアにおけるアヴァンギャルドのデザインの歴史を四つの時代に区分し，加えて，それらに共通する姿勢をこう述べていた．

　「〈合理主義〉の時代（1930-45），〈モダニズム〉の時代（1945-65），および〈反合理主義〉の時代（1965-75）．そして最後に，80年代に向けての〈ポストラディカリズム〉と〈ニューデザイン〉としての可能性をもつ時代．……これらを結びつけているものは，政治，市民，文化，建築のそれぞれの組織パターンに対抗してデザインを問題化する，異端的な姿勢である」．

　そののちモダニズムの美学上の欠点について論じるうえで重要な初期の貢献をなすことになる，アメリカの建築家，ロバート・ヴェンチューリの著作『建築の多様性と対立性』が出版された1966年，イタリアでは，オリベッティ社のタイプライター「プラクシス48」（1962-63）においてすでに象徴的機能を発展させていたエットーレ・ソットサスが，ポルトロノーヴァ社のために一連の異端的な家具をデザインした．表面にはプラスチック・ラミネイトが用いられ，明るい色彩のストライプが施されていたのである．同じく1966年に，ソットサスの影響のもとに，アンドレア・ブランジやアドルフォ・ナタリーニといったアヴァンギャルドの建築家＝デザイナーたちが，アルキズームとスーパースタジオをフィレンツェで結成した．こうして，ラディカルデザインないしは反デザインとしてのちに知られるようになるデザイン運動は，その幕を開けたのであった．

　「68年運動」に象徴されるように，イタリアの60年代後半は，政治，社会，文化の既存の支配体制に対する「闘争」の時代であった．デザインに目を向けると，戦後の経済復興に伴う50年代から60年代初めにかけての消費主義の劇的な拡大は，モダニズム本来の高潔な社会倫理からシステムとしての資本主義の枠組みの中へとデザインの重心を移行させていた．そこには，虚構のニーズを作り出し，それによって販売の増大を促進するための道具としてのデザインの役割が横たわっていた．戦後生まれの若い建築家＝デザイナーたちは，逆に，そうした政治的文化的役割に対する「闘争」の道具としてデザインを見なし，ヴィコ・マジストゥレッティやジオ・ポンティ，マリオ・ベリーニなどの当時主流となっていたデザイナーたちのデザイン実践を浸食すべく，展覧会の開催，マニフェストの刊行，パフォーマンスの上演などを通して，反デザイン（あるいは対抗デザイン）運動へと駆り立てられていったのである．

　反デザインの造形上のインスピレーションは，かつてアーツ・アンド・クラフツ運動とラファエル前派，モダニズムとキュビスムの間に密接な関係があったように，アメリカのポップアートにその多くを負っていた．英国のデザイン史家のペニー・スパークが指摘するところによれば，66年のソットサスの家具は，明らかにロイ・リキテンスタインやフランク・ステラの作品に影響を受けており，一方，クレス・オルテンバーグの作品に認められる「柔らかい彫刻」が影響を及ぼした例として，座る姿勢によって自由自在に形が変化する，ザノッタ社の「サッコ」チェアー（1969）や，巨大な野球のグローヴの形をした，ポルトロノーヴァ社の「ジョエ・ソファー」（1970）を挙げている（Sparke, 1982）．前者は，視覚コミュニケーションのありさまを批判的に問いただすものであったし，後者のうちの「サッコ」は，画一的な機能の無機質さを冷笑し，「ジョエ・ソファー」は，イメージの再使用の正当性を要求するものであった．

　聖なるものへの拒絶，束縛からの解放，権威や体制への不服従といった反デザインの政治的文化的拒否の態度は，ユースカルチャーやポップカルチャーと連動しながら，意図的に，バッドテイストやキッチュ，折衷主義やノスタルジア，アイロニーやウィットといった表現領域の可能性を開拓し，デザインにおける近代運動とその視覚的偶像である「グッドデザイン」に戦いを挑んだのであった．こうした偶像破壊行為は，家具デザインの分野のみならず，建築デザインの分野にも，圧倒的な力を発揮した．すでに英国では，ラディカル建築のグループであるアーキグラムが1964年に「プラグイン・シティ」を発表し，高度なテクノロジーがもたらす未来都市の可変性と消尽性を視覚化していたが，少なからぬそうした影響のもとに，イタリアでは，アルキズームが「ノーストップシティ」（1970）の中で，一方，スーパースタジオが「継続するモニュメント」（1969）の中で，大都市や人間環境の問題をモンタージュグラフィックの手法を用いながら，ヴィジュアルに表現していた．佐藤和子は，「そこでの表現は，権威を否定するシンボルであったり，既成社会を逆手にと

ったアイロニーであったり，現実を超えたユートピアの世界であった」(佐藤，1995)と述べている．ポップアートの象徴的表現手段を意図的に援用したアヴァンギャルドの反デザイナーたちによって，「住宅はいま再び未来についての理想的なヴィジョンの核心に戻ってきたのである」(Greenhalgh, 1990)．つまりそれらの作品群は，「住宅」を経済的文脈からのみ語ることを退け，全体的ヴィジョンの中にあって再び文化的文脈から語ることの正当性を主張していたのであった．別の言葉を用いれば，反デザインの「闘争」は，戦後イタリアの社会再建の大いなる決算として，経済や技術という牢獄の中にあって物神化されてきたオブジェクトを社会的文化的観点から再文脈化する熱い試みにほかならなかったのである．

こうしたアヴァンギャルドの建築家＝デザイナーたちの反デザインは，1972年のニューヨーク近代美術館での「イタリア――新たな住宅内部の風景」展において，そのピークを迎えた．これは，イタリア国外で開催された最初の大規模なイタリアデザイン展であり，1969年からニューヨーク近代美術館のデザインキュレイターを務めていたエミリオ・アンバスによって組織されていた．その後ジョナサン・ウッダムは，デザイン史家として，この展覧会の大きな意義について2点を指摘している．一つは，「デザインのもつ社会文化的意味についての重要な論議を土俵にのせた」ことであり，いま一つは，「それまで個々のオブジェクトなり著名なデザイナーの美学に焦点を合わせる傾向にあったニューヨーク近代美術館の視点に根本的な変革を印づけた」(Woodham, 1997)ことであった．

ニューヨーク近代美術館でのこの展覧会は，イタリアの反デザインを世界的に有名なものにする一方で，その勢いの中にあって，1973年のグローバル・トゥールズの結成へと導いていった．これは，アヴァンギャルドの建築家＝デザイナーたちによるメタデザインのための「反学校」といった性格をもつものであったが，理論の先行と空回りが目立ち，イタリア経済が深刻な退行期を迎えたこともあって，2回のセミナーを開催しただけで，翌年には自然消滅した．そしてついに1975年は，時代の左翼化傾向にもかかわらず，反デザインを率いてきたアレッサンドロ・メンディーニが『カサベラ』の編集長を解任されるという決定的な事態に遭遇した．こうして事実上，イタリアにおける反デザイン運動はその役割を終えたのであった．

しかし反デザインは，モダニズムの立場からすれば，全面的には承認しがたい側面を多分に含みもつものではあったが，その後のデザイン実践の大きな源泉として重要な意味をもつことになった．一つには，オブジェクトの生産手段にかかわって，ポスト産業主義(あるいはポストフォーディズム)の方向に沿いながらクラフトの復興に火をつけたことである．70年代以降とくに英国とアメリカに認められる，クラフツリヴァイヴァルの出現がそのことを如実に物語っているし，それは，90年代のグリーンデザインの予兆となるものでもあった．もう一つには，デザインの表現手段にかかわって，機能主義に代わる新しい視覚言語の原初的文法を用意したことであった．チャールズ・ジェンクスの『ポストモダニズムの建築言語』が出版された2年後の1979年に，ポストラディカリズム(あるいはポストアヴァンギャルド)としてミラノ生まれたスタジオ・アルキミア，そしてそれに続く，さらに商業化された80年代のメンフィスの実践は，エットーレ・ソットサスを中心としながらも，アンドレア・ブランジやミケーレ・デ・ルッキといったイタリアのデザイナーだけではなく，アメリカからはマイケル・グレイヴ，オーストリアからはハンス・ホライン，日本からは磯崎新や梅田正徳，倉俣史朗などが加わった，多国籍的なグループ実践であり，反デザインが用意した原初的文法を改編しながら，ニューデザイン(あるいはポストモダニズム)という普遍的文法(あるいは商業的文法)へと一般化していったのであった．もし，このニューデザインに対し，80年代のデザイン文化のグローバル化の文脈の中にあって「ニュー・インターナショナル・スタイル」という市民権が公的に与えられたとするならば，疑いもなく，反デザインがその市民権のもともとの発行機関であったということができるのではないだろうか．

［中山修一］

■文献
京都国立近代美術館編：現代デザインの展望―ポストモダンの地平から，p.14，京都国立近代美術館，1985．
Sparke, P.：Ettore Sottsass Jnr, pp.49, 55, The Design Council, 1982.
佐藤和子：「時」に生きる―イタリア・デザイン，p.219，三田出版会，1995．
Greenhalgh, P. ed.：Modernism in Design, Reaktion Books, p.200, 1990.
Woodham, J.：Twentieth-Century Design, p.194, Oxford University Press, 1997.

3 | 111 デザインにおける適正技術論

■地域開発に要請されるヒューマンな視座

　デザインとは，その本質において，人間の基本的尊厳を互いに認め合う状況を促進・育成することに向けて，一貫してなされる実践的プロセスとその成果を意味している(Hendrickx, 1984)．それゆえに，デザインの諸活動はすぐれてヒューマンな視座に基礎をおいて展開されなければならない．このような視座は，デザインが人間生活に直接かかわって展開される以上，当然のことではある．ましてや，地域に居住する人びとの生活や生活環境の向上を目標として実践される地域開発においては，このような視点が最重要視されなければならない．

　一方，われわれが，デザインに対してもつイメージは，第一に，先進技術に裏打ちされた社会における技術的・経済的・機能的な側面と，それらの象徴としての表現形態にあると見ることができる．そこでは，上記の視座が不明なまま実行に移されるデザインも決して少なくないであろう．また，現実に進められている地域開発の中には，高度に技術化された生産形態と製品デザインの地球的規模における肥大化・一様化(globalisation)が進行し，当該地域の人びとがそれを歓んで迎え入れるというかたちを必ずしも呈してはいない．それは，当該地域に向けた種々の地域開発が，往々にして，地域自体の発展の度合いや生活文化的特質を不問に付し，先進地域型の近代化過程をそのまま移植するかたちで進められてきたからに他ならない．

　このような「移植型」の地域開発は，当該諸地域からの本来的要請である自立的・内発的発展という脈絡と結びつかないばかりか，むしろ，その要請を打ち砕く方向にさえ作用する．人びとの「沈黙の声」を聞かずに遂行される地域開発は，当該地域にとっては「不相応」「不適当」なままに，先進地域の生産物をそのまま持ち込むことにもなる．たとえば，国民一人当りの所得がきわめて低い地域で，明らかに経済的に不相応な価格のプレハブ住宅が販売されたり，熱帯地域で気候風土に適応していた茅葺き屋根に代わり亜鉛鉄板葺き屋根の急速な普及が図られたりする．こうした関係は，先進地域と発展途上地域との間のみならず，先進地域における都市と農村あるいは中央と地方という関係の中にも，その構図が見て取れるといって過言ではない．

　デザインの本質をヒューマンな生産的活動と見なすとき，このような状況が生起している現実に対して，まさに，「もう一つの(alternative)地域開発計画」とそれにかかわるデザインのあり方が根本的に問われなければならない．

　デザインにおける適正技術とは，近代化・工業化を達成してきた先進諸地域の発展モデルをそのまま当該地域に「移植」するのではなく，その地域に固有な状況を遵守しつつ，当該地域に即した地域発展の型を探究することを意味している．たとえば，地域が抱える生産性の向上といった問題は，当該地域に固有な手法や方策の探究を通して，内発的・自発的な努力によって解決されねばならないものである．したがって，デザインにおける適正技術の究極の目標は，住民のさまざまな生活要求や固有の社会的・文化的構造に即応して地域開発を推進し，当該地域の中から自立的な発展能力(capacitation)を育成することにある．

■もう一つの地域開発概念

　世界の人口の大多数が生活している「南」の地域，すなわち発展途上地域から近代化・工業化の状況を直視するとき，地域が抱える貧困，飢え，疾病などの諸問題を解決する鍵であったはずの「科学・技術による開発」は，結局のところ地域内，あるいは地域間における富と貧困のギャップの拡大，飢えと不正と搾取の増大をもたらしてしまった(Yuan, 1984)．このような「北」の論理による「南」の開発に帰結されるさまざまな矛盾を背景として，1970年代に入る頃より，「もう一つの地域開発計画」の理念と方法に関する問題提起が新しい視角からなされるようになった．その代表的なものに中間技術論，適正技術論，基本ニーズアプローチがある．

　中間技術(Intermediate Technology)論は，E・F・シュマッハーがマハトマ・ガンジーの唱えた「大衆のための技術」という観点にもとづいて展開した地域開発理論である．シュマッハーは，自然の体系が有する自己均衡・自己調整・自己浄化機能に対し，限られた環境の中で際限なく繰り広げられる技術的発展と物質主義・膨張主義のもたらす人間的・環境的危機を訴えた．その主張は，先進工業地域がそれまで信奉してきた「技術的規模拡大優先の論理」に対峙する"Small is beautiful"という開発哲学に依拠していた(シュマッハー，1976)．

　また，適正技術(Appropriate Technology)論は，インドや国連の諸機関において技術移転の失敗を身をもって体験した人びとの間から提唱された．それは，地理的・文化的に異なった集団はそれぞれ独自の技術を保有するものであり，技術の自己保有性と自己決定

第1章 | デザインの生活・社会科学

❶魔法ビン

❷折り畳み椅子

性は文化的独自性にとって本質的なものであるとの視点から，どのような地域社会もそれが培ってきた技術的伝統から新しい技術を生み出さなければならないと主張する(本多, 1983).

基本ニーズ(Basic Human Needs)アプローチとは，絶対的貧困層を具体的に確定し，それらの層の人びとが人間としての基本的ニーズを充足できる方策を講じることによって大衆的貧困を撲滅し，経済的発展を図るというものである．この論は，それまで推進されてきた地域開発が開発拠点に投資を集中させ，その開発のインパクトを周辺部に波及させようとする「成長拠点論」に依拠していたのに対し，当初から貧しい地域の貧困な大衆の生活改善を実現化するための開発手法として提唱されたものである(長嶺, 1985).

これら三つの理論は，提唱者の立場や問題意識もそれぞれ異なるが，共通して，高度な技術や巨額な資金を行使することによって行われてきた「先進工業地域型技術援助」が果たして当該地域の人びとの生活を真に豊かにしてきたかという疑問から出発し，地域住民主体の内発的発展への方向を模索したものである．そして，いずれの理論においても，①住民の地域開発への参加と開発成果の住民への還元，②地域の保有する生産力(productivity)に適応した産業の育成，③生活の実質的向上とそれがもたらす当該地域住民の発展への意欲・自力更生能力の向上，の三つが不可欠な要件であると主張されている．

■技術発展に対応したモノづくり

すでに記したように，発展途上地域の近代化は大筋において先進地域型生活様式の導入・技術移転・資本参入などによってなされてきたが，その過程でも，日常生活用具の中には，当該地域固有の自立的生産形態による独創的な生産物を見出すことができる．たとえば，❶は，数十年前から当該地域で生産されてきた魔法ビンである．その地においては，水質事情から魔法ビンが人びとの必需品となっている．この魔法ビンの本体の材料は，自転車のチェーンを打ち抜いた板金の端材からできており，上部はやはり板金端材の二次的加工で処理されている．また，❷は，折り畳み式のスチール製椅子であるが，座面の裏側は木のフレームに竹材を渡したものである．これらはいずれも，当該地域で入手可能な材料や部品が選択され，その地に固有な労働集約的生産形態に即応して製作されたものである．このような当該地域で調達可能な生産方法・技術・材料などを基軸としてなされるモノづくりこそ，当該地域の自立的な発展能力の向上につながる適正技術，適正デザインといえよう．

[三橋俊雄]

■文献

Hendrickx, F.：語「デザイン」の語源とその概念形成．デザイン学研究，47：23, 1984.
Yuan, L. J.：Technological modernization—Is it always relevant to development?. Technology in the Hands of the People, APPROTECH ASIA, 1984.
E.F.シュマッハー著，斉藤志郎訳：人間復興の経済，佑学社，1976.
本多健吉：南北問題の現代的構造，p.206, 日本評論社，1983.
長嶺晴夫：第三世界の地域開発，pp.145-156, 名古屋大学出版会，1985.

3│112　デザインと多様性科学－多様な価値の存在としての豊かさ

■多様性の科学
[細分化と統合化]

　これまでの科学は，一般に，事物を形成する個々の構成単位を微視的に分析し，それを集合させたり組み立てたりすることで全体の現象の理解を行ってきた．また，事象の中から規則性や類型を抽出し，理論やモデルの確立を行うことに主眼が置かれていた．しかし，閉じた系の中で細分化された構成要素を取り扱うだけでは，自然環境や社会環境，その中で営まれる人間の諸活動について考えていくことはむずかしい．そのため，対象を包括的に認識しようとする視点に立ち，構成要素が複雑な連関を示す多様な組織としての全体構造を検証・推論していくための方法が必要となる．

[多様性をとらえるための科学]

　多様な全体として対象をとらえようとするとき，部分や要素には還元不能な全体構造，および多様な分布と階層の相互作用の結果として発現する諸現象に着眼することが大切である．

　また，純粋化させた規範や規則性の抽出を行うことだけでなく，そのような定則の外部に散在する不規則で雑然とした情報の意味を解釈に含めていくことが必要となる．社会における人間の諸活動は必ずしも明快な合目的性のもとで合理的な原理に従って行われているわけではない．予測や説明がむずかしい偶発的な行動もあれば再現性が低い行動もある．ノイズであったりゆらぎとして存在する現象は，自然の状態や人間の諸活動に本然に備わったものである．多様な人類の文化のように，潜在的に膨大な数の分岐を内包した複雑な系においては，小さなゆらぎでさえも成長して全体構造を変えうると考えられている（プリゴジン，1987）．

　このような探求においては対象を定量化して取り扱えるとは限らないし，定量化すれば切り捨てられてしまう大切な情報もあるかもしれない．定量的な情報の利点と定性的な情報の利点を組み合わせる手法をもって観察対象の範囲を広げることが必要である．

■文化と多様性
[文化の自律性]

　ある民族にあって美徳であったり正しい礼儀と見なされる行為や思考が，別の民族の生活に持ち込まれると，礼儀が悪いとか誠意がないとか反対の価値観で受け止められてしまうことがある．本来は，国家・民族・地域集団などの社会集団が保持する考え方，感じ方などの文化に相違があったにしろ，どちらが本質的に優れていてどちらが劣っていると判断することはできない．自らの文化が有する理念や意味の体系を規準として他の文化を判断しようとする自文化中心的な見方では，他者の文化の特質を理解できないだけでなく，一段下のものと見なしてしまう結果に陥りやすい．強い立場にある集団が弱い立場にある集団に対して，価値を奨励・強要する態度をとったり，時には排除を行おうとしてしまうことは，武力による侵略や植民地化政策の歴史において明確に現れているが，今日の経済社会の力の構図による圧迫も看過できない．

　20世紀後半は，資本主義経済と産業システムの合目的性が，人間の社会生活全体の合目的性として受け止められてしまった時代である．競争の原理，効率の追究，効用の最大化，といった元来は産業システムのものであった一元論的な価値判断が生活全体を支配するようになっている．商品経済の力学は，他者の文化や小規模な文化を，その是非や価値を問うことなしに弱体化させる方向に働く．力を背景にした他者文化の排除は，国家や民族の間に起こるものはもとより，マジョリティ対マイノリティグループ，大資本対小資本，中央集権対地方自治，都市型生活対農村型生活など，さまざまなレベルにおいて生じる．

　また，今日，文化や行動と密接につながった商品が地球規模で流通している．そのことが画一文化のグローバル化を推し進めているとの危惧がある．娯楽映画やテレビドラマ，音楽番組の映像の中で特定の文化スタイルが繰り返し映しだされたり，世界中どこの街角でも同じ看板広告が立ち並び，同一ブランドの商品が消費されるような現象が顕著になっている．ヨーロッパ諸国は，アメリカによる強大な資本主義経済力と情報発信力を背景にした文化的侵攻をアメリカナイゼーション(americanization)と呼んで危機意識を有しており，たとえば，フランスが文化にかかわる商品を自由主義経済の例外として取り扱おうとしたりするなど，文化的アイデンティティの自律にかかわる問題には敏感な対応を見せる．一つの社会集団の文化や意味体系が他の社会においても合意され共有されるとき，社会や経済の相互関係は安定するものと考えられるが，その状態を生み出すヘゲモニー(hegemony：イデオロギー的・文化的な支配力または指導力の概念)を認識することは，集団の文化の自律について考えるときに重要な観点となる．

[文化の重層性]

　一つの社会は，固有の文化を単一であったり不変の

ものとして保持しているわけではない．時間の経過に伴い，内発的にあるいは外在要因に影響を受けて文化は変容する．異文化が移入されたとき，既存の固有文化と融合が進んで雑種の文化が作られることもあれば，在来文化とともに存立する雑居の状態が生じることもある．

閉鎖的な社会では，起源や固有文化としての純粋性にこだわることが，しばしば「排外」の動きとなって現れる．一方で外部に対して劣等感を意識した社会などは，過度の「拝外」の心情を抱くことがある．歴史的には植民や占領によって，今日では労働を求めて，モノや情報としてだけではなく人間そのものが移動してきた．その結果，一つの地域内に民族的アイデンティティが混淆することも当たり前のこととなっている．このような多様化は，民族というレベルだけでなく，社会階層や世代の違いにもとづく多種の文化体系の存立においても同様に考えられる．

[経時的な価値の並存]

人間の歴史は物質的にも精神的にも，より高次な状態へ向かうものと考える進歩思想は，現代人を特権視し歴史の多様性の観点を欠落したものの見方である．現在は進化の最先端にあり現代人の価値体系は歴史上最良のものと考えることは，自民族中心主義における優越思想と同様の誤謬を犯す．過去の産物，思考，技法を，その意味を問うことなしに短絡的に排除するのは現代人の独善にすぎない．

過去から引き継がれてきたモノや考え方の多くは歴史の淘汰にも耐えて残存した知恵として存在している．その意味では，新しさを前面に打ち出した事物についてこそ本来，熟慮が必要なものである．われわれが直面する諸問題を考えてみればわかるが，それらはほとんど，過去の時点における最先端の技術や思考法が，後世に禍根を残したものであると考えてよい．限界的な技術は危険因子を内包するものだから，できるかぎり安定的な技術を用いるべきだという指摘もある．少なくとも目的や意味の議論を欠いたままで「新しさ」を無邪気に信奉することは避けなければならない．

現在は過去から引き継いだ知識や文化の上に成立しているが，歴史の経過に伴って，種々の文化が一様に全面的に改訂されていくわけではないし，すべての事物が改訂されなければならないという必然もない．現在という時間には，同時に過去に生成された文化が生きた姿で存立している．系を成した文化はそれ自体として尊重されるものであって，違う視点をもった価値体系が相互に影響を受けることで，文化や意味は深化する．

社会は，経時的な文化の存在を縦糸に共時的な文化の存在を横糸にして織り上げられている．文化の多様性は生態系における種の多様性と同様に，多くの種別のものが並存し，それらが交雑し組成されていくことで全体としての活力が高まるものといえる．

■多様な視点と思考

モノづくりや情報の構築における価値基準には経済的尺度，環境的尺度，福祉的尺度，思想的尺度など，いくつもの側面がある．それぞれの側面の要素をばらばらなものとして組み立てるのではなく，要素を相互に連係させるところから多様な発想を得ることができる．

イデオロギーの理解に対しても複雑な構図を読み解く思考力が求められる．たとえば，近代の枠組みの中で，国際様式や合理主義の思想が普遍的なデザインの確立をめざす運動となったが，一方で，それは風土や地域性，歴史，集団の固有性に目を向けずに人間性の疎外を生み出した．デザインや建築・都市の環境計画の分野において発せられてきたさまざまな宣言やスローガン，それぞれの言説自体は時代精神や発言者個々人の位置する文化背景に大きく依拠するものである．断片としてのフレーズを持ち出すことはもとより，それら文化背景への洞察もないままに特定の言説に単純に呼応した発想からは，状況に適応しない不十分な結果しか導き得ない．多様な思想の構造とそれぞれの言説の位置づけを理解した上で，具体的に適用される場の文脈を熟慮し，デザインとして順応させることが大切である．

知識の高度化は知識の細分化をもたらしやすく，専門知の内包する弊害も多く指摘される．デザイン諸分野の活動においても，専門領域内の価値尺度に安住せず，外部にある多様な価値の存在を理解し相関させることにより，巨視的な視点からの生活や環境の提言を行っていくことが求められている．

[樋口孝之]

■文献

I. プリゴジン・I. スタンジェール著，伏見康治ほか訳：混沌からの秩序，みすず書房，1987．

3|201 概説－人間中心のデザイン

■ヒトに優しいモノづくり

今ほど，ヒトに優しいモノづくりが求められている時代はないように思う．これには二つの大きな流れが関係している．一つは製品の多機能化，高性能化が，とくに情報通信機器を中心に劇的に進行しているということである．もう一つは人間側の問題である．いわゆる高齢社会に到達し，今後一層，高齢化が進んでいくというトレンドである．

すなわち，一方で製品の多機能化，高性能化が進み，他方では高齢化によって人間の機能低下が進む．この相反する方向の流れによって，ヒトとモノのミスマッチがしだいに増加してきているのが現状であろう．

このようなヒトとモノのミスマッチを解消していくためには，もちろんモノをヒトに合わせていくことが必要であり，そのためにはヒトの機能と構造を正しく知ることが重要である．

デザインを含めた製品開発過程において，従来は機能性とか価格，信頼性ということに，とくにわが国では重点が置かれていた．この点では日本の工業製品は世界に冠たるものであったと思う．これからはこうしたことに加えて，健康とか快適さ，使いやすさということを製品開発において考えていかなければならない．

ヒトというものがわからないと健康で快適で使いやすい製品をデザインすることはできないのである．

■人間中心のデザイン

ヒトに優しいモノづくりという観点から，最近さまざまな表現が使われている．たとえば，人間を中心に考えるデザインということで，ヒューマン・センタード・デザイン（human centered design）という用語がある．1999年6月に国際規格になったISO 13407：Human-centred design processes for interactive systems（インタラクティブシステムの人間中心設計過程）（堀部，2000）でこの言葉が用いられている．この規格はコンピュータをベースとしたインタラクティブシステムのデザイン（設計）活動の指針を示したものであるが，human centeredという概念が国際規格で取り上げられたことはたいへん意義深いことである．

『誰のためのデザイン？（原題：The psychology of everyday things）』の著者である高名なドナルド・A・ノーマン（Donald A. Norman, 1935–）は，ウェブ上のホームページで"Don Norman and Human Centered Design"というタイトルを掲げている（❶）．ノーマンはこの中で「私は，今日の製品の不必要なま

❶ドン・ノーマンのホームページ（http://www.jnd.org/）

での複雑さに閉口している技術愛好家の一人である．私の目標は，技術に人間味を与えること，すなわち技術を人の目から見えなくし，人間中心（human-centered）で行動にもとづく（activity-based），覚えやすく，使いやすく，効果的で，楽しい情報機器に置き換えることである」と述べている．これはまさに，これからのデザインに必要な考え方であろう．

このほか，人間特性を考慮したデザインという意味合いで，エルゴデザイン（ergodesign），PAデザイン（勝浦，1993），ヒューマン・デザイン・テクノロジー（human design technology）という用語も使われている．この中で，PAデザインはデザインの中に生理人類学的発想を加えようとする動きの中から生まれたものである．PAとは生理人類学の英語名Physiological Anthropologyの頭文字を取ったものである．つまり，PAデザインとは，ヒトの諸特性を研究し，その多面

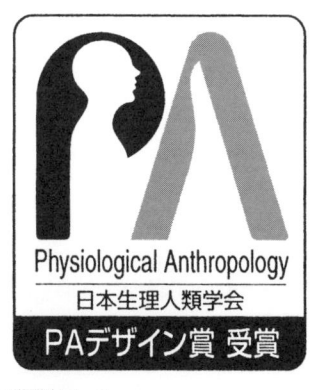

❷PAデザイン賞認定マーク

的な特徴を活用し，あるいは評価基準としてデザインするものである．最近，ヒトに優しい製品を奨するためにPAデザイン賞が制定され(❷)，第1回PAデザイン賞は，自律神経機能・脳活動などの面から評価された肌着，洗濯された衣類の着用感・生理反応などから評価された全自動洗濯機などに与えられた．

■ヒトの測り方

さて，ヒトを知るための方法にはどのようなものがあるだろうか．自然科学的なヒトの測り方は三つに分けることができる(❸)．

1．形態学的方法
　　身体寸法，作業域，筋力など
2．心理学的方法
　　官能検査，反応時間，エラー率など
3．生理学的方法
　　筋電図，血流量，血圧，心拍変動性，脳波など

❸ヒトの測り方

一つは形態学的方法である．この方法は，静的人体計測や動的人体計測といった人体各部の寸法や作業域，関節可動域の測定や，筋力を測ることによってヒトを知る方法である．静的人体計測はもともと人類学領域で発展してきたもので，現在でも人類学者マルチン（Rudolf Martin, 1864-1925）によって開発されたマルチン式計測法が広く用いられている．動的人体計測は身体の動きをとらえるもので，磁気センサ(❹)やジャイロセンサなどの新しい方法が最近開発されている．

心理学的方法には，ヒトの感覚・知覚を用いて測定評価する官能検査などがある．客観的測定が困難な「いすの座り心地」や「快適感」の評価など，ヒトの感じ方や嗜好などを対象とする場合に用いられる．また，反応時間やタスクのエラー率などの測定もこの方法に含まれる．

生理学的方法は，ヒトの生理反応をとらえるもので，筋活動を測定する筋電図(❺)，脳の状態を探る脳波，循環機能や代謝量の簡易な指標として用いられる心拍数，自律神経機能活動をとらえる心拍変動性，眼球の動きを測定する眼球電図などさまざまなものがある．この生理学的方法はヒトを知る上で最も重要な測定法である．しかし，この方法だけで十分というわけではなく，形態学的方法，心理学的方法も含め，さらには社会科学的な手法を含め，ヒトというものを総合的に見ていくことが大切である．

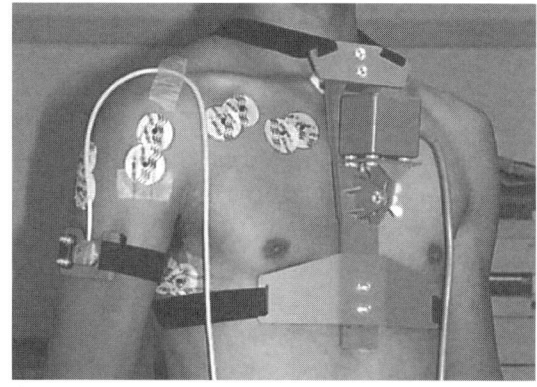

❹磁気センサを用いた肩複合関節の動作測定装置（Shimomura et al., 2000）

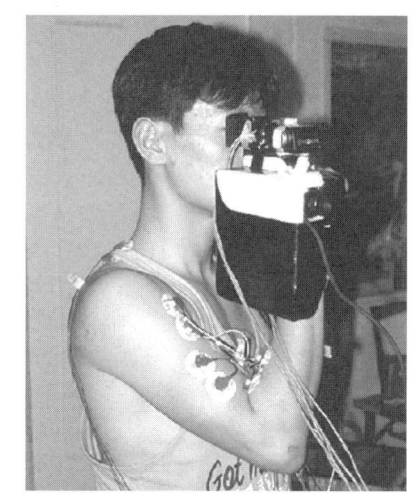

❺ビデオカメラ評価のための筋電図測定

本章では，デザインの人間科学を，設計研究，形態，生理，認知，行動，マネジメントなどの多様な観点から解説している．デザイン科学の奥の深さ，幅の広さを改めて認識していただけることと思う．　　［勝浦哲夫］

■文献

堀部保弘：ISO 13407：1999 Human-centred design processes for interactive systems（インタラクティブシステムの人間中心設計過程）．人間工学ISO/JIS規格便覧2000（日本人間工学会ISO/TC159（人間工学）国内対策委員会編），p.40，日本人間工学会，2000．

勝浦哲夫：エルゴデザインからPAデザインへ．デザインのはなしⅠ（佐藤方彦編），pp.29-34，技報堂出版，1993．

Shimomura, Y., Iwanaga, K., Harada, H. and Katsuura, T.: Development and evaluation of the measurement system for the human shoulder joint based on the 6 DOF kinematic modelling. *J. Physiol. Anthropol.*, 19(1): 43-51, 2000

3 | 202　設計の科学

設計の科学とは設計行為，設計過程，設計の中で扱われる知識などについての体系的，科学的研究を意味する．時に設計行為自体を科学的過程と対比する議論があるが，科学的知識を利用して設計することと設計の科学的研究とは区別して考えなければならない．設計の科学的研究は，1960年代に入って設計の体系的支援を目的とする設計方法論研究の盛り上がりを契機として始まっている（Gregory, 1966；Moor, 1970）．H・A・サイモンは，認知科学，言語学，哲学などの総合的観点から設計を人間の根源的知的活動として位置づけ，その科学的研究の必要性を提唱している（Simon, 1969）．また，設計研究のさまざまな側面に思想的背景を与えている科学方法論の概念としては，科学発見における思考メカニズムとしてK・R・ポッパーが提案したconjecture-refutationモデル（Popper, 1963），T・クーンのパラダイム論（Khun, 1970），ピアースが帰納，演繹に加えて，発想の仮設推論モデルとして提案したabduction，M・ポラニーの解説するtacit knowledgeの概念（Polanyi, 1966），C・レヴィ＝ストロースに代表される構造主義などが挙げられる（佐藤, 1999）．以下に，設計研究領域と方法の枠組みについて解説する．

■設計の一般理論研究と領域研究
[設計の一般理論研究]

設計は，状況，問題，制約条件，要求，仕様など初期に与えられた情報から出発し，設計過程で，情報を追加，加工して，最終的には，人工物の実現に必要な仕様の記述を生成する情報変換の過程である．設計対象は異なってもこの情報変換過程としての一般的性質やその過程で使用される属性，機能，性能といった抽象概念は共通である．設計をその対象領域を超えて一般化し，設計についての基本的概念とその間の関係を記述する設計の認識論を確立し，それにもとづいて公理論的，演繹的に形式的理論的体系を築いたのが一般設計学である（吉川, 1979）．設計の一般理論が形成されることによって，従来経験的に提案され各々の優越性を主張していた方法論についても，共通の位置づけや学問的展開が可能になり，より有効な方法論研究が可能になる．❶は，個々の設計方法論とその共通理論としての一般設計理論の概念的関係を示している．

[デザイン領域固有の設計研究]

モノを設計するには使い方，ユーザーの特性，材料，機械，電気，ソフトウェアなどの技術，製造方法など，

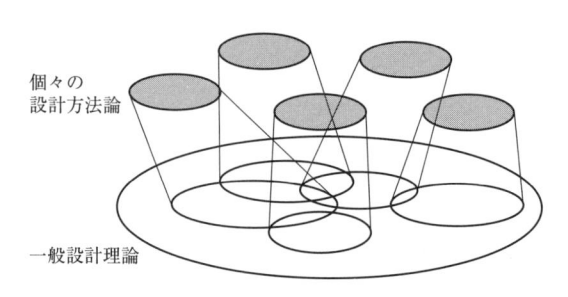

❶個々の設計方法論とその基礎となる一般設計理論との関係を示す概念図

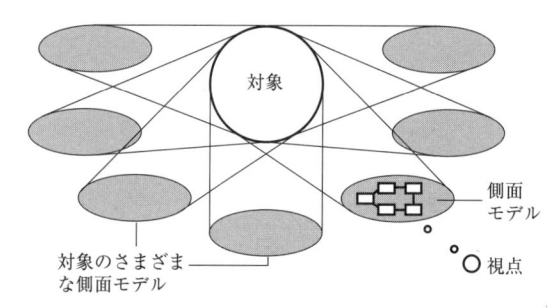

❷対象の多側面モデルと視点

対象に関する固有の知識をもっていなければならない．機械工学が設計対象の機械的側面に，電気工学が電気的側面について設計を行うように，デザインの役割は人間と技術との関わりに注目して設計することである．モノを創出するには，それがハードウェアにせよソフトウェアにせよ，このように多くの視点から設計を進め統合していく必要がある．❷が示すように，それぞれの視点は対象の特定の側面（アスペクト）に注目し，その写像としての側面（アスペクト）モデルを形成する．工学が一般的に物理現象に関する自然科学の知識体系を基礎として技術システムを実現しようとするのに対し，デザインは人間，社会と技術との関わりに関する知識体系，すなわち人間科学，社会科学と工学の境界領域を基礎にして人間にとって望ましいかたちの人工物を提案する役割をもっている．人間の観点を基礎としたこの境界領域に，デザインの固有領域研究がある．設計の一般理論と領域固有の知識体系が結合することによって，設計研究の実用的価値が生まれる．

■観察，実験にもとづく事例的，帰納的研究

自然科学や社会科学では，さまざまな現象を観察分析し体系的に理解することで理論を構築する．設計を理解するためにも，同様に実験や観察を行う研究方法

がある(吉川，1980；武田ほか，1991)．このような研究を実験設計学というが，さまざまな観点からの設計事例研究もこの範疇に含まれる．設計過程，あるいは設計行為は，個人の設計思考過程，グループの設計過程，組織での設計過程では，その性質が異なるのでそれに伴って研究方法も異なる．以下にそれらの性質と研究方法の概要を説明する．

[個人の認知過程としての設計]

認知過程一般についてとくに問題解決過程の研究は，認知科学や人工知能の分野で以前から研究されてきたが，プロトコル分析(Erikson and Simon, 1984)が広く応用されるようになって，設計過程の研究も増えてきている(Cross et. al ed., 1992)．設計者が用いる概念や知識，それらの上で行われる知識操作について解明するのがこの分野の中心的課題である．この応用として，問題分析，発想，評価などの設計の知的支援システムや設計環境の開発がある．

[グループによる設計]

一般に設計は，設計対象の異なる側面，たとえば，電気，機械，ソフトウェア，インタフェースなどについてそれぞれの専門分野の設計者間で調整をしながら進行する．したがって，個人の認知過程を基礎に，人間関係やグループのダイナミクスなどの社会的要因，グループ作業を支える情報環境要因が加わるとともに，遠隔分散協同作業にはテレビ会議やインターネットなどのメディアが介在する．そのメカニズムの理解には，プロトコル分析，ビデオ観察や，その他の行動科学，社会学などの研究方法が必要である．その目標は，設計組織や協同設計環境やを開発することである．

[組織過程としての設計]

企業組織における設計は，個人の設計行為，グループの設計行為を基礎として，企業活動の一環として行われる．したがって，設計の成否は組織全体に依存しており，マーケティング，技術開発，製造，財務，営業，サービスなどのより広い観点から設計を理解しなければならない．このように組織レベルでの設計過程はきわめて複雑な社会現象である．そのため設計を経済的社会的価値の評価，政策決定，経営組織などのさまざまな観点から研究することが必要である，理論的研究とともに実証的データを蓄積するために事例研究手法を開拓する必要がある．

[佐藤啓一]

■文献

Cross, N., Dorst, K. and Roozenburg, N. ed.：Research in Design Thinking, Proceedings of a Workshop Meeting held at the Faculty of Industrial Design Engineering, Delft University Press, 1992.

Erikson, K. A. and Simon, H. A.：Protocol Analysis, MIT Press, 1984.

Gregory, S. A. ed.：The Design Method, Butterworths, 1966.

Kuhn, T.：The Structure of Scientific Revolutions, University of Chicago Press, 1970.

Moor, G. T. ed.：Emerging Methods in Environmental Design and Planning, MIT Press, 1970.

Polanyi, M.：The Tacit Dimension, Routledge and Kegan Paul, 1966.

Popper, K. R.：Conjectures and Refutations, Routledge & Kegan Paul, 1963.

佐藤啓一：デザイン方法論研究の展望，設計工学，33(10)：382-388，1998．

Simon, H. A.：The Science of the Artificial, MIT Press, 1969.

武田英明・富山哲男・吉川弘之：知的CAD開発のための設計過程の分析と論理による形式化．精密工学会誌，57(6)：1047，1991．

吉川弘之：一般設計学序説：一般設計学の公理的方法．精密機械，49(8)：20-26，1979．

吉川弘之：実験設計学．精密機械，47(7)：46-51，1980．

3|203 身体の科学

■身体性と関係的価値

物質的価値の充足を果たした現代の高品質・低価格化技術は，基本的には人間を標準化し，製品を規格化することで可能となった．しかし，もはや人びとの意識は，製品の存在そのものよりも，その製品の自分にとっての意味，あるいは自分との関係的価値に移っているように思われる．この要求に応えるには，人間個々の違いを認めるという，製品化の根幹にかかわる発想の転換が必要になる．これは，昔の注文生産に回帰することでは解決しない．個別の要求に対応するということは，単に個人を満足させるだけでなく，環境的にも経済的にも妥当なものでなければならないからである．

また，関係性の意識は身体距離に依存し，表層に接するモノはまず意識の関門である身体を満足させなければならない．しかし，ここにも工業的な個別対応の困難さがある．すなわち，身体に直接接する製品の多くは経験や技能によって作られていることである．したがって，たとえ身体に対する詳細なデータが得られたとしても，それらを十分に活用して理論と技術のレベルで関係的価値の高い製品が作れる保証はない．そのためここでは，具体的な製品を例として身体との適合性を解析し，新たな関係的価値を創造するための手順を示す．

■身体からのデザイン例

身体と密着する製品の例として靴を，比較的自由度の高い接触状態を保つ製品の例として椅子とベッドを取り上げた．身近な接触製品としては衣服が思い浮かぶが，衣服は人が物を支えるのに対し，靴や椅子は物が人を支える点で，より過酷な接触状態となっている．

[足と靴]

足の基本形状は骨格寸法で定まるが，足は柔軟な運動性も有するために，その寸法・形態は一定ではない．また，靴の基本形状は靴型寸法で定まるが，内外力の作用による伸縮と変形によって，この寸法・形態も一定ではない．このように，一般に身体に接触する製品は，身体と相互に干渉して変形し，その適合条件が不明であることが多い．

身体不適合の第一要因は寸法であるが，足型寸法から靴型寸法への変換は経験と試行錯誤によって進められてきた．また，靴型は工業製品としては珍しく図面を介在せずに直接作られるため，技術の蓄積や伝承も困難であった．したがって，靴の個別対応には，まず，経験的寸法変換作業の理論化が必要になる．

一般に，ある基準状態の身体寸法を B，運動中の最大寸法変化率を w，接触部の適合圧力を P，単位圧力当たりの身体の圧縮率を k，同じく素材の伸び率を s，加工による製品の収縮率を c とすれば，適合圧力を得るための目標寸法 $L = (wB - kP - sP)/c$ となる．

実際，さまざまな計測手法を開発して各伸縮率や適合圧力を求め，上式によって靴型の適合足囲を計算した結果，官能検査による適合靴型足囲とわずか0.2 mmの差で一致した．

さらにその上の適合性を望むなら，寸法のみならず形態の個体差も考慮しなければならない．足の形には，爪先部の形や足幅のバランス，全体的軸線の曲がりなど，大きな個体差がある．これらの特徴の中で足軸の曲がりは多くの人に見られ，この特徴を反映させて❶のように靴型修正を行えば，少なくとも7割程度の人の履き心地が向上することがわかっている（山崎，1993）．

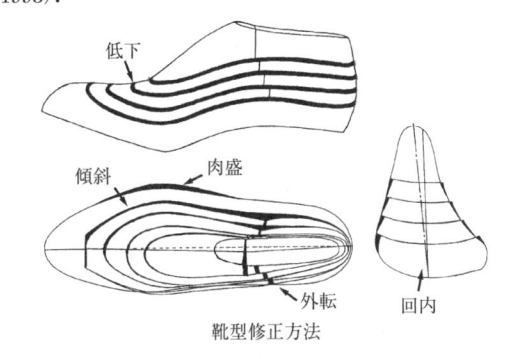

❶従来靴型の適合修正

ただし，生活用品は身体に適合するとともに目にも適合しなければならない．このため，❶の修正靴型で作った靴の外観はほとんど従来品と変わらないようになっている．また，この修正靴型は靴を手作りしていた時代の靴型に近い．理屈のない技能は機械化・効率化の要請に対して容易に駆逐されてしまったのである．

[身体と椅子・ベッド]

形態適合性の問題は，椅子の座り心地にも現れる．これは，各人の背面形状が異なるためである．また，着座姿勢は股関節の屈曲柔軟性に関係し，体が硬い人は骨盤を立てた深座りを回避する．深座り姿勢は設計時の暗黙の基準姿勢であるが，人は自分の都合によって設計者を裏切るのである．さらに，体重のすべてを支えるベッドでは，クッションの好みは肥満度と関係し，体重が重い肥満型では臀部を硬めにしたクッション分布を好む．

第2章 デザインの人間科学

このように，従来，感覚レベルでとらえられてきた好みも，潜在的には本人の身体的特性に依存していることが多い．したがって，製品の好みにかかわる身体特性を計測・分類すれば，数種のタイプ別製品を用意するだけで全体的な適合性を飛躍的に高められる可能性がある．一方，タイプ分類が困難な共用製品では，各人の適合性の許容限界を知ることが重要になる．一例として長時間のパーマ姿勢では，美容椅子の背もたれを寝かせてリラックスすることを好む人と，首の支持筋力が弱く，立ち気味を好む人に分かれる．しかし，両者が許容できる角度領域が重複したために，一つの角度にすることが可能になった．

このように，共用性の高い製品では，個人の満足度を高めるよりも個人の不満を解消する方向で解決に至る場合が多い．なお，腰痛のような弱点をもつ場合には，自身の適合状態に対する許容度が小さい．したがって，不適合な場合には，筋緊張などの自分の努力によって状態を改善しようとするために，それが疲労を蓄積するという悪循環をもたらす可能性が高い．

■ボディベースドデザインの方法論

身体性に重点を置いた製品デザインをボディベースドデザインと呼べば，その有効なデザイン手順は以下のようになる．

①本人が望む状態を可能な限り実現する．
②そのときの人とモノの状態を計測・解析する．
③モノの好みの状態を分類し，その分類群の中の人の共通特性を探る．
④人の共通特性から，好みの理由を探る．
⑤好みの理由から，好みの状態の再分類を行う．
⑥再分類した状態を実現するタイプ別設計を行う．
⑦タイプ別設計案について，人の好みと忌避の両方を調べる．
⑧製品のタイプ別製造が可能なら好みを重視し，共通化が必要なら忌避の少ない設計を行う．
⑨設計案の確認実験を行い，微修正を行う．

上記の手順でデザインを行うには，各人の望みの状態を実現できる実験装置と，その状態を計測し，解析する技術が必要になる．このため，徹底的にわがままをさせる椅子やベッド(❷)，あるいは生体内負荷を推定して好みの理由を探る筋骨格モデル(❸)が開発されている(山崎，1988；山崎ほか，1994，1997)．

筋骨格モデルは，計測した姿勢や反力データから筋張力や関節負荷を計算するもので，今後さらに精度が

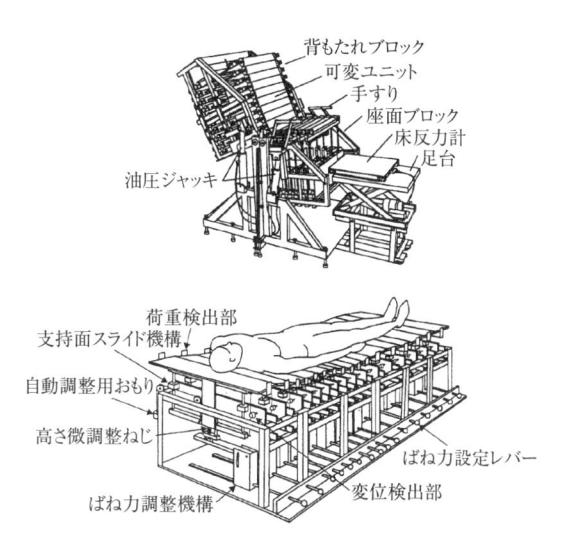

❷わがまま椅子とわがままベッド

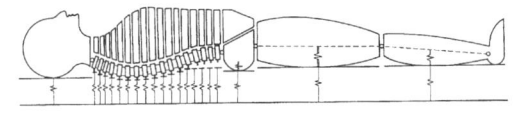

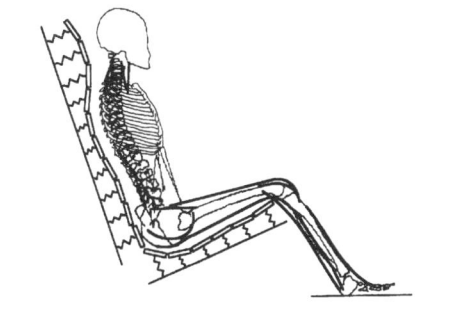

❸生体内負荷推定のための筋骨格モデル例（椅子とベッド）

上がれば，製品の事前評価が行え，開発コストと期間の大幅短縮が可能になる．　　　　　　　　　［山崎信寿］

■文献

山崎信寿：椅子の座り心地に対する生体力学的評価（バイオメカニズム9），バイオメカニズム学会編，pp.151-162，東京大学出版会，1988．

山崎信寿：靴の人間工学的高適合化．日本義肢装具学会誌，9(3)：271-275，1993．

山崎信寿・佐藤真一・立川律哉：寝具クッションの生体力学的快適化（バイオメカニズム12），バイオメカニズム学会編，pp.61-71，東京大学出版会，1994．

山崎信寿・佐々木貴弘・相澤淳平：個別適合条件の探索を目的とした可変クッション椅子の開発．人間工学，33(4)：211-218，1997．

3|204　生理の科学

■生理反応を測る

　人（ヒト）を知ることは何事によらず重要なことであるが，とくに，ヒトが使う道具・機器，ヒトが住まう環境をデザインするときには必要不可欠のことであろう．「ヒトを知る」ための科学，すなわち人間科学がデザインの世界で求められているのは当然のことである．ここでは，人間科学的なデザインアプローチの一つである生理学的なデザイン手法について述べる．

　ヒトがある機器を使うと，身体に必ず何らかの変化が生ずる．たとえば，携帯電話を手に取れば，手，前腕，上腕，肩の筋が収縮する．脳は電話番号を思い出すための活動を起こす．眼はキーとディスプレイを見るために働き，指は脳の指令によりキーを押す．こうした一連の身体に生ずる変化，すなわち生理反応を測ることによって，その機器の身体適合性を評価することが可能となる．あるいは生理反応を測ることによって望ましい機器のデザインが見えてくるのである．同じように，環境の身体適合性も生理反応を測ることによって評価できる．

　生理反応の測定項目には，エネルギー代謝量，血圧，心電図，血流量，体温，眼球電図など，さまざまなものがあるが，ここでは，デザイン科学の領域で活用されている代表的な生理学的手法である，筋電図，脳波について述べる．

■筋活動を測る－筋電図

　筋電図（electromyogram）は，筋繊維の収縮に関連して発生する活動電位を記録したものである．筋の内部に電極を刺入する挿入電極法と皮膚表面に電極を付ける表面電極法があるが，デザイン科学の領域で用いられるのは通常，表面電極法である．表面電極法によって導出された筋電図を表面筋電図（❶）という．筋活動の増加に伴い表面筋電図の振幅は大きくなる．したがって，表面筋電図の振幅，振幅の実効値，積分値などを見ることによって筋の活動を評価することが可能となる．

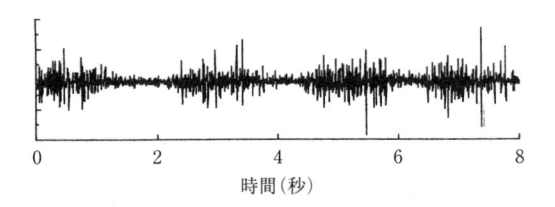

❶表面筋電図
　表面筋電図は筋活動に比例して振幅が増減する．

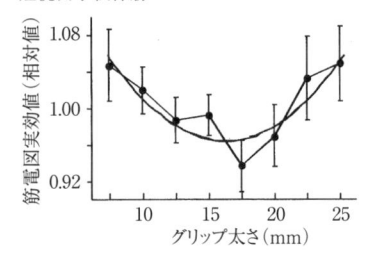

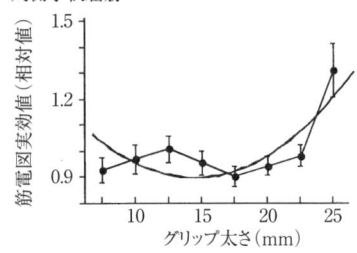

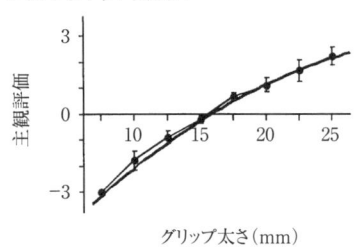

❷筋活動と主観評価から見た望ましい歯ブラシのグリップ太さ
（加藤竜巳，千葉大学工学部人間生活工学分野1999年度卒業論文より）
　前腕部の筋（短橈側手根伸筋，尺側手根屈筋）の活動は，歯ブラシのグリップが直径15～17.5mmで最小となり，主観評価（グリップしやすい太さか？；3：太い，0：ちょうどよい，－3：細い）の結果とも一致した．

　❷は表面筋電図を用いて望ましい歯ブラシの太さを検討した研究例を示したものである．断面形状が円形で，直径7.5～25mmの8種類の歯ブラシ試作モデルを用いて，スクラブ法，パームグリップでブラッシングしたときの表面筋電図を比較検討した．条件をそろえるためにブラッシング圧力は200～250gfの範囲内にし，ブラッシング速度は200回/分として，ブラッシングを10回行った．筋活動は直径15～17.5mmで最小となり，主観評価とほぼ一致する結果が得られた．この研究ではこのほか，ブラッシングしやすい歯ブラシのハンドル上部と下部の太さ，断面形状を，表面筋電図などを用いて検討し，歯ブラシのデザインにおける有効な指針を得ることができた．

表面筋電図は，筋活動を比較的簡単に，かつ精度よく測定することができるだけでなく，周波数解析することにより筋疲労の評価も可能で，デザイン科学の領域でこれからますます活用されるものと思われる．

■**精神活動を測る－脳波**

精神機能は，中枢神経系，中でも脳の働きに依存している．脳の働きを垣間見る手段として，比較的簡便なものが脳波(electroencephalogram)である．脳波は大脳皮質の神経細胞の電位変動を記録したもので，その周波数によってδ波($\sim 4\,\mathrm{Hz}$)，θ波($4\,\mathrm{Hz}\sim 8\,\mathrm{Hz}$)，$\alpha$波($8\sim 13\,\mathrm{Hz}$)，$\beta$波($13\,\mathrm{Hz}\sim$)に分けられる．通常，安静にして眼を閉じていると$\alpha$波が現れ，眼を開けたり精神活動を行うと$\beta$波が出現する．$\theta$波や$\delta$波は通常，意識水準の低下した睡眠時に現れる．光環境，音環境などさまざまな環境評価や，自動車運転や制御室の監視作業における精神疲労の測定に脳波が用いられている．

ここでは，環境評価に$\mathrm{Fm}\theta$という特殊な脳波を用いた事例について述べる．通常，θ波は睡眠時に見られる脳波であるが，精神作業時に前頭正中部にθ波が現れることがある．これを前頭正中線θ律動(frontal midline theta rhythm；$\mathrm{Fm}\theta$)といい，高い意識集中時に現れることが報告されている．

この$\mathrm{Fm}\theta$を用いて，高い意識集中を必要とする作業空間における照明とパーティション(間仕切り)の効果を検討した．机上面からのパーティションの高さを0，25，50 cmの3水準，全体照明の照度を200，1500 lxの2水準とした．ただし，部分照明により机上面照度はいずれも1500 lxとした．被験者は実験者に対面して座り，精神作業を行った．タスク中の4分間に$\mathrm{Fm}\theta$が出現した時間の割合を求めた．すると，$\mathrm{Fm}\theta$出現率は，全体照明の照度が低いと増える傾向にあり，またパーティションの高さが高いほど有意に増加することが認められた(❸)．これは全体照明が比較的暗くタスクライトにより机上のみが明るい方が空間全体が明るい場合より注意集中がしやすく，またパーティションが高い(50 cm)と注意集中が高まることを示すものである．同時に測定された「作業に対する集中」に対する主観評価の結果とも一致しており，また，$\mathrm{Fm}\theta$出現率とタスク解答数の間に有意な正の相関が認められた．このように，$\mathrm{Fm}\theta$出現率は意識集中の指標として有効であり，さまざまなデザイン科学の領域での活用が期待される．

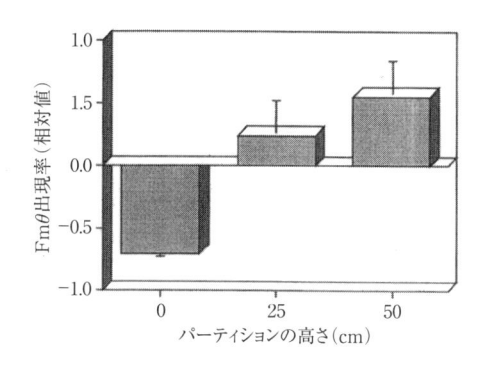

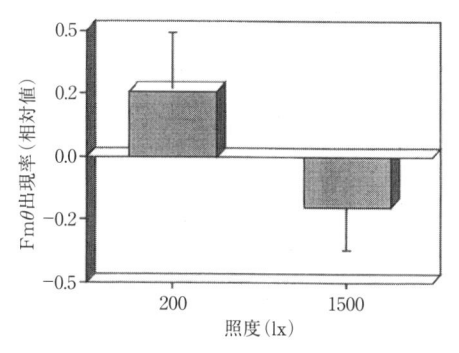

❸ $\mathrm{Fm}\theta$出現率に及ぼすパーティションの高さと全体照明の照度
(飯田理，千葉大学大学院工学研究科人間生活工学分野1998年度修士論文より)
パーティションの高さが高く，全体照明の照度が低いと$\mathrm{Fm}\theta$出現率は高くなり，注意集中が高まることが示唆される．

このほか，脳波に関連したものとして事象関連電位(event related potential；ERP)がある(樋口，1996)．随伴陰性変動(contingent negative variation；CNV)もその一つであり，予告刺激と命令刺激を一定間隔で与え，命令刺激に対してできるだけ早くボタンを押すなどの反応を行わせた場合に，予告刺激に引き続き現れる脳波に含まれる陰性電位のことをいう．こうしたCNVを用いて，従来困難であった香りや照明の客観的な評価が行われている(勝浦，1993)．

デザイン科学領域における生理学的な手法の利用はまだ始まったばかりであり，今後の一層の活用が期待される．こうした手法を駆使することにより，従来，主観評価に頼らざるを得なかったものも客観的な評価が可能となる．

[勝浦哲夫]

■**文献**

樋口重和：事象関連電位．人間科学計測ハンドブック(日本生理人類学会計測研究部会編)，pp.287-293，技報堂出版，1996．
勝浦哲夫：レジャー環境．環境人間工学(佐藤方彦・勝浦哲夫著)，pp.130-141，朝倉書店，1993．

3｜205　認知の科学

デザインにはいつもデザイナーとユーザーの知覚や認知がかかわっている．デザインの美しさやその使いやすさを生み出すプロセスに，認知の科学の成果を取り入れることが重要である．

■知覚の特性と認知判断

われわれは，図形や模様・家具・建築物・音の配列などに一定の性格や趣きを認知する．このような認知的経験を記述するためには，その経験に固有な知覚の特性を明らかにする必要がある．知覚の特性は次の四つに分けることできる．

①素材的特性：知覚の感覚的側面に見られる特性で，これには赤，黄，緑，青などの色の質的特性および明暗などの強さの特性がある．

②空間的特性：距離，奥行き，上下，左右，傾きなどに関する特性である．

③時間的特性：過去，現在，未来に関する特性で，提示する時間を変えることによって，持続の特性を示すことができる．

④形態的特性：刺激が時間空間的に広がる場合，その刺激の変化や配置のしかたによって，広がりや持続のほかに，これには，まっすぐな，曲がっている，尖った，丸い，四角い，シンメトリー，平衡，同じ幅，リズム，メロディ，などの構造的特性から，すらりとした，かわいらしい，きちんとした，傲慢な，雄大な，などの形態の表す相貌的特性，さらには，うれしそうな，やさしい，怒った，などのような感情的特性が含まれる．

このような基本的な知覚特性が，デザインプロセスに取り入れられていなければならない．

■図のまとまりの基本原則－プレグナンツ傾向のデザインへの適用

われわれの周りの環境は，図（figure）と地（ground）に分化する．いくつかの図が成立するとき，これらの図は，ばらばらに無秩序に存在するのではなく，図はたがいに「まとまり（perceptual grouping）」を作り，群化し，体制化される．

このような「まとまり」はどのように成立するのか．これにはWertheimerによって見出されたゲシュタルト要因がかかわる．

①近さの要因（factor of proximity）：他の条件が一定ならば，図と図の間隔のより近いものがまとまる．❶に見られるように，特別な態度をとらない限り，た

●● ●● ●● ●● ●● ●● ●●

❶近さの要因（野口，1981）

がいに近接している二つの点や線をまとまりとして知覚する．

②類同性の要因（factor of similarity）：同じ，または類似した性質の連続している領域は，それぞれ一体性をなして，まとまろうとする．❷に見られるように，類似した性質，類似した大きさの図がたがいにまとまりを作る．

● ● ○ ○ ● ● ● ○ ○ ● ● ○ ○ ● ● ● ○ ○

❷類同性の要因（野口，1981）

③共通運命の要因（factor of common fate）：「運命」を共にするもの，すなわち，共に動いたり，共に変化するものは，一つのまとまりを作る．たとえば，❸の6個の斑点は，近さの要因によって，左右それぞれ3個ずつまとまって見えるが，上方の3個と下方の3個をそれぞれ反対方向に動かせば，近さの要因によるまとまりは崩れて，同じ方向に動く3個ずつがまとまる．

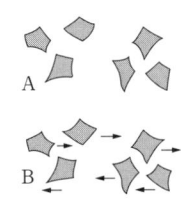

❸共通運命の要因（野口，1981）

④閉合の要因（factor of closure）：❹に見られるように，閉合の傾向をもつものは，近さや類同性の要因に打ち勝ってまとまりを作る．

❹閉合の要因（野口，1981）

⑤よい連続の要因（factor of good continuity）：平滑連続の要因ともいわれるが，条件の許す限り，最もよい連続，あるいは滑らかな連続をする．

ここで，何を「よい」というかが問題となるが，単純性，均等性，緊密性，規則性，対称性，簡潔性，閉合性などを意味する．

⑥よいかたちの要因（factor of good form）：線の連続，輪郭線のつながりについては，上述のよい連続が適用され，かたちの成立についても，上述の意味でのよいかたちが成立するようにまとまる．

このほかにもいくつかの要因があるが，これらの要因によって，全体として，最も秩序あるまとまりを形成しようとする傾向がある．これをプレグナンツ（Prägnanz）の傾向という．

■デザインに対する認知特性
[アフォーダンス]
　デザインの認知科学の萌芽的研究は，事物のアフォーダンス（affordance）に関するものである．ギブソン（J.J.Gibson）によるこの造語は，事物の知覚された特徴，とくにそれをどのように使うことができるかを示す特徴である．たとえば，椅子は支えることをアフォードするので，座ることを可能にする．

　アフォーダンスはデザインをどう扱ったらよいかについて強い手がかりとなる．ドアの押し板は押すためのもの，ノブは回すためのもの，スロットは何かをそこに挿入するものである．したがって，アフォーダンスの特徴がうまく使われていれば，絵や説明文がなくても，何をしたらよいかがすぐわかる．絵やラベルを添えなければならないデザインは失敗である．

[よい概念モデル]
　デザインプロセスにおいて重要なことは，ユーザが理解しやすい「よい」概念モデルを提示することである．よい概念モデルを示されると，ユーザは自分のやることを予測できる．よい概念モデルがないと，手あたりしだいに操作しなければならず，どういう結果が出るのか予測できない．

　❺に示されるように，目に見える構造の部分は「システムイメージ」と呼ばれる．「デザインモデル」は，デザイナーがもつ概念モデルであり，「ユーザーのもつモデル」は，システムとの関わり合いによって作られるメンタルモデルである．「システムイメージ」は，実際に作り出された具体的なものから生じるものである．デザイナーは「ユーザーのもつモデル」が「デザインモデル」と同一であってほしいと思う．しかし，通常，デザイナーはユーザと直接話をすることはなく，やりとりは「システムイメージ」を介してなされる．

[対応づけ]
　車を右方向に動かすためには，ハンドルを時計回りに動かす．これは目に見えるし，即時にフィードバックを与えてくれる．このような対応関係は自然で容易に学ぶことができる．デザイナーはモノを上に移動させるために，スイッチを上にあげるという空間的アナロジーを利用することができる．複数以上の電灯に対しては，その電灯の配置と同じパターンでスイッチを配置する．デザインには，このような自然な対応づけが重要であるが，システムの機能が複雑になり，対応関係が見えなくなると，ユーザーの情報処理能力を超えてしまう．

[フィードバック]
　フィードバックとは，どのような行為が実際に行われ，どのような結果が得られたかをユーザーにその結果を送り返すことである．電話機のプッシュボタンは指先からのフィードバックを通して適切な触感を与え，ユーザーがボタンを押すと，押されたことがわかるように，受話器を通して音がフィードバックされるようにデザインされるのが望ましい．しかし，電話機に多くの機能が追加されるにしたがい，フィードバックは少なくなってきている．

■デザインに対する行為の7段階
　ユーザは，まず，何をしたいか（「ゴール」）を考えなくてはならない．次に，外界に対して何か行為を行い，自分を動かすか，他のものを操作する．最後に，「ゴール」としたものが得られたかどうか結果を評価しなければならない．

　❻の左側に示されるように，「ゴール」は何らかの行為をしようという「意図」に変換される．「意図」はそれを実現するために行われる「行為系列」に変換される．これはまだ頭の中で生じているだけで，実際に「実行」されて，初めて外界に効果をもつ．

　「評価」は外界の状態を「知覚」することから始まる．「知覚」はユーザーの予期にしたがって「解釈」され，「意図」と「ゴール」と照合して，「評価」される．

　この行為の7段階というモデルは，デザイン過程の概念的枠組みを提供し，使いやすいデザインシステム

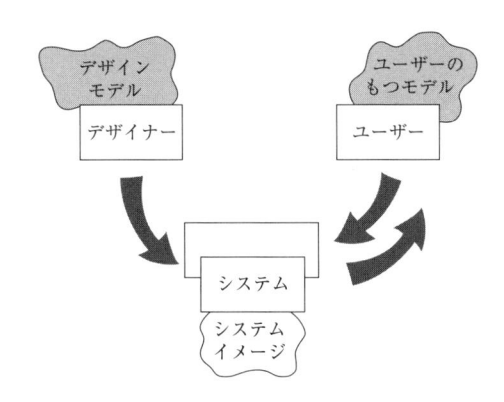

❺システムイメージ（ノーマン，1990）

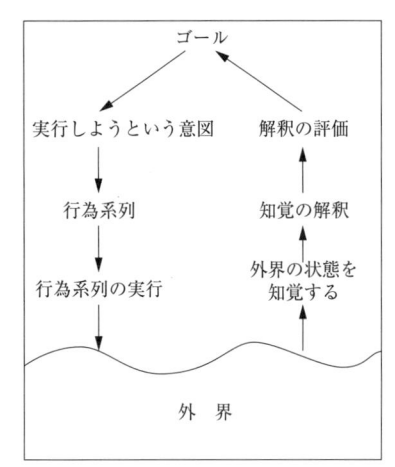

❻行為の7段階（ノーマン，1990）

作成に役立つであろう．
　各行為段階に対応した次のような質問項目は実際的である．
- 装置の機能がはっきりわかるか．
- どんな操作をしたらよいかをわかるか．
- 意図と行為を対応させることができるか．
- その行為を実行できるか．
- システムが望ましい状態にあるか．
- システムの状態と解釈との対応づけがわかるか．
- 行為の結果，システムの状態と目に見えるモノとの対応関係を確定できるか．

[野口　薫]

■文献
野口薫：ゲシュタルト要因．新版心理学事典，p.193-195，平凡社，1981．
Norman, D.A.：The Psychology of Everyday Things, Basic Books, 1988（野島久雄訳：誰のためのデザイン？，新曜社，1990）．

コラム「私の選ぶ図書10冊」

稲次敏郎[環境デザイン／宝塚造形芸術大学]

① 『素材と造形の歴史』(山本学治著，鹿島出版会，1966)
　石のもつ特質と歴史観，木のもつ特質と歴史観，鉄のもつ特質と歴史観，ガラスの技術と空間，それらを造形する特質とは何かを知るうえでも座右の書である．それらは，素材と機能と造形でしめくくられている．本書は次のように組み立てられている．自然の形態／石と人間の歴史／土と農耕文明／ガラスの技術と空間／鉄の変性の歴史／素材と機能と造形と．

② 『都市―集まって住む形』(鳴海邦碩著，朝日新聞社[朝日選書398]，1990)
　江戸時代の日本の町屋を見ると，京都には京都のスタイル，大阪には大阪のスタイルがあり，地域によって決まったパターンがあった．本書は次のように編成されている．集まる形の不思議／商いがつくる形／高密居住の形／新都市と郊外／植民・移民の都市／新しい集合へ．なぜ集まり住む形であるのだろうか．この形は，市・町・村におよぶ．本書を読むと答えてくれる．

③ 『江戸の都市計画』(童門冬二著，文藝春秋[文春新書038]，1999)
　「ローマは一日にして成らず」という．東京も同じ．本書は，信長の理念／太田道灌の江戸開発／家康の町づくり／武家の都／明暦の大火／知恵伊豆の計画／吉宗が求めた健全化／名奉行大岡／江戸っ子／三大改革と福祉行政，で組み立てられている．著者は元東京都の政策室長で，歴史作家でもある．読みやすい．

④ 『東京の原風景―都市と田園の交流』(川添 登著，日本放送出版協会[NHKブックス335]，1979)
　日本人が自然に対して強く傾斜することは知られている．江戸は，この世界観によって作られた，世界にもまれに見る緑と四季の花々に恵まれた都市であった．江戸そして明治までの東京は，「世界最大の田園都市」と呼ばれるにふさわしい都市であった．ここでの花見・菊見などなど，「みやび」と「ひなび」が交錯する都市であったことはよく知られている．環境デザインを指向する人，江戸っ子気質を研究する人にとって，必見の書である．

⑤ 『室町記』(山崎正和著，朝日新聞社[朝日選書62]，1976)
　本書は次のように編成されている．沸騰するつぼ／乱世を開いた二人の覇者―足利尊氏・後醍醐天皇／乱世を彩る脇役群像―新田義貞・児島高徳・楠木正成・北畠親房・高師直・佐々木道誉・菊池一族／奇妙な統治者／乱世が生んだ趣味の構造・一揆と下克上／乱世の虚実―北条早雲・毛利元就・信秀・信長父子／文化人たち―兼好法師・宗祇・蓮如・一休・一条兼良・三条西実隆・雪舟・狩野永徳／世界の中の日本／活気ある巨大な実験室／日本文化の底に流れるもの．室町時代は奇妙な時代である．しかし，絶妙な時代でもある．現在の文化はこの時代に起こっているのだから…．

⑥ 『千利休』(村井康彦著，日本放送出版協会[NHKブックス281]，1977)
　茶の湯が体質的にもつ日常性とそれにもとづく寄合性・遊具性は，利休の茶の湯に示される非日常性・求道性をしばしば拒絶した．利休の茶の湯はその特徴を尖鋭化するに及んで次第に孤立化し始め，その没後には，「小間は客人を苦しめるに似たり」という形で否定されていく．「茶の湯とはただ湯をわかし，茶を点てて呑むばかり成り，本を知るべし」という利休の言葉は，茶の湯のもつ二律背反を利休自身が最もよく知っていたことを告白したものといえる．本書は，利休の人と思想と日本文化史における位置を示している．

⑦ 『日本の近代建築　上(幕末・明治篇)・下(大正・昭和篇)』(藤森照信著，岩波書店[岩波新書308・309]，1993)
　とにかくよく調べている．地球を東回りにアジアを経て東京・神戸横浜へ・西回りにアメリカを経て北海道へ．こうして日本の近代建築は始まり，明治政府の近代化政策とともに数多くの作品が作られてゆく．大正に入ると，第二世代が登場し，建築とは何かを内省し，社会性・技術の表現，実用性などのテーマを語る．昭和に入ると第三世代が花咲き，ファシズムの洗礼を経て，その流れは今に続く．近代建築の流れを知ろうとするものにとっては必読の書である．

⑧ 『占領軍住宅の記録　上・下』(小泉和子，高藪 昭，内田青蔵著，住まいの図書館出版局，1999)
　「デペンデントハウス」は，戦後初めて日本人が出会った言葉であった．それは，日本の生活文化の近代化に不可欠な一頁として記憶されるべき言葉であった．その言葉は，敗戦後の日本占領下における家族用住宅を指す．このデペンデント(扶養家族)は，さかのぼればアメリカの西部開拓時代にすでにあったといい，戦地にあっても家族は共にあるという生活の原点を実践するシステムといえる．建築の配置・設計はもちろんのこと，現代生活のすべてがここにある．家具・調度品や設備まで設計された．現在の日本においてデペンデントの意味について，もう一度考え直す必要があると思われる．

⑨ 『大名庭園』(白幡洋三郎著，講談社[講談社選書メチエ103]，1997)
　江戸時代の大名たちが競って造った大庭園で，それらは社交と儀礼の装置であった．本書は，饗宴の園／茶の儀礼を越えて―大名庭園の成立／山海の佳景―江戸の大名庭園／政事と遊事の秘園／饗宴の庭―大名達の社交／庭園は江戸にあり／大名庭園衰退史，で組み立てられている．

⑩ 『庭園倶楽部―日本庭園の「ありやう」を求めて』(稲次敏郎著，ワタリウム美術館／学芸出版社，1995)
　建築は建築のみ，庭園は庭園のみの書物は多い．書院・方丈とその庭，民家とその庭，町屋と道の関わり合いのところが欠落している．建築史，絵画史，庭園史のように縦割に分類している．しかし，日本のカタチを考えるうえでは，横断的に繋ぎながら，各時代を連続する方法が必要である．この意味から，時代背景，時代の美意識を基調とし，生活の集約である住居を縦軸とし，それにかかわる屋内外の造形要素の相関関係から，造形の背景にある秩序を求め，その上に立って日本庭園の姿を浮かび上がらせようとするのが本書の内容である．

3 | 206 | 感性の科学

■科学技術としての感性

　工業製品の設計要因として，耐久性，機能性に加え使用する側の人間特性も重視されてきた．製品と身体の形態的適合性の検討から始まり，コンピュータの普及とともに人間の認知的特性との適合性も考慮され，近年は，高齢者の快適生活や生活様式における個性化対応が求められる社会背景にあって，心との適合性が重要視されるようになってきた．この快適性設計要因が感性情報との結びつきをもたらし，感性を科学技術の領域に引き出したと考えられる．

　感性の定義は種々様々であるが，感性を外界からの刺激によって心（脳中枢）に起こる情報と定義するならば，科学技術として感性を位置づけるには，刺激を構成する物理条件と，刺激から引き起こされる感性情報の両者を，何らかの手法によって数値化，記号化し，相互の関係を明らかにすることが大きな課題となる．

■感性の計測

　刺激の物理量を計測することは，現在の技術をもってすればむずかしいことではないが，心の中の感性情報を直接計測するのはむずかしい．現在体系的に完成されつつある測定法が，人間の感覚器官をセンサとする官能検査であり，製品評価の多くはこの検査法で行われている．一方，より客観的で説得力あるデータを設計に供給することを目的に，主観的な感性情報を生理的な計測法で得ようとする試みも行われている．

　感覚器官を通して外部から入った刺激は脳の感覚領野で処理され，自律神経系や運動神経系などを通して心臓，血管，皮膚，筋などに反応を起こしている．したがって，生理反応を計測することで，提示された対象に心がどのように反応したかを推定することができる．快・不快を脳波（α波）の周波数ゆらぎ特性により計測する試みなど（吉田，1995），現在計測が試みられている生理指標として，脳波，筋電，眼球制御系（焦点調節，瞳孔反応，眼球運動），瞬き，皮膚電位，心電，血圧，血流，呼気，皮膚温度，ストレスホルモンなどがある．官能検査に比べ生理的計測の利点は，心的な現象を時間の遅れなく，かつ言語というより高次なものへ変換を必要とせず，客観的な計測ができることである．

■感性の生理的計測例

[機器操作の最適設計と感性評価]

　高機能，高知能化した機器システムの普及に伴い，操作時に受ける緊張，イライラ感といった精神的負荷が社会的問題となってきている．心的負荷の少ない操作システムを設計するため，ストレスを客観的に計測し評価する研究が行われている（永田ほか，1998）．

　操作によるストレスをシミュレートするため，ＣＲＴ上において難度の高いトラッキング作業を行わせる．作業中の心拍などの生理情報と作業成績および作業前後の主観評価を計測する．心拍のパワースペクトル密度関数から低周波成分（LF：$0.04 \sim 0.15$Hz）と高周波成分（HF：$0.15 \sim 0.40$Hz）との比（LF/HF）を求める．一般に，LFは交感神経系の活動（促進的活動）と，またHFは副交感神経の活動（抑制的活動）と関連するといわれており，LF/HFの値が高くなると神経系は活動状態を示す．

　主観評価値から，難度の高い作業を開始すると緊張し，終了とともに緊張は解消する傾向が得られた．この作業過程における心的変動は，心拍のLF/HF変動と一致する（❶）．一方，長時間の単純作業に飽き，作業意欲の低下を示す「怠惰だった」，「うんざりした」の主観評価得点が高く，作業成績も下がると（❷上，中），LF/HFの値は低下する（❷下）．これらの結果は，作業への精神的な集中度を，心拍のLF/HF変動傾向で推定できる可能性を示している．心拍を計測しながら，適度なLF/HF値を保つ操作系を設計することが，感性情報による最適設計となる．

[立ち上がり介助機器の最適設計と感性評価]

　高齢者の介護をロボット技術などにより完全自動化することは可能であるが，自分の体位変換を他力的，受け身的に支援されることが高齢者の心身にとって最適なのかという問題がある．介護機器の使用に際し，自ら行動しようとする積極的な心の状態（意志）が心身に与える影響を解明し，介護機器の操作性にかかわる設計指針を，感性的側面から明らかにする試みがなされている（川口ほか，1998；Iida and Kawaguchi,

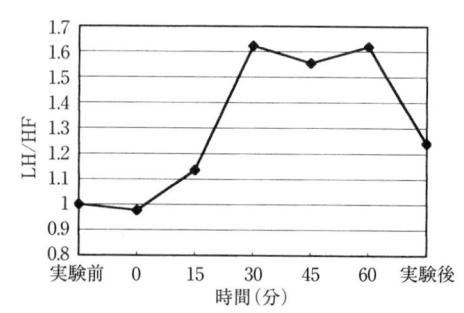

❶緊張作業過程における心拍のLF/HF変動（被験者A）

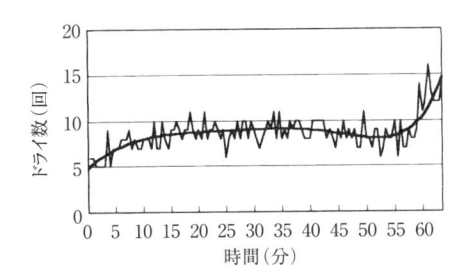

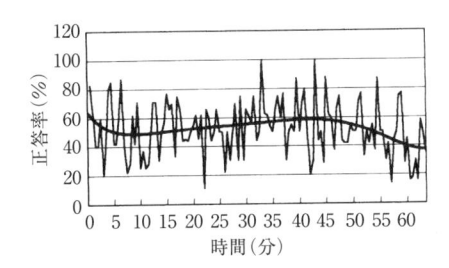

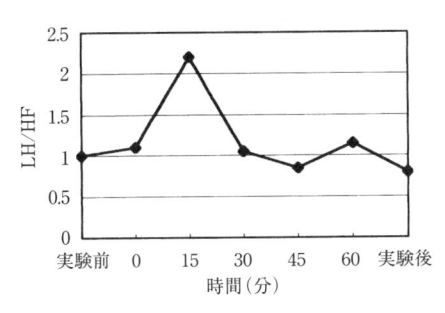

❷緊張作業過程における作業成績とLF/HF変動（被験者B）

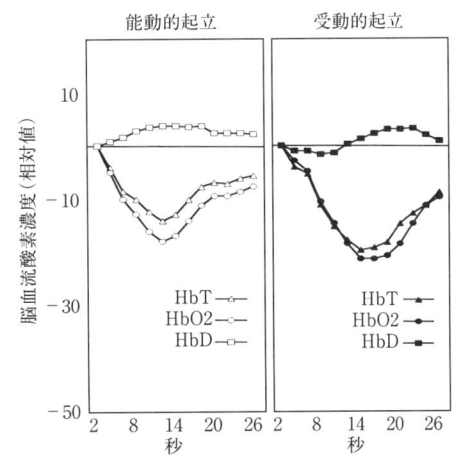

1999)．

　高齢者の立ち上がり動作において，介護者に身を預けた受動的立ち上がりと，自らの意志により筋運動を生起させ，能動的に立ち上がった場合における脳血流などの生理情報を計測する．高齢者の能動的・受動的立ち上がりにおける脳血流の変動を❸に示す．立ち上がりにより脳血流は急激に低下し，徐々に回復する．しかし，受動的な立ち上がりはその低下が著しくまた回復も遅く，一時的に起立性低血圧に陥る可能性を示している．立ち上がろうとする意志が，自律神経系の活動を活発にし，脳循環調節系を適度に制御していることが推定できる．

　立ち上がろうとする心の働きが生理的に影響を与えることから，介護機器の操作はできるだけ使用者自身により行うことが望ましく，高齢者の使いやすいスイッチ機構やジョイスティック機構の必要性が感性評価から指摘できる．

❸能動的・受動的立ち上がりにおける脳血流変化

■新しい技術としての感性

　心(脳中枢)に生起する感性情報を，感性の解明という科学領域から，その情報を工学的に応用することを目的とした技術領域へ展開していくには，感性の客観的計測がより重要となる．現在，多くの生理指標を用いてその可能性を探っているが，まだ生理指標だけでは心の情報を完全に読み取ることはむずかしく，環境や刺激の物理量，人間の表情や行動量などを加味した複合的指標が検討されている．また，感性に影響を与えずに生理情報を測定するための非接触型センサや装置自体の小型軽量化の開発，さらには生理信号の解析手法も含め，測定精度の向上が進められている．テクノストレス時代といわれる社会にあって，子供から高齢者まで多様化するユーザーの心と調和する快適な製品や環境を設計するために，感性科学が21世紀の新しい技術となることが期待されている．　　　　［飯田健夫］

■文献

Iida, T. and Kawaguchi, T.: Evaluation of welfare apparatus for the aged. Technology with Human Life, *Proc. of International Workshop on Harmonized* pp.96-100, 1999.

川口孝泰・鵜山治・西山忠博・小河幸次・飯田健夫：他動的head-up tilt時の自律神経機能および脳循環の変化に及ぼす"事前予告"の効果．人間工学，34(5)：261-270, 1998.

永田健太郎・田村哲也・飯田健夫：機器操作時における精神的負荷の生理的計測．日本機械学会機械力学・計測制御講演論文集B，pp.71-72, 1998.

吉田倫幸：脳波の周波数ゆらぎ計測と感情評価．日本機械学会誌，98(918)：403-406, 1995.

3|207 行動の科学

われわれは外界や身体内部の刺激に対して，応答として，あるいは表現としての行動により問題解決や問題発見を行う．デザインは人間とのインタラクションを前提とした行為であるから，人間の行動に関する興味と切り離して考えることはできない．ここでは，総合的な学問としての行動科学とエルゴノミックスについて紹介した後に，具体的な行動記述と行動機械としてのロボットについて述べる．

■行動科学

日常の何気ない動作や危険から逃れるとっさのふるまいは，外部から観察できる人間の行動である．その背後には，知覚や記憶にもとづく認知や思考・情動，あるいはその反映としての筋肉運動という目には直接見えない行動がある．さらに，社会集団の中で意味をもつ経済活動や政治活動という行動もある．

人間あるいは動物の行動を分析し，総合的に理解しようとする学問分野として，行動科学(behavior science)がある(吉田ほか，1989)．行動は，身体の外部および内部に生じた刺激に対する反応として心理学の注目するところであったが，医学，生理学，生物学，社会学，文化人類学など人間にかかわる多くの分野の知見が総合されることによって，行動科学は学際的な体系を築きつつある．また，モデル化と計算論的方法論を通じて情報科学と結びついた認知科学(cognitive science)と同様に，身体をもった計算機ともいえるロボット工学(robotics)に通じる行動の科学の発展も見ることができる．

多様な人間の行動の中でも，物理的に目に見える個人の行動の発現について考えてみると，次のような要因があることがわかる．

①物理的条件：真後ろを向くことはできない，車のように早く移動できない，など行動に対する身体固有の制約がある．また，椅子に座っているときには走れない，物を持ち続けるためには両手を広げられない，など外的条件あるいは環境との関係による制約がある．
②行動目的：身体内部あるいは外界からの刺激に対して，よりよい反応としての行動を生成する必要がある．
③知覚と状況理解：行動の適切さは，状況の知覚とその理解の程度に依存する．
④思考・記憶：理解した状況と目的を結びつけて物理的制約の範囲内で行動を選択するために，論理的あるいは情緒的な思考過程が存在する．

これらは，パーソナリティと状況に依存する部分とそうでない部分があるが，行動科学はその両者の関係としくみを明らかにしようとするものであり，人間を取り巻く環境や道具のデザインに有効な知見を提供する．

■エルゴノミックス

行動科学と密接な関係をもっているが，より工学的な観点から人間を見つめてきた分野にエルゴノミックス(ergonomics)がある(池田，1996)．エルゴノミックスは，ギリシャ語のergon(仕事)とnomos(法則)を結びつけてできた言葉で，アメリカでは人間工学(human engineering)と呼ばれてきた分野に相当する(真辺・長町，1968)．

エルゴノミックスでは，人間の行動そのものというよりもむしろ人間が組み込まれているシステムを考察の対象として，人間以外の部分を最適デザインすることを目指している．つまり，システムにおいて人間の労働が適正に効果を発揮できるようにするための，機器設計および作業環境の設定や作業計画の策定を研究する科学である．その源流は産業革命にあり，当初は，工業生産の能率向上，合理化，品質管理などが目標とされたが，生産の自動化，第三次産業の発展など産業構造の変化とヒューマニズムの浸透の中で，労働環境改善を経て，作業者の快適性，個性の重視，非健常者の参加促進などを指標とする人間中心のシステムづくりがエルゴノミックスの主題となってきた．したがって，エルゴノミックスには，人間と人工物のシステム論的な研究に加えて，人間の生理的・心理的機能，知覚・認知過程，個人性因子，作業環境設定，機材設計など人間行動にかかわるあらゆる要素の研究が含まれる．

また，高度情報化時代を迎えて，システムがコンピュータを含むことが多くなり，人間の労働における知的作業の割合が増加し，マンマシンインタフェースの様相が大きく変化したため，認知科学，行動科学と深く結びついた工学としてのエルゴノミックスの重要性が増している．さらに，市場調査，設計，生産，流通，消費，資源回収という経済活動のサイクルとそれらを多数包含する社会の中での人間行動を最適化するシステム論としてのエルゴノミックスは，人間の知情意を総合する文化としてのデザインと相補的な関係をもつものと思われる．

■身体運動の記述

人間の身体運動を組織的に記述する方法を初めて確立したのはルドルフ・ラバンであり，1930年代のことである(ラバン，1985)．ラバンは作業労働の動きも研究したが，ダンスの振付師でもあったため，とくに力を入れたのは舞踏の運動記述である．彼は，精神・神経・筋肉が連携して運動が生成されることに着目して身体運動を分析するために，身体を関節によりいくつかの基礎区分に分け，運動を方向・領域・経路などの空間要素，スピード・テンポ・持続時間などの時間要素，筋力・緊張・アクセントなどの重量要素，行動・支配・身体継続などの流れ要素の四つに分けて分析し，これらの運動を推進する内部の力としてエフォート(Effort)の概念を導入した．その記譜法として提案されたラバン-ノーテーション(Laban-notation)とエフォート図表は現在も舞踏記述，教育，振付けデザイン，セラピー，行動分析などに用いられている．

ラバンの手法は観察者の目を通しての運動記述であるから，人間の認知能力に拠るところが多く定性的である．一方，コンピュータの発達に伴い出現したコンピュータグラフィックス(CG)では，より直接的な身体運動や行動の数値的記述が必要となる．アニメーションの作成では，人間の関節の動きを直接測定するモーションキャプチャ装置からのデータを用いたり，デザイナーがCGモデルの関節や顔表面の動きを直接指定するためのソフトウェアが開発されている．また，骨格，筋肉，皮膚を解剖学的な知見にもとづいてモデル化した物理モデルによる身体運動のシミュレーションも行われている．しかしながら現在までのところでは，身体運動の外見を再現するための記述にとどまっており，ラバンのいうエフォートのような精神的な部分の記述には至っていない．つまり，行動生成の根源に関してはデザイナーの感性に依存しているのであるが，人工生命(artificial life)，ロボット(robot)など環境との関係によって行動を生成する必要のある自律システムの分野では，人間または生物に類似した行動生成の創発に関する議論が行われている．

■ヒューマノイドロボット

機械は人間の行為の代行あるいは補助を行うものであるから，機械の行動と人間の行動には何らかの調和が必要である．従来の数値制御の工作機械や産業用ロボットは，人間とは隔離された場所で稼動するため，その行動はコンピュータインタフェースを通して指示できた．これに対して，生活空間の中で人間と共生するロボットの一つの理想形は，人間そのものである．ヒューマノイド(humanoid)は人間の生活環境で活動する人間型ロボットであり，工業生産ばかりでなく，家事，高齢者介護，身障者介助など生活を快適にする上で重要な役割を演じる．このようなロボットは，人間のためにデザインされた環境下で不特定の使用者と密着して作業するため，それに適した形態と行動様式をもつばかりでなく，特別な使用訓練を必要としない安全で柔軟なインタフェースを備えることが要求され，インタフェースのマルチメディア化とともに，従来のような自動作業機械というよりも自律的に行動する情報機械としての側面を強くもつことになる(早稲田大学ヒューマノイドプロジェクト，1999)．

また，ヒューマノイドに限らず，ロボットには身体がある．その身体には外界および体内の物理的な状況を検知するセンサを備えており，これらのセンサからの情報をもとに行動を決定する機構がある．さらに，決定した行動を実行する身体の制御機構がある．このような道具立ての面から見ると，ロボットと生物とには大きな相違はないといってよいであろう．

数え方にもよるが人間の全身の関節数は150程度であるので，人間はきわめて自由度の高い機械系であるが，ロボットの機械的な面でいえば，40から50自由度のリンク機構があれば，二足歩行を含めてかなり人間に近い行動生成が可能である．しかしながら，情報的な面，つまり環境理解と適切な行動計画の策定に関しては現在の技術では不十分である．元来，ヒューマノイドロボットの研究には，合成して理解するという手法による人間研究の側面がある．行動する機械としてのロボット研究は人間の行動の研究でもある．

最近，ペットロボットが商品化されているが，ロボットの一般への普及は，形のデザインから行動のデザインに，さらには，見た目の動きのデザインから力覚に訴える物理的効果のデザインへと，デザインの新しい地平を開くものと思われる．

[橋本周司]

■文献

池田良夫：エルゴノミックス，日刊工業新聞社，1996．
真辺春蔵・長町三生編：人間工学概論，朝倉書店，1968．
吉田敦也・蓮花一巳・金川智恵・佐古秀一・米谷淳編著：行動科学ハンドブック，福村出版，1989．
R. ラバン著，神沢和夫訳：身体運動の習得，白水社，1985．
早稲田大学ヒューマノイドプロジェクト編著：人間型ロボットのはなし，日刊工業新聞社，1999．

3|208 文化の科学

■国語辞書に見る「文化」

日本では,「文化」という語が特別な響きと意味をもって使用されてきた.たとえば,1960年代後半に筆者がサーベイで訪れたある山村の老婆は,次のように語った.「町から新しいものがどんどん入ってきて,子どもの頃から比べれば,生活がどれほど文化的になったかしれない.しかし,文化的生活は金がかかるから困ったものだ.台所にアルミニウムの鍋がなければ,文化的生活とはいえないでしょ.白いきれいな冷蔵庫も文化的生活には必要でしょ.考えてみれば,金がかかるのもいたしかたない.なぜなら,文化的生活はアメリカさんの生活なのだから」

果たして,この老婆の描く「文化的生活」のイメージは,偏ったものなのだろうか,それとも,日本人に共通した解釈なのだろうか.

ちなみに,国語辞書には,「文化生活」が次のように解説されている.「①文化価値の実現に努力し,文化財を享受する生活.②現代文化を効率的に享受する合理的な生活様式(『広辞苑』)」「①科学の応用と芸術の趣味とをあわせもつ生活.②西洋かぶれして新しがる生活(『広辞林』)」.すなわち,「文化生活」とは,物的には自然状態から脱却して水準の向上をめざす生活,また,心的には理想の実現のために精神的な陶冶・洗練などを行う生活を意味しているといえる.

国語辞書は,一般的に,一国の民族がどのような意味で語句を使用しているかをまとめたものである.この点からすると,上の二つの辞書における解説のように,日本においては,「効率的で合理的な生活」「外来のものを取り入れた新生活」が「文化生活」であった.それゆえ,冒頭に紹介した老婆の語りは,日本人に広く共通した「文化」の把握なのである.こうして,日本では,「文化」という言葉には,「あかぬけした」「しゃれた」「目新しい」「都会的な」「洗練された」「教養のある」などのイメージが連動している.また,このことは,「文化風呂」「文化住宅」「文化国家」などの特異な表現がこの日本で生まれた背景ともなっている.

■学術用語としての「文化」

学術用語としての「文化」の意味は,国語辞書におけるそれとは異なっている.

「文化」の語は,ドイツ語の "Kultur" の訳語として生まれたものである.それは,どのような意味を有しているのだろうか.

ドイツでは,17世紀末頃から,ラテン語の「耕作」を意味する "colere" "cultus" "cultura" などの語から "Kultur" という語を生み出し,"cultura animi"(精神的教養)の意味に用いてきた.その言葉は,18世紀に入ると,「個人の教養」という範囲から「社会人類全体の教養」という範囲にまで概念が拡張され,「動物的状態から脱して洗練された社会生活への進歩と成長をとげること」を意味するようになった.そして,そのような意味での人間生活の営みの全体を総括した概念として,"Kultur" という語を用いる動きが生じてきた.

19世紀末に,人類学の祖といわれるE・タイラーは,G・クレムが規定した "Kultur Geschichte"(文化史)の概念(Klem, 1843-52)を継承し,その著『原始文化』の中で,「文化もしくは文明とは,その広い民族誌的意味においては,知識・信仰・芸術・道徳・法律・慣習など,およそ人間が社会の成因として獲得した能力や習性の複合的全体である」と記述している(Tylor, 1871).

「文化人」「文化図書」などの表現が日本で見られるのは,日本への「文化」概念の導入がドイツにおける "cultura animi"(精神的教養)の意味が主流であったことによる.

20世紀に入ると,このようないわば古典的概念規定に代わって,さまざまなかたちでの提起がなされるようになった.石田英一郎は,『文化人類学序説』の中で,それらを次の三つに要約している(石田,1966).①「文化」は直接に触知したり知覚したりすることができないいわば作業仮説であり,論理的な構成物であるとする考え(Linton, 1936).②「文化」は人間の行動の型・パターンもしくは類型・タイプであり,人間の心の中にのみ存在するという考え(Redfield, 1941).③「文化」は観察したすべてそのままの記録ではなく,概念的な模型・モデルであり抽象概念であるとする考え(Kluckhohn and Kelly, 1945).

また,1947年,R・リントンは,パーソナリティの背景を考察した著書の中で,「文化」には「実在する文化(real culture)」と「構成された文化(culture construct)」の二つの位相があるとし,「一つの文化とは,その構成諸要素がある特定の社会成員によって共有され伝えられるところの,学習された行動ならびに行動結果の統合形態(configuration)である」(Linton, 1947)と定義した.

このリントンの定義を一つの規範としながら,石田は,上掲書の中で,「文化」の内容または項目を,「類別は多かれ少なかれ無理をまぬがれない」と断りなが

ら，①意識の中にあるもの，②行為の中にあるもの，③外界の物体の中にあるもの，の三つに区分した．すなわち，石田は，たとえば，宗教という文化現象の内容は，①意識の中にある信仰，②行為によって表現された儀礼，③神殿・聖地・偶像のような外界の物体に象徴された対象物からなると考えた．そして，石田は，「文化」を「これら三つの体系によって組織された一個の全体である」と考察したのである．

こうして，「文化」をめぐる学術上の定義とその歴史を総括すると，「文化」の概念を次のようにまとめることができよう．すなわち，「文化とは，人間が社会から学習し，それを伝えていくところの，生活のしかた(way of living)の全体，ならびに，その生活のしかたを生み出すところの生活の知恵である．それゆえに，文化とは，社会成員によって共有され，一つの全的組織体を形成しているものである」と．より簡潔にいえば，「文化」とは，社会的に伝承され，社会成員によって共有されている「生活の総体」にほかならないといえる．

こうして，学術用語としての「文化」の概念の到達点は，「文化＝生活の総体」なのである．

■「文化創造」としてのデザイン

「生活の総体」として「文化」の概念を規定すると，デザインと「文化」とは実に緊密な関係にあることが了解される．

デザインは，本来，「よりよき生活」の構築に寄与する，すぐれて社会的な実践である．また，デザイン学は，「よりよき生活」の構築に寄与する科学にほかならない．おのずと，デザイン学は「目的学」「有用の学」をめざすものである．

また，デザインやデザイン学がそのようなものとして成立するためには，「よりよき生活」の形質を，ある段階においては仮説的イメージとして，さらに進んでは具体的で現実的な構想として，デザイナーならびにデザイン研究者たちが具備していなければならない．

当然，デザイナーやデザイン研究者によるまったくの空想として「よりよき生活」の形質が描かれていたのでは，何ら意味がない．なぜなら，デザインは，社会的な諸々の現実と強く連関していて初めて，その存在意義が生じるからである．デザイナーもデザイン研究者も，共に，社会的現実から逃避することはできない．社会的現実から逃避して逢着するのは，さまざまな歴史が証明しているように，多くの場合，「美のための美」「科学のための科学」である．それゆえ，現実の「文化＝生活の総体」を直視し，そこに内在する諸問題を明確化する行為がデザイナーやデザイン研究者には不可避である．また，「よりよき生活の形質＝あるべき姿(Sollen)」は「現実の生活＝ある姿(Sein)」を鮮明にし得たときに初めて第一次的に描きうるものであることを，デザイナーやデザイン研究者は意識しなければならない．こうして，デザインには，「現実の文化＝現実の生活の総体」への眼差しが不可避である．

さらに，「あるべき姿」は，「ある姿」と「あった姿」との対比の中から，おのずと構想されることに意識が向けられねばならない．「あった姿」としての過去の歴史は，その中に「ある姿」を批判・評価する尺度が内包されている場合が少なくないからである．換言すれば，「あるべき姿」の創造には，「あった姿」と「ある姿」との多様な対比の展開が不可避である．こうして，デザインには，「過去の文化＝過去の生活の総体」への眼差しが必要である．

同時に，「文化＝生活の総体」は，民族や地域によってそれぞれに異なっており，多様な「文化」の共存こそが「豊かな人間社会」であるとの認識が肝要である．「文化創造＝生活の総体の創造」としてのデザインは，こうして，「文化」の個別性への認識，「文化」の多様性への認識を基底に据えて，「現在の文化」と「過去の文化」との対比的考察の累積が不可欠である．

［宮崎　清］

■文献

Klem, G. E.: Allgemeine Kultur-Geschichte der Menschheit, 1843-52.
Tylor, E.: Primitive Culture, London, 1871.
石田英一郎：文化人類学序説(増訂版)，時潮社，1966.
Linton, R.: The Study of Man, New York & London, 1936.
Redfield, R.: The Folk Culture of Yucatan, Chicago, 132, 1941.
Kluckhohn, C. and Kelly, W. H.: The Concept of Culture, The Science Man in the World Crisis, New York, 1945.
Linton, R.: The Cultural Background of Personality, London, 1947.

3|209 社会の科学

■社会の中の人間行動
[社会と文化]

技術の革新や経済の要求があらゆる社会システムの変動をうながし，その結果，人びとの相互の関係性も絶えず変化を強いられる．デザインはモノや環境，視覚伝達物を媒介手段として人びとの相互の関係性や社会生活における意味の構造を作り上げていく行為である．そのため，作業の前提として，社会的存在としての人間行動や社会集団の中で見られる現象を認識してその解釈を行うことは不可欠である．現代社会はきわめて複雑な様相を呈するものであって，たとえばモノやサービスの消費という行動を取り上げてみても，経済的合目的性というような一つの観点のみで上手に説明することはむずかしい．そこで，経済，法や制度，歴史，哲学，精神心理，文学などのさまざまな社会・人文分野で提言される概念を理解しながら多面的にアプローチしていくことが，現象を把握していくことの有効な手助けとなる．領域横断的な視座を有して今日の人びとの生活文化を考えていこうとすることは，「社会学的なものの見方」を形成することである．

文化という概念は文学・音楽・絵画や哲学思想など洗練された精神活動としての高級文化（high culture）の意味で用いられることが多い．しかし，社会観察の作業においては，家庭・仕事・余暇など社会生活のすべての場面に現れる，芸術，思想，知識，制度，慣習，技術としての生活様式や意味の構造を指し示す．その中で，大衆文化（mass culture）やポピュラーカルチャー（popular culture）と呼ばれ，社会のあらゆる階層が享受することができる日常にあふれている文化の形態（たとえばポピュラーミュージック・雑誌や大衆向けの書籍・ゲームや娯楽など）を観察すると，伝達技術や複製技術の役割，営利活動と文化の結びつきが浮かび上がってくる．一方で，都市型社会の中では，民俗文化（folk culture）として節目節目に行われてきた年中行事が喪失し，また人生の折り目にあった通過儀礼の意義も薄れていくが，それらが社会関係の維持や生活のリズムの創出にどう働いていたのか，現代社会の構造と対比して見ていくことでモノやコトのあり方が再考される．

[社会観察作業]

社会集団という概念は，相互行為や相互関係に継続性がある人びとの集まりのことをいい，地縁に基盤をおいて結びついたものや，特定の関心や目的のために人為的に結合したものがある．社会関係は，人格や感情に価値を置いた家族，血縁などの共同社会としてのつながりであるゲマインシャフト（Gemeinschaft）の状態から，合理的な目的達成をめざす利益社会としてのつながりであるゲゼルシャフト（Gesellschaft）へ移行していくといわれてきた．今日においては，極度な都市化と情報ネットワークの発達によって，さらに新しい社会関係が生み出されているとの見方もあり，その構造と類型を考えていくことが必要となっている．

社会の動向を調査・分析してとらえようとするときには，職業，性別，年齢，世代などの一定の属性にもとづいて分類した社会的カテゴリーという統計的集団の概念を取り扱う．また，社会的地位を段階的に配置した構造を社会成層として考え，歴史的な視野で見た富の蓄積や権力の有無，力関係から生じる階級（class），あるいは財産，所得，学歴，職業などの違いから生じる階層（social stratum），という概念による人びとの集合を扱ってその動向を考察していく．

社会集団や社会における現象を観察・理解するには，観察やアンケートにもとづく実地調査，対象となる集団の成員となって行動する参加観察，各種統計データの解読，文献による史実調査，社会思想・社会理論にもとづく推論といった手法を用いる．また，美術や広告などに表現された内容を読み取ることや，モノの系譜をたどる作業などからも多くの示唆を得られる．

■情報化/消費化社会の観察
[情報化と消費行動]

20世紀を通じて情報化と消費化が相互作用しながら高度な融合を果たし，消費は情報との結びつき方によって複雑な行為となっている．モノを選択・使用する際にはさまざまな情報が人びとの心理に働いており，デザインはその意味の生成に大きく関与している．

高度大衆消費の時代の消費行動には，需要と供給，消費と生産，モノの価値と効用の関係に産業時代における意味の構造はあてはまらない．今日のモノやサービスの消費においては，必需消費ではなく選択消費が大半を占めている．大量の記号・情報がモノとどう結びついて，欲求（wants），欲望（desire），願望（wish）といった感情が生成されていくのか，その理解からモノや行為の意味構造が読み解かれる．

見せるための消費　1920年代にすでに大衆消費社会が出現していたアメリカにおいて，上流階級に属することを見せびらかす手段としての「衒示的消費」行動

が生まれていた．日本では1950年代後半から高度大衆消費の時代に突入し，階層意識の消失，均質な市場の出現，生活様式の画一化が進んだが，1980年代以降は，逆に学歴や職業の世襲，ストックの有無による新たな階層分解が進行している．一方で若年層においては，地位・年齢・収入を顕示するのではなく，モノの所有を相互に認識し合うためのコミュニケーションとしての消費の動向が認められる．

モノに依拠するパーソナリティ　モノ（サービス）に関する情報が拡大し充実している．そのことが商品知識にやたらに詳しい「モノ語り」の人びとを生み出した．そのような人びとにとってはモノの存在がモノの使用よりも優先する．モノの選択を個性・ポリシー・本物志向といった観点から行う傾向が見られ，モノを通して自己や他者を認識しており，「モノによって［自己実現］を図る」（大平，1990）と指摘される．

差異の消費　20世紀初頭に「産業生産の論理」で大成功をおさめたT型フォードという自動車が，その後，「消費の論理」に立脚したGM社の商品構成によって生産停止に追いやられた．GM社が企てたのはスタイリングと広告，さらにモデルチェンジによる差異化を生み出す手法であった．このときから自動車に対する消費態度は機能よりも記号に重きを置くものへ変貌した．購買のリズムが消耗のリズムを上回るほど「モードの支配」が強いと考えるが，今日ではファッションとしての衣服などの消費行動において顕著に認められる．モードは持続性のなさ，無根拠な変換を身上とするものであり，「自ら作り上げた意味を否定すること」を繰り返すことによって消費を喚起する．その中で人びとは差異を確認するためだけに新しいことを追い求める．

モノの表象の流布　広告はモノの効用を説明するのではなく，モノを何らかの生活スタイルや価値体系のイメージに連関させるためのものとして提示される．それら広告や各種メディア，コミュニケーションを通じて広められる言説(discourse)によってモノは社会の中で体系づけられ，表象(representation)として人びとの心の中で描写される．

［情報を読み解くこと］

メディアによって表現される言説やイメージは発信者の意図によって編集されたものである．ニュースであっても，流される情報はありのままの現実を反映したものではない．社会を洞察するには，メディアが意味を作り上げる技法を理解し，メディアによって構成されコード化された表現を読み解くためのメディアリテラシー(media literacy)の力をもつことが不可欠である．

■社会の主題へのコミットメント

消費の社会のあり方を考えても，どのように主題を設定し批評眼をもってかかわっていくか，デザイナーは問われている．今日，社会の主題になっている地球環境・資源問題，高齢化社会，メディアの形態などはデザインにおいてもすでに重要な検討課題であるが，エスニシティ，ジェンダーなどもこれからはデザインの議論に積極的に取り込んでいかねばならない．デザインは社会生活におけるモノや環境や行為の意味を具現的に作り上げていく作業であるから，南北格差，家族問題，青少年の心理など，デザインとの直接のつながりが見えにくい問題においても関与する部分は決して小さくない．その意味で，デザイナーには社会的な構想力が求められている．

幅広い社会の理解を深めれば，短絡的な判断はできなくなる．いかに地球資源の保護を唱えても，消費を単純に悪徳と決めつけたら経済のシステムが立ちゆかなくなる．狭義の体系の中でどれだけ個人の思考を発展させた形態を作り上げたにしろ，設置・利用される場の文脈(context)にそぐわなければそれは多くの人間に苦痛を与える存在となりかねない．環境の限界を意識した複雑な時代を生きる人びとにとって「作る行為」は両面価値(ambivalence)的なものとならざるを得ないが，その解決策は専門主義の知や体系からは見えてこない．そのような状況において，デザインは統合的な視点から社会的な調和を実現させていく手段としての役割を担っている．

［樋口孝之］

■文献

内田隆三：消費社会と権力，岩波書店，1987.
大平健：豊かさの精神病理，p.222，岩波書店，1990.
河合隼雄・上野千鶴子編：欲望と消費（現代日本文化論8），岩波書店，1997.
A. ギデンズ著，松尾精文ほか訳：社会学（改訂第3版），而立書房，1998.
見田宗介：現代社会の理論，岩波書店，1996.
J. ボードリヤール著，今村仁司・塚原史訳：消費社会の神話と構造，紀伊國屋書店，1979.
R. バルト著，佐藤信夫訳：モードの体系，みすず書房，1972.
Hall, S. ed.：Representation – Cultural representations and signifying practices, SAGE Publications, 1997.

3|210　マネジメントの人間科学

■マネジメントとは

一般に「マネジメント＝管理」というような単純なイメージをもたれがちであるが、マネジメントの概念は時代ともに変化している。プロセスとしてのマネジメントは計画化、組織化、影響化、統制の四つの機能で語られることが多いが、現代のマネジメントに求められる機能はより複雑かつ多面的なものになってきている。たとえば、マネジメントを「組織や職場の新たなミッション（使命）を創造し、人・物・金・情報・技術などのリソースを効果的・効率的に活用して、組織の目標達成に貢献すること」と定義する場合もある。このようにマネジメントの概念には、人・物・金・情報といったリソースコントロールだけでなく、組織のミッション創造という戦略的要素まで含まれる場合もあるが、ここでは人間科学という視点から人と組織のマネジメントを取り上げ、その理論や手法について概説することにする。

■マネジメントの変遷

最初にマネジメントの概念がどのような歴史的な変遷をたどってきたかについて、欧米、主に米国での事例を取り上げながら簡単に触れてみたい。

19世紀、産業革命による工業化の中で、それ以前の強制的な雇用関係に代わる新たなスタイルが出現した。労働者が費やした時間の量によって賃金を計算する日給制は、労働を時間と賃金によって統制しようとするものであり、現在の賃金制度のベースとなる考え方である。しかし一方で「一生懸命やっても損」という風土を助長した。

1880年代、アメリカを中心に労働運動が激化し労働力を合理的に統制するための方法が求められるようになった。フレデリック・テイラーにより創始された科学的管理法は、時間・動作研究により最適な作業方法を見出そうとするもので、合理的・科学的方法による生産効率の向上をめざすものであった。しかし科学的管理法の普及は、同時に合理性を追求するあまり人間性を軽視する傾向を生み出した。

1920年代後半より、さまざまな労働条件の変化が生産性に与える影響を測ることを目的とした「ホーソン実験」がエルトン・メイヨーを中心に実施された。この実験より得られた「士気、帰属意識、人間関係能力などの社会的要因が生産性を高める」という結果は、人間関係論という新たなマネジメント理論を生み出し、産業界にブームをまき起こした。合理性から人間性へとマネジメントの関心は大きくシフトしたが、今度は人間関係に重点が置かれるあまり、生産性を疎外してしまう結果となった。

チェスター・バーナードは対立する科学的管理法と人間関係論を組織レベルで統合しようとした。組織とはそれぞれが異なる動議づけをもつ個人、あるいはインフォーマルな小さなグループよって構成され、小さなグループの目標と母体であるフォーマルな大組織の目標が連動していなければならないとするバーナードは、マネジメントにおけるコミュニケーションとリーダーシップの重要性を説いた。

このような変遷をたどった後、現代のマネジメントがめざしている一つの方向性としてはピーター・F・ドラッガーによる「統合のマネジメント」を挙げることができる。物理的な能率偏重でもなく、ヒューマニズムにも偏らない、仕事の側面と人間の側面とを両立させようとするものである。

■マネジメントに関する人間科学的研究

次に、歴史的過程の中で登場した人間科学の分野におけるさまざまなアプローチの中で、代表的なものをいくつか紹介する。

[X理論Y理論（ダグラス・マクレガー）]

人間管理を二つのタイプに分けようとするものである。一つはX理論と呼ばれ、人間は本来怠け者で労働や責任を嫌うため、厳密な方向設定が必要との前提にもとづき、命令と服従、厳しい賞罰をもって統制しようとする手法である。一方のY理論は、人間は本来勤勉で、納得できる目標や興味ある事象に対しては進んで仕事をするという考えにもとづき、やる気を喚起し本人の自主性において目標を達成させようとする手法である。マクレガー自身は、現代社会ではY理論を前提に組織運営すべきとしている。

[欲求の5段階説（エイブラハム・マズロー）]

人間の欲求を5段階に分けようとするもので、「生存（生理的）欲求」「安全欲求」「社会的欲求」「承認（尊厳）欲求」「貢献（自己実現）欲求」の順に、低次のものから高次のものへ登っていくという理論である。それぞれの欲求には「低次の欲求が実現されるとより高次の欲求をもつ」、「高い次元の欲求が満たされる場合は、低次元の欲求への不満にも耐えられる」といった相互関係があるとしている。

[衛生（動機づけ）理論（フレデリック・ハーズバーグ）]

人間の基本的欲求を「衛生要因」と「動機づけ要因」に

分けて，行動心理を分析したものである．「衛生要因」とは，とくに満足感を高めるわけではないが，ないと不満を感じる要素，たとえば経営政策，監督方法，作業条件，対人関係，賃金などがそれにあたる．こうした要素の改善は不満を少なくできても，満足度の向上には結びつかない．一方，達成感や賞賛・承認，責任，高度な仕事などの「動機づけ要因」は，成長したいという欲求を満たすものであり，社員を満足させ，積極性を高める効果がある．

これら三つの研究は「人はなぜ働くのか」という問いに対する異なったアプローチということができるが，どれも人間の意欲を向上させる要因として「自ら成長する喜び」に着目していることは興味深い．

■組織と組織構造

それぞれが異なる動議づけをもつ個人が，特定の目的のもとに集められ，構造化されたものが組織である．組織は目的によって異なった構造をもつ．そこには組織の役割，動機づけ，決定権限，情報伝達のしくみ，組織文化などさまざまな要素がかかわってくる．ここでは企業活動を例として組織構造の代表的なパターンについて概説する．

[ヒエラルキー型組織]

階層構造をもった組織で，機能別組織と事業部別組織に分けられる．機能別組織は職能や専門性（営業，製造，研究開発，人事など）といった目標達成のためのインプットに焦点を当てた組織構造といえる．高い効率や専門性をもたらす一方，自発性の阻害やセクショナリズムに陥る場合がある．

事業部別組織はその組織が生み出すアウトプットに焦点を当てた組織形態といえる．アウトプットする製品，市場，顧客，地域などによって分けられた各事業部は事業活動として自己完結しており，早い意思決定と迅速な対応をとりやすい．しかし目先の利益を追求するあまり，長期的視点に立った活動ができにくい場合もある．

[マトリックス型組織]

機能別と事業部別のよいところを組み合わせた組織形態がマトリックス型組織である．事業をベースとした組織に機能別の高い専門性をもたせようとするこの組織形態においては，構成員を有効活用できる反面，複数の指揮命令系統が存在することによる責任のあいまいさや混乱を生む場合もある．

[クラスター型組織]

権限委譲により個々の構成員や少数のグループ単位で自己完結的に仕事を行うことで，迅速な状況対応をめざそうとする組織形態である．固定した組織的階層は存在せず，プロジェクトやその状況に応じて常に変化しながら現場に近い場所で意思決定が行われる．また組織形態は他の形をとっていても，同様の目的で既存組織を横断するプロジェクトチームが編成される場合は多い．

[統合化された組織構造]

従来は安定した状況下で定型業務を効率的に実行するのに適した階層型組織構造が主流となっていた．しかし，企業をとりまく状況が目まぐるしく変化する今日においては，変化への俊敏な対応力が企業存続の上で不可欠となり，柔軟で適応性が高くダイナミックな自己組織型の組織形態を採用する割合も増えている．とはいえ階層型と自己組織型の組織構造にはおのおの適性があり，効率と柔軟性の統合が今後の組織構造を考える上での重要な要素となっている．たとえば組織における知識創造という視点で，階層型と自己組織型構造に知識ベースを加えた形でダイナミックな統合を図ろうとする「ハイパーテキスト型組織」（野中・竹内，1996）などの試みがある．

以上ごく一部ではあるが，マネジメントの人間科学的側面について，人と組織に関する代表的な理論や手法を取り上げながら簡単に触れてきた．このほかにもコミュニケーションやリーダーシップ，意思決定，集団管理など，マネジメントにかかわる人間科学的要素にはさまざまなものがある．企業活動においては，こうした数々の先人の経験と科学的側面での研究成果を，実用上の技術・スキルとして企業運営のために応用している．これらは，何らかの目的を達成しようとする過程に人間の集団が関与する限りは，意識するしないは別にしても，必ずかかわってくるものといえる．

[戸崎幹夫]

■文献

キャロル・ケネディ著，ダイヤモンド・ハーバード・ビジネス編集部訳：マネジメントの先覚者，pp.96-100，120-127，191-199，ダイヤモンド社，2000．

野中郁次郎・竹内弘高：知識創造企業，pp.241-257，東洋経済新報社，1996．

グロービス編著：MBAマネジメント・ブック，pp.192-195，ダイヤモンド社，1995．

富士ゼロックス総合教育研究所編：マネジメントの基礎，pp.38-45，富士ゼロックス総合教育研究所，1994．

3|301 概説−感性とデザイン

■21世紀におけるデザイン科学をとりまく環境

1970年代に，H・A・サイモン(Simon)は，新世紀の科学の中で人工物科学(artificial science)が主要な位置づけをなされると予想した．教授のいう人工物科学とは，デザイン科学，心理系科学，情報系科学およびこれらに関連する科学分野を意味している．

いうまでもなく，科学の目的は人間の資質の向上や人間を含めた諸環境のさらなる発展・保護などにある．その科学に基礎を置いて，工学はこれまで実に大きな貢献をなしてきた．航空機，自動車，各種ロボット機器，コンピュータ，建築物，家庭電化製品，各種カメラ類などの工学の所産が人間生活を豊かにしてきたことは疑いのない事実である．しかし，その反面，大気や水質汚染などの環境破壊，各種の人間疎外現象が生起している．人間生活の向上に資することを目的とする科学に基礎を置きながら，なぜ，このような現象が起きるのであろうか．

上述の諸工業製品を使用・操作・運転するのは人間であるから，人間そのものを除外して考えることはそもそもできないはずである．しかし，これまで人間系はあまり考慮されてこなかった．工学の基礎をなす自然科学は定量的かつ再現性のある理論的領域を重要視する．しかし，人間の思考や行動は十人十色という格言があるようにつかみどころがない定性的なものである．それゆえ，定量性に乏しい人間系を参入させることは自然科学の体系全体をあやふやにする傾向があると考えられてきたのである．人間系の考察は，こうして，意識的に避けられ，あるいは，必要性を感じながらも無視されてきたといえる．

しかし，環境破壊や人間疎外現象に歯止めをかけることが急務との認識が高まり，また，1980年頃からの工学体系全般を見直す世界的な機運の中で，「人間を中心に据えた工学」が各種の分野で問い直されるようになってきた．そして，今，人間の感性を何らかの手段によって測定し定量化しようとする試みがなされ始めた．その試行は，人間の思考過程や行動を人間工学，人間心理学，その他の関連する学問諸領域を結集して理論的に解明しようとするものである．

■デザインと感性のコラボレーション

デザインは邦訳で「意匠」と訳された．語義は「計画」「設計」であるが，初期には機器外部のオーナメントが目的であると考えられた．確かに装飾的なこともデザインの一分野ではあるが，科学技術と社会環境の進歩・発展がデザインの概念を大きく変身させる方向にあることは否定できない．デザインの理念に大きな転換が求められている今日，未来思考を取り入れ，人間以外の生物環境をも含めた豊かな社会を構築するために，強い目的意識をもつことが，デザインにかかわる人びとにとって重要である．

新世紀を迎えた今日，人工物科学を基本に据えた新しい発想がデザインに導入されなければならない．周知のように，ICSID(International Council of Societies of Industrial Design, 国際インダストリアルデザイン団体協議会)のロンドン大会では，工業デザインが次のように定義された．要約すると，「工業デザインとは，生産者・使用者双方のニーズを具象化して最終製品としたときの構造および機能，そして一切の人間環境を含む局面に対して，適切な設計を行う創造活動の一種である」というものである．この定義は，これからのデザインが指向すべき方向性を示唆している．

今，デザインはかつての単なる「モノづくり」から脱却し，ますますその裾野を広げてきている．たとえば，環境設計学，設計心理学，情報設計学などのいわゆる無形の設計領域がそれである．また，これらに関連する諸分野を含めると実に広領域での展開がなされている．それゆえにこそ，今日のデザイン科学には総合科学としての特質が不可欠なのである(鈴木，1979)．

また，デザインがその裾野を広げた今日にあっては，かつての「モノづくり」としてのデザインの時代よりも，まさに心してデザイン実践を行っていく必要がある．なぜなら，後になってからは「取り返しがつかない」ような，人類が初めて遭遇する課題にもデザインが関与しているからである．それゆえにこそ，21世紀は，われわれ人間の感性に磨きをかけ，種々の事柄に対処せねばならない時代なのである．

■印象法と表出法

前述のように，人間の感性を定量化することは容易ではない．しかし，それを少しでも定量的に明確化してデザインを含む工学諸体系への応用を可能にしようと，感性工学の分野が創設された．十人十色の定性的な領域である限りは応用性に乏しく，学問としての定立も危うい．可能な限り定量化を試み，人間の感性に関する諸相を論理的に説明することができるようになると，さらに新たな発展が期待される．また，そのような努力も確実になされてきている．たとえば，長町らは，感性やイメージを物理的なデザイン要素に置き

換え，製品設計に役立てようとしてきた(長町，1999)．また，近年，工学諸分野において感性の定量化を試みる研究が数多く発表されてきている．

ところで，人間の有する五感すなわち視覚，聴覚，触覚，味覚，嗅覚などの感覚的感情量を定量的に測定するには，大別して二つの方法がある．印象法と表出法である．SD法(semantic differential method)は前者の代表的方法である．後者は外部刺激を受けて発生する感情量を呼吸，血圧，心拍などを生理学的に測定する方法である．換言すれば，人間の思考過程や行動と人間工学，人間心理学その他の関連する学問諸領域を結集して，理論的に解明しようとするのが感性工学である．

■エンジニアリングの改革

若者の理工系離れの現象は，日本のみならず世界的に起きている．これは，科学技術の発達に伴って生起した人間疎外現象や環境汚染などが科学技術に対するマイナスイメージを増幅させた結果であるといわれる．このような憂慮すべき事態に歯止めをかけるには，「人間中心の科学技術の確立」が必須である．米国の大学の教育現場では，これまでのエンジニアリング教育に大きなメスが積極的に入れられている．

まず，新入生に対して，学問に対する関心を鼓舞し，やる気を起こさせるカリキュラムが組み込まれている．学科間の枠を取り払って任意のグループ分けをし，グループごとにテーマを提示し，その具体化を進めるためのデザインを行わせる．そして，およそ6カ月後に最終作品を提示・発表させる．この間，教師はグループの作業に参画し，討論に加わり，2週間ごとに研究日誌を提出させる．それに丹念に目を通し，各グループに返却する．返却される研究日誌には，赤ペンで討論に関する意見やデザインワークに関する所感が隙間のないほどに記されている．

このような教育実践の中で明確になってきていることは，個々の学生の感性的パラメータがグループ討論やグループによるデザインワークの積み重ねを通して次第に客観化されていくという事実である．

よく，デザインを行うには生得的なセンスが必要で，それをもたねばデザイナーとしては不適格であるといわれる．このようにいうときのセンスとは，英語のsense, sensibility, sensitivity, emotionなどに相当する語義である．当然のことながら，個々の人間のセンスは異なっている．また，センスという感覚量を定量的に把握し説明することは容易ではない．さらには，それぞれの個人の有するセンスの相異が特徴のある個性的デザインを可能にすることもある．とりわけ純粋芸術的な分野ではセンスが必須な要素の一つでもある．いったい，感覚的なパラメータとしてのセンスは，学習によって補完できないものなのであろうか．

米国におけるエンジニアリング教育現場での実践を踏まえると，学習・実習によってセンスの補完は可能であるばかりでなく，グループ討論やデザイン実践の積み重ねによって感覚的・感性的と見なされてきたものが客観化されうることは明白といえる．最終的な設計結果が最良になるような実践的手段を習得させることはデザイン教育にとって必要であるばかりか，まさに，これによってこそ，個々の創造性が高まり，高次のデザインが可能になっていく．

■「モノづくり」に関与する諸分野の共同関係の構築

新世紀におけるデザイン科学のあるべき姿は，研究者や企業関係者が広い視野と展望を保有しながら，より高次なデザイン科学の発展とその実現に力を注ぐことである．その意味において，「先ず隗より始めよ」の精神で研究領域の近い感性工学とデザインとがコラボレートすることは，新しいデザイン科学と感性工学の発展に寄与することになろう．また，その成果は，「モノづくり」に関与する工学諸分野の共同関係を構築する基盤づくりにもなるものと思われる．

[鈴木 邁]

■文献

鈴木邁：製品開発における工業デザイン的思索法．FOP (Future Oriented Processing)誌，4(2)，1979．

長町三生：感性工学の役割とその方法論．感性工学，1(1)：24-30，1999．

溝手宗昭：顔面温度計測による人の心理的変化の推定．電気学会論文誌D，111(12)：1073-1078，1991．

M.Arakawa他：人遺伝アルゴリズムを用いた感性デザイン．IEEE.J, SMC, 1999．

飯田健夫：感性の計測とその工学的応用－新しい技術としての感性情報．日本機械学会誌，102(965)：200-202，1999．

原田昭ほか：ウエアラブルコンピュータのデザインに関する研究，感性評価．筑波大学特別プロジェクト研究報告2000，p.487，2000．

日本学術会議材料工学研究連絡委員会感性工学小委員会：感性工学の枠組．1996年度文部省科学研究費基盤研究(B)(1)．

日本学術会議人間工学研究連絡委員会感性工学小委員会：続感性工学の枠組．1999～2000年文部省科学研究費基盤研究(C)(1)．

3|302 感性の認識論－デザインにおける感動のしくみ

■「感性の認識」?

ここでは,「それがデザインにどうかかわるか」という問題意識のもとで,「感動のしくみ」について「感性の認識」という視点から考える.

まず,「感性の認識」ということが問題である.日本語としては,「感性の認識」という表現には,なんら問題はない.感性の認識(＝感性による認識)というものもある,とわれわれはふつう考えている.しかしながら,近代日本は,ヨーロッパから多くのものを輸入し,哲学でも,用語を西洋のそれに合わせ,また議論のパラダイムそのものを取り入れてきたのであり,感性とか認識とかについて見ると,そこでは,「感性の認識」ということは一般的にいわれてきたことではない.哲学史のある展開において,それまでの通常のとらえ方とはいささか異なるとらえ方として,「感性的認識」ということをいい,それについての研究が学問たりうるとする論者が登場したのである.それ以前の一般的なとらえ方としては(…コントラストを明確にするために,単純化していえば)「感性による認識」というようなものはなく,感性は,認識においては,たかだかその入り口に過ぎないものとされていた.

いや,これについての議論には,さらに面倒な問題がつきまとう.西洋哲学に関する上述の議論での「感性」は,西洋の"(die)Sinnlickkeit""(the)sensibility""(la)sensibilité"のことであり,これを無造作に「感性」としてしまうことから,混乱が増す.

"(die)Sinnlickkeit""(the)sensibility""(la)sensibilité"の意味を,これをテーマとした哲学で,時期的にも早いものとしてドイツ哲学の場合で見てみれば,"Sinnlichkeit"は,"Vernunft(理性)""Verstand(悟性)""Sinnlichkeit"という区別・対比の中に位置づけられた"Sinnlichkeit"であり,これは能動的ではなく受動的な働き,知ではなく感覚の働きである.

■日本語の「感性」,あるいは「KANSEI」

しかしながら,日本では,上述のような西洋の言葉との対応関係がとくには意識されない場面で,「感性」という語はしばしば用いられ,そこでは,感性が単に感覚的な感受(能力)としてではなくて,それにもとづきながら,しかし,それにとどまらないある種の価値認識・価値判断(能力)としてとらえられている.たとえば,『日本国語大辞典』(小学館,1973)は,「感性」の語釈として,上述のような西洋の語に対応する「感性」の語釈に先立って,それ以前から日本語にあった「感性する」を挙げ,「心に深く感じること」という語釈をつけている(…その古い用例として,浮世草子・男色十寸鏡―下「只一首の哥にて,心もやはらぎ,感性(カンセイ)するは,是哥の徳也」が挙げられている).感性のこのような意味は,今日のわれわれにとっても自然なものである.

日本語で「感性が鋭い」とか「感性が豊か」などというのは,目で見るもの,耳で聴くものなど(総じて,感覚でとらえたもの)の価値に鋭く,あるいは豊かに感応する,ということであり,この能力・働きは,決して,単に受動的なものではなく,受動・能動の両方向で働くもの,あるいは,さらには受動・能動の合一状態で働くものもあり,また,感覚だけの能力・働きではなく,感覚と知との相互作用(感覚が知を活性化したり,あるいは変化させたり,また,知が感覚を活性化したり,あるいは変化させたりすること)として働く.また,受動・能動の両方向で働き方が,いずれにしても高速で(いわば瞬時に)なされ,感覚と知との相互作用という面においても,この作用は高速(瞬時)のものであり,それゆえに,この働きは従来「直感」(intuition)とされてきたのである.

「感性」を,前述のような西洋の語に単純に対応させることができないものとしてとらえ,そのスタンスを示すために,欧文による研究論文に「KANSEI」という語を意識的に導入する人びとも出てきている.その動向は,「感性工学」という分野の立ち上げとも呼応している.これらの人びとの間で,「感性」の定義が共有されているにはまだ至ってはいないが,総じて,感性を単に受動的な能力ではなく,ある種の能動性をもつ,ある種の認識,判断を含む能力として,したがって,理性や悟性の単なる下位に位置づけられるべき従属的なものではなく,独自の存在理由をもつものとしてとらえ直そうとするスタンスである.

■感動的なデザイン

どのようなデザインであるかを表す表現としては,「美しい」「洗練された」「エレガントな」「優れた」「巧みな」「斬新な」「古典的な」「機能的な」「日本的な」「ロココ趣味の」等々,さまざまな表現があるが,「感動的な」というのは,そのデザインに対する別格の賞賛の表現である.これは,デザインに関してのみならず,より一般的に,そもそも「感動」が,人間にとってきわめて高い意義を有するものであるからである.

では,「感動」とはいかなることか.説明しにくい.

ちなみに，『大辞林』にはこうある．「【感動】強い感銘を受けて深く心を動かすこと」．この語釈では，実質的に「感動」と共通する部分が多い「強い感銘」とか「深く心を動かすこと」とかいう言葉を用いた語釈であり，説明されるべき「感動」という語との間に少なからぬ循環が生じている．感動のしくみも見えない．

さらに考えようとするときに役立つ，辞書の語釈としては例外的な次の語釈を見てみよう．「〔感動〕美しい行為・話・芸術作品などを見たり聞いたりして，人間の理想に触れた感じがして，充足感を覚えること」（『新明解国語辞典』初版，三省堂，1972/以降の版でも同じ）．これは，先の語釈に比べて，トートロジーにとどまることなく，中身を豊かにすべく，より踏み込んだ「大胆」ともいえる語釈を与えており，また，それゆえに，やや偏りがあるが，この語釈は，これを正解とするのではなく，これを「たたき台」として扱うことによって，われわれの考察に役立つ．

感動は，ある種の充実感であり，この点は重要である．しかし，「充実感=感動」というわけではなく，ある特別な充実感である．感動といったときに，まず，思い浮かぶのが，美に対する感動であるが，美に限らず，われわれが希求する価値に関する，その価値が実現しているという認識から生じる充実感，というべきである．そうした価値として，「真」「善」「聖」なども挙げられよう．

希求すべき価値として美を意識しているということ，それがすなわち美意識をもっているということである．美意識をもっている存在であればこそ，人は美という価値が実現しているということを感知・認識したとき，美による感動を覚えるのである．善，真，聖などについても，同様であり，たとえば，希求すべき価値として善を意識しているということ，それがすなわち倫理意識をもっているということである．倫理意識をもっている存在であればこそ，人は善という価値が実現しているということを感知・認識したとき，倫理的感動を覚える．

そうした感知・認識・体験の能力あるいは場が感性である，ということになろう．感性の鋭さ，豊かさには，感覚器官の能力の高さが必要条件としてあるが，それと「知」の鋭さ，豊かさ，しかも，いわば身体化されている知，との連関・相互作用があって初めて，それゆえに，また，希求すべき価値に対する問題意識があって初めて，「感性の鋭さ，豊かさ」というふうに呼ばれるべきものとなる．

したがって，感性は，まず，個々人において，成長，展開，変化，退化などが見られ，それには，その個人が影響を受ける（あるいは，場合には，影響を与える）共同体（社会）のあり方（生活様式，言語，思想，宗教，教育，文化状況，政治形態など）が関係している．

感性には，また，「時代（その時代）の感性」「その地域・社会の感性」というようなものもある．個人レベルでも，社会レベルでも，感性と言語との関係は重要であり，感性は言語に影響を与え，言語は感性に影響を与える．

感性には，表層に顕れた感性だけではなく，深層に隠れた感性もある（個人レベルでも，社会レベルでも）．

感動的なデザインとは，どのようなデザインか．「美しい」あるいは「洗練された」あるいは「エレガントな」あるいは「優れた」あるいは「巧みな」あるいは「斬新な」等々は，ある感動的なデザインの側面であるかもしれないが，感動は，さらにさらに複合的な事態として生じるものである．

最後に，感動的なデザインという場合，重要視されることの多い「美」ということについて，簡潔に見ておくことにする．「美」は多義的で，とらえにくい．だからこそ「美学」という学問も存在し，営々と議論を重ねてきている．そうした美学の歴史の要点をここで見ておこう，というのではない．美学で扱われてきた「美」の意味が，日本語の自然な語感での「美」とは食い違うところがあるという重要な事実に眼を向けておく必要がある，ということである．

日本語の「美しい」は，古語の「うつくし」に由来し，元はといえば，「（現代語でいう）いとしい」の意であり，さらに「（現代語でいう）小さくて，かわいらしい」の意であり，現代語日本語の「美しい」は，そのような語感を深層に残しつつ，「視覚的に快い」を意味していることが多い．

「小さくて，かわいらしい」という語感が深層に生きているということをわれわれは必ずしも意識していないが，この語感は，西洋の美学で取り扱われる中心テーマとしての美とは，少なからず異なっている．後者においては，美には素晴らしさとか倫理的善とかの意味合いが，それゆえ，しばしば，大きさということが，根本的に重要な性格としてある．したがって，そこでは，美を実現したデザインは感動的なデザインとなるのである．

［増成隆士］

■文献

増成隆士：芸術について．美学/芸術教育学（武藤三千夫・石川毅・増成隆士著），pp.34-59，勁草書房，1985．

3|303　感性の構造

■感性の階層構造

　感性の言語表現は階層構造をもっており，下位階層から上位階層への因果関係によって結ばれる．これを❶に模式的に示す．ここで，最下層は対象の物理的属性であって人は知り得ず，人が知り得るのは感覚器にとらえられ，あるいはその間に計測を媒介して認知されたものであるから，以後，物理的属性の代わりに認知的属性と呼ぶ．

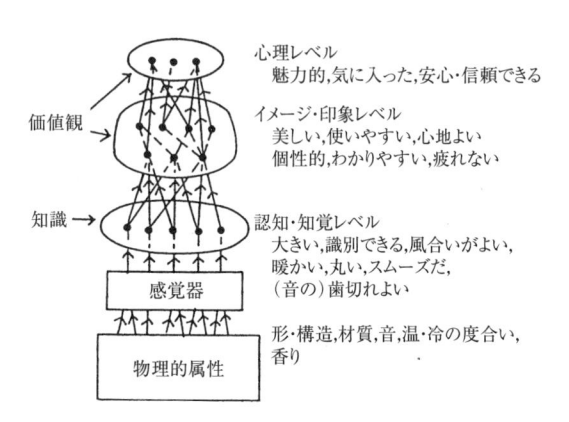

❶感性の階層構造

　図の左方に示すように上層のイメージ・印象レベルから心理レベルにかけては個人の価値観が影響し，下層の認知・知覚レベルには感覚のほかに一般的な知識が影響する．したがって上層にある感性語に関しては個人差が激しく，下層の認知・知覚レベルの感性語に関しては個人差が少ない．また図の右方にある言語群は，それぞれの階層に相当すると思われる感性語の例を示している．

　感性の階層構造を同定する方法について述べる．その一つは，適当な対象を人に見せて「どう感じますか」と問い，答えがあったら「それはなぜでしょうか」を繰り返して聞けば，次々に原因となる感性語すなわち下層方向を調べることができるし，「それでどうなりますか」を繰り返して聞けば，次々に結果となる感性語すなわち上層方向を調べることができる．人に聞く代わりに自問自答してもよい．また別の方法の一つであるDEMATEL(Decision Making Trial Evaluation Laboratory)法は，あらゆる感性語の集合からの多くのペアについて，因果関係の有無と程度を自分あるいは集団で判断して数値化したデータからグラフ理論を使って全体の因果構造を作るもので，ISM(Interpretive Structural Modeling)法は同様に，因果関係の有無だけを判断してデータとするものである（森，1991）．以上，いずれも個人の判断が直接構造に反映される．

　また，上層にある感性語ほど個人差が大きいことに着目して，多くの人のアンケート調査における答えの分散を目安にして階層を作ることもできる．

■感性の連鎖的構造

　ある製品を試作したとき，市場でどう感性評価されるかを事前に推定することは，産業界では重要な問題である．これは感性の階層構造でいえば，ある対象についての認知的属性から感性評価を推論する，つまり原因から結果を推論することであって原則的に答えは一つに決まる．ある製品の試作ができたということは一組の認知的属性パターンが決まったということで，このとき評価する人や環境を固定しさえすればその製品の感性評価パターンは決まるからである．したがって推論ができる．

　これに反して，市場でこう評価されたいと思ってそのための製品を推定することは，すなわちデザイン作業そのものである．これは感性の階層構造でいえば，ある対象についての感性評価から認知的属性を推論する，つまり結果から原因を推論することであって答えは一つに決まらない．多くの人に美しいと評価されるようなクルマの形は多数存在しうるからである．結果から原因を推論することを逆推論というが，逆推論の解は多義的なのである．この多義的な解の性質を調べるには感性の階層構造のほかに，同一階層内の横方向の構造を調べなければならない．

　ウィトゲンシュタイン(L.Wittgenstein)によれば，日常使われる言葉にはいくつかの意味があるが，それらの間には共通な特性すなわちその言葉の本質のようなものはなく，家族的類似性(family resemblance)ともいうべき連鎖的な関係をもって連なりあっているにすぎないという（藤本，1968）．日常語がこの性質をもつことは常識や慣習に従って使用される，多かれ少なかれ意味の曖昧な言葉がこの性質をもつことを意味し，意味の曖昧な言葉として代表的であるところの感性語は典型的にこの性質をもつ．また言葉の意味とは，言い換えればその言葉の概念を結果としてもたらすような概念集合であるといえるから，結局，次のようにいえる．

　すなわち，感性の階層構造において結果となる上位階層の一つの感性語は，原因となる下位階層の言語

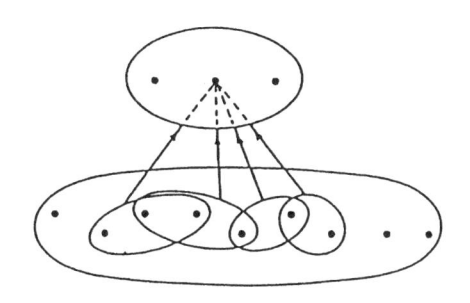

❷原因となる部分集合族

属性	カテゴリー
1 線・面・角の丸み	A 丸い　B 中間　C 角
2 キャビンとボデー	D 分割　E 半融合　F 一体化
3 グリル	G 目立つ　H 小さい　I バンパー穴
4 ヘッドランプ	J 丸か曲線で表情　K 長方形　L 隠蔽型
5 ランプ端末形状	M 側面へ回り込み　N 回り込みなし
6 バンパー	P ボデーと別色　Q モール付 R ボデー同色
7 ピラー目立度	S リヤのみ太い T センターとリヤがやや太い U リヤのみやや太い
8 キャビンの大きさ	V 大きい　W 中間　X 小さい
クルマのイメージ	1 スポーツ　2 パーソナル 3 ファミリー　4 フォーマル

❸認知属性のカテゴリーとクルマのイメージ

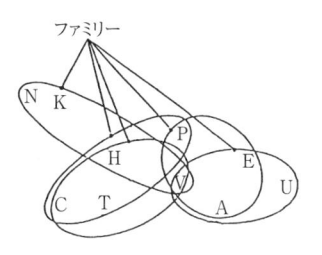

❹ファミリーの原因となる属性集合族

（概念）集合の一つの部分集合にだけ因果関係で結ばれているのではなく，❷に模式的に示すような部分集合族（family of sets）に因果関係で結ばれている．階層内の言語間におけるこのような連鎖的関係を類縁関係（family relation）という．

類縁関係を同定するための一つの方法はラフ集合（中村，1994）の縮約を用いることである．事例を用いて説明する．対象をクルマ30台，感性を4種のイメージ，下位の概念を8個の認知要素として❸に示す．原因としての認知要素のカテゴリーと結果としてのイメージのカテゴリーをあらかじめ写真判定で評価しておき，ラフ集合理論の縮約アルゴリズム（森・高梨，1997）を用いてイメージごとに極小縮約のすべてを求めると，一般に極小縮約は複数得られる．極小縮約のそれぞれは，サンプルの範囲でそのイメージを他のイメージから識別する，言い換えればそのイメージを成立させるための極小の十分条件である．したがってサンプル数にもよるが，クルマ全体に対しては極小縮約は可能性を表す．次に，その可能性を高めるために極小縮約のいくつかを併合してサンプルの大部分（ここの例では7割以上）をカバーするようにする．こうして得られる「ファミリー」イメージのための併合縮約としての認知要素集合群をベン図で❹に示す（森，1999）．ここで認知要素集合の間に共通の要素はなく，連鎖的な類縁関係をもっていることがわかる．

ラフ集合の縮約は類縁関係の同定の方法であるばかりでなく，逆推論のための知識獲得の方法でもある．

❹は，ファミリーイメージを感性目的とする場合のデザインに有益な知識を与えている．認知要素集合が複数得られることは多義的なデザイン解が得られることを意味し，さらに，それらが類縁関係にあって互いに共通要素がないということはデザイン解相互の差異性を示し，デザインが創造的だということにつながる．

デザイナーが複数のデザイン案を考えるとき，一つの案から次の案を連想で案出することが多い．連想は一つの案の認知要素集合の一部を共有しながら別の集合を案出することであり，言い換えれば，類縁関係にある認知要素集合群を次々に案出することに他ならない．

[森　典彦]

■文献
藤本隆志：哲学探求抄．論理哲学論考，pp.275-277，法政大学出版局，1968．
森典彦：創造的設計の支援をめざして．設計の質的転換講演論文集，pp.1-8，日本機械学会，1999．
森典彦：デザインの工学－ソフトシステムの設計計画，pp.26-64，朝倉書店，1991．
森典彦・高梨令：ラフ集合の概念による推論を用いた設計支援．東京工芸大学芸術学部紀要，3：35-38，1997．
中村昭：ラフ集合－その理論と応用．数理科学，373：78-83，1994．

3|304 感性と快適性

　感性工学的というとらえ方は種々あろうが，人間の感覚には光刺激に対する視覚，音刺激に対する聴覚，圧力・熱・機械振動などに対する皮膚感覚のように物理刺激に対する感覚と，味覚や嗅覚のように化学刺激に対する感覚のほかに，肉体内部の生理条件によって生じる内臓感覚がある．五感といわれるものは視覚・聴覚・味覚・嗅覚・触覚を指すが，これらに平衡感覚，内臓感覚も含めて，広い意味での「五感を刺激し，製品の持つ機能性をさらに高める工学」という意味に，ここでは感性工学をとらえたい．

　すべての感覚には，その感覚を誘起するための刺激が必ずあるはずである．衣服着用時の快適感に対して，肉体的に受ける刺激と心理的に受ける刺激を考えてみよう．身体的に受ける刺激としては，まず環境の温度，湿度，風がある．これらの刺激が衣服を通して，皮膚に刺激を与えるのであるから，衣服の保温性，透湿性，透水性，通気性が重要である．また，衣服の寸法が合っていることが必要である．つまり，衣服の伸縮性と適度のゆとりが必要である．身体から放散させる熱量が作業の程度によって異なるので，作業内容に従って，衣服に要求される保温の度合いも異なってくる．これらの要件を満足させるためには，衣服の形が重要であるが，同時に，衣服の素材である布の編織のあり方が大切であり，さらには，布を構成している繊維の性質が適合していなくてはならない．次に，心理的に受ける刺激について考えてみると，生活水準，TPO (time, place, occasion)，恰好よさ——ファッション，肌触り，健康状態がある．

　さらに，衣服の着心地感覚は，個人個人の衣服に対する過去の経験，先入観，期待，生活様式によっても異なってくる．これらの要因は個人個人のフィルターとでも呼ぶべきもので，これらのすべてを満足させたときに，その衣服に対する快適感が満足されることになる．しかし，ここでは衣服設計という立場から，身体的な刺激について考えることにする．

■快適性を目標とした繊維の製造

　快適性には2通りの意味がある．一つは暑くない，寒くない，辛くないという意味での受身の快適性 (comfort) である．たとえば，暑い環境では発汗を通して体温低下のための制御機構が働き，寒い環境では体内での熱産生を高め，皮膚近傍の血管を収縮させて，身体からの熱放散を少なくする制御機構が働く．いずれにせよ，体温維持のためのエネルギーを費やすことになる．快適環境では体温制御のエネルギー消費は最小になるが，これは，われわれ自身が暑い，寒いの自覚が得られないことであり，外部からこの状態を把握するための信号の受信ができないことでもある．

　一方，刺激が安心感や快適感を伴うことも知られている．母親に撫でられると身体の痛みが一時的に止まる経験をもっている人は多いと思う．

　前者の快適性については，1940年代からA・ファロ・ガッジを中心とするアメリカ学派，1980年代からはP・O・ファンガーを中心とするデンマーク学派によって，研究が蓄積されてきたが，後者の快適性に関する科学的な研究成果は，刺激の $(1/f)$ ゆらぎの重要性を提唱している武者利光を中心とする日本の研究者の成果が中心といっても過言ではない．

　繊維はしなやかで細いほど，肌触りのよい布を作れるが，繊維が細すぎると製布段階で糸切れが発生する．化学繊維が製造され始めた頃は天然繊維を目標に技術進歩が図られたが，品質管理技術の進歩に支えられて，細さと丈夫さにおいては天然繊維を凌駕するようになった．しかし，なぜか冷たい感じの布が製造され始め，改めて天然繊維を見ると味のよい天然繊維は繊維の細さに不規則性があるため，制御しながら繊維の太さに乱数表を利用した不規則性を入れることが行われ出した．一方，身体を含め自然現象の周期性には周波数の逆数に比例したゆらぎ変動の多いことがわかり，最近では乱数表に替えて $(1/f)$ ゆらぎを考慮した変動を入れる試みが行われている．日清紡の柳内らは織布の凹凸間隔に $(1/f)$ ゆらぎをもたせた布帛を製造した．

　さて，商品にとっての必要な品質は，購入から消費の過程で，①客へのアピール性，②使用時の快適性，③使いやすさ，④耐久性，⑤メンテナンスの容易性などが考えられ，商品の設計，製作，評価という工学的プロセスからいえば，これらの品質は数値で表されることが望ましい．

　原田隆司は，着用テストのデータについて，SD (Semantic Differential) 法や多変量解析を行い，着用感に深く関係する形容詞としては，①湿潤感・温冷感，②圧迫感，③接触感・接触温冷感を抽出した．皮膚表面にある感覚受容器が受ける刺激としては，①衣服内の温度，湿度 (衣服気候)，②衣服により皮膚が受ける圧迫力 (衣服圧)，③衣服と皮膚の接触 (肌触り) である．しかし，濡れ感覚・蒸れ感覚については，その定義すら不明の段階であり，現在までは着用テストによる官能検査のみが行われていた．潮田らは，含水

量を調節させた試料布に一定荷重をかけ，前腕上を滑らせたときの動摩擦係数と温冷感の一次結合で，濡れ感覚を表せることを見出した（潮田・中島，1995）．

また，蒸れ感覚については，裸体に近い被験者を用いた実験を人工気候室内で行い，相対湿度一定で作用温度を連続的に変化させた場合には平均皮膚温34.2℃付近で，また作用温度一定で相対湿度を連続的に変化させた温度には，20mmHg近辺で蒸れ感覚を申告した．また，環境の水蒸気圧の変化速度の大きい場合は，小さい場合に比べて，湿度が低くても蒸れ感覚が起こることを見出した．（潮田ほか，1995）．さらに，湿潤状態での材料の剛軟度が濡れ感覚に影響を及ぼすことを見出した（潮田・中島，1996）．

汗ばむ程度の暑さに対しては綿が適しているが，大量の汗が出る状況では，かえってベタつきが発生し不快感を増す．拡散・速乾性の高いポリエステルの方が，サラッとした着用感で天然繊維以上に快適に感じられる．

一般に用いられている材料性能の物理定数は，定常状態の測定値であり，人が実際に使う状況を反映したものではない．感覚には刺激の大きさと刺激の時間変化率（微分値）が関係する場合が多く，常温付近の温冷感を例にすると，前者よりも後者の方の影響が大きい．

原田らは，衣服内の温・湿度を計測するシミュレーターならびに等身大の発汗するサーマルマネキンを開発し，新商品の開発に利用してきた．

川端，丹羽らは，布の力学特性を，①曲げ変形，②伸長変形，③せん断変形，④圧縮変形，⑤表面摩擦の基本変形様式として表し，KES法を開発した．

（皮膚伸び）＝（皮膚のゆとり）＋（衣服と皮膚のずれ）＋（衣服材料の伸び）

であり，衣服材料の伸びが少ないとき，衣服が皮膚を圧迫し，この圧迫力がある値以上になると不快感を感じる．動きを伴う衣服着用時には身体と衣服間の微空間，つまり部位による「ゆとり」量が重要である．これに対する解決の試みとして，多屋らは人体および着衣形状の三次元座標を計測し，同一高さの極座標値につき，5次のスプライン関数を用いて角度方向に関して等間隔データを作成し，高さごとの周長と断面積から，着衣の間隙量を求め，着衣適合性を評価する評価指数を提案し，着衣の微妙な形状差を表現するため，差分波形の対称化ドットパターン分析法を開発した．また，衣服のサイズ変化に伴う着衣の断面形状の変化ならびに特徴の抽出を行い，衣服と人体のウエストラインの一致度，腰部とバストライン付近の着衣形状と身体との接触度の重要性を見出した．また，着衣形状の最適条件は，着衣の各断面形状の間隙が身体の周囲に均一に分布し，ヒップラインで着衣が身体に接する部分の点在する必要を指摘した（多屋ほか，1995）．

さらに，着衣の断面形状を角度と振幅からなる波形ととらえ，ガボール関数を用いたウェーブレット変換により，方向性のある着衣形状波形の特徴を局所別に詳細に考察した（多屋ほか，1996）．

最後に，衣服の購買を考えると，①スタイル，②色・柄，③素材，④着こなし方，が気になるが，商品の構成要因を変えた場合に人の判断がいかに異なるかを検討するには，シミュレーション手法が有効である．この場合は静止画像より動画の方がよく，坂口・原田（1996）らが開発した仮想服飾環境（DressingSim）は，布の力学特性を利用した衣服形状の動的シミュレーションで，コンピュータグラフィックスの世界とファッションビジネスを結びつけたものである． ［中島利誠］

■文献

伊藤通敏：数式によるテキスタイルデザインの開発．繊維機械学会誌，52(9)：373-380，1999．

潮田ひとみ・中島利誠ほか：ぬれ感とむれ感に関する研究．繊維製品消費科学，36(1)：44-52，90-94，162-164，1995；37(2)：83-79，37(11)：600-606，1996．

潮田ひとみ・中島利誠：農薬散布用防護服の熱・水分移動特性と着用感覚．繊維学会誌，52(5)：268-273，1996．

潮田ひとみ・中島利誠：柔軟仕上剤処理タオルがヒトの皮膚感覚に及ぼす影響．日本家政学会誌，47(6)：579-588，1996．

坂口嘉之・原田隆司：仮想服飾環境PARTY―バーチャルリアリティと服飾環境．繊維機械学会誌，49(7)：360-368，1996．

繊維学会編：繊維便覧（第2版），丸善，1994．

多屋淑子・渋谷惇夫・中島利誠ほか：着衣の身体に対するサイズ適合性評価法（第1-6報）．繊維機械学会誌，48(2)：48-55，48(6)：163-172，48(9)：225-234，48(11)：261-269，1995；49(4)：96-106，49(6)：140-152，1996．

日本繊維製品消費科学会編：繊維製品消費科学ハンドブック（新版），光生館，1988．

丹羽雅子編著：アパレル科学―美しく快適な被服を科学する，朝倉書店，1997．

原田隆司：衣服の「快適性」「感性」に関する工学的アプローチ法．繊維学会誌，55：276-282，1999．

N. R. S. ホリーズ・R. F. ゴールドマン共編，中島利誠訳：着心地の科学，光生館，1986．

武者利光編：ゆらぎの科学，1-6巻，森北出版，1991-1996．

柳内雄一：f分の1ゆらぎ応用繊維製品．繊維機械学会誌，53(3)：99-102，2000．

ゆらぎ現象研究会編：ゆらぎの科学，7-10，森北出版，1997-1999．

3│305 感性と人工物

■ 感性と人工物との関係

　感性とは何か．この定義についてはさまざまな見解があり，いまだ研究者間で一定の合意は得られていない（辻，1997）．この多様性の原因の一つは，日常的な用語をそのまま研究対象として持ち込んでいること，また，感性を内的メカニズムとしてとらえる立場，主体により外化・表出され，元の状況から切り離された情報としてとらえる立場，あるいは社会・文化内で共有された知識としてとらえる立場，など多様なとらえ方から研究されているためと思われる．その結果，感性にかかわる問題の広がりについても，さまざまな見解が並存しているのが現状である．

　ここでは最も単純に，あくまでも現象としての感性を考える．このとき感性とは，対象となる事物事象によって引き起こされた人の主観的状態である．平たくいえば，人が「何か」に対して感じる「感じ」を指す．

　対象となる事物事象は，部屋の壁の色といった感覚的要素の強い場合もあるし，18世紀ソネットのように文化や言語に強く依存する場合もある．また，「清楚な」「生命力に溢れた」といった正の評価値を伴うものも，「貧乏くさい」「品のない」といった負の評価を背負うものもある．上記のような言語で表現されるものもあれば，「言葉にならないけど暖かな感じ」といった非言語的なものも存在する．

　このように感性はすべて人の主観的な「受けとめ方」を指している．すなわち，対象に対して何らかの内的処理が行われた結果として人の内部で発生した状態があり，それを主観的にとらえたものが感性である（❶）．その発生の前提となる内的な処理には知覚，理解，情動，高次認知，運動など諸過程が含まれるが，その過程自体は「感性」ではなく，またその結果でもない．それらが「主観的にとらえられる」ことが感性であり，いわばメタレベルの認知過程であることが感性の特徴である．

　もう一つの特徴は，これらの主観的状態が常に何らかの対象を有するという点である．すなわち，感性は必ず「何か」についてのものである．しかし，対象は必ずしも物理的な実在ではない．たとえば「人を圧する静謐」といった場合，「音のない状態」という非存在が対象となる．いずれにせよ，感性は，感覚と異なり，「寒い」「痛い」といった自己の内的状態ではなく，外的な状況・事物・対象についての主観的とらえ方であり，それを対象の属性としてとらえられる点に特徴がある．

　そこで，ある特定の感性を引き起こす事物の「デザイン」が目標とされ，その可能性が問題となる．すなわち，人がデザインし，作り上げるモノは，「ある主観的状態を作り上げるという目的のための道具」となりうるのであろうか，という問題である．

■ 人工物を介した感性のデザイン−問題点

　人工物（artifacts）とは，人が作り出し，利用している人工的な道具・モノ全般を指す概念である．物理的なモノばかりでなく，言語や法などの文化的装置，組織や電子マネーといった社会システムなど，物理的実体をもたないものも含まれる．

　人工物という視点からモノおよびそのデザインをとらえる際に重要な点は，人工物は必ず人によって「使われる」という点，そして，モノは人との相互作用の中で人の視点から認識されているという点である．人工物利用における「情報の表示・保持・操作」に注目して認知的人工物（cognitive artifacts）という概念を提唱したD・A・ノーマン（1991）は，これをパーソナルビュー（personal view）とシステムビュー（system view）の相違としてまとめている．後者は，人と人工物とをひとまとめとして一つの仕事（課題）を実行していく存在ととらえるのに対し，前者はその人工物を使う人の目に，その課題と人工物，その組合せとしての問題解決場面がどのように見え，どのように解決されていくのかを重視する．人工物あるいは道具の「有効性」が論議される際には後者，とくに全体としてのパフォーマンスが重視されるが，人にとってのモノの「使いやすさ」やそこで生じる感性は，後者の視点からは存在し得ず，前者の立場からのみとらえることができる．

　こういった「ユーザーの視点から見た人工物論」を

❶ 人工物と人の相互作用，そして感性

ラディカルに展開しているのが，ソビエト心理学者ヴィゴツキーおよびその継承者である活動理論(activity theory)である(エンゲストローム，1999；茂呂，1999)．ヴィゴツキーは，人の行う高次の認知的活動が心理的ならびに技術的ツールの介在により成立すると考える．すなわち，人の認知活動は必ず何らかの人工物を媒介としており，その人工物の相違や相互作用のあり方によって，対象へのアプローチも対象に対して人がもつ力も変わってくる．

ヴィゴツキーは人工物として心理的ツール(言語や記号)と技術的ツールとを一つのカテゴリーとして扱っている点で興味深いが，さらに重要なことは，それらの関係が認知的活動の中で変化していき，主体とも対象とも決然とした境界をもたないという点である．この「認知的主体と人工物の融合」は，ハッチンス(1997)の機能システム分析(functional system analysis)とも共通し，またエンゲストロームはそれらを社会的文脈の中に置いて検討している．

このように人の認知的活動から人工物を眺めると，モノを介する感性のデザインというアプローチに二重の障壁があることがわかる．一つは，人にとっての人工物は相互作用の中に存在するものであり，その存在や意義はデザイナーのなすデザインによって一意に定まるものではないこと，第二に，人工物との相互作用から生ずる人の感性はそのメタレベルであるため，直接に外から規定・測定することが容易ではない点である．❶のように，人－モノ間の相互作用もそれに対する感性の体験も，人工物デザイン以外の外的・内的の種々の要素の影響を受け，大きく変動する．たとえば主観的な感性評価は，評価とは独立であるはずの過去の経験・記憶にも大きな影響を受けている(原田，1999)．

したがって，工業規格的な「ある感性を必ず引き起こす」といった「感性のデザイン」はありえない．それでも「多少ともある感性を引き起こす確率を高くする」デザインを考えるとしたら，二つの可能性があろう．一つは，モノをデザインするのではなく，モノと人との相互作用あるいは人の行為をデザインする(Laurel，1991)という考え方である．ローレルはモノのデザインを行為(それは，人－モノ間相互作用でもある)のデザインと考え，観客参加型演劇のシナリオとしてのデザインを提唱している．演劇論から文脈と状況の構成によって人の行為をデザインするという考え方は，検討に値するであろう．

もう一点は，まず目標の「感性」自体を徹底的に分析することである．すなわちデザイナーのもつ感性イメージ自体を分析対象とし，それを相互作用あるいは行為のデザインという形で下位目標分析していく手順が重要と考えられる．感性の体験は，主観的なメタ過程の産物であるため，類似の感性を起こす方法には複数の可能性がある．たとえば「ゆとりのある電車車両」を実現するため，座面を大きくする，座席高を下げるといった車両デザインの変更もありうるが，周囲に人が座る確率をできるだけ下げる座席指定予約システムによっても「広々した空間」の実現は可能であろう．感性を最終目標でなく分析対象とすることによって，新たなデザインの可能性が見えてくるものと思われる．

■感性としての「使いやすさ」

最後に，モノが「使いやすい」という評価自体が一つの感性であることを確認しておきたい．使いやすさは物理的な特性によって一意に決定できる属性ではなく，パーソナルビューから見える課題とその解決からユーザーに認識される特性である(Norman，1991；原田，1997)．その実現にはさまざまなアプローチが考えられ，その感性をもたらす属性を問い続けることが必要である．たとえば対話システムの使いやすさが「操作ができる/わかる」といった問題はなく，「対話の場」の設置・認識の容易さに依存すること，身体密着型の人工物の出現に伴う「周りの人から見た使いやすさ」の重要性など，要素技術の進化に伴って，新しい使いやすさの問題も発生している(原田，1997)．

モノのデザインにとって，感性は最終目標ではなく，出発点ともいえよう．

［原田悦子］

■文献

Y. エンゲストローム著，山住勝広ほか訳：拡張による学習－活動理論からのアプローチ，新曜社，1999.

原田悦子：人の視点からみた人工物研究，共立出版，1997.

原田悦子：潜在記憶と記憶の誤帰属．心理学評論，42(2)：156-171，1999.

Hutchins, E. : Cognition in The Wild, MIT Press, 1995.

Laurel, B. : Computers as Theater, 1991(遠山俊征訳：劇場としてのコンピュータ，トッパン，1992).

茂呂雄二：具体性のヴィゴツキー，金子書房，1999.

Norman, D. A. : Cognitive artifacts. Designing Interaction: Psychology at the human-computer interface (J. M. Carroll ed.), Cambridge University Press, 1991.

辻三郎編：感性の科学，サイエンス社，1997.

3|306 感性とインタラクション

【感性】 1. 外界の刺激に応じて感覚・知覚を生ずる感覚器官感受性.「―豊か」 2. 感覚によってよび起こされ,それに支配される体験内容.従って感覚に伴う感情や衝動・欲望をも生む. 3. 理性・意志によって制御されるべき感覚的欲望. 4. 思惟の素材となる感覚的認識.(『広辞苑』第四版,岩波書店)

【インタラクション interaction】 1. 相互[交互]作用,相ativ影響. 2.《物理》(素粒子の間に働く)相互作用〈強さの違う以下の3種類の相互作用からなる〉: string～強い相互作用. / electromagnetic～電磁相互作用. / weak～ 弱い相互作用. ～・al [adj](『研究社新英和大辞典』第5版,研究社)

上記は,どちらもいわゆる「辞書」の中での説明されている意味である.この二つはデザインという分野で,最近よく取り上げられる言葉であり,またさまざまな人が研究対象とし,研究領域として確立しつつある分野である.筆者も,これからのデザインという領域で,これら二つは重要なキーワードとなり,デザインという分野の発展を示唆している言葉だと考える.しかしどちらも研究領域としてはまだまだ発達途中であり,とくにデザインという分野においては,その言葉の意味づけさえも十人十色といった状態だろう.

本来「感性」と「インタラクション」という領域は,デザインの世界において,実制作の現場では採り入れられ重要視されていたが,他方で研究や学問の対象からはかなり遠い位置に存在するものであったと筆者は考える.これは,どちらも最近までデザインと非常に高い関連性があるとは考えられていたものの,実用的な理論を導き出すきっかけがなかなか存在しなかったからであろう.

しかしコンピュータの登場により,さまざまな現象や概念を数値化し具現化することが可能になったため,この「感性」や「インタラクション」というテーマは,まず工学的な分野で研究対象となることになった.それに伴いデザインの世界でもこれらが取り上げられる機会が増えることとなっている.そこでここでは,筆者が考えるところの「感性」と「インタラクション」とその関連性を「コンピュータ」そして「デザイン」という観点から論じる.

■インタラクション

20年前のコンピュータは今のコンピュータの数百～数千分の1程度の処理能力しかなかった.したがってコンピュータだけで仕事を完了させることはほとんど不可能であり,とくにデザインという分野においてはコンピュータはあくまで他の道具の補助的な役割でしかなかった.そういう中でのデザイン作業は,たとえば印刷という工程は

①紙の上での手作業でのレイアウト
②そのレイアウトをもとに外部の業者に委託して活字,写植や網点に直して
③校正刷りをして,
④①～③の工程を数回繰り返して
⑤本刷り

というのが一般的であった.つまり,一つの作業を完了させるのに多大な時間と手間がかかった.このような状況では作業工程としての「インタラクション」という考え方が表面化することもないだろう.しかし,現在はこのような工程のほとんどをコンピュータ内で行える状況になりつつある.つまり,以前であれば数人ないし数十人で何日もかけて行ってきたことが,作業レベルでは一人で数時間で完了できるようになってきている.また工程を実行する際に通過する物質的属性に左右されることなく,理論的に構築した工程をそのまま実行できる環境が整いつつある.このような状況では,先の例での「印刷対象物をデザインする」ということと平行して「その工程をデザインする」ということもデザインの一領域として顕在化してくる.

また,上記のような印刷という場面ではウェブページなど,その印刷対象物さえもがコンピュータの中で完結してしまうという状況まで起きてきている.つまり,工程のデザインと最終のデザイン対象物の境目が曖昧になってきているという現象も起きている.話題が若干それるが,「ビジネスモデル特許」などという考え方はこの工程のデザインが具現化できるという状況の中,発生してきたことだろう.この「工程のデザイン」を含めた最近のデザイン事情全般が,すなわち「インタラクションのデザイン」として考えることはできないだろうか.

■感性

「感性」についても先の辞書の説明でもわかるように「人間の自然な欲求」のため,研究対象として扱うことが困難であった.また,デザインと感性,そしてコンピュータという関係を考えても,以前のコンピュータは処理能力が低かったため「コンピュータ=画一的」といったイメージが先行し,「感性」とはおよそかけ離れ

第3章 | デザインの感性科学

たものだった．そして，事実，感性によるデザインをコンピュータで行うことは非常に困難であった．

しかし，コンピュータの処理能力が向上し，デザイナーが積極的にデザインワークにコンピュータを取り込んだ結果，デザインワークとコンピュータは非常に密接な関係をもつこととなる．その結果コンピュータ内部でのデザインワークの自由度が高くなり，また，ウェブページや先のインタラクションのデザインなど，コンピュータ上でしか実現できないデザインというものも登場してきた．つまり，コンピュータの中での感性を使った作業というものが徐々に可能になり，必要になってきている．そして，コンピュータはそれらの工程や環境をすべて数値としてデータ化できる道具である．つまり，感性を駆使した仕事が必然的にデータ化されているという状況が生まれている．

■これまでの状況

3次元CGの世界で使われる手法の一つに「モーションキャプチャー」という制作手法がある．これは体中にセンサを貼り付けたダンサーが特殊なカメラの前でダンスをし，動きを忠実にコンピュータ内に取り込み，その動きにコンピュータ内で作ったCGを当てはめて，動画CGを作成するという手法である．コンピュータ内でデザインされた人形などが，そのダンサーの動きを忠実に再現する．これはダンサーがダンスを踊るという「感性」をそのままコンピュータ内に取り込み，加工し，利用するという点で，「感性」と「コンピュータ」をうまく融合させた一例であろう．しかし，観点を変えれば，これはダンサーの動きを単純に「録画，再生」しただけであり，ダンサーの「感性を使った動き」をかなりの確率で取り込んでいるにもかかわらず，コンピュータ内部での利用形態がその表層的なテキスチャーの変更のみであるという点はまだまだコンピュータ側での，入力された「感性」データの利用度が低いのではないだろうかと考える．

また，最近，街のゲームセンターで，単純なペダルに乗ってスキーをしたり，足の踏み替えでダンスを踊ったり，マラカスを振りながら曲に合わせたりなどの「身体を使ったゲーム」をよく見かける．これらはあたかもそのシチュエーションの真っただ中にいたり，本物をプレーしているかのような錯覚を与えるように精巧に作られている．しかし，ユーザーの機器に対する入力データは非常に少ない．つまり，「足踏み」という非常に少ないデータだけで「プロのダンサーがダンスしている」かの如き「感性」を作り出している．これは先のモーションキャプチャーの場合とはまったく逆で，「コンピュータ内での感性的な修飾」がこの状況の大部分を占めている．そういう点でこちらも「感性」と「コンピュータ」をうまく融合させ成功した一例であると考える．ただし，こちらの場合は「ゲーム」というコンシューマ向けに作られたプロダクトである．つまり「ゲーム」という最終目的のためのかなり特化したしくみが施されている．結局，これらの制作スキルがデザインツールなど，それ以外の場面に昇華し汎用性をもつ確率はかなり低い．

■これからの感性とインタラクション，そしてコンピュータ

デザインの世界でも，たとえば石崎豪のKinetic Typographyや前田ジョンのThe Reactive Squareなど，感性とインタラクションという考え方を踏まえた実験は多数行われている．これらはコンピュータの処理能力の向上やネットワークインフラの充実に起因する「コンピュータのメディアとしての利用」という現象が大きな要因として考えられる．この傾向はこれからもさらに進むであろう．デザイナーはこのようなことを踏まえ，メディアとしてのコンピュータという位置づけを認識しなくてはならなくなる．

現在はまだコンピュータがメディアとして認識され始めたばかりなので，その利用形態も「印刷」や「映画」などの既存のメディアの表現手法の模倣をしている段階である．しかし，これからはコンピュータの特徴を利用した独自の表現手法を考えなくてはならないだろう．そのような状況の中，筆者は「動き」という要素に注目している．

現在のコンピュータの中での動きは「映画」の手法を利用したものがほとんどである．つまり，あらかじめ動きを録画しておいて，コンピュータ画面上でそれを再生するという手法である．しかし，先にも述べたように，コンピュータはインタラクションをデザインできる道具である．この特徴を利用すれば，単なる録画再生にとどまらない「動き」が作れるはずである．現在筆者は

①コンピュータ外での感性を使った動きを柔軟に取り込み，
②それらのデータをコンピュータ内で，「柔軟（感性的な修飾）に」処理し，
③汎用性をもつ

ということを目標にして「動き」の研究に取り組んでい

る．これはマウスやマイクなどコンピュータに一般的につながれている入力機器からユーザーのアクション情報を取り込み，それを物理法則を利用し画面上に「親近感のある動き」を生成しようと試みている実験である．つまり，コンピュータを普段使っている人ならば無意識に近い感覚で使っているマウスやマイクなどの「感性情報」に，人間が現実世界で見慣れている「物理法則」を施すことにより，コンピュータ独自の表現方法が確立できないかという仮説のもと行っている研究である．この研究の詳細はhttp://furu.imrf.or.jpにて閲覧可能である(❶)．

❶Motion Typewriter 2(http://furu.imrf.or.jp/UGOKI/MT2/)

また，コンピュータがメディアとしての立場を確立した場合，そこにはとてつもなく巨大な「デザイン領域」が誕生することになる．これからのデザイナーはその未知とも呼べるべき領域で自らのデザイン手法を確立しなくてはならない．その際に必要になるスキルは何であろうか？

コンピュータは「プログラミング」によってすべてが動かされている．現在，デザイナーはプログラマーと呼ばれる人びとが作り上げたプログラミングの環境，すなわち「アプリケーション」を使用することのみでコンピュータを活用してきた．つまり，技術者であるプログラマーが作った機能の組合せでしかデザインワークが行えないという状況である．これは，鉛筆デッサンに例えるならば「すでに用意された専用の鉛筆削りで削られた数本の鉛筆で描かなければならない」という状況のようなものである．本来，自らの感性を駆使したデッサンを行うならば自ら鉛筆を選別し(時には鉛筆以外の画材を用意し)，自らナイフで好みの形状に削るのが当然とされている．しかし，コンピュータの世界では未だそれが無理である．また，最近のコンピュータを使用したデザイン教育では「鉛筆は自らで削ることができる」すなわち「アプリケーションは自ら作成できる」ということを気づかせる機会さえも減少しているのではないかと感じる．もちろんコンピュータを使ったデザイナーすべてが「好みの形状に鉛筆を削る」必要はないかもしれないが，少なくとも「好みの形状に削れる」という事象を体感的に認識しておく必要はあるのではないだろうか．

筆者はこのような状況の中，デザイナー自身がプログラミングをし，自らの感性を駆使したデザインワークをコンピュータ上で実現することの可能性をテーマに研究活動を行っている．これは，

①コンピュータという道具を使いこなすためにはプログラミングという技術が必須である．
②プログラミングの本質は「アルゴリズム」である．
③デザインワークには「アルゴリズム的思考」が必要である．

などの考えのもとで，デザインとプログラミングの関連性を研究し，実践しているものである．この研究の詳細も先のHPで閲覧可能である．

しかし，筆者のこの研究もまだ始まったばかりであり，実用面としてのプログラミング開発環境はデザイナーにとってまだまだ不向きなところが多々存在し，実用的なデザインワーク環境をデザイナー自身がプログラミングで構築するということはまだまだ困難である．このようなことはこれからもっと問題視されるべきことであり，議論される課題であろう． [古堅真彦]

■文献
新村出編：広辞苑(第四版)，岩波書店，1991．
小稲義男ほか編：研究社新英和大辞典(第5版)，研究社，1980．
石崎豪：Kinetic Typography(http://www.cmu.edu/cfa/design/kdg/kt/)
前田ジョン：Reactive Books (http://www.maedastudio.com/rbooks/index.html)

第3章｜デザインの感性科学

3|307 感性の数理モデル

■感性指向製品と感性的評価

「感性指向製品」と呼ばれる製品群がある．衣服や宝飾品などのいわゆる流行商品がそれであり，製品の評価は，印象や好みによって行われる．このような製品をデザインする場合には，デザインされる製品に関するデザイナーの視点からの感性的評価と，その製品に対するユーザーの視点からの感性的評価とが一致するようにデザインすることが理想である（❶右側）．

しかしながら，必ずしもそれが最初から達成できるわけではない．すなわち，デザイナーがデザインコンセプトを表現するものとして作成した製品から，ユーザーはそれとは異なったデザインコンセプトを引き出すことがある．ここに，デザイナーとユーザーの間に感性的評価のギャップが生まれることになる（❶左側）．このような場合，デザイナーは再デザインを行って，このギャップを解消する必要がある．

このような感性的評価のギャップをシステマティックなしかたで解消する方法の一つとして，デザイナーとユーザーの感性の数理モデルを構成して，それにもとづいてデザイン支援環境を構築する方法がある．以下に，それについて紹介する．

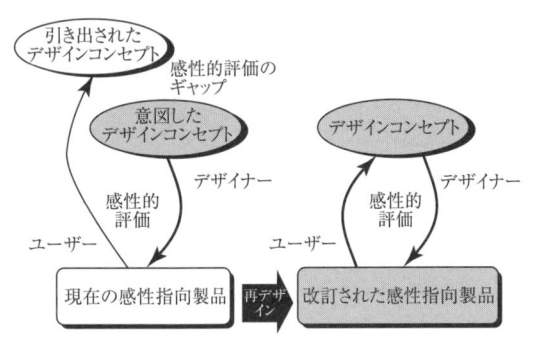

❶感性指向製品における感性的評価のギャップ

■感性指向製品のデザイン

さて，一般的な製品デザインのプロセスは，おおむね，次のように表現できる．

①ターゲットとなるユーザー層の決定（企画）
②製品仕様とデザインコンセプトの決定（概念化）
③アイデアスケッチの作成（スタイリング）
④クレーモデリングの制作（モデリング）
⑤プロトタイプの制作（フィニッシング）
⑥プロトタイプの評価と再デザイン

機能デザインも含めて製品全体の評価を行う場合にはプロトタイプの完成を待たなければならないが，感性的側面だけを考慮するのであれば3番目のスタイリングの段階で評価を行うことができる．そして，感性的評価のギャップがある場合には，❶の「感性指向製品」を「アイデアスケッチ」に置き換えて，アイデアスケッチを対象として「再デザイン」を行って，その解消を図ることができる．

■感性の数理モデルと評価ギャップの解消

デザインコンセプトからアイデアスケッチを導出する過程は，デザイナーの感性の現れの一つのかたちであり，また，アイデアスケッチからデザインコンセプトを引き出す過程は，ユーザーの感性の現れの一つのかたちである．感性指向製品のデザインの支援は，これらの過程を観測データにもとづいて表現し，さらに，感性的評価のギャップが生じないような理想的なアイデアスケッチの作成に利用できるように変換して，デザイナーに提供することによって行うことができる．

感性の数理モデルは，デザイナーのアイデアスケッチ作成過程とユーザーのアイデアスケッチ評価過程を数段階からなる認知プロセスとしてトップダウン的にモデル化し，モデルの変数を決めるためにどのような評定実験を行えばよいかを規定する．❷にモデルの概略を示す．ここで，各段階のモデルを記述するための評定実験は，ユーザーばかりでなくデザイナーに対しても実施されることに注意されたい．これらの実験により，ユーザーとデザイナーの感性評価モデルが導出

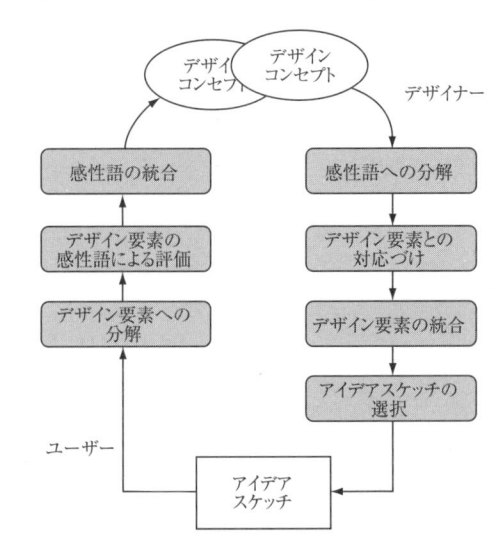

❷感性の数理モデルとその製品デザインへの応用（キムドンハンほか，1998）
トップダウン的にデザイナーとユーザーの感性的評価プロセスをモデル化する．

キムドンハンら(1998)は，これらの変換プロセスをファジィ論的に定式化する方法を提案している．

■認知構造の計測とデザインの改訂

❹は，アイデアスケッチの要素と感性語の適合度をユーザーから得るための評定実験に用いられるインタフェースを示している(キムドンハンほか，1998)．これと同様のインタフェースを介して，デザイナーとユーザーの変換プロセスを計測することができる．デザインコンセプト間にギャップがある場合には，計測された評定データやそれを解析した結果を参照して，デザイナーはギャップを解消できるデザインの改訂案を探索することができる．

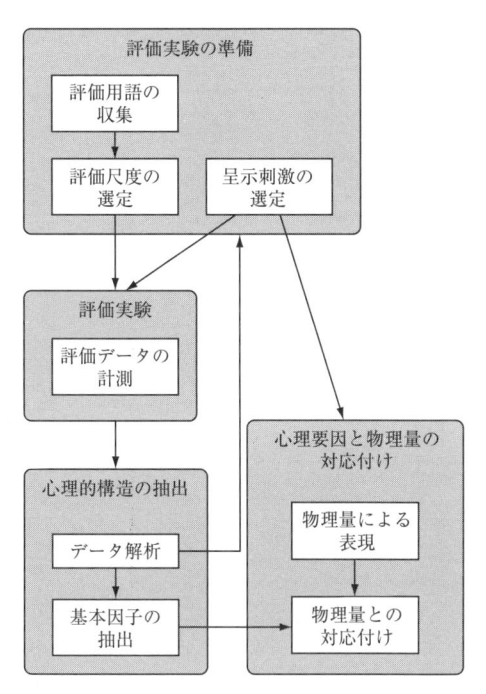

❸標準的な感性計測の手順（北島・宇津木，1993）

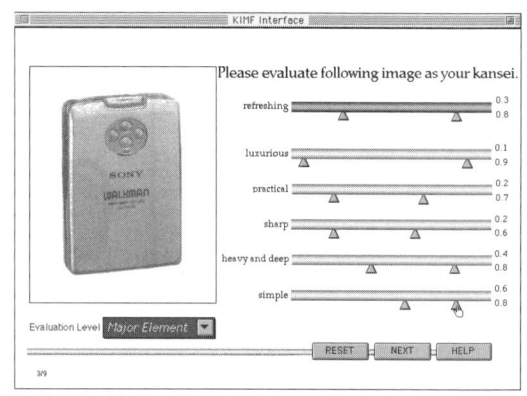

❹感性計測の例（キムドンハンほか，1998）

される．

各段階のモデル化は，刺激と反応カテゴリーを適当に定めた評定実験にもとづいてボトムアップ的に行われる．❸はボトムアップ的なモデル化の方法の概略を示している(北島・宇津木，1993)．図中，評価実験の準備は❷の認知過程に即して行われる．

■感性的評価の認知構造

❷の右側は，デザイナーの感性的評価プロセスをトップダウン的に規定するモデルを示している．デザイナーはデザインコンセプトが与えられると，まず，感性形容詞を用いてそれをより詳細な表現に分解する．さらに，それぞれの形容詞をそれに適合するデザイン要素に変換する．そして，そのデザイン要素を統合するものとしてアイデアスケッチの候補をいくつか構成し，その中の一つを選択する．

一方，ユーザーは，アイデアスケッチによって表現された製品をデザイン要素に分解し，各々のデザイン要素を感性形容詞によって評価する．そして，それらを統合して，デザインコンセプトを導き出す．

ここでは，感性指向製品をデザインするという状況を取り上げ，感性の数理モデルを構成してデザイン支援を行う方法について説明した．感性の数理モデルには，このような工学的な目的をもたず，直接的にはデザインに有効でないようなアプローチもある(たとえば，北島・宇津木(1993)に紹介されているボトムアップ的感性構造計測法)．それらの説明については他の文献に譲る．

[北島宗雄]

■文献

北島宗雄・宇津木明男：人間の感覚・感性を計測する．電子情報通信学会誌，76：242-245，1993．

キムドンハン・北島宗雄・原田昭：感性指向製品におけるメンタルモデル計測を用いたデザイン支援システム．デザイン学研究，44(6)：21-30，1998．

3│308　感性の多義性

　感性的認識能力（Aesthetica）は，人間の理性的認識の下部能力として1700年代にすでにドイツのバウムガルテン（Baumgarten）によって初めて使われた学術用語である．しかし日本では「美学」と翻訳されたために，その発展は狭義の領域にとどまってしまった．感性と類似した言葉には，感覚（sensation）があるが，これは外部環境からの情報（刺激）を受容する役割を担い，これにより生じる過程を含めて用いられる．感受性（sensitivity）は一般に刺激の強さの閾値，刺激に対する反応時間，刺激に対する正解率によって測定される．また，感情や情動（emotion）は，喜びや悲しみや怒りのような心の状態をいう．さらに美的感覚としてのaesthetic sense，感動のaffection，さらには気持ち（feeling）などの言葉群を包括的に含んでいるわが国独特の言葉である．

　一方で，感情という言葉は，東西の哲学において，紀元前6世紀あたりから常に関心がもたれていた．感情の研究における主要な流れは次の四つである．現代における感情の科学的理論は1872年に出版されたチャールズ・ダーウィンの著書（Darwin，1931）であるといわれている．進化論をベースにし，感情表出の一般原理を説いた．1884年にウィリアム・ジェームス（James，1884）は，「興奮するような事実を知覚した後に，生理変化が生じ，その変化を感じ取ることが感情である」と述べ生理反応説を唱えた．ここでは感情表出の後に生理変化が起こるという常識は破られている．1960年になって，認知説というべきものが現れた．それは，マグダ・アーノルド（Arnold，1969）の「知覚から，評価を行い，感情表出となる」というプロセスである．認知説は現在でも広く支持されている．その他，感情は社会文化の影響を受けるだけでなく社会文化の産物であるという社会文化説がある．また最

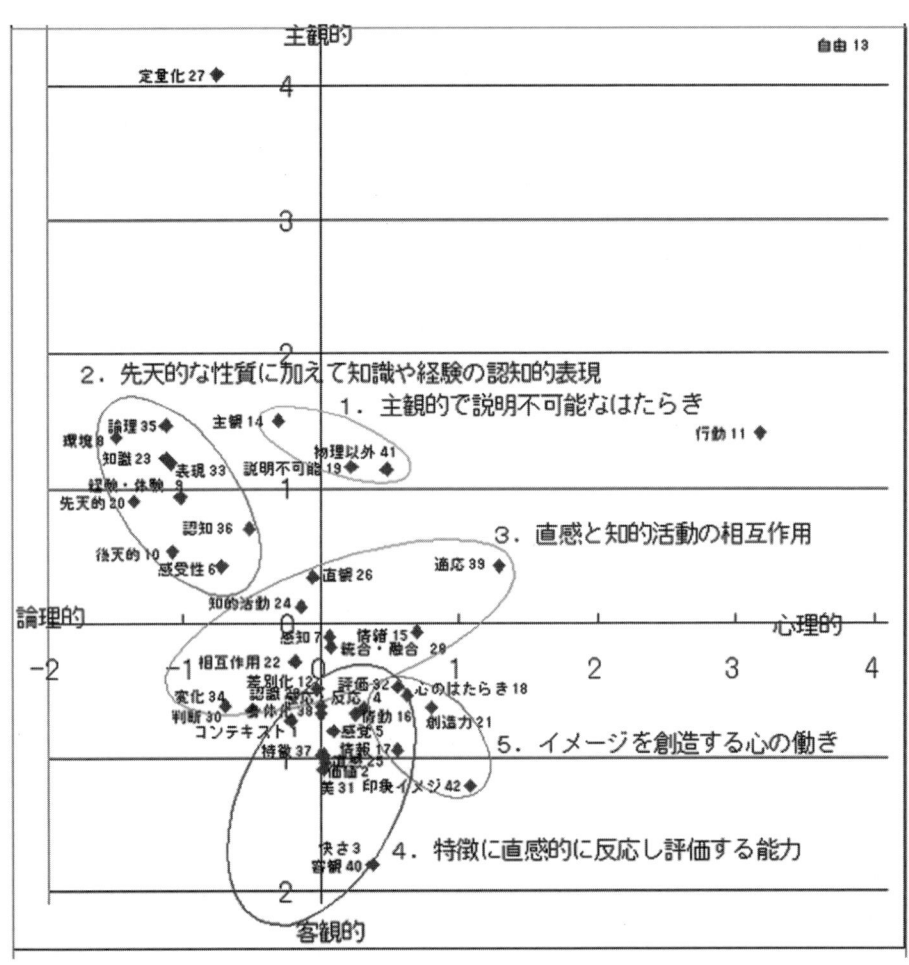

❶感性の五つのグルーピング

近では，神経認知科学という領域が注目されている（ルドーの『脳における感情の探索』[Ledoux, 1995]）．

筆者は，感性という言葉がどのような使われ方をしているかについてアンケートをとることとした．対象者は，筑波大学感性評価特別プロジェクト（原田，1998）に参加している研究員全員としたが，回答が得られたのは29名であった．回答者のそれぞれの専門分野は，現代語・現代文化，芸術学，総合造形学，デザイン学，ヒューマンインタフェース，情報科学，ロボティクス，データベース，画像情報処理，機能工学，機械工学，材料工学のように多岐にわたっている．

アンケートは「感性の定義についてお書きください」というもので，自由記述形式とした．回収アンケートの記述内容から，キーワードを抽出し，横軸に被験者，縦軸にキーワードを置き，1/0によるマトリックスを作成した．❶はこのデータを数量化理論Ⅲ類で分析し，被験者スコア，キーワードスコアを得て，クラスター分析を行い，グループ化を行った上でキーワードを散布図として空間配置したものである．図のX軸（1軸）は論理的-心理的な軸として，Y軸（2軸）は主観的-客観的な軸として解釈され，キーワードも広がりのあるわかりやすい布置となった．

結論として，感性の定義は，以下の五つのクラスターによって構成されていることがわかった．

①主観的で説明不可能な働き
②先天的な性質に加えて知識や経験の認知的表現
③直観と知的活動の相互作用
④美や快など，特徴に直感的に反応し評価する能力
⑤イメージ（心象）を創造する心の働き

[①主観的で説明不可能な働き]

感性とは，外界からの刺激に対する心の表象であり，それは主観的であり，論理的に説明しにくい生成プロセスによって働く．この考え方は永らく感性を主観的で，曖昧で，恣意的であるとの理由から科学の対象としてふさわしくないと排除されてきた．この定義は，情報科学分野の研究者に多い．

[②先天的な性質に加えて知識や経験の認知的表現]

感性とは，先天的な性質ばかりではなく，その人の知識や経験にもとづき後天的に学習され獲得される思考や認識の認知的な表現能力の働きのことである．この定義はデザイン学分野の研究者に多く見られる．

[③直感と知的活動の相互作用]

感性とは，直感的な創造活動と思考や推論などの知的活動との相互作用によって生じる心の働きである．感性的能力を知的能力と分離した能力であると見ないで，相補性を有することによって生じる働きと見なす考えである．この定義は言語学，デザイン学，情報科学分野の研究者に多く見られる．

[④特徴に直感的に反応し評価する能力]

感性とは，美や快などの価値に対して直感的に反応し評価する能力である．評価する能力というとらえ方は，理解や思考という認知的プロセスが介在していることを意味する．この解釈は，認知科学，芸術学，総合造形学，ロボット工学分野の研究者に見られる．

[⑤イメージ（心象）を創造する心の働き]

感性とは，生成されたイメージを情報として再生産し，創造する心の働きとする考えである．創造という人間の能力は感性と同じようにまだ解明が遅れている領域である．ただ創造行為の基盤に感性が働いていることは確かなことであろう．この解釈は，感性情報処理の研究分野の研究者に見られる．

このように「感性」という言葉は，その言葉自体が日本にしか存在しない包括的な意味をもっている．その意味の内容は，直観，感受性，感じ，情緒，情動，感情，感知，創造的基盤，連想，官能などの意味を包括的に含んでいる．日本での感性にかかわる学術研究が盛んになった影響で，最近ではヨーロッパでもアメリカでもKanseiという表記で通じるようになってきている．

［原田　昭］

■文献

齊藤勇監訳：感情の科学，誠心書房，2000（Randorph R. Cornelius：The Science of Motion, Prentice Hall, 1996）．

Baumgarten, A.G.：Aesthetica, Nachdruckauflage, Hildesheim, Olms, 1986.

Darwin, C.：The expression of the emotions in man and animals（浜中太郎訳：人及び動物の表情について（岩波文庫），岩波書店，1931）．

James, W.：What is an Emotion?, Mind, 1884.

Arnold, M.B.：Human emotion and action. In Humanaction: Conceptual and Empirical Issues, Mischel, T. (ed.), Academic Press, 1969.

Ledoux, J. E.：In search of an emotional system in the brain: Leapingfrom fear to emotion and conciousness. In Thecognitive Neurosciences, M. S. Gazzaniga(ed.), MIT Press, 1995.

原田昭：「感性の定義」感性評価2，筑波大学感性評価構造モデル構築特別プロジェクト研究報告集，1998．

3|401　概説−概念と形態との間にあるもの

■本質的課題としての形態論

　デザインが目的とする一つは，形態＝かたちの創出である．形態学または形態論は，デザインの領域では，いまだにデザインによる形態論，形態学を基盤としたデザイン造形というような明確な定義はない．したがって，定義による論理や手法は決定づけられているとはいいがたい．しかしながら，こうした定義性や手法が不在であることが，デザインの形態論を多様化し豊富にしているとも考えられる．

　かたちは，論理を超え，あるいは学理から逸脱しても成立，造形させることができると一般的には認識されがちである．よって，デザインにおいても形態学なり形態論は不要という主張もまかり通っている．しかし，これは知性なき独断であり偏見であると断定しておきたい．

　なぜならば，形態科学としてのデザインのアドレス，すなわち位置づけと科学的論説を学論化することはデザイン学にとって大きな機軸であり基軸になると判断できるからである．つまり形態学のための形態論＝かたち論について，メタデザイン（デザインのためのデザイン）をどのように定義化しておくべきかということであり，形態学もしくは形態論の構築はデザインの本質的課題である．そこで，形態科学について鳥瞰的に論述しておきたい．

■形態論の歴史性

　論理的な歴史性に遡及すれば，まずは，プラトンのロゴス的イデアでの形態（フォーム）とはエイドス＝形相にまで立ち戻ることができる．エイドスとは，現前として目に見える姿や形象そのものを意味している．この考え方に対して，アルキメデスはさらに，事物の原因説を質量因・動力因・形相因・目的因という四因説を掲げた．それは形態とは素材，質料（ヒュレー）・マテリアルと結びついたものという論理であった．アリストテレスの論理は以後，形態学の基本となる．ルネッサンスのヘルメス学では，気象・人間の相貌・動植物についての観相学（physiognomy）も歴史的な形態学の断片になっている．

　そして，形態学の集大成は，1807年，ゲーテによる彼の個人雑誌『形態学論考』での「形態学序説」が，博物学の分野でとくに動・植物学について提唱した「形態学（morphology）」である．ゲーテによって，提唱された形態学を整理しておきたい．彼がどうして，モノのかたちにこだわったか．それは，当時，ニュートンの量的な実証科学を超越し，かつ抽象性やロゴス的イデアを超えて，事物の隠れた真相を探り出そうという目論見があった．つまり，エイドス的な現前性でのかたちではなく，そのかたちを裏づけている根元的なものへのアプローチが問題視されたことである．

　モルフェーとは，元来，モルヒネと同語源であるように，現実的で具体的なかたちを超えて，かたちを成立させている抽象性にまで広範囲な形態を意味している．アリストテレスからゲーテにいたる形態学・形態論は，当初は，生物学，発生学，解剖学，生理学などに直接的に結びついた．19世紀には比較形態学，20世紀には実験形態学へとつながっていった．それは，文化論や経済学，たとえば，価値形態論や経営形態論にまで展開をしていくことになる．

　主たる形態学を挙げておきたい．生物学におけるダーシー・トムソンの「成長と形態」，クレッチュマーの「体格と性格」での病理形態学，量子力学でのシュレーディンガーの「波動理論」，カッシラーの「シンボル形式の哲学」などが，科学的にそれぞれの分野での形態学・形態論となっていったことである．

　結局，事物や現象の形，形相，形式などは，形態論という大枠で語られることなる．とくに，心理学的には，ゲシュタルト心理学と呼ばれるように，ゲシュタルト＝固定化された現実に存在するかたち＝形態に対して，ゲーテは，ビルトウィング＝生まれつつあるもの，生み出されたものを意味する言葉に重要度を置いた．いうなれば，形態学はゲーテの提唱により，はっきりと目に見えるかたちから，そのかたちを意味づけていることへの関心へと形態学は進歩してきているということができる．

　とりわけ，造形芸術やデザインでの形態論は，その形態について，エイドス的であることよりも，アリストテレスからゲーテの発想が根幹をなしていると考えることができる．

■形態論の定義性

　つまり，科学的に「形態論」は，四つの学問領域でそれぞれの定義性がとらえられている．
　①数学的な形態論，これは形体としての学論であるとも考えられる．形体という言葉は，文学的，いわば芸術論でレトリック的に使用される場合もある．
　②生物学的な形態論は医学的な形態論にもつながっている．

③言語学的な形態論．
④文化としての形態論である．

この四つの学問領域で語られる形態論の中では，文化としての形態論が，デザインには最も近接した形態論であろうということになるが，あくまでも，どれもが「論」であって，「学」の領域での論拠には至っていない，というのが正当な評価である．「学」としては数学的，または数理造形としての形体学，これはデザイン手法としてコンピュータの運用では新たな革新的な形態論が必要となってきている．チューリングマシンとしてコンピュータを提示したアラン・M・チューリングは，非線形偏微分方程式での形態生成の機構をモデル提出した．これは現在の3次元CADやCGの基本になっている．が，現在のノイマン型のコンピュータでの限界は，すでに新たな形態学が数学的に，たとえば整数論からのトライも試行されるようになってきている．これについてもデザインは注視をしておくべきであろう．さらに，最近では提示された当時の勢いは失っているが，ルネ・トムの「構造安定と形態形成」においての「カタストロフィー理論」もデザインにとっては今後の数学的モデルをアナロジーしていく大きな示唆であると判断できる．

かたち，形態が語られる科学領域では，進化と定説の変容がコンピュータの登場によってデザイン造形においても激化してきたと考えることができる．

デザインにとって，デザイン形態論を定義づける必然性は，デザインの本質上でも最大に重要な骨子構造になるはずである．デザイン形態論の論拠は，芸術学や美学よりもむしろ社会学的な形態論として，その論理構造から文化としての形態論，その美学性に入っていくことになるだろうと推測される．

つまり，こうした四つの領域それぞれで，アナロジー，メタファー，レトリックあるいはコノテーション的に，万一，関係論的な解釈を展開すれば，「仮説としてデザイン形態論」は科学的論証での定義が可能になっていくと予測できる．その仮説がデザインによる造形の集約した形態論の論理構築のためのヒントになると考えられる．

たとえば，言語学的な形態論を基盤にすれば，言語の構造について，三つの側面から，音韻論，文法論，意味論によって構成されているというのが一般的な見解である．とくに文法論での単語に形態素という音形の最小のものについての研究領域を「形態論」と呼んでいる．これは，デザインでのかたちの表現，その成立のためのかたちの要素論へアナロジー的な応用が可能である．このアナロジーは，言語構造と対照化することでかたちのシンタクスというレトリックの構成が可能になると判断できるからである．これはバウハウスでの，パウル・クレーやカンデンスキーの試みと比較できうる．デザインの形態論の変遷は，かたちの意味論として，デザインされた形態は「記号論」としての形態の解釈へと展開されてきたと考えてかまわないだろう．プロダクトセマンティックスはその一つである．

次に生物学おける形態論は，生物のからだの全体または部分の発生，発育，進化，変態など，視覚的に把握できることを対象とする．視覚的な形態の分類と生長過程が問題となっている．この場合には，生理機能との関係では，生理形態学や，医学的には病理学の中で，形態の変化から機能的疾病を明確にするために，病理形態学という領域も一時は重要視されたが，現在では病変の有無の確認検査として形態学が残存している．ここでも形態学が求めようとしたものは，形態の意味であった．

■形態論の科学性とデザイン

形態論を科学的全般から集約してとらえ直すと，デザイン，造形において，いわゆる形態の意味性を論理的，科学的に解釈しようということが，デザインの意図する形態の意味性と直結している．

言い換えれば，デザインされたかたち・形態は，常に，なぜ，その形態として存在させなければならないのか，デザインされる社会的存在としての形態論という合目的性である．その合目的性には，機能的な意味性を基盤として，感性的な形態把握でのアフォーダンスやシンボル性が，デザイン造形での形態には不可欠のものであるということに至る．感性的というからには，形態に対する興味や欲望，つまり，使用欲や所有欲の対象としての形態がデザイン意図と結びつかなければならない．それは，形態が社会的な存在として，経済的な存在として，エイドス的ではなく，モルフェー的，換言すれば，イメージとしての形態学までがデザイン学として必然となってきた．モルフェー的というのは，形態の原型・アーキタイプとして，インタンジブルな形態学の創出までがデザインの範疇に入ってきたという形態科学が必要である．

おそらく，それは，インフォメーションテクノロジーを運用，またはコンピュータに支援された形態学が，デザインの領域で発想されなければならないというこ

とに連鎖していくだろう．それは数学的な形態学であり，コンピュータ画面上で造形される形態から生み出されるいわば情報学としての形態である．幾何学からは逸脱した形態論になるということである．そして，デザインの形態科学の最終的論説は，形態＝かたちの審美性を意味づけることとかたちの機能性が，人間とのインタラクションをどう位置づけるかに収束することになるだろう．デザインの形態科学は，「美しさ」のモルフェーを実証することが結論である． ［川崎和男］

■文献

中村雄二郎：かたちのオディッセイ－エイドス・モルフェー・リズム，岩波書店，1991．
G. ジュネット著，花輪光監訳：フィギュール1，書肆風の薔薇，1991．
U. エーコ著，谷口勇訳：記号論と言語哲学，国文社，1996．
近江源太郎：造形心理学，福村出版，1984．
J. バージャー著，伊藤俊治訳：イメージ－視覚とメディア，PARCO出版局，1986．
G. カニッツァ著，野口薫監訳：視覚の文法－ゲシュタルト知覚論，サイエンス社，1985．
高橋義人：形態と象徴－ゲーテと「緑の自然科学」，岩波書店，1988．
C. アレグザンダー著，稲葉武司訳：形の合成に関するノート，鹿島出版会，1978．
小川一行：かたちと意識，朝倉書店，1995．
R. トム・E.C.ジーマン著，宇敷重広・佐和隆光訳：形態と構造－カタストロフの理論，みすず書房，1977．
R. バルト著，佐藤信夫訳：モードの体系－その言語表現による記号学的分析，みすず書房，1972．
E. R. デ・ザーコ著，山本学治・稲葉武司訳：機能主義理論の系譜，鹿島出版会，1972．
Wucius Wong：Principles of Three Dementional Design, Van Nostrand Reinhold，1977．
Johannes Itten：Design & Form, Thames and Hadson，1975．

コラム「私の選ぶ図書10冊」

石川 弘[工業デザイン／千葉大学]

① 『技術と文明 1・2・3』（ルイス・マンフォード著，生田 勉訳，鎌倉書房，1949）

今日の機械文明に至るために人類の文化的準備から始まって，文明の将来への見通しと正しい方向への示唆に富んでいる．原著の執筆は1930年に始まっており，この時代としては，とくに先見の明が評価される．

② 『口紅から機関車まで―インダストリアルデザイナーの個人的記録 上・下』（レイモンド・ローウィ著，藤山愛一郎訳，学風書院，1953）

原著の初版は1930年．アメリカID（インダストリアルデザイン）の草分けで，名実共にID職業を代表する著者の自伝書で，彼の業績と職業的発達の歴史が書かれている．中でもMAYA（Most Advanced Yet Acceptable）段階の項は，IDの規範とされる．

③ 『インダストリアルデザイン』（ハーバート・リード著，勝見 勝，前田泰治訳，みすず書房，1957）

原著の初版は1932年，第2版は42年で，この本は第3版の翻訳だが，詩人，哲学者，美術評論家である著者が，材料や加工法まで含んだ具体的な実例によって，IDの定義や内容の解説をしている点からも貴重な著作である．

④ 『モダン・デザインの展開―モリスからグロピウスまで』（ニコラス・ペヴスナー著，白石博三訳，みすず書房，1957）

1930年から32年にかけて腹案ができていたと著者は述べているが，モリスからグロピウスに至る近代デザインの歴史を，体系的で明確に記述した最初の著書である．その後の近代デザイン史書の手本になっている．

⑤ 『百万人のデザイン』（ヘンリー・ドレフュス著，勝見 勝訳，ダヴィット社，1959）

1920年代後半に発生したアメリカID職業の草分けの一人で，とくにアメリカの良識的デザインを代表する著書である．形式は自伝的だが，人間寸法の測定と応用など数々の業績を通じてIDの歴史的実態を記録している．

⑥ 『デザインの基礎』（山口正城，塚田 敢著，光生館，1960）

当時はデザインの教科書がほとんどなく，とくに基礎デザインの位置づけや手法，内容についてはまったくの手探り状態の時期に，ゲシュタルト心理学やバウハウスの造形手法などを取り入れて，単行本としてまとめたもの．

⑦ 『工業デザイン―理論と実際』（ヴァン・ドレン著，勝見 勝，松谷 壇訳，1962）

工業デザイナーによって，IDの方法論や技法がまとめられた最初の著書である．原著の初版は1940年，第2版は54年にできた．日本語版では挿入の写真に日本製品も使われ，新しくなっている．

⑧ 『機械の神話』（ルイス・マンフォード著，樋口 清訳，河出書房新社，1971）

1962年の大学での講義をもとにまとめられたもので，機械技術の時代における人間の精神性と芸術および工学との関わりを詳細に論じ，とくにこの時代において，すでに芸術の優位性を強調している点からも高く評価される．

⑨ 『工業デザインプログラム』（石川 弘著，美術出版社，1973）

IDの方法論として，価値工学，創造工学，解析的手法を発展させ，実践教育のプログラムとして，基礎デザイン，基礎製品デザイン，製品デザイン，工業デザインの4段階法を創案した．デザイン学会のID選定図書．

⑩ 『デザインマインドカンパニー』（クリストファー・ロレンツ著，野中郁次郎，紺野 登訳，ダイアモンド社，1990）

IDを企業戦略の重要な武器として位置づけ，各国の成功企業での具体的なIDの例を挙げながら，製品の国際化におけるIDの位置づけを明確にしている．イギリス人の著者が日本を最も重要視している点も特筆される．

3 | 402 | イメージの抽象過程

■イメージの抽象化による造形イメージの抽出

「連想イメージを言葉に変換することなく，類似したイメージ画像で表現することはデザイン発想の支援方法として有効である」

人は，外部から刺激を受けると内的なインタラクションによって認知過程にもとづいた反応を起こす．デザイン作業において，デザイナーの印象処理では最初に刺激として与えられた視覚情報から印象を受け，特徴的な部分に対して感覚的な反応と長期記憶による連想イメージ作用が行われる．従来のデザインプロセスでは，この連想作用で想起されるイメージを言葉に置き換えてコンセプトとして記録した後，再びイメージ（アイデアスケッチ）に作り出す手順で進められてきた．しかし，ここではその印象をそのまま維持し，類似した造形印象をもつイメージ画像で評価していく方法を紹介する（❶）．

また，イメージによる視覚情報をデザイナーの主観的な感性により抽象化し，それを「イメージアイコン」（❷）という概念で取り上げる．

イメージアイコンには，元のイメージ画像から受けた印象として物理的な特徴や心理的な印象などが含まれている．そして，イメージアイコンを用いたデザインの発想における具体的な応用方法として象徴化されたアイコンを組み合わせて，3次元の製品デザインに再構成する（❸，❹）．

■「イメージアイコン」を用いた形態の発想

イメージ画像をイメージアイコンに表現することは，従来デザイナーの創造におけるブラックボックスであった造形の発想，イメージの特徴抽出作業を体外に表出することであり，それによってデザイナーの造形的な印象処理過程が明らかになる．したがって，表出されたイメージアイコンの組合せによって3次元のデザインに表現すると，ユーザーやデザイナーがよいと思っていた最初の印象がイメージとして保たれたまま，新たな形態のデザインに表現できるのである．つ

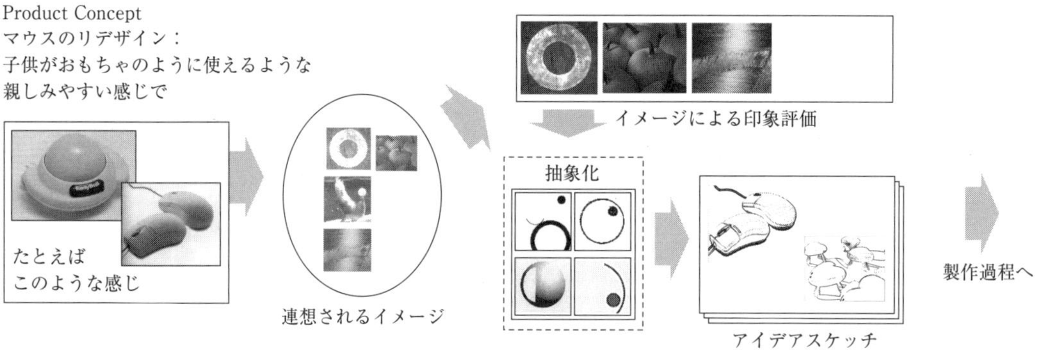

❶ 本節におけるデザインアプローチの提案

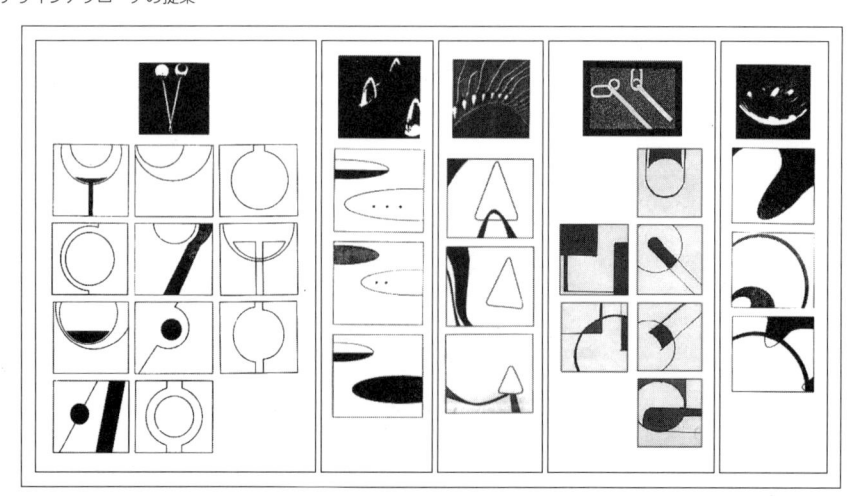

❷ イメージ画像の形態特徴を抽象化したアイコン表現

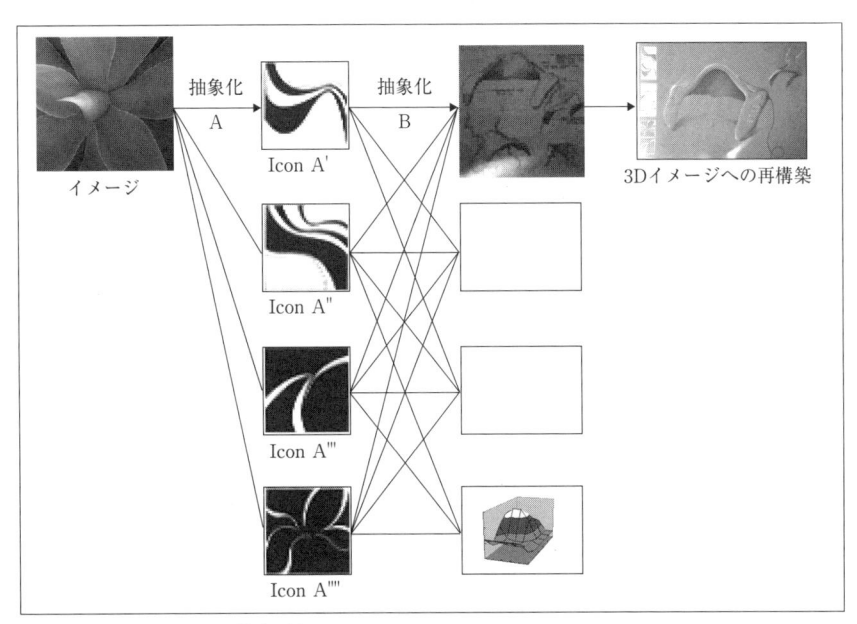

❸ イメージの抽象化過程と再構成の例

まり，イメージアイコンで自分が受けた印象を確認しながら，新しいデザインイメージのバリエーションが作られるため，従来頭の中で描いていた造形イメージより元の刺激イメージの印象が生かされている形態に表出できる．

また，イメージアイコンとして視覚化されている2次元の形態を3次元空間に表現し，操作することに発展させると，発想の支援情報として完成される形態の予測イメージがつきやすくなる（❺）．デザイナーからは，このような方法を用いることで，作業のやり直しにかける手間が少なくなる利点が挙げられる．つまり，イメージアイコンが表出された段階で，製品のイメージをユーザーとデザイナーが評価でき，ユーザーからのイメージ評価を得たデザイナーは再度，ユーザーの希望に応じた製品イメージを確認することができる．

■「イメージアイコン」の再構成による表現パターン

イメージアイコンを再構成して3次元の製品デザインに表現する段階では，再びデザイナーの主観にもとづいた造形製作が行わなければならない．イメージアイコンに現れている特徴的なイメージは2次元のものであるが，それを次元を増やして立体物として再構成する作業では，デザイナーとしての創造能力が反映されるのである．しかし，同じイメージ画像を与えても，デザイナーの異なる感性によって，イメージの形態表現は異なってくるのである．つまり，人は各々異なった見方，感じ方をもっており，同じものを見ても受ける印象が異なるのである．そのような表現パターンの特徴を通じてデザイナー個人の創造にかかわる感性を評価する方法を取り上げる．

デザイナーによって表現されたイメージアイコンを画像の物理的な特徴で分類する方法である（❻）．たとえば，イメージ画像を輪郭線を中心に表現したり，濃淡を強調して表現すること，などがある．

今まで，人間の創造過程は個人的な才能や訓練にもとづいたブラックボックスとして知られてきているが，イメージアイコンというツールを導入することで，デザイナーや芸術家の創造にかかわる感性の働きが明らかになることを期待できるのである． ［李　昇姫］

■文献
- Lee, S. H., Harada, A. and Stappers, P. J.：Pleasure With Products: Design based on *Kansei*, Taylor & Francis, pp.219-229, 2002.
- Lee, S. H., Stappers, P. J., Buijs, M. and Soleymani, F.：*Kansei* evaluation of matching 2D to 3D images extracted by observation of 3D objects. The 5th World Multi-Conference on Systemics, Cybernetics and Informatics, pp.386-391, 2001.
- Lee, S. H., Stappers, P. J. and Harada, A.：*Kansei* appreciation of observing 3D objects. The XVI Congress of the International Association of Empirical Aesthetics, pp.83-84, 2000.
- Lee, S. H., Stappers, P. J. and Harada, A.：Extending of design

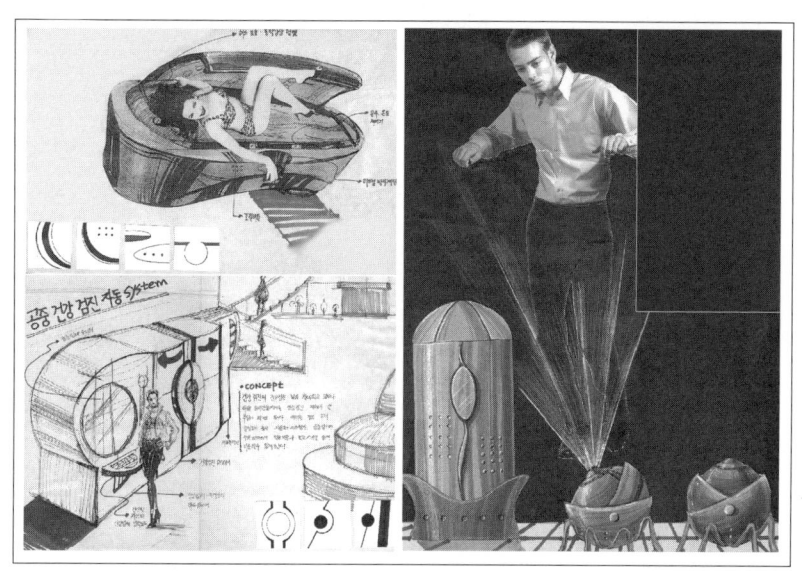

❹アイコンの組合せによって再構成されたイメージスケッチの例

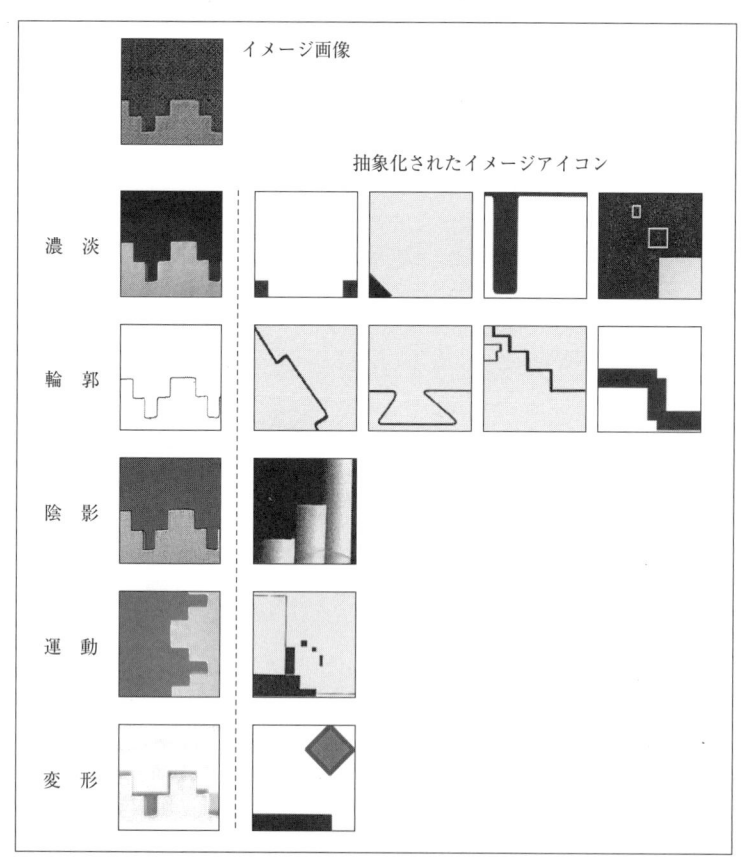

❻イメージの抽象化パターンによるイメージアイコン

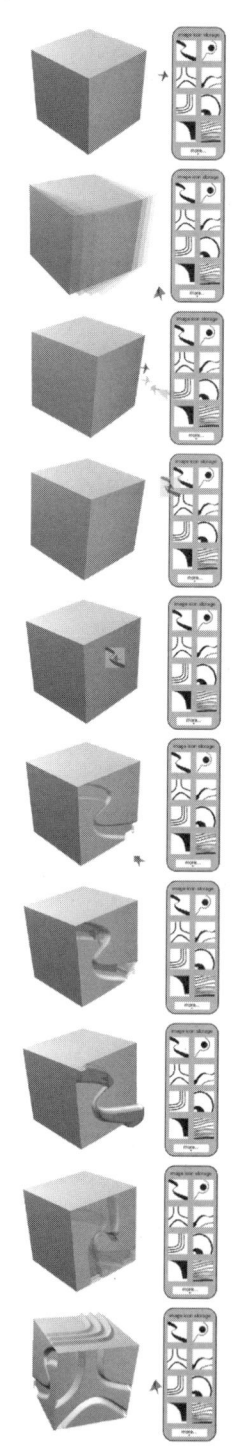

イメージ画像

抽象化されたイメージアイコン

濃淡

輪郭

陰影

運動

変形

❺2Dイメージアイコンと3Dイメージアイコンのインタラクティブ操作による3Dイメージの視覚化

approach based on *Kansei* by dynamic manipulation of 3D objects. The 4th Asian Design Conference, International Symposium on design Science, pp.686-693, 1999.

李昇姫：イメージを用いた感性情報処理によるデザイン表現支援に関する研究．筑波大学大学院博士学位論文，1999．

Lee, S. H. and Harada, A.：A *Kansei* design approach by objective and subjective evaluation of *Kansei* information. The 3rd Asia Design Conference, International Symposium on Design Science, pp.961-968, 1998.

Lee, S. H., Kato, T. and Harada, A.：*Kansei* evaluation of subjective image by iconic abstraction. The 2nd Asia Design Conference, International Symposium on Design Science, pp.139-144, 1997.

3|403 形態と数理

　かたちとは何か？に明快に答えるのは案外むずかしい．仮に「かたちの方程式はしかじか」といったとしても，それが形の説明にはなっていないことが多い(小川，1995)．そのゆえか，数理による形の研究では対象をあらかじめ特定するのが普通である．しかし，これでは対象そのものの創出をめざすデザインとは立場が逆であり，活用するには不便である．一方，「平行線は交わらない」という有名な公理があって，これを見ているとかたちと数理はどこかでルーツを共有しているという思いを否定できない．ならば，そこまで戻れば，数理とデザインは相互乗り入れが可能であろう．このとき手がかりになりそうな話題を紹介しよう．

■かたちの誕生－ゲシュタルトとトポロジー

[図と地]　認知の基本形式．哲学的思惟として始まったゲシュタルト(Gestalt)概念に対応する科学的概念である．これによって公理的集合論の立場から，改めてかたちを図の様相と定義した上で，かたちの科学的研究を始めることが可能となった．

　かたちは目に見えるとは限らない．たとえば，❶の中央前面に白く大きい正立三角形を実存として知覚するが，感覚刺激としては実在しない．内的形態の外部表現と外的形の内的受容像との関係を扱う理論(形態論)では実存と実在は対等に取り扱われる．

❶感覚刺激なしに知覚される白い正立三角形(野口，1987)

[表面]　図と地の境界を図の表面という．図は表面によって閉じられた内部をもっているから閉空間，これに対して地を開空間と呼ぶ．「開」とは，表面に無限に近づいてもそれに一致することはないという意味である．このように空間を分割することを連続体の切断という．ルビンの杯の経験によれば，切断の結果生じた面は断片のどちらに所属させてもよい．所属の側が図と呼ばれるだけである．かたちの誕生にとって重要なのは，連続体とその切断の意識内容にある．3次元球の表面は有界な2次元空間(球面)であり，2次元球(円盤)の表面は有界な1次元空間(円周)である．一般に，n次元球の表面は有界な$(n-1)$次元空間になっている．有界な表面をもった閉空間をトポロジー(topology)では「コンパクトである」という．

[一意化]　図を一筆書きすること．筆順を手がかりにして崩した文字を読み解くように，かたちを認知する根拠と考えられる点で重要な概念である．ある連続関数$f(x)$がその上の点$P(x)$において微分可能であり，かつ$f(x)$が一意に定まるとき，$P(x)$はその関数空間に埋め込まれているという．もし$f(x)$が一意でなければ$P(x)$は嵌め込まれているという．ジェットコースターのレール(幾何学的な線と見なす)上のすべての点は3次元空間に埋め込まれているが，地上に落ちた影の上では交叉点は2次元空間に嵌め込まれている．埋め込みから嵌め込みに落とすことを射影，逆に嵌め込みを埋め込みに戻すことを一意化という．例として，輪にしたリボンは3次元に埋め込まれている．一度ねじって輪にしたリボン(メビウスの帯，Möbius' strip)は3次元に埋め込まれている．二つのメビウスの帯の縁を貼り合わせてできるクラインの壺(Klein' bottle)は4次元に埋め込まれるが，3次元では嵌め込み(自己交叉形)にならざるを得ない．埋め込みも嵌め込みも背景となる空間は唯一通りに定まるものではないから造形表現(図)にはさまざまの同位体が存在しうる．人の臓器は埋め込み(一体)なのかそれとも嵌め込み(入れ子)なのか？　もし埋め込みとすれば何次元に埋め込まれているのだろうか．臓器移植が普通になりつつある昨今，面白い問題と思われる．

　最も単純な一意化は，表裏の意識とその数学的表現の中に見られる．人の感覚センサは体表面(2次元)に分布しているから，3次元以上の形態が表現されるときには情報は折り畳(嵌め込)まれる．これが図と地の

❷座標面に表現される表と裏((1)と(3)が表，(2)と(4)が裏)

形式であって，情報の一部は失われて図は地の一部を隠し，図自身にも裏が生じる．ところで，われわれはなぜ，(i) 1×1=1, (ii) -1×1=-1, (iii) -1×-1=1 と決めたのだろうか？ この演算を座標面に描いてみると(i)は面(1)に，(ii)は面(2)に(iii)は面(3)に対応している(❷)．面(1)と面(2)はどちらかを裏返さなければ重ねることはできない．面(2)と(3)についても同様である．面(1)と面(3)は原点の周りを180°回転するだけで重ねられる．つまり上記一群の演算規則は第1, 3象限は座標面の表を，第2, 4象限は裏であることを一つの2次元面上で表現している．

[対称性] ある表面上に一つの点Pがあるとする．これに何らかの操作fを加えて他の点P'に移したとき，二つの点の状態が同じであればPとP'はfに関して対称であるという．点Pを連続的に移していくと，ついには元の点に無限に接近した点に達することができる．このときの二点は確かに上記の定義に一致する．すなわち，表面はその上の点Pに対し並進運動に関して対称性を与える．これを表面の周期性といい，再帰的な一筆書きの道を可能にする重要な性質である．表面は与えられた形を数学的に解体するいわばまな板のようなもので，手際よくさばけるか否かは目的にかなった親となる表面の入手にかかっている．たとえば，画像解析に有効なフーリエ変換を使いこなすには，次に述べるような無限次元の親球面が必要である．n（正整数）についての級数（右辺）と関数$f(x)$の対応関係を考える．

$$f(x) \sim \frac{A_0}{2a} + \frac{1}{a}\sum_{n=1}^{\infty}\left(A_n\cos\frac{n\pi x}{a} + B_n\sin\frac{n\pi x}{a}\right), A_0：定数$$

$f(x)$は与えられた形を表す実関数，A_n, B_nは$f(x)$のフーリエ係数である．$f(x)$がxの適当な領域$[-a, a]$で周期的であれば級数のnについての無限和が$f(x)$に収束する．これが$f(x)$のフーリエ展開である．級数がn個のユークリッドベクトルを表していることは簡単に証明されるから，かたちのフーリエ展開とはその表面を無限個の内接多角形で表現することに相当する．無限個のユークリッドベクトルの集まりが無限次元の親球面である．親球面を実空間で求めるには一般的には複雑な操作を要するが，実数平面(x, y)に重なる複素平面(x, iy)を新たな親表面とするならば容易である．すなわち複素平面上に新しい変数$z=x+iy$を定義し，与えられたかたちをその関数として表せば，特異点をもたないかたちなら一筆書きとなる．zを一意化変数，複素表現された形を解析形体という(田村, 1994).

デザインにとって対称がきわめて重要な概念であることは一般に実感されている．しかし，実感の内容は必ずしも明らかではない．そのために対称が美しいのか，非対称がより美しいのかという論争がしばしば起きる．形態論的にいえば，対称は非対称よりも高次の概念である．それをあえて非対称をよしとする考えは，それが対称へと知的な延長を行う現実的な方法として有効であるということなのかもしれない．いずれにしても対称/非対称の区別は表現レベルの問題であって，解釈レベルには存在しない．

■形の受容－力学

[サッケード] 物を見るとき，視点が対象の近くを一見無秩序に飛び歩く現象をいう．視点から次々と脳内に流入した情報の流れを時刻tの関数として表すと，力学でいう運動方程式と同じ形式のものが得られる．視点は局所観測であるから運動方程式はtに関する微分方程式となる．サッケード(saccade)は多数のパスの集まりで，それぞれのパスが同じ時計で測られているとは限らない．仮に同じであるとした場合（共時仮定，ガリレイ変換），運動方程式はニュートン型となる．これが知覚の古典力学モデルである．このモデルは情報の流れの経路，すなわち軌道の概念が明確であるという特徴をもっている．弾道の観測結果を表す運動方程式を水平方向xと垂直方向yに分けて書き，それぞれの解から共時仮定に従って時刻tを消去すれば，よく知られた放物線軌道$y=k\cdot x^2$（k：定数）の形が得られる．この式は時間を含まないから因果関係の幾何学的表現である．軌道は脳内に埋め込まれた一本の情報環流であって解析形体に他ならないから，一応「理性の原形」と呼べる．

[共時仮定と解釈] 局所時刻の間に一定の順序があるとの要請が共時仮定である．これを受け入れると，視点順序が光学像（背景）の幾何学的な点順と一致しない(❸)のは与えられた形を自己流の共時順序に書き換えて解釈しているためであろうとの推測が生まれる．その根拠となりうる数理的事実が存在するであろうか？ 英単語BENCHの意味解読を例にして一つのシミュレーションを行ってみよう．アルファベットを横一列に並べておいて，単語の文字とアルファベットが対応する場所に目印|を付ける(❹)．この操作を単語の文字順に左から右へ順次対応させていくと|が横に並んだ情報源のスペクトルができる．次に左端の縦一列で同

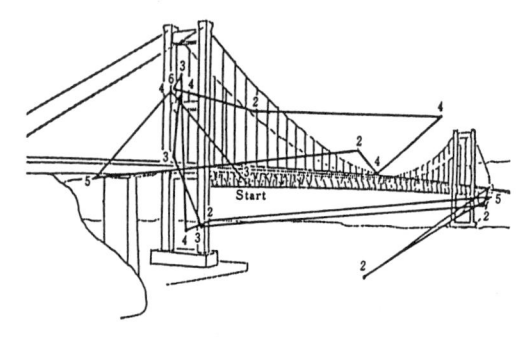

理，uncertainty principle）とされている．

　ここまで来ると，数理言語としての数学と知覚実態としての物理学の間に隙間が見え隠れする．一方で，宇宙の観測半径は日々拡大しつつあるが，やがて収縮に転じると予想されている．しかし，それが何時のことか明確とはいい難い．結局，軌道は大小どちらの極限も未知というほかない．両者の統一的理解（大統一理論）に晩年のアインシュタインが意欲を燃やしたといわれているが，未完のまま他界した．現在も完成されてはいない．

〔小川一行〕

❸吊り橋と注視点の軌跡（杉山，1987）
注視順序に注意．屈曲点の数字は視点の停留時間（単位は0.1秒）．

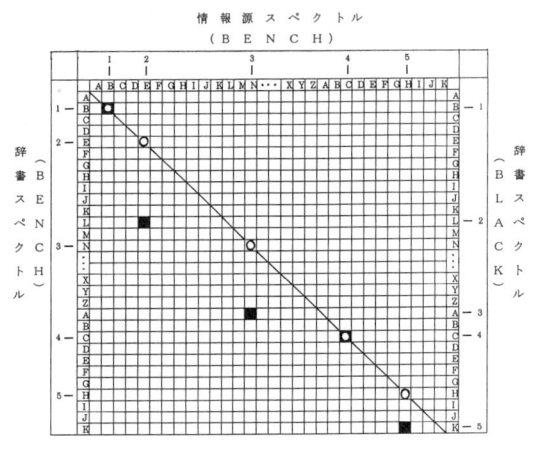

■文献
小川一行：かたちと意識，朝倉書店，1995．
杉山和雄：橋梁形態の観照と評価に関する基礎的研究，千葉大学学位論文，1987．
H. ワイル著，田村二郎訳：リーマン面，岩波書店，1974．
G. カニッツァ著，野口薫監訳：視覚の文法－ゲシュタルト知覚論，サイエンス社，1987．

❹スペクトル相関による暗号の解読

じことを繰り返す．右端の一列も同様であるが，こちらは別の単語BLACKについて行う．左右のものを辞書スペクトルと呼ぼう．アルファベットが縦横結合した平面を行列A_{ij}とし，脳内に記憶された入力信号の集まりを表現する．情報源と辞書のスペクトルが一致した場所は対角線上A_{ii}に並び，不一致点はここから逸れて■点のようにバラバラに分布する．サッケードにおける視点の往来は行列上での鏡映変換であり，行列の「対称性検定」作業であると見ることができる．対角化された行列の要素（対角要素）は軌道のモードに一致する．これはサッケードが力学モデルで説明できると考えることの一つの根拠である．

　最後に，軌道が理性のルーツかという問いが残っている．実はそうともいえない．なぜなら軌道は一本のリングであるから連続的に点にまで縮小できる．そのときこの究極と見える点が，本当は交叉点かもしれないという不安がある．物理学では軌道の究極は点ではなく，プランク定数程度の広がりがある（不確定性原

　調和とは何か？　それはどんなときに生じるのか？　この答えにくい問題に対して一つのヒントとなるものが目の運動の中に見つけ出せる．

　サッケードが形をとらえるしかたを単純化すれば，輪郭を多角形で近似する方法でやっていることがわかる．この操作はさらに，多角形の辺（線分）を作る直進運動とそれを輪郭に沿って重心周りに取り回す旋回運動の二つに分解できる．❹で行と列に沿ってアルファベットのグループを繰り返し順序よく並べたのは，円周をA，B，C…26文字で分割し，これに沿って一定の方向に何度でも周回する運動，すなわちサッケードを線状に置き直したものと考えればよい．よく知られているように，旋回運動は系の重心を貫通する車軸に対してトルク能率をもっていて，そのベクトルはネジの進む方向と約束されている．右回りで進むものを右ネジと呼ぶならば，進む方向が同じで左回りのものは左ネジである．旋回するサッケードもまた同じように二つの向きで特徴づけられたネジの一種と見なせる．

　さて，雌雄のネジがうまく嵌り合うためには右（あるいは左）ネジどうしであることが必要条件である．この関係を形と色の調和に応用することができないであろうか．色は色相環と呼ばれる円形の順序環を構成している．赤・橙・黄・緑…を右回りに表示している例をとってこれを右ネジと見よう．すると，これと具合よく結合する形のガイド「サッケード」の旋回運動もまた右ネジでなければならないだろう．画家はこれを意識の中で確かめながら，用心深くキャンバスの上に色を置いていく．そして首尾よく一致したときに調和を見出せたと納得するのではないだろうか．ネジの左旋右旋を画家の個性と考えれば，調和のとり方もまた人それぞれであるという事実も説明できそうである．

第4章 | デザインの形態科学

3|404 形態の生成プロセス

■形態生成のメカニズム

　まず初めに認識しておかなければならない点は，形態の生成プロセスにおいて，偶然性は存在しないことであり，むしろ必然性を探求することである．

　この十数年，ディジタル技術はめざましく進歩した．ディスプレイの画像上で，いきなり3次元の仮想立体を自在に生成できる．仮想立体の回転や形態の変更・確認はもとより，表面素材の選択，光沢の変化なども至極容易である．仮想空間に仮想立体を漂わせ，形態を検討できる利便性と裏腹に，形態を最終的に決定する評価基準に必然性や論理性を欠くきらいがある．

　デザインを学ぶ若者や，社会に出て働き始めたデザイナーに，デザインの課題を提示すると，その多くは白紙にとりとめのない線を描き，形態を模索し抽出しようとする．形態を求めて解答の見えない迷路に入り込んでしまい，結果，偶然によるひらめきに望みを託してしまう．模索し偶然に期待するという行為には，描かれた形態に対しての評価基準にも決定基準にも，拠りどころがないといえる．

　形態を生成するプロセスは，エンジニアリングと共にある．モノの使用目的に適合する技術，構造，素材の選択・検討そして評価は，形態形成のプロセスにおいて不可欠である．しかし，そのプロセスは試行錯誤の連続であり，さまざまな観点からの検討・評価の繰り返しで複雑を極める作業である．この点，コンピュータはこれらの繰り返しの検討作業と，データの蓄積に有効なツールである．しかし，データを入力した人間の頭脳には，形態の生成プロセスのデータが，断片化された形でしか残らない．

　一方，人間は手と頭脳によって，この複雑な問題解決を伴う形態の生成プロセスを，コンピュータが導入される以前から長年にわたって行ってきたのである．手の感触によって3次元立体の形態を生成できるし，形態の検証もできる．しかし，対象物の形態が複雑になれば，人間の頭脳や手だけで3次元立体を構築し検証するのはむずかしくなる．

　しかし，紙の上ならばそれが理解しやすくなる．ただし，直接パースやレンダリングといった3次元表現ではなく，2次元表現で描くことになる．図面である．3面図，場合によっては6面図や必要な断面図を，できる限り「手」で描き「脳」に記憶させる．作図プロセスを通して機能，構造，内部構成，組立を考慮・理解しながら，3次元立体としての形態を把握していくのである．言い方を変えれば，3次元の形態を想像しながら，2次元の図面を描いていくのである．

　コンピュータで図面を描かせるのは当たり前，いとも容易に3次元の仮想立体を生成できる今日，人間の「手」で製図など描く時代は過ぎ去ったと思われるだろうか．しかし，形態の生成プロセスを再認識しながら，そのプロセスにおいて形態の意味性を考える上でも，改めて「手」による形態の生成プロセスを問い直したい．

■「手」による形態の生成プロセス

　「手」による形態の生成プロセスによる最大の効果は，形態を人間の「脳」で把握し，「手」で検討し尽すことにある．

　3次元立体としての形態の検討は，イメージスケッチと線図により始められる．イメージスケッチは自由に描けばよいというものではなく，図面にのっとって作成される必要がある．「形態は機能を表現する」し，「形態はイメージも表現する」．イメージを探求し，イメージを具現化させるべく，数多くのイメージスケッチを描く．留意すべき点は，やみくもに数多く描くのではなく，さまざまな評価基準に沿ったオータナティブに立脚したイメージスケッチであることである．イメージスケッチを描くことによって，形態の生成にとって重要な面を構成するプロフィールライン，キャラクターラインを設定する．このプロフィールライン，キャラクターラインを3面図の線図に表現していく．線図といっても手描きの限界もあり，必要な面変化の検証にとどまってしまうが，TL，BL，WL 3点を可能な範囲でプロットする．その上で線図に描かれた形態のラインに矛盾がないか検証し，TL，BL，WLそれぞれの点の位置をプロットしプロフィールライン，キャラクターラインの線図をつなぐ．

　レンダリング，パースも既存にある類型のモノの写真のトレースではなく，視線の高さ，消失点を自ら定め，3面図をもとに下書きから描き起こす．視線の高さを決めることは，通常そのモノを見る目の高さで形態を考えることにほかならないし，消失点は視線の高さと相まって，モノのスケールを把握できる．この作図プロセスに，形態上の発見が見出されることもある．たとえば，通常の目の高さでは見えないと想像していた部分が，隠れないで見えてしまったり，その逆のこともある．また，3面図ではつかみにくかった形態が，パースによる立体表現では，より効果的な形態として見えてくることもある．

　パースの作図の過程では，いろいろな生活シーンを

想像しながら線を引き，色を塗る．どのようなユーザーがどのような状況のもと，どのように使ってくれるのか．使いづらそうな点はないか，危険を伴う配置や構造ではないか．形態に視覚的な違和感はないか．メンテナンス上，問題は生じないか．光の効果や反射に不具合はないか．

線図によりスケールモデルや木型が製作される．モデルや木型による形態の検討は，「目」でも行うが「手」に負うところが大である．むしろ「手」に全神経を集中させ，モデルや木型の表面を撫でることで，形態が思い通りにできているか，面の構成に矛盾ないか，がわかってしまう．

「手」で形態を描くことによって「脳」が形態に対し検証を行い，その結果を「手」が再び形態を練り上げていくのである．

■形態の評価

形態を創生する際，考慮すべきことは，何を創生するかではなく，何のために創生するか，誰のために創生するかである．

形態を評価するのに，格好いい，格好悪い，あるいは不格好などと表現されることがある．一般的には「形態」というより「格好」といった方がわかりやすい場合もある．

現代ではやや軽い意味で使われている「格好」は「恰好」とも書かれる．「恰好」には形態，形を表す意味以外に，似合うこと，相応，ちょうどよいことなどの意味や，価が安いこと，廉価であるとの意味もある．むしろ形態，形を表すことは二義的，三義的な意味で，似合っていて廉価であることが「恰好」なのである．

「格好いいから購入したい，使いたい」「格好悪いからもちたくない」「不格好ゆえに愛着がある」形態の評価に対して人間はさまざまな想い，嗜好をもっている．個人個人が形態を評価することも，その結果，使う使わないを選択することも，一般的には個人に委ねられる．

しかし，格好いい，格好悪いといった形態に対する好き嫌いが通用しない，通用しにくい事例もある．形態の評価に不満があっても選択の余地が限られる公共デザインの分野である．その一例が鉄道車両の内外装を含めた形態である．たとえ格好悪くとも，形態が好みに合わなくとも移動目的に合わせ，利用せざるを得ない．

形態創生の目的が対社会への話題づくりだったり，形態のための形態の生成が目的だったり，生成プロセスにおける利用者の利便性や保守性に対する考察不足など，形態の生成プロセスに疑問を感じる事例も見られる．形態の評価に自己評価が強く反映された結果である．形態の創生において，その解答は一通りではない．可能な限り周囲の知恵と意見を取り入れるとともに評価を段階的に行い，多くの選択肢の中から，最良解答案を見出すことこそ，生成のプロセスである．

■形態の生成と文化形成

生成された形態は社会的な評価を受けることになる．ただ注意すべき点は，形態の生成プロセスの評価の良し悪しと，社会での話題性とは別物であるということである．

パロディ，レトロフィット，希少価値性，雑貨感覚….このようなキーワードで形態が生成され，社会に出て話題を賑わした事例がある．形態の優劣も昨今の社会現象同様，渾沌としているのが実情である．確かに，耐久消費財の発想からリサイクルへと意識変革が移行しつつはあるが，製品性能の日々革新によるライフサイクルは短く，共に形態のライフサイクルも短命である．

形態の創生に際して，かつてとは異なった生成のプロセスを再発見するべき時期である．生成された形態は単に個々人の好みの範囲を超えて，公共の観点，さらには環境の観点から評価される必要がある．また，形態はその国の文化度，民度の尺度であるといっても過言ではない．

人間の「脳」は，複雑に絡み合った諸条件を考慮しながら，形態を生成する知恵を産み出すことに適している．人間の「手」は形態の生成とともに，文化の生成，形成に数多くの実績を残してきた．

モノづくりの原点，「手」による形態の生成によって，次の世紀における形態のあり方の答えが見つかるだろう．

〔菅　泰孝〕

3|405 画像情報処理による支援

■視覚の感性モデル

　科学・工学としてのデザイン評価の第一歩は，物理学などと同様に，実世界に存在する実体としての対象の形態を計測することから始まる．同時に，デザインの特性として，その対象が人間にはどのように知覚され，どのように解釈されるかまでを含めて，対象の形態を評価することも必要となる．

　人間が外界を知覚（入力に相当）して頭の中にイメージを形づくるまでの過程，および，頭の中でのイメージを具体化して外界に作用する（出力に相当）までの過程に着目して，感性の構造をモデル化することを考えよう（❶）．個々の人間が感覚情報を受け取り，さまざまな特徴抽出機構を経て，これを主観的に解釈するまでの階層的な過程を知覚感性（cognitive process of kansei）と呼ぶ．また，個々の人間が頭の中でイメージする情報を，具体化して，実際に他の人間や計算機が知覚可能な情報に形づくるまでの階層的な過程を創出感性（creative process of kansei）と呼ぶ．

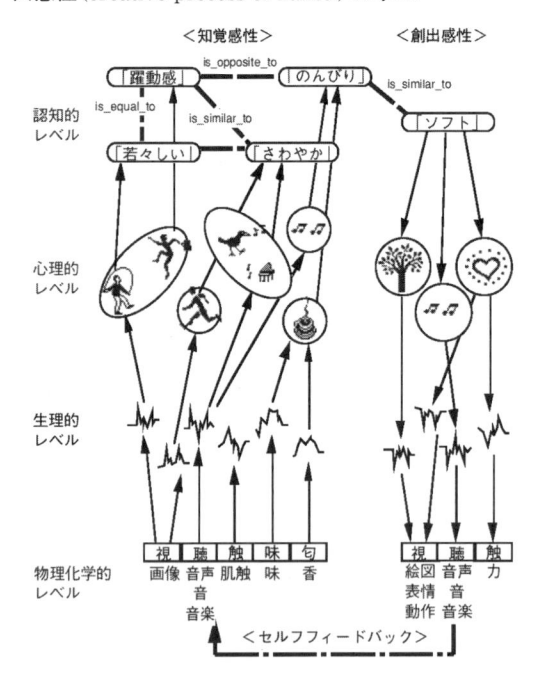

❶感性の階層的構造

　このような階層的なモデル化によれば，たとえば，文化圏の違いにより抽象的な概念語の解釈に大きな開きがあったとしても，実世界に存在する実体，あるいは，そのマルチメディア表現された情報を媒介に，人間の感性的な特性の違いを客観的に評価することが可能となる．また，新たに与えられた未知の対象も，そ

の特徴を計測して，感性モデルにもとづいて解釈する（つまり，感性的な解釈をシミュレートする）ことも可能となる．

　知覚感性の場合，以下に示すような階層分けと階層間の関係が考えられる（橋本，1999；加藤，2000）．

①物理的レベル：実世界に存在する実在としての対象の，形態的な特徴に関する情報とその情報処理に相当する．近年は，バーチャルリアリティやコンピュータグラフィックスで生成された対象も含めることができる．

②生理的レベル：実世界に存在する実在としての対象を，目・耳などの感覚器官を通じて人間がセンスした像とその情報処理に相当する．たとえば，人間の視覚系の初期の段階では，輝度や色彩，それらの局所的なコントラスト，空間周波数などの特徴が，神経回路網により抽出される．

③心理的レベル：感覚器官を通じて抽出された特徴にもとづいて，対象の像を，グルーピングした段階に相当する．グルーピングは，主観的な尺度・基準にもとづいて行われるため，個々の人間によって異なったグルーピング（つまり，解釈）を行うことが多い．

④認知的レベル：主観的なグルーピングと，イメージ語と呼ばれる主観的な表現を対応づけた段階に相当する．いわゆるマルチメディア情報と概念が結びつけられるレベルである．この対応づけも主観的な尺度・基準にもとづいて行われるため，個々の人間によって異なることが多い．また，生まれ育った文化的な違いや経験の違いにより，人びとの示す解釈の間に，共通の傾向を見出すこともできる．

　知覚過程の感性モデルの典型的な応用例は，デザイン事例を集積したマルチメディアデータベースからの情報の検索であろう．以下では，視覚と画像情報に関して感性のモデル化や，これを利用したデザインへの支援について説明する．

　ある画像を記述する情報として，利用者がキーとなるデータ p_0 を提示し，データベース中のデータ $p_i \in P$ との類似度 s_i （similarity）を何らかの規準（similarity measure）に従って評価して，類似度の高い p_i を解の候補とする操作を，内容検索（content-based information retrieval）と呼ぶ．このとき，キー p_0 自身はデータベース中に含まれていなくてもよい．また，解の候補集合には，類似度による順位づけがなされているの

第4章 デザインの形態科学

がふつうである．

■物理的レベルでの知覚

人間がさまざまな視覚的情報を知覚する際，個々の事物の識別ではなく，シーン全体が一種のキューとなって，類似の情報を思い出したり，関連するシーンを想起することも多い．これは物理的なレベルでの内容検索と考えられる．

たとえば，利用者が想起するシーンのラフスケッチを描き，これをキーとして計算機システムに提示して，類似のシーンを内容検索するのは，物理的なレベルの感性モデルの自然な応用である．断片的なスケッチしか描けずに，不完全なキーしか提示できない場合でも，類似度を利用することで，曖昧検索も実現できる．

対象がモノクロの場合には，輝度が大きく変化するエッジ，フルカラーの場合には，輝度や色彩が大きく変化するエッジに注目する．データベース中のすべての対象（画像）について，このようなエッジパターン（線画に相当する）を抽出し，各画像データの概略画索引とする．

内容検索では，利用者が描いたラフスケッチ（モノクロの線画）と各概略画索引との間で，類似度を評価する．類似度の評価法としては，ダイナミックプログラミングによるマッチングや，位置ずれも考慮した局所的・大局的なテンプレートマッチングを併用する手法などが考案されている．これらのマッチングの度合いを評価して候補画像を求めるとよい．

❷に，絵画のようなフルカラー画像を対象に，局所的・大局的なテンプレートマッチングを併用する手法による内容検索の結果を示す．❷の例では，類似度順に8枚の候補が表示されている．参考のため，各絵画の概略画を併せて表示した．データベースは「木」を認識しているわけではないが，いずれも画面右側に木々が描かれた構図となっている．

■生理的レベルでの知覚

人間の視覚系の初期の段階では，輝度や色彩，それらの局所的なコントラスト，空間周波数などの特徴が，神経回路網により抽出されることが知られている．これは工学的には，光刺激による視覚的情報がパラメータ化されて知覚されることに相当する．このようなパラメータによる表現を多次元ベクトル空間と考えると，画像特徴空間（GF space; graphical feature space）を構成することができる．

視覚感性の生理的レベルでの内容検索は，キーとなる画像と生理的に抽出される種々の指標が近い画像データを，候補として検索することである．データベース中の各画像について，その濃淡分布やカラー分布・コントラストや自己相関・空間周波数などの大局的あるいは局所的な画像特徴を計測して，パラメータ化し，画像特徴空間に写像する．同様に，利用者が提示したキー（すなわち，利用者が描いたラフスケッチや，事例そのもの）も同様にパラメータ化し，画像特徴空間に写像する．こうして，各画像やキーは画像特徴空間上の点として表現できる．

よく似た画像は類似したパラメータ値をもつため，画像特徴空間上の近い点に写像されると期待できる．よって，生理的なレベルでの内容検索は，画像特徴空間上でキーに最も近い距離にある点を求める問題に帰着する．

❸に，モノクロの商標図形を対象に，画像特徴空間上で内容検索を行った結果を示す．手書きのラフスケッチをキーとしながら，類似した商標図形が検索されていることがわかる．このような手法は，画像に限らず，3次元の物体データに拡張することも可能である．❹に，ポリゴン表現された物体の頂点密度に注目したパラメータを利用した，物体の検索の例を示す．種々雑多な3次元物体データの中から，ソファだけを検索することに成功している．

■心理的レベルでの知覚

人間は解剖学的には同一の目の構造をもち，特徴抽出機構の働きも同様であるにもかかわらず，時として人により異なった判断をする．対象とする画像・映像を類別したり，画像間の類似度を与える際などに，その差は顕著に現れる．個々人によって，種々の特徴量の評価の重みが異なるためと考えられる．

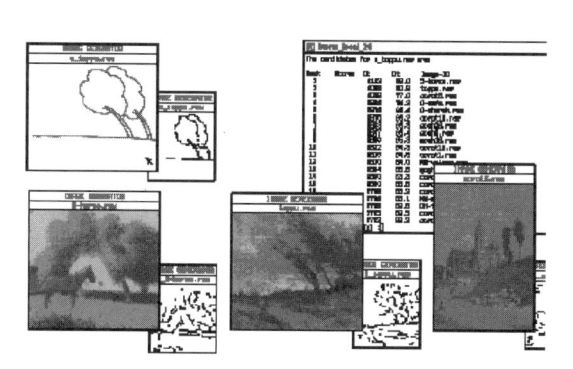

❷概略画索引を利用した例示検索の例

381

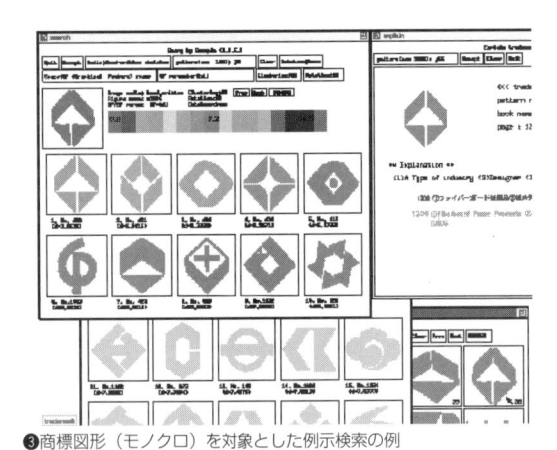

❸商標図形（モノクロ）を対象とした例示検索の例

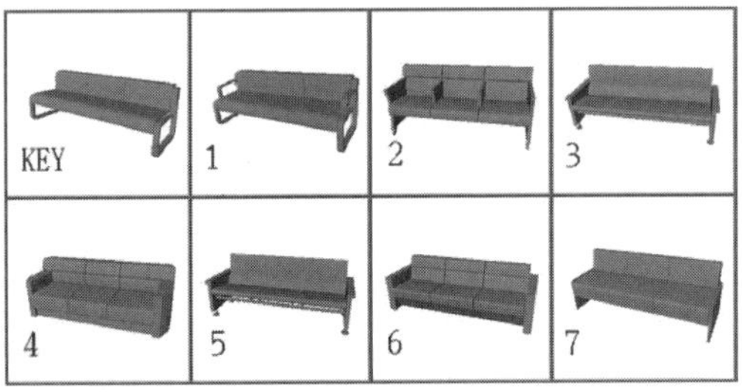

❹3次元物体の例示検索の例

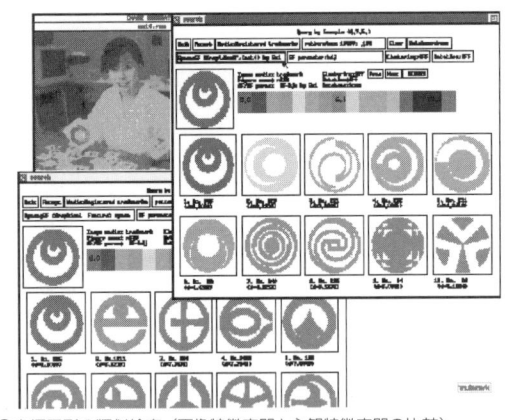

❺商標図形の類似検索（画像特徴空間と主観特徴空間の比較）

感性は，画像特徴空間と，教示された主観的な類似度の解釈を反映した主観特徴空間（SF space; subjective feature space）との対応関係によってモデル化できる．判別分析法や多次元尺度法などの多変量解析を用いれば，この対応関係を線形写像の形で求めることができる．データベース中のすべての画像や未知の画像が，「この利用者はどのように判断しそうか」は，得られた写像を用いて，画像特徴空間から主観特徴空間に写像すればよい．

その利用者にとってよく似た画像は，主観特徴空間上の近い点に写像されていると期待できる．よって，心理的なレベルでの内容検索は，主観特徴空間上でキーに最も近い距離にある点を求める問題に帰着する．

❺に，商標図形を対象に，画像特徴空間上での内容検索の結果（左下）と写真の利用者にチューニングした主観特徴空間上での内容検索の結果（右上）を示す．共に同じ図形を例示したが，前者では円状で線の太さが類似している程度であるのに対し，後者では第1～8候補が円と渦状などの点で類似している．利用者による事後評価もよい．

❻は，3次元物体モデルを対象に，同じ物体をキーとしながら，感性の異なるそれぞれの利用者の主観特徴空間上で類似検索した例である．また❼は，この二人の利用者の主観特徴空間を（3次元空間に縮退させた上で）可視化して表示したものである．同じいすやソファーを対象としながらも，どの部位のどのような特徴に注目して「類似・非類似」を判断しているかの違いを窺うことができる．このように，主観特徴空間は，

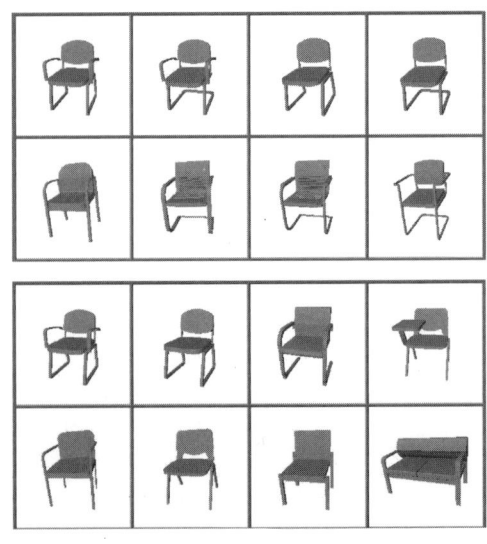

このようなしくみを工学的に実現するには，一人ひとりの利用者に関して，画像特徴量のどの項目を，どのような重みで評価しているのかを，統計的に分析すればよい．

比較的少数（しかし，統計的な分析ができる程度のデータ数は必要）の学習用のサンプルを用意し，これらのサンプル間の主観的な類似度を利用者に教示させる．主観的な類似度の与え方としては，主要なサンプル対に類似度を数値（連続値）で与える方法，サンプルの階層的な分類（離散値）で示す方法などの，数量化法が用いられている．個々の利用者の心理的レベルでの

❻3次元物体の類似検索（二人の利用者のモデルで類似検索）

第4章 | デザインの形態科学

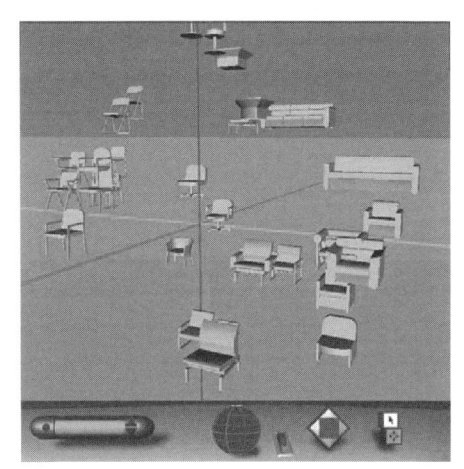

❼ 主観的特徴空間の可視化と着目点の違いの対比

感性の構造を可視化したり，人による感性の違いを対比させて理解する道具としても利用できる．

■認知的レベルでの知覚

あるグループの視覚的情報をどう解釈するか，すなわち，どのような概念のラベルを割り当てるかも時として人により異なった判断をする．種々の特徴量と概念の対応関係が微妙に異なるためと考えられる．

種々の視覚心理実験から，人間の視覚的印象のイメージ語による表現は，画像の色彩（色の組合せと配色など）と構図に由来することが知られている．この関係に注目すると，イメージ語による主観的表現と画像の色彩特徴という物理的・生理的表現の間の相関関係を発見することで，認知的レベルの感性をモデル化できると期待できる．

比較的少数（しかし，統計的な分析ができる程度のデータ数は必要）の学習用のサンプルを用意し，これらのサンプルの主観的なイメージ語による表現を利用者に教示させる．色彩の空間的分布や自己相関などの画像特徴と，重みベクトルとして数量化したイメージ語による表現との相関関係を分析する．異なるドメイン間の相関を求める問題に相当する．線形写像で相関関係を求める場合には正準相関分析，非線形写像で関係を求める場合にはニューラルネットワークが用いられる．これにより，画像の色彩特徴とイメージ語の相関が最大になる統合特徴空間（UF space; unified feature space）を得ることができる．印象（イメージ語の重み）も画像（色彩特徴）もこの多次元ベクトル空間である統合特徴空間上に写像できる．

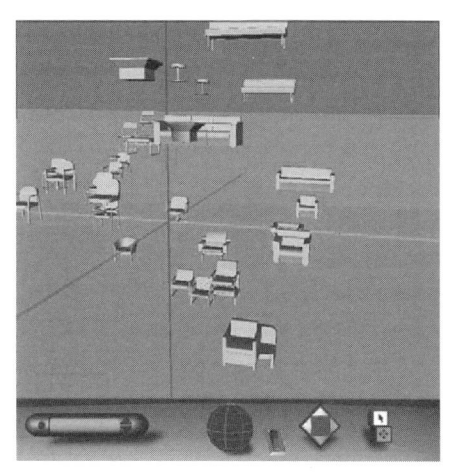

❽ 感性検索の例（ややナチュラル，とてもさわやか）

イメージ語などの主観的で漠然とした記述をキーとして，それにマッチした内容の画像を検索することを感性検索と呼ぶ．感性検索は，利用者が提示したイメージ語を，統合特徴空間上の点に写像し，距離の近い点（画像に相当する）を候補として検索すればよい．

❽に，イメージ語「ややナチュラル，とてもさわやか」を満たすような色彩の絵画を検索した結果を示す．教示用のサンプルには含まれていなかった絵画も候補として検索されている．

[加藤俊一]

■文献

橋本周司：マルチメディアと感性情報処理．マルチメディア情報学の基礎（岩波講座マルチメディア情報学1，長尾真・安西祐一郎・神岡太郎・橋本周司著），pp.187-227，岩波書店，1999．

加藤俊一：感性によるアプローチ．情報の構造化と検索（岩波講座マルチメディア情報学8，西尾章治郎・田中克巳・上原邦昭・有木康雄・加藤俊一・河野浩之著），pp.167-221，岩波書店，2000．

3|406　ダイナミックビジュアライゼーション

現在，テレビやコンピュータ，情報機器などの画面は，ダイナミックビジュアライゼーション(以下，動的表現)であふれている．私たちは，この動的表現を見て世の中の情報を知ったり，機器を操作したりしている．このような動的表現は，私たちの生活にとって非常に重要なものとなってきた．ここでは，動的表現をデザインしていくための，新しい観点について述べていく．

■知覚のフィールド

私たちが生活したり，観察する環境は「自然」のままではなく，さまざまに加工され，付加され，境界づけられる．そうした構造化された人工的なものである．

社会学の一分野であるエスノメソドロジー(ethnomethodology)は，知覚とは，私たち自身で環境や対象を加工し，構造化し，デザインしながら見ることであるとしている．以上のことを明瞭に示す，科学的実践に関する研究を取り上げてみることにする．

エスノメソドロジーの研究者M・リンチは，生物学者が行っているトカゲのテリトリーの調査実践を研究した．この研究では生物学者が対象にマーキングすることでハイライト化して環境を加工化し，また構成しながら科学的研究の対象を作り出し，その対象を観察していることを分析している(Lynch, 1990)．たとえば生物学者は，トカゲの生息する地域に「杭」を方眼状に打ち込んで座標軸を作り，同様に地図上にも座標軸を作ることで，捕獲したトカゲの位置をプロットしている．自然界にはもともと座標軸は存在しないので，このように生物学者は地面に杭を打ち，環境の中に座標軸を表現することで環境を作り変え，トカゲの位置構造を可視化するわけである．

以上のような事例の示すことは，科学実践においてさまざまな道具を用いてオリジナルの環境のあり方を「発見」するというよりは，むしろ，まず部分的な観察にもとづいて環境をある形で加工し，変容し，境界化することで構造化し，公共的にも研究対象を可視化した上で，さらに観察するという一連の認知的，社会的活動だということである．同様のことは，科学実践に限定されず，さまざまな日常的活動でも報告されている．

また，科学的実践，日常的実践に限らず，私たちは，ただ一つだけの表現を見たり，道具を使ったりするだけではない．複数の表現や道具を「並置」(juxtaposition)して用いている．つまり，複数の対象，表現，道具を並置することで，全体として知覚されるべき環境が構成されているのである．こうした複数の「対象・表現・道具」などを「リソース」(resources)と呼ぶ．

以下では，このようなリソースを相互に見ていくこととする．それはそれぞれのリソースを「どう見るべきか」が特定され，かつ，全体としてある特定の対象が見えるようになっていくことを示した研究事例を挙げておきたい．

リンチはトカゲのテリトリー研究と同様に，生物学者の研究論文に掲載されている顕微鏡写真と図を事例としている．ミトコンドリアの顕微鏡写真とその写真をトレースしてミトコンドリアの輪郭，内部の境界，構造を明確にした図を並置した．そのことによって，どのようにミトコンドリアの構造が見えてくるのかを分析している．リンチによれば，顕微鏡写真だけを見ると，さまざまな境界や構造はそれほど明瞭に見えるわけではない．しかし，境界や構造が明瞭に示されたトレース図を見た後で顕微鏡写真を見ると，ミトコンドリアの内部の境界や構造がはっきりと見えてくる．つまり，トレース図は，顕微鏡写真のどこをどのように見るべきかを示すコンテキストを与えている．一方，図を描いたり，見たりする行為はあくまで写真を見るという行為にもとづいて行われている．このように，トレース図，顕微鏡写真を相互参照することを通して，図の描き方や図，写真のそれぞれの見方が構成され，結果として顕微鏡写真の構造的な見方が可能になっている．

以上のようなさまざまな表現，対象の並置，およびトカゲのテリトリーの事例で見たように，加工したり，付加したりすることによって構造化された環境を，リンチは「知覚のフィールド」(perceptual field)と呼んでいる．つまり，私たちは環境や対象を知覚するとき，「知覚のフィールド」を構成しつつ見ているのである．

次に，リンチにしたがって，具体的に動的表現について見ることにする(小池，1996)．運動表現は大学のデザインの授業において，生物の運動を観察して，生物のコンピュータグラフィックスのアニメーション(以下，CG)を制作する実践を事例とした．

■表現の道具による運動のとらえ方の再構成

❶はCGで作られたフラミンゴである．このCGを作った3Dモデリングソフトウェアは，「制約」をもっている．二つの「制約」がある．それは，CGの各ユ

第4章｜デザインの形態科学

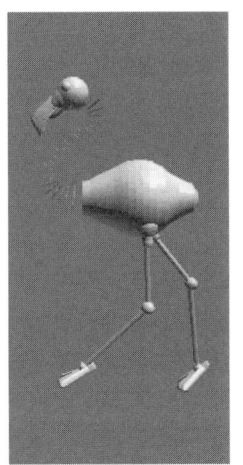

❶フラミンゴのCG
（提供：多摩美術大学）

❷キリンのCG（提供：多摩美術大学）

❸クマのビデオ映像（提供：多摩美術大学）

ニットは剛体の性質をもっていて運動中にゴムのような変化はしない制約と，連結したユニットは運動中にはずれない制約である．

このソフトを用いてCGのフラミンゴを作ろうとするとき，剛体の制約から，首の柔らかい部分は円盤の集合体としてとらえている．また，連結の制約から，脚の関節などを運動中に連結関係が変化しない部分としてとらえて表現している．つまり，運動表現の道具であるソフトの制約が逆に運動の見方を再構成しているのである．

■実物，運動表現の相互参照

キリンのCGを表現するために，最初，首の部分が円盤の集合体で表現された．しかし，これでは首が蛇のように曲がる可能性があるので，このCGは不適当とされた．

次に，キリンの首が棒のように観察されたので，CGの首を棒のように表現した．だが，CGを観察すると実物に似ていない．改めて実物を観察すると首は棒ではなく，たわんでいるように見えた．❷はこのたわみを表現するために首のユニットを複数に分割したCGである．このCGは実物に近いと観察された．CGと実物のキリンの首の運動を相互参照することで，初めて首のたわみが見えるようになり，観察と運動表現は相互に精緻化された．

■運動表現をさらに加工して可視化する

❸は実物のクマのビデオ映像である．ここでは，CG制作のためにクマを複数のユニットで構成されているととらえ，ユニットの連結部分を見つけるために，このビデオにさらに直線が付加されている．このマーキングによってユニットの連結部分がどのように動くのかが見えるようになった．

以上のように，運動表現は独立した存在ではなく，知覚のフィールドを構成するリソースの一つである．私たちは身の周りに人工物を築いていくことによって，知覚のフィールドを構成し，物事を公共的に見えるようにしているのである．相互参照可能なリソースの並置や，実物，表現の加工による知覚のフィールドの構成は,研究者やデザイナーの特別な方法ではなく，私たちの普通の方法（エスノメソッド，ethnomethod）である．このようなエスノメソッドをもう一度素朴にとらえ直すことによって，運動表現をよりわかりやすくデザインすることは可能であろうと考える．

［小池星多］

■文献

Lynch, M.：The externalized retina：Selection and mathmatization in the visual documentation of objects in the life science. Representation in Scientific Practice（M. Lynch and S. Woolgar eds）, pp.153-186, MIT Press, 1990.

小池星多：コンピュータによる生物の運動表現の過程に関する研究，pp.44-46,78,86，千葉大学学位論文，1996.

小池星多：観察を組織化する道具．状況論的アプローチ2，認知的道具のデザイン，pp.139-172, 金子書房，2001.

3|407 ビジュアルデザイン

■概念

ビジュアルデザイン(visual design)は視覚を通じて情報を伝えるデザインをいい,ビジュアルコミュニケーションデザイン(visual communication design)と同様に用いられる.この語は印刷や,平面的なデザインを指すグラフィックデザインや,広告,宣伝にかかわるコマーシャルデザインと重なる部分が多い.エディトリアルデザイン,パッケージデザイン,CI計画,サイン計画,色彩計画などが含まれる.かつては商業デザインとも呼ばれたが,ビジュアルデザインへ名称が移行したのは,建築をはじめ,都市計画,プロダクトデザインなどとともに,デザイン活動は良質の環境形成の実現にあるとの共通の認識をもつに至ったからである.視覚という感覚受容器を名称としたビジュアルデザインは量産性や伝達の媒体,あるいは伝達の目的を限定しないため,他分野とも協同しやすく,より本質的に,デザインのあり方や方法,対象を考えるのに適している.

しかし,近年の電子機器の急激な発達と普及は伝達メディアの多様化,複合化,双方向化を推進し,従来からあるコミュニケーションの枠組みを一新する勢いである.画像に動きが加わり,音声が同調する.現実の空間に近い情報すらディジタル化し伝達・再現可能になってきた.しかも世界的な情報ネットワークにアクセスすれば,個人から,想定できないほど多くの受け手に向けて情報の発信が可能となった.ビジュアルデザインの名称は今後そうした状況に対処が迫られよう.筆者としては機能を端的に示すコミュニケーションデザインという名称がふさわしいと考えている.

■研究

新しいメディアや表現のためのツールが開発される一方で,環境形成といった観点からのビジュアルデザインに関する研究とその成果はまだわずかしか得られていない.高齢者や各種の障害者はもとより,健常者にとっても,ビジュアルデザインの問題点を身の周りから探すことは容易である.自動車のダッシュボードの記号類,またオーディオ機器類,ファックス,携帯電話の記号とその機能を十全に了解しているユーザーがどの程度いるのだろうか.液晶表示の画面に触れるシステムに変わりつつある電車の自動券売機はあれでよいのだろうか.これらはいずれもマンマシンインタフェースと呼ばれ,プロダクトデザインとビジュアルデザインの中間に位置する問題である.今後,機器類の機能が一層ブラックボックス化するのは必至であり,共同研究が待たれる分野である.

場所を選ばず林立する広告塔や全面広告のバスは景観を壊すばかりでなく,われわれの精神をも傷つけていないだろうか.屋外広告は今や生活空間において無視しがたい存在であるにもかかわらず,デザインの研究主題として見られることが少なかった.しかし,良質な景観が市民も含めて関心の対象となった現在,研究に力を注ぐべきことはいうまでもない.経済活動や技術,文化的諸問題が複雑に絡んでいるが,都市計画や建築デザイン,ランドスケープデザインの専門家,そして行政や市民との連携で改善は不可能ではない.

また,抽象,具象を問わず,記号の認知,判読,記憶について,あるいは伝達を目的とした色彩のあり方,質,量,時間,空間の視覚化について,さらに生理的次元における形態や色彩の快,不快について,実験やサーベイ,あるいは過去の知恵をさぐる研究を進めることが必要である.併せて目まぐるしく変容を遂げる伝達メディアの特性把握も忘れない.いずれにしても他分野との協同は,個別の分野の高い専門性があって成り立つことを忘れてはならないだろう.

■主な要素

ここでは,ビジュアルデザインの最も基本的な四つの要素を挙げて概説する.

[タイポグラフィ] 言語はコミュニケーションの基本要素である.デザインの分野では非言語的コミュニケーションが注目されがちであるが,言語を定着,記録する文字は視覚伝達の基本要素である.読みやすく美しい書体の研究,およびそのレイアウト,表記法に関する研究は,印刷物,電子機器,サインなどを問わず重要な要素である.とくに電子機器の場合,画面サイズ,コントラスト,メモリ容量などの条件が厳しく,かつ開発期間の短さ,技術的制約があってタイポグラフィに関して多くの課題を抱えている.

[ビジュアルシンボル] 一般には,読み解くための約束事(コード)をとくに必要としない,伝達に供する図像ないし記号をいう.絵ことば,ピクトグラム,ロゴマーク,図記号,アイコン,紋章などがこれに含まれる.歴史は多種多様なビジュアルシンボルに満ちているが,近代になって言語の障壁を意識し,体系としてビジュアルシンボルを考案し,統計図や絵本として展開したのは,オーストラリアの哲学者で社会学者のO・ノイラート(1882-1945)である.1920年代から研究と

制作を開始したシンボル群はアイソタイプ（isotype）と呼ばれ，以後，ビジュアルシンボルの発展に寄与した．今日ではアイコンがコンピュータや機器の操作に欠かせず，きわめて重要な位地を占める．一方，公共サインやガイドブックに用いられるシンボルは，1964年の勝見勝ディレクションによる東京オリンピックのシンボルをはじめ，さまざまな試行がなされてきた．1974年アメリカの運輸省がアメリカ・グラフィック・アーツ協会に委託して作成した34種のシンボルは，明瞭さと造形性を兼ね備えた優れた事例で，現在各国で広く用いられている．

[ダイアグラム] 鉄道の運行状況を図化したものをダイヤと呼ぶが，ダイアグラム（diagram）を略したものである．縦軸を時刻とし，横軸に停車する駅名をとっている．列車の速度の違いは線の傾きで表され，複雑な空間と時間，速度などの関係が明快な図に統合されている．ビジュアルデザインにおいては各種統計図，構造図，組織図，配線図，行程図，年表，あるいは観念図を含めてダイアグラムと呼ぶ．路線図や観光案内図のような特殊地図はもとより，国土基本図のような一般的な地図もダイアグラムに含めることができる．非視覚的なものや，視覚でとらえにくいものを論理的手続きで具体的な形態や色彩に置換し視覚化する．比較，変化の推移，構造を主として表すが，多くは量と時間あるいは量と空間，時間と空間のように複数の要素を組み合わせる．認識や理解を深める目的で作成されるのが一般的だが，時として問題の所在を探したり，意志決定のためにダイアグラムが作られることもある．論理性と造形的感覚の双方が求められるビジュアルデザインの重要な要素である．今後はコンピュータの画面で表示する機会も増え，動きや音声を伴ったダイアグラムの研究も必要となる．

[イラストレーション] サイエンティフィックイラストレーションのように，専門性と正確さを重視するものもあるが，概ねイラストレーションは感性を軸にしている．ダイアグラムが論理性を軸にとらえるのと対照的である．小説の挿絵はその典型である．しかし，挿絵には言語（文字）に付随して，説明や補強を行う面が多いが，今日では文章と対峙または自立したイラストレーションが多く見られる．表現形式に限定はなく，絵画に近いものから，写真，版画，立体まで多様である．しかし，それらが原画あるいはオリジナルとしてではなく，印刷による複製やTVなどに映像化され，特定できない多くの人と接点をもつことが特徴である．

■社会への対応

ビジュアルデザインの社会への対応分野は広いが，ここでは主なものを挙げておく．

コマーシャル関連では，新聞広告，雑誌広告，ポスター，リーフレット，TVコマーシャル，ホームページ，屋外広告，CI計画のデザインが挙げられる．CI計画は企業や団体の存在を自他，内外に向けて広く伝える企てであり，単なるコマーシャルとは考えにくく，環境形成との関係も深い．いずれにしてもマーケティングリサーチと切り離せない分野である．

エディトリアル（編集）関連には一般書籍，図鑑，絵本，雑誌，カタログ，機器のマニュアル，CD-ROMなどの電子出版物を含む，いわゆる頁もののデザインが該当する．DTP（desktop publishing）の一般化により，書籍は消耗品型と，美術工芸品のような高品質型への分化が予想される．ところで一時期，ペーパーレス社会の到来が喧伝されたが，安定感のある印刷メディアは今後も電子メディアと併存していくと考えられる．

パッケージは原発の使用済み燃料容器から薬のカプセルまで多様であるが，ビジュアルデザインでいうパッケージの主流はもちろん商品パッケージである．その場合の機能としては店頭広告と内容物保護の両側面がある．しかし，インターネットを代表に販売の形態に変化が著しく，商品の流通システムが大きく変わりつつあり，パッケージデザインに求められる条件にも変化が予測される．だが，どのように変わろうとも，リサイクルや省資源対策に対する社会の要請は強まりこそすれ，弱まることはない．パッケージデザインにおいては環境に配慮した素材と，無駄のない形態上，構造上の合理性が強く求められてゆくだろう．

環境形成関連においてはサイン計画，色彩計画，展示計画，環境グラフィックス，各種インタフェースのデザインが挙げられる．いずれも複数の分野との連携がなければ，望ましい成果は得がたい．超高齢化，ユニバーサルデザインの時代を迎え，安全で豊かな社会の実現に欠くことのできない分野である．　　　［西川 潔］

■文献

Meggs, P. B.：A History of Graphic Design, Van Nostrand Reinhold, 1983（藤田治彦ほか訳：グラフィック・デザイン全史，淡交社，1996）．

勝井三雄・田中一光・向井周太郎監修：現代デザイン事典，2000年版，平凡社，2000．

Wildbur, P. and Burke, M.：Information Graphics, Thames and Hudson, 1998.

3|408 色彩の科学

デザインにおいては,「形態」と「色彩」はその基礎をなす重要な構成要素である.「形態」と「色彩」を抜きにしたデザインを考えることは,ほとんど不可能であろう.したがって,「形態」および「色彩」についての科学的で正確な知識をもつことは,デザインにかかわる者にとって,とりわけ重要なことである.いうまでもないことであるが,「形態」や「色彩」はわれわれ人間の知覚を通して受容される.しかし,「形態」および「色彩」における人間の側の知覚の働きの重要性については,デザインの領域においてこそ大いに考慮されるべきであるにもかかわらず,その認識が十分とはいえないのが実情である.そこで,ここでは,「色彩」や「形態」を扱う場合に銘記しておくべき事項について,人間の知覚に関する心理学的観点から解説してみよう.この観点において重要な事項は,以下の二点

① 「形態」および「色彩」は知覚現象であるという認識をもつこと
② 知覚の能力においては個人差が存在するということを念頭に置くこと

に要約できるであろう.

■ かたちと色は知覚現象である

まず,このうちの①について考えてみよう.われわれ人間には,外界の情報を取り入れるための知覚の能力が備わっている.光を受容する視覚,音を受容する聴覚,匂いを受容する嗅覚などがその例である.人間は,このような知覚を通じて外界のさまざまな情報を受容することによって,その情報を自己の生存にかかわる種々の行動に役立てているのである.逆にいえば,人間は,知覚を通して以外には,外界の情報を受容する方法がないのである.したがって,知覚の能力は,人間にとって非常に重要な役割を果たしているといえよう.

しかし,われわれ人間にとって,知覚はあまりにも容易に(ほとんど無意識のうちに)多種多様な外界の情報を供給してくれるように思われるために,われわれはこの知覚の能力を当然のことと考えてしまう.しかも,われわれは,知覚の能力が外界の物理的な刺激の特性をそのままの形でとらえるものと思いがちである.しかし,知覚系の働きによって,必ずしも刺激の物理的特性がそのままの形で受容されるとは限らないことは,次のような例からも,容易に理解することができる.たとえば,物理的に全く同じ長さの線分であっても,垂直方向に置いた場合と,水平方向に置いた場合では,前者の方が長く見えてしまうのである(視空間の異方性).このような刺激の物理的特性とそれを知覚系を介して人間が受容して得た知覚事象との間のずれを錯覚と呼ぶが,上記のような知覚の性質を知らないと,錯覚を単なる間違いと見なすことになる.ここで重要なことは,錯覚は間違いなどではなく,知覚系が物理的刺激特性を受容し,その刺激特性に対応した知覚事象を形成する際に生じる知覚の特性の一つであることを理解することである.客観的な物理的世界は知覚事象として人間に受容されるわけであるが,その際,知覚系は独自の手法で物理的世界を解釈し,知覚的世界を形成するのである.つまり,錯覚は,物理的世界と異なる知覚的世界の特徴が際立って現れた例と考えればよいわけである.

したがって,「形態」および「色彩」などの対象(視覚刺激の諸属性)を科学的に扱う場合には,二つのレベルから検討を加えなければならない.まず第一は物理学的レベルであり,第二は心理学的レベルである.前者は「形態」および「色彩」の知覚の前提となる刺激の物理的特性について考察する場合に重要であり,後者はその刺激の受容によって生じる「形態」および「色彩」の知覚を探究する場合に必須となる.つまり,「形態」および「色彩」について理解するためには,まずその「形態」および「色彩」の意味するレベルを把握しなければならないのである.たとえば,「その二つのかたちは同じだ」という場合,その「かたち」の同一性は物理的に全く同一という意味(つまり,幾何学的に合同であるということ)なのか,それとも知覚上同一に見えるという意味なのかで,厳密にはその内容は異なると考えられる.なぜなら,上記の通り,刺激の物理的特性が同じでも異なって知覚される場合(❶参照)があり,

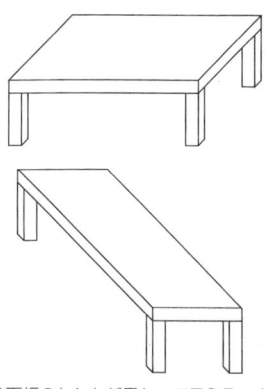

❶ この二つの机は天板のかたちが異なって見える.上は幅広の短い机で,下は幅の狭い細長い机のように見える.しかし,この二つの机の天板のかたちは,幾何学的には同一なのである.実際に定規で測って確かめてみよう.

また逆に，刺激の物理的特性が異なっていても同じものとして知覚される場合（「色彩」でいえば，赤に見える色光と緑に見える色光を混色して作った黄色に見える光は，単色光である黄色に見える波長光と知覚上は区別がつかないという例がある）があるからである．

これは「形態」および「色彩」は知覚現象であるということを認識することであり，「形態」および「色彩」を科学的に扱う場合の大前提となる．上記の通り，デザインにおいて「形態」や「色彩」は，とくに重要な役割を果たすので，このような認識は不可欠のものであると考えられる（❷参照）．

	知覚現象
形態	各種の幾何学的錯視，主観的輪郭，透明視，かたちの恒常性，大きさの恒常性
色彩	混色，主観色，色の対比，色の同化，色の恒常性

❷ 「形態」および「色彩」における知覚現象の例

■知覚の個人差

次に，②であるが，これは①の問題と密接に関連している．当然のことであるが，知覚現象は人間の知覚系の中で生じるものである．したがって，たとえば個人個人の視力に差があるように，人間の知覚の能力にも個人差がある．色の知覚においても大きな個人差が存在することが知られており，そのため国際照明委員会（CIE：Commission Internationale de l'Eclairage）は1931年に色を標準化するに際して，仮想的な「測色標準観測者」（standard colorimetric observer：一般的には，「標準観測者」と略されることが多いので，以下，ここでもこの語を用いる）の概念を導入している．さらに，これもよく知られているように，この標準観測者には，2°視野の等色実験にもとづくCIE 1931標準観測者（その等色関数は$\bar{x}(\lambda)$，$\bar{y}(\lambda)$，$\bar{z}(\lambda)$と表記される）と10°視野にもとづくCIE 1964補助標準観測者（その等色関数は$\bar{x}_{10}(\lambda)$，$\bar{y}_{10}(\lambda)$，$\bar{z}_{10}(\lambda)$と表記される）の2種類がある．前者は観測視野が2°程度の中心視（foveal vision）での色覚特性を，また後者は観測視野4°以上の周辺視（peripheral vision）での色覚特性をそれぞれ反映したものである．

これは，同じ人間の視覚系でありながら，その色刺激を受容する網膜部位によって色知覚が変化することを意味する（Hibino, 1991）．つまり，「色の知覚」というきわめて基本的な知覚能力においても，個人差はいうまでもなく，個体内差すら存在することを示している．たとえば，固有緑（unique green：緑み以外の色みを含まない色のこと）の波長を厳密に測定してみると，その波長は個人個人でかなりのばらつきが出てくる（一般的にはほぼ500 nm前後の波長になるが）．これは，物理的に同一の波長光を見ても，感じる色には個人差があることを意味するのである．

また，この個人差の問題は，知覚上のマイノリティー（少数者）の存在という問題とも関連している．この知覚上のマイノリティーの中で，最も多数なのが色覚異常者であろう（厳密には，近視の人びとが最も多数であると考えられるが，色覚異常者の場合とは異なり，近視の場合には眼鏡やコンタクトレンズなどの矯正器具を用いれば，実質的に正常者と変わらなくなることが多いので，マイノリティーと考えなくてもよいであろう）．色覚異常者は，日本人では男性のおよそ4～5％，女性のおよそ0.02％を占めており，全体ではおよそ300万人にも達するといわれている．その色覚異常の程度は軽重さまざまであるが，色覚正常者には容易に区別できる色の違いが区別できない場合があるのが特徴である．ただし，この区別が困難となる色は，色覚異常の型によって，ほぼ予測できることが知られている（それが色度図上の混同色軌跡である：池田，1980参照）．したがって，デザインにおいては，このような色覚異常者の区別しにくい色どうしを用いることのないようにして，色覚異常者が不利益を被らないようにすることに留意しなければならない．さらに，同様な文脈において，老化による色覚能力の変化にも注意する必要がある．人間の眼は，老化によって短波長光の透過率が低下することが知られている（水晶体の黄化などが原因である）．これは，青色に見える光に対する感度が低下すると同時に，黄色と白色の相違が区別しにくくなることを意味している．

このように，われわれ人間の知覚の能力には，個人個人によっても大きな相違がある．

以上の二点①および②の意味を十分理解すれば，よりよいデザインを指向する上で，個々の具体的なデザインのどのような点に留意すべきかについての有益な示唆が得られるのではなかろうか．　　　〔日比野治雄〕

■文献

Hibino, H.：Peripheral vision: Its photopic aspects of recent developments. *The Japanese Journal of Psychonomic Science*, 10：21-33，1991．

池田光男：色覚異常．色彩工学の基礎，pp.187-209，朝倉書店，1980．

3│409 文字とレイアウト

■**コミュニケーション記号としての文字**

文字は，コミュニケーション記号の一つである．「イヌ」という文字記号から，人は犬を想起する．このように，「記号」と「想起するもの（内包・意味）」とが任意的に結びつけられ，使用される記号をシンボルという．英語では，犬は「イヌ」ではなくdogであることを見れば，記号とその内包とが任意的であることがわかる．シンボルは，その意味が社会的約束事として学習された結果，「確実な」コミュニケーション機能を発揮する記号として存在するようになった．「必ず伝えたい」メッセージがあるとき，人はほとんどの場合，文字を使用するのはこのためである．

シンボル以外の記号を，シグナルまたは狭義のサインという．音響や音楽，図形や色彩，人の表情や身振りなど，社会的約束事としての意味が少なく，その内包は明確ではないが，「何らかの」感情やイメージを伝える記号である．音楽を聴いて，突き上げられるような感情の昂揚を覚えるとか，公園で遊ぶ親子の姿を見て，幸せを味わうなどである．文字はシンボルであると述べたが，文字を使用してメッセージを発しようとするとき，文字は必ず「シルシ」として，人に示される．たとえば紙の上に示された場合，その文字は，手書きであれ印刷であれ，ある「かたち」をもつ．文字が「かたち」をもった瞬間，それはシグナルとしての内包をも同時にコミュニケーションすることになる．明朝体ならば「やさしさ」を，ゴシック体ならば「力強さ」を，手書き文字ならば「ぬくもり」を，などである．文字がシンボルとして，その約束された意味を伝達するだけならば，文字は一つの書体でよいはずだ．しかし，和文にしろ欧文にしろ，現実には多くの書体が存在することは，シグナルとしての役割が積極的に期待されるからにほかならない．

■**レイアウトの意味**

レイアウトとは，並べる，配置するという意味である．「文字レイアウト」のみならず，レイアウトは，デザインのさまざまな領域で使用されている．自動車の計器レイアウト，券売機の操作パネルレイアウト，プリント基板レイアウト，コンビニエンスストア売り場レイアウト，プラント基地レイアウトなどである．それぞれのデザインを構成する要素をいかに配置するかがレイアウトであり，デザインの最終形態の決定に深くかかわっている．レイアウトの良否は，機器や空間の快適な使用性を左右し，グラフィックデザインにおける情報の伝達性を左右する．つまり，デザインの質的水準そのものを決めるといっても過言ではない．

このように，実際のレイアウトは，レイアウト単独で語られるものではなく，デザインの一環として位置づけられる．デザインは目的をもつ行為であり，レイアウトもその目的に沿うものでなければならない．デザインの背景にある，誰が，何について，何のために，どのように，誰を対象にして行うかが，レイアウトに当たっても明確にされなければならない．では，そうした道筋をたどってレイアウトを追及した場合，レイアウトは一つに収束するのだろうか．「機能はかたちを決定する」という言葉がある．機能を追及すれば，その結果は一つのかたちに収束するとの考えである．その例として，針や航空機が挙げられる．そうした，機能がかたちを決定することも，ものによってはありうるだろう．レイアウトが一つになるものもあるかもしれない．しかし，現実のレイアウトにおいて，目的から訴求対象に至るさまざまな要件は，多岐にわたっている．これらすべてを分析できるものだろうか．もし可能なら，レイアウトは，科学的に，あるいは自動的に処理できるはずである．

■**レイアウトの形態の科学**

レイアウトは，目的をもった行為である．はたして，目的ごとにレイアウトが特定できるのだろうか．たとえば，料理雑誌のレイアウトはこのように，コピー機のパネルレイアウトはこのように，と決められるのだろうか．レイアウトの目的は，その一つひとつを数えあげれば，無限である．またレイアウト構成要素も，たとえばグラフィックデザインにおいては，見出し，本文，写真やイラストレーションなどがあり，さらにその種類，大きさ，色彩，そしてそれらの組合せを考えれば，無限であることがわかる．媒体としては，新聞や雑誌，ポスター，パッケージなど多くがある．広くコミュニケーションデザインの領域では，ラジオやテレビ，インターネットがある．さらに，機器デザイン，環境デザインの領域にまで含めてレイアウトを考えれば，無限の目的と無限のレイアウト形態の組合せが存在する．それらを結びつけ，レイアウトの最善解を得る，科学としての「方法論」はあるのだろうか．

「方法論」は，主に二つの方途から導かれる．その一つは，レイアウトが社会的，歴史的過程において自ずとある形態に収斂することだ．たとえば，雑誌の本文の文字組みは，明朝体を用いて，縦組みされ，1行当

第4章｜デザインの形態科学

たりの字詰め数は15字前後，行間は2分の1（文字幅の2分の1の行間）ないし4分の3（同4分の3の行間）になっているなどである．だれが決めたわけではない，社会的経験値としての妥当性が認定されたものである．もう一つは，調査，実験など，研究により求められる「方法論」である．レイアウトには無限の目的と無限のレイアウト形態があると述べたが，無限にあるレイアウト目的は，いくつかのまとまりとしてくくることができる．料理の本，その中でも和食の本，というように，あるいはイメージとしておだやかな感じ，清潔な感じ，などである．レイアウト形態は，いくつかのパターンに分類できる．レイアウト構成要素も同様である．媒体も数限りなくあるわけではない．こうして，さまざまなグループ分類やパターンごとの研究から「方法論」は導かれる．研究は，細分化された領域を対象にテーマ設定されることが多い．いくつかの領域や要素にまたがっての調査実験は，分析が困難であるからである．その具体的な研究テーマとしては，「広告における文字レイアウトについて」，「新聞紙面における写真掲載位置の差異が与えるイメージ」などがある．

　方法論の前者，つまり社会的，歴史的収斂によるものは，後者の研究によるものと比べて低い評価しか与えられていないように思われる．科学的な調査実験が，より重視される傾向にある．まして，個人的な経験や感は，軽視されがちだ．しかし，実際のレイアウト作業は，研究結果にもとづいて，すべて行うわけにはいかない．なぜなら，あらゆるレイアウトに対応する研究は，なされていないからである．研究は，現実のレイアウト作業では，むしろ直接役立たないといえるかもしれない．しかし，研究成果は，それ自体，示唆する事柄を多く含んでいる．そうした研究による方法論，社会が醸成した方法論，そして自己が築いた経験——これも一つの方法論である，とを総合したレイアウトがあるべき姿ではないか．そこに，新たな試みや主張があり，デザインコンセプトに貫かれていれば理想的レイアウトといえよう．

■文字中心のレイアウト

　文字レイアウトは，多くはグラフィックデザイン（印刷に関係するデザイン）において行われる．たとえば，雑誌の誌面レイアウトでは，登場する文字は，見出し，リード（見出しから本文に導く数行の文章），中見出し，本文，写真や図表の説明文（キャプション），ノンブル（ページ打ちの数字）である．本文のように，分量の多い文字をレイアウトする（文字組みする）場合，①書体，②文字の大きさ，③字間，④1行当たりの字詰め数，⑤行間がレイアウト要件である．本文が文字記号として内包するシンボルとしての意味は，①〜⑤の設定いかんにかかわらず——つまりどうレイアウトしようと，一定である．しかし，書体の選定一つをとってみても，明朝体を使用した場合とゴシック体を使用した場合とでは，意味伝達に及ぼすシグナルとしての意味作用（イメージ）は大きく異なるのは明白である．すべてを同じ明朝体で組んだ場合でも，①〜④は一定して，⑤の行間だけを変えても，そのイメージは異なるし，文字の読み取り速度にも大きな差を生じる．筆者らの研究によれば，新聞や雑誌の本文文字組み（明朝体で縦組みの場合）では，速く読み取りができ，読みやすそうなイメージを与える文字組みは，「1行当たり15字詰め，行間1/2」であることがわかっている．ちなみにこの文字組みは，前述の社会が醸成した方法論としてのそれとほぼ一致している．また筆者らの研究では，1行当たり読み取り速度は「1行当たりの字詰め数」の設定に最も寄与が大きいことが明らかになっている．

　文字組みを必要とするメディアには，雑誌や新聞がある．文字数は少ないがポスターやパッケージデザインにおいても，文字レイアウトは重要な部分を占めている．書体の差異によるイメージや文字レイアウトが与えるイメージについての研究は多い．グラフィックデザイン以外でも，機器デザインや環境デザインにおいて，あらゆる局面に文字は登場する．乗車券販売機における文字配列の差異による検索性の良否や，駅や空港の標識における文字の視認性の研究など，これら領域でも多くの研究がある．こうした研究は，実際のレイアウトのガイドラインとして有用である．ただ，過去の研究では，書体一つをとってみても進化しており，今日とは異なるなど，そのまま応用できない部分があることを十分留意しなければならない．

■レイアウトは空間の操作

　文字レイアウトを成立させる要件は，文字とその置かれる「場」である．文字が「図」，場が「地」ということもできる．場であり地となるのは，グラフィックデザインでは紙がほとんどである．レイアウトは，文字を紙の上に，ある空間をへだてて置くことによってなされる．この場合，多くの注意は，文字自体に払われる．

すなわち，その書体，大きさ，字詰め数，行間，色彩などである．しかし，ここで重要なのは，空間である．たとえば，ポスター制作において，「愛」の字を一文字だけ紙面にレイアウトするとしよう．「愛」を，まったくの中央にレイアウトすると，文字の上下に，同時に左右にも同じく対称の空間ができる．文字は中央にあって，「愛」をストレートに主張しているように見える．文字を，そのまま中央から一番下の位置に降ろしてみる．すると，文字の上部に広い空間が開ける．文字のシンボル（ことば）としての意味作用はそのままに，空間が与えるシグナル（イメージ）としての意味作用が異なってくることがわかる．文字が，ポスターの右上に置かれた場合，左下に置かれた場合，各々のレイアウトを思い浮かべてみよう．その差異は，文字が置かれることによってできる空間である．文字を同じ中央に，大きくレイアウトした場合と，小さくレイアウトした場合とでは，やはり空間が異なってくる．文字が一文字ではなく，複数の場合も同様である．文字が多くなればなるほど，生じる空間の複雑さが増すだけである．かくして，レイアウトは，「空間の操作である」といえる．レイアウト構成要素が，文字と写真とイラストレーションと，種類が増えていっても空間の操作であることには違いがない．こうして生まれた空間の良否が，イメージの形成に関係し，コミュニケーションの成否にかかってくる．

レイアウトが空間の操作であることは，他のデザイン領域にも敷衍できる．機器デザインや環境デザインでも，レイアウト構成要素をいかに空間に配置するかが考慮されるべき問題である．それによって，たとえばボタンに触れる指の動きがスムーズになり，携帯電話の操作性が向上したり，棚と棚との空間の距離変化で，スーパーマーケットでの買い物がしやすくなったりするのである．しかし，新しい技術の誕生により，これまでにない媒体や機器が導入されるとき，こうしたレイアウトが十分考慮されるとはいいがたい．

■文字レイアウトのこれから

近年，インターネットが暮らしの中に定着してきた．携帯電話の普及もめざましい．いずれのディスプレイも高年齢者には不評だ．人が見る（読む）こと，人が操作することがおざなりにされている．新しいメディアの例外にもれず，技術優先であり，可読性，操作性が悪い．

現行の技術を使いこなして，その制約の中でよりよいレイアウトにする努力はなされなければならないが，それには限界もある．現状の技術水準では劣悪なレイアウトになってしまう場合には，それを解決する技術開発への努力が大切だ．新しいメディアの誕生と文字レイアウトの問題は将来的に続く問題であり，初期からの的確な対応が望まれる．

これからの課題は三つある．一つは新しい文字デザインである．時代に合ったデザインが要求されるのは，他のデザインと同様だ．多彩な文字が，豊かなレイアウトを生むのは当然であろう．前述したが，二つめは，よりよいレイアウトをめざした実践であり，三つめは，それを支援するレイアウトの科学と理論構築である．以上三つは，継続されなければ意味がない．すぐれたレイアウト研究でも，今日では使われない文字を対象としたものでは応用価値は限定される．

レイアウトの自動化は可能だろうか．目的が明確で，レイアウトがいくつかにパターン化，フォーマット化できるレイアウト——新聞や雑誌の一部においては，自動化はかなり進んでいる．しかし，レイアウト行為には，不確定要素はつきものである．レイアウトが人間を対象にする以上，宿命的であり，そこに面白さもある．デザイナーと科学者との共同，すなわち十分な経験による実践と緻密な研究成果とを結実したいものだ．レイアウトは，人の意識や行動を左右する重要な行為なのだから．

［宮崎紀郎］

■文献

S.K.ランガー著，矢野万里ほか訳：シンボルの哲学，岩波書店，1981．

田保橋惇：copyのlegibilityに関する研究．印刷雑誌，46(10)：20-22，1963．

関善造：デザイナーのためのエディトリアルガイド，誠文堂新光社，1978．

宮崎紀郎・玉垣庸一・伊藤成南：新聞本文用文字の読み取り量とイメージの検討．デザイン学研究，90：27-34，1992．

宮崎紀郎：読みやすい新聞紙面の自動化に関する研究，千葉大学博士論文，1996．

コラム「私の選ぶ図書10冊」

栄久庵祥二［デザイン史／日本大学］

① 『人間の空間―デザインの行動的研究』（ロバート・ソマー著，穐山貞登訳，鹿島出版会，1991［原著1969］）

人間と人間を隔てる空間的距離，互いがとる位置的角度とコミュニケーションの関係を理論的，実証的に提示した環境心理学の古典の一つ．たとえば，机に2人の人が座る場合，対面するか，角を挟んで互いに直角を作って座るか，あるいは，一辺に並んで座るかは2人の人間関係からある程度決まってくるだろうし，逆に，コミュニケーションのあり方（質と量）を規定するという考えが述べられている．とくにパブリックデザインにとって重要な文献．

② 『明治大正史世相篇』（柳田國男著，筑摩書房［柳田國男全集 26］，1990）

時代とともに移りゆく生活文化の変遷が高い文学性をもって記述されている．近代化の過程で，生活における「音」「匂い」の位置づけが変化してきたこと，麻から木綿へと庶民が使う布地が変わることで，人の感性が豊かに育ち表現されるようになったことなど，素材とモノ文化に関する示唆に富む指摘がなされている．初版は朝日新聞社より1931年に刊行．

③ 「有閑階級論」［『世界思想大全集』所収］（ソースタイン・ヴェブレン著，陸井三郎訳，河出書房，1956［原著1899］）

アメリカの経済学者による本書は，有閑階級の「これ見よがしの消費」を指摘したことで有名．この論はその後伏線となってV・パッカードの著作などに引き継がれ，アメリカにおける社会批判の一つの系譜を形成した．ある種のデザインを社会的地位の象徴としてみる見方も，この批判的思考の流れに沿っている．

④ 『口紅から機関車まで』（レイモンド・ローウィ著，藤山愛一郎訳，学風書院，1953［原著1951］）

著者は1930年代から50年代にかけてのアメリカにおけるインダストリアルデザインの黄金期を象徴する代表的デザイナー．本書は1人のデザイナーのサクセスストーリーだが，今に引き継がれるインダストリアルデザインの視点と方法，ビジネスのエッセンスがそこには活写されている．

⑤ 『デザイン宣言』（ワルター・ティーグ著，栄久庵祥二訳，美術出版社，1968［原著1946］）

ローウィとは対照的なデザイナーになるこの書物には，ヨーロッパの同時代のデザイナーにもまして強くかつ純粋に，近代デザインの信条が吐露されている．曰く，「美は内部の健全さと正当さの外部への表れであり，完全に機能的な秩序の外貌であるからこそ重要なのである」「われわれは美を，良質の，そして，技術が正しく適用されたことの，また，問題が正しく解決されたことの標識としてみる」と．

⑥ 『機械化の文化史―ものいわぬものの歴史』（ジグフリード・ギーディオン著，栄久庵祥二訳，鹿島出版会，1977［原著1948］）

近代デザインの理論家・歴史家であり近代建築運動のスポークスマンであった著者による本書は，近代デザインの論理と信条を根底にすえながら，それを超えた視野を有する，包括的な文化史となっている．本書は，美術から機械工学，文化人類学から歴史学までの知見を散りばめた単なる学際的書物というにとどまらない．「構成的事実」と「一時的事実」，「空間による快適さ」と「機械によってもたらされる快適さ」など，歴史のとらえ方を示すことによって，今現在を整理し，そして未来を展望する視座をわれわれに提供してくれている．

⑦ 『デザイン史とは何か―モノ文化の構造と生成』（ジョン・A・ウォーカー著，栄久庵祥二訳，技報堂出版，1998［原著1989］）

「デザインを論ずる」視点が大方網羅され，技術的側面を除くデザイン学の地図が描かれているような印象の本である．当然，学際的になっているが，言語学，記号論，コミュニケーション論からのアプローチ，視点が優勢である．大学院生向けデザイン理論のテキストとして有効であると思う．

⑧ 『1928年』（ヴィル・クロウェル編著，栄久庵祥二訳，1995）

8名の寄稿からなるこの小冊子には，近代デザインのエッセンスが凝縮されている．とくに，バウハウス末期の校長，ハンネス・マイヤーによる「バウハウス：1928」には，近代デザインの社会観が，あたかも宣言文でもあるかのように，鮮烈に表明されている．

⑨ "Seven Theses on Design"（Andrea Branzi著，1990）

国際ロバートマクスウェル懸賞論文でグランプリを獲得したこのエッセイ風論文には，ポストモダンのデザイナーであり理論家でもあるA・ブランジのデザイン観が簡潔かつ先鋭に述べられている．都市論，プロダクト論であると同時に，現代人の「生き方の形」「社会の形」そのものが語られている．前掲書『1928年』との大きな時代の隔たりを思わずにはいられない．

⑩ 「年間最優秀プロダクトデザイン賞」［"Businessweek"誌6月号特集］

毎年，アメリカデザイナー協会（IDSA）とビジネスウィーク誌の協同で優秀なプロダクトデザインに金，銀，銅，の各賞が与えられ，その結果が毎年6月号に誌上で発表される．世界各地から千数百点の応募があり互いに妍を競い合うが，造形上の傾向から技術の進化，市場の動向までがそこには映し出され，また，年単位のデザインの潮流を知ることができ，大変興味深い．

3|501 概説-イノベーションのデザイン

■**デザインと科学技術**

デザインを融合科学として位置づけていくためには、まず最初に、科学と技術の違いを明らかにしておく必要がある。なぜなら、科学と技術という用語は、一般にその区別がなされないまま混同して用いられたり、ときには同義語として扱われることが多いからである。科学の本質は、物質や生物、宇宙に代表されるように、自然界や自然現象そのものを検討の対象として、それらの中に潜んでいる普遍的な原理や法則を導き出し、定式化するところにある。これに対して、技術は、科学のように自然界に潜む普遍性を解明することがその目的にあるのではなく、科学から得られた成果を応用して自然の事物を改変、加工し、自然界には存在しないモノを人工物として新たに創り出していく行為を意味している。科学は自然界を客観的に観察する行為にその基本を置いているが、技術は自然界と積極的にかかわり合うことにより、その意義を明確にしている。したがって、自然界と対峙する姿勢において科学と技術は本質的に異なるものであり、同じ次元で語ることはできない。

18世紀後半の産業革命に端を発したデザインという行為は、その当初、モノのかたちや色を取り扱う形状創造行為として扱われていた。この意味において、デザイン行為は技術的行為の一つとして位置づけることが可能である。しかしながら、営々として展開されてきたデザイン行為の背景にある社会形態が、有形なモノを対象としていた工業化社会から無形なモノ（コト）を対象とする情報化社会へと変貌と遂げている今日においては、その対象をモノそれ自体から、ヒトに主体をおいた系へと変容させざるを得ず、人間生活や生活文化の形成、継承、創新という社会的行為として認識する必要性に迫られている。

このことは、それまで技術的な行為として認識されていたデザインの枠組みを大きく変化させなくてはならない状況に到達していることを意味している。すなわち、人間生活や生活文化を形成、継承し、創新していくためには、自然科学や社会科学、人文科学から得られたさまざまな成果を、主体となるべきヒトの視点に立脚して整理、統合し、それらのプロセスから得られた成果を基盤として新たなモノやコトづくりを展開していく必要がある。前述した科学と技術をそれぞれ個別のものとして取り扱うのではなく、両者を融合させた表裏一体の関係として位置づけていかなくてはならない。ここに、デザインを科学技術として認識する有意性や特殊性が存在している。

■**デザインにおけるイノベーション**

科学と技術を表裏一体の関係として把握していくためには、個別の学問領域や特定の技術のみに固執するのではなく、それらを横断的に把握し解釈し直していく学際的姿勢や行為が必要となる。デザインとは何かを語ろうとするとき、個々の専門性ではなく学際性や総合性がキーワードとなる根拠はここに存在する。換言すれば、デザインの科学は融合科学としてのみ成立することを意味している。

ここで、総合性や学際性を前提としたデザインの科学をより一層発展させていくためには、大別して二つの段階が考えられる。まず最初の段階は、個々の学問分野や技術領域の成果を取り込みながら、その裾野を水平方向に意欲的かつ積極的に拡大していく段階、そしてその次の段階は、拡大していくプロセスにおいて得られたさまざまな成果をその基盤に据え、それらを咀嚼しながら新たな階層構造を生み出していく段階である。ここで、デザインという観点から種々の成果を咀嚼していくためには、あくまでもその基盤をヒトにおき、人間活動全般、換言すれば、人間生活技術という視点から咀嚼した成果がどのような社会的意義や価値を有し、どのような社会的影響を及ぼしていくのかを把握していく絶え間ない努力が要求される。

デザインにおけるイノベーションとは、まさにこの第二段階における行為そのものを意味している。一般に、イノベーションは技術革新というように狭義に解釈される傾向にあるが、技術革新は関連する技術分野に影響を及ぼすだけではなく、そこから得られた技術的成果は、経済的にも文化的にも社会のあらゆる側面に影響を及ぼしていく。近年における閉塞状況――環境破壊や資源保全問題、科学技術に対する不安感や不信感の醸成――がまさにこのことを雄弁に物語っている。

したがって、デザインの領域においてイノベーションを語る際には、単なる技術革新という次元のみで個別の成果を云々するのではなく、技術革新から派生する社会革新をも含んだ総体として把握しておくことが必要不可欠となる。換言すれば、社会革新の観点から技術革新を位置づけておかないと、デザインにおけるイノベーションは意味をなさないといえる。社会的文脈や経済的文脈の中でイノベーションの意味を問い直し、人間生活技術としてイノベーションを体系化して

第5章 融合科学としてのデザイン

いくことが必要となる．

■イノベーションのデザイン

前述したように，技術革新と社会革新を同時に考慮しながらヒトの視点に立脚してモノやコトづくりを展開していく行為は，とりもなおさずイノベーションをデザインすることを意味している．

近年における技術革新の量は指数関数的に増加し，それが普及する速度や影響を及ぼす範囲は飛躍的に増大しつつある．これと同時に，技術革新がその影響力を発揮している時間，すなわちその寿命はますます短くなる傾向にある．このような状況の中で，急速に変貌を遂げつつある技術革新に対処していくためには，効率性や経済性を最優先課題として位置づけてきた従来の考え方では自ずとその限界が露呈してしまう．そこには，モノ中心・経済優先という量的な発想から，心中心・生活優先といった質的発想の転換が必要となる．

それでは，この発想の転換を行っていくためには，どこにその解決策を求めればよいのであろうか．人間と人工物環境の調和をめざして人間の感性を科学的に解明しようとする感性科学をはじめとして，脳科学や認知科学，あるいはコンピュータ援用技術の飛躍的進展に伴って可能となった各種線形・非線形解析手法など，解決のための方策はさまざまな分野において検討され始めている．これらの意欲的な取り組みは，デザイン行為を飛躍的に進展させ，デザインの体系をより高い次元で整備，確立するものとして，その成果が大いに期待されている．しかしながら，個々の領域における最先端の成果と同時に，これらの解決策を成り立たせている共通の基盤を忘れてはならない．それは，何千年にもわたって，自然と一体化して生活を営んできた先人達の英知——伝統技術に学ぶことにある．温故知新という言葉はまさにこのことを意味して用いられるのであるが，「新」を学ぶためには「故」の基盤となっている気候風土や精神構造，そしてそれらを成し遂げてきた並々ならぬ先人たちの努力やその想いを忘れてはならない．技術が一つの成果として完成し社会的に受容されるためには，確固不抜の真実が存在していたはずである．このことは，温故知新の「新」を偽りのない想いの「心」と読み替える必要があることを示唆している．温故知新を「温故知心」として把握していく努力や姿勢がなければ，デザインにおけるイノベーションは成立し得ない．

■融合科学としての視点

デザイン行為の根幹は，自然界には存在しない人工物を絶え間なく生み出していく創造行為にある．したがって，デザインを融合科学として位置づけるためには，まず最初に，その基盤となる創造力や発想力を定量的に解析，解明していく手段を手にする必要がある．また，モノそれ自体に随伴する問題，そのモノを使用するヒトに関する問題，そして両者が生活を営んでいる環境に関する問題を可能な限り定量的に解明していく手段が必要となる．そして，これら諸問題にアプローチしていくためには，既存の学問分野における種々の成果が有効な武器となることはいうまでもない．しかしながら，ここで注意しなくてはならないのは，これらの成果をそのままデザインの領域に導入しても意味をなさない点にある．なぜなら，それらの成果は，各々の学問分野に固有な視点から導き出された結果であって，デザインが対象とする人間の生活や生活文化の観点から導出されたものではないからである．デザインの領域にこれら学問領域の成果を導入するためには，その成果をヒトの観点から解釈し直すことが必要不可欠であり，この行為を行うことにより融合科学としてのデザインが成立する．換言すれば，［モノ－ヒト－環境］系に介在する三者間の問題を関係性（広義の意味でのインタフェース）という視点で体系的に把握し直していくことが強く求められる．

融合科学としてデザインを位置づけるためには，このような認識をもとにした不断の実践が必要不可欠となる．本章においては，これらに関するさまざまな視点を解説する．

［青木弘行］

3|502 創造力とデザイン科学

■ デザインにおける創造行為と科学

科学を未知の対象における法則性を導き出す行為であるとすれば，デザイン行為そのものは科学ではない．デザイン科学とはデザインに関する科学と考えるべきであろう．デザイン行為の中核である創造的行為（発想）は科学とは逆に，いわば未知の対象を生み出す行為である．その意味で科学の方法による創造行為そのものの論理的記述は本質的な困難が伴う．しかし，創造行為を科学の対象としてとらえることはできる．創造行為（発想）に対する科学的アプローチとしては，次のようなタイプが考えられる．

①経験的事実を一般化して創造行為（発想）のモデルを構築する方法

たとえば中山正和によるパブロフの信号系説にもとづく発想モデル（中山，1970），市川亀久弥による等価変換モデル（市川，1977），ブライアン・ローソンの建築設計の経験にもとづくモデル（Lawson, 1990）などがこれに属するといえる．

②認知科学的実験などにより発明や発想のメカニズムを推測する方法

ロナルド・A・フィンケ，トーマス・B・ウォードらの提唱する"Geneplore Model"とそれを検証するための実験（Finke, Ward, Smith, 1992），テリー・パーセル，ジョン・ゲローらのデザイン思考過程についての研究，マサキ・スワ，ゲローらのプロトコル解析を用いたデザイン創造過程の実験，および，永井，野口による思考のモードと思考経路という観点からデザインの創造性についての考察を行った例（永井，野口，2001）などがこれに属するといえる．

③コンピュータ科学や人工知能などの数理的手法で発想の論理的モデルを考える方法

堀浩一のシナージェティクス・モデル（堀，1994）がこれに属するが，ほとんど未開拓の領域である．

④脳科学の成果から創造性のメカニズムを推測する方法

このカテゴリーに入る研究も，まだ目立った研究はないが，中山がNM法の裏付けとして提唱したヒューマン・ブレイン・コンピュータ（中山，1983）などがこれに属するといえる．今後この視点からの研究が②のカテゴリーとの関係で増えてくるものと期待される．

■ デザイン思考過程における創造性

これらの諸研究を踏まえて最も一般的にいえば，創造行為とは，類推などを用いて思考の対象をいったん抽象化してとらえることにより，当面の課題に対する仮解を得る過程であるといえる．では，デザインの過程における創造行為はどうであろうか．デザインの過程と創造性の関係は次のような三つの段階でとらえることが可能であると考える．

①デザイン行為の直接の目的は，ある要求を満たす対象（物）のモデルを表出することであるが，その目的の背景にはある特定の時代および社会における背景がある．まずどのような背景から要求が発生してきたかを知る必要がある．「問題把握」の段階である．この段階での創造性とは，いかに的確に，かつユニークに問題を把握できるかということの中に発揮される．

②次に把握した問題の全体像を考慮しつつ，要求されている対象（デザイン対象）をいかに具体化するかという段階である．この段階は言葉や抽象概念などで表現された問題状況から，具体的で可視的な対象の形態（仮のデザイン解）を表出する過程であって，思考の形式としては帰納的な推論や類推などが用いられることが多い．しかし，多くの場合，解の探索そのものは論理的に記述しにくい過程を含んでおり，これをアブダクションという場合もある．アブダクションはC・S・ピアースによって指摘された仮設設定の際に働く推論の一種である．デザイナーはアイデアスケッチを描くことでこれを行うと考えられる．この段階の思考過程は「発散的思考」といわれ，問題に適合する仮解（可能解，具体的にはアイデアスケッチ）をいかに多く出すことができるかが問われる段階である．この概念的に把握された目的に適合する実体のイメージを可視化する過程がデザインの創造的思考過程の特徴を最もよく表す部分であり，デザイン科学にとって重要な研究対象である．

③発散的思考によって出された多くの解候補から問題自体が内包する条件を満たす最適解を求める「収束的思考」の段階である．この段階は評価の段階ともいわれ，演繹的推論が用いられることが多い．第一段階で的確に問題の背景が把握されていれば，それに照らして評価が行われる．ここで多くの場合，最初の段階では気づかれ得なかった新たに問題が見出される．この新たな問題の発見によって思考過程はより具体化され，再び発散的思考が始まる．

これら3段階のサイクリックな思考過程はデザイン過程の進行とともにラセン的に何度か繰り返され，最終的にはデザイン解の解決に至る（❶）．

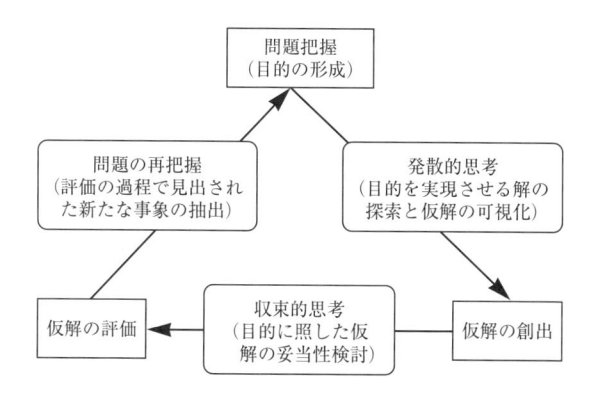

❶ デザイン思考過程の3段階と創造性発揮の局面

■ デザインにおける創造性（発想）を支援する方法

これらの各過程で創造性を支援する方法としては，通常次のようなものが用いられる．

問題把握の段階での創造性支援に有効なのがKJ法（川喜田，1967）やMDA，因子分析，主成分分析などのような統計的解析法である．これら統計的手法は複雑なデータをそれらの相関にもとづいて縮約し，空間上に布置することにより，直感的・総合的に問題を把握することを支援するものである．KJ法はこれを統計的にではなく，直感的に行う方法といってよいであろう．KJ法は個々の問題をカードに書かせ，これを一つの構成単位としてそれらの関係づけをボトムアップ的に積み上げていくことにより，問題の全体構造を直感的に把握させることをめざす．またグラフ理論などにもとづく因果関係の構造を抽出することで問題の制御可能性を探る手法（いずれも森，1991）もある．

発散的思考の段階では，特定の仕事に習熟した人間に起こりがちな，ステレオタイプ化した思考をいかに既成概念から解放させるかが問題となるが，従来はブレインストーミング（オズボーン，1958）やシネクティックス（Gordon，1961），NM法（中山，1970）などが用いられてきた．

ブレインストーミングはグループワークを前提としており，思ったことを批判を加えず自由に言い合い，それによって互いに他者の考えに触発され合うことがねらいである．通常KJ法はこれと組み合わせて行われることが多い．シネクティックスは特別な訓練を前提としており，訓練されたグループによる連想法ともいうべき手法である．NM法はシネクティックスにヒントを得て考えられた一種の連想法である．これらの方法の他に，最近はコンピュータを用いた方法が研究され始めている．たとえば，野口は，異なるデザインコンセプトと形態要素の関係を学習させたニューラルネットワークモデルを複数構築し，それらをそれぞれ特定の機器のデザインに習熟したデザイナーのシミュレーションモデルと考え，異なるモデル間で入力を交差的に与えることによって既成概念を破る形態要素の組合せを得るという方法を試みている（野口，1994）．発散的思考の支援では単に既成概念をはずすだけでなく，同時にそれにある限定を与えることが研究のポイントである．

収束的思考の段階を支援する方法は，デザイン目的に即した評価基準と評価項目をいかに適切に設けるかという問題に集約される．この方法は従来，他の領域で用いられてきた評価方法が援用されることが多いが，創造性という観点からは，この評価基準や評価項目からもれた部分に，新たに評価が必要な事象が抽出されうるかどうかという問題に着目することになる．もし，新たな事象が抽出された場合は，当初の問題把握そのものが修正されることになる．

［野口尚孝］

■ 文献

Finke, R., Ward, T.B. and Smith, S.M.：Creative Cognation—Theory, research, and applications, MIT Press, 1992.
Gordon, W.J.：Synectics, Harper and Brothers, 1961.
堀浩一：発想支援システムの効果を議論するための一仮設．情報処理学会論文誌，35(10)：1998-2008，1994．
市川亀久彌：創造工学—等価変換創造理論の技術開発分野への導入とその成果，ラティス社/丸善，1977．
川喜田二郎：発想法（中公新書），中央公論社，1967．
Lawson, B.：How Designers Think—The design process demystified, Butterworth-Architecture, 1990.
森典彦：デザインの工学—シフトシステムの設計計画，朝倉書店，1991．
永井由佳里・野口尚孝：デザイン創造過程における思考の抽象度と創造性の関係．デザイン学研究，48(4)：185-194，2001．
中山正和：発想の論理—発想技法から情報論へ（中公新書），中央公論社，1970．
中山正和：NM法の基本的考え方と特徴．創造性研究1—創造の理論と方法，pp.176-185，日本創造学会編，共立出版，1983．
野口尚孝：クロス推論モデルを用いた工業デザイン発想支援システムの試み．精密工学会誌，60(2)：285-290，1994．
A. F. オズボーン著，上野一郎訳：独創力を伸ばせ，ダイヤモンド社，1958．
Purcell, T. and Gero, J.：Drawings and the design process. Design Studies, 19(4)：389-430, 1998.
Suwa, M., Gero, J. and Purcell, T.：Unexpected discoveries and S-invention of design requirements important vehicles for a design process. Design Studies, 21(6)：539-568, 2000.

3│503　使うことのデザイン科学

人がものを「使う」という認知作業は，基本的に人がもっている内的な知識と外界のあり方との相互作用である．「使うことの科学」は従って，この相互作用を解明し，そこから人がすべきこと/やりたいことをよりよく行うにはどうしたらいいかを導き出すことのできるものである必要がある．そのような科学は，認知科学など学際的な研究分野を中心に少しずつ作られつつあるが（ノーマン，1988，1993），本格的に進展するのはまだこれからであろう．人の認知活動の根本的な理解とそれにもとづく応用評価，さらには使いやすい道具が世の中での受け入れられやすさにつながる生産システムや社会システムのしくみをも探ることのできるスケールの大きな科学（ノーマン，1998）の進展が望まれる．ここでは，上記の相互作用を中心にこれまでどんなことがわかってきているか，「使うことの科学」がこれからめざすべき方向は何か，を紹介する．

■内的知識と外界の事物との相互作用

人は普通❶に示す文字を難なく読むことができる．2文字目と5文字目はまったく同一の形状をしているにもかかわらず，われわれはそれぞれ異なった文字として認識する．文字が読めるということは，外的な文字の形状とTHEやCATという単語を知っているという意味での内的な既有知識との相互作用の結果だといえる．文字の知覚に限らず，記憶や問題解決，思考，遂行一般について，人の認知活動がこのような相互作用のもとに成り立つことが知られている．

TAE CAT

❶文脈により文字を読む

相互作用的な見方の中にも，外界からの働きかけを重視する立場もある．中でもアフォーダンス研究は，主体の行動が外界の対象物の一定の形状や色に強く影響を受けると考える．たとえば，ボタンの形状は「見たら押したくなる」ようにしておけばよい．しかし，人の行動を注意深く観察すると，人が外界の形状に対してもつアフォーダンスにも，その人の生活経験や学習，人の内的知識にもとづく積極的な働きかけの効果が反映されることがわかってきている（ギブソン，1992）．

計算などの認知プロセスに外界がどのように使われているかを詳細に分析した研究からは，人が外界に反応するだけでなく，外界そのものを積極的に見立て，解釈し，利用して認知作業をこなそうとする姿が明らかになってきている．折り紙の「3分の2の4分の3」に斜線を引くことを求めると，2/3×3/4の答を直接計算して引き出して回答する被験者の割合は，約1割にしかならない．たいていの人はむしろ紙を折ったり，印を付けたりして紙という外界物を直接操作して回答する．この傾向は，折り紙を厚紙やアクリル板に変えても変わらない．折れない材料に対しても人は，マーカーで印を付けたり手尺を使ったりして，とにかく外界を利用する．人は，外界の形状に対して盲目的に反応するのではなく，逆に外界のもつ多様なアフォーダンスの中から今の目的に利用できるものを最大限自分の課題に有利な形で利用するという積極性をもっていると考えられる（三宅・白水，1998；Shirouzuほか，2002）．人のこの積極性を保証するのは，人が経験を通して学び，さまざまな場面に応用して身に付けた適応的な内的知識であろう．その意味でも人の認知活動の特性は，経験や学習の効果抜きには語れない．

■認知活動の状況依存性

人の認知活動のもう一つの大きな特徴は，人がそれぞれの場で，今何をどうしなければならないか，自分が何を知っているか，外界に誰がいて，どのような道具が使えるかを判断して課題をこなしている，という事実である．したがって，設計者がデザインの現場で「うまく使えた」からといって，家庭の居間で別の人が「うまく使える」という保証はまったくない．同じ理由で，「使いやすさ」のガイドラインを状況要因を排除して一律に定めることにも意味がない（日本規格協会，1996）．ボタンのラベルの文字高は何mm以上であることといったガイドラインはいまだに随所で見られるが，この閾値も色のコントラストや周囲の明るさから，ユーザーの視力，果ては先の例のように読み手がその言葉を知っているかなどをも含む複雑な状況要因によって変化すべきだろう．

認知活動の状況依存性は，ある特定の状況でなければこれこれができないという形で人の活動を制限するものではない．逆に，ランガーの研究によれば，パイロット訓練生は実機に近いシミュレータ上で測った方が，「こわれて動かない」シミュレータの操縦席で測るよりも視力がよくなるなど，特定の状況は人の特定の有能さを引き出すことも知られている（ジンバルドー，1983）．インタフェースデザインのむずかしさは，

個々の製品の使いやすさが，基本的には使う人一人ひとりのこのような認知活動の本質と相互作用するそのしかたに依存することによる．だからこそ，使い方の科学は，一方で人間の認知特性を明らかにしつつ，他方では具体的な個々のケースについて判定される相互作用的な「使いやすさ」についてのデータを統合する理論をもつことが望まれる．そのようなデータを集める強力な手段の一つがユーザーテストである．

■ユーザーテストの必要性

　ユーザーがどのように道具を活用して自分がやりたいことを実現するのかを詳しく分析することは，より使いやすい道具を設計，デザインするために大切な情報を提供する．とりわけ，デザイナー，設計者と実際のユーザーとでシステムに対する理解のしかた（モデル）が大きく異なるようなケースでは，デザイナー，設計者が実際のユーザーのふるまいに触れることの価値は大きい．

　ノーマンは，システムに関してその設計者（デザイナー）とユーザーの理解に差があるのは，それぞれのモデルが形成される過程は両者でまったく異なり，結果として，見ている範囲，対象が異なるからだとする（1991）．システムはデザイナーモデルを元に実装されるため，システムイメージとデザイナーモデルが大きく食い違うことはまれである（昨今は複数の人間が役割分担してデザイン/開発を行うので，全員が全容を正確に理解できていない可能性も多くなってきたが，それでもこの二者は比較的近いのが普通である）．設計者（デザイナー）は，自分が理解に困らないシステムであれば，一般ユーザーにとってもユーザビリティが高いだろうと思い込みやすい．なぜならば，先に述べてきたような人間の相互作用性，状況依存性から，人は外界との絡み合い抜きにして複雑な認知活動を行うことに限界があることが導き出されているからである．

　デザインに代表されるような高級な認知活動の成果物をより洗練されたものにするには，より多くの異なった視点からの吟味が必要とされている．しかしながら，人間の認知特性は自分自身の思考結果を別の視点，とくに批判的に見直すこと（再吟味）が苦手であることが明らかになってきている．ここに，なかなか製品の使いやすさが向上しない（向上させようと試みようとしない）落とし穴がある．仮に設計者らが真摯にユーザーにとっての使いやすさを向上させようという意識をもったとしても問題は残る．人は頭の中に仮想的な状況を作り出すこと，すなわち製品に精通した設計者が，そうでないユーザーの立場で，製品を再吟味することにもやはり限界があるからである．コストパフォーマンスや実施期間の短さから，設計者自身がユーザビリティ上の問題を吟味するケースも多いが，この人間の認知特性をある程度克服するにはそれなりの習熟が必要になる．いくつかの手法では，チェック項目リストを提供したり，ユーザーの使用場面を想定するための一定の書式を提供するなどして，評価者の再吟味を促進するよう試みるが，やはり評価者にはある程度の専門性が要求される．

　このような限界に対して，各製品ごとに，それが使われると想定される状況にできる限り近い場面で，想定されるユーザーによる使用場面を評価するテストがユーザーテストである．製品のターゲットユーザー層に属する被験者を募り，ユーザビリティ上の問題が懸念される操作や頻繁に行われる操作をタスクとして設定し，被験者に遂行させる．その結果を達成度や遂行時間といった評価軸で分析したり，遂行中のコメントから問題点を抽出する（発話プロトコル分析法）．ユーザーテストの有効性は徐々に認識されるようになってきたものの，実施と分析に必要とされる時間や専門性の高さなどのため，より汎用性と実効性のあるテスト方式の開発が急務である．ユーザーテストを委託で請け負う専門業者も増えつつある．同時に，使うことの科学にとってユーザーテストは貴重なデータソースである．ユーザーにとっても分析者にとっても負荷の少ない方法でありながら，データからユーザーの使用プロセスを推測できるような方法が望ましい．

　そのようなテスト法開発の試みの一つとして，設計者と一般ユーザー，とくに初心ユーザーとの操作時間の違いに焦点を当て，その背後にあるプロセスの質的な違いを明らかにしようとする試みがある（鱗原ほか，1999）．この手法では，対象となるシステムの操作に含まれる下位ステップを予め想定し，一般ユーザー（初心者）と設計者（熟達者）がそのそれぞれを実際操作するのにかかる時間を測定する．その下位ステップごとの操作時間の比率をグラフ化すると，一連の操作中，どのステップで設計者とユーザーとの操作モデルの理解に隔たりがあるかが可視化される（❷参照）．一般に，初心者の操作が設計者のそれに比べて何倍にもなる操作方法は，設計上の改善を要するポイントだといってよい．将来的にこのような方法が広く活用されデータ

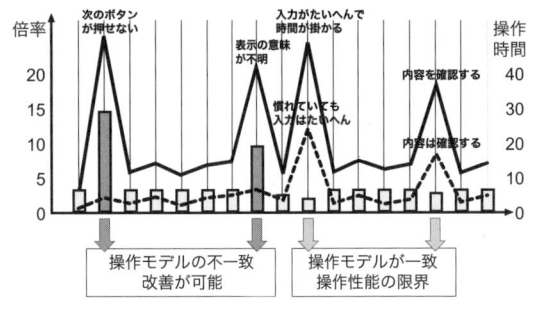

❷操作時間比較による評価

が蓄積されれば，設計者と初心者でどのようなタイプの操作に時間差が生じやすいか，それはなぜか，さらにはそのような差を生まないための設計指針としてどのようなことが考えられるかなどが明らかにできるだろう．

■今後の課題

道具は，その道具を使ってしたいことがあって初めて使われる．「人がしたいこと」は，人の日常的な生活の中で，経験を通して徐々に形づくられる．その意味で，モノを使うということには，当面やりたいことをどうやってやったらよいかを考える問題解決の過程，やってみてその方法を振返りもっとよいやり方はないかを考える内省的な思考過程，やりたいことがだんだんうまくやれるようになる学習過程など，主要な認知過程のほとんどすべてが含まれている．ところが，ユーザーテスト一つとってみても，これまでのテストはほとんどの場合，新しく開発された製品を初めて使うユーザーに短期間使用してもらって評価するだけで済ませられてきた．長期にわたって道具を人が使い込んでゆく過程，さらには長い時間をかけて道具そのものが作り替えられてゆく過程をも視野におさめられる使い方の科学の進展が望まれる． ［三宅なほみ・古田一義］

■文献

Gibson, J.J.：Notes on affordances. *In* Reasons for Realism (Chapter 4.9), E. Reed and R. Jones (eds.), Hillsdale；Laurence Erlbaum Associates, 1982.

J. ギブソン：アフォーダンスについての覚書．認知科学ハンドブック (安西祐一郎ほか編)，pp.629-639，共立出版，1992.

三宅なほみ・白水始・益川弘如：外界を能動的に利用した計算-折り紙による実証．日本認知科学会第15回大会発表論文集，pp.76-77，1998.

JIS家電製品の操作性に関する設計指針 JIS C 9102-1996. 平成8年3月1日制定　日本工業標準調査会審議，日本規格協会．

Norman, D.A.：The Psychology of Everyday Things, Basic Books, 1988 (野島久雄訳：誰のためのデザイン？-認知科学者のデザイン原論，新曜社，1990)．

Norman, D.A.：Things That Make Us Smart：Defending human attributes in the age of the machine, Addison Wesley, 1993 (佐伯胖訳：人を賢くする道具-ソフト・テクノロジーの心理学原論，新曜社，1996)．

Shirouzu, H., Miyake, N. and Masukawa, H.：Cognitively active externalization for situated reflection. *Cognitive Science*, 26(4), 2002.

鱗原晴彦・古田一義・田中健一・黒須正明：設計者と初心者ユーザの操作時間比較によるユーザビリティ評価手法．ヒューマンインタフェースシンポジウム'99論文集，pp.537-542，1999.

P. G. ジンバルドー著，古畑和孝・平井久監訳：現代心理学，サイエンス社．付属ビデオシリーズ，心理学への招待，第19巻，状況の力，1983.

第5章｜融合科学としてのデザイン

コラム「私の選ぶ図書10冊」

岡田 明［人間工学／大阪市立大学］

① 『産業人間工学―快適職場をデザインする』（エティエンヌ・グランジャン著，中迫 勝，石橋富和訳，啓学出版，1992）
　世界的に著名な人間工学者の入門テキスト．オムニバス形式でまとまりに欠ける人間工学書が多い中，本書は著者の設計思想が貫かれている．職場だけでなくデザイン全般の人間工学をわかりやすく解説した良書．

② 『人間工学―そのインパクト』（ユネスコ編，鈴木一重訳，日本出版サービス，1999）
　人間工学の必要性と課題をわかりやすく解説．本書はユネスコ発行の「科学の社会に対するインパクト」シリーズの一つ「人間工学」を翻訳したもの．これから人間工学を学びたい学生や企業の担当者に推奨．

③ 『誰のためのデザイン？―認知科学者のデザイン原論』（D・A・ノーマン著，野島久雄訳，新曜社［新曜社認知科学選書］，1990）
　認知心理学者から見た，良いデザイン・悪いデザイン．生活機器や空間のデザイン失敗例・成功例の紹介などを通じ，人間中心の正しいデザイン方法を認知心理学の立場から解説．発行時に大変話題となった一冊．

④ 『人間の空間―デザインの行動的研究』（ロバート・ソマー著，穐山貞登訳，鹿島出版会，1972）
　心理学にもとづいた空間デザインの考え方を提示．人間の行動や空間認知に基礎を置いた空間デザインのあり方を解説．著者ソマー氏独特の考え方や発想に驚きや感銘を受けるかもしれない．

⑤ 『対話型システムの認知人間工学設計』（小松原明哲著，技報堂出版，1992）
　情報デザインのための人間工学テキスト．機器の操作方法や表示をわかりやすくするためには，情報そのもののデザインも重要であることを気づかせてくれる．著者の個性が光り，読み物としても面白い．

⑥ 『応用人間工学の視点に基づくユーザインタフェースデザインの実践』（山岡俊樹，岡田 明著，海文堂出版，1999）
　現場主義・実践主義にもとづき書かれた人間工学テキスト．デザイナーや技術者が，ユーザインタフェースデザインを具体化するために必要となる，ユーザのニーズや心身機能の測り方，評価方法をまとめた実践書．

⑦ "Occupational Biomechanics"（Don B. Chaffin, Gunnar B. Andersson, and Bernard J. Martin著，John Wiley and Sons, 1999）
　身体負担軽減のための生体力学テキスト．安全で負担の少ないモノづくりに必要となる筋骨格系の構造と機能の解説が，豊富な図表を用いながら網羅されている．大学院以上の人間工学テキストとしても最適．

⑧ 『超高齢社会の福祉工学（下巻）福祉機器と適正環境』（徳田哲男，児玉桂子編，中央法規出版，1998）
　ユニバーサルデザインや高齢者対応デザインのための実践書．高齢者の心身機能に関する有益なデータと，加齢研究に長年かかわってきた著者の豊富な経験や考え方に貫かれた加齢工学のテキスト．

⑨ 『眼はなにを見ているか―視覚系の情報処理』（池田光男著，平凡社，1988）
　視覚の不思議を面白く紹介したテキスト．デザインや人間工学の主要な対象である視覚の働きや特性について興味深く紹介．これまでの視覚に関する考え方やイメージが変わるかもしれない．

⑩ 『複雑系入門―知のフロンティアへの冒険』（井庭 崇，福原義久著，NTT出版，1998）
　複合した事象をとらえる新しい方法や考え方に出会える一冊．本書の素晴らしさはその内容だけでなく，実は2人の著者の年齢にある．発刊当時25歳の若さでこれだけ書けることは，学生に目標と勇気を与える．

3|504 問題解決のデザイン科学

■デザインプロセスとは

デザインを生み出すという作業は，思考方法から見ると大きく二つのプロセスに分けられる．問題発見と問題解決である．問題発見とは，「何を解決すべきか，何を実現すべきか」という見通しであり，問題解決とは「どう解決すべきか，どう実現するか」という方法を実行することである．

問題と解決の関係では，原理的には，意識できる問題点の数よりもその組合せである考案可能な解決策の数の方がはるかに多いが，デザイナーに要求されることは，問題点の解決方法を「可能性のある解決策」から「優れた解決策」へと絞り込む能力であると同時に「さらに優れた解決策」に発展させる能力である．すなわち，解決策を融合的に解釈し，まとまりのある実体物あるいは実時間計画として成立させることである．このまとめのきっかけになるものが，理解あるいは，納得といった状態である(❶)．

■理解の状態

デザインプロセスでは理解した状態を，コンセプトとか，造形イメージといった形で表現する．当然，よい理解がよいコンセプトとして表されるし，明快な造形イメージとして表現される．よりよい理解の状態を実現するためには，多くの与件を客観的な評価を加味して融合的にまとめることが必要であるが，その基礎としてそれらの与件を分析し解釈することが必要である．デザインのための科学的な方法の一つの必要性がここにある．すなわち，理解のための情報分析であり分析を通じた解釈である．

■データについて

科学的分析の第一歩はデータの形式化である．すなわち，データの差異の閾値を定義し，カテゴライズすることである．統計的解析におけるヒストグラムの有効性のように，細かな差をまとめて全体の傾向を見るための処理が必要になるわけである．一方で，分析結果の解釈のためにはどのような処理を行ったかという情報が保存されなくてはならない．アンケート調査などでは，解析する立場の人も解釈する立場の人も調査項目の意味や条件について十分理解していなくてはならない．また，解釈がスムーズに成り立つためには，調査の結果として得られた反応において回答者の解釈の幅がデータ自体の差異を超えるような設問は避けるべきである．

形式化されたデータは，調査項目あるいは設問に対してその反応値としてまとめられる．調査項目や設問を「変数」とすると，多くの場合，データは三つの観点から区分することができる．被験者(回答者)，サンプル，変数である．すなわち変数の値として現れるデータの変動原因としてサンプルの差と被験者の差が混在するのである．この形のデータは3要因配置型と考えられる．通常，こうしたデータはデータの変動がサンプルの差によって現れたものなのかどうか，検証し，サンプル，あるいは被験者と変数の関係に還元する．最初のステップの検討のために有効な方法がヒストグラム，stem and leaf，箱髭図のような基礎統計情報を探索的に検討するデータ解析の方法と分散分析とクロス表による検討である．基礎統計の方法はデータの分布に関する基礎的な特性を考える助けとなり，データをひとまとめにして取り扱ってもよいのか，あるいはいくつかに分割しなくてはならないのか，あるいは不足なのか，といった情報が得られる．分散分析は，データが連続数で現れるような対象に対して有効であり変数と誤差の関係からから見たデータの有効性を判断できる．クロス表の分析はYes/No，好き/嫌いなどの離散型のデータにおける要因の影響を検討するために有効である．

■データの解釈

変数に現れる変動がサンプル特性によるものなのか被験者特性によるものなのか，あるいは変動としてとらえることが妥当でないものかという指針が得られた後，変数間の関係について検討を加えなくてはならない．ここでは，統計/数学的な方法を用い，変動をグラフ化して解釈を行う．さらに詳細かつ総合的な検討のためには因子分析，主成分分析，林の数量化理論III，IV類，MDS/MDA などが用いられる．いずれにしても，分析した結果は何らかの視覚的な表現をされて解釈につなげられることが多い．主成分分析などでは，因子負荷量をもとにした散布図がその代表であり，軸の解釈やサンプルの配置の解釈などを通じて調査項目および調査項目間の関連性が理解されるわけである．

■データの評価

次に，必要な総合的評価と，変数の解釈の関係についての検討が必要である．すなわち「買いたい」かどうかの検討を行うためには，「どういうものなら買ったか」という評価と行動の関係を検討するわけである．

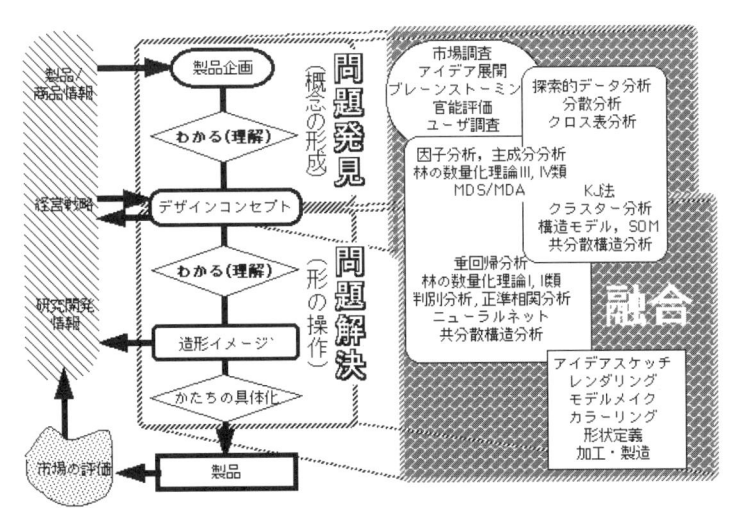

❶ デザインプロセスと融合的問題解決方法

解析の目的として考える変数を目的変数または従属変数といい，その原因となる変数を説明変数または独立変数と表現する．この段階では，回帰分析の手法を用いる．重回帰分析や林の数量化理論I類によって，独立(説明)変数の変動と従属(目的)変数の関係が示される．その説明の精度は，相関係数，重相関係数(説明率)として表され，説明変数の効果は，偏相関係数や，分散分析によって表される．

ところで，データの特徴を理解するためには，かならずしも回帰分析が効果的であるわけではない．相関分析では従属(説明)変数が連続数であることを前提とするが，このことがかえって解釈をむずかしくする場合もある．たとえば，目的とする対象が，男女の区別であったり，またサンプルや被験者に関する未知の構造であったりすると，回帰分析はあまり役に立たない．このような場合には，判別分析，林の数量化理論II類，また正準相関分析を用いる．また，非線形性をもったシステムの入出力の関係を解析する，あるいはシミュレーションを通じて再現するためには，ニューラルネットや共分散構造分析などが用いられる．

■解釈の支援

因子分析，主成分分析などの結果は多変数の間にある目立った傾向を因子として抽出することが主目的である．ここで行われていることは情報の次元圧縮であるが，往々にして分割不可能な概念に重みを加えた表現にとどまり，結局解釈する際に不適切な認知処理を強いることになる．一方で，変数やサンプルの重みを距離関係，因果関係，グループ化といった形で表すと，感覚的には理解しやすい．すなわち，データの構造を表現することが解釈を支援するために有効なのである．クラスター分析は，データを構成する変数あるいはサンプルの距離関係をもとに，グループを構成する．また構造モデルやDEMATEL法は因果関係をもとにデータの構造化を行い，解釈を支援する．

■理解の支援と方法

他にも対象を分析するために多くの方法が応用されているが，こうした解析手法の特性をよく理解することが重要である．その結果，最適な解析手法を用いることが可能になり，解析から得られた結果を間違いなく解釈することが可能になる．すなわち，対象の構造の解釈に対して分析者の探索的な考察力を生かすことができ，対象の特徴を理解するための分析が可能になるわけである．ここでは統計的な解析手法を例にとったが，直観的手法も含めて，解析手法を融合的に用いてデータを解釈することが，デザインプロセスの中でデータを生かすための重要なポイントなのである．

[山中敏正]

■文献

森典彦編：左脳デザイニング，海文堂出版，1993.
森典彦編：デザインの工学，朝倉書店，1991.
杉山和雄・井上勝雄：Excelによる調査分析入門－企画・デザインのためのツール集，海文堂出版，1996.
M.G. ケンドール著，奥野忠一・大橋靖雄共訳：多変量解析，培風館，1981.
朝野煕彦：入門 多変量解析の実際，講談社サイエンティフィク，1996.

3|505 新技術とデザイン科学

デザインの分野がかかわる製品や機器は非常に早い速度で技術の高度化が進んでいる．これは，われわれが実際にデザインの対象として考えているプロダクトに限らず，デザイン実務や日々の生活に利用している道具についてもいえることである．現在，高度化する技術の中で最も顕著に利用されているのが電子技術である．身の周りの道具が次々と電子的な技術を内蔵されていくことは，われわれの生活やデザインにどのような変化をもたらしているのだろうか．

■ デザインの行うべきこと

デザインと電子技術の高度化の関連について言及する前に，われわれがこうした時代を経験する前の時代を振り返ってみたい．

20世紀の中頃までは，力学的なしくみがプロダクトの機能を実現していた時代である．缶切りや鋏，機械式タイプライターのように，プロダクトは単純にそのもの自体が力学的な構造として機能するものであったり，内蔵された機構が力学的なしくみを有することで機能していた．そもそも，デザインという概念が発生した20世紀初頭に，われわれはこうした単純な機能を有する道具の創出から手がけ始めたのである．この時代においては，技術的なしくみを理解し，その造形的な最適化をめざした設計を行うことがデザイナーに求められた能力であったし，こうした能力はユーザーに対する技術的メッセージの発信にもつながるものであった．つまり，デザイナーがプロダクトに実現された技術をわかりやすく噛み砕いた造形的表現へと昇華させることで，ユーザー自身の技術的理解をも導くことができ，使いこなしや機能的な障害（故障など）についてのユーザーの意識も，技術水準と近似したレベルに想定できたと考えられるのである．

現在では，プロダクト自体の機能的構造は大きく変化している．多くのプロダクトの機能を実現しているしくみは，もはや歯車やカムといった機械部品ではなく，ICやLSIといった集積回路によって実現される電子技術に変わってしまった．ここでの問題は，デザイナーとしてのわれわれがこうした技術を理解する素養をもたされているか，といった点にある．デザイン分野にとっては，材料学や構造力学，人間工学といった工学的知識を大事にしてきた歴史はあるが，電子工学や物理学といった分野にまでその必要を説いた歴史を見ることはむずかしい．ところが，現状では，こうした分野の知識が真っ先に求められるのがデザイナーといえる．ユーザーへの技術の架け橋としてのデザインの職能を語るには，電気・電子といったプロダクトを成り立たせる技術の獲得が必要となっている．

■ 電子技術とデザイン

1980年代に入り，マンマシンインタフェース，ヒューマンインタフェース，といった言葉がデザインの分野のあちこちから聞こえ始めた．この時期になぜユーザインタフェースが声高に叫ばれたかをもう一度振り返ることで，デザインと技術の乖離を指摘することができる．電子技術そのものは20世紀中盤からプロダクトの機能に応用されていたが，ユーザーがプロダクトを用いるといった操作部位に表出し始めたのがこの時期である．表示装置としてLED（発光ダイオード）を数個配し，操作部としてタクトスイッチをやはり数個配した造形策は，それまでの力学的構造を主体としたプロダクトのように，直感的な操作を促すものではあり得ず，設計者の作成したルールをしっかり理解しないかぎり，使いこなせるものではなかった．この頃の典型的なユーザインタフェースといえば，LED表示が点滅すれば機能Aの実行を示し，間欠的な点灯（点滅とは異なる）であれば機能Bの実行を示すといったものである．操作部についても同様，数少ないボタンを上述の提示情報で正確に操作するためにはシステム自体に熟知している必要があった．こうした問題に対し，われわれはマニュアルによる説明の詳細化や，よりわかりやすい表記を行うことで解決を試みたが，実際はマニュアルという読本をユーザーに理解させること自体にも問題が発生し，電子機器という新しいプロダクトの操作方法をユーザーに伝えるための手段の方法が大問題となり始めたのである．現在では，解像度の増したLCD（液晶表示）などによって，わかりやすい情報提示を行ったり，回したりスライドさせたりといった体得しやすい操作方法を用いることでユーザインタフェースの問題はひとまず収束したかのように見える．しかし本質的な問題は解決したのであろうか．ユーザーはたしかにプロダクトを使えるようになったが，決して使いこなせるようにはなっていないのではないだろうか．解決したかに見える提案は，プロダクトに搭載された技術を読み解くことによって導かれたのではなく，ユーザーが直面するであろう問題を想定した対処療法にすぎない．実際，用意されているプログラムの範囲を超えた障害や問題に対してはプロダクトは，いまだに沈黙したまま

第5章 融合科学としてのデザイン

である．

　それでは今の時代，デザインは電子技術をどのように読み解いて，それをユーザーに表現すべきなのであろうか．力学的構造は，それ自体が視覚的に認識されるものであったため，より洗練させた表現へと結びつけることにわれわれの能力的な障害は少なかった．つまり，もともと視覚的な土俵に技術とデザイン表現が載っていたため，われわれはとくに工夫することなく手慣れた造形手段を講じられてきたのである．しかしながら，電子技術が相手となるとそうはいかない．その原因として，電子的な構造は基本的に不可視な対象であることが挙げられる．加えて，構造自体が高度に集積されている現状では，われわれが手がかりとしたい物質的な特徴を肉眼では確認しかねるといった問題も伴うであろう．前項で述べたように，デザインの分野が，現状の技術との間に乖離をきたしているのは，こうした現実的な問題によることが大きい．

　デザインの分野が，その最終成果物として実体表現を扱ってきた歴史は長い．デザインの最終成果は何らかのモノとして実体的に表現されることを潜在的に望まれてきたのである．デザインを行う上で，読み解く技術に対しても同様である．不可視である技術はわれわれにとって苦手な分野であり，視覚的な表現へと転化するためには未知の努力が必要となる．しかし，これまでのように技術に対する理解をデザイナーが放棄しつづけることは，上述のユーザーに対する責務の逃避にもつながるのである．デザインにとって，電子的な構造を読み解く方策を見出すことは最も急がなければならない課題の一つではないだろうか．

　技術者教育においても電子技術が不可視であることは最初に直面する問題であるが，テスター（電流計・電圧計）を電気回路に当てながらその導線に流れている電気を判断することに始まり，ディジタル回路であっても，オシロスコープを用いながら，回路内を流れる電気的な波形を視覚化することで導入教育を行う．現実的には，こうした方法がデザイン分野への適応を導く糸口ともなるはずだが，われわれは電子技術がこうした状態に可視化されても，それを理解する素養を持ち合わせていない．もしこの障害だけでも取り除けるならば，ここに提示される刺激に対して造形的な回答は確実に期待できる．実際に電子回路の中で起こっている現象は論理的であり，われわれの理解を超えるものでは決してない．理解する素養と応用する着眼が現在のデザイナーに希薄なだけなのである．

■デザインが獲得すべき知識

　デザインが，現状の電子技術に似合った能力を発揮するためには，この技術に実現されているしくみを造形表現に変える知識が必要である．ただし，われわれの目的は技術を創造することではなく，実現している技術を知識として獲得し，それを偽りない方法で造形表現へと変換することである．このために必要なのは，電子工学のイロハから応用に至るまでの長大な学識ではなく，造形表現に結びつけるための新たな「デザイン電子技術」といった知識体系と表現手段となる道具をもつべきことを意味する．

　われわれの身の周りにある多くのプロダクトの構造を決定しているディジタル回路技術は，基本的に0/1といったバイナリのデータを取り交わしながら機能している．プロダクトに表出するさまざまな表現（たとえば，液晶表示の文字であったりモーターによって制御される機械的な運動など），を制御しているのもこのバイナリのデータである．バイナリデータは，その制御回路（回路上の導線の一本）に０Ｖ，あるいは５ないし０Ｖ以上の電圧を送り込むことで信号とする基本概念をもった情報伝達である．制御の前提となる条件分けは集積回路の中にプログラムとして焼き込まれるものであり，これによってユーザーの操作やセンサの入力によって，出力が選択される．デザインがこうした技術を表現に用いるようになるためには，プログラムを生成する環境が必要となるはずである．ソフトウェアの世界であればコンピュータを用いたプログラミング作業がデザインと呼ばれるようになるかもしれないし，ハードウェアであってもICやLSIの機能を実造形としてシミュレートする開発環境がデザイン作業として拡大するかもしれない．大切なのは，デザインがこれまでのように電子的な機能とは別に造形や視覚的表現にかかわっていくのではなく，エンジニアの技術領域にオーバーラップする独自の表現手段を有するようになることである．このことによってのみ，冒頭で述べたデザインの本質的な成果を提供できる職能が復活すると考える．

［細谷多聞］

■文献

J. サッカラ編，奥出直人ほか訳：モダニズム以降のデザイン－ものの実体を超えて，鹿島出版会，1991．
前田ジョン著，大野一生訳：Maeda@media，デジタローグ，2000．

3|506 制御のデザイン科学

■制御とは

馬車の御者は，手綱を操作して馬を御し，その歩みの速さや向きを調節して馬車が道の上を快適に無駄なく走行するよう制御する．ここで，手綱の動きと結果としての馬車の動きの間には強い因果関係が存在する．しかし，それらの各々の動き自体は全く異なるものである．優れた御者は，手綱の操作と馬車の動きの間の因果関係をよく知っており，結果として馬車がうまく走るように手綱を操作できるのである（❶）．

このように，あらかじめわかっている因果関係を利用し，結果が望みどおりとなるようにその原因の方をうまく操作するのが「制御」である．ここで，制御の対象あるいはその因果関係をシステムまたは制御システムと呼び，原因となる操作をシステムの入力，結果としての制御対象の動きを出力と呼ぶ．

制御は，ものを決めるという意味では設計（あるいはデザイン）の一つである．一般に設計というと，実体のあるモノあるいはシステムの設計がイメージされるが，制御では操作法あるいは操作するパラメータの量を設計する（❷）．

一般に，対象となるシステムを解析することにより，原因から結果に向かう成り行きを予想したり計算することは比較的たやすい．しかし，逆に結果を与えたとき，これを生じさせるような原因を求める逆問題の計算は簡単ではない．そのためには，対象の因果関係すなわちシステムの入出力関係がよくわかっていなければならない．また，一般に同じ結果を得るための操作法は一通りとは限らず，馬車をうまく走らせるという目的が与えられてもそれを実現するには何通りもの操作がありうる．うまい制御のためにはその中で効率のよい操作法を見出す必要がある．

制御において重要な概念は時間の流れ（時間軸）である．一般に，操作量（入力）と結果（出力）の間には時間遅れがある．つまり，過去の入力が現在に反映し現在の入力が未来のシステムの挙動に影響する．これを扱うために，制御入力（操作量）と制御出力（制御量）を各々現在の時刻 t を変数とする関数（時間関数：$f(t)$）の形で表されると考える．時間遅れを含む因果関係を表す簡単な数学モデルに，時刻 t を独立変数とする微分方程式がある．制御技術においても対象とする制御システムは一般に微分方程式（あるいは数学的にこれと同等なもの）で表現しておくのが普通であり，いわゆる制御理論はそれを基礎としている．

❶御者は手綱を使って馬と馬車を制御する

❷制御システムとその入出力

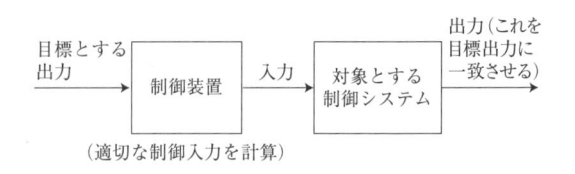

❸フィードフォワード制御系

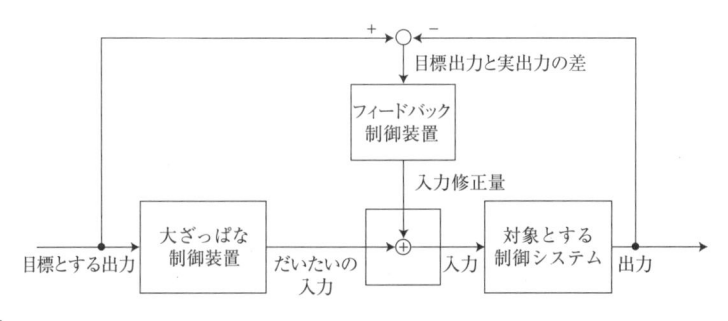

❹フィードバック制御系

■フィードバック制御

　制御システムの出力を目標どおりにするためには，目標とする出力とシステムの特性から計算によって適切な制御入力を求め，これを制御システムに与えてやればよい．このように計算によって適切な制御入力を求める方法をフィードフォワード制御と呼ぶ（❸）．

　さて，馬車の御者は手綱の操作から馬車の走行に至るシステムの特性を完全に知って，馬車がうまく走行するように手綱の操作を決めているのであろうか？答えはノーである．御者は手綱の操作によって馬がどのように動くか，また，馬の動きに合わせて馬車がどのように動いていくかについて，大ざっぱな関係を理解しているにすぎない．御者は手綱を操作しながら，馬と馬車が目標どおりに動いているかどうかを常に観察し，目標からずれたときにはそれを正すべく操作量に修正を加えることにより，望みどおりに馬車を動かすことを実現しているのである．このような制御法をフィードバック制御を呼ぶ（❹）．

　馬車をフィードバックで制御するとき，御者は常に，馬車だけでなく馬の動きなどのシステム全体を観察していなければならない．そして，それらのいずれもが望ましい動作をするように操作量を調整していく必要がある．これらのシステム全体の各々のパラメータをシステムの状態と呼ぶ．

■自動制御と内界センシング

　この馬車をロボット化することを考えよう．つまり，馬をエンジンに置き換え，ステアリング装置などをつけて，さらに車両が自らを制御する装置を準備して，自動運転の自動車とする．ここで，制御するべき制御量（出力）は，走行速度，車両の向き，車両の（道路上の）位置である．これをアクセルとハンドル角という操作量（制御入力）を用いて制御する．

　自動運転であっても，車両は上に述べたフィードバック制御とほぼ同じ方法で制御される．つまり，その自動制御システムは常時，実際の出力や状態と目標の出力や状態を比較しつつ，その差から適切な制御入力を定めて自らを制御してゆく．

　自動化のためにきわめて重要なことは，自動車が自分自身の速度や向きや位置などの状態量を遅れなく正確に知ることである．これらの自分自身の状態を知るためのセンサを内界センサと呼ぶ．適切なセンサを用いて自分自身の状態を知ることこそ自動化のためのキーである．それが実現されれば制御はそれほどむずか

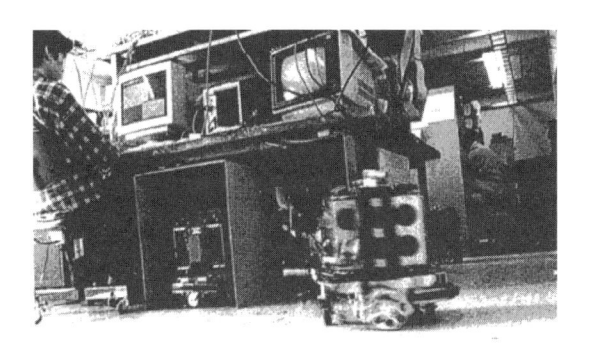

❺筑波大学で開発されている研究用自律ロボット「山彦」
　屋内環境の地図を内蔵し，自らの経路を定めて障害物に対処しながら目的地まで走行する．

しくない，といっても過言ではない．

■ロボットの行動制御

　自動車の速度や向きや位置を与えられた目標値に一致するように自動的に制御するだけでは，その自動車がロボット化されたとはいいがたい．ロボットには，単なる制御以上の，自分の周りの状態（環境）と自分が果たすべき役割を自ら認識して自分の動きを決めてゆく働きが期待される．つまり，ロボットは，一段高い目標に応じて自主的に自分自身を制御していかねばならない．そこで実現されるロボットの動作は，単なる動き（motion）を超えて行動（behavior）と呼ぶことができよう．

　ロボットは，自分があらかじめ有する知識と自ら環境から得た情報とを融合して，それにもとづいて，一つずつ行動を生成していく．そのために改めて重要となるのがロボット自身による環境の理解である．それにはTVカメラやその他のいろいろなセンサからの情報を得て，それを処理し，ロボットを取り巻く環境と自分の状態を知る必要がある．

　ロボットの上には，自分が動き回ることによって環境を知り，それによってまた次の自分の動きを決定し生成していくという制御のループが構成される．ロボットの制御で必要となるのは単なる制御系の設計のみでなく，自動制御を前提としたシステム全体の設計である（❺）．

〔油田信一〕

■文献

堀洋一・大西公平：制御工学の基礎，丸善，1997．
米田完・坪内孝司・大隈久：はじめてのロボット創造設計，講談社，2001．

3|507 素材・材料のデザイン科学

素材という用語は物質的次元における呼称で，さまざまな用途に利用される可能性を有しているために，そこには汎用性という意味内容が含まれている．そして素材がモノの原料として利活用される場合には，有用性や目的性を前提とした材料という用語が用いられる．一般に，素材と材料は同義に用いられることが多いが，両者の区別は目的性の有無にあることを認識しておく必要がある．

ところで，モノをデザインするためには素材や材料が必要となり，モノの形態や構造，機能はそこに使用される材料によって規定されることになる．使用する材料が変わればその性質も異なるため，モノが果たす機能は自ずと変化せざるを得ない．このことは，モノのデザインには，材料に関するさまざまな体験や知識が必要不可欠となることを意味している．考古学上の時代区分によれば，その時代に使われていた主要な材料名称を用いて，石器時代，青銅器時代，鉄器時代というように分類されている．人間が築き上げた文明や文化の歴史は，素材や材料なくして語り得ないことを示している．

■問題解決のための二つのアプローチ

デザイン行為においてさまざまな素材や材料の可能性を検討する場合には，モノの内容がすでに決まっている場合と決まっていない場合の二つを想定する必要がある．

モノの内容がすでに決まっている場合には，①その内容を実現するために最適な材料や代替材料適用の可能性を検討する場合と，これとは逆に，②最適な材料が存在しない場合には，モノの内容に合わせた新たな材料を創り出していく場合の二通りに分類することができる．これら両者は，素材や材料がヒトの生活にどのように有効に利活用できるのか，換言すれば，その価値づけを行う行為であるために，デザインオリエンティッドなアプローチと位置づけることができる．

これに対して，科学技術の成果を背景として新たに開発された新素材を対象とする場合には，その素材がどのようなモノに応用できるかを検討することになり，素材が有している卓越した機能や性能をより積極的に利活用していくことが要求される．このようにモノの内容が決まっていない場合には，素材の観点からモノの創出可能性を検討していくことになるため，マテリアルオリエンティッドなアプローチということができる．

どちらのアプローチも，適材適所という考え方がその基盤にあり，モノを実現するデザイン行為の中で重要な位置を占めている．

■デザインオリエンティッドなアプローチ

人類が地球上に誕生して以来，営々として営まれてきた活動は，自然界に存在する素材をそのまま加工したり，あるいは必要な成分を抽出したりして，材料として利用することであった．その結果，現在では金属，プラスチックス，セラミックス，木材，ガラス，ゴム，皮革，紙，繊維などのように，材質に着目して一つの体系が整備されている．

したがって，適材適所を基盤としてモノを開発していくためには，その前提として材料が有している諸特性を十二分に把握しておくことが要求される．なぜなら，木材から石材を経て鉄材へと変化してきた橋脚材料の歴史を振り返ってみれば容易に理解できるように，モノに素材が使用される場合には，物質という次元よりは材料が有している特性が重要視されるからである．

そこで，材料特性をデザインの観点から位置づけてみると，❶に示すように，材料自体が本来的に有している固有な性質（固有特性）と，これら固有な性質から派生する特性（属性）とに大別することができる．そして，固有特性は，
　①材料が有する形状や大きさ，重さや色といった形態的特性
　②強さや硬さに代表される物理的特性
　③薬品に対する抵抗性や腐食といった化学的特性
の三つに分類することができる．一方，属性の方は，
　①成形加工性や製造技術に代表される製造特性
　②価格（コスト）や入手のしやすさといった経済的特性
　③材質感や風合いなどに代表される感性・感覚特性
　④扱いやすさに代表される使用的特性
　⑤地域性や歴史性，社会性に代表される地文的特性
　⑥資源保全や環境負荷などに代表される環境的特性
から構成されている．ここで，属性に含まれる③から⑥の各特性はヒトの生活と密接に関係していることから，生活特性としてまとめることができる．

上述した固有特性や属性の一部（製造特性・経済的特性）は，機械や電気・電子，化学といった工学系学問領域の研究対象として位置づけられているが，デザイン科学の領域においては，固有特性と同時に属性の

第5章 | 融合科学としてのデザイン

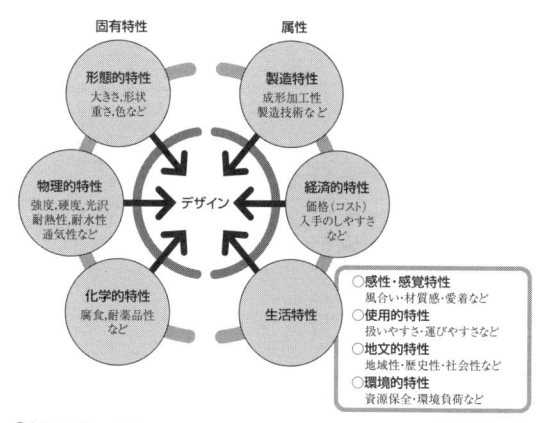

❶材料特性とデザイン

内容をも含めたトータルな視点からの把握・検討が要求される．なぜなら，ハード的性格を有した固有特性とソフト的性格を有した属性の両者を有機的かつ総合的に検討していかない限り，ヒトの生活を対象とするデザインの領域においては意味をなさないからである．ハードとソフトを融合させたヒューマンウェアとして材料特性を位置づけるところに，デザイン科学における問題解決の独自性が存在する．

■マテリアルオリエンティッドなアプローチ

生産性・合理性・信頼性・機能性・低コスト化などを基盤として，効率性や利便性を追究してきた従来のモノづくりは，ヒトの生活に多大な物質的豊かさをもたらした．しかしながら，その反面，副作用としての公害，環境破壊，資源枯渇，人間疎外感の生起といった諸問題を顕在化させている．モノ中心・経済優先を標榜したモノづくりのあり方は，心中心・生活優先へと価値観の転換を余儀なくされている．

現在，スマートマテリアルをはじめとしたさまざまな機能性材料の研究開発が積極的に展開されている．素材や材料の特性がモノ単体からヒトや環境にまで影響を及ぼしつつある状況を考慮すると，生活の質に価値を置いたモノづくりが必要不可欠となる．そのためには，前述した生活特性を最重要課題として位置づけ，天然素材の改良や改質も含めて，愛着のわくモノづくりや材料開発を行っていく必要がある．

■材料計画という視点

材料科学（materials science）の領域においては，金属，セラミックス，プラスチックスなどの各種材料を対象として，固有特性の探究や向上策が検討されている．しかしながら，デザイン科学の領域においては，モノの構成要素である材料それ自体を，単なる物質という次元のみで取り扱っていては限界が生じてくる．物質という次元と同時に，モノを使用するヒトやモノが使用される環境との関連において材料問題を検討していかないと，問題解決の糸口を見出すことができない．換言すれば，材料特性をモノ・ヒト・環境の三者間に介在するインタフェースとして位置づけ，ヒトや環境の視点から有機的かつ総合的に把握していく姿勢が必要となる．

デザインにおける材料問題を体系的に把握しようとするこのような枠組みは，材料計画（materials planning）という名称で表すことができる（鈴木，1993）．そして，この材料計画という視点に立脚すると，材料が有する社会的・歴史的意味合いや，経済的，生理的，心理的特性などを，工学的諸特性との関連において検討していくことになり，デザインと技術の関わりを材料を通してとらえ直すことになる．一例を挙げると，人間が有している感性や感覚特性を満足する材料選択や使用方法の検討，新技術や各種理論を応用した材料開発や用途開発，材料特性と関連させた廃棄物処理問題や資源・環境保全問題などは，材料計画という視点が欠如していると解決していくことができない（青木，1998）．

科学技術の進展から得られる成果は，物質的豊かさと同時に，人間生活における潤いややすらぎ，充実感やゆとりといった精神的な豊かさとして具現化されていく必要がある．従来の科学技術においては，人間生活の視点に立脚した問題意識が欠如していたことは否めない．科学技術から得られた成果が真の意味で人間生活の基盤を支えていくためには，自然科学や社会科学，人文科学の枠を超えた体系の整備が必要で，生活文化の創造と実践をめざすデザイン科学の体系化が望まれる．

[青木弘行]

■文献

青木弘行：インタフェースとしての材料研究－材料計画からのアプローチ．日本設計工学会誌，33(6)：202-207，1998．
鈴木邁・青木弘行・久保光徳：材料計画について．インダストリアルデザイン－その科学と文化（森典彦編），pp.34-46，朝倉書店，1993．

3|508 構造のデザイン科学

■構造について検討することの意義－究極の形をめざして

　デザイン領域においてモノの構造について検討することの意義は，そのモノの軽量化に集約するといっても過言ではないと考える．それはただ単にモノの構造重量を低減するだけではなく，その軽量化のプロセスに見えてくる極限的な形状へのアプローチが，定量可能な工学的評価だけではなく，美的評価にまで大きな影響を与えてくることは否定できないであろう．そして，その美的評価もいわゆる機能美に対する評価のみにとどまらず，人が普遍的に有するであろう根源的美意識にも何らかの影響を与えているはずである．このような概念は，人工物にしても自然物にしてもこれらが地球上に存在する限り，重力の影響から免れないという事実に拠りどころを置くことができる．

　われわれは好むと好まざるとにかかわらずこの重力環境下の中で生を受け，生長し，そしてモノを生み出すのである．そのすべてのプロセスにおいて，あるときは意識的に，そしてあるときは無意識に重力環境を最大の制約条件の一つとしてある種の最適設計をその生涯において繰り返しているのである．そうした力学的環境下の中でさまざまな経験を重ねていくことにより，われわれは大体において多くのモノの形態に見られる有効性を直観的に把握することができ，日常生活においては大きな失敗をすることもなくうまく生きている．ところが，このモノを生み出すための構造最適設計を，より高機能で，より複雑な特性を有し，そして一般社会内で流通しなければならない工業製品に適用しようとするとき，生活をうまく過ごすための技などと悠長なことはいってられなくなる．勢い，自動化された計算機援用設計が製品設計の構造領域を席巻することになる．

　数年前には研究対象レベルであった構造最適設計のある一手法が，気がつくと有力な市販アプリケーションとしてリリースされている．しかしながらこのようなアプリケーションの多くは，製品の全体形状の提案を支援するには扱いにくく，概してその部分形状の修正に終始してしまうのが現状である．そしてまた，これらの設計支援ツールが多くの可能性を有している一方で，われわれの感覚を現実のものから仮想的な数値モデル空間のみに惹きつけてしまう危険性をも有している．それは，いかなる非現実的な環境（モノの形状とそれを取り巻く力学的および幾何学的境界条件）においても，明確な設計結果を示すからであろう．あらゆるモノを構成するさまざまな素材の性格を，直接的に感じながらそのモノの形を決めていくことの基本的な造形スタイルが，現代の社会的時間の流れの中においては困難になりつつあるのも，こうしたツールの普及を促進している理由の一つであるともいえる．しかしながら，こうした数値シミュレーションは，経験的な固定観念にとらわれがちな発想にブレークスルーの機会を与えてくれるものでもある．

　われわれは，新たな形態と，それにかかわる新たな構造学的概念を手に入れるために，これらの手法を単なるエンドユーザーとして利用するのではなく，モノの構造とそれを構成する素材に対する体感的知識ベースを維持しつつ，それらの手法の根本的な概念と本質を理解しながら，利用し提案していかなければならないと考えている．

■進化する構造形状の最適化手法

　ここ数年で，CAE（Computer Aided Engineering）の中核として発展してきている構造最適設計は，構造要素単体の寸法のみの操作（たとえば，フレーム構造の構造要素である円柱状要素の半径だけの操作）による寸法最適化（❶－(a)）から，2次元および3次元ソリッド形状の構造要素のアウトラインをダイレクトに修正する形状最適化（❶－(b)）へ，そして初期に与えたモノの形状の幾何学的位相を変化させることで最適化形状を得る位相最適化（❶－(c)）へと進歩を遂げ，現在もこれら三つのカテゴリーに大別できる構造最適化手法は，より進んだ軽量化を目指して開発されている．

　このような形状最適化手法に共通していえることは，最適解を得るために多くの繰り返し計算を必要とし，そのために高性能で高速なソルバー（一般的に膨大な自由度を含む行列問題を解くための解法エンジン）が不可欠となる．現状では，より高性能なソルバーを効果的に運用するためには，さらにハイパワーなシステムが必要となり，このような電算機に要求される高機能の肥大生長は終りを見ないようである．しかしながら，初期状態での形状情報（有限要素をベースとする場合では，初期モデルを構成する要素タイプ，その要素数と節点自由度，そしてそれらの節点の座標など）が一定に維持される位相最適化手法（❶－(c)）では，その造形プロセスにおいてさらなる進化が期待される．この手法は，従来の形状最適設計手法が，全体形状の形状寸法を設計変数とする中央集権的な手法であったのに対し，部分的な形状もしくは材料特性を，あたかも生物の細胞のように適応させる地方分権的な設

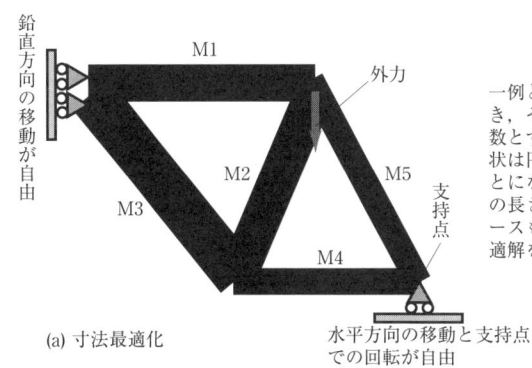

第5章 | 融合科学としてのデザイン

(a) 寸法最適化

鉛直方向の移動が自由
M1
外力
M2
M3　M5
M4
支持点
水平方向の移動と支持点での回転が自由

一例として，各構成要素Miが円柱状のとき，それぞれの要素の半径のみを設計変数とすることができる．この時の最適形状は円柱要素の太さのみを変化させることになるが，計算効率は高い．また要素の長さも設計変数とすることができるケースもあり，シンプルながらも多様な最適解を得ることが可能となる．

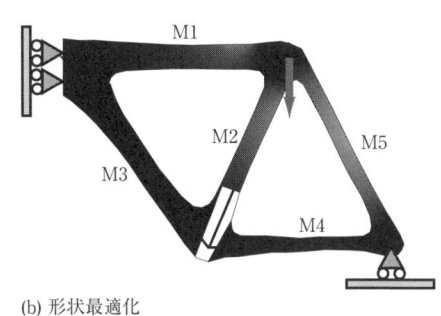

(b) 形状最適化

M1
M2
M3　M5
M4

各構成要素 Mi（梁，板，シェル，ソリッドのほとんどの要素が含まれる）ごとにその断面形状（高さや幅など）を連続的に変化させることで最適形状を得る．このときの設計変数は要素ごとに複数個設定され，結果として膨大な自由度を扱う最適設計手法となり，実用的にはかなりのパワーをもったハードウェアが必要となるが，適用範囲が広い一般的な手法である．

(c) 位相最適化

低密度
高密度

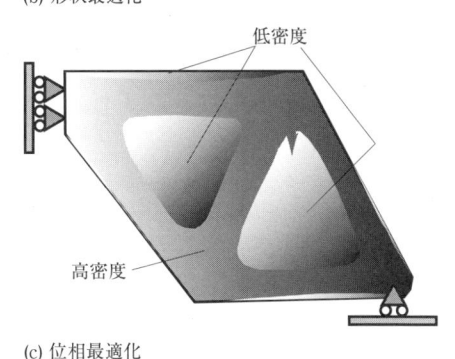

この手法では，最適化形状を初期形状の幾何学的修正に求めるのではなく，その形状を構成する材料特性の分布変化から読み取ることを考えている．たとえば，有限要素法に従った応力解析の初期段階ですべての有限要素の材料特性が均一であるとき，その解析より得られる応力分布の高低の度合いに応じて，その材料特性（たとえば密度）を要素ごとに変化させることを考える．一例として，最終的に高密度の要素群によって形成されるアウトラインを最終形状とする．このため，最適化プロセス全体において有限要素の幾何学定義は一回のみでよいことになり，かなりの計算効率が期待できる．

❶形状最適化手法の分類

計手法となっている．これは，モノ全体の形状を常に直接的に考慮する必要性が比較的少なく，数値計算上の負担が軽減される有機的な手法であるともいえる．しかしながらもこれら既存の三大手法は，膨大な繰り返し計算から逃れることはできないという点においては同一である．

ところで，これらの手法に共通して存在しない概念は何であろうか．一般的に，これらの手法においてはモノの全体的および局所的形状そしてそのモノを構成する材料特性と，その内部に発生する応力との関係に着目して，その造形プロセスが実行される．そしてそれらの応力は，手法ごとに定義された応力評価点の点データとしてのみ評価されている．ところが，われわれはモノの形を工学的に，そして美学的に扱うとき何を見ているだろうか．決して離散的な点データだけではないことは疑う余地がないであろう．このポイントごとの応力評価法において，直観的なモノづくりと最適設計手法に従った自動的なモノづくりの間に大きなギャップを生じていると考えることができる．曖昧な表現ではあるが，「このあたりは無理をしている」，「ここの形のつながりは不自然に感じられる」，そして「力の流れはこうである」などのように，モノの形状を少しでも力との関わりで見ようとするとき，その力つまり応力を点データとしてとらえるのではなく，全体

骨頭　大転子　　　　　　外力
引張
圧縮

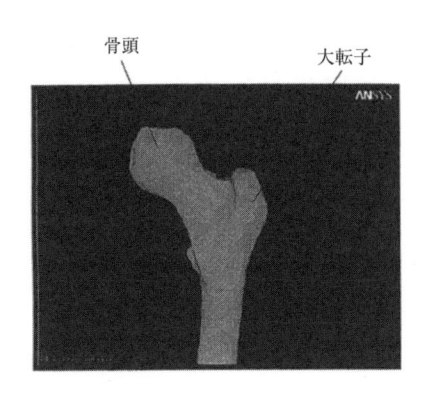

(a) 大腿骨上部形状　　　　(b) 主応力分布

❷大腿骨上部の形状と主応力分布

的な分布，そのつながり方，そして「流れ」を，モノの内的特性として感じ，評価しているようである．

　この定量化しにくいモノづくりにおける工学的センスともいえる評価基準は，現存する形状設計手法には見られない．今までのところ，モノ内部の特性とそのモノの表面形状との共鳴の存在を感じつつも，有効な手法として展開することができず，ただ経験的感覚（構造，素材に対する体感的知識ベース）としてのみ扱われているのである．ところが自然物には，この「流れ」に沿った形態を示すモノが少なくない．一例として古くから研究対象とされてきた大腿骨の骨頭から大転子付近に至る内部構造にも，その「流れ」を見ることができる（❷）．❷-(b)に示された線群は，大腿骨の外表面データのみから有限要素法に従って予測した主応力線であるが，その分布はそのまま，骨頭内部の海綿体を構成する網の目構造に酷似していることが知られている．厳密な意味において，この内部構造と主応力線図が一致しているとはいいがたいが，力学的に同質のものであることには違いがない．このような構造がある環境に適した高効率な軽量化構造であることは，経験的にも自明の理であるとしてよいであろう．現在のところ，このような「流れ」である応力分布の大局的な評価指標を設計指標とした形状最適化手法は確立されていないようである．ここに新しい形態を生み出すための支援ツールとしての可能性を感じ，その開発を目標としている．

[久保光徳]

■文献

E.S.ファーガソン著，藤原良樹・砂田久吉訳：技術屋の心眼，平凡社，1995.

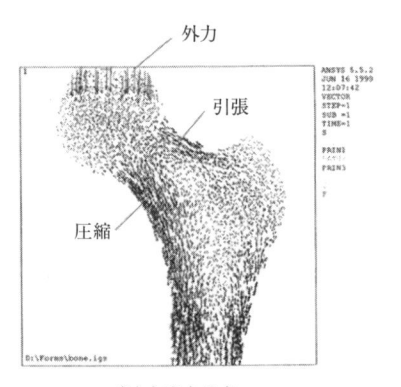

J.-C.サボナディエル・J.-L.クーロン著，神谷紀生訳：有限要素法を使ったCAD，サイエンス社，1988.

J. E. ゴードン著，石川廣三訳：構造の世界，丸善，1993.

J. ヴェクスラー著，金子務訳：形・モデル・構造，白揚社，1987.

F. パトゥリ著，土田光義訳：植物は驚異のデザイナー，白揚社，1988.

F. オットーほか著，岩村和夫訳：自然な構造体—自然と技術における形と構造，そしてその発生プロセス（SD選書201），鹿島出版会，1986.

井上充夫：建築美の世界，鹿島出版会，1981.

黒木正胤：「木」の再発見，研成社，1993.

高木隆司：形の数理，朝倉書店，1992.

高木隆司：自然の造形と社会の秩序，東海大学出版会，1987.

高山正喜久：立体構成の基礎，美術出版社，1989.

戸川達男：自律適応する素材，オーム社，1995.

日本機械学会編：構造・材料の最適設計，技報堂出版，1989.

日本機械学会編：生体力学，オーム社，1991.

日本機械学会編：形態とデザイン，培風館，1993.

長谷川堯：生きものの建築学，平凡社，1983.

バイオメカニズム学会編：生物に学ぶバイオメカニズム，工業調査会，1987.

山川宏：最適化デザイン，培風館，1993.

養老孟司：形を読む，培風館，1989.

L. L. ホワイト著，木村雄吉訳：形・生命・創造，学会出版センター，1989.

形の文化会『形の文化誌』編集委員会編：生命の形・身体の形（形の文化誌3），工作舎，1996.

小川泰・宮崎興二編：かたちの科学，朝倉書店，1990.

三井秀樹：フラクタル科学入門，日本実業出版社，1990.

T. シュベンク著，赤井敏夫訳：カオスの自然学，工作舎，1986.

P. J. グリヨ著，高田秀三訳：デザインとは何か，彰国社，1990.

S. ヒルデブラント・A. トロンバ著，小川泰ほか訳：形の法則，東京化学同人，1994.

H. F. ジャドソン著，江沢洋監訳：科学と創造，培風館，1983.

第5章｜融合科学としてのデザイン

3|509 インタラクションのデザイン科学

　20世紀に始まったと考えられる工業デザインは，時代とともにその姿を変えてきた．機械時代の幕開けとともに開始されたこの活動は，生産方式，生産システムとともに姿を変え，その対象も機械のみではなく，機械の背後のモノにまで及ぼうとしている．

　従来，工業デザインは物理的に明確なものを「機能」と名づけ，この「機能」をベースとして単体の製品の形を扱ってきた．この場合，機能は目に見えるものであり，工業デザイナーの製品への関与の結果は，機能を形態に変換することであるといえた．もちろん，工業デザイナーの仕事は物理的な機能を形態に変換することだけではなく，心理的な機能ともいうことができる要素ももう一つ大きなベースであった（装飾はそのよい例である）．

　しかし，20世紀後半，情報機器が姿をあらわし，工業デザイナーは物理的な「機能」の支えをほとんど失いかけている．たとえばテレビである．デザイナーははたして画像が映っているときのテレビをデザインしているのであろうか？　あるいは，画像が映っていないときのテレビをインテリアのオブジェとしてデザインしているのであろうか？　テレビの物理的な機能とは何であろうか？　遠くの景色を近くにもってくること，すなわち，人間の目がもっている機能の拡張なのであろうか？　「情報」という物理的ではない機能は，「見えない/存在しないもの」であり，この情報をベースとしたデザインはまだ完成には達していないと考えられる．

■インタラクションとは

　情報をベースとしたデザインを考える場合，そこに展開されている内容は，従来の「デザイン」という言葉で表現されてきたものとは内容の違いがある．ここでは，「デザイン」を人間と機械（システムを含む）の間の関係の記述であると考えることにする．その関係は情報を介在して人間と機械，あるいは機械を通して別の人間の間をつなぐものであると考えられ，このつなぐもののことをインタラクションと呼ぶ．たとえば，コンピュータ画面に現れているグラフィカル・ユーザインタフェースの場合，この画面上の記号化されたアイコンなどを人間が操ることによってコンピュータとの情報のやり取りが可能となる．この情報のやり取りが人間と機械（コンピュータ）をつないでいるもの，すなわちインタラクション (interaction) に他ならない．

　このインタラクションが，情報を取り扱う場合のデザインのベースであると考えられる．インタラクションは人間・機械間での情報のやり取りのことであるが，人間の側を考えてみると，そこには人間の「行為」があり，機械（システム）の側から考えてみた場合，そこには情報の構造（ソフトウェア）とその情報を取り扱うシステム（ハードウェア）がある．

　現在，情報機器と呼ばれている機器の多くは，取り扱う情報の範囲をあらかじめ規定し，その範囲での情報処理を機器の「機能」として顕在化されたものであると考えられ，しかも機器の側からのみその機能を規定したものであった．この場合のデザインは「機能」として確定されたものをベースに活動が行われてきた．デザイン手法としても従来の物理的な機能をベースとしたデザインと差異のないものであった．しかし，本来のインタラクションをベースとして構築されるデザインはこの「機能」の抽出に若干の差異が生じてくる．

　本来，情報は人間と人間の間に流れているものである．それ自体が動的なものであり，絶えず変化しつづける．また，この情報によって人間は行為を行い，その行為は新しい情報を生み出す．従来の「機能」のとらえ方は静的なものであり，この動的な情報に対してはある局面でのみ効果を有するのみとなってしまう．動的な情報は全体をとらえた上で部分を考えていかなければならない．つまり，情報という大きな流れの中である部分は人間が受け持ち，ある部分はソフトウェアが担当し，ある部分はハードウェアが担当するというような構造になっている．

■インタラクション・ベースド・デザイン─インタラクションのデザイン科学

　インタラクションをベースとしたデザインは，上記の意味において人間と機械の融合した姿をもっていると考えられる．すなわち，人間の感覚器官と機械（システム）のインタフェースが融合してくるということである．この場合，デザインの対象は機械のハードウェアのみではなく，情報の内容（コンテンツ），情報処理の方法（ソフトウェア，ハードウェア）を総合したものとなってくる．とくに情報の内容においては，人間の行為もそこに含まれる．

　人間の行為には人間が行っている活動すべてが含まれる．つまり，物理的な人間の動き，移動や，言語，グラフィックによる認知と表現，思考などである．J・J・ギブソンのいうアフォーダンス (affordance) は，人間の行為が人工物とインタラクティブな関係を有し

ている場合に人工物に現れる表象のことであり，ルーシー・サッチマンのいう状況的行為(situated action)は，機械（システム）とインタラクティブな関係をもつ人間が形成する状況における行為のことである．また，人間の行為には，論理的に説明できるものとそうではないものがある．論理的ではない行為のことを感性的行為と呼んでおく．論理的行為は，自然現象を論理的に説明する手法である自然科学によって説明を行うことができるが，感性的行為はどうであろうか？　現状においてわれわれは，この感性的行為を説明する方法を確実に手にしているわけではない．

　従来からのデザインは，この感性的行為と機械（システム）に代表される人工物との間のインタラクションを設計していた，といっても過言ではない．たとえば，自動車のスタイリングは人間の感性を刺激し，感性的行動を促す役割をもっている．この場合，スタイリングによって自動車と人間は感性的インタラクションを有しているととらえることができるのである．また，今日の情報機器に代表される情報をベースとした機械（システム）の場合のユーザインタフェースは，論理的行為による論理的インタラクションと感性的インタラクションの融合したものだととらえることができる．この感性的インタラクションを対象として，感性的行為を説明する方法としてデザイン科学が位置づけられる．このデザイン科学とは感性的行為という現象の説明，理解のための方法のことであり，そのデザイン科学をもとにして機械と人間のインタラクションのあり方を規定する活動がデザイン行為である．その際，デザイン科学をもとにしたデザインの方法が位置づけられ，デザイン行為とは，この方法を活用して人間と人工物の融合体を創出する行為を指す．

■未来へ

　今日でも，ウエアラブルコンピュータなど，人間の身体，行為との融合が進んでいく方向が示唆されており，このインタラクションをベースとしたデザインの必要性は高まっていると考えられる．現在われわれの周辺に存在するほとんどの人工物にコンピュータチップが埋め込まれ，かつ無線をはじめとする通信方法はインフラストラクチャーの整備が進んでいる．あえてユビキタスコンピュータという提唱を行わなくともコンピュータはあまねくどこにでも存在するという状況である．そして，コンピュータという人工的な頭脳をもった人工物はロボットとしてとらえることもできる状況である．しかも，このロボット群は互いに通信可能であり，あたかも，人間社会のようなロボット社会が現実に近づきつつあるような気配もある．

　インターネットの普及を例に引くまでもなく，このような状況の変化は確実に，しかも足早にやってきている．この自律制御可能なロボットという人工物と人間の間のインタラクションは，情報をベースにとらえた状況とは袂を分かち，デザインの対象が人間と人間のコミュニケーションと同等のものになるのかもしれない．確かにデザインの対象は変化するであろうが，インタラクションという考え方によってそのデザインの対象領域とデザインの手法を創出することは可能であろうと考えられる．

　未来に想定できる状況のもう一つのとらえ方は現実世界と仮想世界という世界認識である。ネットワークされた情報機器が作り出している世界が仮想世界であり，実際にわれわれが存在している世界が現実世界ということであるが，ロボット群という人工物が普及，あるいは顕在化した状況においては，ここにもう一つ亜現実世界ともいうべき世界が形成される可能性がある．ロボットは現実に存在し，そのロボットとインタラクティブな関係がある人間は，ロボットを通じて別の現実世界，と同時に仮想世界へ入り込むというような状況が想定できる．

　いずれにしてもわれわれは未体験の領域へ足を踏み入れようとしているわけであるが，その足がかりとして人間の行為と状況のインタラクションをデザインの基盤とするということを提唱したい．　　　［五十嵐浩也］

■文献

Suchman, L. A.: Plans and Situated Actions – The Problem of human/machine communication, Cambridge University Press, 1987.

Newman, W. and Lamming, M.: Interactive System Design, Addison-Wesley Publishing Company, 1995.

J. J. ギブソン著, 古崎敬ほか共訳：生態学的視覚論, サイエンス社, 1985.

3|510　環境のデザイン科学

■環境生態でのヒトの位置

地球上のあらゆる生き物，植物，土壌，水，空気，気象などの相互補完システムである環境生態というものとデザインとの関係を考える上で最も重要なことは，いったい「ヒト」はそのシステムのどこに位置しているかである．

環境生態の大きな秩序に従うアニュミズムの信仰もごく一部に残ってはいるものの，現在，圧倒的に世界を支配しているのは，そのシステムの頂点に霊長としての責任と「権利」をもってヒトは存在するとする西洋近代自然主義である．だが，18世紀産業革命を契機として広がったこの自然に対するヒトの存在という二極的解釈の思想，価値観はまだ200年ちょっとの実績しかなく，ほんの実験過程でしかない．つまりわれわれの真の思考基盤であるという証明はどこにもない．

結論からいえば，あくまでもヒトも他と同じく環境生態の中での一員なのであって，なぜならばヒトが地上に登場したのは「ヒトの意思」によるものではなかったからである．

■ヒト霊長論から生まれたもの

環境生態の構成メンバーである動植物にそれぞれの役割とそのための本能というものがあるならば，ヒトのそれは何だろうか．脆弱な構造と体力をカバーするために「工夫」という思考能力をもち，その現れとして道具を身体の延長として作り，使用するというところであろうか．しかし，自己の生物的欠点を補うための工夫はいつしか，自然環境の「欠陥」を「改良する」ための工夫にすり変わってゆき，しかもその改良は構成メンバーの一部である自分たちにとっての都合のよいものでもあった．

物質文明へのあこがれと，果てしなき快適性の追求，その結果の資源枯渇，ゴミ問題，環境破壊，大気汚染，気温上昇などのダメージは環境生態の他のメンバーに被害を与え，無言の抗議としての「種の絶滅」のようなもの生んだが，忘れてはならないのは，われわれヒトも大いなる被害者でもあることである．もともと脆弱なこの生物体は今やその役割，本能である「工夫」すること，その源である精神界をも脅かされてもいるのだから．

しかしこの現実の認識とその改善こそは，実はきわめて生態的であるともいえる．なぜならヒトの本能は常にその不具合を解決するための工夫にあり，だからこそ今日のエコロジーへの意識の高まりも必然的に生まれてきたのだ．「環境のデザイン科学」とはこのエコロジーの社会定着のための上位概念と構造づくりであるともいえる．

■抑止という新しい工夫

この新しい時代におけるキーワードとして「抑止」を挙げる．今日までのヒトの営みに誤算があったならば，それは地球環境生態におけるヒトのさまざまな工夫の結果の，その総量を読まなかったことにある．そのあり方の科学的な分析を何ら行ってこなかった現在では，適切な総量の判断は簡単にはできない．たった一つ，あらゆることが「多すぎる」という人びとの直観を除いては．そのような現在であるから，まず着手できるのは抑止という思想の導入である．

そのような思想のモデルとして仏教の言葉に「足るを知る」というものがある．「できうるが，しない」という抑止の生み出す美をいっているのだが，これこそは21世紀でのデザインテーマである．なぜならば，デザインの使命とは，問題解決の工夫に美を与えることでヒトの世界に浸透させてゆくことにあるのだから．

■「足るを知る」視点でのデザインキーワード

抑止の思想によるデザインとは今までのデザイン概念である，まず作ることと形ありきといういわば「足し算」の思考を超えて，「作らないということ」の計画やすでに存在してしまっているものを「取り除く」という計画を含む意味の広いものになるだろう．いわば「引き算」のデザインであり，これらを実践していく上で重要なものとして以下の四つを挙げる．

[凝縮の美に徹する]

まず抑止の思想を実践するためには「小さいこと」の合理性，共生性，経済性に着目して出発する．大きいということの傲慢さ，多いということの粗雑さを認識し，わずか十尺四方の庵に3万2千の諸仏を招き入れたという古代インドの僧の「方丈の哲学」に学ぶべきであり，わが国の美学の奥底にあるものもこれであることを再認識するべきである（❶参照）．

ある意味では，この国の電子機器製品はその美学で成功したともいえるが一方，住まいをはじめ，まちづくりから国土計画にいたってはこのことは忘れ去られている．出口の見えないゴミ問題や資源保全の解決に，個々の凝縮だけでなくそれらの集積の全体量をも縮小する計画として，負担の少ない小さな暮らし構築や合

第5章｜融合科学としてのデザイン

●方丈の庵コンセプトモデル（1990年デザインイヤー参加「方丈有理」デザイン展より）

理性に満ちた小さな地域づくりをめざす「凝縮のデザイン」がある．

[気候風土に即す]

世界の趨勢としての近代化が置き去りにしてきたのはこのことである．環境生態の一員たるならば自己に一番近い生態系の基盤である気候とそこから生まれた風土を意識するべきで，しかもそれはこの地球上の各地では一様ではなく，それだからこそさまざまな文化も生まれてきた．今日の平易な国際化，画一化はむしろ多くの弊害を生み出し，合理性もない．

生態系の一員としてその地域をよく読み取ることで初めて自然エネルギーの活用が可能であり，生活基盤として自然素材を前提とする伝統的住居や民族衣服などの環境的合理性をもう一度科学的に見直してみる「風土基盤のデザイン」がある．

[共有文化の都市づくり]

「ヒトは都市をめざす」も人間の本能でもある．しかし，その都市は現在崩壊しつつあり，原因は今日の人びとの「私有」固執にある．そこから生まれた自己主義は，集い交流し軽やかに暮らすという本来の目的からは遠のかせた．かつてのこの国の江戸期のようなしなやかで融通性に富んだ共有型の町人の暮らしこそは，環境生態的である．

今日の都市生活の不毛の要因である交通形態，居住施設手法，商業活動などでの混乱，とくにエネルギーの過剰浪費に，この「私有」から純粋に「使用」に徹した暮らし方を展開することで，その問題のほとんどは姿を消す．互いに皆のものとして使用するという軽やかな生活様式が美的であることを，計画し実施するための「共使いのデザイン」がある．

[温故知新・伝統に学ぶ]

以上に挙げたものすべてを包括し融合するものとして伝統生活文化を挙げる．なぜなら，それは合理と美をめざしながらもあくまでも環境生態を大前提とし，しかも本能である「工夫」を絶えず加え，その姿を変化成長させてきた．世界一律の近代化の前では「価値ある過去のもの」としての位置づけをされてはいるが，その近代化の結果が明白になってきた今，もう一度この伝統という文脈をつなげ引き継いでゆく作業が必要になっている．言い換えれば，この伝統というものの延長線上にこそ未来はあるのだ．

伝統性に対する希求の声は数多く聞こえるが，しばしば情緒的，趣味的な世界に逃げこんでしまうために未来への基盤として認識されにくい．真にヒトと環境生態をつなぐ「工夫」として分析し再生産するための「伝統を科学するデザイン」が必要とされる． ［恩地 惇］

■文献
石川英輔：大江戸えねるぎー事情，講談社，1990．
水原一：方丈記全釈，中道館，1975．
恩地惇：センスと暮らしの関係，はまの出版，1996．

3 | 5 | 1 | 1　福祉のデザイン科学

　高齢社会が進行する中で，高齢者や障害のある人びととを対象としたデザインの考え方やその位置づけは社会の重要な課題となっている．その背景として，1950年代にデンマークで生まれたノーマライゼーションの理念やその根底に流れる考え方が，国や文化を超えて世界共通のものとなってきていることが挙げられる．それは，障害のあるなしにかかわらず誰もが普通の生活を送れるよう，社会の制度や環境を整備していかなければならないという考え方である．

　わが国においても1994年のハートビル法（高齢者，身体障害者らが円滑に利用できる特定建築物の建築の促進に関する法律）制定により，一定規模の建築空間のバリアフリーな設計基準が設定された．そして各自治体レベルでは，対象とする建築物や空間の範囲を広げた福祉のまちづくり条例や要項などが作られてきている．また，福祉用具の研究開発とその普及促進を目標とした福祉用具法を1993年に制定している．さらに，家電品などの一般製品領域においても高齢者や障害のあるユーザーの特性をとらえ，それをデザインの条件に組み込んで誰にでも使いやすい製品開発をめざすユニバーサルデザインの試みも始まっている．

　福祉のデザイン，それは高齢者や障害のあるユーザーのデリケートな能力を支援するデザインと，高齢者や障害のあるユーザーの能力を社会環境へ広げていく両方向のデザインベクトルを内包している．したがって，ここでは福祉のデザインを閉じ込められた領域における特殊なデザインとしてではなく，人間生活を豊かなものとしていくデザインの震源としてとらえ，具体的な事例をもとにしてまとめていく．

■ユーザーの動作能力がデザイン条件の鍵となる

　❶は，箸を使うことのできないユーザーが平素の家庭料理を楽しむために開発したスプーンとフォークである．スプーンは皿や鉢の料理を切り分けてすくい，それを口へ楽に入れることのできる機能を備え，フォークは丼など汁に浸かった麺類を容易にすくい上げ，口へ運べる機能を備えている．さらに，U字型をしたグリップは握力のない頚髄損傷ユーザーなどが，手指をかけて使うといった機能を備えている．

　このデザインプロジェクトにかかわった主なユーザーの疾患は，リウマチ，パーキンソン病，脳血管障害，頚髄損傷などである．開発にあたっては以下の①～⑩までのデザインプロセスがとられている．①ユーザーの現状調査，②食事動作分析，③デザイン条件の設定，④仮説モデル製作，⑤仮説モデル比較ユーザーテスト，⑥最終モデル製作，⑦最終モデル試用ユーザーテスト，⑧製品試作，⑨生活の場におけるユーザーテスト，⑩製品化．

　これらのデザインプロセスにおけるとくに重要な段階は，ユーザーの現状分析を行いデザインの具体的な条件を設定する③である．ここで大切なことは，それぞれのユーザーの握力の強さや有無，スプーンやフォークの握り方，使える手指の範囲などの手指機能，そして食物をすくい上げ口へ運ぶ動作の状況などの上肢機能，さらにスプーンやフォーク上の食物を口へ取り込む口腔機能等々を実際の食事の場面で理解することである．これらの食事動作にかかわる身体機能の特性や制限を理解したうえで，道具に要請される機能を具体的なデザインの条件として構築する．

　このユーザーの動作能力から要請される条件に，スプーンやフォークと皿や鉢などの食器との関係，多種類の料理との関係から必要となる機能的条件を重ねることでデザイン条件が形づくられる．この条件設定が明確にできるか否かにデザインプロジェクトの成否がかかっているといってよい．また，現状調査やその分析過程において作業療法士や理学療法士との協働が重要となる．リハビリテーション領域の専門家との協働は，適切なユーザーの取材やその動作分析，デザイン条件の設定をバランスのとれた明解なものとする．

❶箸を使えないユーザーが家庭料理を楽しめるスプーンとフォーク

■ユーザー参画のデザイン

　車椅子は歩行困難なユーザーの移動を可能とするとともに，長時間乗り続ける身体の一部といってもよい道具である．足に合わない靴を履き続ける苦痛は誰でも経験があるだろうが，性能の悪い車椅子の場合，ユーザーの被るものは足に合わない靴の比ではない．

　❷は，スウェーデンのパンテーラ社が開発した車椅子である．車椅子の伝統的な折り畳み構造に対して一体型のフレームを使用し，そのフレームに両サイドか

ら車輪を着脱する構造をとっている．この構造は，ユーザーの身体を立体的にサポートする座と背の支持機能やその調整を可能としている．さらに，車軸位置の移動によるユーザーの重心位置の調整，軽量で剛性の高いフレームによる駆動力の確実な伝達，それらの総合としての走行性能の向上を図っている．また，フレームの構造は車輪をはずして乗用車へ積み込む動作とも矛盾のない形状となっている．

両下肢が麻痺し歩行や走ることのできないユーザーにとって，車椅子はロードレーサーのように軽快で高性能なものでなければならない．こういう明解な目標の設定とその実現への意欲がこの車椅子から伝わってくる．ちなみにこの車椅子の場合，開発者自らが車椅子ユーザーである．ユーザーが開発に参画しそのシビアな要求を凝縮させるアプローチなくして，優れた車椅子は生み出すことはできないといえよう．

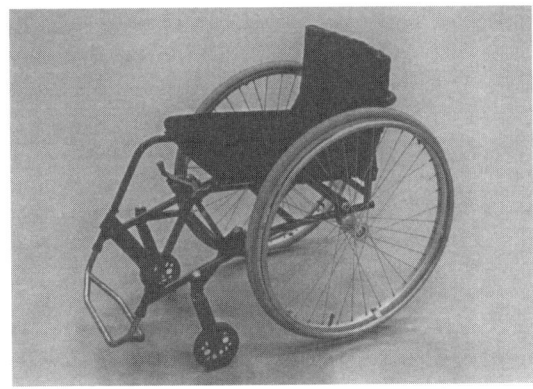

❷姿勢保持性と走行性能の高いシンプルな車椅子

■ユニバーサルデザインの土壌を作る

❸は，木製家具産地高山で持続しているユニバーサルデザインプロジェクトである．ここでは，岐阜県生活技術研究所が地域の核となり，複数の地元企業による研究グループがプロトタイプを製作し，それを地域の車椅子ユーザーや視覚障害のユーザーがテストするといった関係を作ってきている．このプロジェクトは，ユニバーサルデザインに，身体機能の制限が大きいユーザーの参加が重要であること，そして単純な形態や構造の中に機能を見出すことの必要性と可能性があることなどを，産地の関係者に定着させつつある．生活技術研究所は地域で暮らすユーザーのネットワークづくりを行うとともに，ユーザーテストを行うスペースを開設し，ユーザーテストの映像分析や評価を研究グループ企業と進めている．

このプロジェクトでは，ユニバーサルな製品開発と合わせて実践的なデータベースづくりも進めている．ユニバーサルデザインはマニュアル的なテクニックの問題ではなく，ユニバーサルな性能を深化拡大していくといったそれぞれの産業における持続的な課題といえる．高山における地域プロジェクトは，産地の製品開発の構造をユニバーサルなものとしていくための土壌づくりということができるだろう．

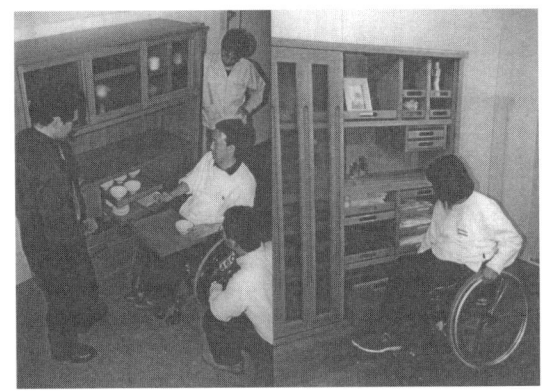

❸障害のあるユーザー参加型の家具産地のプロジェクト

■多様な能力のユーザーの計画段階から参加

公共施設や公共建築のユニバーサルデザインの質を高めていくには，設計マニュアルを充実させていくとともに，構想計画や基本設計の段階からさまざまな能力のユーザーが参加する方法を定着させていくことが課題となっている．公共性の高い空間においては，視覚障害，聴覚障害，移動障害（弱歩行，車椅子移動，電動車椅子移動，車椅子介助など），上肢動作障害（上肢到達域，手指機能など），体性感覚障害（触覚，痛覚，温度覚など），等々の動作や操作における制限や，認知判断での制限をもったユーザーが利用する．これらのユーザーの動作特性を理解し，その配慮をした丁寧な設計が公共施設や建築には求められる．

さまざまな能力の利用者から建築空間に要請されることの設計的な意味を理解し，それを創造の次元へ高めていくにはマニュアルだけでは困難である．ユーザーの動きの実際や，問題の質的な把握が重要となる．利用者参加型の設計を進めていくには，手話通訳や触知できる設計図の工夫，トイレを原寸モデルでテストするなどの，利用者との積極的なコミュニケーションを図るユニバーサルなデザインプロセスが必要となる．

［荒井利春］

■文献

荒井利春：福祉機器デザインの考え方と方法．日本義肢装具学会誌，17(3)：170-174, 2001.

3|601 概説－各手法の位置づけ

　ほんの十数年前までは，デザインの分析や予測を科学的方法によって行うことはほとんどなかった．わが国の経済が急速に進展していた時代は，次から次へと作ることに忙しく，デザインの分析や予測を行う暇もなかった．また，あらゆるものを飲み込んでしまうほどの勢いの前では，それを必要ともしなかったといえよう．しかし，今日そうした勢いは影を潜め，気がついてみると，情報技術の急激な進歩，自然との共生，少子高齢化社会の到来など社会環境の大きな変化に直面することとなった．そこで，デザインには，デザイン対象の感性的形式に対する合目的性のすべてに対し戦略的な観点をも含めて確実な対応が求められるとともに，社会環境の変化に対応した新たなデザインのあり方が求められるようになった．そうなると，これまでのようにデザイナーの経験や直感にのみ頼っていたのでは十分な対応はできない．デザインを対象としたデータを収集し，それを科学的方法によって分析し，予測を行うことが求められるようになった．

　一方，科学的分析や予測の経験を通して，デザイナーの経験や直感を再評価する動きも見られる．今日製品開発の場では，開発の方向を最もよく説明できるマップを描くことはどこでも行われている．しかし，マップの軸の設定，マップに布置されるサンプルや項目の位置は定性的で，科学的根拠をもっていないことが多い．そのため，マップの適合性についてはそれを検証する方法はないが，デザイナーの経験や直感を説明する概念図として有効であり，貴重な情報を含んでいることも多い．だとすれば，その概念図などを検証可能なモデルとして科学的に構築することも重要となる．デザイナーの感性というものは，その場その場では自己の論理を言葉で語ることはできないものであるが，それは無秩序なカオス（混沌）を意味するものではない．通して見れば統一的な筋道に貫かれているものといえよう．いわば「感性の論理」とも呼べるその筋道にも着目するということである．

　さて，デザインの分析・予測の方法としてまず着目されたのは多変量解析法である．たとえば，SD法（Semantic Differential Method）でデータを収集し，これを因子分析する方法は広く知られているが，これにより，人びとの感じ方の背後に潜む因子を抽出し，それをデザインにフィードバックすることもできるし，デザインや人を分類することもできるようになった．デザイン対象の感性的形式を考察し，その合目的性をめざすうえで大きな前進を見ることができたといえよう．しかし，多変量解析法とその関連の手法だけですべてに対処できるわけではない．むしろ，多変量解析法は，どんな状況のデータに対してもある解は得られるが，確率的ランダムネスとモデルの不適合度からくる誤差とが混在してしまう点に問題もあり，システムズアプローチの方法や認知科学的方法，あるいはこれらと統計解析的方法とを組み合わせるなど，さまざまな方法が試みられるようになった（森，1989）．本章では，これらの方法のうち九つの方法について解説するが，それに先立ち，ここではそれらの方法がデザインプロセスのどのような場面に適しているかを明らかにして，各方法の位置づけを行おう．

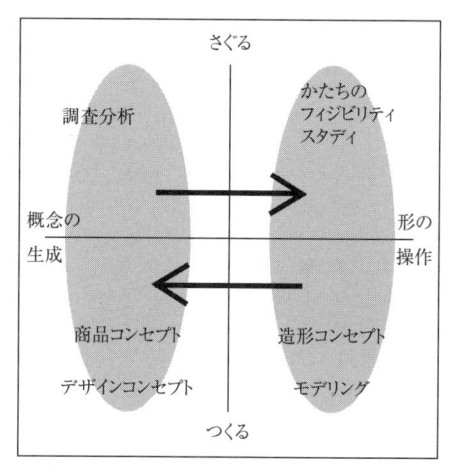

　デザインプロセスを詳細に見れば，それは各業種によって異なっているし，各企業，各製品によっても異なっている．また，製品が開発，普及，円熟，撤退のどの時期にあるかによっても異なってくる．しかし，「概念を実体化していくプロセス」としてとらえれば各プロセスを説明することができる．ここに着目して，日本デザイン学会のデザイン方法論研究部会は，❶のようなデザインプロセスマップを作成している（杉山，1989）．ここではプロセスを大きく，「概念の生成」に関するプロセスと「形の操作」に関するプロセスの二つに分けている．一般的には概念の生成から形の操作へとプロセスは推移するが，形の操作段階でも概念の問題は発生するし，概念の生成段階でも形の問題は発生するため，両者は可逆的プロセスとしてとらえるべきものである．

　各プロセスにおける思考推移を見ると，それぞれにおいて命題を認識し，これを再構成する過程を観察することができる．すなわち調査，分析，分類，探索の

❶デザインプロセス

過程から発想，創造，合成，評価，選択に至る過程である．これは言い換えれば「分析」から「綜合」に至る過程であり，これをここでは「さぐる」プロセス，「つくる」プロセスと呼んでいる．一般的には「さぐる」プロセスから「つくる」プロセスへと思考は推移するが，その思考は，途中で何度もフィードバックを繰り返しており，やはり「さぐる」プロセス，「つくる」プロセスもまた，可逆的プロセスとしてとらえるべきものである．

デザインの分析と予測に用いられるさまざまな方法は，この「さぐる」プロセスと「つくる」プロセスに対応して，対象の内的な「構造をさぐる方法」と，ある目的に対してこれを説明したり，解明する「モデルをつくる方法」に大別することができる．

「構造をさぐる方法」は，対象の特性を，対象を説明すると思われる項目間の距離を探ることにより，構造化しようとする「距離による構造化」と，項目間の階層を探ることにより構造化しようとする「階層による構造化」の二つに分けることができる．前者に該当するもので，定性的なものとしては，KJ法，シナリオ分析法，エレメント想起法，マトリックス法，シネクティックス法などがあり，定量的な手法としては，一対比較法，双対尺度法，MDA (Minimum Dimension Analysis)，数量化理論Ⅲ類，数量化理論Ⅵ類，因子分析，主成分分析，クラスター分析などがある．後者に該当するものでは，グラフ理論(ファジィグラフを含む)，POSA (Partial Order Scalogram Analysis)，関連樹木法などがある．

「モデルをつくる」方法は，ある目的に対する心的関係あるいは人間の態度そのものを推定し，モデル化しようとする「推定論的モデル化」の方法と，推定されたモデルにもとづき，目的に対する項目間の因果関係を構築しようとする「決定論的モデル化」の二つに分けることができる．前者に該当するものとしては，プロトコル分析，多属性効用理論，ファジィ積分，ニューラルネットワークモデル，数理計画法などがある．後者に該当するものとしては，定性的なものに，チェックリスト法，評点法，オートマトンモデルなどがあり，定量的なものとしては，パス解析，ファジィ推論，DEMATEL法，コーホート分析，重回帰分析，コンジョイント分析，数量化理論Ⅰ類，数量化理論Ⅱ類，正準相関分析，FTA (Fault Tree Analysis) などがある．

これらの手法を適用するにあたり，留意しておかねばならない点は，反応の無原則性と順・逆の方向性からくるモデルの適用範囲についてである．予測とは，一般的な言い方をすれば，A_1ならばB_1，A_2ならばB_2，A_5ならばB_5といったデータからAとBの関係式を求め，A_nならばB_nであることを求めることである．たとえば，「Aは重いか，軽いか」に対する反応Bは，人のそのときの体調なり，意識のもち方で変わることも予想される．それでも，おそらくある範囲に収まるであろうことは予測がつく．したがって，AとBの関係式にも確信がもてる．ところが，A_1ならばB_1であるという反応が一定でなく，無原則性が大きくなると，いかなるモデルを適用しようと，AとBの関係式そのものの信頼性が低くなることは論を俟たない．デザインには後者のような例がきわめて多い．確信のもてる範囲で関係式を求めるよう留意せねばならない．

もう一つは，AならばBなのだから，BならAであると即断してはならないという点である．たとえば，「直線的な形」(A)を見て，それを多くの人が「都会的な形」(B)だと感じたとしよう．では「都会的な形」(B)とは「直線的な形」(A)かといえば，「直線的な形も含まれるが，都会的な形は他にもある」というのが正解であろう．AからBへの反応を順方向の反応とすれば，BからAへの反応は逆方向である．一般的に逆方向の解は順方向より多くなるため，調査では順方向を聞くことが多い．ところがデザインは逆方向から最適な解を見つけることであるともいえるので，順方向の分析をステップとして，都会的な形だと反応した他の形との共通項を探すなり，直線的な形ながら都会的な形だとは反応しなかった事例の分析を通して都会的な形の意味を探らねばならない．デザインの手法開発として，この逆問題の解法に取り組んだ研究もあるので，日本デザイン学会の学会誌である『デザイン学研究』などを参照されたい．

[杉山和雄]

■文献

森典彦：デザイン方法論の課題．デザイン学研究，73，1989．
杉山和雄：新しいデザイン方法論を探る−大会主旨．デザイン学研究，73，1989．

3|602 グラフ理論によるデザイン分析

デザインする対象はきわめて複雑で多様である．一見単純に見える物事も，よく調べると多数の構成要素から形成され，その関連性が不明なことが多い．実務においては，要素の関係をグラフに表し整理することがよくある．グラフ理論とは，複雑な物事の関係を順序立てて分析し，グラフを創る理論体系をいう．

近年グラフ理論は，複雑な構成要素を総合的・感覚的な構造モデルとして表せることから，デザイン分析の一手法として注目されるようになった．構成要素の関係を視覚化し，問題や目標の把握がしやすく，デザインの分析や説明に，効果的に用いることができる．

■グラフの概要

初めに，グラフ理論にかかわる概念を説明する．

①グラフは要素を表す節点（○）と関係を表す辺（線）で構成されている．辺と節が閉ざされているものを閉路と呼び，閉路と閉路が連結したものを連結グラフと呼ぶ．道路・鉄道・電話回線（インターネット）を表すグラフなどが連結グラフの典型である．連結グラフには任意の二つの節点間に，たどっていける経路（パス）が生じる．節点と節点の関係が閉ざされ，パスがある状態のグラフを連結グラフと呼ぶ．

②グラフの種類は❶に示す閉路グラフとツリーグラフに大別できる．

木の根が分岐しているように開いて，節点と節点の関連が，閉されないグラフを非閉路グラフ（ツリーグラフ）と呼ぶ．組織図や要素間の因果関係や優先関係を示すことなどに用いられる．一般に，デザイン要素は連結グラフと非連結グラフを併せもつ複雑な関連であることが多い．

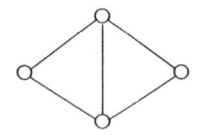

③行列データは，要素間の関係を縦横の表を用いてデータとして表し，グラフ理論はその関係・優先性を解析する理論である．データが，ありを1，なしを0とする行列をバイナリ行列といい，グラフの解析データとしてよく使われる（❷）．

■分析の手法

グラフ理論の代表的な手法であるISM法，デマテル（DEMATEL）法，プライオリティ（Priority）法について例題を用いて，以下に述べる．

> 例題：「乗用車のスケッチはどのような手順で描かれているのであろうか？」

乗用車のスケッチは描く要素が多く，描く手順も相互に関連するため，描き方も多種多様である．そこで5人のデザイナーと学生にアンケートを行った．評価は，乗用車のスケッチを描画するとき描く16の手順をそれぞれ一対比較して，行の要素が列の要素に影響を与えるときは1，影響されるもの・関係のないものは0とした．

[ISM（Interpretive Structural Modeling）法]

米国のバテル研究所が複雑な社会システムなどを分析する手法として開発した手法である．とくに複数の

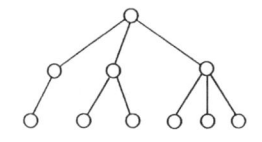

❶ 閉路グラフ（連結グラフ）　　非閉路グラフ（ツリーグラフ）

❷ スケッチ描画のアンケート元データ

❸ ISM法による分析結果

メンバーで構成されるプロジェクトメンバーが，扱う問題の全体像を構造モデル化し相互に理解し合うときなどに用いられる．ISM法は，要素が10〜30の相互に関連した事象のグラフ化に有効な手法といえる．

ISM法はバイナリー行列から，到達できる経路（可到達行列）を分析する方法である．

例題で説明すると．初めに，5人のアンケート評価の合計が4〜5点を1，0〜3点を0とするバイナリー行列を得る（❷）．

分析は，まずこの0，1のデータを市販のグラフ理論のソフト（杉山ほか，1996）のマクロを用いて可到達行列を計算する．計算は，計算結果の行の合計をD，Rは列の合計として，関連度=$(D+R)$，影響度$(D-R)$を算出し，到達可能な経路を分析する．「1.フロントグリル」の欄の分析結果を見ると行の合計は5，列の合計が5なので，関連度は$5+5=10$，影響度は$5-5=0$となる．関連度とは項目の関係の強さを表し，例題の場合では手順の序列を示している．影響度は影響を与える数と，影響を受ける数の差から影響度を示す．❸は同様に自動算出して関連度と影響度を分析した結果である．

❸の影響度$(D-R)$の欄を見ると「14.ビューの設定」が15で最大となっており，この手順がスタートとなることがわかる．逆に「16.仕上げ・ハイライト」は−15で最小で，他のすべての要素より影響を受けていることから最後の手順であることを示している．

次に関連度$(D+R)$をX軸，影響度$(D-R)$をY軸，とする散布図をグラフウィザードを用いて作成する（❹）．さらに❹をベースに❸の分析結果を参考に，関連を線で結び矢印で表し，❺の有向グラフを作製する．図は関連を表す❸の1のある項目すべてを線で結ぶのが原則となっている．このケースでは関連項目が多すぎるので，影響度の近い項目のみを矢印で結び，間接的と思われるものが省略されている．

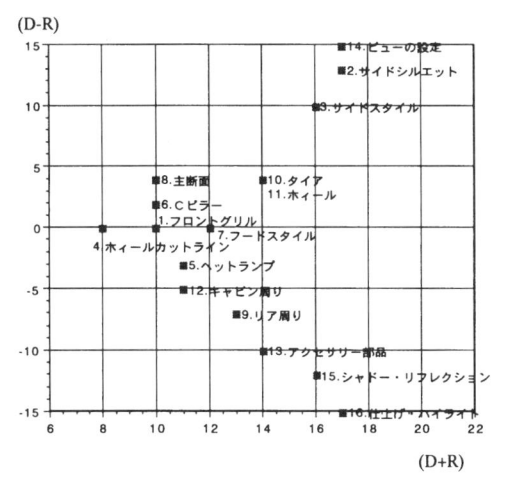

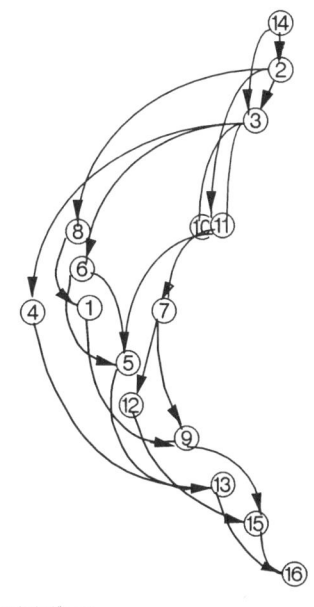

❺ISMによる有向グラフ

❺は上から下に向けてスケッチの手順が示され，描き方の概要と関係が明らかになる．今まで経験的に描いていた自動車のスケッチの描画の手順とキーポイントがグラフを通して見えてくる．さらに要素の影響・関連を示す矢印を見ると，③サイドスタイル，⑩タイア，⑥Cピラーに線が集中していることから，これらが重要な手順であることが確認できる．今まで経験的に描いていた自動車のスケッチの要点がグラフを通して明らかとなる．

[デマテル（DEMATEL：DEcision MAking Trial and Evolution Laboratory）法]

スイスのバテル研究所が世界的な複合問題を分析する手法として開発されたものである．ISM法は0，1のデータを用いるため，❺の⑩⑪に見られるように等価となり，詳細な判別がしづらいケースが生じる．DEMATEL法は，このような場合に連続データを用いることから，より詳細な識別が可能となる．

❻は例題のスケッチ描画の5人の評価の集計データである．0〜5の値を元データとし，総合影響度を計算し行列データを算出する．算出されたデータをISM

❹散布図

❻評価連続データとDEMATEL法による分析結果

	1	2	3	4	5	6	7	8	9	10	11	12	13	14	15	16
1.フロントグリル		0	5	3	1	3	4	3	5	1	3	4	5	0	5	5
2.サイドシルエット	5		5	5	5	5	5	5	5	5	5	5	5	0	5	5
3.サイドスタイル	5	1		5	5	5	4	3	5	3	5	4	5	0	4	5
4.ホイールカットライン	3	0	0		4	3	2	3	0	2	0	2	4	5	0	5	5
5.ヘッドランプ	4	0	0	3		4	4	2	4	0	4	4	5	0	5	5
6.Cピラー	4	0	2	4	5		4	2	5	3	4	4	5	0	5	5
7.フードスタイル																
8.主断面																
9.リア周り																
10.タイア																
11.ホイール																
12.ABピラー・キャビ																
13.アクセサリー部品																
14.ビューの設定																
15.シャドー・リフレ																
16.ディテール仕上げ																

●総合影響行列	14	2	3	10	6	～	12	15	9	13	16	●D+R	●D-R	合計
14.ビューの設定	0.01	0.07	0.1	0.1	0.11	0.	0.13	0.16	0.14	0.15	0.18	1.99	1.65	3.64
2.サイドシルエット	0.01	0	0.09	0.09	0.1		0.12	0.15	0.13	0.14	0.17	1.77	1.52	3.29
3.サイドスタイル	0.01	0.02	0.02	0.06	0.09		0.1	0.12	0.11	0.13	0.15	1.89	0.8	2.69
10.タイア	0.01	0	0.06	0.02	0.08	0.	0.1	0.13	0.11	0.12	0.14	1.81	0.73	2.54
6.Cピラー	0.01	0	0.04	0.05	0.02		0.09	0.12	0.1	0.12	0.13	1.9	0.39	2.29
1.フロントグリル	0.01	0	0.08	0.03	0.06	0.	0.08	0.12	0.1	0.13	0.13	1.87	0.19	2.07
8.主断面	0.01	0	0.03	0.04	0.05		0.04	0.11	0.1	0.11	0.12	1.55	0.41	1.96
7.フードスタイル	0.01	0.01	0.04	0.04	0.05		0.09	0.1	0.11	0.11	0.12	1.79	0.15	1.94
5.ヘッドランプ	0.01	0	0.01	0.01	0.07	0.	0.08	0.11	0.08	0.1	0.12	1.75	0.13	1.87
4.ホイールカットライン	0.01	0	0.01	0.01	0.01		0.01	0.1	0.1	0.1	0.11	1.63	-0	1.61
11.ホイール	0.01	0	0.01	0.07	0.03	0.	0.06	0.1	0.06	0.1	0.11	1.86	-0.3	1.53
12.キャビン周り	0.01	0	0.02	0.01	0.02		0.01	0.09	0.05	0.07	0.09	1.55	-0.5	1.02
15.シャドー・リフレクション	0.07	0.01	0.03	0.01	0.01		0.01	0.02	0.01	0.02	0.09	1.95	-1.2	0.78
9.リア周り	0.01	0	0	0	0.02		0.02	0.08	0.01	0.06	0.08	1.51	-0.8	0.68
13.アクセサリー部品	0	0	0	0	0		0.03	0.04	0.02	0	0.07	1.61	-1.3	0.36
16.ディテール仕上げ	0	0	0	0	0		0	0	0	0	0	1.82	-1.8	0

法とほぼ同じ手順で市販のマクロ（杉山ら，1996）から関連度と影響度を用いて分析する．

この分析結果（❻前）を用いて，関連度 $(D+R)$ を X 軸に，$(D-R)$ を Y 軸とした散布グラフ❼を作成する．散布図には16点すべてが表示されている．❹と❼を比較すると，連続データが用いられているため，要素の微細な差が明らかにできるようになっている．ISM法で分析を行い，微妙な要素間の関係をさらに知りたい場合，DEMATEL法を用いるとよい．

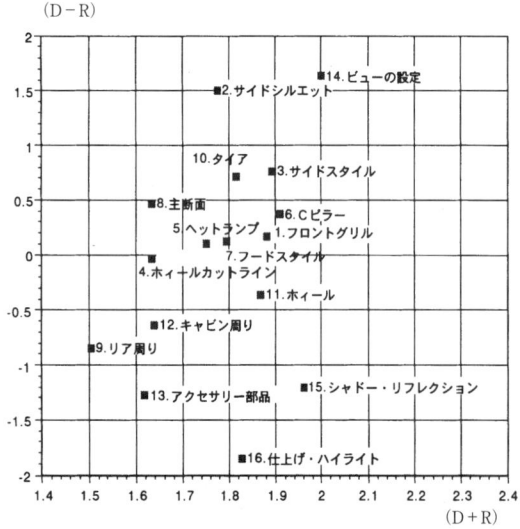

❼DEMATEL分析による散布図

[プライオリティ法]

以上，ISM法，DEMATEL法から得られるグラフは，❺に示す通り，手順の経路が複数あり，連結グラフが含まれることが一般的である．すなわち閉路となる部分があるため，優先すべき経路が複数できてしまい，要素の序列があいまいである．ISM法，DEMATEL法は共に関連性（影響）について評価したので，間接的な関係の評価が混入し，得られる図も優先性については必ずしもすっきりしない．優先すべき要素が何かを判別できない部分もある．❺の関係を示す線は，データのすべての関係を線で結ぶと煩雑となるので，すでに間接的な関係の一部の線が省略してある．プライオリティ法はこの省略化を計算し順位行列を得る手法といえよう．

プライオリティ法は，初めに比較する要素のどちらが優先すべきか，明確に優先評価できるものを1としてバイナリデータを得る（❽）．

スケッチの手順を例題にあてはめて説明する．再度デザイナーと学生（8人）に対して「スケッチをするとき，どちらの要素が優先するか？」を一対評価アンケートを行いバイナリデータ❽を得る．

このデータから，解析マクロソフトを用いて分析を行い❾を得る．すでに重複されたデータの中から順位が分析され，要素間を直接結ぶべき関連が1として表されている．❾の右側に示された分析結果のデータ $(D+R)(D-R)$ を用いて散布図を作成し，順位行列

第6章 | デザインの分析と予測

	14	2	3	10	6	1	7	8	5	4	11	12	9	15	13	16
14.ビューの設定		1	1	1	1	1	1	1	1	1	1	1	1	1	1	1
2.サイドシルエット	0		1	1	1	1	1	1	1	1	1	1	1	1	1	1
3.サイドスタイル	0	0		0	1	1	1	1	1	1	1	1	1	1	1	0
10.タイア	0	0	0		0	1	1	0	1	0	1	0	0	1	0	0
6.Cピラー	0	0	0	0		0	0	1	0	0	0	0	0	0	0	0
1.フロントグリル	0	0	0	0	0		1	0	0	0	0	0	0	1	0	0
7.フードスタイル	0	0	0	0	0	1		0	0	0	0	0	0	0	0	0
8.主断面	0	0	0	0	0	0	0		0	0	0	0	0	0	0	0
5.ヘッドランプ	0	0	0	0	0	0	0	0		0	0	0	0	0	0	0
4.ホィールカットライン	0	0	0	0	0	0	1	0	0		0	0	0	0	0	0
11.ホィール	0	0	0	0	0	0	0	0	0	0		0	0	1	0	0
12.キャビン周り	0	0	0	0	0	0	0	0	0	0	0		0	1	0	0
9.リア周り	0	0	0	0	0	0	0	0	0	0	0	0		0	1	0
15.シャドー・リフレクション	0	0	0	0	0	0	0	0	0	0	0	0	0		0	1
13.アクセサリー部品	0	0	0	0	0	0	0	0	0	0	0	0	0	0		1
16.ディテール仕上げ	0	0	0	0	0	0	0	0	0	0	0	0	0	0	0	

❽評価バイナリデータ

●順位行列

	14	2	3	6	10	5	1	8	4	7	11	9	12	13	15	16	D+R	D-R
14.ビューの設定	0	1	0	0	0	0	0	0	0	0	0	0	0	0	0	0	17	15
2.サイドシルエット	0	0	0	0	0	0	0	1	0	0	0	0	0	0	0	0	17	13
3.サイドスタイル	0	0	0	0	0	0	0	0	1	0	0	0	0	0	0	0	23	3
6.Cピラー	0	0	0	0	0	0	0	1	0	0	0	0	0	0	0	0	23	3
10.タイア	0	0	0	0	0	0	1	0	0	0	0	0	0	0	0	0	23	3
5.ヘッドランプ	0	0	0	0	0	0	0	0	0	0	0	0	0	0	1	0	23	3
1.フロントグリル	0	0	0	0	0	0	0	0	0	1	0	0	0	0	0	0	23	3
8.主断面	0	0	1	1	1	1	1	0	1	0	1	0	0	0	0	0	17	11
4.ホィールカットライン	0	0	0	0	0	0	0	0	0	1	0	0	0	0	0	0	23	3
7.フードスタイル	0	0	0	0	0	0	0	0	0	0	0	0	1	1	0	0	17	-5
11.ホィール	0	0	0	0	0	0	0	0	0	1	0	0	0	0	0	0	23	3
9.リア周り	0	0	0	0	0	0	0	0	0	0	0	0	0	1	1	0	16	-8
12.キャビン周り	0	0	0	0	0	0	0	0	0	0	0	0	0	1	1	0	16	-8
13.アクセサリー部品	0	0	0	0	0	0	0	0	0	0	0	0	0	0	0	1	16	-12
15.シャドー・リフレクション	0	0	0	0	0	0	0	0	0	0	0	0	0	0	0	1	16	-12
16.仕上げ・ハイライト	0	0	0	0	0	0	0	0	0	0	0	0	0	0	0	0	17	-15

❾プライオリティ法による分析結果

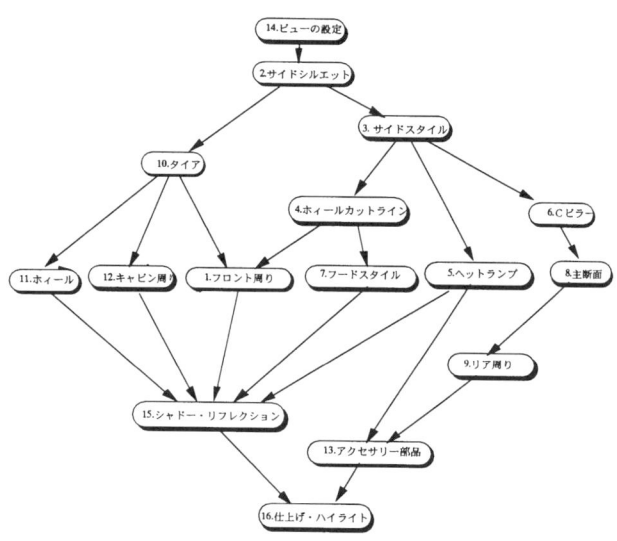

❿乗用車スケッチの描画手順の構造図

の1となっている項目を線で結び、乗用車スケッチの描画手順の構造図❿を得る。

❿は例題が求めていた、乗用車のスケッチの手順を階層化して表している。16の描画手順が明らかとなり、手順の階層を全体の構成の中で理解することができる。プライオリティ法は、優先序列や、システムの階層構造を理解するのに適している。

以上、事例を通して三つの手法の概要を述べてきた。ここで紹介した三つの手法は共通に、要素が複数あり関連性が不明な事象(問題)を、一対評価が可能なデータにより分析しグラフを得る手法である。グラフ理論はグラフを作製することから、全体と個々の要素の関係を総合的に理解できる有効な方法である。分析に用いる計算はむずかしいところもあるが、簡単に適用できる分析ソフトも市販されており(杉山ほか、1996)、利用することができる。グラフ理論についてさらに深く知りたい場合は、以下の文献を参考にされたい。

[釜池光夫]

■文献

杉山和雄・井上勝雄:Excelによる調査分析入門―企画・デザインのためのツール集、海文堂出版、1996(本書には解析マクロの付属ソフトがついており、実務的な利用に便利である).

寺野寿郎:システム工学入門―あいまい問題への挑戦、共立出版、1997.

恵羅博・土屋守正:グラフ理論、産業図書、1997.

樋口龍雄・佐藤公男:グラフ理論入門―C言語によるプログラムと応用問題、日刊工業新聞社、1999.

3|603 類縁を考慮したデザイン分析

■ デザインに役立つ極小縮約

　いくつかのサンプルを用意し，それぞれがもつ属性と，機能やイメージなどの評価についてのデータをアンケート調査などによって獲得し，それを分析して属性と評価との因果関係を推論しようという試みがデザインの具体化計画のためになされる．その分析に使われる手法としては，因果関係を線形で近似できる場合は多変量解析の一つである線形回帰モデルがよく用いられるが，デザインでは因果関係は複雑で線形で近似できず非線形として扱わなければならないことも多い．非線形の代表的モデルであるニューラルネットワークはデザイン試案の評価は予測できるが，デザイン具体化には役立ちにくい．

　非線形関係が扱えてデザイン具体化に役立つものとして，ラフ集合理論における極小縮約がある．それは目標とする評価を得るには属性のどれとどれをどのカテゴリーで組み合わせればよいかという，デザイン具体化計画に有用な知識を与えてくれる．そしてそのカテゴリー組合せは一つではなく複数あることと，それらは互いに類縁関係（3|303参照）にあることがわかっている．

■ 極小縮約の求め方

　Shan/Ziarkoの識別行列（田中・津本，1994）とブール演算を使って極小縮約を求めるアルゴリズムを述べる（森・高梨，1997）．属性も評価もカテゴリカルでなければならない．例として❶のデータが与えられたとする．すなわちサンプルUは4個，属性は5個で2個ずつのカテゴリーからなり，評価Yは1と2の2個のカテゴリーである．

　まず識別行列を作る．識別行列はY=1，2のそれぞれにおいて❷のようにそのYに該当するサンプルを行に，該当しないサンプルを列に置き，行サンプルと列サンプルとをデータで比較したとき互いに異なるカテゴリーをもつ属性の，行の方にあるサンプルのカテゴリーを行列の要素として記入したものである．識別行列は評価Yのカテゴリーごとに作られる．

　ラフ集合理論では対象をある結論に完全には識別できないが識別される可能性はあるという場合も扱うが，ここでは確実に識別されるような縮約のみを扱う．それはアンケート調査などで得られるデータは限られ，そのデータを最大限に活用しようとするから少なくともそのデータの範囲内では確実なものとしたいからである．

　識別行列に対してブール演算を行う．すなわち識別行列の行要素間をor結合，列要素間をand結合してブール演算則を適用する．たとえばor結合を＋で，and結合を×で表せば

$$A \times A = A^2 = A, \quad 2A = A,$$
$$A + AB = A(1+B) = A$$

などと単純化がなされ，最終的に極小縮約に至る．たとえば❷のY=1の識別行列に対してブール演算を実行すると

$$(A+G)(E+G+I)(C+E+I)$$
$$= (AE + GE + AG + G + AI + GI)(C+E+I)$$
$$= (AE + G + AI)(C+E+I)$$
$$= AEC + GC + AIC + AE + GE + AIE + AIE$$
$$\quad + GI + AI$$
$$= AE + AI + GC + GE + GI$$

となって互いに「または」の関係にある5個の極小縮約が得られる．

　実際の計算例を挙げておく．クルマの属性とイメージ評価のデータから，あるイメージのための属性に関する知識を求めたい．属性は3|303の❸をそのまま使

❶ データ

	属性					評価
	1	2	3	4	5	Y
U1	A	C	E	G	I	1
2	B	C	E	H	I	2
3	A	C	F	H	J	2
4	A	D	F	G	J	2

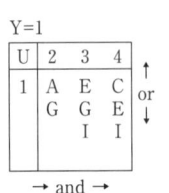

❷ 識別行列

Y=1
U	2	3	4
1	A G	E G I	C E I

→ and →

or ↕

Y=2
U	1
2	B H
3	F H J
4	D F J

❸ クルマのデータ

サンプル	形態要素								イメージ
	1	2	3	4	5	6	7	8	
1	B	D	I	J	N	R	U	X	1
2	A	E	H	J	M	R	S	X	1
3	B	D	H	K	M	R	S	X	1
4	A	E	H	J	M	R	S	W	2
5	A	E	I	J	N	R	U	X	1
6	C	D	G	J	M	Q	U	W	4
7	A	F	H	J	N	P	T	V	3
8	B	D	H	L	M	R	U	W	1
9	B	E	G	K	M	R	S	V	2
10	C	E	G	K	M	Q	S	W	4
11	A	F	G	J	N	R	S	W	2
12	A	E	I	L	N	R	S	X	1
13	B	D	J	N	R	S	W		4
14	A	D	I	J	N	R	U	X	1
15	C	E	I	L	N	R	U	X	1
16	C	F	G	K	M	P	U	V	3
17	A	F	H	J	M	R	S	V	2

い，データは3│303と違って17台のサンプルについて❸が得られたとする．ファミリーY=3のための極小縮約を計算すると，Y=3該当サンプルのうちのサンプル番号7については

　　HN　P　T　VN

の4個，サンプル番号16については

　　FC　FK　FMG　FU　FVG　KU　P　VC　VU

の9個の極小縮約が得られた．さらに3│303で行ったと同様に，結論の信頼性を高めるために一つの縮約が該当サンプルのなるべく多くをカバーするように縮約を併合する．ここでは該当サンプルは2個だから両方をカバーするものとし，しかも縮約の目的からいって含まれる属性数は少ないほど実用的であるから，ここでは仮に3個以下とすると，Y=3の併合極小縮約は

　　P　TFC　TFK　TFU　TKU　TVC　VNC　VNU

の8個となる．これらは互いに連鎖的であり，類縁関係にあることがわかる．❹のようにベン図に描けばよりはっきりする．

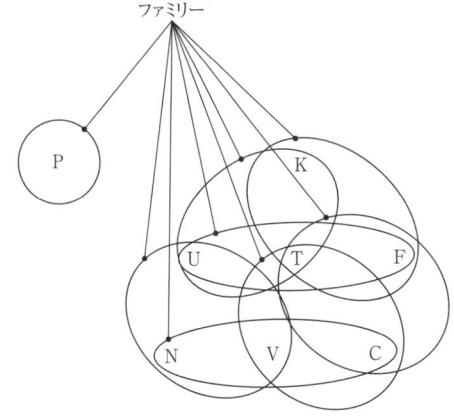

❹ファミリーのための併合縮約群

■デザイン支援としての極小縮約

前記の併合極小縮約を読み取ると「ファミリーイメージにするには，バンパーをボディと別色にするか，またはピラーをセンターもリヤもやや太くしてキャビンとボディを一体化しながら全体に角張ったものにするか，または全体に角張ったものという条件を外して代わりにヘッドランプを長方形にするか，または…（以下省略）にすればよい」．

極小縮約の本来の意味は，ある結論Yに分類されるサンプルが他のすべてのサンプルから識別されるための必要にして十分な条件である．そしてファミリーに識別されることは17個のサンプルの中でいえばファミリーを成り立たせることに他ならない．しかしクルマ全体に対してはファミリーを成り立たせる可能性を示すにすぎない．多様なクルマの全体を代表するように多くのサンプル数をとれば信頼性は増し，必然性に近づく．

以上のように，併合縮約はデザイン支援として使える．それぞれの極小縮約に挙げられた属性は縮約のとおりのカテゴリーを守ってデザインし，それ以外の属性は自由であるから自由にカテゴリーを選んでデザインすればよい．複数案作るなら，この自由選択属性を互いに異なるカテゴリーで選ぶことによって差異性を表すことができる．また類縁関係で連結してはいるが，互いに遠くにある縮約（たとえば前記のTFCとVNU）からは互いに大きな差異性あるデザインを創作できる可能性がある．

形態要素に限らず，属性数やサンプル数は実際の場合はかなり多いのが普通である．そのとき縮約の数もかなりの数に上る．属性数11，全サンプル数67，目的に該当するサンプル数5のとき，縮約数は約100という例がある．したがって併合するにしろしないにしろ，縮約の選択の問題が発生する．

複数の縮約のうちどれを選択すべきかの評価基準として，信頼性の面からは目的に該当するサンプルのなるべく多くをカバーする縮約を，また実用性の面からは属性数の少ない縮約をとるのが普通である．それによっても同じ評価の縮約が多数あった場合は，縮約間に出現する頻度の高い属性を見出してそれを含む縮約を選定するとか，あるいは線形判別分析の一つである数量化理論Ⅱ類で同じデータを分析し，得られたカテゴリースコアの大きい属性カテゴリーを参考にしながら縮約を選定するなどが試みられている．それらは目的の分類への寄与が高いものと考えられるからである．

［森　典彦］

■文献

田中博・津本周作：ラフ集合とエキスパートシステム．数理科学，378：79-82，1994．

森典彦・高梨令：ラフ集合の概念による推論を用いた設計支援．東京工芸大学芸術学部紀要，3：35-38，1997．

3|604 多変量解析によるデザイン分析

　多変量解析の手法がデザインの中でどのように使われているかを把握するためのパースペクティブとして，まずデザインプロセスを科学的な考え方の一つである推論という視点から考える．

■**デザインプロセス**

　設計・デザインは製品の価値を作り出すことを目的にした行為である．価値が使用上の機能であれば主に設計となるが，イメージや情報伝達上の機能であれば，その作り出す価値は主にデザインが担うことになる．そこで，その製品にどんな価値があるかは製品の使用するグループ（ユーザー）の判断にゆだねられている．したがって，その製品の価値（U1：❶の上左端）はそのユーザーによって決定される．この価値を決めることを評価と定義することができる．

　この考え方に従うならば，デザインは特定のユーザーにデザイナーの意図した価値を評価してもらうことを目的として行われることになる．デザイナーは，これまで作られた製品についてどのように評価されたかの事例情報を市場（マーケティング）情報として得たり，自身の経験的な推測により理解している．さらにデザイナーはその情報を逆読みして，ある特定ユーザーが期待する価値（評価）判断をしてもらうためなら，どのような製品をデザインしたらよいかを体験として修得している．この逆読みが知識（U2）となる．この逆読みの修得作業は，デザイナーが市場の製品を観察することで絶えず行っている行為でもある．

　過去にあった製品とまったく同一の製品ならば，これまでの事例情報のデータを参照して模倣的なデザインをすることになるが，デザインは一般に過去とは違う新しい製品を創造する行為であるので，その逆読みの知識だけでは不十分である．他方，製品がいくつかの部分から構成されているが，その部分的な知識は個々には使えても全体に適用できる知識にはなっていないことの方が多い．そこで，デザイナーは過去の製品のデータから総合的に推論することになる．

　たとえば，このような製品はこのように評価されるであろうと推論（D1：❶の下右端）したり，逆の知識からの推論では，このような評価を受けるにはこのような製品にする方がよいだろうという考え方（D2）である（森，1993）．具体的には，デザインプロセスの前段の製品コンセプト策定により導き出された評価を受けるためには，デザイナーの知識をベースに「このような製品デザインをする方がよいであろう」と考えながら，デザイナーはアイデアスケッチを描いている．そして，その作成された各アイデアスケッチが，どのように評価されるかをデザイン会議で判断して決定するのが，デザインプロセスの後段のデザイン案の選択である．この順推論と逆推論の位置をデザインプロセスで関係づけると❶の中央の楕円部のようになる．

　このように，デザイナーが実務としての体験と経験からの知識をもとに行っているデザインプロセスに科学的な方法論を導入しようとする試みがいくつか行われている．ここでは主に多変量解析を用いた試みについて述べる．

■**デザイン分析の方法と事例**

　企業において，製品がユーザーにどのように評価されているかという情報（U1）の代表的なものにプロダクトマップがある．市場にどのような競合製品があって，それぞれが相対的にどのように位置づけられているかをマップ（地図）を作って分析する手法（武藤・朝野，1986）である．デザイナーが任意に軸を設定して定性的にマップを作成することが以前から行われてい

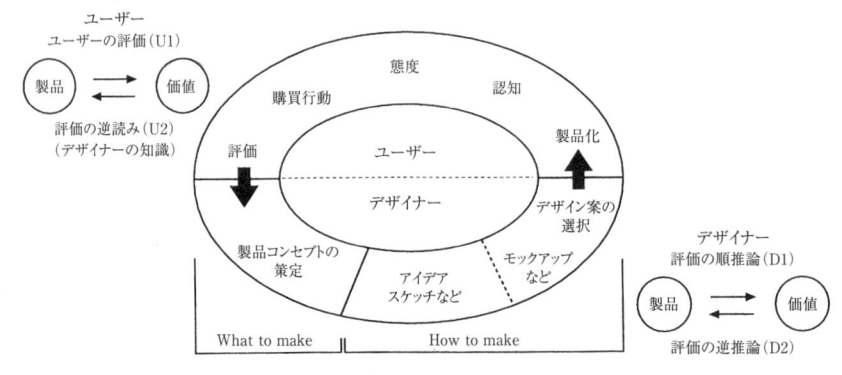

❶製品デザイン開発サイクル

たが，ユーザーへのアンケート調査をもとにした多変量データ行列による主成分分析や双対尺度法（コレスポンダンス分析，数量化理論Ⅲ類など）により算出された2軸の成分空間に布置したマップも一般的になってきている．このようなマップは，市場の現状を把握するのに役立つだけでなく，マップの「隙間」を捜すことにより新製品の可能性を見出すことにも寄与している．

ユーザーをさまざまな視点からの価値観に関する質問の調査結果をもとにして，ユーザーをセグメント（区分）するクラスター分析することにより，多様化したユーザーの製品に対する価値の評価を明確にするのに役立っている．

他方，具体的に製品のどのような属性（たとえば，各部分形状および全体スタイル・カラー・材質・価格など）がユーザーの購入行動に結びつく魅力となっているのかを見出すことのできるコンジョイント分析（武藤・朝野，1986）は，ユーザーの価値の逆読み（U2）を可能とする手法の一つである．この方法では，ユーザーへのアンケート調査をもとにして，ユーザーにとって重要な属性は何か，そしてそれぞれどのような水準が好ましいかというユーザーの価値基準（ベネフィット）を知ることができる．

このような市場に投入された製品の関連情報をもとにしたユーザーの価値を分析する作業は，これらの情報はデザイン以外のものも多く含まれるため，商品企画またはマーケティング部門と連携してデザイン部門は参画している．市場競争が著しい製品分野では，多角的な分析が可能な多変量解析は有効な手法としてその位置を確立しつつある．多くの企業では，アンケート調査による多変量データの収集およびその計算は，外部の調査会社に依頼してその効率化と分析考察の高度化を図っている．

多角的なユーザーの価値観分析の結果の情報をベースにして，製品開発の上流において新製品のデザインコンセプトが策定（製品の価値内容）される．次に，そのデザインに関するコンセプト部分を整理して，デザイナーによるアイデアスケッチが展開される．このプロセス（評価の逆推論：D2）において多変量解析を用いた方法としては，実験計画法の直行配列法に従って作成したアイデアスケッチで評価を求め，その属性に関する回帰モデル（重回帰分析，数量化理論Ⅰ類など）を作り，各属性をどのようにすれば目的の評価が得られるかという方法（この結果を受けて，再度アイデアスケッチを展開）を適用した自動車の例（森，1991）が

ある．これはコンジョイント分析と類似している考え方（逆問題）を用いているが，まだ，試行的な段階で，コンジョイント分析のように一般的な手法になっていない．その一般化しない背景として，逆問題のため解が一義的に定まらないことと，線形式である多変量解析では属性間の独立性が仮定されているので属性（デザインに使える属性項目はコンジョイント分析より詳細になるため）の抽出がむずかしいという課題のためである．それらの課題を解決する手法として，非線形式のニューラルネットワークや遺伝的アルゴリズム，ファジィ推論，ラフ集合（縮約を用いた方法）などを用いた適用事例が学会の研究レベルでは報告（森，1991）されている．

アイデアスケッチの展開により絞り込まれ作成されたモックアップのデザイン案の選択（D1）では，比率尺度を用いているので感覚的に使いやすい階層分析法（AHP：Analytic Hierarchy Process）が比較的よく使われている（刀根，1986）．階層分析法は代替案（デザイン案）と各評価項目・重視度の表をもとにした評価手法である多属性効用理論の中の一つとして各分野で広く使われているが，数学的には固有値問題を解いており多変量解析に含まれている．主たる多変量解析の数学的なベースは固有値問題を解くこと（井上，1998）により求められる．

前段で「価値が使用上の機能であれば主に設計となる」となると述べたが，近年，「使いやすい」「疲れない」などの感性的な機能もデザインの関与する分野になってきている．このような感性設計では，市場あるサンプルまたは直行配列法に従って人工的に作ったサンプルを用いてアンケート調査で感性評価を求め，属性に関する回帰モデルを作り，各属性をどのような水準にすれば目的の評価が得られるかという認知的属性と感性評価に線形関係を前提とした方法（森，1998）が用いられている．企業では主に，ヒューマンインタフェース部門をデザイン部門の中に設置して感性設計が行われている．

［井上勝雄］

■文献
森典彦編：左脳デザインニング，海文堂出版，1993．
武藤真介・朝野熙彦：新商品開発のためのリサーチ入門，有斐閣，1986．
森典彦：デザインの工学，朝倉書店，1991．
刀根薫：ゲーム感覚意思決定法，日科技連出版社，1986．
井上勝雄：多変量解析の考え方，筑波出版会/丸善，1998．
森典彦：デザインにおける感性工学．日本ファジィ学会誌，11 (1)：52-63，1998．

3|605 自己組織化特徴マップによるデザイン分析

　自己組織化特徴マップは，競合学習型ニューラルネットワークの一つであり，フィンランドのT・コホネンにより提案されたものである．一般に，自己組織化とは，脳における神経回路網が，入力された刺激を効率よく分析できるように，その回路自体を変化させていく過程を指し，コホネンの自己組織化マップは，この過程（コホネンの自己組織化特徴マップではこの過程を競合学習と呼ぶ）を模倣したものであり，入力データのマップ化（空間構築）に適した手法である．

　この自己組織化特徴マップが一般によく知られている推論型のニューラルネットワークモデルと大きく異なる点は，教師データが存在しないことである．推論システムの構築のためには，推論のためのデータベースが必要であり，これらを教師データと呼び，その質の高さと適切な個数が必要とされるが，自己組織化特徴マップでは，このようなデータを必要としない．その理由は，自己組織化特徴マップが，用意された入力データ空間の相互関係（順序性，類似性など）だけを用いて，1次元あるいは2次元にニューロンのマップを配置し自己組織的に形成するために，教師データが必要ないのである．このことからもわかるように，従来の推論型とは全く異なるニューラルネットワークモデルであり，その利用方法としては，入力データ相互の類似関係をその相対距離から読み取ることができるため，データのグループ化やクラスタリングなどの分析，さらにそれらをテンプレートとしたパターン認識，シミュレーションに威力を発揮する．

■自己組織化のアルゴリズムの概念

　自己組織化のアルゴリズムの概念は簡単である．
　まず，いくつかの同じ要素で構成されたニューロンが，1次元（あるいは2次元）のマップに配置されたものが存在する．このニューロンは，ランダムな要素データをもっている．そして，各ニューロンが，入力データから刺激を受けて競合学習を行う，つまりランダムに配列しているニューロンに秩序をもたせるように，その要素のデータを修正することにより自己組織化特徴マップ（SOM：Self Organization Map）として生成していくのである．
　たとえば入力データが10程度であれば，その約2倍から2.5倍の正方グリッド，この場合は5行×5列＝25グリッドを用意する．そして，入力データと各々のニューロンに対する内部ポテンシャルを計算する．内部ポテンシャルは一般的に，入力データとニューロンの距離の逆数を計算することにより得られる．そして，内部ポテンシャルが一番高い，つまり，入力データに一番近い距離のニューロンを探し，そのニューロンを中心に近傍のニューロンを巻き込みながら，入力データに近づくよう学習していく．そして，この学習過程を繰り返すことにより，入力データ空間をできるだけ保ったまま1次元，あるいは2次元の空間にマッピングしていくことができる．しかし，マップの大きさや，近傍の範囲など，どのようにしたら最適な学習ができるかは明確ではなく，実験による経験則にもとづいて決定を行うしかない．

　そして，この結果は❶のような視覚表現を用いて提示されるのが一般的である．各々のニューロンの色は，周りのニューロンとの平均距離を表しており，色が暗くなるにしたがって周りのニューロンとの距離が大きいことを示している．この図では，右上の部分にニューロン1とそれを取り巻く9と4のグループが，左上にニューロン5とそれを取り巻く3と8のグループが陣取っていることが読み取れる．8と2・7・10との間が濃く黒いのは，ここに大きな溝のような隔たりがあることを示しているのである．

❶SOMの一例

　SOMの利点は大きく以下の二つを挙げることができる．SOMは，入力データが相互関係をできるだけ保ちながら，投影されて組織化されることが一つの特徴である．他の分析方法のように，重み付けデータなどを使用しない，できるだけ生に近いデータでニューロンのちらばりの状態を一つのマップのみで把握できる．さらに，でき上がったSOMについて，ニューロンを構成するどの要素が有力であるかを考察できる点も特徴として挙げられる．同じようなデータの類似性により分析する方法として数量化理論Ⅲ類や主成分分析が多く用いられるが，この場合，要素の総合的な判断にもとづきポジショニングされ，この場合の問題点は，すべての要素が考慮されてポジショニングされるため，ある何らかの特徴的な要素により空間が構成される可能性があっても再現できないことがある．このような可能性も自己組織化マップでは，再現すること

が可能である.

■ 自己組織化特徴マップの応用例

ここで，商品ラインナップについてのSOMの応用例を紹介する.

各ニューロンをさまざまなメーカーのある商品，例えば家電製品，テレビ・ミニコンポ・MDプレーヤーといった，一つのジャンルの商品だとする．そして，このニューロンを構成する要素に，商品ラインナップを決定するデザイン的要因として「20代を対象」「流行商品である」「オリジナリティの主張」などを当てはめたとする．これを年度ごとにデータを作成し自己組織化すると，以下のようになる（自己組織化特徴マップを作成するにあたっては，SPSSのNeural Connection 2.0を利用した．データは1979〜1999年の約20年間のデータを利用した）．

まず，各年度の結果は，❷のニューロンのSOMと，❸の学習後の要素のデータのマップとして得ることができる（1985年度と1999年度）．❷で黒い部分を溝として見ることにより，各々の年の商品ラインナップの構造が読み取れる．

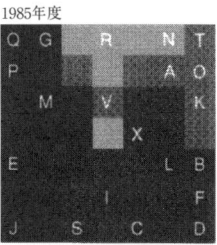

具体的には，1985年度からは，その年に新しく参入したT,O,K,N,A,Rの六つの商品による山が見える．新しい商品群がそれまでの商品とは別にきちんと差別化された一大勢力となっていることがわかる．その理由は要素データ（❸の濃い部分はデータの値が1に近く薄い部分は0に近い）から，「流行商品である」「オリジナリティの主張」であることもわかる．つまり，それまでにあった商品とは異なる特徴をもたせることで，新しい市場の開拓に成功したことがわかる．

一方1999年度のマップからは，商品Gが他より卓越した差別化がなされているが，その他の商品は似ているわけでもなく，かといって他とは異なる特徴をもっているわけでもないことがわかる．確かに商品Gは，価格・品質・ターゲットのコンセプトやデザイン品質など，すべての面で他とは異なる商品であり，このような結果は納得できる．しかし，それ以外の商品はあまりニューロンの特徴がはっきりしない，混沌とした，すなわち戦略的に不安定な商品ラインナップであることもわかる．

このような商品ラインナップのシミュレーションは，SOMの利用例のあくまでも一例である．他にもデザインコンセプトやスケッチの評価などの評価尺度が一元的でないものの評価に応用したり，商品開発に

❷ 商品ラインナップのSOM

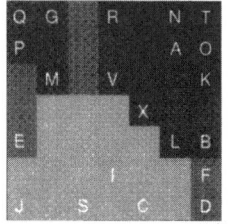

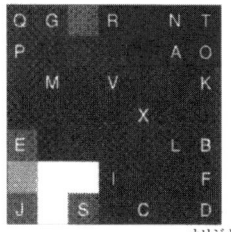

❸ 商品ラインナップの要素のデータ

おけるシミュレーションやイメージ調査の分析やシミュレーションなどの予測ツールとしての利用が可能であり，SOMのデザインや商品開発における利用の可能性は，商品差別化のための戦略構築を中心に有効であると考えられる．

［渡辺 誠］

■ 文献

市川伸一ほか：記憶と学習（岩波講座認知科学5），岩波書店，1996.

臼井支朗ほか編著：基礎と実践ニューラルネットワーク，コロナ社，1995.

T.コホネン著，徳高平蔵ほか訳：自己組織化マップ，シュプリンガー・フェアラーク東京，1996.

3|606 重回帰分析・実験計画法によるデザイン予測

　ここでは，数理統計手法のうち，デザインの評価予測に用いられている重回帰分析(multiple regression analysis)と実験計画法(design of experiments)を挙げ，両手法を概説する．また，実験計画法の応用手法として注目されているロバストデザイン(robust design)も紹介し，デザイン予測への有用性について述べる．

■重回帰分析

　重回帰分析は，多変量解析の一つであり，原因と結果の関係を同定するデータ解析手法である．
　結果である目的変数(criterion variable) Y と，その原因となる P 個の説明変数(explanatory variable) $x_1, x_2, \cdots, x_p$ との関係において，

$$Y = a_1 x_1 + a_2 x_2 + \cdots + a_p x_p + a_0$$

で示される1次線形式を重回帰式(multiple regression equation)と呼ぶ．重回帰分析とは，この式を同定し，目標変数 Y の予測や制御に活用する手法である．なお，重回帰式の同定は，観測値と理論値の差から求める残差平方和を小さくすることで行う．また，上記の式における $a_1, a_2, \cdots, a_p$ を偏回帰係数(partial regression coefficient)といい，a_0 は定数項である．
　重回帰分析は，目的変数に対する各説明変数の重みを算定する場合にも用いられる．この場合，偏回帰係数の大きさをその重みととらえるが，その際，偏回帰係数が説明変数の単位にかかわらず比較できるように，各説明変数と目的変数のデータに下式を用いて標準化したものを用いる．

$$x^* = (x - \bar{x})/s$$

ここで，$\bar{x}$ は x の平均値，s は x の標準偏差である．これにより，各説明変数と目的変数は平均値を0，分散を1とした分布を有する無次元値へと変換され，各説明変数の偏回帰係数の大きさを比較することが可能となる．この比較可能な偏回帰係数を標準偏回帰係数(standard partial regression coefficient)と呼ぶ．また，それにより得られる重回帰式は，定数項の存在しない下式となる．

$$Y^* = a_1^* x_1^* + a_2^* x_2^* + \cdots + a_p^* x_p^*$$

　さらに，重回帰分析は，説明変数の数をいくつにするか，あるいはどの変数を説明変数として選定するかという問題にも用いられる．その選定方法としては，説明変数の数を変化させる変数増加法，変数減少法，変数増減法などがあり，説明変数の選定基準には，自由度調整済み重相関係数，予測平方和，C_p 統計量，AIC基準などを用いる．

　以上に示した重回帰分析は，デザインの評価予測と重要な要因や属性の解明によく用いられる．典型的な方法として，SD法(semantic differential method)による官能評価実験を通じて得られた観測値をもとにし，重回帰式を同定する方法が挙げられる．たとえば，目的変数に「嗜好」や「美しさ」などの総合評価的特性を，説明変数にその目的変数の要因や属性となりうる特性を設定する．次に，官能評価実験より得られた目的変数と説明変数の両観測値を用いて，重回帰式を同定する．そして，同定した重回帰式を用いて，「嗜好」や「美しさ」などの予測や制御，あるいはそれらの評価を上げるために重要な要因や属性の選定などを行う．
　本分析は，概念としても理解しやすく，また，使いやすい市販のアプリケーションソフトが流布していることから，デザインへの適用が容易である．しかし，その分，誤用のないように留意する必要がある．たとえば，結果の信頼性検定は重要である．得られた重回帰式に対して，たとえ重相関係数(multiple correlation coefficient) R は十分高くとも，式自体の信頼性が確保できているかをF値などにより確認する必要がある．また，標準偏回帰係数による各説明変数の重み比較を行う際には，各説明変数間に従属性がなく，得られた重回帰式に多重共線性(multi-collinearity)がないことを確認することも不可欠である．

■実験計画法

　実験計画法は，品質改善や生産性向上のための数理統計手法として，1920年代にR・A・フィッシャー(Fisher)により創始された．重回帰分析をはじめとして数理統計手法の多くが，得られたデータの解析手法を取り扱うのに対して，実験計画法は，データの効率的入手を図るための実験の計画と，その実験により得られたデータの解析手法の両者を取り扱う．
　前者の実験の計画とは，実験における因子(factor)とその水準(level)をはじめとした実験の諸条件を，結果の有用性と効率の観点から決定することである．ここで，因子とは，目標特性値に影響を及ぼすと考えられる種々の条件をいい，重回帰分析における説明変数に相当する．また，水準とは，因子のとる種々の条件をいう．実際，実験結果から有益な結論を得るか否かは，実験で取り上げた因子や水準の妥当性に依存する．それゆえ，実験の計画は，本手法の重要な役割を担う．
　また，後者の実験計画法におけるデータの解析手法

は，一部で因子間の交互作用(interaction)を考慮しているものの，その基礎におくデータの確率モデルは，重回帰分析と同様に線形モデルである．そのモデルは，A_i水準におけるj番目の観測値x_{ij}とA_i水準での真の目標特性値μ_iに，観測値x_{ij}に含まれる実験誤差e_{ij}を考慮した下式で表現される．

$$x_{ij} = \mu_i + e_{ij}$$

さらに，真の目標特性値μ_iは，その平均値$\bar{\mu}$とA_i水準の効果の和と考える．

$$\mu_i = \bar{\mu} + a_i$$

実験計画法は，このような線形和の考えから，効果や誤差を推定する手法である．

さて，以上に示した実験計画法をデザインへ適用するうえで，考慮すべき手法上の特徴がいくつかある．ここでは，そのうち，二つの特徴を取り上げ，重回帰分析との比較の観点から以下に述べる．

まず，一つめの特徴は，実験計画法が個々の固有技術の上に立つことを前提とする点である．このため，実験計画法をデザインへ適用する際には，すでに構造や構成が決まったモノを対象とすることが条件となる．重回帰分析においても，説明変数を寸法や材料などモノの直接的な属性とする場合は，同様に構造や構成が決まっていることが前提になる．しかし，説明変数に官能量を用いるなど，モノの直接的な属性としない場合においては，その限りでない．その意味から，重回帰分析の方がやや適用の自由度があるといえるが，その一方，実験計画法は，同一の構造・構成におけるモノのリデザイン問題において，少ないデータから直接的にデザイン解を求める手法として有効である．

二つめの特徴は，実験計画法における因子の水準が離散的なことである．実験計画法は，実験の計画段階で，因子の水準をいくつか設定する．その因子の水準は離散量であり，重回帰分析のように連続量としての取り扱いを行わない．そのため，最適解として得られる因子の水準は，あらかじめ設定した水準の中から選定されることになり，重回帰分析のように，連続量の中からの最適解が決定されるわけではない．その意味においても，実験の計画段階における因子の水準設定は，慎重に行われるべきである．

以上に，実験計画法の特徴を述べてきた．重回帰分析との比較のうえでは，その他にも，質的データの適用や因子間の従属性を可とするなどの特徴を実験計画法は有している．本手法をデザイン予測へ用いる際は，これらの特徴を踏まえて，有効に活用することが肝要

である．

■実験計画法の応用手法－ロバストデザイン

ここでは，実験計画法のデザインへの応用手法として，ロバストデザインの手法を紹介する．この手法は，田口玄一により開発・提唱され，とくにアメリカで評価の高い「タグチメソッド」と称される一つのデザイン手法(Wu, 2000)であり，次の特徴を有している．

従来のデザインでは，デザイン対象であるモノの属性に平均的な値を想定してデザイン予測を行い，デザイン解の決定を行っている．しかし，多くの場合，モノには個体差が存在し，その属性にはばらつきが存在する．そのため，従来の平均的な値をもとに決定されたデザイン解では，その属性が平均的な値から離れた際に，大きく評価を低下させる問題が多々発生した．

この問題に対し，ロバストデザインの手法は，デザインの属性に関して平均的な値のみならず，ばらつきをも考慮したデザイン手法であり，個体差が発生しても安定した評価を得るデザイン解の導出を可能とする．その具体的手法は，非線形の評価測度であるSN比を用いることにある．SN比はデータの変動を有効成分S(目標特性値の大きさ)と有害成分N(ばらつきの大きさ)に分解し，その比S/Nをとることにより求められる．つまり，SN比とは，目標特性値に関する安定性の測度であり，大きいほど安定していることになる．ロバストデザインは，このSN比をデザイン予測に用いることにより，デザイナーが意図して制御できない要因(この要因を誤差因子と呼ぶ)に対して安定した評価を得るデザイン解の導出を可能とする．

上記に紹介したロバストデザインは，モノのばらつきに対応した手法である．しかしながら，ロバストデザインはさらに拡張を続けており，多くの手法が研究されている．たとえば，上記の手法をもとに，単なるモノのばらつき問題からモノが使用される場の多様性問題に拡張した手法も研究されている．モノが多様な場でさまざまに使われても，安定した評価を得られるための手法が開発されているのである．このように，ロバストデザインは多彩な手法として進化しており，デザイン環境がますます多様で複雑化する近年において，今後の研究が注目される．

[松岡由幸]

■文献
Wu, Y. and Wu, A.: Taguchi Methods for Robust Design, ASME Press, 2000.

3|607 ニューラルネットワークによるデザイン予測

■ニューラルネットワークとは

　ニューラルネットワーク（NN：neutral network）とは，生物の神経系の物理，生理的機能に着目して，そのモデル化を行ったものである．このニューラルネットワークを応用することにより，ヒトの推論と同じ働きを実現できないかなど，ヒトの脳の中における情報処理の解明に向けた研究が数多くなされてきた．ここではニューラルネットワークのデザインへの応用について概説する．

■ニューラルネットワークの種類と特徴

　ニューラルネットワークは多数のニューロン（neuron）が複雑に結びついて構成されている．ニューロンとニューロンを結びつけるものをシナプス（synapse）という．ここで，一つのニューロンを取り上げて，その入力と出力を見てみる（❶）．入力信号 x_j（$j=1,2,\cdots,J$）が J 個のシナプスを通じてニューロンに入力されたとき，それぞれの入力信号は，ニューロンの中でシグモイド関数を用いて2値化に近い数理モデルの値に変換される．それら各入力信号の数理モデルによる値とニューロンを結ぶ各シナプスの結合の重み（connection weight）w_j により，出力値 y が算出される．これは重回帰分析における重み付き線形和と同じ考え方である．

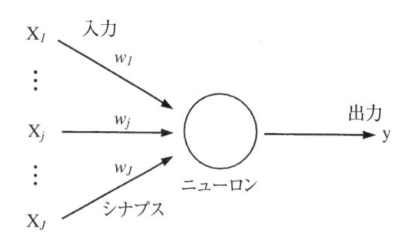

　次に，これらのニューロンをいくつか結合することにより，ニューラルネットワークモデルができる．この結合のしかたにより，ニューラルネットワークモデルは以下の二つに大別できる．

①階層構造ニューラルネットワークモデル：入力ユニットから出力ユニットまですべて順方向のみに結合されて，相互結合部分をもたないようなモデルを指す（❷）．このモデルは，後述の評価モデルとして用いられることが多い．

②相互結合ニューラルネットワークモデル：ユニット間の結合が必ずしも順方向のみとは限らないようなモデルを指す（❸）．このモデルは，文字認識のようなパターン認識などに用いられることが多い．

　これらのニューラルネットワークモデルを用いることにより，各種予測やパターン認識が可能となる．そのためには，まず前出の結合の重みを適切な値に設定しなければならない．この結合の重みの決定には，ニューラルネットワークの学習が必要である．

　一般にニューラルネットワークの学習は，ある入力信号とそれに対して理想的と考えられる出力信号（教師信号）との複数の組により行われる．ある入力信号をニューラルネットワークに入力し，それから出力された出力信号と教師信号を比較し，その差ができる限り小さくなるように結合の重みの値を変更していく．このニューラルネットワークの学習の方法としては，逆誤差伝播法（back propagation法）などがある（馬場ほか，1994）．

■評価（順推論）モデルへの応用

　サンプルの属性パターン（入力信号）とそれに対する評価パターン（教師信号）との組から階層構造ニューラルネットワークモデルを学習させ，因果関係を表す評価モデルを構築する．この評価モデルに未知のサンプルの属性パターンを入力し，評価パターンを推論するということがよく行われる．ここで，製品デザインを例とするならば，属性パターンとは製品の仕様や形態要素などであり，評価とは魅力度，イメージなどである．このニューラルネットワークによる評価モデルは非線形の因果関係を表すモデルとして有効であることが過去の研究により示されている（森，1991）．

　また，このニューラルネットワークモデルは評価モ

❶ニューロンにおける入出力信号

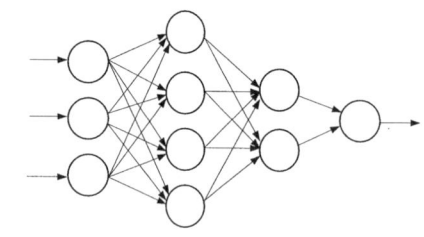

❷階層構造ニューラルネットワークモデル

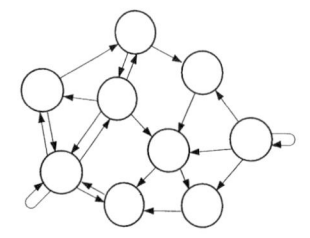

❸相互結合ニューラルネットワークモデル

デルとしてだけでなく，ある製品を構成する形態要素AとBの2者間の寸法バランスなどの因果関係を表すモデルとしても応用される．形態要素Aの各寸法値を入力信号にし，それらの値から形態要素Bの各寸法値を推論することができる（原田・森，1993）．ただし，ニューラルネットワークにおいては，多層構造でかつユニットの結びつきは複雑であるため，単にシナプスの結合の重みを見ただけでは，重回帰分析のようにどの項目における偏回帰係数が高いや低いといった判断はできず，その評価構造までは特定できない．

■デザイン解探索（逆推論）モデルへの応用

デザインという行為は，ある評価（コンセプト）を満足するようなデザイン解の探索（逆推論）そのものである．このデザイン解というものは，当然一つだけとは限らない．よって，前出の評価モデルを学習した際の入力信号と教師信号を逆にしてニューラルネットワークを学習させるだけでは，デザイン解を一つしか推論できないこともあり，逆推論をしたことにはならない．また，一般に評価のユニット数は少なく，形態要素のユニット数は多いが，少数のユニットから多数のユニットへの推論は原理的に無理がある．

そこで，現在までにデザイン解探索におけるいろいろな逆推論モデルが提案されている．その代表的な二つを概説する．

①ニューラルネットワーク－遺伝的アルゴリズム：ニューラルネットワークと遺伝的アルゴリズム（genetics algorithm）を組み合わせて，逆推論を行おうとするものである（田，森，1995）．このニューラルネットワークは順推論方向そのままで，所望のある評価パターンが出力信号として出力されるように，形態要素を表す最適な入力信号パターン，つまりデザイン解を遺伝的アルゴリズムにより探索しようとするものである．ただし，遺伝的アルゴリズムによる探索でも解空間全体を探索したという保証はない．

②5層恒等写像モデル：ニューラルネットワークの5層恒等写像モデル（❹）を使って属性パターンと評価をそれぞれ別々に学習した後に，各々の低次元に圧縮された中間層を取り出し，階層構造ニューラルネットワークモデルを用いて再度学習する．このモデルを利用して求めるべき評価を満足する属性パターンを低次元内ですべて探索しようとするものである．満足できる解が得られたら，これを恒等写像モデルに再入力し

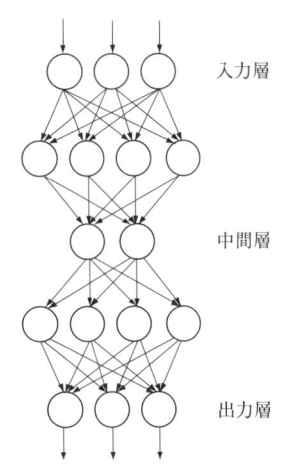

❹5層恒等写像モデル

現実の属性パターンとして取り出す．この方法では圧縮された解空間全体を探索できる（原田・森，1994）．

ただし，これらニューラルネットワーク－遺伝的アルゴリズム，5層恒等写像モデルを使った逆推論モデルでは複数のデザイン解は探索できるが，上述の評価モデルと同様に，その構造は明らかにされないため応用がきかず，一般化された知識とならない．

以上見てきたように，ニューラルネットワークは途中の構造が明らかにされないという特徴はあるが，非線形の入力データと出力データの因果関係を簡単にモデル化することができ，その有用性も検証済みである．また，現在ではニューラルネットワークを単独に用いるのではなく，上述のように遺伝的アルゴリズムやファジィ理論と結びつけた研究が数多くなされ，幅広く応用されてきている．ニューラルネットワークのデザインへの応用においても，評価モデル，デザイン解探索モデルとしてのさらなる研究が行われている．

［原田利宣］

■文献

田慕玲・森典彦：目標イメージに適する自動車の形態を探索するデザイン支援システム．デザイン学研究，41(6)：1-10，1995．

原田利宣・森典彦：自動車のコンフィギュレーション決定プロセスの解析．デザイン学研究，96：39-46，1993．

原田利宣・森典彦：恒等写像モデルを応用した多様解．デザイン学研究，41(1)：51-58，1994．

馬場則夫・小島忠男・小澤誠一：ニューラルネットの基礎と応用，pp.9-27，共立出版，1994．

森典彦：デザインの工学，pp.182-191，朝倉書店，1991．

3|608 ラフ集合を用いたデザイン予測

■ラフ集合とは

さまざまな事象から次を予測するには，まず現行までの事象の因果関係を明らかにする必要がある．

物事の因果関係を調べるとき，その関係が一対一対応し，一方の変化に対して等比的関係が成り立つ場合（こういう関係が成り立つとき，これを一般に線形構造という）とそれ以外の場合（この場合を一般に非線形構造という）に分けて考える．多くの場合は，前者の線形構造を仮定することでその関係を推定することができるといわれている．推定の方法も，前者の構造を前提としたものが多い．

従来，ある現象とその要因と考えられる因子との因果関係を明らかにするにはさまざまな方法が利用されている．実際の因果関係を示すデータで見ると，量的な対応のあるものから量的に表現できないカテゴリカルな関係までさまざまである．その方法も，量的なものどうしの関係や量的なものとカテゴリカルなものとの関係の場合は，重回帰分析（田中，1984）や数量化理論Ⅰ類（田中，1984；杉山，1996）が主に用いられてきた．また，すでにいくつかのグループへの帰属がわかっていれば，数量化理論Ⅱ類（田中，1984），判別分析法（田中，1984）なども有効であろう．

しかし，人間の選好や何らかの判断の因果関係を考えるとき，必ずしも一対一対応や等比的関係が成り立つわけではない．また，その表現も量的に表すことがむずかしいことが多い．したがって，上記の方法では非線形の因果関係を抽出することがむずかしい．その点では，ニューラルネットを用いた方法も考えられるが，これではモデルを作成することはできても，その内容が不透明になりがちである．

非線形の因果関係を厳密ではないにしろその構造から明らかにすることができる方法として「ラフ集合」（中村，1994）がある．「ラフ集合」は，「分類」と「近似」を行う目的で，用いられる集合理論である．「ラフ集合」による分類や近似を行うと，決定にいたる内容が明らかになり透明度の高い結果が得られるという利点が挙げられる．

たとえば，医師が患者からの症状を把握して，病名を決定する（または処方する）場面を考えたとき，この医師は，過去の経験や医学情報に従って意志決定をしているといえる（❶）．そこで，決定を下すのに参照した情報，たとえば，医師が参照した発熱，頭痛，せき，筋肉痛などの容態と決定の結果を表した表を，「決定表」と呼ぶ．「決定表」には，症状を示す項目である「従

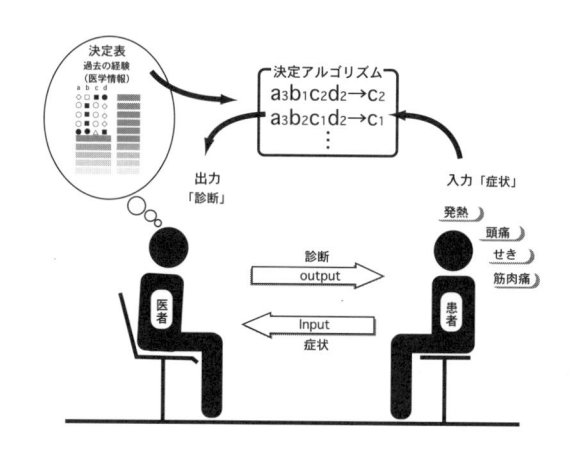

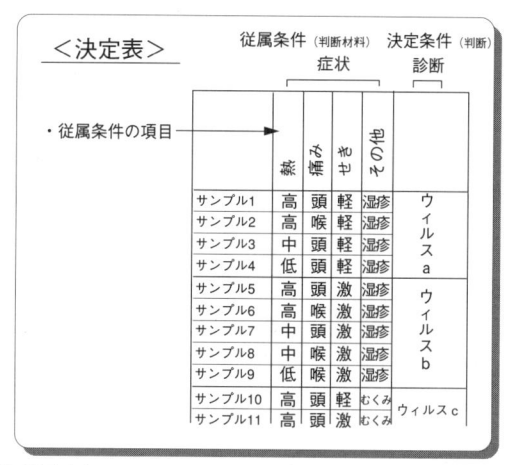

❶ ラフ集合の概念

❷「決定表」

❸「核値」

属条件」と，病名を決定する「決定条件」から成り立っている．「決定表」から❷の情報圧縮の過程によって，「核値」❸，「縮約」❹を得ることができる．❷におけるサンプル1について従属条件「頭痛」「せき-軽い」「その他-湿疹」はウイルスaを決定づけている値であり，このほかにはこの条件は存在しない．これを「核値」と呼ぶ．すなわち「核値」は「決定表」における，それぞれの条件についての決定を定義づけている値である．また，「縮約」は「核値」とその他の条件との組合せから得ることができる意思決定の簡約化した条件である．「ラフ集合」では，このような「決定表」から「核値」を求めることによって，意志決定に用いたパターンとその内容が検討できる特徴をもっている．

デザインの分野へ「ラフ集合」を用いた研究事例には，自動車のフロントマスクに対する認知の方法を分類したもの（原田，1998）や，同じく自動車の選好と外観携帯要素との関係を見たもの（森，2000）などがある．そのほとんどに「縮約」が利用されている．また「ラフ集合」を人間の判断や認知における「分類」の構造を明らかにするために用いている．これは，先に述べたように非線形の因果関係が多種多様な判断にもとづいていることに起因している場合，その多様な因果関係を該当するカテゴリーの組合せとして抽出できることが「ラフ集合」のメリットであろう．

■「ラフ集合」を用いた因果関係の推論

人びとがテレビ番組を選択するときの番組内容と実際に見た番組との関係を事例に，「ラフ集合」を用いて因果関係を明らかにした事例をもとにこの方法の特性について考えてみよう（池田，1997；池田，1999）．

現在のテレビ番組は，一般的な地上波による放送，CSデジタル，CATVなど視聴者のニーズに合った番組を放送することを目的に，非常に多様な番組が放送されている．このような状況の中，視聴者はどのように番組選択を行っているのだろうか．テレビ番組内容と実際に見た番組との対応関係をラフ集合を用いて，簡約化することから，番組選択においても番組と視聴者の視聴行動との因果関係を探り，被験者の選好に適合した推薦番組を抽出した．そこで，番組内容を従属条件，視聴者の視聴行動を決定条件として「決定表」を作成し，「ラフ集合」によって「縮約」を求め，番組内容と実際に観た番組との因果関係を抽出した．

とくに，個人の嗜好は放送番組に対しての視聴時間に現れることから，視聴番組の習慣性（「毎回見る」「よ

❹「縮約」

❺ラフ集合の結果

く見る」「たまに見る」）を調査した．従属条件は番組内容35項目（池田，1997），決定条件は番組視聴行動アンケート調査の結果を使用した．

その結果，ある被験者では縮約は19パターン得ることができ，これは，被験者が観ている番組56タイトル中，36タイトル抽出することができたこととなる．また，推薦番組として，31タイトルを抽出することができた（❺）．

さらに，いくつかの項目の有無の組合せが，クラス分けにどのように寄与しているかを，有無（01データ）を数値化することで分析する数量化理論Ⅱ類を行い，その結果を比較した．比較のため，同じデータを用いて，説明変数であるアイテムカテゴリーをラフ集合における従属条件に，外的基準を決定条件に当てはめ，解析を行った．

数量化理論Ⅱ類の結果は，外的基準に影響を及ぼす要因を明らかにするためにアイテムとカテゴリーの関係から考察を行った（❻）．ラフ集合で得た被験者の縮

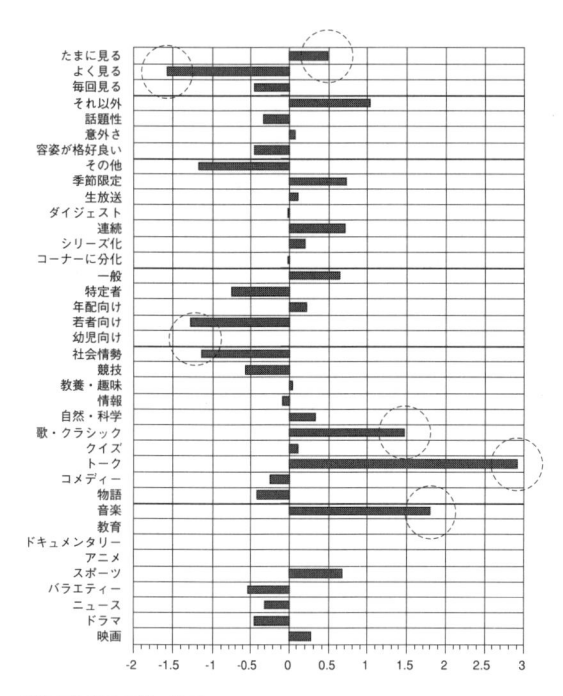

❻数量化理論Ⅱ類の結果

約をもとに正解率とすると，6割の番組を抽出することができた．それに対して数量化理論Ⅱ類は結果によって抽出された番組数は30タイトルとラフ集合より少ない結果となった．

また，その内容を比較すると，数量化理論Ⅱ類はジャンルに片寄りが生じているのに対して，ラフ集合では数量化・類では得られなかったジャンルの番組を抽出することができた．

推薦番組の内容を比較すると，ジャンルに片寄りがないラフ集合に対して，数量化理論Ⅱ類は「歌番組」「トーク番組」というようにジャンルに片寄りが生じた．ラフ集合と数量化理論Ⅱ類の結果の違いは，ジャンルの片寄りの有無であることがわかった．これはラフ集合の解が決定条件（外的基準）に対しての従属条件（カテゴリー）の組合せで求まるのに対して，数量化理論Ⅱ類は外的基準に対してのカテゴリーの寄与率が解として求まるためである．

「ラフ集合」では，このように視聴者の視聴行動とさまざまな番組内容との対応ならびに選択行動といった非常にあいまいで，その時々に実際に見ることのできる番組に依存した因果関係の抽出において，妥当な成果を得ることができた．これは，ラフ集合の特性である非線形の構造を該当するカテゴリーのパターンとして抽出できることによっていると考えられる．もちろん，いくつかの組合せの中からどれが選ばれるかは不明である．また，より厳密な構造を求めたり，量的に結果を得たい場合にも向いていない．前者については，各パターンのもつ特性から選択の要因を推定することで，また後者については，番組内容や視聴行動のデータをより精密化して，各パターンごとに数量化理論Ⅰ類や重回帰分析などを用いて，詳細な因果関係を推定するなどの工夫が必要であろう．　　　　　［古屋　繁］

■文献

田中豊・垂水共之・脇本和昌：パソコン統計解析ハンドブックⅡ—多変量解析編，共立出版，1984．

杉山和雄・井上勝男：EXCELによる調査分析入門，pp.51-62，海文堂出版，1996．

中村昭・横森貴・小林聡・谷田則幸・米村崇・津本周作・田中博：ラフ集合—その理論と応用．数理科学，7-12月号，1994．

L. Polkowski・S. Tsumoto・T. Y. Lin：Rough Set Methods and Applications—New Developments in Knowledge Discovery in Information Systems（Studies in Fuzziness and Soft Computing, Vol. 56），Physica Verlag, 2001．

池田敏彰・高橋靖・古屋繁・村田進一：番組選択行動における選択因子の抽出．デザイン学研究，第44回研究発表大会概要集，p.109，1997．

池田敏彰・高橋靖・古屋繁・村田進一：ラフ集合における番組選択の決め手．デザイン学研究，第44回研究発表大会概要集，p.185，1997．

池田敏彰・古屋繁：Outline of Program Selection and its Characteristics in terms of Viewing History, 4th ADC, p.7, 1999．

小幡真也・古屋繁・釜池光夫・篠原傑：ラフ集合を用いた乗用車のモデルチェンジパターンの抽出．デザイン学研究，第42回研究発表大会概要集，p.93，1995．

原田利宣・森典彦：自動車フロントマスクデザイン認知の分析．デザイン学研究，128：11-16，1998．

森典彦・高梨令・粂田起男・熊丸健一：属性の縮約を使って多様な商品選好を少数の新商品開発に集約する方法．第16回ファジィシステムシンポジウム講演論文集，pp.305-306，2000．

森典彦：ラフ集合と感性工学．日本ファジィ学会誌，13(6)：52-59，2001．

コラム「私の選ぶ図書10冊」

小川一行［形態論／長岡造形大学］

① 『デザインの工学—ソフトシステムの設計計画』(森 典彦著，朝倉書店，1991)
プロダクトデザインの評価と創出を主題とする専門書．主として統計的帰納法をとる．デザイン開発にあたる研究機関や製造業の現場で遭遇する事例が豊富に扱われている．全238頁．

② 『かたちと意識—隠された主体を尋ねて』(小川一行著，朝倉書店，1997)
ゲシュタルト理論の定式化を主題とする専門書．公理的演繹法をとる．話題には「対称」のような常識的事例が用いられている．全192頁，準備と検証に78頁，本論に144頁を割当．

③ 『イメージの心理学』(河合隼雄著，青土社，1997)
ユンギアンとしての体験を元にイメージを語る．その誕生の話題は特に示唆に富む．核となる概念は「共時性」．形態論の中心的原理と同じ言葉が用いられているのは偶然というより必然か．読みやすい解説書．全237頁．

④ 『ゲシュタルトクライス—知覚と運動の人間学』(V・v・ワイツゼッカー著，木村 敏，濱中俊彦訳，みすず書房，1995)
手足の運動に見られるような主体自身と脳内に取り込まれた客体のイメージとの間の相即的で円環をなす心理的位相運動を著者はゲシュタルトクライスと呼び，これを力学的軌道に擬している．因みに，著者は神経生理学者・医師．基礎論向きの専門書．やや難解．全390頁．

⑤ 『真理の秩序』(ヴェルナー・K・ハイゼンベルク著，山崎和夫訳，筑摩書房［筑摩叢書335］，1989)
著者は量子力学建設者の一人．ノーベル物理学賞受賞．本書は氏の数少ない哲学的エッセイとして有名．「詩のみが無明の中の杖である」と言い切っているのが印象的．全228頁．

⑥ 『キッチュの心理学』(A・モル著，万沢正美訳，法政大学出版局［叢書ウニベルシタス］，1986)
デザイナーを誘惑する小悪魔キッチュ．しかし制御できれば有用．本書はそのとき必要となる心理空間内でのキッチュの生態を明快に切り分けて見せた専門書．修士向けゼミに適．

3 | 609 | ファジィ理論を用いたデザイン提案

一般に，製品開発における形状案の創出は，デザイナーの感性に委ねられるが，公共性の強い製品などは，形状案の創出方法に理論性が求められることが多い．ここでは，この問題に対処するための一手法として，可変モデリング(variational modeling)(吉川・冨山，1991)された3次元図形(以後，元図形)のパラメータに与える値を，ファジィ推論(fuzzy inference) (Zadeh，1973)によって制御し，言葉によるデザインコンセプトや条件などの適用度合いを連続値で入力することにより，その値に応じた形状案(デザインを支援するための原型)をCAD上でモデリングするシステムを紹介する．

■システムの概要
[形状案を得るための処理]

本システムは，屋外設備構造物など，その形状が，おおむね直方体の変形操作によって得られると解釈できる製品を対象として構築されたものであり，元図形は，❶に示すような対象製品の基本的概略形状を示す直方体の集合体によって構成されている．

この元図形を核として，形状案を得るために用いられている主な変形処理を以下に次に示す．
・上下，左右，前後の伸縮処理
・角取り処理(フィレット処理)
・縦方向の角丸め処理
・横方向の角丸め処理
・図形の置き換え処理

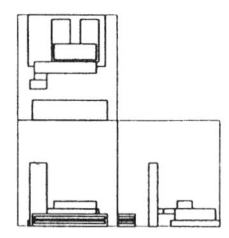

❶元図形の例(三面図)

[ファジィルールとファジィ推論について]

屋外設備構造物デザインにおけるデザインコンセプトは，立地条件そのものである場合が多く，その条件は，次の2項目に集約できることが多い．
①立地場所が自然の中にあるのか，都市部にあるのか(自然-都市)
②立地場所の中に融合させるのか，対比させるのか(融合-対比)

本システムは，元図形を変形させて形状案を得るものであり，この二つの条件がファジィルールの入力変数(前件部変数)となる．そして，先に示した変形処理が後件部となる．

たとえば，「建設予定の屋外設備構造物の立地場所がまさに自然の中にあるならば，その中に融合させるためには縦方向の角丸め処理を大きめにする」，という曖昧な知識があったとすると，この知識のファジィルールは次のように表現される．

　IF　(自然-都市)がSmall and (融合-対比)がSmall
　THEN 横方向の角RはBig

ファジィ推論については，一般的なMin-Max，代数積，重心法が用いられている．なお，後件部については，ファジィ変数を用いた場合とシングルトンを用いた場合との補間結果を比較した結果，ほとんど差がないことと，処理スピードの高速化を理由に，シングルトンとしている(簡易推論法)．前件部変数として用いたファジィ変数を❷に示す．通常，ファジィ推論ではファジィ変数の数を5～7個程度とする場合が多いが，デザインに関する知識の曖昧性を考慮し，本システムで用いられているファジィ変数の数はBig，Medium，Smallの三つである．

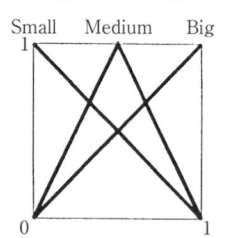

❷前件部変数に用いたファジィ変数

[システムの使用方法]

システムの利用を前に，ユーザー(デザイナー)は，自分の感性や使用目的，さらに顧客の要求に応じて，いくつかのファジィルールを調整する．仮に，建設予定の屋外設備構造物の立地場所が，自然の中であるといっても，そこが滑らかな丘陵地帯である場合と，鋭角的な稜線をもつ山岳地帯である場合とでは，ファジィルールの後件部(たとえば角丸め処理)が変わるのが一般的だからである．他に必要な前準備は，元図形を表す単純な数値データを入力するだけである．

以後，二つの変数である(自然-都市)および(融合-対比)に与えてやる数値を，ユーザーの意図に応じて0から1の間の連続値で入力すればよい．たとえば，かなり都市の中心部にあり，そこにおいて，ほどほどに周辺の景観に形を対比させる形状案を得ようとする

第6章 | デザインの分析と予測

ならば，(自然–都市)は0.8，(融合–対比)は0.6などといった値を入力すればよい．

　形状案の作成は対話的に行われる．本システムは入力した条件に応じて，元図形を縮小拡大した場合はどうか，また，角取り処理をした場合はどうか，あるいは形状の置き換えをした場合はどうか，といった内容選択の入力を要求してくるので，ユーザーはいずれかの選択をしながら，入力条件に応じた形状案を得るための操作を行う．

■シミュレーション
[シミュレーション結果]

　ここでは，❶に示した元図形を用いて，本システムの利用を試みた結果として得られた形状案の一例を❸に示す．

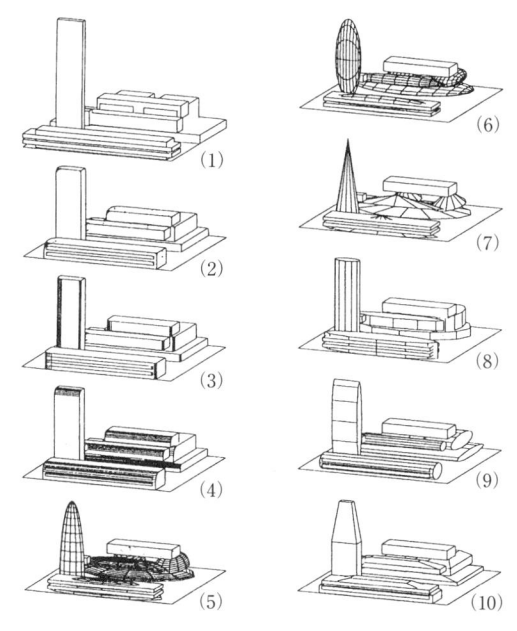

❸入力変数(自然–都市)＝0.85，入力変数(融合–対比)＝0.95の場合

[考察]

　本システムを数名のデザイナーに利用してもらった結果，「アイデアを発展させるための下絵作成用として重宝する」「少し手を加えるだけで形状案そのものになりうる図形も出力されている」「ゲーム感覚で仕事が楽しめる」等々，システムの利用価値の高さを示唆するコメントが得られた．

■スケッチ化の利用事例
[スケッチ化]

　本システムは3次元CAD上で構築されているので，視点やパースの強弱が自由に設定できる(❹)．この機能を利用しつつ，出力された形状案を下絵としてデザイナーが簡単に作成したスケッチの事例を❺に示す．図中，左上に小さく示したものは，システムで得られた形状案である．

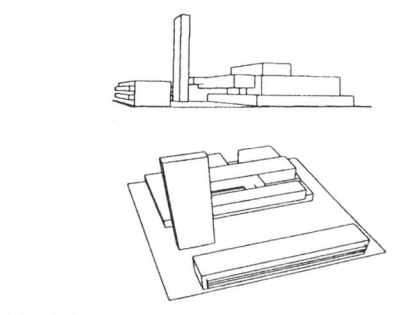

❹自由な視点やパースでの形状検討

❺スケッチ事例

　本システムに関する今後の課題として，まず，ファジィルール作成の容易化が挙げられる．これに対しては，FNN (fuzzy neural networks) の利用や，ファジィルールのデータベース化による対処などが考えられる．

[萩原祐志]

■文献

Zadeh, L.A.：Outline of new approach to the analysis of complex systems and decision processes. *IEEE Trans. Man and Cybernetics*, SMC-3(1)：28-44, 1973.

吉川弘之・冨山哲夫：インテリジェントCAD(下)，pp.143-180，朝倉書店，1991.

3|610 遺伝的アルゴリズムを用いたデザイン提案

　コンセプトが言葉で表されていて，その言葉に近い物理的な形態を推論する過程は逆推論と呼ばれ，実は，人間の発想の過程である．人間の発想には，言葉と形は1対1になっているのではなくて，たとえば，都会的という形は一つの形だけで表現されるわけではなくて，いろいろな形がある．このような場合，デザイン提案を支援する方法の一つとして，形を形態要素に分解し，その形態要素の組合せを，遺伝的アルゴリズムを利用して，逆推論することが考えられる．具体的にいえば，コンセプトがイメージ言葉で表されたとき，コンセプトから形への逆推論関係を，一連の「多点探索」と「順推論」で実現する．多点探索とは多数個の候補解を同時に探すことであり，順推論とはその多数個の候補解に対するイメージ評価である．その両方を交代に繰り返し実行すれば，イメージコンセプトに適す形が得られるという方法である．

　アンケート調査データによりニューラルネットワーク(NN)などの方法を使ってイメージ評価モデルを構築することはすでにむずかしいことではない．その一方，多数の最適解を同時に得られる「多点探索」は遺伝的アルゴリズムの誕生に従い解決できるようになった．遺伝的アルゴリズムは，生物と同じような遺伝と進化のしくみをコンピュータで模倣することにより，最適解を探索する方法といえる．生物の遺伝や進化の原理的なものに着想を得て，コンピュータで実現するためにかなり簡略化したものである．簡単にいえば，試行錯誤を遺伝的な仕掛けを利用して効率よくコンピュータにやらせようというわけである．ここでは，車における外観デザインのための研究実例(田・森，1995)を通じて，多点探索を実現する遺伝的アルゴリズムの働きを説明する．

　具体的には，まず，遺伝情報として車の外観デザインにおける形態要素項目を定義する．研究実例では，車の外観を表す形状要素(全高/全長やボディの曲面度合など)と装飾要素(ボディ色やモール目立ち度合など)31項目を定義した(❶)．各形態要素項目は遺伝子と呼ばれ，0から1までの相対数値で表す．各要素項目にある値を決めると，一つの車種の外観における物理的な特徴が決まる．一つの形態要素の組合せは1車種を表し，遺伝個体と呼ばれる．そして，各遺伝個体についての優劣を評価する関数(適合度関数と呼ぶ)が必要である．研究実例では，車のアンケート調査によるイメージデータをもとに，NNを使って構築したイメージ評価モデルを適合度関数と定義した．

　基本的なしくみは❷に示す．作業の流れとしては下記の五つのステップがある．

　STEP 1・初期化：目標としてあるイメージ値を与

形態要素番号	アイテム	同定値	同定の判断基準
1	ボディ面性状	0	全く平面
		1	非常に曲面
2	ボディエッジ性状	0	角
		1	丸
3	全高/全長	0	小さい
		1	大きい
4	キャビン長/全長	0	小さい
		1	大きい
5	台形度	0	弱い
		1	強い
6	台形中心の偏り	0	前偏り
		0.5	偏り無し
		1	後偏り
7	バランス	0	前傾
		0.5	水平
		1	後傾
8	ボディライン性状	0	直線
		1	曲線
9	ボディライン折れの目立ち度合	0	目立ち折れ無し
		0.5	目立ち折れがある
		1	二つ折れがある
10	フードの傾斜度	0	小さい
		1	大きい
11	マスク上向き度	0	マスク正面が垂直
		1	マスク正面が傾斜
12	フロントマスクの厚さ	0	薄い
		1	大きい
23	バンパーの厚さ	0	薄い
		1	厚い
24	バンパーの色の目立ち度合	0	ボディ色と大体同じ
		1	非常に目立つ
25	バンパー穴の複雑さ	0	簡単
		1	複雑
26	サイドウィンド外形線	0	折線
		1	連続曲線
27	フロントスポイラーのアピアランス	0	顎が出っぱっている
		1	顎がへこんでいる
28	Aピラー目立ち度合	0	無し
		1	非常に目立つ
29	Bピラー目立ち度合	0	無し
		1	非常に目立つ
30	Cピラー目立ち度合	0	無し
		1	非常に目立つ
31	ホイール形式	0	パターンが粗い
		1	パターンが細かい

❶乗用車外観における形態要素

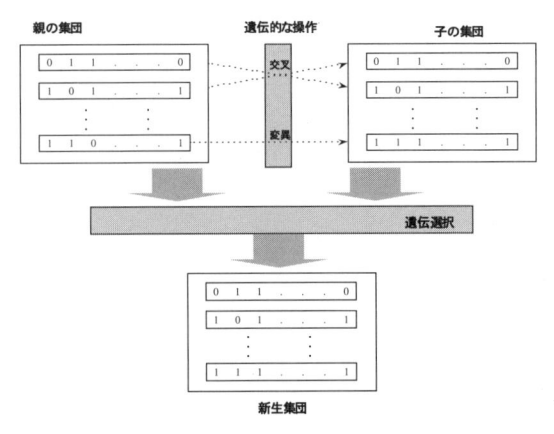

❷遺伝的アルゴリズムの基本的なしくみ

第6章 デザインの分析と予測

```
イメージ目標値
 1. かなり高級である
 2. やや落ち着いた魅力がある
 3. かなり先進的現代感がある
 4. 可愛いらしさはほとんどない
 5. どんな場合に使うにしてもふさわしさはまあまあである
形態要素は参照車と比較して
 1. ボディ面性状は丸い方だが同じくらい
 2. ボディエッジ性状は変更して丸くする
 3. 全高／全長は不変
 4. キャビン長／全長はややキャビンを小さくする
 5. 台形度は同様に強い
 6. 台形中心の偏りは後へ偏り
 7. バランスは不変
 8. ボディライン性状は全く直線的
 9. ボディライン折れの目立ち度合は一つ目立つ折れがある
10. フードの傾斜度はほぼ同等で，中くらいの傾斜
11. マスク上向きはほぼ同等で，中くらいの傾斜
12. フロントマスクの厚さはかなり厚い
13. ボディ色は非常に暗い
14. モール目立ち度合はモールなし
15. グリルの目立ち度合はかなり目立つ
16. グリルとランプの上下幅比はややランプの方が高い
17. ランプの角形度はかなり丸い
18. ランプの長変形の度合は横長だが参照車よりずっと正方形に近い
19. ランプの対称性は非対称
20. ランプの角度は中間で参照車と違う
21. ランプのサイドへの回りこみは参照車と同じくらい
22. バンパーのでっぱりはほとんどなし
23. バンパーの厚さは同じ
24. バンパーの色の目立ち度合は非常に目立つ
25. バンパーの穴複雑さは非常に複雑
26. サイドウィンド外形線は半分ぐらいの折れ感
27. フロントスポイラーのアピアランスは顎がやや出っ張り
28. Aピラー目立ち度合は目立たぬ
29. Bピラー目立ち度合は同じくらいやや見える
30. Cピラー目立ち度合はかなり目立つ
31. ホイール形式は同じように粗い
```

解のイメージスケッチ

参照車としたアルシオーネ

❸ 得られた推論結果

えるとともに，多数個の遺伝個体（形態要素項目の組合せ）をランダムに生成する．つまり，遺伝個体の遺伝子（形態要素）の初期値をランダムに与える．生成された多数個の遺伝個体の集合は遺伝集団と呼ばれ，個体の個数は遺伝集団のサイズと呼ばれる．集団サイズは，一般に，遺伝子の個数およびその数値の定義形式により決められる．

STEP 2・適合度評価：生成された各遺伝個体のイメージ評価値を計算して，それと目標の間の距離（その逆数を遺伝個体の適合度と呼ぶ）を測る．

STEP 3・淘汰と選択：目標とまったく離れた遺伝個体は淘汰されるが，離れる距離に応じて比率的に生き残すことはよく採用される方法である．これは選択戦略と呼ばれ，遺伝個体の多様化を保ちながら目標に近づくためのキーポイントといえる．

STEP 4・遺伝操作：生き残された遺伝個体どうしの間に遺伝操作が行われる．交叉操作の場合では，交叉確率により二つの遺伝個体を選び，その間である部分の形態要素項目の値が交換され，二つの新しい個体となる．突然変異操作の場合では，変異確率により一つの遺伝個体を選び，ランダムに決められた変異する形態要素項目の値を定義域の範囲で変化させる．そうすると，親の遺伝情報を継承しかつ新しい性質をもつ子供が作られる．

STEP 5・STEP 2に戻ってイメージ評価と淘汰操作が再び行われ，世代交代が繰り返されると，多数個の遺伝個体は与えられたイメージ目標に近づく．

研究実例では，「高級感」「落ち着いた魅力」，「先進的な現代感」「可愛いらしい」，そして「平凡であるがどこへ乗っていってもおかしくない」という五つのイメージ用語に関する車外観のイメージ総合評価モデルを構築してそれを適合度評価関数とした．富士重工の「アルシオーネ」を参照車とし，その形態要素値をイメージ評価モデルに入力して得られた値を，逆推論の目標値と設定して推論実験を行った．その結果，イメージの値がほぼ目標に達した個体が多数得られた．また，各個体の形態要素値を見ると，それぞれの個体は互いに異なりある程度ばらつきを示す結果となっていることがわかった．❸は得られた一つの個体の形態要素値と，それをデザイナーが具体的な形に表したスケッチであるが，形態要素から直ちに画像情報に転換する方法を開発すれば，より早くより高質なデザイン提案が実現できると考えられる．

［田　慕玲］

■文献

田慕玲・森典彦：目標イメージに適する自動車の形態を探索するデザイン支援システム—ジェネティックアルゴリズムによる製品形態の逆推論．デザイン学研究，41(8)：1-10，1995．

3|701　概説－情報としてのデザイン

　情報革命は，経済，産業，教育，娯楽などの社会の隅々に浸透し，われわれの生活に急激な変化をもたらしつつあるが一方で，ITは嫌いという人びとも増えている．そのために情報格差（ディジタル・ディバイド）の解消に努める必要がある．そこで必要となってくるのが「情報としてのデザイン」というデザイン領域である．

　しかし，情報分野はニーズが多様で，技術革新が急速に進行しているため，誰もが，自由な情報の発信・共有を実現するためには高度電子情報時代の基盤技術に関する研究開発を推進することが求められている．とくに焦点が当てられている分野は，次の四つである．

① ネットワーク上であらゆる活動をストレスなく時間と場所を問わず安全に行うことのできるネットワーク高度化技術
② 社会で流通する膨大な情報を高速に分析・処理し，蓄積し，検索できる高度コンピューティング技術
③ 利用者が複雑な操作やストレスを感じることなく，誰もが電子情報通信社会の恩恵を受けることができるヒューマンインタフェース技術
④ これらの技術を支える共通基盤となるデバイス技術，ソフトウェア技術

　情報通信分野の推進に当たって，多様性と技術革新の速さといった技術的開発はもちろんであるが，標準化などの国際的な取組み，誰もが情報通信技術を活用することができるようにするためのインタフェースデザインの教育および学習の振興などに取り組むことが重要である．さらに，コンピュータの誤作動・機能不全による災害，ネットワークを介した犯罪などによる社会システムの破壊への対策や，プライバシーなどの情報管理のあり方の検討などについて考慮しなければならない．

　本章では，20世紀が最後に直面した情報としてのデザインをとらえる．従来までのモノのデザインではなく，情報のデザインという局面である．ここで見るための情報ということだけであるなら，視覚情報デザインとかグラフィックデザインという従来のデザインジャンルが存在しているわけである．しかし，20世紀が直面した情報としてのデザインとは，情報のデザインによって人間の行為や体験そのものが異なってくるという局面である．さらに直接的に表現するなら，情報としてのデザインとは，人間行為のデザインであるということになる．このような情報としてのデザインはこれまでのもののデザインとどこが異なっているのかについて考えてみよう．

　第1に，従来のデザインが人間の身体的延長物として見なされてきた結果，手や足の機能の増幅を目的として道具や機械がデザインされてきた．そこでは身体的な運動を道具の機能に置き換えて作業量を減少させることを目的としていた．しかし，現代では，電子情報技術の進展とともにコンピュータがほとんどの道具内部に組み込まれるようになり，高度な情報処理能力によって道具の機能は飛躍的に多様になり，多重化されるようになった．この点に情報としてのデザインの基点がある．

　第2に，従来までは，スイッチを入れるだけで作動した道具であったのが，道具と人間との間で複雑な情報のやり取りを行う必要が出てきた．道具が実現できる機能が多様であればあるほど，目的とする作業を実行するための操作手順が複雑化してきたのである．ここに操作の手順のようないままで目に見えなかったシナリオとでもいうような対象をデザインする必要が出てきたのである．

　第3に，コンピュータに代表されるように情報を操る道具の多くは，その機能が多様であるがゆえに，その道具の生来的な形を表現することが困難になってきた．計算機になったり，文字書きになったり，絵描きになったり，飛行機の操縦シミュレータになったり，ゲーム機になったりするわけで，従来のモノのデザインのように，計算する道具の形，文字を書く道具の形，絵を描く道具の形，ゲームで遊ぶ道具の形というような道具固有の形一つで表現することが難しくなってきた．情報の処理内容によってそのつど道具に形を与える必要が出てきたのである．

　第4に，これまでの道具のように見ればわかるという道具から，学習しなければわからないという道具になってきたために，目的を達成する前にまず学習する時間が必要な道具が増えてきたことである．学習するということは，そのためのテキストが必要となり，人間と道具とのやり取りがスムーズに達成できるように準備が必要になった．言い換えれば人間の頭脳を使わなければ道具を使いこなせないという道具が増えたということである．そこで，学習や訓練を不要とする道具のデザインへの願望が強まっている．

　第5に，これらの道具は，これまでのように機能の構成という規則では成り立たず，情報の構成というし

うくみを必要としていることである．情報の構成をデザインするには，人間の思考や認識という行動の基盤となる活動そのものを情報の流れとしてとらえ，デザインの対象としての情報機能の構成に置き換えていくという方法論も登場してくるのである．

第6に，このような人間と道具との間のやり取りの間をスムーズに行うためのデザインをインタフェースデザインと呼んでいる．インタフェースデザインは，これまでの機能デザインとはまったく異なったデザイン内容とプロセスを生み出してきているのである．条件設定プロセスでは，プロトコル分析や，ログ解析，概念設計プロセスでは，シナリオボード，基本設計プロセスではストーリーボードや操作フロー図，詳細設計プロセスでは，画像イメージ，色彩調整，言語，サウンドなどの詳細な具体化が行われる．評価プロセスでは，ユーザビリティテストが行われる．このように新たなデザインのツールと，新たなデザインプロセスが生み出されてきたのである．

第7に，このようなインタフェースデザインにおけるデザインの大きな特徴は，そのシナリオのデザインにあたって，時間という概念のデザインが必要とされることである．それは二つの局面をもっている．その一つは，手順という順序問題．人間の作業は一律に規定できるものではなく，ゆっくりと楽しみながら作業を行うということもあれば，一刻も争うという緊急性を求められることもある．この極端に異なる要求を道具と人間の関わりの上で解くことはそう簡単ではないのである．もう一つは情報は変化するというダイナミックな課題である．朝見た新聞を夕方もう一度見るという人は少ない．情報は新鮮なものでなくては価値がない．人間が必要とする情報内容は常に変化していなければならないのである．従来のように物理的機械の設計では考えもしなかった変化するデザインのシナリオが必要とされるのである．

第8に，情報のデザインを考えるにあたっては，その情報の構造的なあり方とその評価の基準が必要となる．それは情報の伝達の効率化としての構造ではなく，そのシナリオに適応するべき構造のあり方の創造にあるであろう．したがって構造はこうあるべしではなく，シナリオを有効に働かせる基本構造パターンを発見しなければならない．それと同時に，ユーザビリティの評価にはどのような基準が存在するのかという基礎的研究が必要とされている．

第9は，情報のデザインにおける記述法の課題である．従来からのデザインでは，美しい造形を創造するためにスケッチを描き，模型を制作することに力点が置かれていたが，情報のデザインにおいて重要なことは，プログラミングであり，シミュレーションである．

しかし，気をつけておかなければならないことは，プログラミングを記述できるからといってそのプログラミングが表現している造形の感触を想像できないことである．プログラミングは言語体系であり，言語による記述にはそれなりの限界がある．人間の行動には，論理的記述が不可能な部分がきわめて多く存在しているからである．

第10は，情報のデザインに仮想現実技術を駆使して，実在の世界に迫ろうという考え方が発展してきていることである．人間の感触を実現し，ダイナミックな動きを仮想的に実現することによって臨場感を体験させようとする技術は，近年急速に進展した分野である．ディスプレイの画像を特殊なデバイスによって触ることによって，その素材感や弾力，重み，温度，振動などを感じることができれば，その臨場感は自然なものに近づくだろう．そしてまたディスプレイの中だけではなく，ディスプレイの外部において仮想物体がダイナミックに運動しているというイメージが実現されるのもそう遠くはないものと想像されるのである．

第11に，静止画像，動画像，テキスト，サウンドという表現要素はもちろんのこと，仮想や現実の双方を含み，アナログやデジタルを問わず多様なメディアの融合した表現（マルチメディアインタフェース）に対するこれからの期待は大きい．

情報時代のデザインは，人間の思考や認識と情報要素とを関係づけてとらえている．その意味で認知科学や，神経認知科学がインタフェースデザインの基盤的な知識となるのである．しかし，情報のデザインにはもう一つの側面があることを示唆している．人間と道具との間のやり取りの間に交換される情報には，言語やプログラミングで代表されるような論理的な情報と，作品を見て感動を覚えるときの感性的情報がある．人間は環境から，論理的な情報と感性的な情報の双方を受け取って行動を決定していると考えられる．しかしながら，感性的情報についての科学はほとんど見過ごされてきたのである．21世紀のデザインは20世紀が見過ごしてきた感性の科学を発展させることにより，より人間にとって豊かな「情報としてのデザイン」を実現することができると考えるのである．　　　　〔原田　昭〕

3|702 認知の科学と情報デザイン上の問題発見

　モノのデザインに加えて情報のデザインも，デザイナーの重要な仕事になってきた．情報デザインの何が問題でそれをどのようにすれば解決できるのかを考えるためには，ユーザー（使い手）の認知特性（情報処理特性）に配慮することが求められる．認知の科学は，ユーザーの認知特性を知るための基本的な視点と知見を提供するだけでなく，情報デザイン上の問題点を発見するための手法（ユーザビリティテスト）（3|706参照）をも提供する．

■ユーザーの認知特性をとらえる基本的な枠組み
　デザイナーはデザインする対象・内容を理解した上でデザインすることになるが，さらに，そのデザインを，どのようなユーザーがどのような状況で使うのかに思いを馳せる必要がある．❶を参照されたい．デザイナーからユーザー・状況を経由する線が，それを意味している．これは，教育現場で，教師が子どもに配慮した授業を設計することに似ている．たとえば，コンピュータについての授業をするとき，1年生と6年生とでは，授業のしかたがまったく異なるはずである．それが，相手に配慮した情報デザインということになる．
　ユーザーに配慮するとは，ユーザーの認知特性に配慮するということになる．コンピュータという情報処理マシーンの出現は，ユーザーと機械・道具との関わり（インタフェース）の質を変えた．従来は，ユーザーの身体的・生理的な特性と機械の物理的な特性との適合性が，インタフェース設計の主要な問題であったが，コンピュータの出現は，❷に示すように，コンピュータの情報処理と，ユーザーの情報処理との適合性という新たな問題を発生させた．ここに，人とコンピュータの情報処理特性を研究している認知の科学への期待がある．

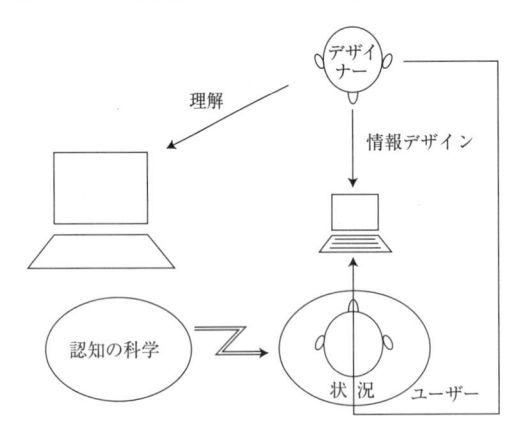

■情報デザイン上の問題発見に際して配慮すべきユーザーの認知特性と問題発見上の指針
　デザイナーがデザイン上の問題を見つける上で配慮すべきユーザーの認知特性の最も基盤的なものは，認知的節約の原理である．ユーザーにいかに頭を使わせないで（認知的コストをかけさせないで）コンピュータと交流できるかを考えることである．以下，この観点から，認知特性七つとそれを踏まえたデザイン上の問題点の発見のための指針を挙げてみる．

[ユーザーはパターン認識が得意－知覚特性]
　人は，一瞬のうちに，全体，全体と部分，および部分間の関係をつかむパターン認識能力が際立って優れている．
　この能力が発揮できる情報環境をデザインするためには，情報のパターン化がポイントになる．ともすると断片化されがちな情報環境を，全体が何であるか，今見えている情報は全体や別の情報とどのような関係にあるかを表示することが求められることになる．
　指針1　全体の構造（関係）が常にわかるようにしているか
　指針2　ナビゲーションの履歴を見せているか

[ユーザーはまとめるのが得意－知覚特性]
　人は，視覚的，意味的にまとめることのできる情報は一つにまとめて処理するチャンキング（chunking）能力に秀でている．
　この能力を支援する情報環境をデザインするには，見た目のまとまりと意味的まとまりとが一致するようにすることである．
　指針3　意味的なまとまりが見てわかるようにレイ

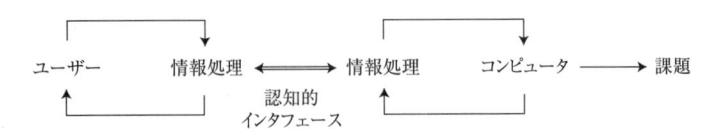

❶ユーザーに配慮したデザインとは

❷ユーザーとコンピュータとの交流の構図（樋渡，1985を改変）

アウトしているか

指針4　多彩な情報を一度に表示するときは，区別化と階層化をしているか

[ユーザーは注意資源の効率的な配分が得意－注意特性]

人は，必要なら注意を自分でコントロールできるが，多くの場合は，情報環境にある目立つものに注意が引きつけられることで，注意配分のコストの節約を図っている．

注意のこの特性は，大事なものは目立たせることで，ユーザーの注意を自然に（強制的に）引きつけることに活用できる．その上で，必要に応じてユーザー自らが能動的に注意資源を配分することで，より精緻な情報処理をさせることになる．

指針5　注意を引きつけたいところは，ブリンキング，色，大きさ，対比などによって目立たせているか

指針6　注意を誘導した後は，正確かつ十分な情報を提供して深い処理を支援しているか

[ユーザーは再認が得意－記憶特性]

人は，思い出すべきものを見せられればそれが思い出すべきものであることに容易に気がつく．これを再認という．これに対して，思い出すべきものを思い出すことを再生という．一般に再生より再認の方が認知的コストは低くて済む．

再認能力の発揮を支援するためには，ユーザーがもっている既有知識を思い出せる手がかりを情報環境の中に呈示することになる．

指針7　コマンドよりもメニューにしてあるか

指針8　アイコンも思い出す手がかりを豊富に提供しているか

[ユーザーはヒューリスティック思考が得意－思考特性]

人は，日常生活や機械・道具の使用に際して，論理的・計算的に思考することはまれである．むしろ，論理の飛躍による発見的思考や連想による創発的思考の方を展開する．この方が認知的節約原理にかなっているからである．

こうしたヒューリスティック思考能力は，解決目標を意識させた上での知識世界の自由探索を保証する情報環境を提供することで，より妥当な（適応的な）ものになる．

指針9　解決したい課題を絶えず見えるようにしてあるか

指針10　思考の履歴を見せているか

[ユーザーはわかったつもりになるのが得意－思考特性]

人は，何が何やらわけがわからない認知不安の状態を嫌う．それは感情的な反応であるが，認知的節約という点からも，その状態を引き起こした原因分析に資源を費やし続けなければならないので，好ましくない．そこで，その状態から抜け出すために，状況を自分なりに解釈して納得しようとする．その解釈のために構築されるモデルをメンタルモデルと呼ぶ．

メンタルモデル駆動による妥当な（適応的な）解釈を支援するためには，論理や計算に訴える表現よりも，視覚表示やなじみの知識で判断できる情報環境を提供することになる．

指針11　たとえを有効に活用しているか

指針12　what，why，howに関する情報を必要に応じて見ることができるようにしているか

[ユーザーは感性に従った情報処理が得意－感性特性]

人は，情報を処理する際に，感性を同時に働かせる．そして，感性に合う情報はスムーズかつ十分に深く処理する．

感性に従った情報処理を支援するには，快感情を伴う情報処理の仕掛けを組み込む必要がある．

指針13　美しさを感じさせるか

指針14　自己効力感をもたせるために，過度の自動化の抑止，フィードバック情報の提供をしているか

以上，認知的節約の原理を基盤に，デザイン上の問題を見つけるための指針を提出してみた．この指針に従ったデザインは，ユーザーに機械・道具の操作よりも課題解決そのものに認知資源をより多く配分してもらうことにつながるが，一方ではしかし，機械・道具の使用に際しては誤った情報処理（思い込みエラー）に導くというリスクを常に伴っている点にも留意する必要がある．

［海保博之］

■文献

樋渡涓二：人間と機械の情報交換．ヒューマン・インタフェース（田村博編），コロナ社，1985．

海保博之・原田悦子・黒須正明：認知的インタフェース，新曜社，1991．

3|703 情報の構成

■**対象の全体表現**

　構成とは，「つくり」「組み立て」「しくみ」を意味している．「機能」に対比する概念として，芸術運動，心理学，言語学，人類学，社会学など広い分野で使われている．構造，モデル，構築などの語が関連する意図で用いられることも多い．

　20世紀初頭のロシアに始まった抽象芸術運動である構成主義，ゲシュタルト心理学，ソシュール（F. de Saussure）に始まる構造言語学，C・レヴィ＝ストロース（Levi-Strauss）による構造人類学，発生的認識論を展開したJ・ピアジェ（Piaget）の構成主義心理学，コンピュータ技術と呼応した認知科学が示した人間の情報処理モデル，そしてS・A・パパート（Pepert）らが提唱する構成的な学習理論，T・ウィノグラード（Winograd）らのHuman-Computer Interaction（HCI）研究における構築的なインタラクション概念，あるいはK・J・ガーゲン（Gergen）らが展開する社会的構成主義などがある．

　これらの運動や学問研究が，構成や構造という概念でとらえているものはさまざまである．しかし，対象問題の組み立てを，部分ではなくその全体性において表現あるいは説明しようとする点においてそれらは共通している．対象の全体表現あるいは全体説明という意味を内包する構成概念は対象をとらえる枠組みとして，静止したスナップショットモデルから動的モデルへ，そしてインタラクティブなモデルから構築的なモデルへと広がっている．

■**情報の構成**

　ここに示す「情報の構成」とは，情報の道具や環境に形を与えるための概念である．そこには，道具環境システムに実装される情報機能のしくみを全体としてとらえデザインするための枠組みの側面と，情報活動をする人間の認識と活動のしくみをモデルとして把握する枠組みの二つの側面がある．前者の「情報機能の構成」と後者の「思考の構成」は，D・A・ノーマンがナチュラルマッピングと呼んだ自然な対応づけをとるべき，コインの表と裏の関係にある．使いやすい情報の道具環境デザインの多くは，情報活動する人間の思考と認識のしくみがそのモデルになっている．つまり，情報の構成とは，システムの情報機能のしくみと人間の認識と活動のしくみの相互関係全体をとらえた設計モデルといえる．

　人間の思考と認識を，情報処理のモデルとしてとらえる認知科学のアプローチは，情報の構成というデザイン課題に多くの示唆を与えてきた．

　行為する人間の思考モデルに，ノーマンの「行為の7段階理論（The seven stages of action）」がある（❶参照）（Norman, 1988）．彼が描いたのは，「目標」を起点とする「実行」と「評価」の二つの情報の流れである．実行の流れは「意図→行為系列→実行」の段階で説明され，実行は外界に変化を起こし，その変化が再び人間の頭に入ってくる．それを受け取る「知覚→解釈→評価」の流れが再び「目標」に到達する．頭の中にある七つの部分が情報を処理することによって行為が遂行されるとするこのモデルは，それぞれの段階を，ユーザーに理解可能なものとして形づくるシステムのデザインに応用されている．

　J・ラスムッセンは，システムを制御する人間の行動を，下位の層から「スキルベース，ルールベース，知識ベース」という三つの層に分け，情報の構成を描いている（Rasmussen, 1986）．スキルベースとは，行

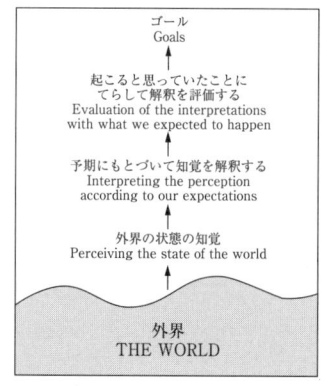

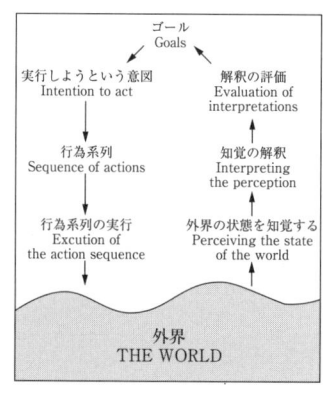

❶ノーマンの行為の7段階モデル

為や活動における感覚運動パフォーマンス，意識的な制御を伴わない行動である．ルールベースは，ルールや手続きあるいは問題解決プランニングによる意識的な制御行動の層を指している．知識ベースとは，高次の概念レベルの知識モデルによってパフォーマンスの制御がなされる行為の層である．人間を決定論的な入出力デバイスとしてではなく，能動的にゴールを選択し，関連情報を求める目的志向的な生き物であるととらえることからこの構成は導かれている．

これらは，機械の情報処理メカニズムを原型として描かれた人間のモデルとしての情報の構成といえる．

■インタラクションとコンストラクションというモデル

次のモデルは，情報の構成を，要素間の結びつきを矢印で示す機械の処理メカニズムとして説明せず，システムと人間の両者に共起する出来事ととらえている点が興味深い．

「アフォーダンス(affordance)」という概念を提示したJ・J・ギブソンは，生態的な知覚のモデルとして，環境と人間の相補的なインタラクションの考え方を示した(Gibson, 1979)．重要なのは，知覚を，生きた環境の中で起きている生きた人間の活動と見なすところにある．また，知覚という出来事の中に，知覚している人自身つまり自己が存在しているとする点も重要である．そこでは，環境に情報が実在し，知覚する人間がそれをピックアップしている，環境情報を知覚することそれ自体が，知覚している自己を認識することに結びついていると考えるのである．そういうインタラクションのモデルは，道具環境のデザイン概念と重なる．道具のデザインを，道具とユーザーの関わり合いそれ自体の設計，関わり合いの構築のファシリテーションとする考え方である．

T・ウィノグラードは，言語に代表される「相互インタラクション(mutual interaction)」とは，言葉のやりとりにとどまるものではなく，対話する両者が対話の帰結として常に「行為」を指向していることに着目する(Winograd and Flores, 1986)．そして，コンピュータ設計の基本概念は，人間の関心と活動の可能性空間のデザインであるとし，現象学にもとづいた存在論的デザイン思想を展開している．L・アルベン(Alben, 1996)やE・サンダース(Sanders, 2002)は，経験のためのデザインという，可能性空間のデザインに関連する考え方を示している．ユーザーのニーズには「話されたこと，行ったこと，考えていること」のように，明らかなものから見えないものまでさまざまなレベルがあるとし，モノづくりの実践にユーザー自身が参加することから見えないレベルのニーズを把握する，ユーザー参加のデザイン方法を提案している．

■ディジタル時代の新たなデザインの枠組み

デザインの問題としての情報の構成概念は広がっている．道具や環境の「情報機能の構成」がマッピングすべきものは，人間の思考と認識のしくみから，行為や活動のしくみへ，さらに活動経験のしくみへというように拡張された．人間の活動そのものの中に，そしてその活動を行っている人びとの解釈の中に「情報の構成」原理が潜んでいるのだという気づきは，H・ガーフィンケルらのエスノメソドロジー研究の成果に負うところが大きい(Garfinkel, 1998)．それは，事態を解釈する者の存在を明らかにし，その現象のディテールを忠実にたどるとき，ディテールが自らのリアリティを語り始めるとする立場である．そこに，人間の活動に埋め込まれた「情報」のしくみを明らかにするもう一つのデザインの方法を見出すことができる．

活動の可能性空間の形成，そしてその可能性空間が構築されつづけることを「しくみ」とするプロセスとしての情報の構成．そのしくみを明らかにすることは，ディジタル時代の新たなデザインの枠組みを探す大きな課題だといえる．

[須永剛司]

■文献

Norman, D. A. : The Psychology of Everyday Things, Basic Books, 1988(野島久雄訳：誰のためのデザイン？―認知科学者のデザイン原論，新曜社，1990)．

Rasmussen, J. : Information Processing and Human-Machine Interaction - An approach to congnitive engineering, Elsevier Science, 1986(海保博之ほか訳：インタフェースの認知工学―人間と機械の知的かかわりの科学，啓学出版，1990)．

Gibson, J. J. : The Ecological Approach to Visual Perception, Houghton Miffin Company, 1979 (古崎敬ほか訳：生態学的視覚論―ヒトの知覚世界を探る，サイエンス社，1985)．

Winograd, T. and Flores, F. : Understanding Computers and Cognition - A new foundation for design, ablex, 1986(平賀譲訳：コンピュータと認知を理解する―人工知能の限界と新しい設計理念，産業図書，1989)．

Alben, L. : Quality of experience. Interactions(magazine), ACM Vol. III. 3, pp.11-15, 1996.

Sanders, E. : コミュニケーションデザインの新しい地平．情報デザイン(A. Schneider編)，グラフィック社，2002.

Garfinkel, H. : Color Trouble. エスノメソドロジーの想像力(山田富秋・好井裕明編)，pp.10-29，せりか書房，1998.

3|704 インタフェースデザインプロセス

■ **インタフェースデザインの目的**

ヒューマンインタフェースデザイン（human interface design）は，人間と人工物（artifact）の関わり合いを対象とする活動である．その本質的課題は，人工物そのものではなく，人工物との関わり合いを通じてなされるユーザーの活動であり，体験である（Winograd and Flores, 1986；須永, 1997）．

ユーザーは生活や仕事の活動の中で，意識的・無意識的に，そのワークプレイスに存在する人びとやさまざまな人工物と関わり合い，インタラクション（interaction）を行っている．ユーザーの身体や認知などの特性，活動環境や活動内容，それらを取り巻く状況と人工物の間に不適合があれば，適切なインタラクションは成立せず，目的とする活動や，そのための個々のタスクを実行することもできない．

インタフェースデザインでは，個々の状況において，ユーザーと人工物，タスクの間に望ましいインタラクションの場を成立させるために，ユーザーの活動時空間上に，活動の手がかりとなるインタフェース要素を適切に配置していく必要がある（❶）．

■ **インタフェースデザインの特徴**

インタフェースデザインでは，対象とするユーザーやその活動，環境に多様性があり，また人間の認知や学習といった変化のある要素が深く関係するため，設計当初から要求や機能を明確にするのはむずかしい．

また，ある問題の解決のために導入されたデザイン解が，別の状況では問題を引き起こす要因となる場合もあるため，デザインを進める過程で，実際の使用状況における適合性を繰り返し検証する必要がある．

そのため，インタフェースデザインには，反復的に段階的詳細化を進めていくスパイラル型の設計プロセス（Newman, 1995）が有効である．このプロセスを適切に活用することにより，デザイン解の仮説を形にしたプロトタイプの作成とその評価を繰り返しながら，実環境での使用の状況に潜在する問題や要求の確認，およびアイデア生成を行うことができる．

■ **設計プロセス**

インタフェースデザインのプロセスは，対象とする領域や規模によりさまざまであるが，一般に，問題定義，概念設計，実現設計，詳細設計，評価，という五つのフェイズを基本として考えることができる（❷）．

[問題定義]

問題定義のフェイズでは，対象となるユーザーの特性，活動の概要，環境，および要求を明確にする．その上で，設計対象となる人工物によって支援すべき活動を明確化し，支援のレベルや解決すべき問題を明らかにする．このフェイズで検討された内容は，プロジェクト計画書や要求仕様書の形でまとめられる．

人工物への機能面や性能面の要求は，従来のマーケティング手法により抽出できることも多いが，これらの手法では「使用」の場面や「使い勝手」に関する要求は抽出しにくい．そのため，インタフェースデザインの視点からもユーザーやその環境の調査を実施して，要求の把握をする必要がある（黒須ほか, 1999）．

とくに近年では，コンピュータ技術の，生活や仕事の場への広がりとともに，ユーザーの活動環境も多様化し，また複数の人工物が連携して使われるなど，「人間-人工物」という範囲でインタフェースの問題を

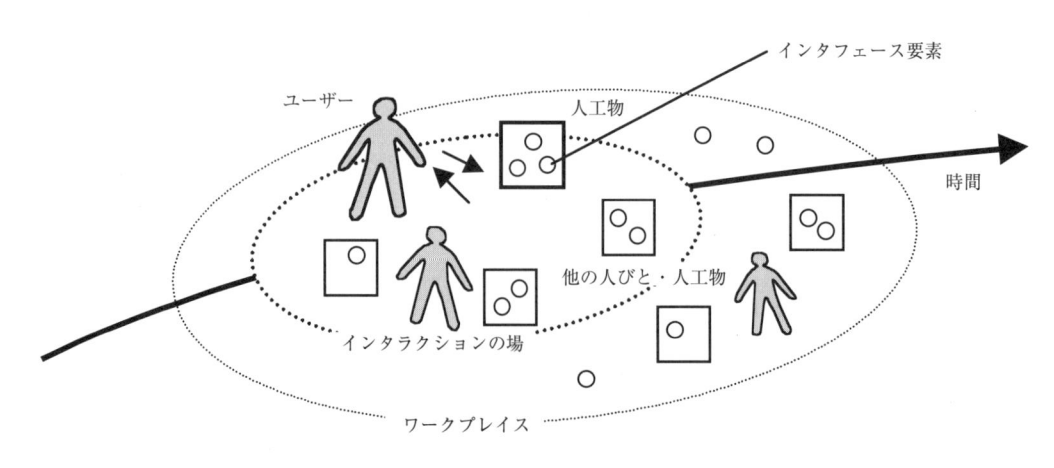

❶ ユーザーの行動時空間とインタラクション

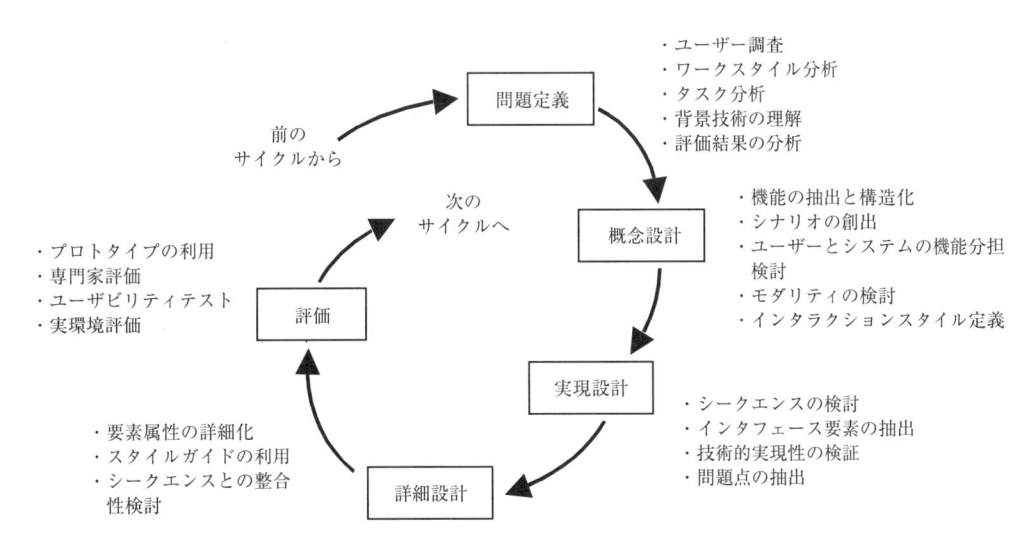

```
                                    ・ユーザー調査
                     ┌──────┐        ・ワークスタイル分析
              ┌──→──│問題定義│        ・タスク分析
              │     └──────┘        ・背景技術の理解
   前の       │         │            ・評価結果の分析
  サイクルから │      次の│
              │     サイクルへ
                         ↓          ・機能の抽出と構造化
                     ┌──────┐        ・シナリオの創出
                     │概念設計│        ・ユーザーとシステムの機能分担
・プロトタイプの利用  └──────┘           検討
・専門家評価          ┌──────┐        ・モダリティの検討
・ユーザビリティテスト │ 評価 │         ・インタラクションスタイル定義
・実環境評価          └──────┘
                         ↑          ・シークエンスの検討
                     ┌──────┐        ・インタフェース要素の抽出
                     │実現設計│        ・技術的実現性の検証
                     └──────┘        ・問題点の抽出
・要素属性の詳細化       │
・スタイルガイドの利用   ↓
・シークエンスとの整合 ┌──────┐
  性検討              │詳細設計│
                     └──────┘
```

❷インタフェース設計プロセス

とらえるのはむずかしくなってきている(原田，1997)．エスノグラフィー(ethnography)の手法を活用してユーザーの環境や活動の状況を観察・分析する(Suchman，1987)など，ユーザーやそのワークプレイスについて，より包括的な社会的コンテクストまで含めて調査する方法を考えていく必要がある．

[概念設計]

問題が定義されると，それを解決するための基本的な機能を構想し構造化する概念設計の段階となる．このフェイズでは，ユーザー/タスク/人工物の関係を明確にすることで，「人工物のあり方」ついての基本的な定義をする．この結果は，システム仕様書や機能仕様書の形でまとめられる．

このフェイズでは，要求を満たすための基本的な機能を定義し，使用状況のシナリオを想定しながらユーザーと人工物の機能分担を規定する．同時に，ユーザーの特性を考慮した上で，使用するモダリティを検討し，インタラクションの基本的なスタイルを定義する．モダリティには，たとえば，物理的な接触や，音声，視覚，身振りや動作などがある．モダリティをシナリオとともに構想し，それに対応する技術を検討することにより，基盤となるインタラクションの作法を定義することができる．

ユーザーの活動の最終的な目的が同じ場合でも，そこに至る経緯や作法は多様に考えられ，それによって人工物のもつ機能や支援レベルも変化する．ユーザーの本来の目的や特性を考慮した上で，そのレベルや質を検討する必要がある．ユーザーの背景にある文化や生活習慣，目的やスキルの多様さ，時間的な変化に対応できる柔軟性や拡張性を検討することも重要である．

[実現設計]

基本的な機能やインタラクションのスタイルが決まると，概念設計で構想された仕様の具現化方法を検討する実現設計の段階となる．このフェイズでは，インタラクションの具体的なシークエンスを明確にし，そこで必要とされるインタフェース要素(interface element)を，時間・空間上に定義する．

シークエンスは，ストーリーボードや操作フロー図などの形で記述される．それらをシステム設計やハードウェア設計，ソフトウェア設計，操作性評価など，複数の視点の専門家と共有し検討することで，制御の実現方法や例外処理の検討など，さまざまな状況を想定した実現可能性の検証や，矛盾点や問題点の抽出をすることができる．これらの活動により，インタラクションの詳細と，それを達成するためのハードウェア，ソフトウェア，サブモジュール間の役割分担が明確になる．この結果は，状態遷移図や事象トレース図などの形で詳細化され，個々の領域の詳細設計に展開される．

これらの活動は，設計の詳細化と実現方法の対応づけを行うと同時に，要求仕様や機能仕様を再確認し，その定義や解釈の曖昧性を排除していく過程ともなる．ここでの検討の結果，新たな要求が抽出されたり，当初想定していなかった機能の必要性が明らかになる場合もある．

[詳細設計]

　インタラクションのシークエンスおよびインタフェース要素，それらの時間的，空間的，論理的な関係が定義されると，次に個々の場面で使用される各要素の属性を規定し詳細化する詳細設計の段階となる．

　ここでは，ハードウェア全体やスイッチなどの部位の物理的形状，ソフトウェアの画面レイアウトやボタン，アイコンなど個々の要素の形状や，色彩，用語，音のパターンなどを定義する．

　それぞれの属性は，図面やデザイン仕様書に記述される．要素の配置や使い分け，表現方法などについては，システム全体としてのバランスや一貫性を確保するためにガイドラインが用意されることが多い．

　同じ要素であっても，別の状況や行為の文脈の中では異なる意味が発生する場合もあるので，要素のデザインはシークエンスとの整合性を十分に検討しながら実施する必要がある．逆に，要素のデザイン検討からシークエンスの再考が必要となる場合もあり，両者は相補的な関係にあるといえる．

[評価]

　以上の設計活動によって設計案が生成されると，それが当初の目的を達成しているか，また，他に問題がないかを検証するために，評価を実施する．

　評価にはTALやGOMSなどのモデル化手法を使った予測的評価（Johnson, 1994），ユーザビリティの専門家によるヒューリスティクス評価（Nielsen, 1993），被験者を使ったユーザビリティテストやプロトコル分析など，さまざまな方法があり，目的を考慮して適切な手法を選択する必要がある（黒須ほか, 1999）．

　評価対象となるプロトタイプは，設計の初期段階では，スケッチやレイアウト図，ストーリーボードや操作フロー図などの形で表現される．ある程度設計が進むと，形状モックアップやスケールモデル，ソフトウェアプロトタイプなどが作成され，実際に部分的なインタラクションを行って評価することが可能な状態となる．設計後期の最終段階では，ハードウェアとソフトウェアが結合された試作機が対象となる．

　評価では，その目的を考慮して，適切な被験者を選択するとともに，実際の使用環境，使用状況に近い状態を作り出すことも重要である．評価の結果，目標を達成していない点や改善すべき点があれば，それは新たなデザイン問題として定義され，次の段階の設計サイクルに反映される．

■設計サイクルの反復

　以上に述べた問題定義から評価までの設計サイクルを繰り返し実施することにより，各フェイズにおける設計情報も詳細化される．この過程で得られた知識は，直接デザインに反映されるだけではなく，新たなルールやガイドラインという形でも蓄積される．

　設計サイクルの繰り返し回数や，プロトタイプ作成と評価の実施タイミングは，プロジェクトの規模や特性によって異なる．目的に従って段階的設計-評価の計画を作成し，設計状況に応じて改変していく柔軟な設計管理をする必要がある．

　また，実際に製品化された後に，ユーザーの実環境での使用状況を中長期的に調査・分析し，現製品の改善や次製品の企画・設計に応用していくことも重要である．この段階では，ユーザーの慣れや学習による変化や，設計時には想定できなかった使われ方，環境の変化による人工物の位置づけや使用目的の再編などまで調査の視野に入れることができる．

■設計プロセスの標準化

　これまで述べたような設計プロセスは，実際には各社でそれぞれより詳細な形で構築され，多くの場合，社内で標準化されている．

　一方，国際的な標準としてISO 13407がある．1999年に制定されたISO 13407は，「インタラクティブシステムのための人間中心の設計プロセス（Human-centerd Design Process for Interactive Systems）」の規定（ISO, 1999）であり，それまでとくに欧州で蓄積されたきたノウハウをもとにして国際標準規格化されたものである．ISO 13407では，①使用状況の理解，②要求の抽出，③設計解の生成，④評価，という段階を踏んだスパイラル型のプロセスを位置づけ（❸），これらを実際のユーザーや，製品にかかわる多方面の関係者の参画を通じて，要求を満たすまで複数回実施すること，その過程を文書化することが求められている．ISO 13407は，設計の上流段階でのユーザーの参画がより強調され，また，プロジェクトマネージャーに向けて提案されているところに特徴がある．ヒューマンインタフェースの向上を「努力目標」とするのではなく，ユーザーにも開発者側にもメリットのあることとして設計活動の基盤に置く必要を指摘している点も重要である．認証方法の明確化や関連規格，手法の体系化とともに，これを契機とした各社での設計プロセスの再構築が期待される．

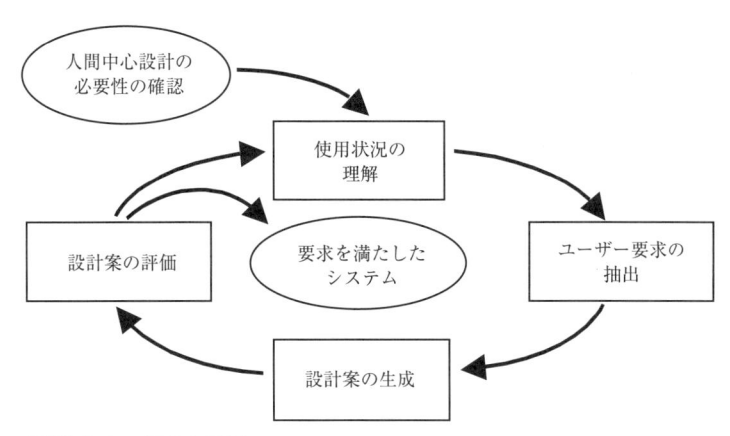

❸ ISO 13407に定義されている設計プロセス（ISO, 1999）

■今後の課題

　設計プロセスの中で，ユーザー調査の結果や設計初期段階の「問題」や「要求」といった概念を設計情報として取り扱い，設計評価の基準として活用していくためには，その記述方法を確立し有効に利用していく方法を確立する必要がある（佐藤，1992）．

　たとえば，オブジェクト指向分析・設計の分野で発展してきたUML（Unified Modeling Language）では，使用状況のシナリオをユースケース（Jacobsonほか，1999）として定義し，記述方法も規定している．このような周辺領域での研究と連携する形で記述方法を検討していくのも有効と考えられる．

　また，ユーザーやその生活が多様化していく中で，設計の初期段階からユーザーを巻きこんだ参加型デザイン（User Participatory Design）を実践する必要性が高まっている．そのために，設計活動のリソースとなる調査結果や仮説モデル，プロトタイプなどを，ユーザーを含めたデザインコミュニティに対して目に見える形にし，プロセス全体にわたって対話を促進する方法を考えることも重要である．

[蓮池公威]

■文献

須永剛司：出来事のデザインと人工物の「かたち」，技術知の射程－人工物環境と知（新工学知3）（吉川弘之監修，田浦俊春・小山照夫・伊藤公俊編），pp.181-207，東京大学出版会，1997．

Winograd, T. and Flores, F.：Understanding Computers and Cognition － A new foundation for design，Ablex Publishing，1986（平賀譲訳：コンピュータと認知を理解する－人工知能の限界と新しい設計理念，産業図書，1989）．

Newman, W. and Lamming, M.：Interactive System Design，Addison Wesley，1995（北島宗雄監訳：インタラクティブシステムデザイン，ピアソンエデュケーション，1999）．

黒須正明・伊東昌子・時津倫子：ユーザ工学入門，共立出版，1999．

原田悦子：人の視点から見た人工物研究（認知科学モノグラフ6），共立出版，1997．

Suchman, L.：Plans and Situated Actions - The problem of human machine communication，Cambridge University Press，1987（佐伯胖監訳，上野直樹ほか訳：プランと状況的行為－人間-機械コミュニケーションの可能性，産業図書，1999）．

Johnson, P.：Human Computer Interaction － Psychology, task analysis and software engineering，McGraw-Hill，1992（佐藤啓一ほか訳，ヒューマンインタフェースの設計方法，マグロウヒル，1994）．

Nielsen, J.：Usability Engineering，Academic Press，1993（篠原稔和監訳：ユーザビリティエンジニアリング原論，トッパン，1999）．

ISO：ISO 13407 Human-centred design processes for interactive systems，ISO，1999．

佐藤啓一：ユーザー・インタフェースデザイン論．特集CUTTING EDGE on INTERFACE DESIGN－インタフェースデザイン論，Industrial DESIGN，157：35-40，日本インダストリアルデザイナー協会，1992．

Jacobson, I., Booch, G. and Rumbaugh, J.：The Unified Software Development Process，Addison Wesley Longman，1999（日本ラショナルソフトウェア訳：UMLによる統一ソフトウェア開発プロセス，翔泳社，2000）．

3|705 インタラクションシナリオ

■ノンリニアなインタラクション

一般的にシナリオと呼ばれるものは，時間軸あるいは因果関係に沿ったイベントのシーケンスを記述した1次元のリニアな構造をもつ．脚本家の意図に従って，最初から最後まで決められた筋の運びをもち，観客や視聴者の意図や期待は物語の行方を左右しない．

インタラクションシナリオは，こうしたリニアなシナリオとは異なり，各場面で視聴者やユーザーの意図をくみ取り，期待する方向へ物語やタスクを展開することができるものであり，ノンリニアな構造をもつ．ノンリニアなシナリオの一番単純な構造は，情報や操作を階層的に組み立てたものである．しかしこの2次元のノンリニアな構造は，各場面で複数の選択肢が用意されているだけで，基本的にはリニアなシナリオを束ねたものに他ならない．ノンリニアな構造には，もっと複雑でユーザーの意図に，個別にかつ詳細に対応できる多次元なシナリオが必要な場合もある．

シナリオを操作と画面の遷移で記述したものはストーリーボードと呼ばれるが，多次元で複雑なシナリオは単純なストーリーボードでは記述しきれないことも多い．❶は，ノンリニアなシナリオのストーリーボードの例である．図の下半分は，ウェブなどの情報構成に見られる例で，ある状態に複数の○があることがあり，矢印のリンクが複雑になっていることがわかるであろう．このような場合は，部分を切り出してできるだけ単純な構造で考えたものを，後で組み合わせて設計する．

■建築の動線計画とのアナロジー

インタラクティブなシナリオの設計は，建築物の動線の設計に似ている．建物の種類，規模に応じて，さまざまな移動のルートや手段がありうる．同じ建物でもさまざまなユーザーが想定でき，そのユーザーに対応した動線がある．建物内の動線を実現する要素としては，エントランス，案内カウンター，サイン，階段，廊下，エレベータ，エスカレータ，非常階段などがあるが，階段のロビー，踊り場，吹き抜けなどの建築的要素も，人の動線やコミュニケーションの設計に重要

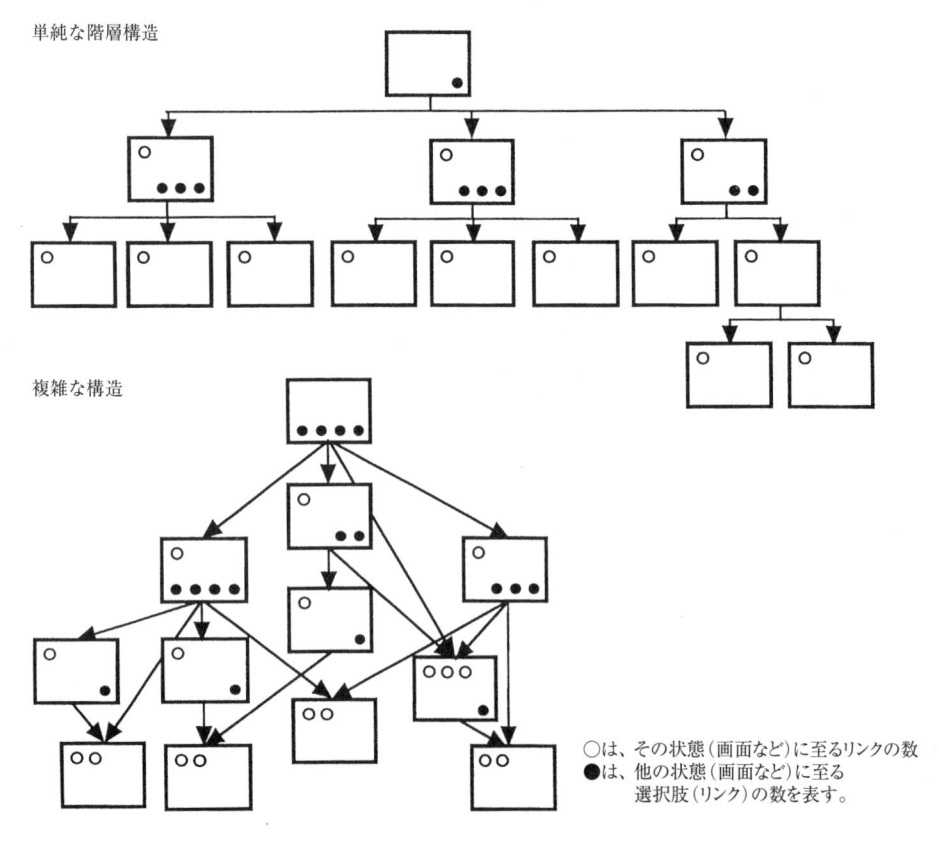

単純な階層構造

複雑な構造

○は，その状態（画面など）に至るリンクの数
●は，他の状態（画面など）に至る選択肢（リンク）の数を表す．

❶ノンリニアなシナリオ

な要素になっている．建築的要素以外にも，案内放送，インターホンなどのコミュニケーションメディアも人の動きをガイドするのに役立っている．さらにエレベータを高層階用と低層階用に区別して使ったり，避難ルートを動的にガイドするシステムを組み込んだりするなど，さまざまな手法が用いられる．エントランスは，人を引きつける重要な要素であり，ロビーや吹き抜け，踊り場などは，ゆとりと出会いを演出し，快適な居心地を提供する．

ユーザーは目的に応じて適切な移動手段やルートを選ぶことができ，方角を見失ったり，非常時の対応などでも適切なガイダンスを得るように工夫されている．

インタラクションシナリオの設計でも，建築におけるこれらの工夫に見られると同じように，以下のようなことが検討されなければならない．

・動機づけ：目的に即した期待や，出会いによる動機づけがあること
・ガイダンス：ユーザーの意図に即したルートがたどれること
・マップ：自分の居場所やルートを確かめる手段を用意すること
・戻りルート：間違いや，緊急の場合に安心できる場所に戻れるルートとガイダンスを用意する
・達成感：逍遥や目的の場所にたどり着くことによる満足感，充実感が得られること

■使いやすくわかりやすいシナリオの設計
[多様なシナリオ]
インタラクションシナリオの設計では，まず想定ユーザーの利用シナリオを描く．システムによっては同じ目的のユーザーばかりの場合もあるし，さまざまな目的のユーザーが混在することもある．そのためルートも単一であるとは限らない．目標が明確なユーザーの場合，目的にできるだけ手順少なくアクセスできるルートが好ましいし，目標が明確でないユーザーの場合，うろうろしているうちに利用するメリットが生まれるしくみが必要になる．

百貨店での買い物というタスクを想定してみよう．バーゲンのときに開店待ちしてなだれ込む買い方もあるだろうし，暇つぶしでエスカレータを乗り降りしながら，たまたま見つけた掘り出し物を買う場合もある．どちらも百貨店という場での買い物のシナリオである．

別の例として，レストランでの食事の三つのシナリオを挙げてみよう．
シナリオ1：入店，注文，食事，支払い，退店．
シナリオ2：入店，注文，支払い，食事，退店．
　　　　　これはセルフサービスのレストランの場合．
シナリオ3：入店，支払い（注文），食事，退店．
　　　　　これは券売式のセルフの場合．

どのシナリオが採用されるかは，食事をどのような生活シーンとしてイメージしているユーザーを対象とするかという判断に加えて，客の回転率などを考えた店の経営方針も影響する（本位田・山城, 1993）．

このように，一連の作業に対しては，さまざまなシナリオが考えられ，想定ユーザー，想定状況に対応した操作の手順，シーンの展開がインタラクションシナリオとして決定される．どれか一つではなく，複数のシナリオを併せ持つ場合も多い．

[階層構造シナリオの深さと広さ]
階層的な構造をもつシナリオを考えるとき，選択肢の多さ，手順の長さをそれぞれシナリオの広さ，深さと呼ぶ．❷は，narrow and deep（狭く深い）と broad and shallow（広く浅い）の典型的な二つのシナリオの例を示す．narrow and deepタイプは，手順は増えるが判断の迷いが少なくなる．broad and shallowでは，手順は減り，選択の自由度は増すが，より判断を必要とされる．実際には，これらの二つの型を巧妙に組み合わせて設計することになる．

[モーダルなシナリオとモードレスなシナリオ]
シナリオの設計でよく起こす間違いは，ユーザーの目的が単一で，常に変わらないと想定することである．ユーザーは気まぐれでもあり，かつできるだけ手間を省きたいというのが常である．入ってきて間際は，ぶらぶら散策していても，何か気になるものがあると注意はそちらに集中し，急に目標を定めて効率を求めたりする場合が多い．

ある継続的な状態はモードと呼ばれるが，モード間移動の自由度の低いことをモーダル，移動の自由度が高いことをモードレスという．

文書管理システムを例に挙げれば，最初に文書印刷，文書更新，文書登録などのモードの入口を設けるのはよいが，文書を更新している途中で，更新中の文書を印刷したいと思うこともあるだろうし，別バージョンとして登録したいと思うこともある．こうしたニーズを満たすためには，すべて最初に戻ることを要求する

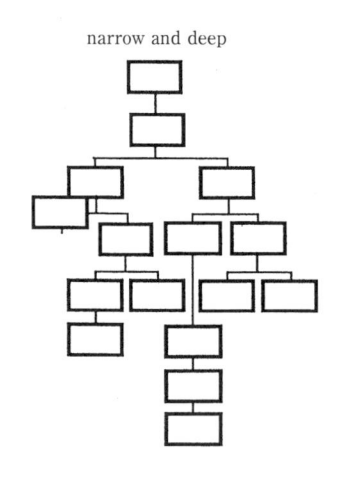

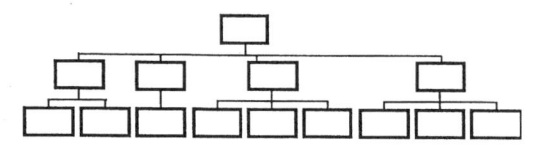

❷シナリオの深さと広さ

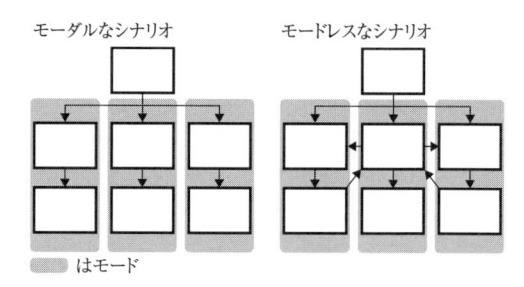

❸モーダルなシナリオとモードレスなシナリオ

モーダルなシナリオは使いづらいシステムになる。しかし常にモードレスなシナリオがよいのではなく、目的が明確な場合はモーダルなシナリオの方が使いやすい場合も多い。

ユーザーの習熟度やレベルもシナリオを決定する大きな要因になる。ウィザードと呼ばれる逐一的な設定ダイアログとタブ形式の設定ダイアログは同じ機能をもたせることができるが、モーダルな前者はすべての項目を設定しなければならない場合に利用され、モードレスな後者は、後ほど任意の項目を変更する場合に用いられる。

❸はモーダルなシナリオとモードレスなシナリオのモデルを描いたものである。

前述の、レストランでの食事の例もそのような視点で考えれば、別のシナリオが描ける。入店、注文、食事、退店の順序は変わらないが、支払いは入店後、退店までの間の好きなときにできるようにするシナリオである。ただし注文するときには、料金が明示されることは他のシナリオの場合と同じである。このシナリオでは、利用者はその店のルールを知らなくても気軽に利用できるようになる。レストランも食い逃げを避けることができる。

ユーザーにとって使いやすいシナリオは、ユーザーにできるだけの自由と選択肢を与えながらも、自由ゆえの不安や、迷いを避けるようなものでなくてはならない。

■ユーザー中心のシナリオ設計

インタラクションシナリオを使いやすく、わかりやすい、具体的なインタフェースとして実現するまでには、まだ検討しなければならない多くの側面がある。

実際の使用感は、操作パーツの工夫やパーツ、情報の視覚的な配置などにも大きく影響される。

動画や新しいメディアの情報が扱われるときは、映画や音楽やさまざまな芸能で使われていた演出などの手法も重要になってくる。

ユーザー中心のシナリオ設計においては、機能や情報の構造の合理性のみではなく、ユーザーの目的、ニーズや習熟度、さらにあえて付け加えるなら好奇心、曖昧さや心変わりなどの人の感情的な特性も無視することはできない。

［髙橋賢一］

■文献

Beyer, H. and Holtzblatt, K.：Contextual Design, Morgen Kaufmann Publishiers, 1998.

Rosenfeld, I. and Morville, P.：Information Architecture, O'reilly and Associates, 1998.

Caroll, J. M., Kellogg, W. A. and Rosson, M. B.：The Task-Artifact Cycle. Designing Interaction（J. M. Carroll ed.）, pp.74-102, 1991.

本位田真一・山城明宏：オブジェクト指向システム開発、日経BP出版センター、1993.

第 7 章 | インタラクションのデザイン科学

3|706 概念モデルのデザイン

■**概念モデルとは**

製品がどんな機能を備えるべきかという機能構成や技術的な実現方法を示した「システム仕様」に対して，ユーザーがその製品を使って目標を達成するために行う行動や，それらの操作機能間の関連を構造図化したものを「概念モデル」と位置づける．つまりユーザーが目的を実現するために行う操作のイメージ，ユーザーの行動のもとになっている頭の中の全体構造を鳥瞰図的に表したものである．

■**目的**

コンピュータの利用・ソフト化が進み，われわれの身の周りの環境は，多くの機能と複雑な操作をパッケージ化した製品で取り囲まれる状態になってきたといえる．そんな中，ユーザーはそれぞれの製品のもつ全機能にわたる詳細なフロー（手続き）をすべて記憶してシステムを使うことはできない（業務のプロは別だが）．ユーザーが記憶できるのは，詳細のフロー（手続き）ではなく，その製品がもつ特有の操作の作法（ルール）レベルを学習し，その操作ルールを応用しながらいろいろな機能を使いこなしているわけである．したがって，それらのルールを製品単位でまとめて体系化した「概念モデル」をユーザーに見えやすく，わかりやすく，シンプルで一貫したものにデザインすることにより，ユーザーが概念モデルを応用してさまざまな機能を使いこなせるようにすることが目的である．

■**概念モデルの位置づけ**

ソフトウェアの開発プロセスにおいては，開発の初めの段階（設計構想段階）で基本的な構造が決まってしまい，開発が進んだ段階ではインタフェース全体を鳥瞰図的に眺めて検討することはむずかしい．同様に開発が進んだ段階でのユーザビリティの評価と改善の反映も一般的には詳細部分に限定される場合が多い．したがってユーザインタフェースのコンセプトをデザインするためには，「概念モデル」のデザインを先行させることが重要となる（❶）．

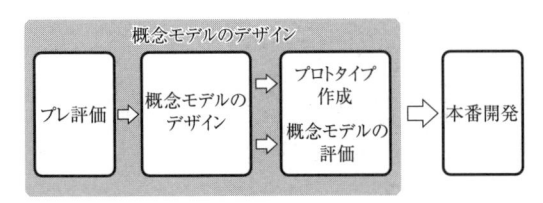

❶概念モデルデザインの位置づけ

■**プレ評価・問題点の整理**

- 既存製品の個々の操作観点からのチェック
- 既存製品の構造的な観点からのチェック
- ルールとして整理（できるだけルールの問題として）・改善方向の作成

[個別に発生する問題の分析（個々の局面操作の観点）]

評価者各自がもっている直感やヒューリスティクス（経験則）にもとづいて，製品やその操作マニュアルを用いてユーザーの立場になりきってチェックし，インターフェイスの問題点を探し出す．インタフェースの設計ガイドを利用して該当項目をピックアップし，問題点の分類を行った．ヒューリスティック法などを応用して専門家の視点から分析を行い，ユーザーモデルとデザイナーモデルとのギャップを明確にする．また，その問題点の改善案を提示する．

[概念フローから見た問題分析（構造的な観点）]

平行して機能全体についてのフローを想定タスクとともにチェックし，概念モデル図（この場合はデザイナーの考えたであろうモデルを想定することになる）を作成する．その図をもとにcontextualな側面からユーザー行動に焦点を当て評価し，製品の全体の操作構造にまつわるルール的な問題点を抽出する．

[問題整理し，改善の方向を見つける]

評価・整理方法として各機能レベルでデザイナーの設計思想（designers model）とユーザーのメンタルモデルにどのような違いが生じているのかを明確にする．heuristic evaluationで使う原則（Nielsen, 1993）などの既存の評価ガイドラインを利用してチェックするか，独自に製品に合わせたチェックシートを作成し評価を行う．まとめとして個々の問題点とルールの問題点とに分けて記述する（❷）．

■**概念モデルのデザイン**

- 基本的な考え方（コンセプト）を立てる
- 機能構造（機能のツリー）の再整理
- ルールベースの改善方向を検討する
- 具体的な案を作成する

[操作の流れからの改善方向と要素]

①そのシステムの入口と出口
②次の場面や階層へ進む方法（次へ移りたい…）
③一つ前の場面や階層へ進む方法（前へ戻りたい…）
④項目の入力や選択の方法（設定したい）
⑤一つの機能（目的）を完了（実行）させる方法（実行したい／スタートしたい…）

⑥作業の途中で中止する方法(止めたい)
⑦完了して現在の機能から抜ける方法(抜けたい…)

[表示系からの改善方向と要素(❸)]
　①操作パネル上のボタン類(キー・スイッチ・タイヤルなど)
　②画面上のボタン類(ボタン・メニュー・アイコンなど)
　③操作ボタン類に付属する表示類(名称・記号・アイコンなど)
　④現在の位置の表示(タイトル文字表示・LED点灯など)
　⑤フィードバック(画面表示・音など)
　⑥データ内容の表示

[作成手順]
　①ユーザーがその製品(機能)を使って達成したい目標を明確にする
　②各機能への入口，出口を決定する
　③機能(サブシステム)単位で操作の流れとつながりをわかるように描く
　④いくつかの機能に共通なシステムモジュールやボタン類(設定キー・次/前キーなど)はかかわる範囲全体で一つだけでわかるように表現する(共通の操作機能)
　⑤同時に並行的にできる操作(モードレス)は一つのグルーピングにする
　⑥階層構造をもった部分は前後関係がわかるように記述する
　⑦同じ機能はできるだけブロック化する

■概念モデルの評価・実施デザインへの受け渡し
● 主要タスクによるフローの作成
● プロトタイプ化
● 概念モデルの有効性の検証
● 新たな問題点の整理と改善方向のまとめ
● 改善された概念モデルを再度評価して，新しい概念モデルの有効性を確認し，新たな問題点と改善点を整理して本番開発フェーズへと受け渡すことが目的である．

方法としては，まず改善された概念モデルを使って，代表的な利用場面(タスク)を複数設定してフロー図を作成する．

そのフロー図をもとにプロトタイプを作成する．概念モデル評価を目的としたプロトタイプとしては詳細部分のデザインやフローは極力簡略化して，概念モデルの評価の目的であるシステム全体の構造や操作のルールが理解できるように作成する．

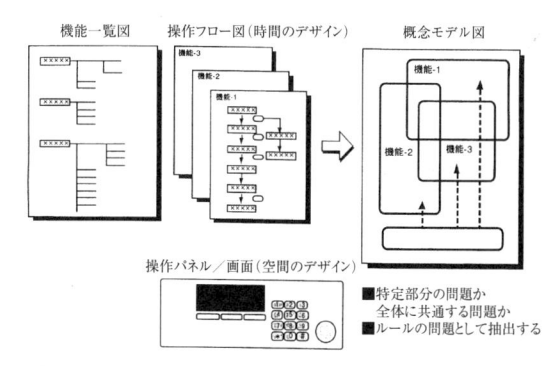

❷問題の分析・記述（両角・尾上作成，1993）

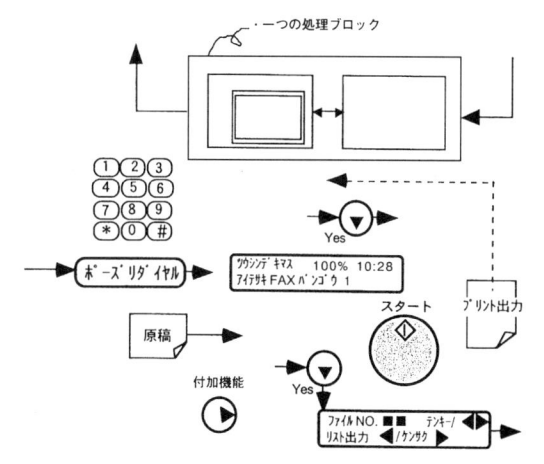

❸記入要素の例

評価の方法としては，プロトコル分析(発話思考法を用いた認知過程の分析)などを用いて評価をする．評価の観点は「各機能への入口と出口がわかるか」「次の場面や階層へすぐに進めるか」「別の機能へ移りたい場合，迷わずに移れるか」「途中でいつでも中止して元へ戻れるか」といった共通する操作を中心に分析する．

[尾上晏義]

■文献
日本人間工学会・アーゴデザイン部会・スクリーンデザイン研究会編：GUIデザインガイドブック，海文堂出版，1995．
Nielsen, J.：Usability Engineering, Academic Press. 1993.

3|707 ユーザインタフェースの構造化と基準

■ユーザインタフェースの構造化と基準

S・ラブデンとG・ジョンソンは，ユーザインタフェース（UI）を評価する基準として，下記の9項目を挙げている（ラブデン・ジョンソン，1993）．
①画面の明瞭性
②一貫性
③ユーザーとシステムの合致
④情報のフィードバック
⑤システムの明快性
⑥システムの機能の適切性
⑦柔軟性と制御感
⑧エラー防止策とエラー修正
⑨ユーザーガイドとサポート

B・シュナイダーマンは，対話設計における八つのゴールデンルールを提唱している（Shneiderman, 1987）．
①一貫性をもたせる
②頻繁に使うユーザーには近道を用意する
③有益なフィードバックを提供する
④段階的な達成感を与える対話を実現する
⑤エラーの処理を簡単にさせる
⑥逆操作を許す
⑦主体的な制御権を与える
⑧短期記憶領域の負担を少なくする

一方，ユーザインタフェースの悪い事例から帰納法的に求められたUI設計項目は下記の通りである（山岡，1997）．

[インタラクションの表層的な項目]
・感覚レベル：①手がかり，②検索性の確保，③見やすさの保証，④アフォーダンスの配慮
・知覚，認知レベル：①手がかり/対応づけ，②機能の可能性の提示，③適切な情報提示，④操作手順，⑤一貫性

[システムに依存する深層的な項目]
①ユーザーの思考に対応できること，②試行錯誤を許容できること，③エラーに対する配慮をしていること，④達成感を獲得できること

以上，これらのガイドライン他をまとめると，ユーザーの意志で思い通りに操作でき，エラーなどを許容する寛容性・柔軟性のあるシステムであることが，まず重要な基準となる．さらにこれらの上位概念を受けて一貫性，メンタルモデルやフィードバックなどの対話をスムーズにする基準が抽出される．これらの項目の底にある潮流は，ユーザー優先の考え方である．

■情報の把握

UIを構造化する前に，対象ユーザインタフェースに関する情報を把握する．情報を把握する際，目標，システム，対象ユーザーを把握して明確にしなくてはならない．必要な項目は下記の通りである．
①目標の明確化
②システムの把握
　・システムの把握
　・UI機能の明確化（システムとユーザーの機能面での割り当て）
　・タスクの明確化
③ユーザーの明確化
　・ユーザー層の明確化
　・ユーザーレベルの明確化
　・ユーザーのメンタルモデルの明確化

この段階は，目標を明確化した後，機械と人間の役割分担を行い，「仕様」を明確にしていくステップである．

■ユーザインタフェースの構造化

UIの構想化は，情報の分類，情報の優先順位および情報提示順序を経て行われる．この作業と並行してタスク分析を行う．

タスク分析を行う場合，対象商品の使用される代表的なシーンを考える．そして，各シーンで行われるタスクを順番に書いていく．タスクがあるサブタスクから成り立っている場合，このサブタスクもタスク欄に記入する．ユーザーの視点で「情報入手」→「理解・判断」→「操作」の情報処理プロセスにおける問題点，予測される問題点を記述していく．この手法により得られた問題点はリクアイアメントにもなりうるので，リクアイアメントの検討の際，参考にするとよい．

[情報の分類]

論理学でいう外延（対象の集合），内包（対象に共通する性質）やカテゴリの配列順などを考えつつ，情報を分類し，階層化を図る．

[情報の優先順位]

情報の優先順位は①UIコンセプト，②ユーザリクアイアメントの明確化，を経て，③優先順位の決定，が行われる．

リクアイアメントを明確にする際，HMI（Human Machine Interface）の機械側と人間側の両側面から検討し，ユーザーにとって何が一番重要なリクアイアメントか，各リクアイアメントの重み付けをすることが

大切である．

[情報の提示順序]

情報の提示順序は主に下記の3タイプがある．
① 並列型情報提示（一度に情報を提示する）
② 逐次型情報提示（順番に情報を提示する）
③ 並列/逐次型情報提示（並列と逐次の混合型）

どのタイプを採用するかは，対象ユーザーの特性を考えて決めればよい．情報の提示順序を決めるには，UI用フローチャート（ユーザインタフェース設計委員会，1999）を使う．

[タスクのリンク構造とフローチャート]

タスクにはサブタスクが構成され，サブタスクにはオブジェクトが構成される構造を考え，1タスク＝1画面を原則とする．

タスクのリンク構造をフローチャートに変換することによってフローチャートの構築を行う．

[タスクのリンク構造]

タスクのリンク構造にはいくつかの基本構成があり，システム・タスク・ユーザーの特性によって適切な構成を設定する．またこれらの複合型も可能である．以下に主な構造を示す．

① 線形構造
・直列型：タスクがあらかじめ決められた順序で進行する．
・並列型：任意のタスクを選択実行できる．条件によって選択に制約を設けることも可．

② 階層構造
・ツリー型：連続的に下位のタスクに進む．経路を変更することはできない．
・非循環ネットワーク型：ツリー構造のうち，下位タスクに進むときに経路を変更できるもの．
・循環ネットワーク型：ツリー構造のうち，上下方向に経路を移動できるもの．

③ ハイパーリンク構造
・ハイパーリンク型：循環ネットワーク型のうち，タスク内のサブタスクまたはオブジェクトレベルで双方向の経路を移動できるもの．

[タスクの分岐]

タスクの内容に応じて必要な分岐を割り当てる．
・次のタスクへの自動移行
・選択，条件によるタスクの分岐
・システムの起点に戻る
・タスクの分岐点に戻る
・一つ前のタスクに戻る
・現タスクを一時中断して別タスクへ分岐
（別タスクを実行後，元に戻る　例：ヘルプの参照）

[タスクの制御]

タスクの内容が以下の条件に当てはまる場合は，次のタスク移行前にタスクの完了，中止を判断するタスクまたはサブタスクを挿入する．
・現タスクの完了を確認する
・現タスクの操作を中止し，現タスクの初期状態へ戻る（例：入力ミスなどからの復帰）
・操作の結果がシステムの状態に重要な影響を及ぼすもの（例：設定値の変更）
・操作により後戻りのできない処理が行われるもの（例：発券，現金払い出し）
・複数項目の設定操作を要求するもの（例：一括入力）

[タスクのフローチャートへの変換]

タスクのリンク構造と分岐が決定したら，JIS X 0128「プログラム構成要素及びその表記法」の手続き的アルゴリズムの制御構造を表現する方法に従い，フローチャートを作成する．

■情報の可視化－タスクの構造化

フローチャートに従ってタスクとサブタスクを構造化した後，UI情報を画面に定着させる．可視化は前述した構造化の基準を活用して行う．とくに，「手がかり」「用語」「マッピング」「一貫性」「フィードバック」「動作原理」の6項目（山岡，1997）を使って，UIの構築を行うこともできる．

[山岡俊樹]

■文献

S. ラブデン・G. ジョンソン著，東基樹監訳，小松原明哲訳：ユーザインタフェイスの実践的評価法－チェックリストアプローチによる使いやすさの向上，p.22，海文堂出版，1993．

B. シュナイダーマン著，東基樹・井関治監訳：ユーザインタフェースの設計，p.66-68，日経マグロウヒル社，1987．

小川克彦：デザインガイドライン．ヒューマンインタフェース（田村博編），p.384-386，オーム社，1998．

山岡俊樹：画面インタフェースデザインについて．日本経営工学会平成9年度秋期大会予稿集，p.39-44，1997．

(社)人間生活工学研究センターユーザインタフェース設計委員会：構造化ユーザインタフェース設計－評価方法（SIDE），p.16-19，1999．

山岡俊樹・鈴木一重・藤原義久編著：構造化ユーザインタフェースの設計と評価－わかりやすい操作画面をつくるための32項目，共立出版，2000．

3|708 デザインとアルゴリズム

産業革命によって生まれたデザインは，従来，アートと同様に論理性は不要と考えられてきた．この観点は，デザインを形と色による美的造形ととらえたものといえ，アートとの差別もさほど必要でなかったという理由で一括りにされたのであろう．しかし，今日の情報革命によってデザインは変容を迫られている．現在の高度情報化社会では，色と形だけでは解決できない要素が入ってきている．その一つがコミュニケーションであり，コミュニケーションデザインにおいての重要な考え方がアルゴリズムであろう．

■時空間系でのデザイン

情報化社会のデザインのあり方を考えたとき，従来の製品デザインでは電源を入れない状態の機器の造形がデザインであったと極論できるが，現在は電源を入れた状態のデザインが必要になっている．ここでは，人からの指示，それに対する機器の反応，さらに，それに対する人からの指示，…という一連の手順があって初めて機器はユーザーの意図どおりに作動する．

この手順は必要な要件がすべて指示されれば，順番は自由というわけではなく，順番が前後すると機器は正常に作動しない．つまり，機器の要求するあらかじめ決められた手順がある．コンピュータ組み込み機器では必ずといっていいほどこの手順を要求する．しかし，この手順は科学・工学的な理由から一つに固定しているわけではなく，多くの可能性の中から一つに決定する設計対象である．この手順の設計はインタラクションデザインと呼ばれるが，現状は未成熟であるといわざるを得ない．家庭にある電子レンジや多機能電話を思い浮かべれば，これらがいかに使いこなせていないかが自覚できよう．マルチメディア機器によるコンテンツデザインにおいても同様である．今日のように生活を取り巻く機器の多くにコンピュータが組み込まれた状況では，この問題は深刻である．コンピュータが一時のブームとして消え去ることは考えられない以上，この状況は将来にわたって続くことは必然である．

コンピュータという言葉で代表される情報技術自体は科学・工学の課題であるが，この情報技術を人間社会に有用なものとし，かつ，人にわかりやすく，そして優しくすることはデザインの課題である．ここでは，「モノのデザインからコトのデザインへ」という言葉でいわれるように，デザインの課題が新しく加わったといえるが，この課題は，平面・立体という空間系ではとらえられず，それに時間軸を加えた時空間系で問題をとらえなければならない．時空間系において必要な考え方がアルゴリズムである．

■アルゴリズムとは

Websterによるとアルゴリズム（algorithm）は次のように説明されている．"A procedure for solving a mathematical problem (as of finding the greatest common divisor) in a finite number of steps that frequently involves repetition of an operation." ここで重要な概念は，この手続きが論理的でなければならず，さらに，その手続きは必ず有限回数で完結しなければならないことである．この数学の概念から転化，発展して，次のような意味に使われると説明している．"A step-by-step procedure for solving a problem or accomplishing some end." すなわち，ある目的を達成する手続きもアルゴリズムであり，ステップ・バイ・ステップの手続きとは，一つのステップは一つの操作からなり，これによって誤解を生じさせないことを意味している．この説明はインタフェースデザインの説明としても十分通用するのではないだろうか．

■アルゴリズムの表現法

アルゴリズムの表し方としてフローチャート（流れ図）がある．これはアルゴリズムを図示したもので，基本的には矩形で表す「処理」，そして，菱形で表す「判断」とこれらの実行順序の関係を示す「方向付きの線」で構成される．「処理」には一つの入口と一つの出口があり，処理内容は矩形の中に一義的表現の文・数式で記述するが，最も詳細なフローチャートの処理内容はアルゴリズムでいう一つの操作である．また，「判断」には一つの入口と複数の出口があり，判断内容は菱形の中に一義的表現の文・論理式・数式で記述する．判断結果の正否によってどの出口から出るかを決め，次に行う「処理」「判断」の入口に「方向付きの線」でつなぐ．一般に「判断」の後には正否で異なる「処理」につながれる．

こうして，一つの手続きはステップ・バイ・ステップに実行する「処理」「判断」の連なりにおける順序関係を「方向付きの線」で示す図として表されるが，この「方向付きの線」で示された「処理」「判断」の前後関係が時間の流れを示している．従来のデザイン技法であるスケッチやレンダリングでは表現できない時系列の表現が可能となったわけである．

フローチャートからコンピュータのプログラムを作ることはやさしい技術といえる．プログラムの文はフローチャートの「処理」「判断」と一対一対応になっているからである．このプログラムを実行することによって，フローチャートの論理の正当性，正確性，完全性の検証ができる．すなわち，アルゴリズムの検証ができる．このように見ると，プログラムとフローチャートはアルゴリズムの異なる様相といえる．

■インタフェースデザインのアルゴリズム

インタフェースデザインでは，人からの指示操作とそれに対する機器からの反応表示の連なりと整理できる．これは人からの指示を示す入力処理と反応表示を示す出力処理のアルゴリズムとして表せることがわかる．テレビのリモコンを例に具体的操作のアルゴリズムを考えてみると，①人がリモコンのボタンを押す．→②押されたボタンは電源ボタンか，NOの場合，→③①に戻る．YESの場合，→④テレビ本体の電源を入れる．→⑤電源の状態表示LEDを点灯する．→⑥さらに人がリモコンのボタンを押す．→⑦押されたボタンは電源ボタンか，YESの場合，→⑧電源の状態表示LEDを消灯する．→⑨テレビ本体の電源を切る．→⑩①に戻る．NOの場合，→⑪押されたボタンはチャンネルボタンか，YESの場合，→⑫指示されたチャンネルを表示，NOの場合，→⑬押されたボタンはビデオボタンか，…といった具合である．

このアルゴリズムをフローチャートにすると，→印は「方向付きの線」，数字付きの文は「処理」，丸付き数字の文は「判断」を表し，この例の「判断」は二つの出口をもっている．また，数はプログラムにしたときの文番号に対応している．①～⑤までを多少端折って一般的に表せば，［人が指示を入力する］（入力を判断する）（判断結果に従った操作を行う）（その結果を出力する）となる．ここで，［　］は人の操作，（　）は機器の操作を示し，この一連の操作が何度も繰り返されるフローチャートが実際のインタフェースと考えられる．

■デザインにおけるアルゴリズムの展望

ここでは，インタラクションのデザインという観点に絞って，アルゴリズムに触れたが，アルゴリズムはデザインプロセスにも重要な概念である．デザインと制作・製造の実務作業との分業，デザイン作業のコラボレーション化，また，デザインから制作・製造にわたるトータルデザインにおけるコンピュータの不可欠性を考えたとき，一義的解釈しか許さない情報伝達の厳密性が必須のものとなる．なぜならば，デザインはデザイナー個人の中で完結せず，他者に伝達せざるを得ないからである．この他者に流れる情報はディジタル化されていることが今日不可欠となっているが，ここで要求される基盤もアルゴリズムである．従来の方法でデザインした結果をディジタル化して伝達する方法もなくはないが，プロセスのアルゴリズムによる伝達の方が効率的であるだけでなく，正確，迅速，柔軟である．今後，ユーザーから求められるであろうハード・ソフト製品の個別対応・一品生産を実現することを考えたとき，このデザインプロセスのアルゴリズム表現のもつ柔軟性はその重要性を今後ますます高めることが予想される．それは，コンピュータ内に構築されたvirtual factoryによるvirtual productという環境を実現し，それによって事前評価の完全性も可能にする道が開かれるからである．

■デザイン教育におけるアルゴリズム

デザインにおけるアルゴリズムの重要性は社会的には認識の度を増しつつある．しかし，デザイン教育におけるアルゴリズム教育は現状では十分とはいえない．これが社会の求めるデザイナー像に応じられない教育分野の問題の一つといえるだろうが，この現状を打開する教育として，コンピュータを便利なツールととらえたオペレーション教育にとどまることなく，コンピュータを思考プロセスを映す鏡としてとらえたデザインのアルゴリズム教育をする必要があろう．発想からデザインの解であるモノやコトに至るプロセスのフローチャート表示からプログラミングの訓練を通して，アルゴリズムの大切さを認識し，知識としてだけではなく，技能として使いこなせる人材の育成にも努力すべきであろう．

デザインとアルゴリズムの関係を深めることは，デザインを名詞としてとらえる従来の認識から動詞としてとらえ直すこと，あるいは，designingという動名詞の分野を新しく開くことなのかもしれない．

［大平智弘］

■文献

大平智弘：デザインにおけるコンピュータライゼーションの新しい展開．マトリクス，12：29-35，東海大学芸術研究所，1994．

3|709 バーチャルリアリティによるインタフェース

■デザインツールとしてのバーチャルリアリティ

90年代に入ってからバーチャルリアリティ（VR：virtual reality）の研究開発は長足の進歩と遂げ，今日では普及期を迎えようとしている．現時点でバーチャルリアリティの応用が最も進んでいるのはエンターテインメントの分野であり，ゴーグル型のHMD（頭部搭載型ディスプレイ）はゲームのための道具と認識されるようにまでなっている．しかしながら，最近ではバーチャルリアリティの高度な応用として，手術シミュレータに代表される医療応用が急速に進められている．立体形状のデザインという作業はある意味で手術に似ているといえる．両者の目的は異なるが，微妙な手技で立体を扱うという点で相通じるものがある．したがって，医療応用が進めば，デリバティブとして立体形状のデザインツールとしても用いられる可能性がある．

バーチャルリアリティがコンピュータと人とのインタフェースとしてもっている最大の特徴は，人間の感覚器官に呈示される情報量が従来のものとは比較にならないほど多いことである．より具体的には，臨場感と触覚に訴えるインタフェースであるといえる．この2点が既存のインタフェース技術と根本的に異なる．臨場感は人間の視野をすべて覆う映像呈示装置によって与えられ，触覚は身体にVR物体からの反力を加えることによって呈示される．以下にこれらの呈示技術について解説する．

■ハプティックインタフェース

バーチャルリアリティにおいて触覚を呈示する装置はハプティックインタフェース（haptic interface）と呼ばれる．ハプティックスとは「結合」を意味するギリシャ語を起源にする言葉であるが，今日では皮膚や筋肉の感覚受容器が相互に結合して発生する感覚という意味合いで使われる．日常的に使われる「触覚」という言葉に比べると，ハプティックスはより本質をとらえた言葉であるといえる．この感覚は人体と外界との物理的な相互作用があって初めて発生するものであり，さらに，体全身の任意の場所で発生するため，この感覚を人工的に合成することはきわめてむずかしい．そのため，触覚が情報メディアとして活用された例はほとんどないのが現状である．

従来よりロボットの遠隔操作の研究に用いられたマスターマニピュレータは，計算機に接続することによりハプティックインタフェースとして使用することが可能である．実際，1980年代までは遠隔操作用のマスターマニピュレータをハプティックインタフェースとして用いようとする試みが行われてきた．しかし，これらの装置は部屋を占拠する大型のものであり，ヒューマンインタフェースという観点からすると使用に耐えないものであった．筆者は1989年に，この問題に対する解決法としてデスクトップ・フォースディスプレイという概念を提案し，試作機の改良を続けてきた．この装置はマウスの動く領域を立体的にしたような動作範囲をもつ．

1990年代の中盤からは製品化されたハプティックインタフェースが増えてきたが，そのほとんどがデスクトップの使用を想定した小型のものである．力覚フィードバックに対するニーズが高まってきた背景には，バーチャルリアリティの医療応用が1990年後半になってから急速に進展してきたことがある．リアルタイムのコンピュータグラフィックスを用いて手術の操作をシミュレーションする試みが行われているが，そのようなシステムを実現する際には力覚のフィードバックがないと役に立たないということが認識されるようになってきた．それらの手術シミュレータにはデスクトップ型のハプティックインタフェースの把持部に実際の術具を付けたものがよく使われる．クレイモデリングなどのデザイン作業もカッターやレーキを使うので，それらの把持部をハプティックインタフェースに接続すれば，造形作業のツールになる．自由曲面の操作をこのような方法で行う基礎研究はさまざまなものが進められている．

ハプティックインタフェースの新しい構成方法として，筆者が対象指向型という名前で分類するものがある．対象指向型とはインタフェースデバイス自体が変形したり移動したりしてVR物体の形状を模擬するものである．この方式は原理的には手に何も付けなくても仮想の触覚が得られるというメリットがある反面，インタフェースデバイスの実現がきわめてむずかしく，再現できる形状に限界がある．筆者は自由曲面の操作という応用に絞ってHaptic Screenというものを開発している（Iwata, 2001）．これは弾性体でできたスクリーンの下に力センサの付いた直動アクチュエータをアレイ状に備えており，スクリーン自体に任意の硬さや粘さを与えることができる．❶は6×6に配置された36本のアクチュエータをもつHaptic Screenの概観である．映像は上方に置かれたプロジェクタから投影される．その結果，手で直に映像に触

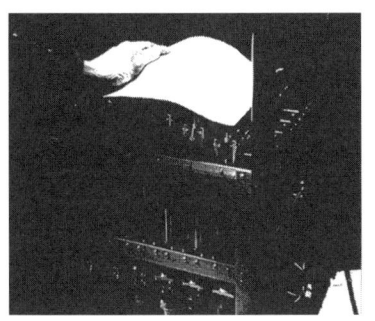

❶Haptic Screen

❷Ensphered Vision

れるような感覚が得られる．デザイン作業は道具を用いるものも多いが，手の平の感覚が重要な役割を果たす場合もある．そのような応用にこの装置は新しい可能性を与えてくれるだろう．

■空間没入型ディスプレイ

1990年代初頭においてバーチャルリアリティのイメージリーダーだったHMDは，今日ではコンシューマープロダクトが店頭に並ぶようになっている．映像以外の視野を隠すHMDは高い没入感を与える視覚ディスプレイである．しかし，HMDは，その光学的な性格から180°を超える人間の視野をすべて映像で覆うことがむずかしい．また，複数の人がVR空間を共有する場合に不自然になるという問題がある．そのため，先端的な研究の場ではHMDよりも大型スクリーンで人を囲む没入型ディスプレイ（spatially immersive display）がよく使われるようになっている．このような大型スクリーンに実物大の立体CGを呈示すれば，試作品を作るのに近い体験ができる．

そのようなディスプレイの最もよく知られた例は，イリノイ大学で開発されたCAVEと呼ばれるもので，立方体状に配置されたスクリーンの中に観察者が入る．このような多面体型のスクリーンを使うものとは別のアプローチとして，ドームのような球面スクリーンを用いるものがある．球面スクリーンは映像と目の距離が一定であるため，見回したときに自然な映像が得られるという利点がある．

これらの空間没入型ディスプレイの重大な欠点は，非常に大きなスペースを要することである．一般に床面積も天井高も通常の建物では納まらないため，実利用の妨げになる．CAVE型の場合スペース効率が悪いのは背面投射を行うためであるが，前面投射をするとVR応用では人の影がスクリーンに映ってしまう．プラネタリウムなどのドーム型の場合は前面投射である

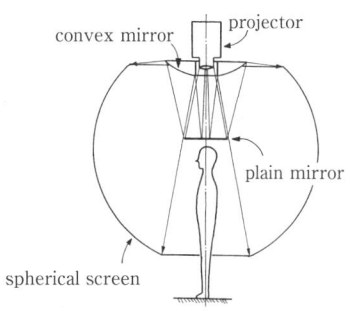

ため，ドームの中に入り込めないという限界がある．この問題に対処するために，筆者は平面鏡と凸面鏡を組み合わせた投影系をもつ球面ディスプレイ Ensphered Visionを開発した（Iwata, 1999）（❷）．上方のプロジェクタを出た光は平面鏡に反射して，それと向き合う凸面鏡に当たる．凸面鏡によって球すべての体内部に映像が拡散される．この方式だと人の影は真下にできるため，球体の中心に観察者が入ることができる．その結果，きわめて限られたスペースで全周方向の映像を呈示することが可能である．

このような空間没入型ディスプレイをデザイン作業に応用すれば，等身大のVR世界を体験することが可能になる．自動車や建物など人間の体より大きなものは，従来は模型でしか空間を確認できなかったが，このようなディスプレイを用いれば設計段階で中に入った感じを得ることが可能になる．

近年PCの急速な普及に伴い，コンピュータはデザインツールとして人びとに活用されるようになった．しかしながら，デザインを行う過程やデザインされたものを確認する方法は，30年以上前に発明されたグラフィカルユーザインタフェース（GUI：Graphical User Interface）の枠に縛られているのが現状である．無論，従来のGUIを使った新たな手法の開拓はいくらでも可能であるが，人間にとっての自然さという観点からすると，上述したような触覚と臨場感は不可欠である．ハプティックインタフェースや空間没入型ディスプレイが一般に普及すれば，デザインツールは新たな局面を迎えるだろう．

［岩田洋夫］

■文献

Iwata, H., et. al.：Project FEELEX：Adding Haptic Surface to Graphics. Proc. of SIGGRAPH 2001, 2001.

Iwata, H.：Essphered Vision. SIGGRAPH 99 Conterence Abstracts and Applications, 1999.

3│710　マルチメディアとインタフェース

■ 情報表現のディジタル化

　ディジタル技術の飛躍的な進展は，文字や画像だけでなく音や映像といった情報の異なった表現形式をコンピュータの上で一元的に取り扱うことを可能にした．マルチメディアがこれまでのメディアに対する考え方を大きく変えたのは，このようにコンピュータという一つの表現形式のシステムの上で，文字や映像，音などさまざまな形で表現されたものを統合的に扱うことが可能となり，ユーザーが自由にそれらを組み合わせたり，加工できるようになったことにある．これによってさまざまな目的や環境に合わせた多様な表現方法とインタラクティブな操作環境を実現することが可能となった．これが利用者であるユーザーにとって新しいコミュニケーションのメディアを提供することとなり，またデザイナーからは重要なデザイン分野の一つとして注目されている．

■ インタラクティブデザイン

　映画に代表される従来の映像表現では，同時に進むいくつもの時間を一つのリニアな時間軸の上で表現するために，カットバックやモンタージュなどのさまざまな映像的な編集手法が考え出されてきた．これによって制作者は複雑に構成されたいくつもの時間の流れを一本のリニアな時間軸の流れの上にストーリーとして表現することが可能になった．しかしここにはユーザー側の自由な選択というものはなく，制作者が用意した時間の流れの上で制作者が意図した視点を通して追体験することしかできない．それに対してマルチメディアではこのようなリニアな表現手法に加え，必要なところに選択肢をもたせたノンリニアな表現手法やインタラクティブな操作の実現など，多様で変化に富んだ表現が実現できるようになった．これによって，これまでのようにいかに情報を「伝える」のかという視点に加え，ユーザーにいかに「利用」してもらうか，いかに「参加」してもらうかといった，ユーザーとの関わりの中で情報を表現するという手法が重要なものとなってきている．

■ マルチメディアにおける表現スタイル

　マルチメディアにおける表現のスタイルとして，時間的，空間的な変化をディスプレイ上に表現する方法はいろいろ考えられるが，その最も基本的なものとしては，これまでの本などの印刷物を規範とした「ページ単位」の表現である．これはビジネスプレゼンテーションなどで利用されているスライドショーやインターネットでのウェブページのデザインなどに多く見られる．このような表現形式では画面の切り替えだけでドキュメント間を移動できるため，画面相互の連続性や関連性を表現するためにさまざまなテクニックが必要となる．

　また3次元空間を利用した表現が考えられる．❶のように架空の町並みによってそれぞれの情報への入口を表現したり，バーチャルモールのように現実空間の再現，あるいは現実にはない架空の空間に情報を配置していく表現スタイルが考えられる．ここでは空間の中を歩き回るなど，情報へのアクセスの過程を楽しむコンテンツに適しているが，それと同時にユーザーが迷子にならないように，自分が空間の中のどこにいるのかをわかりやすく伝えるナビゲーションデザインが必要不可欠である．

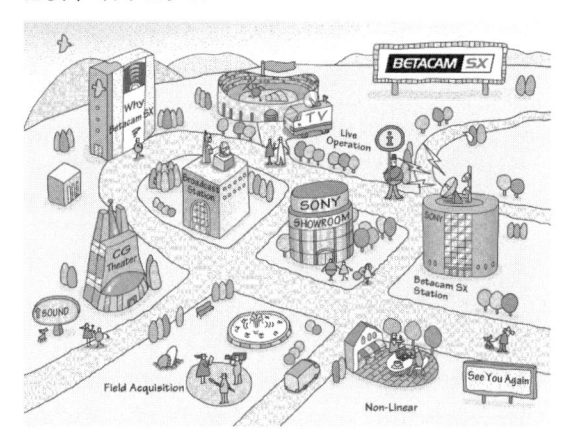

❶町並みのイメージを利用したユーザインタフェースの例（©SONY）

■ 動くグラフィックスの利用

　ものの因果関係やプロセスを示すためのアニメーションに加え，画面の構成要素として動きのあるグラフィックスを利用することが可能となる．たとえば，ユーザーの操作によって情報がダイナミックに変化するような，より対話的な表現も考えられる．グラフィックデザインが時間的要素をもった情報をいかに2次元空間に配置するのかがテーマであったのに対して，マルチメディアデザインは，情報をいかに時間軸に沿って配置するかを考えることが重要であり，それをわかりやすく表現する手法の一つとして，動くグラフィックスが盛んに利用されている．

　❷のようにコンピュータ上でペットを育て，そのペットがユーザーに代わってメールを配達したりする一種のエージェントとしての機能をもったメールソフトが関心を集めているが，ここではなかなかユーザーの思

第7章 インタラクションのデザイン科学

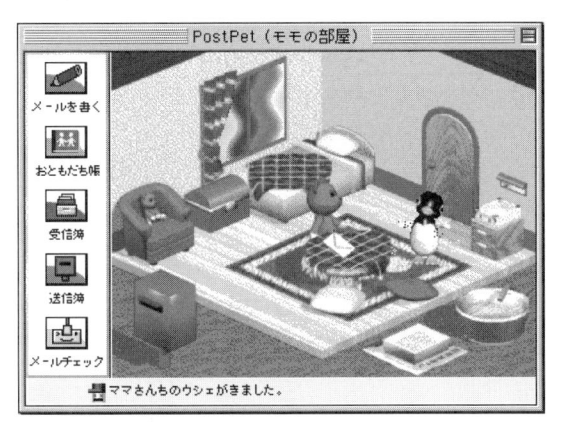

❷ポストペット2001（©SONY）

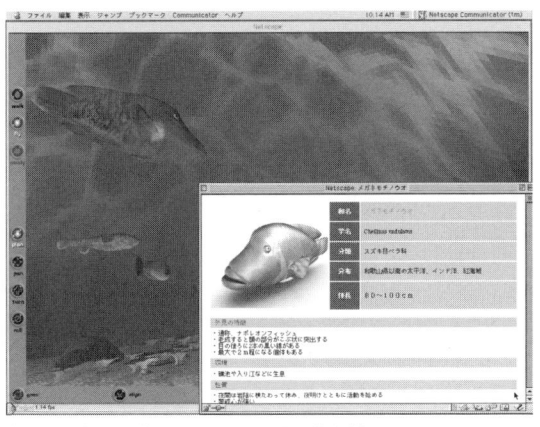

❸Web 3Dの例（aqua project/東京工科大学）

い通りにはいかないペットの動きや動作が重要な要素となっている．その他にもクリックすると反応するボタンや動くアイコン，格闘ゲームのリアルタイムで反応する3Dキャラクターや，WWW環境で3次元表現を実現するWeb 3D技術など，さまざまな分野でインタラクティブに動くグラフィックスが利用されている（❸）．

■サウンドデザイン

ユーザーにとって日常的な環境，たとえば部屋，本，テレビなどをメタファーとして利用し，直感的に利用できる環境はコンピュータのユーザインタフェースとして一般的なものとなっているが，最近では単にシンボルとしてのグラフィカルな表現にとどまらず，フォルダが開いたりゴミ箱のフタが閉まったりといった簡単なアニメーションと，クリック音や移動するときの効果音などのサウンドを組み合わせることによって，ユーザーの操作とそれに対する反応をさらに効果的に表現する手法も活用されている．このような操作やアニメーションに伴ったサウンドは「効果音」または「SE (sound effect)」と呼ばれており，これらの効果音は素材集としてデータが提供されている．

このほかにバックグラウンドミュージックやテーマミュージックなどの音楽は，コンテンツ全体の印象やそれぞれのシーンの雰囲気をわかりやすく表現するのにとても重要な役割を果たしている．また，さまざまなタイミングでページの切り替えやシーンの切り替えが起こるため，元のシーンから次のシーンへの場面転換で見られるシーン間のギャップを埋めるために，それらの橋渡しとなる「ブリッジサウンド」や「ジングル」と呼ばれるサウンドを利用することも効果的である．

このようなサウンドは映画や映像の分野での表現技法を基本にしながらマルチメディアならではのインタラクティブな環境に対する効果的な対応を考えていく必要があり，これはサウンドデザインとしてコンテンツ制作の中でも重要な位置づけをもっている．

■メディアとしてのコンピュータ

これらの新しい技術に共通していえるのは，コンピュータが情報を集約し，加工し，それを提供するためのメディアになっているという点である．ユーザーからするといずれの技術も，コンピュータの計算機としての側面はほとんど見られず，さらにこれまでのコンピュータとしての概念そのものも感じられなくなってきている．そしてそこでは新たにディジタル化した情報のためのメディアとしての役割を担うことになり，今後さらにインターネットに代表されるように異なったコンピュータの機種やOS環境が相互につながりあうネットワーク環境のもとで，同じコンテンツがそのまま同じように利用できるクロスプラットホームという考え方も重要となってきている．

このコンピュータのメディアとしての側面は，今後のデザインにとっても重要な意味をもつものであり，デザイン対象としてのコンピュータ環境がどのような方向に進んでいくのかは，デザイナーとしても積極的に考え，そのあり方を提案していかなければならない．

［若林尚樹］

■文献

若林尚樹：ハイパーメディアデザイン－Webページのための情報のデザイン，画像情報教育振興協会，2000．

源田悦夫ほか：マルチメディア標準テキストブック（コミュニケーションデザイン編），画像情報教育振興協会，1997．

若林尚樹・原田泰：WWWからはじめる情報デザイン－HYPER MEDIA DESIGN2，画像情報教育振興協会，1998．

3|801 展望

　情報デザインは，デザインに新たな領域を切り開いているが，人間の理性が作り出したコンピュータは，いまだに人間の感性を表現することができないでいる．21世紀の時代にふさわしい創造と感動の世界を拓いていくためには，この人間が有している感性の能力を科学してゆかねばならない．現代になって，コンピュータの普及とともに，ネットワーク上でインタラクティブに情報を交換する方向へと拡張しつつある．また情報デザインの残された課題として，インタラクションのデザインが注目を集めるようになってきた．そこでここでは，インタラクションのデザイン科学の展望に焦点を当てる．

■従来までのインタラクションデザイン

　インタラクションとは，相互作用を意味する用語である．意思的，無意識的を問わず相互に情報をやりとりすることと定義する．インタラクションデザインとは，人間と機械や環境とが相互に情報をやりとりする働きのデザインを意味する．そしてまた，インタフェースという用語は，上記のようなインタラクションをスムーズに行うためのシステムであると定義する．

　初期のコンピュータ入力は，本体とディスプレイ，キーボードという3点セットで，作業の実行には，プログラムをキーボードから打ち込んで画面表示を確認して行うというものであった．しかし，それがマウスの導入とともにグラフィックアイコンをクリックするだけで行うグラフィカルユーザインタフェース（GUI）の実現により，作業がきわめて楽になり，パソコンの普及に貢献した．しかしながら，キーボードとマウスという組合せの入力装置は，人間本来の書いたり描いたりする操作と今ひとつマッチしない．そして人間が目的とする高度なタスクを実現するまでの作業がきわめて複雑なものとなってきた．また，ディスプレイという出力装置も人間を取り巻く環境に対して視覚的な面では充足しているが，風を感じたり，温度を感じたり，岩肌を触ったりするというような人間本来の「体感する」ための出力装置にはほど遠いものである．

　現在普及しているインタフェースであるGUIは，人間と機械や環境とが相互にスムーズなやりとりをし合うために支援するシステムのデザインとしてはいまだ未完成のシステムなのである．

■これからのインタラクションデザイン

　今やグラフィカルユーザインタフェースの後に来るインタフェースのデザインが求められている．

[マルチモーダルインタラクション]

　表現内容がテキストでは表されないモダリティを活用すること．人間どうしの一般的なコミュニケーションには，身振りや，相づち，表情変化，音声，指サインなどが使われている．このような多様な（マルチ）伝達様式（モード）を自由にインタラクションに組み込んでゆくマルチモーダルインタラクションの方向は一つの将来性のある方向である．原田昭（1995）は，多様な身振りをフォトセンサで感知しそのデータをコンピュータに自動入力し，ロボットの移動方向を自由自在に変えるための感性情報リアクティブインタフェースを開発している．このインタラクションシステムは，指先に二つのセンサを付けて指先を動かすだけで光の入ってくる方向を定め2輪の駆動部をコントロールするというもので，音声も言葉もキー入力もマウス操作も不要の入力インタフェースである．

[エージェント指向インタラクション]

　エージェントとは代理人であり代行者という意味である．その意味のとおり，複雑な作業は一つ一つ作業コマンドを入力しなくとも，プログラミングされたエージェントがその作業を代行して処理した後に人間に引き渡すところまでを行うというソフトウェアシステムをいう．たとえば，加藤和彦（1999）のモバイルウェブサーチロボットの研究などがある．ネット上で資料を検索するプログラムを移動させて，その資料が見つかるまでデータベースファイルを渡り歩かせることができる．こうすることによって，人間はエージェントに作業を託して情報世界のコンテンツを獲得することができるわけである．これからの課題は，これらのエージェントと人間とのインタラクションをどのように行うかである．人間の表情，動作や音声入力の機能をもたせた擬人化したエージェントインタフェースの研究は長尾確・竹内彰一（1993）の「Talkman」により進められている．

[実世界指向インタラクション]

　実世界指向インタフェースという言葉を用いたのは，小島啓二（1993）である．この言葉は，仮想現実感（バーチャルリアリティ）のように擬似的（仮想）世界の中でのインタラクションではなく，実世界と情報世界とを融合して，実世界に対するわかりやすさの獲得を支援しようとするインタフェースである．たとえば，実際の美術館の作品の前に人が立つと，自動的にセンサがその人の属性を感知して，その鑑賞者にとって適

正な作品ガイドを投影し始めるというような支援システムを考えることができる．人間の所在している世界が仮想世界に対する実世界であるので，その範囲はきわめて広く，拡張現実感（アーグメンテッドリアリティ），ユビキタスコンピューティング（マーク・ワイザー，1991），タンジブルインタフェース（石井裕，2000）などを含んでいる．

①拡張現実感（アーグメンテッドリアリティ）

仮想現実感の多くが頭部を完全に覆う形式のHMD（ヘッドマウンテッドディスプレイ）を用いるのに対して，透過型のHMDにより，目の前に見える実世界にコンピュータ処理された情報世界をオーバーラップさせて現実よりも拡張した世界を見せるという技術である．この技術はHMDを用いなくともプロジェクションによっても実現できる．

②ユビキタスコンピューティング

これは一台のコンピュータに多くの作業をさせるという考えではなく，日常的な環境のいたるところにコンピュータを埋め込んでおいて，人間の行動をサポートしようとする考えである．この考え方は，家電製品にコンピュータを内蔵し，それを操作する人が普段どのような使い方をするかを製品に学習させておいて，その人に適正な作業を行うようにするという情報家電製品の考え方と似ている．

その人を識別するためには，ID情報を発信するアクティブバッジ（ワントほか，1992）も開発されている．ミックラミングほか（1992）による「Forget-me-not」という個人情報管理システムは，ParcTabという赤外線を発信する携帯端末を所有することにより，場所，同席者，イベントの内容，時刻，イベント主体などの行動履歴を自動記録しデータベース化することにより，自己の記憶を維持できるというシステムである．

③タンジブルインタフェース

石井裕は，2000年に開催した「タンジブル・ビット」展のカタログに「ディジタル情報を直接手で掴み操作できるモノと結合することにより，認知の前面において，BITを直接操作できるようにすること」と述べている．この作品として，小林稔・石井裕（2000）による「クリアボード1」は，ガラス面の背面からプロジェクタ，天井に本人とスクリーンを撮影するビデオカメラのセットを映像回線ネットで相互につなぎ，映像を流すとあたかもスクリーンの裏側に相手が存在していて目の前で描画しているように見えるシステムである．

また，「ディジタル情報を環境に溶け込ませること

	理性的接触	
言語的接触	人　間	身体的接触
	感性的接触	

により，認知の背景において，情報の気配を常に察知していられるようにすること，をめざしている」と述べている．この作品として，サンディア・レンほか（2000）による「かざぐるま」では，ネットワークケーブルを流れているディジタル情報を読み取り，コンピュータが「かざぐるま」のモーターの回転を制御する．風車の回転状況によって，人間はその環境の気配を察知することとなるというものである．

■もう一つの展望

人間と人間，人間と機械，人間と環境とのインタラクションは，単純に言語と理性を働かせる論理的作業のユーザビリティ（使いやすさ）の問題としてばかりでなく，感動や，遊び，情熱，創造，雰囲気の心地よさ，個々の嗜好，趣味，意気込み，自然の安らぎなどのような「心の豊かさ」を尺度とするようなインタラクションの世界の実現が求められているように思う．そのためには，インタラクションの世界で人間の身体や感性がどのように働いているかの研究が並列して進められねばならないと考える．筑波大学では，感性研究を目的として，実世界指向エージェントとしての鑑賞ロボットを製作し，鑑賞者の行動ログデータ，作品に対する関心度測定データ，何を見たかの画像データ，鑑賞時の脳波測定データのすべてをシンクロさせて自動収集する遠隔インタフェースロボットを開発して研究を進めている．

［原田　昭］

■文献

原田昭：感性情報リアクティブ・インタフェース，インタフェースデザイン．デザイン学研究特集号，3(2)，1995.

Newman, W. M. and Lamming, M. G.：Interactive System Design, Addison-Wesley, 1995.

第4部 デザインと法律・制度

1. 創造者の権利を守るために
2. よいデザインの選奨ーGマーク制度
3. モノづくりの責任ーPL(製造物責任)法
4. グローバルスタンダードー世界に合わせる
5. 建物の安全を守るために
6. 美しい景観を守るために
7. 美しい伝統文化を守るために
8. デザインを振興する行政施策

4|001 概説

　第4部が扱うのは，法律と制度にかかわる事柄である．一般にデザイナーはこうした問題にはあまり興味をもたないし，また不得手な分野ともいえる．ここでは複雑で難解な法と制度をできるかぎりわかりやすく解説することを主眼とし，以下の8分野で構成した．

■まず第1章「創造者の権利を守るために」では，デザインという概念の中心を成すと考えられる工業製品のデザインについて，創造者の権利とデザイン保護の観点から，知的財産権法と称されるものを中心に概括する．意匠法でいう意匠すなわちデザインとは「工業的に量産される製品を介して社会に供給される物品の外観に関する美的な表現（設計）で，人の知的な労働によって生まれる創作（無体物）である．デザインは，生産，流通過程に適合し，最終的には産業デザインとして実際の生活の中で使用され，真価を発揮する．したがって，よく計画された産業デザインは経済的価値をもち，有体物と同様あるいはそれ以上の特質をもった産業経営における原資となり，知的財産といわれる」ものであるとされる．そのデザインをめぐる法律は多くの分野にまたがるが，法律ごとにその性質が異なるので，それらの法体系について概説する．ついで，デザイン関係者にとって最も関係の深い意匠法についてその成り立ちと変遷過程，法のしくみ，実際の運用について述べ，最後に知的財産権における最新の動向を解説する．

■第2章「よいデザインの選奨」では，日本独自の優良デザイン顕彰制度であるグッドデザインマーク（Gマーク）制度について解説する．そもそも，なぜグッドデザイン製品を選定あるいは顕彰する制度の創設を必要としたのだろうか．1957年特許庁において産み出された「グッドデザイン商品選定制度」がその始まりだが，その創設時から本制度にかかわりつづけている本章執筆者が，あまさずその間の事情を説明する．日本が第二次大戦後体験したジャパンバッシングを契機に制度が生まれた背景や意義について述べ，制度の創設と運用について概説する．さらにこれまで制度がどのように変遷したかについて述べる．最近の同賞の動きについては1999年3月に開催された「グッドデザイン賞検討委員会」の結果を詳しく紹介し，あわせて制度の将来についても展望する．また，これまで選定されてきた製品を実際の選定品の写真によって紹介，論評を加えるとともに，最近のGマーク製品の動向を伝える．

■第3章「モノづくりの責任」では，近年，脚光を浴びるようになった製造物責任法（以下，PL法）について紹介する．製造物責任（Product Liability）とは，「製造者は，その製造物の欠陥に起因する損害について，責任を負う」とした「EC指令1号」に発した法制度の言葉であるが，この製造物責任を法律化したものがPL法である．同法によると，ある製造物によって消費者が生命や身体，財産に損害を受けた場合，その原因が製品の欠陥や使用マニュアルの不備などにあることが立証されれば，被害者は製造業者や販売業者に損害賠償を求めることができ，これらの業者は故意，過失の有無を問わず賠償の責任を負うことになる．

　このように，PL法には，加害者を特定し，損害賠償が求められる特徴がある．ここでは，同法の施行後の状況を解説し，併せて製品のデザインに際しての心構えと対応策について詳述する．

■第4章「グローバルスタンダード」では，これも近年にわかに重要度を増し普及が進んだISO（国際標準化機構）について紹介する．ISOは世界的な規模の非政府間機構であり，ISO会員の多くは各国の政府機構または公的な法人組織である．国際標準化の歴史は1906年，IEC（国際電気標準会議）が電気技術の分野において設立されたことから始まったが，ISOはより幅広い製品やサービスの国際標準化と関連活動の発展を目的としている機関である（4|401）．

　その意義は産業界のあらゆる職種の人びとが国や言語が異なっても，共通の基準で判断し，連係できる点にあり，世界規模での真に平等で公正な発展に測り知れない貢献をしてきた．本章では前半をISO（および国内規格であるJIS）の組織および活動の概要と変遷を，後半でIECに関する同様の詳細を紹介する．この両者は今日では密接に連係して活動を行っている分野も多いので，両方を合わせて参照することで，より理解が得られることであろう．

■第5章「建物の安全を守るために」では，建築物の安全に主眼を置いて関連法規を解説する．建築は生産物としてみると，規模が大きい，容易に移動ができない，長期間存在するなどの点で顕著な特質を有する．このため建築物を作るにあたっては，社会的介入あるいは社会的ルールを必要とする．たとえば日照権など建築

物と周辺の関係がそれである．また，建物そのものの安全に絞ってみても，敷地，構造，設備に関する規制は建築基準法によるもののほか消防法，水道法，下水道法，駐車場法などさまざまなものがある．まずこれら広範囲の関連法規を概観する．

歴史的に見ると，西欧での近代的な建築法規の出発点は17世紀のロンドン大火といわれており，防火規定の強化や行政による検査，監督の制度が充実することとなったとされるが，わが国の場合も歴史的に木造建築物が際だって多く，現行法の始まりである1950年の建築基準法制定当時，建築確認申請の9割までが木造であったことから，防火に関する規定の強化が中心であった．構造規定についても地震災害の多いわが国の事情から，近年とくに発達を見ている．このように建築物をめぐる歴史，風土と法規の広範な関係について概観しながら，近年大改正された建築基準法を中心にデザインとの関わりを解説する．

■第6章は「美しい景観を守るために」と題して，二つの視点から関連法規を概観する．

まず，日本の風土がはぐくんだ美しい景観を積極的に守り育てるための法を歴史的に概観する．

明治政府の太政官布達を受けて定められた「公園」に始まり，1931年の「国立公園法」，第二次大戦後，戦争によって荒廃した国土から文化財を守るために制定された「文化財法」と，さらに，その後の急激な国土開発の影響から守るための2度にわたる同法の改正，1966年の「古都における歴史的風土の保存に関する特別措置法」（略称，古都保存法）などについて解説する．

地方自治体による条例としては，1959年金沢市をはじめ全国のいくつかの先駆的な自治体によって始められたいわゆる「景観条例」について，どのような地域において何を目的に始められたのかについて概説するとともに，具体的な各地の景観条例について紹介する．

次に，わが国においては景観破壊の元凶となりがちな屋外広告物について，視覚伝達デザインの立場から「屋外広告物条例の変遷と実際」を概説する．さらに国土交通省（当時，建設省）が1978年に示し，多くの自治体がこれにならって条例を作ったとされる「屋外広告物標準条例（案）」を逐条解説する．最後に事例として，石川県金沢市における長年の取り組みを紹介しつつ，日本における屋外広告物の問題を一括展望する．

■第7章では「美しい伝統文化を守るために」と題して，二つの視点が用意された．すなわち「文化財を守り育てる法」と「伝統産業を守り育てる法」である．それぞれの法の成り立ちと，しくみについて述べ，さらに現状がどのように推移しているかを最新情報を交えて概説する．

前者は小は工芸品，大は建築物さらにはその群までを対象とした有形文化財から，技術保持者を対象とする無形文化財にいたるまでを扱う文化財法であり，文化財を守り，育て，継承するための法のしくみについて概説する．建築物に関する項やとくに「伝統的建造物群保存法」については前章の「景観条例」と密接に関係しており，その参考資料としての役割を果たしている．

後者は，わが国固有の文化の一端を担い，かつ日常の生活用品として深く浸透している伝統的工芸品を守り育てるために制定された「伝統的工芸品産業の振興に関する法律」（略称，伝産法）のしくみを中心に，伝統的工芸品が抱える課題に，同法がどのようなスキームで解決を図るのかを具体的に解説する．

■最後の第8章では「デザインを振興する行政施策」と題し，日本のデザインが行政施策によってどのように振興を図られているかについて概説する．「日本のデザイン振興は，デザインを産業が活用し始める以前に行政がその重要性に気づき，先駆的に活動を開始した点に大きな特徴がある．以来40年にわたる振興活動の継続によって，日本のデザインを世界に類を見ないまでに育て上げてきたといいうる．このことは日本国内だけでなく，韓国や台湾を初めとするアジア各国がGマーク制度をはじめとする日本のデザイン振興制度を積極的に研究導入し，産業のテイクオフを支援することに成功しつつあることからも高く評価できよう」と本章執筆者自らがたずさわってきた立場から日本のデザイン行政，振興活動の歴史を振り返る．

後半では「今後の課題に焦点を当て，「日本人一人一人の創造性を向上させていくことが，デザイン振興の課題であり，国を挙げて取り組まなくてはならない「戦略」なのではないだろうか」とし，「日本はもはや類例のない，お手本のない世界を切り開きつつある．それゆえにこそ創設期と同様に，〈努力と危険〉を積極的に受けとめデザイン行政，振興施策が求められているように思われる」と考察する．

［黒川威人］

4|101 デザインを保護する法律

わが国においてデザインを法的に保護する法律について以下に概括する（項目のみ掲げたものは，紙幅の都合で説明を割愛したものである）．これらの法律は，民法を除き「知的財産権法」(Intellectual property laws)と総称される(❶)．

デザインといってもグラフィック，エディトリアル，タイポグラフィ，タイプフェース，インダストリアル，クラフト，テキスタイル，パッケージ，ジュエリー，インテリア，スペース，グラフィカルユーザー・インタフェース，ウェブなど，その分野・対象は多種多様であるが，知的財産権法として掲げた法律がそれらのすべてに対して何らかの保護をもたらすものでなく，民法を除けば知的財産権法によってはまったく保護の得られないデザインもある（新しいデザインにその傾向が強い．法律というものが世の中の先を行くことができないことによる）．その逆に複数の法律によって保護を得られる場合もあるが，保護が得られるにしても保護すべきデザインの内容に応じてより適切な法律の選択または組合せをする必要がある．

法律ごとに，その法律によって生ずる権利にもとづき，①どのようなデザインが，または，デザインのどのような側面が保護されるのか（保護対象），②保護を受けられる者は誰か（保護主体），③どのようにすれば保護されるのか（方式および実体審査などの有無），④保護されるデザインに求められる要件または水準は何か（保護要件），⑤権利の効力はどのようなものか，また，逆にどのような場合に権利が制限されるのか，⑥権利（保護）の及ぶ範囲（実質的同一・類似），⑦権利が侵害されたときにどのような手段を講じることができるのか（救済措置：予防・停止措置および金銭的救済），⑧権利はいつからいつまで続くのか（保護期間：保護の始期と終期）などにそれぞれ違いがある．

■民法(Civil Law)
①契約にもとづく権利
「契約自由の原則」にもとづき契約により，どのようなデザインであっても，保護されうるし，対価の額等の契約内容を自由に設定することができる．ただし，公の秩序または善良の風俗に反する事項を契約の目的としてはならないなど，契約当事者間で合意した事項であっても制限を受け，無効となる場合がある．

②不法行為にもとづく損害賠償請求権（民法709条〜724条）
故意または過失によって他人の権利を侵害した者は侵害行為よって生じた損害を賠償しなければならない．特許権，意匠権等の侵害に対する損害賠償請求もこの条項にもとづいてなされるが，特許権侵害，意匠権侵害などがあったときは，過失があったものと推定される（特許法第103条，意匠法第40条本文）．

③不当利得返還請求権（民法703, 704条）

■意匠法(Design Law)
意匠法により，デザイン（意匠）について意匠権を取得し得るが，意匠登録出願という手続が必要である（意匠法および意匠登録出願については4｜103で解説する）．

■不正競争防止法(Unfair Competition Prevention Law)（以下，不競法）
以下に示す不正競争行為に対しては，差止請求，損害賠償請求，信用回復措置などの救済措置が可能．

①営業秘密(trade secret)に関する不正競争行為（不競法2条1項4号〜9号）

②商品形態の隷属的な模倣行為（不競法2条1項3号）
いわゆる「デッドコピー(slavish imitation)規制」．商品化された商品の形態（同種の商品が通常有する形

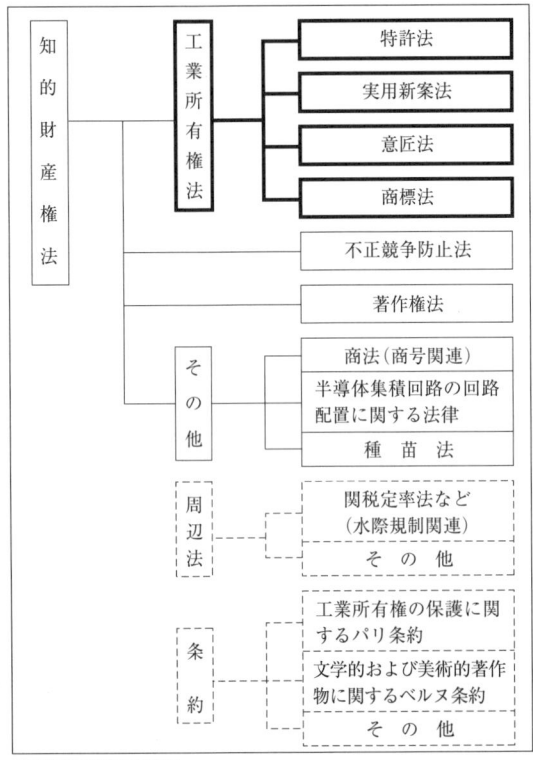

❶知的財産権法の体系

態を除く)は，最初に販売された日から起算して3年間(保護の始期は販売前の商品化の時点と解される)は，無方式で他人の模倣に対して保護がなされる．救済措置を請求することのできる者は，商品を開発し商品化し，市場に投入した者に限られる．意匠権を取得するまでの間のデザイン保護に有用である．

③商品主体・営業主体の混同を生じさせる行為(不競法2条1項1号)

周知性を獲得した商品表示(商品の容器・包装を含み，商品の形態そのものも含まれるものと解される)などが保護される．米国の「トレードドレス」(trade dress)に近い概念である．

④著名商品表示などの不正使用行為

■著作権法(Copyright Law)

著作権は，著作物の創作の時点で無方式に発生する．著作権は，財産権である著作(財産)権と著作者人格権の二つにより構成される．

著作権の保護対象は，「著作物」として定義されており，「美術の著作物」に該当するデザインは，著作権により保護される．専ら実用的な物品(たとえば，いす)のデザインは著作権によっては保護されないこととされている．

■商標法(Trademark Law)

商標は，商品に付する(商品などを標章の形状とすることも「付する」に含まれる)出所識別のための「標章」であるが，1996(平成8)年の改正により立体的形状も商標の構成要素とされた(いわゆる「立体商標制度」の導入)ため，デザイン保護との関係が強まった(❷および❸)．立体商標が指定商品の容器またはその形状そのものであって識別力を有しないものであるときは，商標登録を受けることはできない．

■特許法(Patent Law)・実用新案法(Utility Model Law)

デザインが発明や考案としての側面を有すれば，それは特許，実用新案登録を受けることができる．

■その他・周辺法

①関税定率法

意匠権，著作権などの知的財産権侵害品は，輸入が差し止められる．

[瓜本忠夫]

❷立体商標の例(色彩省略)
商標登録第4157614号
〔平10(1998)6.19.登録／商標権者：株式会社不二家／商品および役務の区分：29, 30, 32および42／指定商品または指定役務は省略〕

❸ペコちゃんに関するものと思われる意匠登録
意匠登録第102121号〔昭27.4.18.出願／昭28.1.24.登録／意匠権者(考案者)：藤井誠司／意匠の名称：人形玩具の形状および模様の結合〕
旧大正10年意匠法下の登録で，藤井誠司氏は(株)不二家の二代目社長と思われる．

■文献

紋谷暢男：無体財産権法概論(第9版)，有斐閣，1999．
田村善之：知的財産法(第2版)，有斐閣，2000．
土肥一史：知的財産法入門(第3版)，中央経済社，2000．
特許庁ホームページ：http://www.jpo.go.jp
文化庁ホームページ：http://www.bunka.go.jp

4|102 意匠法の歴史－デザインを保護する法制の沿革

デザインは，工業的に量産される製品（有体物）を介して社会に供給される物品の外観に関する美的な表現（設計）であり，人の「知的な労働」によって生まれる創作（無体物）である．それは，生産，流通過程に適合し，最終的には産業デザイン（意匠）として実際の生活の場で使用・消費（視覚認識）されて初めて，真価を発揮する．したがって，よく計画され優れた産業デザインは経済的価値をもち，有体物と同様あるいはそれ以上の特質をもった産業経営における原資となり，知的財産といわれる．

そこで産業社会においては，特別な法的しくみ・創作法の「意匠法（産業立法）」により，自由な生産および流通を前提として，一定水準の要件を満たすデザインの独占が一定の期間，創作者に保証される．その目的は，創作の保護，奨励によるデザインの向上であり，その育成による産業の高度な発達である．産業活動および経済活動が進展するに従い，その法的保護の様態が複雑化し産業社会が国際化する中で，価値が高まる産業デザインの，開発から保全までの知的創作サイクルの向上をめざした法的視点からの総合管理が重要となる．

ここでは，産業所有権ないし知的財産の概念を紹介した上，主に産業活動に対する意匠法および経済活動に対する不正競争防止法の沿革を述べ，これらの現在の意義にふれる．なお，文化立法であるが，創作法に属する著作権法の沿革にも言及する．

■デザインと法
[デザインと産業]

デザインは，人の頭脳活動により産出される知的所産（無体物）であり，人が認識しうる状態，もしくは再生できる物または装置に固定されたものをいう．その実体は，工業的生産過程を通して生み出される物品すなわち製品に関する工学的理念と美的理念を結合した視覚的表現である．

デザインは，一般には産業上のデザイン（意匠）として計画され，実施された製品を媒介として表現されるもので，実生活において使用され需要者に視覚的効果（美感）を生じさせる．訴求力のあるデザインは，時と場所を超えて広く一般の人びとに伝達される．したがって，良質な意匠の実施は人びとの物質的精神的生活を豊かにし，とくに，高度な産業社会においては，企業にとって経済的利用価値が高く，グローバル化した産業および経済活動においては格別に財産的価値が大きい．

[産業デザインの保護]

そこで，産業デザイン（以下，意匠という）は知的財産（無体財産）として，当事者間の私的な契約にとどまらず，国策上も，営業自由の原則のもとに，特別に法を設けて，①一定の要件を満たす意匠について，一定の期間に経済的利用を保証することにより，関係者に創作を奨励して，意匠を向上させ，国の産業が発達す

ベネチア	1474年	特許法
イギリス	1709年	著作権法（アン法）
フランス	1711年	リヨン絹織物同業組合規制（ギルド的独占）
アメリカ	1787年	憲法（著作者及び発明者保護）
イギリス	1787年	意匠法（産業革命進行中．繊維工業対象）
フランス革命	1789年	特権絹織物同業組合規制廃止
フランス	1806年	リヨン絹織物保護（近代的意匠保護制度）1909年意匠法制定
イギリス	1839年	87年法の保護対象全製品に拡大
アメリカ	1842年	意匠法（特許制度）
ドイツ	1876年	意匠法
国際条約	1883年	工業所有権保護同盟パリ条約制定（1900年ブラッセル改定．条約不正競争からの同盟国民の保護．1925年ヘーグ改正条約同保護の義務の規定）
国際条約	1886年	文芸及び美術著作権保護同盟ベルヌ条約制定
日本	1888年	意匠条例制定（明治21年）
国際条約	1893年	知的所有権保護合同国際事務局設立（BIRPI パリ条約及びベルヌ条約事務局合同）条約制定
日本	1899年	意匠法制定（明治32年法），工業所有権同盟パリ条約加入，1909年改正（明治42年法），1921年改正（大正10年法旧法），1959年改正（昭和34年法現行法），1998改正（部分意匠制度導入） 著作権法制定（明治32年法旧法），文学的及び美術的著作物保護に関するベルヌ条約加入 1970年改正（昭和45年法現行法），1984年改正（貸与権），1985年改正（コンピュータプログラム保護），1986年改正（データベース保護，ニューメディア規定整備）
	1934年	不正競争防止法制定（昭和9年旧法）1990年改正（営業秘密保護），1993年改正（平成5年法現行法－著名表示冒用規制，商品酷似形態行為禁止，罰金刑強化），WTO TRIPs（知的所有権の貿易関連に関する交渉）に対処
	1960年	輸出品デザイン法制定，1997年廃止
国際条約	1967年	世界知的所有権機関（World Intellectual Property Organization：WIPO）設立条約制定．BIRPI等の管理機構発展形態．国際連合との連帯協定1974年，1925年パリ条約ヘーグ改正条約（「意匠の国際寄託に関するヘーグ協定」無審査主義国制度，最近審査主義国加入国際改正会議推進）

❶近代的意匠保護制度制定および関連事項年表

ることを期待する．②また，社会的にも，意匠が実施され，流通市場において現に有効に機能する実体があれば，その模倣などの不公正な競業行為から，正当な営業主体の利益を守り，経済活動を秩序づけ興隆することを期待する．

この産業的財産法（広義の工業所有権法）のうち，前者の中心となるのが，創作法の範疇に属する意匠法であり，技術的側面は特許法，実用新案法も関係する．また，後者が，先行者の営業上の利益を保護する不正競争防止法である．

わが国が，「デザイン」を「意匠」と訳し，「知能的財産」としてその保全を謳い創作を奨励して，殖産興業上，意匠条例を制定したのは明治中期の1888（明治21）年で，民法の制定に先駆けること8年前のことである．不正競争防止法は，1911（明治44）年以来二度の法案の不成立を経て，46年後の1934（昭和9）年に制定された．なお，1899（明治32）年に著作権法（文化立法）は制定された．不平等条約（領事裁判権）の改正のための前提として国際条約に加盟を果たすために，意匠条例も意匠法に改正され整備された（❶）．

■工業所有権に関する概念およびその保護の法的領域

これらの言葉の概念を明確にするために，国際的に使用される定義とわが国において採用された経緯をたどる．

［工業所有権と産業所有権］

工業所有権の言葉はわが国が1899（明治32）年に加入した，「工業所有権保護に関する1883年3月2日のパリ条約」（明治16年）の文言に由来する．

なお，パリ条約は，工業所有権（Propriété Industrielle）の保護のために同盟を形成して，特許，意匠および商標のその保護に関して内国民待遇を与えるべきことを規定し（1条，2条），付属議定書において，工業所有権の語は，最も広義に解するものとして，本来の工業的生産物のみならず，農業的生産物および商業上取引される鉱産物についても用いられると規定されていた（議定書1条）．したがって，前記語源およびこれに相当するIndustrial Propertyは，広義に産業所有権もしくは産業の財産権，または産業財産と訳すべきであったといわれている[1]．

［著作権］

著作権とは著作物に関する権利で，わが国が1899（明治32）年に加入した「文学的及び美術的著作物の保護に関するベルヌ条約」（1886（明治19）年制定）の文言に由来する[2]．

［知的所有権］

知的所有権という言葉は，前記の工業所有権保護に関するパリ条約および著作物保護に関するベルヌ条約の両事務局が統合され，1893（明治26）年に「知的所有権保護合同国際事務局」が設立された際に，知的所有権という文言が使用されている．

これらの管理機構は「1967年7月14日にストックホルムで署名された世界知的所有権機関を設立する条約」で設立された同機関（World Intellectual Property Organization：WIPO）に引き継がれた[3]．

なお，Intellectual Propertyの公式訳は知的所有権であるが，最近は，これを知的財産権もしくは知的財産（保護利益）とも訳すことが多い．

［工業所有権の法域］

わが国では，工業所有権の語義は，狭義に解釈され，一般には，特許庁が所管する特許，実用新案，意匠および商標に対する4法を指す．このうち，特許法，実用新案法は技術的思想の創作を，また意匠法は物品の美的外観の創作を保護し，これら3法は創作を保護する創作法といい，保護対象もその観点が異なるが交錯する場合がある．今一つの商標法は，市場における商品並びにサービスについて自他識別するのに使用する標識の出所表示の機能など，営業上の信用を保護する．なお，商標は法律上創作物とは扱われていないが事実上創作され，その種類には立体商標も存在し，形象を対象とすることから使用態様により意匠とも関係する．

［意匠法と著作権法］

産業所有権法あるいは広義の工業所有権法の概念には，不正競争防止法が含まれるが，著作権法（著作財産権および著作者人格権）は含まれない．しかし，知的所有権法もしくは知的財産法の概念は，すべての知的成果物を対象とし，したがって工業所有権法および著作権法が共に包含される．なお，これらの法域のうち，とくに著作権法と意匠法は，共に美的創作を保護する創作法で，その保護対象は重複する場合がある．しかし，法律の目的が異なり権利発生の手続が相違し，また権利内容においても，意匠権は排他的絶対権であるが，著作権は独創性を保護する相対的排他権で，独自に創作された著作物には及ばず，そして，著作物には財産権的権利とは別に著作者人格権が発生する．この人格権は創作者の専権に属し譲渡できないという点に差異がある．

■知的所有権法の沿革

[意匠法の沿革]

　意匠は，先に見たように，他の知的財産と多く交錯する性質のものであるから，この種制度において各国ごとの国情により最も相違する制度であるといわれている．わが国の法制定当初からの経緯および法改正ごとの留意すべき事項にふれておく．

　意匠条例　意匠保護法は，1888(明治21)年の意匠条例から始まる．審査主義を採用するアメリカ合衆国を調査の上，同主義のイギリスの制度を母法とし，一部ドイツ法制を導入している．意匠の保護は明治維新後，行政指導による地場産業の同業組合における自主登録制度が見られるが，業種および地域的な制約の上，保護主体も限られていた弊害があった．

　法制定の理由については，当時の国情から工芸品の輸出が盛んで「我ガ国ニ於イテ貿易ノ隆盛ヲ図カルニハ欺ノ意匠ヲ保護スルニ在ル」(明治19年専売特許条例改正意匠発明追加発議理由)として，特許条例を部分改正して意匠の保護を図ろうとしたが，翌年独立した法制を企画している．その提案理由書(農商務省案)には，要旨が次のように述べられている．

　①新規創意発明者に成果物の所有を認め，その権利を認めるのは「知能的財産ノ安全ヲ図リ」，また，社会公衆の知識を開き，「殖産ヲ進ムル」に最も必要なことであり，
　②意匠の考案には多くの「資材，日時，能力」が費やされるので，他人の侵害を防止しなければそれを補う途がなく，政府が法令を発して，「模擬者ヲ制止」し，「考案者ヲ保護」する必要がある．

　この意匠条例の意匠の語義については，母法の英語「デザイン」の訳語であり，「工業上ノ物品ニ鷹用スヘキ考案即チ各種ノ形状模様等ニシテ工業ト相須テ離ルルヘカラサルモノ」をいい，その性質について「専ラ物品ニ鷹用スヘキ風韻上ノ考案」としている．その意図する殖産は，「我美術工芸ノ発達ヲ企画セントスル」にあったのである．

　この法制の特色は，広く意匠の創作を奨励することにあり，「工業上ノ物品ニ鷹用スヘキ…新規ノ意匠ヲ按出シタル者ハ…登録ヲ受ケ之ヲ占有スルコトヲ得(1条)」と「社会公衆の知識ヲ開ク」のに，意匠の創作をした者は誰でもこの条例による専用権を受けられる旨を宣明していることである．しかし，産業政策上，①先創作者主義(アメリカ法)によらず先出願主義(8条)を採り，②別に従業員あるいは契約者による職務上の創作意匠の「登録出願ノ権利」は，原則として委託者または雇用者に帰属すると規定し(10条)先創作者権利主義に制限(ドイツ法)を与えており，これらの点が特許条例の規定と相違していた．明治維新後，江戸期の独自の成熟した手工業期をへて輸出工芸品の産業化が進められており，殖産興業上から，事業者に新規性のある工業的意匠の開発を促し，明細書による類別ごとの手続を要請し，先願優位に登録(8条)，権利内容を公開して(18条)，一定の期間(6条)は独占的実施を許容するしくみとした．富国強兵の国策上のわが国の産業の実情が窺える．登録要件については無審査主義(フランス法)に対する審査主義を採用した．

　明治半ばから次第に産業が興隆し始め，1892(明治25)年に条例施行細則を改め，意匠の概念規定を明確にし，公知意匠と類似するものも登録要件を欠き新規性の範囲を強化し，また出願後放棄した意匠にも後願排除効の地位を与えた．

　意匠法(明治32年法)　明治32年には条例の不備と，不平等条約を解消するためのパリ同盟条約に加入に伴う改正で意匠法が制定され，同盟国双方が自国出願をもとに優先権が主張できる出願の規定(内外国民平等の原則)がされ，また，創作奨励策として，意匠権者は，自己の登録意匠に類似する意匠もこれに付随して登録できる類似意匠制度(2条)が採用され，出願手続は明細書を廃止し意匠の説明に必要な部分を示す図面によるとした．

　明治42年法　1909(明治42)年には，秘密意匠登録制度および実用新案出願から意匠登録出願への変更出願制度が採用された．

　旧法(大正10年法)　その後，産業の発達，社会経済の変遷の実状に即し，1921(大正10)年に大改正され，ほぼその後のわが国の意匠法の骨格が形成された．

　ここにおいて，保護対象が「物品ニ応用スヘキ形状…ニ係ル新規ナル工業的意匠ノ考案」であったものを「物品ニ関シ形状…ニ係ル新規ノ意匠ノ工業的考案」(下線筆者)と改められ，図案もしくは応用美術的な意匠の概念を，より工業性を反映したものとした．当初の「貿易ノ隆盛ヲ図ル」ため，工芸の産業化を意図した規定ぶりを，工業生産の拡充を背景に，意匠は工業生産される物品と不即不離の関係にあることを明確にしたものである．そして職務創作の登録出願権の帰属は，原則として創作者に帰属する旨改められ，創作者権利主義を鮮明にし，登録拒絶の不利益処分に対する拒絶理由を通知する制度が新設された．また，他人の実用

第1章 創造者の権利を守るために

新案および商標権との調整規定に,審判による実施許諾制度が設けられた.

現行法(昭和34年法,平成10年改正) 意匠法は,戦時中の一時期は停止された.戦後,産業構造が変革され,国際的な知見の産業技術立国の国策に立脚した昭和34年法が制定された.この改正で新たに目的規定と定義規定を置き,当時,輸出品デザイン法制定の動きに見られるように,輸出産業をはじめ,海外製品に範をとるわが国の模倣デザイン防止のために,登録要件において(3条),新規性判断基準の地域範囲を世界まで拡大し(ただし,無効審判の理由に除斥期間を設定),創作容易な意匠の登録欠格理由を明定する(3条2項)とともに,これまでの,意匠の類別指定を廃止し,開発意匠の能力に応じた権利範囲が定められることにした.さらに,これまでの禁止権(刑事罰)の「登録意匠に類似する範囲」を専用権と認めて,先願者有利の原則で意匠権利の強化を図った(23条,26条).なお,意匠の定義規定において,意匠は,「物品の形状…」として物品との不即不離の関係を強調し,「視覚を通じて美感を起こすもの」と意匠の審美性を明確に規定し,意匠の工業性については,旧法の意匠の構成要素から意匠の登録要件に移し,意匠の特性を明らかにして,その観念的成立性の余地を残し,制度の運用に柔軟性をもたせたといえる.

昭和50年代半ば以降,わが国の産業は飛躍的に発展拡大,良質な製品を輸出して外貨獲得をし,むしろ,かつて経験したことのない貿易摩擦をひき起こす事態となった.最近は,国際的に競合しない独自性に富んだ高いレベルの意匠の開発管理の必要性が生じ,また,周辺法の改正,たとえば商標法の立体商標の導入,不正競争防止法の商品形態模倣の禁止規定(本法2条1項3号)の創設などもあり,先の改正から40年後の1998(平成10)年に一部改正が行われた.

まず,定義規定の文言「物品」にカッコ書きで「物品の部分を含む」旨の記載を挿入して,これまでは異説とされた「部分意匠」の導入を図った.物品の部分の形状などに意匠の成立を認め,創作の要部を希釈化する巧みな模倣実態に対処するものであるが,当該物品の全体との関係で,権利内容(範囲)をどう解釈するかという問題がある.部分意匠制度はアメリカの判例法主義のもと,昭和40年代半ばに出願人側の主張を裁判所が認めたことから発展したが,アメリカの特許法のもとで保護される請求項的な制度と異なるわが国の意匠制度の今後の運用が注目される.

また,類似意匠制度を廃止し,関連意匠制度を創設した.デザイン開発のレベルアップによる,組織的で同時多発的な相類似する意匠群の保護をする.先願規定の例外で,同日に出願すれば,そのうちの一つを原意匠に他は関連意匠としてすべて登録される.登録後は権利譲渡には付随性をもつが,権利内容はそれぞれ独自の範囲の意匠権の効力をもち,瑕疵ある原意匠が消滅しても,それに伴って消滅することはない.

その他,創作非容易性の規定を強化,拒絶査定確定の出願意匠の後願排除効をなくした.1年後には新規性喪失の例外規定をこれに対応できるよう改めた.

[不正競争防止法の沿革]

現行法の不正競争防止法の目的規定に「国際的約束の的確な実施を確保するため」という文言もあるが,成立の経緯からもこの法律の性格の一面が窺える.

旧法(昭和9年法) わが国は,1899(明治32)年に領事裁判権などの不平等条約を改正するため,「工業所有権の保護に関するパリ条約(1883)」に加入している.

この条約は,その後,1900(明治33)年ブラッセル改正会議で,不正競争行為から同盟国民を保護するための条項を設け(改正条約10条の2),1911(明治44)年ワシントン改正条約会議では,義務を課すものではないが,同盟国の国民を不正競争からの有効な保護を約束するとの表現の規定とされた(改正条約10条).そして,1925(大正14)年ヘーグ改正会議で,法的保護の規定を置き,「工業上または商業上の公正な慣習に反するすべての競争行為は不正競争を構成する」と概念を明らかにして,禁止する行為を揚げ,その防止の義務を負うことになった(改正条約10条の2).

わが国も1911(明治44)年と1926(大正15)年の2回法案を作成その設置を試みたが,当時のわが国の産業は,いまだ発展段階にあり,商行為の未成熟なことと,そして,競争行為は権利侵害といえず不法行為として法的責任を問えないとの法技術論により,廃案とし,ヘーグ改正条約に加入できなかった.

次回は1934(昭和9)年,ロンドン改正会議が開かれ不正競争の規定が強化されたが,わが国も不正競争の認識が高まり,また,不法行為の成立は「違法性」の存在で足りるとする判例(大正14年大学湯事件)があり,法理論も緩和され,この年,不正競争防止法が創設された.しかし,内容は他人の商品と混同を生じさせる行為など「條約ニ於テ特ニ規定ヲ設ケラレテ居リマスル行為」に限って規定された.その適用要件にも,「不

正競争ノ目的」という主観的な要件を入れ，さらに条約では想定していない，競争者商品の「周知性」の要件を規定し，また，「工業所有権の行使」には適用を除外するというもので，いわゆる「申し訳立法」といわれるものであった[4]．

戦後1950(昭和25)年に，不正競争の主観的目的の要件をなくし，差止請求権を認める大幅な改正をした．1953(昭和28)年，1965(昭和40)年に改正があって，1990(平成2)年は営業秘密の保護を盛り込む改正が行われた．

現行法(平成5年法)　現行法は，1993(平成5)年に従来のカタカナ法をひらがな法に変え，「著名表示の保護」と「商品形態模倣規制」の規定などを新設し，罰則規定も強化される大改正が行われたものである．

[著作権法の沿革]

著作物は，現行法の定義規定(2条)によれば，「思想又は感情を創作的に表現したもの」で，「文芸，学術，美術又は音楽の範囲に属するもの」であるが，主として，デザインに関する事項について見る．

旧法(明治32年法)　1899(明治32)年著作権法が公布され，ベルヌ条約(「文学的及び美術的著作物の保護に関するベルヌ条約」1886年)に加入した．従来の版権に関する法律(明治26年版権法)を統一し整理して，ベルヌ条約に順応するよう立案されたもので，著作権は，従来の登録主義を改め，その完成と同時に発生する「無方式主義」(ベルヌ条約の原則)として，保護範囲の著作物を文書，図画のほか，写真，彫刻，模型とし，また著作者人格権を規定，保護期間は死後30年とした．1910(明治43)年改正法には対象に建築を加えた．

ベルヌ条約に関し，「工業に応用する美術品(応用美術)の保護」について，1908(明治41)年ベルリン改正会議で初めて議論されたが，賛否両論を反映した「…国内デ認メル場合ニ於テ之ヲ保護スル」と規定するにとどまった(ベルリン改正法2条4項)．

1928(昭和3)年ローマ改正会議で，再度，応用美術の同盟国における保護義務が議論されたが，改正には至らなかった．大戦後の1948(昭和23)年ブラッセル改正会議において，保護範囲の著作物の例示に応用美術が加えられたが，その保護については同盟国の国内法によるとされた(ブラッセル改正法2条5項)[5]．

現行法(昭和45年法)　このような内外の潮流から，わが国現行法である昭和45年法改正では，応用美術品の取り扱いが問題となった[6]．結局，保護範囲の「美術」の著作物の例示に「美術工芸品」を含めることにとどまった(2条2項)．

なお，現行法は情報技術時代を受けてその保護範囲に，1985(昭和60)年の改正でコンピュータプログラムを，また，61年の改正でデータベースを加え，そしてニューメディアに関する規定が整備された．

■知的財産権法の現在的意義

[知的財産権重視の流れ]

知的財産の概念は，先に記したように無対物保護制度導入の明治時代から存在する．しかしながら，知的財産という言葉が日本の産業界に定着したのはごく最近のことである．

1980年代になって，レーガン大統領の時代に，衰退したアメリカ経済を立て直すためヤング・レポート(1985年，産業競争力に関する大統領委員会のヤング委員長の報告書)が提出され，これを受けてプロパテント(特許重視・知的財産権保護強化)政策が採用され，行動に移されて，わが国においても広く産業活動にかかわる知的所産の機能および競業秩序のルールについての認識が深まったためである[7]．

その結果，わが国の企業も，特許(技術思想)，意匠，商標などの工業所有権のみならず著作権を含め，広く知的財産の重要性と，そして各国における知的財産に関する公正競業のルールについて認識せざるを得ないようになり，「特許部」を「知的財産部」と改めて，各種の知能的所産の統合した働きが，グローバル化する企業活動を生かす命脈として総合的な管理を行うようになった．

[先進性創作活動の環境醸成]

高度情報技術を利用した生産が発達し，知的所産がグローバル化した経済活動を左右する時代，実利主義の国，判例法主義のアメリカを発信地として，WTO TRIP'S協定(平成6年制定の知的所有権の貿易関連の側面に関する協定)の動きに見られるように，国際的に知的財産権重視(プロパテント)時代を迎えた．

その思潮の流れの中でわが国においても最近，ビジネスモデルパテントという権利を生んだ．コンピュータおよびインターネット技術を利用したビジネス方法の発明(方法の発明：一定の目的に向けられた系列的に関連のある数個の行為または現象についての技術的思想)を特許の対象とした権利である．

現在の高度情報技術時代においては，情報量の大きい「デザイン」もディジタル情報化され，通信を利用したデザインデータベースの構築およびその提供による

デザイン手法の有効なシステムが開発され，ビジネスとして成立し，新しいデザインの法的保護のみならず，デザインデータベースを始め，デザインイージーオーダーなどその生産方法のしくみそのものが法的に保護されうることとなる．いわば，新たな知的競争時代を迎えたということである[8]．

こうした時代において，デザイナーおよびデザイン関係者は，デザイン活動について工業所有権法の創作法，とくに意匠法を中核に知的財産権法を体系的に鳥瞰し，その法的な利益もしくは権利を理解し，「先進性ある創作活動」を高めるために法制を有利に活用できる法的視点を一層養うよう努める必要がある．さらに，今後は成文法主義のもとでも，意識的に必要な新しい法的利益を主張できる素養を身に付け，国際動向，水準を勘案しデザイン活動の保護について実体に合わないときには新たな法制度を合理的に勝ち取るほどの積極的な意識をもつ必要がある．　　　　　　〔田邉　隆〕

■文献
特許庁編：工業所有権百年史，(社)発明協会，1984．
特許庁編：工業所有権法令集，(社)発明協会，2000．
後藤晴男著：パリ条約講和(改定新補版)，(社)発明協会，2000．
牧野利秋編：特許・意匠・商法の基礎，青林書院，1999．
小野昌延・山上和則編：不正競争の法律相談，青林書院，1997．
三宅正雄著：著作権法雑感，(社)発明協会，1997．
工業所有権用語辞典編集委員会編：工業所有権用語辞典(新版)，日本工業新聞社，1975．

(1) 現行パリ条約では「工業所有権の保護は，特許，実用新案，意匠，商標，サービス・マーク，商号，原産地表示又は原産地名称及び不正競争の防止に関するものとする」(1条2項)と規定され，「工業所有権の語は，最も広義に解釈するものとし，本来の工業及び商業のみならず，農業及び採取産業の分野並びに製造した又天然のすべての産品(たとえば，ぶどう酒，穀物，たばこの葉，果実，家畜，鉱物，鉱水，ビール，花，穀粉)についても用いられる」(同3項)と規定されている．

(2) わが国が同条約に加盟するため制定した1899(明治32)年の「著作権法」起草者水野錬太郎らによって造語されたといわれている．

(3) この設立条約の第2条(定義)で，「知的所有権」とは，文芸，美術及び学術の著作物，演奏家の実演，レコード及び放送，人間の活動のすべての分野における発明，科学的発見，意匠，商標，サービス・マーク及び商号その他の商業上の表示，不正競争に対する保護，に関する権利並びに産業，学術，文芸又は美術の分野における知的活動から生じる他のすべての権利をいう，と規定する．

(4) わが国は，1899(明治32)年パリ条約(1883年制定)に加入した．この条約は，1900(明治33)年ブラッセル改正会議で不正競争に対する同盟国民の保護を定めたが(10条の2)，1925(大正14)年のヘーグ改正条約で保護義務を課し，その行為を明示する規定を設けた．わが国は，このヘーグ改正条約に加盟するため1934(昭和9)年不正競争防止法を制定した．しかし，その内容は，「不正競争ノ目的」という主観的な要件を設け，さらに条約では規定していない，競争者商品の「周知性」の要件を定め，また，工業所有権の行使は適用を除外するというもので，条約の要求を最低限満たすものであった．

(5) わが国では，ローマ改正会議準備での意見聴取で「先進国の意匠を好資料としている産業及び貿易の実情から時期尚早」という論が大勢を占めた，なお，その後の改正会議に向けて，工芸力，図案力の進歩の認識のもとに応用美術を著作権で保護する必要性を訴える意見も見られるようになった．

(6) これまでは，意匠法と著作権法との保護対象を峻別してきており，産業界では，著作物は，無方式で発生し，応用できる範囲も広く，また，意匠権との権利関係が重複するなどから，著作権法で応用美術を保護することには慎重で消極的であった．

(7) わが国は，1945(昭和20)年第二次大戦後の荒廃した経済復興をめざし，戦時産業の構造を変革，民需のみの平和産業を興隆させるために先進国との技術貿易による基本特許技術を導入し，これを改良することにより発展したことは周知の事実である．その後，わが国の良質な製品が世界市場に進出し，とくに日本とアメリカが経済摩擦・貿易摩擦を起こすようになり，上記の通りアメリカが政策を変更してプロパテント政策を採用した．事実その後，アメリカ市場において知的財産にかかわる侵害事件が提起され，ハイテク産業といわれる巨大企業の製品やソフトプログラムについて工業所有権および著作権にかかわる巨額の損害賠償を支払わされたことも記憶に新しいところである．

(8) たとえば，過去のデザインを収集，ディジタル情報に加工分析し，かつ現在の創作されるデザインのディジタル情報をも加えるデザインデータベースを作成し，このデータベースを利用したデザイン開発方法を数種用意し，需要者の要求により，そのうちの最適な一つのデザイン開発法とその手法を利用するに必要なイメージデータ，具体的には意匠マップなどを通信などにより即時に提供して，デザイナーがより予測可能な範囲でデザインを作成する方法を開発した場合，このデザイン開発方法そのものがビジネス特許の対象となり，また，そこから生み出される新しい成果物の部分あるいは全体が知的財産として法的保護の対象になりうる．

4│103 意匠法のしくみ

意匠法(Design Law)にもとづくデザインの保護は，創作したデザインを「意匠」(design, industrial design)として特許庁に「意匠登録出願」(application for design registration)し「意匠登録」(design registration)を受けて「意匠権」(design right)を取得し，それを行使することによりもたらされる（権利発生のために行政庁などに対する手続きが必要なことを「方式主義」という．著作権の「無方式主義」と対比される）．これらの手続きなどの一連の流れを❶に示す．

[注記]1. 以下の記述は平成12年1月1日施行の改正意匠法(昭和34年法律第125号)にもとづいている．
　2. 本稿において法律の条文は，「意匠法第15条第1項において準用する特許法第43条第1項」＝「意15条1項準特43条1項」のように記載する．

■意匠の保護対象（意匠の定義）
　意匠法にもとづいて保護を受けることのできるデザインは，意匠法に定める「意匠」，すなわち，「物品(article)(物品の部分を含む．第八条［組物の意匠］を除き，以下同じ)の形状，模様もしくは色彩またはこれらの結合であって，視覚を通じて美感を起こさせるもの」(意2条［定義］)でなければならない．これにもとづき「意匠＝物品（またはその部分）＋形状など」と要素分解する．「形状など」は，意2条の「形状，模様もしくは…結合」の省略表現である．意匠は，物品すなわち有体物である動産にかかわるものでなければならないので，たとえば，物品を離れた模様のみのデザインは意匠登録を受けることができない．これら保護対象の適否などの具体的な判断など，意匠審査に関する詳細な取り決めは，「意匠審査基準」および「意匠審査便覧」としてまとめられ，公表されている(❷)．

　意匠審査(design examination)実務上，意匠は次の三つに分類される．
　①全体意匠(design for a whole article)＝物品の形状など．実際の意匠登録出願の大多数を占める．
　②部分意匠(design for a portion of articles)＝物品の部分の形状など．
　③組物の意匠(design for a set of articles)＝複数の全体意匠の組合せ．部分意匠を含むことは不可．

■意匠登録を受ける権利
　価値ある意匠を創作した者は，原始的に「意匠登録を受ける権利」を有する．この権利は移転することができる(意15条2項準特33条・34条)．意匠登録出願

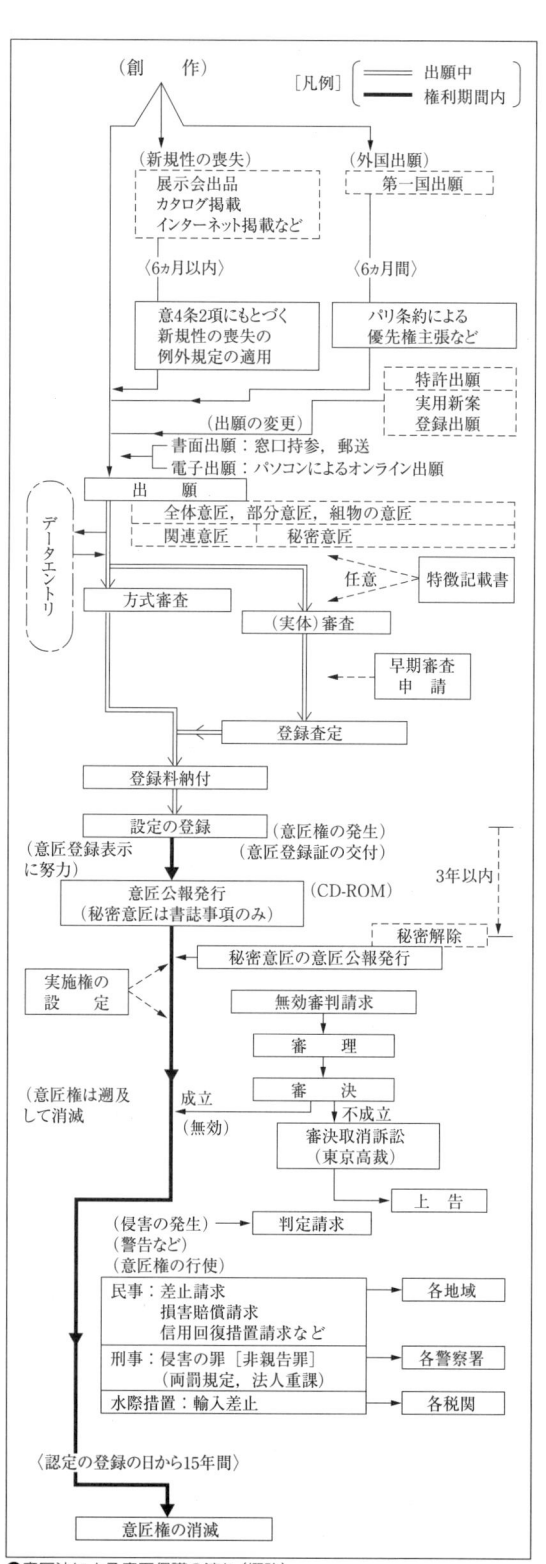

❶意匠法による意匠保護の流れ（概略）
拒絶関連の事項は省略した．

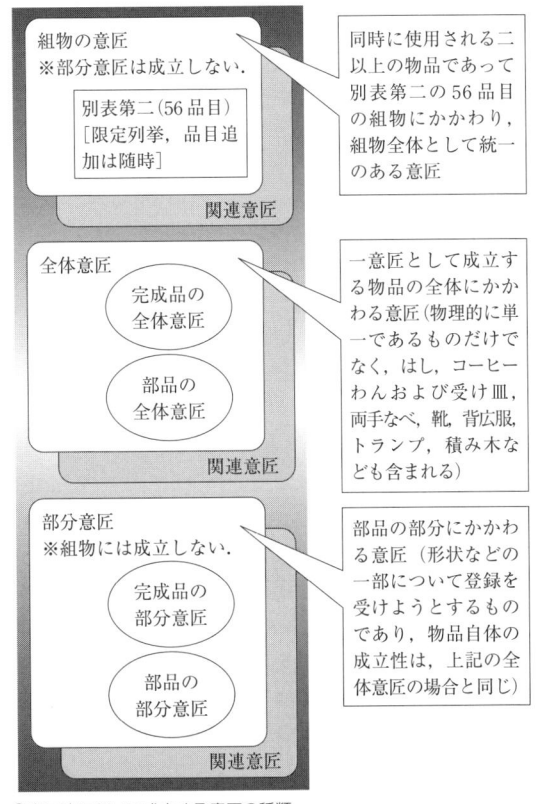

第1章 | 創造者の権利を守るために

```
組物の意匠
※部分意匠は成立しない.
  別表第二(56品目)
  [限定列挙, 品目追
   加は随時]
                        関連意匠
```
← 同時に使用される二以上の物品であって別表第二の56品目の組物にかかわり,組物全体として統一のある意匠

```
全体意匠
  完成品の
  全体意匠
  部品の
  全体意匠
                        関連意匠
```
← 一意匠として成立する物品の全体にかかわる意匠(物理的に単一であるものだけでなく,はし,コーヒーわんおよび受け皿,両手なべ,靴,背広服,トランプ,積み木なども含まれる)

```
部分意匠
※組物には成立しない.
  完成品の
  部分意匠
  部品の
  部分意匠
                        関連意匠
```
← 部品の部分にかかわる意匠(形状などの一部について登録を受けようとするものであり,物品自体の成立性は,上記の全体意匠の場合と同じ)

❷意匠法において成立する意匠の種類

はこの権利の行使の一つであり,行政庁に対して意匠登録の付与を請求するものである.

■ **意匠登録出願の手続き**
[願書および図面など]

意匠登録出願をする場合,願書(request)および図面(drawings)(図面の代用として写真,ひな形(model)または見本(sample/specimen)の提出が認められる.以下,総称して「図面など」という)の二つを提出することが最低限必要である(意6条).

図面は意匠権という排他的独占権にかかわる,いわば「権利証書」の一部をなすものであるからあいまいなものであってはならない.図法は,基本的にJISの機械製図などの製図法に準拠したものとなっている.

[提出の方法]

意匠登録出願を特許庁に提出するには,持参または郵送による「書面出願」とオンラインによる「パソコン電子出願」(ひな形と見本は同日に別送する)とがある.書面による出願書類も効率的に事務処理を行うために電子化(データエントリ)される(電子化のための費用は出願人の負担).

■ **出願前の事実または行為にもとづく特例手続き**
[新規性の喪失の例外規定(意4条)]

意匠登録出願前に,その意匠を展示会に出品したり,カタログに掲載したり,インターネットのホームページで公開したりしても,一定期間内(6カ月以内)であればそれらの事実を,その出願の新規性(novelty)および創作非容易性(creativity)の判断資料から除外することができる手続きである.出願と同時に適用を申し立てなければならない.

意匠登録を受ける権利を有する者(創作者または承継人)の意に反して意匠が公開された場合も同様に適用が可能である.

[パリ条約による優先権主張など(意15条1項準特43条・特43条の2)]

意匠登録出願についても,パリ条約(Paris Convention)による優先権主張(claim of priority)など(優先期間6カ月)が認められる.

■ **意匠登録出願の審査**

特許庁に提出された意匠登録出願は,「方式審査」(formality check/examination)と「(実体)審査」([substantive] examination)の両方に付される(従来の書面出願のみのときには,方式審査を経たもののみが実体審査に付されていたが,ペーパーレス化以降は並行処理がなされている).

[意匠の実体審査]

意匠の実体審査では,審査官は,先行意匠(prior design)調査を行いつつ,以下の要件についての判断をし,拒絶の理由を発見しない場合はその意匠登録出願について登録査定をする(意18条).

[意匠の登録要件(requirements for registrability)
(積極的登録要件ともいう)]

工業上利用可能性(industrial applicability)(意3条1項柱書),新規性(意3条1項各号),みなし一部公知(意3条の2),創作非容易性(意3条2項)の四つがある.

新規性は,世界公知(publicly known elsewhere in the world, absolute novelty)制を採り,「一般公知意匠」(1号),「刊行物公知意匠」または「インターネット公知意匠」(2号)およびこれらに類似する意匠は,意匠登録を受けることができない.

創作非容易性は,意匠の属する物品分野の当業者(person skilled in the art)であれば,公知のモチーフ

483

（意匠も含まれる）にもとづいて容易に創作できた意匠は，新規性を充足したものであっても意匠登録を受けることができない．

[意匠の類否判断]

意匠法では意匠登録の要件（意3条），先願（意9条），関連意匠（意10条），意匠権の効力（意23条）など重要な規定において，「類似」（「同一」を含む）という概念がその効果を支配している．意匠法において意匠どうしを比較・対比して行う類似しているか否かの判断を「類否判断」（judgement/determination of similarity）という．この場合，直接対比される意匠だけでなく，当該物品分野において関係する先行意匠の存在が判断のベースを形成する．

類否判断は，「物品の類否」と「形状などの類否」との二つに分けて行われ，そのいずれもが類似する場合に意匠が類似すると判断される．

[不登録事由（消極的登録要件：意5条）]

積極的登録要件を備えた意匠（すなわち，創作的価値ある意匠）であると認められた場合であっても，「公序良俗（public order and standards of decency）を害するおそれがある意匠」（1号），「他人の業務にかかわる物品と混同を生ずるおそれがある意匠」（2号），必然的形状などからなる「機能にのみもとづく意匠」（3号）は，意匠登録を受けることができない．

[一意匠一出願の原則（意7条）]

意匠登録出願は，「意匠にかかわる物品」を施行規則別表第一の下欄に定める「物品の区分」またはそれと同程度の物品の区分によるものでなければならず（「筆記具」ではなく「ボールペン」のように記載する），また，手続き的な要件として一の出願には一の意匠のみを含む形式でしなければならない．これは審査段階で拒絶の理由となるが，いったん意匠登録を受けた後は無効事由とはならない．

[先願主義（first-to-file system）（最先出願性：意9条）]

意匠登録の要件を充足した意匠であっても，同一または類似の意匠が複数出願としてある場合（「競願関係」という）には，意匠登録出願として最も早く出願されたもの（「最先の意匠登録出願人」にかかわるもの）のみが意匠登録を受けることができる．

本条の規定は，出願人が同一人である出願相互にも適用される．

[意匠登録出願中の意匠]

意匠制度には，特許制度の出願公開に伴う「補償金請求権」（特65条），商標制度の「設定登録前の金銭的請求権」（商13条の2）に類する制度をもたない．意匠登録出願中の意匠には，出願中の意匠であることにもとづく保護は与えられない．

■意匠登録出願に関する特別な制度・手続きなど

[部分意匠制度]

一つの意匠に独創的で特徴のある創作部分が複数箇所含まれている場合に，意匠の部分的な模倣に的確に対処するため，それらの部分ごとに意匠登録を受けることができる．

図面によって部分意匠を表す具体例を❸に示す．破線部分は，具体的形状などを表すものではないが，実線と破線との全体で意匠にかかわる物品を示すものでなければならない．また，破線部分は，実線部分が意匠全体の中で占める位置，大きさおよび範囲を示す意味も有する．

アメリカの意匠特許の「破線実務」（Broken Line Practice）と似た制度である．

写真，ひな形または見本によって部分意匠を出願することもできる．

[組物の意匠制度（意8条）]

施行規則別表第二に掲げる組物は，一意匠一出願（意7条）の「意匠ごと」の例外（いわゆる「多意匠」の例外）として取り扱われる．いわゆる「システムデザイン」や「セットもののデザイン」を適切に保護するために設けられたものである．

組物の意匠を部分意匠とすることはできない（意2条）．

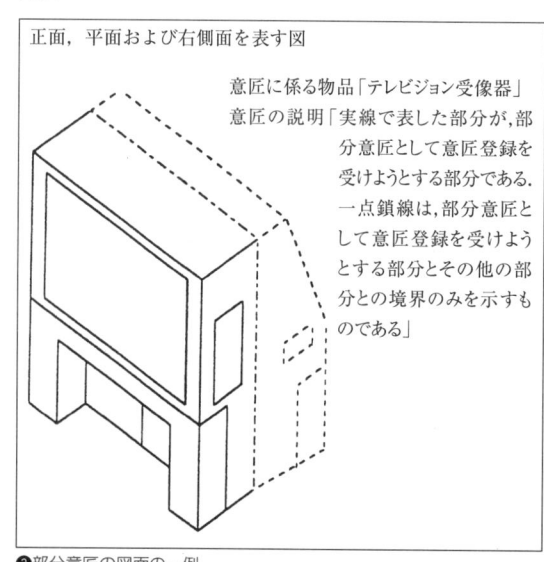

正面，平面および右側面を表す図

意匠に係る物品「テレビジョン受像器」
意匠の説明「実線で表した部分が，部分意匠として意匠登録を受けようとする部分である．一点鎖線は，部分意匠として意匠登録を受けようとする部分とその他の部分との境界のみを示すものである」

❸部分意匠の図面の一例

[関連意匠制度(意10条)]

意9条2項(同日競願)の例外として,それらの出願が同一人にかかわる場合は,それらのうちから選択した一の意匠を「本意匠」(principal design)として,その他を「関連意匠」(associated design)とすることにより,意匠登録を受けることができる.

関連意匠制度においては,本意匠および関連意匠の意匠権は,それぞれ独自に意匠権侵害訴訟を起こすことができる.

例外的に意匠登録を受ける引き替えとして,関連意匠の意匠権の存続期間の特例(意21条),分離移転の禁止(意22条),専用実施権の一括設定の制限(意27条)がある.

[秘密意匠制度(意14条)]

自動車が新車効果をねらう場合のように,意匠登録を受けた後であっても実施するまではその意匠を意匠公報に掲載することを控えた方が意匠権者の利益となるときに,意匠登録出願人は,出願と同時に秘密意匠(secret design)請求をすることにより意匠権の設定の登録の日から三年以内の期間,当該登録意匠の意匠公報への掲載を延期することができる(当初は書誌事項のみを掲載した意匠公報が発行される:意20条3項・4項).ただし,その引き替えとして,権利行使の際に一定の制限がある.

[意匠登録出願の分割(意10条の2)]

一意匠一出願(意7条)の「意匠ごと」に違背した出願,いわゆる「多意匠」の意匠登録出願を救済する手段である.

[出願の変更(意13条)]

適用法を間違えた場合の救済のため,特許出願,実用新案出願,意匠登録出願は,相互に出願の変更をすることができる(特46条,実10条).ただし,時期的制限などがある.

[特徴記載書(施行規則5条の2・様式第10の2)]

出願人は,出願時または意匠登録出願が審査などに係属中に任意で,意匠登録出願にかかわる意匠について「特徴記載書」を提出することができる.

[意匠早期審査制度・早期審理制度]

意匠登録出願については,それが「実施関連出願」または「外国関連出願」である場合には,早期審査制度の申請(無料だが「早期審査に関する事情説明書」の提出を要する)を行うことができる.

拒絶査定不服審判事件にも同様な制度が設けられている.

■意匠権

[設定の登録と意匠公報の発行]

登録査定を受けた意匠登録出願について,第一年目の登録料が納付された場合は,その意匠について意匠原簿(design register)へ設定の登録がなされ,意匠権が発生する(意20条1項・2項).

設定の登録がされた意匠は,CD-ROMをメディアとした「意匠公報」(design gazette)に掲載されることによって世の中に公示される(秘密意匠の場合,前述の扱い).

意匠権者(owner of a design right)には「意匠登録証」が交付される(意62条).意匠権者などは,「意匠登録表示」を付すように努めなければならない.

[意匠権の存続期間および意匠権の消滅]

関連意匠の意匠権を除き意匠権の存続期間は,設定の登録の日から15年間である(意21条).各年の登録料は意42条1項に定められる.

[意匠権の効力]

意匠権者は,業として登録意匠およびこれに類似する意匠の実施(製造,使用,輸入などをする行為)をする権利を専有する.

[実施権]

意匠権者は,意匠権について「専用実施権」(exclusive license)(意27条)および「通常実施権」(non-exclusive license)(意28条)を設定することができる.専用実施権は「効力発生要件」(意27条4項準特98条1項2号・2項)として,通常実施権は「第三者対抗要件」(意28条3項準特99条2項)として,特許庁の原簿への登録が必要である.

通常,実施権には許諾によるものの他,法定実施権[「先使用による通常実施権」(意29条),「先出願による通常実施権」(意29条の2)など],「職務創作の場合の実施権」(意15条3項準特35条1項)など],裁定実施権(意33条)がある.

■審判制度など

[審判制度]

意匠登録出願にかかわる審判(appeals and trials)制度としては,「拒絶査定に対する審判」(意46条),「補正の却下の決定に対する審判」(意47条),「意匠登録の無効の審判」(意48条)の三つが設けられている.審決などに対する訴えは,東京高等裁判所の専属管轄である(意59条).

[判定制度（意25条）]

ある意匠が，特定の登録意匠およびこれに類似する意匠の権利範囲に属するか否かについて，特許庁に対して判定（Hantei）を求めることができる．

■**意匠権の侵害に対する救済**

侵害行為（Infringement）または間接侵害行為（意38条）に対する民事的救済措置としては，「差止請求権」(right to require an injunction)（意37条），「損害賠償請求権」(right to demand compensation for damage)（民法709条），「信用回復措置請求権」（意41条準特106条）などがある．

また，損害賠償請求などに関し，権利者側の立証負担の軽減化・容易化の観点から，「過失の推定」（意40条：秘密意匠を除く），「損害の額の推定等」（意39条），「相当な損害額の認定」（意41条準特105条の3）などの規定が設けられている．

刑事罰として侵害の罪（意69条：非親告罪）がある．両罰規定があり法人重課される（意74条）．

海外からの輸入品に対しては，「関税定率法」(Customs Tariff Law)にもとづく輸入規制（水際対策）が有効であり，税関への情報提供または申立てによって行われる．

〔瓜本忠夫〕

■**文献**

高田忠：意匠，有斐閣，1969．
斎藤瞭二：意匠法概説，有斐閣，1991．
豊崎光衛：法律学全集54-Ⅰ工業所有権法（新版・増補），有斐閣，1980．
設楽隆一：意匠権侵害訴訟について．特許管理，p.1367，1987年11月号．
中山信弘：工業所有権法(上)特許法，弘文堂，1993．
竹田稔：知的財産権侵害要論（特許・意匠・商標編），発明協会，1992．
紋谷暢男：無体財産権法概論（第9版），有斐閣，1999．
田村善之：知的財産法（第2版），有斐閣，2000．
土肥一史：知的財産法入門（第3版），中央経済社，2000．

■**意匠法に関するインターネット情報源**

[特許庁インターネットホームページ]
(URL) http://www.jpo.go.jp
　意匠制度の概要，オンライン出願による意匠登録出願の手続きなど．意匠に関するトピックスや意匠登録出願の動向などのデータなどを掲載した『特許年次報告書』を見ることができる．

[特許電子図書館（IPDL）]
(URL) http://www.ipdl.jpo.go.jp
　登録意匠のイメージのすべてを見ることができる意匠公報データベース．日本意匠分類リストなど．

[最高裁判所ホームページ]
(URL) http://www.courts.go.jp
　知的財産権判決速報（裁判所の別紙などは原則として省略），知的財産権判例集で審決取消訴訟および侵害訴訟などの判決を見ることができる．

コラム「私の選ぶ図書10冊」

小原康裕［グラフィックデザイン／千葉大学］

① "L'affiche dans le Monde"（Alain Well著，Somogy，1911）
　著者の豊富な知識にもとづいて，近代から現代にいたるポスターの潮流を，時代と国別に俯瞰した著．ポスターがグラフィックデザインの花形として，いかにその黄金時代を築いていったかがわかる．クセジュ文庫より邦訳がある．

② "Les années 30 L'architecture et les arts l'espace entre industrie et nostalgie"（Jean-Louis Cohen編，Éditions du Patrimoine，1997）
　1997年は，1937年パリ万博の開催60年後を記念して，30年代に関する書物が多数刊行された．本書はパリ，トロカデロで行われた展覧会の図録．デザインの見地から，現代社会の原初的な風景である30年代を再考したもので，モダニズムをとらえ直すための必読書である．

③ "Delirious New York A Retroactive Manhattan by Rem Koolhaas"（Rem Koolhaas著，Oxford Univ. Press，1978）
　今をときめく建築家クールハースの著述における出世作．長らく絶版であったが1994年に再販され，入手可能である．著者の最近の言説，またまだ記憶に新しいニューヨークWTCのテロ，大衆から分衆への変化など，21世紀の現状をふまえた視点から再考すべき著であろう．記述は難解であるが，ぜひ原著で読みたい．

④『グラフィック・デザイン全史』（藤田治彦監修，淡交社，1996）
　近代から現代のグラフィックデザインの興隆を俯瞰・詳述したフィリップ・B・メッグスの著書の翻訳版．グラフィックデザイン通史を語るうえで重要な著であるといえる．訳出者によって内容にばらつきがあるのが残念である．ぜひ原著とともに読みたい．

⑤『西洋広告文化史　上・下』（春山行夫著，講談社，1981）
　これまで，ありとあらゆる手段をもって試みられてきた広告を，西洋を中心に総説した著．膨大な資料のもとに著された労作であり，他に類を見ない．辞書としても活用できる．

⑥『日本広告表現史－広告表現の120年を担ったクリエイターたち』（中井幸一著，玄光社，1991）
　日本における近代から現代の広告の発展を詳述した著．その歴史を語るうえで必要不可欠な著であるといえる．細部に記述の誤りや事実誤認なども散見されるが，無二の著であることに偽りはない．現在絶版であり再版が待たれる．

⑦『日本デザイン小史』（日本デザイン小史編集同人編，ダヴィッド社，1970）
　上著に同じく，日本における近代から現代のデザインの発展を詳述した著．その一線にあったデザイナー本人のエッセイの集積であり，当時を知る貴重な資料である．これも長らく絶版であり復刻が待たれる．

⑧『本と活字の歴史事典』（印刷紙研究会編，柏書房，2000）
　日本における活版印刷の450年の歴史を，貴重な図版とともに詳述した著．丁寧な調査によって編まれた労作であり，和文活字書体史の基本図書として他に類を見ない．DTPの時代にあっても，タイポグラフィにかかわる者にとって，この本は多くの示唆を与えてくれる．

⑨『ヒューメイン・インターフェース－人に優しいシステムへの新たな指針』（ジェフ・ラスキン著，村上雅章訳，ピアソン・エデュケーション，2001）
　著者はMachintoshプロジェクトのリーダーであり，そのインタフェースのコンセプトを方向づけた人物である．このタイトル『ヒューメイン・インタフェース』とは，人を中心に据えた，人にやさしいユーザインタフェースのことである．認知工学の立場から現在のインタフェースのもつ弱点が見事に指摘されている．

⑩ "Designing Web Usability"（Jakob Nielsen著，New Riders Publishing，2000）
　メディアとしてはまだまだ発展途上にあるウェブデザインに，ユーザビリティの見地から，その進みゆく方向を示した著．とくに統計的手法と実際の事例をもとに，解決の指針が示される．実用書の体裁をとっているが，マクルーハンの言説以降に発表された，画期的なメディアデザイン論とも位置づけられるのではないか．邦訳もあり．

4|104 デザインビジネスと知的財産権

経済社会のグローバル化，インターネットによる情報化社会の進展は産業構造を変えるばかりか，社会的価値観にまで影響を与え，ひいては文化にまで多大な影響を与えるまでになっている．この急激な変化はデザインの概念やその領域を大きく変容，拡大させてきた．都市景観やGUI（グラフィカルユーザインタフェース），インターネットサイトやゲームソフトなど，従来のプロダクトデザインやグラフィックデザインにおける対象物とは異なる態様のものや，さまざまなモノや情報が錯綜する体系的な対象物（システム）が，デザインの対象として見られ，それを需要する側も，大企業だけでなく中小企業や地方自治体などその幅を広げており，またそれらクライアントのデザインに対する期待・要求も高度化している．

このような環境の中で，デザイナーの業務領域も拡大するとともに，その成果物のかたちや創出プロセスも多様化しており，デザインビジネスのスタイルも従来の受注型から提携（パートナーシップ）型へと変容しようとしている．すなわちデザインビジネスにおいて，クライアントとデザイナーの各々の目的と二者の関係は，従来のスケッチ，モデルなどのモノとしての成果物の発注−納入といった範疇を超えて，概念（コンセプト）やノウハウ，解決手順（アルゴリズム）の提供，情報の調整・編集業務など，いわゆる知的なモノ・コトとしての成果物の需要供給（補完）関係へとステージアップしてきている．

一方でそこで生まれる多様な成果物の評価も，従来の商品化前提のような単一的な観点ではない高度で多様な観点が必要となるとともに，短期的な評価だけではなく将来的なビジネスの発展性を踏まえ，長期的な観点からの評価が肝要となっている．

それら成果物の扱いについてルールを規定するのが契約であるが，その構築には，新たな観点からの評価をもとに，各々が正当な利益を得られるように細心の注意を払うとともに，ビジネスが円滑に遂行されるように互いの合意を得ていく必要がある．

これを踏まえ，以下にデザインビジネスの中で必要とされる契約のあり方を解説する．

■デザインの知的財産権

前述したようにデザイナーが創出する知的なモノ・コトとしての成果物は，契約の中で知的財産権として評価・定義され，その取り扱いについて規定される．まずは，現在一般的にとらえられているデザインの領域（対象物）の中で，どのような知的財産権が創出されているかを整理してみる．

①プロダクト：特許（製品の機能，機構など），意匠（製品の形態），商標（製品の名称，ロゴ，マークなど），著作権（マーク，シンボルなど）

②グラフィック（コミュニケーション）：特許（コミュニケーションのシステム，方法など），意匠（印刷物などの平面デザインなど），商標（ロゴ，マーク，キャラクターなど），著作権（イラスト，キャラクター，各種印刷物デザインなど）

③パッケージ：特許（機構など），意匠（形態），商標（マーク，イラストなど），著作権（マーク，イラストなど）

④建築：特許（建築物の機能，構造など），著作権（建築物，図面）

⑤環境計画，都市計画：特許（各種システムなど），著作権（建築物，図面）

⑥GUI：特許（インタフェースのシステム，手順など），著作権（画面のデザイン，マーク，イラストなど）

⑦コンピュータゲーム：特許（ゲームの手順，プログラムのアルゴリズム，インタフェースのシステム，手順など），著作権（画面のデザイン，マーク，イラスト，プログラムなど）

⑧インターネットサイト：特許（インタフェースのシステム，手順など），著作権（画面のデザイン，マーク，イラストなど）

以上のように，デザインビジネスの中で創出される成果物は，従来考えられていた意匠権や著作権の範囲にとどまらず，特許，商標など一般的な商品ビジネスにおいて重要な役割を担う知的財産権にまで及んでいるが，このことを契約の当事者があらかじめ認識しておくことが重要になる．

■デザイン契約のポイント

ビジネス（業）とは，その当事者の間に債権と債務を発生させることであり，それを規定するのが契約である．すなわち，ビジネスとは契約を締結することから始まるといえるが，デザインビジネスにおいて，その契約の核となるのが前述した知的財産権である．

デザイン契約において，その重要な柱として成果物を創出する作業のプロセスについて規定することが挙げられるが，それ以上に重要な柱となるのが，それら成果物から生まれる知的財産権を譲渡（売買）したり，

またその使用を許諾(賃貸)することである．この知的財産権に関する取り決めが，当事者間の最も重要な債権・債務となり，また最終的な契約の目的を実現するものであるといえる．そのため，契約において，前もって知的財産権の抽出を行い，その取り扱いについて規定することは，最終的に互いが満足する結果を得るための重要な作業である．

[知的財産権の抽出]

デザインビジネスのスタイルが変容してきている状況において，その成果物から知的財産を抽出(想定)することはむずかしい作業であるが，契約にあたって，以下のようなプロセスでその姿を明らかにできる．

①まずクライアント側が何を目的とし，何を要求するかを明確にする．デザイナーに対しては，業務の背景，成果物の概要，成果物に対する条件を伝える．この作業で，おおよその成果物の内容とそれにかかわる知的財産権がクライアント側で想定できる．

②デザイナーは，クライアント側の要求や情報をもとに，その解決手段や成果物の内容・かたち・量などとそれにかかわる知的財産権を想定する．

③両者で協議し成果物の内容，かたち，量などを定め，そこから知的財産権を見極め，抽出(想定)する．

[知的財産権の取り扱い―譲渡か使用許諾か]

続いて，前項で抽出した知的財産権の取り扱いを決めることとなる．この内容は対価などにかかわってくるため，最も当事者間において協議が必要となる部分であるが，大きく譲渡(売渡)方法と使用許諾(ロイヤルティ)方法の二つに分けることができる．

通常のこれまでのデザイン契約では，前者の方法が一般的な扱いであったが，デザインビジネスのスタイルが提携(パートナーシップ)型へと変容しようとしている中で，いわゆる切り売り型契約よりも，長期的な継続契約が望まれており，後者が採用されるようになった．この使用許諾方式のメリットとして以下のような点が挙げられる．

①利益配分と長期的評価(事業が成功した場合において，相応の対価をクライアントはデザイナーに支払うことができ，デザイナーは得ることができる．また一時期的な評価(対価)ではなく長期的な評価(対価)が可能となり，正当な利益をデザイナーは得られる)

②リスクの配分(たとえば，事業の初期投資，第三者への権利侵害などの場合において当事者間でリスクが配分される)

③契約終了後の取り扱い(契約すなわち事業が終了した場合でも知的財産権はデザイナー側に留保され，以降のビジネスがデザイナーの任意となる)

以上のメリットの根底にあるのは，当事者にとっての合理的な利益とリスクであり，その二つの要因を調整することにより，当事者においてそれ相応でかつ対等な立場を維持することができる．また，これら譲渡・使用許諾の規定のほかにも，同様に，知的財産権の保全・管理，第三者への権利侵害，第三者からの権利侵害，非採用案の知的財産権の取り扱いなど，知的財産権を巡って起こりうるさまざまなこと(リスクヘッジなど)を想定して規定を用意しなければならない．

これら知的財産権に関する規定をクライアント間の話し合いの中で主張し，またリスクを背負いながらも，互いが満足できるかたちに構築していくことこそが，デザイン業が受注型スタイルから抜け出すための第一歩であり，後述する新たなデザインビジネスを確立するための試金石となる．

■新たなデザインビジネスを確立するために

以上，デザインにおいて創出される知的財産権およびその知的財産権を核とした契約(ビジネス)のポイントについて概論した．

これら知的財産権は，それを創出したデザイナーが原初的に保有する権利であり，今後デザインビジネスが変容していく中で，デザイナーにとって，その存在価値を訴求し，また業を成り立たせるための武器となり資産ともなる．デザイナーがこの武器・資産を用いてビジネスを積極的に展開することが，新たなデザインビジネスを確立するための唯一の方法であるといっても過言ではない．現在，この知的財産権を活用した新たなビジネスのスタイルについて，以下のような大きく二つの動向が見られる(❶)．

[ベンチャー型]　自らが創出した知的財産権をもとに商品を開発し，製造，販売(流通)のネットワーク化を用いて商品事業を展開．基本特許，商標などの取得によりシリーズ化するとともに，他社の参入を阻止する．企画，デザインを業務の主体としたいわゆるファブレス企業である．

[コンサルティング型]　企業(とくに中小企業)に対し，自己または共同で創出した知的財産権をもとに商品開発を指導．特許，意匠，商標などもトータルにコンサルティング・管理すると同時に，知的財産権戦略を構築し市場での競争力を高め，市場での地位を確立する．

これら二つのうち，前者はソフトウェア業によく見

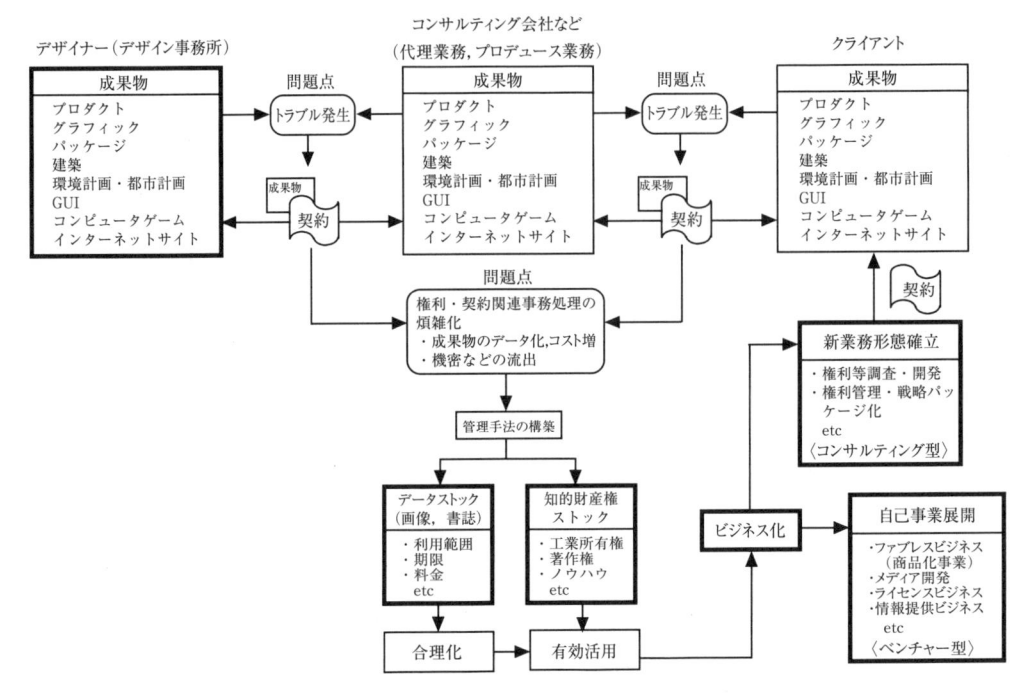

```
デザイナー(デザイン事務所)        コンサルティング会社など
                              (代理業務,プロデュース業務)              クライアント
   ┌─成果物─┐      問題点      ┌─成果物─┐      問題点       ┌─成果物─┐
   │プロダクト│    ┌トラブル┐  │プロダクト│    ┌トラブル┐    │プロダクト│
   │グラフィック│   │発生   │  │グラフィック│   │発生   │    │グラフィック│
   │パッケージ │  └───┘   │パッケージ │  └───┘    │パッケージ │
   │建築     │    成果物    │建築     │    成果物     │建築     │
   │環境計画・都市計画│ ┌契約┐ │環境計画・都市計画│┌契約┐ │環境計画・都市計画│
   │GUI     │←─┤  ├→│GUI     │←┤  ├→│GUI     │
   │コンピュータゲーム│└──┘  │コンピュータゲーム│└──┘   │コンピュータゲーム│
   │インターネットサイト│       │インターネットサイト│        │インターネットサイト│
   └──────┘               └──────┘                 └──────┘
                              問題点                              ↑
                         ┌─────────┐                      契約
                         │権利・契約関連事務処理の│
                         │煩雑化            │
                         │・成果物のデータ化,コスト増│          新業務形態確立
                         │・機密などの流出      │         ┌─────┐
                         └─────────┘         │・権利等調査・開発│
                              │管理手法の構築                │・権利管理・戦略パッ│
                   ┌──────┴──────┐          │ ケージ化     │
                   ↓                  ↓          │ etc       │
           ┌────────┐     ┌────────┐ │〈コンサルティング型〉│
           │データストック │     │知的財産権   │ └─────┘
           │(画像,書誌)  │     │ストック    │      ↑
           │・利用範囲   │     │・工業所有権  │  ┌─────┐    ┌────────┐
           │・期限     │     │・著作権    │  │ビジネス化├─→│自己事業展開   │
           │・料金     │     │・ノウハウ   │  └─────┘    │・ファブレスビジネス│
           │ etc      │     │ etc      │       ↑        │ (商品化事業)  │
           └────────┘     └────────┘       │        │・メディア開発   │
                   │                  │            │        │・ライセンスビジネス│
                   ↓                  ↓            │        │・情報提供ビジネス │
              ┌─────┐         ┌─────┐      │        │ etc        │
              │ 合理化 │         │ 有効活用 ├─────┘        │〈ベンチャー型〉  │
              └─────┘         └─────┘               └────────┘
```

❶デザインビジネスの方向性

られるスタイルであり，後者は主に，中小企業を対象にその商品開発などをサポートするコンサルティング業に見られるスタイルである．これら二つの業態は，成果物のかたちは違えど知的創出（クリエイト）することでは何らデザインと変わりはない．ただ共通していえるのは，クリエイトする側が知的財産権という主導権を握り，従来の受発注という主従関係を脱し，新たな産業を創業しているということである．

米国の産業再生のプロセスはアイデアやコンセプトの創造自体が産業そのものになりうることを証明した．すなわちソフト業の興隆である．従来製造業が産業界の主導的役割を果たし，製造業に必要なソフト創出機能は多くの場合，製造業が抱えていた．近年この基本構造からソフト業が産業として独立し，強い力をもつに至っているが，これにはいくつかの基礎的条件が整ったことが大きく寄与している．

その条件とは第一に，グローバル経済化の進展である．商品，人材，資本，情報が世界規模で流動化する中で世界中の企業が役割分担し，国内だけでなく世界中の企業と適切なネットワークを選んで組むことが一般化した．資本の流動化は企業の価値評価基準の変更を求め経営効率化が命題となり，世界規模での企業の再編が起きている．ソフト業にとっては，世界規模での企業の役割分担の深化と経営効率化のためのアウトソーシングの動きが追い風となり，コンピュータソフトなど産業の主導権をもつに至った分野も生まれた．第二に知的財産権の強化政策である．米国に始まる知的財産権強化戦略（プロパテント）は世界各国に波及し，ソフト業が世界を相手にビジネスできる環境が急激に整備された．

このような時代環境の中，ソフト産業の一角を担うデザイン業は，前述したベンチャー型やコンサルティング型に機能を発展させる必要がある．従来の役割（商品形態の創出などのビジュアル化機能）は重要で普遍だが，その需要は製造業中心の時代に最大期を迎え，現在は新たな創造需要期に突入している．その内容とは，人間の価値創出（情報化社会，高齢化社会，女性の社会進出，少子化社会などの新たな社会的課題）や環境保全のための価値創出など多岐にわたる．これら諸課題に対し，デザインの解決手法から価値創造し，この成果を知的財産化することでデザイン業が主導権をもってビジネス化することが可能となる．その結果，デザインは新たな人間的価値など社会価値を創出するビジネス機能を確立するであろう．そのためにもデザイン関係者が知的財産権を十分に理解し，活用することが望まれる．

［日髙一樹］

第 1 章 | 創造者の権利を守るために

4|201 「グッドデザイン賞」の制度

■なぜ「グッドデザイン賞」の制度の創設を必要としたか

「グッドデザイン賞」の制度は、「グッドデザイン商品選定制度」として1957(昭和32)年、特許庁において発足した．本制度の創設にあたって深く関与した者の一人として、その間の経緯に触れ、本制度のスピリッツの本流をたどり、併せて今後の展望を語っておきたい．

周知のように、本制度が発足する前年に発表された『経済白書』が「もはや戦後ではない」と高らかに唄い上げたほど、当時、景気は浮揚しつつあった．輸出向け造船ブームを起爆剤として「神武景気」と称される好景気が沸き上がり、国内経済も軌道に乗り始めていた．もちろん、それ以前から輸出もかなり行われてはいたが、日本商品のレベルが、まだ「安かろう，悪かろう」のイメージで見られていたためか、世界各国から競争相手国としてそれほど問題にされることもなかった．ところが、1953(昭和28)年前後から日本商品の品質が急激によくなるにつれ、先進諸国から競争相手国として注目されるようになり、それに比例して海外から意匠盗用の苦情が急増してきたのである．たしかに、わが国では明治以来、舶来品尊重の傾向があり、製品の開発も先進諸国のものを模倣することから出発している．このようなことが長い間に培われ、それが文化であると思い込みがちな土壌ができ、模倣はよくないと説いたところで急にブレーキはかからない．

■日本が初めて体験したジャパン・バッシング

諸外国からの模倣・盗用などのコピー製品そのものの苦情であるならば、これは非難されて当然である．しかし、それがエスカレートして模倣製品でないものまで波及し始めたところに問題があった．たとえば、日本製のベニヤ板は燃えやすく危険である、日本製の玩具の塗料は有害である、などであった．しかし、ベニヤ板に用いる接着剤や玩具の塗料などは米国から輸入したものであった．今でいうジャパン・バッシングのような現象が起こったのである．政府はこの対策として日本の独創的な商品を製造するために、産業界に工業デザインの重要性を説き、工業デザイナーの導入を促したが、本格的なデザイナーはいなかった．当時の日本のいずれの大学にも工業デザインのコースがなかったため、工業デザイナーの育成には海外の大学で勉強する以外にはなく、1954(昭和29)年「政府選考海外派遣留学制度」を設け、官民を問わず公募し、1年に4名ずつ先進工業国の大学に留学させ、工業デザインを修得させた．帰国後、それぞれの立場でダイナミックなデザイン活動を行い、相当な効果をあげた．

■「グッドデザイン賞」の制度の創設

かくいう筆者も、その一員として帰国後、まもなく当時の特許庁意匠課長 故 高田忠氏から、アメリカやイギリスではデザイン啓蒙がどのように行われているか調査し、わが国に合うものを考え提示することを求められた．そこで、アメリカのモダンミュージアムのグッドデザイン商品の選考方法や、イギリスの工業デザイン審議会のグッドデザイン商品の選考基準などを参考にしながら、当時のわが国の実情に合わせてデザイン振興政策の草案を作成した．それが原案となり、1957(昭和32)年高田課長の手によって法制化されたのが、「グッドデザイン商品選定制度」である．しかし、当時はこの制度ができたものの、具体的に運用するための予算は皆無であった．ところがこの制度に対して、百貨店・株式会社松屋の斎藤鎮雄氏(当時常務取締役)が理解を示し、審査会場のための会議室の提供など、さまざまな便宜を図ってくれた．審査はこうしたボランティアの援助のもとに、第1回目が行われた．その活動が通産省に認められるところとなり、翌1958(昭和33)年に貿易局にわが国初めてのカタカナ名の課として「デザイン課」が設置された．これを契機として、1956(昭和31)年に特許庁に設置された「意匠奨励審議会」は「デザイン奨励審議会」と改称され、デザイン課に移管され、その中にグッドデザイン商品の選定のための分科会が設けられ、そこで「グッドデザイン商品選定制度」が運用されることになった．

■なぜbestデザインでなくgoodデザインなのか

ところで、グッドデザインの由来について「なぜbestでなくgoodにしたのか？」と聞かれることが、今でもある．これは、きわめて単純な理由からであった．つまり、われわれの日常生活で使われているモノは、必ずしもbestのものだけに限らないということが第1の理由．第2の理由としては、本制度のそもそもの目的がデザインコンクールではなく一定のレベルを示すための啓蒙運動として位置づけられたからである．つまり、啓蒙運動である以上、理想のデザインだけが先行してしまっては、だれも付いてこない．道案内をする人は、百歩前ではなく一歩前を歩くことでその役目を果たせるものである．しかし、一歩前とはどの程度のものなのか、抽象的でわかりにくい．そのため具

第2章 | よいデザインの選奨－Gマーク制度

体的な目安となる商品を選定し，その商品を「グッドデザイン選定商品」と名づけた．以上が「グッドデザイン賞」の制度の基本的精神の根幹であり，この考え方は現在も変わっていない．

■「グッドデザイン賞」の制度の運用

また，運用のしかたとしては当初から民間主導型のものとしてスタートしたことが，その後この制度を普及・発展させた要因となった．この啓蒙運動を提案し実行した特許庁としては，とかくデザイナーや芸術家は，行政が行うものに対して先天的にストレスを抱くことが多いと考えたが，当時の社会環境では，行政がサポートしなければ，運動としては大きくならないだろうという危惧をもっていた．そこで，あくまで民間主導ではあるが，行政がこの運動を強力に支援するということに徹した．その後1969（昭和44）年に財団法人日本産業デザイン振興会が設立され，1974（昭和49）年に通産省からこの選定事業の業務の委託を受け，1997（平成9）年まで続いたが，この制度の基本的な考え方はまったく変わっていない．1998（平成10）年以降，この振興会自身が民間の組織として独立することになり，この制度も当然，完全な民間事業となり，名称も「グッドデザイン賞」となった．

■「グッドデザイン賞」の制度と時代感覚

「グッドデザイン賞」の基本精神についての大要は以上の通りであるが，その運用にあたっては，時代の要求に応じてかなりフレキシブルな展開が図られている．この制度は商品にデザインの付加価値をつけて輸出産業の発展と国民のデザインに対する理解のレベルアップであったが1959（昭和34）年には政府の外国商品の輸入促進政策に対応し，「外国部門」を作り，あるいは未成熟産業の商品分野には，新部門を設けたり，似ている部門を統合するなどの改革をしてきた．つまり時代の変化，産業構造の多様化に即応して，常に部分の変革を行っていることが本制度が長期間続いているゆえんである．在来の部門の縦割的な業種，あるいは分野ごとのシステムを横断的に見直すことによって，新たなステージの必要性が生まれるものである．今後のこの制度の展開の方向は，社会の変動をいかに呼吸するかが重要である．

■「グッドデザイン賞」の制度の将来

たとえば，コンピュータをはじめとする新技術の開

❶正円にGood Designの頭文字Gをレイアウトしたこのマークは，グラフィックデザイナー亀倉雄策氏のデザインによるものである．

発により，長い間培われてきた大量生産によるパフォーマンスを今こそ「多品種・少量生産の実行期」へと置き換えることが可能になった．一方，高度情報化の波に乗って消費者も「個人」にめざめ，さまざまな価値を自由に設定することによって，存在の充実感をもとうとしている．そのことから，個性化の時代，個人の時代，あるいはそれが集合して社会的にはアメニティの時代といわれるような人間の生きざまの大変革の時期である．現代は16世紀のフランスのルネサンスや18世紀のイギリスの産業革命に見られるようなことが，まさに繰り返されようとしているように思われる．人間の文化は同じような過程を経て，スクロール状のらせん階段を昇っているように見える．つまり真上から見ると渦巻き運動であり，横から見るといつの間にかポテンシャルが高くなっているものが文化であろう．「グッドデザイン賞」の制度は，このらせん階段を昇る道案内人として，未来に続くものと思う．

「Gマーク制度の変遷」（4｜202）ではGマーク❶発足年の1957（昭和32）年から2001（平成13）年までの代表的グッドデザイン商品を年代別一覧表として掲載する．約40年間のデザインの変遷を比較することで制度としての変遷も見えてくることと思う．また，2001年度より，新しく「コミュニケーション部門」を設置し，応募企業のみに限定公開していた「内覧会」を「グッドデザインフェア」と改名．「誰もが参加できる」オープンなものに移行するとともに，一般入場者による投票「あなたが選ぶグッドデザイン」も実施した．こうした「ユーザー参加」のシステムを実施することにより開かれたGマークがコミュニケーションとしてのデザインに貢献したことを最後に報告する（なお，最新情報および「グッドデザイン賞」の詳細については，ウェブサイトhttp://www.g-mark.org/で公開中である）．

［平野拓夫］

4 | 202 | Gマーク制度の変遷

1957-1969

電気釜
会社名：東芝
デザイン：岩田義治

しょう油さし
会社名：白山陶器
デザイン：森　正洋

ファイル
会社名：キングジム
デザイン：平野デザイン設計

1970-1979

ラジオ
会社名：ソニー

一眼レフカメラ
会社名：ニコン
デザイン：同社

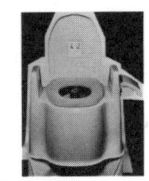

ポータブル便器
会社名：天童木工
デザイン：田辺麗子

1980-1989

チューナー
会社名：パイオニア

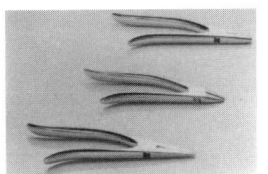

ペンチ，ニッパー
会社名：高儀
デザイン：モノプロ・デザイナーズ（羽生道雄）

小型乗用車
会社名：本田技研工業
デザイン：本田技術研究所

カッターナイフ
会社名：オルファ
デザイン：同社

オートヘッドプロジェクター
会社名：リコー
デザイン：同社

教育用顕微鏡
会社名：ニコン
デザイン：同社

1990-1999

ナイフ，フォーク，スプーン
会社名：燕振興工業
デザイン：五十嵐威暢

平机
会社名：イトーキ
デザイン：HILOデザイン事務所

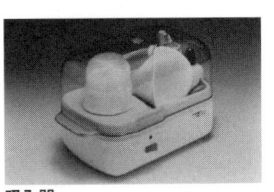

吸入器
会社名：新生医療器工業
デザイン：鴨志田デザイン事務所

スーツケース
会社名：漆原
デザイン：アルブデザイン（北村幸三）

測定用試験器
会社名：横河電機＋横河インスツルメンツ
デザイン：横河マーチャンダイジングデザイン

自動販売機
会社名：富士電機冷機＋富士電機
デザイン：同社

第2章｜よいデザインの選奨－Gマーク制度

スツール
会社名：天童木工
デザイン：田辺麗子

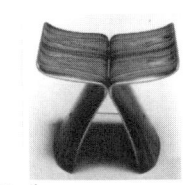

スツール
会社名：天童木工
デザイン：柳　宗理

洗面器
会社名：INAX

腕時計
会社名：シチズン時計

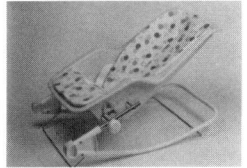

育児チェア
会社名：コンビ
デザイン：NIDOインダストリアルデザイン研究所

ダストボックス
会社名：ダイチ

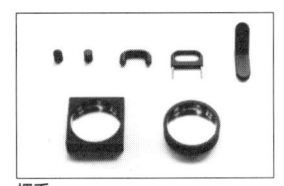

把手
会社名：富双ゴム工業
デザイン：黒川雅之

ステンレスポット
会社名：アクトエル
デザイン：GK京都

懐中電灯
会社名：松下電器産業
デザイン：松下電池工業

踏み台
会社名：日軽プロダクツ
デザイン：高田哲男

空気圧用ルブリケータほか
会社名：CKD
デザイン：同社＋平野デザイン設計

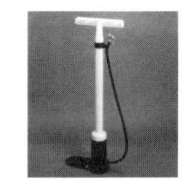

小型エアポンプ
会社名：フルプラ
デザイン：フルプラ

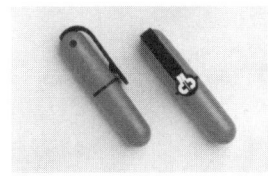

医薬品携帯用カプセル
会社名：ドクター・ハート＋林内科
デザイン：林　孝和

潜水用足ひれ
会社名：タバタ
デザイン：同社＋メディス設計機構

ヘッドホンステレオ
会社名：アイワ
デザイン：同社（中村貴俊）

加湿機
会社名：三洋電機
デザイン：同社

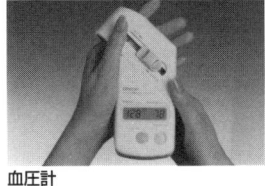

血圧計
会社名：オムロン
デザイン：同社（小林　洋）＋ワイエスデザイン（田中晴太）

自転車
会社名：ブリヂストンサイクル
デザイン：同社

モジュラーステレオ
会社名：Bang&Olufsen a/s
デザイン：David Lewis

ビデオカメラ
会社名：キヤノン
デザイン：同社（石川慶文）

パワーショベル
会社名：小松製作所
デザイン：同社

自動洗浄乾燥トイレ
会社名：東陶機器
デザイン：同社（橋田規子）

普通乗用車
会社名：フィアット アンド アルファロメオ モータースジャパン
デザイン：Centro Stile Fiat, Fiat Auto S.p.A+Pininfarina

レンズシャッターカメラ
会社名：キヤノン
デザイン：同社（塩谷　康）

［平野拓夫］

495

4|203 最近のGマークデザインの動向

■「グッドデザイン賞」の制度の具体的展望

　財団法人日本産業デザイン振興会は，以下のような指針を提示している．1998年度の「グッドデザイン賞」の制度を事業として，情報公開を大きな改善点として取り上げ，総合審査会の公開，審査情報のフィードバック，すべての受賞作品を掲載する「イヤーブック」の発行などに取り組み，改善への評価や多くの企業デザイナーの指示を得ることができたが，その民営化の利点を活かし，事業の改善に積極的に取り組むこととした．そこで審査委員，応募企業などの代表22名から構成される「グッドデザイン賞検討委員会」を1999年3月に開催し，この制度が進むべき基本的な方向性と，改善点について討議し，以下のようにシステムの改善と，活動を進めることとした．

[審査システムの改善]
　デザインの力が発揮されている商品・施設を的確に選び出す審査システムの改善．

[審査基準の改善]
　「審査基準」を，実際の審査の場面でより有効に活用でき，かつ生活者へデザインの意図などを訴求する「言葉」，たとえば「優れたデザインであるか」「未来を拓くデザインであるか」などを活用することによって，わかりやすいものへと整理・改善する．

[書類審査の導入]
　これまで一部の審査（施設など）で実施されてきた「書類審査」をすべての商品・施設を対象に実施する．これに伴い各部門の審査を第1次の「書類審査」と第2次の「現品審査」の2段階方式とする．

[審査委員による「推薦応募」の導入]
　審査委員自らが推薦者となり，「応募されていないがグッドデザインにふさわしい商品」を発掘するしくみとして，「推薦応募」を実施する．
　審査委員が推薦した商品は第1次の「書類審査」をパスしたものと見なされ，第2次「現品審査」から審査を行う．

[審査部門の再編と「テーマ群」の設置]
　従来まで14のカテゴリーに分けてきた商品部門の審査を，「誰がどのように使うのか」という視点から，
　①パーソナルユース商品群
　②ファミリーユース商品群
　③ワーキングユース商品群
　④ソーシャルユース商品群
の4群に再編する．

[ユーザーとのコミュニケーションシステムの確立]
　エンドユーザーと直接情報を交換する回路（システム）の確保．

[ユーザーから直接情報をもらう回路（システム）]
　インターネットの「Gマークのホームページ」の活用，雑誌媒体との連携により，ユーザー個人からの推薦をオープンに受け付け，ユーザーから直接情報をもらうシステムを確立する．

[ユーザーへ直接情報を提供する回路（システム）]
　生活者が商品を購入する際のガイドとして活用できるよう，インターネット，イヤーブックを改善する．また，ユーザーからの推薦に協力していただいた雑誌媒体には「グッドデザイン賞」受賞作品を紹介するページの編集を依頼し，ユーザーへ情報が直接届くシステムを確立する．

[「Gマーク」を通じてのビジネス支援]
　「Gマーク」を使いやすくすることによる，営業活動や販売促進活動の支援．

2000–2001

せんだいメディアパーク
設計：伊東豊雄建築設計事務所

パーソナルコンピュータ
会社名：松下電器産業

特設プール
会社名：ヤマハ発動機

第2章 よいデザインの選奨－Gマーク制度

[グッドデザインにふさわしい販売促進方法の開発]

商品領域ごとに応募企業と連携し，具体的な販売につながる販促手法を開拓する．また，地域の中小企業などに普及していくことで「Gマーク」を使ってコーポレート・アイデンティティづくりを進める活動を支援する．その他通信販売や百貨店，スーパーマーケットなどの協力を得て，「グッドデザイン賞受賞商品の販売コーナー」を設置していく活動を展開する．

[「Gマーク」リニューアルイメージの訴求]

ユーザーとのコミュニケーション回路の確立や，「Gマーク」を通じてのビジネス支援といった活動を積極的に展開するにあたっては，これまでの「Gマーク」がやや使いづらいとの指摘があったこと，また「Gマーク」は変わったと感じ取れる新しいイメージの必要性から，「Gマーク」の使い方を可変できるようルールを改める．

さらに，応募から審査，発表，「Gマーク」使用とつながる一連の活動をイメージ的にコントロールすることにより，「Gマーク」のCIづくりを推進する．

[地域・教育・海外機関との連携]

本年度より審査委員による「推薦応募」制を導入し，特定の地域への審査委員が出向き，商品や施設の発掘を行う．グッドデザイン賞を教材として活用することを目的に，インターンシップ制度に対応した研修生の引き受けや，教育機関を会場とした「グッドデザイン賞」の制度のセミナー，シンポジウムの開催を計画する．ドイツのiF賞と総合の交流展と交流セミナー・ワークショップを行い，連携を深める．

また，アジア地区においては台湾のデザインセンターの協力を得て，展示会とセミナーの開催を行い，さらにマレーシアやインドネシアで進められている「グッドデザイン」の選出制度づくりを支援していく．

以上のような新しい取り組みやルールを設置することにより，「デザインの優れた商品・施設」を単に選ぶことから，市場に定着させる活動へと一歩前進していくものとなるであろう．「デザインの優れた商品・施設を選ぶことによって，生活の質的向上とそれを支える産業の高度化を図る」という「グッドデザイン賞」の制度の目標は不変であり，今後，この目標達成に向けた制度の発展が期待されるものと考える． ［平野拓夫］

[付記] 本項は財団法人日本産業デザイン振興会の了承を得，資料を転用または参考にした箇条を含む．

眼鏡フレーム
会社名：増永眼鏡

食器
会社名：グリーンライフ21

バリアフリー・チャリティコンサート
会社名：トライアングル

テレビ番組「世界ウルルン滞在記」
会社名：毎日放送

4|301 PL法とは何か

■**製造物責任とは**

製造物責任(Product Liability,以下,PL)とは,「製造者は,その製造物の欠陥に起因する損害について,責任を負う」(EC指令1条),とする法制度の言葉である.以下に,PLに関連した法規を概説し,デザインとの関わりを解説するが,法解釈は慣例とともに変化するので,関連した事項に直面したときは,改めて詳細に調査して(たとえば,三井,1995,1998)適切に対応することが必要である.

■**PL法によると**

この製造物責任を法律化した製造物責任法(通称PL法,以下,PL法)によれば,ある製造物によって消費者が生命や身体,財産に損害を受けた場合,その原因が製品の欠陥や使用マニュアルの不備などにあることが立証されれば,被害者は製造業者や販売業者に損害賠償を求めることができ,これらの業者は,故意・過失の有無を問わず賠償の責任を負うこと(無過失責任)になる(PL法第三条).

このように,PL法には,加害者を特定し,加害者側に何らかの故意または過失があったことを立証しなくても,損害賠償が求められる特徴がある.

このことは,製品の安全性に対する消費者の関心を高め,その結果,企業の責任が重くなるため,企業におけるPL対策の必要が出てきている.

■**PL法制定の経緯と特徴**

PLに関連した法律は,まず,消費者保護に積極的な社会環境と人びとの権利を守る法的環境が存在した1960年代のアメリカで判例が制度化され,1985年にEC閣僚理事会が発令した指令(EC指令)によって,ヨーロッパ各国の制度化が進んでいる(三井,1995).

1995(平成7)年7月1日に施行された日本のPL法は,ヨーロッパ型に類似している.日本のPL法の全文を4|303の末尾に示した.

日本のPL法の特徴として,次の3項を挙げる.
① 他国のものと比較して,わずか6カ条だけの簡潔な条文になっている.
② 免責事由に,開発危険の「抗弁」を認め,製品供給後10年で時効としている(PL法第四条,第五条).
③ 民法を含むわが国の法体系との調和に配慮している(PL法第一条,第六条).

このように日本のPL法は,企業(製造業者など)と消費者(使用者)の双方のバランスに配慮した特徴をもっている.

■**PL法がめざす社会**

この法律は,欠陥商品による被害者の保護によって,国民生活の安定向上と国民経済の健全な発展に寄与することを目的としている(PL法第一条).すなわち,製造業者などに賠償責任を課すことによって,欠陥商品をなくすとともに,消費者の被害を救済し,被害の拡大を防止するためでもある.しかし一方で,被害者の保護が行き過ぎて国民生活の安定と経済発展を妨げないように,消費者(被害者)と製造業者など(加害者)

平成 年度 商品分類	元年 1989	2年 1990	3年 1991	4年 1992	5年 1993	6年 1994	7年 1995	8年 1996	9年 1997
家庭用電気製品	164	172	150	152	151	171	344	314	336
台所・食卓用品	18	11	17	19	14	15	44	31	39
燃焼器具	45	69	89	81	63	109	215	253	348
家具・住宅用品	40	29	24	31	20	40	64	63	48
乗物・乗物用品	54	30	33	32	56	75	145	167	171
身のまわり品	34	51	48	32	42	70	95	65	69
保健衛生用品	17	15	9	14	9	20	22	24	40
レジャー用品	29	26	16	17	20	20	62	38	49
乳幼児用品	18	12	11	11	10	18	19	18	14
繊維製品	7	6	12	8	11	9	22	26	15
その他	8	2	4	5	5	5	19	14	11
合計	434	423	410	402	400	552	1,051	1,013	1,140

❶事故通知件数の年度別推移(通商産業省産業政策局安全課,1998)
(通商産業省産業政策局安全課・製品評価技術センター編,(財)日本消費者協会発行,平成9年度・事故情報収集制度報告書,p.17,1998より作成,転載)

ガス石油機器PLセンター	2,390	(9)
自動車製造物責任相談センター	1,777	(12)
医薬品PLセンター(医薬部外品も)	1,084	(6)
家電製品PLセンター	1,022	(0)
化学製品PL相談センター (化粧品や食品を除く)	1,002	(2)
消費生活用製品PLセンター (家具,台所,乳幼児,高齢者用品など)	897	(0)
生活用品PLセンター (プラスチック製品,文房具,靴など)	727	(1)
日本自動車輸入組合消費者相談室	571	(※)
住宅部品PLセンター(施工を伴う部品)	506	(36)
玩具PLセンター	107	(9)
防災製品PLセンター(消火器など)	76	(0)
建材PL相談室	53	(0)
日本化粧品工業連合会PL相談室	43	(0)
プレジャーボート製品相談室 (ボートやヨットなど)	34	(0)
清涼飲料相談センター	相談がほとんどなく,7月に廃止	

❷PLセンターの相談件数(朝日新聞,1999.7.17)
(98,99年度.カッコ内はあっせん件数.※は未集計.)

とが適切なバランスをとることも促している．

PL法における欠陥商品とは，当然備えているべき性能が欠如しているか，あってはならない危険性をもった商品である．最近の事例に，オレンジジュースを飲んで異物がのどに刺さった人の損害賠償を求める訴訟に対して，「オレンジジュースが通常有るべき安全性を欠いており，PL法上の欠陥があると認められる」とした，初めての消費者側勝訴の判決が下されている（朝日新聞，1999.7.1）．一般に，この欠陥には，偶発的に生じた単品欠陥と，設計・製造工程のミスに由来する構造的欠陥があり，それぞれ区別され，構造的欠陥のある商品を欠陥商品と呼ぶ場合が多い．

PL法は，①この構造的欠陥商品による被害の大量発生を未然に防止する安全な商品の供給と，②消費者の適切な使用を促すこと，加えて，③被害者の負担が分散されること，たとえば，被害者の負担や損失を仮に企業が賠償金などで負担したとしても，価格に転嫁したり保険（PL保険）を利用することで，被害者負担が社会的に分散されること，をめざしている．

■ PL法で消費者の安全は守られたか

日本では，❶の事故通知件数の年度別推移（通商産業省産業政策局安全課，1998）に示したように，PL法の公示年・施行年から製品事故の届け出は大幅に増大している．これは，消費者の安全に対する関心が高まったためである．しかし，PL法にもとづく訴訟の件数は非常に少ない．これは，日本のPL法が，企業（製造業者など）と消費者（使用者）の双方のバランスに配慮した結果，被害者の消費者側が製品事故の原因究明および因果関係を立証しなければならない現状があるためと考えられ，消費生活センターなどの原因究明機能の強化や自治体の苦情処理委員会などの体制整備が行われている．

また，最近の報告である❷のPLセンターの相談件数（朝日新聞，1999.7.17）に示すように，相談件数は非常に多くなったが，メーカーとの個別交渉の「あっせん」や裁定に至る件数はわずかであることがわかる．

PL法施行から今日までの4年間に，❷に示したように，各種PLセンターが整備され，最近は，相談件数も増えたが，いまだに，PL法にもとづく訴訟件数は少ないまま，施行からこれまで4年間で20件足らず（朝日新聞，1999.7.17）である．この20という数値が，欠陥商品による被害が少なくなった結果であれば，PL法の効果として好ましいことになるが，これらの相談件数の中には，欠陥商品であったにもかかわらず訴訟にまで至らない件数も多く，PL法が有効に生かされていないのが現状である（朝日新聞，1999.7.17.）．すなわち，被害が公表されないために，被害が拡大しているケースもあり，被害を最小限に押さえようとするPL法の意図が生かされていないのである．

そして，消費者団体などは，このような結果は，①企業は製品事故の情報を開示したがらない，②中立的な立場にあるべきPLセンターの相談員の多くがメーカー出向者である，③業界団体がPLセンターの運営費を負担している，④消費者の苦情のほとんどが，メーカーとの個別交渉で決着している，⑤示談や和解の条件に，事故内容や示談内容を口外しない「秘密条項」がある，⑥米国のような「懲罰的な損害賠償制度」ではない，ためであるとして，情報の公開を求めている．一方，インターネットや情報公開法で企業と対抗しようとしている．これらの動きは，日本のPL法の存在目的が改めて問われているように思われる．

なお，『imidas2002』によれば，PL法を適用した訴訟には❸のようにさまざまなものがある． ［上原　勝］

紙パック容器負傷事件	95年提訴，00年控訴棄却
融雪装置事件	96年提訴，99年和解
給食O157食中毒死亡事件	97年提訴，99年勝訴
合成洗剤手荒れ事件	97年提訴，98年和解
駐車場リフト下敷き死亡事件	97年提訴，98年和解
コンピュータプログラムミス　税金過払い事件	98年提訴
こんにゃくゼリー死亡事件	98年提訴
エアーバッグ破裂手指骨折事件	98年提訴，00年和解
電気ジャーポット熱傷事件	98年提訴，99年和解
フロントガラスカバーフック　突き刺し左目重傷事件	99年提訴
給食食器破片視力低下事件	99年提訴
電動椅子暴走ブロック激突死事件	00年提訴

❸PL法を適用した主な訴訟（imidas2002より作成）

■ 文献

異物混入に製造物責任．朝日新聞，1999年7月1日付．
PL法施行4年・消費者は守られたか．朝日新聞，1999年7月17日付．
通商産業省産業政策局製品安全課・通商産業省製品評価技術センター編：事故通知件数の年度別推移，平成9年度事故情報収集制度報告書，p. 17，(財)日本消費者協会，1998．
三井俊紘・相澤英生：PLの実際（日経文庫761），日本経済新聞社，1998．
三井俊紘・稲尾和久：PLの知識（日経文庫714），日本経済新聞社，1995．
消費者問題．imidas2002，p.678，集英社．

4|302　PL法とデザイン

使い勝手のよい製品デザインのように，製造物と使用者との関わりを重視するデザインは，欠陥のない安全な商品の開発と適切な使用を促す企画・設計・製造・表示・使用説明書作成・広告表現など，各段階でPL法とかかわっている．

■対象となる製造物

この法律において「製造物」とは，製造または加工された動産をいう（PL法第二条）．このことから，未加工の農産・畜産・水産物，および，土地や建物などの不動産は，対象外となった．なお，室内に設置された空調機器などは動産であるので，対象になる．

また，有形物でないソフトウェアは対象物でないとされていたが，TVのポケットモンスターを見ていた多くの子供たちが「けいれん等」を起こした事件をきっかけに，カセットやフロッピーも対象になる可能性がある．さらに，対象外となった建物については，近年，欠陥住宅をめぐるトラブルが問題になり，住宅版PL法の検討も行われたが，「住宅の品質確保促進法」（平成11年6月成立）で対応することになった．「住宅品質確保促進法」では，住宅の性能評価と表示を定め，基本構造部分について，10年の品質保証を業者に義務づけている（朝日新聞，1999.6.24，同6.30）．

なお，対象外の農産物についても，最近，「有機野菜表示」，「遺伝子組み換え食品」，「ダイオキシン混入鶏卵」などの消費者の関心による安全性に対する要求から，原産地表示が義務づけられる日本農林規格（JAS）法の改正案が審議されている（朝日新聞，1999.6.30）．

■欠陥を作らない対応とデザイン

PL法の欠陥とは，「当該製造物が通常有すべき安全性を欠いていることをいう」（PL法第二条2号）．すなわち，PL法では，安全性に関する欠陥が対象であって，安全性に関係しない性能や品質の欠陥は対象とならない．そして，PL法で問題とされる欠陥には，大別して「設計上の欠陥」「製造上の欠陥」「指示・警告上の欠陥」の3種がある．欠陥のない安全な商品を供給するには，「欠陥」の意味を十分に理解し，適切な対策を施すことが必要である．

[「設計上の欠陥」を作らない配慮・デザイン]

製品の構造や形態を決める設計やデザイン段階で安全面での配慮がなされていなかったり，足りなかったことによって，損害が生じた場合，設計上の欠陥となる．PL法は，安全面に配慮した設計・デザインを求めている．なお，公的な安全基準に加えて，考えられるすべての危険に対して何らかの安全対策を施す必要がある．さらに，本来の使用における安全配慮に加えて，本来の使用目的とは異なる使い方であっても，通常の使い方であれば「予期せる誤使用」として，配慮と対策が求められることを考慮する必要がある．

そして，設計上の欠陥は，同一設計・デザインの全製品を欠陥商品に変えてしまう可能性があることから，安全配慮は設計・デザイン上のきわめて重要な事項になっている．

[「製造上の欠陥」を作らない配慮・デザイン]

設計やデザインには問題がなかったが，製造過程でミスがあった結果，安全性が欠如し，損害が生じた場合，製造上の欠陥となる．製造上の欠陥は，単品欠陥になることもあるが，同一ラインで製造された製品全てを欠陥商品にしてしまうこともある．製造上の欠陥をなくす（極力減らす）には，製造段階での検査と品質管理が重要になる．そのためには，製造ムラを起こしにくい設計，検査しやすいデザインなどによって，高品質な製品を製造できる対策も必要である．

[「指示・警告上の欠陥」を作らない配慮・デザイン]

根本的に，絶対に安全であるという製品はない．安全に十分に配慮した製品でも，不適切な使い方をすれば危険となる．それゆえに，製品の潜在的な危険を知らせ，注意を喚起し，適正な使用によって，安全性を確保する必要がある．そこで，一見してわからない潜在的な危険を警告する義務が製造業者には生じ，安全な使用を促すために，製品の使い方や危険情報を提供する製品表示や警告ラベル，使用説明書（取り扱い説明書）などの記載内容や表示・提示方法が問題になる．表示や警告ラベル，使用説明書などにおける指示や警告が欠如したり，不適切であったために，損害が生じた場合，指示・警告上の欠陥となる．

それゆえ，PL法は，製造業者の一員であるデザイナーに，表示やカタログ，使用説明書などのデザインにおいて，警告義務を果たし，使用者や使用方法に配慮した表示と提示方法など，きめ細かな配慮を求めている．❶に，PL法に配慮した家電製品協会の警告表示用図記号（正垣・高田，1997）を示した．

■製品開発とPL法

前述のように，日本のPL法の特徴である次の3点，①他国のものと比較して，わずか6カ条だけの簡潔な

第3章 | モノづくりの責任－PL（製造物責任）法

❶PL法に配慮した家電製品協会の警告表示用図記号（正垣・高田，1997）

条文になっている，②免責事由に，開発危険の「抗弁」を認め，製品供給後10年で時効としている（PL法第四条，第五条），③民法を含むわが国の法体系との調和に配慮している（PL法第一条，第六条），これらは，日本の法制度の特徴と，新製品開発を阻害しないことに配慮した，とも考えることができる．

PL法は，新製品を開発するとき，安全性に配慮したデザインを求めている．しかし，引き渡した製品に対して，それまでの科学または技術に関する知見では認識されていなかった新たな欠陥が見つかることもある．このような予知できなかった欠陥に対しては，製造業者などは，責任を免れる免責事由が，「開発危険の抗弁」である（PL法第四条）．この「抗弁」条項の存在は，新製品が予測しなかった新たな危険性を発生しないか，との開発者の恐れを取り除き，新製品開発を促進する役割を担っている．

また，損害賠償請求に関する時効は，製品の欠陥で損害を被った被害者が賠償義務者を知ったときから3年となっている．さらに，当該製品を引き渡してから10年（責任期間）を経過して発生した損害に対しては，損害賠償請求ができないことになっている（PL法第五条）．さらに，この法律にないものについては民法の規定を適用すると定めている（PL法第六条）ことは，PL法においても，被害者の消費者側が，製品事故の原因究明，および因果関係を立証しなければならないことを示している．

このように，日本においては，製品の引き渡し後の損害賠償のためではなく，事前の新製品開発段階で安全に配慮し，極力，欠陥商品を出さないようにするために，PL法があると思われる．なお，このPL法の責任期間と製品の保証期間とは直接の関係はない．これは，PL法の責任期間が製品によって起因する人や物の損害を対象とし，製品の保証期間が製品の品質や性能などを対象としている違いがあるからである．

■循環型社会形成推進基本法－拡大生産者責任（EPR）

循環型社会形成推進基本法が2000年5月に制定され，併せて，改正された廃棄物処理法と再生資源利用促進法（リサイクル法），新たに建築リサイクル法，食品リサイクル法，グリーン購入法が成立している．これらの法制度は，①ゴミを出さない，②ゴミは資源として再利用する，③再利用できないゴミは適正に処分する，ことによって，環境負荷が低減される社会をめざしている．そして，この基本法にもとづき，PL法の拡大解釈である，製品の製造，消費，廃棄，処理・リサイクルまで広げて生産者の責任を求める拡大生産者責任（EPR）の一般原則が確率している（imidas2003）．

EPRによって，製造者は製品の使用時の安全性に加えて，廃棄時の安全性や環境に配慮した製品開発，廃棄のことを考えた環境負荷の少ない製品づくり，が必要になっている．

〔上原 勝〕

■文献

目立つマンションのずさん工事．朝日新聞，1999年6月24日付．
田島幸治：欠陥住宅，自衛の覚悟を．朝日新聞，1999年6月30日付．
社説：安全はそこから始まる．朝日新聞，1999年6月30日付．
山口光恒：OECDの新廃棄物政策に注目を．朝日新聞，1999年4月6日付．
製造者の廃棄責任を強化．朝日新聞，1999年5月3日付．
上原勝編：エコロジー・リサイクル・PL法とデザイン．デザイン学研究特集号，4(3)，1997．
正垣昌宏・高田捷雄：(財)家電製品協会・警告表示用図記号について．デザイン学研究特集号，4(3)：40，1997．
現代産業．imidas2003，p.569，集英社．

4|303 PL法と国際社会

産業や技術・人・情報の交流が世界的に拡大されるに伴って，自国だけの閉鎖社会では存在できなくなっている．国際交流が頻繁になり，世界は国際社会に移行し，人びとの生活にかかわる法制度も国際社会に対応しつつある．米国をはじめとしてヨーロッパ各国，日本などの先進国において，各国が独自のPL関連の法制度を施行または審議をしている．

製造物や部品・材料の交流（輸出・輸入）が頻繁になり，各国のPL関連法に対応した対策を講じる必要が出ている．

なお，輸出製品に対して，海外PL保険（輸出生産用生産物賠償責任保険）に加入することも必要になっている．

■海外のPL関連法

外国（海外）のPL関連法を知ることは，①輸出相手国の法制度に適合する製品であるのか，②製造国でどのような法制度に合格した輸入製品であるのか，そして，③わが国のPL法は，世界的にどのように評価され通用しているのか，を知るためには不可欠である．

ここでは，多様な各国の事情と紙面の都合から，各国のPL関連法については記載しないので，該当する事項が生じた場合は，関係する文献などを詳細に調査して，各国の事情に十分に配慮した適切な対応を講じることを願っている．

■国際貿易とPL法

日本の主要商品の輸出依存度を❶（日本国勢図会，1999）に示した．貿易に依存して成り立っているわが国において，輸出相手国，輸入相手国，それぞれの国の法制度は，貿易量に大きく影響する重要な関心事である．

製造物を生産し，相互貿易をしている先進国各国（アメリカ合衆国，カナダ，イギリス，ドイツ，フランス［審議中］，イタリア，オーストリア，オランダ，アイルランド，ギリシャ，スウェーデン，スペイン，デンマーク，フィンランド，ベルギー，ポルトガル，ルクセンブルク，アイスランド，スイス，ノルウェー，ハンガリー，リヒテンシュタイン，ロシア，イスラエル，オーストラリア，韓国［審議中］，台湾，中国，フィリピン，ブラジル）は，それぞれ独自の法制度を施行または審議中である．外国からの輸入品には日本のPL法が，外国への輸出品には相手国のPL関連の法制度が適用される．外国と貿易するためには，相互の国の法制度に従わなければならない．

とくに，貿易依存の高い対米貿易（1998年アメリカ合衆国との貿易：総輸出の30.5%，総輸入の23.9%［日本国勢図会，1999］）における，日米（各州）でPLに対する考え方が大きく異なることを十分に配慮する必要がある．

そして，輸出製品に対して，海外PL保険（輸出生産物用生産物賠償責任保険）に加入することも必要になっている．

以下，参考のため，製造物責任法の条文を掲載する．

■製造物責任法（平成6年法律第85号）

（目的）

第一条　この法律は，製造物の欠陥により人の生命，身体又は財産に係る被害が生じた場合における製造業者等の損害賠償の責任について定めることにより，被害者の保護を図り，もって国民生活の安定向上と国民経済の健全な発展に寄与することを目的とする．

（定義）

第二条　この法律において「製造物」とは，製造又は加工された動産をいう．

2　この法律において「欠陥」とは，当該製造物の特性，その通常予見される使用形態，その製造業者等が当該製造物を引き渡した時期その他の当該製造物に係る事情を考慮して，当該製造物が通常有すべき安全性を欠いていることをいう．

3　この法律において「製造業者など」とは，次のいずれかに該当する者をいう．

　一　当該製造物を業として製造，加工又は輸入した者（以下単に「製造業者」という）

　二　自ら当該製造物の製造業者として当該製造物にその氏名，商号，商標その他の表示（以下「氏名などの

商品	輸出依存度	商品	輸出依存度
綿織物	35.3%	乗用自動車	42.1%
合成繊維織物	51.2%	セメント	←13.2%
鉄鋼（粗鋼換算）	←24.4%	硫酸アンモニウム	50.4%
電子式卓上計算機	49.4%	ファクシミリ	45.5%
工作機械	43.8%	軸受	38.8%
カラーテレビ	46.3%	集積回路	73.7%
複写機	62.9%	自動車用タイヤ	←28.6%

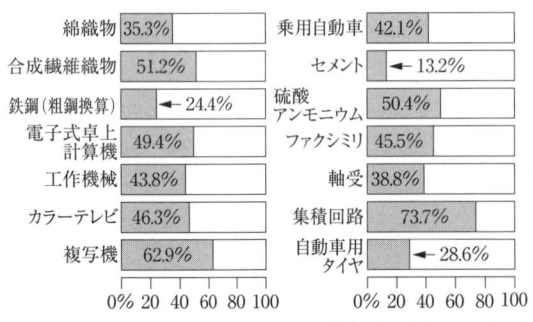

❶わが国の主要商品の輸出依存度（1997年）（日本国勢図会，1999）
通商産業省「通商白書」（1998年）による．生産数量に対する輸出数量の割合．工作機械は受注金額，自動車用タイヤは販売量による．

表示」という)をした者又は当該製造物にその製造業者と誤認させるような氏名等の表示をした者

三　前号に掲げる者のほか，当該製造物の製造，加工，輸入又は販売に係る形態その他の事情からみて，当該製造物にその実質的な製造業者と認めることができる氏名等の表示をした者

(製造物責任)

第三条　製造業者等は，その製造，加工，輸入又は前条第3項第二号若しくは第三号の氏名等を表示した製造物であって，その引き渡したものの欠陥により他人の生命，身体又は財産を侵害したときは，これによって生じた損害を賠償する責めに任ずる．ただし，その損害が当該製造物についてのみ生じたときは，この限りでない．

(免責事由)

第四条　前条の場合において，製造業者等は，次の各号に掲げる事項を証明したときは，同条に規定する賠償の責めに任じない．

一　当該製造物をその製造業者等が引き渡した時における科学又は技術に関する知見によっては，当該製造物にその欠陥があることを認識することができなかったこと．

二　当該製造物が他の製造物の部品又は原材料として使用された場合において，その欠陥が専ら当該他の製造物の製造業者が行った設計に関する指示に従ったことにより生じ，かつ，その欠陥が生じたことにつき過失がないこと．

(期間の制限)

第五条　第三条に規定する損害賠償の請求権は，被害者又はその法定代理人が損害及び賠償義務者を知った時から3年間行わないときは，時効によって消滅する．その製造業者等が当該製造物を引き渡した時から10年を経過したときも，同様とする．

2　前項後段の期間は，身体に蓄積した場合に人の健康を害することとなる物質による損害又は一定の潜伏期間が経過した後に症状が現れる損害については，その損害が生じた時から起算する．

(民法の適用)

第六条　製造物の欠陥による製造業者等の損害賠償の責任については，この法律の規定によるほか，民法(明治29年法律第89号)の規定による．

　　注：附則は記載を省略した．　　　　　　［上原　勝］

■文献

矢野恒太記念会編：日本の主要商品の輸出依存度．日本国勢図会(第57版)，p.321，国勢社，1999．

矢野恒太記念会編：わが国の貿易主要相手国．日本国勢図会(第57版)，p.330，国勢社，1999．

4|401　ISO（国際標準化機構）とは何か

■国際標準化機構ISO

ISO（International Organization for Standardization）は世界的な規模の非政府間機構である．国際連合および関連のある国際機関，国連専門機関での国際規格の諮問を行う地位を得ている．ISO会員の多くは各国の政府機構または公的な法人組織である．規格制定には産業界，消費者機関，研究機関および中立の諸学術団体関係者が参加，作業している．審議参加国家が増せば，より公正さが得られて世界的な標準化が円滑に推進されるしくみとなっており，拡充が図られた．会員資格が1カ国を代表する1機関であるため，日本は日本工業標準調査会JISCが1952年4月15日に閣議了解，正式会員で加入している．

会員は128カ国，正会員は85カ国，日本は理事国であり，かつ五大分担金供出国（下記理事国中の＊印が継続理事国）の一つである．現在，地位的にはなくてはならぬ存在となっている．

1998年度ISO理事国は次の18カ国である．

AFNOR（フランス＊），ANSI（米国＊），BIS（インド），BSI（イギリス＊），DIN（ドイツ＊），EOS（エジプト），ICONTEC（コロンビア），IRAM（アルゼンチン），JBS（ジャマイカ），JISC（日本＊），SAA（オーストラリア），SAZ（ジンバブエ），SCC（カナダ），SIS（スウェーデン），SNZ（ニュージーランド），SNV（スイス），TCVN（ベトナム），TSE（トルコ）．

■ISOの目的

「工業規格の国際的統一を促進する」ことを目的とする機関の設立が，国連規格調整委員会UNSCCで1946年10月14日に討議された（したがって，標準化記念日はこの日になっている）．

その後，承認手続きを経てISOは1947年2月23日正式に発足した．「国際規格の制定」を目的とする総合的な国際機関が新設されたわけである．

この呼称は，語源であるギリシャ語のisos（相等しい）からきている．相等しい・平等・同等の大きさ，などの概念から規格・あるいは標準化の推進を行う略語とした．通常，アイ・エス・オーと呼ぶ（ISO事業概要1998より抜粋参照）．

国際標準化の歴史は，1906年の電気技術の分野においてIEC（国際電気標準会議）が設立されたことから始まったが，ISOはより幅広い製品やサービスの国際交流，知的，科学的，技術的，経済的活動などの国際協力の充実を図るための国際標準化と関連活動の発展を目的としている機関である．

■国際標準化の必要性

より歴史の永いIECでの標準化成果によって，国際標準化の必要性を表現すると…電気用図記号の国際標準化は，学ぶ人，設計をする人，物を作る人，品質を管理する人，アフターサービスをする人等々が，国や言葉が異なっても共通の視覚言語で判断し，連携できる産業の普遍性を確立してきた．世界規模での真に「平等で公正な」産業の発展に計り知れない貢献をしてきた．これは国際標準化の神髄を表している…この電気用図記号は，後述するようにデザイン領域における国際標準化の原点となった．

情報を適確に伝える，品質を互いに保証し合うという国際交流の原形がそこにあるからである．

現在，貿易の技術的障害（障壁）をなくすためにWTO（世界貿易機構）協定では国際規格がある場合，国内規格を定めるときにはこれに整合させることを義務づけている．

標準化の対象領域は上記の例のような製品分野にとどまらず拡大している．環境や品質といった横断的・分野共通的な領域，あるいは国際的に標準化が必要な概念そのものを対象にする段階に到達した．

■ISOの組織機能

運営は理事会で骨格を決め，総会でISO長期戦略と年間活動，中央事務局財務を議決する．

・政策開発委員会は1999年現在，CASCO（適合性評価委員会 Committee on Conformity Assessment），COPOLCO（消費者問題対策委員会 Committee on Consumer Policy），DEVCO（開発途上国対策委員会 Committee on Developing Country Matter），INFCO（情報システムおよびサービス委員会 Committee on Information System and Services）があり，時代の要請を受けた重要な戦略展開の諮問を行っている．

・技術管理評議会（TMB：Technical Management Board）はISOの国際規格を立案する専門活動の提案の審査を行い，TC（専門委員会）の設置・解散・議長の任命など組織調整・戦略企画など専門分野のすべての事項について決定する．またIECなど他の国際機関との技術的調整問題を解決する．専門的な内容はTCによって提案される（❶参照）．

専門委員会（TC：Technical Committee）は1998年現在，184委員会があり，日本は多くのTC，SC，

第4章｜グローバルスタンダード－世界に合わせる

```
┌─────────────────────────────────────────────────────────┐
│  国際標準化機構:International Organization for Standardization(ISO)  │
└─────────────────────────────────────────────────────────┘
```

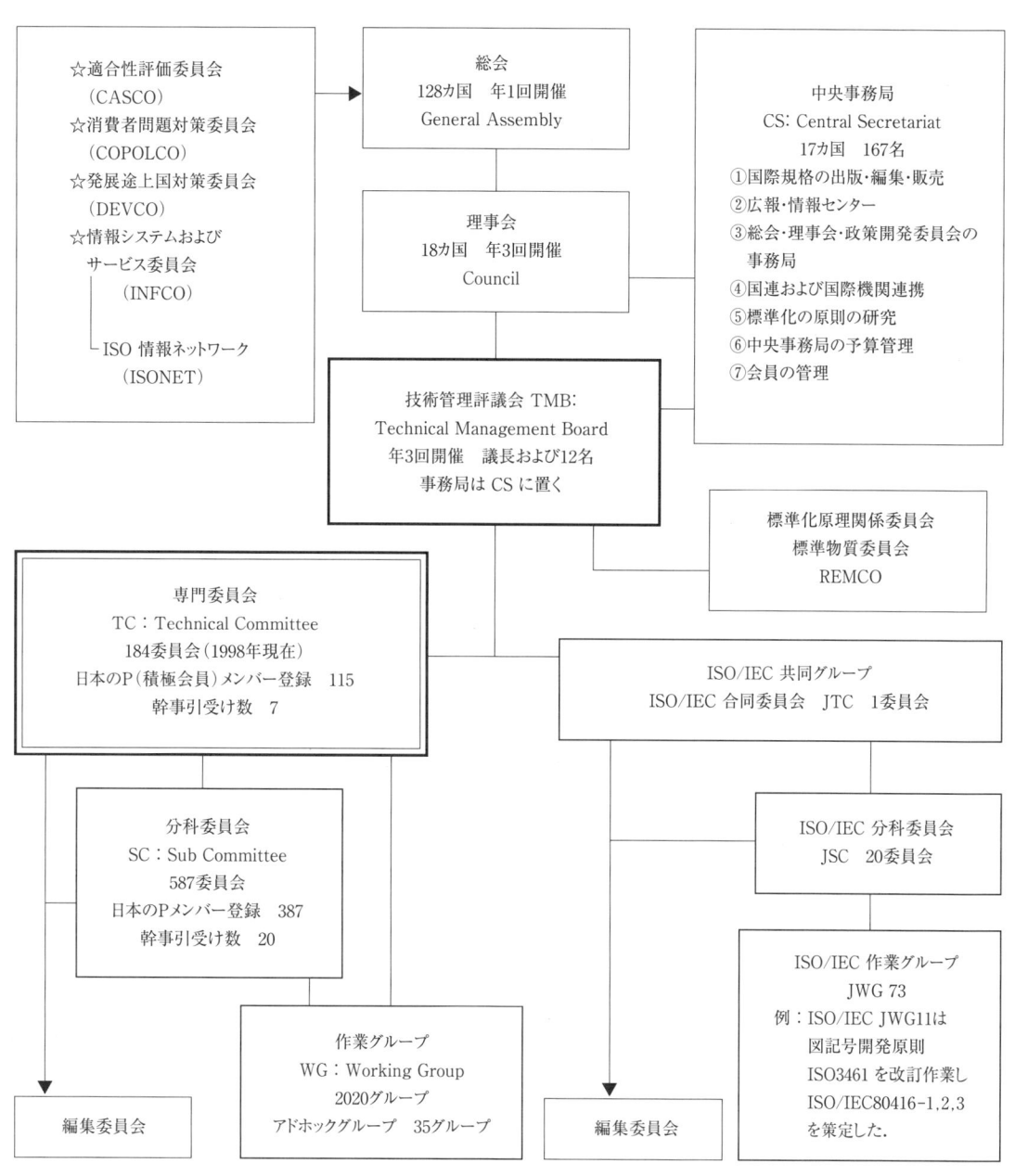

┌──────────────────────┐   ┌──────────────────┐   ┌──────────────────────────┐
│ ☆適合性評価委員会   │   │   総会   │   │   中央事務局   │
│   （CASCO）   │────▶│ 128カ国 年1回開催 │   │ CS: Central Secretariat │
│ ☆消費者問題対策委員会   │   │ General Assembly │   │   17カ国　167名   │
│   （COPOLCO）   │   └──────────────────┘   │ ①国際規格の出版・編集・販売 │
│ ☆発展途上国対策委員会   │   │   │ ②広報・情報センター   │
│   （DEVCO）   │   ┌──────────────────┐   │ ③総会・理事会・政策開発委員会の│
│ ☆情報システムおよび   │   │   理事会   │   │   事務局   │
│   サービス委員会   │   │ 18カ国 年3回開催   │   │ ④国連および国際機関連携   │
│   （INFCO）   │   │   Council   │   │ ⑤標準化の原則の研究   │
│   └ISO 情報ネットワーク │   └──────────────────┘   │ ⑥中央事務局の予算管理   │
│   （ISONET）   │   │   │ ⑦会員の管理   │
└──────────────────────┘   │   └──────────────────────────┘
                          ┌──────────────────────┐
                          │ 技術管理評議会 TMB: │
                          │ Technical Management Board │
                          │ 年3回開催 議長および12名 │
                          │   事務局は CS に置く   │
                          └──────────────────────┘
                                                   ┌──────────────────┐
                                                   │ 標準化原理関係委員会 │
                                                   │   標準物質委員会   │
                                                   │   REMCO   │
                                                   └──────────────────┘

┌──────────────────────┐
│   専門委員会   │
│ TC：Technical Committee │   ┌──────────────────────────┐
│ 184委員会（1998年現在） │   │   ISO/IEC 共同グループ   │
│ 日本のP（積極会員）メンバー登録 115 │   │ ISO/IEC 合同委員会 JTC 1委員会 │
│   幹事引受け数　7   │   └──────────────────────────┘
└──────────────────────┘   │
         │   ┌──────────────────────┐
┌──────────────────────┐   │ ISO/IEC 分科委員会   │
│   分科委員会   │   │   JSC　20委員会   │
│ SC：Sub Committee   │   └──────────────────────┘
│   587委員会   │   │
│ 日本のPメンバー登録　387 │   ┌──────────────────────┐
│   幹事引受け数　20   │   │ ISO/IEC 作業グループ   │
└──────────────────────┘   │   JWG 73   │
         │   │ 例：ISO/IEC JWG11は   │
              ┌──────────────────────┐   │ 図記号開発原則   │
              │   作業グループ   │   │ ISO3461 を改訂作業し │
              │ WG：Working Group   │   │ ISO/IEC80416-1,2,3 │
              │   2020グループ   │   │ を策定した．   │
              │ アドホックグループ 35グループ │   └──────────────────────┘
              └──────────────────────┘
         │   │
    ┌─────────┐   ┌─────────┐
    │ 編集委員会 │   │ 編集委員会 │
    └─────────┘   └─────────┘

❶ISOの組織機構図

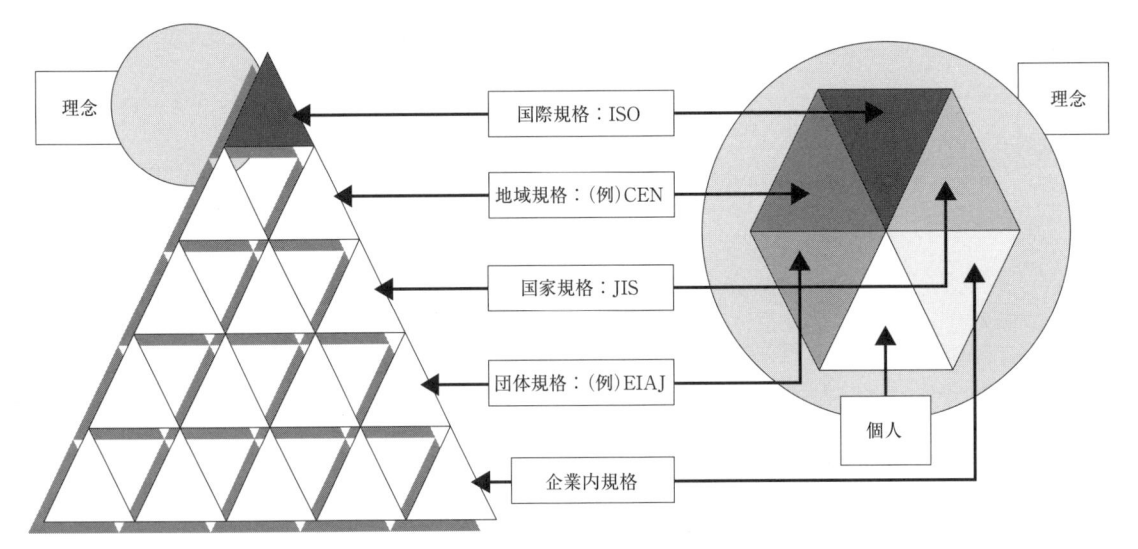

❷ ISO国際規格の今までのヒエラルキーと今後の展望図

WGにPメンバー登録をして活躍している．

デザインがTCの表題になっているのは唯一TC145 Graphical Symbolsである．

1998年に政策開発委員会のCOPOLCOが「高齢者・身障者対応設計基準」策定を諮問した．デザインの社会的な基本テーマの深耕を促した．

IS（国際規格）の表題ではないが，多くのTCにはデザイン領域の内容に関する色・素材・寸法・部材・構造・記号・使い勝手・環境・品質等々の規格があり広い意味でISO国際規格はあらゆる設計の基本に関与しているといってよい．ISOではIS（国際規格）とISOガイド（Guide）を策定発行している．4｜403においてデザインや設計に参考になる項目例を示す．

■ISO国際規格とJIS国内規格

国際標準化活動の成果として国際規格が誕生，ISO XXX番として番号が付いて発行される．

国際規格と国内規格の関係は❷の左部分のように示すことができる．

この構図は国際標準化機構発足以来構築してきた国際協力体制の相互関係を表現している．

物的・技術的な個別国際規格の充実とともに，概念の規格化・理念を共有する方向になってきた現在では，この構図のISOと使用者個々人との情報距離の遠さ，ISOの社会的孤高性が強すぎるように感じられ，筆者はこの構図に個人を加えISOの理念である公平・平等を図化した．❷の右部分がそのあらまほしき関係構図である．

このコンセプトでは，標準化対象が著しく拡大する情況の中で情報距離はすべて平等で，アクセスが公開され，大きな理念を共有し，達成感や成果を共有する関係になる．一方，自由競争社会では「国際規格」に対し，「世界標準」という概念と現実がある．デファクトスタンダードによる私企業の先行者利益創出の象徴とされている．この場合でも市場独占は許されないから，激しい選択競争の後に，やがては指導的な国際規格の形成に貢献することになる．また，突出した技術の場合でも独占せず，最初から公開し普及が図られることもある．さらに，今までは組織団体に所属しなければ国際標準化の情報にも接することもむずかしく，提案の方法も機関関係者にしかわからないが，情報公開の世界の確立を前提とする推察では個人の優れた研究や提案が国際標準化として審議されることも大いにありうる．

［加藤久明］

■文献
ISO専門業務用指針附属書F（1998年版），（財）日本規格協会．
加藤久明：国際標準化講演資料（1998年，1999年度）．

コラム「私の選ぶ図書10冊」

加藤久明[デザインコンサルタント・図記号標準化研究／国際標準化機構]

① 『暮らしの中の表示とマーク』（加藤久明編，日本規格協会，2002）
　表示とマークと図記号の関係を，認証制度と法規を含めてわかりやすく記述してある．

② 『JISハンドブック2003図記号』（加藤久明ほか編訳，日本規格協会，2003）
　図記号の国際規格の翻訳を含め，国家規格を詳述してある．

③ 『目で見ることばの世界』（加藤久明ほか著，日本規格協会，1983）
　視覚言語，とくに図記号の新しい役割を展望し，定義と枠組みとを行い，多彩な資料で読み砕く．

④ 『視覚シンボルによるコミュニケーション』（藤沢和子ほか著，ブレーン出版，1995）
　知的障害者の言語能力を高める研究と実践の成果が網羅されて，新たな言語体系を生んでいる．

⑤ 『手の知恵』（藤原房子著，山手書房，1979）
　モノを形づくる身体的な行為の特徴を簡明に記述している．

⑥ 『手仕事の日本』（柳 宗悦著，岩波書店[岩波文庫]，1985）
　工業の隆盛のもたらす過誤に警鐘し，工芸の復興と日本の文化特性を明確にした論述．

⑦ 『新しい知性と徳を求めて』（今道友信著，ぎょうせい，1986）
　近代社会において，人間的行為のあるべき基本を，日本人の立場を明確にして主張．

⑧ 『イコンとイデア』（ハーバード・リード著，宇佐美英治訳，みすず書房，1957[原著1958]）
　西洋的なグローバル的指導性としての理念・規範を提示している．

⑨ "Art and Industry (3rd edition)"（H.Read著，Fabar&Faber（London），1952）
　デザインの思考を芸術と技術の調和に求める，基本書籍．

⑩ 『デザイン小辞典』（山口正城ほか編，ダヴィッド社，1955）
　デザイン活動開明期に，収集網羅された情報・記号・形象・人について，手元に不可欠の辞書．

4|402 ISOの変遷とデザイン

1998年度ISO報告によると，ISO発行の国際規格の数は1970年に1384規格だったが，1997年までに11258規格に増え，1997年には973件の国際規格が発行された．ガイドは42件が発行されている．ガイドは，今後規格化すべき領域での方向性を示し，あるいは一般公衆にとっての共有の便益を構成する要素や概念を明確にし，国際規格あるいは国家規格の制定の判断根拠を示すために発行されている．

デザインの分野開拓・創造・選択の基本に深くかかわるガイドと規格が発行されている．

■ ISO 国際規格とガイドの変遷
[＜ISOガイド＞項目抜粋]

- ISO/IEC Guide 14(1977)：消費者のための製品情報(見直し中1998)
- ISO/IEC Guide 37(1995)：消費者生活用製品の取扱説明書
- ISO Guide 41(1984)：包装規格—消費者要求
- ISO/IEC Guide 50(1987)：子供の安全と規格一般指針(改定中)
- ISO/IEC Guide 51(1990)：安全面を規格に取り込むための指針(改定中)
- ISO/IEC Guide 71(2001.3)：高齢者，障害者を考慮した規格の策定に関するガイド

[＜ISO国際規格・図記号関係＞項目抜粋]

- ISO/IEC 80416—Part 1, Part 3(2001)：図記号—制作の一般原則☆

[ISO 3461(1988)はIEC機器操作用図記号—制作の一般原則と統合し，新国際規格として2001年度に発行]

- ISO/IEC 80416—Part 2：図記号—矢印の使用方法☆

[ISO 4196(1984)は上記国際規格の発行により廃止される]

- ISO 3864(1984)：安全色彩・安全標識(改定中)☆
- ISO 6309(1987)：防火安全標識☆
- ISO/TR 7239(1984)：一般・公共案内用図記号—使用の原則(IS国際規格International Standardにするべく改定中)☆
- ISO 7001(1990)：一般・公共案内用図記号の一覧表(改定開始1999)☆
- ISO 9186(1989)：一般・公共案内用図記号—制作および試験の手順(改定 2001)☆
- ISO 7000(1989)：装置用図記号の一覧表と索引(改定中)☆
- ISO 11428(1996)：エルゴノミックス－視覚危険シグナル－基本要求事項，デザインと試験☆
- ISO 17724(FDIS 2002)：図記号用語☆
- ISO/IEC 11714－1：技術文書用図記号－一般原則☆

以上の国際規格が図記号関係の基本規格であるが，このほか，技術・製品分野別に32の図記号国際規格があるのでその一部を例示する．

- ISO 1950(1974)：航空機－サービス・補修・地上操作・安全危険個所の表示☆
- ISO 4062(1977)：口述筆記機器－記号☆
- ISO 2575(2001)：自動車－操作用図記号・計器と自動表示装置☆
- ISO 6727(1981)：オートバイ－操作用図記号・計器と自動表示装置☆
- ISO 5232(1998)：繊維機械用図記号☆

ISO の国際標準化成果の変遷を図記号活動を通して展望し，図示すると❶のようになる．

次項に述べるISO/TC 145委員会の変化と活動方向もこの図の示すとおりに，①既存規格の一斉見直し，②ユーザーフレンドリー規格へ再編集の開始，③電子化(データベース公開準備)の推進，④安全規格の横断的共用化，⑤製品操作表示のISO/IEC 共用規格化，などの舵取りがなされている．

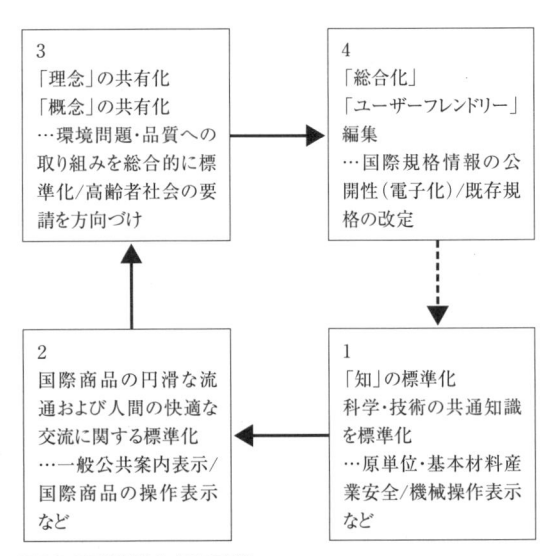

3 「理念」の共有化 「概念」の共有化 …環境問題・品質への取り組みを総合的に標準化/高齢者社会の要請を方向づけ	4 「総合化」 「ユーザーフレンドリー」編集 …国際規格情報の公開性(電子化)/既存規格の改定
2 国際商品の円滑な流通および人間の快適な交流に関する標準化 …一般公共案内表示/国際商品の操作表示など	1 「知」の標準化 科学・技術の共通知識を標準化 …原単位・基本材料産業安全/機械操作表示など

❶ISOの国際標準化成果の変遷

第4章 グローバルスタンダードー世界に合わせる

■ ISO/TC145 図記号委員会

図記号の国際標準化の概要を知ることで,
①言葉・文化・環境・産業・政治形態などが異なる国家間の共有可能な規格の姿が見える.
②国際標準化の新規提案の手続きがわかる.
③国際標準化と国家規格,団体規格の密なる関係が解ける.
④高度な国際規格を成立させるための国際協力の具体的な日常業務が定着する.

[ISO/TC145 組織・機能]

図記号の領域は大別して5分野で示すことができる. 委員会は分野別に組織されている.
①一般案内公共サイン分野:公共施設案内表示,駅・空港・病院等建物内誘導表示,展覧会場案内,商業集積空間案内表示,道路交通標識
②安全表示分野:作業環境・衛生標識,危険物・禁止・警告・注意表示,安全色彩表示,商品安全使用注意表示
③操作表示分野:電子機器・家電・産業用機器・事務機器操作表示,自動車・産業車両操縦表示,その他操作系装置表示
④製図用など専門技術記号分野:一般・機械製図用図記号,建築設計用図記号,地図記号,気象図用記号,その他特殊分野表示用
⑤品質表示・規格表示分野:認証表示,国際規格・国家規格表示,品質表示,荷扱いケアマーク,その他

ISO/TC 145 の組織(1999年度の状況)は以下の通りで図記号領域を分掌しているが,製図用図記号は今後IECの活動と統合し,ISO/TC 145 から離れることになった.

<組織>(カッコ内は審議テーマ項目概要)
・ISO/TC 145 Graphical Symbols:図記号委員会:図記号のすべての分野の基本規格の策定と組織横断的調整機能を強化.
WG 3:用語(☆図記号国際規格に用いる用語の収集と定義)
・ISO/TC 145/SC 1(一般公共案内用図記号分科会):100項目を超える案内図記号についてワールドカップサッカー開催に合わせて日本国内標準化案を策定し,その体系をISOに提案.
WG 1:一般公共案内用図記号の試験
WG 2:一般公共案内用図記号の視覚デザイン基準(☆ISO/TR 7239 を改定しIS化予定)
WG 3:案内用図記号:障害者の要請(日本から審議テーマを紹介/提案中)
WG 4:ISO 7001 の見直し(☆ユーザーフレンドリー編集に着手)
・ISO/TC 145/SC 2(安全表示,サイン・形・図記号・色彩分科会):ISO 3864の適用領域を拡大.
WG 1:安全表示,形・図記号・色彩(☆ISO 3864 Part1・Part 3を改定中)
WG 2:サイン,プレートとラベル(☆耐候性試験原案に現JISを提案)
WG 3:安全誘導システム(起草中)
・ISO/TC 145/SC 3:機器操作用図記号分科会
WG 1:機器操作用図記号の登録と調整
WG 2:ISO 7000の見直し(☆図記号の電子化・データベース化に伴いすべての図形データを再整備)

以上のように,ISO/TC 145委員会は活動的かつ持続的である.分野間にまたがる調整機能を発揮し,発展的軌道に乗っている.

[JWG11 ISO/TC145・IEC/SC3C 調整委員会]

図記号の制作の原則を定めた国際規格は従来ISOとIECにそれぞれあったが,図記号デザインの歴史上20年ぶりに改定し,ISO/IEC 80416 Part 1「図記号の開発と使用の原則」およびPart 3としてその補足規格が両機関の統一規格として発行され,これに併せて,「矢印の原則」もPart 2として発行することも決定.

[ISO/TC145 以外のTCとの調整]

たとえば,ISO/TC 21防火安全標識で制定された非常口誘導(灯)図記号(❷参照)は,1982年の日本提案が国際規格になった.提案の模範とされている.これは一般公共案内用のISO 7001にも収録された.ISOの理解度試験法を超えたレベルの試験成果と図記号としての完成度によって,人の命と安全に直結することながら,文化の差を超え各国が同じ認識に到達したために,国際規格になったのである.安全を守る国際視覚言語の好例となっている.

❸は,ISO図記号標準化活動を概観し,分野別標準化が共用規格化・総合体系化へと推移していることを

❷非常口誘導(灯)図記号

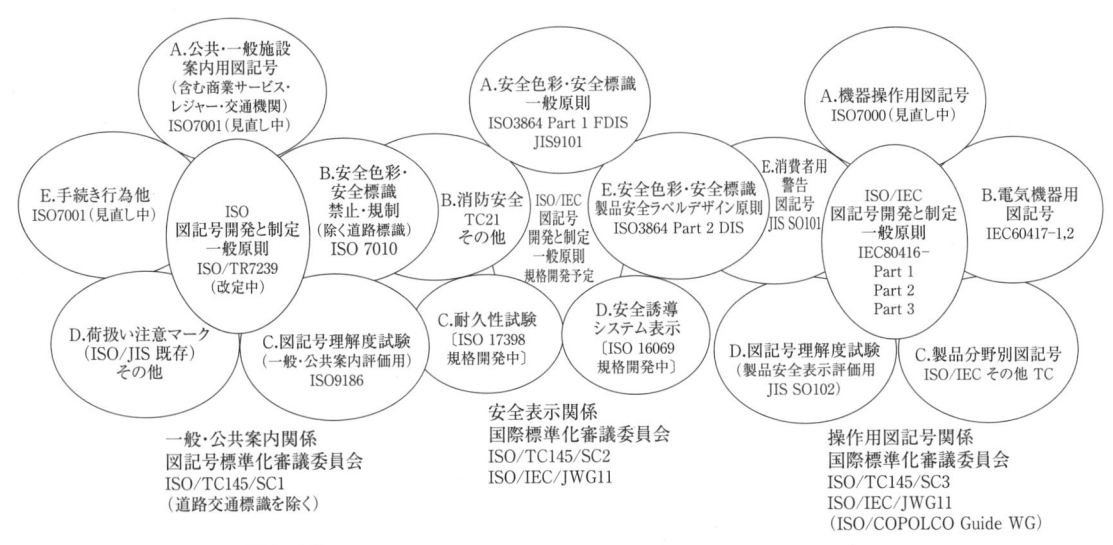

❸ 図記号　分野別標準化と共通領域の現状
（一般・公共案内と安全表示と製品操作表示について国際規格共用審議が開始された．1999年）

示している．

[ISO 国際規格策定手順]

新業務項目を提案し国際規格にするには次の手順を踏むことが定められている．

① 新業務項目提案書（NP）をTCまたはSCの幹事国に提出する．

② 提案段階：ISO Pメンバーの過半数の承認とそのプロジェクト推進にPメンバー5カ国以上が積極的に参加する意思表明が得られると，新業務項目が承認される．

③ 作成段階：業務計画に登録し，作業原案（WD）を作成し承認後第1次委員会原案（CD）を登録する．この段階は専門家個人の知見・作業による場合が多い．

④ 委員会（TCまたはSC）段階：登録されたCDを委員会で審議および各国に配布して，国を代表する団体からの公式の意見を反映し，委員会原案が練り上げられる．この原案はPメンバー投票の2/3以上の賛成で承認され，国際規格案（DIS）作成段階に移る．

⑤ DIS 登録・承認段階：公式な国代表団体の意見を反映して，最終国際規格案（FDIS）の作成を行う．DIS段階では全加盟国代表団体が投票する．Pメンバーの投票の2/3以上で承認されるが，反対が1/4以下であることが必要とされる．

⑥ FDIS登録・承認段階：DISと同じ条件で承認される．

⑦ 国際規格（IS）発行段階：起点から43カ月以内に国際規格が印刷され配布されねばならない．

[ISO 図記号の制定の基本について]

① ISO図記号制作基本パターン（マトリックス）：図記号制作はISO/IEC 80416—Part 1の国際規格で定めている基本パターン❹を用いる．視認性の高い均質の図記号が各国で制作できるように，使いやすく規格の細部が改定されている．ISO/IEC 80416—Part 3で示されている．

② 図記号国際規格の横断的な基本事項

（1）視覚伝達機能として図記号で表すことが最もふさわしい場合に国際規格を制定する．

（2）一つの図記号は一つの意味を表す．そのためには最適の図材（目的の意味を伝える図形・絵柄・象徴・幾何学的基本型との組合せ・色彩など）の選択と分類・定義が明確に行われねばならない．関係者が無駄な時間を費やしたり，消費者・使用者の無用の混乱を招かぬためにも，他の使用分野を事前・事後に十分に国際的調査を行う．

（3）情報伝達の手段はすべて1種の言語であると見なすなら，図記号国際規格全体で一つの国際言語の

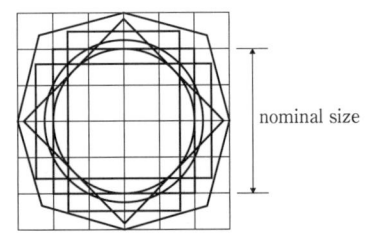

❹ ISO図記号制作基本パターン

体系をなさねばならない．
(4) 異なった文化背景の国家・地域において，図記号の理解度試験を行い，評価し合意を得ねばならない．
(5) 分野別に制定され，分野別に最適の使用・設置基準が設けられる．しかし，使用者の混乱を招く元にもなる．ISO/TC145レベルで常に調整機能が発揮されねばならない．
(6) 特別な作り方を容認する．リサイクルマークはベネルックスの地域表示をISに導入したもので成立経過を尊重した．優れた思想の受容と柔軟性は国際規格を豊かにする．
(7) 安全状態表示・注意表示・警告表示・禁止表示・指示強制表示については，適用領域を整備はしても壁を作らず（人間の行動は一連のものであるがゆえに判断も一貫性を得るために）安全表示としての一貫規格を志向する責任がある．
③ パートナーシップの強化：欧州に出現した地域連合は，ISOで決まったものは地域規格として採用し，そして案出した地域規格はISOに強力に提案することが規定された（CEN欧州規格）．日本はアジアで地域規格を考えていない．ISOの規定ではPメンバーの投票率が承認の行方を左右するので，多数決で欧州の国際規格支配現象が起こらないとはいえない．主要委員会の幹事国が欧州に偏っていることを考えると，日本の提案は迅速かつ強力なパートナーシップと維持が不可欠になる．

■ ISO図記号国際標準化のまとめ
[総合的体系化への歩み]
　図記号の標準化を通してISOの概要を記述したが，図記号による国際言語の体系化が重要でかつむずかしいことが公に刊行された図書として明快になったのは，1980〜1982年に編集された図記号形態分類表（日本機械工業連合会―図記号標準化調査報告書に記載）における3000種を超える図記号の世界の状況を多くの関係者が知ってからである．
　1960年に国内において道路交通法が制定され，標識のデザインが国連の国際交通標識を基本として導入され，オリンピックや公共施設の充足に合わせて急速に多様なデザインが多発した．図記号の原則に適した社会システムに育て，現状を変えるべく，2001年には「案内用図記号ガイド」が省庁横断型で国土交通省主管でまとめられた．
　製品分野ではとくに電子機器の世界市場での日本の発展に伴いIEC活動に早くから参画，1970年代前後から継続的にIEC/SC3C活動を支えている．1970年代後半に日本はISO/TC145委員会活動を始めた．おおよそ過去30年間に部分的体系は年を重ねるごとに充実したが，全体を俯瞰しての国際言語体系としての活動は今緒に就いたところである．❸に示した内容が整備されて，さらに連携の花の輪が大きく開花，結実する世紀に移行するわけである．

[図記号の電子化情報時代]
　「消費者にわかりやすい図記号の調査委員会」（日本規格協会，1995）は，パソコンで使える電子化図記号データベースを試作した．世界で最も早い研究だったが，欧州の注力でより完成された国際版が生まれた．国際規格の図記号の電子化は，新ISO 7000が2004年には実現する予定である．
　委員会レベルでは，すでにISO事務局からカラーの図入りでのダウンロードが可能であり，日本からの文書・提案・回答の送信も1999年から電子化が前提となった．これにより，正確な原図形の出力と審議時間の短縮が期待されている．
　既存データとの照合などはもちろんであるが，従来は紙描きで団体所有か個人所有で原図が秘蔵され公開されない状況から，世界の共有財産化が同時進行で得られることは意義深い．図記号はまさに国際的公共資産そのものなのである．

[国際標準化の視野の拡大]
　国際標準化は非戦闘的・非植民地的・非征服的・非個人的・非障壁的な行為…の結実として，共有し，育て慈しむ，人類共有の知恵の一大伽藍（崩れざる資産）づくりとして国際規格を成立させ普及させるのである．
[加藤久明]

■文献
加藤久明：ISO/TC 145国際会議報告(1998, 1999, 2000, 2001年度)，日本規格協会．
太田幸夫ほか共著：目でみることばの世界―グラフィックシンボル＝図記号のすべて，日本規格協会，1983．
日本規格協会編：JISハンドブック―図記号2002，日本規格協会，2002．
ISO 6309 国際規格，ISO(1982年度)．
ISO/IEC 80416-Part 1 国際規格，ISO(2001年度)．

4|403 IEC（国際電気標準会議）の変遷とデザイン

IEC（International Electrotechnical Commission：国際電気標準会議）は，電気・電子の技術分野における標準化の問題や，関連事項に関して国際協力の促進と，国際的な意思疎通を図ることを目的としたもので，『国際規格』という刊行物の発行によってその目的を遂行している．

電気・電子分野のさまざまな製品が，生産はもとより，販売される地域も国内，国外と広く扱われるのが日常となった現在，商品の製造・販売，商品として使用されるまでの各段階における国際規格の役割は，これまでにも増して重要になってきている．

ここでは，電気・電子技術的な規格の内容は避け，製品デザインにとって最も身近な「装置用図記号（Graphical Symbols for use on equipment）」について紹介する．

■IECの歴史

19世紀の終わりに度量衡と電気関係を対象とした国際標準の動きが始まり，1875年，国際度量衡局（Bureau International des Poids et Measures：BIPM）が設立され，初めてメートル系を扱った．後にこの組織が拡大して電気単位や電気標準を扱うようになった．

1904年アメリカ・セントルイスでの国際電気会議（International Electrical Congress）で，「電気機器の用語および定格の標準化について代表者会議を設けるべき」と決議された後，1906年ロンドンで日本を始めとする14カ国によって正式にIECが発足した．

所在地は，当初提唱国であったロンドンに置かれたが，その後1947年にジュネーブに移転された．

■他の国際機関との関係

IECは，IEC規格の活用を促進するために，ISO（International Organization for Standardization：国際標準化機構）やITU（International Telecommunication Union：国際電気通信連合），WHO（World Health Organization：世界保健機構）およびILO（International Labour Organization：国際労働機関）などと密接な協調関係をもちながら活動している．

■IECの主な組織（❶）

IEC全体の意思決定は，最高機関としての総会（Council）が行う．総会の政策は，評議会（Council Board）が実行する．日本は，他の4カ国とともに常にメンバーとして参画する立場にある．

・標準管理評議会（SMB：Standardization Management Board）は，IECの技術に関する業務の円滑化を図る役割をもち，国際規格を作成する作業の実行を行う専門委員会（Technical Committee：TC）の設置・改廃，議長および幹事国の任命，専門委員会の業務調整，専門業務の進行および能率の管理，他の国際機関との関係，指針および他の規則の作成・改定などを行

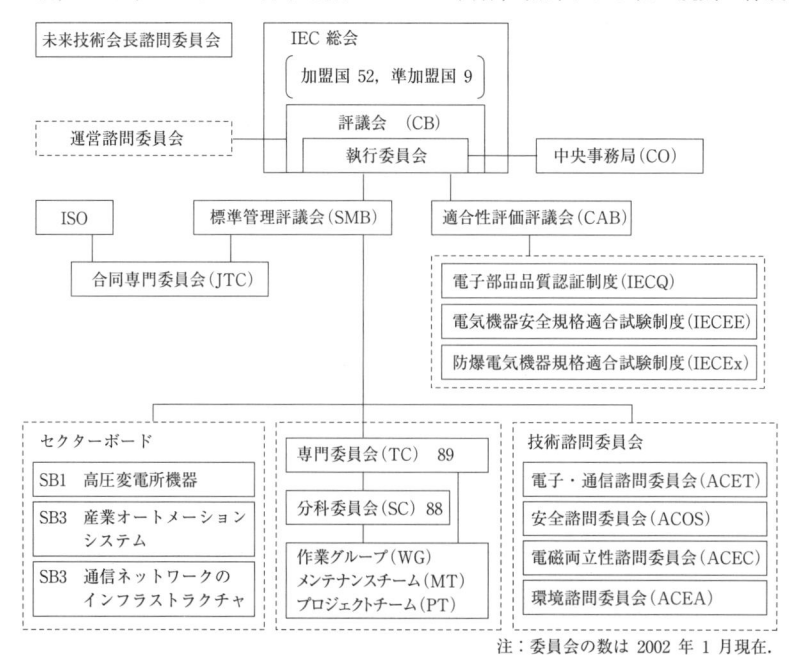

❶IEC組織の概要

っている．
・技術諮問委員会(Technical Advisory Committee)は，複数の専門委員会(TC)間にわたる横断的な問題解決を図り，その成果をIECガイド(または，ISO/IECガイド)として発行する．その一つは，電子・通信諮問委員会(ACET：Advisory Committee on Electronics and Telecommunications)で，エレクトロニクスおよび電気通信関連の作業の調整，並びにITU，ISOなど他の国際機関との連携などを行っている．また，IECの安全に関する規格の調整，整合を行う安全諮問委員会(ACOS：Advisory Committee on Safty)，各専門委員会のEMCに関する作業の協調を担う電磁両立性諮問委員会（Advisory Committee on Electromagnetic Compatibility），自然環境に及ぼす電気製品の環境負荷低減に関するIEC活動に助言する役を担う環境諮問委員会（Advisory Committee on Environmental Aspects）などがある．
・セクターボード(SB：Sector Board)は，産業界の意見をIECの標準化の作業に反映させるための専門委員会(TC)を横断した評議会で，IEC標準化と市場との関連性を継続的に確保する責任を負っている．

また，認証制度として，IECQ(IEC電子部品品質認証制度：1982年)，IECEE(IEC電気機器安全規格適合試験制度；1985年)の運用が開始され，さらに1996年に適合性評価制度全体を管理するCAB(適合性評価評議会)を置き，IEC総会の管轄下に置かれることになった．
・適合性評価評議会(CAB：Conformity Assessment Board)は，国際貿易に貢献するためのIEC規格の適合性評価のための政策を作成している．1回の試験，認証，一つのマークによる世界的な受け入れを目指すため，IECの認証制度を各国で受け入れやすくする検討（ワーキンググループ：WG1），IEC規格を差異なく各国で使用する提言の検討(WG2)，国際的な認証制度，地域的な認証制度の整合化の検討(WG3)，認証を得るための，申請から取得までの時間短縮の検討(WG4)などを行っている．
・IEC電子部品品質認証制度（IECQ：Quality Assessment System for Electronic Components)は，品質認証された電子部品の国際貿易を促進することが目的で，一参加国によって品質が認証された電子部品は，他の参加国でさらに試験を行うことなく平等に受け入れられるように，各国の監督検査機構が保証しようとするものである．

この制度の業務の調整のために各国に設置される国内機構は，IEC国内委員会によって承認された組織でなければならない．日本では，国の代表機関；日本工業標準調査会，国内の標準化機構；日本工業標準調査会，国内の監督検査機構；財団法人日本電子部品信頼性センター，校正機関；日本電気計器検定所/財団法人日本品質保証機構/都道府県計量検定所などの体制で対応している．
・IEC電気機器安全規格適合試験制度(IECEE：IEC System Comformity Testing to Standards for Safty of Electrical Equipment)は，IEC規格にもとづいた家庭用電気機器の安全試験を行っていることを示す証明書（通常CB証明書と呼ばれている）を発行することによって，各国の電気機器安全認証手続きを簡略化し，貿易の促進を図ることを目的としている．

■専門委員会(TC：Technical Committee)
2002年1月現在，89ある専門委員会(TC)は，それぞれの専門に分かれ，国際規格を作成する計画立案と作業を実行する役割を担っている．この作業は，専門委員会(TC)とその下の分科委員会(SC：Sub Committee)，作業グループ(WG：Working Group)，メンテナンスチーム(MT：Maintenance Team)，プロジェクトチーム(Project Team)によって行われる．

各国の国内委員会は，Pメンバー，Oメンバーいずれかを意思表明し，作業に参画する．可能な限り会議に出席し，作業に積極的に参加するPメンバーは，同時に国際規格案の投票の義務がある．Oメンバーは，オブザーバーとして委員会文書の配布を受け，作業に参加し，意見提出と会議に出席することができる．

議長と幹事国(幹事)：幹事国(幹事)は，国際規格を作成するための委員会文書の作成，配布，会議文書の準備，関連専門委員会との連携などの作業を行い，議長は，戦略，方針および，国際規格案の委員会文書を審議する会議の運営を行う役割をもつ．

ここでは，このTCの中でデザイン分野にとって最も身近なTC3：情報構造，ドキュメンテーションおよび図記号，SC3C：装置用図記号，についてその活動内容を紹介する．

[TC3(Technical Committee 3)：Information structure, Documentation and Graphical Symbols (情報構造，ドキュメンテーションおよび図記号)]
この専門委員会は，その委員会の番号が若いことでわかるようにIEC発足の初期にできた委員会で

TC1：Terminology（用語）などとともに電気国際規格の基本的な要素である「情報構造，ドキュメンテーションおよび図記号」に関する国際規格の作成を統括する委員会である．

TC3に属する分科委員会は，SC3C：Graphical Symbols for Use on Equipment（装置用図記号），SC3D：Data Sets for Libraries（電子部品のデータ要素）があり，それぞれ親委員会であるTC3の戦略，運営方針と緊密な連携をもちながらIEC国際規格作成の作業を進めている（❷）．

なお，SC3A：Graphical Symbols for Diagram（図面用図記号）は1998年に，SC3B：Documentation（ドキュメンテーション）は2002年に分科委員会としてはそれぞれ廃止となり，現在，親委員会であるTC3によって，既存IEC国際規格の保守（メンテナンス：新規図記号の登録と，修正図記号の改定作業）が継続して行われている．

```
┌──────────────────────────────────────────┐
│ TC3（Technical Committee 3）:            │
│ Information structure, Documentation and │
│ Graphical Symbols                        │
│ （情報構造，ドキュメンテーションと図記号）│
└──────────────────────────────────────────┘
     ┌────────────────────────────────────┐
     │ SC3C：Graphical Symbols for Use on │
     │ Equipment                          │
     │ （装置用図記号）                   │
     └────────────────────────────────────┘
     ┌────────────────────────────────────┐
     │ SC3D：Data Sets for Libraries      │
     │ （電子部品のデータ要素）           │
     └────────────────────────────────────┘
```

❷TC3の組織

[SC3C：Graphical Symbols for Use on Equipment（装置用図記号）]

この分科委員会は，IECのすべての分野の電気（電子）機器の操作要素（スイッチ，ボタン，表示パネル，接続端子など）に表示する図記号（グラフィカルシンボル：graphical symbol）のIEC規格を統括して策定する分科委員会である．他のTC（専門委員会）/SC（分科委員会）がその分野の機器にかかわる図記号を規格化するには，SC3Cによる規格化の手続きを経なければならない．

SC3Cが扱う装置用図記号規格は，他の多くのIEC規格が電気・電子分野の技術的な基準として専門家を対象としているものであるのに対して，専門家が使う機器を含め，電気の知識をもたない一般の人びとが使う機器に表示する操作用図記号の標準化を扱うという点で特異な性格をもっている．ビデオの「再生」「早送り」や，さまざまな電気・電子機器の電池ケースの「バッテリーの極性表示」など，日常生活の身の周りにもさまざまな図記号を見ることができる．

図記号は，文字に代わる表現手法として，どのような言語の人にも，誰にでも容易に理解でき，高い識別性，速読性が求められると同時に，同一操作パネル上の表示の中で，あるいは関連する機器の表示との間にも，表現方法や内容の整合性が図られていなければならない．また，電気・電子機器（IEC）の分野のみならず，その他の分野（ISOなど）の図記号国際標準との連携と整合性（分野が異なっても互いに意味が通じること）も視野に入れたものでなければならない．

今後ますます情報化が進み，多様な機器の接続やシステム化による操作の複雑さが増し，製品の輸出入や人びととの交流が日常化する国際化社会に向かう中で，言葉を超えて操作の内容を的確に読み取ることができる図記号の役割は一層重要になってきている．

これらの図記号は，機器を使う人びとはもちろん，製品のデザインに携わる人びとにとっても，機器の操作の難易にかかわる大きな役割があるだけに，重要なデザイン要素であり，また，デザイナーにとって興味のある電気標準であると思われる．

[装置用図記号標準：IEC 60417]

この専門委員会が策定する規格は，IEC 60417-1，IEC 60417-2として2部に分かれた印刷物として改訂されながら発行されていた（後述）が，2002年10月に，IEC中央事務局（Central Office）のウェブサイトに電子版「IEC 60417-Graphical Symbols for Use on Equipment」データベースとして公開された（URLは，http://domino.iec.ch/iec60417/iec60417.nsf/welcome?OpenPage）で，この表紙（Open page）を見ることができるが，詳細内容まで見るには，ユーザIDとパスワードを必要とする．従来の紙の出版物としての規格の購入方法とは異なり，データベースの利用期間（3，6，12および24カ月）契約の使用料を支払うことで利用ライセンスが得られるしくみになっている）．

この規格の電子データベース化は，1998年に実施されたIEC 60417の構造改訂（後述）の折に，データベース構築を視野に入れて印刷用の図記号や文字原稿の電子化を図り，以来，規格内容整合化のチェック，データベース構造やフォーマットの工夫などを重ねた後，「電子データベース規格」の発行が実現した．

このことにより，規格を利用する人にとっては必要とする図記号がさまざまな方法で検索が容易になり，その利用価値が大幅に向上した．図記号の利用者だけ

第4章 | グローバルスタンダード－世界に合わせる

でなく，IEC組織として見ても，それまでの分厚い規格を印刷，郵送する費用，時間の大幅な削減と短縮が可能となり，また標準化作業に参画する各国のTC，SC委員にとっても，図記号の審議検討を行う作業の中で容易にネットワークが利用でき，分厚い紙のファイルと格闘する必要がなくなるなどの大きな革新をもたらした．

[電子データベース：IEC 60417の内容]

このデータベースは，約760件(2003年1月現在)に及ぶ図記号について，それぞれ，①図記号(図記号原図：Symbol original)，②規格番号(Registration number, Graphical symbol ID)，③名称(Title)，④適用製品分野(Field of application)，⑤説明(Description)，⑥補足(Notes)などが表記されている(❸)．必要とする図記号を検索するには，キーワード(Keyword)，主形状(Shape)，機能(Function)，適用機器(Application)，図記号番号(Symbol ID)，規格化発効日(Date of release)，状態(Status)などの分類ごとのプルダウンメニューから選択すれば容易に探し出すことが可能になっている(このデータベースには，すでに規格化された図記号の他に，専門委員会(TC)，分科委員会(SC)から規格化をめざして提案された審議中の図記号も掲載されてその過程状態が付記されており，いまだ規格化されていないことを表している)(❹)．

[図記号原図(Symbol original)]

規格化された図記号の一つ一つの内容は，前項の①〜⑥の項目で表されているが，その中心となる図記号そのものは「図記号原図(Symbol original)」と呼ばれ，四隅のコーナーマークと図記号の組合せで構成されている．これは，75mm角の基本パターン(❺)を使って

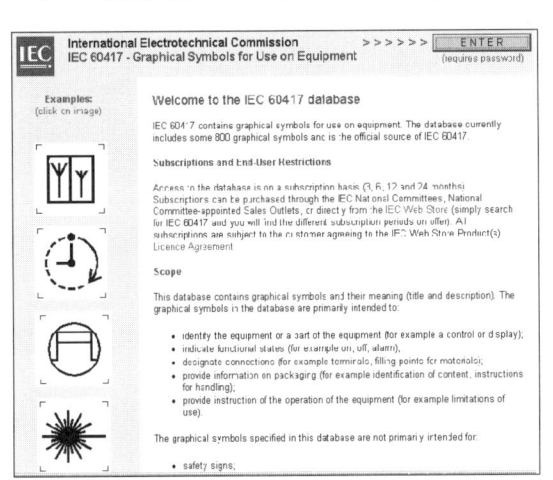

❸ IEC60417 Database Open page(一部)

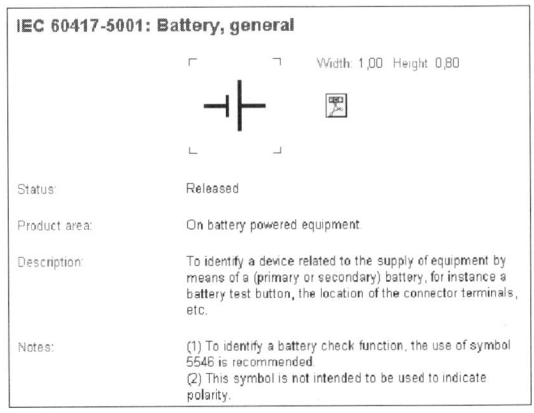

❹ 図記号の表記内容(一部)

作成された図記号([新しい図記号の創作]に詳述)に75mm角の四隅のコーナー位置を決めるいわゆる「トンボ」と一緒に描かれたものである．

この図記号原図のコーナーマークは，形状の異なる複数の図記号をほぼ同一の大きさとして扱うための基準(目安)としたり，同列に配置して表示するときの大きさや並びの位置関係を揃える役割をもっている．さまざまな形状をもつ図記号の大きさ感(ボリューム感)や，並びのバランスを取ることはなかなかむずかしいが，このIEC 60417規格に掲載されている図記号は，このような視点でチェックされているので，図記号原図のコーナーマークをそろえて並べれば，バランスを保った配列が可能なように配慮されている．

[図記号規格の制定手順]

新たにIEC 60417規格に追加を提案する図記号は，

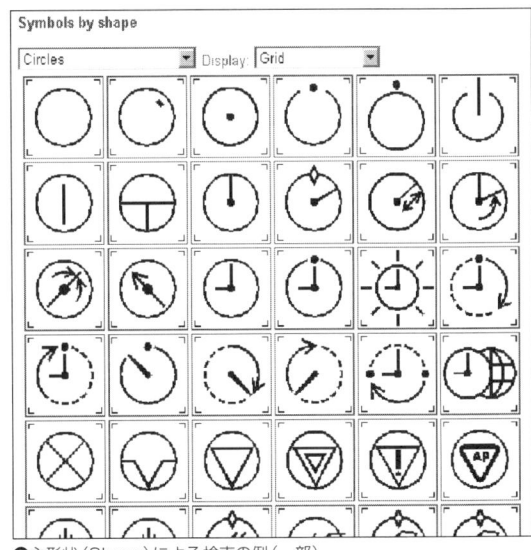

❺ 主形状(Shape)による検索の例(一部)

原則的にそれぞれの技術分野を扱う専門委員会(TC)，あるいは分科委員会(SC)が産業界の要請を汲みながら準備し，SC3Cに提案される．複数のTCに関連する図記号や，広い技術分野で共通に使用される図記号は，各国の委員会(National Committee)からSC3Cに提案することも可能である．このように提案(起案)された図記号がIEC国際規格に登録されるまでのSC3C分科委員会の中で，大きく次の二種類の手順で検討と審議，投票の手続きが行われる．

一つは，「Comprehensive Procedure(通常作業手順)」で，TCで起案された新規図記号について委員会で検討を行うための委員会文書(CD：Committee Draft)，この討議結果を各国委員会が投票する委員会投票文書(CDV：Committee Draft for Vote)，のそれぞれの段階で，委員会討議と意見文書提出，各国委員会の投票が行われ，最終国際規格化文書(FDIS：Final Draft for International Standard)に進み，この文書に対する投票で承認のための得票が得られればIEC国際規格化が成立する．

もう一つは「Fast Procedure(迅速手順)」である．ある技術分野を扱う専門委員会(TC)で，数個の図記号が含まれた独自の技術規格を標準化する審議を進めているケースでは，その専門委員会の技術規格化手順と並行して，SC3Cの図記号の審議をこの手順で迅速に処理する必要がある．あるいは，IEC 60417に規格化されている図記号の一部を修正する必要が出た場合でもこの簡略化した手順で短期間に迅速処理され，IEC国際規格化が図られる．

[インターネットを使った図記号規格化の審議]

標準化のための文書審議は，かつては，すべての図記号の審議が，「通常作業手順」に相当する手順で処理され，年に1回程度開催される国際会議で審議・承認されるのが唯一の公式の場であったため，ともすると新しい図記号が起案されてから規格化されるまでに長い年月がかかることが多かった．しかし，近年の産業界の急速な技術開発と製品の発展に対応して，迅速な処理が求められ，IEC全体の文書審議手順と各国の意見をまとめる手法は，迅速化の改良が次々に加えられている．

その一つは，インターネットを通じた「提案」「文書審議」「投票」である．各国の委員の間で通信を通じた意見交換と，その後の代表権をもつ各国委員会の投票(インターネットを通じた)を行う処理が認められるなど，迅速化はさらに加速されている．また，新たに分科委員会(SC3C)の中に「Maintenance Team(メンテナンスチーム)」「Advisory Panel(アドバイザリーパネル)」が各国委員の代表によって構成され，起案元のTC，SCとの連携や，簡便な意思統一などが可能になったことも，国際規格化審議の迅速化をめざして大きな役割を果たしている．

[新しい図記号の創作]

新規図記号の国際規格化を提案する場合，産業界がその図記号を必要としていることや，すでに規格化されたIEC 60417および他の関連国際規格の中に同じ(近似)図記号がないことなどが前提となるが，その他に，IEC 80416 Basic principles for graphical symbols for use on equipment(装置用図記号原則)規格に則った提案が必要である．

この規格は，ISO/TC145とIEC/TC3/SC3CによるISO/IEC JWG11(Joint Working Group)が作業した規格で，IEC 80416-1；Basic principle for graphical symbols for use on equipment(装置用図記号の基本原則)Part 1：Creation of symbol originals(図記号原図の創作)，ISO 80416-2；同Part 2：Form and use of arrows(矢印の形状と使用)および，IEC 80416-3；同Part 3：Guidelines for the application of graphical symbols(図記号適用のガイドライン)の3種の規格が発行され，ISOとIEC双方から発行されている(規格番号が同じシリーズでも頭の文字がIEC，ISOと異なるのは，共同で作成した規格をいずれかが主管することを表している)．さらにISO 80416-4；同Part 4：Supplementary guidelines for the adaptation of graphical symbols for use on screens and displays (icons) (スクリーン，ディスプレイに使われる図記号に関する補足的ガイドライン)の規格化がISO/IEC JWG11で継続して審議が進められており，近々新しいガイドラインとして発行される運びとなる．

このIEC 80416 Part 1には，装置用図記号を創作するときに必要な事柄が規定されている．その基本的なデザインのためのガイドは，単純な形状でその意味が容易にわかり覚えられること，一緒に使われる状況が考えられる図記号と明確な差があること，通常の技術で生産が容易であることなどが明記されている．さらに，作図のための技術的な指針が細かく規定されている(詳細は，原本を参照)．

その主なものを挙げると，①新規に描く図記号は，基本のパターン(Basic Pattern)❻を使って描くこと．この基本パターンは，50 mmの正方形(円形は，

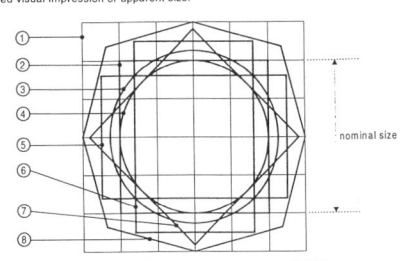

第4章 グローバルスタンダード―世界に合わせる

直径56.6mm)を基本の大きさとして,あらゆる図記号が同じ見かけの大きさ(ボリューム感)で描けるように工夫されたもので,円形や,多角形,複雑な形状も対応できるように考えられている,②図形の線の太さは2mmに規制されており,図記号の意味を明確にするために線の太さに差をつける必要がある場合のみ,4mmの太さの線を一緒に使うことが許されている,③線と線の間隔は,図記号の明瞭性を確保するために,最低,線の1.5倍に相当する隙間を空ける,④線と線が作る角度は,30°以上とする,⑤図形の中を塗りつぶす,いわゆるベタ面は,そのことが図記号の意味の内容を表す場合を除いて原則的に使用しない,⑥部品に表示された図記号が回転したときに,異なった方向から見てもその意味が誤って解釈されないように注意すべきこと,などである.

Part 2は,図記号の中に使われる「矢印」の形状分類と,その矢印形状の表す意味と使い分け方が規定されている.Part 3は,機器(装置)の操作部に図記号を表示するときのガイドを設定したもので,たとえば標準図記号を機器特有の実態に合わせてアレンジしてもよいことなどが表記されている.また,Part 4は,ディスプレイや,スクリーン上に図記号(アイコン)を使う場合,またはデザインを創作するときのガイドラインを表すべく現在審議が進められている.

[IEC 60417:旧バージョンに関する補足]

ここまで,紹介してきたIEC 60417は,前述の如く2002年10月にデータベースとして公開されるまでは,印刷物として発行されてきた.データベースの公開からまだ日が浅く,世の中にはまだ多くの紙ベースの規格が普及しているので,それまでのIEC 60417の規格についてその概要に触れておく.

1973年に初めて「IEC 417」(IEC 60417の旧規格番号)として発行されて以来,新しい図記号を規格に追加するごとに改訂版(Supplement)が発行され,IEC 417 Supplement A(1974),Supplement B(1975)…というように1997年のSupplement Pまで,同じ形式の改訂版として発行された(1997年,規格番号が「IEC 417」から「IEC 60417」に改定された).

この規格は,アルファベット順の図記号タイトル目次と図記号総覧,さらに一頁に一図記号の図記号原図で構成されていたため,新規格図記号が増えるに従って,次第にその総頁数が増加した.

1998年,それまで継続発行されてきた同形式の規格は,この規格を利用する人の使いやすさを考慮して2部構成の新しい構造に改定された.IEC 60417-1 Graphical symbols for use on equipment - Part 1:Overview and application(概観と摘要),同Part 2:Symbol originals(図記号原図)である.Part 1は,①アルファベットによる索引,②規格番号順による索引,③図記号の名称と説明,④主要な形状による分類,⑤機能による分類,⑥図記号が使用される機器の分野による分類例,で構成されている.Part 1は,この規格の利用者である設計者が,製品の操作に適切な図記号を容易に探し出し,内容を確認するためのもので,このようにさまざまなインデックスが用意されている.また,Part 2は,実際の製品の表示に使用するときに量産時の写真製版用版下として利用したり,自社独自の標準化のための加工がしやすいように,一頁に三つの図記号の原図(75mmの正方形を基本に描かれた原寸の図記号)が載っている.このPart 2は,逐次新規の図記号が標準化されたときに新しい頁のみ購入できるように一頁ごとに差し替えができる製本となっている(Part 1は,索引などの性格上,改訂されるごとに一冊全体を購入).

[中村祐二]

❻IEC 80416-1 ベーシックパターン

■文献
IEC 60417-1, 1998.
IEC 60417-2, 1998.
IEC 80416-1, 2001.
ISO 80416-2, 2001.
IEC 80416-3, 2002.
IEC 60417 database, 2003.
日本規格協会・IEC活動推進会議:IEC事業概要, 2002.

4|501　建物の安全を守る法の種類

建築物は，生産物として見るとさまざまな特徴をもっている．たとえば，規模が大きいこと，容易に移動ができないこと，長期間存在すること，などである．このような特徴を反映して，建築物に対しては何らかの社会的介入がなされるのが通常である．普通，この介入は規制という概念でとらえることができる．ここでは，まず建築規制の意味，目的を理解し，わが国ではどのような規制が行われているかを概観することとしよう．

■社会的に見た建物の特徴

建築規制の意味を考える前に，建築物の特徴をもう一度詳しく見てみよう．建築物の財産としての特性としてまず，土地に定着しているということが挙げられる．通常のものは持ち運んだり動かすことができるが，土地と建築物は動かすことがむずかしく，また唯一性があり同じものが二つと存在しない．このため，これらは不動産という特殊な財産として分類される．貨幣や物品のような動かすことができるものは，これに対して動産として分類される．次の特徴は大規模なことである．建築物は人間生活の入れ物となるものであるから，高さや面積など人間の目から見て大きなものとなる．人間が作り出すもので規模の大きなものとしては他には，橋梁やダムなどの大型土木工作物と船舶や旅客飛行機くらいなものであろう．ただ，建築がこれらのものと圧倒的に異なるのは，量的に非常に多いということである．都市であろうと農村であろうと，人間が居住し生活し生産活動に従事しているところには必ず建築物が存在する．さらに特徴的な点は，高価であるということである．建築物に使われている材料は木材や，コンクリートなど単位量で見ると比較的安価な材料が使われている．しかし，建築物は規模が大きいために総額としては高価になる．たとえば，住宅は普通の世帯が取得する品物としては最も高価なものであり，通常は即金で支払うよりは貯金などを頭金にして融資を受け，数十年の長期にわたって返済する．企業などの生産活動においても，工場や事務所の建設費は設備投資として大きな割合を占めるのが通例で，これも長期にわたって償却が行われる．最後の特徴は，長期間存続するということである．融資の返済や資産の償却が長期にわたって行うことができるのも，建築物がいったん建設されると耐用年数が来るまでは通常，数十年存続するという息の長い性質があるためである．

■建築規制の必要性

このような特徴を踏まえて，建築物を作るにあたって社会的介入あるいは社会的ルールの必要性について，考えてみよう．まず，大規模で土地に定着して容易に移動できず，さらに長期にわたって存続するという特徴から，建築物とその周辺との関係が，問題になる．たとえば，規模の大きな建物ができて隣地の日照が十分に取れなくなったり，危険物を扱ったり騒音を発生させる工場が隣地にできることで環境が悪化したりということが考えられる．この場合，同じような用途の建物が隣り合えば迷惑はお互い様ということになり，問題の発生は少ないが，異なった用途の建物が隣り合えばお互いが迷惑する．したがって，お隣どうしの建物がお互いに迷惑を及ぼし合わないようにルールを決め，これを守らせる必要が出てくる．また，このようなルールは隣の敷地どうしのみならず，敷地と道路や上下水道などの社会基盤との関係でも必要になる．道路がなかったり，狭い道路しかないようなところに百貨店のような多数の人が出入りする施設が建設されると，交通渋滞が発生し悪影響が広く及ぶ．さらに，上下水道の施設容量が建物内で発生する需要をまかないきれないとすると，新たな施設整備の負担が発生する．このような負担は発生原因者が負担すべきではあるが，必ずしも負担区分が明確でない場合は目に見えない形で社会全体の負担が増えることも考えられる．また，整備が行われないと火災が発生しても建築物へ消防隊が接近する時間がかかったり，不衛生な汚水が環境を汚染し疾病の発生を促したりすることで安全や衛生面で脅威となることがありうる．このように，敷地内で完結するはずの建築物の建設は，建築物の特性のために周辺へ何らかの影響を及ぼすことが避けられない．経済学的にいえば，本来コストとして明確化すべき要因が他に転嫁されることで悪影響を及ぼす外部不経済の問題として整理される．このような，外部への悪影響をコントロールするために規制が必要とされる．

一方，建築に対する規制には建物自体の安全性に関することも多い．この場合は，情報の非対称性という考え方で説明される．建物は現場で一つだけ独自に作られることから，同じものが二つと存在しない．しかも，建築には多様な技術や経験を必要とするため，建築主と請け負った施工者との間では必ずしも同様な知識情報が共有されるわけではない．片方が品物を見極める力がなく，もう片方がいろいろな情報をもってい

ると取引が公正に行われない場合が多分に出てくる．簡単にいえば，一方がだまされやすい関係があるということである．さらに，建築物の場合は，建築主が別の第三者に建物を譲渡したり，あるいは多数の第三者に建物を利用させたりする場合が多く発生する．そのような第三者にとって購入したり利用したりする建物が，購入価値に見合うものか，あるいは安全性が確保されているか，といったことを見極めることはきわめてむずかしい．一方，このような困難に対して契約による約束で担保することも一つの解決方法であるが，たとえ契約による責任関係が明確であっても，人身事故や建築物の損傷の高価性（建築物の損傷の修復には高額の費用がかかるため，責任者の賠償能力を超えることが往々にしてありうるし，人身事故の場合は正確にいえば人命や身体能力の損失は金銭による賠償では対応は不可能である）があることや長期にわたって建築物が存続することで責任関係や因果関係が不明確になりやすいことから，契約だけに任すのではなく社会的ルールとして安全性などを確保するために制限を課す必要が出てくる．建物の安全・衛生に関する規制は火災や，事故の発生，疾病の流行などが背景にあって，これらによる災禍が社会的に許容できないことから導入されているケースが多い．

さらに，安全などに関連した建築物の敷地・構造・設備に関する規制，特定の用途の建築物について立地条件や構造などを規制するもののほか，建築物を建設するときに影響を与えるという広い意味での建築規制の種類には，次のようなものがある．特定の業種に関連して営業許可の条件として，構造や設備に制限を設けるもの，危険物の取り扱いに関して建物の位置，構造や設備についての規制，上下水道や給水，電気，ガスなど建築内に配置される建築設備に関するもの，農地や自然環境，景観の保全などに関する土地利用・公害対策上の規制，といったものが挙げられる．さらに，純粋の規制とはいいがたいが，たとえば住宅を建設する際の融資，税制，補助などの助成措置の条件として要求される事項は，それを守らなければ恩典を受けられないという点で擬似的な規制関係がある．また，このほかに契約や隣地どうしがお互いに守らなければならない一般的なルールなど民法その他の法令で規定された権利義務関係の規定についても，守らない場合は民事訴訟の対象となりうるという点が通常の規制とは異なるが，広い意味での社会的約束事といえる．建築物の設計を行う場合は，これらの広い意味での法的な制約にすべて応える必要があるので，設計者は設計の準備段階から制約条件を洗い出し，十分に吟味をしておくことが求められる．

■建築規制の手続きと基準

ここでは，このような広い意味での建築規制全体を扱うことはできないので，狭い意味での建築規制であり，基本的な規制でもある建築基準法にもとづく建築規制についてさらに見ていくことにしよう．建築基準法では，建築を行う者は，建築を行う前にその計画を事前に審査する建築確認を受けなければ着工することができない．この場合，建築物によっては確認手続きの一環として消防部局の同意を得たり，保健所への通知が行われる．また，建築士でなければ設計できない建築物については，確認申請に提出される計画は建築士が作成したものでなければならない．次に，建築が完了した場合は完了検査申請を行い検査を受ける必要があるほか，場合によっては工事途中での中間検査を受けなければならない場合もある．建築確認を申請する相手は，特定行政庁と呼ばれる都道府県または市町村の建築主事，または民間の建築確認検査機関である．特定行政庁の場合は建築敷地のある場所によって一義的に決まり，その敷地のある市町村が特定行政庁であればその市町村，その市町村が特定行政庁でなければその敷地のある都道府県が特定行政庁となる．なお，すべての都道府県と人口が25万人以上の市および東京都の23特別区は特定行政庁であるが，人口が25万人未満の市町村でも特定行政庁である場合がある．民間の建築確認検査機関の場合は，敷地のある場所を業務区域としているところであればどこに申請してもかまわない．中間検査は，特定行政庁が指定した工程について行うもので，この検査を受けなければ次の工程に移ることができない．したがって，中間検査の指定の有無は特定行政庁ごとに確認する必要がある．

建築確認にあたっては，計画内容が適切かどうかを参照すべき基準が必要であるが，その基準は建築基準法で示されているもののほか，他法令であっても参照とすべき基準が特定されており，それらとの適合性が審査される．これらの建築基準法以外で確認の対象となる基準は，以下の法律にもとづき規定された建築物の敷地，構造または建築設備に関する基準である．

・消防法第9条，第15条及び第17条（火気使用設備の基準，映写室の構造設備の基準，消防用設備の基準）

- 屋外広告物法第6条(広告物掲出物件の設置制限)
- 港湾法第40条第1項(港湾区域での建築制限)
- 高圧ガス保安法第24条(家庭用設備の技術基準)
- ガス事業法第40条の4(消費機器の技術基準)
- 駐車場法第20条(建築物における駐車場の付置)
- 水道法第16条(給水装置の構造及び材質の基準)
- 下水道法第10条第1項及び第3項並びに第30条第1項(排水設備の設置と構造,特定排水施設の構造)
- 宅地造成等規制法第8条第1項(宅地造成工事の許可の有無)
- 流通業務市街地の整備に関する法律第5条第1項(流通業務地区内の建築制限)
- 液化石油ガスの保安の確保及び取引の適正化に関する法律第38条の2(供給設備又は消費設備の技術基準)・
- 都市計画法第29条,第35条の2第1項,第41条第2項,第42条,第43条第1項,第53条第1項等(都市計画制限における建築制限)
- 特定空港周辺航空機騒音対策特別措置法第5条第1項から3項まで(航空機騒音障害防止区域等での建築制限)
- 自転車の安全利用の促進及び自転車等の駐車対策の総合的推進に関する法律第5条第4項(自転車等駐車場の設置)

■建築基準法の概略

　建築基準法の構成は,全体で7章からなり,第1章は確認や検査の手続きを定めた総則,第2章は単体規定と呼ばれる建築物自体の敷地,構造,設備に関する規定,第3章は集団規定と呼ばれる,建築物の用途に伴う制限や敷地と道路の関係に関する規定,第4章は地権者などが協定を結ぶことで環境保全などを図る制度である建築協定に関する規定,第5章は建築審査会,第6章は雑則,第7章は罰則について規定している.

　単体規定の基準は,主に防火に関する事項として建築物の構造に関する制限,屋根,外壁,内装に関する制限,構造耐力に関する事項として構造方法と構造計算の基準,採光や換気,遮音,便所など衛生に関する事項,避雷,昇降機,避難,給排水などの配管などに関する設備に関する事項,天井の高さや階段の構造など日常生活の安全性に関する事項,建築材料の品質に関する事項などが定められている.なお,これらの技術基準は,法律,政令(建築基準法施行令),告示により構成されているが,さらに地方公共団体は必要な場合,条例で制限を付加することができる.

　集団規定の基準には,建築敷地と道路との関係に関する事項,都市計画で決定される用途地域などに応じた建築の制限,容積率や建ぺい率で代表される建築物の規模と敷地との関係に関する制限,建築物各部の高さの制限,防火地域などでの建築の制限,地区計画などでの建築の制限などがあり,これらの基準も法律,政令,または地方公共団体の条例により構成される.

　これらの基準は,法令の形式にのっとって構成されるため,残念ながら読みこなすためには若干の訓練を必要とする.たとえば,法文の書き方では解釈が曖昧になるのを防ぎ,できるだけ厳密に書き分けるための言葉の用い方が決められており,そのような使い方を読み取る側も覚える必要がある.また,法文特有の長い言い回しや,一つの条文の中で,他の条文や政令,告示という別の法令が頻繁に参照されるといった書き方が用いられるので,全体を理解するには法令集のあちこちを見るということが必要になる.こういったことは,ある程度慣れが必要であるが,一方,現在は関連条文を一つにまとめて図解するといった解説書などが多数出版されているので,そういった参考資料を活用することも,建築物に課せられた制限を理解する上では必要である.また,建築物の設計にあたっては,敷地のある地域の条例でどのような制限が付加されているかを確認する必要があるが,他にも地方公共団体独自で紛争予防や景観への配慮に関する条例や,行政指導の要綱を定めている場合があるので,それらの条件を把握しておくことも重要である.

　建築に関する基準は,計画の段階での確認,工事完了段階での検査により適合しているかどうかを審査されるわけであるが,建築規制は,建築物が本来一定の安全性などを維持できるように制限を加えるという性格をもつ以上,完了検査を終えた後も,建築主や管理者は建築物を適切な状態に維持し,常に適法な状態に保っていく義務を負っている.このために,建築基準法では建築物の所有者や管理者に維持管理の努力義務を課すとともに,特定行政庁が指定する一定の建築物については,所有者や管理者が定期的に建築物を調査あるいは検査して,その結果を特定行政庁に報告することを求めている(❶).

　このように建築に関する基準は,建築物が存在する限り満たすことが求められるわけであるが,建築物は長期にわたって存在するため,場合によっては基準自

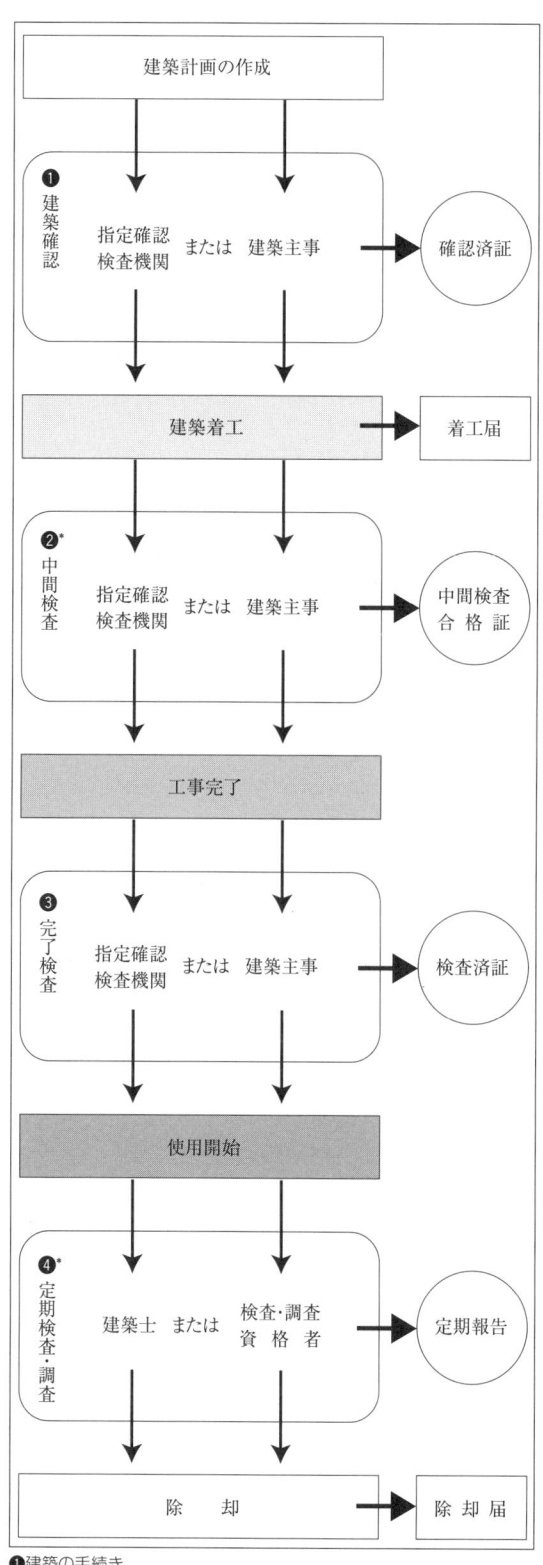

第5章 建物の安全を守るために

身が変化するということが起こる．このため，適用除外についての規定も置かれている．建築基準法の適用が除外されるのは，文化財のように文化的価値の保存といった観点から指定される建築物と，既存不適格建築物と呼ばれる建築当時には適法であった建築物である．後者の場合，基準が変更になっても新たな基準に適合させるために建物に手を加える必要はないが，大規模な増改築や修繕，模様替えを行う際には，新たな基準に適合させることを求められる．なお，地震強度に関する現行基準に適合していない建築物については，阪神淡路大震災での教訓から地震に対する強度が適切でない恐れが強いため，別途「建築物の耐震改修の促進に関する法律」により耐震診断，耐震改修が進められている．

以上が，わが国の建築規制の概略であるが，このうち各種の基準については社会経済的な変化にもとづく要求水準の推移や新たな知見の蓄積という両面から社会的ルールのあり方として常に見直しが行われている．さらに，他の先進諸国では，わが国のような防火，構造耐力，衛生といった項目のほか，環境，省エネルギー，高齢者・障害者対応といった項目について制限を行っている国も多い．日本の場合，これらの項目は比較的新たな課題であり，規制として制限することよりもむしろ，基準を示し誘導助成策を講ずることで社会的に定着を図るというアプローチがとられている．しかしながら，現在の誘導的基準がある程度定着してきたり，社会的必要性が高まったりすれば，規制として要求するかどうかについての判断が求められることになると考えられる．

たとえば，高齢者・障害者に対応した建築物の整備においては車いすが通れるようなバリアフリー化が求められているが，法制的には平成4年に「高齢者・障害者等が円滑に利用できる特定建築物の建築の促進に関する法律」（通称ハートビル法）が制定され，一般公衆の使用する建築物（特定建築物）における通路の幅や，斜路の設置などを行うための誘導基準が示されている．さらに2002（平成14）年の法改正では一部の基準の義務づけが導入される予定である．このように，社会的要請に応じて，誘導から義務づけへと法規制は変化するわけであり，建築の設計に携わる者には，建築物が長期にわたって社会に存在することを念頭に置いて将来の社会的要請を読み取っていくという先見性をもつことが求められる．

［小川富由］

❶建築の手続き
注）＊は特定行政庁が指定した建築物に限って対象となる．

4│502　建物の安全を守る法の変遷

■建築規制の歴史－欧米

　建築に関する社会的規制は，人間が集団で居住し生活するという都市生活を行うようになると必然的に発生する．人類最古の法令といわれるメソポタミアのハムラビ法典にも，建築技術者と依頼人の関係が明確に規定されており，たとえば「建築工事が堅固でなくて，家が倒壊し，その持ち主を死に至らしめた場合は，その建築業者を死刑に処する」とか「建築工事が堅固でなくて，財産を損壊した場合は．その建築業者は，すべて修復しなくてはならない」という応報的規定で建築業者の安全確保，財産確保義務を明らかにしている．

　ローマ時代になると，ローマ帝国が領土を広げローマが大都市となるにつれ建築関係の規定が設けられるようになった．アウグストゥス帝の時代には，防災上などの問題から建築物の高さを制限し，7階以上の建築物を禁止する法律が出されている．またこのほかにも，採光，窓，排水などの規定などが設けられていたと伝えられている．

　西欧での近代的な建築法規の出発点は，1666年のロンドン大火といわれており，防火規定の強化や行政による検査，監督の制度が充実することとなった．この後，産業革命の進展とそれによる都市への人口流入が，劣悪な居住環境や衛生状態などの広範な都市問題を引き起こしたことから，これらへの対応も含めイギリスの建築法が発達した．また，産業革命と都市化が他の西欧諸国でも進展する19世紀には，同様に各国で建築に対する規制が明確化していく．

　アメリカの場合は，建国時から連邦政府と各州の権限の分離は徹底しており，建築法は各州の権限とされ，具体的には各市町村が建築条令を採択し，建築主事を任命することで建築規制を行っている．しかしながら，隣接する市町村で建築基準が大きく異なることは，日常の建築生産活動に大きな支障になることから，地域的に共通性のある市町村が共同で共通の建築基準を作るべく基準作成団体が組織されている．現在は，西部，中西部を中心とした国際主事会議(ICBO)，東部を中心としたアメリカ建築主事協議会(BOCA)，南部を中心とした南部建築法同盟(SBCC)が基準策定団体として，それぞれの基準を策定しているほか，全米防火協会(NFPA)などの特定の業界団体が特定の分野の基準を策定公表している．

■建築規制の歴史－日本

　わが国の建築規制関係法令の歴史を見ると，たとえば701(大宝1)年の大宝律令では邸宅での楼閣建設の禁止規定があり，これが現存する最古の建築法規だといわれている．このほか，その後の時代には住宅の格式との関係で宅地の規模や家門の設置に関する規定などが散見されるようになる．建築規制に関する具体的な記録が多くなるのは，各地での都市形成が本格化した江戸時代からで，その規制内容は大別すると，封建的身分差別からくる格式によるもの，倹約を勧めるため奢侈贅沢の制限からくるもの，そして防火に関するものに分けられる．防火については，火事と喧嘩は江戸の花と歌われたように，木造家屋の密集状態で都市化した江戸の町は，1657(明暦3)年の振り袖火事など度重なる大火が多数の人命と財産の消失を招いたため，防火対策が社会的要求として求められたが，これにならって防火対策が各地の城下町にも波及した．制限の内容としては，屋根葺き材の制限，土蔵造り，塗屋(ぬりや)造りの奨励，広小路などの防火帯の設置，などが挙げられる．なお，余談ではあるが，度重なる大火においても，家屋の基本構造を木造とする点は変更がされなかった．これは，ロンドン大火後に木造建築から石造建築への転換が進められた英国のケースと大きな違いがある．この理由は，木材資源の再生産能力がわが国の場合格段に高かったことによるといわれている．メソポタミアなど多くの世界文明が森林資源の枯渇により衰亡を余儀なくされたことと異なり，夏場に高温多雨の気候をもつわが国の場合，木材資源は，多少の都市火災での木材需要の高騰を支えうるだけの恵まれた環境にあったということである．むしろ，鎖国状況の中での大火は，再建需要を刺激することで，経済を活性化させていたとの説もあるようである．まさに，経済の面でも火事は江戸の華であったわけである．

　明治時代に入ると，欧米に追いつく近代化が大きな課題となってくる．資本の蓄積を進める上では都市大火は大きな脅威となるし，都市構造も欧米のような社会資本の整ったものとしなければならない．その要請が建築規制面でも現れてくる．わが国の近代法制としての建築規制は1919(大正8)年の市街地建築物法の成立まで待つことになるが，明治時代には，府県レベルでの建築規制の試みが行われる．1873(明治5)年の銀座レンガ街計画，1881(明治14)年の一定の道路や運河に面した建築物の屋根を防火材料で覆うことを命じた防火路線屋上制限の東京府達，1888(明治21)年には，用途地域，道路，運河，橋梁などの計画を定め都市改造事業を行うという，わが国初の都市計画法制で

ある東京市区改正条例制定などが行われ，また，東京以外でも行政機構や，体系が整えられる中で，衛生，防火などの取り締まりを行う規則が制定されている．1886(明治19)年には大阪，神奈川，兵庫，長崎，滋賀の5府県において長屋の衛生対策を中心にした建築規則が制定され，明治の終わり頃までには約20の府県においてこの種の規則が制定された．また，明治の後期には，長屋のみならず建築物全体を対象とする建築規制を制定するところも現れ，1909(明治42)年大阪府の建築取締規則(全88条)，1912(明治45)年兵庫県の建築取締規則(全58条)が制定されている．

このような建築規制体系のもとで近代化は押し進められたが，近代化の問題は都市問題として具現化する．明治も末年に至ると全国的な対応が必要となってきた．このため，政府は国家法制としての都市対策に着手する．具体的には，計画区域の設定，交通体系の整備，建築制限，公共施設の整備，計画に関する法制と財源の整備であり，その結果制定されたのが都市計画法および市街地建築物法である．市街地建築物法は，都市計画法の姉妹法として，都市計画法の適用を受ける地域に建築される建築物の建築を制限する内容をもっていた．そのため，当初は，東京市，京都市，大阪市，横浜市，神戸市，名古屋市にのみ適用された．制限内容としては，住居・商業・工業の用途地域制度，道路と敷地の境界を定める建築線制度，建築物の高さ制限，敷地の空地率制限，建築物の構造，設備，敷地などに関する規定，防火地区制度，美観地区制度，保安上，衛生上危険または有害な建築物についての除却などの措置命令，その他罰則，訴訟などの規定，からなっていた．このうち，建築物の構造，設備，防火などに関する具体的基準は市街地建築物法施行規則で与えられた．法の所管は内務省とされ，法の実施は各府県の警察機構が行うこととされた．このため，都市計画法の適用を受ける都市のある府県の警察部局には建築課が設置され，建築物法担当職員として建築監督官と建築監督官補が置かれた．また制限の適合に関する判断は行政側の裁量を認める認可制度であり，行政の関与は強権的であった．

市街地建築物法の適用都市は，都市計画法の適用範囲とともに拡大していった．一方，1923(大正13)年の関東大震災，1934(昭和9)年の室戸台風などの災害の教訓も得て建築物の具体的な制限規定の見直しの検討もされていったが，昭和恐慌，さらに大陸への進出による戦雲のたれこめる中で，建築規制はむしろ戦時体制下での制限を受けるようになっていった．

■建築基準法の登場

戦後，憲法が改正され，新たな国家体制がスタートする中で建築行政についても新たな枠組みが求められるようになった．

1950(昭和25)年に制定された建築基準法が市街地建築物法と大きく異なる点は，適用地域と執行方法である．適用は日本全国すべての建築物を対象とするようになり，執行方法では憲法で保証された財産権を保証するため，行政側の恣意性が強い認可ではなく客観的基準に適合していれば認める確認という手法がとられた．併せて，同年建築士法が制定され，建築設計に従事する人の資格が法的に定められた．

建築基準法制定当時の建築事情は建築確認申請の状況を見ると，9割が木造であり，現在の状況と大きく異なっている．戦災復興から経済の高度成長が始まり，人口の都市部への集中が再び急速に始まり市街地の拡大が進んだ．それに応じて建築を取り巻く環境も変化し，さらに都市災害や自然災害の経験から規定の見直しが行われてきている．

市街化が進み，大型の建築物が建設されたり，複合した用途の建築物が現れたりすると，火災の被害も新たなものが見られるようになった．このため，昭和30年代から40年代にかけて防火規定の強化が行われている．また，構造規定については，第二次世界大戦直後の福井地震以降，新潟地震，十勝沖地震，宮城沖地震などの地震被害が検証され構造規定の強化が1981(昭和56)年に行われた．さらに，昭和60年代から平成に入ると，海外からの目にもさらされ，規制の合理化が行われるようになった．たとえば，耐火規定の合理化，さらに，1998(平成10)年には仕様規定に加えて性能規定が導入された．

次に，建築規制執行体制の変遷を見ると建築行政の現場を預かる特定行政庁が増加し，現在では300を超す市町村で業務が行われ，建築行政はより住民に身近な行政となってきている．また1998年の改正で民間確認検査機関の導入，さらに地方分権による機関委任事務から自治事務化が進められている． 〔小川富由〕

■文献

大橋雄二：日本建築構造基準変遷史，日本建築センター，1993．
建設省住宅局建築指導課監修：図解建築法規，新日本法規出版．

4|503 建物の安全を守る法とデザイン

■建築規制とデザイン

　建物の安全性にかかわる法的要求のうちデザインにかかわる部分がどの程度あるかについては，デザインの扱う範囲によって異なるので一概には決めることはできない．これまで見てきたように，建物に対する法的要求は近隣に対する迷惑を防止したり，都市基盤に過度のあるいは集中的な負荷をかけるようなことを防止し，調和のとれた都市環境を実現するためのルールである集団規定と，建物単体の安全性などを実現するために課せられる単体規定とに分けられるが，デザインという点では建物の規模や高さ，位置などを決めるにあたって影響力のあるのは集団規定の方である．

　しかしながら，単体規定についてもデザインと関連する場合がある．たとえば，構造に関する規定は構造体についてのものなので，建物の内装あるいは外装で覆われてしまえばデザイン上は見えなくなるわけであるが，構造体として必要な柱や壁までをなくしてしまうわけにはいかないので，このような構造上の要求とデザインとをうまく調和させる必要がある．また，衛生の観点からは採光や換気のために窓など開口部の確保が課せられる場合があり，窓の設置という形でデザインに対し影響がある．また，廊下の幅や階段の構造を規定する日常安全に対する要求では，デザイン上の配慮も必要となる．さらに，設備については，現代の建築で空調設備が必須のものとなっているほか，照明，あるいは最近では情報系の設備も建物の中で準備する必要が生じている．

■防火に関する規制

　このように，単体規定であっても一定のデザインとの調和は要求されるわけであるが，中でも防火に関する規定は，建築物の計画や内装，外装に関連することから，比較的デザインに対する影響は大きい．ここでは，とくに，防火関係規定について解説しよう．

　なお，紙数の関係上ここでは防火に関する規制内容を概観することになるが，実際の設計にあたっては，建築物の用途，規模，階数，都市計画制限など多数の条件を考慮しながら法的要求条件を確定し，それとデザインなどの設計結果と比較することでデザインの適否を判定していくことになる．実は，このような作業を支援するための法令集や解説書は多数出版されており，実務においてはそのような支援図書を活用することが必要である．さらに，規制は社会ルールであり時代時代によって変化することの方が普通である．規制であるから，そう頻繁に猫の目のように変わるというわけではないが，研究や技術開発あるいは事故などの教訓をもとに常に見直されている．したがって，デザインに携わる人びとは，職能者の義務として，常に最新の状況を熟知していることが求められることを忘れてはならない．

　防火の規定はいくつかの分野に分かれるが，それらを個別に見ていく前に，まず防火規定が何を目的として定められているかを見てみよう．防火規定で要求している目的は以下の5項目である．
　①火災抑制
　②避難
　③構造安全性
　④消防活動支援
　⑤延焼防止

　火災抑制とは，火災の拡大を抑制することである．火災は，落雷や山火事のように自然発生する場合もあるが，過失や事故で人為的に発生する場合が圧倒的に多い．また，このような過失，事故による火災発生を少なくすることはできても，根絶することはきわめてむずかしい．したがって，ある確率で火事が発生することはやむを得ないとしても，その火事が発生したところから建物内の別のところへ燃え広がらないように抑制するための措置が必要となる．火事の発生メカニズムを見ると，最初壁などに沿って燃え上がり，天井に燃え広がるが，その過程で建材から出た可燃性のガスが室内にたまり，一定時間がたってガスに引火すると，爆発的に燃え広がる．そのような状態（フラッシュオーバー）が引き起こされると，火災の規模は拡大し，管理者などによる初期の消火活動では対応が困難になる．このため，とくに，火気を使用するところや，不特定多数の人びとが滞留するような用途の部屋では，一定時間火災が燃え広がらないよう建物の側で，たとえば内装に使われる材料に燃えにくいものを使うなどの対応が求められている．

　避難は，火災が発生したとき，建物内にいる人びとが速やかに，かつ安全に，安全な場所へ避難できることを確保するものである．火災発生時には，火炎よりも先に有毒性をもった煙が建物内に充満する．このため，在館者にとって避難が遅れると，煙に巻かれ，避難路を見つけにくくなるとともに，有毒ガスによる身体機能の低下をきたし避難行動ができなくなってしまうおそれがある．さらに，避難の場合，煙や火炎に直接触れる前に，心理的パニックを起こし避難路へ殺到

することで，転倒，将棋倒しなどの二次災害を起こす可能性もある．このため，避難行動を容易にかつ円滑に行えるよう，非常口の配置や階段の配置，階段までの距離などが規制されている．

構造安全性は，建物が火災により容易に倒壊することを防止することで，これには在館者の避難や消防活動を確保するという意味のほか，財産としての建築物の保全や，倒壊することにより隣地の建築物などに害を与えることの防止を目的としている．とくに，規模の大きな，あるいは階数の多い高い建築物や，不特定多数の人びとが集まる建築物では，建築物そのものが耐火建築物と呼ばれる火災に対して十分な耐力をもつ建築物とすることが求められている．

消防活動支援は，消防隊による組織的消火活動が行われる段階へと移行する際，消防隊が円滑に消火活動を遂行しうるように，建物の側で支援措置を講ずることを求めるものであり，具体的には非常用進入口の設置や表示，非常用エレベーターの設置などが求められている．

以上は，建築物で火災が発生したとき在館者や周辺，さらには消火に駆けつけた消防隊に悪い影響を与えないようにするための措置，すなわち加害防止を目的とした措置であるが，延焼防止は，それとは観点を異にしている．延焼防止は，市街地火災の防止を念頭に置いたものである．火災の中で恐ろしいのは，複数の建物が火災になり，火災が面的に燃え広がる市街地大火と呼ばれる状況になることである．延焼防止措置とは，このような燃え広がりを防ぐため，建物の屋根や隣の敷地からの距離が一定以内の部分に対して火災の燃え移りを防ぐような一定の措置を求めることであり，江戸時代の瓦葺きや土蔵造りの義務づけと同じ脈絡にある，受害防止措置といえる．

■防火規定の内容

このように防火の規定が置かれている目的はいろいろであるが，現行の規定は，これらいくつかの目的を一緒に実現できるような措置を建築物の計画や構造方法として求めている．そのため，具体的な要求内容を見るとき，現行規定の仕様的な要求から見ていく方が理解しやすいと思われる．

[防耐火構造・材料]

最初に，防火規定を見ていくとき必要ないくつかの分類を説明しておいた方が理解しやすい．建築物の耐火性を見ていくと，建築物全体で判断する場合と，建築物の柱や，梁といった建築物のある部分で判断する場合，そして柱や梁を作っている材料で判断する場合というふうにレベルを細かく見ていく場合がある．このため，耐火性に関して使われる定義として材料から，建築物まで分類がされている．実際の規制は，材料の使用方法や，建物の部分がもつべき性質について，これらの材料，構造，建物全体がもつべき性質を規定することで行われる場合が多い．

まず，材料については不燃材料，準不燃材料，難燃材料の分類がされている．不燃材料とは，コンクリート，レンガ，瓦，鉄鋼，ガラス，モルタル，漆喰(しっくい)などの火災温度では燃焼しない材料であり，準不燃材料は石膏ボードのような不燃材料に準ずる性能をもつ材料，難燃材料は炎をあげて燃えるといったことのない燃えにくい材料である．これらについては，例示されたもののほかそれぞれの分類に応じた試験方法が示されており，その試験に合格した材料であれば不燃材料などとして使用することができる．

次に，建物の部分の内火災に対して重要な意味をもつ部分である屋根，天井，梁，柱，床，階段の部分(主要構造部)についての分類は耐火構造，準耐火構造，防火構造の分類がある．耐火構造とは，鉄筋コンクリート構造，レンガ造などの構造で用いられる部位に応じて，30分から3時間の指定された時間，加熱試験に耐えることができるものをいい，準耐火構造は，耐火構造ほどの耐用時間はもたないものの，部位に応じて30分から45分の間加熱試験に耐えることができる構造とされている．防火構造は，外部からの火炎をある程度防ぐことのできる構造で，鉄網モルタル塗や漆喰塗によるものである．これらについても，試験方法が定められている．なお，開口部についても甲種または乙種防火戸の規定が設けられている．

さらに，建築物全体については耐火建築物，準耐火建築物の分類がある．耐火建築物とは，鉄筋コンクリート構造の建築物のように主要構造部が耐火性能を有しており開口部についても防火上の措置がなされている建築物をいい，準耐火建築物は主要構造部が準耐火構造で構成されるなど耐火性能に準ずる性能を有する建築物である．

[構造制限]

建築基準法では，一定規模以上の建築物や不特定多数の人びとが使用するような特殊用途の建築物については，耐火建築物などであることや，建築物の一部を防火構造などにすることを求めている．これは主に火

	用　　途	耐火建築物としなければならない場合	耐火建築物または簡易耐火建築物としなければならない場合
①	劇場，映画館，演技場，観覧場，公会堂，集会場	$F≧3$ または $A≧200\,m^2$（客席部分）（屋外観覧席については1,000 m²）または，劇場，映画館，演技場で主階が1階にないもの	
②	病院，診療所（患者の収容施設があるものに限る），ホテル，旅館，下宿，共同住宅，寄宿舎，児童福祉施設など．注1)	$F≧3$	$A≧300\,m^2$（2階部分について）病院，診療所については2階に患者の収容施設がある場合のみ
③	学校，体育館，博物館，美術館，図書館，ボーリング場，スキー場，スケート場，水泳場，スポーツ練習場	$F≧3$	$A≧2,000\,m^2$
④	百貨店，マーケット，展示場，キャバレー，カフェ，ナイトクラブ，バー，ダンスホール，遊技場，公衆浴場，待合，料理店，飲食店，物品販売業を含む店舗（>10 m²）	$F≧3$ または $A≧3,000\,m^2$	$A≧500\,m^2$（2階部分について）
⑤	倉庫	$A≧200\,m^2$（3階以上の部分について）	$A≧1,500\,m^2$
⑥	自動車車庫，自動車修理工場，映画スタジオ，テレビスタジオ	$F≧3$	$A≧150\,m^2$
⑦	建築基準法施行令116条の表の数量以上の危険物の貯蔵場または処理場		全　部

❶特殊建築物の構造制限
(注) 1．児童福祉施設などとは，児童福祉施設，助産所，身体障害者更正援護施設（一部例外あり），精神障害者社会復帰施設，保護施設（一部例外あり），婦人保護施設，精神薄弱者援護施設，老人福祉施設，有料老人ホーム，母子保護施設の総称である．
　　 2．Fは当該用途に供する階を表す．Aは当該用途に供する部分の床面積を表す．

災の抑制，避難の確保，火災時の構造安全性，延焼の防止をねらったものである．

たとえば，高さ13 m，または軒高が9 mを超える建物あるいは延べ面積が3,000 m²を超える建築物は耐火建築物でなければならない．また，劇場や病院，学校，百貨店などの建築物については，それぞれの用途に応じて一定の規模以上である場合は耐火建築物あるいは準耐火建築物としなければならない．

また，延べ面積（同一敷地内に2以上の木造建築物がある場合にはその延べ面積の合計）が1,000 m²を超える大規模な木造の建築物や学校，病院などの特殊建築物で木造のものについては外壁や軒裏を防火構造としたり，屋根を火の粉による火災の発生を防止できる性能をもたせなければならない．さらに，窓その他の開口部がない居室（居住，作業などに継続的に使用する部屋）を区画する主要構造部は，防火構造とするか不燃材料で作る必要がある（❶）．

[防火区画]

火災が発生したときにその拡大を抑制，防止するための手法として防火区画という考え方が取り入れられている．これは，建物内の空間を一定規模のブロックで区画し，区画の部分に耐火性のある構造，材料を使用することで火災をそのブロック内に封じ込めることで，火災の拡大抑制，避難の確保，構造安全性の確保などを図るものである．区画には，大規模木造建築物などを区画する場合（防火壁），同一階で水平的に空間を区画する場合（面積区画）と，階段やエレベーター，吹き抜け空間を区画する場合のように垂直的に空間を区画する場合（たて穴区画）とがある．

防火壁は，大規模木造建築物などを対象とし床面積1,000 m²以内ごとに設けなければならない．区画は自立する耐火構造の壁および甲種防火戸で区画する．面積区画の場合は，耐火建築物（主要構造部を耐火構造とした建築物），準耐火建築物については，原則としてそれぞれ1,500 m²以内を耐火構造または1時間の耐火性能がある準耐火構造の床および壁で，開口部は甲種防火戸で区画しなければならないが，この場合建築物の階数，内装の状況，用途，スプリンクラー設備の有無などによって，制限の内容が変化する．たて穴区画は，主要構造部を耐火構造または準耐火構造とし，

かつ，地階または3階以上に居室がある建築物の場合に，吹き抜け，階段，エレベーター昇降路，ダクトスペースなどの垂直に空間がつながる部分を区画するもので，原則として耐火構造，準耐火構造の床・壁および甲種・乙種防火戸で区画しなければならない．

これらの区画の場合，一般的な開口部のほかに設備の配管や風道が壁や床などの区画部分を貫通することになるので，この貫通部分の設置方法や構造にも基準が設けられているので，注意を要する．

[内装制限]

壁などの内装仕上げ材に燃えない，燃えにくい材料を使うことを求める内装制限は，内装可燃材料の熱分解による可燃性ガスの生成や，室内酸素量の急激な低減，さらに一酸化炭素ガスの生成を予防することから火災の初期段階での拡大を抑制する措置であり，また避難時間の確保という観点からも有効な措置である．制限の内容は，建築物の用途，構造，規模，また対象となる用途に供される部分の床面積によって異なってくるが，内装に用いることのできる材料を，不燃材料，準不燃材料，難燃材料のどれか，またはその一部に制限している．インテリアのデザインなどでこのような基本的な制限を忘れて内装材の仕様を決めると，当然手戻りが多く発生するので留意する必要がある．

[避難施設など]

避難施設には，①廊下，避難階段および出入口，②排煙設備，③非常用の照明，④非常用の進入口，⑤敷地内の避難上および消火上必要な通路などがある．これらは，在館者が建物外の安全な場所に短期間で避難できるために必要な施設の配置や基準を設けたものであり，また，一方で消防隊の消火活動を支援する目的も併せてもっているものもある．

廊下の幅員は避難を行うにあたって影響が大きい．このため，学校や病院などでは廊下の幅員の制限が行われるとともに，内装の制限も行われる．また，幅員の制限は，両側に居室がある中廊下と片側にしかない片廊下とでは異なっている．

避難路としての階段については直通階段などの基準が設けられている．直通階段は，階段から安全な外部に通ずることのできる出入口のある階（避難階と呼ばれ，通常は1階がこれに相当する）に容易に到達できる階段である．旅館，病院，劇場百貨店などの用途や，階数の多い建物や大規模の建物については，避難を確実なものとするため，この直通階段を2以上設けることが求められる．また，各居室からこの直通階段に至るまでの歩行距離が長くなると火災時の混乱では円滑な避難が確保できないおそれがあることから，歩行距離を一定の長さ以内に押さえる歩行距離制限が課せられる．なお，2以上の直通階段を設けなければならない場合，2方向の避難を確実にするために，それぞれの直通階段へ至る部分が重複しすぎることのないよう制限が設けられている．

5階以上の高層の建物や地下2階以下に及ぶ建築物の場合，安全な地上に出るには何階も移動する必要がある．このため，避難に要する距離が伸び危険度が増すことから，避難安全性の確保のために，階段の構造をたて穴区画で区画し，内装や開口部についても制限を加えさらに安全性を高めた避難階段の設置が，階数が15階以上に及んだり大規模な店舗で5階以上に及ぶ場合，あるいは地下3階以下に通ずる建物の場合は，避難者が一時滞留することのできる附室を設けた特別避難階段を設置することが求められている．

出入口については，劇場などの客席から通路への出入口，屋外への出入口の開き方，避難階の階段から屋外への出入口への歩行距離，大規模店舗の避難階の屋外への出入口の幅などが制限されている．

さらに，建物から屋外に出ることができても，敷地内に建物が建て詰まっていると，安全な道路などの敷地外に出ることが困難になることが想定される．このため，敷地内の避難路についても，幅員の規定が設けられている．

排煙設備は，火炎よりも早く室内に充満し，廊下や他の居室などに侵入する煙を排除することで，避難の安全を確保する目的で設置されるものである．排煙方法としては，垂れ壁を設けて煙の侵入を抑制する防煙区画，天井近くの壁面に設けられた開放可能な窓（排煙窓）による排煙と，機械的に吸出する方法が主として用いられるが，場合によっては，室内の空気圧を強制的に加圧して煙を押し返す加圧防排煙方式が用いられる．

非常用の照明は，災害の際に常用の電源が切断されても避難を円滑に行うために設けるものであり，停電時においても最低限度の照度として床面で1ルクス以上の照明を要求している．このため，照明装置として耐熱性，予備電源の作動性や持続時間について規定されており，建物の用途，規模，構造に応じて設置が義務づけられている．

非常用の進入口および非常用のエレベーターは，消防隊による消火活動を円滑にするために設けられるも

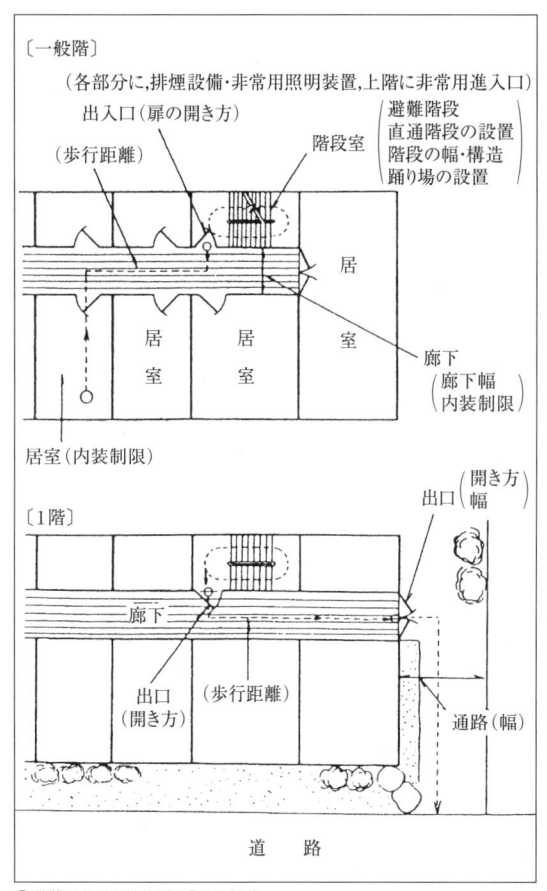

ので，非常用の進入口は3階以上31m以下の階に設けることが原則として求められ，設置位置と表示方法などの構造が規定されている．非常用エレベーターは31mを超える高さの建築物には原則として設置が義務づけられており，防火区画の設定，専用の乗降ロビーの設置，消火設備の設置，作業用床面積の確保，消防活動に耐えうる積載荷重の設定，予備電源の配備などの基準が設けられている．なお，非常用エレベーターの設置が義務づけられる建築物には別途中央管理室の設置が義務づけられ，火災報知設備，排煙設備，スプリンクラー設備などの設備の制御，作動監視が行われる．

なお，建築基準法のほかにも，消防法により危険物の貯蔵や処理を行う建築物に対する制限と一定用途の建築物における消防用設備の設置が求められている（❷，❸）．

以上見てきたのは建物の単体について，内部で火災が発生した場合の対応から必要な措置を求める規定であったが，一方，防火の目的には受害防止，延焼防止を目的としたものも存在する．この場合，市街地大火を防止する観点から面的な規制が必要となる．このような面的な規制として防火地域および準防火地域の指定が行われる．これは，都市計画上の地域指定として都市計画決定の手続きによって指定されるが，地域内に建築される建物への制限内容は建築基準法で規定さ

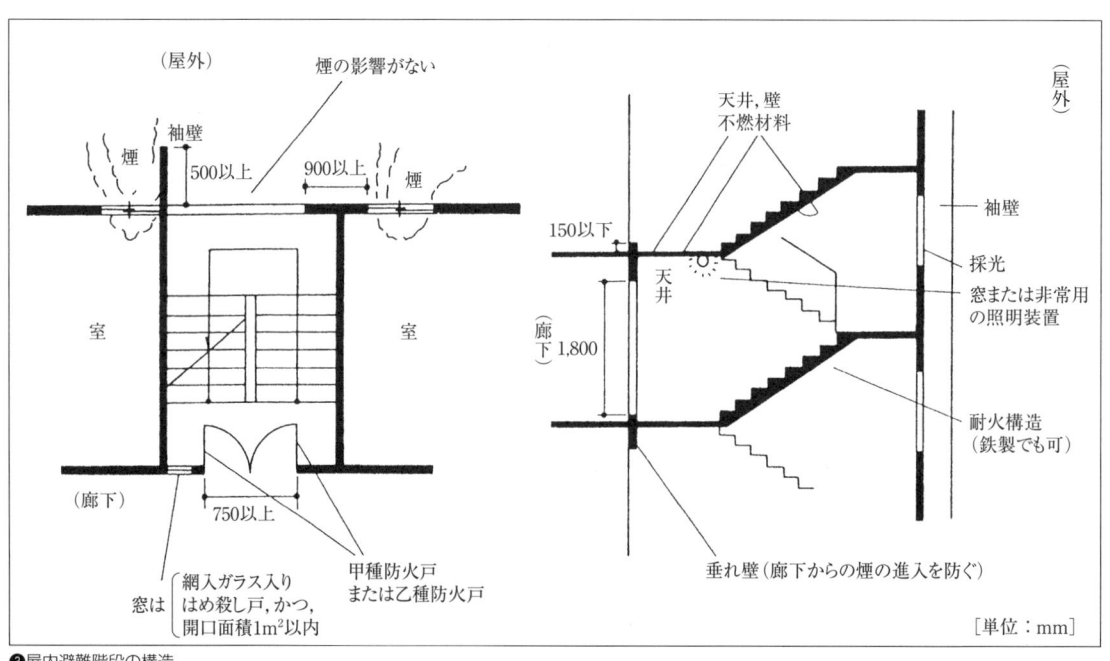

❷避難のために制限を受ける部分

❸屋内避難階段の構造

れている．なお，防火地域，準防火地域以外の地域についても特定行政庁が区域を指定して屋根や外壁の構造について制限を設けることができる．

防火地域においては，原則として階数が3以上または延べ面積が100 m^{2}を超える建築物は耐火建築物でなければならないし，その他の建築物についても耐火建築物または準耐火建築物であることが求められる．準防火地域においては，原則として地階を除く階数が4以上の建築物または延べ面積が1500 m^{2}を超える建築物は耐火建築物，地階を除く階数が3の建築物（防火上必要な技術的基準に適合するものを除く）または延べ面積が500 m^{2}を超え1500 m^{2}以下の建築物は耐火建築物または準耐火建築物でなければならず，その他の木造建築物については外壁および軒裏で延焼のおそれのある部分（隣地境界線，道路中心線，同一敷地内の2以上の建築物相互の外壁間の中心線から，1階にあっては3 m以下，2階以上にあっては5 m以下の距離にある部分）を防火構造とするほか屋根を不燃材料で作るか葺き，延焼のおそれのある外壁の開口部に防火戸などの設備を設けることが求められる（❹）．

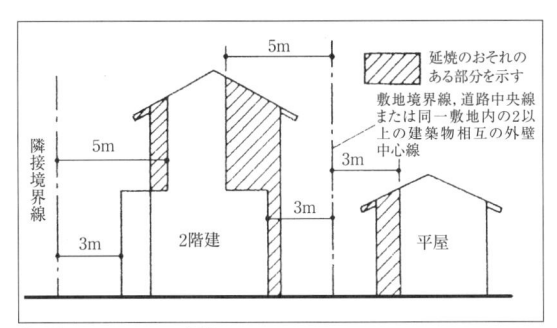

❹延焼のおそれのある部分

[性能規定の展望]

防火関係規定は，これまで見てきたように，個別の制限が組み合わされて目的を達成するように構成されている．しかしながら，最初に防火規定の目的を整理してみたように，本来は，それぞれの目的に沿って，必要な性能を満たすかどうかを確認することの方が規制の本旨に叶っている．にもかかわらず，個別の制限を仕様的に規定してきたのは，火災の性状を工学的に分析することがむずかしく，性能評価が困難であったからである．ところが，最近の工学的知見の蓄積をもとに工学的分析手法の導入が可能となってきた．これが性能規定の導入である．

たとえば，材料の防耐火性能は加熱試験方法を定めることによって評価することができる．また，材料の組合せで柱や梁といった建築物の部位を構成する部分には耐火構造や準耐火構造の試験が用いられる．この場合には，ただ単に加熱するというだけでなく，現実に建築物の中で用いられることを前提に一定の加重をかけながら加熱するといった試験方法が採用される．現実にも，多くの製品が性能の認証を受けて現場で用いられている．たとえば，実際の部屋の内装デザインにあたっては，内装材として塗装系材料，布・壁紙などのシート系材料，ボード系材料など多くの選択肢があり，色彩や質感あるいはコストといったデザイン上の要請と不燃材料，準不燃材料といった法規制上の要請の中で適した性能の材料が選ばれていくことになる．

このたび導入された性能規定では，さらに構造制限に関する性能評価や避難に関する性能評価が盛り込まれている．構造制限では，これまで鉄筋コンクリート造でなければならないといった構造仕様の指定があったが，これに加えて，建築物内で発生する火災の性状をシミュレーションすることで，一定の性能値を満足し火災が発生してから一定時間内に構造崩壊が起こらないことを検証できればよしとされている．また，避難についても火災による煙の発生と伝播と在館者の避難時間とのシミュレーションで一定の性能値を満足し安全性が確認できれば防火区画や避難施設の緩和が行われる．

このように，建築設計においては，性能規定の導入によって，構造や防火，設備などの要求事項に即して，要求内容を性能値で表現することにより，設計の多様性が確保できる方向へ向かっている．デザイン的には仕様的あるいは形態的制限が緩和されることで自由なデザインが可能となるが，一方で，安全性といった非常に重要な点についてはそのデザインの適切さを実験や計算で工学的に十分証明する必要がある．デザイナーとエンジニアの協同作業がさらに密接に求められることになると考えられる．

〔小川富由〕

■文献
建設省住宅局建築指導課監修：図解建築法規，新日本法規出版．

4|601 景観条例の始まり

■景観意識の発生と規制の萌芽

いつの時代も美しい景観を愛でる心を人はもっているものであり，それは万葉集や古今集の昔から和歌などの文学表現とともに，大和絵として美術・工芸の中で表現されてきた．しかし，それらは主として自然の風景としての景観であり，人為を加えるという考えはなかった．デザインとしては，わずかに貴族や領主の館あるいは寺院の庭づくりの中で，名所の風景を再現するという形で育まれてきた．

近世に至って人びとがお伊勢参りなどの形で旅に親しむようになると，「大和名所図絵」「江戸名所図絵」「東海道名所図絵」といった諸国の名所を刊行することがブームとなる．また中国の名勝「西湖十景」や「瀟湘八景」にならった「○○八景」あるいは「○○十景」など，民衆によって選ばれる名所が全国各地に現れてくる．

参勤交代が江戸表へと定着することになる1635(寛永12)年の「武家諸法度」以降は街道の並木や一里塚の整備がなされたほか，領主などの行列に先立ってさまざまな触れを出して街道の美化を図ろうとしたことが知られている．しかしこれを国家的な法によって守ろうとするのは，西欧の文明に大きな影響を受ける明治以降のことである．

1873(明治6)年1月に出された太政官布達を受けて，この年の12月に国の「公園」が定められた．これによって，まず東京に五つの公園が誕生した．浅草公園，芝公園，上野公園，深川公園，飛鳥山公園である．以後各県が次々に公園開設の申請を行い，明治，大正年間に全国でおよそ450カ所近くの「公園」が誕生した．しかしこれらの大半は，古くから人びとに親しまれた寺院，神社の境内や江戸名所図絵などに現れる景勝地であった(飯沼・白幡，1993)．

一方，日本中が庭園のように美しいと謳われた自然景観に対しては，国立公園法が制定され(1931)，瀬戸内海，雲仙，霧島といった代表的な名所・名山がまず指定された．しかし，一方でこれを維持するためのさまざまな規制の必要も生まれたのである．

とくに，第二次大戦後の経済復興と高度経済成長がもたらした工業化社会の進展は，さしもの美しい国土を荒廃させ始め，高速道路やダムなど，それまでわが国の国土の中には存在しなかった巨大な土木工作物の登場による風景の混乱が現れる．また，政府による都市政策の変更に伴う規制緩和が，巨大建築物の登場を促したことも否めない．こうした背景のもと，古くからの町並みを急速に破壊することへの危機感が強まった．そして風景の荒廃と混乱を何とか食い止めようと，さまざまな努力が各方面から起こったのは当然であった．

いにしえの風雅な風景観とは異なり，自らの生活環境としての景観が意識されるようになり，これを守ろうとの意識が次第に芽生えていったのである．(2|210参照)

■文化財としての景観認識と立法化

景観に関する法律として古いものは国立公園法である．前述したように，制度が制定されたのは1931(昭和6)年であるが，最初の指定は1934(昭和9)年であった．

現在，国立公園は環境庁主管の自然公園法にもとづいて，全国で28カ所が指定され，国土の5.43％を占めている．国定公園，都道府県立自然公園を含めると自然公園全体は14.11％に達しており，わが国の自然風景地の保護と国民のレクリエーションの場として大きな役割を担っている．

一方，文化財保護法は，1950(昭和25)年に国が戦争によって荒廃した国土の中から文化財を守るために議院立法で制定したものである．その後1954(昭和29)年および1968(昭和43)年に改正されたが，これは急激な国土開発・都市化の影響によって文化財の危機が一段と進んだことに加え，歴史的環境問題に対する国民の関心が強まったためである．この間1966(昭和41)年にはいわゆる古都保存法が制定され，奈良，京都，鎌倉などの歴史的風土の保存事業が始まっている．なお，1968年の改正により文化庁が発足した．

国際的な動きとしては，ユネスコが1964年イタリアのベニスで「記念物および遺跡の保護と復元のための国際憲章」を採択した．その第1条で「歴史的記念物という概念は，単に単一の建築作品のみならず，そこに特定の文明，重要な発展あるいは事件の証跡が見出されるような都市や田舎の環境も含んでいる．この概念は，単に偉大な芸術作品ばかりでなく，時の経過とともに文化的重要性を得るにいたった比較的地味で簡素な過去の作品にも適用される」としている．さらに1968年ユネスコの第15回総会で「公的または私的工事の危険にさらされる文化財の保存に関する国際勧告」の中で「文化財は単独に存在し得るものではなく，同種類のものが群生し，また中心の文化財と密接な関係をもって，周囲に多数集合しているものである．それゆえに法律によって指定された文化財ばかりでなく，

第6章｜美しい景観を守るために

年	事項	年	事項
1919	都市計画法(風致地区)	1990	▲松尾町ふるさと景観条例(岩手県松尾町)
1919	市街地建築物法(美観地区)		▲美しいまちをつくる三春町景観条例(福島県三春町)
1931	国立公園法(自然の優れた風景地の保存と活用)	1991	○ふるさと広島の景観の保全と創造に関する条例(広島県)
1957	自然公園法		○ふるさと島根の景観づくり条例(島根県)
1966	古都における歴史的風土の保存に関する特別措置法		●新宿区景観まちづくり条例(東京都)
1968	●金沢市伝統環境保存条例(石川県金沢市)		▲美しい安塚町の風景を守り育てる条例(新潟県安塚町)
	●伝統美観保存条例(岡山県倉敷市)		▲掛川市生涯学習まちづくり土地条例(静岡県掛川市)
1969	○宮崎県沿道修景美化条例		▲久美浜町きれいな町づくり条例(京都府久美浜町)
1972	●京都市市街地景観整備条例(1995改定)		▲美しい下蒲刈の景観を創り育てる条例(広島県)
1974	国立公園における各種行為に関する審査指針	1992	○長野県景観条例
1975	文化財保護法改正(伝統的建造物群保存地区)		○花とまつりイン三重の田園景観整備事業条例(三重県)
1978	●神戸市都市景観条例(1990改定)		▲川場村美しいむらづくり条例(群馬県)
1981	○神奈川の文化を考える懇話会・かながわ風景づくり		▲ふるさと尾上町の生け垣を守り育てる条例(青森県尾上町)
	○埼玉県文化行政懇談会・花県さいたまの環境デザイン		▲美しい田野畑村の風景を守り育てる条例(岩手県田野畑村)
	●広島市都市美委員会・広島の都市美づくり		
	●名古屋市都市景観懇談会・都市景観整備の現状と課題		▲美しい町づくり条例(岐阜県美山町)
	●世田谷区都市美委員会・公共施設の改善への提言		▲川上村景観条例(岡山県川上村)
	●札幌市都市景観委員会・札幌の都市景観を考える	1993	○秋田県の景観を守る条例
1982	●世田谷区都市デザイン室設置(東京都)		○石川県景観条例
	○東京都都市美懇談会報告		○鳥取県景観形成条例
1984	●名古屋市都市景観条例		●豊島区アメニティ形成条例(東京都)
	●名古屋市都市景観室設置		○岩手の景観の保全と創造に関する条例(岩手県)
	●ふるさと滋賀の風景を守り育てる条例(滋賀県)		○群馬県景観条例
	●北九州市都市景観条例		▲美しい大島村の風景を守り育てる条例(新潟県大島村)
1985	○兵庫県景観の形成等に関する条例(1993改定)	1994	▲真鶴町まちづくり条例(神奈川県真鶴町)
	▲舘岩村環境美化条例(福島県舘岩村)		○茨城県景観形成条例
1986	●金山町街並み景観条例(山形県金山町)		●帰宅都市景観づくり条例(東京都)
1987	○熊本県景観条例		○沖縄県景観形成条例
	●福岡市都市景観条例		●川崎市都市景観条例
	▲美しい占冠の風景を守り育てる条例(北海道占冠村)		▲紀和町丸山千枚田条例(三重県)
1988	○岡山県景観条例(1991改正)	1995	●京都市自然風景保全条例
	▲土山の風景と環境を守り育てる条例(滋賀県土山町)		●杜の都の風土を育む景観条例(仙台市)
1989	●金沢市における伝統環境の保存および美しい景観の形成に関する条例(石川県金沢市)		●あきるの市都市環境条例(東京都)
	○埼玉県景観条例	1996	●青森県景観条例
	▲美瑛町景観条例(北海道)		●千葉市都市景観条例
	▲甘楽町ふるさと景観をまもり，そだて，つくる条例(群馬県甘楽町)		▲人と自然との共生ゾーンの指定等に関する条例(神戸市)
1990	○山梨県景観条例(1992改定)	1997	○東京都景観条例
	▲美しい新治の風景を守り育てる条例(群馬県新治村)	1998	●東京都千代田区景観まちづくり条例
	▲潤いのある町づくり条例(大分県湯布院町)		●国立市都市景観形成条例(東京都)
		1999	●江東区都市景観条例(東京都)

❶日本の景観行政／各自治体の景観条例年表(進士ほか，1999，p.53に一部を追加して作成)
○：全県レベル，●：都市・区レベル，▲：農村レベル.

さらに指定されていないものにまで保護の手が及ばなければならない」と強調されている．これを受け，わが国の施策では，全国総合開発計画が変化を見せる．

政府は1970(昭和45)年5月に「新全国総合開発計画」をまとめたが，その中で初めて「歴史的環境の保護，保存」について次のように述べている．「急激な開発により破壊されがちな史跡，歴史的建築物などの文化財とその歴史的環境について，開発計画の中に取り入れて保存を図るとともに，国民のレクリエーションの場として利用に供するために，生活環境の一部として計画的に整備する」．ここに初めて文化財が国の開発計画の中に位置づけられたのである．

さらに国は，1977(昭和52)年11月に「定住構想」を中心に据えて「第三次全国総合開発計画」を閣議決定

し，その中で，「地域の開発にあたっては歴史的環境の保全が開発の価値を高めるものであるとの認識の上に立って再評価を行い，その活用を図ることが必要である」と記している．この間1975(昭和50)年には新たに「伝統的建造物群保存地区(伝建地区)制度」などを設ける文化財保護法の大改正を行ったが，これが町並み景観を守るために，わが国が行った最初の法律と見なされるものである．

「伝統的建造物群」とは，「周囲の環境と一体をなして歴史的風致を形成している伝統的な建造物群で価値の高いもの」と規定されており，建造物の集合体およびこれと一体となって価値を形成している環境物件が文化財として位置づけられたものである．

ちなみに，伝建地区は都市計画区域においては市町村の都市計画として決定し，都市計画区域外では市町村の保存条例にもとづき決定することになっており，他の文化財保護制度と比べると，市町村の主体性，自主性を尊重し，また，まちづくりの視点を強くもった特異な制度といえる（刈谷，1997）．

■景観条例の進展

上記のように，景観が文化財として認識され法律が整備されるには紆余曲折があったが，全国における動きを振り返ってみると，昭和30年代後半から長野県木曽路の妻籠宿や高山市，京都市，神戸市，金沢市，萩市などの全国に散在する自治体がそれぞれ営々と続けてきた保存活動を忘れることはできない．

当時，高度経済成長政策のもとで，全国のほとんどの自治体は，開発ブームのバスに乗り遅れまいと工場誘致条例を作り，地域の自然や歴史的風土の改変行為に走っていた．そうした時代に「保存を通じて真の開発を」と考え，保存の理念を掲げて状況を切り開いてきた先見性のある自治体があったことが，その後の法整備などの展開をもたらしたからである．

一方，1980年代に入ると，特別に重要文化財のような建築物がなくとも，美しい自然景観や，農村や漁村あるいは町家など庶民の生活レベルにも光を当て，これを守り育てようという気運が地方公共団体により盛んに進められるようになってきた．

これらは当初，「指導要綱」や「指導基準」という形で，国が定める都市計画法などだけではカバーできない地域的な事情を折り込んだものであったが，法的な規制力はほとんどもっていなかった．そこで，さらに一歩踏み込んだものとして登場したのが，各自治体による条例であり，これには「景観条例」をはじめ「まちづくり条例」「こまちなみ保存条例」などさまざまなものがある．先に述べた先見性のある自治体による成功事例が好個の参考事例となったことはいうまでもない．

これらは，いきおい成功事例をまねるため，多くの自治体の条例は，体裁としては同様の形態をとっている．ただし，各自治体によって，守るべき景観や歴史・風土には違いがあり，これが，それぞれの自治体の条例の中に反映されて，さまざまな個性の違いを見せている．

たとえば滋賀県の「ふるさと滋賀の風景を守り育てる条例」(1984)では琵琶湖畔の景観整備に重点を置いており，県の顔としての琵琶湖を強く意識している．この条例は湖岸沿いの地帯を「琵琶湖景観形成地域」とし，汀線から10mは聖域として建築物を建てることを禁じている．

大都市圏では，大宮市の「大宮市美しいまちづくり景観条例」が〈自主的景観形成推進団体〉による〈自主的景観形成推進地区〉の市長指定制度を取っているのが注目される．住民の自発的なパワーに期待した条例といえる．

また，近年では包括的なものから次第に具体的な案件を個別に条例で定める例も増えている．たとえば「愛知県空き缶等ごみの散乱の防止に関する条例」，金沢市における「斜面緑地保存条例」，「ふるさと尾上町の生け垣を守り育てる条例」(青森県尾上町)などがそれである．このほか，具体的な数値を伴った「色彩」を対象とした条例や，屋外広告物に対して細かく規定する例などが見られるようになった．

❶は各自治体の主な景観関係条例の年表である．

[黒川威人]

■文献

飯沼二郎・白幡洋三郎：日本文化としての公園，pp.4-5，八坂書房，1993．

進士五十八ほか：風景デザイン—感性とボランティアのまちづくり，学芸出版社，1999．

刈谷勇雄：歴史的遺産の保存制度の新展開．歴史的遺産の保存・活用とまちづくり（大河直躬編），学芸出版社，1997．

第6章 | 美しい景観を守るために

コラム「私の選ぶ図書10冊」

黒川威人［工業・環境デザイン／金沢美術工芸大学］

① 『機械化の文化史—ものいわぬものの歴史』（ジークフリート・ギーディオン著，栄久庵祥二訳，鹿島出版会，1977［原著1948］）

今日われわれは多くの道具・機械に囲まれて生活している，それは人類が営々として作り上げてきたものだが，機械の進歩が人間環境におよぼしてきた影響は測り知れないものがある．著者は機械の発展過程を通して人間の進歩とは何かを考えようとしたのである．その洞察力は，ほとんど半世紀を経た今日の世を見通しているかのようである．

② 『街並みの美学』（芦原義信著，岩波書店［岩波現代文庫］，1979）

個々の建築の質は高く素晴らしいものであっても，それらが集まって群の建築となり，さらに街並みを形成する段階となると，日本の街並みは美しくない．本書は世界各地の例を示しつつ，街並みがデザインの対象となりうることを，わかりやすく説いた最初の書として貴重である．

③ 『景観の構造—ランドスケープとしての日本の空間』（樋口忠彦著，技報堂出版，1975）

日本の景観の構造を，古来の日本の景観と突き合わせ，これほどわかりやすく解説してみせた書物はない．とくに第Ⅱ編において示した水分神社型，秋津洲やまと型，八葉蓮華型，蔵風得水型など，七つの型への分類は説得力があり，読者をして日本の景観の見方を決定づけてしまうほどである．

④ 『日本のすまい—内と外』（エドワード・S・モース著，上田篤ほか訳，鹿島出版会［シルバーシリーズ］，1979）

モースは3回日本を訪れている．2回は東京大学教授として招聘されたことによるが，最後の1回は東洋への民族学探検隊を組織してのことだった．明治10年代の日本は急速に古い日本スタイルが壊されつつあり，その記録は歴史に残る仕事となることを理解していたためだ．今日のわれわれは，本書によってかろうじて当時の生活空間を知ることができる．

⑤ 『移動空間論』（川添登著，鹿島出版会，1968）

一見，自動車などの乗り物の空間のことを論じたかに見えるが，高速道路から回遊式日本庭園まで，実に幅広い視野で人類の発達課程が論じられている．著者によれば「この移動空間論は，未来の都市，建築を考察していくための前提となるものである」といい，今日なお環境デザインに対する示唆に富む．

⑥ 『デザイン史とは何か—モノ文化の構造と生成』（ジョン・A・ウォーカー著，栄久庵祥二訳，技報堂出版，1998［原著1989］）

著者によればデザインの歴史とデザイン史は異なる．「本書の目的は（中略）デザイン史という研究分野についての説明から始めて，次にデザインとは何かについて問い，そして，歴史記述に共通する一般的な問題にふれた後，さまざまな形のデザインの歴史研究について，とくにそこで用いられている分析方法に照らして考察する」これまでなかった分野であり，デザインを学問的に理解するためには必須の書に思われる．

⑦ 『都市のイメージ』（ケビン・リンチ著，丹下健三，富田玲子訳，岩波書店，1968）

どんな都市にも，たくさんの個人のイメージが重なりあった結果としての一つのパブリックイメージが存在するようだ，と考えたリンチらは，そのイメージを五つのタイプに分類した．パス，エッジ，ディストリクト，ノード，そしてランドマークである．彼の考え方は都市空間を考える手法として世界各地に広く行きわたり，今や一つの常識になっている．

⑧ 『素材と造形の歴史』（山本学治著，鹿島出版会［SD選書］，1986）

建築家として登山家としての著者の視点には造形にたずさわる者として共感させられることが多い．人間は身の周りにある大地，自然から素材を見出し，それら素材を調整し目的に適合した形を生み出してきたのである．新素材が氾濫し風景が混乱する現代であればこそ，読み返したい一書である．

⑨ 『日本美の再発見　増補改訂版』（ブルーノ・タウト著，篠田秀雄訳，岩波書店［岩波新書］，1962）

「まことに桂離宮は，およそ文化を有する世界に冠絶した唯一の奇跡である．パルテノンにおけるよりも，ゴシックの大聖堂あるいは伊勢神宮におけるよりも，ここにははるかに著しく「永遠の美」が開顕せられている．そしてそれはわれわれに，桂離宮におけると同一の精神をもって創造せよと教える」．幾度読んでも日本建築に対する誇りを鼓舞される文章である．

⑩ 『風景のコスモロジー』（吉村元男著，鹿島出版会［SD選書］，1997）

造園家である著者は，本書の冒頭で「人類とそれが築き上げた文明と地球との関係において，一つの問題提起を展開しようとしている．それは『膨張・拡大し続ける現代文明は地球と共生できるのか』という問いかけである」と訴え，その答えとして「共生を理念とした楽園」が構想されねばならないとする．この楽園の思想を古代世界のコスモロジーに求め，検証しようとしたのが本書のねらいである．

4|602 各地の景観条例

　何らかの形で景観に関する条例を設けている自治体は，今日ではほとんど全国津々浦々に及んでいる．それらの条例はたいてい，先行する自治体の成功事例を参照して作成されているので，内容構成は一見似通っているが，土地柄や歴史・風土の違いから，それぞれ特徴的な内容を示していて興味深い．以下にそのいくつかを紹介しよう．

■金沢市こまちなみ保存条例

　金沢市は，第二次大戦の被害を受けなかった城下町として，早くから景観の保全に乗り出した自治体である．1968（昭和43）年全国に先駆けて「金沢市伝統環境保存条例」を制定したが，その精神を継承しつつ，さらに発展させ，1989（平成元）年には総合的なまちづくりをめざした「金沢市における伝統環境の保存および美しい景観の形成に関する条例」（以下，都市景観条例）を制定，1992（平成4）年には市民総意として「景観都市宣言」を議会において決議している．こうした動きを実効あるものとするため，市は「金沢市伝統的建造物・町並み調査会」を設け，1989年より3年間，歴史的な建築物と町並みについての調査を実施した．この調査結果などを踏まえ，1994（平成6）年4月1日に「金沢市こまちなみ保存条例」が施行された．

　こまちなみの「こ」は，歴史的風情を残す町並みという「古（こ）」とともに，「ちょっとした小さな町並み」という「小（こ）」の意味を合わせもつもので，条例第2条で次のように規定している．「歴史的な価値を有する武家屋敷，町家，寺院その他の建造物またはこれらの様式を継承した建造物が集積し，歴史的な特色を残す町並みをいう」．その保存にあたっては「こまちなみ保存区域」を指定することとなっており（第5条），また保存区域ごとに，保存育成するための「こまちなみ保存基準」を定めることになっている（第6条）．

　これは文化財法でいう伝統的建造物群には当てはまらないが，広く市内に散在する歴史的建造物を対象に，その周辺一帯をも補助金の対象として修景を奨励し，歴史的な雰囲気を生かしながら町を住みよくしていこうとするものであって，金沢独自のものである．1995年度から2002年度までの7年間で武士系・町家系合わせて10区域が指定されており，現在も新たな区域の指定が検討されている．

　なお，金沢市は1977（昭和52）年に「金沢市伝統的建造物群保存地区保存条例」を制定しているが，これは市内の東山茶屋街地区を対象に国の重要伝統的建造物群保存地区指定を受けるためであった．しかし地元の賛同が得られず，現実には機能していなかったものだが，2001（平成13）年春ようやく住民との合意が成立，同年5月，国の重要伝統的建造物群保存地区選定の申し入れを行い，同年11月に選定された．

　このほか，1996（平成8）年には「金沢市用水保全条例」を制定して，江戸時代から市内を流れる用水網の保全を図り，また1997（平成9）年には，金沢の街の景観を特色づけている浅野川，犀川の河岸段丘の斜面緑地を守ることを目的に「金沢市斜面緑地保全条例」を制定している．これらは石川県が定めている「風致地区内における建築等の規制に関する条例」(1970)や都市計画法（昭和43年法律100号）の規定などとも連係して金沢市の良好な景観保全に寄与している．

■倉敷と岡山県の背景保全条例

　倉敷市は金沢市と同じ1968（昭和43）年に独自の「伝統美観保存条例」を制定し，倉敷川を中心とした一帯の景観保全を進めてきた．本瓦葺き塗屋(ぬりや)造りの町家と土蔵からなる商家群を特色とするが，当初中心部を「特別美観地区」，その外側に「美観地区」を区域指定していた．1979（昭和54）年には国の重要伝統的建造物群保存地区となったが，その指定区域は特別美観地区にとどまらず，背景をなす鶴形山をも包含した範囲が指定された．このことは保存地区の考え方に大きな前進をもたらし，後に作られた岡山県景観条例などに影響を与えたと考えられる．

　1990（平成2）年には「倉敷川畔伝統的建造物群保存地区背景保全条例」を制定，地区内の重要な地点から眺望できる区域についても高層ビルなどの建設を抑制する措置を講じている．1998（平成10）年には保存区域の拡大が追加選定され，また2000（平成12）年には保存地区とその周辺計21haについて改めて都市計画による美観地区が指定されている．

　「岡山県景観条例」(1988)における際立った特色は，背景・借景に関するものである．第20条の2で「知事は，とくに県民に親しまれ，かつ，県民の誇りとなるすぐれた景観を有する施設などの背景を保全するために必要な地域のうち，知事がとくに指定する地区（以下この条において「背景保全地区」という）内において前条第1項の規定による届け出を要する大規模行為をしようとする者に対し，当該届け出の前に，大規模行為景観形成基準にもとづき，規則で定めるところにより，当該大規模行為が当該施設などの背景に及ぼす影

響を防止し，または軽減するための措置を講じるよう指導し，または助言することができる」となっている．後楽園という名園の存在がこの条例を生んだともいえるだろう．

後楽園背景保全地区の場合，方向によって下記の通り定められている．
①岡山後楽園内の延養亭から8km以内の芥子山方向の地域
②岡山後楽園内の延養亭から2.5km以内の操山方向の地域
③岡山後楽園内の唯心山から2km以内の地域

岡山県では上記後楽園以外に，吹屋地区と関谷地区の2ヵ所にも同様の背景保全地区を設定しているが，これらはいずれも，主要眺望地点を設定し，その場所において道路面から1.5mの高さ(つまり目の高さ)から1km以内の地域となっている．以上のように，背景保全地区はある地点からの眺望という観点から地区指定がなされていることが特徴である．

岡山県景観形成基本方針(昭和63年9月10日岡山県公告第497号)は，岡山県景観条例第7条の規定にもとづき，県が実施すべき景観形成のための施策の基本方針を定めたものである．この中で「2. 景観形成に関する基本的事項」の「(2)大規模な建築物などの景観形成について」では，「伸びやかな田園風景や日本がわら屋根の続く町並みの中にそびえる殺風景なビルやプラント施設など，大規模な建築物，工作物などは，その存在自体が，周辺の景観に影響を与え，その出現によって従来の景観を一変させるような場合もある．このため一定規模以上の建築物，工作物，物品集積場および土石類の採取などについては，全県下を対象として，次の事項に配慮しつつ，周辺との調和のとれた景観誘導を行うものとする」となっていて5項目にわたる基本的事項が記されているが，これらは日本の地方都市の多くが抱える問題に共通するものである．

■兵庫県－環境の保全と創造に関する条例
「景観の形成等に関する条例」は1985(昭和60)年に制定され93年に改定されたものだが，県下の市町がそれぞれ地域環境に適合した形で施策を行うことを支援するとともに，市町と事業者および住民との間の連係調整にも基本となるルールを定めたものである．第1章第3条には次のように記されている．

「県は，景観形成などに関する基本的かつ総合的な施策を策定し，およびこれを実施するとともに，市町が実施する景観形成などに関する施策および県民または事業者が行う自主的な景観の形成などに関する活動を支援し，かつ，その総合調整を図るものとする」．なお，「景観形成地区」(第2章)と「風景形成地区」(第3章)を分けているのが注目される．第1章，第2条において上記の用語を規定し次のように説明している．
①景観の形成：優れた景観の創造または保全をいう．
②風景の形成：景観の形成のうち，広がりある優れた景観の創造または保全をいう．

前者はどちらかといえば町並みに関する景観であり，後者は田園や山岳，海など，より広い範囲の景観を指している．

なお，この条例は県下の景観行政を推進するためのものであり，すでに景観に関する条例を制定している神戸市や伊丹市，尼崎市の区域は除外されている．

1994(平成6)年には，さらに，森林および緑地の保全，緑化の推進などを目的として「緑豊かな地域環境の形成に関する条例」が制定された．「概要」によれば「近年，都市・生活型公害や地球環境問題など新たな課題が顕在化するとともに，自然とのふれあいや心のやすらぐ環境へのニーズも増大している．そこで，今日の環境問題に適切に対応するため，環境政策の基本方向を定めるとともに，公害防止条例，自然環境保全条例，全県全土公園化の推進に関する条例に定める施策を継承し，さらには新たな課題についての具体的な実効ある施策を盛り込んだ環境政策の基本となる条例を制定した」(兵庫県生活文化部)とあって，自然環境の保全，公害の防止といった現実的問題と全土公園化という景観の問題を，土地利用の適正化施策を絡めながら総合的にコントロールしようとの姿勢が見られる．

なお，「景観の形成等に関する条例」にもとづく景観形成基準には，マンセル色票系による具体的な数値を設定した色彩基準が設けられている．「大規模建築物等」の色彩基準は，彩度を抑え，景観を混乱させるような色彩は排除しようとの姿勢が見られ，また世界文化遺産の姫路城が見える「景観形成地区」などでは，壁面の色彩などに独自のガイドラインを設け地域の特徴的な色彩を守り育てていく姿勢が見られる．

■真鶴町－美の条例
真鶴町は，相模湾に突き出した小さな半島である．ここでは，丘陵に囲まれ谷筋や海に向かうややなだらかな斜面地に町を作ってきたが，一つ一つの建物の水準が歴史的価値において，あるいは建築物の質におい

て，決して高いわけではない．だが，だれもがどこか懐かしさを感ずる，という典型的な日本の田舎町である．この町をリゾートマンション建設の開発の嵐から守るために立ち上がった人たちがいた．そして最終的に制定に漕ぎ着けたのが，「美の条例」として名高い「まちづくり条例」である．第2章の「まちづくり計画」第10条「美の原則」は次のような八つの原則を謳っている．

①場所：建築は場所を尊重し，風景を支配しないようにしなければならない．

②格づけ：建築は私達の場所の記憶を再現し，私たちの町を表現するものである．

③尺度：すべての物の基準は人間である．建築はまず人間の大きさと調和した比率をもち，次に周囲の建築を尊重しなければならない．

④調和：建築は青い海と輝く緑の自然に調和し，かつ町全体と調和しなければならない．

⑤材料：建築は町の材料を活かして作らなければならない．

⑥装飾と芸術：建築には装飾が必要であり，私たちは町に独自な装飾を作り出す．芸術は人の心を豊かにする．建築は芸術と一体化しなければならない．

⑦コミュニティ：建築は人びとのコミュニティを守り育てるためにある．人びとは建築に参加するべきであり，コミュニティを守り育てる権利と義務を有する．

⑧眺め：建築は人びとの眺めの中にあり，美しい眺めを育てるためにあらゆる努力をしなければならない．

上記のように真鶴町では，建設行為にあたっては，自然環境や地形，景観，そして地域社会に対してさまざまな配慮を要求している．それが本質的な豊かさの質となって町を形成するものと考えている．「美の原則」は，そのための基準をわかりやすい言葉によって表現しているのである（五十嵐ほか，1996）．

■金山杉のまちづくり

地方における小さな町の例として，山形県金山町の場合を見てみよう．金山町は山形県の東北部に位置する農山村で，寒暖の差が激しく多雨多湿である．この気候風土が杉の成育に適し「金山杉」という銘柄で知られる．したがって，町並み景観の形成は特産品であるこの金山杉を生かすことが中心になっており，特産の杉を生かした「木造住宅」の普及に力を入れている．

金山町は1983（昭和58）年策定の「新金山町基本構想」において，まちづくりの柱に「景観」を据え，「街並みづくり100年運動」を提唱するとともに，1986（昭和61）年には「金山町街並み景観条例」を制定した．この条例において，中心部の金山地区を「景観形成特定地区」に位置づけ，重点的に景観整備を行うこととしている．

金山地区は，町の中心部であり，役場や学校などの公共施設，商店，住宅が集積している地域であるが，古くから羽州街道の宿場町として開けた地区であり，土蔵の白壁や切り妻屋根の木造家屋が続き，街を巡る水路や木々の緑と相まって，風景は落ち着いた雰囲気を醸し出している．

これらを生かした金山町の景観づくりは，人間と自然の調和を目標に，地域風土と地域特性，地域資源等との有機的結合を図り，美しい生活空間の整備と農林業を中心とした地域産業の振興をめざしたまちづくりである．美しい景観の形成は，住民への豊かな生活環境を創造するとともに，圏域外の人びとを呼び込むことにもつながり，商業機会の増大や交流の促進といった，地域の活性化にもつながることが期待されている．

産業振興策としては，1978（昭和53）年より木造住宅の普及と金山大工の技術向上をめざし，「金山町住宅建築コンクール」を実施している．また1984（昭和59）年度策定の「金山町地域住宅計画（HOPE計画）」では，気候風土に合った新しい住宅景観の創造と普及をめざし，地場産業の振興や大工職人の活性化を進め，「金山型住宅」の様式を企画・開発し，体系化した．このような背景のもと，「金山町街並み景観条例」では，街並みの維持と保存や新たな整備に対し，景観の基準を定め，建物の新築や増改築の際に指導・助言・助成を行っている．

また，モデルエコタウン整備事業は，中心部の「景観形成特定地区」において，公園・散歩道・古い土蔵の保全再利用に取り組んでいる．すでに整備の終わった公園では，地域の住民が積極的に活用を図るとともに，維持管理も自主的に行っている．

なお，金山町は2002（平成14）年「山形県金山町『町並みづくり100年運動』の推進にかかわる一連の業績」により，日本建築学会賞を受賞したことを付記しておきたい（http://shinjo.dewa.or.jp/kaneyama参照）．

［黒川威人］

■文献
五十嵐敬喜・野口和雄・池上修一：美の条例—いきづく町をつくる，pp.96-97，学芸出版社，1996．

コラム「私の選ぶ図書10冊」

源田悦夫［映像デザイン／九州芸術工科大学］

① "ART AND FUTURE"（Douglas David著，Praeger Publishers，1973）
　1960年から70年代のコンピュータアートを中心とした電子芸術の黎明期について，背景となった芸術と技術の関連について解説しており，主要な作品を概観するうえで役立つ．

② "Cybernetic Serendipity/the computer and the arts"（Jasia Reichardt著，Frederic A.Praeger,Inc.，1969）
　ニューヨーク近代美術館などで開催された最初の大規模なコンピュータアートに関する展覧会Cybernetic Serendipityに関連した図書である．1960年代後半当時はディジタル表現のむずかしい時代であったが，音楽，詩，環境表現，演劇，グラフィックス，アニメーション，インスタレーションなど，ここで取り上げられた作品の対象はバラエティーに富んでおり，リアリスティックな表現を中心に展開してきたCGにとって，本質的なディジタルイメージ表現を考えるうえで重要なヒントを与えてくれる．

③ "DECOUVERTE -Courbes Mathematiques"（A. Jean Rose編，L'Electrostatique Paris，1976）
　数理的な造形の要素としての曲線を集めた図録集であり，方程式を使ったコンピュータグラフィックス生成において具体的な曲線の記述方法やパラメータを与えるうえで実践的に役立つ．

④ "Fifteen Years of Computer Graphics"（Thomas A DeFanti編，Judson Rosebush Company［SIGRAPH Video Review issue 100］，1995）
　1979年から1994年までにSIGRAPH Video Reviewで紹介された映像からSIGRAPH会長であったトム・ディファンティが選抜した作品集であり，CGの重要なアルゴリズムを開発者自ら制作した映像や，表現のうえで話題を呼んだ作品が収められている．

⑤ "Filmography of Computer animation 1960-1980"（Judson Sylvan, Gwen Sylvan著，Judson Rosebush Company［SIGRAPH Video Review issue 130］，1999）
　SIGRAPH Video Review issue 130として出版された2本のビデオであり，本格的な最初のグラフィック装置であるスケッチパッドを解説するサザーランドやユタ大学のハーフトーンアニメーションなど歴史的な映像も収められ，CGの研究と応用の展開が解説されている．

⑥ "A Computer Perspective"（Charles & Ray Eames著，Harvard University Press 1973，1973）
　IBMのショールームに展示されたグラフィック歴史年表をもとに，1890年代から1950年代までのカリキュレーションマシンの歴史と関連する科学技術資料を対比させながら表現したユニークな本である．内容とともに，プレゼンテーション，情報のデザインという側面からも参考になる．

⑦ "Graphic Design for Documents and User Interface"（Aaron Marcus著，Addison-Wesley Publishing Co. Inc.，1992）
　GUI（Graphical User Interface）設計の第一人者である筆者が，記号論的側面からページデザイン，メニューデザイン，アイコンなどの設計の考え方について述べている．邦訳は『見せるユーザ・インタフェイス・デザイン』（小川俊二訳，日経BP社，1993）．

⑧ 『美術解剖学アトラス』（中尾喜保著，南山社，1973）
　美術解剖学的視点から，人体を構成する体表や骨格について，興味深い例を挙げながら解説している．とくに，体表の変形を示すデルマトグラフの手法や生態観察はコンピュータグラフィックスによるリアル感のある身体生成において示唆となる内容が含まれている．

⑨ 『デジタル　イメージ　クリエーション』（源田悦夫編，画像情報教育振興協会，2001）
　日本でのデザイン系のコンピュータグラフィックス教育の第一人者らが教育経験にもとづいて執筆した図書であり，ディジタルを前提とした造形方法論とともに，ディジタル表現の歴史的展開や基本アルゴリズム，作品の保護や流通など知的所有権にかかわる問題などが解説されており，体系的CG学習に役立つ．

⑩ "Designing Business/Multimedia,Multiple Desciplines"（Clement Mok著，Adobe Press，1996）
　単なる技法書ではなくウェブデザインについて，メディアとしての位置づけや，情報の体系化，構成法，心理的効果などについて情報デザインの側面から実例をふまえて解説している．邦訳あり．

4|603 屋外広告物条例の変遷と実際

屋外広告物は，情報を伝達するために屋外に設けられまたは建物に掲出されている媒体をいう．広告看板や広告塔，立て看板，サインボード，ネオン・サイン，貼り紙，ポスター，懸垂幕，旗，モニュメントなど，時代を映した多様な媒体が使われる．そこには個人や自治体，企業，事務所名が記され，また各種行事，催物，集会などの広告，宣伝，広報など社会生活の基盤となる情報が発信される．なお「屋外広告物法」には，その対象は公衆であると定義されている．

■屋外広告物ともう一つの環境

屋外広告物条例は，大気汚染や水質汚濁，騒音などの典型的な公害ではないが美的景観のようなもう一つの環境を保全するために設けられた．その母体は1949（昭和24）年に施行された屋外広告物法である．現在各自治体の定める屋外広告物条例はすべてこれに準則している．近年この条例が市民にも知られ注目されるようになったのは，環境認識への高揚がある．美しい野山や静かな街のたたずまいはもちろんのこと，賑やかで活気に満ちた商店街にも美的品格が問われるといった意識が一般化したことによって，それらを妨げる要因を未然に調整したいとの事由である．ことに視覚に大きく依存する屋外広告物は，その量と質において美的な環境形成に占める割合は高い．それゆえに屋外広告物をめぐる環境を担保する条例のあり方が一層注目されている．

■屋外広告物条例の変遷

条例は，地方公共団体がその管理する事務に関し法令の範囲内で議会の議決によって制定する方法をいう．

屋外広告物条例の前史は1911（明治44）年，帝国議会で成立施行された「広告物取締法」に始まる．そこでは，①美観（人工美），風致（自然美）の維持，②安寧秩序の維持，③善良風俗の保持，④公衆に対する危害の防止を目的とした．その後，第二次世界大戦が終わり新憲法のもとで改廃され，1949（昭和24）年9月1日に「屋外広告物法」として施行され今日に至っている．

同法の目的は，第1条に「美観風致を維持し，及び公衆に対する危害を防止するために，屋外広告物の表示の場所及び方法並びに屋外広告物を掲出する物件の設置及び維持について，必要な規制の基準を定めることを目的とする」とある．また1963（昭和38）年と1973（昭和48）年には，性風俗の貼り紙や立看板のような違反広告を事前警告なし撤去できる簡易除却と，屋外広告業の届け出規定が加えられ改正された．屋外広告物条例はこの屋外広告物法に準則した屋外広告物標準条例（案），つまりひな型を見据えながら都道府県政令指定都市および中核市が制定，施行している条例をいう．近年は地方自治尊重の立場から，これまでの同法条例の事務処理と知事権限が政令指定都市と中核市に移譲され，各都市は独自の施策で都市の風格を醸すべく懸命である．

■屋外広告物標準条例（案）を読む

屋外広告物条例は建設省（国土交通省）の示した同標準条例（案）［1978（昭和48）年11月改正］を読むことで，制定の目標から期待される成果の全体像が明らかとなるので主たる骨子を記す．

①広告物のあり方：美観風致を害したり，公衆に危害の及ばないものでなければならない．

②禁止地域：都市計画法による住居専用地域，美観地区，風致地区，緑地保全地区／文化財保護法による県条例で指定された建造物の周囲／森林法による保安林／自然環境保全法により指定された地域／保存樹林のある地域／高速自動車国道及び自動車専用道路の全区間／知事が指定した区域＝道路，鉄道などから展望できる地域／都市公園，河川，湖沼，渓谷，海浜，高原，山岳の指定区域／港湾，空港，駅前広場の指定区域／官公署，学校，図書館，公会堂，公民館，博物館，美術館，体育館，病院，公衆便所の建物と敷地／古墳と墓地／社寺と教会，火葬場など．

③禁止物件：橋梁，トンネル，高架構造，分離帯／石垣や擁壁／街路樹，路傍樹／信号機，道路標識，歩道柵，駒止，里程標／消火栓，火災報知器／郵便ポスト，電話ボックス，路上変電塔／送電塔，照明塔／ガスタンク，水道タンク／銅像，神仏像，記念碑／道路面など．

④許可の必要な地域：屋外広告物を市の区域などにおいて掲出する際には，知事の許可が必要である．

⑤適用除外：法令の表示／国および地方公共団体の公共表示／公職選挙法にもとづくポスターなど／規則基準の範囲に適合する自己の氏名，店名，商標，営業内容の表示／音楽会，講演会，展覧会，冠婚葬祭時の立札／公共掲示板，道標，案内板など．

⑥禁止広告物：著しく汚いもの，破損，老朽，倒壊したもの，信号機，道路標識に類似のものなど．

⑦許可の期間，条件，変更，基準，表示：これらに関する知事の裁量や規則の準用などが細かく定められ

ている．
⑧管理義務：広告物の掲出は良好であること．
⑨除却義務と命令：広告物掲示の許可期間を守り，遅滞なく撤去しなければならない．
⑩手数料：納付が課せられるが，政治資金規正法の届け出をした政党などはその限りではない．
⑪屋外広告業の届け出：広告物設置の講習会修了者を置き，定められた規則の届け出により開業できる．
⑫講習会：知事は取り扱い講習会を開催すること．
⑬屋外広告業への指導，助言と審議会：知事は屋外広告物物審議会を置き，助言勧告を行うことができる．
⑭罰則：違反広告物の除却命令などに違反した場合50万円以下から20万円以下の罰金に処する．

■ 事例－金沢市屋外広告物条例の場合

各自治体と都市は前項の標準事項を参考として独自の屋外広告物条例を制定しているが，ここでは金沢市の例で条例の適宜性を問う資料としたい．

金沢市の屋外広告物条例は，1968（昭和43）年4月に制定された金沢市伝統環境保存条例と金沢市景観条例－金沢市における伝統環境の保存および美しい景観の形成に関する条例［1988（平成元）年］－の精神を礎に制定されている．

このような経緯を背景に，1996（平成8）年4月に中核市の指定を受けた金沢市は，当該の石川県からの屋外広告物条例の設置制限の事務ならびに権限委譲によって，新しい条例を制定施行することとなった．ことに金沢市景観条例の理念である，伝統環境保存区域と商業，業務集積の近代的都市景観創出区域の棲み分けによる調和形成の規範は，屋外広告物条例にも強く反映されこれを許可行政とした．したがって誘導の処方も細やかで独自性の高い条例となっている．誘導は，①地区景観の修景，②地区イメージの演出，③情報伝達の機能，を重点目標とし，広告物の種類別，総量別について下記の内容でこれを担保しようとするものである．

①主な広告物禁止区域：金沢市景観条例によって指定されている伝統環境保存区域，1,558haのすべてと，伝統都市の面影が残っているこまちなみ保存区域，住居専用地域および北陸自動車道沿い両側100～500mを屋外広告物禁止区域とする．

さらに禁止地域は第1種（伝統的街並み景観と自然環境・景観の保全上重要な地域）から逐次第6種（景観保全が必要な主要道路沿いに接続する展望可能な100～500m以内の地域）まで地域ごとに禁止と許可基準を定めた．ネオン点滅，電光表示板，野立広告は全面禁止である．ただし一定面積以内の自家広告や案内図版は例外となっている．

②許可地域：金沢市景観条例における近代的都市景観創出区域，154haおよび上記の禁止地域以外のすべての地域は許可地域である．

③地域別広告景観の形成：禁止や許可の区域区分にかかわらず，地域の特性にふさわしい広告景観を次の3種類に分けて創出する．①広告物活用地区，広告物の規制を緩和できる地区，②景観保全型広告整備地区，広告物などの表示または設置に関する基本方針を定めて，良好な景観保全を図る地区，③広告物協定地区，区域の土地所有者が景観整備のため広告物について協定を結ぶ地区．

④誘導指針の施策：金沢市景観条例の運用ソフトである都市景観形成基本計画に設定された屋外広告物の誘導指針を支援するために，デザインと色彩の専門家と屋外広告物業界の代表による「屋外広告物審査会」を設置した．審査会では毎年約150件の案件が審査され，市民の条例理解に協力している．

■ 美的環境の創出と屋外広告物のデザイン作法

自由な契約社会を前提とする屋外広告物のデザインには，いわゆる表現の自由と公共の倫理の調和を大切にしながら，情報伝達の目的に限りなく接近した実際的なデザインが常に望まれる．そのためのデザイン努力は，①文化的展望をもちながらも依頼者の利益に添った実質的対応を厭わない．②デザインが実現する環境つまりコモンセンス（良識）を尊重する．③屋外広告物は本来，歓待，親切のためのもてなしメディア（ホスピタリティー）であることを常に念頭に置くことなどが大切と思われる．その結果，自由で豊かな表現に満ちたもう一つの環境が創出され快適な社会が保全される．

［山岸政雄］

■ 文献
屋外広告物法：昭和24年6月3日，法律第189号．
屋外広告物標準条例（案）：昭和48年11月12日，建設省，都公緑発第81号．
金沢市における伝統環境の保存及び美しい景観の形成に関する条例：平成元年4月1日，金沢市例規，1695頁の301．
金沢市屋外広告物条例：平成7年12月25日，金沢市例規，1695頁の331．

4│701　文化財を守る法

■文化財保護制度の概要
[文化財とは]

　文化財は，わが国の長い歴史の中で生まれ，育まれ，今日の世代に守り伝えられてきた貴重な国民の財産である．これは，わが国の歴史，伝統，文化などの理解に欠くことのできないものであると同時に，将来の文化の向上発展の基礎をなすものであり，その適切な保存および活用を図ることがきわめて重要である．

　「文化財」という言葉は，第二次世界大戦後のわが国において現在の文化財保護法（以下，ここでは「法」という）の立案過程において生み出されたもので，その後わが国において広く一般に使われるようになった言葉である．戦前では，国宝，重要美術品，史蹟名勝天然記念物などいくつかの類型に分かれ，各々別の法律で定められていたものを，文化財保護法という統一的法制に繰り込むために必要な概念として用いられた．

　文化財保護を政治・経済・社会の面からとらえてみたとき，近代以降の政治的な革命や産業革命による文化財の破壊や散逸が頻発し，これが契機となって国家による体系的な文化財の保護のための事業が行われるようになったということができる．文化財に見られる優れた芸術作品や壮麗な大建築は，それが創作された動機の如何にかかわらず，外に向かっては国家や民族の文化の水準を誇示するものであり，内においては国家や民族の栄光の象徴として民衆の統合を強化する側面を有していると考えられる．

　法第1条においては，こうした性質を有する文化財について，「文化財を保存し，且つ，その活用を図り，もって国民の文化的向上に資するとともに，世界文化の進歩に貢献すること」という崇高な目的を宣言しているのである．

　法においては，有形文化財，無形文化財，民俗文化財，記念物および伝統的建造物群を文化財として定義している（法第2条第1項）．

　有形文化財とは，有形の文化的所産でわが国にとって歴史上または芸術上価値が高いもの（これらのものと一体をなしてその価値を形成している土地その他の物件を含む）ならびに考古資料およびその他の学術上価値の高い歴史資料である．有形の文化的所産とは具体的には，建造物や美術工芸品（絵画，彫刻，工芸品，書跡，古文書，考古資料，歴史資料など）である（法第2条第1項第1号）．

　無形文化財とは，無形の文化的所産で，わが国にとって歴史上または芸術上価値の高いものである．具体的には，演劇，音楽，工芸技術などである（法第2条第1項第2号）．

　民俗文化財とは，衣食住などに関する風俗慣習，民俗芸能およびこれらに用いられる物件で，わが国民の生活の推移の理解に欠くことのできないものである（法第2条第1項第3号）．具体的には，無形の民俗文化財については，衣食住，生業，信仰，年中行事などに関する風俗慣習，民俗芸能であり，有形の民俗文化財については，無形の民俗文化財に用いられる衣服，器具，家屋その他の物件である．

　記念物とは，①遺跡（貝塚，古墳，都城跡，旧宅など）でわが国にとって歴史上または学術上価値の高いもの，②名勝地（庭園，橋梁，峡谷，山岳など）でわが国にとって芸術上または鑑賞上価値の高いもの，③動物（生息地，繁殖地および渡来地を含む），植物（自生地を含む）および地質鉱物（特異な自然の現象を生じている土地を含む）でわが国にとって学術上価値の高いものである（法第2条第1項第4号）．

　伝統的建造物群とは，周囲の環境と一体をなして歴史的風致を形成している伝統的な建造物群で価値の高いものである（法第2条第1項第5号）．

　これらの文化財については，重要なものを指定などしてその保存および活用を図っている．文化財保護法では，この指定制度を中心として各種の文化財の保護を図っているが，1996（平成8）年に有形文化財のうち建造物について，保護手法の多様化を図り，指定制度を補完するものとして登録制度が導入されている．

　なお，文化財そのものではないが，文化財保護法が保護の対象としているものとして，埋蔵文化財と文化財の保存技術がある．

[分野別のしくみ]

　有形文化財　有形文化財のうち重要なものを重要文化財に指定し，さらに，重要文化財のうち世界文化の見地から価値の高いもので，類いない国民の宝であるものを国宝に指定する．

　無形文化財　無形文化財のうち重要なものを重要無形文化財に指定し，それを体現するものを当該重要無形文化財の保持者または保持団体に認定する．なお，重要無形文化財以外の無形文化財のうちでとくに必要のあるものについて，記録の作成などの措置を講ずべき無形文化財として選択する制度がある．

　民俗文化財　有形の民俗文化財のうちでとくに重要なものを重要有形民俗文化財に，無形の民俗文化財のうちでとくに重要なものを重要無形民俗文化財に，

それぞれ指定する．なお，重要無形民俗文化財以外の無形の民俗文化財でとくに必要のあるものについては，無形文化財の場合と同様，記録の作成などの措置を講ずべき無形の民俗文化財として選択する制度がある．

記念物　記念物のうち重要なものを史跡，名勝または天然記念物に指定し，さらに，史跡，名勝または天然記念物のうちでとくに重要なものをそれぞれ特別史跡，特別名勝または特別天然記念物に指定する．

伝統的建造物群　伝統的建造物群およびこれと一体をなしてその価値を形成している環境を伝統的建造物群保存地区として，都市計画区域内においては都市計画により，都市計画区域以外においては条例により，市町村が定める．文部科学大臣は，市町村の申出にもとづいて，これらの保存地区のうちわが国にとってその価値がとくに高いものを重要伝統的建造物群保存地区に選定する．

[文化財の現状]

2001(平成13)年7月10日現在，わが国の指定文化財などの件数は❶のとおりとなっている．指定文化財などの件数は，近年の文化財の指定対象の拡大，指定の促進に関する要請や学術的な調査研究の進展などに応じて着実に増加している．

指定文化財などについて，国はその保護のための規制をかける一方，その保存および活用のためのさまざまな支援措置を講じている．具体的には，次のとおりである．

重要文化財，重要有形民俗文化財および史跡名勝天然記念物に関する措置

①管理，修理(史跡名勝天然記念物については復旧)および公開に関する文化庁長官の指示，命令，勧告など
②文化庁長官による管理団体の指定と当該管理団体による管理，修理(復旧)および公開
③現状変更または保存に影響を及ぼす行為の規制(重要文化財および史跡名勝天然記念物については許可制，重要有形民俗文化財については届出制)
④輸出の規制(重要文化財については許可制，重要有形民俗文化財については届出制)
⑤所有者などの変更，所在の変更または滅失・毀損などに関しての文化庁長官への届出

重要無形文化財，重要無形民俗文化財および選定保存技術

①文化庁長官による記録の作成および伝承者の養成の実施
②文化庁長官による保存のために必要な助言および勧告
③文化庁長官による公開および記録の公開の勧告
④国による記録の作成および後継者の養成などに要する経費の補助

重要伝統的建造物群保存地区

①政令の定める基準に従って定められた市町村の条例による現状変更の規制
②文化庁長官または都道府県の教育委員会による市町村に対する保存に関する指導および助言
③管理，修理，修景または復旧について市町村が行う措置の経費についての補助

[指定などの基準]

これまで見てきたように文化財には五つの種類があり，このうち，有形文化財および無形文化財については，わが国にとって芸術上価値の高いもので重要なものが指定されるものとされている．これらの指定などの基準は，文化財保護委員会告示(昭和43年に文化

【指定】
1. 国宝・重要文化財

種別／区分		国　宝	重要文化財
美術工芸品	絵画	155	1,917
	彫刻	123	2,576
	工芸品	252	2,374
	書跡・典籍	224	1,837
	古文書	56	689
	考古資料	39	530
	歴史資料	1	113
	小計	850	10,036
建造物		(253棟)	(3,696棟)
		209	2,197
合計		1,059	12,240

(注) 重要文化財の件数は，国宝の件数を含む．

2. 史跡名勝天然記念物

特別史跡	60	史跡	1,434
特別名勝	29	名勝	275
特別天然記念物	72	天然記念物	920
計	161	計	2,629

(注) 史跡名勝天然記念物の件数は，特別史跡名勝天然記念物の件数を含む．

3. 重要無形文化財

	各個認定		保持団体等認定	
	指定件数	保持者数	指定件数	保持団体等数
芸能	34	50	11	11
工芸技術	43	52 (51)	13	13
合計	77	102 (101)	24	24

(注) カッコ内は実人員を示す．

4. 重要有形民俗文化財　　196
5. 重要無形民俗文化財　　213

【選定】
1. 重要伝統的建造物群保存地区　　58地区
2. 選定保存技術

保持者		保存団体	
41件	44人	16件	18(16)団体

(注) 保存団体には重複認定があり，カッコ内は実団体件数を示す．

【登録】
登録有形文化財　　2,190

❶文化財指定等の件数(平成13年7月10日現在)

保護委員会は文部省文化局と統合され，文部省（現文部科学省）の外局として文化庁に改組された）によって定められている．「国宝および重要文化財指定基準」，「登録有形文化財登録基準」，「重要無形文化財の指定ならびに保持者および保持団体の認定の基準」は，それぞれの告示を参照されたい．

なお，伝統的建造物群については，周囲の環境と一体をなして歴史的風致を形成している伝統的な建造物群で価値の高いものが指定・選定されるものとされており，以下において詳述する．

■歴史的集落・町並みの保存
[伝統的建造物群保存地区制度の成立]

わが国の歴史的集落・町並みの保存についての国民の関心は，1965（昭和40）年ころから急速に高まった．わが国の高度経済成長などによる社会経済状況の大きな変動の中で，自然環境の大規模な破壊や激甚な公害の発生のみならず，各地の歴史や文化を語る文化財や固有の歴史的集落・町並みも急速に失われていった．これらを危惧する国民の声は高まり，たとえば，1966（昭和41）年にはいわゆる古都保存法が制定され，奈良，飛鳥や京都，鎌倉などの歴史的風土の保存事業が始まった．しかし，古都保存法は，対象市町村が「古都」に限られていること，凍結的保存をめざし原則として市街地や集落区域を除外したことなどから，歴史的集落・町並みの保存制度とはなり得なかった．このため，各地で歴史的集落・町並み保存の模索が始まり，長野県南木曽町の妻籠宿，続いて金沢，倉敷，高山，京都などで歴史的町並みの独自の保存事業が始まった．

こうした各地の先駆的な取り組みを受けて，また，文化庁などでの制度化の検討調査などを経て，1975（昭和50）年に国の制度として設けられた歴史的集落・町並みの保存制度が伝統的建造物群保存地区（以下，伝建地区）である．まず独自の保存事業を始めていた地区のうち，長野県南木曾町妻籠宿，岐阜県白川村荻町，京都市産寧坂，萩市堀内などの7地区で伝建地区制度による保存事業が実施され，その後次第に広がりを見せ，現在では国が選定する重要伝統的建造物群保存地区は全国で58地区となり，各地で精力的に保存事業が進められている．この中にはすでに指定区域の拡大を行った地区も4地区あり，最近は保存条例の制定などの伝建地区指定の準備を進めている市町村もみに増加している．

[伝建地区制度の特色]

1975（昭和50）年の文化財保護法改正で生まれた伝建地区制度では，個々の伝統的な建造物を単体として文化財に指定するのではなく，その集合体である伝統的建造物群を文化財として価値あるものと位置づけた点でこれまでの文化財の概念を大きく広げたものである．そして，その伝統的建造物群およびこれと一体となって価値を形成している環境を全体として保存するために，伝建地区という地区指定制度を設けたことも大きな特色である．伝建地区が国や都道府県ではなく市町村の都市計画または市町村の保存条例にもとづき決定されることは，伝建地区の決定が地域のまちづくりと密接に関連づけられ，市町村の立場で判断されるべきことを示している．伝建地区制度では文化財保護と都市計画やまちづくり計画が緊密に連結されているのである．さらに，伝建地区内の建造物などの現状変更の許可や保存事業は市町村（教育委員会）が主体的に行うしくみとなっている．国は市町村が決定した伝建地区について，申出を受けてわが国にとって価値が高いものを重要伝統的建造物群保存地区（以下，重伝建地区と表記）に選定し，市町村が行う保存事業に府県とともに補助する．

このように，伝建地区制度は他の文化財保護制度と比べると，市町村の主体性，自主性を尊重し，また，まちづくりの視点を強くもった特色ある制度といえよう．

[伝建地区の保存事業の進め方]

伝建地区では保存事業を計画的に進めるために保存計画を策定する．保存計画では保存すべき建造物（伝統的建造物）や環境構成物件（環境物件）を定め，その保存の基準などを明らかにする．また，防災施設や管理施設などの整備計画とともに，建造物などの所有者などへの支援措置を定める．さらに保存地区の歴史的風致の維持向上のための公共事業などの計画を定める．各地区の保存計画は，近年では歴史を生かしたまちづくりの観点からよりきめ細かく，より総合的に改訂されている．

伝建地区では，建造物，工作物，土地などの現状変更行為は市町村に対して許可申請をしなければならない．ただし，その規制は主として外観上認められる位置，形態，意匠を対象としており，建物内部には及ばない．保存地区の中核となり，建物内部も含めて保存が必要な，とくに重要な伝統的建造物については，市町村，都道府県または国の文化財として指定し，保存を図っている．

第7章 | 美しい伝統文化を守るために

保存事業において、伝統的建造物は修理によりその本来の意匠、材料、技法などを保持し価値の維持を図ることが重要であり、現状変更は慎重かつ最小限にとどめることが望ましい。しかし、すでに改変されている部分の復原のための現状変更や採光・通風の確保、気密性保持、衛生設備の設置その他生活や営業のための現状変更が必要なことも多く、その伝統的建造物としての歴史的価値の維持と現代的機能の確保とのバランスに創造的な知恵が必要である。

保存事業では、一般建築物の改修や新・増築などの現状変更は修景と呼んでいる。伝建地区における一般建築物の修景は、その改修や新築・増築などにより伝統的建造物群およびその周辺環境に調和するよう整えることにより、伝建地区の価値を増大させる機会となるという、積極的な意味を内包している。また、伝建地区は地区住民にとって現在および将来の生活環境そのものであり、現状の景観のある程度の変化は避けがたいが、その変化を歴史的風致の維持に大きな影響を及ぼさない範囲で適切に誘導することが修景行為の許可に託されているといえる。修景は、伝建地区に期待される、一定の変化を許容しつつ創造的保存、動態的保存を具現する手法であり、主として凍結的保存をめざす指定文化財建造物における現状変更規制とは大きな違いがあるといえよう。

これらの修理・修景事業は、建造物の所有者などと設計者、工務店、行政担当者が綿密な打ち合わせを行いつつ計画的に進められ、全国では国の補助するものだけでも年間200件余の事業が行われている。自治体が、伝統的建造物を購入あるいは借り受けて修理し、また新たに建物を新築修景して、郷土の歴史資料などの展示施設や町並み保存センターなどの案内施設・交流施設とする整備事業も活発に行われている。

なお、伝建地区において近年、道路や橋梁整備などの公共土木事業が活発に行われるようになったが、これらは時にその規模や意匠などが配慮が不十分なまま実施され、伝建地区の歴史的風致の維持にとってはマイナスとなるケースも少なくない。伝建地区における伝統的建造物群の特性の維持と地区全体の整備事業との調和をどのように実現するかについて、総合的なまちづくりの観点からの住民の理解と協力、行政の見識と部内調整がますます重要になっている。

[伝建地区の増加]

前述のように、重伝建地区は現在全国で58地区が選定されているが、これらの保存地区では保存事業の進展により周辺の環境と調和のとれた美しい歴史的町並み・集落景観が維持され、また回復、向上している。地区内の人びとの自らの生活環境に対する自信や誇りもいっそう強まり、深まっている。そして、これに励まされ、各地で地域の文化や歴史を再評価し、自然や生活環境の保全と再生を図る努力が広がっている。伝建制度は歴史を生かしたまちづくりの中核的な制度として定着、発展しつつある。

文化庁が平成9年度に実施した全国の歴史的集落・町並みの実態に関する調査では、全国で約千の歴史的集落・町並みの存在が報告されている。20数年前の伝建地区の制度化検討時に行った調査よりかなり増加しているのである。これは、ともすれば失われがちの歴史的集落・町並みが住民や地元市町村の努力で守られてきたこと、またそのことにより歴史的集落・町並みが、地域の誇りとして新たに「発見」や「再評価」されつつあることを如実に物語っている。

今後、各地の歴史的集落・町並みが、地元住民と自治体の協力で伝建地区として指定され、保存事業が進むことが期待される。

日本の各地で、地域の置かれた自然や社会的条件の中で、人びとの何代にもわたる生活の営みが形となり、洗練されつつ今日まで受け継がれてきた。その蓄積が地域の豊かな財産として、これからのまちづくりの核として、今、注目されている。かつて開発優先のまちづくりによって地域固有の歴史と文化が次々と消滅していったが、今、成熟社会にさしかかって、確かなものを大事にする、よいものを作る、さらに磨きをかけることなどへと人びとの価値観が転換しつつある。伝建制度など文化財の保存への関心の広がりとその活用への取り組みの進展がそのことを如実に示している。

各地で景観条例の制定が続いているのも固有の自然や歴史・文化への関心の深まりを示している。建築行為などについて景観の保全・形成のための誘導を行うとともに、景観上重要な建築物などの保全を図ることなどが、次第にまちづくりの当然の内容として一般化しつつあるのである。

歴史的集落・町並みの保存をはじめとする歴史的遺産の保存と活用の進展は、このような景観施策とともに、これからの均衡のとれた豊かなまちづくりの確かな未来を指し示してくれるに違いない。　　［滝波　泰］

4|702　伝統産業を守り育てる法

　ここでは，伝統的工芸品を守り育てるために制定された「伝統的工芸品産業の振興に関する法律」（略称，伝産法）のしくみを中心に，今日まで継承されてきた伝統的工芸品が今後にわたり日常生活に果たす役割を考察する．

■伝産法の制定
[日本の風土と生活用品]

　私たちの祖先は，豊かさと厳しさを併せ備えた自然環境の中で生活を営むに際し，それぞれの地域における自然環境を受け入れ，その豊かさを享受するとともに，厳しさに耐えてきたと考えられる．そして，自然の豊かさを十分に活用することに情熱を燃やし，精神生活の面ではもちろんのこと，衣食住という物的生活の面においても，積極的に自然の恩恵を活用してきたのである．

　人びとは生活を営む上で必要な道具を作り，改良を加え生活の向上に努めてきたが，生活用品の歴史を顧みると，大陸文化の渡来によってそのつど大きな発展を示している．石の文化から土器の文化，鉄の文化へと発展し，織物，木工品も加わり，生活道具の主要なものがそろったものと考えられる．以来今日まで，文化の変遷とそれに伴う生活様式の変化に対応し，生活用品も改良，工夫が積み重ねられてきた．

　生活用品の製作技術は，時代とともに高度のものとなり，それに伴って製作者と使用者の分化が進んできている．しかし，その製品は，生活用品であるという基本的な点において変化はなく，製作に携わる従事者の創意工夫と，使う側である地域住民の生活の知恵とによって切磋琢磨され，変化する生活様式に対応しながら美術的要素，合理性，機能性などが加味されてきたのである．

[生活意識の変化と伝統的工芸品の抱える課題]

　1950年代以降，日本経済は高度成長を成し遂げ，生活水準も大幅に向上した．この時期を生産技術の面から見ると，明治時代以降徐々に進められてきた手仕事から機械への移行が急速に推進された時期といえる．さらに，消費生活の画一化，生活様式の洋風化，核家族化の進行などに伴って生活意識も変化し，生活用品の選択は合理性，機能性が重視され，かつ，大量生産物資の潤沢な供給を前提とした大量消費型が定着し，一方では，日本古来の習慣，生活の知恵などの伝承が途絶えがちになってきたのもこの時期である．

　1970年に入ると，画一化された商品，合理性，機能性重視の消費生活にあって，生活水準の向上したわれわれは，物量的には豊かであるにもかかわらずそれらが機械による生産物資であることからくる飽き足りなさ，高度化，複雑化する社会組織への対応の遅れ，画一化された生活への反発などの要因によって生活態度や意識は高度成長時代とは異なった傾向を示すようになった．この傾向を生活用品に対する態度から見ると，量的充足より質的な良否の優先，個性化，多様化，高度化といわれる画一化からの脱皮，さらには，丈夫で長い期間愛着をもって使用できるもの，表面的なものでない深みや味わいのあるもの，やすらぎの感じられるもの，生活に豊かさと潤いをもたらすものへの欲求の高まりとなっている．

　このような伝統的工芸品に対する欲求の高まりに対応する伝統的工芸品産業の現状は，どのような状況であろうか．

　まず第一は，需要の問題である．機械による大量生産品は製品の画一化という面はあるものの，従来の製品の欠点を補った合理性，機能性が備わり，かつ，価格が低廉であることから便利で安いものとして生活に取り入れられている．一方，伝統的工芸品は現在見直されつつあり，質的にも高いものが多いが機械生産品と価格面において同次元の競争を行うことはむずかしいといえる．このため需要の拡大には相当の努力が必要と思われる．

　この需要および価格の面での戦後の急激な変化が，現在の伝統的工芸品産業の抱える多くの問題の根源ともいえる．

　伝統的工芸品産業の事業者は，その製作過程が手工業的な要素によって占められていることから，いずれも中小零細な事業者である．また，手づくりを生命としているだけに，戦後の一貫した機械化を柱とした近代化，合理化による経済の発展になじめず，企業規模の零細性，需要の減退などの要素もからまって，手工性を損なわない範囲における作業環境の近代化，経営，雇用関係などの合理化，近代化なども思うように進められなかったことも否定しえないところである．

　このような企業体質の改善が遅れていることに加え，長い年月に培われた伝統的な流通機構の近代化の遅れ，生産・販売分離による消費者情報の入手難，天然原材料の不足または枯渇による高騰など，伝統的工芸品産業を取り巻く情勢は厳しさを増すばかりである．

　中でも一番深刻なのは，後継者の確保難と熟練技術

者の高齢化の問題である．伝統的な手づくりの技術は一朝一夕に継承できるものではなく，後継者の地味な努力と忍耐とを裏付けとした長期間の修業によって初めて体得できるものだけに，若年従事者の確保は欠くことのできないことといえる．

高度成長による就業機会の増加と就業先の多様化とによって，農山村の若年労働力の多くは都市へ，近代産業へと吸収されていった．このため伝統的工芸品産業では就業希望者の減少，賃金の上昇に伴う雇用の抑制などにより，後継者が極度に不足してきた．この若年後継者の確保難は，当然のこととして熟練技術者の高齢化を招くこととなり，伝統的技術の継承の困難性がますます高まるとともに途絶の危機にあるものさえ少なくない．後継者確保の問題は最大の問題として解決を迫られているといえる．

[伝産法の成立]

伝統的工芸品産業の振興に関係する政府の施策は，これまで，①中小企業近代化対策，②文化財保護対策，③デザイン振興対策，④地方庁の振興対策など中小企業の振興または文化財保護の観点からいくつかの政策がとられてきたが，伝統的工芸品産業の手づくり性に着目してこれを振興するという内容のものはほとんどなく，その意味では伝統的工芸品産業は政策的にも日の当たらなかった業種といえる．しかし，伝統的工芸品産業はわが国の貴重な文化産業であり，振興の必要性から，1974(昭和49)年5月，議員立法により伝産法が制定された．

■伝産法のしくみ

[伝統的工芸品の定義]

「伝統的工芸品」という用語は，伝産法が初めて用いた用語であり，従来から一般的に用いられている「伝統工芸」といわれているものと，伝産法が法律の対象とする，伝統的に継承されてきた工芸品を明確に区分するためのに作られた用語である．

伝統的工芸品の備えなければならない具体的要件は，伝産法第2条に示されており，この要件に当てはまるものが伝産法の対象になりうるもので，法律にもとづく手続などを経て「伝統的工芸品」と称することができるものである．

①工芸品であること

「工芸品」という言葉は，一般的にはかなり多様に使われており，極端な言い方をすれば一人一人皆異なった概念で使っているといえる．伝産法では，「熟練した技を必要とする工作物であって，芸術的要素を備えるもの」という程度の広い概念を考えている．

②主として日常の用に供されるものであること

一般の人びとの日常生活に使用されるものであるということだが，ここでいう日常生活とはかなり広い範囲を考えてもよいようである．たとえば冠婚葬祭，節句のように一生に数回または1年に1～2回の行事であっても，それが主として一般家庭において行われる行事であり，日本人の精神生活と切り離すことのできないものと認められる場合は，日常生活に含まれると解されている．また，人形，置物なども家庭内にあって生活に潤いと豊かさをもたらすものとの観点から，日常生活に供するものと考えられる．なお，彫刻，絵などのいわゆる美術品については，これらの品が実用性の価値より，美術的要素がより評価されているなどから，日常生活の用に供するものとは考えないこととしている．本来，美術品は作者の美術意識の発露の結晶として製作されるもので，産業として振興対策を講ずる対象とは次元の異なるものなのである．

③その製造の主要部分が手工業的であること

伝統的工芸品の特質，独特の持ち味と手づくり性は切り離せない関係にあるといえる．伝統的な技術を生かして機械化を進めたとしても，その進展によって作られた製品自体に手工性が失われることとなり，伝統的工芸品の本来もっていた手づくりの温もりといわれる特質，持ち味が失われて，この要件には合致しないと考えられる．したがって，伝統的工芸品はあくまでも手工業的な方法によって作られることが必要となる．

ただ，主要部分が手工業的と表現されているように，製造の工程のうち最終製品の品質，形態，デザインなど製品の特質，持ち味に大きな影響を与える工程について手工性を求めているのであり，これらに影響を与える度合いのきわめて少ない補助的な工程の機械化までを妨げているものではないと解されている．また，主要工程の手工性についても，手作業が中心となっていればよく，補助的な道具の使用，単純な労力の動力化までも妨げるものではない．

④伝統的な技術または技法によって製造されるものであること

伝統的工芸品は，昔から受け継がれたものであり，当然その製造技術も古くから受け継がれてきたものとなる．ここでの伝統的とは原則として製造技術または技法が100年以上の歴史を有し，今日まで継続してい

ることを意味する．この場合でも，技術技法が受け継がれてきた間に，生活様式の変化，創意工夫などによって改善，発展があっても，それが技術技法の根本的な変化，製品の特質，持ち味などを変えるような大きな変化でなければ伝統性は認められている．

⑤伝統的に使用されてきた原材料が主たる原材料として用いられ，製造されるものであること

製造方法，製造技術とともに原材料も伝統的工芸品の特質，持ち味に重要な関係を有しているといえる．ここでいう伝統的も④と同じく100年以上の歴史を意味している．主たる原材料とは，品質，持ち味を維持するために必要不可欠な原材料のことを指しており，天然の原材料を使用することになるが，現実にはすでに枯渇したもの，または入手が困難なものも多く，このような場合には同種のものへの転換も認められている．

⑥一定の地域において少なくない数の者がその製造を行い，または製造に従事していること

伝産法は，伝統的工芸品の製造活動を産業としてとらえようとしているため，産業としてのある程度の規模が必要となる．この規模について定めたのがこの規定で，一定の地域とは，その工芸品を製造する事業者がいる産地の区域をいい，少なくない数とは，事業者で10以上，従事者で30人以上のいずれかと解されている．この数の基準は必ずしも固定的なものでなく，実状によって判断することとしている．

なお，伝統的工芸品に準じ伝統的工芸用具・伝統的工芸材料を指定している．

指定を受けた産地では，伝統的工芸品の製造のために，他の産地で製造されている用具や材料を使用する場合が少なくない．伝統的工芸品産業の振興のためには，これら伝統的工芸品の製造に不可欠な用具や材料だけを生産している産地に対しても，伝統的工芸品と同様，振興を図る必要がある．

伝統的工芸用具または伝統的工芸材料として指定されるための要件は，伝統的工芸品の製造に不可欠な用具または材料の産地であって，これらの用具などを使う伝統的工芸品産地とは別の地域の，独立した産地であり，前記の①，②を除く③，④，⑤，⑥の要件を満たすものであることとされている．

[振興計画の策定]

伝統的工芸品の指定手続を経て経済産業大臣より伝統的工芸品として指定を受けると，指定協同組合などは伝産法に従って，伝統的工芸品産業の振興を図るための振興計画を作成し，国，地方公共団体などの助成措置を受けることができる．

振興計画の内容は，次の通りである．

①従事者の後継者の確保および育成ならびに従事者の研修に関する事項
②技術または技法の継承および改善その他品質の維持および改善に関する事項
③原材料の確保および原材料についての研究に関する事項
④需要の開拓に関する事項
⑤作業場その他作業環境の改善に関する事項
⑥原材料の共同購入，製品の共同販売その他事業の共同化に関する事項
⑦品質の表示，消費者への適性な情報の提供などに関する事項
⑧老齢者である従事者，技術に熟練した従事者その他の従事者の福利厚生に関する事項
⑨その他伝統的工芸品産業の振興を図るために必要な事項

振興計画には，前述の事項ごとの事業の名称，具体的な内容，効果など，所要資金，事業予定期間，資金調達計画などを計画期間全体について記載するとともに，産地の現状，生産の現状および見通し，原材料確保の現状と見通しなどの計画策定の基礎となったデータを併せて記載する．

[伝産法による助成制度]

○伝産振興策のスキーム

伝産法による振興策のスキームは❶に示されたように，経済産業大臣が産業構造審議会の意見を聴いて伝統的工芸品を指定し，指定された伝統的工芸品を製造する事業者の団体が，振興計画，協同振興計画，活性化計画または支援計画にもとづく事業を実施し，伝統的工芸品を製造する産地の振興を図るものである．

振興計画にもとづく具体的な助成事業として，後継者育成事業，需要開拓事業など（ア．伝統的な技術・技法の記録，資料収集，作品保存，イ．原材料の確保に必要な調査研究，ウ．展示会などの需要開拓事業，エ．新しい意匠の開発事業）および施設建設（伝統産業会館，伝統的工芸品産業人材育成・交流支援センターの建設）に対し経費の補助，資金の確保，税制などが措置されている．

1992（平成4）年および2001（平成13）年の伝産法の改正により，振興計画に加え，共同振興計画，活性化計画，支援計画が追加され，補助金，融資など助成策が

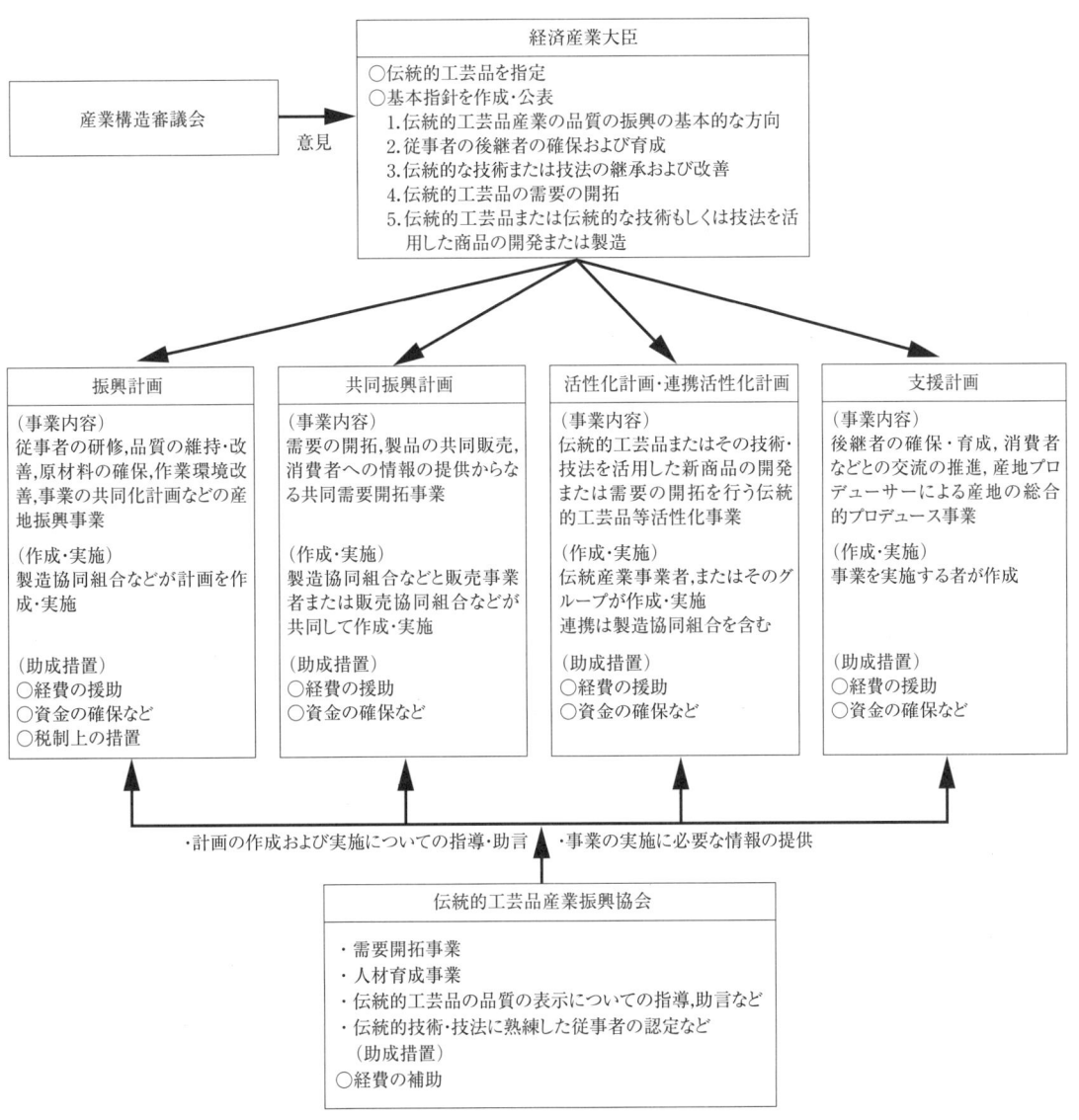

第7章 | 美しい伝統文化を守るために

```
                           ┌─────────────────────────────────────┐
                           │           経済産業大臣                │
                           │ ○伝統的工芸品を指定                  │
                           │ ○基本指針を作成・公表                │
┌──────────────┐  意見    │ 1.伝統的工芸品産業の品質の振興の基本的な方向 │
│ 産業構造審議会 │ ────→   │ 2.従事者の後継者の確保および育成      │
└──────────────┘           │ 3.伝統的な技術または技法の継承および改善 │
                           │ 4.伝統的工芸品の需要の開拓            │
                           │ 5.伝統的工芸品または伝統的な技術もしくは技法を活 │
                           │   用した商品の開発または製造          │
                           └─────────────────────────────────────┘
```

振興計画	共同振興計画	活性化計画・連携活性化計画	支援計画
(事業内容) 従事者の研修、品質の維持・改善、原材料の確保、作業環境改善、事業の共同化計画などの産地振興事業	(事業内容) 需要の開拓、製品の共同販売、消費者への情報の提供からなる共同需要開拓事業	(事業内容) 伝統的工芸品またはその技術・技法を活用した新商品の開発または需要の開拓を行う伝統的工芸品等活性化事業	(事業内容) 後継者の確保・育成、消費者などとの交流の推進、産地プロデューサーによる産地の総合的プロデュース事業
(作成・実施) 製造協同組合などが計画を作成・実施	(作成・実施) 製造協同組合などと販売事業者または販売協同組合などが共同して作成・実施	(作成・実施) 伝統産業事業者、またはそのグループが作成・実施 連携は製造協同組合を含む	(作成・実施) 事業を実施する者が作成
(助成措置) ○経費の援助 ○資金の確保など ○税制上の措置	(助成措置) ○経費の援助 ○資金の確保など	(助成措置) ○経費の援助 ○資金の確保など	(助成措置) ○経費の援助 ○資金の確保など

・計画の作成および実施についての指導・助言　・事業の実施に必要な情報の提供

```
┌─────────────────────────────────────┐
│         伝統的工芸品産業振興協会         │
│ ・需要開拓事業                        │
│ ・人材育成事業                        │
│ ・伝統的工芸品の品質の表示についての指導、助言など │
│ ・伝統的技術・技法に熟練した従事者の認定など │
│   (助成措置)                          │
│ ○経費の補助                           │
└─────────────────────────────────────┘
```

❶伝統的工芸品産業振興法のスキーム

拡充されている．
○伝統的工芸品産業振興協会の設立
　伝統的工芸品産業振興協会(略称 伝産協会)は，伝産法にもとづき伝統的工芸品産業振興の中核機関として，1975(昭和50)年に協同組合などの総意で設立された財団法人で，国および地方公共団体などの支援により次に掲げる各種振興事業を実施している．
　①人材確保育成事業：従事者数の減少と高齢化問題を抱える伝統的工芸品産業にとり，従事者および後継者の確保と育成は最重要課題の一つでありその一環として，高度な伝統的技術・技法の保持者である「伝統工芸士」の認定，産地振興に貢献された功労者の顕彰，伝統工芸士による製作体験指導・教育事業および産地プロデューサー事業などを実施している．
　②需要開拓事業：伝統的工芸品のよさを広く消費者に普及啓蒙するため，1983(昭和58)年に創設された11月の「伝統的工芸品推進月間」事業を中心に全国的規模の展示会，コンクール，ビデオ映像化，産地診断，モニタリング事業を実施するほか，各種調査研究を通してデータベースの充実を図っている．
　③全国伝統的工芸品センター事業：伝統的工芸品に関する総合情報機能を有する施設として，1979(昭和

54)年に東京・青山に開設，2001（平成13）年，拡充のため池袋に移転し，経済産業大臣指定伝統的工芸品の展示，制作実演，図書，ビデオなどを備え，作り手と使い手の交流の場となるよう運営されている．

以上の国振興施策のほか，伝統的工芸品産業は地域性の強い産業であることから，当該産業を抱える地方公共団体が独自の振興策を講じているところも多く見られる．

■伝統的工芸品の現況

産地における最近の最大の問題は，長引く不況による需要の低迷，経営難，次いで後継者の確保難である．これらの原因として，人びとの生活様式の変化やニーズに適合した商品開発の遅れ，また問屋依存型のため新たな流通経路の開拓に積極的に取り組んでいないことが挙げられる．一般消費者の生活用品に対する意識の変化，とくに安価な量産品の拡大傾向にあって，伝統的工芸品の知名度不足や情報の提供不足も否めない．

しかしながら，伝産法の施行によりさまざまな課題を抱える各産地が振興計画を柱として事業に取り組んだ結果，急激な衰退に歯止めがかかり産地基盤の確立や結束が図れたことは全体的に評価できよう．後継者の育成研修事業はほとんどの産地で毎年実施されており，伝統的技術・技法が正しく継承されていることが確認できる．消費地での展示，求評会などを内容とする需要開拓事業も，当該工芸品の知名度の上昇，消費者ニーズの吸収など成果を挙げている．また，公設研究機関の指導を受けて工程部門の省力化，品質の向上，新製品の開発などに一定の成果を得ているほか製造工程のビデオ収録，資料保存に成果をみている．反対に，製造にあたる事業所の大部分が小規模で分業体制をとっているため，作業場，作業環境の改善が後回しとされていたり，一部の原材料で生産者不足や指定要件に適う代替材の研究などが課題となっている産地も見られる．

一方，伝統的工芸品産業にとって明るい兆しも見られる．国際交流，情報公開が進む中で，人びとは生活の質的充実を求めて一層「和の物」への関心を高めており，また自然との共生や地球環境保護の視点から伝統的工芸品の素材や特性が再発見されたり，モノづくりの再評価や職人志向の高まりから伝統的工芸品が見直されている．

地方自治が新たな時代を迎える今，全国の伝統的工芸品産地において「伝統工芸士」を中心に，工房の公開，製作体験の指導が広まりつつあり，地域の人びとから応援されている状況となっている．また，振興計画の後継者研修事業で養成された若者たちが産地の推進力に育ち，近隣の異分野産業などと交流の輪を広げながら新商品開発，地域おこしにたずさわっている．風土と歴史に培われて継承されてきた地場産業の真髄を見る思いである．

これからの伝統的工芸品産業は，伝統を維持しつつ現代の生活者にとって魅力ある商品の提供を進め，地域経済の発展と人びとの文化的生活の向上に寄与する産業として自立的に成長，発展することをめざすことが求められている．わが国は，民族の宝ともいえる伝統的工芸品産業の宝庫であり，世界でも希有な国である．国際政治や経済が多極化し，グローバリゼーションの名のもとに，わが国の産業構造の独自性が埋没しつつある中で，伝統的工芸品産業はその特徴・個性を顕示し，深み，厚み，重みを増すという役割を担う，まさにわが国のアイデンティティを形成するものとなろう．

〔丸岡隆之〕

■文献

伝統的工芸品産業の振興に関する法律．
伝統的工芸品産業の振興に関する基本的な指針．
21世紀の伝統的工芸品産業施策のあり方について（答申）．

第7章 | 美しい伝統文化を守るために

コラム「私の選ぶ図書10冊」

清水忠男［生活環境デザイン／千葉大学］

① 『文明の生態史観』（梅棹忠夫著，中央公論社，1967）
　生態学的手法を用いて文明の諸様相を検討した著者が，東対西，アジア対ヨーロッパという従来の慣習的な座標軸上の世界史観に画期的な「世界史モデル」を提起した本である．

② "Streets for People"（Bernard Rudofsky著，Doubleday & Company，1969）
　街の公共空間の中のどのような要素が人びとを引きつけ，居心地良く感じさせるのかについて，古今の例を駆使しながら述べている．著者は，その他にも，邦題「裏から見た現代住宅」(1979)，「みっともない人体」(1979)など，人間の生活ぶりやその道具・空間のあり方を斬新な切り口で述べるユニークな著書でも知られる．

③ 『かくれた次元』（エドワード・ホール著，日高敏隆，佐藤信行訳，みすず書房，1970）
　日常の生活場面で人びとがとる行動の背後に，周囲の人間や道具や空間との関わりから生じる心理的な働きがあり，それらはその人が属する社会的・文化的枠組みの影響を受けているということを，実際の生活場面での実験を例に挙げながら述べている．

④ 『生きのびるためのデザイン』（ヴィクター・パパネック著，阿部公正訳，晶文社，1974）
　大量生産方式によって同じような製品が世界中にあふれ，それが熱狂的に受け入れられていた時代に，それぞれの地域や文化の特性にふさわしいデザインの必要性を訴え，代替の具体的手法を述べた．

⑤ 『法隆寺を支えた木』（西岡常一，小原二郎著，日本放送出版会，1978）
　法隆寺の修復工事を担当した宮大工と，農学博士・工学博士二つの学位をもつ木材についての権威が，日本の古建築における木の使われ方のすばらしさについて存分に語り，優れた文化論に高めている．

⑥ 『マン・ウオッチング』（デスモンド・モリス著，藤田　統訳，小学館，1980）
　無意識の行動の中に，人は自らの心の内側や，属している社会や文化の特質を「問わず語り」のように示しているということを，豊富な図版，写真などによって説明しており，人間観察の楽しさを教えてくれる．

⑦ 『「縮み」志向の日本人』（李　御寧著，学生社，1982）
　著者にはこの他にも『ふろしき文化のポスト・モダン』（中央公論社，1989）などの著書があり，韓国と日本の文化を冷静に比較しながら，生活文化デザインの本質を述べている．

⑧ 『路上観察学入門』（赤瀬川原平，藤森照信，南伸坊編，筑摩書房，1986）
　路上から観察できる森羅万象を対象にした「路上観察学」の旗印のもと，多くの都市フィールド・ワーカーたちが，独特の見方から，街の隠された表情を生き生きととらえる方法を示している．

⑨ 『環境をデザインする』（環境デザイン研究会編，朝倉書店，1997）
　人間の生活が自然環境によって支えられているのはもちろんのことだが，日常生活の多くは人間の作り出した環境の中で営まれている．そのような人間の作り出す環境をいかに望ましいものにするか，幅広い領域の専門家たちがその考え方や方法について述べている．

⑩ 『五体不満足』（乙武洋匡著，講談社，1998）
　四肢が極端に短く生まれた著者が家族の暖かく強い支えによって明るく生きてゆく様子は感動的だ．スポーツマンだった若者が，交通事故によって車椅子生活を余儀なくされながらたくましく生きている山崎泰広著の『愛と友情のボストン』（文京書房，1996）も身近に想定できる状況だけに，勇気づけられる．

4|801 デザイン行政・振興の歩み

　日本の「デザイン振興」(以下，ここでは，国の行政が中心となって進められる振興活動を指す)は，産業がデザイン活用し始める以前に行政がその重要性に気づき，先駆的な活動を開始した点に大きな特徴がある．当時実体がなかったデザインに，行政が「賭けた」ともいえるのだが，以来40年を超える振興活動の継続によって，日本のデザインを世界に類を見ないまでに育て上げる先導的役割を果たしてきた．その効果については，日本国内だけでなく，韓国や台湾，あるいは最近ではマレーシア，インドネシアなどアジア各国が「Gマーク制度」をはじめとする日本のデザイン振興制度を積極的に研究導入し，産業のテイクオフを支援することに成功しつつあることからも，十分裏付けられよう．

　ただし，デザイン振興活動が常に順風満帆というわけではない．とくに現在では，「Gマーク制度」の民営化などのように，活動の主体は官主導から民主導へと移転が図られつつあるが，これに伴い，行政が主軸となって展開されるデザイン振興活動の重要性が改めて認識されつつあるようにも思われる．

　以下ここでは，前半で日本のデザイン行政，振興活動の歴史を振り返るとともに，「不足していた視点」を挙げ，若干考察を加えておきたい．

■前史的活動

　行政サイドからデザインを活用し産業振興を図ろうとする活動は，国立の試験研究機関である「工芸指導所」(後に「産業工芸試験所」さらに「製品科学研究所」と改名)によって展開された「産業工芸」確立運動にさかのぼる．ここでは，ブルーノ・タウトやシャルロット・ペリアンなどの有名デザイナーが招聘され，地域の手工芸の改善が試みられるなど，具体的なデザイン開発も数多く試みられており，また戦後の進駐軍用の住宅建設にあたり，同指導所がデザインを提供するなどの実践的活動も展開されている．

　ただこれらの活動は，戦後のデザイン界をリードする人材の育成という意味では大きな役割を果たしたが，その活動の範囲と影響力から見て，先駆的な実験の範囲にとどまるように思われる．

■デザイン行政の出発
[キャッチアップの時代]

1955	「ラッセル・ライト計画」開始
1956	通商産業省，外国人デザイナー招聘計画開始．第1回「工業デザイン・アメリカ観察団」派遣

　行政がデザインを強く意識し始めたのは，戦後の混乱期を抜け出そうとする1955(昭和30)年頃からと考えられる．

　昭和30年当時は，輸出による外貨獲得が大きな行政テーマであったが，機械工業などは敗戦の痛手から回復していない状況にあったため，手工業品，軽工業品の輸出が当面の課題となった．アメリカの工業デザイナー，ラッセル・ライトから日本の手工芸品をアメリカに輸出するプランの提案があり，これにもとづき，外務省，通産省，日本貿易振興会，日本生産性本部などが委員会を作り，具体的な事業に着手した．この「ラッセル・ライト計画」と呼ばれる事業が，地域の産業を対象とするデザイン振興活動の出発点となった．

　またこの時期，日本のデザインの先駆者たちが，日本インダストリアルデザイナー協会(JIDA，1952年)や日本デザインコミッティ(1953年)などを設立していくが，そうしたデザイナーの能力向上を目的に，外国人デザイナーの招聘や外国教育機関への留学が行政の手によって行われ始めた．

[デザイン行政の出発]

1957	「グッドデザイン商品選定制度(Gマーク制度)」開始
1958	通商産業省デザイン課設置．「輸出デザイン法」制度

　日本におけるデザイン行政の出発は，やや残念なことに，日本商品にはイミテーションが多いとする先進諸外国からのクレームに端を発する．1957(昭和32)年に藤山愛一郎外務大臣が訪英した際，模倣問題を突きつけられたことが決定的になったといわれるが，これに対応するため，通商産業省は貿易局に「デザイン課」を設置し，デザイン行政に着手し始めた．具体的施策としては，知的財産権面で問題の多い品目の輸出をチェックする「輸出デザイン法」(平成9年廃止)を制定する一方で，オリジナリティのある商品の育成を目的に，デザインのよい商品を認め推奨していく「グッドデザイン商品選定制度(Gマーク制度)」(特許庁によって1957年に開始され，翌年の「デザイン課」設置に伴い通商産業省に移管される)を発足させた．

第8章 デザインを振興する行政施策

[中核となる振興機関づくり]

1960	日本貿易振興会「JAPAN DESIGN HOUSE」開設
1964	通商産業大臣の諮問機関であるデザイン奨励審議会,「総合的デザイン振興機関の設立」を答申
1969	(財)日本産業デザイン振興会発足
1970	日本貿易振興会「JAPAN DESIGN HOUSE」閉館

行政が立案するデザイン振興政策を具体的に実施していくためには，その担い手となる専門の機関が必要とされる．この種の振興機関としては，イギリスのデザインカウンシル(CoID)の活動が先駆的になるが，これらを見習いつつ，日本の状況に合わせた振興機関が設立されていく．デザイン行政発足当時は，当時の振興課題が輸出振興に置かれていたこともあって，日本貿易振興会の中にデザインセンター的機能をもつ部門が設立された．その活動を受け，1969(昭和44)年にはわが国唯一の総合的デザイン振興機関として財団法人日本産業デザイン振興会が設立され，デザイン振興政策を実施していくこととなる．

■デザイン振興の充実
[中小企業デザイン振興政策の充実]

1965	「日本手工芸品輸出事業」開始
1975	「地方デザイン開発推進事業」開始
1985	「地場産業デザイン高度化特定事業」開始

デザイン振興の体制づくりが整うにつれ，とくに中小企業政策を中心に，具体的な振興政策が充実していく．

全国各地の手工芸品(ハンディクラフト)をデザインを通じ改良し，輸出を増加させようとする振興政策は，1955(昭和30)年の「ラッセル・ライト計画」に始まり，1965(昭和40)年には「日本手工芸品輸出事業」へ，さらに対象を工業製品へと拡大しつつ「日本優秀デザイン商品輸出事業」と名称を変更し，1980年代まで継続された．

これらの事業は，デザイナーが各企業を訪問し，デザイン指導を現場的に行うものであり，改善効果は高いもののやや対症療的な施策でもあった．そこで1975(昭和50)年からは，地域企業の自立的デザイン開発能力を向上させるべく，「地方デザイン開発推進事業」が開始された．この事業は，第一年度ではデザイン開発に取り組む体制を地域ごと(県，産地単位)に整備するとともに啓蒙的活動を展開し，さらに第二年度では，有力デザイナーが，産地ごとにパイロット商品の開発ワークショップと販売プロデュースを行うことで，デザインノウハウの地域移転を図ろうとしたものである．

この事業が10年間にわたり全国的に展開されたことによって，地場企業の自立的デザイン開発力は大きく向上した．なおこの事業は，実施期間を一年間に短縮し，中小企業庁の「デザイン高度化特定事業」として継承された．

[Gマーク制度を通じてのデザイン振興]

1980	Gマーク制度，グッドデザイン大賞，特別賞を設置．併せてデザイン認定証の発行者を通商産業大臣とする
1984	Gマーク制度，対象領域をあらゆる工業商品へと拡大

発足当時のGマーク制度は，オリジナリティの高い商品を作り出そうという理念的運動の側面が強く，また公募制度となった1963(昭和38)年以降も輸出振興を主な目的としていたため，品質面の向上に重点が置かれていた．「Gマーク選定」をめざしデザインを積極的に活用しようとする企業も増えてきたが，制度自体は広がりを欠き，やや地味な印象を免れなかった．

そこで1980(昭和55)年には，デザインの力をさらに訴求すべく，大賞・特別賞などを設け，また1984(昭和59)年には，それまで消費財中心であった選定対象を，産業財，公共財を含むあらゆる工業製品へと拡大するなどの制度改善を行った．とくに対象拡大によるデザインメソッド，ノウハウの移転効果は著しく，90年代初めには，ほとんどすべての産業分野がデザインを活用しうるまでに至っている．

[デザインを通じての国際交流]

1973	世界インダストリアルデザイン会議 (ICSID '73 KYOTO)
1981	(財)国際デザイン交流協会設立

デザイン導入期では，デザインを通じての国際活動

もキャッチアップ型であり，また個人的活動に終始していた．1973(昭和48)年のICSID(世界各国のインダストリアルデザイン分野の団体によって構成される国際的組織)京都会議を期に，日本のデザインに対する評価も一転し，JIDAなどのデザイン団体は国際的なデザイン活動の一翼を担うに至った．こうした相互交流型の国際交流の進展を背景に，1981(昭和56)年財団法人国際デザイン交流協会が設置され，国際活動への組織的対応が一層促進された．とくに同協会が10回にわたり実施してきた国際デザインコンペ(隔年開催)は，世界中の若手デザイナーの登竜門として大きな役割を果たした．

■デザイン対象の拡大
[デザインの社会化]

1988	デザイン奨励審議会「90年代のデザイン政策」発表，通商産業省に「89年をデザインイヤーとし，国民的な運動を展開すること」の提唱を求める
1989	「'89デザインイヤー」開催．世界デザイン会議(ICSID'89NAGOYA)，世界デザイン博覧会(名古屋)など全国で400事業を展開．記念事業「日本デザイン賞」発表
1990	通商産業省「デザインの日」制定．通商産業省「デザイン功労者大臣表彰」開始

日本の産業，社会が大きく変貌し発展していく中で，デザインを活用したいとする産業分野も消費財分野だけでなく産業財公共財へ拡大する．同時に個々の商品・サービスだけでなく，ブランドづくりや企業イメージ形成をもデザインの対象として認識されるようになった．また地域の自治体も，住民サービスの向上あるいは地域のアイデンティティ形成という視点から，デザインに関心を寄せるようになった．こうした多種多様な期待に応えるため，さまざまな分野領域とデザインとの「接点」を拡大していく，新しいタイプの振興活動が求められた．

「'89デザインイヤー」は，通商産業省の提唱のもとに全国規模で展開された運動で，名古屋市の「ICSID世界デザイン会議」誘致と市制100年記念「世界デザイン博覧会」開催を核に，経済団体，デザイン先進企業，自治体，教育機関などにデザインを活用した独自事業の実施を呼びかけ，その相乗効果によって，デザインの有用性をさまざまな分野領域に訴求していこうとする方策が採られている．この結果，全国各地で400件余りの事業が実施されることとなり，デザインへの理解を大きく向上させることができた．

[地域ニーズへの対応]

1990	通商産業省，振興会，地域デザインセンター設立を支持する体制を整備
1993	振興会「全国デザインセンター会議」発足．90年代に12地域で新しい地域デザインセンターが設立される

一方，地域におけるデザインニーズも，地場産業の商品改良ニーズを超え，産業自体の再構築，新産業創出，さらに自治体自らが進める地域環境整備，まちづくり，村おこしなどへ大きく拡大していった．

こうしたニーズの拡大に対応し，その地域でのデザイン活動を促進するために，地域ごとにデザイン振興機関(デザインセンター)を設立しようとする自治体が増加し，これを行政，振興の立場から支持する体制が整えられた．

とくに「デザインイヤー」などでデザインによる地域づくりを進めていた名古屋市は，「国際デザインセンター」(「民活法」の適用を受けた大規模なデザインセンター)を設立したが，このほか富山，福井，神奈川，静岡，山梨，和歌山などの各県も，県組織あるいは公益法人によるデザインセンターを設置した．これに石川など従来から設立されている機関を加え，90年代半ばには，全国的なデザイン振興ネットワークが確立されることとなった．

また，地域においてデザイン能力をもつ人材を育成しようとする動向も著しく，長岡市，山形県，名古屋市，宮城県，岡山県，静岡県などでは，デザイン系大学の新設や学部増設が行われている．

■「官主導」から「民主導」へ
[デザインをめぐる需給ギャップ]

1993	デザイン奨励審議会「時代の変化に対応した新しいデザイン政策のあり方」答申．デザインをめぐる「需給ギャップ」が生じつつあることを指摘
	(財)日本産業デザイン振興会「デザイン人材育成センター」を設置

第8章 デザインを振興する行政施策

> （財）国際デザイン交流協会「アジア太平洋デザイン交流センター」を設置

日本のデザインはきわめて順調に発展してきたように思われるが，とくに80年代後半から顕著になりつつあったデザインニーズの拡大と高度化，さらには情報化社会の進展に伴う問題に，これまで活躍してきたデザイナーが対応しきれるか否かが疑問視されるようになった．1993（平成5）年のデザイン奨励審議会答申においても，デザインをめぐる「需給ギャップ」（将来的に予測されるデザインニーズと，デザインが供給できる内容とのギャップ）が大きく取り上げられ，デザインニーズの高度化に対応しうる人材の育成が急務の課題であるとの指摘がなされた．

この答申にもとづき，振興会と交流協会は各々専門センターを設立し，振興会はニーズ高度化の側面から，また交流協会はアジア諸国との交流という視点からこの問題に取り組むことになった．

[デザインビジネスの振興]

1995	通商産業省，デザインの所管を貿易局から産業政策局へと移管，「デザイン政策室」を設置
1997	デザイン8団体メンバーを中心に，デザイン業界づくりをめざす研究会発足
1999	日本デザイン事業協同組合設立

これまでのデザイン振興は，主として製造業に向けられたものであり，製造業におけるデザイン需要が拡大することによって，デザイナーやデザイン事業所の経済的環境も安定し，社会的地位も向上すると考えられていた．しかし90年代の不況の中で，そうした展望が得られなくなる反面，デザイナー，デザイン業にも，「産業と生活の結び手」としてイニシアチブを発揮しうる可能性も見え始めてきた．

通商産業省は，こうした時代変化を踏まえ，デザインの所管を貿易局から産業政策局へ移し，「サービス産業課」の中に「デザイン政策室」を設置した．これに伴い「デザイナー，デザイン産業（デザイン事業所）」が，デザイン行政の対象として明確に認識されるようになった．

デザイン業振興の課題について，デザイン政策室と振興会は勉強会を繰り返したが，とくにデザインをめぐるビジネスルールがあいまいであること，これを業界全体の問題として推進すべき主体自体が存在していないことが指摘された．そこで振興会は，デザイン8団体有志と協力し「業界づくり」を支持する活動を展開，1999（平成11）年に全国のデザイン事業所によって組織される「日本デザイン事業協同組合」が発足した．

[Gマーク制度の民営化]

1998	通商産業省「グッドデザイン商品・施設選定制度（Gマーク制度）」を民営化．日本産業デザイン振興会「グッドデザイン賞」制度として再発足
2001	通商産業省，経済産業省へと改組．これに伴い，デザイン行政は製造産業局「デザイン政策チーム」が担当

1957（昭和32）年の制度発足以来，国の制度として実施されてきたGマーク制度は，1998（平成10）年，それまで実務を担当してきた振興会が主催する「グッドデザイン賞」制度として再出発することになった．

この「民営化」は，行政改革の一環として行われたものだが，これを受けた振興会は，単なる制度継承を超えて，新しいデザイン運動を産み出す方向を視野に入れたリニューアルを行った．具体的には，Gマーク制度を「新しいビジネスを作り上げていく基盤」「次世代のデザインを産み出していく基盤」ととらえ直し，あらゆるデザイン活動を受けとめる体制を整えるとともに，デザイン審査と生活者参加を含む広報活動を関連づけて運用することにより，産業と社会を「動かしていくデザイン」を発見しプロデュースしていく活動を展開しつつある．

■「不足していた視点」

以上概観したように，日本のデザイン行政・振興活動は正常に進化し，一定の成果を挙げてきたものと思われる．しかし，とくに80年以降に著しくなったデザインの社会的広がりとさまざまな分野領域での期待の高まりを見ると，行政・振興がこれを適切にサポートできたなら，より大きな成果を挙げ得たとも考えられる．以下最後に，あえて「不足していた視点」「不十分と思われる点」を補足的に挙げておきたい．

[デザインを総合的にとらえる視点]

前述のように，日本のデザイン行政・振興は，商品の輸出促進を前提として発足しているが故に，インダストリアルデザイン（モノづくりのデザイン）のみが行

政・振興の対象とされた．当時でも，グラフィック，インテリアなどのデザイン専門領域が存在し活発に活動していたが，これらは国内を対象とした領域であるだけに，対象とはなり得なかったものと思われる．

しかし産業活動に限っても，モノ，サービス，店舗，広告宣伝のデザインが一体的にとらえられてこそ，より大きな効果を発揮しうる．とくに日本の国内市場が充実し，企業の姿形が問われ始めた段階で，インダストリアルデザイン分野のみに限定されていた行政・振興の限界が，露呈してしまったように思われる．

[デザイナー，デザイン業振興を同時的に行う視点]

日本の行政・振興活動は，モノ中心であり，製造業へのデザイン導入が進めばデザイナーの社会的経済的地位も向上するはずという文脈で展開されてきた．これは一面では正解であろうが，デザインという思考・方法論の担い手が肉体をもったデザイナーであることを考えると，やや不十分との指摘もできよう（行政はデザイナー団体の所管業務は行ってきた）．とくに90年代以降，日本の経済活動が閉塞的になるにつれ，デザイン業自体の存続が危ぶまれる状況が続いている．90年代後半から開始された「デザイン産業振興」は，すでに時期を逸していたとも考えられる．

[行政・振興・研究を連携させてとらえる視点]

デザインは常にフロンティア開拓を担う活動であり，これを振興していくためには，臨床的に展開されるさまざまな活動を方法論へと置き換えていく研究教育活動が不可欠と思われる．デザイン行政・振興の開始時には，通産省，日本産業デザイン振興会，製品科学研究所が，それぞれ行政，振興，研究を担いつつ連携する体制が整えられていたが，とくに70年代以降製品科学研究所の研究内容が変わり閉鎖されるに及んで，研究領域の担い手が不在となった．このことが80年代以降に求められたデザインの高度活用について，有効な振興指針を示せなかった原因の一つとも思われる．

1998（平成10）年に行われた「Gマーク制度の民営化」は，約40年にわたる国主導のデザイン行政，振興活動が後退したかのようにも窺える．しかしこのことによって，国のやるべきこと，総合的なデザイン振興機関やデザイン団体，あるいは教育研究機関が担当すべきことがそれぞれ明快になり，少なくとも振興機関，デザイン団体，教育研究機関相互の問題意識の共有と連携は促進されたように思われる．上述の問題点についても，原則的には解決されており，その意味では「民営化」効果が発揮されたといえなくもない．残された問題は，約50年前にデザイン行政・振興の先覚者たちが展開したように，デザインを社会のどこに配置したら日本という国の豊かさと国際的プレゼンスが増大するかを見抜き，政策を立案し，それを推進するしくみを整えることではないかと思われる． ［青木史郎］

コラム「私の選ぶ図書10冊」

庄子晃子［日本近代デザイン史／東北工業大学］

①『G. ワグネル維新産業建設論策集成』（土屋喬雄編，北隆館，1944）

京都の岡崎公園と東京工業大学構内に記念碑の建つドイツ人ゴットフリード・ワグネル（Gottfried Wagener, 1831-1892）は，明治期の国内外の博覧会事業のアドバイザー，七宝・陶磁器などの近代工業の領域における技術の指導者，教育現場での語学や化学や工芸や技術などの教師，経済政策の提案者，そして実業家といった多彩な活躍で知られる．本書には，「G. ワグネル小伝」「澳国博覧会報告書」「米国博覧会報告書」「明治十年内国勧業博覧会報告書」「明治十四年第二回内国勧業博覧会報告書」「ワグネル氏ノ工業ノ方針」（講演；工業の大小にかかわらず日本固有の美術心を養生することが大切であるとしている）が収録さ

第8章 デザインを振興する行政施策

れている．他に『ワグネル伝』(植田豊橘編，1925)，『ワグネル先生追懐集』(梅田音五郎編，1938)などがある．

②雑誌『工芸指導』(商工省工芸指導所)

1928(昭和3)年に仙台市に創設された商工省工芸指導所が最初に出した機関誌で，第1号(昭和4年6月)から第8号(昭和7年3月)まで関係機関に無料で配布され，最終号の第9号(昭和8年3月)が一般に販売されて，新しい機関誌『工芸ニュース』に引き継がれた．東北6県の工芸調査報告，工芸指導所の試験研究報告(漆器新塗装法や軽金属工芸品開発など)，開所記念の施設公開と展示の報告(開所記念日には別に『工芸指導所記念日ニュース』も毎年発行された)など，貴重な記事が収録されている．

③雑誌『工芸ニュース』(工芸指導所・産業工芸試験所)

産業工芸とデザインの近代化を啓蒙するために工芸指導所が1932(昭和7)年に月刊誌として市販を開始し，1952(昭和27)年に産業工芸試験所に組織替えになってからも世界の近代デザイン情報を紹介しつつ，国がデザイン振興をリードする役目を果たして，1974(昭和49)年41巻第3,4合併号をもって休刊となった．さらに，『工芸研究』(のち『産業工芸試験所報告』と改称)，『デザインノート』『技術ノート』『調査ノート』といった研究誌も発行された．なお，工芸指導所で伝習教育を受けた工人たちの同窓会誌『産業工芸同志会会報』，工芸指導所が設立支援した東北工芸協会(のち東北北海道工芸協会と改称)の『東北工芸協会会報』誌および『東北北海道工芸協会会報』紙も記憶にとどめておきたい．

④『産業工芸試験所30年史』(産業工芸試験所30周年記念事業協賛会，1960)

デザインに関する研究機関，指導機関，情報センター機関として，1928(昭和3)年に創設された国立工芸指導所(昭和27年より産業工芸試験所)の30年の歴史をまとめたもの．「工芸指導所・産業工芸試験所の歩み」の項目と「関連産業と社会の歩み」の項目とが対比的に編纂され，読者が社会背景とともに日本の近代デザインの歴史を知ることができるように工夫されている．事前に『産業工芸試験所30年の歩み』(1958)を編纂し，それをより充実させたものである．さらに『産業工芸試験所40年史』(1976)，『製品科学研究所　写真で綴る50年の歩み』(1978)が刊行されている．

⑤「日本の近代デザイン運動史1～12」(『デザイン』1962年1月号～12月号連載，美術出版社)

デザインに携わる人びとが，学生として，教育者として，デザイナーとして，行政にかかわる者として，あるいはデザイン運動者として，自ら執筆した記録を出原栄一が編集したもの．内容は，デザイン教育(東京高等工業学校，京都高等工芸学校，東京美術学校，東京高等工芸学校，新建築工芸学院など)，デザイン振興運動(商工展，帝国工芸会，著作権会議，民芸運動，日本工作文化連盟など)，デザイナー・グループ(デルタ図案研究所，木のめ舎，型而工房，日本インターナショナル建築会，工人社，全日本商業美術連盟，図案家連盟など)，商業美術(七人社，日本工房，朝日国際広告写真展，毎日商業美術振興運動など)，室内設備(百貨店の家具展示会，船内装飾など)，国の工芸振興策(工芸指導所，全国工芸技術官会議，各地区工芸協会と工芸指導機関，商工省輸出工芸展，海外工芸事情調査など)，海外の影響(ドイツ工作連盟，バウハウス，タウト，ペリアンなど)，戦中および戦争末期の事柄(生産意匠連盟，実在工芸美術会，テクネ研究会，代用品研究，大日本工芸会，美統など)．

なお，出原は，『日本のデザイン運動－インダストリアルデザインの系譜』(ぺりかん社，1989)を出版している．

⑥『日本デザイン小史』(日本デザイン小史編集同人，ダヴィッド社，1970)

デザイナーや工芸家や画家や編集者や実業家や教育者など総勢58名の幅広いデザインの現場の経験者たちによる証言集で，明治・大正・昭和期の生き生きとしたデザイン界の状況を伝えている点が興味深い．

⑦『日本の近代デザイン運動史　1940年代～1980年代』(工芸財団，1990)

「日本の近代デザイン運動史1～12」(『デザイン』1962年1月号～12月号連載)の後を引き継ぎ，デザインにかかわる者の自筆の証言集．日本インダストリアルデザイナー協会，日本デザイン学会などデザイン団体の創立，各デザイン事務所の設立，企業の各種デザイン課，大学における教育，行政活動など，実体験者の報告が魅力的である．なお，工芸財団では，『日本のインダストリアルデザイン－昭和が生んだ名品100』(1989)，『国井喜太郎産業工芸賞の人々－35人のプロフィール』(1984)，『国井喜太郎産業工芸賞の人々－そのプロフィール(第11～20回)』，(1994)を出版しており，わが国でデザインされた物とデザインした者のよい記録を残している．

⑧「日本のデザイン100年　第1回～第6回＋補遺(こぼれ話)」(『インダストリアルデザイン』91～96＋99所収)(日野永一著，日本インダストリアルデザイナー協会，1978，1979)

江戸から明治への動向を説明した後，明治政府の1873年のウィーン博覧会参加以来のわが国100年のデザインの歴史を，内国博覧会，デザイン教育，フェノロサやワグネルの指導などを話題に紹介している．日野は10年後に国際デザイン交流協会機関誌『Design Scene』に「日本のデザイン国際交流史」の連載を企画し，分担執筆で万国博，日本美術と海外交流，バウハウス，ブルーノ・タウト，インダストリアルデザイン，ビジュアルデザイン，インテリアデザインなどをテーマに，1989年7月号よりスタートさせ，10回の連載を果たした．

⑨雑誌『産業工芸』(日本工芸技術協会，工芸財団)

日本工芸技術協会と工芸財団により1995年1月に刊行された新しい雑誌で，2002年までに7号を数える．国・都道府県の研究所や指導機関の研究成果の発表，あるいはデザイン事務所のマネジメントや商品開発の報告などが掲載され，今日の新鮮な情報を伝えている．

⑩『日本　タウトの日記Ⅰ～Ⅴ』(ブルーノ・タウト著，篠田英雄訳，岩波書店，1950～59)

ドイツの建築家ブルーノ・タウト(Bruno Taut, 1880-1938)の1933(昭和8)年4月30日から1936(昭和11)年10月15日までの日記の翻訳本．戦前の日本の建築，絵画，彫刻，工芸，文学，政治，経済，社会，風俗，自然に対する観察と批評と感動が余すところなく記された一種の文化評論．タウトの膨大な読書の記録と人びととの交流の跡をたどれることも魅力である．1975(昭和50)年に三分冊に再編纂されて刊行された．近々原典版がドイツで出版される予定．この日記を出発点としてタウトは，『ニッポン－ヨーロッパ人の眼で見た』(明治書房，1934)，『日本文化私観－ヨーロッパ人の目で見た』(明治書房，1936)，『HOUSES AND PEOPLE OF JAPAN』(三省堂，1936)などの著作を産むこととなる．

4｜802　デザイン行政・振興の始まりと今後の課題

4｜801においてデザイン行政・デザイン振興の歩みを略述したが，一読すると，なぜ行政はデザイン（とくにインダストリアルデザイン）に着目したか，行政課題として継続的にデザイン振興に取り組んできたか，という疑問が生じよう．そもそもの始まりは日本製品の模倣問題に端を発してはいるが，デザイン振興をこの対策としてのみとらえた場合，40余年にわたる継続は図り得ない．

いうまでもなく，産業行政という視点からデザインを活用しようとする思想は，20世紀初頭のプロシャの官僚でもあったムテジウスのデザイン運動にも現れており，また英国では1930年代から産業振興とデザインを関連づけた活動が開始され，とくに戦後はCoID（デザインカウンシル）を中心とするデザイン振興が大きな成果を上げていた．日本でも産業工芸試験所などの国の研究機関が，戦前から具体的なデザイン活動を展開している．このように，産業政策の一環としてデザインをとらえ振興していくという考え方は従来からあり，デザイン行政開始の背景にあることは間違いない．ただ戦後10年を過ぎたその段階で，なぜ通商産業省がわざわざ「デザイン課」を創設してまで本腰を入れて取り組み始めたか（繊維課，自動車課と同等にデザイン課が位置づけられている）という理由には，やや遠いように思われる．

■生き延びるためのデザイン

その答えは意外と単純で，当時の日本が食べていけないほどに貧しかったからであろう．軍事大国であった日本は，モノを作る力は蓄えてきた．それを民生機器へと置き換え，輸出してお金を稼ぐしか選択肢がなかったのである．

ただし輸出を拡大するには，輸出先のマーケットでの競合に打ち勝たなければならない．そのことが模倣を生み出したわけだが，そうした安易な方法に頼らないとすれば，消費者やマーケットに歓迎される新しい価値を創出していかなければならない．それがデザインという言葉で語られる思考・方法論であることに当時の通商産業省が気づいた，ということなのであろう．1956（昭和31）年にアメリカ視察から帰った松下幸之助が，羽田飛行場で「これからはデザインだ」と叫んだというエピソードが伝わっているが，このときの松下の興奮した状況と似て，「探していたものが見つかった」という感覚ではなかったかと思われる．

デザインはマーケットに参入する技術であると同時に，生活者の欲望を刺激し，マーケットそれ自体を作り上げていく技術でもある．当時の通商産業省がそうした戦略的な視点をもってデザイン振興に取り組んだかは定かではない．ただ「日本が生き延びていくためにはデザインが不可欠」という認識をもっていたことは明らかなようである．

■文化防衛としてのデザイン

しかし当時の文章を読むと，上述のような経済的な理由を超えたある種の「思い」が伝わってくる．以下若干長くなるが，「Gマーク制度」設立時のパンフレット「グッド・デザイン－その制度と実例」に記載された特許庁長官井上尚一の一文を引用しておきたい．

「デザインの問題に関して，いま一つ大切なことがある．それはわれわれ日本人のデザイン能力に対する自信回復である．デザインの模倣防止については，これまでいくたびか外国の非難を受けてきた．しかし，考えてもみよう．日本人のデザイン能力は，外国模倣に依存せねばならぬほど果たして劣っているのであろうか．断じてそうではあるまい．日本人のデザインの優秀性を立証する例は，いくつもこれを挙げることができる．この道の世界的舞台たるミラノ・トリエンナーレで日本は賞賛を博したではないか．相次いで来日する外国のエキスパートも日本デザインのよさを認めているではないか．われわれは，もっと日本人自身のデザイン能力について誇りをもちたい，もたなければならない．それには日本における現実のグッド・デザインを具体的に見出し選定することが有効である．グッド・デザイン制度の生れ出た一つの理由は，これであった」

文中の「デザイン」を「文化創造」と読み替えてもよいように思う．戦争には負けたが，文化までをも失いたくないという「思い」，自国の誇りと可能性を信じる気持ちが，行政官やデザイン界のオピニオンリーダーを，デザイン振興へと駆り立てていったのではあるまいか．

このように，日本におけるデザイン行政は，決して対策論としてではなく，日本の文化再構築という課題までをも踏まえて開始された，と考えるべきであろう．ここでいう文化とは「物事を創造的に生み出していく力」と言い換えられようが，デザイン行政，振興が開始されてほぼ50年を経過した今日，このことが再び問われ始めている．

第8章｜デザインを振興する行政施策

■**人材育成としてのデザイン**

1990年代を通してみると，デザインへの投資を積極的に行ったのは，国でも産業でもなく，地域自治体であることに着目しておく必要があろう．それも産業への投資ではなく，人材の育成である．89年から90年にかけて全国規模で展開された「デザインイヤー」の主軸を担った名古屋市（名古屋市立大学芸術工学部）ばかりでなく，たとえば，山形県山形市（東北芸術工科大学），新潟県長岡市（長岡造形大学），宮城県（宮城大学），静岡県（静岡文化芸術大学）など，各地の自治体は，相次いでデザイン系の教育機関を設立している．

山形県や長岡市周辺に，卒業生を引き受けるデザイン需要が数多くあるとは考えられない．にもかかわらず，各地の自治体が何百億という税金を使い大学を開設する理由は，プロとしてのデザイナーの育成というより，デザインの能力を発揮できるごく普通の人材，別の言い方をすれば，デザインという思考・方法論をもって「創造的に問題を解決できる人材」が，地域に定着してくれることを願うがゆえであろう．地域の活性化を図るためには，そうした人材が欠かせない．つまり「将来どのような問題が発生するにせよ，自主的自助的に問題を解決できる人材がいることによって，地域は生き延びていけるはずだ」という地域戦略からではないだろうか．

この動向は，21世紀の「デザインの新しい使い方」を鋭く示唆しているように思われる．試みに2050年の社会を展望してみると，世界の人口が倍増している一方，日本の人口は1億を割っている．こうした状況を踏まえて国際社会に対し経済的，文化的影響力を持ち続けていくためには，日本人一人一人がよほど創造的でない限りむずかしい．こう考えてみると，地域が生き残りをデザインに賭けたように，「豊かなクリエイティビティをもつ市民を育成すること」こそが，国レベルの行政の目標の一つとなるのではあるまいか．

■**生活者のデザイン**

「Gマーク制度」の運営を担当してきた経験から見て，90年代の初頭には，デザインはすべての産業領域に導入されたものと観測される．「デザインしていない商品・サービスは売れない」ことが明らかとなり，デザインが不可欠という認識は，ごくごく一般的なものとなった．通商産業省の「産業のツールとしてデザインを導入させる」という目論見は，行政開始以来40年を経ずして十分達成されたわけである．しかしその瞬間に，地球環境問題をはじめとする産業化社会が見過ごしてきた問題群が吹き出すとともに，明治以来わが国を支えていたさまざまなしくみが空回りし始め，産業化社会を支えてきたデザインも，一見過去の技術となったように思われた．それにかかわらず熱い期待がデザインに寄せられ続けているのは，さまざまな人びとが「デザインに閉塞状況を打開する力，新しい可能性を導く力がある」と信じているからではあるまいか．この期待と信頼こそが，日本を再生させていく原動力となるのではあるまいか．

問題は，この原動力を行政にどう生かしていくかであろう．その具体的な突破口は，産業サイドではなく，デザインという思考・方法論を十分に活用できる生活者の存在にあるのではないかと思われる．考えてみれば，日本ほどデザインを活用してきた国はない．商品・サービス，広告宣伝，店舗と，日常生活のあらゆる場面が，その質は別としてデザインによって彩られている．それらはさまざまな言葉で生活者に呼びかける．この呼びかけを巧みに選択していくことで，生活者自身の生活を創り出していく．日本はそのことを，40年間にわたり繰り返してきたわけである．商品を作ることもデザインなら，自己のライフスタイルを築き上げていくこともまたデザイン．つまりデザインを媒介として生産と消費を結ぶ回路が，わが国にはすでにでき上がっている．このことこそ，日本の「かけがえのない資産」なのはあるまいか．

他の国にはない優れた資産をさらに強化するために，デザインの回路を活用し，生活者を消費者ではなく，新しい創造者へと変えていくことが求められよう．ここでは，デザイナーの活動は，生活者の「自己の表現能力を向上させること」「物事の実現能力を鍛えること」として機能する．そしてデザイナーと生活者が一体となって展開するデザインが「継続的に生み出されていく環境を整備すること」が，具体的なデザイン振興の課題となろう．

■**デザインの魅力を引き出す**

このように見ると，今日問われているのは「文化戦略としてのデザイン」の確立ではないかと思われる．無論ここでいう文化とは，いわゆる伝統的な文化概念を指すものではない．産業サイドに立てば，創造的な企業を興すことも，また新しい国際的な競争ルールを提起することも文化的所産である．むしろ産業，文化といった既成の垣根を超え，「日本人一人一人の創造

性」を向上させていくことが，デザイン振興の課題であり，国を挙げて取り組まなければならない戦略なのではないだろうか．

前述の井上の発言を受け，当時の特許庁意匠課長高田忠（Gマーク制度の実質的創始者）は次のように述べる．

「明治以来の日本は，後進国として諸先進国の文化を急速に模倣吸収しなければならなかったのであるが，その模倣吸収に熱中している間に，その外形だけの模倣になれ，せっかくの自分のもっていた日本的なものは忘れてしまい，しかも西洋のものも外観の模倣だけにとどまったので，欧米的なものの神髄をつかむに至らず，両方ともだめになってしまったのではなかろうか．模倣することはやさしい．独創的なものを作ることは努力と危険とを伴う」

考えてみれば，「努力と危険」こそデザインの魅力かもしれない．デザイン行政，振興が開始された40年前とは状況も異なり，日本はもはや類例のない，お手本のない世界を切り開きつつある．それ故にこそ，草創期と同様に「デザインの魅力」を積極的に受けとめ生かしうるデザイン行政・振興が求められている．

[青木史郎]

■文献
「グッドデザイン－その制度と実例」中小企業出版局，1958.

コラム「私の選ぶ図書10冊」

須永剛司［情報デザイン，ヒューマン・コンピュータ・インタラクション／多摩美術大学］

①『かくれた次元』(エドワード・ホール著，日高敏隆，佐藤信行訳，みすず書房，1970)

人間の空間利用の問題を，コミュニケーション文化の作品とする．プロクセミクス(proxemics)と名づけられた彼の学問は，人間のそして事物の距離と空間配置がそこに生まれるさまざまなコミュニケーションの形と内容を規定することを示した．

②『人間機械論 第2版』(ノーバート・ウイナー著，鎮目恭夫他訳，みすず書房，1979)

数学の言葉ではなく，日常の言葉で「サイバネティックス」を解説した書．そこに私たちは，デザインを，対象を「制御」する技術として理解する可能性を手に入れ，同時に「制御」というプロセスに全体性が欠如していることを突きつけられる．

③『イメージの誕生』(中沢和子著，日本放送出版協会[NHKブックス353]，1979)

生物学者である著者が，動物行動観察の方法で，子供たちのイメージがどのように誕生するのかを描き出した著．誕生とは，たとえば「きれい」というイメージが，「花」にも「夕日」にも向けられる瞬間．イメージをその専門性の核とするデザイン分野が学ぶべき事例学問の可能性をそこに読み取ることができる．

④『精神と自然―生きた世界の認識論』(グレゴリー・ベイトソン著，佐藤良明訳，思索社，1982)

人間は，自然界の中にある物事を結びつけ，そこにパターンを見い出す．ベイトソンは，その結びつけられたパターンこそ人間の「精神」の所産だとする．その「精神」が人工世界にパターンを編み出すことを，私たちは「デザイン」と呼んでいるのかもしれない．

⑤『新版システムの科学』(ハーバート・A・サイモン著，稲葉元吉，吉原英樹訳，パーソナルメディア社，1987)

デザインにおける記述可能な問題解決過程を，システムという学問の対象として扱いうることを示した書．説明できる問題領域が説明されていることに，デザイナーは半分安堵することができる．

⑥『生態学的視覚論―ヒトの知覚世界を探る』(J.J.ギブソン著，古崎 敬，古崎愛子，辻敬一郎，村瀬 旻訳，サイエンス社，1985)

人が「見る」こととは，生きるために自分の置かれた環境を「見る」ことである．見える形を作り出すデザイナーにとって，初めて納得がいく視覚論．生きていることを，生きているままにとらえようとする新しい科学の視座をそこに学ぶことができる．

⑦『コンピュータと認知を理解する―人工知能の限界と新しい設計理念』(テリー・ウィノグラード，フェルナンド・フローレス著，平賀 譲訳，産業図書，1989)

ヒューマン・コンピュータ・インタラクションの基本的な枠組を示している．人間との相互作用におけるコンピュータの可能性を明らかにし，両者のインタラクションは常に人間の行動をオリエントしていることを指摘する．情報とインタラクティブシステムのデザイナーに必読の書．

⑧『誰のためのデザイン』(ドナルド・A・ノーマン著，野島久雄訳，新曜社，1990)

道具の「わかりやすさ」をデザインの課題であるとし，そこにあるさまざまの問題を，認知科学の視座からとらえることを試みている．インタフェースとユーザビリティの基本概念を理解することができる書物．

⑨『新・コンピュータと教育』(佐伯 胖著，岩波書店[岩波新書508]，1997)

著者の認知科学そして教育学分野の名著は多いが，本書はとりわけデザイナーに向けての示唆に富んでいる．「道具」とは何か，道具の価値をいかに「形」にすべきなのかを，「学びを支える」という視点から論じている．

⑩『インターネットについて』(ヒューバート・ドレイファス著，石原孝二訳，産業図書，2002)

コンピュータと通信技術に驚きながらも，その発展の方向にしっくりしないものを感じている私たちに，その一つの理由を示す書．私たち人間が身体をもち，その身体とともに作り上げているさまざまな価値の体系を，身体をもたない機械は原理的に共感し得ないことを示している．

4|901 展望

　ここまで各領域の専門家による解説を一通り見てきた．最後にこの分野の21世紀における展望をそれぞれの専門家の解説から見ていきたい．

　「第1章　創造者の権利を守るために」から見てみよう．「新たなデザインビジネスを確立するために」という項ではベンチャー型とコンサルティング型という二つのタイプを示した上で，「デザイン業は，前述したベンチャー型やコンサルティング型に機能を発展させる必要がある．従来のデザイン業が果たしてきた役割（商品の形態を創出するなどのビジュアル化機能）は重要で不変だが，その需要は製造業中心の時代に最大期を迎え，現在は新たな創造需要期に突入している．その内容とは人間的価値創造（情報化社会，高齢化社会，女性の社会進出，少子化社会などの新たな社会的課題）や環境保全のための価値創出など多岐にわたる．これら諸問題に対するニーズをデザインの解決手法から価値創造し，この成果を知的財産化することでデザイン業が主導権をもってビジネス化することが可能となる」，その結果，「デザインは新たな時代の人間的価値など新たな社会価値を創出するビジネス機能を確立するであろう．そのためにもデザイン関係者が知的財産権を充分に理解し，活用することが望まれる（4|103）」と展望する．

　「第2章　よいデザインの選奨」では，次のような提言がなされているのが注目される．「時代の変化，産業構造の多様化に即応して，常に部分の変革を行っていることが本制度が長期間続いているゆえんである．在来の部門の縦割り的な業種，あるいは分野ごとのシステムを横断的に見直すことによって，新たなステージの必要性が生まれるものである．今後のこの制度の展開の方向は，社会の変動をいかに呼吸するかが重要である（4|201）」．

　さらに「グッドデザイン賞の制度の具体的展望」の項では具体的に12項目にのぼる改善点を挙げ，これにより「『デザインの優れた商品・施設』を単に選ぶことから，市場に定着させる活動へと一歩前進していくものとなるであろう（4|203）」と予測する．

　「第3章　モノづくりの責任」では，「被害者の消費者側が，製品事故の原因究明，および因果関係を立証しなければならない」ことから「日本においては，製品の引き渡し後の損害賠償のためではなく，事前の新製品開発段階で安全に配慮し，極力，欠陥商品を出さないようにするために，PL法があると思われる（4|302）」と見，国際貿易が通常のこととなっている今日では，外国のPL関連法を知ることが必要であると説く．「とくに貿易依存の高い対米貿易（詳細は本文参照）における，日米（各州）でPLに対する考え方が大きく異なることを十分に配慮する必要がある．そして，輸出製品に対して，海外PL保険（詳細は本文参照）に加入することも必要になっている（4|303）」とわが国の法の欠陥を，自ら認識して対処することの必要性を説く．

　「第4章　グローバルスタンダード」では，ISOは「国際的な産業振興の路線として評価されたからこそ長い年月，時間と人の活動に多くの財政的な支えがなされてきたが，国際規格が整備されるに従って，公共や安全のためそして人の真の幸福を追求する姿勢に発展した．（中略）国際規格を扱う国内の省庁も旧来の枠では処理できなくなり新しい骨組みでの対応が始まっている（4|402）」とし，さらに「国際規格に従い，個人使用する姿勢から脱皮し，国際規格の原案作成に参加し，共有し，育て慈しむ，人類共通の知恵の一大伽藍（崩れざる資産）づくりが求められている」と述べ，日本は今後，受益することの多い産業分野からの積極的提案と策定作業へ積極的に参画すべきであると訴える．これはIECに関しても同様なことが指摘されよう．

　「第5章　建物の安全を守るために」では，わが国の建築規制について概観した後，次のように述べている．「各種の基準については社会経済的な変化にもとづく要求水準の推移や新たな知見の蓄積という両面から社会的ルールのあり方として常に見直しが行われている．さらに，他の先進諸国では，わが国のような防火，構造耐力，衛生といった項目のほか，環境，省エネルギー，高齢者・障害者対応といった項目についての制限を行っている国も多い．日本の場合これらの項目は比較的新たな課題であり，規制として制限することよりもむしろ，基準を示し誘導助成策を講ずることで社会的に定着を図るというアプローチが取られている．しかしながら，現在の誘導的基準がある程度定着してきたり，社会的必要性が高まったりすれば，規則として要求するかどうかについての判断が求められることになると考えられる（4|501）」と，規制については常に社会的な問題として柔軟に対処されるべきことを示唆する．また，デザインとの関係では性能規定の導入に絡んで次のように展望する．「建築設計における，構造や防火，設備などの要求事項に即して，要求内容を性能値で表現することにより，国際的な資材の導入，設計手段の多様化，ひいては競争の活性化，ボーダレ

ス化を可能とする．デザイン的には仕様的あるいは形態的制限が緩和されることで自由なデザインが可能となるが，一方で，そのデザインの適切さを実験や計算で工学的に証明する必要がある．デザイナーとエンジニアの協同作業がさらに密接に求められることになると考えられる（4｜503）」．

「第6章　美しい景観を守るために」では，全国ほとんどの自治体で導入が進んでいる「景観条例」と「屋外広告物条例」に関して次のように展望する．

最近では，特別に優れた風景地や歴史的町並みでなくても，それぞれの地域には固有の風景や町並みがあり，その環境を美しく誇りのもてるものにしたいと住民自らが自覚し，主体的に行動する傾向が強まってきている．このことは今後建物の高さや色彩などの規制あるいは罰則などがより具体的に踏み込んだものとなることを予測させる．また，心を癒すものとして「ふるさと景観」が注目されているが，「農村景観」に対しては次のような指摘があることを忘れてはなるまい．「あらゆる景観の中で，今日，最も重要な課題がこの4文字の中にある．農村の過疎化や高齢化，米市場の開放の荒波の中でいかに村落基盤を再構築するか．このことはとりもなおさず，日本全体の将来に直結している問題であり，それを解くキーワードだからである．（日経産業消費研究所，1994）」．屋外広告物に関しては「表現の自由と公共の倫理の調和を大切にしながら，情報伝達の目的に限りなく近接した実際的なデザインが常に望まれる．（中略）屋外広告物は本来，歓待，親切のためのもてなしメディア（ホスピタリティー）であることを常に念頭に置くこと（4｜603）」が大切に思われる．

「第7章　美しい伝統文化を守るために」では，文化財と伝統産業の両面からの視点がある．まず文化財においては，「わが国の歴史，伝統，文化などの理解に欠くことのできないものであると同時に，将来の文化の向上発展の基礎をなすものであり，その適切な保存および活用を図ることがきわめて重要である．」とし，中でも重要伝統的建造物群保存地区（伝建制度・伝建地区）については次のように展望する．「現在全国で61地区（2002年12月現在：筆者注）が選定されているが，これらの保存地区では保存事業の進展により周辺の環境と調和のとれた美しい歴史的町並み・集落景観が維持され，また回復，向上している．地区内の人びとの自らの生活環境に対する自信や誇りも一層強まり，深まっている．そしてこれに励まされ，各地で地域の文化や歴史を再評価し，自然や生活環境の保全と再生を図る努力が広がっている．伝建制度は歴史を生かしたまちづくりの中核的な制度として定着・発展しつつある（4｜701）」．

一方，わが国の風土が育ててきた，日本特有の文化でもある「伝統的工芸品産業」は，長引く不況による需要の低迷や，経営難，後継者不足などで厳しい状況にある．しかし明るい兆しも見られ「国際交流，情報公開が進む中で人びとは生活の質的充実を求めて一層『和の物』への関心を高めており，また自然との共生や地球環境保護の視点から伝統的工芸品の素材や特性が再発見されたり，モノづくりの再評価や職人志向の高まりから伝統的工芸品が見直されている．（中略）グローバリゼーションの名のもとに，わが国の産業構造の独自性が埋没しつつある中で，伝統的工芸品産業はその特徴・個性を堅持し，深み，厚み，重みを増すという役割を担う．まさにわが国のアイデンティティを形成するものとなろう（4｜702）」と展望する．

「第8章　デザインを振興する行政施策」では，デザイン振興の今日的課題の中で，著者は1990年代に地方自治体が設立したデザイン系大学を取り上げ，その意義を日本全体の問題として評価し次のように提言する．「デザイン行政，振興の30年余にわたる歴史を未来へと延長し，2050年の社会を展望してみると，世界の人口が倍増している一方，日本の人口は1億を割っている．こうした状況の中で国際社会に対し経済的，文化的影響力を持ち続けていくためには，日本人一人一人がよほど創造的でない限りむずかしい．こう考えてみると，地域が生き残りをデザインにかけたように，『クリエイティビティのある市民を育成すること』こそが，行政の目標の一つとなるのではあるまいか．こうした目標実現へ向けて，『自己の表現能力を向上させること』，『物事の実現能力を鍛えること』，そして『このような人材が継続的に生み出されていく地域環境を整備すること』が，具体的な振興課題となろう（4｜802）」と，新世紀を力強く展望する．

[黒川威人]

■文献
日経産業消費研究所編：景観とまちづくり─全国2134自治体の挑戦，日本経済新聞社/日経産業消費研究所，p.35，1994．

第4部「デザインと法律・制度」年表

年代	【第1～2章関連】 1　創造者の権利を守るために 2　よいデザインの選奨ーGマーク制度	【第3～4章関連】 3　モノづくりの責任ーPL(製造物責任)法 4　グローバルスタンダードー世界に合わせる
1839	意匠法制定(英)	
1842	意匠保護のための法律制定(米)	
1858		日米修好通商条約締結
1859		
1872		
73	万国博覧会を契機に工業所有権保護に関する最初の国際会議がウィーンで開催	
75		国際度量衡局(BIPM)設立
76	意匠法制定(独)	
77	大蔵省図案調整所設立	
1882		
83		工業所有権保護に関するパリ条約締結
84	商標条例公布	
85	専売特許条例公布	日本，メートル条約加入
88	特許条例，意匠条例公布(翌年2.1施行)	
1891	製造標または商標の国際的登録に関するマドリッド協定	
95		
96		
97		AIPPI(国際工業所有権保護協会)設立(本部スイス)
99	特許法，意匠法，商標法施行(7.1)	パリ条約加入
1900		
01		
02		
04	工業所有権保護協会(発明協会の前身)発足	
06		IEC(国際電気標準会議)設立
07		
09	特許法，実用新案法，意匠法および商標法を大改正(明治42年法)施行(11.1)	
1911		
12		
13		
17	毎日新聞社の商業美術振興運動始まる	
19		
1920		日本，国際連盟に正式加入(常任理事国となる)
21	特許法，実用新案法，意匠法および商標法を大改正(大正10年法)(翌年1.11施行)	
22		
23		
24		メートル法実施
25	意匠または模型の寄託に関するヘーグ協定	オットー・ノイラート(独)，アイソタイプの実施
26		
28	意匠の国際寄託に関するヘーグ協定発効(6.1)	
1930		
31		
34		
35	不正競争防止法施行(1.1)	
36		

[凡例]米＝アメリカ，英＝イギリス，独＝ドイツ，仏＝フランス

年代	【第5～6章関連】 5　建物の安全を守るために 6　美しい景観を守るために	【第7～8章関連】 7　美しい伝統文化を守るために 8　デザインを振興する行政施策
1839		
1842		
1858		
1859	史跡と風景保存協会設立(英)	
1872	世界初の国立公園としてイエローストーン公園(米)設置	
73	わが国に「公園」が定められる(太政官布達)	ウィーン万国博覧会，政府参加(美術工芸品出展)
75		
76		
77		
1882		エルネスト・フェノロサ(米)の忠告により文化財の保護運動起こる
83		
84		
85		
88	東京市区改正条例(わが国初の都市計画法制)制定	
1891		
95	自然・歴史環境保護団体ナショナルトラスト創立(英)	
96		東京美術学校(東京芸術大学美術学部の前身)に図案科設置
97		農商務省に商品陳列館開館
99		
1900		農商務省，工業試験所設置．パリ万国博覧会，政府参加
01		東京高等工業学校(東京工業大学の前身)，工業図案科新設
02		京都高等工芸学校(京都工芸繊維大学の前身)創立
04		
06		
07		東京府勧業博覧会開催(上野)
09	大阪府建築取締規則(全88条)制定	
1911	広告物取締法制定公布	
12	兵庫県建築取締規則(全58条)制定	
13		文化財保護法制定(仏)
17		
19	都市計画法(風致地区)，市街地建築物法(美観地区)の制定	ワイマールでバウハウス創立(独)，ワイマール憲法に自然環境保存条文入る
1920	この頃，アメリカで美観都市思想起こる	
21		
22		東京高等工芸学校(千葉大学工学部の前身)創立
23	関東大震災発生	英国王立美術院，バウハウスの影響で芸術教育と産業界の結合を図るため「産業デザイン賞」創設
24		
25	『新建築』誌創刊	商工省工芸展開催
26		帝国工芸会設立(官界，産業界がドイツ工作連盟に刺激され結成．翌年，機関誌発行)．日本民芸協会設立．商業美術家協会設立
28		商工省に工芸指導所設置(仙台．所長に国井喜太郎)
1930	景観保護法制定(仏)	デザイナー団体，産業美術家協会(SIA)設立(英)
31	国立公園法制定	
34	瀬戸内海，雲仙など国立公園に初指定	
35		第1回大阪府産業工芸博覧会開催
36		日本民芸館開館

年代	【第1〜2章関連】 1 創造者の権利を守るために 2 よいデザインの選奨―Gマーク制度	【第3〜4章関連】 3 モノづくりの責任―PL(製造物責任)法 4 グローバルスタンダード―世界に合わせる
38	IDI(工業意匠協会)設立(米)	
1940		商工業規格統一展開催
41		紙の「日本標準規格」全面実施
43	意匠出願廃止(工業所有権戦時特例による)	
44		
45	意匠出願再開(工業所有権戦時特例廃止)	
47		ISO(国際標準化機構)正式発足
48		
49		工業標準化法制定．翌年から工業技術庁で日本工業規格(JIS)の制定作業進められる
1950		
51	松下電器産業，宣伝部に製品意匠課設置	
52	第1回「新日本工業デザインコンペ」入賞者発表(第1席，柳宗理)	
53		
54		日本，ISO(国際標準化機構)加入
55		
56	特許庁に意匠奨励審議会設置	国際工業所有権保護協会日本部会設立
57	グッド・デザイン商品選定制度実施	商標が適用される商品およびサービスの国際分類に関するニース協定
58	「デザインを護る展示会」(日本橋白木屋．通産省・特許庁主催)開催	虚偽のまたは誤認を生じさせる原産地表示の防止に関するマドリッド協定
59	意匠法大改正(昭和34年法)(翌年4.1施行)	
1960	高田忠『デザイン盗用』(日本発明新聞社)	
62		
64		
65	日本のデザインや商標，欧米市場で盗用急増．東南アジアを中心に日本製品の盗用目立つ	
66	日本デザイン保護機関連合会設立	パッケージケアマーク統合マーク制定(図記号標準化の産業分野横断的な先駆的事例)
67		ストックホルム知的所有権会議，世界知的所有権機関(WIPO)設立条約締結
68		
69	著作権法大改正(法律第82号)	
1970	特許法，実用新案法，商標法および意匠法を中改正(法律第91号)．著作権法改正(法律第48号．著作権保護，死後50年に)	特許協力条約(PCT)締結
71		意匠の国際分類を定めるためのロカルノ協定発効，特許の国際分類に関するストラスブール協定
72		
73		IEC417(装置用図記号標準)第一版発行
74		
75		

[凡例]米＝アメリカ，英＝イギリス，独＝ドイツ，仏＝フランス

年代	【第5～6章関連】 5 建物の安全を守るために 6 美しい景観を守るために	【第7～8章関連】 7 美しい伝統文化を守るために 8 デザインを振興する行政施策
38		
1940		
41		日本輸出工芸連合会，日本工芸シカゴ陳列会開催 国家総動員法にもとづく「生活必需物資統制令」公布
43		
44		デザイン振興のための組織「工業デザイン協議会(Council of Industrial Design：CoID)設立(英)
45		
47		
48	建設省設置	
49	屋外広告物法制定	第1回アスペン国際デザイン会議(米)
1950	建築基準法，建築士法の制定	文化財保護法制定
51		
52		日本インダストリアルデザイナー協会(JIDA)設立
53		日本デザイン学会設立
54		文化財保護法改正(重要文化財に関する管理団体制度の創設，重要無形文化財の指定および保持者の認定制度の創設)
55		ウルム造形大学創立(独)
56		
57	自然公園法制定，シビックトラスト発足(英) 建築基準法改正(耐火建築物規定の導入等防火規定の強化)	
58		通産省貿易局にデザイン課設置
59		日本民芸協団設立
1960		世界デザイン会議，東京で開催
62	歴史街区保存法(マルロー法)制定(仏)	
64	ユネスコ，「記念物および遺跡の保護と復元のための国際憲章」採択	
65		
66	古都における歴史的風土の保存に関する特別措置法(通称：古都保存法)制定	大学にデザイン科の開設相次ぐ
67		
68	霞ヶ関ビル(わが国初の超高層ビル)竣工．金沢市伝統環境保存条例制定．倉敷市伝統美観保存条例制定	九州芸術工科大学創立．文化財保護法改正．文化庁発足
69		財団法人日本産業デザイン振興会設立
1970	建築基準法改正(内装制限規定の強化) 新全国総合開発計画中に「歴史的環境の保護，保存」がうたわれる	日本万国博覧会開催(大阪)
71	環境庁発足．第1回国連人間環境会議開催	
72	京都市市街地景観整備条例制定	意匠奨励審議会「70年代のデザイン振興政策のあり方」発表，1973年をデザインイヤーと定め，デザイン振興国民運動の展開を提唱
73		世界デザイン会議(ICSID)京都で開催
74		伝統的工芸品産業の振興に関する法律(略称：伝産法)制定．通商産業省に伝統的工芸品産業室設置
75	伝統的建造物群保存地区制度発足(文化財保護法改正による)	文化財保護法改正(重要無形民俗文化財指定制度の創設) 財団法人伝統的工芸品産業振興協会設立

年代	【第1～2章関連】 1 創造者の権利を守るために 2 よいデザインの選奨－Gマーク制度	【第3～4章関連】 3 モノづくりの責任－PL(製造物責任)法 4 グローバルスタンダード－世界に合わせる
78	中華人民共和国, 発明奨励条約公布	特許協力条約にもとづく国際出願などに関する法律施行
79	タイ特許法(意匠保護)制度	
1980		ISO/TC145(図記号)日本初参加(日本代表：加藤久明)
81	米国コンピュータプログラム特許	ISO/TC145/SC1(案内用図記号)日本初参加(日本代表：村越愛策)
82		ISO/TC21ベルリン会議(消防安全)非常口誘導灯日本案採用(日本代表：加藤久明)
83		
84	著作権法中改正(借与権創設). 中華人民共和国特許法(意匠保護)制度	ISO 3864シリーズ(安全用色彩・図記号・サイン・標識・ラベル)発行
85	米国知的財産権重視政策策定(ヤング・レポート). 著作権法中改正(コンピュータプログラム保護)	EC閣僚理事会が発令した「EC指令」によりヨーロッパ各国でPL法の制度化が進む
86	著作権法中改正(データベース保護, ニューメディア規定整備)	ISO 4196(矢印の通則)発行(ISO80416-2として一改定2001年)
87	欧州・特許条約機構発足10周年	ISO 6309(消防安全用図記号)発行
89	審査主義国加盟に配慮した商標の国際登録に関するマドリッド協定議定書	ISO 7000(機器・装置用図記号－全般)初版発行 ISO 9186(図記号理解度試験方法－改定2001年)発行
1990		ISO 7001(案内用図記号集)初版発行
92		
93	不正競争防止法大改正(著名表示冒用, 商品酷似形態使用行為禁止規則)(翌年5.1施行)	
94		各国制度手続きの簡素化と調和に関する商標条例
95		WTO・TRIPs協定発効. 製造物責任法(通称：PL法)施行
96		
98	意匠法中改正(部分意匠制度導入. 翌年, 新規性例外規定拡大強化)(翌年1.1施行)	
99		意匠の国際登録に関するヘーグ協定ジュネーブ・アクト締結
2000	意匠登録出願の電子出願受付開始	各国制度の統一化, 簡素化と手続ミスの救済を図るための特許法条約(PLT)
01	韓国オンライン・ディジタルコンテンツ産業発展法	ISO/IEC80416-1(図記号基本通則)発行(ISO3461-1およびIECPub.416の改定を兼ねて行われ, ISO/IEC両機関で国際規格の共有化を実現) ISO80416-2(矢印の形状と使用)発行
02	知的財産基本法(内閣に知的財産戦略会議設置, 知的財産重視政策)制度	IEC60417(装置用図記号標準)IEC本部に電子データベース, スタート IEC80416(装置用図記号の基本原則シリーズ) IEC80416-3発行, 図記号適用のガイドライン
03		
04		

※省庁・機関名は当時の呼称による. 法律改正についての「中改正」は部分改正,「大改正」は全面改正をいう.

■文献

特許庁意匠課編：意匠制度100年の歩み, 特許庁, 1989.
安部公正監修：世界デザイン史, 美術出版社, 1997.
工芸財団編：日本の近代デザイン運動史―1940年代～1980年代, ぺりかん社, 1990.
矢野友三郎：世界標準ISOマネジメント―イギリスにできて日本にできないことはない, 日科技連出版社, 1998.
上原勝編：エコロジー・リサイクル・PL法とデザイン. デザイン学研究特集号, 4(3), 1997.
三井俊紘・稲尾和久：PLの知識(日経文庫714), 日本経済新聞社, 1995.
三井俊紘・相沢英生：PLの実際(日経文庫761), 日本経済新聞

[凡例]米＝アメリカ，英＝イギリス，独＝ドイツ，仏＝フランス

年代	【第5～6章関連】 5 建物の安全を守るために 6 美しい景観を守るために	【第7～8章関連】 7 美しい伝統文化を守るために 8 デザインを振興する行政施策
78	神戸市都市景観条例(1990年改定)制定 金沢都市美文化賞創設	世界クラフト会議(WCC)京都国際大会開催
79		全国伝統的工芸品センター設置
1980	建築基準法施行令改正(新耐震基準の導入)	
81	グランドワークトラスト発足(英)	
82	建設省，歴史的地区環境整備街路事業，都市景観形成モデル事業実施	
83		11月を伝統的工芸品月間とすることが省議決定
84		
85		
86		
87	総合保養地域整備法(通称：リゾート法)制定	
89	自治省，ふるさと資源調査，金沢市における伝統環境の保存および美しい景観の形成に関する条例(金沢市景観条例)制定	世界デザイン博覧会開催(名古屋)
1990	建設省，歴史的資産の保全・活用方策調査	10月1日を「デザインの日」に制定(通商産業省)
92	高齢者・障害者等が円滑に利用できる特定建築物の建築の促進に関する法律(通称：ハートビル法)制定	伝産法の改正(支援事業の拡充)
93	環境基本法制定	
94		株式会社国際デザインセンター設立(名古屋)
95	阪神淡路大震災発生 建築物の耐震改修の促進に関する法律(通称：耐震改修促進法)制定 金沢市，屋外広告物条例制定	全国伝統的工芸品公募展開始
96		文化財保護法改正(文化財登録制度の創設)
98	建築基準法改正(民間確認検査機関の導入，建築基準の性能規定の導入)	
99		
2000		
01	建設省廃止，国土交通省設置	伝産法の改正(指定団体の基準緩和)
02		
03	美しい国づくり政策大綱(国土交通省)	第6回アジアデザイン国際会議(6th ADC)開催(つくば市)
04	景観法等，景観緑3法閣議決定	

[黒川威人]

社, 1998.
大橋雄二：日本建築構造基準変遷史，日本建築センター出版部，1993.
大河直躬：都市の歴史とまちづくり，学芸出版社，1995.
大河直躬編：歴史的遺産の保全・活用とまちづくり，学芸出版社，1997.

篠原修編，景観デザイン研究会著：景観用語事典，彰国社，1998.
岡田譲監修，伝統的工芸品産業振興協会編：伝統的工芸品技術事典，グラフィック社，1980.
社団法人日本デザイン保護協会制作：工業所有権標準テキスト——意匠編，発明協会，2001.

第5部 デザインと経営

1. 企業経営とデザイン
2. デザインの実務
3. 海外のデザイン
4. デザインの教育・啓発・人材育成

5|001 概説

「デザインと経営」に関する問題は経済の分野と直結しているため，経済が一貫して成長拡大を続けてきたこれまでの時代は，その延長線上に「デザインと経営」の未来を託すこともできた．市場環境の急速な変化で企業の組織や業態がダイナミックに変化してしまう現在はそうした発想が成り立たず，これまでとは違った文脈でとらえるべき時代となった．デザイン組織もあらゆる事態の発生に対処できる危機管理意識と日頃からの準備が必要となってきている．

■デザインの周囲環境の変化（1）

戦後の日本はアメリカ製民主主義とともに豊富な物資や情報を流入させ，抵抗なく受け入れることで経済復興の道を順調に歩んできた．社会基盤から個人の生活基盤に至るまで壊滅的な打撃を受け，更地化したことが皮肉にも戦後の奇跡的な復興を容易にした面もある．中でも生活面の新しい基盤を作る上で効果があったのが，幻想としての「アメリカンウェイ・オブ・ライフ」であり，それが日本人に夢と希望と働くエネルギーを与えてくれたという見方も成立する．

やがて迎えた高度成長時代は行き過ぎた消費の過剰を生み出した時代でもあったが，デザイナーにとってはきわめて多忙でやりがいのある至福の時代であった．順風満帆に経済が発展した時代が終焉した後の1990年代は日本にとって自信喪失の10年間となった．1980年代後半に国民一人当たりの総生産でアメリカを追い抜いたことや，ジャパン・アズ・ナンバーワンと称せられたことが遠い昔話のように感じられる．国際競争力の低下は，当然ながらデザインの世界に大きな影響を及ぼした．家電産業を例にとれば，1991（平成3）年の国内生産額7.2兆円が1998（平成10）年には4兆円強に減少し，デザイナーから仕事を奪った．企業内デザイン組織においても組織拡大の気運が停滞し，組織や人員数の見直しが行われた例も多かった．バブル崩壊後の日本経済の停滞がそのままデザイン業界に影響したことになる．

21世紀を迎えた今，環境問題，エネルギー問題，高齢少子化問題に加えて，低コスト・高品質を達成した近隣諸国問題がデザインに大きな影響を与える時代となった．

■デザインの周囲環境の変化（2）

戦後の日本は，精神よりも物質を，自立よりも依存に価値を置いてきたが，1980年代頃までにおおかたの物質的願望を充足させた後，個人主義や自己実現という個の確立をめざした．しかし，結果的に豊かさの願望は幻想であったようで，めざしてきた坂の上の雲も登りつめてみればその存在を確認できず，視界不良のために今後の進むべき方向も定かではない．しかし，ひたすら物質的願望を拡大させるモノ的充足感の時代から，精神的願望を求める時代に移行しつつあると結論づけるのは容易だが，精神的願望を充足させるためにどう対応すればよいのかという基軸を見出すことはきわめてむずかしいことと思う．

豊かな社会，豊かな生活の実現をめざしてきたものの，豊かさを求める目標が不明瞭になってしまった現在，デザインする目標も同様に不明瞭であると考えざるを得ない．増加する人口を背景に新規性・ダイナミズム・ヤング優先を志向し，大量生産・大量流通・大量消費を標榜してきた社会から成熟国にふさわしい節度ある社会へどのような変化を遂げていくのか，そのとき，デザイナーにいかなる貢献が可能か．これから訪れるであろう成熟化社会における精神的充足感とは何か，を追求することがデザイナーに課せられた大きな使命と思う．

■デザインの経営環境の変化

部品の国際調達が容易になったことなどが原因となり，製品間の機能格差が消失しつつある．そういったことも背景にあって，中国をはじめとする発展途上国の企業が急速に力をつけてきた．安い労働力，勤勉な従業員，品質の向上といったかつての日本のお家芸は今では近隣諸国へ移ってしまった．日本の企業はグローバルな市場競争に打ち勝っていくために，従来にもましてデザインの質の向上を求められている．企業内デザイン組織は，企業の経営環境が不安定化していく時代にあって，市場競争力のある製品づくりに注力しながら，組織の見直しや経営基盤の確立を図らねばならないという高度な判断を求められている．デザイン組織の存亡が，国際的な経済情勢とダイレクトにかかわってきていることをますます強く感じる時代となった．

■デザインと経営の問題

「デザインと経営」というテーマから連想できるのは企業の「経営」に対するデザインの問題と，デザイン組織自身の「経営」の問題である．前者についてはデザインが企業に対してどのように寄与できるかを対象と

し，後者についてはデザイン組織自身が存続するための経営の諸問題を対象とする．前者についてはこれまでにさまざまな立場・視点から論じられてきたが，後者については論じられることが比較的少なかったように思える．高度成長時代が昔話となった今，前者と後者にかかわる諸問題を同時に考えることは，デザインの存在基盤を確固とするために必要なことと思われる．

この先，デザインはさらに大きな変化を遂げていくものと推定される．第5部では，「デザインと経営」についてインダストリアルデザインに的を絞り，大括りにした項目に対し具体的事例を中心に詳細な記述をお願いした．ハンドブックの性格上，なるべく普遍的内容による構成を試みようとしたが，第5部がきわめて今日的なテーマを扱う以上，具体的事例の紹介を避けるわけにはいかない．経営という視座を重視したいため，企業内デザイン組織を中心に具体的な事例の紹介をお願いした．ドッグイヤーと比喩されるほどのめまぐるしい時代ゆえに，事例の内容は時間の経過とともに急速に新鮮さを失う運命にあるが，執筆した時代を明確に記録することに大きな価値があると考えたい．過去より現在を，知識より経験を重視する視点から執筆願うことで，上記の二つのテーマに対する今日的課題を浮き彫りにできないか，というのが第5部の関心である．

「デザインと経営」という視点から第5部の内容を踏まえていくつか要点を列記しておきたい．

古典的な価値観に根差したデザインと新しい領域に挑戦するダイナミズムを有するデザインが混在した時代を1990年代と総括すれば，これからの10年間は新しい領域がダイナミックに進展していく時代に思える．旧来の価値観のみに依存する方法論では対応がむずかしくなってきていることは，今ではおおかたのデザイナーの共通認識として定着しつつある．デザイナーの能力が十分に発揮できるならば，隣接する領域もデザインの分野として取り込んでいけるはずである，という積極的な考え方も存在する．

デザイン領域の拡大とともに，専門化，高度化が顕著になってきており，デザイナーのみで幅広い知識を保有し解決していくには無理が生じてきた．デザイン組織内に異分野からの人材を混交させたり，外部エキスパートとの実験的な連携などを通してデザイン組織外の組織とコラボレーションを行う試みが活発化してきた．こうしたときにこそデザイナー固有の能力が期待できる．異分野の知識とデザイナー固有の能力が結びついて新しい可能性が生まれるとすれば，枠を外す努力，枠を壊す努力も必要となる．

デザインツールのディジタル化は，表現のための手段を超えて，発想からコミュニケーションに至るあらゆるデザイン活動に対し機能し始めている．設計・製造部門とのインタフェースを3次元データで行うことが必要となった結果，デザインのプロセスの中で3次元データをデザイナー自ら扱うことが普遍化してきた．ネットワークを介した通信技術の発達もデザインを変革させる要素となっている．ディジタル化はデザイナーの活動をネットワークの面からも再編成し，さらに変容させていくに違いない．

デザイナーとしての優秀さと組織の経営者としての優秀さとを併せ持つことは現実には至難なことである．にもかかわらずデザインがビジネスである以上，デザイン組織の経営問題を避けて通れない．企業生命が短くなっている現在，デザイン組織として独立した永続性も考慮していかざるを得ない．デザイン組織がよりいっそうの経営的自立を要求される時代となったことはまぎれもない現実である．

アメリカ，ヨーロッパ，アジアのデザイン組織はそれぞれ異なる活動形態を有している．企業内にデザイナーを抱えることの少ないアメリカやヨーロッパ企業における社外デザイナーとの連携のしかたには，デザインのアウトソーシングという面から参考になる．ビジネスの競争原理がより厳しく機能しているアメリカデザイン業界の現状も注目に値する．

人材の問題はあらゆることに優先して取り上げられるべき問題である．デザイン組織における人材を一律に扱う時代から特定の人材へ投資する時代に変わりつつある．グローバルな市場競争の時代に適合した人材の育成が緊急の課題といえる．そうした産業界のデザインに対する期待の変化とともに，学の世界におけるデザイン教育にも変革の波が生じている．この先，デザインの変革は産と学の間の意志の疎通をこれまで以上に必要としていくものと考えられる． ［和田精二］

■文献

日本機械工業連合会ほか：平成11年度21世紀の機械・情報産業振興に係る調査研究報告書，1999.

5 | 101 | 概説

■デザインマネジメントは経営戦略

まずはじめに断っておきたいのは，ここではデザイン業の経営をどうするか，という問題ではなく，一般の企業経営とデザイナーの関係を論じてみたいということである．

商品の市場競争力は価格や性能や品質などに加えてデザインが一つの要素になることはいうまでもない．他社の商品と価格や性能が抗拮している場合はデザインの果たす役割はさらに大きくなる．いや，世の中にはデザインのよさだけで売れるものも少なくない．

とすれば，当然メーカーの経営者はその商品のデザインに対して関心をもたざるを得ない．その商品を製造するにあたって，どうデザイナーを扱い，どのように方向を指示し，でき上がったデザインをどう評価するかが，プロダクトのデザインマネジメントの一つのあり方であろう．そのためには経営者は経験値からの判断だけではなく，当初からその能力や知識を身に備える場が必要になってくる．

アメリカのビジネススクールにはデザインマネジメントの講座を開いているところが多い．将来の経営者に対して，デザインマネジメントの何たるかを教えるのである．デザインマネジメント・コンサルタントのピーター・ローレンスによると，彼が講師を派遣している大学だけでも28あるとのことだった．デザインマネジメントが重要な経営戦略であることが認識されているのである．

■デザインワークは個性の発露

それに対して，日本の法文系の大学にはそれがいたって少ないし，ほとんど皆無に等しい．これだけ商品を作るメーカーがあり，これだけデザイナーを養成する学校があるにもかかわらず，経営学としてのデザインマネジメントを講義するところがないのである．だから，日本の経営者にはデザインを理解できる人が少ない．

かつて筆者は，日本の大手自動車メーカーの役員室に招かれたことがある．多くの居並ぶ役員の前に坐らされた筆者に，その会社のトップはバックの壁に貼られた多くのスケッチを指さして，この中でどれがよろしいと思うかと尋ねた．そこで筆者は逆にこう聞き返した．皆さんの中で誰が最終的にデザインを決定する立場にあるのかと．

しかし，誰一人としてそれは私の仕事だと表明する役員はいなかった．単独では物事を決めにくい日本の会社経営の方法を理解できないわけではないが，デザインマネジメントを体得してこなかった日本の経営者には，基本的にデザインを評価する資質が欠けているのである．欧米ではこういうことはない．担当の経営者の意見が明確で，良くも悪くもその人の個性が表出されるのである．デザインワークは個性の発露であり個人の発想であって，決して集団や組織の仕事の結果ではないし，それを評価するのも最終的には個人であるべきである．

デザインを合議や多数決で決めてもそれが無意味であることは，デザインにアート的ファクターが多いからである．アートは合議ではできない．欧米の車や電子機器に個性つまりプロダクトアイデンティティがあるのに対して，日本のそれらには個性がないといわれるのは，多分にすべてが合議で物事を決めるシステムによるからであろう．

■デザイナーは教育されているか

デザインにおける諸問題はデザイナー側だけでは解決されない．デザイナー側で一つのデザインが決定されたとしても，経営者側から指摘される製造コストやタイミング，市場動向やコンペティターなど種々のファクターで商品化されないことが多い．たとえ商品化されたとしても，デザインはよかったのだが売れなかった，という話はよく聞く．

日本のデザイン系の高専・大学では専門分野以外のことは教えない．日本の産業は工業製品の輸出をすることで発展してきた．ほとんどの製品は輸出することを前提に作られてきたのである．

にもかかわらず，プロダクトデザインの学生に産業論や市場論や貿易・為替論を講ずる大学など聞いたことがない．だから，自分が将来デザインするであろうプロダクトが，どんなしくみで国内外の市場に流れ，どのように利益が還元されるのかが理解できていないのである．

■意匠部の実験

初めてソニーに意匠部を設立してその部長に就任したとき，管理職全員を集めてこういった．

「あなたたちはみな純粋培養だ．入社して以来，黙々とデザインしかやったことがない．優れたデザインでソニーの評価を高めたことは尊敬に値するが，一方でデザインはよいが物は売れなかった，という話も聞く．商品というものは売れなければ意味がない．今

から流通を勉強しよう」

企業内では製造側と販売側の論理がかみ合わないことが多い．セールスがデザインに注文つけることもしばしばである．しかしそのセールスは自分ではデザインができない．とすればデザイナーがマーケットの勉強をすればよいのである．

こうしてデザイナーがマーケッターもやる運動が始まった．製造と販売の会議で，セールスが市場の動向を説明しても，それと同等かもしくは角度を変えた市場論をデザイナーが展開するのである．このことだけで販売側のデザイナーを見る態度は変わってきた．

次は製造サイドの問題である．ソニーのデザイナーは，事業部から送られてくる企画趣意書にもとづいてデザインを始めるのが流れであった．その流れを時々変えてみようと考えたのである．デザイン業務を先に終らせて，それをもとに事業部で企画趣意書を書き起こしてもらうことを始めてみた．

メーカーの製品にはサクセサー（後継機）が多い．技術の進歩とともに改善改良を加えていくからである．したがって，デザイナーが技術の情報を集め，改良点の予測ができれば企画趣意書がなくとも次のサクセサーの提案はできるのである．デザイナーにそれ相応の技術理解力がないとできないことはいうまでもないが，こうしていくうちに，すべての事業部のすべての商品企画会議に必ずデザイナーが出席するという構図ができ上がった．

■インハウスのデザイン組織の脆弱性

日本のメーカーには自社内にデザイナーを抱えるところが少なくない．デザイナーはその企業の製品のみをデザインするのである．車のデザインをするために入社したデザイナーは，何年も何十年も車のデザインをするのであって，次の年にテレビをデザインすることはない．ジョブ・ローテーションがないのである．

車のデザインはまだいい．電機メーカーの場合，テレビだけ何年もデザインするには根気がいる．担当機種を変えたところで解決しないことが多い．インハウスのデザイナーにモラールを維持させることは容易ではない．

日本の企業が直面しているのは，デザインマネジメントという基本的な問題以前に，デザイナーをどう扱うかという初歩的なデザイナーマネジメントの問題なのである．

デザインは個性の発露だとは前に述べた．デザインの優れた人には個性の強い人が多い．個性の強い人は自意識が旺盛だから，排他的になりやすい．ということは優れたデザイナーには本質的に組織の長には向いていないのである．

小さな組織で有名なデザイナーのところでは，まだ徒弟制度的に修業して，修業目的を達成すると自立していくから問題が起きることは少ない．その意味で有名建築家の設計事務所などはうまくいっている方だろう．

しかし日本の設計事務所も，徒弟制度の意味をもたない100人を超える規模の大きいものが生まれてきた．こうなると，所員各人のデザインワークをコントロールすることは困難になる．イタリアの建築家レンゾ・ピアノは，この日本の有名建築家事務所を評して私に「単に彼は労務管理をしているにすぎない」といった．

いずれにしろ，デザインが重要な経営戦略であるとの認識が経営者側にもデザイナー側にももっと必要であろう．しかもデザイナーにとっては，過去のデザインの概念を払拭しなくてはならない時代を迎えようとしている．

ユニバーサルデザインの定義はまだ確立されたとはいえないが，この考え方も大きな潮流となることは確実である．言い古されてきた言葉だが，いわゆるモノのデザインからコトのデザインへの移行である．

とすれば，社会の高度化とともにデザイナーには今までとは違ったさまざまなフェイズの負荷がかかってくることになる．デザイナーは追われ続けるのである．

企業経営とデザインが本当にシンクロナイズされている企業は，オリベッティを筆頭としたごくわずかの企業ではないかと思う．それは企業におけるデザインという職種のポジショニングがまだ未成熟だということでもあろう．しかしデザインの認識が徐々に深まるにつれて，「デザインという経営資源」を第一義的配慮する企業が増えてくるはずである．デザインが企業文化のバックボーンとなる日は日本にもかならず来る．

［黒木靖夫］

5|102 デザイン組織の経営

■新職能の予感とデザインの方向

'89デザインイヤーから10年以上を経て,デザインという言葉や営みの一般化,社会への定着が図られたものの,「巨大デザイン産業勃興す」などと喧伝された当時の予想に比して,デザイン活動は量的にも質的にも低迷しているとの印象はぬぐえない.バブル崩壊以降の長引く不景気の中,すでにデザインの景況も例外たりえないのは当然だが,とくに開発プロセスにあって形や色の専門領域に狭められがちである,そのような傾向を反映してのことと思われる.形に結実させる総合性をデザインとするならば,デザインのありようとして本意とするところではないだろう.

従来からのデザインの職域が収縮しつつある一方で,次の時代に台頭するであろう産業機能をめぐる議論には興味深いものがある.シンボルやイメージの操作を通じて問題の発見や解決,そのための媒介をする専門家である「シンボリック・アナリスト」,産業の諸分野・諸機能を創造の実体化に向けて凝縮させる触媒のような役割を担う「創造のカタリスト」,膨大な情報量の中から顧客のニーズに合わせて情報や商品の収集・評価・提示を行う「購買代理業者」やコンセプト主導で要素技術を統合,選択し,製品化を図るメーカーの一種である「パッケージャー」などが構想されている.情報化の進展などを背景に,作り手と使い手の間の情報格差が減ずる中,作り手側の発想から転換し,使い手のニーズをベースに意味形成から諸要素の媒介,統合を担うクリエイティブな役割の構築が予測されている.

いずれの場合にも,デザインという言葉こそ用いられないが,デザイン本来のありように重なる内容であり,それら潮流の中に次代に向けてデザインのめざすべき方向性を見出すことができるだろう.もちろんそれら議論では,必ずしもデザインを念頭に置いての提起ではないが,分析に対する構築という,産業領域にあって生産と生活を横断するという,しかも実体化と表裏をなす造形という,希少性を備えた産業資源としての自覚をもち,デザインが率先して担うべき課題であるといってよい.

■デザイン機能の再構成

あらためてデザインの拠って立つところを確認しておこう.デザインの基幹に造形力があることは広く認められているところである.そこからデザインは,形を作り美を語る唯一といってよい職能として,産業社会の美意識を代表する位置を占める.ただし,デザインの特性はその範囲にとどまらないことを忘れてはならない.造形力に加え,未来への仮説やビジョン,問題解決の方策などを提示する構想力,諸々の職能や業種の間のコーディネーションを進める調整力,それら3種類の力がデザインには備えられている.そして,それら3種の力の結合が,次代に向けたデザイン展開の可能性を担保するかたちとなる(❶).

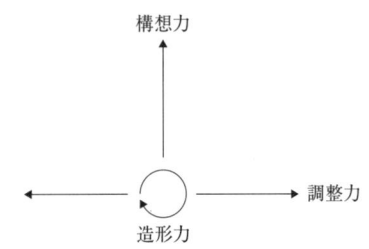

❶デザインのパワー構造(黒田,1996)

近年は経済的制約もあり,発注者,すなわち企業の求めに応じ,その成果についてはともかくも,売るためのデザインサービスに終始する傾向が強まっている.もちろんデザインは,サービス産業として,社内の一部署にあってもフリーランスの事務所を構えても,発注者への責任が第一義的であるのは明らかだが,それだけでデザインの職能を全うできるかというと否である.産業社会の美意識を代表するゆえの倫理が求められる.もともと生活運動の色彩も併せ持つデザインには,企業(生産者)の活動の枠を超えて,生活者を視野に収め両者を架橋する存在であることが求められている.また最近では,生産=生活の周辺に位置してきた環境への視点も忘れるわけにはいかない.

ひとり造形力だけをもってしての対応には自ずと限界もある.いかにして,構想力,調整力も含めた主体性ある活動環境へと,デザインを解き放つかである.造形力を核に,構想力,調整力の補完・連携が図られてこそ,重要欠くべからざる経営資源として,産業資源として,位置づけられるわけである.ごく最近まで,大勢としては開発・技術の一環としての造形力拡充に注力が図られてきた.それは,デザイン組織については幾多の改革を経ながらも,大企業においてなお大半は開発・技術系統に位置づけられてきた実態からも明らかである.そこからの脱皮をめざすかたちとなる.

■流動性重視の組織化戦略

デザインの三つの力,造形力,構想力,調整力の相乗効果を発揮させるためには,ともかくデザインとい

う職能ないし組織において，共同や連携の可能性を広げていくための，組織的土壌づくりや体質転換が基本的な課題となる．

従前のデザインの職能は，プロダクト，グラフィック，スペースなど，対象の形態ごとに確立されてきた．近代の工業生産にもなぞらえられ，供給側の発想からの専門分化であった一つの経過でもある．しかし，今中心になるデザイン課題は，ユニバーサルデザインやエコロジー分野のデザインであり，革新著しい情報技術とのタイアップであり，新しいビジネスモデルの構築も無縁ではない．1999年度のグッドデザイン大賞がAIBO，2000年度にはA-POCと連続してテーマ部門，新領域部門という従来からのカテゴリーとは異なるところから選ばれたのは，きわめて示唆的である．もちろんデザインに限ってのことではないが，需要サイドからの機能編成の組み替え，時代の変化を先取りする領域開拓が産業社会を席巻し始めている．

そこで対象形態別のデザインの専門性ではミスマッチになるのは明らかである．これからはデザインもT型からΠ型への転換が求められている．一つの専門性に依拠するT型に対して，複数の専門性に立脚する職能を，文字の形態になぞらえてΠ型という．いうまでもなくネットワークの時代であり，組織効率を考慮したアウトソーシングの求められる時代である．望むならばデザイン組織には，Π型を超える多様な専門特性の体内化が求められるところである．

従来型のデザイン教育出身者だけが核になるような人員構成から，クリエイティビティや総合化の感性を共有できる人材結合へ．アウトソーシングの対象となるデザイン機能であれば特性専化をもってよしとされるが，ネットワークの結節点たるデザイン組織では，幅広い専門性への触手を備えた体制が必須となる．デザイン組織にあって，建築や機械，情報系など技術分野の体内化については実績もあるが，マネジメントや社会学，福祉分野や環境，法学，文学など人文・社会系からの人材登用についても，積極化が期待されるところである．

デザインにとって，デザイン組織の外に，理解者・共感者のネットワークが少ないといった現状が，デザイン活動の拡充を図るに際しての制約になっている．これは企業にあっても，行政や地域にあっても，基本的に変わるところではない．その制約を解除するためには，デザイン組織の範囲を超えた人事ローテーションを考慮すべきである．今批判も少なくないが，中央省庁にキャリアと呼ばれる人事システムがある．ここではエリート云々ではなく，その流動性に注目しておきたい．入省してから省内，出先機関，関係団体，自治体などのポストを経験する．その過程で，特定部門の価値観が人を介して伝播され，理解・共感の人的ネットワークの裾野が醸成されていく．その裾野が特定部門の営みを幅広く支援し，異分野とのコミュニケーションをスムーズなものとする．

あるいは大学の工学部出身者が，法学部出身者が，卒業後には技術者以外，法律家以外の進路を選んでいくようなフレキシビリティも，それら専門性が社会システムに浸透するという見えない効用に結びついていく．デザインについても縦割り専門分化の一方で，ジェネラルな部分が減退しつつある．このあたりは，デザイン教育のあり方に関連する課題でもあるだろう．

さて，短期的な視野からは，近年の長引く不景気の影響などもあって，一方で情報技術の高度化・普及により作業効率の向上もめざましく，小規模・少人数のデザイン業務比重が高まってきており，それに伴いデザイン分野での組織創造のポテンシャルの低下が懸念されるところである．一般に，知識は形式知と暗黙知に分類されている．前者は言葉や記号で明示的に表現され，後者は個人の体験に醸成され定式化はむずかしい．前者はコンピュータネットワークで容易に伝達されるが，後者は共同体験によってのみ共有されていく．知識創造には両者の相互作用が重要だが，デザインは暗黙知生成の契機となるポジションでもあるわけである．暗黙知こそ創造の源泉といってよい．それゆえ暗黙知の生成・伝播の活性化は重要な課題である．

ただ，クローズドな組織環境の継続は，知識創造の可能性を閉じることにつながるかたちともなる．継続は力なりであり，その逆もまた然りである．それを予防するには，ビジネスベースのデザイン活動が小規模化し，タスクフォースやチームプロジェクトが非日常となる中で，組織創造の機会をデザイン組織運営に組み込んでいく工夫も求められるところである．社会提案型の社内タスクフォースプロジェクトや実験的なコラボレーションプログラム，産学共同研究や外部ワークショップ参加など，多彩なプログラムの可能性が考えられるだろう．

■デザインNPOの可能性

デザインとは，企業のアイデンティティ形成や商品競争力の重要な一翼を担うとともに，一方で営利事業

としてはむずかしい社会価値の実現を先導する一面も備えていることも，今改めて注目しておきたい．先進諸国にあっては，デザインの成果を相応に享受できるようになってきたが，途上国に目をやるならば，デザインサービスはなお届くような状況になく，決して贅沢品でない生活文化の基盤をなす，一方で人びとを触発するやりがいある営みであるデザインを，いかにトランスファーしていくか，あるいは創発させていくかは地球社会にあってこれからの課題である．

1998（平成10）年に，そのような潜在的な社会的要請を先取するように，デザインの領域と国境を横断する国際デザイン組織（Design for the World）が結成されたのは，記憶に新しいところである．そして，大規模煙害地域を救うユニバーサルマスク，避難民のための医療のデザイン，エイズ予防の安全注射器デザインなど，国際的にも高い緊急度をもつデザインプロジェクトの検討がすでに始められている．それらについて，実現に向けては国際機関との連携や財政面などのハードルは低いとはいえないが，いよいよデザインが地球社会を視野に入れての行動を開始したという意味で，今後の展開が期待されるところである．

一方で，地域づくりにおいてもデザインへの期待が高まっている．地方分権の時代潮流の中で，それぞれの地域ではアイデンティティ形成を基盤に戦略性をもった地域振興が課題である．そして，そこでは地域に存する潜在的な資産を発見し，誰にでもわかりやすい形へと置き換えて，それを契機に価値の共有化を進め，プロジェクトおこしを図っていくような地域デザインのプロセスが基本となろう．そこでの主役は地域内のさまざまな主体でありうるが，デザインの参画がそのプロセスを推進させるポイントとなる．一般にデザインは地域の外からの参画となるが，そこでは企業における商品デザインプロセスのようなアクティブな過程ではなく，地域外の視線ゆえの触発の役割を担い，形を受けとめリファインするような，パッシブなデザインが求められることとなる．可能であればデザイン専門の担い手が地域の内から参画するようなかたちも，将来的には選択肢に加えたいところである．

地球社会に向けて，一方で地域づくりへと向けて，デザインのフィールド自体は拡大の傾向にあるといってよい．しかし，少なくとも現状では，そこに企業内のデザイン部署におけるように，あるいはデザイン事務所に準ずるビジネスベースでのデザイン活動のみを見込むのはむずかしい．大きな社会課題である福祉分野や環境問題についても，非営利組織に重要な役割が期待されている．デザインにはもともと事業性のみならず運動性の性行が備わっている．国際社会，地域社会に限らず，古典的な企業や行政を補完する新しい組織形態，第3セクター，NGO，NPO，ボランティアなどのパートナーシップ型の新組織が高い重要性をもつのが時代の潮流である．デザインにおいても，その運動性をもって，ノン・プロフィットなデザイン組織のありようの探求を進めていかなければならないだろう．

[黒田宏治]

■文献

マイケル・ポラニー著，佐藤敬三訳：暗黙知の次元，紀伊國屋書店，1980．
ロバート・B・ライシュ著，中谷巌訳：ザ・ワーク・オブ・ネーションズ，ダイヤモンド社，1991．
出原栄一：日本のデザイン運動（増補版），ぺりかん社，1992．
野中郁次郎・竹内弘高：知識創造企業，東洋経済新報社，1996．
黒田宏治：デザインの産業パフォーマンス，鹿島出版会，1996．
ノルベルト・ボルツ著，村上淳一訳：意味に餓える社会，東京大学出版会，1998．
山田裕一・岩瀬可奈子：特集デザイン・マネジメントはどう変わるのか－1997年度企業デザイン部門の活動実態調査報告（1）．Design News（日本産業デザイン振興会編），240：10-16，1997．
山田裕一・岩瀬可奈子：特集デザイン・マネジメントはどう変わるのか－1997年度企業デザイン部門の活動実態調査報告（2）．Design News（日本産業デザイン振興会編），241：65-72，1998．
伊丹敬之：場のマネジメント，NTT出版，1999．
國領二郎：オープン・アーキテクチャ戦略，ダイヤモンド社，1999．
日本デザイン機構編：特集 Design for the World TOKYO，VOICE OF DESIGN，5(2)，1999．
「特別調査：巨大デザイン産業勃興す」，週刊ダイヤモンド，pp.72-92，1989年3月18日号．
青木史郎・黒田宏治：地域デザイン方法論の試み―地域デザインシナリオの提案．芸術工学会誌，21：189-192，1999．
黒田宏治：地域づくりのデザインシナリオ．地域経営の革新と創造（第3セクター研究学会編），pp.140-160，透土社，2000．
グッドデザインアワード・イヤーブック GOOD DESIGN 1999，2000，丸善，2000．
グッドデザインアワード・イヤーブック GOOD DESIGN 2000，2001，丸善，2001．

コラム「私の選ぶ図書10冊」

髙橋 靖［ヒューマンインタフェースデザイン，情報デザイン／千葉工業大学］

① 『モダン・デザインの展開—モリスからグロピウスまで』(ニコラス・ペヴスナー著，白石博三訳，みすず書房，1957)
　19世紀後半から20世紀初頭までの輝かしい近代デザイン史を総覧できる．デザイン資料の乏しかった戦後日本のデザイン界にモダンデザインの共通認識を与える書となったともいえる．

② 『ホモ・ルーデンス—人類文化と遊技』(ヨハン・ホイジンガー著，高橋英夫訳，中央公論社，1963［文庫1992］)
　「人間は遊戯する存在である」という言葉に惹かれて本書を買った覚えがある．「何のため」という理屈を超えたところにある人間行為の原点を「遊戯」に置き，それが人間文化の豊かな源泉となり歴史を形づくってきたことを示す大著である．

③ "Notes on The Synthes of Form"(Christopher Alexander著，Harvard University Press，1967)
　1960年代，デザイン方法論が華やかかりし頃，数多の分析的・経験的デザイン手法が議論される中で，本書はデザインの構造化の問題を鮮やかに数式化して解いてみせた．のちのPattern LanguageとともにC. Alexanderの金字塔である．

④ "Design for The Real World—Human Ecology and Social Change,"(Victor Papanek著，Pantheon Books，1971)
　空き缶を改造したラジオをはじめとして，ユーザーが置かれた環境を考え尽くしたデザイン解決の数々は読者に衝撃を与える．これまでデザイナーは市場性の呪縛にとらわれて，いかに一部のユーザーや国，人種，文化のことしか考慮してこなかったかを思い知らされる．バリアフリーやユニバーサルデザインを考える原点でもある．

⑤ 『樹木(コンピューター・グラフィックス・シリーズ)』(出原栄一著，築地書館，1983)
　本書は著者が「樹木」のアルゴリズムで紡いだコンピュータグラフィックスの詩集といえよう．1970年代初期から著者が下丸子の旧製品科学研究所で主宰した「コンピュータ＆デザイン」のサロンでは，毎月アルゴリズムを用いたアートやグラフィック表現，ゲームの可能性，デザインCAD/CAMや新しい生活システムなど，あらゆるコンピュータとデザインの知的な話題が語られ，試された．これはそのオマージュでもある．

⑥ 『生態学的視覚論』(J・J・ギブソン著，古崎敬訳，サイエンス社，1985)
　本書が提示する「アフォーダンス」は，今やヒューマンインタフェースデザインで不可欠の概念となっている．自然界に生息する動物にとってのアフォーダンスから始まって，映画理論にまで及んでいるところが面白い．これは著者の遺作となったが，アフォーダンスをインタラクティブなゲームの世界やバーチャルリアリティの世界にどう展開できるかを今聞けないのが心残りである．

⑦ 『唯脳論』(養老孟司著，青土社，1989)
　情報化社会が浸透したこの時期に唯脳論が登場したのは故あることであろう．解剖学者である著者は「現代とは，要するに脳の時代である」と書き起こし，身体性を失いつつある情報社会に警鐘を鳴らし，古今の思想がもつ脳の身体性の軛を突く．デザインにおけるコンセプト，機能，形態の関係についても考えさせられる．

⑧ 『心の社会』(マーヴィン・ミンスキー著，安西祐一郎訳，産業図書，1990)
　心とは「一つひとつは心をもたない小さなエージェントたちが集まってできた社会」とする本書は，最新の大脳生理学や心理学，人工知能，情報科学に裏打ちされて，「心」の古いモデルを破壊するに足る力をもっている．ここには情報デザインへのヒントが多数隠されているが，人の学習，成長，情動に対する深い洞察を欠いた応用は危険であろう．

⑨ "Computers as Theatre"(Brenda Laurel著，Addison Wesley，1991)
　本書はヒューマンインタラクションをドラマとして考えるきっかけを与えてくれる．コンピュータを道具としてではなくメディアとしてとらえ，メタファーの限界を超えてインタラクション行為の中に演劇的感動の世界を構築しようとする．これはコンテンツやプログラムのインタラクションをデザインするうえで示唆に富む書である．

⑩ 『状況論的アプローチ1—状況のインタフェース』(上野直樹編著，金子書房，2001)
　ヒューマンインタフェースデザインはS・K・カードの情報処理モデルやD・A・ノーマンの認知モデルに負うところが大であったが，今や現実のシステムをデザインするにはエスノグラフィーを始めとするより広い状況論的アプローチが重要な役割をになっている．本シリーズは内外の動向を概説し，日本の事例を多数紹介している．

5 | 103 | 日本のデザイン産業

■デザインの市場規模

　日本のデザイン産業を語るためには，まず市場規模を確定し，次いで産業動向とデザイン市場との関連を明らかにすることが必要である．ここでは，現在ある各種統計資料からデザインの市場規模を推計し，次いでバブル経済崩壊後のデザイン産業の変化を追ってみることとする．

　通産省委託調査「平成8年度デザイン活用型ニュービジネス創造調査研究」の「産業市場規模推計研究部会」の委員として，筆者が受託先である三和総合研究所とこの課題に取り組んだのは1996（平成8）年度である．その後，平成8年度事業所・企業統計調査の結果および1995年国勢調査詳細値が加わったため，それを盛り込みつつ，ここでのデータは原則として1996年時点のものを採用する．

[フリーランスデザイナー人口]

　デザイン産業を知る統計には，通産省の「特定サービス産業実態調査―デザイン業編」，総務庁の「事業所統計」，同じく総務庁の「国勢調査」がある．これらから抽出したデザイン事業所数とデザイナー数を❶に示した．通産省の調査は2～3年ごとのサンプル調査であるために，実数を把握するには適当ではない．となると，1996年の事業所統計による10,210事業所（従業員総数47,068人）と，1995年の国勢調査によるデザイナー総数151,924人（そのうち，デザイン事務所就業者が分類される「その他専門サービス業」は63,447人）がベースとなる．これらと，電話帳掲載項目による事業所数（1996年10月，NTTタウンページ）を対比してみよう．

　電話項目ではデザイン（6,384事業所）をはじめとして7種類の事務所数を抽出できるが，重複掲載が多いと思われる「デザイン」（全般）を除外した事務所数は20,122となる．これに特定サービス産業実態調査（1995年度）の一事業所当たりのデザイナー数の平均である3.9人を乗じると，フリーランスデザイナー数は78,467人．この中には，掲載分野の重複，デザイン業務を主とする事務所以外に施工管理，DTP・印刷といったデザイン関連業務を主体とする事務所も含まれることが推測される．それらを勘案すると，わが国のデザイナー人口とフリーランスデザイナー人口は，国勢調査の数字が最も妥当と思われる．1995（平成7）年の調査によれば，その総数は151,924人である．

　一方，タウンページ掲載の事務所からは，都道府県別の事務所総数とデザイン分野ごとの事務所数が抽出できる（❷）．三和総研作成の資料によれば，事務所数ベスト5は東京都（8,986），大阪府（3,249），愛知県（1,456），福岡県（956），神奈川県（919）．デザイン分野別のシェア（「デザイン」は除く）は，グラフィック（57％），インテリア（23％），インダストリアル（6％），ファッション（5％），パッケージ（5％），テキスタイル（2％），クラフト（2％）である．

[インハウスデザイナー人口]

　インハウスのデザイナー人口は，国勢調査によるデザイナー総数から「その他専門サービス業」をマイナスすることで得られる．1995年のその数は，151,924 − 63,447 = 88,477人である．内訳は製造業30,932人，卸売・小売・飲食18,930人，サービス業30,847人（フリーランスデザイナー63,447人を除く）．産業分野別ではアパレル関連の製造・卸・小売17,126人，広告業18,808人といったデータが実感に近い．

　ところで，わが国の全就業者数に占めるデザイナー比率は約0.3％．デザイン志向の強い大手製造業の従業員総数に対するデザイナー比率が1～0.5％の間にあることは，「日経デザイン」誌ほかの調査から知られている．1993（平成5）年当時，シャープ，マツダの1％からソニー，キヤノン，トヨタ，松下電器，0.5％のTOTOなどに至る企業群がその例である．デザイン外注比率の高いヤマハや，受注産業型である三菱電

	調査名	特定サービス産業実態調査	事業所統計調査（※1）	国勢調査（※2）		NTTタウンページ掲載事業所数
				総数	その他専門サービス業	
	調査年	平成7年	平成8年	平成7年	同左	平成8年
全国	事務所数	2,605	10,210	−	−	20,122
	デザイナー数	10,262	47,068	151,924	63,447	−

※1 総務庁「事業所統計調査」におけるデザイナー数は，従業員（経営者・役員を含む）数を表しており，デザイナー数ではないことに注意する必要がある．
※2 総理府「国勢調査」におけるデザイナー数の「総数」とは，自らの職業をデザイナーと答えた（デザイン事務所に属しているとは限らない）人の総数．その中で，デザイン事務所が産業上分類されるのが「その他専門サービス業」である．

❶各種統計による日本のデザイン事務所数とデザイナー人口

第1章 | 企業経営とデザイン

	デザイン	インテリア	インダストリアル	グラフィック	クラフト	テキスタイル	パッケージ	ファッション	合計
北海道	234	181	8	231	19	5	23	8	709
青森県	33	60	0	57	3	0	10	3	166
岩手県	20	43	4	45	3	0	4	1	120
宮城県	52	74	5	96	3	0	13	7	250
秋田県	31	26	2	61	0	0	10	2	132
山形県	20	44	1	79	0	5	7	4	160
福島県	38	49	3	70	7	0	10	3	180
茨城県	57	51	5	95	3	1	5	2	219
栃木県	82	53	9	80	8	3	7	1	243
群馬県	93	55	14	125	6	58	16	9	376
千葉県	106	68	24	144	10	1	15	7	375
埼玉県	120	94	38	164	26	8	24	12	486
神奈川県	198	202	114	314	19	10	23	39	919
山梨県	39	24	12	42	7	4	6	3	137
東京都	2,041	1,371	457	4,150	123	73	307	464	8,986
新潟県	84	84	18	220	8	10	17	4	445
長野県	178	100	16	200	6	0	19	9	528
富山県	66	55	6	99	4	1	11	2	244
石川県	118	50	16	136	6	0	14	4	344
福井県	44	51	9	85	4	10	5	3	211
岐阜県	63	62	12	174	8	8	17	87	431
静岡県	154	141	39	308	8	9	28	8	695
愛知県	252	232	115	676	18	58	50	55	1,456
三重県	62	42	4	77	1	2	8	7	203
滋賀県	27	16	1	33	2	0	7	3	89
京都府	245	63	14	229	13	51	17	31	663
兵庫県	131	96	26	231	5	22	17	18	546
奈良県	21	15	4	27	0	0	0	4	71
和歌山県	29	29	2	52	1	1	3	5	122
大阪府	872	362	135	1,493	31	57	77	222	3,249
鳥取県	35	15	1	56	2	0	7	1	117
島根県	11	5	0	25	7	0	2	3	53
岡山県	57	87	11	177	6	3	11	13	365
広島県	88	96	9	207	2	3	27	10	442
山口県	36	57	5	99	4	3	13	1	218
徳島県	15	25	6	52	1	0	0	6	105
香川県	52	31	3	87	1	1	18	4	197
愛媛県	36	47	3	64	2	21	9	2	184
高知県	34	31	1	59	1	0	7	2	135
福岡県	242	253	13	402	7	2	26	11	956
佐賀県	23	10	1	31	0	1	4	4	74
長崎県	34	32	2	40	3	0	9	0	120
熊本県	70	31	3	107	3	0	7	5	226
大分県	43	44	1	55	1	0	4	1	149
宮崎県	47	39	0	48	4	2	9	2	151
鹿児島県	28	35	2	58	0	0	3	0	126
沖縄県	23	51	0	47	3	0	5	4	133
合計	6,384	4,682	1,174	11,407	399	433	931	1,096	26,506

❷NTT電話帳に掲載されているデザイン事務所数の都道府県別掲載数（データは1996年10月時点，三和総合研究所作成）

機が0.25％程度であるのと対照的である．

製造業を最終製品型と受注型に分け，従業員数にそれぞれ1％と0.25％を掛けた三和総研の試算によれば総数は3万人強となる．国勢調査の製造業のインハウスデザイナー数である30,932人（1995年）に近似することから，この比率には一定の妥当性が認められる．

[デザイン市場規模]

これまでのデータから1995年市場推計を試みると，2兆2094億円となる．フリーランスの場合は，総デザイナー数に一人当たりの平均売上高である1530万円（1995年度特定サービス産業実態調査の値）を乗じる．インハウスの場合には，デザイナーの平均年収（700万円）の2倍程度を部門コストと想定し，総数にその金額を乗じる．両者の合計がこの2兆円強というわけである．

[海外のデザイン産業との比較]

欧米諸国のデザイン産業を知るデータには「Design Across Europe Patterns of Supply and Demand in the European Design Market」（AEA London編，1994，以下，EU調査報告），「Internatinal Design 2：A rough ride ahead the US Market」（以下，FT紙），イギリス・デザインウィーク誌（デザイン実態調査'93）などがある．

EU調査報告によれば，域内12ヵ国のインハウスデザイナーは10万人．デザイン事務所数は約8,000で，スタッフ数25人以上の事務所は200程度．1993年85億ドルのデザイン支出は，欧州連合研究開発費総額の8％に相当し，2000年のデザイン市場は140億ドルと予測された．デザイン市場推計にあたっては，インハウスデザイナーの年収の2倍を売り上げとする計算方法を採用したとのことである．デザイン分野ごとのシェアは，グラフィック（36％），インテリア（31％），プロダクト（24％），リテール（8％）となっている．EU最大のデザイン市場を抱えるイギリスの実態をデザインウィーク誌の1993年事務所調査に見ると，回答のあった236事務所のデザイナー数トップ50は筆頭のWPP（553人）から，Lewis Moberly（17人）まで．上位100事務所だけで3,500人雇用している．

FT紙はアメリカのデザイン事務所数を6,250と報じ，20人以上の事務所は100程度とする．同紙は米欧日のデザイン産業規模を「2対1対1」としているが，その根拠は必ずしも明らかではない．

むしろ，諸外国とのマンパワー比較上の問題は，デザイン学生総数（1990年で43,418人/デザイナー総数156,855人の28％）のうち大学・大学院生以外の多くが，その後国際的な概念上のデザインを専ら行っているかどうかだろう．グラフィックデザイナーを自称する比率の高いわが国において，かつての版下製作者，そしてDTPオペレーターなどが多数含まれることが想像できる．欧州連合12カ国でデザインコースに学ぶ学生は18万人いて，毎年3万人が卒業するという．米国の学生数は20万人，年間5万人が卒業するとの関係者の発言もある．これら欧米の実態においては，少なくとも，2年コース終了者がデザイナー総数の過半を占めることはありえないからである．

■産業動向とデザイン市場

デザイナー人口を知る上で最も基礎的データである国勢調査に，就業上の地位としてデザイナー「第5表（10）42デザイナー」が加わったのは1970年からである．その後の5年ごとの人数と伸び率は次の通り．1970（昭和45）年（70,630人），1975（昭和50）年（88,725人，26％増），1980（昭和55）年（92,936人，5％増），1985（昭和60）年（127,342人，30％増），1990（平成2）年（156,855人，37％増），1995（平成7）年（151,924人，3％減）．国民総生産の推移と比較すればわかることだが，景気変動は実体経済に対する以上にデザイン産業に大きな影響を与えるようだ．

「経済の発展とデザイン」（梅原，1994）によれば，1970年以降の各不況に対して全産業の経常利益が元に戻るのに要した期間（日経財務データベースから）は，第一次オイルショック（1973年）で4年，第二次オイルショック（1979年）で1年，1984年の円高不況で3年である．今回の不況の深刻度がわかる数字だ．円高不況期の1986年と1987年を除けば，この間も輸出は伸びた．この論文は，企業内デザイナーから見た1960年以降の「デザインの黄金時代」が4度あったとする．米国市場向けデザインを志向した1960年代中盤から後半，輸出先をヨーロッパに求めてシンプルデザインに転換した第一次オイルショック後，「ジャパンインターナショナルデザイン」が世界市場を席捲した1980年前後，そしてGDPベースで年間5％の経済成長を続けて高級・高品質デザインが求められたバブル期，と続くとしている．

[バブル経済崩壊の影響]

たとえば，広告業とグラフィックデザインの関係はどうだったのだろうか．1992（平成4）年の国内広告費は1965（昭和40）年以来，初めて前年比4.6％マイナス

（電通の売上高は9.4％減）となった．一方，「広告制作者協会（OAC）経営指標調査」（デザイン実態調査'94）によれば，回答のあった広告制作会社63社の1992年の売上高は規模の大小にかかわらず前年比7〜8％減少，売上原価率は上がって経常利益が1/3近くまで激減している．1978（昭和53）年の会員会社の年間売上高を100とした場合，1990（平成2）年の207をピークに，1991年153，1992年172と減少．この数字はデザイン関係者の実感に近いだろう．

日経デザイン誌のデザイン実態調査（1993，1994）からは，デザイン部門予算とデザイン外注費の推移がわかる．1992（平成4）年を100としたデザイン部門予算は1993年は100.6，1994年は103.2と微増．デザイン外注費はマイナスに転じ，1992年を100とすると1993年93.3，1994年87.3（以上，173社平均）であった．デザイン事務所の経営は圧迫されている．

1996（平成8）年の事業所統計によるデザイン事業所数は，10,210事業所（従業員総数47,068人）だったと先に記した．これは1991年のデータである10,075事業所（51,003人）と比べて事業所数は1.3％増加したものの，従業員数は7.7％減少している．東京都区内の従業員数の減少幅が16.5％，30人以上の事業所の従業員数の減少幅が9.2％と，大都市部と大手事務所で組織の小型化が目立つ結果といえる．インハウスも含めた国勢調査ベースのデザイナー人口の減少率は1990年から5年間で3％であったから，デザイン外注費の減少を勘案するとデザイン事業所への影響の方がより大きかったと思われる．

なお，イギリス・デザインウィーク誌の調査（デザイン実態調査'93）では，回答事務所の売上高総計は1991年で前年比−15％，1992年−16％，1993年−7％（83事務所平均）といずれもマイナスながら，1991年に10年ぶりにマイナス成長を喫したイギリスにあって，デザイン産業は2年で底を打ったことが窺える．この間，英国の大手事務所がデザイナー以外のスタッフ数を絞りこむスリム化を図った対応は，わが国でも同様だったようだ．

[デザイン市場の今後]

わが国の産業構造は1975（昭和50）年前後に大きな転換を迎えた．鉄鋼の生産，原油の輸入量は1973年をピークに漸減し，この期に半導体シリコンの需要が急増．1973年に製造業従事者の割合が減少に転じ，1994年にサービス産業の就業者数が製造業を追い越した．「エネルギーの時代から情報の時代へと，転換を表現できる」（西村，1995）変化だろう．「21世紀の産業はただ一つ，情報産業だけになる．情報技術（IT）のインフラ上に，たまたま自動車や家電や食品や素材を作っているにすぎない．売るのはモノではなく，サービスだ」（一條，1995）とすれば，そうした時代のデザイン産業の姿を模索しなければならない．企業間競争の激しさと頻繁な製品のモデルチェンジ，それに伴う広告投入と店舗リニューアルによるデザイン市場拡大は，とっくに曲がり角を迎えているのである．

市場拡大を予測させるのはマルチメディア分野である．郵政省審議会資料（1994年5月）では，マルチメディア市場は2010年に123兆円となり，雇用創出は243万人．その内の映像ソフト産業の伸びは1994年の2兆5000億円から2010年では19兆2000億円（全体の15％）と予測されているから，ディジタルコンテンツ制作で求められる人材は2010年に36万人（243万人×0.15＝36万人）となる．とはいえ，この分野のクリエイター需要を占うのは現時点では困難だろう．また，中小企業信用公庫が1996年3月に実施したアンケート（有効回答4,127社）で，新製品開発や新事業・新分野への進出計画があるとした比率は24％だった（前田，1996）．下請け脱却のための自社ブランド製品開発に伴うデザイン開発費を試算することも可能だが，金融崩壊によりこの市場は打撃を受けたままである．

製造業と同様，サービス業であるデザイン産業に新しい事業モデルが求められている．　　　　　　[森山明子]

■文献

三和総合研究所：平成8年度デザイン活用型ニュービジネス創造調査研究—デザイン活用型産業の振興に係る調査研究報告書，1997．

日経デザイン編：デザイン先進企業25，日経BP社，1993．

AEA London編：DESIGN ACROSS EUROPE, Netherlands Design Institute, 1994．

Intarnatinal Design 2：A rough ride ahead the US Market. 英国フィナンシャルタイムス，1990年10月1日付．

梅原伸浩：経済の発展とデザイン．日本デザイン学会誌（デザイン学研究特集号），2（3）：24-27，1994．

デザイン実態調査'93（1993年7月号特集）．日経デザイン，73：44-45，日経BP社，1993．

デザイン実態調査'94（1994年7月号特集）．日経デザイン，85，日経BP社，1994．

西村吉雄：半導体産業のゆくえ，丸善，1995．

一條和生：製造業の未来をこう見る．日本経済新聞第二部，1999年7月16日付．

前田英彦：経済教室．日本経済新聞，1996年8月6日付．

5｜104　拡大するデザインの対象領域

■高度情報化時代の到来

　情報化という時代性を名指す表現が現実のものとなり，ディジタル化技術（digital technology）の高度な発達と加速度的な普及の拡大によって，高度情報通信時代に突入した今日，インターネットで世界とリアルタイムでつながる情報のグローバル化は，あらゆる社会システムに多大な影響を及ぼしている．この世界動向は，成熟化した先進諸国の経済的閉塞感を打破する文明潮流といえるが，そうした新しい社会システムを具体的に実現するさまざまな機器や装置を製造する産業も，それらの機器や装置を機能させるソフトウェアを開発する産業も，また，そうした社会システムのインフラを整備・活用する産業も，総じてそれまでの概念と方法に根本からの大きな変革を強いられている．当然，そうしたイノベーションの影響は，日々の暮らしにも大きな影響を及ぼし，まさに，従来からの文明的価値観に新たな視点が求められ，生活文化にも，産業文化にも，さらには芸術文化にまで現代文明の変節期の様相が観察できる状況となっており，それらの実現に深くかかわるデザインにも，新しい時代の到来が実感できる．

■タンジビリティーからインタンジビリティーへ

　では，現代文明の大転換期であるというのは，何がどう変化している情況を指すのだろうか．デザインの対象領域が拡大していること，あるいは新領域が出現してきていることとの関係においてまず検証しなければならないのは，時代性を支配する価値観あるいは文明の価値構造の変化であろう．先進文明国となった日本も他の先進諸国同様に，工業化社会から脱工業化，情報化社会へ，そして高度情報化へと，それまでの物質文明，物的価値優先の世の中から，市場の成熟化とコンピュータと通信を中心とする高度なテクノロジーの革新に裏打ちされた，知識やイメージ，意味などの非物質的な情報価値がより重視される世の中へと移行してきたことを考えればよい．

　このことは，タンジビリティー（触知認知可能な物的実体性：tangibility）に重心を置いた価値観から，インタンジビリティー（触知認知不可能な非物質性：intangibility）に時代の価値観の重心が移動していることと考えられる．そこに，もともと，事象の形質が有するインタンジビリティーとタンジビリティーをインタラクティブ（interactive）に変換する能力であるデザイン，あるいは新しい価値を人間固有の創意工夫の力を駆使して創造する能力としてのデザインの対象領域が拡大する理由があるといってよい．

■デザインの対象領域拡大の背景

　デザインという専門性を特徴づけるその能力は，いったい他の多くの専門的能力とどう違うのだろうか．もともとデザインは，一般的には美術，造形の分野に属する専門領域のものであり，いわゆる芸術（fine art）と呼ばれる領域と類似近接した理解をされている．確かに，今日まで活躍してきた多くのデザイン人材を輩出しているのは，その理解を裏付ける美術や造形，芸術の名を冠した大学などの専門教育機関であり，一方で，建築，環境形成にも通底するデザインは，芸術と工学とを跨ぐ領域的広がりの上に位置し，具現，表現といった，思惟を目的に応じて可視化，実体化する専門職能と考えられている．

　一般的な専門性の理解は，多くの場合，実社会におけるその専門職能人の活躍が象徴となって定着する．デザインはデザイナーという職能人の仕事として認知され，さまざまな要素や技術を駆使して，不可視な技術やアイデアを顕在化させ，新しい価値を製品やサービスとして実在させるプロセスを担う人材が，デザイナーと呼ばれることになる．もちろん，それら価値の実在化にはさまざまに目的が伴い，多くの場合，社会性が意図され，また主観的ではあるものの，美しい姿での実現がめざされる．

　そうしたデザインの仕事は，従事する人材の創意工夫の力量と造形的感性の上に成り立ち，また，実社会で独立している専門世界の多様な要素・要因を，目的に応じて横断的に超越してつなぎとめ，具体というまとまりに実現するための柔軟な創造的調整ともいうべき構成・構造化作業である．そして，おおかたの専門性が，求心的にその特化を深めていくのに対して，デザインという専門性は，それらの専門性を横断的につなぎとめ構造化するきわめて特異な形態の専門性であるといってよい．しかし，そうしたデザインが為す作業の成果は，姿・形の出現として外在化されるために，人びとは社会的あるいは産業的な造形表現や意匠創造がデザインであると表層的に理解する．

　実は，この従来型のデザインの辞書的理解は，インタンジブル化への潮流が勢いを増す新たな文明が台頭する状況下においては，もはや重要な意味をなさない．それよりはむしろ，人間的かつあまりに縦横無尽な価値の形成能力であるがゆえに正当な認知を得にくかっ

たデザインの本来のタンジビリティーとインタンジビリティーを創造的に調整する基本的な全人格的能力が，社会，文明の構造が変わろうとする変革の時期に再び期待され，新技術と人間と社会をつなぐ方途としてその自在性と有意性を改めて獲得したと考えた方がよい．

全容として観察すれば，デザインの対象領域が拡大しているのは，タンジブルな，またインタンジブルな形質の異なる多様な要素が複雑に絡み合い高密度のシステム社会となった今日，自立分散しかつ機能するためにその相互の連関を必要とする構造の調整を担う時代の要請に最も応えられる能力が，デザインという創造的な基礎能力に見出されるからなのである．

■デザイン分類とその背景

さて現在，公的に認知されたデザインの対象領域は，経済産業省が特定サービス産業実態調査の対象として用いるデザイン分野である，インダストリアル，クラフト，パッケージ，グラフィック，ディスプレイ，インテリア，ファッション，テキスタイル，ジュエリー，サインの10種類を挙げることができる．これらの分野は，それぞれに専門分野として職能団体をもち，業界を形成している．

この分類は，実社会での産業的な実態にもとづいており，最終的なそのサービスの成果が，タンジブルな状態，すなわち，実体的な製造物の形態で確認できるものをジャンルに分けたものといえる．高度情報通信技術革新によって，デザインの対象領域が一気に拡大し始めていることにこの分類が対応していないのは，新しく出現した領域が，統計に資する経済規模を特定できる産業として自立していることが確認されていないからであろうし，またその実態は事実，把握しにくい．

インダストリアルデザイン分野について言及すれば，多くの企業におけるデザイン関連の業務の呼称も担当部署の名称も，定義が産業界で標準化されているわけではないし，それぞれの企業のその呼称と業務の実態との関係こそが，企業活動の独自性を反映していたりもする．また，新たに生まれたデザイン対象が，製品の部分であったり内包されていたりするために，指標として特定しにくいこともある．

一方，デザイナーは建築士のような公的資格制度のない職能であるため，長い時間を経て社会通念上一般化された大きな括りでは総称できるものの，詳細に関しては多様な解釈を許す状態にあることも一因であろう．しかし一方で，デザイン行為の対象によって変幻自在にその専門性に特徴をもつことのできる，ある意味では柔軟に自由な解釈を容認する職能であることが，逆にデザインを価値変革の状況に柔軟で自在な転移を可能にしていることもまた事実である．ゆえに，その行為の対象名を冠して，デザインの専門性を強調することが行われてきた．

従来からのデザインの分類でいえばグラフィックデザインは，主に印刷媒体の表現を対象にしたものであり，その範疇ではあるが，さらに細分化して，書籍の装丁はブックデザイン，雑誌などの視覚的編集にはエディトリアルデザイン，書体の設計やその構成に重きを置いたデザインは，タイポグラファー（typographer）の仕事となる．あるいはまた，それらを視覚伝達という概念で括り，そのすべてをデザイン対象にするビジュアルコミュニケーション（visual communication）デザインもすでに長い歴史をもつ．しかし，たとえば，もともとグラフィックデザインの分野に含まれていたパッケージデザインが，専門特化した分野として調査対象に挙がっているのは，パッケージ産業の生産規模の大きさによるところが大きく，総じて，公的な統計に使われるデザインの分類は，デザイン対象の国の産業指標として一定水準以上の生産量と経済規模，さらには，技術的特質と従事者による職能団体が成立するだけの社会的認知を得ているかどうかに拠っていると考えられる．

激変する今日の産業形態と構造において，技術革新とともに日々刻々と生まれてくる新しいデザインの対象による特化が，新たなデザイン分野として公的に認められるには，まだ時間がかかる．しかし，だからといって，新しいデザインの専門的呼称を名乗って仕事をするデザイン人材が増えることが無意味であることにはならない．むしろ，従来型のデザイン人材とはまた別の新しい特化した知識や技能をもったデザインの新領域が開拓されようとしている徴候だといえる．当然，そうした人材の供給源であるデザイン教育も，ディジタル技術と高度情報通信時代に対応する改革が急務になっている．

■新領域デザインの出現（1）

コンピュータの高度な発達と普及は，それまで身体的習熟によって獲得されてきた固有のデザインの技能，とりわけ造形的処理能力をソフトウェアとして外

在化し一般化したが，このことは，それまでのデザイナーの身体的技量の卓越性を普遍化することにつながった．当然，そうした固有の技能に依拠して構造化された関連産業は影響を受ける．

デザイナーにとって，コンピュータは，それまでのツールに取って代わり，もはや不可欠なデザインツールとなってきている．近年の動向でいえば，ディジタル技術の発達によって，画像，映像などの制作に新しい技法と必要性が生まれ一般の認知を得るようになってくると，次々にその特化した専門性を先取りして主張する傾向が顕著になってきた．

すでにかなり時が経ったが，たとえば，コンピュータグラフィックがCGという略称で使われるようになるとCGデザイナーが登場したし，最近では，もはや主流となってきたディジタル技術に対応するデザインを総称してディジタルデザイン，主にコンピュータ内蔵の電子機器の操作画面や操作部位，つまり機器とユーザーのインタフェースを対象にするのがインタフェースデザインと呼ばれ，またタイプフェースをディジタル技術でシステマティックに設計するディジタルフォントデザイン，ディジタル技術などを駆使して音響づくりにかかわるデザインをサウンドデザイン，あるいはまた，ゲームソフトのデザインはそのままゲームデザインと呼ばれたり，アニメーションが流行れば，そのデザインは，アニメデザイナーあるいはアニメーターの仕事として登場する．

ディジタル化技術の発展と通信ネットワークの発達は，そのまま新しい多様なメディアの出現につながるが，そうした動向を指すマルチメディアを対象にするメディアデザインの今後の需要は測り知れないほど大きく，またそのメディアの形態や運用のシステムの多様化によりますます専門特化したデザイン分野が生まれてくることだろう．データベースの構築，情報のアーカイブの整備には，そこに内蔵させる情報の集成と構造をデザインするコンテンツデザインが概念としても技術としても欠かせないし，同時に，それらの情報ネットワークと運用のシステムを対象とするシステムデザインの需要も増大するばかりである．

インターネットが普及して，ホームページをもつ企業や組織が増えているが，より優れたホームページを制作するためにも，専門的デザインの必要性が増す．それらはおそらく，ビジネスとしての自立を志向して対象ごとに新しい呼称を名乗るようになることは予想に難くない．

■新領域デザインの出現（2）

一方，多様化する社会の求めに応じて，既存のデザインの対象をより専門特化させたり，単体の形成から複合する全体性の創出へとまなざしを転じたり，新しい時代性に適応するデザインテーマを積極的に志向する人びとも現れてきている．照明器具をデザインするのではなく，照明効果をデザインするライティングデザイナー，建築物を含む空間の全容をデザイン対象とする環境デザイナーという呼称も以前からあるし，都市空間をデザイン対象とするアーバンデザインや，風景という概念で空間をデザインするランドスケープデザイナーを名乗る人びともいる．また，対象の広がりだけではなく，その取り組み方や方法論に時代の要請を取り込み，新しいデザイン概念の構築を意図した動向も出現してきている．

環境保全に人びとの関心が向き，地球環境の生態系と文明の調和をめざすエコロジカルデザインや環境破壊や資源の浪費を最小限にとどめて持続ある開発・発展を志向するサスティナブルデザイン，あるいはまた，高齢化社会の出現に対応したり，健常者と障害者が共生できるより人間的な社会を実現するべく，バリアフリーデザインやユニバーサルデザインも，新しいテーマをもったデザインとして注目されている．

こうした，その対象を次々に拡張して生み出され名乗られる新領域デザインの出現は，時代が新しく変化していくことの証しであるし，その可能性の拡大こそ，デザインの特質といってよい．

■新しいデザインに必要な知

文明の進歩を具体として実現することを先導してきたデザインは，ディジタル化，ネットワーク化など高度情報システム化社会の出現という新たな状況の中で，さらにその対象を拡大させていくだろう．そこでは，従来からのデザインの卓越した創造的能力に加えて，電子工学やコンピュータサイエンス，認知科学などの科学・工学的知識や，さらには，地球の生態系や環境資源の課題をも含む科学的知識と哲学，倫理観，また知的財産権などの法的知識も欠かせなくなってきているといえる．デザインの対象領域の拡大は，デザインに必要な知の拡大を要請してもいるのである．

［長澤忠徳］

■文献

長澤忠徳：インタンジブル・イラ，サイマル出版会，1988.

コラム「私の選ぶ図書10冊」

田中正明［タイポグラフィ／女子美術大学］

① "Printing Types -Their History, Forms, and Use -Volume I, II"（Daniel Berkeley Updike著，Dover Publications，1980［初版1937（Harvard University Press）］

印刷活字の書体についての歴史，形態そして用法について詳述している権威ある2巻の研究書．各書に引用されている．研究者必読の書．

② "Nineteenth Century Ornamented Typefaces"（Nicolete Gray著，Faber and Faber，1976）

19世紀の装飾体を中心とした活字書体について考察している．図版も多く，歴史的変遷を理解しやすい．本書については，「グラフィック・デザイン」誌に拙稿を寄せたことがある．

③ "Typography: Basic principles"（John Lewis著，Studio Books，1963）

タイポグラフィの基本的原理と題する，19世紀以来の書体の影響と傾向を平易に，図版入りで解説したもの．欧文書体の理解を得るための一般書．

④ "Printed Ephemera"（John Lewis著，W. S. Cowell，1962）

「はかない命の印刷物」と題する，いわば，端物印刷物のデザイン例を集めたもの．イギリスとアメリカの切符やラベル，ポスターなどで，そこに用いられている書体のバリエーションなどを論じている．③の著者と同じで，ロンドンの王立芸術大学の講師などを務めた．

⑤ "The Playbill"（Gordon Martin著，The Institute of Design of IIT，1963）

プレイビルは，19世紀イギリスの印刷活字を多用した文字ポスターのことで，そのコレクションを展開しながら，タイポグラフィの様式の発展を述べたもの．シカゴのイリノイ工科大学のデザイン学部より出版されたもの．

⑥ "Treasury of Alphabets and Lettering"（Jan Tschichold著，Reinhold Publishing，1966）

アルファベット（ABC）の形態とバリエーションの宝典ともいうべき古典的レタリング名作選．高名なヤン・チヒョルトの編集で権威がある．ローマ時代の石彫の文字から現代にいたる文字を集めている．

⑦ "American Wood Type 1828-1900"（Rob Roy Kelly著，Van Nostrand Reinhold，1969）

アメリカの木活字の19世紀に製作されたものを集めた図と解説書．いわゆる活字ではできない大型の書体を木製で作って，印刷活字としたもの．大型書体の研究には必見のもの．

⑧ "Lettering of Buildings"（Nicolete Gray著，Reinlold Publishing，1960）

これは印刷書体とちがった建造物におけるレタリングについて考察したもの．西洋の建造物には石彫とか，立体的な材質での文字を見ることができるが，その書体について歴史的，構造的に研究したもの．②の著者と同じ．

⑨ "Lettering on Architecture"（Alan Bartram著，Whitney Library of Design，1976）

建築の上のレタリングについて，古代から現代までを通覧しているが，ビクトリア時代のものについて多くのページをさいている．書体のデザインが環境にも影響あることも示し，今日でも示唆されることが多い．

⑩ "Pioneers of Modern Typography"（Herbert Spencer著，Lund Humphries Publishers，1969）

「モダン・タイポグラフィの開拓者たち」と題する，20世紀初頭のアポリネールの詩から始まる．ダダやバウハウスのタイポグラフィを論じた貴重な研究書．20世紀に始まる前衛的なタイポグラフィを研究するには必読の書．

5|105-1 企業における社外とのコラボレーション

インターネットの急激な普及によって企業の経営パラダイムが大きく変わりつつある．つまり，ディジタル情報ネットワークが企業文化まで変えてしまったのである．いわゆる「ナレッジマネジメント革命」(知識経営革命)が起こっている．

デザインの面でも「モノのデザインからコトのデザインへ」といわれて久しいが，残念ながらこのディジタル情報ネットワーク時代におけるデザインスキームはまだ模索中というのが実態であろう．とくに企業内デザイン組織のデザイナーは，大量生産時代における商品企画の一端を担ってきた経緯もあり，社内のモノづくりの開発から生産・販売の現場に密着しながらの側面支援という形で貢献してきた．ここで扱う「企業における社外とのコラボレーション」には，企業内デザイン部門のパラダイムを変革する上で非常に重要な要素が含まれているものと考える．

対象事例としては主に電機メーカーが中心となって推進しているものを掲げた．その中にはデザイン業務のアウトソーシングが進化したものも見受けられるが，積極的に社外からの刺激や情報を取り入れることによって新しいデザインの方向を見出そうとしているコラボレーション事例も出てきている．とくに企業文化を左右する役割を担う企業内デザイン部門にとっては，こういった社外の異分野，異文化とのコラボレーションの機会が，幅広い視野で新しい創造活動のできる人材育成の場となるはずであり，今後はディジタル情報ネットワーク技術を積極的に活かすことによって，専門知識の面でもより深く，幅広い活動が可能となるものと思う．

■コラボレーションの定義

「コラボレーション」の辞書的意味は，①合作，共著，共同研究，②協調，提携，③協力，援助，である．最近の造語として「協創」(共創)という言い方もしている．

日本能率協会の定義には「①専門や経験の違う人たちあるいは企業が創造への同じ思いを抱いて，②新しい創造的な成果を生み出す仕事のプロセスを一緒に過ごし，③情報のやり取りや議論のやり方を工夫することにより，新しい発見を導き出して創造的な成果を生み出す行為」とある．

ここでは，とくに「企業内デザイン部門と社外とのコラボレーション」に限って記述する．また，社内においては日常業務として，設計や研究・開発部門，商品企画，宣伝部門などの部署とのコラボレーションが展開されているはずであるが，ここではあえて社外との連携という視点に立って考察していく．

■企業経営の変革とデザイン組織の変遷
[競争から協調の時代へ]

企業経営の考え方として，企業内部だけの経営資源配分を考えるのではなく，外部のより高度な専門技術をもったパートナーとの戦略的なコラボレーションが重要視されるようになった．とくに新しい技術をベースにしたビジネスを展開する場合には，内部資源だけに頼るのではなく，外部の専門家との連携体制をとる方が，より速く，より効率的にビジネス展開が可能となる場合がある．そのためにも，自分たちは何が得意か，差異化が可能な技術・スキルは何か，自分たちには何が不足しているかという「コア技術」の再認識とともに，社外パートナーとの緩やかな協調関係をとることが企業経営にとって重要となってきたのである．

[デザイン組織の変遷と領域拡大]

企業内のデザイン部門は発足当初においては設計や商品企画部門から派生しているケースが多く，プロダクトデザインからグラフィックデザインなど，専門組織化を社内で図りながら対応してきた．しかし，デザイナーがかかわる専門技術領域も，環境デザイン，インタフェースデザイン，ユニバーサルデザインなど新しい領域へと急激に拡大するようになった．一方でデザイナーのかかわる担当分野も拡大し，医療，金融システム，交通システム，マルチメディア情報システムなど，高度な専門知識を必要とするようになった．しかし，そういった高度な専門知識と領域拡大のための人材を企業内に抱え続けることは現実的には不可能なことであり，効率的ではない．そのような背景から，社外へのアウトソーシングに期待が寄せられるようになってきたのである．

[異分野との接点での人材育成]

企業内デザイナーは社内における開発・研究から設計・販売に至るまでのプロセスに深くかかわり，効率を上げてきたが，逆に社内の慣習や限られたリソースだけの創造活動では限界もある．社外の幅広い分野や文化との接触による新しい刺激は，新しいデザイナー育成という面でも非常に重要となってきた．たとえば，異分野のメンバーが交流するデザインネットワーク活動が盛んになってきたことも，こういったデザインコラボレーションに対する期待の現れであろう．

第1章 企業経営とデザイン

■コラボレーションの事例

いくつかの企業で推進している事例をコラボレーションのアプローチ方法によって次の三つに分類して考察してみた．しかし，明確な違いを認識しての活動というより，冒頭にも述べたようにまだ模索状態であり，今後はさらにいろいろなアプローチ方法がとられるものと考えられる．

① 異分野，異文化とのシナジー効果を求めてのコラボレーション
② 業種を超えて事業政策につなげようとするコラボレーション
③ 専門知識のアウトソーシングから展開したコラボレーション

[異分野，異文化とのシナジー効果を求めてのコラボレーション]

NECでは1992年から継続して「A.T.E.」プロジェクト活動を推進してきている．ここでは，Art（芸術），Technology（技術），Environment（環境）のデザイン視点で，現代芸術と環境関係の研究・制作機関（P3），東京大学人工物工学研究センター（RACE）とNECコーポレートデザイン部の三者によるデザインコラボレーション活動を続けてきた．アーティスト，エンジニア，デザイナー，研究者などのさまざまな分野のメンバーとのワークショップを通じて，それぞれ異なった視点での問題意識をぶつけ合い，お互いに刺激を得ながら創造的なものの見方を醸成していくプロセスをとっている．

NECコーポレートデザイン部が発行する小冊子では「異分野コラボレーション」を下記のように定義している．

「異分野コラボレーションは経験と価値観の異なる人びととの共同作業を通して，今までとは違うものの見方を学ぶとともに，問題意識を共有するメンバー間で発想のシナジー効果を生むことによって，創造性を引き出すためのアプローチである．

❶は，異分野の出会いの効果を便宜上三つに分けたものである．図中の視点A，Bはそれぞれの視点をもった人とも分野とも考えることができる．異分野交流は双方が刺激を与え合い，結果としてそれぞれがA'，B'に変化する．異分野統合ではある一つの目的のためにお互いが補完しあいABを作り上げる．異分野コラボレーションでは視点Aと視点Bが交流し，双方のものの見方を意識的に取り込むことで，新しい視点Cを創造的に生み出していく．

異分野間では，コミュニケーションが深まるほど，ものの見方の違いのために誤解や利害の衝突が起こりやすくなる．異分野コラボレーションにおいては，そのギャップを創造的に乗り越え，自分の潜在能力が顕在化し，グループのシナジー効果が生まれることこそ意義がある」

ここでは「異分野，異文化のギャップや刺激を創造の糧にする」ということがポイントであろう．

[業種を超えて事業政策につなげようとするコラボレーション]

ここでは，住宅メーカーや家庭電化製品メーカーという複数の異業種企業のデザイナーやシステム開発者がプロジェクトを組んでコラボレーションを図った「住宅設計支援システムの開発」（1994～2000）を紹介する．

松下電器，松下電工，積水ハウス，大和ハウスの四社が通商産業省「生活価値創造住宅開発プロジェクト」の一環で，ネットワーク社会を前提にし，VR技術などを駆使した「住宅設計支援システム開発」に取り組んだコラボレーションである．目標はユーザーにとってインターネット活用の簡便な設計プラン決定支援システムを商品化することにある．推進にあたっては，ユーザーが住宅を設計しようとする際のイメージ段階から建築スタートまでを6段階に分け，統合化フローを

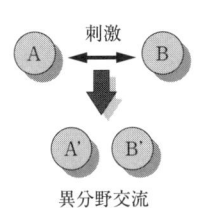

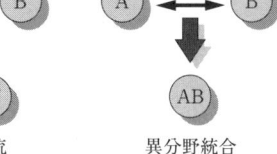

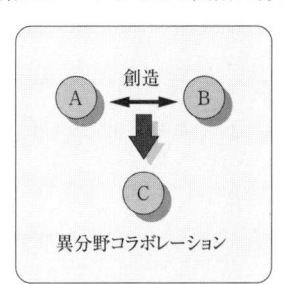

❶異分野コラボレーションによる効果

作成した．その中で互いの企業のコア技術（役割）にダブリのないように分担しながら研究を進めている．つまり「参画者どうしのコア技術を明確にしてのコラボレーション展開」がポイントである．

一方，複写機メーカーという同業種企業が業界の垣根を超えて，ユーザーにとって使いやすい操作性の追求を図った「CRXプロジェクト」という例もある．

計測自動制御学会，ヒューマンインタフェース部会が主催するユーザビリティ評価研究談話会に端を発し（1995年5月），複写機メーカーのキヤノン，リコー，富士ゼロックス三社のデザイナーが中心となって，ワークショップ形式でコラボレーションを推進した．

ここでは，ディジタル複写機がコピーからファクシミリ，プリンターと多用化，複雑化することに伴い，ユーザーにとって表示や操作の流れがわかりにくくなることに問題意識をもったデザイナーが，本来ならば競合関係にある企業どうしにもかかわらず，それぞれの枠を超えての用語統一や絵文字表示など，視覚言語の考え方の整理とガイドラインづくりを行った（詳細については5|105-3を参照）．

「競合関係にある同業種企業どうしがユーザーのための標準化に挑んだコラボレーション」の例である．

[専門知識のアウトソーシングから展開したコラボレーション]

自社内に不足する専門技術や専門領域の情報を補完する目的でアウトソーシング展開し，コラボレーションとして昇華した例も多い．たとえば，建築，CG，音，人間工学などの専門技術を社外に依存するケースである．

東芝では，携帯電話などの着信音の快適性，認知性を研究するために音の専門家とのコラボレーションを図りながら，商品企画に反映させている．しかし，さまざまな家電品に電子音が使用されていながら，音に関する調査データが不足していた．そこで日本カラーデザイン研究所の協力を得，市場ですでに使われている警告音やアラーム音の調査を行い，科学的な分析を重ねデータを蓄積していった．その後，楽曲づくりの専門家や社内のソフトウェア専門家と共同で電子音やメロディを創出し，商品展開を図っている．

一方日立では，コンピュータデザインの色彩総合戦略パートナーとして，イタリアのCastelli Design Milano社と，欧州拠点であるHDCE（日立デザインセンターヨーロッパ）および日本サイドのデザイナーとともに長期的なコラボレーションを図っている．多種多様な情報機器システムを人と環境の視点でとらえ，その思想をパーソナル機器からメインフレームまでの企業イメージを表象するメタファー（隠喩）で作り上げ，その成果は生産拠点の異なる製品にも反映させるとともに，企業イメージ創出に寄与している．

このように，「専門技術のアウトソーシングからコラボレーションへ昇華」していく展開事例は比較的多い．

■まとめ

便宜上コラボレーションのアプローチ方法から三つに分類していくつかの事例で考察してきたが，このように企業内デザイン部門の殻を破り，積極的に社外からの知識や刺激の導入を図ろうとする姿勢は増加傾向にある．しかし，コラボレーションという限り，お互いにとって常に「協調」の関係にあることが必須条件であるということを，改めて認識しておきたい．つまり「Win-Win」というバランスを保った関係を維持することが重要である．さらに前述したようにA+BがA'でもB'でもABでもなくCという，ある意味では予想もしなかったシナジー効果を発揮することも期待されている．そのためには自分自身のコア技術を認識すると同時に，相手のコア技術を尊重することも重要なことといえるであろう．

ここでは紹介しなかったが，過去には企業が「ブランドイメージ」や「ネームバリュー」欲しさに海外のデザイナーと契約をし「Win-Lose」で苦い経験をした例もいくつかあった．「教えを乞う」とか「下請け的に使う」というのは，そのバランスを崩しているわけで，こういった例はコラボレーションとはいいがたい．

また「知識創造活動」という観点から知的所有権の問題にも十分留意しておく必要がある．コラボレーションという共通の場によって新しい創造活動をしていくわけであるから，生み出した知識やノウハウ，創作物などに対してお互いにどういった権利を持ち合うか，帰属形態はどのようにするかについて，最初に十分話し合い，共通認識をもって臨むことが重要である．ただし，上述したようにお互いの力のバランスを保った関係を維持するうちに，当初予測された状況とは異なってくることも考えられる．そのようなときにもお互いの合意のもとに柔軟に変更が可能な契約形態にしておくというような配慮も必要である．最初の契約条件に固執して不愉快な関係を続けても，決してプラスの成果は期待できない．

さらに付け加えると，コア技術の共通認識のもとに，単に役割を分担してしまうより，お互いに課題を共有するということが重要である．抽象的な目標でスタートし，議論を進めるうちに共通課題を発見，認識していくというデザインプロセスもここでは非常に重要だと考えているからである．とかく企業内のデザイン部門では，生産部門や販売部門から保守的な立場での条件設定がなされるケースが多い．確かに業務効率は上がるが，一方では発想のアンジャンプ弊害も生んでいるのである．文化や経験の違うところとのコラボレーションのより高い効果を期待するためにも，安易に社内と同類の目標を掲げない方がよいということを十分に認識しておきたい．

■ディジタル情報化時代のデザインコラボレーション

グローバルネットワーク時代に入って単一企業内の情報だけでは企業経営が成り立たなくなり，経営トップにとっては幅広い情報と変化の兆しを把握し，どれだけ迅速に的確な意思決定をするかが非常に重要な要素となってきた．

「デザイン」は，「コンセプト」を「暗黙知」の段階から「形式知」の段階へと視覚化したり，問題発見，解決方法をプロトタイピングなどで視覚化することをコア技術にしてきたはずである．

こういったコア技術を再認識し，社外とのコラボレーションという場でデザイナーの能力を発揮すべき時代が訪れたのではないだろうか．これからの企業内のデザイン組織やデザイナーの意識も大きく変えていくことが要求されている．まず，ディジタル情報ネットワーク時代にあっては，組織は固定的ではなく，柔軟なプロジェクト体制をとり，テーマに応じて柔軟に対応できるマネジメントをとるべきであろう．具体的な事例としてここには掲げなかったが，ネットワーク時代におけるコラボレーションのあり方として，普段はバーチャルな関係性の中で緩やかなコミュニティを形成しながら，具体的なテーマが浮上したときには集中した活動をするといった，ダイナミックな組織形態が予測される．たとえば，日常はネットワーク上でメーリングリストなどでのコミュニケーションを交わす関係を続け，具体的な目標テーマが設定されたときに，そのテーマに関係するメンバーが，集中してプロジェクトを構成し，終了するとまた普段のネットワーク・コミュニケーションの関係に戻るというような状態である．継続的にお互いの信頼関係を保ちながら，時と場合によって臨機応変な対応のできるコラボレーション手法もこれからは増えていくのではないだろうか．

最後に，これからのデザイナーには，社外の専門分野の知識を積極的に受け入れ，それを糧にして社内に展開できる能力が要求されるであろうし，自分たちのコア技術を十分認識した上での調整能力やバランス感覚なども要求されてくるであろう．そして「社外とのコラボレーション」を成功させるために必要不可欠なものは全人的なコーディネーターの存在であることも申し添えておきたい．ただし，ここでいうコーディネーターとは，従来のデザイン教育を受けてきたデザイナーとは限らない．幅広い見識と知・情・意のバランスとともに，金・人・時間などのコントロールができるリーダーである．そういった資質をもったコーディネーターがいるかいないかによってそのコラボレーションプロジェクトの成否が決まるといっても過言ではないであろう．

［竹末俊昭］

■文献

原田保ほか：実践コラボレーション経営，日科技連出版社，1999.
伊藤友八郎：バーチャル企業連合，PHP研究所，1996.
片山又一郎：パートナーシップマーケティング，ビジネス社，1996.
紺野登・野中次郎：知力経営，日本経済新聞社，1995.
紺野登：知的資産の経営，日本経済新聞社，1998.
大浦勇三：ナレッジマネジメント革命，東洋経済新聞社，1998.
佐藤典司：デザインマネジメント戦略，NTT出版，1999.
日立製作所：コミュニケーションをデザインする，日経デザイン（1999年1月号）．
キヤノン：CRXプロジェクト，キヤノン総合デザインセンター，1998.
松下電器産業：ライフデザイン支援システムの開発，情報処理学会，1998.
NEC：A.T.E.(P3×NEC×RACE)，NECコーポレートデザイン部，1995.
東芝：音記号のインタフェース研究，東芝デザインセンター，1999.

5│105⁻² 産学官のコラボレーション

ここでは,地域や日本経済の活力ある成長を担う中小企業に焦点を当て,その「自立」を支援するために産学官が連携して取り組むコラボレーションのかたちと,コラボレーションプロジェクトにおけるデザインの働きについて述べる.

■コラボレーションの背景

初めに,中小企業に自立が求められる背景について触れる.

「日本の奇跡」とも呼ばれた戦後の急激な経済の復興と高度成長は,「生産性の向上」という,効率化を最優先にした日本的生産システムを機軸にして成し遂げられてきた.とくに諸外国と比べて特徴的なものに,「元請け・下請け」と呼ばれる「系列」の形成がある.大企業を頂点としてそのグループ傘下に段階的に多くの中小企業が集まり,緻密な役割分担のもとにきわめて効率的な生産方式が確立された.「ジャスト・イン・タイム(JIT)方式」と呼ばれる生産方式は,世界を驚愕させた日本的生産方式のシンボルともいえる.

しかしバブル経済崩壊と,急速に進んだ海外生産による空洞化現象によって,企業グループの強固な結束体制は急速に弱体化し,親企業からの受注と技術指導に頼ってきた多くの中小企業は厳しい状況に立たされた.とはいえ,この状況を単に一時的な不況ととらえることはできない.すでに成熟の時代に入っている日本経済が,生産性向上というような急成長時代のキャッチアップ型産業振興プログラムから,イノベーションを機軸とした新しいプログラムにシフトしていく大きな転換期にあると認識しなければならない.日本経済の活力を維持しつつ今後も安定的な成長を図るためには,大企業のみならず中小企業にも,イノベーション型企業への移行と新産業創成への挑戦が求められる.そしてその原動力となりうる重要なポイントが,研究開発力の強化と企業家精神(アントルプルヌールシップ)の発揮なのである.しかし中小企業の実態を見ると,多くの企業は下請けに甘んじてきた体質からなかなか脱皮できず,新しい可能性を拓くための内在的パワーが,人的にも資金的にも不足している状況が見受けられる.中小企業が元気なアメリカやイタリアでは,歴史的に中小企業の企業家精神を重視し,自律的なビジネス展開のための支援システム[アメリカの「ベンチャーキャピタル」,イタリアの「プロジェティスタ」などを指す(岡本,1994;ヴィダル,1995)]が形成されてきているが,日本では,生産性向上に偏った工程分担的産業構造の特質によって,部分しか担当できない中小企業が多く,商品開発経験の希薄さがその自立を妨げてきたと見ることもできる.

コラボレーションは,このような背景のもとで注目され始めた概念である.中小企業にとってとくに社内の蓄積が弱くリスクや経費負担の大きい研究開発の部分を学官が補完しつつ,中小企業の自立化を支援していこうとするしかけである(シュレーグ,1992).

■コラボレーションのかたち

コラボレーションには,多彩なかたちとレベルが考えられる.広義には,自社内だけで完結できないプロジェクトはすべてコラボレーションプロジェクトということもできる.会社スタッフの個人的人材ネットワークを活かした共同開発や異業種交流グループの活動,専門家を派遣するアドバイザー制度の活用などもコラボレーションの一種ではある.しかしこれらは,往々にして相互に異質な機能が「たまたま」寄り合っただけのものになりがちであり,明快な目標や意識の共有に手間取り,具体的な成果を見出せぬまま自然消滅しがちであった.このような身近な寄り合い的なコラボレーションは,リスクが少なく自立のための入門プログラムとしてはなじみやすいが,「コラボレーションは成果が出ない」というネガティブな印象を多くの経験者に抱かせがちであるという問題点もある.

どのようなスケールにしろ,コラボレーションを成立・機能させるためには,相互に異質な機能(タテ糸)を横に束ねて各々の能力を最大限に発揮させていくヨコ糸的な「しかけ」が必要であることを認識しなければならない.これが「プロデュース機能」であり,その役割を担う人を「プロデューサー」と呼ぶ.今までの一般的な開発・生産行為は,会社や系列という閉じられた世界の中で,会社の中長期商品開発計画といったタイムテーブルに沿って行われ完結されていた.したがって日本のビジネス社会でヨコ糸の必要性や有効性が強く認識されることはなかった.これは書店の棚を埋めているビジネス書の中に,プロデュースの有効性や専門性を論じる書籍が少ないことを見てもわかる.しかし,相互に異質なものが一つの成果創造に向かってお互いの役割を全うしていくためには,魅力的なビジョンやシナリオ,そして優秀なプロデューサー(総合プロジェクトリーダー)や監督,グループごとのディレクターというような,映画製作などでは一般的なストーリーづくりの諸機能が必要不可欠である.

中小企業の現状と将来性を考えれば，「この指とまれ」的に，企業どうしのたまたまの出会いと偶然の成果を待つだけでは済まされない．戦略的にイノベーション型企業を育てていくための多様なコラボレーションプロジェクトが実践されなければならない．

中小企業がイノベーション型企業として自立をめざすための方向性としては，三つの選択肢が考えられるだろう．第1は「新技術の開発」である．自社が蓄積してきた技術的強みを生かし，さらに先鋭化させてオンリーワン技術を創出する．また，技術提案力を育てて受注先の開拓・拡大をめざすという方向である．第2は「新分野の開拓」である．自社の技術を異なった分野に応用して，領域の拡大をめざすものである．第3は，「新技術開発＋新分野開拓」を合体して行う，まさに起業とも呼べるレベルへの挑戦である．

第1の方向では，コラボレーションは専門的な技術領域に限られるため，比較的狭い範囲でも有効であろう．第2では，より広い専門領域でのコラボレーションが求められ，商品開発をめざす場合はデザインの有効性を生かせる．第3では，新しい産業創出のためのインキュベーションプロジェクトといった概念のもとに複雑なコラボレーションが必要で，デザインの果たすべき役割もより高度なものが要求される．

■コラボレーションでのデザインの働き

筆者は1995（平成7）～1997（平成9）年の3年間にわたって行なわれた茨城県地域産学官共同研究事業に参画し，地域の部品製造企業とともに「新技術開発＋新分野開拓」をめざすプロジェクトを，学の立場そしてデザインの立場から運営・推進する経験を得た．

「高齢者支援機器の開発」をテーマとする茨城県地域産学官共同研究事業は，自社製品の開発経験に乏しい地域中小企業に対し実プロジェクトを通して企画・開発技術を付与し，自立への足がかりを与えることを主眼とするもので，中小企業庁・茨城県が総額2億2400万円の事業費を3年間にわたって助成したインキュベーションプロジェクト的性格の強いコラボレーションプロジェクトである．「官」の立場である県工業技術センター（以下，工技センター）が運営センターになり，「産」の立場で中小製造業四社が研究組合を構成して参加，「学」の立場で県内の三大学や研究所が，加えて「民」の立場で医師やユーザーも参加し，産官学民が密接なコラボレートを行いながら高齢者支援機器の実用化をめざして研究・開発を進めた．1999年3月には本プロジェクトの開発成果の一つである電動三輪車の生産・販売が開始されている（❶）．

❶茨城県地域産学官共同研究で開発した電動三輪車「ペルメ」1999年3月から生産販売が開始されている．

コラボレーションにおいてデザインが発揮できる有効な働きを，このプロジェクトのプロセスに沿ってまとめてみる．

［ヒューマンソフトウェアグループの運営］　商品開発経験が全くない中小製造業五社と工技センターの技術者によって構成された開発グループは，その発想が構造やメカニズムなどハードウェア主体に偏り，ユーザーである人間を忘れがちであることが予想できた．そこでデザインがまとめ役となり，マーケティングや人間工学も含めたヒューマンソフトウェアの視点から商品発想を行うグループを作り，研究組合を支援することにした．その運営は，コラボレーションに適するオープンプラットフォーム方式（誰でもが参加でき，平等な立場でバランスのとれた受発信を行いながら意識を共有し，相互に創造的に課題を達成していく組織体）になるよう工夫した．メンバーは，デザイン（開発，調査），エンジニアリング（人間工学，技術シーズ開発），ユーザー（医用工学，車椅子ユーザー）の三者で構成することとし，ハード開発グループの全メンバーもオブザーバーとして参加し，必要に応じてワークに積極的に参加できるようにした．

さらに福祉機器の知識を広げるために，毎回のワークショップに外部講師を招いて専門的立場から講義を受けるとともに，スタッフメンバーも話題提供を行い合うこととし，意識の醸成を図った．

［ワークの視覚ツール化］　プロジェクトの成否は，何よりもグループの活性化にある．活性化に有効な方策の

一つは，早期に企画の仮説案をまとめて，スケッチやモデルなどのかたちで視覚情報化して提示することである．企画の仮説案づくりに際しては，全メンバーが同時にイメージやアイデアの発想とコンセプトづくり，デザインを行うワーク法（C・Q・C手法と呼ぶワークショップ形式の企画会議．「同時発想→即評価→方向の共有」を2～3時間で繰り返す）を開発し実施した．さらにその仮説を速やかにイメージカタログ化することで，プロジェクト開始3カ月後にはすでに全メンバーが製品イメージを明確に共有でき，加えて多くの技術開発課題が抽出できた．

[ユーザーニーズの調査] この2タイプと，市販の3機種を同仕様のスケッチに描いたものを用いて，早期にユーザーニーズの把握とコンセプト検証を行うためのマーケットリサーチを実施した．調査は県内の電動三輪車・電動車椅子ユーザーと想定ユーザーおよび介護者140人を対象に行い，それを双対尺度法によるマッピングなどで解析した．また市販の製品の市場調査を行い，軽量・超コンパクト・廉価なモデルが国内には少ないことを検証した．この調査は，スタッフ全員が分担して行ったが，ユーザーの生の声を聞くよい機会となり，また調査費用の負担軽減が図れた．

[モデリング] プロジェクト2年目には，モックアップと実動試作モデルが完成し展示・試乗を行った．早期のモデル化は，研究組合と工技センターによる構造設計，学が担当したデザインクレイ（粘土）モデルの制作と計測，工技センターによるCAD化を三者の密な連携のもとにタイトな日程の中で実行できた．この優れたチームワークは，前述のオープンプラットフォーム方式という運営方式から生み出された副産物ともいえる．

このプロジェクトを通じて体験的に得られた，コラボレーションを生かすための運営のキーポイントを挙げておきたい．

- コラボレーションプロジェクトでは，ピラミッド型の組織図によるプラクシス型（ノルマ達成型）の運営はなじまない．むしろ円卓型としてモデレーター役を交代で勤めるというプラティーク型（成り行き型）が好ましい．プロデューサー（複数も可）はトップダウンではなく，環境づくりを行う役割（縁の下の力持ち）を担う．その連携力と継続的な熱意がカギになる．
- ほぼ全員が初めての仕事に挑戦することになる．したがって，不安感を払拭し参加意欲を高めるためのコーディネーションデザイン力が求められる．たとえば「全員主役」のプロジェクト会議運営やゲーム的運営などの工夫が必要である．
- メンバーの発想やイメージをできるだけ早期にスケッチや簡易モデルなどで視覚ツール化することにより，メンバーの活性化を図ることができる．さらに原寸モデルや実動モデルの製作など，質より速さを重視してスケジュールの前倒しを図るべきである．それによりリファインの密度が上がり，製品の質を向上させることができる．
- 研究テーマが一般製品の場合は，産学官にとどまらず，ユーザーとしての「民」の参加を求めるべきである．民の「使い手」としての一言がプロジェクトの方向を決めることも多い．
- それぞれのメンバーにとって参加することが楽しみになり，成果を有効に分かち合えるような運営形態をめざすべきである．これが強い意識の共有を生むカギになる．コラボレーションにおいては，プロジェクトの成果と参加者の達成感の高さは正比例するものであろう．

地域産学官共同研究プロジェクトが契機になり，水戸の商店街がタウンモビリティー（イギリスで活発に行われている社会支援活動で，高齢者や障害者のために電動三輪車や車椅子などを貸し出し，自由に買い物や町歩きを楽しんでもらおうとする試み）によるまちづくりの検討を始めた．まちづくりは，市民やNPO組織，商工会や行政など多様な立場の人びととともに行うべき新たなコラボレーションワークの場である．オープンプラットフォームで行われるコラボレーションは，いろいろな所にいろいろなかたちで転移し広がっていく．地域のコラボレーションが，このようにモノづくりからコトづくりに広がることによって，生産デザインの果たすべき役割もまた，地域産業振興から地域環境づくり，そして文化形成へと新たな展開を見せ始めている．

[蓮見 孝]

■文献
岡本義行：イタリアの中小企業戦略，三田出版会，1994．
F. ヴィダル著，岡本義行訳：イタリア式マネジメント，三田出版会，1995．
M. シュレーグ著，瀬谷重信・コラボレーション研究会訳：マインド・ネットワーク－独創力から協創力の時代へ，プレジデント社，1992．

コラム「私の選ぶ図書10冊」

田中 央 [コンセプトデザイン／田中デザインオフィス]

① 『東京漂流』(藤原新也著, 情報センター出版局, 1983)
　幅広く芸術のジャンルを自在に超越しつつも、時代風景を通して生活の裏にひそむ問題点を鋭い洞察力で抉る. 一生活者としての目や心は、デザインの本質は何か, を常に問いかけ訴えていることと同義と受けとれる書である.

② 『イメージの心理学』(河合隼雄著, 青士社, 1991)
　デザインによる創造性を究めていくにはイメージと心の関係を無視することはできない. イメージの心理学といわれるユング心理学は、人類の意識の深層に生じるイメージ体験の根源にひそむ心的現実を探っている.

③ 『言葉と意味を考える　1・2』(赤羽研三著, 夏目書房, 1998)
　主に修辞学からなされた考察を手がかりに、「隠喩とイメージ」をはじめとした文彩の具体的な分析を通じて言葉とその意味にふれ、古代ギリシャから現代まで、言葉(イメージ)と意味の問題に新しい視座を与えている.

④ 『レトリック辞典』(野内良三著, 図書刊行会, 1998)
　レトリックは人間の認識・言語活動の根幹にかかわる営為であるとしている. 文彩と議論法の辞典でありながら文例を広く集めることによってレトリックの概説書として「読む」辞典でもあり、デザイン発想の起点といえる.

⑤ 『しぐさの日本文化』(多田道太郎著, 筑摩書房, 1972)
　しぐさ, 身振り, 行動, 姿勢――それらは人間関係を整えるための精神・身体的表現である. 日本人らしいという文化の型, 特徴にもふれている. コトのデザインにおけるコトとモノの関係を問いかける書ともいえる.

⑥ 『技術文化史　上・下』(T・K・デリー, T・K・ウイリアムズ著, 平田 寛, 田中 実訳, 筑摩書房, 1971)
　最古の時代から後1900年までのほとんどあらゆる技術を包含し、技術の発展過程の全貌を歴史的背景のもとに描いた技術史である. 技術革新の激しい今日, 常に現在から未来を占い創造するデザインにとっては過去との密接なつながりとして抱える好書といえよう.

⑦ 『電脳進化論―ギガ・テラ・ペタ』(立花 隆著, 朝日新聞社, 1993)
　「人間-道具系」が「マン・マシン系」そして「マン・マシン・コンピューター系」に変わろうとしている. 科学と技術の最前線(とくに脳の拡張)を直視することで, 人類社会はまったく新しい段階を迎えようとしている.

⑧ 『意味づけ論』(深谷昌弘, 田中茂範著, 紀伊国屋書店, 1996)
　人間行動を支える「意味」の世界のダイナミズムを内面の営みと人と人とのコミュニケーションを言語学, 認知科学, 社会学などの諸分野に問いかける理論モデルを提示している.

⑨ 『消費社会の神話と構造』(ジャン・ボードリヤール著, 今村仁司, 塚原 史訳, 紀伊国屋書店, 1979 [普及版1995])
　記号論, 記号学などがいわれて久しい. デザインが「消費社会」とはきわめて密接した関係にある. 本書ではモノと消費社会との関係の中で生態学的に, あるいは意味論, 記号の論理として解説している.

⑩ 『文化としての時間』(エドワード・T・ホール著, 宇波 彰訳, TBSブリタニカ, 1983)
　主題は文化としての時間である. いろいろな文化固有の中で, 時間がどのように形づくられ, 使われ, どういう型をもっているかを文化人類学的な時間論として述べている.

5|105-3 企業間のコラボレーション

急速なディジタルネットワーク化による技術革新の流れの中で，新製品開発競争の最前線に立ってしのぎを削る企業のデザイン部門であるが，その一方では各工業会の活動やさまざまな研究グループ活動を通して，それぞれの競合企業間や異業種間で活発な交流や協力体制が作られている．業界標準化の着実な推進はもちろんのこと，最近では各社に共通するデザインの課題を工業会全体の重要テーマととらえて，企業間で協力した研究も行っている．交流が活発になってきている現在では，各社独自に研究を進めるというよりも，ユーザーメリットを第一に考えて他社と協力できる部分はお互い最大限に協力し，標準化を推進する方向に変化してきている．

ここでは，「企業間のコラボレーション」が実際どのように行われているかを，現在キヤノンが参加している活動を例にあげて紹介したい．

■工業会における企業間コラボレーション

キヤノンは映像関連のカメラ・事務機を中心とする精密機器，通信機器，電子機器の業界に属し，複写機メーカーが主体の社団法人ビジネス機械・情報システム産業協会（JBMIA），ファックス，電話機など通信機器関連の社団法人通信機械工業会（CIAJ），大手家電メーカーが主体の社団法人電子情報技術産業協会（JEITA）などに参加している．各工業会の下部組織にはそれぞれデザイン委員会が存在し，各企業にとって共通の課題である標準化活動やデザインに関する研究テーマを掲げて積極的に活動を行っている．その中から，ここでは図記号の標準化，インタフェースデザインの研究活動，エコロジー研究活動を紹介する．

[図記号の標準化活動]

図記号の標準化は，まず各工業会にある「デザイン図記号部会」でそれぞれ個別に共有できる図記号化検討を行い，国内での標準化を図る．その後に国際標準機関（IEC：国際電気標準会議）に申請するという手順をとっている．しかし，国際的に標準化/規格化を実現するまでには，多くの調整の時間がかかるというのが現実である．そのため，各企業からの図記号検討委員はもとより，長年国際会議であるIECの会合に出席し，日本案の国際標準化を推進する委員の方々の貢献と苦労は多大なものがあり，その活動には全面的に工業会からの支援を行っている．

また，最近の新たな動きとして，ディジタルネットワーク化に伴って業界の垣根がなくなってきていることを考慮して，関連する工業会が協調して合同で図記号の検討を行う試みも行われている（例：JEITA & CIAJ図記号小委員会の合同活動）．

[インタフェースデザインの研究活動]

高性能・多機能化して進化する機器においては，その商品の「使いやすさ」「わかりやすさ」がユーザーにとってますます重要度を増してきている．各企業のインタフェースデザインを担当するデザイナーの仕事は高度に専門化してきており，商品の価値を決定する重要な役割を担うようになってきた．とくに近年の情報機器関連分野の技術革新はめざましく，新しい技術を使った商品が次々と登場し，各社における新製品のインタフェースデザインの紹介や研究を通して，参加メンバー間の情報交換も活発に行うようになってきた（例：JEITA/HID小委員会）．

また，使いやすい商品の開発プロセスを規定するヒューマンセンタードデザインの国際標準規格「ISO 13407」に関する情報収集や，ユーザーの対象を広く考えて誰でも使いやすい商品づくりをめざす「ユニバーサルデザイン」，障害をもつ人に配慮した「バリアフリーデザイン」などを各工業会活動の重要課題として位置づけ，先行する企業が中心となって調査研究を推進している．

[エコロジーデザインへの取り組み]

ゼロエミッションに向けた企業責任が問われ，膨大な投資のもとにその体制も整備され，エコ設計が日常化し始めた今日，各社ともエコロジーデザインの具体化に積極的に取り組んでいる．デザインの視点からも多様な調査研究が行われ，JEITAを例にとれば，ここ数年の継続テーマとして先進諸国の視察も含めた調査研究をレポートにまとめて，参加企業や関係部門に配布している．また若手デザイナーを中心にした「エコロジーデザイン研究会」を作り，デザイナー向けの小冊子「エコロジーガイドライン」案をまとめ，各社のエコデザインの加速に役立てている．

■JIDAの活動における企業間コラボレーション

こうした各工業会におけるデザイン連携組織に対し，インダストアルデザイナーの唯一の全国組織である社団法人日本インダストリアルデザイナー協会（JIDA）は，インダストリアルデザインの職能の確立と向上のために，全国のフリーランス，インハウス（企業内）デザイナー，デザイン教育やデザイン振興関係者など，インダストリアルデザインにかかわる会員

第1章｜企業経営とデザイン

たちが協調し活動を行っている．

現在，インダストリアルデザインの責務も，製品開発ばかりでなく，企画から企業戦略まで，またハードの分野からソフトの世界にまで広がりつつあることを受けて研究広報などの活動が行われており，デザインの契約と報酬についてのガイドラインの作成や，著作権の啓蒙・確立運動を，関連団体・機関とともに推進している．また，ユニバーサルデザインやエコデザインなど，現在話題となっている新たなデザインの課題研究も進めている．

生活の変遷を製品＝インダストリアルデザイナーの活動から探るため，関連他機関との協力のもと，1997（平成9）年7月には「JIDAデザインミュージアム1号館」（長野県信州新町）を開館し（❶），インダストリアルデザインの産業界や人びとの生活に対する貢献に理解を広げる活動も行われている．

また，JIDAのユニークな活動として「インハウス女性デザイナーの会」があり，各企業の第一線で活躍している女性デザイナーが参加して，毎年女性ならではのテーマを設定し，研究活動を行っている．キヤノンからも毎年2名のデザイナーが参加し，多くの方とのふれあいを楽しみにしている．

■ CRXプロジェクトにおける企業間コラボレーション

近年，複写機・プリンター・ファックスといったOA機器がデジタル技術によって複合化・ネットワークに対応するようになり，新たにデジタル複合機と呼ばれる商品ジャンルが各社から登場し，オフィス環境が急速に変化し始めた．このような環境の変化の中で，工業会における図記号などの標準化活動にとどまらず，さらに使い方全般にまで視点を広げて，ユーザーにとってオフィス機器の基本的なインタフェースデザインの統一を検討する気運がメーカーの間に生まれてきた．

ユーザーに共有して使われるオフィス機器は，もはや社会的な道具として一般化し，オフィスの誰もが迷わず使いこなせることが求められているのは当然である．オフィスにおいては，いろいろなメーカーの機器が混在しているのが通常である．もしメーカー間で基本的な機器のインタフェースデザインが統一されていれば，たとえリプレイスによってメーカーが変更になったとしても，違和感なくすぐに使いこなせるので，ユーザーが得るメリットは大きい．

こうした背景をふまえ，キヤノン，リコー，富士ゼ

❶JIDAデザインミュージアム1号館（長野県信州新町）

ロックスの三社により，ユーザーの立場からの機器の使いやすさの改善を目的に共同研究を進め，その成果として合意された内容をガイドラインにまとめ，社会に提供する活動がCRX（上記三社の頭文字から命名）である．各企業，団体の利害を超え，ユーザー本位のインタフェースデザインを作るこの活動は，デファクトスタンダードを作っていく活動の新たな例として関係部門からも注目されている．

CRX活動の始まりは，1995（平成7）年4月筑波大学において，計測自動制御学会ヒューマンインタフェース部会のユーザビリティ評価研究談話会第一回会合にキヤノン，リコー，富士ゼロックスの三社が顔を合わせ，「複写機などのオフィス機器も，自動車やオーディオ機器のように，メーカーが異なっても誰もが同じように操作できるべきである」と話し合ったことに端を発している．

共通する課題認識と，ユーザー本位の要請に応える見地から，三社のデザイン部門がユーザインタフェースデザイン（UI）担当者，ユーザビリティ担当者などそれぞれ4～5名を派遣し，研究チームを編成した．チームはワークショップ形式で月一回程度の会合をもちながら，課題の抽出や現状分析などを行った．

第一フェーズ（1995～96年末）では，機能名称などのインタフェース用語，機能を示す絵文字，操作パネルのボタン色，操作パネルレイアウトなどに取り組んだ．

インタフェース用語については，各社の考え方や社内標準，または製品への実績などがさまざまであることから意見が交錯する部分も多々あり，筑波大学心理学系の海保博之教授に第三者の立場から客観的な評価を依頼した．

また，各社のシミュレータを用いたユーザビリティ

595

評価，共通のプロトタイプUIシミュレータによるユーザビリティ評価，また社内アンケートなどによる検証を経た後，1997年3月に「CRX Project User Interface Guidelines」として成果をまとめるに至った．

本ガイドラインは，適用対象を中型の一般オフィス向け複写機・複合機とし，インタフェース用語・絵文字・用紙表示・操作パネルレイアウト・パネル機能色の5項目についてUIデザインの指針を定めている．

用語については，初心者がすぐ理解できるか，一方熟練者は用語を変更しても混乱しないかといった観点で，各社30名ずつ調査をした結果にもとづき，用語を統一した．

用語の見直し/作成のガイドラインは以下の原則に従う．

・市場からのクレームや，他業種製品の用語との整合を踏まえ，適宜見直しを行う．
・用語変更の必要可否判断と作成方法の2種のガイドラインを作成．

操作パネルレイアウトは，ユーザーがその機能と重要性を理解できるように下記の原則に従う．

・全体レイアウトは情報が集中し，ユーザーが注目しているLCD（液晶タッチパネルディスプレイ）を中心に考えて，順を追って左（機能設定）から右（開始/停止）へと操作が自然に流れるようにする．
・キーレイアウト/デザインについては，重要なキーのわかりやすさを大切に考え，スタート，ストップ，リセット，その他の順で目立つように工夫する．アプリケーション（コピー・ファックス・プリンター）切り替えキーはLCDとの関係を考慮し，目につきやすい場所（LCD周辺）に配置する（❷参照）．

絵文字については，すでに定まっている絵文字を基本にし，ISOに準拠していない絵文字については，三社間で共通化を図った．

機能色については，最重要機能であり使用頻度・重要度が高いスタート，ストップ，リセットの各キーは，三社で呼称と色相の整合を図り，ユーザーが戸惑うことなく操作できるよう配慮した．とくにリセットキーは，各社によって色調が異なっていたため調整が必要であったが，最終的に「スタート」グリーン系，「ストップ」レッド・オレンジ系，「リセット」イエロー系に統一することができた．

CRXの三社は，この研究成果を計測自動制御学会ユーザビリティ評価研究談話会（1996年12月），人間工学会（1997年5月），TC協会シンポジウム（1997年9月）にそれぞれ発表した．

第二フェーズ（1997年〜）では，インタフェース用語に加え，絵文字やアイコンを統合的にとらえたビジュアルランゲージ，エネルギースター省電力仕様に対する操作のしかた，機械内部の機能色，ステイタスやフィードバックなど，さらに踏み込んだ技術テーマに取り組んでいる．

また，1997年6月に日本事務機械工業会（JBMA）標準化委員会内に「UIデザイン小委員会」が設立された．CRXの三社はこの委員会活動にも積極的に参画協力し，三社以外の事務機器業界各社へも成果を無償で利用してもらいながら，業界内での標準化活動に対してリーダーシップを発揮し，ユーザーの利便性向上をさらに進めていきたいと考えている．

第三フェーズ（1999年〜）では，これまでの活動に加えて，新たにユニバーサルデザインをテーマに複写機や複合機における操作性に関する活動を行っており，2000年度からはセイコーエプソンも参加し，CRXの意味を（C）Collaboration for（R）Reseach（X）eXchangeと改め，製品の発展型を見越したテーマにも取り組み始めている（❸）．

●用語説明
※プライマリーコントロール群
　スタート/ストップ，およびテンキー/クリアキー
※セカンダリーコントロール群
　アプリケーション，アプリケーションの切り替え，および即時対応の必要なキー（リセット/ヘルプ/割り込みなど）
※アプリケーション（モード）
　コピー，ファックス，プリンターなどの機能

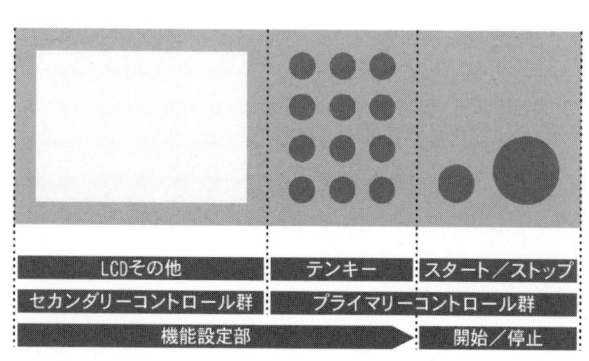

❷CRX Project User Interface Guidelinesによる操作パネルレイアウト・用語説明

❸2001年度キヤノンにて開催されたCRX Forum 2001の様子

❹TDH@2001 Pre.Stageの会場の様子

■ TDNプロジェクトにおける企業間コラボレーション

デザインは，色や形を作ることだけでなく，人間の豊かさに深く迫る手段として，そしてモノづくりを含めたトータルな企業活動の指針となるものを作り出す手段として期待されている．こうした背景のもと，デザインのもつ可能性を通して，生活者，社会，企業を結びつけ，好影響を生み出すことを目的とした企業間コラボレーションも行われている．

東京デザインネットワーク（TDN）は，1990（平成2）年，東京をバックグラウンドとするメーカーが集まり，デザインを通して企業活動の新たな哲学と規範を探る目的で，キヤノン，ソニー，日産自動車，NECの四社共同により発足した．当初は「国際社会」「生活」「テクノロジー」の三つの視点から探求を行う活動が推進され，1992（平成4）年に開催された「東京デザインネットワーク・プレゼンテーション'92」で「文化技術」の概念を提示した．これは「モノのデザインそれ自体が人びとを変え，社会に影響を与える文化的要素である」という視点から，デザインを新しく定義する考え方である．

こうした概念をより明確に実証するため，探究から実践的検証へ活動の重心を移し，1996（平成8）年には「NEOデザイン・パラダイム/未来を切り開く『場』の実験展」を，1997年にはプレゼンテーション'97「デザインが変わる，デザインが変える」により「文化技術」の実践的検証の成果を発表提示した．そして1998年のプレゼンテーション'98「デザインを考える，ユニバーサルで考える！」ではデザインが本来取り組むべき基本に立ち返り，ユニバーサルデザインの視点からデザインに取り組み，その成果を発表提示した．

TDNに参加している企業だけではなく，多くの企業が今，地球規模に拡大した厳しい競争にもまれている．企業で働くデザイナーは，自らの企業の発展や競争力の維持に貢献することは当然であるが，同時に環境や資源，高齢化など，企業を超えたさまざまな問題を率先して解決していく義務も負っている．それぞれカルチャーの違う企業で働くデザイナーが，それぞれの企業の枠を超えて夢と知恵を出し合って問題の解決にあたることは大変意義深く，また大きな可能性をもった活動であるといえる（❹）．

ボーダーレス化・グローバル化に伴う視野の拡大をめざす異業種交流と，グローバルスタンダードを推進する同業種交流活動は，いわば車の両輪としてますますスピードが求められる企業活動に必要なものであり，今後さらに交流が活発に行われるであろう．

[酒井正明]

■文献

山本哲士：デザインとしての文化技術，文化科学高等研究院出版局（三交社），1993．
CRXホームページ：http://www.CRX.gr.jp/

5│106-1 デザインマネジメントとは

デザインが商品にとって大切なものとして認識され，多くのデザイナーが企業内で活躍する場を得てから約半世紀にもなろうとしている．その間，デザイン部門の組織化も進み，社内においては経営上の重要なポジションを得るようになってきた．

市場にはモノがあふれ，しかも生活者の価値観が個性化・多様化している今日では，消費者にとって「魅力ある商品」，企業にとって「売れる商品」とは何かを徹底追求し，考え，タイムリーに商品化しなければ企業競争に勝ち残れない時代である．「魅力ある商品づくり」と「好感が得られる企業イメージづくり」に向けて，魅力創出と視覚伝達の手段であるデザインをどのように活かしていくかが重要な経営課題となっている．

デザインは製品の「色・形」の制作行為といった基本的役割にとどまらず，商品企画やブランド戦略さらにコーポレート・アイデンティフィケーション(CI)確立のための一翼を担っており，制作・創造・伝達・貢献といった企業戦略にかかわる重要な役割が求められている(❶)．

すなわち，企業はデザインを重要な企業戦略要素として位置づけ，デザインを武器・資源として活用する具体的な方法を策定し，実践していくことが必要である．

デザインマネジメントに関してはいろいろなとらえ方があるが，概念的にとらえれば「デザインマネジメントとはデザインという経営資源を最大限に活かして経済効果を上げる諸活動である」といえよう．

■経営課題とデザインマネジメント

企業にとってのデザインとは，基本的にP-BOFER(❷)を実現させるための創造活動と制作活動である．すなわち審美性(Beauty)・独創性(Originality)・機能性(Functionality)・経済性(Economy)・信頼性(Reliability)を裏づけて進められる「形」「色」「空間」「メディア」の創造・制作活動であり，企業にとってはさらに理念(Philosophy)という象徴的なイメージを作り上げる活動である．

デザインマネジメントの実践は，デザイン活動の基本であるこのP-BOFER実現のために経営資源（人・物・金・情報・時間）を効果的に確保・投入・活用し，経営計画に沿ってよい結果を出すことである．

[「人・組織」のマネジメント＝デザイン部門の人材育成とその組織運営]

①創造性開発・維持とマネジャーの役割

デザインの源泉は人であり，デザイナー個人のデザイン力と組織力により商品化されるデザインレベルやデザインの方向性によって企業イメージが形成されるといっても過言ではない．

優秀なデザイナーを育てるための教育が大切なのはいうまでもないが，デザインの成果を安定的に上げるためにはマネジャーの役割が重要である．

デザイナーとして直にデザインを担当する立場から，商品企画部門や設計部門・営業部門などとの折衝を経てデザイン案を採択する立場への転換には，それなりの意識改革と能力が求められる．

デザイナーが形・色のデザイン業務から商品企画要員としての活動の場を得たり，デザインマネジャーが他部門から信頼されるような論理力と展開能力をもつ

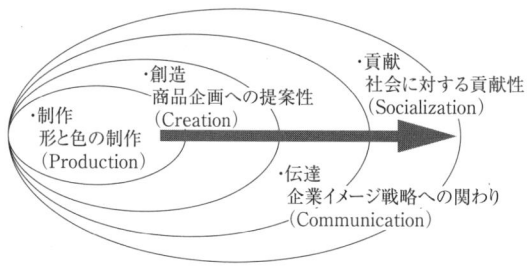

❶デザインの活動領域

理念(Philosophy)	審美性(Beauty)	形・色の美しさ／内容の美しさ（意味性）
	独創性(Originality)	特徴的・ユニークさ／人の個性化への満足
	機能性(Functionality)	物理的機能性／心理的機能性
	経済性(Economy)	プライス／付加価値（記号的価値）
	信頼性(Reliability)	商品の信頼性／企業の信頼性

❷デザインの要件(P-BOFER)

ためには，他部門経験などを含む育成プログラムを組む必要がある．経験や直感のみに頼ることなく，感覚的なものをできるだけ科学的にとらえる方法論の開発やマーケット情報を的確に把握するため情報分析力強化などは，マネジャーに課せられた重要な課題である．

部門における人材育成は，デザイナーとしての能力，マネジメント能力およびデザイン支援技術の開発力，調査・企画力などこれらの能力・適性を総合評価し，個人別の長期教育プログラム策定と適正な職務配置が必要となる．そしてこれらの集合力である最適な組織体制と運営システムの構築により，その活力を企業の内外に示しうるものにしなければならない．

②コンピュータとデザイン組織

コンピュータの発展により，旧来のようなスケッチから始まってモデルの制作，設計展開といったリニアなデザインプロセスから，ディジタル化されたデザイン情報が即座に関連部門へ伝達され同時進行するサイマルティニアス・デザイニングの方向へと劇的に変化している．つまり，ややもするとブラックボックス化しがちであったデザイン組織が，オープンなシステムとして全社的な展開にリンクする組織へと革新されつつある．

とくに自動車産業ではモデラーの存在が大きな役割をを担っている．実物に近いモックアップを作るといったモデリングの作業がコンピュータグラフィックス上でのモデリングに置き換わり，モデラーの職場がモデル場からコンピュータ室へと比重が変わりつつある．デザイナーとモデラーとのコンピュータ上でのデザインコラボレーションは，ますます不可欠なものとなっている．

このようにデザイン部門における人・組織のマネジメントは，デザインの「創造性開発力強化」と「論理的な展開力強化」，さらには「ディジタル化への対応」といった三重の課題に直面している．

[「物・金」のマネジメント＝デザインに対する投資]

自社製品が市場で魅力あるものであり，消費者に購入してもらうためには，その商品の性能・デザイン・品質・価格が競合商品に比べ優位でなければならないが，その商品要件の中でデザインがどの程度の重要性，価値を有するかが，デザインの投資と深い関わりをもつ．

各種商品がデザイン重視の商品であるか機能重視の商品かによっても変わってこようが，経営にとって各商品のデザイン評価を客観的かつ継続的に把握するこ

とが必要である．つまり，ユーザーにとってデザインの重要性がどの程度のものかを測ることによって商品のデザインコストが決められるものであり，必要以上にデザイン工数をかけたり，安易にデザインを決定したりすることがあってはならない．商品コストにおける適切なデザインコストを把握することが重要である．

デザイン組織全体の人・設備の投資はこうしたデザイン価値評価にもとづき，デザイナーの必要人員，デザイン関連設備，デザイン環境などを主張し，開発投資額全体の中で適切に配分されるべきである．デザイナーの採用計画，長期・短期のデザイン関連設備導入計画の策定，デザイン外部委託計画などは重要なデザインマネジメント課題である．

[「情報・時間」のマネジメント＝デザインのプロセスと情報]

①デザイン情報

デザインにおける「情報」にはさまざまなものがある．まず，コンピュータにおける「情報」とは，データに何かの加工を加えて次行程または第三者にとって価値のあるものを伝えるということであり，デザインにとっては「色・形態の情報」である．形態は線・面のディジタルデータとして即設計・生産用として活用されている．コンピュータの活用によりデザイン情報が全社的に1元化され，開発の効率化と開発日程の短縮化が急速に促進されてきた．

このように，デザインプロセスがこのデザイン情報の生成・伝達・変換・認識・利用といった情報処理によって設計開発プロセスと密接に連動し，開発スケジュールはよりシビアな管理を強いられている．その代わり，期間短縮により発想段階におけるデザイン検討サイクルは数多く回すことが可能になり，より密度の高いアウトプットが得られるようになってきた．

コンピュータの導入は，デザインシミュレーションの方法やプレゼンテーションにも大きな変化をもたらし，地域・場所を超えたデザインの検討も可能にしている．

デザインのコンピュータグラフィックスによる情報伝達が，商品企画会議，デザイン決定，宣伝や営業展開などあらゆるステージで威力を発揮している．これらの情報の有効活用が経営とデザインの重要な接点となっている．

②マーケティング情報

次に，デザイン戦略やデザイン企画にとって必要な「情報」が挙げられる．これらの「情報」は主にマーケティング情報であり，デザイン開発にとって不可欠なものである．

デザインマネジメントを実践するためには，デザインに関するマーケティング情報を体系的・有機的に蓄積・分析・利用することが必要である．この情報には数量化できるものと定性的にしかとらえられないものもあるが，できる限り論理化し，経営情報として説得力あるものにすることが必要である．

産業ごとにデザインプロセスが異なり，必要な「情報」もそれぞれ異なると思われるが，おおむね以下のようなものである．

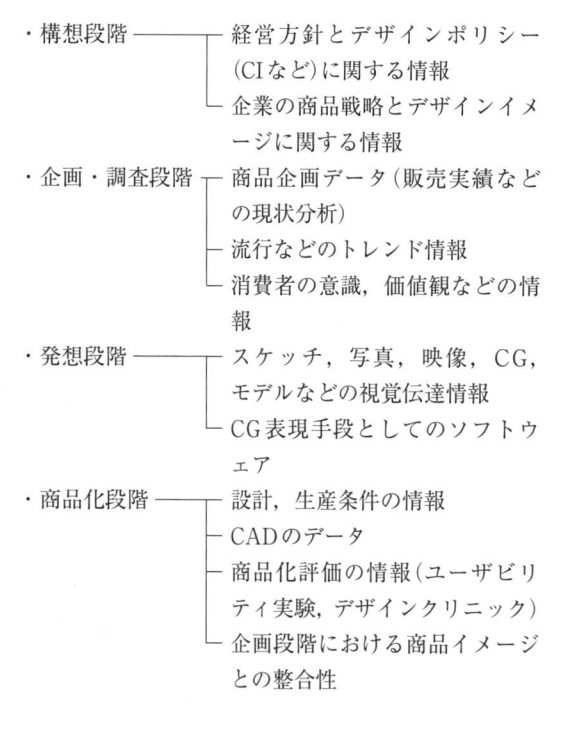

- 構想段階 ─┬─ 経営方針とデザインポリシー（CIなど）に関する情報
　　　　　　└─ 企業の商品戦略とデザインイメージに関する情報
- 企画・調査段階 ─┬─ 商品企画データ（販売実績などの現状分析）
　　　　　　　　　├─ 流行などのトレンド情報
　　　　　　　　　└─ 消費者の意識，価値観などの情報
- 発想段階 ─┬─ スケッチ，写真，映像，CG，モデルなどの視覚伝達情報
　　　　　　└─ CG表現手段としてのソフトウェア
- 商品化段階 ─┬─ 設計，生産条件の情報
　　　　　　　├─ CADのデータ
　　　　　　　├─ 商品化評価の情報（ユーザビリティ実験，デザインクリニック）
　　　　　　　└─ 企画段階における商品イメージとの整合性

また，このデザインプロセスを展開するためにはスケジュールがある．関連部門との連携が深いインダストリアル　デザインでは要所ごとのチェックポイントがあって，情報のやりとりや進行度のチェックがなされる．時間はコストであり，いかに短期間に目標とする結果を出すかが重要なポイントとなる．

これらの情報をどのように蓄積，分析・活用し，時間を運用していくかがデザインマネジメントの最も知的なところといえよう．

■デザインの方法論とデザインマネジメント

製品デザインを開発する際，その対象となる製品が人にとってどのような性格，特徴をもっているかを知ることが大切である．

つまり，デザインの対象となる製品（商品）がユーザーにとってどのような意味をもつかにより，デザイン開発の考え方やその方法論も変わると理解すべきである．

デザイン開発には大きく分けて二つの開発スタイルがある．一つは明確なユーザーニーズがあって，製品能力（性能，使い勝手，大きさ，重量，価格）がかなり客観的・物理的に評価できる製品（商品）のデザイン開発である．

もう一つはデザインやブランドといった好みとか流行などの感性的欲求に左右されがちで，ユーザーの欲求も測りにくく主観的な評価に依存する製品（商品）のデザイン開発であり，前者を機能依存型製品，後者を感性依存型製品と呼ぶことができる．

機能依存型製品のデザイン開発では，市場調査によって消費者のニーズや不満を読み取り，目標品質を具体的，定量的に設定することによって，デザインコンセプト設定の企画段階から最適デザインの検討，デザイン決定といったデザインプロセスもある方法論に従って，論理的かつ組織的に展開することができよう．

一方の感性依存型製品は，性能や機能以外の欲求が多様で，製品のもつ意味も複雑である．つまりユーザー自身も「自分にとって何がよい製品か」を明確に答えることがむずかしい製品（商品）なので，デザイン開発の目標やイメージの基準が抽象的にならざるを得ない．このような製品のデザイン開発では，デザイナー個人の情報収集力や創造力に大きく依存しなければならないので，従来的なデザイン方法論（進め方）にとらわれるとかえってデザイナーの感性，創造力にマイナスの影響を与えることがある．デザイン方法論は市場の状況に対応して臨機応変に新しい方法を試みることである．

このように製品の性格によって，デザインの開発スタイルはチームによってシステマティックに展開されるケースと，デザイナー個人のセンス，能力に大きく依存して展開されるもなど多様であるが，デザイン審査に際しては可能な限りデザイン決定に必要な情報を数量化し，説得性のある論理で提案できることが必要である．

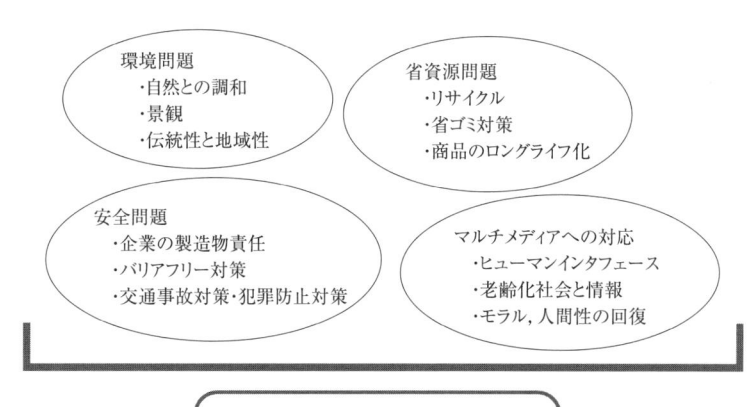

第1章 企業経営とデザイン

```
┌─────────────────────────────────────────────────┐
│  環境問題              省資源問題                │
│   ・自然との調和        ・リサイクル             │
│   ・景観                ・省ゴミ対策             │
│   ・伝統性と地域性      ・商品のロングライフ化   │
│                                                 │
│  安全問題              マルチメディアへの対応    │
│   ・企業の製造物責任    ・ヒューマンインタフェース│
│   ・バリアフリー対策    ・老齢化社会と情報       │
│   ・交通事故対策・      ・モラル，人間性の回復   │
│     犯罪防止対策                                │
└────────────────┬────────────────────────────────┘
                 │
         ┌───────▼──────────────┐
         │ ・新しいデザイン理念の構築        │
         │ ・新技術,新材料との対応          │
         │ ・文化的視点での総合的なデザイン評価│
         │ ・生活の見直し提案               │
         └──────────────────────┘
```

❸ デザインマネジメントの社会的・文化的課題

■社会的・文化的課題としてのデザインマネジメント

デザインマネジメントはデザインを経営資源として効果的に経済価値を得るための諸活動であるが，一方企業は社会の環境や資源問題に対して大きな責任を負っている．

[「個」から「調和と協調」のマネジメント]

今世界のいたるところで起きている環境問題の多くは，環境に対して無計画に生産され消費される製品が多くの廃棄物を生み，不必要なエネルギーが消費されている．デザイナーや企業は環境問題を意識したデザイン創造力の発揮とエコロジカルデザインへの取り組みを強いられる時代となっている．

工業製品など個別の商品デザインは消費者の美意識の向上やビジネス競争の結果，十分なレベルにまで洗練されてきたと思うが，自然環境問題，街の景観デザイン，地域文化と伝統文化のアイデンティティ維持・育成などデザインの地域性・公共性にかかわるところはこれからの重要な課題といえよう．すなわち「個」のデザインからそれらが構成され，あるいは互いに協力し合う「調和と協調」に目を向けたデザインへのマネジメントが求められている．

[マルチメディアへの対応]

パソコンが普及し，すでに一家に数台，オフィスでも1人1台が当り前の時代になろうとしている．情報通信の発達もめざましいものがあり，インターネットや移動通信によってどこへでも，どこからでも情報のやりとりができる時代となった．

コンピュータの普及と情報技術の進展は，人とコンピュータとの関わりという新しい状況を作り出している．コンピュータを使いやすく，より快適なものにするためのヒューマンインタフェースの問題はこれからの重要な研究課題である．

例を挙げれば，今後さらに比率が増加する老齢者にとって，街にあふれる自動販売機，銀行のATM（現金自動預入れ，支払機），パソコンによる販売や医療サービスなどさらに高度なデザイン対応を迫られることになろう．これらの機器とのバリアフリーな環境を作り上げることが，企業およびデザイナーに課せられたデザインマネジメント課題である（❸）．

21世紀はまさしく情報化社会の時代である．工業化社会がもたらした便利さや欲望追及の裏側に進行した自然破壊，大気汚染，人間性の喪失などの弊害を学習し，環境との調和，人にやさしいモノづくり，道徳（モラル）の向上に役立つデザインに向けてマネジメントすべき時代である．まさに高い理念に立ったデザインマネジメントが必要なのである．

[佐渡山安彦]

■文献

佐渡山安彦・三留修平・井口博美：デザイン戦略経営，pp.58, 72, 110-120，講談社，1992.

紺野登：デザイン・マネジメント，pp.146-147，日本工業出版社，1992.

佐藤典司：デザインマネジメント戦略，pp.118-121, NTT出版，1999.

和歌山大学システム工学部デザイン情報学科ほか：デザイン情報学入門，pp.187-208，日本規格協会，2000.

5 | 106-2 デザインマネジメントの方法論

■変貌するデザインマネジメント

デザインマネジメントの対象と方法論は，時代とともに変化している．たとえば，『デザインマネジメント・ジャーナル』（Editor, 1998）に，世界のデザイン界を代表する18人のデザインマネジメントに対する見解がある．共通点としては，企業経営に対してデザインの役割がますます重要となってきていることが挙げられる．また，従来型のデザインのアウトプット管理に加えてブランドやコミュニケーション分野のように，新たに総合的なインテグレーションを必要とする分野へと対象の広がりを見せている点に特徴がある．

■デザインマネジメントの着目点

一方，デザインマネジメントを考える上で，時代が変化しても変わらない視点として，企業を取り巻く外部環境と企業内部の分析が挙げられる．

[外部環境とデザインマネジメント]

デザイン戦略やデザインマネジメントの策定にあたっては，まず外部環境の分析を行う．とくに，産業の動向や政治・経済の情勢，生活の変化や流行など，基本的な世の中の変化をとらえる必要がある．また，1999年1月1日に施行された改正意匠法やPL法のように，直接的にデザインの権利や資産に影響を与える制度や法規制の，現状と傾向をおさえておくことも重要である．

さらに，市場からの情報のうち，特定の商品やサービスの購買にあたり，デザインがどの程度の重要性を占めているかを見出すことは重要である．一般に商品・サービスの市場成熟度とデザインの重要度は，きわめて相関が高い．❶に各種商品の購買にあたり，デザインの貢献度が最大どの程度となるかを分析した事例を示す（三留，1997）．

[企業経営とデザインマネジメント]

企業経営にあたり，デザインの重要度は増すばかりであり，継続的に，また人が代わっても安定したデザインのアウトプットや社会的訴求力を維持していくためには，各企業の特徴を生かしたデザインマネジメントの方法論の確立が求められている．

大切なことは，感性，論理，外部・内部情報，直感・客観データ等々，可能な限りの知見を集め，創造性，制作力，評価能力を向上させ，トータルとして最高のデザインアウトプットを求めることを，組織の全構成員がめざすところにある．

また，各企業の企業活動をプロセスとして表現し，

		最大デザイン貢献度	(直接貢献度)	(間接貢献度)
腕時計	ベーシックタイプ	0.80	0.43	0.37
	本格スポーツタイプ	0.80	0.43	0.37
	ヤングファッションタイプ	0.79	0.45	0.34
自動車	中型自動車	0.77	0.25	0.52
	RV	0.74	0.19	0.55
情報通信機器	パソコン	0.21	0.07	0.14
	携帯電話	0.42	0.22	0.20
家電	テレビ（現在）	0.40	0.11	0.29
	テレビ（過去）	0.43	0.31	0.12
	冷蔵庫	0.77	0.40	0.37
	エアコン	0.62	0.32	0.30
	ビデオ	0.57	0.19	0.38

コンジョイント分析より得られた属性ごとの効用値のうち，デザインが直接/間接に関連する属性の効用値の和を取り，全効用値の総和に対する割合をデザイン貢献度として求めると，商品ごとにデザインが購買に寄与している割合が求められる．

❶各種商品のデザイン貢献度の例

各ステップにおいてデザインがどのように貢献でき，活用できるかを，経営陣を含めて構成員が常に頭に描けるような風土を作ることも必要である．経営組織としては，最低限CDO（Chief Design Officer）の形で，デザインを決め，経営戦略の策定と実施に実質的な影響を及ぼす人材の育成と登用が求められる．

■デザイン資産のマネジメント

デザインマネジメントの方法論の展開に際しては，規模のある程度大きいインハウスや独立系のデザイン組織を主対象として考える．小規模の場合には，取捨選択して適用する必要がある．

[デザイン資産の棚卸し]

デザイン資産を棚卸しすることがまず必要であるが，その際に❷に示すように商品やサービスと，デザイン技術を立横軸としたマトリックスで記述するとわかりやすい．この例では，マトリックスの要素に，デザイナーの数や，競争力を示しているが，最近の傾向である知恵あるいは知識のマネジメント（knowledge management）という視点でデザインをとらえる（紺野・野中，1995）ためにマトリックスの各要素に獲得されたノウハウや知恵を記述すると，さらにデザイン資産がクリアになり，デザイン組織の経営上役に立つ情報が整理・活用できる．

[デザイン評価とアウトプットマネジメント]

デザイン決定を行うことは，デザインマネジメントの一つの重要なステップである．ここでは，評価の方法論に関しては他章に譲るとして，評価のためのキー

デザイン技術 商品		商品競争力	マーケティング					インダストリアルデザイン			グラフィックデザイン									デザインマネジメント					人材(人)	予算(円)
			企画	調査	…	…	…	開発	造形	…	グラフィックス	レタリング	…	…	…	…	…	…	…	知財	人事	財務・経理	…		
A事業部	AA商品	◎	◎	◎	…			◎	◎			◎	○	…						△	○	◎	…	N1	PPP1
	AB商品	○	○	○	…			○	○			○	○	…						△	○	○	…	N2	PPP2
	AC商品	×	△	○	…			△	×			△	×	…						×	×	△	…	N3	PPP3
	………	…																							
………																									
Z事業部	ZA商品	○	○	○	…			○	◎			◎	△	…						△	△	○	…	J1	SSS1
	ZB商品	△	○	○	…			◎	○			△	○	…						×	△	○	…	J2	SSS2
	ZC商品	△	○	×	…			○	×			○	×	…						×	×	△	…	J3	SSS3
デザイン競争力			○	◎	…			◎	○			◎	△	…						×	△	○	…		
人材(人)			n1	n2	…			m1	m2			k1	k2	…						j1	j2	j3	…	NNN	MMMM
予算(円)			p1	p2	…			q1	q2			r1	r2	…							s1	s2	s3	…	

❷ 商品／デザイン技術マトリックス

ポイントを述べる.

さまざまな手法を用いた場合の評価結果は,そのまま用いるのではなく,あくまでも一つの重要な情報としてとらえ,最終的な判断はCDOを主体とした限られた目利きに任せるべきである.論理的な評価は,たとえば最低限のレベルをクリアしヒット商品の生まれる確率を上げるための手段と考えるべきで,最終的には責任者の総合的判断に委ねることが肝要である.

■ 経営資源のマネジメント

最高のデザインアウトプットを得ることを目標に,経営資源のマネジメントを考えねばならない.経営資源としては,通常ヒト,モノ,カネが挙げられるが,さらに情報および時間を資源としてとらえ,デザインマネジメントの対象資源とする.

[ヒトのマネジメント]

①クリエイティビティ:デザインマネジメントでは,創造性のマネジメントが最も重要であり,かつむずかしい.デザイナーの個人的資質によるところが大きいが,創造性を発揮しやすい環境や,ツールの提供も大切である.

アブダクション(abduction:仮説提示力)(吉川,1993)すなわち,さまざまな情報を消化・包括し,仮説を提示するのがデザイン能力であるという考え方がある.一つの仮説を提示するときに,可能な限りビジュアルデータやモデルとして表現する中から,さらに仮説をリファインしてゆくプロセスをシステマティックに行うと,よい結果が生まれやすい.このような能力の強化を論理的に行うこともある程度可能となっている.

また,異分野の専門家どうしによるコラボレーションの果たす役割は大きいが,この機能を積極的に取り入れると,インターネットを利用して複数のデザイナーが一つのアイデアやモデルを,遠隔地からアクセスしつつ開発することが可能となり,クリエイティビティの相乗効果が期待できる(たとえば,両角,1999).

②組織のマネジメント:デザイナーに求められる能力や業務は大きく変化している.一例として,これからのデザイナーに求められる能力を列挙したものが❸(佐渡山ほか,1992に加筆)である.すべてのデザイナーが同等の能力やスキルをもつ必要はなく,適材適所で重点的な能力開発を行う必要がある.

ポイントとしては,オーケストラ型の組織とし,一人でもプロとして生きられるが,組織として集まると巨大なパワーを生み出すことをめざすことが大切である.

[モノのマネジメント]

ここでいうモノとは,デザインをするためのさまざまな物的インフラストラクチャーのことを指し,デザイン環境とデザインツールに分けられる.マネジメントにあたっては,投資とリターンの比較をすることが求められるので,経理財務の知識を獲得し,デザインの価値換算を試み,収支のバランスを議論できるスキルが必要とされる.

①デザイン環境:デザイン環境は,デザイン開発を行う上でのロケーションの選択と,実際の作業環境の整備から成り立つ.ロケーションとしては,制作拠点のほか,情報収集拠点および発想拠点を設けることが理想であるが,新しい知識や現実に,何らかの形で生で接する機会を確保することが本質であり,固定的な施設である必要はない.

②デザインツール:デザインツールは,開発ツール

感性	豊かな美的感覚をもっているか 市場ニーズを感じ取れるか 文化社会的見地で物事を語れるか
知識	デザインの専門知識はあるか 社会一般の動向を把握しているか 企業経営のしくみを理解し,業務に生かしているか
創造性	新しいものを作り出すセンスがあるか 既存のものを評価でき,リファインできるか 新しいものを見たときに市場での受容性が判断できるか
分析力	事象を要因ごとに分類できるか 分析のための理論的知識があり,活用できるか 分析結果をうまくまとめられるか
総合力	個別の要因から共通因子を見出すことができるか 事象の因果関係を推論できるか 仮説提示力があるか
構想力	コンセプトを発想できるか コンセプトを具現化する方策を考える構想力があるか 構想を具体的実行計画としてまとめることができるか
表現力	デザイン表現力があるか 相手の求めているものをうまく表現できるか 自分のイメージ,考え方を的確に表現できるか
説得力	相手の心を自分に向けさせる魅力を発揮できるか 反対意見の人に対して,考え方を理解させられるか 説得力のあるプレゼンテーションができるか
実行力	構想実現のための推進力があるか 折衝しつつ計画に沿って実行できるか 相手に嫌な感情を与えないで決着させられるか
管理力	ヒト・モノ・カネ・情報・時間の重要性を知り活用できるか マネジメントに関してアイデアや革新性を提案できるか 計画のズレや変更に柔軟に対応できるか

❸これからのデザイナーに求められる能力

とプレゼンテーションツールに分類できる.開発ツールは,CAD/CAM,3次元のモデラーなど,デザイナー支援ツールおよびモデル制作ツールからなり,コンピュータ化されている.プレゼンテーションツールには,ありとあらゆる表現手段が含まれる.

いずれにしろ,自分の組織に見合ったツールを取り揃え,新規性を重視する業界であるので,可能な限りアップデートすることが望ましい.

[カネのマネジメント]

ここでいうカネは,企業経営とデザインを結び付けた場合に,デザインの価値を何らかの形で,経営指標として表す必要があり,そのためにデザインの価値を指標化したものである.

①経営指標とデザイン:デザインマネジメントには,一通りの経営学やマーケティング論,さらに経理・財務の最低限の知識が必要である.また,対象となる商品やサービスに求められるエンジニアリングの知識や法規制,業界知識なども求められる.

その中でもとくに,経営者と意志疎通するための言語である経理・財務関連の知識を獲得し,活用することは重要である.

②デザイン価値:❹は,同一の基本モデルを10年間,スキンチェンジやカラーチェンジによるデザイン変更により維持した車の例(「意匠の創作評価のあり方に関する調査研究」委員会,1997)であるが,ターボ付加などの性能アップや値段の変更を伴わず外観のデザインのみマイナーチェンジした場合の販売台数の変化は,デザイン価値そのものを表している.デザインの場合は,単独で絶対的価値を求めることはむずかしいが,比較検討から相対的価値は求めやすい.

[情報のマネジメント]

デザインそのものを情報としてとらえる考え方(佐藤,1999)もあるように,デザインと情報は密接に結びついている.情報は,多いに越したことはなく,要は取捨選択する能力がポイントとなる.

①クリエーションのための情報:デザイナーが頻繁に求めるクリエーションのための情報は,ビジュアル系の一次データである.すなわち,加工されたものではなく,生で,視覚に訴える情報である.このような情報をいかに豊富に,安価に手に入れ利用しやすく管理するかがマネジメントとしてのキーポイントとなる.

一方,数字やテキストデータもクリエーションには欠かせない情報となっている.最近はコンピュータの能力が発達したために,大量のデータをとにかく入力し,データマイニング(奥山,1999)あるいはテキストマイニングにより,意味のある切り口を後から求めることが可能となっている.ランダムに取った大量のデータから仮説を繰り返し立てながら読み取っていく手法は,クリエーションのツールとしての利用が期待できる.

また,❺に示すように,商品,イメージワード,ユーザーを双対尺度法(correspondence analysis)により同一マップ上にマッピングし,時系列変化を求めることから,市場での商品やデザイン嗜好の変化を予測することが可能となる.

②評価のための情報:デザイン評価のために必要な情報は,コンセプト段階,開発モデル段階,プロトタイプ段階,市場投入後などのプロセスによって分けられる.前工程ほど少数の専門家による評価が,後工程ほど多数の消費者による評価の機会が多く,評価に必要な情報や評価によって得られる情報もプロセスに見合って変化する.一般的には,前工程ほど仮説を多く

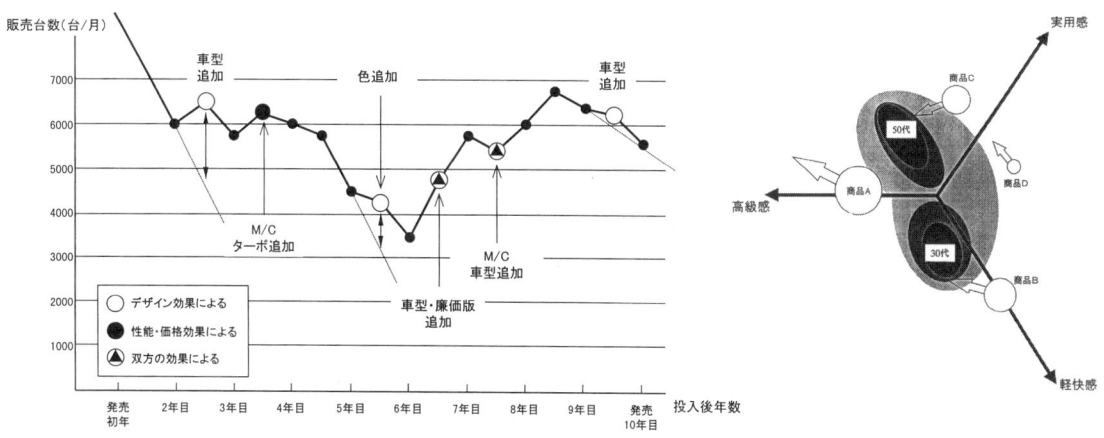

❹ デザイン変更による車の販売台数変化例

❺ デザイン天気予報（概念図）

含み，推定や予測にもとづく情報が多く，後工程ほど定量化あるいは論理化された情報が提供される．いずれにしろ，意志決定支援のために，仮説を直接検証できない場合でも何らかの形で検証を補助する情報が提供されることが望ましい．

③マーケティング情報：デザインマネジメントにあたり，商品やサービスそのものだけではなく，マーケティングの主要な要素である価格，販売チャネル，販売促進に関しても常に情報を把握し，デザイン部門として適切な対応をとる必要がある．とくに市場とのコミュニケーションの手段である，宣伝広告やその他の販売促進活動では，企業や商品，ブランドの特性を狙い通りに市場に訴求できているかを常にチェックすることが求められる．

[時間のマネジメント]

デザインと時間のマネジメントとは相容れにくい要素をもっているが，現在のようにすべての工程の短縮化が進んでくると，きわめて重要なファクターとなってくる．

①資産としての時間：経営資源の一つに時間を入れることに対してさまざまな意見があるが，時間を資源としてとらえ管理することがあらゆる産業で求められていることに呼応して，デザインマネジメントの重要な一要素であるといえる．

このようにかけがえのない資源である時間を有効に活用するには，共同作業や情報システムおよびコミュニケーションのツールを，積極的に活用することが一つの解決方法である．たとえば，海外のオフィスとのコラボレーションにより，インターネットを用いて共通の開発フィールドを共有し，時差を利用して，間断なく開発を推進することにより，大幅な時間の節約が

可能となる．

②デザインの進捗管理：デザインの進捗管理にあたっては，まず，必要なデザインプロセスを洗い出し，各プロセスでの入力情報とその入手先，情報の処理とアウトプットおよびその出力先，さらに必要な期間と人員を把握する必要がある．

実際のマネジメントにあたっては，エンジニアリングのプロセスと異なり，柔らかい管理システム，すなわち人の判断を大幅に取り入れて，必要な部分はコンピュータで補完する形態のマネジメントシステムを用いるとよい．マネジャーは仕事を始める前にメンバーに，仕事の内容と狙い，完成姿，終了時点とかけるべき総時間数，途中段階でのチェックポイントの時期と内容を明示しなければならない．

[三留修平]

■文献

Editor：18 Views on the Definition of Design Management. *Design Management Journal*, 9(3)：14, 1998.

「意匠の創作評価のあり方に関する調査研究」委員会（三留修平委員担当分）：意匠の創作評価のあり方に関する調査研究報告書，知的財産研究所（平成8年度特許庁工業所有権制度問題調査報告書），p.104, 1997.

奥山真一郎：データマイニングの現状と動向．リードエグジビションジャパン（株）主催，第4回データウェアハウス専門セミナーテキスト, p.4, 1999.

紺野登・野中郁次郎：知力経営, p.250, 日本経済新聞社, 1995.

佐藤典司：デザインマネジメント戦略, p.11, NTT出版, 1999.

佐渡山安彦・三留修平・井口博美：デザイン戦略経営入門, p.128, 講談社, 1992.

三留修平：デザインの経済的価値を測る．日経デザイン, p.60, 1997年4月号．

両角光男：建築設計のネットワークコラボレーション（Virtual Design Studioの諸実験と評価）．日本学術会議50周年記念シンポジウム「設計の質的転換」講演論文集, p.32, 1999.

吉川弘之：デザイナーの資質を決める仮説提示力．日経デザイン, p.44, 1993年12月号．

5|107-1 企業内デザイン組織－乗用車

■デザイン組織の設立

　トヨタ自動車創業者の豊田喜一郎は，豊田自動織機製作所自動車部の時代から意匠・色彩が自動車開発においてきわめて重要な要素であると認識し，洋画家で色彩研究家の和田三蔵(後に日本色彩研究所を創設)や東京高等工芸学校(現千葉大学)教授であった宮下孝雄らを顧問として指導を仰いでいた．また，当時から工芸学校出身者を何人かボデー設計係員として採用していた．1948(昭和23)年，当時の設計課ボデー設計係に在籍していた工芸学校出身者を中心に工芸係として独立し，トヨタ自動車に初めてデザイン組織が誕生した．その後1954(昭和29)年に工芸設計課となり1960(昭和35)年デザイン課と改称，1967(昭和42)年には90人規模の組織に成長しデザイン部に昇格した．

　現在，トヨタ自動車デザイン部門(以下トヨタデザイン)は，愛知県豊田市の本社技術部門内および東京，アメリカ，フランスにデザイン拠点をもっており，2001(平成13)年時点におけるトヨタのデザイナー総数は海外拠点を含め約350名，モデル製作およびCADスタッフ，技術スタッフ，事務スタッフなどを合わせるとデザイン部門スタッフ総数は約680名である．

■トヨタデザインの業務領域－自動車

　トヨタデザインで担当している自動車デザイン業務は，大別して以下の3領域である．

　①「生産車デザイン開発」
　チーフエンジニア(以下CE)の正式の開発企画のもとに実施するデザイン開発．フルスケールのエクステリアおよびインテリアモデルをデザイン審査(後述)に提案し，承認を受ける．承認後ボデーから部品に至るデザイン線図・表面処理指示などを出力し，出力後は試作・試験車評価・本型用木型チェック・工場生産準備にも参画し，必要に応じデザイン指示を行う．またデザイナーの立場からカタログ製作・宣伝計画にも参画する．

　②「先行デザイン開発」
　次期モデルチェンジ車など特定の車種を想定し，前述の生産車デザイン開発に先立って車両レイアウトやスタイル方向などを検討するためにレイアウト検討用モックやスタイル検討モデルを製作する．同時に正式開発前に解決しておきたい課題などを提示し，CEおよび関係企画部署に提案する．

　③「デザイン研究」
　人・市場・技術動向などの将来予測(仮説)にもとづき，自動車の将来に向けてのスタイル研究・新商品研究を行い，新コンセプトモデルとして社内に提案する．その新コンセプト提案の中から商品計画に結びついたものも多い．また，モーターショウなどで公開し，市場での反応を確認することもある．

■デザイン審査

　生産車デザイン開発においては，デザインプロセスの各節目(デザイン企画段階，デザイン選択段階，デザイン確定段階)ごとに会社としてのデザイン評価・審議を行う．デザイン企画段階，デザイン選択段階には営業企画各部，開発関係各部の役員・部長クラスを委員とする「デザイン審査委員会」を開催し，デザイン企画および個別デザイン案の評価・選択を行う．

　選択された案についてのフィジビリティ検討を完了し生産車の最終デザインを確定する段階には，上記のデザイン審査委員会の承認を受けた後「副社長会(デザイン)」に提案する．「副社長会(デザイン)」には会長・社長・関係副社長および関係役員が出席し，車両開発企画とデザインについて会社として最終可否判断を行う．

　デザイン審査に提案するデザイン案件については，社内から選出された評価パネラーによる事前評価を行い審査議論の参考情報として報告する．なお，評価パネラーは営業企画関係者や各世代別パネラー，女性パネラーなど従業員約200名が登録されている．

■「開発センター制」の導入とデザイン組織改編

　1992(平成4)年，トヨタの研究開発部門は意思決定の迅速化と業務の効率化を図るため，肥大化した組織をプラットホームごとに分割し，従来の機能別組織から車両開発を軸とした「開発センター制」を導入した．第1開発センターは主にFR(フロントエンジン・リヤドライブ)の乗用車開発，第2開発センターは主にFF(フロントエンジン・フロントドライブ)の乗用車開発，第3開発センターはミニバンなどRV(リクレーショナル・ビークル)および商用車を主体に開発を担当する．第1～第3開発センターには，それぞれセンター付CE，車両企画・デザイン・ボデー設計・シャシー設計・エンジン設計・実験部門などが所属する編成になっている．

　本社地区のデザイン組織も，「開発センター制」導入時点で生産車デザイン開発を担当する第1～第3デザイン部と，デザイン分野を統括する本社デザイン部に

第1章 企業経営とデザイン

```
                    ┌─ 総括室（総務・人事）
                    ├─ デザイン企画室
        デザイン部 ──┼─ デザイン室（外形デザイン）
                    ├─ デザイン室（内装デザイン）
                    ├─ カラーデザイン（カラー・表皮材）
                    └─ モデル製作

'92年開発センター制
導入後　　↓

                    ┌─ デザイン企画
        第1デザイン部┼─ デザイン室（外形／内装／カラー）
                    └─ デザイン室（外形／内装／カラー）

                    ┌─ デザイン企画
        第2デザイン部┼─ デザイン室（外形／内装／カラー）
                    └─ デザイン室（外形／内装／カラー）
```

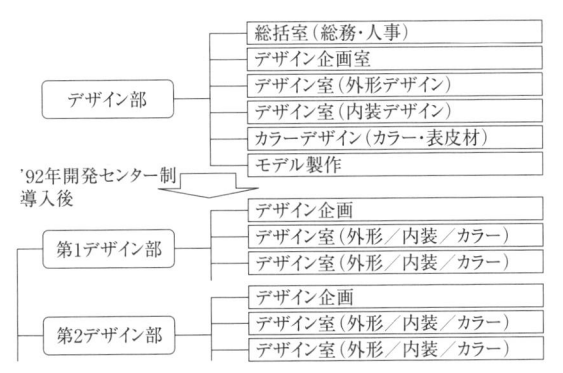

❶ '92年以前の組織→'92年開発センター制導入後

分割した．

また，従来「外形デザイン」「内装デザイン」「カラー」といったデザイン機能別であった編成から，一つのデザインチームが内・外・カラーをトータルに開発する編成へと変更した（❶）．

なお，トヨタ車のデザイン開発の一部はトヨタグループ各社のデザイン部門に委託している．委託先はプロジェクト開始時点で個別に契約するが，一般的にはそのプロジェクトの設計および生産委託先にデザイン開発も委託している．

■開発センター制以降の組織マネジメント諸施策

トヨタでは開発センター制導入後も，より高レベルのデザインを効率的にアウトプットするためにデザイン組織およびデザイナー活性化の観点からいくつかの施策を行った．

①「スタジオ／プロダクトデザイン室」制度

トヨタデザインでは伝統的に，担当デザインチームが開発初期のアイデア段階から審査承認後の出図業務や設計変更などさまざまなフォローの段階までスルーに担当することによって，デザイナーの意図を最終商品に反映し，デザイン品質を維持してきた．しかし，アイデア創出に優れたデザイナーがアイデア段階以外の業務に縛られ，一方，アイデア創作よりもモデル造形や線図作成，製品化段階のデザイン品質管理などを得意とするデザイナーもアイデア創作業務を行っており，それぞれのデザイナーの特性を最大限に発揮できるしくみではなかった．

そこで1996（平成8）年より，アイデア創出からデザイン審査提案までを担当する「スタジオ」と，審査承認後のデザイン線図出図，製品化フォロー業務およびマイナーチェンジ車のデザイン開発を担当する「プロダクトデザイン室」とに分割する制度を施行した．

「スタジオ」の編成は，そのリーダーであるCCD（Chief Creative Designer）とスタジオメンバーという中間階層のないシンプルな編成とするとともに，組織名にその個人名を冠しデザイン責任者を明確化した．CCDはプロジェクト開始時にデザイン部門内で募集し，立候補者の中からデザイン各部長の協議により選定する．スタジオメンバーは選出されたCCDが募集し，CCD独自の選定基準により選抜する．「プロダクトデザイン室」は室長のもとに複数のプロジェクトを担当する．なお，スタジオメンバーの一部は審査承認後プロダクトデザイン室に異動し，デザインの創作意図を製品化業務に反映させる．

②「デザイン評価委員会」の設置

従来はデザイン審査に至るまでにグループ長・室長・部長といった各レベルごとにデザイン検討会議が実施されていたが，上記の「スタジオ／プロダクトデザイン室制度」導入に伴い「デザイン評価委員会」を設定した．これは本社デザイン部長を議長，各デザイン部長を委員とするデザイン部門としての意思決定機関であり，CCDの提案に対してアイデア評価・選択，モデル製作可否判断，上位デザイン審査への提案可否判断を行うものである．

③「スタジオエンジニア」

生産車デザイン開発においてはレイアウト検討の段階から設計・生産技術的フィジビリティ検討が不可欠であるが，従来はそれが十分とはいえず最終審査モデルの段階でも未解決課題が残存したり，審査承認後に新たな設計変更が発生することが多かった．

そこで1995（平成7）年から，設計上の問題を早期に解決し提案モデルの完成度を向上させるためデザイン部門内に「スタジオエンジニア」を置いている．現在3名のボデー技術者が「スタジオエンジニア」として本社デザイン部に所属し，各デザイン部の先行デザイン開発および生産車デザイン開発に参画している．

④「契約デザイナー」の採用

従来のトヨタとは異なる新鮮なデザインの追求と社内デザイナーの活性化のため，1994（平成6）年に「契約デザイナー」制度を導入した．従来の日本的採用慣行（新卒採用，永年雇用，年功序列）とは異なり，即戦力としてキャリアのあるデザイナーを最高5年間の期限付き契約社員として採用し，年俸＋成果給で処遇するものである．契約デザイナーはデザイン本部に所属し，主に生産車のデザイン開発に競作参加している．

■「デザイン本部制」の導入

トヨタデザインは2001(平成13)年，同社研究開発部門の再編に伴いコーポレートデザイン戦略の高度化を推進するために「デザイン本部」を設立した。「デザイン本部」は「グローバルデザイン企画室(新設)」「デザイン部」「東京デザイン研究所」および海外法人の「CALTY」「ED²」(後述)により構成される。なお，生産車デザイン開発を担当する第1～第3デザイン部は従来通り各開発センターに所属する。デザイン本部制導入後の各部の担当領域は❷の通りである。

デザイン本部は各開発センターと同格に位置づけられ，研究開発部門担当副社長が直接管轄する。

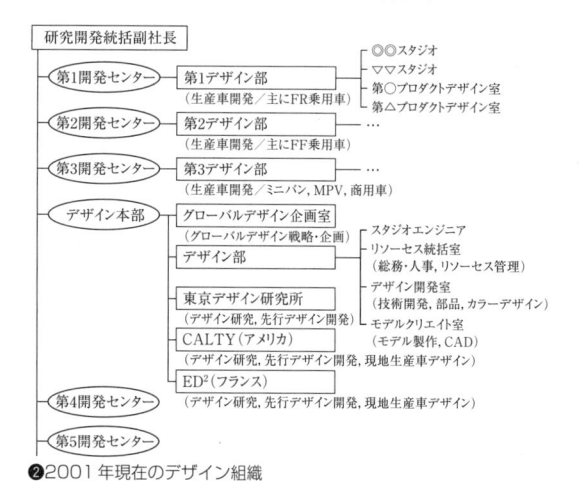

```
研究開発統括副社長
├─第1開発センター──第1デザイン部
│                    (生産車開発／主にFR乗用車)
├─第2開発センター──第2デザイン部
│                    (生産車開発／主にFF乗用車)
├─第3開発センター──第3デザイン部
│                    (生産車開発／ミニバン, MPV, 商用車)
├─デザイン本部─────グローバルデザイン企画室
│                    (グローバルデザイン戦略・企画)
│                  ──デザイン部
│                  ──東京デザイン研究所
│                    (デザイン研究, 先行デザイン開発)
│                  ──CALTY(アメリカ)
│                    (デザイン研究, 先行デザイン開発, 現地生産車デザイン)
│                  ──ED²(フランス)
│                    (デザイン研究, 先行デザイン開発, 現地生産車デザイン)
├─第4開発センター
└─第5開発センター
```

```
──○○スタジオ
──▽▽スタジオ
──第○プロダクトデザイン室
──第△プロダクトデザイン室
──…
──スタジオエンジニア
──リソーセス統括室
   (総務・人事, リソーセス管理)
──デザイン開発室
   (技術開発, 部品, カラーデザイン)
──モデルクリエイト室
   (モデル製作, CAD)
```

❷ 2001年現在のデザイン組織

■デザイン研究拠点

東京におけるデザイン研究拠点は1961(昭和36)年，「デザイナーは中央の新しい時代感覚から取り残されてはならない」(森本，1984)との考えから，当時のトヨタ自動車工業東京支社(日比谷)の一角に「東京デザイン分室」を置いたのが始まりである。その後一時期閉鎖したが，1982(昭和57)年に東京(九段)での情報収集とデザイン研究活動を再開。1989(平成元)年には「東京デザインセンター」(三田)を設立し，情報収集やデザイン研究だけでなくデザイン学生実習や社外デザイナーとの交流活動なども行ってきた。1999(平成11)年，モデル製作設備拡充のため八王子市に移転し「東京デザイン研究所」と改称した。

CALTYは，アメリカへの自動車輸出の本格化に伴い，現地の先進デザイン情報や市場トレンドをいち早く入手し現地の市場特性に適合したデザイン開発を進めるため1973(昭和48)年にカリフォルニア州ロサンゼルス市郊外のエルセガンド市に設立したデザイン拠点である。当時からカリフォルニア州はアメリカで最も先進的自動車市場として注目されており，現在では世界の自動車メーカー各社がサテライトデザインスタジオを開設しているが，CALTYは各社に先駆けてカリフォルニア州に設立されたサテライトスタジオであった。1978(昭和53)年に現在のニューポートビーチ市に移転し活動している。

ヨーロッパのデザイン拠点は，1983(昭和58)年に現地のカラー嗜好やカラートレンドを把握するために，ベルギーのトヨタ欧州事務所(ブラッセル市内)にカラーデザイナーを派遣したのが始まりである。その後，エクステリアやインテリアデザイナーも派遣し，現地の自動車デザイン情報収集を中心に活動してきた。1989(平成元)年にはブラッセル市郊外に設立されたトヨタの現地法人T.M.M.E.(Toyota Motor Europe Marketing & Engineering)内のデザイングループとしてEPOCを設立し，ヨーロッパ各国のデザイナー，モデラーを採用しヨーロッパ市場に根差したデザイン研究を実施してきた。2000(平成12)年にはT.M.M.E.から独立し，南フランスのニース市近郊にED²(Toyota Europe Design Development)を設立した。

各研究拠点はそれぞれの自動車市場に根差したデザイン研究を行うとともに，その地域に導入される商品については「先行デザイン」および「生産車デザイン」開発にも参画している。

トヨタデザインは，1948年に社内デザイン組織が誕生して以来，半世紀以上が経過した。振り返れば，1950～60年代に社内でのデザイン組織が確立され，70～80年代は国内自動車市場拡大と輸出拡大に伴い，本社地区の組織拡充と東京および海外の研究拠点開設を行ってきた。1990年代には国内自動車市場の飽和・成熟期を迎え，従来以上に「魅力的な商品の効率的開発」が課題となった。1992年以降の各施策は，この課題に対し「魅力的なデザインをタイムリーに提案」するために「デザイナーの適材適所と活性化」「開発期間短縮」などの観点で実施したものである。

21世紀においても魅力的商品づくりにはデザイン開発力が最も重要な資産であることを認識し，デザイナーが最大限に能力を発揮できる環境を整えてゆくことが必要である。

[水谷敏明]

■文献
森本眞佐男：トヨタのデザインとともに，山海堂，1984.

コラム「私の選ぶ図書10冊」

寺内文雄［材料計画／千葉大学］

① 『材料と評価の最前線』（日本材料学会編, 培風館, 2001）
金属材料や高分子材料, セラミック材料, 木質材料, 医用材料などの分野の新材料解説のみならず, 材料評価や材料設計の実践例が紹介されている.

② 『超臨界流体―環境浄化とリサイクル・高効率合成の展開』（佐古 猛編著, アグネ承風社, 2001）
超臨界流体技術の基礎から最先端の応用までの内容が理解しやすいかたちで解説されており, 本技術の概要と可能性が把握できるようになっている.

③ 『知の創造2―ネイチャーで見る科学の世界』（ネイチャー責任編集, 竹内 薫翻訳, 徳間書房, 2000）
1999年から毎年創刊されており, 幅広い分野からその年度の最先端研究がカラフルな写真や図とともに理解しやすい記述によって紹介されている.

④ 『リサイクルを助ける製品設計入門―分解まで考えたモノづくり』（山際康之著, 講談社, 1999）
生産現場の立場から, 分解を考慮した製品設計を行う際の守るべき10の法則を挙げ, 具体例を挙げながらそれらが示されている.

⑤ 『シム・ヴァンダーリンとスチュアート・コーワンのエコロジカルデザイン』（シム・ヴァンダーリン, スチュアート・コーワン著, 林 昭男, 渡 和由訳, ビオシティ［大学図書］, 1997）
エコロジカルなデザインの具体例を示しながら, デザインと地域, エコ収支, コミュニティ, 自然のしくみなどとのあるべき関係が述べられている.

⑥ 『森林の不思議』（谷田貝光克著, 現代書林, 1995）
森の匂いや植物精油が生物や人の気分や健康に及ぼすさまざまな働きを科学的な視点から述べるとともに, 森に親しむための具体的方法を紹介している.

⑦ 『わかりやすい意思決定論入門―基礎からファジィ理論まで』（木下栄蔵著, 近代科学社, 1996）
意思決定論を学習する人や業務で意思決定モデルにたずさわる人を対象に, 主たる意思決定モデルが平易かつ具体的に解説されている.

⑧ 『すばらしい木の世界』（日本木材学会編, 海青社, 1995）
木材・木質材料の科学や可能性, 健康や環境への影響などについての幅広い研究例を豊富なカラー写真や図表を用いて解説している.

⑨ 『木のいのち 木のこころ（天）』（西岡常一著, 草思社, 1993）
法隆寺の修復などを手がけた宮大工の棟梁が, 先人の知恵と技が凝縮された古代建築と向き合った歩みが語られている.

⑩ 『構造の世界―なぜ物体は崩れ落ちないでいられるか』（J・E・ゴードン著, 石川廣三訳, 丸善, 1992）
応力やひずみ, 引っ張り, 圧縮, 曲げといった構造の基礎的問題について, 数式を極力使わず, 平易に楽しく読めるように書かれている.

5|107-2　企業内デザイン組織－エレクトロニクス

■変革期にあるデザイン環境

　今，エレクトロニクス企業各社の社内デザイン部門はこれまでにない大きな変革期の真っ只中にある．デザイン部門はその位置づけ，役割からスキル，デザインプロセスに至るまで，すなわちデザインマネジメントのすべてについて問い直しを迫られているのだ．それはいうまでもなくITの急速な浸透によって作り手と買い手の関係が変わり，メーカーの利益の中心がハードウェアからネットビジネス，またはソリューションビジネスへ急速にシフトしたこと，二つめにはネットワークで一つに結ばれたグローバル市場で優位に闘うため，企業組織の再編成が活発化したためである．こうした環境変化を新しいデザイン展開のチャンスととらえて積極的に活用するには，これまでのデザイン領域概念へのこだわりを捨てることから始めなくてはならない．

　ここでは，企業内デザイン部門の位置づけとその運営，デザインプロセス，デザインスキルなど，商品開発のマネジメントに先立って今考えるべきデザインマネジメントの課題について解説してみよう．

■ハードからネットビジネスへ

　これまでエレクトロニクスメーカーが事業の中心と考えてきたハードウェア商品は，今や利益の源泉として最も効率の悪い存在と見られるようになった．携帯電話機は新機種ごとに莫大な開発費を投入して生み出されるが，街では無料で配られていることすらある．これなどはハードウェアに事業上の価値は存在せず，コミュニケーションというサービスに価値があることを示す端的な例といえるだろう．

　一方，ノンハード事業はますます花盛りである．SOHOのネットワークビジネスが盛んになると見込まれているが，それ以上にコミュニケーションが大好きな若い世代を中心に，わが国のインターネット人口の伸びも著しく，急速に家庭のネットワーク化が進むことは間違いない．全世界を結ぶネットワークという舞台の上で，企業と個人が生産者と消費者という立場を超えてさまざまなビジネスを展開するであろう．さらに，ソリューション事業はハードウェアメーカーが自社製の商品にこだわらず，ユーザーに最適な商品をライバル商品であろうとかまわず組み合わせてシステム構築を行うため，システムインテグレーションは重要だが，ハードウェアの外観の不整合などは軽視されがちになる．このとき，メーカーのプロダクトアイデンティティなどはほとんど意味をなさない．エレクトロニクスの世界は，メーカーの個性よりもデファクトスタンダードに沿った無個性な存在こそ最もフレキシビリティに富む望ましい姿なのである．このようなノンハードビジネスが事業の中核に位置づけられる全く新しい時代の到来を前に，これからのデザイン部門はどのような思想のもとにどのような役割を担うべきなのだろう．

■経営視点から見たデザインの位置づけ

　多くの企業が従来の経営と組織を根本から見直そうとしている今，企業内デザイン部門がこうした組織再編成のうねりの中でどのように評価され，位置づけられるか試練のときを迎えていることをまず認識しなければならない．では，ここでホーム，ビジネスの分野を問わず，企業トップの理解の程度如何にかかわらず，営利企業におけるデザイン集団の位置づけを企業経営の視点から分析してみよう．

　わが国の大企業が採用し始めた組織構造は，小さな本社（または持ち株会社）と事業の権限を大幅に委ねられた社内分社，そして社外分社によって構成される体制である．体制づくりにあたって企業内全部門の活動を次の四つの活動に峻別する．
①全社経営戦略に直結する活動
②新しい事業を開発する活動
③個別事業を遂行する活動
④全社共通活動

　これを❶のように分類し，企業グループを束ねるための最小機能のみを本社に残して，大部分の活動を社内分社（カンパニー）と社外分社に移す．とくに「特定の専門性」を有する活動は極力分社へ移して自立化させる．そしてこれらに大幅な権限を委ね，それぞれの業界で他社との競争に勝てる力を磨かせてグループ全体の強化を図ろうとする．

　さて，わがデザイン部門の活動はこの中のどこに位置づけられるべきなのだろう．環境変化の著しい今，適切なデザイン組織を論じるのははなはだむずかしいし，企業文化によってデザインの価値に対する見方も大いに異なるはずであるが，偏見を恐れずに一つの考え方を記すことにしたい．

　デザインの活動は❶のA，B，Cの位置にプロットされる内容を含んでいるとデザイン部門自身は考えるが，はたして一般的な理解が得られようか．

　では，企業内デザイン部門がその機能を十分に発揮

第1章｜企業経営とデザイン

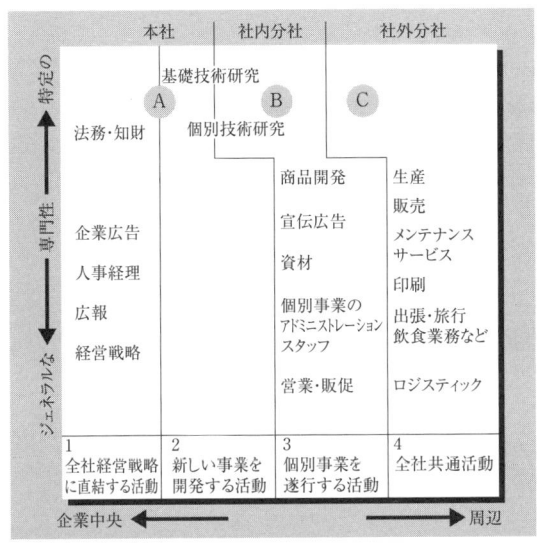

❶企業内活動の分類

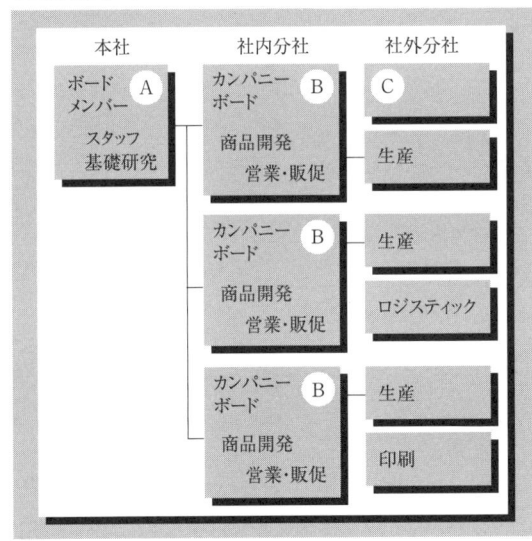

❷デザイン部門の位置づけ

して役割を全うするには企業組織のどこに所属していることが望ましいのか．❶の活動分類にもとづいてデザイン部門を実際の企業組織図の中に位置づけると❷のようになる．そこで，❷のA，B，Cそれぞれについて考えてみよう．

部門の発言力を全社に及ぼすためには，Aのように本社スタッフに位置づけるのがよさそうに見えるが，小人数の実務をもたないスタッフは企業トップの絶対的な理解とバックアップがなければ安定したステイタスは得られにくいものである．もともと実務的な活動であるデザインは，より事業の現場に密着して目に見える実績を挙げつつ信頼を築く方が本来の姿であろう．とはいえ，一事業部門に所属してしまっては活動範囲が限られるから，活動を全社に展開できて現場に密着した組織形態とはどのようなものか．次の三つの形態を想定してみよう．

第一に，各事業部門に分室を設け，本社に小さなデザイン本部を置く形態（❷，A＋B），第二に，完全に独立分社化して高い専門性を発揮しつつ事業部門と協働する形態（❷，C）が考えられる．

ただ前者の場合は，各分室が事業部門の言いなりになってデザイン本来の役割や全社的視野を見失わないよう，デザインマネジメントと人事権などをAにある本部がしっかり握っておく必要がある．また後者の場合は，事業部門に対してデザイン分社が受注側となるため，下請け化しないよう常に高い専門性と見識を保ちつづける努力が必要になる．もっとも，こうした精神面に先立ってデザインワークの確保や受発注のしかたなどについて本体側との間に有利な契約条件を設定しておかなければならない．さらに第三の形態として図中のA，B，C3カ所にデザイン組織を配置するもの，これはリソースの配分を工夫することによってさまざまな運営が可能になる．この場合，Cをデザインの本拠としてA，Bに小規模の拠点を設けておくのがよさそうである．なぜなら前述したように経営的観点から見れば，デザインという「特定の」専門分野を担う集団は社外分社化すべきと考えるにちがいないし，また事業部門は社内よりむしろ社外から業界で最高のデザインを自由に買いたいと考えるのが当然だからである．こうした形態のいずれがよいか結論は出しにくいが，デザイン部門自身も本社のさまざまな束縛から離れて自由に創造性を発揮できる環境を自ら作ることをめざすのが本来のあり方だと考えるべきだろう．

■組織運営の留意点

いかなる組織でも，その適性規模がどのくらいか，そしてリソースのルートについての認識が大切である．これまでの企業内デザイン組織の多くは本社スタッフまたは研究所に所属していた．また技術部門にあるデザインチームは，全社的なデザイン活動を行う必要を説いて本社スタッフに位置づけられることを望んだものだ．しかし，これを経費の面から見ると本社スタッフや研究所はいわゆるコストセンターとして位置づけられ，いずれも本社費用でまかなっているのであり極力削減したい対象に他ならず，本社は決して活動しやすい場所とはいえないのである．また，企業のど

611

こに位置しているにせよ，部門を賄う費用は本体事業の売上げの何％に相当し，それがリーズナブルな規模なのか，またその費用はどこから得て，企業経理上どのように扱われるのか，さらに人員規模は必要最小限か，常にチェックしておかなければならないのは当然である．とくに人的リソースが大きすぎて削減に苦慮するより，必要な能力を随時社外から導入できるよう工夫しておくこと，またマーケット先の要求にすぐに応えられるよう国内外の優秀なアライアンス先を確保しておくことが望ましい．基本は中を小さく，外を大きく，ダイナミックな運営を心がけるべきである．このようにデザイン部門が自らの運営効率について工夫と努力を惜しまず，企業への貢献を心がけている姿を全社に向けてアピールしつづけることが部門長の役割である．

■デザインスキルのシフト

組織論はこれくらいにして，これからのデザイナーマネジメントについて話を進めることにしよう．

ネットソリューションビジネスに対応するデザインに取り組むには，これまでのデザインという領域概念にとらわれず分野を超えた柔軟さが必要である．ネットサービスにはコンテンツが付き物だが，それを発案し使いやすくしてビジュアライズするのはエンタテイメントなどの分野の方が適しているのではなかろうか．こうしたスキルは，企業内で育成するより世界中のプロダクションとのアライアンスで賄う方がクオリティ，効率いずれの面でも合理的であろう．もっとも，こうした分野にデザイナーが意欲的に取り組んで新しいデザイン領域を開拓することは大変歓迎すべきことにはちがいない．

■デザインプロセスのディジタライズ

デザインプロセスとデザイナー間のコミュニケーションにIT技術は強力な支援ツールを提供するだろう．3Dで描いたデザイナーのイメージがCAD/CAMにスムースにつながるようになれば，設計から生産に至るプロセスは一層効率化され，3Dによる発想が一般的になるにちがいない．これだけにとどまらず，画像と音声に優れたディジタルネットワークは世界に分散するデザイン分室間のコミュニケーションにタイムラグを解消し，デザインマネジメントのクオリティを飛躍的に向上させるにちがいない．

さらにデザイン部門がネットを通じて独自にカスタマーリレーションマネジメントを工夫すれば，生産におけるサプライチェーンマネジメントに似た即時性をもつマーケティングデータを武器に，説得力あるデザイン提案が可能になるはずだ．

■デザイナーマネジメント

さて，最後にデザイン部門内の組織編成と運営について触れておこう．

ネットワークによって結ばれたバーチャルオフィスは，時間と空間を超えてデザイナーの自由な創造環境をもたらす可能性がある．ただ，こうした組織に対応する雇用・勤務形態，勤務・賃金制度は現在模索中であり，ここでは従来型の組織について述べるにとどめたい．デザイナー組織の役職とは上下を表すものでなく，機能分担であるべきである．そして部門内では完全にストレスフリーな環境を実現しなければならない．デザイナーたちに伸びやかな発想をさせるには構成メンバーの相性をよく見極めてチームを作り，うまくない組合せを発見したときには即時メンバーチェンジすることである．さらに，マネジャーとプレイヤーを同格として進路を選択できるよう人事制度を工夫すること．齢とともに仕方なく二流のマネジャーが発生するようなしくみをやめることである．そして役割と努力に見合った報酬を保証しなければならない．このとき人事評価をどのように行うかが大切である．デザイナーの場合，実績にもとづく実力主義には疑問がある．仕事依頼元の事業をデザイン発想によっていかに膨らませたか，新しい美の発見によって周囲の意欲をいかに盛り立てたかなど，定性的な評価を重視することが本人と部門の活力を生み出す原動力になるだろう．一方，デザイナーは一般的に子供である．そのよさを失わせない範囲で他分野の言葉でも話ができるような訓練も必要ではあるが．

■存在意義の再確認を

このようにデザインを囲む環境が急速に変わりつつある今日，今こそ原点に帰ってデザイン本来の役割を見つめ直すことから始めなければならない．デザインは本来，「モノやコトがどうあればいいか」を全体的にとらえ，「美しい」解を見出す役割を担っている．ITのもたらす価値の大転換を超えて産業と社会，そして暮らしに新しい文化価値を生み出すデザイン本来の存在意義をいま再確認しておきたい．

［榊原　晏］

コラム「私の選ぶ図書10冊」

利光 功[美学／大分県立芸術文化短期大学]

① "Esthétique Industrielle"(Et. Souriau ほか著, P. U. F., 1952)
フランスで初めて出されたインダストリアルデザインに関する美学論文集であり、いまなお参照に値する論考が収められている.

② "Il Disegno Industriale e la sua Estetica"(Gillo Dorfles 著, Cappelli Editore, 1963)
本書はインダストリアルデザインがいかなる造形活動なのか、美学の立場から明らかにした古典的名著である.

③ "Design for the Real World－Human Ecology and Social Change"(Victor Papanek著, Pantheon Books,1971[『生きのびるためのデザイン』阿部公正訳, 晶文社, 1974])
画期的なデザイン批評の書. なお同じ著者による次の書は、続編ともいうべきもの. "The Green Imperative － Ecology and Ethics in Design and Architecture"(Victor Papanek著, Thames and Hadson,1995[『地球のためのデザイン』大島俊三、村上太佳子、城崎照彦訳, 晶文社, 1998]).

④ "Ideologie und Utopie des Design"(Gert Selle著, Verlag M.DuMont Schauberg, 1973[『デザインのイデオロギーとユートピア』, 阿部公正訳, 晶文社, 1980])
社会的経済的思想の基盤からデザイン活動の動因を解明したもの. 同じ著者による次の著作は、ドイツにおける約150年にわたる美的な時代精神の変遷をたどったデザイン史の研究書. "Geschichte des Design in Deutschland"(Gert Selle著, Campus Verlag, 1994).

⑤ "The Aspen Papers－Twenty Years of Design Theory from the International Design Conference in Aspen"(Reyner Banham編, Pall Mall Press, 1974)
米国のコロラド州アスペンで1951年から国際デザイン会議(略称IDCA)が開催されていたが、その主要な論考を集めたもので今日も新鮮さを失っていない.

⑥ "Design Discourse, Histoiry/Theory/Criticism"(Victor Margolin編, The University of Chicago Press, 1989)
デザイン学の研究誌"Design Issues"が1984年にシカゴのイリノイ大学から創刊された. 本書はその1巻から3巻までに掲載された主要な論文20本を集め編集したものである. 類書に、"Design Issues"誌の3巻から10巻までに掲載されたデザイン史関係の論文18本を集めた"Design History: An Anthology"(Dennis P. Doordam編, The MIT Press, 1995)や、同じく4巻から9巻までに掲載されたデザイン論関係の論文23本を集めた"The Idea of Design"(Victor Margolin and Richard Buchanan編, The MIT Press, 1995)がある.

⑦ "Histoire du Design 1940-1990"(Raymond Guidot著, Editions Hazan, 1994)
第二次世界大戦から半世紀にわたる世界の工業デザインの歴史を手際よくまとめたもので、著者はポンピドゥセンターで数々の展覧会を企画した人. 図版多数. 巻末に84人の主要なデザイナーの伝記を付す.

⑧ "Design and Aesthetics－a Reader"(Jerry Palmer and Mo Dodson編, Routledge, 1996)
デザイン史と美学の関連にかかわる重要な論考(著書からの抜粋を含む)18本を集めたもので、デザインの美学に関する基本的な読本である.

⑨ "The Culture of Design"(Guy Julier著, SAGE Publications, 2000)
現代のいわゆる文化研究(cultural studies)の一つとしてデザインを取り上げたもので、現代文化と社会学の広い見地からデザインを論じている.

⑩ 『国際デザイン史－日本の意匠と東西交流』(デザイン史フォーラム編, 思文閣出版, 2001)
副題に「日本の意匠と東西交流」とあるように、本書は「国際交流史としてのデザイン史」の研究書であり、数多くの執筆者の共同研究になるものである.

5|107-3 デザインオフィス

■経営方針

　大企業が自社内に数多くのデザイナーを抱えながら，なお外部デザインオフィスにアドバイスや企画提案を求めるのはなぜであろう．それは社内のしがらみや，縦割りになった専門分野の垣根を取り去った冷静な目で事象を見つめ，社内では望めない視点からの提案を必要としているからであり，より生活者の本音に近い立場からの提言を求めているからであろう．企業内デザイナーとデザインオフィスを中心とする外部デザイナーとの最大の相違は，前者が情報の収集，アイデアの発想，評価，デザイン条件の設定などすべての業務を企業のフィルターを通して行うのに対し，後者は，もちろん最終的なアウトプットは依頼企業の条件に合わせるものの，外部から自由な立場で業務ができる可能性をもっている点である．この立場の違いこそ外部デザインオフィスの強みであり存在理由といえる．

　このことは概念としてはよく理解されるのであるが，経営という側面をからめると若干様相が変わってくる．特定の企業によるスポンサーシップは，安定経営のためにきわめて魅力的である．しかし，それを受ければ当然スポンサー企業の意向を反映せざるを得なくなる．ましてや企業からの天下り的人事を飲んだりすることになればさらに状況は悪化し，外部にある必要などどこにもなくなってしまう．企業のフィルターなしの立場を保つためには，企業の支援を受けるべきではない．日本に数多くあるデザインオフィスの中で，本当にフリーランスの立場で企業に臆することなく発言できる力をもっているところは残念ながらそう多くはない．

　企業の支援なしに経営を成立させるためには，それに見合った仕事の量を確保する努力を常に続けなくてはならない．この点に関して筆者のオフィスは二つの戦略で対応している．その一つは，業務分野を幅広く取るということである．ある限定された分野でのみ業務を続けた場合，経営はその業界の浮沈とともに推移することになり，振幅の大きい不安定なものになりがちである．幅広い分野で業務を行う第一の利点は，この振幅の平順化にある．第二の利点はさまざまな業種の独特のノウハウが蓄積されるということである．ある業界で苦もなく行われていることが，別の業界では画期的であったりすることは珍しくない．これらの異業種技術を結びつけることで，比較的容易に新製品を開発することができる．とくに伝統的地場産業のように技術や素材，流通経路などの制約条件に固くしばられている業界での新商品開発には大変効果的な手法である．経験上，幅広い業務分野の中には製造業ばかりでなく化学産業のような素材開発企業をぜひ加えるべきである．彼らの開発する新素材の多くはデザインの新しい可能性を開き，製造企業に話題性のある新商品をもたらす．もちろん素材開発企業には新しい取引先ができるわけで，こちらにもメリットがある．他人より早い新素材の情報はデザインオフィスの大きなアドバンテージである（❶）．

　第三の利点は人的ネットワークの広がりである．通常，業務依頼の多くはこの人的ネットワークから発生する．膨大な宣伝費や強力な営業力をもたないデザインオフィスにとって，人的ネットワークを拡大する努力は欠かせない．

❶異分野技術の組合せ商品例　左：製陶（カップ部）と金属加工（脚部）の組合せ　右：自動車用ハーフミラー技術の事務機器への投入

戦略の二つめは，モノづくりのプロセスに幅広く対応することである．どのデザインオフィスも実感している通り，単なるカバーリングとしてのデザイン依頼は次第に少なくなってきている．生活者のライフスタイル変化に伴った新しいニーズの抽出から始まって商品企画を組み，具体的デザイン作業へ展開するというケースが増えている．ニーズの調査や企画の組み立てはカバーリングデザインとは別の取り組みになる．

また，設計や製造の段階にあっても設計者，生産技術者の要望に応じ，そのつど適切な解答を用意しなくてはならない．これらの要望の多くは純粋に工学的問題である場合が多く，相手の真意を理解し新しい提案を行いながら自らのデザインを改修していくことになる．さらに流通の段階では，カタログ，パッケージ，POPなどのデザインが必要であるし，商品にふさわしい売り場や販路を紹介することも要求される．このように調査，企画の段階から具体的デザイン，設計，製造，販促，流通というモノづくりの一連の流れに対応することによって，さまざまなデザイン業務を発生させることができる．

■人材

これらの戦略を実践するためには質，量，両面での豊富な人材とそれを運用する機能的な組織が必要である．人材面で見ると小社の場合，新卒採用者と企業経験者の比率は大体2：1程度である．企業経験者はモノづくりの流れを理解しており，設計者や生産技術者との対応にも経験がある，組織で働くことの意味がわかっているため客先とのトラブルも少ない，など即戦力になるところが魅力である．一方，新卒の場合はフレッシュな感性や何でも吸収しようとする姿勢が先輩社員のよい刺激になる．採否は学校の春休みなどを利用した社内実習の結果により判断している．全体的には，人材教育に十分な時間をかけていられない実情もあり，今後ますます企業経験者の比率を大きくせざるを得ないと考えている．

入社後の教育指導は基本的にOJTである．先輩とチームを組んで行動させ，仕事の段取り，予算の組み立て，客先での対応などを覚えてもらう．先輩もそれぞれ自分の体験から得たノウハウをもっているので，できるだけ多くのそれを吸収させるようにローテーションを短い期間で行う．人にもよるが，2～3年の間に十分一人で業務遂行ができるようになる．社員全体に対しては，コンピュータ操作に関する講習会，各種のショウやイベントの調査報告会，外国人講師を招いて海外情報の勉強会などを適宜開催している．また，小社独特の試みとして毎週頭の全員ミーティングの場で一人ずつのスピーチを義務づけている．内容は担当業務の進行報告，新商品のデザイン評，客先とのトラブル例など実作業に関連のあるものとし，発表のメディアは何でもよい．これにより互いの業務内容を知ると同時に，幅広い業界のさまざまな情報を共有できる．もっと大切なことは，人前で話すための準備が自然に問題意識をもって事に取り組む姿勢となり，自分の仕事に厳しくなることである．プレゼンテーションの訓練になることはいうまでもない．

■組織

数年前の社屋新築を機に全体を四つのグループに分け，独立採算を建前とした事業部制を敷いた．内容は企画グループと三つのデザイングループである．

プレゼンテーションの際，デザインそのものを提示するばかりでなく，その製品を取り巻く環境の現状や将来などを合わせて提示し，デザインの妥当性を説得することが多い．従来これらの付帯資料はそのつど作成していたが，内容に共通する部分も多く一括して作成管理するグループを設けた方が効率がよいとの判断から企画グループを独立させた．ここでは資料作成のための情報収集や基礎的調査も行う．また事業部制による縦割り構造からくる弱点をカバーするための横通し機能ももたせた．前述の社内報告会，勉強会の運営などがその例にあたる．来客に対する社内概況の説明や案内，社外へのメッセージの発信など広報宣伝業務もここの担当である．

三つのデザイングループはそれぞれのリーダーの采配で運営している．業種による分担はとくに決めていないが，リーダーの個性により次第に得意分野が固まってきたようだ．いずれのチームにあっても，デザインオフィスのデザイナーは企業の黒子に徹すべきであるという考え方にもとづいて，作品担当者の個人名は公表しない．もちろん弊社名自体も原則として公表していない．工業デザインはそれが大量に生産され，多くのユーザーに何らかのメリットを生むことが最も重要なことであり，デザインが成功した場合はまず企業がユーザーに感謝され，しかるのちデザイナーは企業に感謝されればよいのである．工業デザイナーは決して芸術家ではない．企業の生産力を利用して自分のモニュメントを作ったりしてはいけない．ユーザー

から受ける「デザインはよいけれど，使いにくい」という類の評価は，工業デザイナーが最も受けてはいけない評価の一つである．

最近のデザイン作業は，客先の要求もあって，コンピュータに依存する作業が増えている．コンピュータはとてつもなく便利な道具であるが，便利過ぎて使う側が制御し切れない状況をよく目にする．たとえば必要以上にカラフルになり，何を強調したいのかわからない書類がある．全部を強調すれば何も強調しないのと同じことになるが，苦もなく着色できてしまうために機械に使われてしまう．コンピュータはセンスの良い人には良いセンスを，悪い人には悪いセンスを提供する物で，この逆はないということを知るべきであろう．この意味でコンピュータによってデザイナーの能力が均質化することは決してなく，むしろ能力の差が拡大されて現れてくると考えている．今後いやでもディジタル化傾向は進むであろうし，またそうあるべきだと考えるので，コンピュータを捨ててアナログスケッチに帰ろうなどと今様ウィリアム・モリスを気取るつもりは毛頭ないが，スケッチの上手いデザイナーがよいアウトプットを作るという傾向は興味深い事実である．迫り来るディジタル化時代に合わせて，どのグループでもコンピュータを使いこなせるように，現在ハード，ソフト両面から強化策を実施している．

経理関係は四つの事業部と完全に切り離し，専門職を置いて管理している．さらに外部経理事務所とも契約して経営内容のチェックや，トラブル発生時のアドバイスを受けている．デザインオフィスの多くは，経理専門の担当者を置いていないか，もし置いていたとしても身内のものであったりするように聞いているが，私情をはさまず，冷静な管理ができる第三者を専任として置くべきである．収支の正確な把握は健全なオフィス経営の第一歩である．業績の推移を経時的に把握しておけば，期の中間時点で期末実績の大まかな予測ができ，それによって必要な軌道修正を行うこともできる．期末の集計でやっと業績の実態を知るようでは到底競争社会を生き抜くことはできないし，企業も作業依頼をためらってしまう．

■今後の展望

現在まで四半世紀，日本のモノづくりと深く関係してきたが，来るべきディジタル化時代は単なるモノづくりだけでは済まないのではないかと考えている．よいモノを作れば売れる，コストパフォーマンスのよいモノは売れるという想いは実は過去の幻想で，これからの時代にはそのまま通用しないようだ．あの緻密で機能の固まりのような携帯電話が無料で配られている現実を，モノづくりに携わるわれわれはどう解釈するべきなのであろう．これからは正に「使い方（コンテンツ）」がお金になり，「モノ」はそのコンテンツを視覚，聴覚といった人間のインタフェースに変換する小道具になっていく時代である．モノは手段であり本当の目的はコンテンツを享受することであれば，モノを所有する欲求は大幅に後退し，レンタルでも公共使用でもよくなっていくであろう．もちろんすべての商品がそうなるわけではないが，モノは確実に主役を降りることになりそうだ．「モノ」にこだわって生きてきたわれわれには辛い時代になるかもしれない．

いずれにしろ，デザインはコンテンツとモノの両方に関連するようになることが目に見えているので，それを前提にした体制づくりを考えなくてはならない．コンテンツを企画するにしてもモノを作るにしても，世の中がどのように動いているか，国や地域ごとにどのようなニーズがあるかなどを知らねばならず，他に先んじて最新の情報を得るしくみがまず必要になる．情報の窓口として企画グループのことは先に触れたが，その強化策の一環として先頃アメリカ人ジャーナリストと契約し，彼のネットワークを活用した情報収集を開始した．単に収集するだけでなく，これをわれわれのノウハウで分析し商品企画を組み立てることができれば，新しいビジネスにつながる．整理された情報は立派な商品となりうるし，実際少しずつ実を結び始めている．

今後は情報を扱う部門などを強化したいと考えているが，機敏な動きを保つために全体を丸抱えする必要もないと思う．従来から付き合いのあるモデルメーカー，設計事務所などに加えて情報，ソフト開発集団とネットワークを組み，さらに特許事務所，経理コンサルタント事務所とも固く結びついた新世紀デザインオフィスづくりをめざしていきたい．

［山村真一］

■文献

関口由起夫：プロダクトデザインの本，平凡社，1996．
日刊工業新聞特別取材班：小さな会社のでっかい挑戦，日刊工業新聞社，1994．
柏木博：デザインの20世紀，日本放送出版協会，1992．
日刊工業新聞名古屋支社：デザインが企業を変える，日刊工業新聞社，1989．

第1章 企業経営とデザイン

コラム「私の選ぶ図書10冊」

永田 喬［インダストリアルデザイン／千葉大学］

① 『アメリカの機械時代』（ガイ・ウィルソンほか著，永田 喬訳，鹿島出版会，1988）
アメリカのデザイン史に関する分析は，ヨーロッパのそれと比較して手薄である．本書はアメリカの建設期を社会，土木，建築，製品，美術など広範囲に分析したもので，その底流に機械の存在を指摘し，アメリカは文明史上まれな存在となった．

② 『モダン・デザインの展開—モリスからグロピウスまで』（ニコラス・ペヴスナー著，白石博三訳，みすず書房，1957）
系統的にモダンデザインが紹介された初期的な著訳書．一度は通ってみなければならない入門書．

③ 『アート、デザイン、ヴィジュアル・カルチャー—社会を読み解く方法論』（マルコルム・バーナード著，永田 喬，菅 靖子訳，アグネ承風社，2002）
デザイン作品をアートとともに視覚文化の一環としてとらえ，社会的事象として解説したユニークな書．旧来の美術史を批判的に取り扱い，たとえばペヴスナーやギーディオンが俎上にのせられている．教科書としても最適．

④ 『欲望のオブジェ—デザインと社会 1750-1980』（アドリアン・フォーティ著，高島平吾訳，鹿島出版会，1992）
デザイン史をモノの機能主義的視点から時代観念の視点から分析した必読の書．

⑤ 『デザイン史とは何か—モノ文化の構造と生成』（ジョン・A・ウォーカー著，栄久庵祥二訳，技報堂出版，1998）
デザインされたものの歴史を布の縦糸とすれば，本書はデザイン史を分析したいわば横糸ともいえる貴重な一冊．その課題，対象，方法，基本的概念と理論を考察し，歴史研究のみならず多くのデザイン研究を一段と高度な昇華への示唆に富む．

⑥ 『誰のためのデザイン？—認知科学者のデザイン原論』（D・A・ノーマン著，野島久雄訳，新曜社［新曜社認知科学選書］，1990）
コンピュータ時代の製品デザインに警鐘を鳴らした認知心理学者による豊富な事例による入門的必読の一冊．『テクノロジー・ウォッチング』（1993）『人を賢くする道具』（1996）『パソコンを隠せ』（2000）『アナログ発想でいこう！』（2000）など連作が豊富．

⑦ 『脳の右側で描け』（ベティー・エドワード著，北村孝一訳，マール社，1981）
コンピュータに描かせる能力が身に付けば付くほど，空間の可視化と思考による作画がますます重要になる．そのための訓練手法としてユニーク．

⑧ 『かくれた次元』（エドワード・ホール著，日高敏隆，佐藤信行訳，みすず書房，1970）
文化人類学者が空間内での人の行動を観察的に示した好著．ソマー（1972），環境心理学などとともに空間デザインに新たな視点を与えた興味深い一冊．

⑨ "Semiologie Graphique"（Jacques Bertin著，Gauthier-Villars, 1967）［抜粋日本語訳『図の記号学』森田 喬訳，地図情報センター，1982］
インフォメーション・デザインのフランス語による古典的名著．量的情報の分析と図式化の方法論などシステマティックなアプローチが特徴．

⑩ 「デザイン・プロセスの構造」［工芸ニュース38所収］（ブルース・アーチャー著，産業工芸試験所，1971）
デザインがシステマティックな行為であることを提議した初期の論文．著者の王立芸術大学における博士論文で，以降，多くのデザイン研究者の研究を触発したマイルストーン的功績．

5 | 201　概説

　第二次世界大戦終了後まもなく，1950年代に入って日本の代表的製造業である家電，自動車業界の主要企業が競って社内デザイン組織の構築を始めた．今では伝説となっている，松下電器産業の創業者である松下幸之助が1951年米国市場調査を終えての帰国第一声「これからはデザインやで！」が日本における企業内デザイン組織のスタートであった．

　企業内デザイン組織としては宣伝，広告にかかわるビジュアルデザイン部門の活動が先行し，前述の松下電器の意匠課も当初は宣伝部に所属していたといわれている．製品のデザインについてはインダストリアルデザインという概念がまだ認知される状況ではなく，戦前からの工芸，意匠という専門職能の延長も一部には存在していた．1950年代にスタートした通商産業省の輸出立国政策の一環として強力に推進された海外デザイナーの招聘などによるデザイン振興策がインダストリアルデザインという概念の定着を助け，デザイン教育の現場においても工業デザイン・インダストリアルデザインの専攻分野が確立され始めた．

　そのような状況の中で，1950年代後半には代表的な生産企業のほとんどが社内に独立したデザイン組織を確立したが，デザイン実務に関しては企業の経営層もデザイン部門もまだまだ手探りの状態であったといえよう．

　欧米の先進国にとっての近代化は19世紀以降の産業化社会の発展に伴う穏やかな連続的変化であったのに対し，日本における近代化とは西洋化であり，欧米諸国がルネッサンス以来培ってきた社会とデザイン，企業とデザインの関わりについてのノウハウはまったくなかったため，結果として日本独自の強力な企業デザイン組織ができ上がったと考えられる．基本的には経営全般，研究，開発，設計，生産，そして販売にいたるすべての機能を企業内に包含するという強い意図の中にあってデザイン部門も決して例外ではなかった．加えて，その段階では外部のデザインコンサルタントもまだ少なく，ほとんどの企業は内部機能の充実に努めざるを得なかったといえる．

　一方では，企業内組織の充実と同様に少数ではあったがデザイン事務所の活動も始まり，東洋工業（現マツダ）と小杉二郎，富士重工業の佐々木達三，ヤマハとGKデザイン，などの成功事例をはじめ，特異な事例としては専売公社がレイモンド・ローウィ（米）に煙草（ピース）のパッケージデザインを依頼して成功を収めている．

　このように初期の段階では企業内にデザインの実務についてのノウハウが形成されていたわけではなく，欧米先進諸国よりの限られた情報をもとにしながら手探りの状態でノウハウを構築したことが，その後の驚異的発展につながった．

　しかし，このような企業内組織を中心に比較的短期間のうちに急成長したことが，現在でも90％を超えるデザイナーが企業に所属するという日本独自のデザイン環境を構築することになった．したがって，本章で述べられるデザインの実務も「日本における」という前提で理解していただきたいと考える．

■**デザインの実務とは**

　デザインの実務とは，狭義には「アイデア開発からデザインの完了にいたるまでの実際の業務を指す」といえる．しかし，実際にはその前段階進行過程における関係部門との数々の調整業務，また，デザイン完成後，生産に移行する準備段階，および，生産時の調整，そして，販売にかかわる広報，宣伝，販売促進にいたるまでのプロセスにおけるすべての関わりがデザインの実務であると考える必要がある．

　私自身の長年の経験からしても，デザイナーがイメージを具体化しながらアイデアスケッチを描き始めたときにはそのプロジェクトの80％は完了しているといえる．すなわち，商品開発のプロセスではイメージを具体化できる前段階が非常に重要であり，条件設定の甘さがデザインの成否を左右するといっても過言ではない．

　企業内デザイン部門を例にとれば，デザインワークをスタートする前に，経営計画，商品開発計画（中長期，カテゴリー別，個別，など），市場における競合状況，技術特長，コスト計画，開発投資計画，販売計画，開発スケジュールなど，多岐にわたる諸条件の確認，修正，調整業務が完全に実行され，そして，それらの条件をもとにしたデザイン開発計画が完全になっていなければならない．

　デザインワーク完了後も同様であり，設計進行段階における技術設計部門（回路，機構，生産，金型，など）との調整，金型完成度のチェック，外観部品発注先との確認，などの調整，確認業務はデザイン完成度を左右する重要なステップである．

　また，競争力のある市場価格を実現するためのコストダウンもデザインにとって決して無関係ではなく，デザイン完成度を犠牲にすることなくコストダウンを

実現するアイデアが求められる．

　デザインを実際に進めるにあたってデザイン部門のみで進められるデザインワークは商品開発のトータルプロセスの中では限られた範囲にとどまる．しかし，前述のようにデザインの実務とはデザインワークにかかる前段階から，完了後も商品として具現化し，販売店の店頭で販売されるまで包含されるものと考えるべきであろう．さらに最近ではユーザーの手元にわたって実際に使用された時点におけるユーザーのリアクションを確認し，次のデザイン企画にフィードバックするところまでをデザインの実務として考えるべきであるとされる．

　このようにデザインの実務の範囲が拡大してくると，個々のデザイナーがすべての領域に対応することは不可能とならざるを得ない．したがって，当然のことながら複数のデザイナー（必ずしもデザイン専門職のみではなく他の専門職を含めた）によるチームワーク，グループワークにより対応することが必要となる．輻輳する課題の調整，それぞれの最適能力を活かすチーム編成，効率的なスケジュール運営等々，目的達成のための最適解を得るためのマネジメントが重要となってくる．

■デザインの実務のマネジメント

　デザインマネジメントには階層があり，最上位概念としての「コーポレートデザインマネジメント」すなわち，企業活動のすべてにかかわるデザインの総合的マネジメントから，個別デザインプロジェクトのマネジメントにいたるまで多くの階層が存在するが，ここではデザインの実務についてのマネジメントについて具体的に述べてみたい．

[プロジェクトマネジメント]

　個別，あるいは複数の開発テーマについて，「経営計画との整合性」「関連商品ラインアップ上のポジション」「市場における競合商品」「技術開発シーズの内容」「コスト目標」「生産販売計画」「生産地」「販売地域」等々，デザイン開発にかかわるすべての要素，データの確認，調整．

[ジョブアサインマネジメント]

　プロジェクト推進に最適な人材，プロジェクトリーダー，スタッフ，アシスタントなどの選定と維持．

[スケジュールマネジメント]

　経営計画，事業計画にもとづいた基本スケジュールに整合するデザイン部門のスケジュール作成，維持，修正，関係部門との会議日程の調整，重要会議への上程など，スケジュールの維持，管理．

[バジェットマネジメント]

　プロジェクトにかかわるすべての予算の策定，執行，管理．

[データマネジメント]

　プロジェクトにかかわるすべての記録，データの管理．

　以上が主要なマネジメント項目であるが，実際的には明確に分別できるものではなく相互にオーバーラップしながら推進されるものといえる．最近では開発プロセスが従来のようなリニアな推進ではなく，コンカレント・エンジニアリング（同時開発）プロセスが採用されることが多くなっていることから，スケジュールをはじめ，マネジメントの精度を高めることが求められる．

　以上，デザインの実務についての基本的な枠組みを概説したが，現実には，プロダクトカテゴリー，企業規模，インハウス・アウトサイド，等々の条件により実務の内容は大きく変わるものと考えるべきであり，目標の達成に向けての柔軟な対応が求められる．

■デザインの実務，新たなる課題

　近代デザイン100年の歴史は産業化社会とほぼ同期しながら発展してきたが，20世紀後半になって急展開を見せたディジタルテクノロジーを基盤とする高度情報化社会への転換に伴い，デザインにかかわる環境も大きく変わりつつある．

　当然のことながら，デザインの実務も変化の渦中にあり，発想から完成にいたるプロセスは基本的に変わらないものの，作図，レンダリング，などの表現手法はCADシステムによって大幅にサポートされることとなった．デザインの対象範囲もハードウェアにかかわるデザインにとどまらず，ソフトウェア，モノと人とのインタフェース領域にまで拡大している．

　加えて，社会環境，自然環境の変化に対応するデザイン思考が新たなる課題としてクローズアップされてきた．すなわち，①高度化する機能と幅広いユーザーとのリンクを解決するインタフェースデザイン，②すべての人の生活環境に応えるユニバーサルデザイン，③非健常者にも対応できるバリアフリーデザイン，④地球環境を守るエコロジカルデザイン，などが重要な課題として挙げられる．

〔坂下　清〕

5|202　コンセプトメーキング – 事例：サイレントバイオリンの開発

　ここでは，具体的な商品開発の場でのコンセプトメーキングがどのようにして行われているかを事例をもとに紹介することとするが，その前に「コンセプト」という言葉についての確認をしておきたい．

　商品コンセプトとは，その商品のあるべき姿や目的，方向性など，商品の性格を明確に示す商品概念であり，商品性を決定づける骨格となるものである．商品開発をスタートするにあたっては，まず基本となる商品コンセプトを明確に築き，デザイナーはその商品コンセプトを受けてデザインコンセプトを模索することになる．しかし近年デザイナーは商品開発の川上までさかのぼって商品コンセプトそのものの構築から参画し，開発全体の流れの中で幅広く活動できる能力が求められるようになってきている．デザイナーが企業とユーザーとの間に位置し，ユーザーと企業の両者にとってのベストの価値ある解決案を導き出すことが求められているのである．

　ヤマハサイレントバイオリンSV-10（❶）の開発事例をもとに，商品が形成された経過をたどりながら解説を進めることとする．

■製品の概要

　ヤマハ（株）ではピアノでありながら，必要に応じて音を消し，ヘッドフォンでサイレント演奏を楽しむことのできる「サイレントピアノ」や，管楽器でサイレント演奏のできる「サイレントブラス」，ドラムの「サイレントセッションドラム」などを開発してきた．時間や住環境を気にせず演奏できる機能が評価され，趣味で楽器演奏を楽しむユーザーの開拓にもつながり，住宅環境からくる騒音問題，趣味や余暇など生活パターンの多様化などの社会的時代的なニーズに応える新しい商品提案として認知されてきている．そのサイレント楽器の一つとしてサイレントバイオリンが生まれたのである．

■商品提案が生まれるまで

　ヤマハ（株）は楽器の製造からスタートし，110年以上にわたって音，音楽にかかわる企業活動を続けてきた．世界各地に音楽，楽器を軸とした拠点をもち，プロ，アマチュアを問わず広く音楽愛好家との接点があり，文化的活動をも含めた企業活動を展開してきた．しかし商品アイテムとしてバイオリン族（バイオリン，ビオラ，コントラバスなど）の弦楽器は製造してはこなかった．ピアノと並び，バイオリンはその特徴的なフォルムや音色で古くから世界中に多くの愛好家をもち，弦楽器として人気の高い楽器である．しかし，比較的正確な音程で美しい音を出すには長年の練習と習熟が必要で，むずかしい楽器とされている．また，音量も大きく，とくに初心者の練習は「近所迷惑」にもつながり，演奏したいという憧れはあるものの，始めにくい楽器と考えられている．しかし大人のバイオリン教室（日本）の受講希望者も年々増加するなど，バイオリン市場の広がりも見られるようになってきていた．

❶　　❷　　❸

第2章 デザインの実務

古くからのギターの製造技術があり，そしてさまざまなエレクトロニクス技術を活用した楽器開発ノウハウがあり，新しい楽器開発のための技術面での基盤は整っていたといえるが，伝統のある分野に後発として新規参入するのであれば，そこに何らかの新たな切り口が求められていたのも事実であった．そのような状況にあって，数々のサイレント楽器を開発してきたヤマハがサイレントバイオリンを発想したのは自然な流れであった．

サイレントバイオリンを前提とした市場参入が検討されることとなった．技術部門が中心となって技術的可能性を探る作業が開始され，それと平行して市場導入の可能性模索のための市場調査が開始された．その時点で，デザイン研究所からもスタッフが参画し，共同作業が始められたのである．

■商品化のための技術面の模索

原理的には弦の振動を増幅して共鳴させる胴体部を取り去り，その代わりに特殊なマイクで弦の振動をピックアップし，電気的に効果音を付加するなどの処理をするものである．それはエレクトリックギターの構造と近似のものであるが，消音化のための素材構成，重量の軽減，バイオリン特有の製造方法，特有の音作りなど新たな技術的挑戦が求められた．実験の中からは胴の共鳴は不要だが，胴の振動はピックアップする必要性もわかった．

多くのバイオリニストの助けを借りながら試行錯誤を繰り返し，音を消してエレクトロニクスとのハイブリッドによる新しい楽器創作をめざした．目標であるバイオリンのサイレント化にめどがついたのは1年近く経ってからのことであった．

■市場導入の可能性

仮想サイレントバイオリンの市場での可能性を探るため，数多くの音楽，楽器関係者，演奏家，教師，音楽大学関係者などから後の開発に役立つ多くの貴重な意見が集められた．市場におけるバイオリンに関する数字データ収集も幅広く行われた．その中から，とくにここ2，3年楽器を始めてみたいと希望する社会人の急激な増加傾向が認められた．もちろんバイオリンもその一つであった．そのような市場状況にあってサイレントバイオリンの価値は何か，誰にとってどのように役に立つのかなどの検討がなされた．

■ターゲットとするユーザーの特定

目標とするユーザー像を明確にするために，ユーザー層を分類し分析してみた．

・演奏家，プロ：旅先での練習にホテルなどで使える．二本目として欲しい．新しいものも柔軟に積極的に受け入れる傾向が見られる．
・上級者，教師：日頃から練習に不便を感じず，とくに必要性を感じない．伝統的な木製バイオリンを絶対視する傾向が強い．
・初心者　　　：日頃の練習に時間，場所を気にしないでサイレント機能が有用．すでに木製バイオリンを所有．使い分けたい．
・潜在ユーザー：サイレント機能があるなら，きっかけとして始めてみたい．

サイレントバイオリンで始めたとしても，いずれは木製のバイオリンをもつ夢と憧れを誰しももっている．

年齢は20歳台を中心とした若い女性が圧倒的に多い．

サイレントバイオリンが望まれているユーザー層のうち，初心者および潜在的に始めてみたいと思っている女性の憧れ層を対象ユーザーに絞り込むこととした．

■コンセプトメーキング

ユーザー層とその特徴が明確になったこと，市場の状況，技術的可能性が見えてきたことなどを背景として商品の条件となるものを以下に挙げてみた．

・時間，場所を気にせず練習できること(サイレント機能)．
・音が出しやすいなど，初心者に便利であること．
・CDとのアンサンブル演奏など今までにない新しい楽しみ方をも提供すること．
・将来を考えて木製バイオリンと同じ演奏性を確保すること(素材，重量，演奏感覚)．
・バイオリンらしさを外観にとどめ，憧れに応えられること．
・価格8万円以下(市場の一般バイオリン価格から出された初心者目標価格)．

基本のコンセプトとして「伝統の奏法はそのままに，初心者にとって演奏しやすい機能性を併せ持つ新しい楽器」が定められた．これを受けて具体的なデザイン

コンセプトとして「バイオリンのイメージを濃く残し，それにサイレントなどの新しい機能が見える新しく美しい楽器」とした．このようにコンセプトを作るには，やはり開発の川上からの参画と理解が欠かせないものである．

■デザインコンセプトとデザイン展開

　楽器のデザインは一般的に非常に制約が多い．演奏作法が長い歴史の流れの中で確立され，変えられない場合が多い．アコースティック楽器はとくに形態や材料までもが音響面から大きな制約を受ける．しかし，エレクトロニクスで音を出す楽器は演奏作法さえ崩さなければそれ以外の形や材料は自由である．サイレントバイオリンはどうか．アコースティックに音は出さない．弦を指で押さえたり，弓で弾いたりする部分さえ伝統を守れば，その他の部分の形は自由なはずである（❹）．素材も同様のことがいえ，必ず木材を使う必要もない．新たな表現への挑戦も可能な部分である．そこでコンセプトに則ってデザイン展開するにあたり，さらに詳細にわたっての検討がなされた．

- 消音化のためと同時にイメージを明快にするためにも共鳴胴は取り去ったため代わって弦を張る構造体が必要となったが，消音性能と軽量化の理由で木材を使用．
- イメージの維持と，初心者の弓角度の練習の目的でバイオリンの形態を残す最小限の枠が付けられた．これは後日両側に付ける（❷）か，片側にする（❸）かで大きな議論となったが，最終的には軽量化と最小限の表現でという理由で片側形状が採用された．
- 弦，指板，糸巻，駒，テールピース，弓などの演奏に直接かかわる部分は木製の楽器との違和感を避けるため，可能な限り同じもの（パーツ）をそのまま使用．
- 初心者に向けてバイオリンらしさを大切にするため，電気関係部はすべて裏面で処理された．
- 演奏性確保のため木製のものと同等の重量を目標としたが，最終的には電池なども含めてわずかにオーバーすることとなった．しかしそれは肩で支える側に重心を近づける工夫で，演奏性に支障のないよう配慮された．
- 女性ユーザーは趣味の世界に関して非常にシビアな価値判断をする．それに応えられる魅力付けと美しさが考慮され，憧れのイメージに応えられるものをめざした．
- バイオリンを小脇にかかえて颯爽と歩く姿を想像している．ケースもバイオリンの形をしている必要がある．上級者は多く直方体のケースを使うが，それではいけない．

　6カ月後にはプロトタイプが3種制作され，直ちに演奏性などの基本スペック確認のための試奏が演奏家に依頼された．問題点を洗い出し，改良案の試作へと続き，国内外の広範囲の関係者に反応を求めて回った．その後の詳細はここでは省略するが，市場，プロ，楽

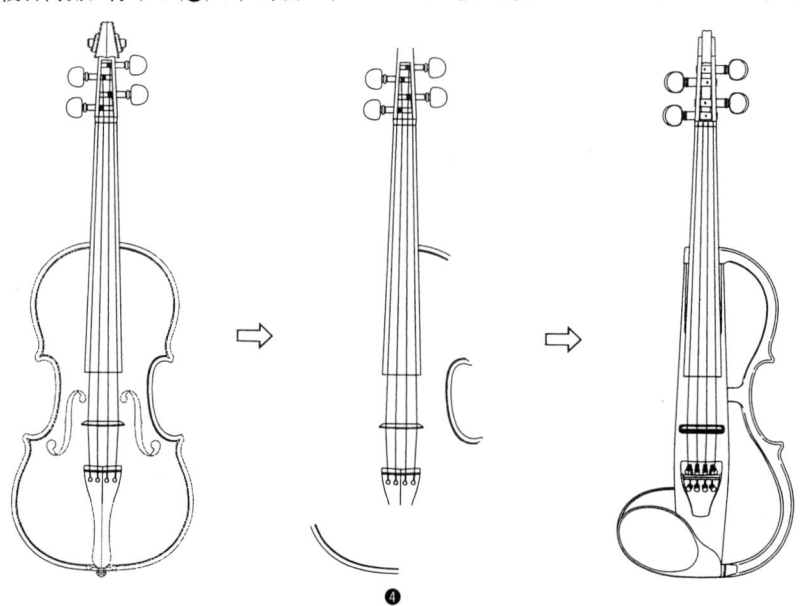

❹

第2章 | デザインの実務

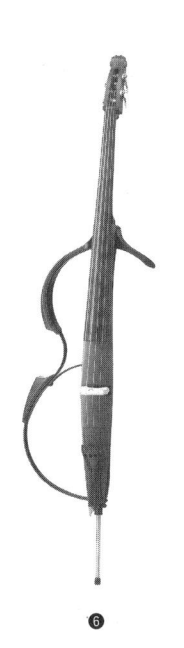

❺ ❻

器店などの反応をもとに改良を重ね，最終仕様とデザインが決定され，発表，発売（最終的に本体のみで69000円）となった．一方で，ユーザーを広く受け入れるためのソフト面としてバイオリン教室の整備などの体制づくりも平行して進められた．

■発売後の反応

サイレントバイオリンは発売後順調に推移し，好評に受け入れられた様子が窺えた．1年が経過した時点での販売状況を見てみると，発売当初は活動中のアマチュアが過半数を占め，2台目としての購入が多く，想定とのずれが認められたが，認知が徐々に進み，これから始めるユーザーが増加し始め，中心の購買層へと変化していった．認知度が増すとともに憧れ層を取り込み出したといえる．また，それとともにプロやセミプロの購入も目立ち始めたことも興味深い結果である．サイレントバイオリンの浸透とともにバイオリン教室の大人の生徒も順調に増加を続けている．参考までに数字のデータを以下に挙げておく．

- 生産数量　10378本/年（計画3000本/年）
- ユーザー　未所有者　　38％（新規顧客）
　　　　　　既所有者　　60％（二台目，練習用）

　　　　　　20代　　　　28％
　　　　　　30代　　　　34％
　　　　　　40代　　　　16％

　　　　　　会社員，公務員 56％

その後サイレントバイオリンに続き，サイレント弦楽器シリーズとして，チェロ（❺），コントラバス（❻）の開発へと発展していったのであるが，実はサイレントバイオリン開発のスタートと同時に，伝統的な木製のバイオリンの開発が秘密裏に進められていたのである．ヤマハとしては，バイオリン市場に参入することが本来の目的であったわけで，伝統的な木製バイオリンの製造技術も併せて模索していた．その先駆けとしてサイレントバイオリンが発売され，市場を確認するという使命を担っていたのである．サイレントバイオリンをまず発売して市場を確認し，バイオリン教室を新たに展開して初心者層の裾野を広げた上で，いよいよ木製の伝統的なバイオリンの発売につなげることができた．

木製のバイオリンの開発にあたっては，さまざまな困難にぶつかりながらの苦労の連続であったが，ここでの説明は省略する．これら一連の活動を行い，バイオリン最後発メーカーであるヤマハが市場導入を遂げることができたのである．

以上，一つの商品が作り上げられる過程を具体的事例としてコンセプトメーキングの方法，意味，役割などについて解説してきた．何かのお役に立てれば幸いである．

［吉良康宏］

5|203 マーケティング

■マーケティングの誕生

　18世紀の蒸気機関の発明によって起こった産業革命は，それまでの自給自足社会から生産と消費の分離という現在の効率社会のしくみを作り出した．そしてそれは，工業生産にとっての大きな動力革命となり，とくにアメリカにおいて飛躍的に生産能力の拡大を生むことになる．20世紀初頭，ヘンリー・フォードによるフルオートメーション生産方式の発明によって生産力はさらに飛躍的に向上する．しかしながら，製品が作られるだけでは，企業にとっては何の意味もなく，製品が販売され，収入を得て初めて生産が意味をもってくる．1920年代に入って，メーカーの営業は強化されていくが，過剰生産によって売ろうとすればするほど売れない事態が起きたのである．これがきっかけとなり，これまでの売り手主導の売り方ではなく，買い手がどうすれば買う気になるかを知り，それに合った売り方を考えようとしていく．つまりそれまでの販売に市場調査を加えたのである．そして，消費者に合った売り方のみならず，消費者の欲する製品を生産するという方向へ考え方がシフトされていく．これがマーケティングの誕生である．

　では，なぜアメリカでマーケティングが生まれたのか，産業革命をリードしたイギリスに起こらなかったのか．それは，イギリスは過剰生産をマーケティングなしで広大な植民地に製品を売り込むことができた．しかし，遅れて産業国家になったアメリカは植民地をもちえず，過剰生産をすべて国内市場で吸収せざるを得なかったからである．過剰生産と消費のアンバランスが大恐慌の原因にもなった．そうした意味からマーケティングはアメリカに起きた大恐慌の落とし子ともいわれる．

■マネジリアルマーケティング

　1908年，T型フォードが生まれ，1927年に生産中止をするまでに単一車種で1500万台を作る．一方，GMは1920年，すでにモデルチェンジを始めた．次第に豊かになっていく消費者のニーズ，買い手の欲しているものを重視した製品づくりをめざし，時代に適合していったといえる．人びとが買うべきだと考えたフォードと市場の求めている製品を作るべきであると考えたGM．いわば，技術・生産志向型のフォード，市場・消費者ニーズ志向型のGM．1927年のT型フォードの生産中止は，この対照的な製品づくりの立場が入れ替わった象徴的な出来事といえる．

　こうして戦後のマーケティングはGM型製品づくりを中心に体系化されていくことになる．それまでのマーケティングに「製品計画」が新たに加えられたのである．消費者のニーズに合致した製品を考えることである．マーケティングの内容が，どう売っていくかという売り方の問題に加え製品計画にまで拡大されてくると，何を作るかにまでさかのぼることになり，その意思決定はトップまでさかのぼっていくことになる．このトップの意思決定を必要とする製品計画を含んだマーケティングをマネジリアルマーケティングと呼ぶ．

■マーケティングの定義

　日本生産性本部が組織した「マーケティング専門視察団」の訪米によって，マーケティングの概念は初めて日本に導入されたといわれている．1956年のことである．以来，マーケティングについて多くの研究者によって定義づけがなされているが，ここでは代表的な定義を紹介しておく．

　社団法人日本マーケティング協会が1990年に決めた定義は，

　「マーケティングとは，企業および他の組織がグローバルな視野に立ち，顧客との相互理解を得ながら，公正な競争を通じて行う市場のための総合的活動である」

　また，アメリカ・マーケティング協会は1960年に次のように定義した．

　"The performance of business activities that direct the flow of goods and services from producer to consumer or user."「マーケティングとは，生産者から消費者，あるいはユーザーへ，財やサービスの流れを方向づけるビジネス活動の遂行である」

　そして，25年後の1985年には次のように改訂している．

　"Marketing is the process of planning and executing the conception, pricing, promotion, and distribution of ideas, goods, and services to create exchanges that satisfy individual and organizational objectives."「マーケティングとは，個人および組織の目標を満足させる交換を創造するために，アイデア，財，サービスについて，コンセプトづくり，価格設定，プロモーション，流通を計画し，実行する過程である」

　1960年の定義では，生産者から消費者へ製品（サービスも含む）を流していく一方向的な活動としてとら

えている．それに対して新定義では，マーケティングは企業に限った活動ではなく非営利組織の活動も含められる点，また生産者からの一方向の活動から受け手の満足へ向けての双方向的活動を示唆している点，さらに製品を流すだけではなく，製品づくりまで含むこととした点など，時代の変化に対応して概念が変わってきたといえる．時代の変化に呼応して人びとの価値観は変わり，市場は変化する．マーケティングは市場の変化を反映した事業活動の実践的方法論である．

■マーケティングプロセス

マーケティングを実施し事業を構築していくプロセスは大きく四つに区分される．

①市場機会の分析：マクロ的な社会傾向分析，消費者分析，競合分析といった外部要素の分析と企業経営資源の内部分析から市場機会の分析を行う．市場機会が発見できても，それが企業の目的や経営資源に適合しているかどうかの判断が重要である．

②標的市場の選定：市場にはさまざまな消費者，ニーズ，製品がモザイク状に存在する．多様化したすべてのニーズに対応することはできないため，市場を細分化してとらえ，参入する最適な市場を選定する．市場セグメントとは消費者を，ニーズ，製品の認識のしかた，使用方法，購買行動の違いによってグルーピングした小集団である．一定のマーケティング刺激に対して同じように反応する集団と考える．参入する標的市場セグメントが決まれば，その中で消費者にとって競合製品と明確に区別できる製品ポジショニングの設定を検討する必要がある．

③マーケティングミックス：マーケティングミックスは，現代マーケティングの重要な概念として，製品計画(Product)，価格計画(Price)，流通計画(Place)，プロモーション計画(Promotion)の4Pに分類されるのが一般的である．4Pは独立して考えられるべきではなく，密接に絡み合いながら標的市場に向けてのトータルな戦略を組むことが重要である．

④マーケティングマネジメント：マーケティング活動全体をコントロールし，情報システムや組織の整備を通じてマーケティング活動の遂行を支援する．

■成熟市場におけるマーケティング

現代は，高度大衆消費社会を経て，ほとんどのモノが普及し飽和している社会，つまり消費飽和社会である．生理的ニーズの充足から，マズローの人間欲求の第五段階「自己実現の欲求」へ急速に到達した社会である．飽和が達成されている社会にあっては，消費はますます細分化され，消費者の選択が鋭くなる．なぜならば消費者が，たとえばクルマや家電製品などの耐久消費財も幾度となく買い換えた経験をもち，自分のニーズに製品が合致したかどうかの厳しい評価をもっているということである．そういった経験をもたないまでも情報化時代にあって，製品情報や製品がかなえてくれる事柄については知っている．また，消費のレベルが豊かになるにしたがって，モノ志向からコト志向に向かっていく．とくに生まれたときから現在のほとんどの製品に囲まれて育った若い世代は，製品が自己実現に寄与するかどうかの厳しい選択の目をもっている．他方，都市化された社会では，家事にかかわる家電製品をもたなくても都市のサービスを使えば生活できるようになっている．たとえば，大型冷蔵庫や洗濯機をもつ代わりに，コンビニやコインランドリーを選択することもできる．一つのニーズに対してモノからサービスまで幅広く選択の可能性が広がっている．さらに，合理的・客観的な判断から好き・嫌いという感覚的な判断による選択や，欲しいものが時々によって変わるといった選択の気紛れも多い．このような成熟市場では，消費者のニーズが読みにくいのは事実である．企業が勝手に消費者のニーズを作り出すことはできない．ニーズは消費者が感じる満たされていない状態であり，ニーズを満たしてくれる製品を求める感情が欲求である．したがって，成熟市場におけるマーケティングは，さらに消費者理解を深めていく活動と製品計画への反映によって，新製品開発を軸とした顧客創造型のマーケティングがますます重要になってきている．また一方，一度獲得した顧客との良好な関係を継続的に維持していく顧客維持型のマーケティングも重視されている．

■デザイン業務にとってのマーケティング

企業におけるマーケティングの核は製品計画である．いかなる価格計画，流通計画，プロモーション計画も製品計画がなければ意味がない．企業活動において製品こそが価値を生み出す源であるからである．この製品計画においてはデザインの役割が大きい．研究開発部門からのハード情報と消費者ニーズのソフト情報を統合させ，一つの製品フォルムを作る技術はデザインだけがもっているからである．マーケティングは消費者との総合的なコミュニケーションの密度を高

め，デザインは製品自体の質を高めようとするものであるが，共に，消費者のニーズを満たし，消費者の心の満足へ到達しようとする意味では目標は同じといえる．したがって，マーケティングとデザイン業務は表裏一体の関係で動く．

デザイン業務におけるマーケティングプロセスとは，顧客の潜在的なニーズを明快なフォルムに具現することである．明快なフォルムに具現するとはデザイン業務それ自体であるため，デザイン業務におけるマーケティングとは，したがって顧客の発見・創造とニーズの的確な把握にある．それは言葉を変えるなら，コンセプトメイキングそのものである．コンセプトとは顧客がある製品(サービスを含む)を使用することにより，他の製品ではかなえられない事柄のことであり，その事柄を実現する製品のフォルムである．作り手の思い込みではなく，顧客が感じられるベネフィットが明確に描かれていなければならない．コンセプトメイキングには2種類の手法しかない．外因的・客観的醸成と内発的・主観的醸成である．

①外因的・客観的醸成：このためには，古典的な文献・統計調査，実態調査，アンケート調査，グループインタビュー調査などがあり，これらは今でもそれなりに機能している．とくに，使用実態の把握，世代価値観の特性，ライフスタイル分析，歴史的・文化的な製品背景調査など製品計画には欠かせない．

②内発的・主観的醸成：自らをマーケットとして再発見することであり，あるいはデザイナーとしての本質的な直感からニーズを嗅ぎ分けることである．

①は数量化可能であり，そうであるがゆえに説得力が高い．②はハッとするアイデアが生まれる可能性があるものの，説得力に乏しい．

ところが，ほとんどの製品が普及した日本市場において，あるいはあまりにも市場のセグメントがむずかしいグローバル市場においては，従来有効と思われていた①の手法が通用しなくなってきている．たとえばアップルiMac，ベンツA Class，フォードKaのようなグローバルコンシューマープロダクトは従来型のマーケティングの修正を受けたにせよ，デザイナーによる②のアプローチが色濃く出ている．他方，日本の家電業界においては，一般的に①の手法に固執するあまり，突出したヒット商品が出にくい悪循環に陥っている．

ただし，②の手法はデザイナーの独りよがりとして敬遠される向きもあり，またあらゆるジャンルに応用できるとは限らない．そうした意味で近年重視されているのが，プロシューマーと呼ばれるこだわり型の消費者に対するデプス・インタビューである．プロシューマーとは生活の達人であり，プロダクトやサービスに対するこだわりも深く製品知識も豊富であり，当該商品の世界で，何が起こっているのかも把握している情報通である．彼らの意見は往々にして市場の動向を先取りしており，次のニーズを的確に把握している場合が多い．クルマやパソコンの世界のように，旧来型のマニア商品においてはデザイナー自身がプロシューマーであることが多く，デザイナーの直感が次世代商品として自動的にマーケティングされることも多い．しかしデザイナーがあらゆる製品についてプロシューマーになるには，人間的に限界がある．また旧来型のマニア商品の場合も，デザイナーがあまりにもその世界のコミットメントしすぎるがゆえに，情報過多・視野狭窄に陥ることもあり，プロシューマーとして機能しない場合も見られる．

したがって，これからのデザイナーにとってのマーケティングとは，いかにプロシューマーと円滑なコミュニケーションを図り，そこからより濃い情報を引き出すかが鍵となっている．そのためにはデザイナーが，製品だけではなく製品がもたらす生活像をわかりやすく提示し，製品計画段階から消費者との双方向のコミュニケーションをとっていく必要がある．またプロシューマーの意見は経験からくる実感であるため，実感の背景にある潜在的なニーズを読み取るためには他者の生活経験に対する深い理解力と感覚的な共感力が求められる．今やあらゆるプロダクトがマニアックな観点から選択されており，そうした観点からもこだわりのエッセンスを，いかにマスプロダクトに反映していくかが，デザインの成否を握っているのである．そして，それがマーケティングの成否の鍵になってくるのである．

[山本建太郎]

■文献

F. コトラー・G. アームストロング著，和田充夫・青木倫一訳：新版 マーケティング原論，ダイヤモンド社，1995.
株式会社グロービス：MBAマーケティング，ダイヤモンド社，1997.
田内幸一：マーケティング(日経文庫)，日本経済新聞社，1985.
片山又一郎：マーケティングの基本知識，PHP研究所，1989.

コラム「私の選ぶ図書10冊」

西沢 健［工業・環境デザイン／GK設計］

① 『クレーの日記』（パウル・クレー著，南原 実訳，新潮社，1961）

私が選ぶ10冊の中で，これは唐突に感じられるかもしれません．しかし，クレーは抽象の世界を確立し，かつバウハウスにも多大な影響を与えた人物．その日記を読むことで生きた創造活動が追体験できると思います．

② 『美の哲学―ニーチェによる芸術と人間の研究』（岩山三郎著，創元社，1966）

歴史を否定したニーチェ（F. Nietzsche）は，独自の新しい考え方を提示してきました．とくに非合理の世界である感情や感性を重視していましたが，岩山三郎は残された論文の中から，とくに「美」についてを理解しやすくまとめています．

③ 『バウハウス―ワイマール，デッサウ，ベルリン』（ハンス・M・ウィングラー編著，バウハウス翻訳委員会訳，宮田嘉久編，造型社，1969）

バウハウス関連書は，海外国内を問わず数多く出版されています．その中でも純粋なドキュメンテーション（記録）として記述された本書の性質は貴重なものです．読者それぞれ独自の解釈が可能なのも魅力です．

④ 『現代デザインの水脈』（ハノーバー大学ID研究室H・リンディンガーほか企画・著，向井周太郎ほか訳，武蔵野美術大学，1989）

ウルム造形大学世界巡回展での，約260頁に及ぶカタログです．バウハウスの系統であるウルムは，デザインを科学という視点でとらえて理論と実践を試み，20世紀後半の教育基層を成しました．詳細は機関誌"ulm"が十数冊出版されているので，参考にしてください．

⑤ 『工芸概論』（前田泰次著，東京堂出版，1955）

ハーバート・リードの"Art and Industry"をベースとした近代デザイン概論です．近代デザインの事例として偏りがちな欧州ものだけではなく，日本の優れた歴史的諸道具を多く取り上げています．その点からも稀有な存在です．

⑥ 『デザインとは何か』（川添 登著，角川書店［角川選書］，1961）

川添氏の研究は建築概論から始まり，都市の界隈論，さらには生活学にまで至るものです．西洋のデザイン論ではなく，幅広い視点から日本独自のデザイン論を展開した，数少ない優れた論説の一つです．

⑦ 『生きのびるためのデザイン』（ヴィクター・パパネック著，阿部公正訳，晶文社，1974）

本書の登場は，ヨーロッパやとくにアメリカの固定化しつつあった近代デザイン史（思想や方法論）に再考のきっかけと与えました．現在においては多くのデザイナーが抱えている諸問題を解決する助けになるでしょう．

⑧ 『都市のイメージ』（ケビン・リンチ著，丹下健三，富田玲子訳，岩波書店，1968）

都市を視覚的形体としてとらえ，その要素を抽出するために，いくつかの都市を分析構造化した最初の論説です．その後本書をもとに色々な研究が展開しましたが，今なお環境デザイナーにとっての必読の書であります．

⑨ 『人間のための街路』（B・ルドフスキー著，平良敬一，岡野一宇訳，鹿島出版会，1973）

タイトルの「街路」は外部空間全体を意味します．工学的に都市の外部空間をとらえた本は数多く存在しますが，人間の視点で記述されているのが本書の特徴であり，優れた点です．現代の都市デザインを考えるうえでの原点ともいえるでしょう．

⑩ 『かくれた次元』（エドワード・ホール著，日高敏隆，佐藤信行訳，みすず書房，1970）

人間のコミュニケーションという視点から，文化の違いによって異なる空間構造をとらえ，コミュニティのあり方を提示したものです．抽象的概念を具体的関係に持ち込んだ原点となった画期的な存在です．

5 | 204 | ユーザインタフェースデザイン

■拡大するユーザインタフェースの世界

　ユーザインタフェースデザインとは，CRT，LDOなどの表示画面，操作パネルやリモコンなどを通じて，ユーザーがシステムとの情報のやり取りを行い，当初の目的を達成するための画面や操作部などを構築するデザインと定義する．

　製品が電子化され，ブラックボックス化し，システムとユーザーとの対話の窓口は，唯一，画面や操作パネルとなっている．今後，製品の機能は向上し，ユーザインタフェースの重要性はますます上がってゆくであろう．

　この新しいデザインは，今までの造形を主としたデザインの世界と異なり，論理性にウエイトが置かれた世界である．この異質で学際的なデザインの業務に関する確固たるデザイン方法論は今までなく，デザイナーに対する管理，組織の運営は明確でなかった．ここではこのような状況を踏まえ，ユーザインタフェースデザインの概要，方法論と組織の運営のあり方などについて説明する．

■構造化ユーザインタフェース設計・評価方法

　ここではユーザインタフェース設計方法の一つである構造化ユーザインタフェース設計・評価方法(SIDE)（ユーザインタフェース設計委員会，1999）について述べる．

[SIDEの基本的考え方]

　われわれが普通，行動するとき目標を決めそれに対する手段やアルゴリズムなどを考え目標実現のためアクションを起こすのである．われわれが文章を書いたり，家や電気製品などを設計する場合も同様な行動をとる．つまり，目標を決め，すなわち大まかなコンセプト（基本方針）を立て，それに従って部分を構成し，全体を形成するアルゴリズムをとっている．たとえば，ホテルのデザインを行う場合，コンセプトから大まかな各室やロビーのレイアウトを決め，各スペースはコンセプトにもとづくデザインイメージから床，壁，天井，照明器具や家具などの形状，色彩や仕上げなどに関しデザイナーの頭の中にある諸情報（デザイン事例）を活用して，デザインが決められるのである．

　ユーザインタフェースデザインも同様である．つまり，デザインコンセプトを決めた後，インタフェース(GUIパーツ)を検討するときに，ユーザインタフェース（以下，UI）設計項目とその活用事例を用いるのである．このUI設計項目の事例はUI設計者の頭の中にある活用事例を表出させ，誰でも使えるようにしたものである．たとえば，数値を入力してもらうため，テンキーのGUIパーツを使うと決めた場合，このテンキーにかかわる「フィードバック」「メタファー」「手がかり」「的確な用語」「簡潔性」などのUI設計項目が抽出される．そして，これらの設計項目に関する活用事例を参照して設計するのである．テンキーのフィードバックを考える場合，ボタンが凹むようにするとか，色を変える，あるいは音を出すなどのフィードバックの設計ボキャブラリーをコンセプトに従って取捨選択すればよい．

[構造化ユーザインタフェース設計・評価方法(SIDE)の構成]

　ユーザインタフェース設計のプロセスに対応させて，設計・評価ができる．設計プロセスは下記の通りである．

①情報の把握
　a. 目標の明確化
　b. システムの把握
　c. ユーザーの明確化
②情報の構造化
　a. 情報の分類
　b. 情報の優先順位
　c. 情報の提示順序
③UIデザイン
　a. ストーリーの構成
　b. UIデザインコンセプトにもとづく画面間の方針決定
　c. 画面（製品操作部）の可視化
　d. 効率のよいインタラクションの構築
④UIの評価

　上記の設計プロセスに従い，下記のフォーマット，UI方法やUI設計項目活用事例を活用してUI設計と評価を行ってゆく．

①情報の把握のフォーマット
　情報を把握するための必要事項が出ているので，これに従って情報を明確にする．
②情報の構造化のフォーマット
　構造化するための必要事項が出ている．
③CIコンセプト構築方法
　このアルゴリズムに従って，タスク分析などからUIコンセプトを構築する．
④UIフローチャート
　このUI専用のフローチャートを使って情報構造

を明確にする．
⑤UIデザインフォーマット(❶)
　ユーザーが画面を見て理解・判断し操作を行う情報処理プロセスに従って，画面や操作部を設計できるようになってきている．
⑥UI評価フォーマット(❷)
　UIのシステムと画面の評価ができるタイプ(詳細版と簡易版)と画面のみ評価する簡易版がある．このフォーマットに従い評価を行う．
⑦UI設計項目体系図
　UIの最終目的である「安心感(透明性)の構築」をめざして，32のUI設計項目が選ばれ，体系化されている(❸❹)．
⑧UI設計項目活用事例

❶UIデザインフォーマット(ユーザインタフェース設計委員会，1999)

1-2 システムとして要求される項目			
1-2-1 寛容性・柔軟性	+1	0	-1
1-2-2 習熟度対応	+1	0	-1
1-2-3 ユーザーの保護	+1	0	-1
1-2-4 ユニバーサルデザイン	+1	0	-1
1-2-5 異文化対応	+1	0	-1

2 ユーザーのやる気の醸成			
2-1 楽しさ	+1	0	-1
2-2 達成感	+1	0	-1
2-3 主体性確保	+1	0	-1
2-4 信頼感	+1	0	-1

●共通手段			
1 強調	+1	0	-1
2 アフォーダンス	+1	0	-1
3 動作原理	+1	0	-1
4 メタファー	+1	0	-1
5 フィードバック	+1	0	-1
6 ヘルプ	+1	0	-1

3 効率のよいインタラクションの構築			
3-1 効率のよい情報入手			
3-1-1 手がかり	+1	0	-1
3-1-2 簡潔性	+1	0	-1
3-1-3 検索性			
3-1-3-1 検索性容易	+1	0	-1
3-1-3-2 一覧性	+1	0	-1
3-1-3-3 マッピング	+1	0	-1
3-1-3-4 識別性	+1	0	-1
3-2 理解・判断の容易化			
3-2-1 一貫性	+1	0	-1
3-2-2 メンタルモデル	+1	0	-1
3-2-3 情報の多面的表示	+1	0	-1
3-2-4 的確な用語・メッセージ	+1	0	-1
3-2-5 記憶負担の軽減	+1	0	-1
3-3 快適な操作			
3-3-1 身体的負担の軽減	+1	0	-1
3-3-2 操作感	+1	0	-1
3-3-3 操作の効率	+1	0	-1

❷UI評価フォーマット(ユーザインタフェース設計委員会，1999)

```
安心感(透明感)の構築
├─1 ユーザーのやる気の醸成
│   ├─●楽しさ
│   ├─●達成感
│   ├─●主体性確保
│   └─●信頼感
├─2 ユーザーにとってよいUIシステム
│   の構築
│   ├─2-1 システム開発に必要な項目
│   │   ├─●目標の明確化
│   │   ├─●システムの把握
│   │   └─●ユーザーの明確化
│   └─2-2 システムとして要求される項目
│       ├─●寛容性・柔軟性
│       ├─●習熟度対応
│       ├─●ユーザーの保護
│       ├─●ユニバーサルデザイン
│       └─●異文化対応
└─3 効率のよいインタラクションの構築
    ├─3-1 効率のよい情報入手
    │   ├─●手がかり
    │   ├─●簡潔性
    │   ├─・検索性
    │   │   ├─●検索容易性
    │   │   ├─●一覧性
    │   │   ├─●マッピング
    │   │   └─●識別性
    ├─3-2 理解・判断の容易化
    │   ├─●一貫性
    │   ├─●メンタルモデル
    │   ├─●情報の多面的提示
    │   ├─●的確な用語・メッセージ
    │   └─●記憶負担の軽減
    └─3-3 快適な操作
        ├─●身体的負担の軽減
        ├─●操作感
        └─●操作の効率

共通手段
●強調
●アフォーダンス
●メタファー
●動作原理
●フィードバック
●ヘルプ
```

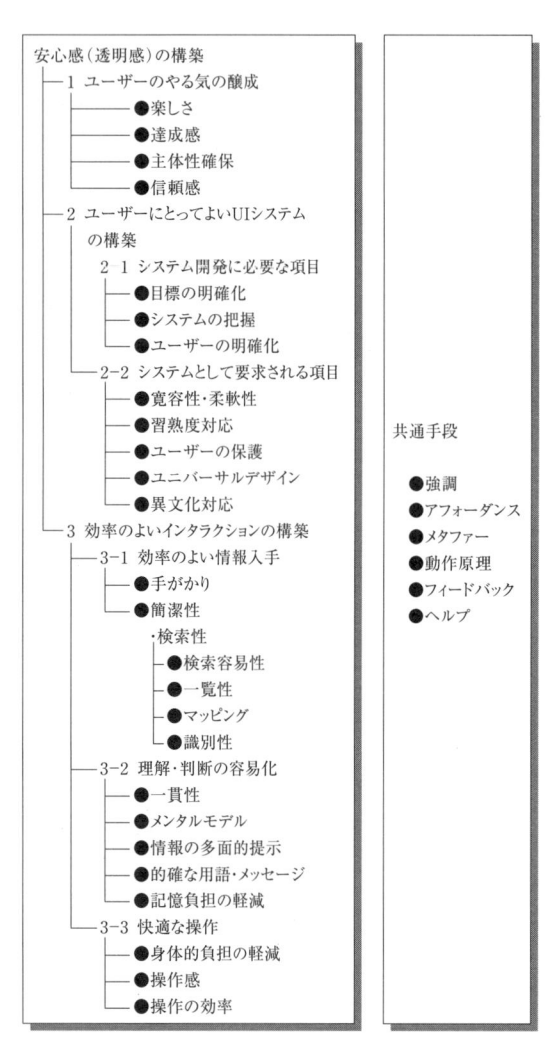

❸ユーザインタフェース設計項目体系図
（ユーザインタフェース設計委員会，1999）

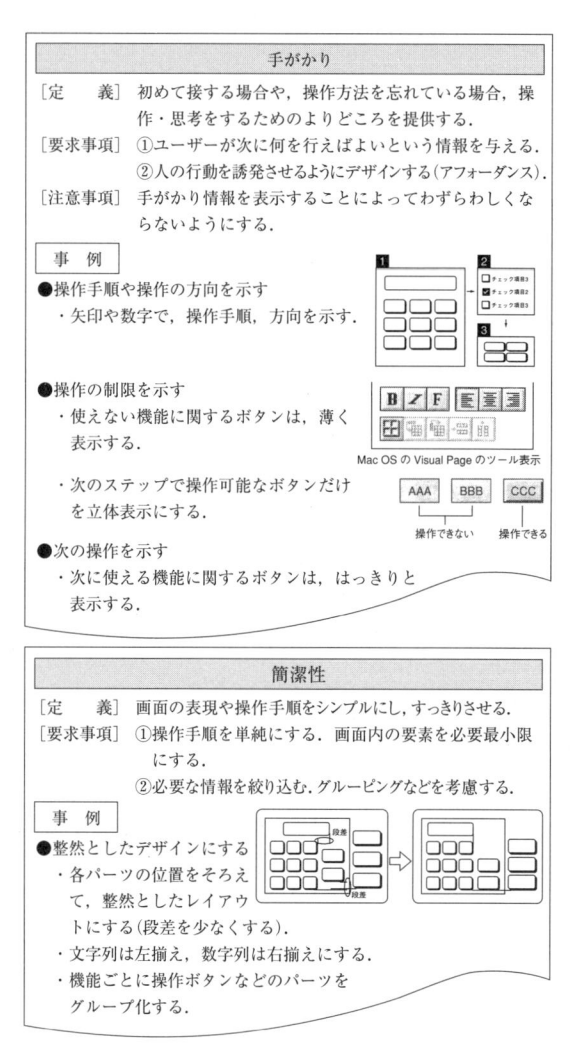

手がかり
[定　義] 初めて接する場合や，操作方法を忘れている場合，操作・思考をするためのよりどころを提供する．
[要求事項] ①ユーザーが次に何を行えばよいという情報を与える．
②人の行動を誘発させるようにデザインする（アフォーダンス）．
[注意事項] 手がかり情報を表示することによってわずらわしくならないようにする．

[事　例]
●操作手順や操作の方向を示す
・矢印や数字で，操作手順，方向を示す．

●操作の制限を示す
・使えない機能に関するボタンは，薄く表示する．

Mac OS の Visual Page のツール表示

・次のステップで操作可能なボタンだけを立体表示にする．

AAA　BBB　CCC
操作できない　　操作できる

●次の操作を示す
・次に使える機能に関するボタンは，はっきりと表示する．

簡潔性
[定　義] 画面の表現や操作手順をシンプルにし，すっきりさせる．
[要求事項] ①操作手順を単純にする．画面内の要素を必要最小限にする．
②必要な情報を絞り込む．グルーピングなどを考慮する．

[事　例]
●整然としたデザインにする
・各パーツの位置をそろえて，整然としたレイアウトにする（段差を少なくする）．
・文字列は左揃え，数字列は右揃えにする．
・機能ごとに操作ボタンなどのパーツをグループ化する．

❹ユーザインタフェース設計項目（「手がかり」と「簡潔性」の一部を表示）
（ユーザインタフェース設計委員会，1999）

　32の各項目には，定義，要求事項，事例，考えられるエラーが書かれている．

■ユーザインタフェースデザインを行う人材

　ジーメンスのユーザインタフェースデザイン部門では，七つの専門性が必要だとしている．それらは，認知科学，心理学，言語学，工学（電気系統），コンピュータ科学，ビジュアルデザインおよび社会学である．実際，ジーメンスではこれらの専門家が協調して仕事をしているという．
　このように，ユーザインタフェースデザインは学際的であり，操作情報を的確に効率よくユーザーに伝え，操作に結びつけることなので，論理的かつ抽象の世界である．この世界では，従来製品デザインで培ってきた方法では効果的でない．従来の製品デザインの方法は，デザイナーの発想が最優先に位置づけられており，この周囲に人間工学，材料科学や色彩学などが支援する構造をとっている．また，これはヒューリスティックスであり，「手法」の域まで体系化されていない．このような方法は，デザインする対象が雑貨や機能が単純であった家電製品などでは，効果的であった．しかし，家電製品が電子化されブラックボックスになりインタフェースが見えなくなり，デザインする手がかりがなくなっている現状では有効とはいえない．
　ブラックボックス化し，各パーツが見えなくなると，その機能をディスプレイなどを通じて表出させ，その

情報をもとにユーザーは操作することになった．この機能を表出させるということは，とりもなおさずシステムの論理をユーザーに理解，操作してもらうことなのである．つまり，ユーザインタフェースのデザインはこの状況を解決する手段であり，論理そのものを扱うのである．

このユーザインタフェースデザインを支えるのがシステム設計の考え方である．前述したユーザインタフェースデザインのプロセスはまさしくシステム設計のプロセスでもある．このような論理の世界では，大まかにいえば，ユーザインタフェースの論理を構築する作業と可視化をするビジュアルデザインの作業に分けて考えることができる．

この論理の作業はユーザーを理解するための心理学，認知科学，人間工学，言語学，システムを有効に働かせるためのコンピュータ科学，工学（電気系統）そして人間－システム系全般を考える社会学などにより構成されるのである．しかし，この中でもユーザインタフェースの特性を考えると認知科学，人間工学とコンピュータ科学が重要である．

このような観点から考えると，ユーザインタフェースデザインを推進するためには，最低，可視化を行うビジュアルデザイナーと論理を構築するテクニカルインタフェースデザイナーが必要である．

■ユーザインタフェースを行う組織

上記でビジュアルデザイナーとテクニカルインタフェースデザイナーの必要性を述べたが，デザイン部門があくまで可視化の部分のみを対応するならば従来の組織のままでも不都合はない．すなわち，インタフェースの構築は，技術部門で行い，デザイン部門は専らビジュアル面のみの可視化を担当するクラシックな構図である．しかし，このような組織では，デザイン部門の発展性がなく，現状維持か将来尻すぼみになる可能性は大きい．

逆に，プログラミングを含めたユーザインタフェース構築全般をデザイン部門で行うならば，従来と異なるかなり効果的なマネジメントが必要になる．この場合のマネージャーは従来のジェネラリストではなく，高い専門性に裏づけられた人材でなければならない．この観点から製品デザイン経験者のこの分野へのマネージャーの登用は，注意を要する．ユーザインタフェースの分野は専門性が非常に高いので，ユーザインタフェースの論理構築作業に精通している人材でないと的確なディレクションを下せないからである．

デザインもある意味では論理の世界であるが，ユーザインタフェースの論理構築というのは，それ以上に論理が明確で体系化されていなければならない世界である．今までのデザイン部門ではデザイナーあるいはそれに関連する人材以外いなかったが，ジーメンスの例のように，これからはデザイン専攻以外の人材のウエイトがかなり増加すると思われる．

こうした状況に対して，組織は階層構造でなくフラットな自己責任型の対応が必要になろう．従来，デザインアウトプットは何層かの上長にプレゼンテーションを行い承認を得て事業部に提出していたことであろう．しかし，いろいろな専門家の集団になると，従来型のマネージャーではその専門的知識の不足から的確な判断は困難となる．しかし，従来型のジェネラルマネージャーは完全になくなるわけでなく，組織全体の運営を考えるのが主目的になろう．デザインアウトプットの評価は，それぞれに分野のスペシャリスト（たとえば，人間工学や認知心理学など）に行ってもらい，その結果をもって部門長に了解を得るといった形態が望まれるであろう．つまり，デザインの責任はデザイナーにあり，スペシャリストに相談しながら作業を進めるのである．

一方，ジェネラリストである少数のマネージャーは，部門の運営（デザインの質の管理も含む）に徹する．従来のデザインマネージャーが担当していた，デザインの評価と部門の運営を分離することである．スペシャリストは各自の業務以外，デザイナーの相談とデザインアウトプットの評価を行うこととなる．これらの管理業務を分離することで，自己責任と高いアウトプットが成立するのである．

[山岡俊樹]

■文献

(社)人間生活工学研究センター・ユーザインタフェース設計委員会：構造化ユーザインタフェース設計・評価方法(SIDE)，1999．

山岡俊樹・鈴木一重・藤原義久編著，(社)人間生活工学研究センター・ユーザインタフェース設計委員会・SIDE実証研究会編：構造化ユーザインタフェースの設計と評価-わかりやすい操作画面をつくるための32項目，共立出版，2000．

5|205 ソリューションデザイン

　事業のソフト化・サービス化に対応した情報関連分野のデザインが増えるにつれ，デザイナーとソフトウェア技術者のシナジー効果を図りながらソリューションデザインをめざす動きが現れてきた．ソリューションデザインとはどういう概念なのか．今後の展望を加えて論じる．

■ソリューションビジネスについて
[ソリューションビジネスの登場と発展]
　ソリューションビジネスの萌芽が見えたのは，1950年代のコンピュータ先進国の米国IBMであったとされている．従来のコンピュータハード製造，販売，設置サービスに加えて，プログラミングやデータ処理などのサービスを提供し，別料金を設定した．この本来の業務の範囲を超えた新たなサービスを提供することが，1956年連邦政府の独禁法規制を受けることとなり，初めて一つの市場であると認識されたのである．
　60年〜80年代後半までは，ハードウェア事業者は，保守契約だけで莫大な収益を確保し，その上，自社独自の規格（OSレベル）にユーザーを囲い込むことができた．しかし90年代になると，二つの大きな変化が起きたことで状況が変化した．
　一つは，「ハードウェア製造ビジネスの利益率の低下とソフトウェアビジネス化」である．
　ハードウェアの信頼性向上による保守費用低減，標準化や人件費の安い外国メーカーの参入による低価格製品の出現などが，利益率低下を招き，さらに従来の中央集権的アーキテクチャーが，PCの処理能力向上とネットワーク技術の発展で分散型クライアント・サーバアーキテクチャーへ急速に移行することでソフトウェアの重要性が増し，ソフトウェアビジネスが拡大していった．
　二つめは，90年代初頭に米国産業界全体にリエンジニアリングブームが起きたことである．これが契機となり，IT（情報技術）が企業の戦略に占める重要性が増し，ハードウェアベンダーの新たな市場となった．
　顧客企業のリエンジニアリングによるニーズは，以下の三つが挙げられる．
①分散型クライアント・サーバアーキテクチャーにおけるシステム管理人材の内部確保や，継続的トレーニングが採算的に不利なため，外部業者に委託
②企業の競争に必要不可欠なコア業務に専念するための非コア業務のアウトソーシング需要
③自分たちの業態に合わせて特定ベンダーに頼らない，最適なシステムを組み合わせられるオープンシステム・ソリューションへの必要性
　これらのニーズにより，IT技術が不可欠となり，さらに高次の経営課題にさまざまなソリューションが求められ，顧客企業とITベンダーが一体となって取り組むようになってきた．
　以上に見るように，ハードウェアビジネスからソフトウェアビジネスへ移行し，そしてそれらを統合したかたちでソリューションビジネスが確立されていった．

[ソリューションビジネスの定義]
　ソリューションビジネスの定義については，現在のところ明快には定まっていないが，IT業界で議論されている定義は，概ね以下のようである．
　ITベンダーにとって特定業務の効率化だけでは，競合ITベンダーとの差別化はできない上，顧客企業も満足しない．更なる差別化には，その企業の立場に立って個別に，事業戦略まで踏み込んで解決（ソリューション）していく必要がある．正しい解決策の提案は非常に困難だが，互いにコミュニケーションをとりながら合意形成を行うことにより満足度を得ることである．
　したがって，あえて定義をするならば，「顧客満足度を重視した合意形成による問題解決ビジネス」であろうか．

[顧客満足度とソリューション]
　ここで，顧客満足度ということが，ソリューションビジネスを考える上で重要なこととして浮かび上がる．単に問題解決ではなく，次の商談につなげるためにも顧客満足度を上げておくことが必要だからである．
　ソリューションビジネスにおいて，ITベンダーを「売り手」，顧客企業を「買い手」とすると，先の見えにくい経営の戦略に対し，互いにその解決策は当初の段階は未知であり，両者には大きなソリューションギャップがある（❶）．
　そのギャップを埋めて満足に収斂するまでのプロセスは，「売り手」は「買い手」ニーズの確定・充足に向けて情報収集，啓蒙や技術開発，仮説提案などを行い，「買い手」は「売り手」に対して，ニーズ情報の発信や商品・サービス情報の提供，提案された内容の評価をする．インタラクションを繰り返しソリューションギャップを縮めることで，双方の価値を長期的に高めうるソリューション満足が形成される．

第2章 デザインの実務

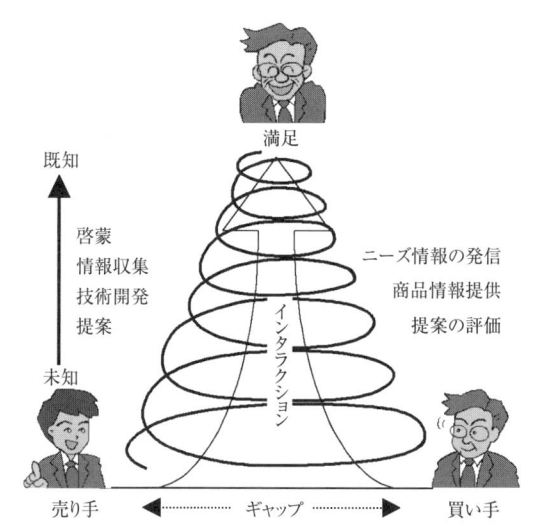

❶ソリューション満足へのプロセス

ート，トレーニングなど

このように見るとITベンダーは，顧客の業績向上の問題解決支援者（ソリューションプロバイダー）ともいえる．顧客ですら未知の問題について解決するには，顧客と相互に学びながら価値を提供する＝「供創価値」づくりの場（ワークショップ）が重要になる．そのためには，顧客と同じ目線に立ち，そして，お客様の先にいるお客様，すなわちエンドユーザーにとっての価値の検討，顧客とエンドユーザー両方の要求を理解することが問題解決支援者にとって重要なことであろう．

[ソリューションメニュー]

では，具体的にはどのようなメニューが提供されているのか．実際にはソリューションといっても色々なITにかかわるサービスの集合体であり，大きくは以下の四つに分けられている．

①ITコンサルティング
　企業の経営，IT両面の戦略立案を行う高次のソリューション
　例：基幹業務統合によるリアルタイム経営
②システムインテグレーション
　ハードウェア，ソフトウェア，ネットワークなどを統合化するテクニカルな連携
　例：情報発信システム構築
③アウトソーシング
　特定業務プロセスの運営・管理を外部委託
　例：ネットワーク管理など
④サポートサービス
　情報システムの運営・管理の外部委託
　例：保守，技術アップグレード，ヘルプデスクサポ

■ソリューションデザインについて
[ソリューションデザインの定義]

それでは，ソリューションビジネスにおけるデザインとは何かの定義を試みたい．

顧客の経営向上をソリューション（解決）することをデザインするという意味で，ソリューションデザインと定義できる．この場合のデザインは広義のデザインで，計画や設計を含んだ意味であり，デザイン部門だけでなく関係する部門全体の人が使える幅の広い概念である．たとえば，未来をデザインするといったような意味である．

IT業界の実際のソリューションデザインは，自社のもつキープロダクト（テクノロジー）を中心に営業部門，SE部門，製品開発事業部門，研究部門，デザイン部門などの総力で実施するのである．

[デザイン分野におけるソリューションデザインの定義]

それでは，デザイン分野においての考え方としては，どうとらえるのか．

デザイン部門は営業・SE部門などと協同して顧客ソリューションを行うのであるが，ITコンサルティングやSI（システムインテグレーション）提案など，基本的にはITベンダーのもつキーテクノロジーを中心としたソリューションであるため，提案の主体は営業・SE部門である．デザイン部門は問題解決支援者の一員として，彼らに対し「デザインに関する部分を支援すること」である．簡単にいえば，デザインというキープロダクト（テクノロジー）で「デザインによるソリューション」＝「デザインソリューション」することであり，それがソリューションビジネスを構成するメニューの一つでもある．営業・SE部門を支援するといっても，直接顧客に接触しないわけではなく，ソリューションのレベルや種類によってはデザイン部門も直接接触し，提案・説明することもある．

また，インハウスデザイン部門やデザイン会社がSEを内部に抱えて，自社・他社の製品を組み合わせてソリューションを行うこともありうる．現状では少ないが，企業コンサルティング会社や総合研究所（世に，総研と呼ばれるもの），広告・宣伝会社などがデザイナーを内部に抱えてソリューションを行うこともある．

[デザインソリューションのメニュー]

元来デザイン部門は，開発部門と顧客の間で，使う

人の立場に立って，視覚表現，人間工学，認知心理学などのデザインテクノロジーを核に，商品にデザインを適用する．したがってデザインソリューションの場合は，使いやすく，わかりやすく，親しみやすく，快適に使えることを目標に，「情報システム」にかかわるデザインを行う．

そうすると，デザインソリューションのサービスメニューは，ソリューションビジネスのメニューのうち，システムインテグレーションサービスにおけるソフトウェア部分の画面を介して実際にそのシステムを使う人のユーザインタフェース部分となる「画面デザイン」と，そのシステムのハードウェアを効果的に利用するための運用を考慮したレイアウトや空間環境をデザインする「空間デザイン」の二つが考えられる．

[ソリューションデザインのプロセス]

ソリューションデザインにおけるデザイン開発のプロセスは，営業・SE部門と協同して顧客提案の支援をする「プレ商談」のフェーズと，受注後のシステム開発を支援する「システム開発」のフェーズがあり，とくにプレ商談フェーズは費用をとれるかどうかは確定しない点が特徴的である．ここでは費用部分は本質ではないので，デザインプロセスの部分を説明の中心とする．

デザインプロセスは❷に示す通りであるが，プレ商談のフェーズでは，商談を有利に展開するためのデザインの視点に立ったコンサルティングや，提案を視覚化した暫定的なプロトタイプなどを作成することが中心である．そのためには，プレ調査・分析を行う必要が生じる場合もある．

システム開発のフェーズでは，システム・空間の使われ方やユーザビリティ評価，動線分析，デザインイメージ評価などのデザインに関する部分の本格的調査・分析を実施し，企画提案の支援を行う．もちろん，システムの全体の提案に影響を及ぼす企画提案もあり

商談状況	プレ商談フェーズ	受注後システム開発フェーズ		
デザイン支援の対象	顧客提案の支援（主に営業，フィールドSE）	システム開発の支援（主にSE）		
デザインソリューションメニュー	デザインコンサルティング	調査・分析	企画・提案	デザイン制作

❷デザインプロセス（メニュー）

	プレ商談フェーズ	システム開発フェーズ		
	コンサルティング	調査・分析	企画・提案	制作
営業・SE	新システム概要作成 経営効果シミュレーション 競合他社/既存システムベンチマーク	行員・オペレーターの作業手順分析 センターコンピュータによる事務量分析	新システム概要作成 経営効果シミュレーション 競合他社/既存システムのベンチマーク	プログラミング開発
空間デザイン	新システム移行後の空間イメージ（店舗の姿） 空間一般情報/CI動向 競合他社の営業店舗デザイン動向 情報化に伴うワークスタイル変化動向	店舗外観調査 周辺環境調査 店舗内スペース測定 人間の動線分析・動作分析	店舗デザインコンセプト 新レイアウト インテリア 外観 サイン計画	店舗の施工（外部または顧客指定の建築建設業者に依頼）
画面デザイン	新システム概要視覚化 画面に関するデザイン動向 既存システムの大まかなユーザビリティ評価 新システム概要画面プロトタイプ	既存システムのユーザインタフェース分析	画面デザインコンセプト 新画面基本ユーザインタフェース 大まかな画面遷移シナリオ 新画面イメージ	画面デザイン開発

❸金融機関の例

うる．提案が確定すれば，デザイン開発となり，画面デザインや画面遷移設計，CG・サウンド，空間レイアウト，什器デザイン，インテリアデザインを実施する．同時に意匠権や著作権の管理も行う．

しかしながら，デザインソリューションは商談の規模，フェーズ，顧客要求のレベルに臨機応変に対応すべきで，デザインプロセスの各業務が同時にメニューともなる．

[デザインプロセスの事例]

実際の金融機関のシステム提案事例を❸に紹介する．プレ商談フェーズでは，金融機関が新システムを導入するにあたり，SE部門が主体となり，経営効果シミュレーションや競合他社システムのベンチマークなどを含めた新システム概要の作成提案を行う．デザイン部門は，新システムの導入に対応した空間展開イメージ(店舗の姿)の提案を行う．さらに空間に関する一般情報，競合他社の営業店舗デザイン動向，CI(コーポレート・アイデンティティ)動向，情報化に伴うワークスタイル変化動向などを提供する．そして必要によっては新システム概要の視覚化や，画面に関するデザイン動向，既存システムの大まかなユーザビリティ評価，新システムの概要画面プロトタイプ作成など，わかりやすく，訴求力のある資料化にも大きな役割を果たしている．このフェーズでは，デザイン部門の先行研究や日々の事例のまとめなどの成果が迅速な対応に重要である．

システム開発フェーズでは，SE，事業部門と協同で実際の営業店舗の詳細な調査・分析を行い，顧客に合ったシステムを具体化していく．調査においては，SE部門は行員やオペレーターの作業手順，センターコンピュータの事務量データの分析を，デザイン部門は，店舗の外観，周辺環境，店舗内スペースの測定，人間に関する動線分析，動作分析などを行う．

そして，提案フェーズでは得られた情報をまとめ，新システムのコンセプトを立てる．SE部門はシステムコンセプトを，デザイン部門はそれに沿った店舗/画面デザインコンセプトを作成し，実際の新レイアウト，インテリア，外観，サイン計画，新画面の基本ユーザインタフェース，大まかな画面遷移シナリオ，新画面イメージなどを作成する．

とくに，システム開発フェーズにおいては，顧客満足度を上げるため，双方のコミュニケーションを図る．

コンセプト了承後のシステム開発フェーズでは，SE部門は，新システムのプログラミング開発，デザイン部門は実際の詳細な画面デザイン開発，店舗の施工などの具体的な作業が始まる．施工についてはIT企業は，たいてい自社に施工部門をもたないため，外部または顧客指定の建築・建設業者に依頼する．

ソリューションビジネスにおいては，導入直後は顧客満足を重視してきたのであるから，その度合いは高いはずである．しかし，実際の導入から一定期間後の顧客満足度の測定や経営の測定を行い，評価をフィードバックすべきである．このことは大切な次のプレ商談となりうる．

[今後の展望]

今後のソリューションビジネスの展望としては，IT化がますます進展することが予想される．携帯電話やPDA(個人情報管理端末)などのモバイル端末が急速に普及するとともに，国を挙げてのIT推進，ブロードバンド化で家庭でのインターネットの普及が相当早く進む．また，グローバルビジネスも視野に入れる必要がある．「いつでも，どこでも，誰でも」がキーワードとなり，それらを解決するためのさまざまなソリューションが求められる．

ソリューションデザインがそのようなビジネスの変化に対応するために，デザイン技術の向上もさることながら，スピードが大変大事になる．それには，自らが最先端の環境を作り出し，最初のユーザーになってノウハウを得ておくことや，ナレッジマネジメントのしくみをもった組織になっておくことが重要である．また，商談状況を把握できるようなしくみ，デザインを切り口とした研究，たとえば顧客業界の調査・研究，デザイン技術研究，そして関連分野の研究機関との連携などの体制づくりが必要である．

ソリューションデザインのニーズが高まるにつれ，多くの新規参入者が現れる．より質の高い提案ができないと差別化が困難な状況に陥ることが予想される．デザイナーもコンサルティングの技術を習得し，提案の価値を向上させる必要がある．

[垣内良規]

■文献

長谷川栄一：米国におけるハードウェアベンダのソリューションビジネス戦略．電子工業月報，436，1999．

嶋口充輝：特集「知識創造とソリューションビジネス」，ソリューション満足に向けたマーケティング戦略．富士通マネジメントレビュー，201，1999．

5|206　情報デザインの広がりとヒューマンインタフェース

■**情報時代と情報デザイン**

20世紀末から始まったディジタル情報・通信時代が本格化するにおよんで，デザインは情報デザインの視点から再構築が進みつつある（高橋，1995）．情報デザインの中心課題は人と人，人と環境の関わりを情報によってヒューマナイズすることにある．

情報時代は情報にかかわる新しいデザイン領域を創出する側面と，従来の道具・機械類を情報システムに代替えする側面がある．インターネットやディジタルサテライト放送，GPS（Global Positioning System）を使ったカーナビゲーションシステムは，情報時代の典型的なメディアである．道具や機械類の情報システムへの代替は，たとえば駅の券売機や改札の自動化，車で参集していた会議をテレビ会議に置き換えるなどと枚挙にいとまがない．これまでの生活と社会システムをディジタル情報・通信技術の視点から再点検することによって，情報時代における新しいデザインの可能性と課題が浮かび上がってくる．

■**情報時代におけるヒューマンインタフェースデザイン**

情報デザインの観点から人とモノとのインタフェースを分類すれば，道具レベル，機械レベル，電子機器レベル，コンテンツレベルの4階層に分かれる（❶）．

❶ヒューマンインタフェースの4階層

[**道具レベル，機械レベル，電子機器レベルのヒューマンインタフェース**]

道具レベルのヒューマンインタフェースは，有史以来産業革命に至るまで人類が築き上げてきた生活用具とのインタフェースに見られる．その特徴は，たとえばノコギリ・カンナや机・椅子の場合のように，人と道具の接触が身体的，直接的であり，人の働きかけた結果が直接目に見え，体感できる．

機械レベルのヒューマンインタフェースは，産業革命以降の機械装置，たとえば自動車やタイプライター，あるいはかつてのテープレコーダーなどに典型的に見られる．そこではボタンを押して一つの機能を選択し，つまみを回してレベルを調整するというように，人の働きかけは機能の選択や調製であり，目的の機能は電気・機械的な力によって増幅されて対象に作用する．人の操作と装置の作動は直接的な関係にない．ここからヒューマンインタフェースにおける第一接面と第二接面の乖離が生ずる（佐伯，1988）．ヒューマンインタフェースデザインは人が機械と接する第一接面にとどまらず，機械が対象に働きかける第二接面も統合した最適なデザインでなければならない．

電子機器レベルのヒューマンインタフェースは，近年のテレビやビデオに見られるように，機器の内蔵ファームウェア（内蔵マイクロプロセッサとソフトウェアプログラム）がインテリジェントな機能をもつことによって，人の認知過程に合わせてわかりやすいインタフェースを構成したり，それにもとづいて多くの内蔵機能を自動制御することが可能になった．ここでは，たとえばビデオデッキのタイマー予約のように，多くの機能選択や設定項目を画面に表示してインタラクティブに操作を進める画面対話形式のインタフェースが主流になっている．画面は近年，文字だけの表示から多彩なグラフィック表現に移行している．これはGUI（Graphical User Interface）と呼ばれ，人の認知心理をふまえたわかりやすいデザインが求められている．

[**コンテンツレベルのヒューマンインタフェース**]

パソコンはソフトウェアプログラムとハードウェアの間にOS（Operating System）を介在させることによって，ソフトウェアのハードウェアからの独立性とハードウェアの処理機能における汎用性を獲得した．ソフトウェア次第でさまざまな機能を取り込める反面，互換性を保つためにキーボードやマウスなどヒューマンインタフェースにおける物理的制約と，OSの制限からくるソフトウェア面のヒューマンインタフェースの制約が大きい．

一方，ネットワークシステムのヒューマンインタフェースは，介在するインフラストラクチャーやハードウ

ェアを感じさせないでコンテンツの世界とダイレクトにコンタクトする感覚のインタフェースが追及されている．たとえば，ディジタルサテライトテレビでは電子番組ガイド（EPG：Electronic Program Guide）を通していつでも好みの番組内容を確認し選択できる（❷）．インターネットでは世界中のホームページの中から意図するコンテンツを検索したり，ブラウジングすることができる．ネットワーク化することによって情報の第2接面は膨大に広がり，時間（生番組からアーカイバルな歴史的作品まで），空間を超えたコンテンツと接することができるようになりつつある．

今後ネットワークは，ゲームソフトやパソコンソフトを始めとする各種のプログラムを含んだコンテンツを配信する傾向にある．したがって，パソコンもネットワークもコンテンツとのダイレクトインタフェースを指向するものとして，コンテンツレベルのヒューマンインタフェースと総称することができよう．このレベルのデザインでは，何らかの機器を介してコンテンツに接する以上，コンテンツとのダイレクトインタフェースを追及する上で四つのレベルのヒューマンインタフェースデザインの問題が重層的に介在していることを忘れてはならない．

❷ディジタルサテライトテレビのIRD（統合受信復調機）におけるEPG（電子番組ガイド）の表示例（デザイン：大倉，ソニー（株）クリエイティブセンター，1998）

■情報デザインの特質

情報デザインの主な特質を項目別に概観する．

[WYSIWYGとだれでも使えるコンピュータ]

パソコンの優れた情報処理能力をだれでも享受できるようにするには，ヒューマンインタフェースの革新が必要であった．従来のコンピュータはユーザーがコマンド言語を駆使して操作する必要があったが，アップル社はコンピュータをだれでも使えるものとするためにヒューマンインタフェースのガイドラインをまとめ，それを実装したMacintoshでヒューマンインタフェースの優秀さを世界に示した．このガイドライン（Apple Corporation Inc., 1989）は冒頭に10項目の設計原則を示している．その一つ「WYSIWYG」は「What You See Is What You Get」，すなわちスクリーンで見たままの状態を得るという意味であり，画面上のオブジェクトを操作した状態がそのまま結果に現れるという設計思想を表している．ちなみに10の原則は，「比喩の使用」に始まって「美的完成度」で終わっている．

[コンテンツとコンテクスト]

情報デザインでは，情報の中味をどのようにデザインするかの問題とともに，それがどのようなメディアや機器を介してどのような状況で使われるかの問題，すなわちコンテンツとコンテクストの両面を解決する必要がある．たとえば，インターネットの情報は世界中どこからでもアクセスでき，端末機はパソコンに限らずテレビ画面や携帯情報端末，あるいは携帯電話やカーナビゲーションのような移動体通信端末でも受信可能となる．その際端末の処理スピードや表示サイズ（文字数やドット数），色数などはまちまちであるがHTML（Hyper Text Markup Language）の記述フォーマットに準拠していれば信号の授受は可能である．しかしながらヒューマンインタフェースの観点からすれば，受け手がどのような端末で受けても見やすく内容を理解しやすいようなコンテンツ表現が求められるし，端末のブラウザデザインには機器の性能を最大限に引き出す表示やインタラクションのデザインが必要である．要するにコンテンツとコンテクストを共に考慮したインタフェースデザインが重要である．

[情報とメタ情報]

ネットワーク上で多種大量のコンテンツが飛び交う中からユーザーが真に求めるコンテンツを選び出すには，情報検索や情報の要約が重要になる．効果的な検索や要約を可能とするには，情報についての情報すなわちメタ情報が不可欠となる．現時点におけるメタ情報の例としては，テレビ番組の電子番組ガイドやインターネットコンテンツのキーワードなどが挙げられる．これはコンテンツ全体に対する属性であるが，動画コンテンツの部分検索や要約には時系列に沿ったメタ情報が必要となる．時系列に沿って本編映像にどのようなルールでメタ情報を付けるかは，現在MPEG-7（Moving Picture Experts Groupのメタ情報に関する

国際標準化委員会）で標準化しつつあり，2001年10月にはISO/IEC 15938-5 Information Technology - Multimedia Content Description Interfaceとして完成する運びである．本編から検索用映像や要約映像をどのように生成するかは情報デザインの新しい課題である．要約映像の用途目的により，予告編，あらすじ，ハイライトなどを作り分けることも必要となる．これには本編映像を構造的に記述した上で，用途目的に応じたオーサリングルールで自動編集するなどの手法が研究されている（高橋，2000）．

[情報システムのインテリジェント化]

情報世界が広がるに従って，人と情報のインタフェースを快適にするためのさまざまな工夫がソフトウェアによってなされている．自動化，カスタマイズ化，学習化，エージェント化などである．

インタフェースの自動化　自動化はたとえばコンピュータの立ち上げ手順をプリセットしておくことによってボタン一つで普段使うアプリケーションソフトが立ち上がるといった身近なことから，カーナビゲーションにおける最適ルートの自動選択といった外部システムとの連係を要するものまで，さまざまなレベルで広く行われている．自動化は目的に至る途中の手続きを省くことでユーザーの負担を軽くするが，システムのトラブル時や普段と違った行動をとりたいときに，ユーザーはブラックボックス化された手続きにとまどう場合が多い．

インタフェースのカスタマイズ化　カスタマイズ化の身近な例としては，電子番組ガイドにおける好みのジャンル設定やチャンネル設定のように，ユーザーの好みを事前に設定しておくことによりユーザーにとって必要な情報や機能のみを優先させる方法がある．ネットを介したカスタマイズド・サービスの形としては，オンライン・ダイレクトセールス，ワン・トゥ・ワン・サービス，オーダーメイド生産システムなどがあり，今後デザインのかかわる余地が多い．

インタフェースの学習化　学習化はユーザーが使い込むに従ってシステムがユーザーの習慣や好みを学習し，特定ユーザーに満足のいくアウトプットを提供する機能である．身近な例としては，ワープロのかな漢字変換機能やインターネットの学習機能付ブラウザが挙げられる．コンピュータ内蔵の機器であれば，ユーザーの操作履歴を記憶しておくことは容易であるが，そこからユーザーの行動を的確に推論するには多様なアプローチがある．たとえばユーザー個人の行動履歴から確率的に次の行動を推論する方法とか，ユーザーの行動パターンから同様の行動パターンをもつユーザクラスターを推定し，それに照らして特定ユーザーの次の行動を予測する方法などがある．

インタフェースのエージェント化　エージェント化は，情報世界で自律的に作業を行うソフトウェアシステムにより，ユーザーの代理人として仕事を代行させることを指す（長尾，1996）．これはたとえば，大まかな旅行プランをエージェントに託すと，エージェントはネット上で最適な交通手段やルート，スケジュール，さらには最適なホテルのリストまで取り揃えてクライアントであるユーザーに提示する，といったことが期待されている．これが実用化すればインタフェースのあり方も大きく変わると考えられる．エージェントは一つの人格をもった代理人として擬人化されたオブジェクトに表現される場合が多い．人とのやりとりも音声認識・音声合成機能を使って自然言語で会話できることが期待されている．エージェントがこちらの身ぶり・表情や会話の流れからユーザー心理を推測したり，エージェントの身ぶり・表情によってニュアンスを伝えるといったことも研究されている．こうしたシステムのインタフェースデザインはGUIデザインにとどまらず，マルチモーダルインタフェースデザイン（情報伝達において視覚，音声，身ぶり，表情，触覚など複数の認知的手法または様式を用いたインタフェースデザイン）への取り組みが必要である．

■情報世界指向と実世界指向のインタフェース

コンピュータを内蔵するさまざまな情報システムは，情報世界指向インタフェースと実世界指向インタフェースの二つの方向に分かれる（長尾，1996）．

現在のインターネットに代表されるネットワークシステムは，空間と時間を超えて世界のあらゆる情報にアクセスすることを可能とし，たとえばバーチャルミュージアムではあたかもその地に居るような現実感で美術鑑賞をしたり，バーチャルショッピングモールではさまざまな商品やサービスを実感をもって選択し購入することを実現しようとしている．これは情報世界指向インタフェースの方向であり，ここでのデザインは，物世界と隔絶したところにリアルな情報世界を生み出す，つまり実世界を模倣する情報世界を作り出すことに最大の努力が払われる．

もう一つのコンピュータのあり方として，物世界と情報世界が融合し，実世界を情報的に拡張し支援しよ

第2章｜デザインの実務

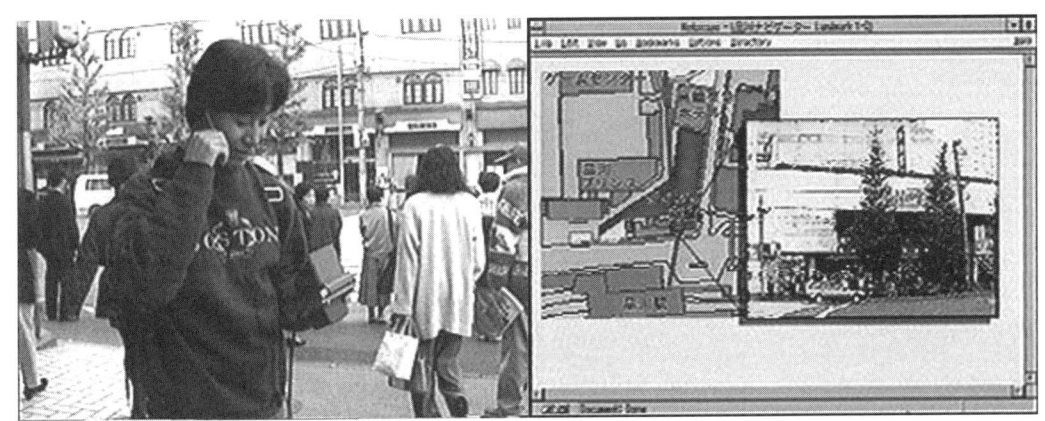

❸ WalkNaviの使用風景とWalkNaviのディスプレイ（長尾ほか，ソニー・コンピュータサイエンスラボ，1995）

うという実世界指向インタフェースの考え方がある．たとえばカーナビゲーションシステムは，実世界における現在位置と地図（情報世界）上の現在位置の間に関連をもたせることによって，ユーザーの目的に関連のあるその場に適した情報を提供する．実世界指向インタフェースを実現するアプローチの一つとして，ゼロックス社パロアルト研究所マーク・ワイザーが提唱したユビキタスコンピューティングがある．これは空間の至る所にコンピュータを埋め込み，人間の知的活動を支援しようとするものである．もう一つのアプローチはモバイルコンピューティングであり，例として個人が身につけるGPS付き携帯型コンピュータが無線ネットワークを介してその場に必要な情報をWWW（World Wide Web）から引き出すタイプのウォークナビ（長尾，1996）が開発されている（❸）．現在の携帯電話はこの機能に近づきつつある．

　ユビキタスコンピューティングは主に環境側にシステムを埋め込むのに対して，モバイルコンピューティングはユーザー個人の側に主体性をもたせている．いずれにせよ実世界指向インタフェースは，日常生活のあらゆる場面で，環境や身近な機器に埋め込まれたコンピュータが人間の活動を情報の面から支援するものである．これは今後のプロダクトデザインにとって欠くことができない視点である．ここでのインタフェースデザインは，実世界の認識を拡張するマルチモーダルなインタフェースデザインが求められる．最後に，コンピュータが取り込む映像を環境音楽に変換する「SonicFlow」のデザイン提案とその商品化（❹）を例に挙げて，人とシステム，環境が柔らかにかかわり合う新しいインタフェースの可能性を示唆したい．

［髙橋　靖］

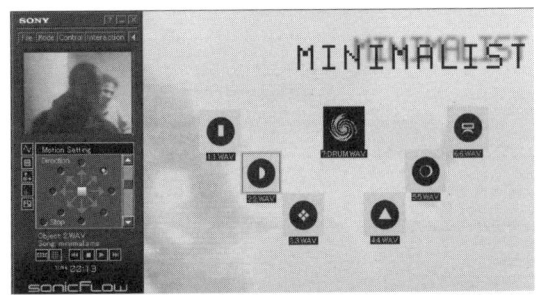

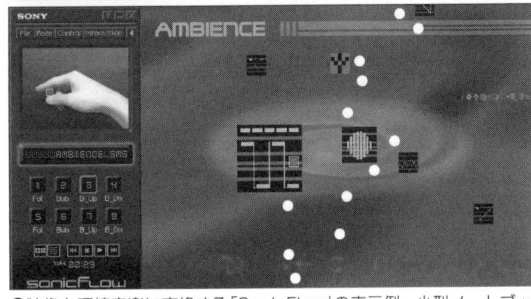

❹ 映像を環境音楽に変換する「SonicFlow」の表示例．小型ノートブックコンピュータPCG-C1のバンドルソフトウェア（デザイン：永原（サウンドアルゴリズムを含む），エドワルド，長谷川，ソニー（株）クリエイティブセンター，1998）

■文献

Apple Computer Inc.: Human Interface Guidelines: The Apple Desktop Interface（日本語版），pp.1-9，トッパン，1989.

佐伯胖：機械と人間の情報処理－認知工学序説，意味と情報（竹内啓編），東京大学出版会，1988.

髙橋靖：エレクトロニクス機器におけるヒューマンインターフェースデザイン．コンピュータデザイニクス（デザイニクスフォーラム編），pp.162-179，グラフィック社，1995.

髙橋靖・長谷川桂介・杉山和雄・渡辺誠：映画タイトル選択のための要約映像制作アルゴリズム．デザイン学研究，47(4)：41-50，2000.

長尾確：インタラクティブな環境をつくる（認知科学モノグラフ2），日本認知科学会編，共立出版，1996.

5|207 モノの形態と構造

■構造概念の背景－多層なモノの価値

モノの価値は使用時のみに評価されるのではない．使用された素材の資源状態・供給に問題はないのか，生産性はあるのか，在庫しやすいのか，流通の効率はいいのか，消費者の要求に応えているのか，素材として，部品としてリサイクル可能なのか，最終的に廃棄処分する段階で問題は生じないのか，すべての商品はこのさまざまな段階での総合価値が評価される．

近代の特徴を一言でいえば，大衆化現象ということができるが，近代の効率の追求も，規格化や量産性の追求も立ち戻ってみれば近代になって登場した大衆の希望に応えるために，現在の産業の特徴である規格大量生産が始まったのである．

突然登場した大衆，それまでは一握りの王侯貴族にのみのために生産すればよかったのが突然の大量の大衆という主役たちの登場によって，その要求にどう応えていけばいいのか，その解答として，規格化と大量生産が始まったのである．現代まで続いたこの生産と消費の構図は，もう枯渇しようとしている有限な地球の資源への配慮と，美徳と考えてきた過剰な消費がもたらした地球環境の汚染の問題から今，この世紀の変わり目に生産消費概念の変換が迫られている．

■構造概念の登場－モノは環境の部品になる

環境やモノは消費されるのではなく，継続的で連続的であるべきだと考えられ始めている．モノもまるで都市のように変化し進化する時代になった．消費されるのではなく，時間の変化，状況の変化に応じて修正され調整されるのである，旧タイプを廃棄してニューモデルを購入するのではなく，継続的にそのモノ自体を進化させる．それはモノがシステムを，構造をもつことを意味している．進化する道具とは，ソフトウェアをもったハードウェアということである．ハードであるべきモノもソフトな側面が重視され始めたのである．

モノは単なるハードウェアとしてとらえられがちであるが，当然，モノはその環境や人への影響，効果を考えて企画され設計されているのであるからソフトな側面が重要視されるべきなのである．

近代には生産そのものが主要なテーマであり，それを消費者に供給するという生産優先の産業構造であったのが，生活環境が優先され，継続的に維持管理される環境そのものが主要な問題になって，その環境のいわばサービス部品としてさまざまな部品が供給されるようになる．ここでは生産より供給が，供給より環境の維持管理や環境のマネジメントが重要な課題になった．

■モノの属性とモノの効果

モノの属性とは，形や色彩，素材感などの見え方，触覚や重量や温度などの感触，人が使用して役立つ，モノが生産される本来の役割，使用価値などであり，デザインとはこの属性をどう付加するかが重要であったのであるが，このモノの属性とは別にモノが与える影響や効果が現代の過剰なモノの溢れる時代には重要な視点になった．

モノは商品としての経済効果，資源消費や使用済み製品の廃棄物としての環境破壊効果，モノが群となって人に与える環境効果，あるいは，心理的効果など，本来のモノが単独でもつ属性とは異なる多様な効果と影響をもつようになった．モノは使用する人にとっての個人的存在から社会的存在になったのである．

このような時代には，モノはその属性を超えて，経済，環境の効果を考慮してデザインされることとなる．生活環境や地球環境を悪化させないように，すべてのモノは環境の一部として運営され，管理される必要が出てきた．

■構造概念を要求する現代のモノと環境－マネジメントの時代

ここでは，モノと環境のマネジメントが重要な意味をもつようになる．モノも環境も維持管理される対象としてのしくみをもつことになる．そして，その意味からモノのデザインには構造の概念がますます重視されるようになってきた．

モノが社会的存在になり，モノの影響が顕著になったこと，モノそれ自体が一つの環境として，維持管理するソフトウェアを必要とすることから構造の概念が重視されるようになったのである．

構造とは生産と供給と継続的使用と，そのすべてのプロセスのマネジメントの概念が生み出した概念である．そして，この環境の継続性（サステイナブルな環境）の時代には生産と流通と消費が，それらを完全に分離して成り立っていた近代と異なり，消費することが環境を再生産することを意味することになり，生産と消費が生活の現場で継続的に行われ，生産と消費が融合し始めたのである．

第2章 デザインの実務

■形態と構造－そのいくつかの例を見る

ここで構造のいくつかの例を見ながら，その形態との関係について考えてみよう．

[戦争という特殊な環境が生み出した形態と構造，「ウィリーズのジープ」]

1943年に開発されたウィリーズのジープはまさに戦争が生んだ車である（❶）．できる限り完成品にして戦線ですぐ使用できるようにしたい，できる限り小さく空輸できるようにしたい，できる限り安定した性能を確保するために本土で主要部品生産し戦線での作業は最小限にしたい，特殊技能のない戦線の一般兵士でも組立て可能な仕様にしたい．当然のことに，この戦争用の車両はこれらの要件を満たすべく開発されたのである．

❶ウィリーズのジープ

専門的な技能を要求される部分は本土の工場でアッセンブルされる．ブロック化された機能部品は扁平な木箱に納められ，航空機から落下傘で降ろされる．それを組み立てるのは普通の兵士である．このようにブロック化されたジープは戦線で破壊されたとき，数台の部品を集めることでもう一つのジープを組み立てることができることになる．

まるでレゴブロックのように標準化された機能ブロックとそのアッセンブルのしくみは，戦線におけるジープの生産，使用，再生産というサイクルを実現し，継続的に使用しつづけることができるようになる．

[工業デザインの隆盛をもたらした構造「パッケージデザイン」]

自動車産業の今日の隆盛をもたらしたのは決して単に自動車の有用性ではない．車の生産のしくみを向上させたのも，流行的デザインの可能性を生み出したのも，実はその車の構造にあったのである．

車の構造は実に明解である．力学的構造を支えるシャーシー，車の走行を司る駆動装置，背後でそのしくみを支える電装関係のしくみ，人の居住空間を作り，外観を決めるパッケージ．車の構造はこの単純な四つの部位で構築されている．この構造が車の産業的成功を導いたといっても過言ではない．

イタリアのカロッツェリアは，量産車のシャーシーを利用して，エンジンを再加工し，あるいは取り替えて性能を向上させ，新たにデザインしたパッケージで装うことでまったく新しい車を生み出してきた．現在の自動車産業では同じシャーシーで異なったブランドの車種を製造したりもしている．

車のこの構造なくしては，今日の自動車産業の隆盛はなかったのである．この構造は近代からの工業デザインの重要な背景を作ってきた，家電製品，音響製品，今日のコンピュータをはじめとする情報機器，そのすべてはこの機能とパッケージの構造によって機能から解放された外観のデザインとして，工業デザインを支えてきた．

モノの構造はこのようにして形態を支援してきたのである．言い方をかえれば，形態を解放するための構造でもあったのである．

[構造の革命で時計の概念を変えた「スウォッチ」]

限定生産，安価，証明書付き，芸術性，話題性，スウォッチを支配するものは消費者の潜在意識を対象とした徹底的な戦略の上に生まれた発想である（❷）．

時計王国スイスは，当時セイコー・クオーツの追撃で決定的打撃を受けていたときであり，この苦境が時計の概念を変えることにつながったのである．スウォッチは単に時を知るための物でもなく人びとの身を装うアクセサリーでもない．これは初めからコレクターアイテムであり，商品の購買動機がここでは消費者のマニアックな異常ともいえるモノへの執着を狙ったものであったのである．

モノはもはやその本来の目的から大きく逸脱して，モノへの愛情，フェティッシュの感情が支配しするものになった．この時計の意味の革命は，時計の構造の変化がそれを支えている．プラスチック化され，量産

641

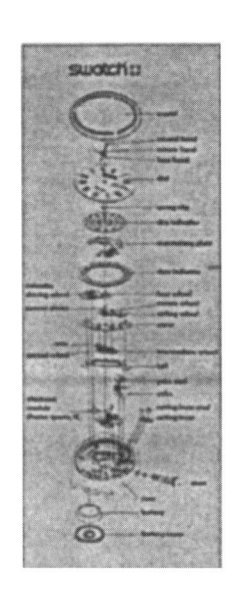

❷スウォッチ

化され，ローコストで使い捨てできるムーブネットの開発が前提に，その構造の革命が時計の意味の変換を誘導したのである．

[独自な企業状況が生み出したサステイナブルな構造，「写るんです」]

これはカメラではない，レンズ付きフィルムである（❸）．もしも，このフィルム会社がカメラを作るのにカメラ会社のまねをしていたら，このようには成功しなかったに違いない．「カメラは作れない，自分たちはフィルム屋だ」というところから出発することで，カメラとはまったく異なるカメラもどきのフィルムを生み出すに至ったのである．

このレンズ付きフィルムは生産され使用されると，フィルムとしてすぐに現像所へ送られる．そこではフィルム以外の，レンズやその他の機構は自動的に取りはずされ，一部を除いて再生され，再利用される．生

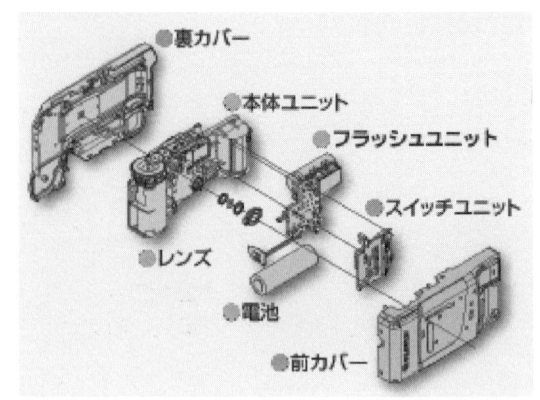

❹レンズ付きフィルムの構造

産・流通・回収・分解，再利用というサイクルをもつことになる．これはこのフィルム会社であるという状況が生み出した「カメラ」のリサイクルの構造である（❹）．

形態はあくまでもフィルム然としている．意味が形態を生み，状況が構造を決めたのである．

[継続し進化するモノとしての構造をもつ「マッキントッシュG3」]

コンピュータとしての機能を満たすのみではもう優れたコンピュータとはいえない．

今日のほとんどの情報機器，音響機器などは日進月歩の技術開発に応じて，ニューモデルを発表してきた．購入時は新型だが3カ月もすればもう旧モデルになる，この進歩という名のもとに発表される新商品に振り回されるこの納得できない消費の繰り返しを知りながら，それでも新しい商品を追いかけてきた．新商品の生産と買い換えによる産業の刺激，その影にある旧商品の廃棄物化と地球の汚染という悪循環，それを前提にして成立してきた産業が今その構造を変えようとしている．

その先駆的商品がアップル社のマッキントッシュ

❸レンズ付きフィルム「写るんです」

❺マッキントッシュG3

❻G3の構造

G3である(❺)．このコンピュータの構造は，進化を考慮したものである．簡単にパッケージをはずし，内容を進化させることができるのである．その構造は形態に影響を与える．形態もまたは新しい構造の概念で進化する(❻)．

■構造のデザインと形態のデザイン，その方法

モノ＝商品のデザインには技術の設計と形態のデザインの間に構造のデザインという概念がある．構造は社会的産業的技術的要素がそれを誘導しながら，実は，緊密に形態と関係し，形態を決定する．構造のデザインは技術と形態，知性と感性をつなぐものでもある．

構造はまたさまざまの変化という時間をモノ＝商品にしくむ仕掛けでもある．都市は自在に発展することができるものであるが，それは都市がその変化を許す構造をもっているからである．都市の構造はしかも単に変化ができるだけではなく，その変化を推進するのが市民であり，不特定多数の市民の意志や経済活動が都市を変化させることである．構造とはこの都市のように多様な動機でまるで生命にように変化する環境やモノの動きを支える体系のようなものである．モノも環境も進化の過程をたどっていくことのできるものでありたい．モノは都市のようになるのであり，構造の概念はますます重要な時代になるであろう．

■おわりに－新しい産業構造へのシフト

消費をやめて長もちする製品を作り，そのことで大量生産の時代に終止符をうち，製品の廃棄物化を遅らせ，地球の汚染を阻止しようという考えがある．これは短絡的な発想でしかない．商品の寿命を2倍にすれば生産量は半分になり，それは産業の滅亡を意味しているし，物凄い産業不況をもたらすことにつながるのである．

近代が生み出し，現在の産業を支える大量生産を基軸とする従来の構造を環境の部品の大量生産とその環境のマネジメントを主体とする管理産業に構造替えすることで，新時代のサステイナブルな環境に貢献する企業に変換することこそ，これからの企業の重要な課題なのである．構造は新しい時代の主要なキーの一つになる．

[黒川雅之]

5|208 製品設計から量産まで

■従来の製品デザインのプロセス

　デザインの対象となる製品の種類によってもデザインプロセスは多少異なるが，初めに一般的な工業製品のデザイン開発における，従来の製品デザインプロセスを紹介しておこう（❶）．

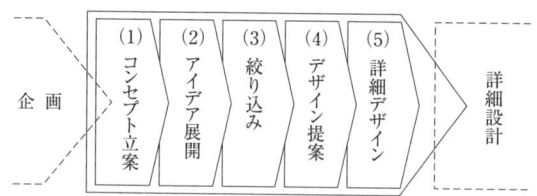

❶デザインのプロセス

[コンセプト立案：(1)]

　通常，工業デザイナーが量産を前提とした製品のデザインをする際には，まず商品企画部門で企画した新商品に関連する調査資料や設計部門で作成した基本設計要件（機能部品やメカニズムの基本配置など）をガイドラインとして基本デザインコンセプトを立案したり，初期段階のイメージスケッチを描いたりする．ここでは何案かの異なる方向性を見出すことが目的である．

[アイデア展開：(2)]

　何案かのコンセプトの方向性が出てきた時点で，各案についてアイデアを広く展開していく．これは通常ある程度描き込んだデザインスケッチ（アイデアスケッチ）により行われる．ここでの目的は，新鮮でユニークなアイデアを広く展開することであるから，この段階で基本設計要件を多少逸脱していたりしても，デザイン優先，アイデア優先で進めていくのが望ましい．

[絞り込み：(3)]

　各方向性にもとづいて自由に幅広く展開されたアイデアの中から，デザインアイデアの取捨選択および抽出作業を行う．ここでは商品化を視野に入れ可能性のあるものだけに絞り込むことが目的である．商品としての成功を決定づける重要な作業であるだけに，経験のみならず決断力と勇気，そして時に痛みを伴う作業である．

[デザイン提案：(4)]

　これまでに抽出されたアイデアを，商品としてのプロダクトに落とし込む作業，すなわち設計要件やその他商品化のための各種要件が考慮されたデザイン作業を行う．寸法や材質感，各部品などもしっかりと決められ，立体モデル製作用の図面と完成予想図（レンダリング）および立体のデザインモデルにより商品のデザインが複数提案される．そして，その中から一案が選択される．

[詳細デザイン：(5)]

　選択されたデザイン案について，より精密な設計検討がされ，そこからのフィードバックを含め，商品化に向けた詳細の変更や熟成，改良を加え商品デザインとして完成させる．この際，機能部品が盛り込まれた実働モデル（ワーキングプロトタイプ）を製作してデザイン検討をすることが多い．そして，経営者を含めた決断によりデザインが「固定」される．

■従来の製品設計から量産までのプロセス

　次にデザインが決定し，承認された以降の製品設計から量産までのプロセス全体を見てみよう（❷）．多くの工業製品において，一般的に前工程と後工程が直列につながった一連の流れとなっている．これは，有名なT型フォードの生産ラインと同じ考え方で，それぞれの分野の専門の職人が，前工程から渡されたものに加え，自分の担当分野を適時にこなし，次工程へと渡していく，いわばバケツリレー的な流れ作業である．

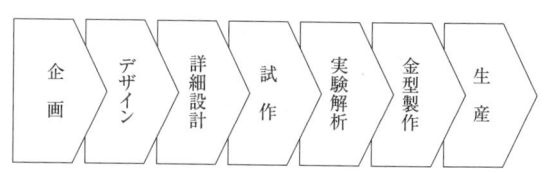

❷製品設計から量産までのプロセス

　ところが，時代の流れとともに，モノづくりの手法に変化を余儀なくされる要因が多く発生した．それは「競争の激化」や「社会環境の変化」であり，結果的に「市場の変化」となって，モノづくりに根本的な見直しが求められるようになったのである．

　多くの商品が機能的にも価格的にも大きな差がなくなり競争が激化してくると，他社製品との差別化要因は，デザインそのものと，より早く開発し販売で先手をとることに集約されてくる．さらに工業製品の多くが国内だけにとどまることなく，広く海外に市場を求めいわゆるグローバリゼーションの波が製品開発の現場にも押し寄せてきている．また，さまざまな環境問題や安全性の問題などの社会的要因により，消費者もより社会的に敏感になり，製造者側にモノづくりの新たなモラルが求められるようになった．これらの結果，市場は多様化し，その変化のスピードが早まってくることで，量産体制に今まで以上の柔軟性が求められるようになった．量産体制の柔軟性とは，具体的には

「少量多品種生産」や「開発期間の短縮」そして「環境対応型商品開発」のことである．

市場や時代の要求を受け入れ，量産体制に柔軟性を求めて，多くの企業では従来のプロセスをそのままスピードアップを図ること，あるいは工程の一部を飛ばしたりすることで対応してきた．前出のデザインプロセスも今や悠長に5段階に分けて進めている余裕もなく，(2)，(3)の工程は端折りいきなり(4)からスタートせざるを得ない場合も少なくない．デザインの最もクリエイティブで自由な発想の部分を端折ってしまうことを余儀なくされているのである．従来のワークフローをそのままに，作業のスピードアップだけを図ることで対応することは，狭い歩行者用の道路をそのまま高速道路にしているようなものである．時代や市場の要求により，従来の製品開発プロセスに何らかの新しいソリューションが求められるようになった．

■コンカレントエンジニアリング

そこで生まれたのが，コンカレントエンジニアリングという，ワークフローの組み換えの概念である(❸)．コンカレントエンジニアリングと従来のプロセスとの違いは大きく二つある．

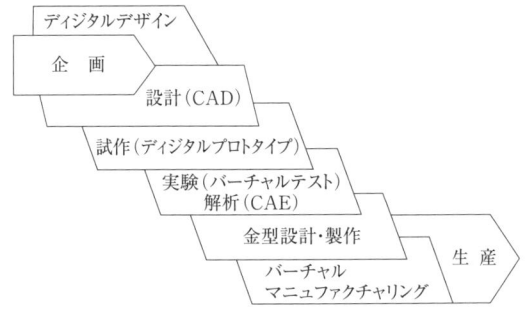

❸コンカレントエンジニアリング

まず，一つめに従来のプロセスが直列の一連の流れ作業であるのに対して，コンカレントエンジニアリングは，その名のごとく同期並列処理型のワークフローである．従来のプロセスでは前の工程が終わらない限り次の工程を始めることができないのに対し，コンカレントエンジニアリングでは，設計の初期段階から，試作や実験，あるいは金型製作，生産といった後工程の各部門からその初期段階の設計に参画する．いわゆる「デザイン-イン」が可能となる．そのことにより，当然全体の開発期間は目に見えて短縮される．

二つめに，従来のプロセスでは，平面情報(スケッチや図面)と立体試作(モデル)を各段階でそれぞれを少しずつ改良しながら生産にこぎ着けるやりかたであったため，モノ(モデル)ができるまでは完成予想図(レンダリング)やモデル製作用の図面で曖昧な判断をしていたり，モデルが承認された後でもそれを図面にする時点で，形状が変更されたりすることも多かった．これに対しコンカレントエンジニアリングでは，各部門の共通言語は3次元の形状データが中心となり，図面(平面情報)やモデル(立体)を製作するのもこの3次元データにもとづいてデジタル製作をする．ここでのメリットは当然ながら，データ変換によるコンピュータ制御の自動作図や自動切削であることから，省力と製作スピードであるが，もう一つ忘れてはならないのが，モデルの精度である．

従来のプロセスにおける平面情報と立体試作モデルは，手作業やアナログ作業が多いので「似て非なるもの」であることが多かった．スケッチでは形良く見えたのにモデルになると特徴がなくなったり，また逆にモデルは格好良いのだが測定してみたら設計要件を満たしていなかったり，などということが多く発生した．コンカレントエンジニアリングの場合は，設計要件を満足した3次元の形状データをもとに2次元にデータ変換して図面を製作したり，CAMへデータ変換してNC(数値制御)自動切削によるモデル製作をしたりするので，実物と図面とデータが限りなく一致しているという大きなメリットがある．

このほかコンカレントエンジニアリングには，以下のような特徴がある．

①デザインから金型製作まで3次元データの一元化および共有が可能
②コンピュータ内のディジタルモックアップにより，実物モデルの製作数の削減が可能
③バーチャル実験やバーチャル解析(CAE)がコンカレントに実行可能
④作業者の能力差による品質ばらつきを抑え高精度の開発が可能
⑤産業廃棄物を削減できるため，環境対応型開発が可能
⑥設計や解析の前倒し(デザイン-イン)による工期短縮が可能

スポーツに例えると，従来のプロセスは「駅伝型」で，コンカレントエンジニアリングは「ラグビー型」といえるであろう．

■3次元データはどこで生まれる？

　コンカレントエンジニアリングにおいては，3次元データを中心に生産まで進められるワークフローであることはおわかりいただけたと思う．ではコンカレントエンジニアリングにおいてワークフローの中心にあるその3次元データは，いったい誰が，どの時点で作成するのだろうか？

　理論的には開発のできるだけ初期段階から3次元の形状データを作成することが高効率のコンカレントエンジニアリングには望ましいので，デザイナーができるだけ早い段階で3次元データを作成すべきであろう．たとえば，前出のデザインのプロセスでいえば(2)のアイデア展開の際に，デザイナーが頭に描く美しい形を自動的に3次元データに置き換えることができる「3次元脳波イメージスキャナー」なるものがあれば理想ではあるが，残念ながら，そうしたものが実用化されるまでにはさらに四半世紀の歳月が必要であろう．

　現在市場にある3次元コンピュータを上手に活用すれば，(4)のデザイン提案の初期段階から「デザイン情報の3次元データ化」は実現できる．自動車などのごく限られたメーカーの製品開発では，すでにこの手法が一部実用化されている．しかし多くの製品デザインの現場で，デザイン情報が3次元化されるのは，デザインが決定(固定)されてから，すなわち(5)の詳細デザインが承認された後であることが一般的で，デザイナーあるいはデザイン部に所属するCADオペレーター，または設計部の設計者によって，3次元形状データが作成されている．

■企業デザインの課題

　このように，コンカレントエンジニアリングが定着しているメーカーの開発部門においても，実際はデザインプロセスだけが平面(2次元)情報やアナログ情報を中心としたバケツリレー型の旧式のフローであるのが現状である．コンカレントエンジニアリングが最も効率良く機能するためには，できるだけ早い段階で共通言語，すなわち3次元データがデザイナー主導で作成されることが望ましい．3次元ディジタルデザインやディジタルワークフローを，デザインの本来の機能を損なうことなく組み込んでいくこと，そしてデザインを含んだトータルなコンカレント開発を実現していくことが，今，企業デザインに求められている最大の課題である．

■ディジタルデザインとディジタルワークフロー

　しかしながら，ディジタルデザインやディジタルワークフローが，「効率」重視の結果として求められるべきものではないことも記しておこう．「効率」を重視するあまり，デザインのもつ「クリエイティブな知恵の表現」という職能を端折るべきではない．従来のアナログワークフローをそのままにしておいて効率だけを求める結果，この本末転倒な事態となってはいないか．むしろデザインの本質である「クリエイティブな部分」にしっかり時間やエネルギーを注ぐために他の部分で効率や精度を求めていくべきで，そのためにこそディジタルデザインやディジタルワークフローが有効活用されると考えるべきである．

　一方で，工業製品のデザインに求められているもの自体も急激に変化してきている．従来は「形」や「色」や「材質感」など，目に見える範囲のデザイン作業で事足りた．しかし今日では，それに加え「音」や「動き」，「ヒューマンインタフェース」など，時間軸や使い勝手が素材になったデザインが求められ，旧来の道具やデザイン手法では表現や処理が非常に困難になってきている．

　そこで重要なのが，「デザイナーの技能のIT化訓練」であろう．デザインツールが高度にIT化していく中で，デザインの技法自体を高度にIT化していく訓練を企業が社内デザイナーに施すことが急務である．ここに3次元コンピュータを駆使したディジタルデザインやディジタルワークフローを上手にインテグレイトすることで，デザイナーが今までになく自由度の高いクリエイティブな職能を手に入れることができるのである．結果として，ディジタルデザインとディジタルワークフローがコンカレントエンジニアリングにも見事にはまり，クリエイティブなデザインの職能を発揮した「デザイン主導型のトータルなコンカレント開発」が実現するのである．

〔畑山一郎〕

■文献

竹田陽子：プロダクト・リアライゼーション戦略―3次元情報技術が製品開発に与える影響，白桃書房，2000．

畑山一郎：デジタルワークフロー革命．Design News, 246：22-27, 1999．

コラム「私の選ぶ図書10冊」

原田 昭 [感性工学／筑波大学]

① 『芸術と環境』(ハーバート・リード著，植村鷹千代訳，梁塵社，1942)

本書は，環境を，魔術，宗教，世俗，無意識，教育などにわたってとらえており，「人間をして，その環境の理解に到達せしめるための他の諸様式と同じ価値の一様式として，芸術を認めたい」と芸術の意義を評価し，当時の芸術衰退に対する厳しい警告を発している．

② 『美と集団の論理』(中井正一著，久野 収編，中央公論社，1962)

言われる論理，書かれる論理，印刷される論理へと歴史が転換していく中で，集団という組織の論理的主体性の枠組みについての模型を提示している．われわれは，ここに美術とデザインにおける論理展開の世界を重ねて見ているのである．

③ 『思考と行動における言語』(S・I・ハヤカワ著，岩波書店[岩波現代叢書]，1965)

本書は，思考と行動における意味論についての重要性を訴えた好著である．言語の外在的な意味と内在的な意味，言語の抽象の過程，二値的考え方，多値的考え方，デザイン思考において重要な示唆を与えている．

④ 『形の合成に関するノート』(クリストファー・アレグザンダー著，稲葉武司訳，鹿島出版会，1978)

デザインの形は，それを構成している要求変数の相互の関係を表すツリー構造のダイアグラムを得て，それに物理的属性を与えることによって実現する．本書は，デザイン対象の構造的決定にプログラムを用いたという点で大きな衝撃を与えた．これは著者の博士論文で1964年に出版された．

⑤ 『人間』(エルンスト・カッシーラー著，宮城音弥訳，岩波書店[岩波現代叢書]，1978)

人間をシンボルを操る動物であると定義し，人間文化のシンボル形式である神話，言語，芸術，宗教，歴史，科学などの形態の相互関係は，静的均衡でなく，動的均衡としてのみ記述できる，とする考えは，デザインに大きな影響を与えた．

⑥ 『認知科学の展望』(D・A・ノーマン著，佐伯 胖訳，産業図書，1984)

認知科学という概念が創始されたのは1977年であるが，1981年そのとき，認知科学誕生に大きくかかわった研究者である，D.A.Norman, H.A.Simon, N.Geschwind, A.Newel, R.C.Shank, P.N.Johnson-Laird, T. Winogradというそうそうたるメンバーによって認知科学の展望が記述されている．この中で，D.A.Normanは取り上げるべき主題として，信念システム，意識，発達，感情，相互作用，言語，学習，記憶，知覚，行為実行，技能，思考の12を挙げている．

⑦ 『生態学的視覚論』(J・J・ギブソン著，吉崎 敬，古崎愛子，辻敬一郎，村瀬 旻訳，サイエンス社，1985)

「アフォーダンスとは，人間と環境の相互依存性に関係した概念であり，そして知覚すること行為との連動に関係している」．アフォーダンスは，環境の記述，環境を特定する情報，情報の抽出によって理解される．本書は，認知心理学，インタフェースデザインに強烈な影響を与えた．

⑧ 『システムの科学』(ハーバート・A・サイモン著，稲葉元吉，吉原英樹訳，パーソナルメディア，1987)

経営学，コンピュータサイエンスの専門家が，「自然科学は，事物がいかなる状態で存在しているかに関わりをもつ．しかしデザインは，いかに存在すべきかに関わりをもち，また，目標を達成する人工物の考案に関わりをもつ」という明快な人工物科学への認識を表明した書である．

⑨ 『メンタルモデル』(P・N・ジョンソン-レアード著，海保博之訳，産業図書，1988)

日常的な推論には，2通りがあり，意識した推論は明示的推論が使われ，直感的な判断や談話理解には，暗黙の推論が使われる．直感的に行われる暗黙の推論が人間のメンタルモデル(思い込み)に依存していることを指摘した点で，認知科学ならびにインタフェースデザイン界に大きな影響を与えている．

⑩ 『誰のためのデザイン？－認知科学者のデザイン原論』(D・A・ノーマン著，野島久雄訳，新曜社[新曜社認知科学選書]，1990)

デザイナーが典型的なユーザーではない，という考えから人間中心のデザインを主張している．本書の「人はどのように作業をするのか－行為の七段階理論」は，インタフェース設計における基本プロセスとして世界中に普及した考えである．本書はまさに情報化社会のデザイン入門書である．

5│209　デザインの開発管理

■開発管理の課題

デザインが事業活動を通じて時代と社会に対して果たしてきた役割と課題を考え，今後の開発管理の目標と重視点を提起する．

技術や生産方法の追求により豊かな物質社会を実現し経済発展を遂げた成長時代でのデザインの成果は大きい．しかし今日の自ら方向を定めるべき多様な価値の時代に，国際市場や生活文化面での基調開発で役割を果たしてゆくには，創造力と独創性の強化とアイデンティティの確立が必要になっている．

いまだに，主張にもとづく創造よりも各種のレベルの上下を競うことに精力を注ぐ傾向があり，モノを作って意義を作らない例が多く，デザイン表現の動機付けとなるべき主張提案性の希薄さやオリジナリティ軽視から，同質の中の利益なき競合を続け，市場では物量の豊富さに比べて本質的な選択肢は相変わらず少ない．結果として，デザイン文化に立脚した固有の存在価値への貢献には課題を残してきた．個々の商品デザイン処理に巧みな技術は得たものの歴史づくりや時代認識によるデザイン基調創造への意識や開発努力の不足，開発投資の少なさというマネジメントの問題がある．

今，人事的にはデザイン部門の専門家としての生涯活用の構築が必要である．人材資源の有効活用と組織のアイデンティティのためにもプロが生きるしくみを作らなければならない．連続開発力と組織の存在意義はここから生まれよう．

社会と企業から知と感性の専門家として信頼を得て貢献するために，デザイン部門には産業の環境変化と社会経済の見直しを契機にして自らを変革する意志と行動が望まれる．各種工業会のデザイン委員会やデザイン諸団体の活動報告でもテーマとされてきた「マネジメント（経営，管理能力）」「社会性，知性（信頼性）」「創造性，造型能力（専門能力）」「専門性のあり方（役割と生涯設計）」「ディジタル環境と感性（コンピュータ化の課題）」などの諸問題を踏まえて，今後の開発管理のマネジメントについて考える．

[経営意識とマネジメント能力の強化]

経営概念によるデザインマネジメントの強化，総合損益の把握とデザインの生産性向上によって，開発の源資としての資金や人材や時間が得られる．効率化は開発力を生み，デザインの質の向上に直結する．

[アイデンティティの重視]

企業，組織，地域，商品シリーズには特有の意味や価値創造と社会，市場貢献を推進すべき時代である．

[フローからストックのデザイン活動へ]

商品の個別デザイン表現のためには，まず新しいデザインルールの発見と開発がある．時代を創るために，基調を創造し洗練し継続して市場拡大を進める「ストック概念」の活動が求められている．

[発想力と造型力の強化と時代性]

価値の発想に裏づけられた造型表現力の強化が重要である．発想方法の開拓によって価値観を見つけることが必要であり，実感できるモノの表現力に注力したい．ソフト・ハード融合時代のスタイリングにはこれまでのプロダクト，グラフィック，その他異ジャンルの枠を超えた総合的な発想と造型能力が問われる．

[目標を絞った組織づくりと人材づくり]

独創性，生産性，専門性，生涯活性化などの目的を徹底した組織運営方法と人材活用の施策が重要．

[日常的な情報環境の構築・活用を]

発想のみでなく評価と実現のために鋭い時代感覚をもった組織風土を作ること．発想と具現化の専門組織分化も運営の一方法である．発想提案が会議で採用されないのは評価のしくみに問題がある場合が多い．

[目的と効果を見極めたハイテク化]

ディジタル化，ネットワーク化を単なる技術としてのみとらえるのでなく，新たな時代価値観として考える．創作環境の電子化を効率化とイメージ展開と評価決定の可能性の拡大として生かし方を明確にし，その有効性と限界を知った上でのディジタル環境の戦略が必要である．創造性と生産性の両面でコンピュータやネットワークを活用することが開発管理の課題である．

デザインが常に経営から期待を受けながらも事業戦略への恒常的な参画が進まず，かつ世界から生産技術や利益追求のノウハウが認められる割にはデザイン文化の面での指導性はなかなか発揮されない．

デザインの生活文化貢献，社会貢献，環境貢献，事業貢献のためにデザイン活動のもつ発想開発力や構成力，伝達力の発揮に注力したい．それは二つの利益につながる．一つは事業の投資対成果の効率化と差異化で得られる直接的事業利益であり，いま一つは組織の活性化と保有人材の生涯活用による継続的な企業イメージとしての利益である．

開発管理には，「開発力」強化の開発環境づくり，組織づくりと「商品力」強化の開発商品づくりの二面がある．

■開発力のためのマネジメント
[マネジメントの目標]

　組織開発と運営のマネジメントで重要なのは組織のアイデンティティの確立と具体化手法であり，文化貢献と事業貢献のために組織目標となり求心力となる美学をもつことであろう．活動に対する顧客や支持者などの「ファン」の獲得は，企業が固有価値をもつことでそれぞれが市場に共存できる「異質共存」時代における存在感を決定する．

　同業内で互いを知る情報活動によって，類似性や均質性の中の微差の競合に陥っている面がある．同質の競争は低価格競争と類型的バリエーションの氾濫を招き，顧客の選択肢を狭めている．企業固有の，そして商品シリーズ別の強い主張と提案やキャラクターづくりによる商品の多彩化から質的に豊かな生活はもたらされる．単なる顧客やユーザーでなく，共感と感動とともに愛用してくれる「ファン」の獲得が望まれる．

　さらに商品の企画から設計生産，流通，宣伝，購買，設置，使用，メンテナンス，廃棄，再使用までの「あらゆる場面での関係性」を徹底して熟慮した「インタフェース発想」の重要性と，そして環境と弱者への深い配慮であり責務でもある「エコロジー」「ユニバーサル」デザインが求められる．ソフト・ハードを融合した新たな魅力を現実にするデザインルールづくりとは，形態の「変形」ではなく，スタイルの「規範」「様式」「時代表現」「企業らしさ」づくりである．

　創造活動は独自の美学の発見，テーマへのこだわりから始まる．その他大勢の安心の姿勢からは限りない利益なき競争しか得られない．「同質競合」から「異質共存」時代への変革が求められている．

[理念主導の組織運営]

　独自の美学と方法論づくりも，ともすれば一般論となり，カタログの題目に終わりがちである．企業の存在価値が問われている時代を迎え，理念は真の行動指針として創造集団の個性と行動規範を宣言し，自ら常に律する決意を込め，市場に対し責任ある約束となる．まさに集団の「らしさ」の原則であり，旗印であり固有のキャラクター(特性)である．価値発見や具体化の作法，魅力・表現などの開発の「料理法」が市場と顧客の共感を得たとき，「ファン」が生まれ，社会に共鳴する支持者集団が形成され，時間と空間の推移と広がりによって市場を確立し，時代の標準となってゆく．

　ファンは一商品の購入者，使用者であることを超えて企業体と活動そのものに共感と誇りさえもつ．その価値に値するモノには対価の支払いを惜しまない．継続的な企業の「イメージと利益の源泉」となって事業を支えるばかりでなく，情報の再発信をもしてくれる貴重な存在といえる．理念が主導する運営と事業化，商品化が真剣に実行されるべき時代である．

[「開発と継続」の商品戦略]

　デザイン活動には「創造」と「継続」の両要素の時間的，空間的なコントロールがある．デザインは時代の様式づくりであり，活動目標や価値や魅力の表現と発信である．新しい価値様式の提案段階では「開発のマネジメント」を行い，市場浸透・拡大と時代の標準化のためには「継続のマネジメント」を行わねばならない．この二つの時期に対応する明確な「開発」と「商品化，具体化(市場化，時代化)」の専門集団の組織化も考えられる．ともすれば新規発想の開発の視点でのみデザインを考えるが，様式の確立と市場化という歴史的観点の施策での，フローからストックのデザインへの転換は，同時に企業イメージの認知にも貢献する．

■専門家集団の組織と人事管理
[開発と商品化の専門集団化]

　組織運営としては開発と商品化に役割と専門性を分けて，集中力や効率を追求すること，それぞれの「集団」あるいは「段階」でのスタッフの能力，特質別の配属が有効である．「開発発想グループ，開発段階」の行動規範は「異」であり，変革であり，不連続である．作るべきは新しい価値の形であり，その魅力の様式化，ルール化である．どのような手法を作れば新しいデザイン価値をその商品に表現できるかを構築する．

　一方，「商品化グループ，商品化段階」の行動は拡大展開による洗練実体化であり時代化，市場化であり，連続である．作るべきは開発した様式に従いルールを当てはめた中での個別の商品の魅力表現である．その価値観の世界を展開し実現するための精緻で具体的な知識と技の適用である．二つの目的集団や活動を遂行する人材にはリーダー，スタッフともに特質別の役割配属が必須である．

[専門性のあり方]

　デザインは人が経営の原資である．優れた「プロが活きる仕掛けづくり」から，独創性ある事業や商品は連続して生み出されよう．

　意識や制度や評価軸が同じ，組織運営などの方法論が変わらずに結果だけ独創的であるという幸運はそうは続かない．アイデア募集，消費者のお知恵拝借，合

宿アイデア会議などはカンフル剤ではあるが，専門組織の強化とは別物である．「プロの専門性に投資するしくみ」の人事，組織づくりが求められている．

組織人事の改革と活性化はデザインの生産性と質の改革に直結する戦略である．「分社」などの独立組織化は経営意識と能力をもち総合損益の概念やデザイン生産性を強化し，事業としての視点と併せて多種のジャンルの開発経験により異種の感覚技術を身につける目的で行われる．デザイン部門がともすればサラリーマン化し緊張感をなくしマンネリ化し責任感が薄れることへの危機感もつのっている．

[異能の専門性の登用と活躍]

今後の専門性人事では「管理者」か「デザイナー」か，適性を見極めた処遇と活用が必要である．さらにソフト・ハード総合時代の商品開発に成果を発揮した実例から今後の専門家のあり方を考える．

一つはデザイナーの専門の上に専門分野をもつ「エキスパート化」である．デザイン情報専門，価値発想専門，デザイン企画専門，基調造型発想専門，コンピュータ造型専門，商品化具体化技術専門，プレゼンテーション表現技法専門，写真など電子化映像化技術専門のようにさらに現在の分類を超えた特異な専門性をもったプロの発掘，教育と役割づけがある．それは作家性と技能性による人材の特質別人事戦術である．

また一つは，異種の専門性を一人が併せ持っている人材の登用である．変革と多様化時代の発想と具体化のためには，たとえばコンピュータプログラマーであると同時に造型発想能力の高いデザイナーでもある，いわば「ハイブリッドデザイナー」ともいうべき異能の人材が欲しい．コンピュータもわかるという程度ではない，プロのプログラマーであることが重要である．従来の，メカのわかるデザイナーや絵の描ける設計者にはない業際的な考え方や異種の発想が期待できる．グラフィックとプログラム，生物学とプロダクトデザイン，哲学や心理と造型など人材の異能性が企業活動のオリジナリティの一翼を担う．

管理職においても経営，実務の諸管理担当に加えて今後は総合製作の指揮監督能力をもった「ディレクター，プロデューサー」の発見と活用を推進したい．アイデンティティを作り，固有の魅力集団を作る作家性を期待する．彼のもとで，先述した新たなる専門家集団が動機づけられ求心力を発揮する．有能な映画監督のもとでの各専門家の活動をイメージされたい．

これらの人材の一層の専門性獲得と成果に対して応分の給与と待遇，指揮権を与えることでプロたちの生きがい，動機づけができて定着率が上がり，部下が育つ．またその専門性で社会での研究にも活躍できれば，有能な学生や新たな専門家の憧れにもなり結集した異能者，専門家集団が企業，業界，社会に貢献する．その成果によっては定年の延長はもちろん契約社員制もありうる．若いスタッフの生涯設計の目標にもなりモラルが向上する．企業は積年の人件費投資を十二分に活かすことになる．

では，平凡なデザイナーはどうなるのか？　できうる限りの努力と教育によって入社直後からの固有の専門性の模索と獲得をめざさせるが，なお進歩が得られない場合は「復活の可能性」をもたせながらも職種を変え新たな専門で生きる制度がデザインに必要になる．

量的業務や時限的に突出して専門性を要する時期にはアウトソースの活用が有効である．プロパーの生涯雇用は原則的には前述したアイデンティティと固有のノウハウにかかわる人材に限定すべきと思われる．

[発想と造形力の強化と伝達力の重要性]

発想能力と基調造型力，異能の強化とともに新しい価値の実現のためのコミュニケーションとプレゼンテーションの専門能力を徹底強化したい．

今後の価値観の変革のキーワードは「異」の発想である．あらゆる意味で「既成の境界」にこだわらない発想，異の要素の融合発想，異能の重視，異業種，異市場からの類推が求められる．業界内での同質思考や調査分析からは特異な結論は出にくい．徹底した異へのこだわりから次世代の新しい基準が発見されよう．美学，哲学，テーマ性やコンセプト，造型のキャラクターや評価軸など，美の基準が同じでありながら「表層表現だけ変える類似性の中の勤勉さ」を排したい．

創造された価値観，情報，メッセージは「共感し感動できる実体として具現化」されなければ目的を達しない．このためには価値観を価値を感じる造型に具体化表現する造型感覚，能力や技術とともに，多様なコミュニケーション能力，プレゼンテーション能力などの強化が成否を分ける．

実現できなければ無に等しい．「異」であり「新」であるほど，企業内でさえ共感を得がたい現実がある．

■デザイン開発と商品化力のために
[時代性情報環境の構築]

デザイン開発環境にはスタッフの発想の原点や動機づけのための時代性研究が有効である．あらゆるジャ

ンルや市場にわたる時代性の情報と認識である．このためには情報専門部門の活動のみでなく，経営者まで情報共有する日常的な情報環境づくりが必要である．

オリジナリティが独善にならないために，バランス感覚をもって自己評価するためと事業決定者の時代感性の醸成のためにもこの情報活動は大きな意味をもつ．芸術・生活・マインド・行動・教育・宗教などの「文化」の軸，研究・技術・産業・流通市場・商品などの「科学」の軸，資源・環境・行政・世界・地域などの「社会」の軸で特徴的な動きや変化を収集してその要因，心理，相互の関係性や同期性を考察して，時代感覚，価値観の動向を推論し，時代変化を基礎にした仮説を想起，提案するのである．価値観の変化を予想するにあたって，正しいかどうかにこだわらないことがポイントである．正解はいずれ歴史が示すものである．顕在化し潜在化している動きを網羅的にとらえながら仮説をもつことで，開発者自身が時代の動きと同期した上での発想提案となり，自信と説得性につながる．

[デザイン開発研究プロジェクトへの投資]

技術の基礎に研究開発があるようにデザインの実務活動を先導する開発プロジェクトへの徹底した投資と注力が望まれる．市場にメッセージを送り続け，ファンを得ている企業には独自の開発姿勢と方法がある．

デザイン独自開発の目的は多面で効果は大きい．時代性の研究，情報戦略研究，新しい美学の発見，デザイン戦略の構築，デザイン企画と基調造型の創造の場，デザイン技法の試行，リーダーの実践的育成，中堅や新人の教育研修の場でもあり，同時に，発表会はプレゼンテーション訓練，そして経営陣や他の専門家へのデザイン提案の「刷り込み」，広報の場にもなる．

デザイン開発発表会では日常の企画会議とは違い，各責任者も経営や事業責任の心配なしに一顧客感覚で臨みかつ意見を述べがちであり，そこでは素直な期待と革新への情念が共有されやすい．各種の専門家が同席した自由な意見や逆提案はその後の具体化に際しての貴重な財産となる．開発プロジェクトはまた，種々のデザイン開発方法を試す機会でもある．できる限り全員体制の参加と多様な目的を設定すべきである．

スケジュールの例を挙げる．まず「デザインの課題」の確認と取捨選択から「年度方針の策定」と「開発予算」を決定．予算の確定を受けて「開発目標」「開発方法」を決める．現行事業との距離はどうするか？ イメージや夢か，先行提案か，即商品化可能提案かである．組織，人事，予算の割り当て，スケジュールの策定，プロデューサー，進行，各種担当者，開発単位と人選を行う．中間チェック，最終審査，発表会準備，広報，会場，映像と資料記録，知的財産権の審査と申請，発表，アンケート，集計発表と評価反省，事業化検討と営業活動，予算実績管理，担当スタッフの能力実績人事評価も行う．制作作品としてはモックアップ，説明パネル，CG化，参考資料材料，時には特殊環境設置，説明員・操作員の配置などが必要になる．テーマと造型のプレゼンテーションでは，象徴的なキーワードやイメージキャラクターを創案して価値概念を印象づけ共有することが効果的である．

■開発管理の今後

デザインの役割がますます多様になる．さらに経営や事業の思想や企画レベルから参画することでデザインの時代感覚，仮説発想能力，イメージ化システム化構造化能力，具体化シミュレーション，映像化，実体化能力，演出力，伝達能力，共感醸成能力などが活かされ，今後の企業固有の存在価値を高める．投資を効果的な成果に直結する経営資源となりうること，このための開発管理の質が問われることを述べた．

デザイン当事者の「自らの開発思想と組織自体の改革とグランドデザイン」を主張と勇気をもって行うべきである．個性的な商品は個性あるシステムから生まれる．世界初のカーマルチメディア「市販用カーナビゲーション」事業開発とデザイン開発はデザイン室長をリーダーとするプロジェクトで概念が構築され，異種専門家集団の発想で市場を創出した例である．

開発管理が，強い信念と情念に方向づけられるために重要なのは，事業や商品デザインの「総合プロデュースの強化」であろう．多くの情報を共有した上でなお，作家的で強力な思想性と指揮能力をもった価値概念の具現化のための指揮監督の重視である．それは分権化と合議制偏重で責任感と提案性と個性の希薄になった事業や商品群の中にあって「固有の魅力と意義」を実現する魅力づくりの仕掛けとなる． [比良木髙幸]

■文献

日本電子機械工業会(現JEITA)デザイン委員会編：デザインマネージメントの明日を考える，1997．

星野隆三ほか：企業におけるデザインはいま，日本デザイン学会編，1993．

比良木高幸ほか：90年代のカロッツェリアデザイン(パイオニア)．Design News, 212, 1990．

5|210 デザインの評価

■**デザイン評価の背景**

デザインの評価の問題は，時代の流れとともにその枠組み自体が変化している．とくにプロダクト分野におけるデザインの成果物というのは，大抵の場合は量産化を前提とする「商品」という姿でその評価を問われる宿命にあることから，さらに「デザイン評価のあり方」を複雑化している．

とかく企業内でのデザイン評価というのは，商品がヒットしたときには他の成功要因の陰に隠され，そうならなかったときには真っ先にデザインが矢面に立たされる，というのが常である．また，かつては「Gマークを取ると，その商品は売れない……(よいデザインが売れない)」という関係者にとってはありがたくないジンクスもあった．つまり，これらのことはデザインの専門家らが語る「デザインの善し悪し」と「マーケットにおける成功(その商品の売れ行き)」とは別次元であることを示唆している．

■**デザイン評価の今日的課題**

まず，デザイン評価のスタンダードを考える上で，以下のようなことを視野に入れておく必要がある．その第1点は，今日的状況としての「デザインの領域の拡大」である．

因みに，1957(昭和32)年に通商産業省によって創設された「グッドデザイン選定制度(Gマーク制度)」は総合的なデザイン評価制度であるが，1998(平成10)年度から財団法人日本産業デザイン振興会主催の「グッドデザイン賞事業」として衣替えをした．詳細については，4|201～203を参照されたいが，それに伴って「審査基準」が根本的に見直され，現在は3階層40項目からなる新「審査基準」が設定されている．

そこでデザイン評価の問題をとらえる上での注目点は，デザインに対するこれまでの膨大な評価キーワードを再整理し，具体的には「人間(生活)との関わり」を個のレベルから社会のレベルへと進める「モノそのもの，使用，環境・社会」という三つの層(レイヤー)に分けている点である．

その作業によって，対象物が使用される段階で，的確で心地よく，楽しい使用を導くか，そして周辺環境・地球環境に迷惑をかけない存在であるかという次元と，そのことがわれわれの社会・文化の発展に大きく役立つかという次元にまで踏み込んでいる．

あくまで「Gマーク」は，産業活動の結果生み出されたものを，社会的・文化的視点から評価することで，生活と産業の健全な発達を促そうという目的によるものだが，デザイン評価にまつわるこの時代的な潮流，変化を多少とも企業におけるデザイン評価(システム)にも反映させねばならないことは明らかである．

まさにPL法の問題をはじめ，地球環境保護を踏まえたエコデザインや高齢化社会に向けたバリアフリーやユニバーサルデザインといった今日的な課題に対しても，十分対応しうる「デザイン評価システム」のあり方が問われているのである．たとえば，省資源の観点からデザインを評価するには，単に一世代限りのライフサイクルでは意味がなく，何世代かにわたってのリサイクル性に焦点を当てた「時間的なデザイン評価」も求められよう．

第2点は，「デザイン評価の奥行きの深さ」である．そこには，同時にデザイン評価の多角的視点も不可欠である．デザインの領域がインタフェースのデザインやユーザビリティ(使い勝手)にかかわる領域を含めて拡大するにつれ，製品の多様化やディジタル化の急進によって，ハードウェアよりもむしろソフトウェア，あるいはヒューマンウェア的視点でのデザイン評価に関心が移ってきている．

かつて，認知科学者であるD・A・ノーマンが「メンタルモデル」という概念(モデル)を提起しているが，この考え方はデザイン評価を改めてとらえ直す糸口として興味深いので，以下にその概略を紹介しておく．

「メンタルモデル」とは，自分自身や他者や環境，そしてその人がかかわりをもつものに対して人がもつモデルのことである．人はこの「メンタルモデル」を，経験や訓練，教示」などを通して身につけるようになる．道具に対する「メンタルモデル」の多くは，道具の振舞い方と目に見える道具の構造を解釈することによって形成される．また道具のうち，目に見える構造の部分を指して「システムイメージ」と呼び，それを介してデザイナーとユーザーがインタラクティブな関係性の中で，それぞれ異なる「メンタルモデル」が存在する図式となる(❶)．

「デザインモデル」は，デザイナーがもつ概念モデルである．「ユーザーのもつモデル」は，システムとインタラクションを行うことによって形づくられるメンタルモデルである．「システムイメージ」は，実際に作り出された具体的なもの(ドキュメントや教則本やラベルなど)から生じてくるものである．デザイナーは「ユーザーのもつモデル」が「デザインモデル」と同一であってほしいと思っている．しかし，デザイナーはユー

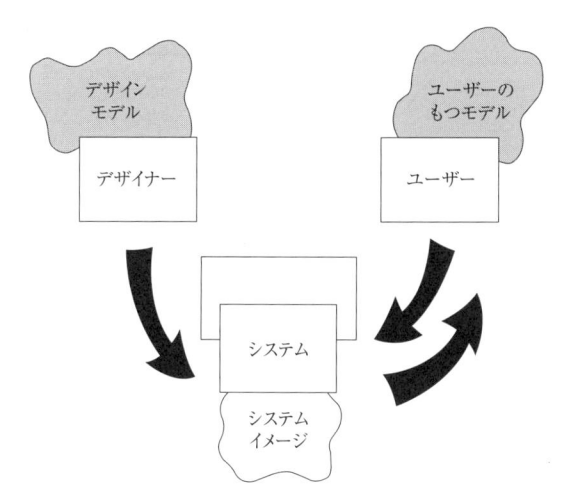

❶メンタルモデルの考え方（ノーマン，1990）

ザーと直接話をすることはない．やりとりはすべて「システムイメージ」を介してなされることになる．もしも，「システムイメージ」が「デザインモデル」を整合的ではっきりとしたものとして示してくれないとしたら，ユーザーは間違った「メンタルモデル」を作り上げることになるだろう（ノーマン，1990）．

　第3点は，経営戦略的な観点から「商品力としてのデザイン評価」のあり方が問われていることである．前述のように，デザイン評価の問題もサプライヤー側主導というよりは（できれば開発段階で）積極的にユーザー側との対話や実験・検証などによって共有化されるべき側面が増えつつある．また，その評価軸も時代を超えての普遍的な類のものと一時期の流行や世相によって左右される類のもの，さらには性別や年齢・地域的な属性の差によるものなどによって千差万別であり，いろいろな価値尺度が混在している状況である．それらを的確にとらえるために，人間工学や認知心理学をはじめさまざまな領域で研究が進められている一方，デザインマネジメントの現場では新たな手法（方法論）が求められている．

　従来大半の企業（メーカー）は，デザイン部門からの提案に対して意思決定の会議体が設けられ，最終的には経営責任のある経営トップか事業部長が承認するというのが一般的なスタイルである．

　性能や品質だけでは差別化のむずかしい商品戦略において，デザインに対する依存度が高まっている傾向は強いものの，経営者がデザイン評価（方法論）に求めるものは，いかに「デザイン的に優れたもの」と「商品的に成功する（売れる）もの」を両立させられるかどうかということである．さらに昨今の厳しい経営環境では，経営層の関心事がますます後者の方に重心が移っているといっても過言ではない．

　まさに，デザイン決定に至るデザインプロセスの中で，デザイン評価をどのように効率的に行い意思決定に役立てていくかが永遠の課題であり，言い換えれば全社的なデザインマネジメントが求められている所以である．デザイン評価についても経営層に本質的な理解を促す意味で，デザインを可能な範囲で数値や論理的な表現を用いて共通言語化する大きなニーズがここに顕在化している．

■デザイン評価の具体的事例
　個々のユーザーは，あるデザイン（商品）を見て何を拠りどころとして，デザインの善し悪しや好き嫌いの判断を下しているのだろうか……．

　創造性の根幹をすべて理屈で解き明かすことはできないが，感覚や感性の成り立ちを可能な限り分析し情報として表現することは，経営者のみならずデザイナーにとってもクリエイティブ活動の効率を上げたり，自らの能力を磨く一助となる．たとえば，デザインの価値評価のためのマーケティング・アプローチ的な事例として，以下のようなものがある．

[評価グリッド法：定性評価手法の事例]
　評価グリッド法というのは，ラダリング手法を用いて，人間の階層的認知構造をツリー構造として表現するものであり，さまざまな評価構造の解明に有効である．もともと同手法は，臨床医学で提唱されたレパートリー・グリッド法を商品企画などに応用させるべく改良発展させたものであるが，人間は個人差のある評価の視点（認識構造）をもち，その評価の視点が階層構造になるという仮定にもとづく調査手法である．ユーザー（被験者）に対し商品やサービスの内容を提示し，それぞれをニーズに合うか否かで比較してもらう．そして，その理由をユーザー自身の言葉で語ってもらいながら認知構造を作成するというようなプロセスで，樹形図として表される「階層構造図」が具体的なデザイン評価に有効である．一般的には，「価値連鎖」というような言い方もされている（❷）．

　たとえユーザー一人ひとりのデザイン評価の視点や嗜好性にバラツキがあっても，この手法によってその認知構造が個人差によるものかどうかの分析フィルターがかけられるために，客観的かつ安定的なデザイン評価のベースとなりうる点が大きな特長である．

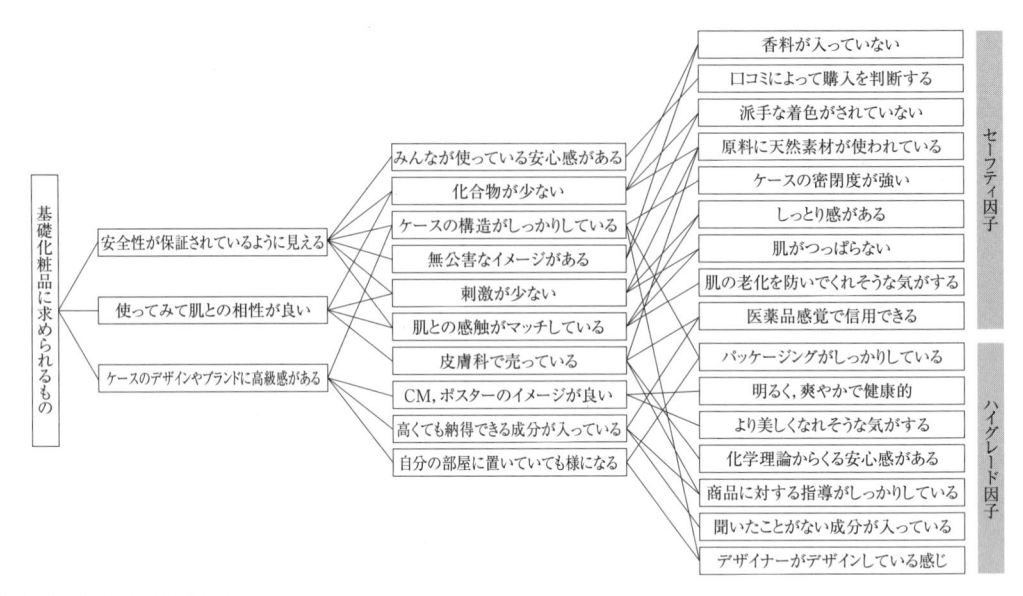

❷評価グリッド法による階層構造化

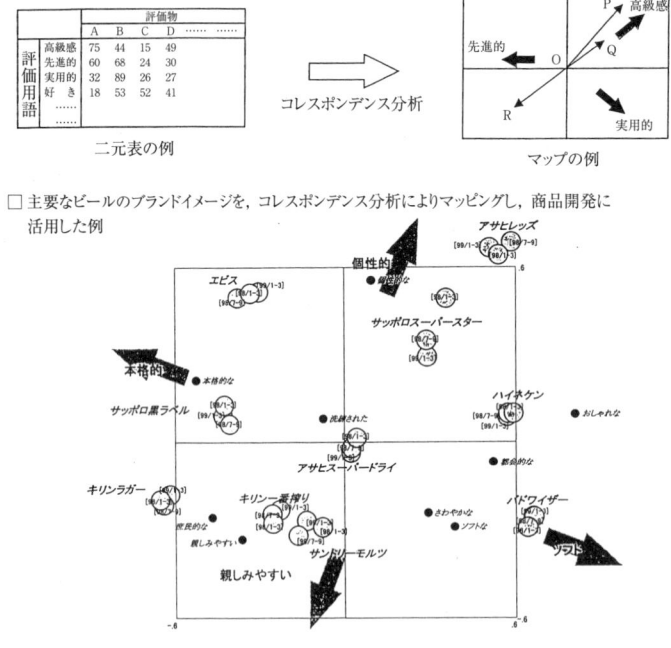

❸コレスポンデンス分析のマッピングプロセスと活用例

[コレスポンデンス分析：定量評価手法の事例（その1）]

デザインイメージ評価に用いられる手法もさまざまであるが，ここではユーザー分布をインテグレートした同手法を以下に紹介する．

コレスポンデンス分析（Correspondence Analysis）とは，

①与えられた二元表（行および列の各項目の対応関係を示したマトリックス）の行および列の合計から予想される期待値より各要素がどのくらい大きいか，または小さいかのパターンを抽出し，再現性が高くなるように各行および各要素にスコアを与える．

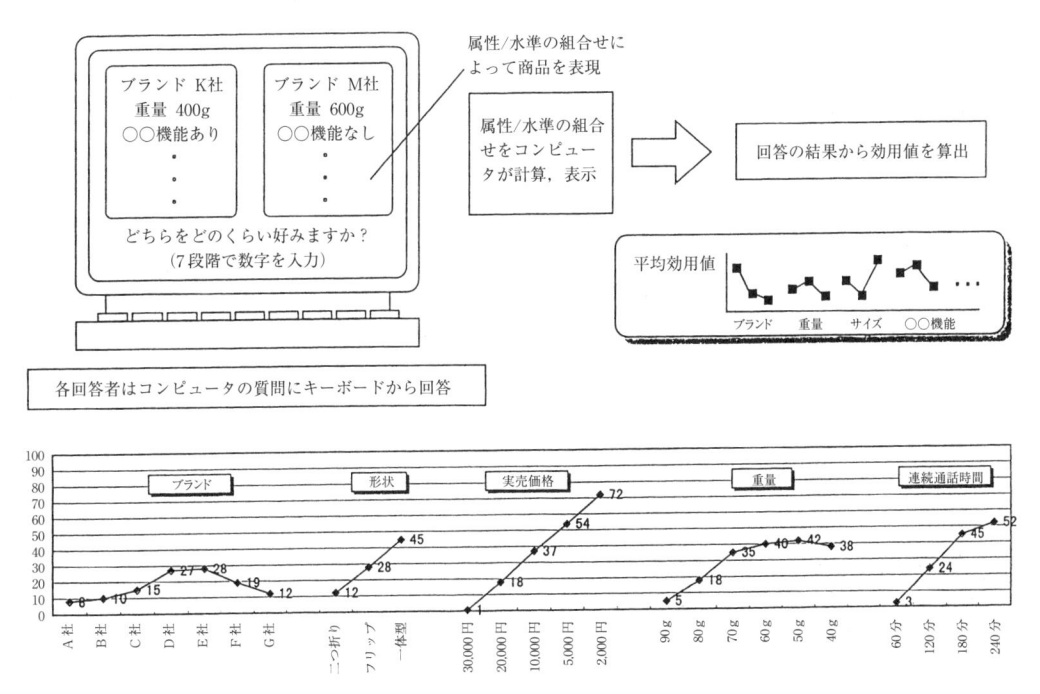

❹ コンジョイント分析の調査方法と活用例

②各行要素および列要素のスコアの座標と見なし，再現性の高い解を二つとり，2次元グラフ上にマッピングする．
③因みに，対応分析，符号分析，双対尺度法，数量化理論Ⅲ類などさまざまな呼称があるが，いずれも同一の解析法である．

マッピングの考え方，読み方については，

④行，列の平均的なパターン（行合計，列合計のパターン）は，マップ上の原点に一致する．たとえば図中の0は特徴のない平均的なパターンの要素がある．
⑤ある行のパターンが，行の平均的なパターンから乖離しているほど，その行要素は原点から遠くにポジショニングされる（列も同様）．たとえば図中のPは，Qよりも特徴が強い（❸）．
⑥行のパターンの違いが，原点からの方向の違いになる（列も同様）．たとえば図中のPとRは反対の特徴をもつ．
⑦各行要素と列要素は，互いに対応関係の強弱を反映した位置に置かれる．たとえば図中のPやQの特徴は高級感であり，Pの方が高級感という特徴が強いことを示す．

[コンジョイント分析：定量評価手法の事例（その2）]

同分析手法は，商品のもつ特性（ブランドや機能・性能・デザインなどの仕様……商品属性という）に対して，ユーザーがもつ効用（どれくらい購買に寄与するか）を科学的に測定する方法で，新商品の開発や仕様変更の際に最適な（ユーザーに最もアピールを与える）商品仕様を見つけ出すのに効果的なツールである．測定した効用値をもとに，コンピュータ上で模擬的なマーケットを作り，さまざまな市場分析やテストマーケティングを可能にする（❹）．

それによって，新製品や仕様変更（価格変更など）後の商品が市場においてどの程度受け入れられるかを市場投入前に予測することができる．

[井口博美]

■文献
D. A. ノーマン著，野島久雄訳：誰のためのデザイン？－認知科学者のデザイン原論，新曜社，1990．

5|211 企業イメージの形成におけるデザインの役割

■企業イメージへの視点
[「企業イメージ」とは]

「企業イメージ」とは一般的に「人がある会社に対して思い浮かべるイメージ」であるとされる．外から見てその企業がどう見えているかということであり，いわば，企業の「人格」に対して，人びとが漠然と感じていることのすべてを指して「企業イメージ」という言葉が使われているわけである．

ところで，「イメージ」という言葉は定義がむずかしく，時として「実体とは切り離された軽佻浮薄なもの」ととらえられたり，「イメージより実質が大事だ」というようにネガティブな文脈の中で語られたりする．また，日本の広告は「イメージ的」で何の商品の広告かわからない，といった批判的議論もしばしば耳にする．これらの議論は「イメージ」が「言葉」のように明確に意味を伝えず，あいまいだということからくるものだろう．しかし，実際には，「人物イメージ」とか「地域イメージ」という場合も同様だが，その人物や地域をすべて「言葉」で表現することは不可能である．

よくいわれることだが，「人間の顔」は誰もが識別できるが，ある人を知らない人に，その人がどんな顔をしているかを伝えようとしてもなかなかうまく伝えられない．「まゆげが太い」とか「目が大きい」とか個別の特徴は伝えられるが，全体としてどんな顔かを言葉で表現することはむずかしい．これはコンピュータでもできないといわれる．人は言葉でなく「イメージ」として人間をとらえているということだろう．企業もまた，バランスシートや損益計算書のような数字や形式的なデータだけで理解できるわけではなく，言葉にならない漠然とした思いや感情，美意識のようなものを通してより深く理解される．マイケル・ポランニーは「人間は言葉で語れる以上のことを知っている」として「暗黙知」という概念（言葉にすることのできない経験的，身体的な知）を提唱したが，「企業イメージ」もそうした暗黙知の領域に属する問題といえる．

[日本型イメージ戦略と差異化のデザインの原形]

ところで，そうしたイメージの重要性については，実務家はまさに「暗黙的に」気づいている．「いいイメージ」の企業の商品はそうでない企業の商品より売上げがいい，とか，「イメージのよい企業」は「高く売れる」，ということはビジネスの現場ではしばしば実感されることである．こうした「実感」は，「企業イメージ」とか「マーケティング」という概念が登場しない以前から実務家や商店主たちの気づいていたことでもあり，「イメージ戦略」の原形のようなものはすでに江戸時代の商業者にも見られる．「商家の家訓」などには，一時の売上げより，長期の「信用」を重視する内容のものがよく見られるが，これなども一回限りの取り引きよりも，「関係」をベースにしたビジネスを志向する日本的ビジネスモデルの原形であろう．そこでは「店の信用」というイメージ形成が重視される．

一方，明治期にはさらに積極的な「イメージ戦略」が展開されてくる．デザインとの関連で典型的な例として，「煙草戦争」がある．これは，国産主義の「天狗煙草」の岩谷商会と「サンライズ」など「舶来」イメージの村井商会の間の企業イメージ戦争でもあった．岩谷商会の岩谷松平はかなりのアイディアマンだったらしく，銀座通りに面した店舗を全面赤塗りにし，これまた赤く塗った馬車に，赤づくめの服装をした店員を乗せて宣伝したり，「国益の親玉」を名乗って，社会的な貢献を重視するPRを積極的に行った．赤は「天狗」を連想させ，外国の侵略を「退治」するイメージ，また，日の丸の赤という国粋的なイメージを喚起するということで使われたらしい．一方の村井商会では，当時の人気作家幸田露伴に景品につける長編小説を依頼したり，世界各国の風景画や美術写真を景品にしたり，音楽隊を編成して，コマーシャルソングを歌いながら大パレード行うなど販売促進を繰り広げた（山本・津金沢，1992）．「煙草戦争」は1904（明治37）年に煙草の専売化とともに終息するが，この時期にすでに「国産主義」対「舶来主義」のようなイデオロギー的な「アジェンダ（論点）」を設定した企業イメージ構築，（とくに岩谷商会のように）目立つためのデザイン，差異化のためのデザインの利用が行われていたのである．

■現代の企業イメージ形成の問題
[可視化する現代企業]

上記のような例は企業からの働きかけとしての「イメージ化」であるが，情報化の進展とともに，企業のコミュニケーション環境も大きく変わってくる．これまで企業は，商品やサービスあるいは広告など直接的に消費者と接する部分で「対外的顔づくり」を行っていればよく，企業活動そのもの，企業内部の行動など＜内＞の部分は表に出さずに済んでいた．しかし，グローバルな情報社会化により，企業は好むと好まざるとにかかわらず，＜内＞の＜外＞化が促進されていくことになる．商品や広告の影に隠れていた企業の実態そのものが「表舞台」に引っ張り出された，というわけである．

第2章 デザインの実務

その結果，企業の種々の活動，立ち居振舞いのディテールが「読まれてしまう」ことになる．社長や経営トップの言動や態度，社員の応対の姿勢，仕事のやり方（ワークスタイル），オフィスのデザインや雰囲気，地球社会との関係の取り方，海外での動き，個人株主への姿勢など多彩な企業活動に反映されている企業の価値基準や行動基準，倫理基準が企業外の多様な人びとによって「読まれ」，あるいは「感じ取られ」る．さまざまなレベルの企業活動のディテール，企業の一挙手一投足が「見られている」というのが，現在の情報化の中での企業である．「視える存在」としての企業は，単に外側の部分だけを飾り当てても無益である．人びとはそうした行為の裏側にあるものさえ深く「読んでいる」のである．記号論的にいえば「シニフィアン（表現部）」を替え，装飾を施しても，「シニフィエ（意味部分＝価値の内容）」が変わっていないなら，受け手はその虚偽性をすぐに見抜くであろうし，何よりも「シニフィエ」自体の意味のレベルをより深く多様に読み取る能力を人びとが備えているのが現代の特徴なのである．

[CI, CC とデザイン]

①CIの残したもの

＜内＞の＜外＞化という変化に対して企業は，これまでのような一方通行的な働きかけだけでイメージ形成をすることはできない．＜内＞と＜外＞の統合という視点が必要になってくる．そこで登場したのが「CI」であり，デザインを利用して企業の実態（＜内＞）とイメージ（＜外＞）の統合を図っていこうとする動きである．ここでいう「統合化」とは企業の内部の価値観や倫理観など企業文化的な側面から商品やサービス現場でのプレゼンテーションのしかたといった目に見える部分まで一貫して，ある視覚的な表現で統一させるということである．こうした考え方が「CI（Corporate Identity）」というかたちで提唱され始めたのは1970年代前半であったが，80年代にはそれが広く日本企業に取り入れられ，「CIブーム」といわれる現象が起きたことは周知の通りである．

1971年に出版された『DECOMAS－経営戦略としてのデザイン統合』（デコマス委員会）は副題に明快に示されているように，企業のアイデンティティ形成にデザインのもつ統合化機能を利用しようとする試みあるいは「宣言」でもあった．この宣言が画期的だったのは，デザインを単に生産効率や使用価値の側面だけではなく，また，販売上の差別化という側面でもなく，経営上のツールとして位置づけるという視点であった．マーケティングやコミュニケーションの問題としてだけでなく，マネジメントの問題として，90年代以降の「企業ブランド構築」の問題につながるデザインの役割が提示されたのである．

「CI」はデザインの「統合機能」に着目したことで，企業のイメージ形成に大きな転換を促したが，肝心のデザインの質については問題が残された．「CIブーム」の中で企業は，古い社名を新しく変えるとか，漢字のロゴをカタカナや英字に変えるとかの変更を行ったが，「ビジョン」や企業のフィロソフィという面での検討が不十分であったためか，出てきたデザインは，一部を除くと，たとえば「近代的でスマートな」というような一般的なイメージしか生み出さず，シンボル，ロゴも平凡で（逆説的だが）アイデンティティの乏しいものであった．せっかく伝統とイメージ資産を有する社名をもちながら，シャレてはいるが無個性なカタカナ社名に変えてしまうケースなど「変えない方がよかった」といわれるようなケースもあったようである．

これは一つには，時代状況的に景気の高揚期で，「ビジョン」にこだわらなくても，マーケティングがうまくいっていた（モノが売れていた）こと，さらに，社内の古い体質の改善や社員の意識改革など，イメージより実態の変革に企業の関心の中心があった（いわゆる「日本型CI」）ことなどが背景にあると思われる．

②CCとデザイン

「CI」が企業の＜内＞に比重を置き始める一方，＜外＞向けの統合化をコミュニケーションを通して実践していこうとする「戦略的企業コミュニケーション（Strategic Corporate Communication＝以下CC）」の考え方が台頭してきたのが80年代後半から90年代にかけての時期であった．従来企業の行うコミュニケーションには，販売促進を中心的な目的としたマーケティング・コミュニケーションといわゆる企業広報的なコーポレート・コミュニケーションがあったが，この二者は組織的にも「水と油」のように解け合わず，＜外＞から見るとまったくバラバラのコミュニケーションが行われていた．

一方，メセナや文化イベント，スポーツイベントなど新たな企業コミュニケーション機会が増大し，それらのコミュニケーションを経営的な視点から統合化するフレームが必要になってきたこともあって，90年代に入るといくつかの先進的企業で「コーポレートコミュニケーション」に関する統括的な機能を担う組織が徐々に作られてきた．「CC」はこの動きの中で，広

報から広告，販促コミュニケーション，冠イベント，株主コミュニケーション，人材募集コミュニケーション，さらには文化支援のようなメセナ活動まで広く企業の行うコミュニケーションを統合的に推進するフレームを提供するものであった．そこではとくに企業の社会的な存在意義を中心的な価値として，コミュニケーションの統合が図られるという傾向が見られた．また，マーケティング・コミュニケーションの内部でも「統合的マーケティング・コミュニケーション＝IMC」のような統合化のフレームが提示されている．

しかし，この「CC」のフレームの中では「デザイン」はほとんど考慮されていない．実際には企業のあらゆるコミュニケーションの側面で「デザイン」は「暗黙的」なイメージの形成に大きな役割を果たしているのだが，そうしたデザインが「CC」のフレームに入ってこないのは，「CC」が企業の社会的存在意義という，重要ではあるが抽象性の高い価値を中心に据えていることに原因があるのかもしれない．いわば，中心的なシンボルを欠いた統合化が行われ，そのためにビジョンをデザインとして具現化できないという問題が残されたといえよう．それは，コミュニケーションを統合してイメージを収斂させても，抽象的な社会的価値に還元されてしまい，「ブランド」になっていかないという問題でもあった．

■企業イメージのダイナミクス／ブランド価値創造におけるデザイン

[（企業）ブランド論とデザイン，マーケティング]

90年代に入ると企業イメージの問題は「（企業）ブランド構築」の問題として再び脚光を浴びるようになった．マーケティング領域における従来のブランド論が「購買時点におけるブランド選択」を重視してきたのに対して，デヴィッド・アーカーらの「ブランド資産（エクイティ）」論によって，ブランドのイメージ管理や資産評価の問題まで議論が展開してブランド論は大幅な進展を見せた．しかしながら，マーケティングの世界でのブランド論議には（学者，実務家を問わず）「デザイン」がほとんど登場してこなかったことも事実である．ブランド管理の一部として，シンボルマークやロゴが考慮されてはいるものの，これはほとんど「CI」の裏返しのような議論で，ブランド形成において企業の「思想」や「美学」をかたちにするデザインの役割（統合化機能），ブランド資産に占めるデザイン資産の問題についてはマーケティング関係者の関心の外にあった

かに見える．一方，企業のデザイン部門においても，一般的に，「プロダクト」のデザインにはプロとして責任をもつが，「ブランド」についてはデザイン部門の問題を超えたテーマとして正面からは取り上げにくい状況になっているようである．こうした状況の中で，昨今では，デザインとビジネスあるいはマーケティングの両方がわかるコンサルタント的な存在の重要性が注目されてきている．アメリカでは，そうしたコンサル機能をもったデザイン会社が近年急速にビジネスを拡大してきている．たとえば，アメリカ西海岸のZIBAデザインは，これまでのプロダクトデザイン会社からマーケティングリサーチ機能やコンサルティング機能を加えた総合デザインコンサルタント企業としてブランド開発を行い，評価されている．ZIBAの社長ソラブ・ボゾジは，ZIBAデザインのブランドアプローチが通常のマーケティング会社と異なる点を，ブランドイメージをデザインや製品開発に直接結びつけることができることだとして，「ブランドイメージを定着させるには，そのイメージから実際の製品への視覚化が不可欠である．マーケティング会社にはそれができない」と述べている．

[ビジョンのデザインへ]

こうした一方で，ビジョンのデザインという観点から急速に業績を伸ばしてくる企業が少なからず登場してきた．「ボディショップ」や「スターバックスコーヒー」のように環境保護や社会的な論点への態度を，抽象的にではなく具体的にアピールしながら企業活動を行っていく，ある意味では「NPO」的な企業が次々に誕生してきたのである．これらの企業が元気で，かつ容易に「ブランド」化しているのは，事業を行う企業の「人格」が見えやすいことが一つの理由であろう．「CI」や「CC」あるいは「ブランド資産論」が突破できなかった壁をいとも簡単に乗り越えてしまったのが，こうした新しい「ビジョンデザイン」型企業である．

よく知られているようにボディショップの事業目的は「利潤の追求」ではなく，事業を通じて「社会変革」を行うこと（アニタ・ローディク社長の言）である．スターバックスコーヒーは，従業員や店を利用する顧客，事業を応援してくれるサポーターとしての株主，さらには原料を供給する発展途上国の地域社会の人びとなどさまざまな「利害関係者（ステークホルダーズ）」に対して自分たちの企業が何ができるか，どんな価値を提供できるかを企業活動の根幹に据えている．これらの「ビジョンデザイン型」の企業は，「CC」が抽象的な社

会的価値にとどまっていたのに対して，具体的なビジョンが明確であり，デザインに落とし込みやすい．そのため，広告や宣伝にお金をかけるよりも「デザイン」を有効に活用するという特徴をもっている．ビジョンが店舗のデザイン，商品パッケージ，パンフレットなどに一貫して反映され，それぞれが連鎖的に価値を生んでいくためにデザインの統合化機能が生かされたかたちでのブランド化が可能になっているのである．

■企業美学とエクスペリエンス（「経験」）のデザイン

近年「経験」（エクスペリエンス）という概念がブランド構築において重要な概念としてクローズアップされている．ブランドがプロダクト（製品）であることを超えてもつ独自の意味や世界を具体的に「経験」として提示することが強いブランド構築に必須であるとの考え方である．ここで，「経験」（エクスペリエンス）とは，単なる過去の出来事ではなく，「いま現在感じる感動や感激」であり，「忘れられない思い出に残る体験」を指している．

たとえば，ナイキは自ブランドの世界を「ナイキタウン」という空間の中で「感じられるもの」として提供することで，ブランドの世界を消費者と共有することに成功している．こうした「経験」の提供は空間だけでなく，ウェブを通して，広告という表現を通して，さらにイベントや従業員・経営幹部といった「ヒト」を通して具体的に「感じられるもの」となる．

企業が創造する価値としての商品，サービスは，これまで主として機能性や利便性という側面から評価されてきたが，実際には商品やサービスを提供する企業のもっている美学や価値観が，その商品やサービスのデザインに反映されており，消費者はそうした企業の「美学」を敏感に感じ取りながら，その企業に対する好意や反感を感じ取っている．

このことは，商品やサービス，コミュニケーション，広告や店舗，さらにはヒト（社長や社員）の言動など消費者との接点（コンタクトポイント）におけるデザインの重要性を示しているとともに，美学的なマネジメントの必要性を示唆するものである（❶）．

コンタクトポイントにおける美学的な価値とは「経験」価値をどうデザインするかということでもある．「企業活動は〈科学〉の対象である以上に，〈美学〉の対象である」（榊原，1996）という観点に立つなら，「経験価値」という概念を美学と結びつけることで，デザインを組み込んだ新しいマネジメント理論が可能になる

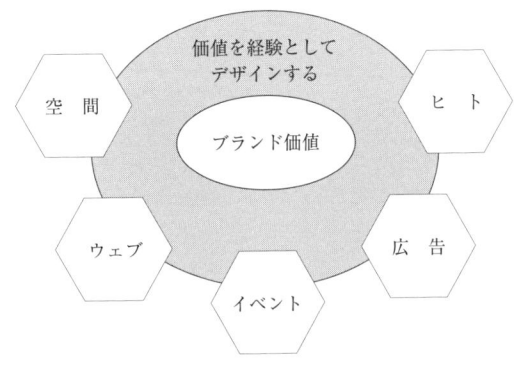

❶ブランドエクスペリエンスのデザイン

はずである．

「企業イメージ」はマーケティング上だけでなく，経営上の重要なテーマであり，その形成においてはデザインが大きな役割を果たす．しかし，デザインがその役割を果たすためには，前提として，

①デザインを差別化のためではなく，統合化のために活用すること
②企業の〈内〉に抽象的ではない，具体的な（ビジョナリーな）ビジョンが共有されていること

が必要である．

「企業イメージ」の問題は，じつは「企業ブランド価値」の問題でもある．これまでの日本企業は「ブランド化」よりも，短期間で次々と新製品を送り出すことによって差別化競争，時間競争における優位性を確保する戦略を採ってきた．その結果，グローバルな「シェア競争」に勝ち抜いてきたが，逆にそれが日本企業発の「グローバルブランド」が育ちにくい原因の一つにもなっている．それは，デザインが「差別化」のために表層的に利用され，使い捨てられてきたということでもある．「ブランド」が大きなテーマとなっている現在，デザインが本来もっている統合化機能を再認識すべき時期に来ていると思われる．

[岡本慶一]

■文献
榊原清則：美しい企業・醜い企業，日本経済新聞社，1996.
紺野登：ポスト量産時代のデザイン・アイデンティティ．AXIS，73：046-049，1998.
山本武利・津金沢聡：日本の広告，pp.114-129，世界思想社，1992.
デコマス委員会（中西元男代表）編著：DECOMAS－経営戦略としてのデザイン統合，三省堂，1971.
岡本慶一：ビジョンデザインとブランド構築．季刊マーケティング・ジャーナル，No.78，2000.

5|301 概説

■デザインの目的

将来的にわれわれのデザインクリエーションおよびビジネス活動の領域は，垣根を越えて世界に広がっていくことになるであろう．その時点でデザインもしくはデザイナーがどのような立場や立ち居振舞いを求められるのか？を考えていくことが重要だと思われる．世界には国や民族の特性に応じた多様な手段や方法，しきたりが存在し，また，それらが各々の地域のオリジナリティとなっているのが現状である．デザインという行為の有する意味も，プロダクトだとかグラフィック，建築などの領域の限定のしかたやそれに関する人びとの職能や地位も地域によって差がある．ただしいずれにも共通する点は，大方のデザイン活動が何がしかのビジネス活動を前提として成り立っている点にある．海外の国々でも日本でも，共通の目的としているのは価値ある商品をオリジナリティをもって開発し，市場へ投入し利益を上げる，またその利益を用いてさらに価値あるものを創造する．つまり，めざすところは同様でもそのプロセスの違いがデザインの価値の差を生み，それが国境となっているわけである．

■デザインプロセスと事業創造のプロセス

筆者は米国で建築，デザイン，ビジネスの教育を受けたため，それらを日本の環境の中で活かすために，社会システムの中でのデザイン，つまりビジネスとしてデザインをとらえ，いかによいものを最適の方法で作り出すか，ということを常に念頭に置いている．本章の別項でも紹介されているように，米国，欧州，日本はデザイン手法についてもそれぞれ独自の性格をもっているが，それらも大きなビジネス構造のデザインプロセスから見れば過程の一つに過ぎない．デザインのプロセスと事業創造，企業のプロセスは驚くほどの類似性が見られる．戦略を立て，調査を行い，指標を定め，モデルを作り，スクーリングを繰り返し確固たるものを仕上げていく．その中にはコーディネーターが存在し，種々の専門性をもった人間たちの発想が介在する．いずれにせよ「戦略の明確化」が不可欠であり，デザイン自体が社会と連動している以上，社会全体の流れをとらえた戦略なしでのデザイン構築はありえないという裏づけになるのではないか．デザイナーは姿，形を作り上げるという行為から，デザインを用いてビジネスを形づくる役割を担うようになり，先端といわれる世界のデザイン現場ではデザイナーがビジネスのリーダーシップを取るようになりつつある．

■デザイナーのビジネスのあり方について

デザイナーが世界を相手にビジネスをとらえる上で押さえるべきことは三つある．デザインの費用およびデザイン開発の契約形態，デザイナーへの報酬，もう一つはデザイナーの活動領域についてである．

デザインを行う上での費用の設定や契約の形態については，欧米や地域によっての違いのような固定化された概念ではなく，費用を出す側，契約を取り交わす相手の環境や条件を踏まえた上で臨機応変に対応すべきである．デザインフィーやロイヤリティといった切り口のほかにも，事業を起こすことでの利益を得る例もデザイナーの中に現れてきている．それに伴うデザイナーの報酬のあり方も，デザインに対する費用という内容から，ビジネスを立ち上げることでの利益を得て，それを再びデザイン活動に還元していく，といった複合的な形に変わりつつある．また，デザイナーの活動領域も単に抽象的な意味合いとしての美しさや斬新さの具現者という立場を超え，国策，社会的背景，市場の推移を大きな流れとしてとらえ，将来的にはエネルギー事業のような社会インフラに直接かかわってくるような要素も含むべきである．デザイナーどうしも，それぞれが個となり群となり互いに力を発揮でき，利益を得られるような体制を取るべきである．日本ではデザイン業務に従事している小規模事業者を集めて「日本デザイン事業協同組合」が発足した．ここではデザイン業務を行うものが一つになることでメリットが得られるようなしくみをいくつか実践している．

■世界の中の日本のデザインビジネス

ビジネスセンスを含んだ意味でのデザインに関して日本は，世界でも秀でたものになりつつある．われわれ日本のデザインの先端はすでに世界と肩を並べ，リーダーとしての一翼を担う人材や組織も現れ始めている．各地域での進捗の差や特色の違いはあれ，それぞれの地域の特性を活かし，相互補完の関係が今後も得られることが重要なことはいうまでもない．さらにプロデュース，コーディネーションも要素の一部とした新しいデザインを進めていくことで，デザイナーが世界のリーダーとしての意識をもち，世界に対するデファクトスタンダードづくりとオリジナリティの追求を綿密に行っていくことが，デザイナーから21世紀の世界へ向けた発信となるのではないか．

［平野哲行］

第３章｜海外のデザイン

5|302 ヨーロッパデザイン界の現状

■ゆれるヨーロッパ産業界とデザイン

　ヨーロッパのデザイン界は，ここ数年さまざまな動きが起こっている．ここではヨーロッパ各国の取り組みや官学の動向は誌幅の関係上割愛し，ヨーロッパデザイン最前線をまとめてみたい．

　この動向の要因は，下記の3点である．1993年のヨーロッパ共同体（EU）の発足に伴う巨大マーケットの誕生，2001年から導入された単一通貨ユーロによる為替の標準化・安定化，世界的な産業編成による高度化・情報化への転換が挙げられる．20世紀終盤から始まった環境変化は，世界の国々の産業基盤に多かれ少なかれ変革を求めている．たとえば，フィンランドのノキアは，1990年危機的な状況から脱するために家電部門をすべて売却し情報機器メーカーへと脱皮を図った．このノキアの業態転換は，今も教本として生きている．ダイムラーベンツがアメリカのクライスラーと合併を発表したニュースは，私たちを驚嘆させた．高級ブランドと大衆車との組合せなど，誰が予測できようか．しかし，現実にはグローバルマーケットを生き抜くためには，資本をバックとした開発力と販売力の両輪が必要なことを明確化した．こうしたグローバルマーケットの動向は，ヨーロッパの経営に大きな変化を求めたことは記述するまでもない．

　ヨーロッパの経営環境の変化は，家族経営で資本力をもたない中小企業にも襲いかかっている．かつて国内や近隣向けにミニマムロット製造していれば成り立っていた企業は，マーケットの拡大によりこれまでの数倍もの生産力が求められるようになった．同時に特色ある企業でなくては存在できなくなった．また，価格競争力，生産力，品質安定力，販売力に対応できない中小企業の経営者の中には，経営を放棄したり，経営者の息子たち（二代目，三代目）が新たな資本を導入（国の補助金など）のもと経営基盤を立て直したり波が立っている．

　新たな会社を設立する起業家に対して，政府がバックアップする動きも顕在化している．たとえば，1999年イタリア政府がベンチャー企業に対する開発資金優遇策を募ったところ国内約1万社が応募した．応募企業の開発内容を審査し，その結果2千社に開発資金の半額が無償で助成された．また，ベンチャー企業が経営的に自立していくために初年度50％，2～3年度25％の運転資金を補助する優遇策も導入した（人件費を除く，運転資金，経費，銀行金利が対象）．その他，自立するまで国の外郭機関がマーケティング，デザイン，セールスプロモーションをサポートするサービスもある．こうした手厚い政策により起業家支援が行われている．

　家具やリビング雑貨，住設機器，素材，工作機器などのメーカーの多いヨーロッパ諸国では，商談のほとんどは，ヨーロッパの主要都市で定期的に開催されている見本市（メッセ）で行われている．デザインに関連する見本市には，ケルンで開催される家具ショー，アンビアンテデザイン（フランクフルト），ミラノ国際家具見本市，インターツーム（ケルン・隔年），100％デザイン（ロンドン）が主な展示会である．

■ヨーロッパのデザイン動向

　前項でも記述したが，ヨーロッパのデザインをリードしているのはファッションとクルマの両産業を除くと，圧倒的に家具およびリビング雑貨を中心とした産業である．最もよく知られている展示会にミラノ国際家具見本市（通称・ミラノサローネ）がある．イタリア国内外の約3千社の企業は，毎年4月上旬に開催されるこの時期に合わせ，新製品を準備する．これらのデザイン開発に世界中の多くのデザイナーが参画している．サローネを主催するコスミットは，出展調整，世界中のマスコミ機関への広報，集客を促すための特別展，若手デザイナープレゼンブースの調整などを行っている．また『インテルニ』誌は，会期中に街中で開催される約300の展覧会・展示会のガイドブックを編集制作し無料配布する．街中ではこのガイドを片手に散策する人であふれ，まさにミラノはデザイン一色に染まる．このサローネ期間中，世界中からバイヤー，ジャーナリスト，デザイナー，その数，十数万人がミラノに集結する．こうしたミラノデザインのパワーを肌身で感じると，ミラノがデザインのメッカとして存在していることを強く実感する．

　ヨーロッパの経営者の多くは，自らデザイナーに自社製品のデザインを依頼する．そのためにデザイナーとの交流は欠かせない．同時に，若く才能あるデザイナーの発掘にも余念がない．今ではヨーロッパデザイン界の一翼を担うジャスパー・モリソンやAZUMIなども展覧会や展示会から引き上げられた人である．逆見方でいえば，いかに彼らの目に止まるか，そのためにはオリジナリティのあるデザインと自らの存在を絶えずアピールしなくてはならない．

　肝心のデザインフィーは，ほとんどロイヤリティシステムを採用しているケースが多い．一般的にロイヤ

リティの目安としては，工場出荷価格の3％が標準である．ただし，ロットが限られる場合とデザイナーのネームバリュー（実績）によって4～10％くらいまで幅がある．このシステムの企業側のメリットは開発負荷の低減であり，デザイナー側は，製品が売れないと一円も入らない厳しい現実下に置かれる．それだけに成功した暁には，高額のデザインフィーを手にすることができる．著名で高齢のデザイナーや，マスコミによく登場する売れっ子デザイナーには，年間数千万円のロイヤリティを稼ぐ人が何人もいる．

　一方，日本のようにインハウスデザイナーを抱えない多くのヨーロッパの企業は，デザイナーと企業のスタッフ部門とが共同事務所を開設したり著名デザイナーをデザインのディレクターとして招いたりする動きが見られる．よく知られるケースとしては，オリベッティと外部デザイナーやヨーロッパのクルマメーカーとカロッツェリアのケースなどがある．現在，オリベッティのディレクターを務めるミケーレ・デ・ルッキは，一時期20名ものデザインスタッフを事務所内に受け入れプロジェクトに対応していた．類似のケースとしては，英国のハビタがトム・ディクソンに，IBMがリチャード・ザッパーに，スウォッチ，フィリップスはアレッサンドロ・メンディーニにマネージングディレクターを依頼し，それぞれ成果を上げている．

■ヨーロッパの企業とデザイナー

　ミラノは相変わらず，デザインの集積と発表の場としての高いポテンシャルを維持している．デザインを必要とする家具・日用品の主たる企業がミラノ郊外に集積していることが主な要因である．中でも，北イタリアのオメーニャ市のクルジナーロに拠点を構えるアレッシィは，1921年銅・真鍮・洋銀製の食器や日用品のハンドクラフトメーカーとして出発．70年代以降国内外の著名なデザイナーにデザインを依頼し，今日大成功を収めている企業の一つである．このアレッシィは，1991年以降四つのパラメータを設定して製品化の判定を行っている．アレッシィの経営に携わる8名がこの構成メンバーで，「美しさ」「コミュニケーション」「機能」「価格」の4項目を消費者の身になって五段階で評価するといったユニークな方式を採用している．また，外部デザイナー起用に際しては，「スーパー＆ポピュラー」といったキーワードで，突出した素晴らしい才能と人に理解される，愛されるデザインを実践できることが絶対条件となっている．デザインが単に新しい価値を提供する機能だけでなく，消費者に受け入れられるかといった視点でデザイン実践している世界でもまれな企業である．また，最近ではアレッシィリサーチセンターを設立し，若手デザイナーの発掘・育成に力を注いでいる．一方，アレッシィは自らのブランドをより拡大するためにライセンスビジネスに乗り出した．アレッシィのもつデザイン力・ブランド力を提供することにより，他社の得意とする技術力や販売力とのタイアップでシナジー効果を上げることに目的がある．

　ヨーロッパのデザインの底辺を高めたのは「THE CONRAN SHOP」の創始者として知られるテレンス・コンラン卿である．コンラン卿が提案した「住・食」の提案は，美術館のキュレーターの目でセレクションしたようなショップ形態で行われた．そして，このテイストは消費に敏感なヨーロッパのアッパーミドル層に受け入れられた．このコンラン卿の提案は，1990年代ヨーロッパの居住空間，カフェ，ホテル，レストランに大いなる影響を与えたことは記述するまでもない．この両社に共通するのは，時代性の読解とブランド構築の巧みさである．同様な会社では，カルテル，マジス，イカミ，カッペリーニ，アルテミデ，フロス，レクソンなどの企業が上げられる．

　一方，ヨーロッパのデザインシーンに大きな影響力を与えているのがオランダのドローグデザインの活動である．このドローグデザインは，デザイン評論家のレニー・ラーマーカースが個人収蔵品を展覧会として発表したことから始まる．93年にデザイナーのハイス・バッカーと共同で，ミラノサローネで発表し大成功を収めた．その後，政府の補助金を受けるために財団法人を設立し，今日に至っている．ドローグデザインの作品は，ユトレヒト中央美術館が貴重なデザインとしてコレクションしている．収蔵数は1999年末で約140アイテムになる．

　ドローグデザイン誕生のきっかけをレニー・ラーマーカースは「プロダクトデザインといえば，幾何学的で抽象的なデザインが中心でした．しかし，1990年頃オランダらしくシンプルなプロダクトなのですが，ちっとも地味ではなく，何かとてつもなく斬新なひらめきを秘めたデザインが私の目を開いた」と『デザインニュース』誌のインタビューに答えている．

　主要メンバーのリチャード・ハッテンやテヨ・レミのデザインする作品は，エコロジーでローテクなデザインであるが，デザインのコンセプトが明確で発想力

や構想力の大切なことを教えてくれる．デザインに内包された精神性をコミュニケーションに変えるニューデザインといえる．そうした背景は，リチャード・ハッテンやテヨ・レミのスタジオを訪れるとすぐにわかる．日本のデザインスタジオのように整頓されたスタジオではなく，工作機械や定盤，木材，布，接着剤，塗装材が散乱した工房である．あらゆる材料を活用しデザインをスケールモデルで確かめながら作成している．もちろんコンピュータも活用されているが，あくまでもプロセスの一部として使用しているだけで日本のように機器に頼ることはない．自分たちでモデルを作り，マテリアルを検討し，プライスを考えるところまでをデザインの領域としている．

また，オランダでは国の政策として有能なアーティスト，デザイナーを保護している．日本円にして月額約15〜17万円程度の補助がなされている点も特色である．最低限の活動資金を保証されたデザイナーは，モノづくりに埋没できる環境が整備されている．しかし，ドローグデザインは広く知られるところとなり，彼らのデザインし発表した家具や日用品にヨーロッパ企業が製品化（量産）を持ちかけるケースも増えている．

■21世紀のヨーロッパデザインの環境

ヨーロッパのデザインは，自動車業界，ファッション業界と一部の大手企業を除くと中小企業集団である．これらの企業は可能性と生き残りを賭け，新しいマーケット創造に向けてデザインを強化し開発に邁進している企業は多い．

今後，ヨーロッパのデザイン界が大きく飛躍するためには過去の産業システム上にあるのではなく，新たなデザイン開発のシステムづくりが必要と思われる．すでにフィリップスとアレッシィのコラボレーションによる家電の開発や，スウォッチのヤングマーケットのノウハウを活かしたメルセデスベンツによるタウンカー「スマート」の開発などにより方位が示されている．こうした互いのリソースを活用したデザイン開発が定着すると，デザインマインドをもつ経営者とデザイナー層の厚みをもつヨーロッパのデザイン界は大きな躍進が期待できる．また，ここ数年ジャスパー・モリソンやマーク・ニューソン，フィリップ・スタルクなど，世界のデザイン界を引っ張るデザイナーの活躍の場が，これまでのジャンルから市電やクルマ，飛行機など交通機関へと幅を広げつつある．こうしたジャンルは社会インフラと密接に関係するジャンルだけにデザインの可能性を広げることになる．

ニューヨークのクーパーヒュイットミュージアム館長ポール・トンプソン（元ロンドンデザインミュージアムディレクター）は，「21世紀を通じてとくに興味があるのは，デザイナーやメーカーがゆりかごから墓場までの分野に対応できる製品，サービスや寿命の長い製品を生み出す必要性および環境への影響を最小限にする必要性に本当に取り組むかどうかです．今のところ，この動きはまだほんの幼児期です」と語る．一方，オランダ戦略研究所のジョン・サッカラは，産業とデザイン戦略を明確化するための情報の共有を促すためのシステムづくりの必要性を力説している．

2002年1月ユーロは，EU諸国新通貨として大きな混乱もなく市場に導入された．このユーロの導入により，ヨーロッパ各国は一つの大陸として新たな活動を開始した．また一方，ユーロの導入は，ヨーロッパ各国の経済界・産業界に機敏性を求めた．2002年のミラノサローネは，ビジネスの勝者をめざし意気込みを露わにしていた．経営の規模が大きくなることを求めなかったこれまでのヨーロッパ産業界は，一様にビジネスライクな側面を露わにするようになってきた．

具体的に述べるならば，①技術導入により高品質なモノづくりは，ヨーロッパ各国地域を問わず可能となった．②リアルタイムな情報ソースやマーケティングの結果同質なモノづくりに片寄る傾向がはっきりしてきた．③これまでの地域性や国民性が薄くなり，「インターナショナルスタイル」「インターナショナルデザイン」をめざし始めた．このようにビジネスデザインの傾向が強く，もう一方の軸である次代のデザイントレンドやムーブメントが見えなくなっている．ヨーロッパデザイン界は，これまで比較的秩序が保たれていたが，今後は企業間競争が激化すると思われる．デザインの役割として，特色ある企業活動を助成する一方，新たな価値創造，産業創造を怠ってはならない．最後に日本はヨーロッパのデザイン環境に対して，インハウスの特性を生かした高度な技術とデザインや人間との関わりをテーマとした先行提案を通じて，ジャパンデザインの存在意義を明確化しなくてはならない時期に来ている．

［桐山登士樹］

コラム「私の選ぶ図書10冊」

日原もとこ［色彩学／東北芸術工科大学］

①『記憶の形象―都市と建築との間で　上・下』(槙 文彦著，筑摩書房［ちくま学芸文庫］，1997)

　著者設計による代官山ヒルサイドテラスは25年間の大プロジェクトで，時代背景に沿った思考の変遷が重なる．永年の海外生活で磨かれた普遍の美学を追求しながらも，21世紀に向けた和の美学のあり方を示唆する．

②『アースワークス(大地の言葉)』(ライアル・ワトソン著，内田美恵訳，旺文社，1986)

　「生物学のシュリーマン」と呼ばれる著者は，ライフサイエンティストとして，科学の狭間といえるソフトエッジの生命や意識に関する謎に対して，大胆な仮説と鋭い問題を提起．ジャンルを超えた知的興奮が得られる名著．

③『自然と象徴―自然科学論集』(ヨーハン・ヴォルフガング・フォン・ゲーテ著，高橋義人編訳，前田富士男訳，冨山房［冨山房百科文庫］，1982)

　本書は「自然観」など4部構成で編集されているが，とくに「色彩論」では，20世紀の客観主義，定量主義に偏重した色彩学に，ゲーテ独自の自然観による色彩現象の記述はなお新鮮で，21世紀への方向性を刺激する．

④『芸術と美学』(ルドルフ・シュタイナー著，西川隆範編訳，平河出版社，1987)

　今日の唯物論的な思考を通じた自然法則の探究は意味のないことだとする．それに対して霊的な力を重んじる人智学が，芸術的知覚と創造のための真の規範として実践する著者の哲学は，最近，再び脚光を浴びている．

⑤『色彩・歴史・風土―美術化学私論』(杉下龍一郎著，瑠璃書房，1986)

　文化財保存科学の現場を踏んだ視点で，デザイン分野での色彩理論とは異なり，「民族の心に沈潜する色彩感と色材の使用とに焦点を当てた一種の色彩文化論」と述べられるように，色彩探究のモチベーションがさらに高まる．

⑥『日本人の住まい　上・下』(エドワード・S・モース著，齋藤正二，藤本周一訳，八坂書房，1979)

　明治の招聘米国人研究者で最も有名な一人．当時の伝統的日本庶民の生活様式とデザインの実態が，家屋，室礼，道具などの細密な観察とスケッチによって残され，現代日本人が忘れかけている大事な視点を教える．

⑦『美学入門』(中井正一著，朝日新聞社［朝日選書32］，1975)

　とくに，全体の30％を占める「日本の美」の章は，1952年に宝文館より出版されたもので，西洋と東洋，日本と中国の美を対比させる件は現代人にとっても新鮮で，日本人の美意識を分析した重要なバイブル．

⑧『形は語る―視覚言語の構造と分析』(D・A・ドンディス著，金子隆芳訳，サイエンス社，1979)

　高度情報社会の中で，あらゆる視的要素の概観，誰にもわかる意味の領域を明らかにするために，視覚リテラシーに内在する普遍的コミュニケーションの諸相について解説．イラストなども豊富で読みやすい．

⑨『知覚の心理学』(M・D・ヴァーノン著，上 昭二訳，ダヴィッド社，1966)

　膨大な心理学派による知覚領域の実験結果を包括し，平易に解説した入門書で，見慣れた図なども多く，芸術やデザインを学ぶうえでこうした心理学はさまざまなヒントを与え，モノづくりへの意味を深める．

⑩『トポスの知―箱庭療法の世界』(河合隼雄，中村雄二郎著，明石箱庭療法研究会協力，TBSブリタニカ，1993)

　近年，心の病は複雑で深刻な状況を招いている．デザイン分野からのアプローチを模索するとき，「箱庭療法」は心理療法を超えて，人に潜在する豊かな創造性を表出する技法ととらえれば，新たな発想のヒントに繋がる．

5|303　アメリカデザイン界の現状

■個人と集団のデザイン

　8年間のアメリカにおけるデザイン生活を終えて日本に帰国する途中，ヨーロッパの著名なデザイナーとその事務所を表敬訪問し，意見交換を行った．驚いたのは皆異口同音に最初に出た質問が「なぜアメリカのデザインコンサルティング会社は多量のデザイナーを雇い，しかも全員にある程度のレベルの給料を払えるのか」というものであった．世界に名の知れた成功しているデザイナーからの意外な質問に，欧米間のデザイン事情の違いを強く感じた．ヨーロッパにおいては優秀な個人デザイナーが自らの名で仕事を取り，すべてのデザインに責任をもち，彼ら彼女らのもとで勉強を兼ねてアシスタントとして働く者は学生のアルバイト並みの給料かあるいは持ち出し同然の低賃金で働くという構図ができている．またデザイン料もコンサルティング費というよりもあらかじめ自己投資してデザインを完成させてから成功報酬として売り上げに応じて後に払われるケースがほとんどで，アートあるいは工芸的な歴史的背景の中から生まれたデザインをデザインととらえる彼ら，彼女らにとっては，多額の費用を費やして多くのデザイナーが参加し進められるアメリカのデザインプロジェクトのビジネス形態自体が信じられなかったのかもしれない．

■アメリカデザインの経緯

　1950年代，アメリカは発明家としての意気に燃えていた．アメリカのデザインの中心は，重工業の核をなしていた自動車産業や，生活の豊かさを助長するかのような「便利さ」と「自動化」をキーワードに発達した電化製品産業，他国に例を見ない広さの住空間に置かれる大型の家具やオフィスの鉄製の家具であった．いわゆるmid century modernの時代は各々が豊かな生活を背景に，他国の歴史や文化に迎合しない独自のスタイルを表現したデザインの黄金期であった．1970年代から自動車産業や電子機器産業は小型，低コストと高品質で優位に立つ日本製品に押され，物理的生産を海外に依存するようになるにつれて，デザインは徐々に低迷してくるが，コンピュータ産業の発展の兆しをいち早く感じ取ったエンジニアや研究者がアメリカ西海岸，サンフランシスコの南60kmに位置するパロアルト周辺，いわゆるシリコンバレーに集まり始めるのもこの頃である．1980年代に入るとスタンフォード大学周辺はゼロックス社の研究所であるPalo Alto Research Center[PARC]やヒューレット・パッカード(HP)社，自宅のガレージでコンピュータを生産し始め，成功して急成長したアップル・コンピュータ社などの進出によって，一大コンピュータ産業が開花，ソフトウェア，コンピュータ周辺機器や医療機器，通信機器の産業にも拍車がかかり，デザインビジネスも東海岸や五大湖周辺から西海岸に移り，一斉に開花する．その中心にいたデザイン会社が，アップル社の初期のマッキントッシュのデザイン言語を開発し世界に一躍脚光を浴びるようになったドイツ出身のデザイン会社Frog Designや，XEROX PARCが開発しアップルによって定着したGUI(グラフィカルユーザインタフェース)をデザインする新分野のデザイナー，インタラクションデザイナーを誕生させたID TWO，そして，アップルを始めHPやその他のスタートアップカンパニーの初期のアイデア製品を具現化するビジネスによって急成長した技術者集団のDavid Kelley Design(DKD)である．このほかにも少人数で力をもつ数多くのデザインスタジオが誕生し，世界中の若い有能なデザイナーがカリフォルニアに集まり始めたのもこの頃である．1990年代に入るとコンピュータ，マルチメディア，通信，コミュニケーション，インターネット，医療，バイオテクノロジー，環境デザインなどが融合したハイテク産業が激化，デザインビジネスもより複雑化し，デザインコンサルティング会社は単なる造形家から，技術，ソフト，システム，人間工学，認知心理学，アートなどの複合化したスペシャリティによって商品を開発し，かつそれをビジネスに結びつける製品ビジネス戦略の立案としくみまでを手がける総合製品開発コンサルタントに変貌した．どのデザイン会社もデザイナー中心の集団からエンジニアやソフトウェア，人間工学のスペシャリストを揃えた，複合スペシャリスト集団を売り物に，マルチメディアビジネスに対応した別組織を開設するなど，産業に対応する創造集団として変化してきた．

■ビジネスとしてのデザイン

　アメリカにおけるデザインの位置は常にビジネスの中に存在する．アート(デザイン)とビジネスとテクノロジーという三位一体の中に組み込まれたデザインはヨーロッパのようにアートとして突出した部分もなければ日本のようにクラフト的マインドに支えられたプライドの高いエンジニアリングも存在しない．アメリカの起業家が育つことで有名なカリフォルニア州のスタンフォード大学の中にアメリカのデザイン社会の縮図のような教育プログラムがある．それはメカニカルエンジニアリング学部と芸術学部をまたぐ形で存在す

るプロダクトデザインプログラムである．ここでのプロダクトデザインは製品開発を意味し，インダストリアルデザインとの違いを明確化している．学生は異なるそれぞれのスペシャリティの基礎の上に技術とアートを積み重ねるように学び，さらにビジネスも必修しなければならない．ビジネスのクラスはMBAの中に組み込まれたプログラムによって行われる．ほとんどの学生はエンジニアとしての素養が強いが，新しい技術開発によってビジネスを立ち上げることが最終目的で，そのためには製品を具体的にまとめ上げるデザイン的知識が必要であるためにデザインプログラムも必須となるが，デザインスペシャリストとしてのデザイナーになることをめざすわけではない．

デザインも技術もビジネスを立ち上げるための一つの要素である．スペシャリストとしての位置はビジネスというゴールをもち，デザインのみで完結するヨーロッパや日本のような職人的思想はそこに存在しない．複数のスペシャリティをもったジェネラリストはアメリカの産業構造の顕著な形態である．

■マルチディシプリン

アメリカが製品の生産の拠点を海外に移し始めた頃から製品の基礎開発技術を具現化し製品化する開発部隊が企業から減り始めた．さらにシリコンバレーを中心に西海岸で急成長した企業は元からコンテンツやソフト開発が中心でハードウェアの開発を内部で行う体制は整えられていなかった．社内にすべての専門分野のスペシャリストを抱える日本企業と異なり，もともと不足部分，あるいは強化が必要な部分はアウトソーシングで補うことがビジネスのベースにあるアメリカでは，インダストリアルデザイン，インタラクションデザイン，メカニカルエンジニアリング，人間工学，マーケティング，そしてビジネスコンサルティングと，各々が個別にコンサルティングサービスを提供してきたが，それらを統合した総合プロダクトデザイン開発会社が誕生し始めたのが1990年の初頭である．それによってクライアントは分離した専門分野間の面倒な調整や複雑な開発プロセスの立案に苦慮する必要がなくなり，一方コンサルティング会社側は各ディシプリンが共同で製品開発にあたるため開発の早い時点で幅広い視点のアイデアが多数創出され，それによって独自の開発プロセスやノウハウをもつようになり，それをビジネスの武器に，より複雑で高度な創造性が要求される特異な製品開発デザインを行うようになり，成功の実績を積み上げていく．単独でのデザインビジネスはそのマルチディシプリンを抱える総合デザイン開発コンサルタントに太刀打ちできなくなっていった．

■デザインコーディネーターの存在

アメリカのデザイナーと日本のデザイナーとの最も大きな違いは，アメリカの大半のデザイナーはデザイン専門会社やデザインコンサルティング会社，あるいはフリーランスデザイナーとして，企業の外部で仕事を行っているのに対し，日本のデザイナーは多くが企業内でインハウスデザイナーとしてデザインを行っていることである．

アメリカの場合，たとえ企業内にデザイン組織が存在しても，外部のデザイン会社も使い，内外のデザイナーの併用は一般的である．また企業内にデザイナーがいない場合でもデザイン担当マネージャー（デザインコーディネーター）という職種が存在する．彼らの役割は自らがデザインを行うのではなく，外部デザイナーと内部組織，たとえば，技術者やマーケティング担当者，企画部門などとの橋渡し役としてプロジェクトをコーディネートし，スムーズに製品を立ち上げるための細部に至るまでのデザイン管理を行うことである．彼らは外部デザイナーの才能や素養，得意な製品分野や過去のデザイナーの経験などに熟知し，デザイン界の広いネットワークをもち，プロポーザルの承認からスケジュールやデザイン費用，ベンダーの選定や型，色や仕上げの確認に至るまでのすべてのデザイン管理を行う．彼らはエンジニアやデザイナー出身者が大半で，一つの優れた新製品を立ち上げるごとにその功績をもって新しい会社に移り自分の地位を上げていく．アイデアと基本技術をもとに少人数で立ち上げたシリコンバレーのスタートアップカンパニーはほとんどの専門分野をアウトソーシングに頼らざるを得ない．その際の外部デザイナーの選択やプロジェクトマネジメントは成功の重要な鍵になり，有能なデザインコーディネーターは頻繁にヘッドハンターから声がかかる．彼らの存在は効率よく質の高いデザインの新製品を生み出すのに不可欠で，日本に存在しない職種である．

■デザイナーという人材

アメリカンデザインであるからアメリカ人デザイナーがデザインしているという認識は誤解である．前記したようにヨーロッパでデザイナーとして収入を得ることはやさしくない．さらに，産業の形態からいっても，

アメリカの方がはるかに多くの新しい製品を開発しているため，興味深いプロジェクトに携われる機会も多い．若いヨーロッパのデザイナーたちはポートフォリオを片手にアメリカのデザイン会社のインタビューに臨む．したがって競争は自ずと激化し，有能なデザイナーがアメリカでの生活権と収入を得る可能性が高くなる．その競争にアメリカ出身のデザイナーも勝ち残らなければならないが，競争相手は自国に限らず世界なので，生き残る可能性は少ないのである．アメリカはデザインビジネスの機会を与え，世界中のデザイナーがそれに参加する権利がある．これはデザインに限ったことでなくアメリカンビジネス全体に共通して言えることであるが，とくにデザイン界では顕著である．ここでもアメリカは総合プロデューサーであり，多国籍創造者の集合体である．

■ユーザセンタードデザイン

アメリカがマーケティングに優れている国であることはいうまでもないが，コンピュータのグラフィカルユーザインタフェースが誕生したあたりからハードもソフトも含めた上での「ユーザセンタードデザイン」という考え方が浸透してきた．これはデザインが商品を売るためにあるという「選択」のためのマーケティングマインドのデザインから，人のニーズに応える使いやすい製品開発という，消費者よりも使用者のためのデザインを目的にした考え方で，マーケットリサーチの定量的データをもとにデザインするのではなく，開発者やデザイナー自身がユーザーを観察し，そこで発見した問題によって沸き上がったインスピレーションでデザインを行うものである．観察（ユーザオブザベーション）には人間工学のスペシャリストの協力が必要で，彼ら彼女らはデザイナーのマインドをよく理解した上でユーザーの身体と精神の両面から問題点を抽出しデザイナーとともに正しいデザインを生み出していく．この一連の作業を「ニードファインディング」といい，物理的なデザインの具体化の前の最も重要なデザインプロセスとして定着し始めた．

■デザインコンサルティング料

アメリカのほとんどのデザインビジネスはデザイン料の積算方法を時間によるチャージで行っているところが多い．それはヨーロッパのロイヤリティ制や日本のプロジェクト一括固定予算方法とは異なる．時間あたりのチャージ金額はデザイナーの経験とか著名度や才能などの総合評価によって決められているが，クライアントには誰がいくらかという情報は与えられない．値段の交渉は最終的なアウトプットの量や日数，参加人員の数，デザインのスペシャリティによって金額を調整し行われるが，依頼金額によってデザインの質をコントロールすることはない．しかし，経験の少ない小さなデザイン事務所は時間チャージを下げざるを得ないのは一般的で，信頼性の高い会社は必然的に値段も高くなる．業界では一般的なデザイン料の幅はおおむね理解されており，著しく高額を提示することはありえない．また，プロジェクトに必要な経費はデザイン料とは別に請求される．

日本やヨーロッパに比べてアメリカのデザイン料は高いと思われがちであるが，雇用制度の違いが大きな要因となっている．アメリカの企業は効率よく人材を活用するために必要に応じて外部の人材を使うので，日本のように雇用にかかる費用を含んだものと比較すると意外とリーズナブルで，しかも高い質のサービスを受けられることになる．

■新しいデザインビジネスの兆し

シリコンバレーには世界中から投資家と起業家が集まる場所がある．スタンフォード大学の西，Sand Hill Road沿いのWoodside地区には多くの投資家が住んでいる．新しいベンチャービジネスを目論む若い起業家（Entrepreneur）が世界中から集まり，投資家に新しいビジネスプランの話をもちかける．その交渉に使われるカフェの名が「Buck's」．「Breakfast at Buck's」は投資家と起業家のミーティングの代名詞になっている．別の名で「Power breakfast」．投資家は企業家のもちかけるビジネスプランの将来性と技術に投資するが，最近では製品開発費やデザイン料も投資として株で支払われるケースが出てきた．製品開発者もデザイナーももともとビジネスの成功のための製品開発を請け負っているのでその製品の将来性に対し先見の目をもっている．将来性を自負する外部開発者が投資家として株の配当で報酬を受けることは，タイムチャージによるデザイン料の支払いよりもリーズナブルともいえる．デザインセンスと技術に精通しかつビジネスセンスをもったデザイナー，それをデザイナーと呼ぶかどうか，あるいは古典的といわれるデザイナーがそうなりたいかは別として，アメリカにおいてはその変化に対応できない者は取り残されていくことに変わりはない．

［深澤直人］

コラム「私の選ぶ図書10冊」

日比野治雄[デザイン心理学・色彩科学・知覚心理学・心理工学／千葉大学]

① 『光学』(アイザック・ニュートン著，堀 伸夫，田中一郎訳，槇書店，1980)

万有引力で有名なニュートンは，実は科学的な色彩研究の先駆者でもあった．本書の中にある"The Rays are not coloured."（射線は色を帯びていない）という言葉は，色彩が知覚現象であることを喝破した名言である．

② 『色彩論』(ヨーハン・ヴォルフガング・フォン・ゲーテ著，高橋義人ほか訳，工作社，1999)

本書は，文豪ゲーテがその著作の中で最も自信をもっていた著書である．実証主義的な観点からは，ニュートンの色彩論とは比べるべくもないが，その現象学的記述には非常に鋭い観察眼が伺える．

③ 『色彩心理学入門』(大山 正著，中央公論社，1994)

心理学の観点から色彩学を扱った初心者にとって格好の入門書である．デザインを学ぶ人びとにも参考になる構成になっているので，実用的にも便利である．

④ "Human Color Vision (2nd edition)" (P. K. Kaiser, R. M. Boynton著, Optical Society of America, 1996)

色彩学の基礎から人間の色覚のメカニズムに関する知見まで，広く深く知りたいと考える人びとに最適な専門書である．事典的な使用にも十分耐えるので，色彩関連の研究者には必携の書である．

⑤ 『美を脳から考える―芸術への生物学的探検』(I・レンチュラー編，野口薫，苧阪直行監訳，新曜社，2000)

美というきわめて高次な人間の認識に対し，脳研究のさまざまな視点から切り込むという野心的な試みを行った書である．デザイン関係の人びとにも，多くの示唆を与えてくれるものと考えられる．

⑥ 『失敗学のすすめ』(畑村洋太郎著，講談社，2000)

雪印食品の例を挙げるまでもなく，組織の犯す失敗はその組織の存亡にかかわる重みをもつ．本書は，個人から組織にいたるまでのさまざまな失敗に対し，どのように対処すべきかを非常にわかりやすく，しかも理論的に説いていく．組織（デザインの領域に限定しない）の中で活動を行っている人びとには必読の書であろう．

⑦ 『誰のためのデザイン？―認知科学者のデザイン原論』(D・A・ノーマン著，野島久雄訳，新曜社[新曜社認知科学選書]，1990)

認知工学(cognitive engineering)の提唱者でもあり，アップルコンピュータ関係の仕事でも有名なD・A・ノーマンの著作である．一貫してデザインを一般ユーザーの視点からとらえる本書の姿勢は，デザインにかかわるすべての人びとに有益であろう．

⑧ 『図解 世界の色彩感情事典』(千々岩英彰編著，河出書房新社，1999)

世界の20カ国（地域）の約5500人を対象とした空前の規模で行われた色彩関連の調査をもとに，その結果をまとめた大著である．色彩関係のあらゆる領域の人びとにとって有益で，しかも興味深い事実が数多く明らかにされている．

⑨ 『色彩用語事典』(日本色彩学会編，東京大学出版会，2003)

現在入手しうる日本語の関連図書の中で，最新の色彩用語についての事典である．デザイン関連の分野の内容も多く含んでいるので，デザインにかかわる人びとにとって必須の図書といえよう．

⑩ 『心理学辞典』(中島義明ほか編，有斐閣，1999)

デザインがその対象とするユーザーは人間である．したがって，よりよいデザインを生み出すには，人間の本質について知ることが必須条件である．その意味で，デザインにかかわる人びとにとって心理学の知見の重要性は一層大きくなっている．本書は，そのために必要な最新の知見を提供する辞典である．

5|304　アジアデザイン界の現状

　アジアの国々は多様である．民族性の違い，多民族と単一民族など民族構成の違い，宗教や政治体制の違い，これらに加えて，産業構造，デザイン教育体制，国のデザインに対する認識度，企業の規模や取り組み方，デザインビジネスの状況など，国により千差万別である．それゆえデザイン事情も日本の状況に大変似通った国と，そうでない国もあり，その間の差異は非常に大きい．しかしながら，デザインを産業振興，とりわけ輸出振興の有力な手段としてとらえていることは現在，各国において共通である．とくに政府系のデザイン振興機関や民間職能団体においては，押し並べてデザインのレベルの向上を図って産業競争力の上昇や輸出振興に結びつけようと努力している．また企業においては，デザインの重要性に対する認識や理解度の差，そしてデザインに対する投資の大小はもちろんあるが，一様に経営資源化を図ろうとしていることも共通である．

　主要国における政府の振興機関とデザイナー職能団体の一覧は別表の通りである（❶）．各国における振興機関や民間団体の目的と活動内容で共通している事項は，デザイン（とくに工業デザイン）のレベルの向上，デザインを向上させた製品による国のイメージアップ，企業とデザイナー，そして政府行政間の連携の支援活動，優秀デザインや優秀デザイナーの表彰，海外デザインや市場情報の伝達，各種デザインセミナーやイベントの開催，定期刊行物の発行などである．たとえば，台湾では，製造メーカーの90％以上が中小企業で，かつ輸出依存度が非常に高い．そこで海外市場での競争力をもたらすため，CETRAが中心となり，海外のデザイン情報の収集，およびデザイナーへの伝達と啓蒙活動などを最重点活動にしている．海外拠点として，ミラノ，デュッセルドルフ，東京などに海外デザインセンターを設置し，情報収集にあたっている．

　中国においては，中国は巨大な潜在市場という内外における一般的認識があり，日本企業との合弁会社の設立などにも見られるように，徐々にではあるが大都市におけるデザイン振興活動が活発化している．しかしながら製品における技術や品質などの問題は依然として大きく残されている．デザインに対する行政や企業の理解度は上がっているが，一般的にまだまだデザイン，とくに工業デザインに対する認知度は低い．

　ここでは，アジアの国々の中で最も進んでいると見られている韓国のデザイン事情を見ることにする．もちろん，将来におけるアジアのデザイン事情は韓国以外の他の国々の発展にもよって，程度の差こそあれ，より多様化，個性化の方向に進むことは容易に想像できる．しかし，現在は韓国を中心にして現状と将来展望を述べることにより，アジア全体の展望が可能ではなかろうか．なぜなら，日本が1940年代末から成し遂げたデザイン発展の軌跡を，韓国は60年代後半から凝縮した形で，いわば日本の50年間を30年間でほぼ成し遂げようとしているからである．

国	デザイン振興機関	職能団体
大韓民国	KIDP:Korea Institute of Industrial Design Promotion（韓国産業デザイン振興院）	KAID:Korea Association of Industrial Designers（韓国産業デザイナー協会）
台湾	CETRA:Design Promotion Center, China External Trade Development Council（デザイン振興センター）	China Industrial Designer's Association（中華民国工業設計協会）
中華人民共和国	China Industrial Design Association（中国工業設計協会） Beijing Industrial Design Promotion Organization（北京工業設計促進会） Industry Department, HKSAR Goverment（香港特別行政区政府工業署） Hong Kong Trade Development Council（香港貿易発展局）	Hong Kong Designer's Association（香港設計士協会）
シンガポール	Design Center Division, Shingapore Trade Development Board（シンガポールデザインセンター）	Designer's Association of Singapore（シンガポールデザイナー協会）
インドネシア	Indonesia Design Center（インドネシアデザインセンター）	Indonesia Package Institute（インドネシアパッケージ研究所）
マレーシア	Malaysia Design Council（マレーシアデザインカウンシル）	Maraysia Furniture Design Center（マレーシア家具デザインセンター）
フィリピン	Product Development and Design Center of the Philippines（フィリピン製品開発デザインセンター）	Phil Institute of Interia Designers（フィリピンインテリアデザイナー協会） Circle One（サークル・ワン）

❶主な国におけるデザイン振興機関と職能団体　　　※国際デザイン交流協会の資料により，筆者が作成．名称は正式名が英文

■韓国デザインの歴史

60年代初頭までは,韓国は農業国であった.その後の「アジアの竜」とまで呼ばれるまでの産業の発展は目を見張るものがあるが,デザイン,とくに工業デザインはその急速な発展とともにあり,その歴史自体はまだ若い.最初の工業化は1962年の石油化学であり,続いて本格的な工業化製品として日本の部品を使用してラジオが生産され,その後も一般消費者用の電化商品が日本製品をモデルとし,材料や生産システムも日本のそれを範として次々と生産されていく.

デザイン教育は1958年にアメリカの3名のデザイン教育者がソウルでデザイン教育を始めたのが最初とされている.そして,1966年に韓国デザインセンターの設立に続いていく.この時期は日本のデザイン界の歩みと同様に,留学生がアメリカへ渡り,帰国後にソウル大などで本格的なデザイン教育を始める.

70年代は,韓国の製造業はOEMを中心として発展していく.続く80年代は,輝ける発展の時期であり,経済は飛躍的に伸長し,いわゆる中産階級が増大し,建築,車,家電製品などの産業が韓国全体の経済を強力に牽引する.中産階級の増大に伴い,デザインに対する消費者の要求も多くなり,デザインへの関心も次第に増大していく.財閥系の大企業,三星,金星などでインハウスのデザイン部門が充実してくるのもこの80年代であり,日本の大企業と同様に百名以上を擁すデザイン室が誕生してくる.しかしながら,技術分野とまったく同様に,デザイン分野でも依然として西洋および日本の技術や技法を全面的に習得している時期であり,韓国アイデンティティの追求や韓国オリジナルへの動きは後年の課題として残されてしまう.その理由としては,世界市場への輸出振興政策のもと,できるだけ早く国際市場での競争力をもたせるために,低価格と国際的なスタイル,いわば模倣から出発せねばならなかったこと,それと固有の技術によるオリジナルな製品を生み出せなかったこと,そして製品自体の品質問題などの理由による.現在もいまだこの問題は,半導体など一部の技術を除き解決はしていない.しかしながら国際市場での商品デザインの傾向や情報に対するニーズは一気に伸長し,またデザインに対する理解と期待は徐々に増大してくる.1985年には,今やソウル大学と並ぶデザイン科をもつ最難関校である韓国科学技術院(Korea Advanced Institute of Science & Technology)が設立される.

90年代に入り,製品別ではあるが市場が徐々に開放され,フィリップスやブラウンなどの海外ブランドがとくに中産階級で受け入れられてくる.それに従い,国内のデザイナー側の対応は,国際的に流通し,国内の市場の要求でもある,いわば国際スタイルの習得をいかに早く成し遂げるかといった点に絞られてくる.デザインが一般的な認知を得るのはこの90年代前半である.新設のデザイン専門学校やデザイン科をもつ短期大学の設立などが増加し,中でも1996年の国際デザイン大学院大学(IDAS)の設立はそれを象徴している.また韓国の市場開放に従い,韓国アイデンティティへの探求がデザイナー間で芽生えるのもこの時期である.しかしながら,現在は1997年末の経済危機がこれらの動きをややスローダウンさせているのが現状である.

■政府の政策と支援

デザイン振興に関する政府系の機関や職能団体は,前掲の表にもあるように日本と同じように設立され,また機能的にも活動的にも同様である.韓国産業デザイン振興院(KIDP)が中心となり,1996年には日本を含む130以上の海外のデザインコンサルタントを韓国に招聘し,デザイン振興を中小企業を中心に全国展開する.前述の国際デザイン大学院大学の設立,2001年の慶州でのICSID会議の主催など,さまざまな展開を積極的に行ってきている.また,1997年の金大中大統領政府の発足以来,政府のデザイン振興に関する政策は,より積極的に推し進められている.金大統領は1998年4月に行われた韓国デザイナー大会において,デザイン振興に関して宣言を行っている.以下はその要点,抜粋である.

「21世紀は,文化と経済が一つになる文化経済の時代になり,世界各国は知識集約型,高付加価値型産業に対して人的,物的,両面における投資を集中しています.輸出の拡大を通じて経済を回復させようとしているわが国は,わが国の商品に文化と創意的なアイデアを結合させ,商品に競争力をもたせなければなりません.この意味でデザイン産業は,時代が要求する核心的な文化産業です.デザイン革新を通して商品競争力の向上と,企業と国家のイメージを上昇させねばなりません.政府はデザイン産業の育成を100大国政課題の一つとして選定し,〈産業デザイン振興総合計画〉を樹立してデザイン産業育成を積極的に推進していきます.皆さんは,21世紀のわが国の経済の尖兵です.わが国が世界一流のデザイン開発国家になったときに,わが国も先進国になることができるといえます.

デザイナーの皆さんの創造的な努力で経済を発展させ，文化と国家の位相を高めようではありませんか」．

このように，デザインに対する韓国政府の強い意思が表明されている．

■未来への胎動

ここでは，産業デザイン分野における最近の顕著な動きとして二つの事例を取り上げてみる．これらの動きやデザイン界の努力は，将来必ずよい結果を生み出すのではないかと予想できる．

[企業の企業内再教育と国際化-SADI (Samsung Art & Design Institute)]

財閥の大手である三星グループが1995年に設立した企業内デザインスクール．グループ企業内のデザイナーの選抜を行い，一定期間，業務を離れて教育を受ける形式をとり，少数精鋭で密度の濃い再教育が行われている．工房，コンピュータ設備，図書室など設備的にも非常に充実している．先行的な研究プロジェクトを行い，研修後にデザイナーは各々の元の職場へ戻るが，彼らが中心となったプロジェクトで，海外のデザイン賞の獲得などに効果は結実しつつある．

[政府主導の新教育機関-IDAS (International Design School for Advanced Studies) 国際デザイン大学院大学]

KIDPが長期にわたり海外や国内のデザイン教育を調査し，韓国内の既存のデザイン系の大学院とは差別化を図り，製品開発力をもつ優れたデザイナーを育成する目的で1996年に設立された新設の大学院大学．現在は，デザインによるビジネスの創造，デザインの直接的な経営資源化などを主眼に，実際の社会の経営者層へも教育を行っている．

■将来の発展へ向けて－模倣から革新へ，そしてアイデンティティの確立へ

現在の韓国デザインの問題を，二つ取り上げてみる．一つは全体に依然としてプロセスオリエンテッドであり，他は，輸出振興を強く意識したスタイリングオリエンテッドである．過度のプロセスオリエンテッドは，儒教の精神やヒエラルキー意識が背景にあるゆえに，デザイン決定段階ではマイナスに作用することがある．企業などで行われるデザイン決定においても，デザインの審議が階層的に上がるたびに無意味な紆余曲折があり，多くの場合，最終のデザインに悪影響を及ぼしている．それとプロセス重視が，コンセプト段階の検討を不十分にし，結果的にアイデンティティの欠如につながっていることなどである．

二番目のスタイリングオリエンテッドは，コンセプトの脆弱性と強い関連があるが，韓国オリジナリティ，あるいはアイデンティティの欠如という点に直接的に現れている．海外のヒット商品の模倣やポストモダン調のデザインが少なくないといったことも気になる点である．工業デザインの分野における他の大きな問題は，デザインを支える，あるいはデザインを実現させる技術的な問題が産業界全体にいまだ残っていることである．すなわち，デザイナーがいくら未来を的確にとらえた進歩的で革新的なデザインを提案したとしても，それを実現化する技術がなく，実際に製品化を見ないことが多々ある．これらの点も，デザインでいかに克服するか，デザイン側からテクノロジーの革新を誘発，誘導することができるか，あるいはまた，技術のハイテク度とは関係のない，デザインによる文化性の高いブレイクスルー商品を国際市場において生み出せるか，などが克服すべき課題になろう．

現在の韓国デザインの目標は，西洋や日本のデザインの模倣の放棄と，当然それに続く韓国文化にもとづく韓国デザインのアイデンティティの発見と確立ではなかろうか．伝統的な文化を大切にする国民意識，そして現在のデザインに対する国の政策面からの支援や多くの若いデザイナーの意識や努力などから勘案すると，その解決を見ることは意外に早いかもしれない．韓国と同様に，アジア諸国の将来の問題は，デザインを真の文化にまで昇華できるかどうかにかかっているといえる．すなわち，自国の固有の文化に根ざした，あるいは西洋や日本のデザインの単なる模倣ではなく，自国のアイデンティティを表現しているデザインをいかに早く完成させることができるかどうかにかかっている．自動車のドイツ，コンシューマーエレクトロニクスの日本，ファッションのイタリア，などに続く国際的な認知を表すフレイズが多くのアジアの国々から生まれることを期待したい．

[福田民郎]

■文献

An Eye on the Tiger-Korean product development and innovation, Society of Industrial Design Engineering Students i.d, Netherlands, 1998.

金大中大統領：演説文，1998年4月21日，1998年韓国デザイナー大会（原文はハングル，日本語訳・文責は筆者）．

アジアデザインニュース，No.10，国際デザイン交流協会，1999．

コラム「私の選ぶ図書10冊」

宮内 悊[デザイン史／拓殖大学]

① 『裏から見た現代住宅』(バーナード・ルドフスキー著, 小池新二, 村山 清訳, 彰国社, 1959)

ルドフスキーは逍遙学派を自称し, 時空間を自在に逍遙しながら, 生活のしかたやそれとかかわる家具や装置の由来を説き, 現代の技術文明と商業主義に対して痛烈な批判を加える. それゆえに, 著者が付けた"UncleSame's Cabin"という書名にもかかわらず"Behind The Picture Window"の書名で知られている.

② 『機械化の文化史―ものいわぬものの歴史』(ジクフリード・ギーディオン著, 栄久庵祥二訳, 鹿島出版会, 1977)

1947年に出版された"Mechanization Takes Command"の邦訳で, 副題が示しているように, 人間の生活を支えてきた道具や家具を対象に機械化が推進してきた様相を記した歴史書である. 他に同じ著者の建築を対象とした『時間・空間・建築』と美術を対象とした『永遠の現在』という名著がある. その魅力は, 歴史研究の方法論を解説していることである.

③ 『インダストリアル・デザイン』(ハーバート・リード著, 勝見 勝, 前田泰次訳, みすず書房, 1957)

わが国のデザインを学んだ50歳代後半以降の者にとって懐かしい名著で, 19世紀前半のイギリスにおいて政府と産業界がデザインを介して関係づけられていく様子は今日の眼から見ても示唆的である.

④ 『モダン・デザインの源泉』(ニコラス・ペブスナー著, 小野二郎訳, 美術出版社, 1976)

書名のように19世紀中葉に起こったモリスのアーツ・アンド・クラフツ運動, これに続くアールヌーヴォーから説き明かし, 工業技術文明に支えられた20世紀の時代様式がどのように形成されていったかを概説したデザインの通史.

⑤ "Victorian Comfort a social history of design from 1830-1900" (John Gloag著, Adam and Black, 1961)

本書は, 世界で最初に産業革命を達成したイギリスにおいてどのようにわれわれの生活環境が変質していったのか, 都市, 住宅, 家具, 室内設備, 乗り物などを対象に「快適さの追求」をキーワードに述べたもので, 前掲書『機械化の文化史』と好対照である.

⑥ 『日本のデザイン論』(伊藤ていじ著, 鹿島研究所出版, 1966)

本書は建築史家である著者がワシントン大学で行った講義ノートを書き下ろしたもので, 異文化の人たちにわかりやすく日本建築の形態や空間づくりを例にその特質を述べている. 内容は「たわみ尺」「結界」「天地人」などの一般的な日本のデザインの手法に及んでいる.

⑦ 『デザイナー誕生―近世日本の意匠家たち』(水尾比呂志著, 美術出版社, 1962)

近世日本の美術界で活躍した著名な意匠家を, 例えば光悦をアートディレクター, 友禅をテキスタイルデザイナーといった具合に現代のデザインの職能分野になぞらえて述べたもので, 毎日出版文化賞を受賞している. とはいえ, なぞらえ方に疑問をいだく向きもあろう.

⑧ 『藁 Ⅰ・Ⅱ(ものと人間の文化史55)』(宮崎 清著, 法政大学出版局, 1985), 『箱(ものと人間の文化史67)』(宮内 悊著, 法政大学出版局, 1991)

両書とも本学会員である著者が, 学会賞を受賞した学位論文の刊行である. 自薦する理由は, 生活に欠かすことができない基本的な文化要素をデザインの立場から研究し, 成果をまとめる方法において資するものがあると考えたからである.

⑨ 『日本のデザイン運動』(出原栄一著, ぺりかん社, 1989)

戦前戦後を通じてわが国のデザイン研究・行政の中心的な役割を果たしてきた機関に所属していた著者によるわが国のデザイン界の通史である. 著者の実体験をにじませた戦後を戦前の理念の開花期というとらえ方に, 同世代の人びとは共感を覚えよう.

⑩ 『建築美論の歩み』(井上充夫著, 鹿島出版会, 1991)

建築について古代ギリシャから現代まで, その美がいかに語られてきたか, 膨大な情報をわかりやすく体系づけて述べている. 建築が同じく芸術として扱われる文学や美術とその美に関してどのような質的な違いがあるか, 技術の問題と絡めて見事に論じている.

5|305 海外における日本企業のデザイン活動

ソニーのデザイン部門における海外進出は，1969年に赴任者3名でスタートしたデザインセンターアメリカの設立にさかのぼる．現在，アメリカ，ヨーロッパ，アジアに計5ロケーション，現地スタッフを含む人員は50名近くを数える．

アメリカの場合，サンディエゴにTVの現地生産工場が設立されたことによるデザインサポートの必要性が，オフィス設立の重要な要因であった．同時にデザイン部門内にも，自分たちのデザインする製品が送り出される市場を肌で感じたいという欲求が，とくに若手デザイナーの間にみなぎっていた．

80年代になって，ドイツにオフィスが設立されたヨーロッパの場合は，ヨーロピアンテイストのデザイン情報を現地で収集し，東京に発信するアンテナとしてのミッションが中心であった．1993年にシンガポールに設立されたデザインセンターアジアは，東南アジアへの生産シフトおよびアジアマーケットの拡大に対応して，現地製造・設計およびマーケティング部門のサポートを主要なミッションとしていた．現在では，ヨーロッパにおける主要ミッションも，アメリカがたどった道を基本的にはフォローしている．以下は，その運営とミッションの進化を，段階的に説明したものである．

[Phase 1－設立期]

デザイン部門の海外進出は，ビジネスグループの製造・設計戦略ときわめて密接な関係にある．グローバルローカライゼーション（市場のあるところで製品を生産するという国際分業のスローガン）が実践され，製造分野での海外進出が早かったソニーでは，必然的な動きであったといえる．

現地における市場動向や消費者の嗜好の把握は，デザイナーにとって貴重な情報収集活動であり，デザイナー派遣の重要な目的であることはいうまでもない．ビジネスグループへの貢献という観点から見ると，現地の設計・製造サポートとともに，マーケティング・セールスに対するサポートも重要なミッションであり，同時に彼らは，デザイナーにとって貴重な情報源でもあった．

そのため，オペレーションの初期段階では，デザインオフィスの組織的な位置づけはマーケティング部門に置かれることが多かった．

[Phase 2－定着期]

現地での活動が定着し，組織内での認知度が上がると，現地に対するサポートと同時に，コーポレートメッセージの担い手としての機能がデザインセンターに求められるようになる．マーケティング・セールス部門では，現地スタッフの登用が，地域オペレーションの初期段階から積極的に行われ，海外市場が拡大するにつれて，非常に重要な問題である．CIの概念浸透は，セールス活動の後手に回ることが多かった．

ソニーの場合，地域別の売り上げ比率が，アメリカ・ヨーロッパ・日本・一般地域とほぼ同規模である．その露出度・影響力の大きさを考えると，海外における，プロダクトおよびビジュアルアイデンティティを中心とするデザインコミュニケーションの重要性は，測り知れないものがあった．さらに前述のグローバルローカライゼーションの推進の結果，地域の自主性を尊重する運営が浸透した反面，ソニー全体としての統一メッセージの維持がむずかしくなるという問題も起きていた．

こうした背景もあり，デザインセンターが，本社と現地法人とのブリッジとしての機能をもつに至ったのは，きわめて自然な成り行きであったといえる．

海外デザインセンターの機能がこのレベルに達した時点では，現地法人内におけるコミュニケーションに要求されるレベルもまた，飛躍的に増大した．より観念的・複合的な情報をインタラクティブに操作する必要が出てくるため，コミュニケーターとしての現地スタッフの採用が検討されるようになった．

製品のコンセプトデザインに付随して発生するコミュニケーションは，基本的に消費者に向けての一方向のコミュニケーションパスであるのに対して，CIの分野においては，情報の受け手（現地法人）側での概念自体の理解と納得なくしては，その浸透は困難である．赴任者が現地の文化背景に精通し，語学力もネイティブレベルを備えていれば事情は異なるのであろうが，デザイナーに常にこうした資質を要求するのは現実的ではない．

[Phase 3－拡大期]

デザインセンターが日常のデザイン業務以外にかかわるようになると，ローカルスタッフ部門として，直接現地マネジメントと接触する機会が増える．海外デザインセンターは，日本からの赴任者が核になっているとはいえ，基本的運営は現地の予算に依存しているため，現地法人での存在の認知向上と責任領域拡大の意義はきわめて重要である．

現地法人が地域本社としての機能をもち始めると，コーポレートサポートは，さらに重要なミッションと

なる．デザインセンターにも，新規ビジネスの展開や，現地でのR&D活動に貢献する機能が求められるようになる．

とくに，ビジネス領域が拡大して，より情報発信型ビジネスへ業務が拡大している現在，市場の形成のスピード・消費者の高い知識レベルなどの外的要因により，従来の本社からの一方向オペレーションでは対応しきれなくなるケースが出てくる．デザイン部門においても，同様のトレンドの逆流を体験することになり，組織としての対応能力の分析・評価と定期的なミッションスペックの見直しが急務となっている．

■海外における人材マネジメント

現在の海外デザインセンターの運営を人材の観点から見ると，赴任者vs現地スタッフのバランスが重要なテーマとなっている．

デザインセンターの機能が拡大する際に，現地スタッフの登用が必要になる局面を体験してきたわけだが，海外において，デザイナーという特殊技能をもった人材の雇用形態に対する意識は，日本の企業内デザイナーの場合とは異なる点が多く，一般的に現地スタッフの定着率も日本に比べてきわめて低い．人材育成に時間をかけ，企業のフィロソフィを理解する頃に突然退職というケースが頻繁に起こる．雇用する側も，即戦力を求めるようになり，こうした人材は，さらに企業と個人の契約という意識が強いため，業務内容や賃金の相互認識にギャップが生じると，定着率はさらに低くなる．

とくにディジタルネットワークを介したコンテンツデザインの領域においては，消費者と製作者の心理的距離が近く，＜技術開発→新製品導入→マーケティング→セールス→消費者→技術開発＞というループを形成している．もはや消費者は，提供された製品（サービス）を享受する物流ストリームの一方的な最終地点ではなくなりつつある．現地スタッフの雇用にも，赴任者だけではカバーしきれないデザイン能力・経験をもった人材の登用が求められる場合が出てくる．

この分野における人材の採用には，日本の企業内デザイン組織をテンプレートとするのではなく，より柔軟性をもったアプローチの検討が要求される．また外部コンサルタントの登用も視野に入れる必要がある．最も優秀な開発者は市場に潜んでいる可能性があるからである．

従来型のシステムが，効率的に機能していればいるほど，こうした変化に対応した動きは困難を伴うことが多い．それまで，ビジネスグループの戦略に沿って機能を拡充してきたデザイン部門においても，本社が海外デザインセンターを独立した存在として認知しながら，同時に重要なパートナーとして，その機能・運営状況を客観的に分析し，人事的な戦略をシェアしていく意識改革が必要不可欠になる．

同時に，海外赴任人材としてのデザイナーの特性にも，より多様なスペックの検討が求められる．造形能力に優れた人材のみならず，プロデューサー，コンセプトクリエイターなど多様なキャリアパスを提供できるマネジメントが要求される．

■運営

組織運営の観点から海外のデザイン活動を見ると，海外における設計・製造サポートという核になるミッションは，必然的にビジネスオペレーション戦略の影響を受ける．言い換えれば，デザイン部門の運営は，受動的にならざるを得ない現実がある．しかし，ソニーのデザイン部門の人員の約1/4が海外メンバーである現実を踏まえると，このリソースをより効率的に活用するしくみを提示・実践していく姿勢が本社側に求められている．海外ならではの価値創造の場が潜在的に認められるのであれば，時として効率をある程度犠牲にしても，潜在力を顕在化させるための新しいプロセスを追求する必要がある．たとえば，ヨーロッパ市場は家電の分野においても，デザインに求められる価値創造の要求は，全般に高い．競合他社のデザインレベルも高く，そうした環境に置かれた日本企業のデザイン部門から発信されるデザインの潜在力も高い．

一方，アメリカはマーケットオリエンテッドなコンセプトの発信地として，音楽・映画産業と同様，プロダクトデザインの領域でも高い潜在力をもっている．

こうした市場環境や潜在力を，デザイン部門がイニシアティブをとって掘り起こしていかない限り，海外におけるデザインオフィスのプレゼンス向上は見込めない．最大のハードルは，堅固に確立された開発・製造・マーケティングのフローの存在であろう．通常新しいプロセスを創造する行為は，現行のシステムで評価すると，非効率と判断されがちで，実際そうである場合が多い．これからのデザイン部門の重要なミッションは，その先にあるもの（起こりうること）を具体的に視覚化して，ビジョンに説得性をもたせることであり，そのための能動的なデザイン戦略とその実践が不

可欠になりつつある.

過去において，アメリカ発信のMy First Sony（以下，MFS）などいくつかこうした例が見られた．MFSの場合，アメリカのマーケティンググループがその潜在市場をデザインセンターと共同で掘り起こし，事業部を説得するために，コンセプトデザイン提示を根気強く繰り返して，商品導入にこぎ着けた．

残念なことに，このプロセスはその後継続性をもって認知されるに至らず，海外からの提案は，現在でもその度ごとに同じような複雑なプロセスをたどっている．その最大の理由は，そうしたプロジェクトの中でビジネスに大きく貢献したケースがなかったためである．今後は，デザイン部門として，完了した業務に対する総合評価を，継続的に業務の最終段階としてプロセスに組み込んでいく姿勢も必要であろう．

もう一つの事例として，TVデザイン開発プロセスの例が挙げられる．TV事業部は，早い時期に現地生産体制を確立しており，80年代後半には企画も含めて事業体自身が四極の分散オペレーションを実現，デザイン部門もこれに伴って，組織を拡充していた．TV製品は，輸送コストや異なる放送方式の存在など，地域分散オペレーションを推進させる必然的背景を多く抱えていた．

当時デザインセンターが直面していたテーマは，平面トリニトロンの導入に向けての，新しい「原型デザイン」の開発であった．このテーマに，東京のデザイングループが海外デザインセンターに参加を呼びかけ，ワールドワイドなデザインプロジェクトが発足した．結果としてデザインセンターヨーロッパのコンセプトが採用され，東京が最終デザインを完成させ新しいデザイン言語を身に付けたこのプロダクトは，WEGAというネーミングで全世界に導入された．

こうした成功体験は，新しいデザインプロセスの継続に非常に重要であり，本社デザイン部門の担う責任は大きい．

最後に，こうしたデザイン活動を行う上で最も基本になる組織上の位置づけと，運営費用の問題について触れておきたい．

現在，海外各地のデザインセンターは，基本的に現地法人に属した組織として運営されている．予算は，業務ごとに工数によって請求され，費用負担は，現地のビジネスグループ，日本のカンパニー，さらに地域によっては一般運営費用（sales general account）でカバーされるのが原則である．TV関連のように，現地に独立した事業体が存在する場合は，原則として業務は地域ごとに完結している（前述のWEGAのように，戦略モデルは東京のデザインセンターから依頼が出る場合もある）．日本の事業体から業務が発注されるものは，最終的にその事業体が費用を負担する．

予算の獲得・運営は現地のデザインセンターが責任をもっているが，よりデザイン寄りの提案業務を行う際の予算の確保が，各地域で重要な課題となっている．こうした運営上の課題や，戦略的に分担する業務，さらに人材の問題などを議論するために，年に2回，各地域の責任者と東京のデザイン部門のジェネラルマネジャーがグローバルマネジメントミーティングを催している．

■今後の展望

海外デザインセンターに限らず，デザイン部門にとっての最重要課題は，人材の確保・育成である．とくに海外においては，前述したように，社会的背景の違いもあって，これらは恒常的な問題として認識されている．さらに，赴任者のミッションスペックやキャリアプランに関しても，本社マネジメントの定期的な巡回，赴任中の業務に対する客観的評価を継続的に行うなどのしくみづくりを推進し，インタラクティブなコミュニケーションを図っている．

日常業務レベルでは，CAD情報のオンライン化はもとより，イントラネットによる遠隔地でのデザイン審議・情報共有も活発に行われてきている．こうしたインフラの整備により，東京-海外，海外デザインセンター間のワークシェアリングも次第に活発になってきている．

各デザインオフィスが，互いの存在を意識し，よい意味でテンションを高めながら活動を継続していけるしくみと意識づけが，本社デザイン部門の重要なミッションであると考えている．本社には，現地のさまざまなオペレーションの変化を常に的確に把握して，各ロケーションの存在意義を分析し，必要であればスクラップ＆ビルドもオプションにもちながら戦略を随時アップデートしていく姿勢が求められる．また同時に，ネットワークが発達しても，物理的な距離の問題は常に十分意識しておかねばならない．

こうしたしくみづくりを推進することによって，より有機的かつグローバルなデザイン部門主導の価値創造ネットワーク構築をめざしている．

［稲場　満］

コラム「私の選ぶ図書10冊」

宮崎 清［意匠論・意匠史／千葉大学］

①『生きのびるためのデザイン』（ヴィクター・パパネック著，阿部公正訳，晶文社，1974）

すべてのものが計画されデザインされる大量生産時代において，デザインは，人間が自らの道具と環境を形成するのに最も有力な手段となってきた．しかし，人間の本当の要求に応える道具のデザインとはどのようなものであろうか．時として辛辣な表現の中にも，デザイナーを志すすべての者に，社会的・道徳的責任感を強く抱かせる書である．

②『内発的発展論』（鶴見和子，川田侃編，東京大学出版会，1989）

本書は，近年にあって，「もう一つの発展のかたち」としてますます注目を集めている「内発的発展」について書かれた数少ないものの一つである．「内発的発展」を主題として取り上げた最初の邦文書物で，その理論と実際について，さまざまな視角から光を当てた記述がなされている．注に記載された参考文献をひもといていけば，「内発的発展」に関するより広い地平への探究が可能にもなる．

③『環境の哲学―日本の思想を現代に活かす』（桑子敏雄著，講談社，1999）

今日のデザイナーは，しっかりとした環境哲学に立脚しつつデザイン活動を展開することが求められている．本書では，江戸時代中期の哲学者・熊沢蕃山らに焦点を当て，日本の風土が生み出した思想から，環境問題が一層深刻化する今日にあって求められる社会づくりの哲学を導き出している．

④『日本社会の可能性―維持可能な社会へ』（宮本憲一著，岩波書店，2000）

著者は，地球を維持できる範囲で経済や社会の発展を進めるべきという「維持可能な発展」の必要性を論じている．21世紀に日本がめざすべきは，「維持可能な発展」のできる社会を構築することにあるとして，「外来型発展」とは異なる視点から国家財政，都市環境基盤の構築を検討・提言している．まさに，次世代に引き継ぐことのできる豊かな社会づくりのために不可欠な方法論である．

⑤『沈黙の春』（レイチェル・カーソン著，青樹築一訳，新潮社，1987）

「アメリカでは，春が来ても自然は黙りこくっている」という衝撃的な書き出しで始まるこの著作は，人間の活動によって生じる自然環境への多大な影響について，生物学の立場から具体的な警告を発している．デザイナーは，その活動が製作・使用の段階で結果的に及ぼすであろう環境への影響の大きさに思いを巡らすべきであり，必読の書といえる．

⑥『野生の思考』（クロード・レヴィ＝ストロース著，大橋保夫訳，みすず書房，1976）

レヴィ＝ストロースによって，構造主義時代の幕が開かれた．これまでは「野蛮人」と称されて偏見の対象となりがちであった非西欧社会が，西欧社会とは異なる秩序を有した人びとによって「野生の思考」を培い，古くから，神話儀礼や親族組織などの生活習慣を生み出してきたことを具体的に説いている．文化の多様性とその共存の姿こそ地球上に暮らす人類の豊かさそのものであることを知らしめる一冊といえよう．

⑦『ユートピアだより』（ウィリアム・モリス著，松村達雄訳，岩波書店［岩波文庫］，1968）

モリスは，社会主義者として未来社会との対比というかたちで当時の資本制社会と機械文明に痛烈な批判を加えると同時に，美術家として抱いていた美と芸術の理想を描き出している．モリスにとって，美とは，人びとの実生活のなかに実現されてこそ初めて意味があるものであった．芸術家兼社会革命家としての著者が，自己の理想を一つのユートピア物語りに結晶させたのが本書である．

⑧『陰翳礼讃』［谷崎潤一郎随筆集 pp.173-221所収］（谷崎潤一郎著，岩波書店［岩波文庫］，1985）

「われわれは浅く光るものより，深く翳りのあるものを好む」．古くから日本人が好んできた空間やあかりのとり方，紙や器など，生活におけるさまざまな要素を取り上げ，西洋人のそれらと比較しながら，日本人が文化として共有している特異で繊細な美意識を浮き彫りにしている．耽美派の作家谷崎によって，明と暗とが織り成す「翳り」の美が，実にさまざまな事例を通して描出されている．初出は『経済往来』昭和8年12月号～昭和9年1月号．

⑨『機械化の文化史―ものいわぬものの歴史』（ジクフリート・ギーディオン著，栄久庵祥二訳，鹿島出版会，1977）

著者は，機械化を通じて得られた日常生活に見られる無名の生活財を取り上げ，文明社会に生きる人びとのすべてに影響を与えるほどの存在となった機械化時代の歴史を考察している．いわば，いかに小さく無名なものでも，それらが大量に集まることによって，生活様式の基層が形成されていることを示した一冊である．

⑩『欲望のオブジェ―デザインと社会 1750－1980』（アドリアン・フォーティ著，高島平吾訳，鹿島出版会，1992）

本書では，デザインを，純粋に個人の美的・創造的行為として扱うのではなく，世界や社会的な関係にかかわるさまざまな観念を物理的なオブジェに変換していくプロセスととらえている．綿密な検証にもとづきながら，インダストリアルデザインの生成と展開のプロセスを，それを取り巻く時代と社会との関係の中で考察している．本書は，デザインと社会との構造論を展開したものといえる．

⑪『藁 Ⅰ・Ⅱ（ものと人間の文化史55）』（宮崎 清著，法政大学出版局，1985）

日本の人びとの生活を支えた米の副産物である藁を最大限に活用する工夫を積み重ねることこそが，日本の生活文化の礎であったいえる．本書は，そのような藁の文化に対する膨大な調査と多面的な考察を集大成したものある．循環型生活文化の構築が21世紀に求められる大きな課題であることを視野に据えるとき，「木と同じ価値をもった草」としての藁の文化から学ぶべき点が実に多い．藁の利活用を著者自描の豊富な図によって紹介している『図説 藁の文化』（法政大学出版局，1994）とともに，今日の文明への警告の書，明日の文明への橋渡しの書になっている．

5 | 401 | 概説

■ デザイン教育の変遷を支えた社会の流れ

1960年代は工業社会(industrial society)と呼ばれた．より安価で高品質で，しかも大量生産が可能な製品を，いかにして人びとの生活の場へ提供することができるかが課題であった．「安全で使いやすく」がデザインに求められた．

単なる形や色の世界から，少なくとも生産性や市場性といった，今までのモノづくりの分野ではあまり考慮されなかった知識が求められることになった．それは，デザインが美術の世界とは違った，新しい学問体系の中で育ち始めることを意味していた．人間工学や心理学といった，人間そのものの，本質とモノとの関係を，科学的にしかも数値としてとらえようとする試みが行われた．「Human engineering」から「Human factors engineering」へと進み，やがて「ergonomics」という言葉に置き換えられてゆく．このことは，デザインの世界そのものが，常にモノと人間との関係にあって成り立ってゆくものだということを，明らかに学問としてとらえようとする試みであった．

やがて1970年代を迎え，時代は情報社会(information & communication society)へ変革を進めてゆくことになる．この情報社会を明快に打ち出していたのが，1970(昭和45)年に開かれた大阪万国博覧会でのアメリカ館とソ連館の出展テーマと展示であった．

アメリカ館は，アメリカの社会が着実に作り始めている，より豊かなコミュニケーションシステムとその成果を謳いあげていた．それは画像による情報交流の新社会であった．一方のソ連館は，広大なシベリアの原生地帯を，神が地球に与えてくれた最大の資源としてとらえ，人間と自然，人間と他の生命体との共存共栄の未来の夢を中心に人びとの心に訴えていた．そして，両者に共通していえることは，人類と地球，人間と宇宙を一つの軸として，新しい科学の世界が生まれつつあることを，全世界に訴えていた．

人とモノの関係から，人とモノと，モノとモノという環境を視野に入れたデザインのとらえ方が浮かび上がってきた．

■ モノのデザインから生活環境のデザインへ

デザイン教育の場も，モノづくりから生活環境づくりへ，より幅の広い視野をもつ人材の育成が望まれるようになった．

その基本には，人と人との豊かな交流が主軸となり，身体に障害をもつ人びとへの配慮をもった製品開発や，病人や病院，医療施設，さらには危険が伴うような作業現場へのデザインの協力が進められることになった．

1980年代半ば，1985(昭和60)年には筑波で科学技術博覧会が開催された．70年代の大阪とは違って第二種博の特徴であるテーマが設定された．「科学技術博」．大阪万博が，日本の国民へのメッセージの場であったのに対して，筑波科学技術博は，世界の人びとへのメッセージであった．この博覧会には九つの主たるテーマがあった．それは1970年から15年間をかけて積み重ねてきた世界への提案であった．外国から多く集まってきたジャーナリストたちのレポートには地球の未来をデザインしようとする日本の姿勢を見る思いがすると記されていた．「デザイン博」という評価が意味するように，デザイナーやデザイン界が積極的に協力しなければならない課題と，それに対応できる人材のニーズがそこにあった．それは従来の美術や単なる工学の世界にのみ可能なものではなく，デザインを総合科学としてとらえ理解し行動できる人材の育成が大きな期待として込められていた．

○ 一つはエネルギーの問題であった．原子力開発の必要性と可能性は高いとしても，もっと安全性の期待されるエネルギー源はないものだろうかという問いかけがあった．その答えとして，太陽エネルギーの活用を中心に会場のあちこちで展開されていた施設に，その可能性を訴える実験が行われていた．

○ エレクトロニクスとコンピュータ．10^3(キロ)で時間や重さや距離を計ってきた今世紀．やがて10^6(メガ)から10^9(ギガ)へ単位が変わる．同じ時間帯で演算される情報量が10^3から10^9へと増幅する．たとえば筑波-東京間の電話料金が，筑波-ニューヨーク間と変わらなくなることを意味する．

○ 情報通信．2007年に，日本の上空36km上空に巨大な静止衛星を打ち上げる．数々の部品を打ち上げ，組立ロボットを打ち上げて地上から遠隔操作で作業を進める．100mの長さのソーラーパネルに十字架のような構造を作り，その上に複数のパラボラアンテナを組み込んでゆく．

○ 治療医学の時代は終わった．これからは予防医学の時代を迎える．そのためのメディカルサイエンスの進歩は顕著である．カラーで動画の影像診断器材など，人体への安全性と，医者と患者との信頼と安全を支えるメディカルテクノロジーは進歩する．

○ 地球の食糧はどうなるだろうか．バイオテクノ

ロジーの技術は，かなりの可能性を生み出すに違いない．2000個の実のなったトマトの樹は，そのほんの試みにしかすぎない．遺伝子の組み換えは，不思議な動植物を作り出す．種のない果物ということは種のない人間も可能だ．これはきわめて危険な世界へとつながってゆく．

○都市や建築のあり方はどうだろうか．今までの都市計画や建築の知識では判断できない現象が起こる可能性がある．それは考えられなかった人口の都市への集中の速さと量である．それに対する安全性の確保や生命の安全は約束されているのだろうか．地震，水害，台風，大雨など，従来のデータでは判断できない都市環境が生まれ始めている．

○交通の手段や形態が変わり始めている．ガソリン自動車が姿を消すのも間近いだろう．パーソナル移動体からマストランスポーテーションまで，数多くの種類にわたって検討と解決が迫られることになる．もちろん人間との間に立って，デザインの協力はますます不可欠な分野となる．

○新素材の開発は，さまざまな形で人びとのニーズに応え始めている．形状記憶合金などはその中でも最も人の関心を集めた分野である．スポーツや防災など，新素材を中心にさまざまな生活の場が創り出されている．

○全長50mを超える国産ロケットが作られる．ペンシルロケットやカッパーの時代からまだ20年はたっていない．しかし，日本独自の力で宇宙の謎の解明や宇宙の旅の可能性を求めてみたい．その国民の願望が打ち出されていた．

筑波科学技術博を「デザイン博」だと絶賛した外国人記者たち．われわれは，1985年を境としてデザインを総合科学の世界として，独立させることになった．

■デザイン学誕生への第一歩

デザインの，トータルサイエンスとしての歩みが始まった．それは，自然科学，人文科学，社会科学の融合体としてとらえることにより，人間学，新しい21世紀哲学の創出が可能になる．

かつて，ギリシャ時代の大学は，哲学と数学と音楽が必須科目であった．

哲学とは人間そのものの研究である．数学とは，ある一つの仮想を立てる．その仮想を具体化させるためにどのような方法があるのか，その具体化へのステップ，過程が数学である．音楽は，与えられた規則や条件をどのように組み合わせ，今までになかった世界を創り出すか，である．

90年代は，「感性を呼び戻す教育を」と人びとは提唱する．感性とは，美しいものや現象を見たとき，美しいと素直に感動する心をいう．汚い物や状況に出会ったときに，それを除去しよう，またはきれいにしようと，すぐ行動に移す心をいう．幼い頃，おたまじゃくしに足が生え，しっぽが切れて蛙になる．水中から出てきたヤゴの背中が割れてトンボが空へ．地中から7年ぶりに木に登り，蝉になって夏を告げる．やがて，それらの生命は地上に落ちて一生を終る．この自然の営みを通して，子どもたちは，生きることのすばらしさと生命の尊さを知る．この積み重ねが感性として心の中に育ってゆく．教養と同じように感性とは，その人の人格を形成し滲み出てくるようなものである．この資質がデザイナーに不可欠になる．

地球にやさしい，ユニバーサルデザイン，エコロジカルデザイン，といろいろな言葉が生まれては消えてゆく．教育の世界にあって流行語ほど危険なものはない．それは言葉であって中身のない場合が多いからである．

デザイン．それは人と人とを豊かなコミュニケーションであって，やさしく包み込むものだということを忘れてはならないと思う．

デザイン学．自然・人文・社会科学の融合体，トータルサイエンスとして考える．

その軸には感性を含めた「人間行動学」，物の本質を求める「造形材料学」，人間以外の生命体や自然現象のデータをベースにした「環境情報学」，が三本の柱になるだろう．

間もなく，日本は人口の25％が65歳以上を超えた高齢社会になる．50％の女性の働く社会が機能してゆく．そしてより多様な国際交流が進められてゆく．その時代を，よりスムーズに迎えるために，デザイン教育，人材育成のための本質的な考え方の整理や論議が重要である．デザインはコミュニケーションそのものだと思う．人と人とを，モノや環境を通していかにやさしく結びつけることができるかが課題である．Design as a common language. デザインは世界の共通言語．このことをいつも忘れてはならないと願う．

［豊口　協］

5|402　高等学校・高等専門学校・専門学校のめざすデザイン教育

　高等学校(高校)，高等専門学校(高専)は中学校卒業後3年間ないし5年間，専門学校は高校卒業後2～4年間と入学資格，修業年限が異なるが，最近，それぞれの学校が設置当初に立てた教育方針・カリキュラムなどが変革しつつある．そこで，まず，創設期の教育理念を振り返り，時代の変遷をたどりながら現状を分析し，将来のめざす方向を探っていきたい．

■**高等学校におけるデザイン教育**

　高等学校におけるデザインの専門教育は多様化し，専門高校デザイン科以外にもデザインコースなどのコース制高校や総合制高校などでもデザイン教育を行っている．しかし，ここでは実業学校として明治の初頭から行われている職業教育機関としてのデザイン科を中心に説明を進める．デザイン科の名称が使われ始めたのは1963(昭和38)年頃からで，それ以前は図案科とか工芸科などでデザイン教育が行われていた．古くは1880(明治13)年開校の京都府画学校，1887(明治20)年開校の金沢工業学校などがある．

　明治政府は西欧に早く追いつくために「殖産興業」の政策を立て，模範工場を設立，職工を養成し，近代的生産技術の伝習に務めた．江戸時代からの徒弟制度が崩れ，過剰労働力が賃金労働者として，技術も不十分なまま工場に進出していったこともあって，技術教育の必要性が叫ばれた．

　1893(明治26)年に文相に就任した井上毅によって「実業教育費国庫補助法」「工業教員養成規程」「徒弟学校規程」などの法令が制定された．井上は国際社会での競争に勝つには経済力をつける必要があり，そのためには実業教育に力を入れるべきであるとした．その後，1899(明治32)年「実業学校令」が制定された．この学校令によって中等の実業諸学校が統一的な制度で整備された．「第1条　実業学校ハ工業農業商業等ノ実業ニ従事スル者ニ須要ナル教育ヲ為スヲ以テ目的トス．第2条　実業学校ノ種類ハ工業学校農業学校商業学校商船学校及実業補習学校トス」と規定している．そして，同年「工業学校規程」が制定された．その第3条で学科として土木科・金工科・造船科・電気科・木工科・鉱業科・染織科・漆工科・図案絵画科の10科に分かれ，図案絵画科の科目として配景法・解剖大意・工芸史・建築沿革大意・絵画応用化学大意・各種工芸品図案などを挙げている．当時は染織・陶磁器・漆工・家具など輸出用の工芸品製作，地場産業の後継者育成を目的とした学校が多かった．初期のデザイン教育機関設立に大きな役割を果たしたのが，納富介次郎である．納富は日本が初めて参加した1873(明治6)年のウィーン万国博覧会に随行，陶磁法の伝習生として技術を学んだ．帰国後，1887(明治20)年石川県金沢区工業学校，1894(明治27)年富山県工芸学校，1898(明治31)年香川県工芸学校を創設，それぞれの初代校長となる．1901(明治34)年佐賀県工業学校第2代校長として有田分校を独立させて1903(明治36)年有田工業学校とした．このほかにもデザイン教育を行う実業学校が各地に設立された．東京(1907年)，名古屋(1917年)，大阪(1923年)の工芸学校など歴史のある学校が多い．

　戦前，すでに60年の伝統をもつ中等実業学校でのデザイン教育は戦後，高校として再出発した．1947(昭和22)年公布の「学校教育法」「第41条　高等学校は，中学校における基礎の上に，心身の発達に応じて，高等普通教育及び専門教育を施すことを目的とする」により戦前の実業学校は専門高校となった．そして，1948年の「高等学校設置基準」によって専門教育を主とする学科のうちで工業に関する学科となった．実業学校からの伝統を引きつぐ専門高校デザイン科は中堅技術者の養成機関として中学校の卒業生を受け入れ，3年間の教育の後，すぐ社会で活躍できることを目的とした．デザインの分野は感性が重要な要素を占めることもあり，高校卒業生は大きな戦力となった．

　専門高校デザイン科におけるカリキュラムは普通科目と専門科目に分かれ，それらをバランスよく履修するようになっている．履修例として普通科目は国語・地理歴史・公民・数学・理科・保健体育・芸術・家庭・外国語など46単位，専門科目はデザイン実習・デザイン技術・デザイン製図・デザイン史など37単位，選択科目7単位と，卒業までに90単位を学ぶ．デザイン実習はデザイン科の中心をなす科目であるが，その内容は学校の特色を生かしたカリキュラムを編成している．陶磁器，金属器，家具など地場産業の盛んな地域では，関連性のある課題を取り入れ，後継者育成にも力を入れている．

　最近，情報教育の重要性が叫ばれて，デザイン界でもコンピュータは欠かせない道具となっているが，高校においては道具としての基本やコンピュータでなければできない課題を中心に学ばせている．そして，高校時代は基礎教育を重視すべきだとして，造形感覚，色彩感覚，発想力，表現力の養成に対応した課題を取り入れている学校が多い．高校3年間の短い期間でデ

ザインの基礎から社会に対応できる技術・知識を学ぶことは大変であるが，興味深い高校生は意欲的に取り組んでいる．また，感性の陶冶にも若い世代の方が適しており，デザイン科の生徒はのびのびとした高校生活を送っている．このように，専門高校デザイン科は古く明治時代の実業学校の時代から中堅技術者養成機関としての役割を果たしてきた．しかし，最近は高校生の高学歴志向やデザイン界の技術の高度化を反映して，上級学校への進学希望者が増えている．

最近は，高校の多様化により専門高校デザイン科以外の高校でもデザインの専門教育が行われている．一つは普通高校のデザインコースで，特色ある高校として各地に開設されている．普通科目のほかにデザインの専門科目を設置し，デザイン方面に進む生徒に対応させている．次に，最近新設された総合制高校がある．これは「学校教育法」で高校が普通科と専門学科に大別された学科区分を見直して，普通科と専門学科とを総合するような新たな学科の設置が提言され，1993（平成5）年に設けられた．総合学科は，普通教育および専門教育の選択履修を旨として，高校教育の一層の個性化・多様化を推進するため，普通科・専門学科に並ぶ新たな学科となった．総合学科における教育の特色は，将来の職業選択を視野に入れた自己の進路への自覚を深めさせる学習を重視し，就職希望者・進学希望者の双方を視野に入れた進路指導を行うこととしている．そして，総合制高校にもデザインコースを設けている学校が増え，その成果が期待されている．

このように，高校におけるデザイン教育は専門高校のデザイン科だけでなく，普通高校のデザインコース，総合制高校などでも充実を図られている．また，専門高校のデザイン科も最近は進学希望者が増え，就職希望者向けのカリキュラムとの併設が見られる．その上，文部科学省の「高等学校学習指導要領」の改訂を受け，完全週5日制に向けて総修得単位数の減少に加え，新科目「情報」が設置されることもあり，先に挙げた専門高校デザイン科の履修例も変更されるであろう．高校におけるデザイン教育は専門高校，普通高校，総合制高校それぞれどのような特色を出していくかが今後の大きな課題となる．

■**高等専門学校におけるデザイン教育**

高等専門学校（高専）は昭和30年代において，科学技術者の需要が増大し，とくに工業に関する実践的工業技術者の不足が叫ばれている折，既存の六・三・三・四制の単線型学校体系のほかに，新たに中学校卒業後5年間の工業教育を行う高等教育機関として発足した．1961（昭和36）年，「学校教育法」の一部改正により高専の条文が加わり「第70条の2　高等専門学校は，深く専門の学芸を教授し，職業に必要な能力を育成することを目的とする」「第70条の3　高等専門学校には，学科を置く」と規定された．高専は全国に62校あり，内訳は国立が54校，公立が5校，私立が3校となっている．その大半は機械・電気・建築などの学科で，デザイン系学科を設置しているのは1963（昭和38）年開校の育英工業高等専門学校（デザイン工学科），1991（平成3）年開校の札幌市立高等専門学校（インダストリアル・デザイン学科）の2校にすぎない．

高専は中学校卒業後5年間の一貫教育を通して，早期（15歳）から専門教育を行うことにより創造性豊かな技術者の育成をめざしている．教養科目と専門科目を有機的に結びつけたカリキュラムによって，広い教養と高度な理論・実践的技術を修得でき，5年間で大学とほぼ同程度の専門的能力を身に付け，大学卒業生よりも2年早く社会で活躍できるようになっている．高専が誕生した1960年代は若い優秀な技術者が多数求められていたので，その要求に応える学校として人気が沸騰した．そして，大学受験の準備に時間を取られることなく，のびのびと充実した学園生活を送ることができるのも魅力の一つであった．

5年間の卒業までに必要な単位は167単位で英語，国語，数学，社会，理科などの一般科目が78～79単位，デザイン概論，色彩学，デザイン史，情報処理，デザイン演習，デザイン実技，卒業研究などの専門科目が88～89単位となっている．とくに1～3年履修の一般科目は高等学校のカリキュラムに準じ，専門科目より多く履修するようになっている．規定の単位を修得すると，卒業時には短期大学と同じく「準学士」の称号が授与される．さらに勉学を続ける人には，一定の要件を満たすと「学士」の学位が取得できる修業年限2年の専攻科制度もある．また，4年制大学の3年次への編入学の道も開かれている．

高専誕生当時の社会の要求に沿った5年間の一貫教育で効果的に教育の成果を上げて，若い実践的な技術者を送り出すことを目的としていたが，産業界の高度化，専門化を受け，2年制の専攻科に進んだり，4年制大学に編入する学生が増えてきている．最近は中学校卒業生対象の，早期5年間一貫教育だけでなく，高校卒業生を4年次の編入生として受け入れている．こ

のように高専は入学や卒業に対して創設時に比べ柔軟性をもって対応している．六・三・三・四制とは別の新しい教育体系として生まれた高専であるが，時代の流れの中で5年間一貫教育の特色をどのように生かしていくかが今後の課題である．

■専門学校におけるデザイン教育

1947（昭和22）年公布された「学校教育法」で「第1条 この法律で，学校とは，小学校，中学校，高等学校，大学，盲学校，聾学校，養護学校及び幼稚園とする」「第83条 第1条に掲げるもの以外のもので，学校教育に類する教育を行うものは，これを各種学校とする」と規定され，従来専門学校と呼ばれたさまざまな形態の学校は各種学校の範疇に属した．しかし，1975（昭和50）年，「学校教育法」の一部を改正する法律により「第82条の2 第1条に掲げるもの以外の教育施設で，職業若しくは実際生活に必要な能力を育成し，又は教養の向上を図ることを目的として次の各号に該当する組織的な教育を行うものは，専修学校とする．1 修業年限が1年以上であること．2 授業時間が文部大臣が定める授業時間以上であること．3 教育を受ける者が常時40人以上であること」とする専修学校制度がスタートした．また「専修学校設置基準」では組織編成・教科・教員の資格・施設および設備の規模が各種学校より高い基準が規定された．そして高等学校卒業者を対象とした専門課程を置く専修学校は「専門学校」と称することができると法律に定められた．

専門学校は，職業に結びつく技術や知識を身に付ける職業教育機関で，教養を身に付け学問を深く追求する大学と異なるところが特徴である．1995（平成7）年より，文部省の告示により基準を満たす専門学校の卒業生に対して「専門士」の称号が授与され，社会的にもその役割が大きくなった．現在，専修学校全体の在学者数は約75万人と短期大学の約33万人の倍以上の学生が学び，大学に次ぐ第二の高等教育機関となっている（平成12年度学校基本調査）．

法律的に専門学校として認知されたのは「専修学校設置基準」によるが，各種学校としてのデザイン教育の歴史は古い．すでに戦前，構成・造形教育などを学んだ人たちによって現在の専門学校の基礎が作られた．戦後の混乱も落ち着いた1950年代デザインの必要性が認識され，小規模ながらデザイン教育が試み始められた．「デザイン系専門学校」のパイオニアの一つである桑沢デザイン研究所も1954（昭和29）年の発足時は創立者の桑沢洋子を中心とし，当時活動していた気鋭の教育者，芸術家，デザイナーたちの協力による「私塾」であった．専門学校は「学校教育法」によって専修学校として認められているが，先に触れた1条校と異なり文部省の規制が少ないので学校独自の方針を立てやすい．とくにデザインの領域のように変貌の著しい分野に対して素早く対応できる点では恵まれている．その特性を生かして常に社会の要求に答えられるような柔軟なカリキュラムを考え，必要な資格取得についても積極的に取り組んでいる．設置学科も常に時代の要求に応じた分野を取り入れるようにしている．カリキュラムは学校ごとに異なるが，専門科目，とくに実践的な技術習得に重点を置いている．修業年限も2, 3年の学校が多いが，4年制の学校もある．

最近は，大学・短大生が在学中や卒業後に専門学校で学ぶことが多くなり，進路選択の一つとして定着しつつある．社会にすぐ役立つ知識・技術・資格の習得には専門学校が適していると考える人が増えているからであろう．それだけに，専門学校生には職業意識を強くもち，専門知識・技術の練磨に努めることが要求される．また，専門学校と大学が連携し，単位の互換を認めている例もあり，相互の垣根を取り払う制度も実施されている．高校卒業生を主とした職業教育機関として出発した専門学校も，今後は世代・経験の異なる学生に対応する必要がある．

■高等学校・高等専門学校・専門学校における今後のデザイン教育

高校・高専・専門学校の設立目的は履修対象年代，教育理念など各々特色をもって出発したが，最近は高学歴志向，就職などの問題もあって大きく変化している．進学志望者の増加もあって，すぐ就職するだけでなく進学に対応できる指導をしている学校もある．また，逆に大学生も卒業後，専門学校に通うケースも増えている．高校・高専・専門学校が，個々に教育方針を考えるのではなく，大学教育をも視野に入れ，柔軟性をもった，カリキュラムを考えていかなければならない．

［君島昌之］

■文献

文部省編：産業教育100年史，ぎょうせい，1986．
兼子仁ほか編：教育小六法，学陽書房，1995．
文部科学省告示：高等学校学習指導要領（平成11年3月），財務省印刷局，2001．
文部省編：文部省統計要覧（平成13年版），大蔵省印刷局，2000．
各高等学校，高等専門学校，専門学校の「学校要覧」，「学校案内」．

第4章｜デザインの教育・啓発・人材育成

コラム「私の選ぶ図書10冊」

森 典彦[企画とデザインの支援システム／東京工芸大学]

① 『ファジイとソフトコンピューティングハンドブック』（日本知能情報ファジイ学会編，共立出版，2000）
ファジイ理論に限らず広く曖昧さや複雑さを工学的に扱う理論と実用化について，現時点での知識を161人の執筆者が集大成した．

② 『ビジョン』（デビッド・マー著，乾 敏郎，安藤広志訳，産業図書，1987）
網膜上の2次元画像から脳の中枢における立体の認識にいたる過程を明らかにしている．この著作の後に同類の著書がいくつも出ているが，本書の独創的価値は失われていない．

③ 『参加型システムズアプローチ』（椹木義一，河村和彦著，日刊工業新聞社，1981）
システム工学の解説書であるが，理論のほかに実際の場に適用するに際しての方法や留意点を丁寧に解説しているところに類書に比べての特徴がある．

④ 『情報環境学』（大橋 力著，朝倉書店，1989）
分類すれば一般システム論に属する本であるが，「もの」と「こころ」の架橋を理念に掲げて身近な体験と情報論を結ぶなど柔軟な思考を提供する．

⑤ 『脳のなかの幽霊』（V・S・ラマチャンドラン，S・ブレイクスリー著，山下篤子訳，角川書店，1999）
著者は世界に知られたインド系の神経学者で，いわゆる幻肢に始まり脳がいかに不思議な働きをするかを豊富な実例に語らせ，説得力ある結論に人を導く．

⑥ 『ウィトゲンシュタインの生涯と哲学』（黒崎 宏著，勁草書房，1980）
20世紀で最も広範囲に影響を与えた哲学者のわかりやすい解説である．言葉を徹底して考究したこの哲学者の成果はデザインにも関係が深い．

⑦ 『知識と推測 上・下』（渡辺 慧著，村上陽一郎，丹治信春訳，東京図書，1975）
理論物理・情報論の泰斗が40年前に書いた，上下巻で834ページの大書であるが，予見と遡見，演繹と帰納，分類と概念を計量的にかつ詳細に論じた古典的名著である．

⑧ 『認識とパタン』（渡辺 慧著，岩波書店[岩波新書36]，1978）
前掲書『知識と推測』の一部抜粋でもあるが，より平易に話し言葉で説かれており，とくに視覚認識についての説明はデザインにも関わりをもつ．

⑨ 『視点』（宮崎清孝，上野直樹著，東京大学出版会[認知科学選書1]，1986）
見るということを認知・心理の立場からわかりやすく説いている．この選書(全24巻)には本書のほかに認知・理解・人の挙動などデザインに関係ある知識が豊富に含まれている．

⑩ 『知能と情報』（日本知能情報ファジイ学会編，（財）ファジイシステム研究所内日本知能情報ファジイ学会）
日本知能情報ファジイ学会が隔月で発行する学会誌であるが，ファジイ理論やソフトコンピューティングに関する論文を収録するほか，感性やデザインに関する興味ある論説を時々載せているので注目したい．

5|403　大学のめざすデザイン教育

■デザイン教育の発生

　人類はその進化とともに生活に必要なさまざまなモノを作ってきた．それらのモノは単に生活の基本機能を満たすだけではなく，その時代や地域の材料と技術に制約された生産条件と，その製作者の個性および製作者が属する集団の文化的な特性のもとに形態や色彩などによって感性や感情に対する要求にも対応してきた．このような生活の要求を満たすためのモノを考え，創ることを，ここではデザインと定義する．

　このデザインに関する教育の組織化は17世紀のフランスに始まるといわれている．本格的なデザイン教育の始まりは，デザインと生産が分離された産業革命の後といえる．19世紀にはドイツ，イギリスにもデザイン学校が設立され，1919年にはドイツのデザイン学校バウハウスが，また，1932年にはアメリカにアート・センター・スクールが設立されている．わが国でも産業振興を目的に明治以降各地に工芸学校が設立された．

　わが国の大学で工業生産にもとづく製品のデザイン，すなわち，工業デザインの教育が開始されたのは，アメリカの市場経済におけるデザインの有効性が認識された戦後の1950年代である (柏木，1979)．それ以来，多くのデザイン関連の大学や学科が設立され，有能な人材を社会に供給し，わが国の産業技術の発展に貢献してきた．

　ところで，アメリカからの工業デザイン導入時におけるデザイン概念では，製品の形態や色彩を感覚的に処理するという個人的，技能的な作業という考え方が中心であった．しかし，デザインには純粋芸術とは異なり，生産や使用という個人的な判断では処理しきれない社会システムにかかわる部分が存在する．生活環境や技術環境の変化に伴って，デザインに対する社会的要求も変化・拡大し始め，デザイン作業に体系的な知識や技術が必要となってきた．デザイナーを育てる大学もこのような事態にどのように対応していくかなど，大学におけるデザイン教育の本質についても再検討が求められている．

■産業界の要求と大学のデザイン教育

　「産業界のデザインに対する要求が変化しているにもかかわらず，現在のデザイン教育はその要求に対応していない．これでは大学出身のデザイナーを採用しても使いものにならず再教育が必要である」．以上のような指摘が産業界のデザイン部門から上がっている．大学のデザイン教育に対する産業社会の期待がかつてより薄くなった原因として，社会的なデザインに対する要求が変化・拡大したにもかかわらず，教育側がこれに対応できなかったことが挙げられる．具体的には産業界から，従来型の造形力の豊かなデザイナー，コンセプトメーキングのできるデザイナー，材料やメカニズムに強いデザイナー，人間工学や心理学など人間要因に関する知識をもったデザイナー，インタフェースデザインができるデザイナー，対象デザインのシステム化やデザインマネジメントに対応できるデザイナーなどさまざまな要求が生じている．しかし，現在それに対応した教育システムが用意されていないことや，人材が産業界に供給されていないことなどが挙げられる．その大きな要因として，デザインの本質である創造能力の教育を知識や技術と乖離したまま，技能や感性を主体とした教育で現在まで継続してきたためといえる．その結果，社会状況や技術環境の変化，これに伴う新たな生活環境の出現にデザイン教育が追いつけず，社会的にも乖離してしまったためと推測される．その結果，生活や人間行動に関する知識，デザインを進める論理的思考力，あるいは，創造作業に必要な批判力などに関して貧弱な学生が増大している．

■デザイン教育の基盤となる教養教育

　大学は社会が必要とする知識の研究と人材の育成・教育を目的とした公的な組織である．この人材とは専門知識を有し，同時に，自分の専門をどのように活用すれば社会や人間が幸せになれるかなどを思考できる人間といえるであろう．そのため，大学教育とは専門教育とそれが社会や人間といかに関係するかを考える教養教育が基本となる．教養に関する定義は種々考えられるが，大学における教養教育とは人文学を通して得られる教養と位置づけられる．「人文学とは，人間や文化について理解を深めるための学問だから，人が人生観や世界観を作り上げるためには欠かせないものである」(筒井，1994) という意味で，どのような職種の人にとっても重要であろう．大学におけるデザイン教育においても，人文的教養教育が必要なことはいうまでもない．なぜならば，デザインは人びとの生活行動に影響を与え，それを規制することから，まさに人間行動と文化を形成する重要な要因の一つであるからである．現状のデザイン活動の多くは産業活動の一環であるため，大学のデザイン教育およびデザイナーに対する社会的要求は，企業活動としてすぐ役に立つと

いうことが主となる．しかし，売れるデザインのできる人材の育成だけが企業の大学に対する期待ではないはずである．企業の産業技術とそれを基盤にしたデザインによって，その企業が長期的にわが国の社会や生活文化，あるいは，国際的にどのように貢献できるかを考え，そのための方法を提案できる人材が今後ますます必要になってくるであろう．大学がこのような社会的な要求に応えるためにも，デザイン教育と融合した教養教育の充実が求められる．

■知識に関する教育

大学におけるデザイン教育を大きく分けると，創造能力に関する教育とデザインに必要な知識に関する教育に分けられる．前者はデザイン作業に本質的に必要な能力を養うための教育であり，後者はデザイン活動が生産や使用という社会システムの中で成立するという前提をもとに，当然そこで必要とされる知識の教育である．知識教育にはデザインの対象が現在広範囲にわたるため対象別に必要とされる知識と，デザイン専門家として誰でもが共通にもたなければならない知識が存在する．

デザインの対象別に必要な知識とは，その対象の特性によって関係する人間要因や人間行動に関する知識，その対象を実現するための技術・材料に関する知識，完成されたデザインを評価するための知識などである．また，デザイン対象の特性によっては，システムデザインやシステム分析などの工学的方法に関する知識も必要となる．このような知識は従来のデザイン分野で形成された知識ではなく，他の学問分野で蓄積された知識であるため，教育側は常にその知識がデザインにどのように利用可能かという視点で教育しなければならない．この中でも技術変化が速く，常に更新しなければならない知識，たとえば，エレクトロニクス関係の技術変化に伴うCAD技術やコンピュータが内蔵された機器設備のインタフェースデザインなどの変化に対しては，教育側は常にその動きに関する情報収集の体制が必要であろう．

共通に必要な知識とはデザインの歴史に関する知識，デザインの標準や権利，あるいは法的な規制などに関する知識である．デザインの歴史に関する知識では，過去によいと評価されたデザインや，デザインと技術・材料との関係の歴史などデザイン専門家にとって基礎知識となるものである．これらの知識によってデザイナーは常に自分のデザイン作業が社会や生活においてどのような位置にあるかのリファレンスができると同時に，デザイン分野内や他分野とのコミュニケーションが可能となる．標準や権利，法的な規制に関する知識は，開発したデザインの独自性や安全性などを確保し，それが自国や国際的にどのような位置づけになっているか判断するための知識である．これらはデザイン分野の教養教育に当たるものであろう．

■創造能力に関する教育

デザインに関する創造能力とは，問題，あるいは要求解決に関する能力である．この創造能力は大きくは構想力と造形力で構成される．構想力は空間や製品に対する使用者の要求を把握・分析し，その要求解決を種々の社会的，技術的なレベルで提案する能力である．造形力はこの提案を物的な形態として表現する能力である．デザイン教育での創造能力とはこの二つが融合した能力といえる．これらの能力の教育には，的確な実習と評価が必要である．

構想力の教育では，社会的な問題意識と前述した多様な知識が基盤となるが，構想作業はさまざまな条件を総合化しなければならないため知識だけでは対応できない．現在これに関する教育手法としてはブレインストーミングのような経験的なものが中心であり，学生個人の知識量とその活用能力に左右される．教育としては構想作業を支援する知識の提供と，それにもとづく体系的な総合化手法の開発が必要である．また，これらの知識も与えられた知識だけを活用するのでなく，そのデザイン作業に必要な知識をどのようにすれば獲得できるかなど知識獲得能力を身につけさせることも必要であろう．とくにデザインが人間やその生活の要求をとらえるところから出発するという観点に立てば，生活に対する観察力とそこから得られる知識は，構想力を養うための不可欠な要素といえる．

造形力の教育では従来手作業による演習訓練が中心であった．これに求められるものは，提案されたデザインを美的な形態にまとめる能力である．美感と快感を充足させる形態はデザインの大きな目的の一つであるため（出原，1989），従来の大学のデザイン教育において造形力の教育は重要な課程であり，その重要性は今後も継続するであろう．しかし，大学のデザイン教育の一環として必要な教養，あるいは専門教育における知識や構想力に関する教育時間や学生数の増大に伴い，実習訓練を中心にした造形教育を従来のように進めることは困難となってきている．また，学生の造形

作業結果をどのように評価するかも大きな問題となる．デザインを目標にした形態に関する美の評価は，ある幅の中で収斂するが依然として主観的，個人的であり，客観的なスケールは存在しない．現状では指導教員の個別の評価力，すなわち指導教員の主観的スケールが大きな力をもつのが現状であろう．このような評価方法は，大学のデザイン教育における過去，現在の造形教育の特色であったが，今後，他の要因が加わった企業やユーザーの評価とどう関連させて指導するかはますますむずかしくなり，今後どのように教育の中で対応していくかが大きな課題となるであろう．

　一方，現在企業においてはスケッチ以前にいかに魅力ある商品を考えること，すなわち，構想力にもとづいたコンセプトデザインに重点が移ってきたため（坂下，1996），造形作業も美的な形態だけを目標にするのではなく，人間の身体特性との関係を配慮した人間工学の知識にもとづいた造形や，材料や仕上げ方法の選択によって環境保護や省エネルギーなどの視点にもとづいた造形なども今後重要になるであろう．これらの教育の方法は従来経験的な実技教育によって行われてきたが，学生数の増大に対して教育者側の質，量の確保が困難になってきているため，新たな教育手法の開発が必要である．

　以上の基本的な教育課題に付随して，他学問分野との協同作業の能力，あるいは，デザインの意図を他にわかりやすく説明できるプレゼンテーション能力の教育が必要と考えられる．デザインが社会的な活動である以上，他のさまざまな分野との協同作業は不可欠で今後ますます重要となるからである．このための教育には他の大学・研究機関，あるいは，企業などと学際的な協同研究を進めることが必要であろう．

■今後の展望

　社会的要求を受けて産業界は多様なデザイン専門家を求め始めている．しかし，このような要求にすべて対応する前に明確にしなければならないいくつかの課題がある．まず，大学としては，このような要求に対応できる能力・技術・知識とは具体的に何か，このような要求は不易なものか，あるいは，今後変化するものなのか，するならばどのように変化するかなどの問題を明らかにしなければならない．今後大学が社会・産業界の要求する人材教育の使命を遂行するためには，大学と産業界がデザインに関する以上のような要求とそれに関する問題を常時コミュニケーションしながら検討するシステム，たとえば，学会の研究部会などの設置が望まれる．いずれにせよ，産業界のデザインに関する要求の変化や拡大に対して，各大学はその特性やポリシーを明確にして教育に反映させ，それぞれのデザイン教育の特色を確立することが必要であろう．

　デザイン教育が生活環境を形成する重要な技術教育として社会的に認知されるためには，今後進められるであろう工学系職能の国際資格制度や大学評価に対応できる教育体制の整備も必要である．また，従来からのデザイン作業の基本的目標の一つである美的表現力の教育は，今後のデザイン教育の大きな旗印の一つに掲げていかなければならないが，そのためには，造形教育やその評価を社会的に説明しうる論理を作り上げていく努力が必要であろう．そのためには，美的表現力や造形的処理能力に関する教育手法と知識による教育方法を融合させた教育システムの確立が求められる．さらに，対象とするデザイン分野にどのような人材を送り出すかという目標設定のもとに，それに対応した教養教育，専門教育によるデザイン教育の体系化が必要である．そのためには，デザイン教育のための共通基盤として，デザインの社会的視点や考え方，それに伴う関係知識や技能的，技術的方法とデザインとの関係などを体系化した教科書の作成が必要であろう．教科書の作成は教育すべき全体フレームの検討や授業の進捗状況の確認，あるいは，デザイン教育におけるコンセンサスの形成など，学生および教育側両者にとっても大きなメリットになると考えられる．このような方向でのジレンマとしては，デザインが社会的な技術教育として他の工学フィールドと対応できるように形式を整えれば整えるほど，常に定式化されたものを打ち破ることが求められるデザインの創造エネルギーが衰退していくのではないかという危惧である．この点を自戒しながら大学のデザイン教育は，今後教育として不易なものと常に新たな視点で改革しなければならないものとを見極める努力が必要であろう．

［堀田明裕］

■文献

出原栄一：日本のデザイン運動，pp.38-42，ペリカン社，1989．
柏木博：近代日本の産業デザイン思想，p.14，晶文社，1979．
坂下清：新しい企業環境とデザインの役割，平成4年度日本デザイン学会セミナー「企業が求める新しいデザイナー像」基調講演記録．デザイン学研究特集号，4(1)：64-68，1996．
筒井清忠：大学が見失う人文的教養．朝日新聞6月2日付夕刊，1994．

コラム「私の選ぶ図書10冊」

藪　亨［デザイン史・デザイン理論／大阪芸術大学］

①『現代造形の哲学』（河本敦夫著，岩崎美術社，1973）
　モダンアートとモダンデザインとの全体にわたる論考であり，機械的文明の進展とともに近接してくる美術とデザインの両領域を包括的に見ることによって，デザインの諸現象の根底が深く省察され思考されている．

②『日本のデザイン運動』（出原栄一著，ぺりかん社，1989）
　明治初期から昭和末期までの日本のデザイン運動に対する著者独自の卓越した決算書であり，その歴史が，産業運動，芸術運動，機能主義デザイン，商業主義デザインという四つの時期に分けて検証されている．

③『現代のデザイン（芸術学フォーラム8）』（宮島久雄，吉積 健，古山正雄編，勁草書房，1996）
　デザインをめぐる現代的な状況を正視し，変化の激しいデザイン分野の全体像を見取り図として描き，その諸様相にひそむ意味や意義を考察するとともに，そこに通底する共通基盤の明確化が企てられている．

④『モダン・デザインの展開—モリスからグロピウスまで』（ニコラス・ペヴスナー著，白石博三訳，みすず書房，1957）
　近代運動の先覚者たちの機能主義的なデザイン思考や実践活動の検証を通して，モダンデザインの歴史的な正当性が論じられており，いち早くデザインへの人びとの注意を喚起し，デザインの歴史研究への端緒を開いた．

⑤『インダストリアル・デザイン』（ハーバート・リード著，勝見 勝，前田泰次訳，みすず書房，1957）
　近代運動の見地からインダストリアルデザインの諸原理の究明が企てられており，機械と芸術との関係が改めて歴史的に再検証されるとともに，近代的な産業社会における芸術家の新しい機能に照明が当てられている．

⑥『機械化の文化史—ものいわぬものの歴史』（ジクフリート・ギーディオン著，栄久庵祥二訳，鹿島出版会，1977）
　デザイン現象の生成と発達を通時的に類型学的に考察するという研究方法を取り入れており，デザインを美的な形態処理の問題にとどめず，機能や実用の考案をも含めて広く解釈する方向を示唆している．

⑦『生きのびるためのデザイン』（ヴィクター・パパネック著，阿部公正訳，晶文社，1974）
　普遍的な必要性よりも一時的な欲求を誘い出すことに腐心する目先優先のデザインを退けて，デザイナーの社会的な責任やデザインに対する公衆の明察の必要が説かれ，デザイン概念のさらなる拡大が主張される．

⑧『デザイン史とは何か』（ジョン・A・ウォーカー著，栄久庵祥二訳，技報堂出版，1998）
　近年におけるデザイン史研究の多様な傾向とデザイン史の概念的ならびに方法論的な問題が論じられ，全体の記述を通して広い範囲のデザイン史文献が紹介され分析されており，デザイン史学への恰好な手引書である．

⑨ "Die Deschichte des Design in Deutschland von 1870 bis heute"（Gert Selle著，DuMont，1978）
　デザイン批判的な見地から，デザイン史を産業的な実用形式の創案，生産，分配，消費についての歴史の追究としてとらえ，「産業製品文化」の展開の連続性と非連続性を明らかにすることが企てられている．

⑩ "Design Discourse：history，theory，criticism"（Victor Margolin編，The University of Chicago Press，1989）
　デザインの歴史，理論，批評のフォーラムとして創刊された"Design Issues"誌の第1巻から第3巻（1985-87）までの掲載論文から選ばれた論文集．「モダニスト以降」「デザイン解釈」「デザイン史記述」の3節からなる．

5│404　デザインの啓発教育

■デザイン価値の特徴

　デザインの基本的な価値について区分すると，それは大きく，実用機能的な価値と，情報としての価値に分けることができる．実用機能的な価値とは，軽い，使いやすい，手触りがよい，便利だ，といったことや，また近年では，誰にでも使用がたやすい（ユニバーサルデザイン），リサイクル可能で廃棄した場合にも大気や土壌，水質への悪影響がない（エコデザイン），などという要素もまたそれに含まれる．また，後者の情報としてのデザイン価値とは，美しい，モダンだ，カッコイイ，素敵だ，といった具合に，主に人間の感性的な側面に訴えるデザイン要素である．

　こうしたデザインの実用機能面での価値と，情報要素としての価値は，これまで一括りにしてデザインの価値として論じられてきたが，実は，それぞれの価値の基本的性格はまったく異なる．実用機能価値が，だれが評価しても，ほとんどその評価に差が見られないのに対して，もう一方のデザインの情報価値の方は，それを評価する人によって，評価の度合いが異なってくる，という側面をもっている．つまり，実用機能価値は，絶対価値だが，後者の情報価値については，その時々で評価が異なる，相対価値である，ということができる．

　種々のデザインを考えた場合，むしろ実用一点ばりというデザインは少なく，そこには，美しいとか，なんとなく魅力的だとか，情報価値としての相対的価値が含まれていることが一般である．そのため，総合的には，デザインの価値は，それを判断する人びとによって価値判断が異なる相対的価値とならざるをえない，ということができる．もちろん，こうした相対価値の世界は，デザインの世界にとどまらず，情報価値をその機能の中心とするものであれば（たとえばテレビ番組，映画，ゲームソフト，音楽，小説，アート，テーマパークの世界まで），共通した特徴である．しかし，デザインが，平面から立体まで，あらゆる商品世界や社会生活にまでおよぶ行為であることを考えれば，その評価が，判断する人びとによって変わってくるという特徴は，まさに大きな意味をもつと考えなければならない．

■デザインを作る人，評価する人

　デザインの価値が，絶対的な価値ではなく，相対価値であり，それを評価する人びとによって価値が上下するという事実は，魅力的なデザインの世界を作り上げるためには，デザインを作る人だけではうまくゆかず，同時にそれを正しく評価してくれる人が必要である，ということを意味する．

　たとえば，せっかくよい提案をした場合でも，現場の上司や，営業の同意を得られず，社内でその案がボツになってしまうケース．あるいは，クライアントのデザイン部長まではOKが出たものの，先方の社長のひと言で，作業が最初の振り出しに戻ってしまうケースなどである．

　デザインは純粋アートと違って，それが実現され，ビジネスにまでたどり着かなければ意味がない．どのような優れたデザイン案であろうと，それを評価し，採用し，商品としてカタチにし，最終の消費者，生活者に届けなければ，デザインとはいえないのである．作り手だけではなく，評価者や多くの協力者が必要なことは，もちろんデザイン作業に限ったことではないが，実用機能の場合には，前述したように，ほとんどその評価にブレがないという特徴がある．そこで必要とされる事柄は，むしろ開発技術者や作業員が，周囲の期待どおりに仕事を成し遂げられるかどうかにかかっている，といっても過言ではないだろう．

　これに対して，デザイン作業は，作り手であるデザイナーと評価者たちによる，まったくの二人三脚の作業となる．いくら多くの優れたデザイナーが集まったところで，それを評価してくれる上司も，ディレクターも，営業担当も，クライアント担当者も，社長もいなければ（最終的には，デザインのわかる消費者がいなければ），それらは，まったく無意味な作業に終わってしまうのである．

■デザイン評価の関門

　さて，その評価者たちであるが，その数は，作り手自身，すなわちデザインのクリエイター自身よりも圧倒的に多い．たとえば，外注デザイン作業について考えた場合，彼らは，そのデザインオフィスのデザイナーの直属の上司から始まって，セクションの責任者，営業担当者，デザインオフィスの責任者，さらに，発注先のデザイン担当者，そのデザインセクションの責任者，商品担当営業，事業部長，マーティング担当者，その事業担当役員，そして，ある場合には社長まで，ありとあらゆる関門をくぐり抜けなければならない．

　この関門を首尾よく通過するために必要とされる要素は，デザイン案そのものの出来具合いはもちろん欠かせないが，その案について，デザイナー自身が相手

に明快に説明する能力，そして関門となるそれぞれの評価者たちの評価能力などである．前二者の，優れたデザイン案を生むための手法，および，デザイン案を実現にもってゆくためのデザイナー自身の説得力，マーケティング力などについては，別節で語られるものと考えられるから，ここではとくに，評価者たちののデザイン評価力を中心に述べてゆくことにしたい．

さて，ここで重要なことは，そうした評価者たちのおよそ半分の人びとが，デザイナー以外の人びとである，という点である．たとえば，デザインオフィスにおいては，クライアントから仕事を受注してくる営業担当者や，その上の責任者，また，クライアント側にあっては，商品担当営業，事業部長，マーケティング担当者など，さらには，担当役員，社長，これらデザイン案実現のためのキーポイントとなる人びとは，皆，デザインを専門とする人びとではないのである（参考❶）．しかも，しばしば，この中の誰か一人が反対したために，すべてのデザイン作業が無に帰すことさえも珍しくないのである．

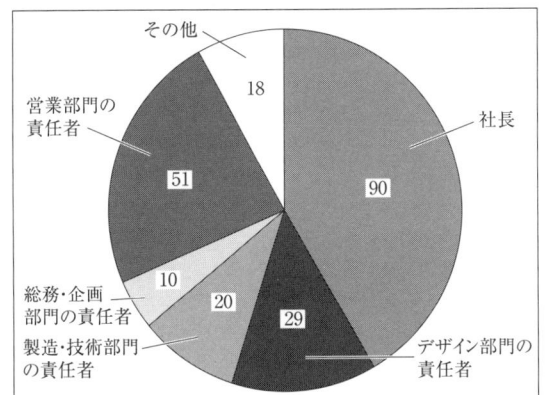

内訳は，第1位が「社長」で，90件で全体の47%．第2位が「営業部門の責任者」（51件，27%）で，「デザイン部門の責任者」（29件，15%）は第3位．
（大阪府立産業デザイン研究センター，平成9年度「デザイン・マネジメント研究報告書」より）．

❶デザインの決定権者

以上のようなデザイン作業の特色を見るかぎり，私たちは，デザイン発展のための教育がなされるとすれば，おおよそ，デザイナーそのものの育成に注がれるのと同等以上のエネルギーが，デザイナーとなるべき人びと以外の人びとにも注がれなければならない，という結論に達するはずである．

■経営とデザイン教育

では，デザイナーとなるべき以外の人びとのデザイン教育とは，一体どのようなものか．また，どのようなものであるべきなのか．その概略と方向性について考えてみたい．

それは，大きく分けて，二つの方向に分かれると考える．一つは，デザイナーではないものの，デザイン作業により近い世界で活躍する人びとを対象とした教育であり，もう一つは，デザインビジネスと直接関わり合いはなくとも，いわゆる世間一般のすべての人びとを対象とする，より普遍的なデザイン教育の必要性である．

まず，前者についての教育だが，具体的には，経営系の大学生（あるいは，大学院生）への教育がその中核になるものと思われる．すでにこうした動きは，世界的には欧米を中心として1970年代から開始されている[1]．また，わが国の大学においても，ここ数年来，経営系の大学院や学部の学生を対象とした，デザイン教育の例が見られるようになった[2]．

とくにわが国においては，こうした教育はその端緒についたばかりだが，実際のビジネスの上で，デザインが果たしている役割の重要性を考えれば，将来的には，そうした学生にとって，今日，たとえばマーケティングを履修することが当然であるように，それは，今後より一般的な学問領域になってゆくものと思われる．

では，具体的に経営系の学生に対してどのようなデザイン教育が施されるべきか，必要とされるであろう項目を具体的に挙げておきたい．それは以下のとおりである．

①簡単なデザイン史（国内外のデザイン表現・思想），②各種のデザイン領域についての簡単な解説（インダストリアル，パッケージ，ファッション，インテリア，グラフィック，建築，CGの世界など），③デザイン価値の性格，特殊性について（これについては，その一部を本文でも論じてきた），④一般的な商品づくりの中で果たすデザインの役割（製造過程におけるインダストリアル・パッケージデザイン，広告・マーケティング・広報・CI活動などの中でのグラフィックデザインを中心とする多様なデザイン，流通過程でのインテリアデザインなどの役割），⑤それらのデザイン作業を企業経営の中で，統合的に生かすための手法．

以上のような内容が，経営系の学生のデザイン教育において，必要不可欠な項目であろうと考えている．中でも，⑤についての項目の中身が最も重要なわけだが，ここでは，そのための経営資源の配分のしかた，

組織のあり方，企業内外とのネットワーク構築の展開方，デザインおよび人材評価のあり方，および，デザイナーとのコミュニケーションのあり方など，経営学との関わりの中で，デザイン価値のマネジメントに関するさまざまな手法について，十分な解説がなされる必要があるものと思われる．

■より普遍的なデザイン教育

では，より普遍的なデザイン教育とはどのようなものであるべきだろうか．ここでは，紙幅の関係上，とくに基本的な考え方のみ，以下の3点について触れておきたい．

①デザインについての教育は，特定のビジネス領域に携わる人びとに対してのみ施されるのではなく，ありとあらゆる領域の人びとに施されるべきである．

②デザインの教育ジャンルは，特定のデザイン領域に限らず，できるかぎり幅広いジャンルにわたってなされるべきである．

③教育の最も重要な点は，デザイン世界のすばらしさ，楽しさ，また，人間生活(地球環境)にとって欠くべからざる要素としての，デザインの重要性を教えることにある．

①については，デザイン教育を施す上で，とくに取り違えられやすいので，冒頭に記した．前述したように，今後，経営系の学生にとってデザインについて学ぶことは，ビジネス社会で活躍するための欠かせない要件となるだろう．しかし，繰り返しになるが，デザイン作業は，その作業の流れの中に，たった一人，デザインについての不理解者がいても成立しないのが通常である．その意味で，経済や，法学，文学を学ぶ学生ももちろん，理工系の学生も含めて，本来，すべての学生，人びとが学ばなければ意味がないともいえる．そのためには，今後，大学のような高等教育過程以前の段階や社会人に対しても，何らかのデザイン教育がなされることも検討材料とするべきである．

②については，必須ではないが，デザインの特有の性格から出てくるものである．デザインはすべての環境との調和によって初めてその力を発揮する．たとえば，わが国の現状を見てすぐ気づくように，どれほどインダストリアルやファッションのデザイン世界が秀でていようとも，都市デザインとの調和や，整合性がなければ，全体としてのデザイン効果は大幅に減じてしまう．そのため，できる限り広い領域のデザイン世界への理解と造詣が必要となる．

③デザインを評価，判断する立場にある人びとは，とくに専門的なデザイン知識を体得する必要はない(知っているに越したことはないが)．むしろ，ビジネスにおいてのみならず，人間生活・地球環境全般においてデザインの果たす大きな役割についてこそ，十二分な理解が必要となる．

そのためには，教育のかなり早い段階から，デザイン世界のすばらしさ，大切さに触れてもらう何らかの機会を，デザイン関係者を中心として，積極的に設けることが必要ではないだろうか．たとえば，夏休み時期に，地域ごとに，デザイン塾のようなものを開いて，小学生たちに，デザインの楽しさ，面白さを実体験してもらう，などといった企画である．

こうした試みは，将来的にデザイン界の発展につながるだけでなく，子供たちの情操教育の一つとしても，大いに資するものとなるに違いない．

以上，多分に理想的な部分も加えて，普遍的なデザイン教育の必要性について説くことになったが，こうした教育なくしては，わが国のデザイン世界の発展は，いつまでも遠いものであろうと筆者は信じている．

[佐藤典司]

■備考

(1) Design Management Institute (アメリカ：ボストン在)では，1975年の創立以来，企業のデザインマネジメント活動についての事例研究・研修活動，企業や教育機関に対するデザインマネージャーの派遣活動などを20年以上にわたって行っている．

　London Business Schoolでは，1976年からMBAの中でデザインマネジメント関係の講座が開かれ，1982年にDesign Management Unitというスクールの常設機関に変革，91年からは，現在のデザインマネジメントセンター (Center for Design Management) として，マネジメント系の学生に対し，デザインを企業経営の有力なマネジメント資産とするための教育を行っている．

(2) 立命館大学では，97年4月より，経営学部大学院生に対して，デザインマネジメント論，デザイン戦略論などを，さらに，環境・デザインインスティテュート(98年4月設立)では，経営，経済，理工学部所属の学生に，感性評価法，デザインマネジメント論，デザイン産業論などを教えている．

　上智大学経済学部では，97年度より，経営学科において，デザインマネジメント系の特別講座を開講している．

■文献

渡辺慎二：デザイナーがみたビジネススクール．デザイン学研究特集号，1(3)，1993．

坂下清：経営学部で始まったデザイン講義．日経デザイン，1999年1月号．

コラム「私の選ぶ図書10冊」

山岸政雄[色彩学／金沢学院短期大学]

① 『視覚の法則』(W・メッツガー著，大智 浩，金沢 養訳，白楊社，1962)

　見返しの遊び紙にあるシャマイエフとガイスマーの，「2」と「3」を組み合わせたタイポグラフィックアートは，文字の可読において，知覚される形と知覚されない背景の形が働く図と地の法則を示した名作である．本書はこのような造形心理の構造と様相に精緻な啓示を与える造形の思想書でもある．ちなみに名著，ジョージ・ケペシュの『ランゲージ・オブ・ビジョン』も同根で推したい．

② 『デザイン小辞典』(福井晃一編，ダヴィット社，1973)

　本書はデザインについてその言葉を集め，かつ一定の順序でその読み方や意義，用語，用例について書かれたまさに辞書である．なおかつ初版本が1955年であることを知るにつけ，デザインの知の組み替えに果たした役割は珠玉の一冊といってよい．ことにデザイン学生への啓蒙は多大である．

③ 『光と視覚の話』(コンラッド・G・ミューラー，M・ルドルフ著，ライフ編集部編，タイムライフ・インターナショナル，1968)

　本書はまた色彩科学書でもある．序文にもあるが17世紀のニュートンからゲーテ，ヤング，ヘルムホルツ，ヘリングなどが知見した科学の基礎が，いまなお有効な例は珍しいという．そんな深遠な世界を豊かな画像で繋いでいる見事な書である．

④ 『産業とビジネスのための色彩学』(D・Bジャッド，G・ヴィスツエッキー著，本明 寛監訳，ダイヤモンド社，1964)

　原題は"Color in Business Science and Industry"である．1930年代から著者らによって間断なく研究され続けていた色彩計測上の難点の解明は，「視覚の心理物理学」を響導した．改訂版ではこれがもとになり自動車の着色材をはじめ，20世紀の産業振興に貢献をした事由が述べられている．なお本書の校正には，ドロシー・ニカーソンなど20世紀を飾った斯界の色彩学者が名を列ねている．

⑤ 『「色」is増刊号』(ポーラ文化研究所著，七字英輔編，ポーラ文化研究所，1982)

　本書の出版時，その存命的宇宙観を説いた色即是空の天声が聞こえるような情報ショックを受けていた読者も多かったであろう．冒頭の対談，色彩の象徴と変容から巻末まで色彩で文化を読む意味を問う各章と，グラフィックデザイナー杉浦康平氏による図像編纂の美しさは，いまもって名著を支えている．

⑥ 『色』(大岡 信編，作品社，1983)

　本書は博覧強記の詩人，文人である大岡信氏の慧眼によって編まれた美しい色彩の書である．夏目漱石，高村光太郎，円地文子から自身まで，38編の色彩談義に魅了されない人はいないであろう．

⑦ 『色彩のフォークロア』(小林忠雄著，雄山閣出版，1993)

　民俗にひそむ色彩文化の探究は，いずれ語られねばならない重要なテーマである．最近では祝の色は，日の丸などハレの意識の象徴である赤よりもパステルカラーが好まれるといった意識の変化が起きているという．本書はこのような表層文化の解明に民俗的な色彩研究が役立つことを豊かな事例で説いている．

⑧ 『色彩調和の成立事情』(福田邦夫著，日本色彩研究所編，青娥書房，1985)

　帯書きに「日本の社会に残された最終課題のひとつに，国全体の景観や社会環境の変化などの問題があり…」，その解決にはせめてお互いが配色美について客観的な認識の生まれることを待ちたいとある．歴史を通観しながら諄々と解き明かされていく本書はデザイン学生必読の書である．

⑨ 『色彩工学の基礎』(池田光男著，朝倉書店，1980)

　著者は国際色彩学会(AIC)の会長を歴任された著名な色彩学者である．本書では色彩理論を学ぶために必要な理科学的領域が順を追いながら丁寧に述記してあり，色彩の理系理論が苦手の専門家にとってもむずかしいことがよくわかる座右の書である．

⑩ 『色の常識(JIS使い方シリーズ新版第2版)』(川上元郎，小松原仁著，日本規格協会，1966)

　一般的に物事を理解しようとする場合，よく見える，よく読める，よくわかるという原則に頼る．本書では色彩の基本を理解するための色相，明度，彩度の話からJIS規格の全領域にわたって，豊かな事柄が簡潔な図や写真とわかりやすい言葉で説明されている．やさしい上級書でもある．

5|405 変化する企業内デザイン組織と人材育成

　企業活動のコアはいつの時代も人材にある．企業における人材育成の目的は，企業に求められる人材を優れた投資対効果によって確保し実現することにある．そのための人材育成策として，節目節目に実施する新人向け，中堅社員向け，管理者向け教育などがあり，大方の企業で全社的な教育体制が構築されている．企業内デザイン組織にとっても教育が重要であることは当然であるが，デザイナーに求められる人材像や能力が他分野と大きく異なるため，全社的な教育システムとは別途に，あるいは組み合わせて実施されるのが一般的である．企業内デザイン組織におけるデザイン教育が，集団一律方式から個人の責任による自己啓発方式へ変化してきた傾向がうかがえるので，ここではその背景を考えることで今後の企業内デザイン教育のあるべき姿を考察してみたい．筆者の在籍していた三菱電機（以下，MI社）のデザイン組織の事例を中心に，JEITA（電子情報技術産業協会）のデザイン委員会加盟各社から収集した情報をもとに記述する．エレクトロニクス業界に偏した情報ではあるが，日本のデザイン界の現状の一端を理解願えればと思う．

■企業内デザイン教育の変化

　戦後の日本は，あらゆる分野で平等主義思想が徹底して実践されてきた．企業における人事面でも，できるだけ社員を平等にして差をつけない方が企業自身も強くなり市場競争力をもつという考え方が普遍的であった．事実その思想がうまく機能し，日本経済は高度成長をなしとげた．企業内教育もその一環として実施されたため，デザイン分野における集団一律教育方式も円滑に運営された．そのような時代が去り，高度成長が望めない現在にあっては，教育に費やされる費用が圧縮され，余裕をもって指導する時間も制限されてきている．ドッグイヤーと称される昨今，ゆとりをもって人材を育てようとする土壌が風化しつつあるように思える．一方で，時代に即したデザイナーの育成をめざして，新しい人材教育の考え方を取り入れる企業が増えてきている．

［集団方式の衰退］

　企業内デザイン組織における教育方式が変化してきた．変化の最大のものは集団方式から個人の責任による自己啓発方式への転換である．主たる原因は企業の経営環境の変化にある．MI社の場合，1990年代初頭までの約15年は毎年5名から10名程度の新人の採用が可能であり，集団で教育する意味があった．ところが1990年代半ば以降は少数の採用で推移しているため，集団方式は事実上成立しない状況にある．中堅デザイナー向け教育に対しては数年ごとにまとめて行うことも可能であるが，集団を形成できても，以下に述べるように一律に教育を行うことがむずかしくなってきている．

［一律方式の衰退］

　デザインの組織自身が変化してきたため，一律教育も困難になってきている．その最大の原因として挙げられるのは，プロダクトデザインの依頼の減少と，GUI（グラフィカルユーザインタフェース）に代表されるソフト関連デザイン依頼の増大である．別の表現をすればデザインの細分化，専門化が一律教育を困難にしている．MI社の場合，ソフトにかかわるデザインの比率が急速に増加したため，リクルートでもプロダクトデザイナーとGUIデザイナーを区別して採用することを試み始めた．以上のような背景もあって，一律に指導することが事実上困難となってきた．その他の理由として考えられるのが，技術者の採用や雇用形態の多様化である．デザイン系の大学などを卒業して採用された正社員のみからなる組織内の均一化された人員構成が変わりつつある．また，デザインツールとしてのコンピュータの普及も一律的な教育システムの転換に大きな影響を与えている．コンピュータソフトに対する個人の能力を観察しても，先輩デザイナーの方が新人より優れているとは限らないケースも発生しており，さらに一律方式を困難にしている．

■企業内デザイン教育の現状

［新人教育］

　デザイン教育のうち，最も一般的に行われているのが新人教育である．学校から企業へという環境の大きな変化にできるだけ早く順応させるために新人教育は必須である．高度成長時代におけるMI社は，新人全員に対して同一のカリキュラムを使い，集団一律方式による教育を行っていた．それを数カ月間継続させてから，配属先で特定テーマを与え実習を実施させる1年間のプログラムで人材育成を始動させた．ところが現在は，企業にかかわる普遍的な知識を修得させた後すぐにラインに配属し，実務を通した教育を実施している．教育担当は個々の新人に適切と思われる指導を行っている．参考までに付記すれば，集団一律方式時代は，新人教育を数カ月間実施してからその期間の評価と面談の結果をもとに配属先を決定していたが，現

在は新人の採用数が限定されているため，配属先を決めてからリクルートを行っている．

[選抜教育]

入社後5年から15年ぐらいをめどに社内外の特定組織へ派遣させる教育が各社で行われている．企業の特定個人に対する投資であり，選抜教育ともいえる性格を有している．候補者を決定する側の評価の的確さが要求されることはいうまでもない．国内・海外の工場，販売会社，関係会社や大学，公的機関などへ一定期間（数カ月から数年）派遣する．海外は言葉や異文化の修得という点からも総合教育としての側面をもち，教育効果も大きい．選抜教育の目的は，積極的で戦略的な思考特性や行動特性をもった人材をできるだけ若いうちに発掘し，より厳しい試練を与えることで，自ら課題を発見し，解決していける人材を育成することにある．

[専門教育（3次元CAD）]

特定のスキルや知識を教育する専門教育のうちで，現在最も苦労の多いのが，3次元CAD（Computer Aided Design）教育である．3次元CADソフトは操作がむずかしく，誰でも気楽に扱えるデザインツールになるにはまだまだハードルが高い．3次元CADソフトが，国内，海外を含めて企業内部で統一されていないため，各ソフトに対応した人材の育成を実施しなければならず，デザイン部門にとり負担となっている例もある．家庭電化製品や情報通信機器といわれる世界でも，かなり複雑な曲面の処理に3次元CADを活用するようになっている．場合によっては車のような複雑な面構成に対応しなければならないケースもある．デザイナーが3次元CADソフトに習熟すると，単なるスキルの熟達者の域を超えて複雑な面を美的感覚で処理できるエキスパートとして貴重な存在となり，設計部門などから技術者への教育を要請されることもある．キャビティ側データに関するエキスパートとして，デザイナーの造形力や空間認識力がうまく機能している例といえる．

[その他の育成制度]

企業によっては社外検定の資格取得者に対する報酬制度を設けている例もある．取得対象の例として，インテリアコーディネーター，消費生活アドバイザー，カラーコーディネーターなどの資格取得や，画像処理技能，英会話などの検定資格取得がある．企業内デザイナーのために作られた資格検定ではないので，取得する資格よりも獲得する知識や社外ネットワークの構築に価値がある．一方，社内で検定試験を行う例として英会話がある．全社的にビジネス英語の検定制度を本格化させる企業が増加しており，昇格や海外派遣に検定結果を反映させる例も増えてきた．財団法人国際デザイン交流協会が実施した中小デザイン業の国際デザインビジネス活性化にかかわる調査報告においても，ビジネス言語としての英語の教育訓練の必要性が強調されている．また，最近は社外のデザイン会社が企画するワークショップなどへデザイン教育を目的に参加させる企業が増えてきた．教育のアウトソーシングともいえる．経費的な問題もあって期間的に限られているが，所属企業の風土とまったく違った考え方，方法論を学ぶという点からも今後さらに検討されるべき教育の形式と思われる．

[内なるグローバル教育]

市場競争のグローバル化に対応した人材の育成も急務である．長期間海外に派遣する方法の逆を行く考え方として，海外からの外国人デザイナーを一定期間，デザイン組織で雇用することで，周囲のデザイナーに刺激を与えることも行われている．MI社の場合，全社的な海外技術者雇用プログラム（3年間）と連動して，過去3回にわたり毎回2～3名の欧米人デザイナーを雇用してきた．日本人と違う発想などを学ぶという点も含めて，内なるグローバル教育という考え方もできる．

■問題点と解決の方向

[自己啓発の時代へ]

高度成長時代は国としての目標も企業内でデザインする目標も明解であったから，集団による一律的な教育もスムーズに行えた．効率を重視するかつての日本的集団システムが，企業内デザイン教育でもうまく機能していた．指導する方も準備と講義に膨大な時間を費やした．集団方式や一律方式の実施が困難になった現在は，概ね自己啓発を基本とする方向にある．前述した新人教育，選別教育，専門教育などは自己啓発方式にもとづいて行われる．自己啓発は個人の意志の営みが最も重要となるため，適切な動機づけや指導が鍵となる．組織として有すべき価値観をデザイナー個人の意識に働きかけていく必要があるので，組織としての明確なビジョンを示さなければならない．

[デザイナーの保有する能力の向上]

デザイナーが技術者などと差別化できるためにもつべき能力を大きくとらえると，構想力，調整力，造形

力に分類される（5｜102参照）．構想力には仮説構築力やアブダクションなどを，調整力には統合力などを，造形力には表現力などを含めてよいと思うが，以上の能力は右脳の機能に依拠するところが大きいため，言葉で伝えることが困難であり教育もむずかしい．とくに，構想力と調整力については確立された教育の方法論はなさそうである．たとえば構想力強化のための方法論としてさまざまな発想法があるが，その一つであるKJ法に対して，むしろ発想の能率を落とす方法論であるとの指摘すらある（立花，1984；野口，2000）．構想力強化の方法は，情報と知識を仕入れたら熟考してアイデアの閃くのを待つ，という言葉で表現するしかないと思うが，この経験を継続的に強化することを右脳型の人間が行ったときに，きわめて強力な発想のための武器を保有することになる．

[関連知識の収集]

一般にデザイナーは，デザインに直接密着した情報以外の知識の収集に疎い傾向があるが，より広範な知識がなければオリジナルな発想は生まれない．社会の背景が複雑化し，これまでの固定的な知識だけでは解を導き出すことがますますむずかしくなってきている．デザインの細分化，専門化が進んでいる一方で，一つの商品，システム，コンセプトなどを鳥瞰的視点からとりまとめていく総合プロデューサーとしての役割がデザイナーに期待されている．そういった期待に応えるためには，科学にも文学にも歴史にも哲学にも造詣が深くなくてはつとまらないと思う．たとえば，コンテンツはスキルだけでは創出できない．内容によっては文学的知識に裏づけられた感性も必要となる．

[ディジタル化]

最近，手を動かさない若手デザイナーが増えている．サムネイルスケッチを描かずにいきなり画面で発想していくことも多い．また，サーバーを介してプロジェクトメンバーのスケッチを確認できるため，壁面ボードにスケッチを掲示しなくてもすむようになったり，コミュニケーションをメールで行うことが増えてきたため，先達の技術を後進が学ぶ機会が減っている現実もある．こういった創作プロセスやコミュニケーション手段の変化が創造性の欠如につながるのかどうか，今は判断がむずかしい．ツールが変わればデザインのプロセスも変わる．しばらく試行錯誤が続くと思われるが，アナログの世界の利点は利点として残していくハイブリッドな考え方も必要である．

[リーダーの教育]

高度成長時代には上から下りてきた戦略を分解して目標と役割を部下に与えるタイプが機能した．現在は問題発見能力や物事の本質を見抜く能力を有し，自ら戦略を立て，リーダーシップを発揮できるタイプが求められている．同時に，リスクをとって新しい事業にチャレンジする能力も問われている．こういった事業化に挑戦できる起業家型の人材は短期的な教育で容易に育成できるほど現実は甘くない．ごくわずかの能力ある人材を早期に発掘し選抜教育をすることで，デザイン戦略立案力や人間対応力などの能力を強化していくことが必要である．

デザインの周辺環境が想像をはるかに超えて変化している．これから数年の間に日本のデザイン分野は大きく変貌を迫られると思う．デザインは時代とともにあるから，デザインに求められる人材像や能力も変わっていくものと考えられる．それとともに企業内のデザイン教育の考え方も変化していくだろう．大切なことはデザインの業務と教育を別々に考えることではなく，業務そのものを通して人材を育成していくことにある．

[和田精二]

■文献

黒田宏治・株式会社GK：デザインの産業パフォーマンス，pp.18-30, 鹿島出版会, 1996.

立花隆：「知」のソフトウエア, pp.150-154, 講談社, 1984.

野口悠紀雄：「超」発想法, pp.105-127, 講談社, 2000.

（財）中小企業総合研究機構[依託先：（財）国際デザイン交流協会]：中小デザイン業の国際デザインビジネス活性化方策等に関する調査研究, p.52, 2000.

コラム「私の選ぶ図書10冊」

山中敏正［感性情報設計，デザイン方法／筑波大学］

①『決定を支援する』(小橋康章著，東京大学出版会［認知科学選書18］，1988)
　デザインプロセスにとって重要なことは，どの時点で意志決定が可能なのかを知ることである．本書は，事例に則しつつ意志決定の本質について述べるとともに，支援の概念についても解説している．デザインプロセスのマイルストーンを理解するための好著．

②『発想法』(川喜田二郎著，中央公論社［中公新書136］，1967)
　KJ法についての入門的ガイドブック．

③『分類学からの発想』(吉田政幸著，中央公論社［中公新書］，1993)
　分類は理解に至るための重要なアプローチである．本書は分類の特徴と陥りやすい問題点などについて平易に解説している．

④『SD法によるイメージの測定』(岩下豊彦著，中央公論社［中公新書］，1983)
　デザインプロセスでよく利用されるSD法についての参考書は多くはないが，中でもオスグッドの意味論の解説から実例までを網羅した好著．

⑤『暗黙知の次元』(マイケル・ポラニー著，紀伊国屋書店，1980)
　非言語的な知の構造がより高次の構造を生み出すプロセスである創発を，暗黙知のレベルから論証しており，デザインプロセスを理解するための重要な著作．

⑥"The Psychology of Personal Constructs"(George A. Kelly著，W.W.Norton & Co. Inc., 1955)
　臨床心理のスタンスから意識の構造を理解するための手法としてのPresonal Construct Theoryを構築し，その解説を行っているが，デザインプロセスにとっても学ぶところが多い．

⑦『左脳デザイニング』(森　典彦編，海文堂，1992)
　デザインプロセスにおいて，分析的な考え方がどのように適用可能であるか，事例と手法を組み合わせて解説している．

⑧『EXCELによる調査分析入門』(杉山和雄，井上勝雄著，海文堂，1996)
　デザインプロセスの中でも取り扱いにくい科学的分析を簡単に，かつデザイナー自身が実行できるようにするために，Excelを用いてその実施方法と分析方法について解説した．ソフトウェア付き．

⑨"Design for Integrity"(C.Owen著，IIT Press, 1996)
　構造的デザインプロセス論で，多くの応用例を生んできたStractured Planningの事例と理論が述べられている．

⑩『知るということ』(渡辺　慧著，東京大学出版会［認知科学選書8］，1986)
　知るということは知を経験することである．知を経験するためには，考え方について深く知る必要があるという観点から，思考方法について考察を加えている．論理，確率，客観性，述語，学習，パターン，時間，因果律など，デザインプロセスの中で用いる思考方法について解説した好著．

5|406 企業における人材育成システム

■企業における人材育成システムの現状

21世紀に入り，企業活動のあらゆる側面で大きな変革が求められている．経営の根幹は「人にあり」といわれるが，企業の変革を担う「人の育成」が何よりも重要な課題として位置づけられるだろう．ここで，企業における人材育成システムの具体的な事例として，松下電器における「専門職制度」を紹介する．この専門職制度は専門職社員に対する全社的な人事制度であり，専門職としての役割と能力基準を明確にして，経営に寄与する専門能力の伸長とその公正な評価を実現し，プロの人材育成とプロ集団づくりをめざすものである．現在「開発技術」「生産技術」「デザイン」「知的財産」「品質管理」「施設」「情報システム」など七つの職能で運用されている．ここで紹介するデザイン職能の「専門職制度」もこの制度にのっとり過去の体系を見直し，新しい制度として策定したものである．

[専門職制度]

①職掌区分：職掌を管理・監督職，専門職，専任職の三つに分け，さらに専門職の区分けをデザイン制作（プロダクトデザイン，インタフェースデザイン，システムデザイン）デザイン研究，デザイン運営管理，デザインモデリングに区分している（❶）．

②職位区分：G5，主任，主事，副参事，参事，副理事，理事という特称職位を設けている．G5以下は一般職であり，専門職の予備軍という位置づけである．主任以上を専門職と呼び，主事で将来の見極めを行い，副参事昇格時に管理職と専門職に分化する．主任は意匠技師，主事は主任意匠技師，副参事は主席意匠技師，参事は主幹意匠技師，副理事は技監，理事は主席技監の呼称としている．管理監督職と専門職とは育成の方向が違うことから，教育はもとより昇格時の任用評価も将来的には分けて行う必要がある（❷）．

③能力基準：職位における能力基準については，能力水準と活動レベルに分けている．能力水準は，デザインの専門的な知識，技術，指導力と担当商品の知識およびデザイン開発力という大きな枠を決めている．各能力水準としては，所内で有数レベル，所内でトップレベル，事業分野内でトップレベル，業界のトップレベル，国内外有数レベルという基準を規定している．活動レベルは働きかけうる関連部門の広さを規定している（❸）．

④専門能力評価：その専門能力を評価するために次年度昇格候補予定者を対象に評価プログラムを実施している．上位職の専門能力を具備しているかを評価するが，透明性と納得性のある客観的な評価であることにとくに留意している（❹）．

⑤専門研修：専門研修は，あくまでもOJTを補い，より幅広い視野からの体系的学習や同じ目的を有する者どうしの相互啓発により，自らの専門能力を高めることを目的として行っている．導入プログラムでは，新入社員を対象として，コンピュータ，スケッチ，モデリングの基礎研修に加えて知的財産権（意匠権）の知識などを補完している．基礎プログラムは，入社2年目の社員が対象で，主として表現技術力の習得を重点

第4章｜デザインの教育・啓発・人材育成

専門能力の評価は，総合デザインセンターが運営する評価プログラムを通じ，下記視点から評価する．

	■対象者	■目的	■個別活動実績
評価プログラム1	次年度主任昇格候補予定者	専門職(意匠技師)としての専門能力の評価	●社内活動(各種委員会,指導講師)
評価プログラム2	次年度主事昇格候補予定者	上位専門職(主任意匠技師)としての専門能力の評価	●社外活動(学会,委員会,指導講師)
評価プログラム3	次年度副参事昇格候補予定者	上位専門職(主席意匠技師)としての専門能力の評価	●社内外デザイン賞受賞

●社内外表彰
●社内外デザインコンペ
●各種関連資格取得
●異動交流,社内外留学,駐在,派遣
●市場体験
●その他

受講対象者は，次年度昇格候補予定者を中心に上司が推薦した者とする．

評価の視点
評価プログラム　および個別活動実績により，専門能力（専門知識，担当分野知識，専門技術，推力，指導力）を評価する．

❹専門能力評価

専門研修は，OJTを補い，より幅広い視野からの体系的学習や，同じ目的を有したもの同士の相互啓発により，自らの専門能力を高めることを目的として行う．

	■対象者	■目的
●導入プログラム	新入社員	デザイン職新入社員としての基礎知識および基礎技術の習得
●基礎プログラム	未格付，G3	デザイン関連基礎知識および表現技術力の習得
●開発プログラム	G4昇格1年以上	デザイン開発力の強化
●上級プログラム	副参事	幹部社員の育成
○社内留学	G4以上	視野の拡大と専門能力の向上
○海外留学	G5以上主事まで	グローバル人材の育成

❺専門研修

組織の活性化および広い視野で経営に貢献できる人材の育成を図るため，人材交流を行う．

1 交流基準
全社人材交流基準に基づき，副参事昇格時までに必ず複数事業場または複数職種の異動経験を有すること

2 具体的内容
(1) 事業場間異動，職種転換異動を基本とする
なお，1年以上の社内外留学，駐在，派遣を含む

(2) 異動の時期および目的

■時期	■目的
G4〜G5層の基礎異動	他分野経験による視野の拡大
主任または主事昇格時点〜3年次までの昇格異動	専門特性の見極めによる適性異動

❻人材交流

的に行う．開発プログラムは，入社4年目の社員が対象で，3カ月の社内(他事業場)留学を実施し，他事業場の開発手法やノウハウを学ぶことでデザイン開発力を強化することを目的としている．上級プログラムは，次世代の幹部社員の育成を目的としている．選抜された副参事(管理職・専門職)社員が自らの専門性を深めるために自主的にテーマを推進する研修である．

以上が年間を通しての定期的な研修プログラムである．加えて視野の拡大と専門能力の更なる向上を図る社内留学やグローバル人材の育成を意図した海外留学，そして異業種交流/各種セミナーへの参加による

■格付(仕事グループ)	■専門職位	■職掌		■専門研修	■専門能力評価	■人材交流
理事	主席技監	DM管理監督職	専門職　S専任職			
副理事	技監					
参事	主幹意匠技師					
副参事	主席意匠技師			上級プログラム		
主事	主任意匠技師 主任技師	PD プロダクトデザイン ID インターフェースデザイン SD システムデザイン	M:モデル製作	社内留学	評価プログラム3	昇格異動
主任	意匠技師 工師	R デザイン研究 A デザイン運営管理 CM デザインモデリング		海外留学	評価プログラム2	昇格異動
G5	G一般				評価プログラム1	基礎異動
G4				開発プログラム		
未格付/G2,G3				基礎プログラム		
入社				導入プログラム		

❼デザイン専門職育成体系

専門スキルアッププログラムなどが必要に応じて実施されている（❺）．

⑥人材交流：人材交流は，組織の活性化および広い視野で経営に貢献できる人材の育成を図るために行う．基礎異動，昇格異動とは別に人材育成を目的とした異動交流は日常活発に行われている（❻）．

⑦デザイン専門職育成体系：以上をまとめると（❼）のようになる．

■デザイナー育成の今日的課題と将来展望

企業内デザイナー育成について，［専門職制度］の現状を述べてきたが，これらの内容は時代の進展に伴う事業の方向性によっては随時見直しが必要であろう．

[課題処理型から課題提起・解決型へ]

高度成長期のデザイナーは，与えられたテーマを処理することに傾注し経営に貢献してきた．言い換えれば処理型デザイナーとして経営側からも認められてきた．しかし企業経営の変革期にあたり，経営者はデザイナーに「どのようにデザインするか」ではなく「何をデザインするか」を求めている．したがって人材育成の方向性は，課題処理型から課題提起・解決型にデザイナーの能力構造（発想・行動・仕事のしかた）を変えることにある．従来の商品をまとめ上げる造形（デザイン）能力に加え課題提起力・戦略立案力・コンセプト構築力・プロデュース力などをいかに強化するかが企業内におけるデザイナー育成への重要な鍵となる．

[ハードデザインとソフトデザインの融合]

急速なディジタル化・ネットワーク化が進み，今までは不可能だったより多様で複雑なコントロールやサービスが可能になる．このような技術の先行に伴う重要な課題は，人と機器，機器と機器を結ぶネットワークのインタフェースデザインが追いついていないこと

である．これらの課題を解決するためにはハードデザインとソフトデザインを融合した業務推進が不可欠であり，そのためにも新しいコミュニケーションデザイン，インタフェースデザインを推進するデザイナーの確保と育成強化が課題となる．

[エコロジーデザイン/ユニバーサルデザインへの対応]

改めていうまでもなく「物の豊かさ」「効率」「利便性」一辺倒ではなく，持続可能な発展を指向し，「地球環境との共存」に企業も生活者も真剣に取り組まねばならない時代になった．この世界規模の最重点取り組み課題を軽視する企業は存続できないとさえいわれている．また一方で高齢化社会を迎え，加齢に配慮した商品開発が求められてくる．企業に対するこの新たな課題は企業内デザイナーへの課題でもある．地球環境に優しいエコロジーデザイン開発や誰にでも使いやすいユニバーサルデザイン開発を推進するために，企業内デザイン部門はもとよりデザイナーは，モノづくりの思想・哲学を再構築し，新たな視点でとらえ直す必要があるだろう．

[デザイン領域の拡大]

過去半世紀の企業におけるデザイン活動は，プロダクトデザイナーが与えられたテーマに対し，持ち前の創造力と迅速な対応力で次々と商品を世に送り出し，企業経営に貢献してきた．しかし，時代の変化とともに人びとの価値観が大きく揺らいでいる昨今，デザイン活動において物事を単なる一元的にとらえるのではなく多元的にとらえ，新たな生活価値を提供しなければならない．そのためにもハードデザインを担当するプロダクトデザイナーに加え，新たなソフトデザインの領域を担当するインタフェースデザイナー，また商品単独のよさもさることながら，システム造形といった住空間への新たな視点（アイデンティティ）や生活の場として「連のデザイン」を模索するシステムデザイナーなど新しい分野のデザイナーの育成体系，評価手法の整備，評価者の育成・強化などが重要な課題として浮かび上がってくる．

[開発ツールの進化]

デザイン業務におけるコンピュータの導入には目を見張るものがあり，ここ数年でデザイン開発環境を一変させたといえるだろう．コンピュータの活用は，デザイン業務の効率化や生産性向上に多大な貢献をした．しかし一方で，コンピュータに依存しすぎることによる弊害も顕在化しつつある．デザイナー相互の議論が減少し，アイデアを導き出す初期のサムネイルスケッチやアイデアスケッチなどの手描きスケッチが満足に描けないデザイナーが増えている．「筆触は思考する」という言葉がある．筆触が脳に刺激を与えながら自分の手と頭脳が直結して初めて思考の循環が起こり，感性が醸成されていくのである．筆触を大切にするハンドスケッチからMacや3D-CADなどコンピュータツールまで多岐にわたるスキルを向上させることが大切である．加えて，これらをデザイナー個人の活用にとどまらず組織として資産活用を図るためのデータ化，マニュアル化の推進がしくみとして重要である．

[百田暢夫]

コラム「私の選ぶ図書10冊」

和田精二[インダストリアルデザイン／湘南工科大学]

① 『陰翳礼讃』(谷崎潤一郎著, 中央公論社, 1975)
　日本のあかりは, ほどよい暗さが闇の空間に陰翳の美的秩序を作り出していた, といった日本美に対する鋭い観察記述に触れることは, 日本人が有していた美意識の再認識につながる.

② 『「空気」の研究』(山本七平著, 文藝春秋社, 1977)
　戦艦大和の出撃は, そうせざるを得なくなってしまった現場の「空気」にあった, という考え方を中心に展開される日本人論には恐ろしいほどのリアリティがある. 企業イメージを作るための人為的な行為が著者のいうところの「空気」につながっていくことを, 企業イメージを仕掛ける人間は望んでいるのであろう.

③ 『「いき」の構造』(九鬼周造著, 岩波文庫, 1979)
　何ともむずかしい本であるが, 「いき」を一刀両断に分析してくれることに快感を覚える. 日本文化の奥の深さに心が動かされるのと, 著者の鋭い感性に敬服してしまうのである.

④ 『日本のデザイン運動』(出原栄一著, ペリカン社, 1989)
　時代の大きな変革の中で, デザインに思想性が欠落し始めている. もう一度原点に立ち戻って日本のデザインを見直してみたくなる本である.

⑤ 『日本人の脳』(角田忠信著, 大修館書店, 1978)
　日本人と西洋人の感性の相違は左右の脳の機能の違いにあり, 母音が大きな役割を果たす日本語の特殊性にある, とする角田理論は多方面に影響を与えた. 中でも, 著者の右脳論はデザイナーが有する資質の潜在力を改めて認識させてくれる.

⑥ 『意識と脳』(品川嘉也著, 紀伊国屋書店, 1982)
　意識はいかにして人間の脳に誕生しえたのか. 意識を情報構造の一部として位置づけ, 宇宙の進化から人間の脳までを統合的な視点からとらえている. デザイナーの能力を考えるうえで啓発されるところが多い.

⑦ 『かくれた次元』(エドワード・ホール著, 日高敏隆, 佐藤信行訳, みすず書房, 1970)
　人間の存在と行為は, すべてその人間の空間体験にもとづいていると説く本書は, 民族によって異なる行動様式を明解に示し, ハンチントンとは違った視点から民族どうしが理解しあうことのむずかしさを教えてくれる.

⑧ 『誰のためのデザイン』(D・A・ノーマン著, 野島久雄訳, 新曜社, 1990)
　機能が増えることで操作が複雑になり, 使い勝手が悪くなるのを防ぐのはデザイナーの役割であると, 認知心理学の立場から指摘し, 対処法を示した本書がデザイナーに与えた影響はきわめて大きい.

⑨ 『生きのびるためのデザイン』(ヴィクター・パパネック著, 阿部公正訳, 晶文社, 1974)
　刺激的なデザインを施して不必要な製品を売ることは地球を汚すことになる, と30年前に説いたこの本は, 世の中に出るのが早すぎたように思える. 総論としては現代に十分に通用する警世の書である.

⑩ 『歴史の研究』(A・J・トインビー著, 下島 連ほか訳, 経済往来社, 1949)
　強制的に全25巻を読む破目に陥った頃が思い出されるが, 物事を鳥瞰的に見る習慣や組織論の真髄である「国も組織も外敵によって滅んだ例はなく, 内なる敵により滅ぶ」ことを知った効用は何物にも代えがたい. 衣服改革が文明に与えた影響の観察結果などもデザインの視点から興味深い.

5|407　ユーザー視点からのデザイン

「地球にやさしいデザイン」「人にやさしい商品」といわれて久しい．デザインは，省資源・省エネルギー，地球環境保護の立場から，生活者への快適性，満足度そして生活への価値観への配慮までを含めて，その役割を強く求められ始めている．

■ユーザーとデザインとの関係

デザインの役割が，「生活の質的向上」を図ることだとすれば，デザイン活動は，とりわけユーザーとの緊密な関係が求められる．

アルビン・トフラー（アメリカの社会未来学者 Alvin Tofffler, 1928-）は，『第三の波』(1980)の中で，プロデュース（Produce＝生産）とコンシューマー（Consumer＝消費者）を融合させた「プロシューマー（Prosumer）」の概念の到来を告げている．生産＝消費者，つまり「生産し，かつ消費する（プロシューミング）」である．これはこれまで受身であった消費者が積極的な生産＝消費者になることを意味している．かつての「消費のための農業社会」から，産業革命を機に「交換のための生産」へと生産と消費という二つの機能が分離した．経済が市場のための仕事や生産に限定されて使われることで，生産＝消費の構造関係の存在に気がつかなくなってしまっている，と述べている．すなわち，新しい生産＝消費の構造関係は，「新市場」と呼ぶ意味での「脱市場文明」だと説く．現実に，徐々にではあるが，エコロジー，健康などをテーマとした「産業＝消費」型のビジネスが誕生し，「創費者」と呼べるネットワーク市場が出現し始めている．

また，従来から「DIY」(Do It Yourselfの略：自分でできることは自分でする，の意）がある．これは「セルフサービス」による効率化・合理化の効果と，個々の生活者のライフスタイルに応える「多様化」の目的があると考えられる．いわゆる交換経済の生産＝消費経済への移行の一つの現れと見ることもできる．

一方，江戸中期の心理学者であり経済学者でもあった，石田梅岩(1685-1744)の「商い」の定義の中にも注目すべき提言がある．要約すると，商いとは，売り手（作り手＝生産者）と買い手（使い手＝消費者）との間では，双方が「価値（＝利益）」を分かち合い，喜び合える関係がなければならない，としている．つまり，一方的に片方が得をし，他方が損をするということを商いとはいわない，としている点にある．このことはデザインを考える上できわめて基本的で原則的なことを含んでいると考えたい．

先のトフラーは，生産（者）と消費（者）の関係について新たな関係性を，また梅岩は，関係の中での価値観の本質的なあり方に触れている．

デザインの役割は，生産（者）と消費（者）の双方に対して満足できる価値を創出することだが，そのためには基礎的，基本的なこととして，両者の情報を正確に把握することが要請される．すなわち，第1に，何が求められているのか，第2に，何を提案・提示するのか，などを実現するための情報が得られる必要がある．必然的にどちらかに偏った情報取得であってはならないためにも，両者による新たな「情報交流」の機会と場が求められている．

■情報交流の意味

デザインとは，デザイナー自らが社会やユーザーに対して新たな提案をする行為である，とするならば，新機能の創出・創案を積極的に行ってゆかねばならない．新技術のテーマの提案は，既存技術を組み合わせた新機能の発想も含むものである．とくに，ユニバーサルデザインやグローバルデザインの要請もあるが，そのためにはあらゆる要因を関係づけて問題解決を図らねばならず，必要条件を満たす情報をもたねば成就するわけではない．果たして流通の情報に振り回されてはいないか，正確な情報を得るべき回路が阻まれてはいないか，などデザインの置かれている立場そのものも問われるものである．結果として，ユーザーの手元でその評価が委ねられることを考えるとき，改めて生産（インハウスデザインを含めて）と消費（者）との情報交流が必要となる．

アノニマス（無名性）なデザインは，日本の歴史の中にもあった．これはデザイナーが不在で不明である，ともいえるが，れっきとした作り手として職人であるデザイナーたちが，使い手であるユーザーとの，注文やアドバイス，つまり「交流」の中で育まれ完成したデザインと考えられる．こういった関係性を直接，現代に引用することはできないが，基本的な交流の原則は変わるわけではない．生産と消費の二極化することによる効率的な側面と，逆に失いがちなマイナス面もあることを自覚すべきであろう．相変わらず，消費者不在の商品が後を絶たないこと，創造的な新機能の商品がきわめて少ないのを見るにつけ，次のことが理由として考えられる．

第1に，情報取得の現行の回路や，組織上に何らかの歪みがあること．第2に，生産と消費の双方の立場

としての文化が異なること．第3に，直接，間接にデザインする上で，情報取得の新回路（場・機会・方法）がないことなどが挙げられる．

第1の理由では，デザインが製品づくりのプロセス全般にかかわり，かつ，ユーザーの評価を得て廃棄に至る，全プロセスに関する必要情報を得て，次のデザイン活動にフィードバックし得ているかどうかが問われる．第2の理由は，デザインの基本的な立場が強く問われるところでもあるが，『使い易さの発見』（佐伯，1996）の中で，佐伯胖の主張を引用すると，ヒューマンインタフェースを「異文化交流の場」と考え，双方の多種多様な「文化」が相互に，真に交流し合い「文化の相互浸透」になり，異文化が「出合う」場になっていないことが「インタフェースがちっともよくならない」最大の理由であることを指摘している．

このことは実は，デザインの役割とその能力が試されていることを意味している．本来，「デザインが技術の人間化」であるとすれば，異文化を融合・融和することが役目でなければならないはずである．デザイナーに求められる資質としてのデザイン教育やデザイナー教育が果たして的を得ているかどうか改めて問われることでもある．

第3の理由として，デザインが総合的な情報操作による創造行為だとすれば，情報活動そのものがデザインの必要不可欠なツールであり，資産であるべきではないのか，の疑問が湧く．その意味でもデザイン活動は，自前の情報交流の回路が必要とされる．

■情報交流の機能

デザインに限らず情報活動で重要なことは，どのような情報が必要なのか，そしてそれは正しい情報なのかどうかが鍵となる．生産者側とユーザー側の情報を正しく導き出すには，それなりの配慮がいる．情報といっても漠然として広いが，表面的に顕在化した場合と，深層奥深く潜在化している状況とがある．また，情報の形態も多様で，数値的なことから，イメージ的なことなど複雑多岐にわたる．むしろ，デザインに必要とされる一般的な内容で分類すれば，デモグラフィック的（Demographic；人口学的，統計学的）とサイコグラフィック的（Psychographic；心理的）内容がある．いずれもマーケティングリサーチなどで求められる調査対象だが，もはやデザインの必要とする情報内容は，もっと多次元的，多層的である．したがって，従来のマーケティングや調査方法を超える状況にあるといってよい．たしかに，市場や社会の大きなトレンドを定量的かつ定性的に把握されることが必要だが，さらにユーザーの生活や環境などの，襞ともいえる影の部分にこそ，真のニーズやシーズが潜んでいることに注力し，発掘・展開しなければならない．

[デザインの仮説提示]

ユーザーと交流をし，情報を得ようとしても，交流としての対話がすぐにできるわけではない．そこには，いわば話題が提示されることで交流は始まる．ユーザー側からすれば，デザインは明日の，未来の社会に対して何をどのように提示しようとしているのか，そしてそのことは，ユーザーとどのような関係をもつのかを知りたいわけである．逆に，デザインの立場からすれば，当然のこととして，ユーザーの生活意識を詳細に知ることで，現行のデザイン活動に結びつけたいとする．とすれば，当面，デザインの側として考える仮説を創作し，ユーザーに提示することで交流は始まると考えたい．ここでいう仮説とは，あるときは現製品もあるが，デザインとは常に未来に対しての創造行為であり，そのための情報活動だとすれば，とりあえず，現在から未来にかけてのデザインのPRなどの一方向のインフォメーションではなく，ユーザーと語り合うための仮説でなければならない．

この仮説の果たす役割は，第1に，デザイン行為のアイデンティティ化である．第2に，ユーザーとのレスポンスがある．そして第3に，ユーザーとの間のコンセンサスがある．第1の役割は，デザイナーの仮説のデザインに託した姿勢とその成果を通じて，自己（企業を含めて）の立場の再認識をすることができ，デザインのポリシーをより深めてゆくことが確認できる．そして，そのことはオリジナリティの確立化への礎となる．第2の機能は，基本的にユーザーの反応としてとらえられ，仮説提示の内容のどこに「共鳴・共感」してもらえたか，はたまたどこがまずかったのか，など正確な反応としての解答を得ることが可能であることを示す．第3のコンセンサスは，二つの意味をもつ．一つは，デザインの仮説を通じて，提案内容への賛同を得つつ進める姿勢がもてることである．ユニバーサル性，グローバリゼーション化を進めるには，業界標準化（Defacto Standard）などのマネジメントデザインも求められる．デザインと民主化（デモクラティゼーション）との関係をあえていうならば，このコンセンサス化をおいてないであろう．二つめは，デザインの「生活のしかた」を創造する働きであり，いわば，

ポールポジションとしての役割である．デザインの未来を見る目としての先見性と人類愛を象徴的に演出するバロメーターとしての役割が生まれる．

[仮説提示の場と機会]

本来，デザインされたものが最終的に評価されるまでは「デザインは仮説」といえなくもない．それは真の決定者はユーザーに他ならないからである．したがって，ここでいう仮説とは「コンセプチュアルな仮説」といった方が妥当であろう．あくまでもコンセプチュアルな仮説は情報交流のためのものであり，直接，商品となる場合はまれである，とした方がわかりやすい．

したがって，仮説の体裁は3次元の実体でなくともよく，要は先の三つの役割をそれぞれ果たせればよいわけである．映像化や場合によっては実感を装ったバーチャルな表現もある．これらの仮説提示をどこで，いつ，どのように行うかについてはコンセプトマーケット（田中，1994）としての今後の大きな課題である．

現状では，個々の企業内でクローズド（関係企業・ディーラー・販売店などによる展示交流会およびイントラネットなどを通じて）に行われているが，21世紀の業界では，あるいは地域ベースで，公開展示としての「デザインによる仮説の情報公開」が待たれる（❶）．

また，場や機会を考えるとき，最もプリミティブなかたちとして，市場としての「市」がある．古今東西を問わず，市は商品を取り巻く情報市場と言い換えることができる．市の成立条件として，商品関連の「知識」（インテリジェント性），DIY性，そしてイベント性がある．朝市など，売り手と買い手の対話の中には，商品や使用情報など生活にかかわる知識が相互に交わされる．人びとの集まる賑わいの重要性は，商品を買い求めることだけではなく，集まった人びとが何を考え，買い求めているかを隣で知ることの意義において大きい．どうやら生活観の背景を相互に確認し，意識し合うことこそ情報力化された空間であると認識すべきであろう．さらに，時として埋没しやすい情報を，イベント的に誇示し，買い手に気づかせることも交流のきっかけを作る糸口としてある．すなわち，市の成立理由・背景に遡ってみる必要がある．

■情報交流の方法

[今までの，ユーザーとの接点]

今までにもユーザーの指向を知るためにいくつかの試みがあった．アンテナショップをはじめとして，イートインシステム，DIYショップ，複合機能ショップ（キヤノンの01ショップほか）などの例がある．いずれも商品を販売しながら，商品と購入者の相関を調べ，トレンドを知るとか，多様なサンプルを示し，その中に試作・実験的要素を含ませてユーザーの反応を分析する，などがある．また，一方ではDIYやユーザーのオーダーに応じるための諸設備や講習会，スクールなどを併設するタイプもある．これらは常設であるが，展示会や発表会などの非常設的な交流もある．しかし，本腰を入れて運営・活動するむずかしさがある．交流の手立てはメディアを用いても確かに行われてきた．

[仮説のデザイン内容と表現]

デザインは仮説だ，とした．たしかにモノがユーザーに評価されて初めて仮説は解かれる．とすれば，最初のデザイン行為からユーザーとの情報交流は重要だ．具体的には常にユーザーの目線で物事を考える必要がある．ユーザーが日頃から抱える不満，不安，不思議（以下，略して3不という）といった顕在的なことや潜在的な要因などを目ざとく気づく洞察力が要る．そのためには積極的な動機に支えられたユーザーの立場への気配りや思いやりもいる．しかし，このことは今という現実のことに対してだけではなく近未来，未来の誘いを含むものだ．すなわち，明日への生活提案ともいうべき夢を代弁する役割である．

ではその内容とは，ひと口でいえば「こんなモノやこんなコトができれば」と具体的に表現してみせることといえる．それは3年後，5年後，あるいは10年後の製品であったり，環境空間であったりする．また一方ではモノだけではなく，生活行為そのものといえる生活のしかたもある．新技術のテーマやソフトなども対象となる．繰り返し述べるが，「もしもこんなことができれば，もっと生活や社会の質的向上が望める」

❶仮説提示の場と機会の一例（アイチテクノプラザにて．提供：株式会社アイチコーポレーション）
ユーザーとともにコンセプトを試作機としてシミュレーションできる空間．

という設定に立った提案といえる．したがって，ユーザーだけではなく，社会全体に対する呼びかけであり占いでもある．

このような仮説を媒体としてユーザーと情報交流するには，内容である提案コンセプトがわかりやすいことが肝心だ．つまり，現実に存在せず，あり得ない未来への提示内容の表現方法が要る．一般的には視覚的，触覚的なモデルで示す方法があるが，実際に動くとか，使用できるといったことがすべて演出できるわけではない．たしかに未来での姿をすべて示すことは不可能だが，目的に応じて条件をつける方法は可能である．スケッチやCG，写真などの合成，あるいは動きのあるものではアニメーションや3D-CGがある（❷）．

❷仮説提示の内容の一例（提供：株式会社アイチコーポレーション）
近未来の建設作業（天井配管）のしかたをCGによって表現し，ユーザーと意見交換を行い，コンセプトづくりへフィードバックさせる．

仮説の対象はきわめて広いため，その表現テクニックはいわば映画制作などのミクスドバーチャル（複合現実感）表現に近づく．そして内容に何らかのコンテクスト（文脈）があれば，スクリプトやシナリオといったコンテンツを作る．仮説の製品や生活環境を描くには，常に生活者との関係が必要だ．とりわけ仮想するユーザーがどのような操作や生活行為をするかを知ってもらい，語り合う必要があるため，必然的に人や環境を交えた表現となる．また，音声や擬音などの生活環境の臨場感も求められる．要はユーザーとともに未来の生活のあり方を共有してゆくためのデザインの表現行為といえる．

[ユーザー視点のとらえ方]

デザインが必要とする情報とは一体何なのかは，言葉を換えれば，ユーザーに対して何をするのか，である．冒頭のデザインの役割に応えるならば，まず，レンタル，リース契約といった関係も糸口としてある．3R（Reduce＝削減，Reuse＝再利用，Recycle＝再生

使用）やゼロエミッション（廃棄物ゼロ），逆工場，ネットワーク型マーケットや電子取説など．またこれらを契機としたB2B，B2Cといった新たな流通も今後の交流のトリガーとなる可能性をもっている．これらはデザインが生活のリアリティを体感する回路でもある．一方，マルチメディアに代表される，サイバー社会の中での情報交流のしくみづくりの可能性は大きい．ウェブ上に仮想の情報交流の広場すなわちコンセプト（仮説）によるマーケットを設定することで，直接，間接にユーザーとの交流を図ることの意味がある．とりわけデザインはイメージ（視覚的なかたちと行為としてのかたちを含めて）によって伝え，語りかける能力をもつ．しかも，場と時を超越した次元をもち，グローバルでフレキシブルな活動を容易にすることができる特典を生かすことが利点としてある．今後のデザインの方法そのものが，実は，この実と虚（虚は実）の両方の回路によって改革されるときが来ている．

デザインに求められる役割や能力が急速に求められている．「顧客満足（CS）」からさらに「顧客共鳴（C, resonance）」あるいは感動を求める時代となり，その専門性としての教育のあり方が改めて問われるのも，21世紀以降ますます矛盾に満ちた問題を解決してゆかなければならないからである．エコロジーの解決にしても，ユーザーはストイックな気持ちを強いられては迷惑である．一方，ユーザーの側として，ゴミ問題にしても幼児教育の一環として取り入れる必要がある．住みやすい社会環境をデザインする権利をもつならば，その義務を果たすのも当然のこととしてある．だとすれば，デザインは権利と義務を全うすることで，最終的に責任をもたねばならない．デザインが社会的にも責任をもつ行為であることを証明する意味でも，来るべき21世紀を，新たな情報活動をもつ「インヴォルブ・デザイン」（ユーザーとの共創）として認識すべきではないかと考える．

［田中 央］

■文献
アルビン・トフラー：第20章 生産＝消費者の出現．第三の波，pp.381-413，日本放送出版協会，1980．
佐伯胖：第5章 情報の使いやすさ．使い易さの発見（人間生活工学研究センター編），pp.191-200，産業資料調査会，1996．
田中央：特集 バーチャルリアリティ技術の今後の展望－バーチャルリアリティと消費．機械振興，6(27)：42-50，機械振興協会，1994．
田中央：第2章 デザイン論．岩波講座 現代工学の基礎，pp.35-56，岩波書店，2000．

5|501 展望

デザインされた製品が街にあふれ，都市のデザイン，環境のデザイン，暮らしのデザイン，といったように，デザインという言葉が日常的に使用されるようになり，デザイナーの数も信じられぬほどに増加した．にもかかわらず，それがデザインの地位の向上や社会的イメージの向上に結びついていない．他の分野同様に混迷する時代の波に翻弄されている傾向が強いが，本質的な問題点も潜在しているように思える．企業内デザイン組織の経営的な自立が大きな課題となっているが，大量生産，大量消費時代の労働集約的な業務形態を脱却し，生産性向上の可能性を切り拓く新しいモデルはまだ見えていない．また，デザインが行政機関へ組み込まれる比率も相変わらず低く，企業とデザイン教育の現場間に横たわる教育目的や内容をめぐる意識の乖離も解消していない．その教育も旧来の方法論を引きずっているという指摘もある（デザイン学研究，1998）．地球環境に配慮したデザインという次なる大きな課題もまだ緒についた段階とはいえ，明確な方法論を見出すまでかなり時間がかかりそうである．厳しい見方をすれば，デザインにとって21世紀におけるはっきりした方向と基軸が定まっていない．こうしたデザインが抱える諸問題は，中国の急激な工業化問題，環境問題，人口問題，高齢者問題などの外部要因により引き起こされる，とするには無理がある．デザインやデザイナーの抱える構造的問題，体質的な問題もからんでいると思われる．大方の企業内デザイン組織にとって，これまで頼ってきた企業がここへ来て経営的に不安定な状態に陥り，寄らば大樹でなくなってきたことが，デザインの未来を不透明にしている．一方，デザイナー個人は，差し迫った難題の解決に忙殺されるあまり近視眼的思考にならざるを得ず，デザインの長期展望を欠いた意識の実態が垣間見える．

いずれにしても，戦後の右肩上がりの経済とともに発展，拡大してきたデザインにとっての至福の時代が終焉し，環境問題などが醸し出す時代の閉塞感が希望に満ちた展望を描く気持ちを躊躇させてくれる．展望は明るい未来を描くのが一般的であるので，このような時代にデザインの展望を描くことはいささか気が重いが，展望は将来予測ではなく，将来に対する前向きの意思の表明であると考えることもできる．いたずらにデザインの未来を希望に満ちたものに描く必要もないが，可能性があるならば前向きの未来をイメージするほうが獲得できる未来も大きい．ここでは，克服すべき課題として組織と個人の両面から最も重要と思われることを取り上げてみたい．

■**デザインの高度化について**

現在の日本の産業界にとって最大の課題は，中国の急激な工業化問題である．かつて日本がアメリカの家電産業や自動車産業を相手に引き起こした経済戦争を思い起こさせる．守勢に立った日本にとって最も望ましい対応策は，世界に先んじた技術立国としての先端技術分野への思い切ったシフトと，情報ネットワーク社会に対応した流通を含めた産業界の構造改革にある．こうした動きが本格化すると，デザインもデザイナーの能力を最大限に活かして先端技術分野へシフトしていくことになるものと推測される．

その結果，広く浅くの知識で事足りてきたこれまでの方法論が通用しなくなり，デザインは専門化を強いられる可能性が高い．デザインの専門化は感性面の更なる深化とともに，対象に肉薄するための深掘りした知識を必要とする．深掘りした知識とデザイナーの能力である構想力，調整力，造形力が合体することで，それぞれの分野に特化したデザインが新たに生まれる．企業内のデザイン組織を振り返れば，30年前はプロダクトデザインとグラフィックデザインの組織のみであった．今は，ユーザビリティ評価やグラフィカルユーザインタフェースデザインなどの領域が専門知識を基盤に確立している．こうした傾向がさらに加速されることでデザイン組織経営のリスクの分散が図られ，経営基盤が強化される，という利点も生じる．

分野ごとに特化することは，デザイナーの武器としての統合力を生かすという意味では逆行することになるが，デザインは個人でも集団でも，分散と統合を繰り返しながらスパイラル状に進化していくものである．今後は，分野に特化したデザイナーと統合力で勝負するデザイナーに分化することが予想される．デザインの生産性向上のためには，こうした分野ごとの知識とデザイナーの能力との結合が必要となる．

また，現在を単にポスト工業化社会としての情報化社会ととらえずに，自然社会，農業社会，工業社会の順に発展してきた人類の文明史の諸段階において，三つの段階と並ぶ「情報ネットワーク社会」の到来ととらえる考え方は大変重要に思える（中村，1993）．情報ネットワーク社会の到来は，企業から消費者に対する一方通行的な製品供給の関係を変える原動力となる．市場においても，モノづくり主導から製品のサービス，あるいはそれらに付帯するメッセージへと商品の価値

が変わってきている．工業デザインなる言葉も形骸化しつつあるように，工業製品を作ることが利益の源泉であった時代から，知的生産物が商品としての価値を上げ，利益を上げる時代になってきた．情報ネットワーク社会は産業のソフト化，デザインのソフト化を促す．技術の先端化とともに注視すべき方向である．

以上述べた技術の先端化や産業のソフト化に対応する努力をもって，21世紀にデザインが果たすべき役割の例を挙げれば，企画，設計から販売，回収に至る製品のサイクルを，企業と生活者を結ぶ立場から見直し，新しい供給システムを社会に根付かせていくビジネスモデルの構築などが考えられる．こういう大きなテーマは，デザイナーのみでは対応がとうてい困難であり，隣接分野を含めた他領域との連携が必要となる．デザインが積極的に他領域と連携することで，デザインの領域を拡大していくことが期待される．デザインが理想とするところは，望ましい社会の実現のために諸領域を統合する創造活動にあり，深掘りした専門知識とデザイナー固有の能力の結合によるデザインの高度化がこういった活動を加速することになる．

■デザイナー個人の意識の変革について

日本のデザインが日本の高度な工業力と結びつき，自信をもって世界へ発信していた頃と比較すると，社会環境も企業環境も大きく様変わりしてしまった．これまで，事あるごとに「真の人間社会の実現」を標榜してきたデザイナーという職能だからこそ，閉塞した時代に風穴を開ける起爆剤的な役割を担っているはずである．ところが，デザイナーの思考や方法論は，今でも大量生産・大量消費時代の延長上にある．長期的視点よりも短期的視点を，ストック型知識よりもフロー型知識を重要視し，快適さや楽しさを生活の価値として追求する姿勢は，市場競争で勝ち抜くためには大変効果的であるが，デザインの社会的貢献や次代に続く若いデザイナーに対するデザインの文化遺産を継承していくことを考えると何か心もとない．これからは短期的な思考に加えて，より長期的でより鳥瞰的な視点からデザインを思想することが求められる．時代の大きな変節点にあって，目先のトレンドの変化にのみこだわることの繰り返しからは，的確な舵取りはむずかしそうである．長期的，鳥瞰的に時代を眺めると，感性を武器としたデザイナーが将来に備えて何をすべきか，おのずから目標が見えてくるはずである．

今日のように社会環境の変動の激しい時代にあっては，デザインに何ができるかよりも，デザイナーの能力で何ができるか，という視座の方が的確に将来を見通せる．感性に裏付けられた能力で「真の人間社会の実現」に向かって邁進するとき，デザイナーの社会的イメージの向上がなされる．こうした使命はデザイナー個人の志，意思の営みによりなされるべきことである．デザイナーは決してメジャーな職能ではないが，社会への影響力という点で潜在的な力を有する．

欧米諸国のデザインに追いつき追いこせ，という時代が長く続いた後，いつ頃からかそうした熱気が失せているが，たとえば，成熟国として先を行くイギリス人の生き方や生活観にこそ，これから高齢化社会に突入する日本が参考とすべきモデルが存在しているように思える．しかしそれよりも，軽視してきた日本の歴史と文明の中に，あるいはわれわれ自身のDNAの中に，閉塞した時代にデザインの力で刺激を与えていくための可能性が隠されている．

デザイン変革の動きを二つの方向から感じる．一つは，デザインの停滞を打破するためのデザインの内側からの動き，もう一つは，デザインの可能性を広義にとらえることで，知と感性の融合を図ろうとするデザインの外側からの動きである．内側からの変革が弛緩すれば，外側からの働きかけがデザインの構造を変える発端となるかもしれない．デザインに続いてデザイナーという言葉が一般名称として普遍化する頃，デザイナーの出身は問われなくなると思われる．

デザインは，感性をもって新しい価値を創出できるすべての対象分野にかかわっていく．デザインは，科学，教育，経済，政治，文学，哲学，宗教に至るまで関わりの環を拡大する可能性を有している（河北，1989）．この場合，デザインという概念の発散のしすぎを防ぐのが「感性」という土俵である．この土俵を割らなければすべての対象にデザインがかかわっていく，というスケールの大きな考え方をしてみたい．デザインは，旧来の枠でとらえきれない可能性を有する感性知識の宇宙である．

[和田精二]

■文献

大学におけるデザイン教育の目指すもの．デザイン学研究特集号，5(3)：71-76，1998．

中村雄二郎：デザインする意思（中村雄二郎エッセー集成6），pp.13-24，青土社，1993．

河北秀也：河北秀也のデザイン原論，pp.173-208，新曜社，1989．

付録

1. デザイン関連機関・団体

2. 世界のデザイン賞・コンペ

付録 ①デザイン関連機関・団体

　日本の各地には，デザイン振興，デザイン業界の発展，地域の振興，中小企業支援などを目的に，さまざまなデザイン関連機関・団体がある．ここでは，国のデザイン行政機関をはじめ，デザイン振興団体，全国デザイナー団体，地域デザインセンターなど主なデザイン関連機関と団体を掲載している．その他，デザイン関連の学会，地域のデザイン協会，デザイナー団体，デザイン協議会など数多く設立されている．

　また，地方自治体（都道府県市）には，デザイン行政を担当する部署があり，工業技術センターなど地方公設試験研究機関には，デザイン課の設置やデザイン担当者が配属されている．

［田中義信］

■経済産業省製造産業局デザイン・人間生活システム政策室
　〒100-8901　東京都千代田区霞ヶ関1-3-1
　Tel:03-3501-1863　Fax:03-3501-6782
　http://www.meti.go.jp

■特許庁意匠課
　〒100-8915　東京都千代田区霞ヶ関3-4-3
　Tel:03-3581-1101
　http://www.jpo.go.jp/

■財団法人日本産業デザイン振興会（JIDPO）
　〒105-6190　東京都港区浜松町2-4-1　世界貿易センタービル別館4F
　Tel:03-3435-5633, 5634　Fax:03-3432-7346
　http://www.jidpo.or.jp

■財団法人国際デザイン交流協会（JDF）
　〒530-0001　大阪市北区梅田1-3-1　大阪駅前第1ビル8F
　Tel:06-6346-2611　Fax:06-6346-2615
　http://www.jdf.or.jp

■社団法人日本インダストリアルデザイナー協会（JIDA）
　〒106-0032　東京都港区六本木5-17-1　AXISビル4F
　Tel:03-3587-6391　Fax:03-3587-6393
　http://www.jida.or.jp/

■社団法人日本インテリアデザイナー協会（JID）
　〒163-1008　東京都新宿区西新宿3-7-1　新宿パークタワー8F
　Tel:03-5322-6560　Fax:03-5322-6559
　http://www.jid.or.jp/

■社団法人日本クラフトデザイン協会（JCDA）
　〒151-0053　東京都渋谷区代々木3-46-12
　Tel:03-3370-1324　Fax:03-3372-4924
　http://www.craft.or.jp/

■社団法人日本パッケージデザイン協会（JPDA）
　〒113-0033　東京都文京区本郷3-4-3　ヒルズ884ビル6F
　Tel:03-3815-2723　Fax03-3815-2548
　http://www.jpda.or.jp/

■社団法人日本グラフィックデザイナー協会（JAGDA）
　〒150-0001　東京都渋谷区神宮前2-27-14　JAGDAビル
　Tel:03-3404-2557　Fax:03-3404-2554
　http://www.jagda.org/

■社団法人日本ジュウリーデザイナー協会（JJDA）
　〒104-0032　東京都中央区八丁堀4-11-7　アライビル8F
　Tel:03-3523-7344　Fax:03-3523-7346
　http://www.jjda.or.jp/

■社団法人日本サインデザイン協会（SDA）
　〒113-0033　東京都文京区本郷3-25-11　池田ビル2F
　Tel:03-3818-8537　Fax:03-3818-1291
　http://www.sign.or.jp/

■社団法人日本ディスプレイデザイン協会（DDA）
　〒107-0062　東京都港区南青山5-1-18　ボヌール青山4B
　Tel:03-3406-0062　Fax03-3406-0063
　http://www.dda.or.jp/

■財団法人クラフト・センター・ジャパン（CCJ）
　〒164-0001　東京都中野区中野2-12-5　メゾン・リラ104
　Tel:090-1100-2132　Fax:03-3229-0943
　http://www.craftcenter.or.jp

■社団法人日本デザイン保護協会（JDPA）
〒105-0001　東京都港区虎ノ門1-19-5　虎ノ門1丁目森ビル
Tel:03-3591-3030　　Fax:03-3592-0140
http://www.jdpa.or.jp

■社団法人日本流行色協会（JAFCA）
〒135-8071　東京都江東区有明3-1　TFTビル東館9F
Tel:03-5530-5616　　Fax:03-5530-5615
http://www.jafca.org/

■株式会社国際デザインセンター（IdcN）
〒460-0008　名古屋市中区栄3-18-1　ナディアパーク・デザインセンタービル
Tel:052-265-2100　　Fax:052-265-2107
http://www.idcn.jp

■日本デザイン事業協同組合（JDB）
〒106-0041　東京都港区麻布台3-1-6
Tel:03-3585-5508　　Fax:03-3585-5509
http://www.jdb.or.jp/

■協同組合関西デザインオフィスユニオン（KDOU）
〒540-0033　大阪市中央区石町2-5-3　エル・おおさか南館11F
Tel:06-6945-7091　　Fax:06-6945-7092
http://www.kdou.or.jp/

■岩手県立産業デザインセンター
〒020-0852　盛岡市飯岡新田3-35-2
Tel:019-635-1115　　Fax:019-635-2691
http://www.pref.iwate.jp/~hp1015/

■茨城県デザインセンター
〒312-0005　ひたちなか市新光町38　ひたちなかテクノセンター1F
Tel:029-264-2205　　Fax:029-264-2206
http://www9.ocn.ne.jp/~dsn-c/

■山梨県デザインセンター
〒400-0055　甲府市大津町2094
Tel:055-243-6111　　Fax:055-243-6110
http://www.yitc.go.jp/DCWeb/DC_site/DesignCenterHome.html

■愛知県デザインセンター
〒460-0002　名古屋市中区丸の内3-1-6　愛知県産業貿易館西館7F
Tel:052-231-6351　　Fax:052-222-0786
http://www.pref.aichi.jp/sangyo/3design1.htm

■富山県総合デザインセンター
〒939-1119　高岡市オフィスパーク5番地
Tel:0766-62-0510　　Fax:0766-63-6830
http://www.toyamadesign.jp/

■財団法人石川県デザインセンター
〒920-0223　金沢市戸水町イ65番地　石川県地場産業振興センター新館4F
Tel:076-267-0365　　Fax:076-267-5242
http://www.design-ishikawa.jp

■財団法人福井県デザインセンター
〒910-0102　福井市川合鷲塚町61字北稲田10
Tel:0776-55-1756　　Fax:0776-55-1759
http://www.vcnet.fukui.fukui.jp/dcf

■大阪府産業デザインセンター
〒540-0029　大阪市中央区本町橋2-5　マイドームおおさか4F
Tel:06-6949-4791　　Fax:06-6949-4792
http://www.pref.osaka.jp/oidc

■財団法人大阪デザインセンター（ODC）
〒559-0034　大阪市住之江区南港北2-1-10　ATCビルITM棟10F　A-1
Tel:06-6615-5571　　Fax:06-6615-5573
http://www.osakadc.jp/

■和歌山県デザインセンター
〒642-0017　海南市南赤坂11　和歌山リサーチラボ2F
Tel:073-483-4590　　Fax:073-483-4591
http://dc.wakayama-kg.go.jp/

付録 ②世界のデザイン賞・コンペ

　日本のグッドデザイン賞と同様に，世界各地にはさまざまなデザイン賞やデザインコンペティションがある．それぞれ応募対象，応募方法や審査・選定の基準などに違いがある．中には日本からの応募が可能な賞・コンペも数多くある．また，毎年継続して実施しているものから，隔年での実施や開催年ごとにテーマを変えて実施するなど，運営も多種多様である．
　ここに掲載されている他，建築デザイン，ポスターデザインの分野や学生を対象にしたものまであるが，ここでは，世界の主なデザイン賞を中心に掲載した．

[田中義信]

■ **Australian Design Awards（オーストラリア）**
　［オーストラリア・デザイン賞］
　実施機関：Australian Design Awards, A division of Standards Australia International Limited
　所在地：286 Sussex Street Sydney NSW 2000 Australia
　Tel:+61-2-8206-6090　Fax:+61-2-8206-6091
　e-mail:mail@designawards.com.au
　http://www.designawards.com.au

■ **The Best of Canada（カナダ）**
　［ベスト・オブ・カナダ賞］
　実施機関：Canadian Interiors Magazine
　所在地：360 Dupont Street Toronto ON M5R 1V9 Canada
　Tel:+1-416-966-9944　Fax:+1-416-966-9946
　e-mail:info@canadianinteriors.com
　http://www.canadianinteriors.com

■ **Danish Design Prize（デンマーク）**
　［デンマーク・デザイン賞］
　実施機関：Danish Design Centre/DDC
　所在地：H C Andersens Boulevard 27, 1553 Copenhagen V Denmark
　Tel:+45-33-69-33-69　Fax:+45-33-69-33-00
　e-mail:design@ddc.dk
　http://www.ddc.dk

■ **Fennia Prize（フィンランド）**
　［フェニア賞］
　実施機関：Design Forum Finland/DFF
　所在地：Erottajankatu 15-17 A, 00130 Helsinki Finland
　Tel:+358-9-6220-810　Fax:+358-9-629-489
　e-mail:info@designforum.fi
　http://www.designforum.fi

■ **International design competition-Eyewear（フランス）**
　［国際デザインコンペティション；メガネ］
　実施機関：Lunetiers du Jura
　所在地：B.P.45, 39402 Morez Cedex France
　Tel:+33-3-84-33-14-68　Fax:+33-3-84-33-14-04
　e-mail:mail@lunetiers-du-jura.com
　http://www.lunetiers-du-jura.com

■ **reddot design award（ドイツ）**
　［レッドドット・デザイン賞］
　実施機関：Design Zentrum Nordrhein Westfalen/DZ-NW
　所在地：Gelsenkirchener Str. 181 D-45309 Essen Germany
　Tel:+49-201-30-10-4-0　Fax:+49-201-30-10-4-40
　e-mail:award@dznrw.com
　http://www.red-dot.de

■ **The Baden-Wurttemberg International Design Award（ドイツ）**
　［バーデン-ヴュルテンベルク州国際デザイン賞］
　実施機関：Design Center Stuttgart/DCS
　所在地：Willi-Bleicher-Str. 19 D-70174 Stuttgart Germany
　Tel:+49-711-123-27-81　Fax:+49-711-123-25-77
　e-mail:design@1gabw.de
　http://www.design-center.de

■ **iF Design Award（ドイツ）**
　［iF賞］
　実施機関：iF International Forum Design GmbH
　所在地：Messegelände D-30521 Hannover Germany
　Tel:+49-511-89-311-25　Fax:+49-511-89-324-01
　e-mail:rainer.schwarz@ifdesign.de
　http://www.ifdesign.de

■ **Federal Product Design Award**（ドイツ）
［ドイツ・プロダクトデザイン賞］
実施機関：German Design Council（Rat für Formgebung/RfF）
所在地：P.O. Box 150311 D-60063 Frankfurt Germany
Tel:+49-69-74-79-19　　Fax:+49-69-7-41-09-11
e-mail:info@german-design-council.de
http://www.bundespreis.de

■ **BraunPrize**（ドイツ）
［ブラウン賞］
実施機関：Braun GmbH
所在地：Frankfurter Str. 145 D-61476 Kronberg Germany
Tel:+49-6173-30-2266　　Fax:+49-6173-30-1534
e-mail:info@braunprize.com
http://www.braunprize.com

■ **Design Plus**（ドイツ）
［デザイン・プラス］
実施機関：Messe Frankfurt GmbH
所在地：Ludwig-Erhard-Anlage 1 D-60327 Frankfurt Germany
Tel:+49-69-7575-6569　　Fax:+49-69-7575-6788
http://www.ish.messefrankfurt.com

■ **Golden Compass Award/Compasso d'Oro**（イタリア）
［ゴールデン・コンパス賞］
実施機関：Associazione per il Disegno Industriale/ADI
所在地：Via Bramante 29 20154 Milano Italy
Tel:+39-02-33-100-241　　Fax:+39-02-33-100-878
e-mail:info@adi-design.org
http://www.adi-design.org

■ **Good Design Award**（日本）
［グッドデザイン賞］
実施機関：財団法人日本産業デザイン振興会/JIDPO
所在地：〒105-6190　東京都港区浜松町2-4-1　世界貿易センタービル別館4F
Tel:03-3435-5626　　Fax:03-3432-7346
e-mail:info@g-mark.org
http://www.g-mark.org

■ **International Design Competition, Osaka**（日本）
［国際デザインコンペティション大阪］
実施機関：財団法人国際デザイン交流協会/JDF
所在地：〒530-0001　大阪市北区梅田1-3-1　大阪駅前第1ビル8F
Fax:06-6346-2615
e-mail:sako@jdf.or.jp
http://www.jdf.or.jp

■ **International Competition, NAGOYA DESIGN DO!**（日本）
［国際デザインコンペティション；名古屋デザインDO!］
実施機関：株式会社国際デザインセンター/IdcN
所在地：〒460-0008　名古屋市中区栄3-18-1　ナディアパーク・デザインセンタービル
Fax:052-265-2107
e-mail:designdo@idcn.jp
http://www.idcn.jp

■ **Korea Good Design Product Selection**（韓国）
［韓国優秀デザイン商品選定］
実施機関：Korea Institute of Design Promotion/KIDP
所在地：Design Center Bldg. 7F, 344-1 Yatap 1-dong Bundagn-gu Seongnam City Korea
Tel:+82-31-780-2151　　Fax:+82-31-780-2154
e-mail:giotto@kidp.or.kr
http://www.designdb.com/kidp/

■ **Rotterdam Design Prize**（オランダ）
［ロッテルダム・デザイン賞］
実施機関：Rotterdam Design Prize Foundation
所在地：P.O.Box 2682 3000 CR Rotterdam The Netherlands
Tel:+31-10-441-9420　　Fax:+31-10-441-9487
e-mail:info@designprijs.nl
http://www.designprijs.nl

■ **Dutch Design Awards/Nederlandse Designprijzen**（オランダ）
［オランダ・デザイン賞］
実施機関：Nederlandse Designprijzen
所在地：Weesperstraat 51, 1018 DN Amsterdam

　　　　　The Netherlands
Tel:+31-20-616-16-12　　　Fax:+31-20-627-85-85
e-mail:info@nederlandsedesignprijzen.nl
http://www.nederlandsedesignprijzen.nl

■ **Marksman Design Award**（オランダ）
［Marksmanデザイン賞］
実施機関：Marksman Design Award Office
所在地：P.O.Box15, 4854 ZG Bavel（Breda）
　　　　　The Netherlands
Tel:+31-161-436-035　　　Fax:+31-161-436-031
e-mail:marksman@commond.nl
http://www.marksmandesignaward.com

■ **Coram Design Award**（オランダ）
［Coramデザイン賞］
実施機関：Coram International B.V.
所在地：P.O.B.11, 5660AA Geldrop
　　　　　The Netherlands
Tel:+31-40-2-809-896　　　Fax:+31-40-2-809-899
e-mail:mels.boom@coram.nl
http://www.coram.nl

■ **The Award for Design Exellence**（ノルウェー）
［デザイン・エクセレンス賞］
実施機関：Norwegian Design Council/NDC
所在地：Industriens Hus, Oscars gate 20 P.O.Box
　　　　　5322 Majorstua N-0304 Oslo Norway
Tel:+47-22-59-01-80　　　Fax:+47-22-59-01-81
e-mail:firmapost@norskdesign.no
http://www.norskdesign.no

■ **Singapore Design Awards**（シンガポール）
［シンガポール・デザイン賞］
実施機関：Designers Association Singapore
所在地：11a Stanley Street Singapore 068730
　　　　　Republic of Singapore
Tel:+65-339-4264　　　Fax+65-339-1325
e-mail:daspore@pacific.net.sg
http://www.daspore.com

■ **Biennial of Industrial Design**（スロベニア）
［BIO賞］
実施機関：Biennial of Industrial Design/BIO

所在地：Karunova 4 1000 Ljubljana Slovenia
Tel:+386-61-33-50-67　　　Fax:+386-61-33-50-66
e-mail:aml-pz@guest.arnes.si
http://www.bio18.com

■ **National Design Prizes**（スペイン）
［スペイン・デザイン賞］
実施機関：Barcelona Design Centre/BCD
所在地：Av. Diagonal 452 5a planta 08006 Barcelona
　　　　　Spain
Tel:+34-93-218-28-22　　　Fax:+34-93-237-22-19
e-mail:bcd@cambrabcn.es
http://www.bcd.es

■ **Excellent Swedish Design**（スウェーデン）
［エクセレント・スウェーデン・デザイン賞］
実施機関：The Swedish Society of Crafts and
　　　　　Design/Svensk Form
所在地：Holmamiralens väg 2 SE-111 49
　　　　　Stockholm Sweden
Tel:+46-8-463-31-30　　　Fax:+46-8-644-22-85
e-mail:info@svenskform.se
http://www.svenskform.se

■ **CoreDesign Awards**（スウェーデン）
［コアデザイン賞］
実施機関：The Advertising Association of Sweden
所在地：Sveävagen 34, S-111 34 Stockholm Sweden
Tel:+46-8-679-08-00　　　Fax:+46-8-679-08-01
e-mail:info@coredesign.nu
http://www.coredesign.nu

■ **Design Prize Switzerland**（スイス）
［スイス・デザイン賞］
実施機関：Design Prize Switzerland c/o Design
　　　　　Center
所在地：Postfach 1619 CH-4901 Langenthal
　　　　　Switzerland
e-mail:designcenter@designnet.ch
http://www.designnet.ch

■**Good Design Product Selection**（台湾）
［優秀デザイン商品選定］
実施機関：China External Trade Development
　　　　　　Council/CETRA
所在地：5th Fl., CETRA Tower, 333 Keelung Rd.
　　　　Sec.1 Taipei 110 Taiwan
Tel:+886-2-2725-5200　　Fax:+886-2-2757-6653
e-mail:cetra@cetra.org.tw
http://www.cetra.org.tw

■**Industrial Design Excellence Awards**（アメリカ）
［インダストリアルデザイン・エクセレンス賞/IDEA賞］
実施機関：Industrial Designers Society of
　　　　　　America/ IDSA and Business Week
所在地：45195 Business Court, Suite 250
　　　　Dulles VA 20166 U.S.A.
Tel:+1-703-707-6000　　Fax:+1-703-787-8501
e-mail:idsa@idsa.org
http://www.idsa.org

図版・写真クレジット［第1部第2・3・4章］

【第2章】 **1** ［提供］ダイムラー・クライスラー日本(株) **2** ［提供］(株)亀の子束子西尾商店 **3** ［提供］ペンタックス(株)カメラ博物館 **4** ［提供］宮智英之助 **5** ［提供］(株)インター・オフィス **6** ［提供］ペンタックス(株)カメラ博物館 **8** ［提供］日本ロレックス(株) **9** ［提供］ペンタックス(株)カメラ博物館 **10** ［提供］ドッドウェル・マーケティング(株) **11** ［提供］澁江建男 **12** ［提供］(株)ラリック・ジャパン **13** ［出典］"The Encyclopedia of Trains & Locomotives" C. J. Riley, Metrobooks, 1995 **14** ［提供］落合勉・加藤俊男 **15** ［出典］"The Encyclopedia of Trains & Locomotives" C. J. Rileys, Metrobooks, 1995 **16** ［提供］ダイムラー・クライスラー日本(株) **18** ［提供］ハーマンミラージャパン(株) **19** 『20世紀デザイン－パイオニアたちの仕事・集大成』ペニー・スパーク著, p.203, デュウ出版, 1999 **20** ［提供］レゴジャパン® lego and the LEGO logo are trademarks of the LEGO Group. ©2003 The LEGO Group. **21** ［提供］矢崎克彦・田畑多嘉司 **22** ［提供］(株)日本ダイナースクラブ **23** ［提供］ジレットジャパンインク(ブラウン) **24** ［提供］(株)日本アルミ **25** ［提供］BC工房 **26** ［提供］ヤマギワ(株) **28** ［提供］新西武自動車販売(株) **29** ［提供］東芝(株) **31** ［提供］(株)天童木工 **32** ［撮影］Lorenzino Marra **33** ［出典］"Design of the 20th Century" p.446, Charlott & Peter Fiell, Taschen, 1999 **34** ［提供］富士重工業(株) **35** (上)［提供］(株)成川商会, (下)［提供］本田技研工業(株) **36** ［提供］ソニー(株) **37** ［提供］落合勉・加藤俊男 **38** ［提供］(株)マキタ **39** ［提供］森正洋産業デザイン研究所 **40** ［提供］ペンタックス(株)カメラ博物館 **41** ［提供］(株)ワイ・エム・ケー **42** ［提供］篠原宏 **43** ［提供］(有)ワイズプランニング **44** ［提供］日本アイ・ビー・エム(株) **45** ［提供］サンフォード・ロットリング・ジャパン(株)(出典："Cheers!-1928-1998. 70Years of Rotring" p.20, Rotring GmbH) **46** ［提供］日本フロス(株) **47** ［提供］高井一郎 **48** ［提供］セイコーウオッチ(株) **49** ［提供］(株)天童木工 **50** ［提供］東海旅客鉄道(株) **51** ［提供］松下電器産業(株) **52** ［提供］松下電器産業(株) **53** ［提供］カルテルショップ新宿店 **54** ［提供］矢崎克彦・田畑多嘉司 **55** ［提供］ジャガージャパン(株) **56** (上)［提供］アイワ(株), (中)［提供］シャープ(株), (下)［提供］ソニー(株) **57** (上)［提供］本田技研工業(株), (下)［提供］ブリティッシュ・ビート **58** ［提供］(有)ニドインダストリアルデザイン事務所 **59** ［提供］日産自動車(株) **60** ［提供］岩谷産業(株) **61** ［提供］本田技研工業(株) **62** ［提供］ヤマギワ(株) **63** ［提供］ランボルギーニ・ジャパン **64** ［提供］ブナコ漆器製造(株) **65** ［提供］オリンパス光学工業(株) **66** ［提供］ソニー(株) **67** ［提供］ナイキジャパン(株) **68** ［資料提供］サロモン&テーラーメイド(株) **69** ［提供］高梨廣孝 **70** ［提供］松下電器産業(株) **71** ［提供］ソニー(株) **72** ［提供］富士通(株) **73** ［提供］矢崎克彦・田畑多嘉司 **74** ［提供］セイコーウオッチ(株) **75** ［提供］日本アイ・ビー・エム(株) **76** ［提供］(財)日本産業デザイン振興会 **77** ［提供］ジレットジャパンインク(ブラウン) **78** (上)［提供］ハーレーダビッドソンジャパン(株), (下)［提供］ドゥカティジャパン **79** ［提供］高井一郎 **80** ［提供］任天堂(株) **81** ［提供］アウディ・ジャパン(株) **82** ［提供］ヤマハ(株) **83** ［提供］三井緑デザイン事務所 **84** ［提供］アップルコンピュータ(株) **85** ［提供］松下電器産業(株) **86** ［提供］日本シンキング・マシンズ(株) **87** ［提供］松下電器産業(株) **88** ［提供］トヨタ自動車(株) **89** ［提供］ウィルクハーン・ジャパン(株) **90** ［提供］シャープ(株) **91** ［提供］寺垣研究所 **92** ［提供］アップルコンピュータ(株) **93** ［撮影］山内陸平 **94** ［提供］(株)ソニー **96** ［提供］ダールコンサルタント **97** ［提供］(株)マキタ **98** ［撮影］木村一男 **99** ［提供］高井一郎 **100** ［提供］イケショップ(古川敏郎) **101** ［提供］エフツール(株) **102** ［提供］フォルクスワーゲングループジャパン(株) **103**・**104** ［提供］高井一郎 **105** ［資料提供］佐野邦雄 **106** ［提供］コンビ(株) **107** ［提供］中川環境デザイン研究所 **108** ［提供］ワールド通商(株) **109** ［提供］(株)ソニー **110** ［提供］本田技研工業(株)

【第3章】 **1** ［提供］斎木崇人 **2** ［撮影］中島猛夫 **3** ［提供］街路研究会(http://www.gairo.net/) **4** ［出典］"ARCHIGRAM"edited by Peter Cook, supported by Warren Chalk, Dennis Crompton, David Greene, Ron Herron and Michael Webb, pp.36-37, Praeger, 1973 **5** ［撮影］奥山健二 **6** ［提供］(株)ソニー(撮影：SONY/O.Reuter) **7** ［撮影］三沢浩 **8** ［提供］フランス政府観光局 **9** ［提供］つくば市都市建設部都市整備課 **10** ［撮影］三浦富美子 **11** ［撮影］坂本英之 **12** ［出典］"Above Seatle" Robert Cameron, p.40, Cameron and Company, 2000 **13** ［提供］ダム水資源環境整備センター **14** ［提供］アイ・エヌ・エヌ **15** ［撮影］長谷高史 **16** ［提供］川上元美(撮影：しらとりよしお) **17**・**18** ［撮影］佐々木美貴 **19** ［撮影］宮城俊作 **20** ［撮影］鈴木誠 **21** ［出典］"la Villette"edite par le Department Communication **22** ［撮影］青木いづみ **23** ［提供］住宅都市整備公団東京支社多摩ニュータウン事業本部 **24** ［提供］鈴木誠 **25** ［撮影］町田潤哉 **26** ［出典］『20世紀デザイン－パイオニアたちの仕事・集大成』ペニー・スパーク著, p.101, デュウ出版, 1999 **27** ［提供］三沢浩 **28** ［撮影］根津修平 **29** ［提供］(株)菊竹清訓建築設計事務所(撮影：二川幸夫) **30** ［提供］三沢浩 **31** ［出典］"2001 le futur selon Kubrick"Piers Bizony Avant-propos de Arthur C. Clarke, Cahiers du cinéma, 2000 **32** ［提供］(株)乃村工藝社 **33** ［提供］芦原建築研究所(撮影：木寺安彦) **34** ［提供］(株)浜野総合研究所 **35** ［提供］The Jerde Partnership Inc.(撮影：Stephen Simpson) **38** ［提供］SOM **39** ［撮影］栄久庵祥二 **40** ［提供］OFFICE AGE/梶本久夫 **41** ［提供］ディジタルエクイップメント社 **42** ［撮影］栄久庵祥二 **43** ［提供］コクヨ(株)オフィス研究所 **44** ［提供］ドイツ観光局 **45** ［撮影］井上尚夫 **46** ©オーストラリア大使館 **47** ［撮影］井上尚夫 **48** ［提供］ニューカレドニア観光局 **49** ［提供］(株)伊東豊雄建築設計事務所 **50** ［提供］(株)GK設計 **51** ［撮影］熊切圭介(出典：「ストリートファニチュア」川崎製鉄) **52** (上)［出典］"Street Furniture Form Design Index 1974/75"Design Council, 1975, (下)［提供］(株)GK設計 **53** ［撮影］斉藤さだむ **54**・**55** ［提供］(株)GK設計 **56** ［提供］名古屋椅子工業(株) **57** ［提供］ウメダデザインオフィス(株) **58** ［提供］ハーマンミラージャパン(株) **59** ［出典］"1000Chairs"p.455, Charlotte & Peter Fiell, Taschen, 1997 **60** ［提供］Studio80/内田繁(撮影：Nacasa&Partners) **61** ［出典］『日本万国博覧会政府公式記録』通商産業省企画局編, 口絵, 通商産業省, 1971 **62** ©1991 Christo［撮影］Wolfgang Volz **63** ［撮影］藤田雅俊 **64** ［出典］『NISSANサルティンバンコ』フジテレビジョン「サルティンバンコ」事務局, 松文堂, 1994 **65** ©Valerio Festi/I&F Inc./Kobe Luminarie O.C. **66** ［出典］『大衆文化(下)1945～虚栄の市』20世紀の歴史10, R.モールトビー編, 川本三郎監修, 中山容監訳, p.110-111, 平凡社, 1991 **67** ［提供］富田泰行 **68** ［提供］東芝ライテック(株) **69** ［提供］函館市商工観光部 **70** ［提供］松下電工(株) **71** ［提供］宮沢功 **72** ［提供］富

田泰行 73 - 78 ［撮影］宮沢功
【第4章】 1 ［出典］『コンピュータ・グラフィックス（現代世界のグラフィックデザイン6）』勝井三雄・河原敏文編, p.110, 講談社, 1989 2 ［出典］『ディジタル・ハーモニー－音楽とビジュアル・アートの新しい融合を求めて』ジョン・ウィットニー著, 河原敏文訳, 口絵, 産業図書, 1984 3 ［出典］『樹木TREE』コンピューター・グラフィック・シリーズ, p.31, 出原栄一著, 築地書館, 1983 4 ［出典］『たて組ヨコ組』Vol.43, p.Y19, 株式会社モリサワ, 1994 5 ［出典］『森の書物』戸田ツトム著, GEGRAF/河出書房新社, カバー, 1989 6 ［出典］『KAWAHARA TOSHIFUMI河原敏文』世界のグラフィックデザイン41, p.20, ギンザ・グラフィック・ギャラリー/トランスアート, 1998 7 ［提供］勝井三雄 8 ［提供］藤幡正樹 9 ©センソリウム/1996年 10 ［提供］（株）モリサワ 11 ［提供］勝井三雄 12 ［提供］石崎豪 13 ［提供］日本ユニシス（株） 14 ［提供］MITリンカーン研究所 15 ・ 16 ［提供］AT&Tベル研究所 17 ［提供］幸村真佐男 18 ・ 19 ［提供］IBMワトソン研究所 20 ［提供］ACM-SIGGRAPH 22 ［提供］日本コカコーラ（株） 23 ［提供］昭和シェル石油（株） 24 ［提供］（株）ソニー 25 ［提供］（株）エヌ・ティ・ティ・アド 26 ［提供］（株）NTTドコモ 30 - 33 ［提供］佐野寛 34 ［提供］資生堂企業資料館 35 ［提供］富士ゼロックス（株） 36 ［出典］『コマーシャルフォト（日本写真全集11）』p.114, 小学館, 1986 37 ［提供］（株）パルコ 38 ・ 39 ［提供］（株）浅葉克己デザイン室 41 ［提供］佐野寛 42 ［提供］金子修也 43 ［提供］森永製菓（株） 44 ［提供］日本コカコーラ（株） 45 ［提供］（株）味の素（株） 46 ［提供］レイモンド・ローウィ・ファウンデーション日本事務所 47 ［提供］たばこと塩の博物館 48 ［提供］キッコーマン（株） 49 ［提供］日清食品（株） 50 ［提供］（社）日本パッケージデザイン協会, cd：杉浦俊作, ad・lo：セルジュ・ルタンス, d・lo：工藤青石, d：平戸絵里子 51 ［提供］（社）日本パッケージデザイン協会, ad・d：小松眞一郎, d：神原秀男, il：唐津裕美 52 - 57 ［提供］髙津道昭 58 - 64 ［提供］羽原肅郎 65 ［提供］（株）工作舎 66 『あおくんときいろちゃん』レオ・レオーニ著, 藤田圭雄訳, 至光社, 2002 67 ［原本提供］杉田豊（"I See A Song"Eric Carle, Thomas Y. Crowell, 1973) 68 ［原本提供］杉田豊（『にらめっこ』杉田豊, 講談社, 1992) 69 『ふしぎなかず』クヴィエタ・パツォウスカー著, ほるぷ出版編集部訳, ほるぷ出版, 1996 70 "Where The Wild Things Are"Maurice Sendak, Harper Collins, 1991 71 ［原本提供］杉田豊（"Miffy"Dick Bruna, Methuen Children's Books, 1982) 72 "Nella Nebbia di Milano"Bruno Munari, Corraini, 2000 73 ［原本提供］杉田豊（"Henri's Walk to Paris"Leonore Klein + Saul Bass, Young Scott Books, 1962) 74 "The Highwayman"Alfred Noyes + Charles Keeping, Oxford University Press, 1995 75 ［原本提供］杉田豊（"The Apple and the Butterfly"Iera and Enzo Mari, Adam & Chares Black, 1970) 76 ［出典］"The Monotype Recorder"Vol.21, September-October, 1932, no.246 77 ［提供］羽原肅郎 78 - 80 ［提供］宮崎紀朗 81 ［提供］羽原肅郎 82 - 95 ［提供］田中正明 96 ［提供］資生堂企業資料館 97 ［出典］『ベン・シャーン展1991カタログ』福島県立美術館＋ブレーントラスト編, ベン・シャーン展カタログ委員会, 1991 98 ［出典］『HERBERT LEUPIN ヘルベルト・ロイピン』世界のグラフィックデザイン40, p.32, ギンザ・グラフィック・ギャラリー/トランスアート, 1998 99 ［出典］『TADASHI OHASHI 大橋正』世界のグラフィックデザイン28, p.24, ギンザ・グラフィック・ギャラリー/トランスアート, 1997 100 ［出典］『似顔絵』山藤章二著, 岩波書店（岩波新書）, 2000 101 ［出典］"Sarignac" Anne-Clande Lelieur et Raymond Bachollet, p.122, Forney, 2001 102 ［出典］『YOSHIO HAYAKAWA 早川良雄』世界のグラフィックデザイン4, p.11, ギンザ・グラフィック・ギャラリー/トランスアート, 1993 103 ［出典］『現代世界のグラフィックデザイン1ポスター』亀倉雄策＋田中一光＋佐藤晃一編, p.117, 講談社, 1988 104 Printed by permission of the Norman Rockwell Family Agency Copyright © 1956 the Norman Rockwell Family Entities 105 ［出典］『PAUL DAVIS ポール・デイヴィス』世界のグラフィックデザイン46, p.9, ギンザ・グラフィック・ギャラリー/トランスアート, 1999 106 ［出典］『デザイン大系イラストレーション7』p.126, ダヴィッド社, 1995 107 - 110 ［提供］太田徹也 111 ［出典］"World Geographic Atlas-A Composite of Man's Environment"Container Corporation of America, 1953 113 ［提供］太田徹也 114 ［提供］吉田愼悟 115 - 117 ［提供］（株）カラープランニングセンター 118 ［提供］吉田愼悟 119 - 121 ［提供］（株）カラープランニングセンター 122 ・ 123 ［提供］吉田愼悟 124 ・ 125 ［撮影］西川潔 126 ［出典］『世界のグラフィックデザイン7』p.82, 講談社, 19 127 ［出典］"archi-graphia" p.63, graphis, 1978 128 ［提供］帝都高速度交通営団 129 ［撮影］西川潔 130 ［撮影］横田保生 131 ［出典］"Sign Design" p.96, Themes and Hudson, 1991 132 ［撮影］斉藤さだむ 133 ［出典］"Otto Neurath:Gesammelte bildpadagogischen Schriften"Rudolf Haller + Robin Kinross Hrsg., Verlag Holder-Pichler-Tempsky, Wien, 1991 134 ［出典］"Modern Man in The Making" Otto Neurath, Alfred A. Knopf, New York, 1939 135 ［出典］『グラフィックデザイン』No.17, ダイヤモンド社, 1964 136 ［提供］太田幸夫 138 ［出典］『エドワード・シルベスター・モース・コレクション 幕末・明治KANBAN展カタログ』1984 139 - 141 ［撮影］坂野長美 142 ［撮影］鎌田経世 143 ［撮影］本村健太 144 ［撮影］鎌田経世 145 ［提供］伊藤憲治 146 ［撮影］坂野長美

索引

事項索引

■ア

アイコン　130, 131
『アイ・シー・オール』　10
アイソタイプ　14, 130, 387
　　──の統計グラフ「所得額別に見た近代的設備の普及度」　130
アイデアスケッチ　644
アイデア展開　644
アイデンティティ　266, 275
アイワTPR-101　43
アウディ100　51
アウトソーシング　588
『あおくんときいろちゃん』　110
アーキグラム　61, 63, 320
アクションオフィスII　81
アクセシブルデザイン　241
アクティブバッジ　469
アーグメンテッドリアリティ（拡張現実感）　469
アクリル　165
アーケード　262
アサヒフレックス　37
アジア
　　──のデザイナー職能団体　670
　　──のデザイン界　670
　　──のデザイン振興機関　670
アジア太平洋デザイン交流センター　553
アジアデザイン学会　11
味の素　102
新しい図記号の創作　516
アタリ2600　55
アーチ橋　190
アーツ・アンド・クラフツ運動　12, 15, 247, 310
集まり空間のデザイン　178
アテネ憲章　14
アートイベント　82
アート・センター・スクール　684
アノニマスデザイン　3
アパレル産業　165
アーバンデザイン　584
アビタ67　71
アフォーダンス（理論）　21, 335, 398, 414, 449
アブダクション　328, 396, 603
アメニティ　182
アメリカ・インダストリアル・デザイナー協会（IDSA）　17
アメリカ運輸省のピクトグラム　131
アメリカ・グラフィック・アーツ協会　387
アメリカ建築主事協議会（BOCA）　522
アメリカ航空宇宙局（NASA）　97
アメリカナイゼーション　324
アメリカのデザイン界　666
アメリカ文化センター（東京）のグラフィック・サイン　128

アラヤSP-1　50
有田工業学校　680
アルキズーム　320
アルゴリズム　462
　　──の表現法　462
アールデコ　13, 18, 24
アールヌーヴォー　12
アルファベット・ライン　18
安全　234
安全色彩　508
安全諮問委員会（ACOS）　513
安全標識　508
アントルプルヌールシップ（企業家精神）　590
アントワープ市庁舎広場　179
アンビアンテデザイン　662
暗黙知　575, 656
『アンリちゃんパリへゆく』　112

■イ

生きがい　236
　　──のデザイン　236
異業種技術　614
異業種交流　279, 590
イギリスの道路標識　128
育英工業高等専門学校　681
異質共存　649
意匠　348, 476-478, 482, 488
　　──の実体審査　483
　　──の登録要件　483
　　──の保護対象　482
　　──の類否判断　484
意匠権　482, 485
　　──の侵害に対する救済　486
意匠原簿　485
意匠公報　485
意匠条例　477
意匠奨励審議会　492
意匠審査基準　482
意匠審査便覧　482
意匠早期審査制度　485
意匠登録　482
　　──を受ける権利　482
意匠登録出願　482
　　──の審査　483
　　──の手続き　483
意匠登録出願中の意匠　484
意匠登録証　485
意匠法　474, 476-478, 481, 482
　　──の沿革　478
　　──の歴史　476
イス坐　170
椅子のデザイン　330
椅子は座るための機械である　316
イスラエル航空広告　98
イスラム教　174
衣生活　164
衣生活文化　167
位相最適化　410

イタヤ細工　255
イタリア広場　64
イタリア未来派　13
一意化　374
一意匠一出願の原則　484
一大発見（The Discovery）　122
一物全体活用　202, 217
一様性　152
一村一品運動　281
一対比較法　421
一般・公共案内用図記号　508
『一般図按法』　9
一般設計学　328
遺伝個体　442
　　──の適合度　443
遺伝集団のサイズ　443
遺伝的アルゴリズム　429, 435, 442
イノベーション　394
　　──のデザイン　394
イノベーション型企業　591
イベント空間　82, 83
意味論　319
イメージアイコン　370
イメージカタログ　592
イメージスケッチ　378
イメージの抽象化　370
イラストレーション　120-123, 387
医療　239
インキュベーションプロジェクト　591
因子　432
因子分析　397, 402, 421
印象派　348
印象法　349
インダストリアルデザイン　6, 595
インダストリアルデザイン優秀賞（IDEA）　17
インターツーム　662
インターネット　231
　　──を使った図記号規格化の審議　516
インタフェース　230, 395
　　──のエージェント化　638
　　──の学習化　638
　　──のカスタマイズ化　638
　　──の自動化　638
インタフェースデザイン　445, 450, 463, 584, 594
　　──のアルゴリズム　463
インタフェースデザインプロセス　450
インタフェース要素　451
インタラクション　230, 358, 414, 433, 449, 450, 468
　　──のデザイン科学　414, 468
インタラクションシナリオ　454
インタラクションデザイン　22, 462, 468
インタラクティブ　582
インタラクティブデザイン　466
インタンジビリティー　582
インテグレーション　223
インテリアコーディネーター資格試験制度

171
インテリア産業協会　171
インテリアデザイン　171
インテリアプランナー資格試験制度　171
インハウスデザイナー人口　578

■ウ
ヴァナキュラーデザイン　3
ヴィクトリア・アンド・アルバート美術館　12
ウィザード　456
ヴィトラ・デザインミュージアム　15
ヴィラ・マイレア　70
ウィーン工房　12
ウエス　167
ヴェルクブンド　24
『ヴォーグ』誌　114
『うたがみえる』　110
宇宙船地球号　210
宇宙服　19
ウッドランドパーク動物園　87
『奪われし未来』　198
『ウフィツィ美術館ガイド』　124
埋め込み　374
裏作志向　270
ウルム造形大学　14
運動機能　224

■エ
エイジレスデザイン　241
衛生(動機づけ)理論　346
営団地下鉄サイン　128
液化石油ガスの保安の確保及び取引の適正化に関する法律　520
液晶タッチパネルディスプレイ(LCD)　596
エクスペリエンス(経験)のデザイン　659
エコデザイン　208
エコミュージアム(生活環境博物館)　287, 290
エコラベリング　199
エコロジカルデザイン　198, 237, 584, 601
エコロジーデザイン　22, 594, 698
エージェント指向インタラクション　468
エスカレーター　233
エスノグラフィー　451
エスノメソッド　385
エスノメソドロジー　384, 449
エッフェルタワー　84
エディトリアルデザイン　583
江戸の看板　132
エニアックコンピュータ　94
エネルギー2000　198
エネルギー保存の法則　210
エフォート　341
エフォート図表　341
(1/f)ゆらぎ　354
絵本　110-113
エルゴデザイン　326

エルゴノミックス　340
エレクトロニック・ナイト・イン・パリ　83
エレベーター　233
エレメンタリズム　13
エレメント想起法　421
遠隔インタフェースロボット　469
エンジニアリング教育　349
延焼防止　525
エントロピー増大の法則　210, 212

■オ
オイルショック　166
王立美術大学　12
大阪市立総合医療センター　129
大阪デザインセンター　11
大阪デザインハウス　11
大阪万国博覧会　11, 82, 678
大阪府工業奨励館　9
大山千枚田　289
岡山県景観形成基本方針　535
岡山県景観条例　534
屋外広告物　538
　　　──のデザイン　539
屋外広告物条例　538
屋外広告物法　520, 538
屋上緑化　199
汚水処理　220
オースチン・ミニ　40
オーストリア芸術産業博物館　12
『おだまき』　9
乙種防火戸　527
オーディトリウム─大学あるいは文化施設のための講堂　126
オートクチュール　18
音
　　　──のデザイン　186
　　　──の風景(サウンドスケープ)　186
オートマトンモデル　421
オープンプラットフォーム方式　591
オム・ド・フェール広場　79
親方　250
オリベッティ計算機　104
オリンパスXA　25, 46
オリンパスOM-1　37
御礼奉公　252
温泉地
　　　──における地域間交流　290
　　　──における地域振興　290
温暖化防止京都会議　198

■カ
加圧防排煙方式　527
海外のデザイン産業　580
海外の町家　264
海外PL保険(輸出生産物用生産物賠償責任保険)　502
海岸のある風景　95
回帰分析　403

解釈の支援　403
『かいじゅうたちのいるところ』　111
解析形体　375
階層構造　461
階層構造図　653
階層構造ニューラルネットワークモデル　434
階層分析法(AHP)　429
快適性　354
概念モデル　458
　　　──のデザイン　458
　　　──の評価　459
概念モデル図　458
開発環境づくり　648
開発管理　648, 651
開発商品づくり　648
開発途上国対策委員会(DEVCO)　504
外部デザイナー　614
加賀御麩師「宮田」　132
科学　296
科学技術基本計画　300
科学的管理法　346
香川県工芸学校　680
架空の惑星から見た架空の地球　95
家具化された装置　80
各種学校　682
拡大生産者責任(EPR)　501
拡張現実感(アーグメンテッドリアリティ)　469
学童農園　289
確認申請　519
火災報知設備　528
火災抑制　524
『カサベラ』誌　320
カジュアルウエア　166
『春日権現験記絵』　250
ガス事業法　520
仮説　702
仮説提示　702
画像情報処理　380
画像特徴空間　381
仮想服飾環境　355
家族的類似性　352
カタストロフィー理論　367
価値連鎖　653
学校教育法　680-682
カッサンドルのアルファベット　118
活動理論　357
カップヌードル　103
家庭　308
ガーデンシティ　60, 137
家電製品　314
家電リサイクル法(特定家庭用機器再商品化法)　199
角川文庫ポスター　100
金沢区工業学校　8, 680
金沢工業学校　680
金沢市屋外広告物条例　539
金沢市景観条例　539

717

金沢市こまちなみ保存条例 534
金沢市伝統環境保存条例 534
金沢市伝統的建造物群保存地区保存条例 534
カーナビゲーションシステム 639
金山町街並み景観条例 536
可変モデリング 440
亀の子束子 26
鴨池海浜ニュータウン 127
家紋 255
カールスルーエ工芸館 12
加齢 224
下路橋 190
簡易推論法 440
感覚 364
感覚機能 225
環境 180
　——のデザイン科学 416
環境サミット(環境と開発に関する国際会議) 198
環境諮問委員会 513
環境生態 416
環境デザイナー 584
環境デザイン 194
環境と開発に関する国際会議(環境サミット) 198
環境変化 237
環具 80, 81
関係の価値 330
還元主義 297
韓国科学技術院 671
韓国産業デザイン振興院(KIDP) 671
韓国デザインセンター 671
韓国のデザイン 671
関西国際空港旅客ターミナルビル 85
関西の町家 263
慣習のデザイン 254
感受性 364
感情 364
鑑賞ロボット 469
感性 200, 338, 348, 350, 356, 358, 365, 380, 447
　——とインタラクション 358
　——と快適性 354
　——と人工物 356
　——の階層構造 352
　——の計測 338
　——の構造 352
　——の数理モデル 362
　——の多義性 364
　——の定義 365
　——の認識論 350
感性科学 338
感性工学 354
感性指向製品 362
感性情報 339
関税定率法 475, 486
感性的認識能力 364
感性(的)評価 338, 362

　——のギャップ 362
感性的評価プロセス 363
観相学 366
神田小川町独立勧工場 72
ガンター橋 67
感動 351
関東大震災 523
関東の町家 263
漢那ダム 66
官能検査 327, 338
看板 132-135, 192
完了検査申請 519
関連意匠 485
関連意匠制度 485

■キ
『機械化は指揮する』 310
機械生産 244, 247
企業イメージ 656
企業家精神(アントルプルヌールシップ) 590
企業間のコラボレーション 594
企業経営 586
企業経験者 615
企業デザイン 646
企業内デザイン組織 606, 610, 692
企業美学 659
起居様式 169
記号 345
気候風土 168
気候変動に関する政府間パネル(IPCC) 198
記号論 318
技術革新 394
技術管理評議会(TMB) 504
技術諮問委員会 513
記述的理論 200
技術伝承 250
『技術と文明』 24
既製服 166
既存不適格建築物 521
キッコーマンしょうゆ卓上びん 103
キッチュ 20
キッチン 169
キネ・エキザクタ 37
記念物 540
記念物および遺跡の保護と復元のための国際憲章 530
機能 414
機能システム分析 357
機能主義 13, 20, 316
『機能主義の起源』 316
『機能主義理論の系譜』 316
機能障害 228, 234
木の芽舎 10
規範的理論 200
基本ニーズアプローチ 323
逆工場 23
逆誤差伝播法 434

逆推論 352, 435, 442
キヤノンAE-1 37
キヤノン・キャノネット 24, 38
ギャラリー・サンテュベール 178
ギャルソンヌ 18
急行エトワイユ・ド・ノルド(北極星) 104
吸着現象 212
キューフロント 87
『驚異の工匠たち』 168
業界標準化 701
共時仮定 375
共生 200-202
共通運命の要因 334
京漬物「西利」 133
協同組合 294
京都議定書 198
京都工芸繊維大学 9
京都高等工芸学校 9
京都市立芸術大学 8
京都伝統工芸産業支援センター 253
京都伝統工芸専門校 253
京都美術協会 8
京都府画学校 8, 680
共分散構造分析 403
業務空間 74, 75
教養教育 684
極小縮約 426
去文化化 312
『きりのなかのサーカス』 112
ギルサンズ 128
均一性 152
均衡モデル 302
筋骨格モデル 331
銀座伊東屋「赤いクリップ」 135
銀座レンガ街計画 522
『近代運動の先覚者たち』 310
近代建築国際会議(CIAM) 13
『近代の建築思潮』 316
近代美術家同盟(UAM) 13
筋電図 332
キンベル美術館 76

■ク
空間計画 226
『空間・時間・建築』 24
空間軸のデザイン 161
空間の区切り 172
空間没入型ディスプレイ 465
グッドデザイン 3
グッドデザイン賞 492, 496, 553
グッドデザイン商品選定制度(Gマーク制度) 11, 472, 492, 550
グッドデザイン大賞 551
グッドデザイン特別賞 551
靴のデザイン 330
工夫 416
組物
　——の意匠 482

──の意匠制度　484
クラインの壺　374
倉敷川畔伝統的建造物群保存地区背景保全条例　534
クラスター　276
クラスター型組織　347
クラスター分析　403, 421, 429
蔵造り　264
グラフィカルユーザインタフェース（GUI）　465, 468, 636
グラフィックデザイン　390, 583
クラブ・ダダ設立趣意書　116
クラフト　311
グラフ理論　421
──によるデザイン分析　422
クリエイティビティ　603
クリエーションのための情報　604
クリスタルパレス（水晶宮）　60, 82
グリニー団地　126
グリューネ・ウー　65
グリーン購入法　501
グリーンツーリズム　288
グリーンデザイン　321
グルコース　205
グループワーク　293
車椅子　226, 418
グレア　188
グローバル・トゥールズ　321
グローバルローカライゼーション　674
グローブチェア（ボールチェア）　80
クワキュウトル族　256
桑沢デザイン研究所　682

■ケ
ケ（褻）　156
啓愛社軽井沢山荘庭園　69
経営指標とデザイン　604
経営方針　614
景観　191, 194
──の形成等に関する条例　535
──の種類　194
──の類型　194
景観関係条例　532
景観条例　473, 530-532
　各地の──　534
景観デザイン　194
形式知　575
型而工房　10, 304, 316
『芸術と技術』　24
芸術のための芸術　12
形状最適化　410
形状モックアップ　452
継続するモニュメント　320
形態　366, 374, 378, 388
──の生成プロセス　378
──のデザイン　255
──の評価　379
──は機能に従う　316
形態学　366

『形態学論考』　366
形態変革モデル　302
形態論　366, 374
啓蒙主義　20
軽量化　410
ゲシュタルト　374
ゲシュタルト心理学　366, 448
ゲシュタルト要因　334
下水道法　473, 520
桁橋　190
結界　172
──のデザイン　172
結界石　172
欠陥　500
欠陥商品　499
結護　172
ケミカルリサイクル　206
ゲームデザイン　584
ケルン産業博物館　12
健康　238
『原始文化』　342
現代芸術研究所（ICA）　14
『現代建築講義』　15
現代主義　312
現代装飾美術・産業美術国際博覧会　13
現代の茶室　81
建築確認　519
『建築家なしの建築』　168
建築監督官　523
建築技術普及センター　171
建築基準法　473, 519, 523
──の概略　520
──の適用除外　521
建築規制　518-520
──とデザイン　524
──の手続きと基準　519
──の必要性　518
──の歴史　522
建築規制関係法令　522
建築工芸学院　10
建築士法　523
建築照明デザイン　189
建築取締規則　523
『建築の多様性と対立性』　320
建築非芸術論　316
建築物の耐震改修の促進に関する法律　521
建築リサイクル法　501
研磨材　221

■コ
高圧ガス保安法　520
行為の7段階（理論）　336, 448
公園　530
効果音　467
後期高齢者　222
工業　248
『興業意見』　275

工業学校規程　680
工業化とデザイン　6
公共環境　176, 188
工業教員養成規程　680
公共空間　186
公共交通ターミナルにおける身体障害者用施設整備ガイドライン　238
公共サイン　192
工業試験所　258
工業社会　678
工業所有権　477
──の保護に関するパリ条約　479
工業デザイナー　492
工業デザイン　219, 348, 414, 684
工芸　248
工芸学校　684
工芸指導所　9, 258, 281, 550
『工芸志料』　248
『工芸ニュース』誌　9
工芸品　545
考現学　304, 306
広告　98-101
広告物取締法　538
交互作用　433
公衆電話機　175
甲種防火戸　526
恒常性モデル　302
構成された文化　342
構成主義　13, 317, 448
構成主義心理学　448
合成繊維　165
構造安全性　525
構造化ユーザインタフェース設計・評価方法（SIDE）　628
──の構成　628
構造言語学　448
構造主義　328
構造人類学　448
構造制限　525
構造のデザイン科学　410
構造モデル　403
構想力　574, 685
公団住宅　169
交通安全，子供を守れ！　104
交通需要マネジメント（TDM）　181
交通バリアフリー法　238
行動科学　340
高等学校　680
──におけるデザイン教育　680
高等学校設置基準　680
高等専門学校（高専）　681
──におけるデザイン教育　681
高度経済成長期　309
高度道路交通システム（ITS）　181
購買代理業者　574
合板の椅子　31
工部大学校　8
神戸市民の福祉を守る条例　238
神戸ルミナリエ　83

719

公民権運動　292
高野山　172
高齢化　222
高齢社会　222
高齢者・障害者等が円滑に利用できる特定建築物の建築の促進に関する法律(ハートビル法)　238, 418, 521
港湾法　520
コカコーラのボトル　102
顧客満足度　632
国際インダストリアルデザイン団体協議会(ICSID)　11, 348, 551, 552
国際規格(IS)　506
『国際建築』　14
国際高齢者年　222
国際主事会議(ICBO)　522
国際障害者分類(ICIDH)　234
国際照明委員会(CIE)　389
国際タイポグラフィック様式　14
国際デザイン交流協会　11, 552, 693
国際デザインコンペ　552
国際デザインセンター　552
国際デザイン組織　576
国際デザイン大学院大学(IDAS)　671, 672
国際電気会議　512
国際電気通信連合(ITU)　512
国際電気標準会議(IEC)　472, 504, 512, 594
国際度量衡局(BIPM)　512
国際標準化　472
国際標準化機構(ISO)　199, 472, 504, 508, 512
国際貿易とPL法　502
国際様式　13, 14
国際労働機関(ILO)　512
告知音　187
国土総合開発法　272
国宝　540
国民所得倍増計画　166
『国民生活白書』　309
国立公園法　473, 530
国連規格調整委員会(UNSCC)　504
コジェネレーション(電熱併給)　198
5層恒等写像モデル　435
五大分担金供出国　504
コーディネイテッド・ストリートファニチュア・システム　78
古都保存法(古都における歴史的風土の保存に関する特別措置法)　473, 530, 542
コネクション・マシンCM-2　52
コノテーション　319
コーホート分析　421
コーポラティブハウジング　171
コーポレート・アンデンティフィケーション(CI)　96, 97, 598, 657
こまちなみ保存条例　532
コミュニケーション　237
コミュニケーション記号　390
コミュニティ　262

固有特性　408
固有緑　389
コラボレーション　586, 588-591, 594, 597
　　——の事例　587
　　——の定義　586
コレスポンダンス分析　429, 654
コンカレントエンジニアリング　645
コンジョイント分析　421, 429, 655
コンストラクション　449
コンセプトデザイン　686
コンセプトメイキング　620, 626
コンセプト立案　644
コンタックス　27
コンタックスS　37
コンピュータグラフィック(CG)　94, 95, 584
コンピュータ・ヌード　94

■サ
災害　196
最高裁判所ホームページ　486
座椅子　40
再生　447
再生資源の利用の促進に関する法律(リサイクル法)　199, 501
再生繊維　165
最先出願性　484
さいたま新都市サイン計画　86
最適設計　338, 410
再認　447
サイマルティニアス・デザイニング　599
材料科学　409
材料計画　409
材料特性　408
サイレントバイオリン　620
サイン計画　128, 129, 232
サヴォア邸　70
サウスケンジントン博物館　12
サウンドスケープ(音の風景)　186
サウンドスケープ調査　187
サウンドデザイン　467, 584
佐賀県工業学校　680
逆手志向　270
作業着　165
作業台のレイアウト　175
サザーランドとスケッチパッドシステム　94
差止請求権　486
サスティナブルデザイン　584
『ザ・タイムズ』　114
錯覚　388
サッケード　375
サッコ　320
雑誌デザイン　114, 115
札幌市立高等専門学校　681
札幌モエレ沼公園　69
里山景観　195
サブライム(崇高)　21
ザ・プリンス・クラシック　47

ザ・プリンス・グラファイト　47
サルティンバンコ　83
サロモンSX-90Equipes　47
参加型デザイン　453
産学官共同研究　591
産学官のコラボレーション　590
参加のデザイン　284
産業応用美術中央同盟　12
産業革命　20
産業クラスター　276
産業工芸　248
産業工芸試験所　10, 258, 550
産業工芸博覧会　10
産業所有権　476
産業振興　269
産業的財産法　477
産業デザイン　476
3項循環論　156
3次元CAD教育　693
山村都市交流環境総合整備モデル事業　289
サンダー・イオンゲストレーム社　74
サントリー広告　101
サンビームT-20　31
散布図　402

■シ
シアトル・フリーウェイ・パーク　65
ジェネラル・モータース(GM)　16, 624
市街地建築物法　522, 531
市街地建築物法施行規則　523
シカゴ万博　82
時間軸のデザイン　161
時間デザイン　183
色覚異常　389
色彩　388
　　——の科学　388
　　——の地理学　127
色彩計画　126, 127, 229
色彩景観　195
磁気センサ　327
識別行列　426
自給自足　164
視空間の異方性　388
シークエンス　451
シークエンス景観　194
資源　273
資源循環システム　216
自己啓発　693
自己啓発方式　692
自己組織化特徴マップ(SOM)　430
　　——によるデザイン分析　430
事象関連電位(ERP)　333
事象トレース図　451
地震危険度解析　196
システム　406
　　——の状態　407
システムイメージ　652
システムビュー　356

資生堂オイデルミン　103
資生堂サマーキャンペーンポスター　99
資生堂ブティック：ザ・ギンザ　72
史跡　541
自然回復手法　185
自然活用村　289
自然休養村　288, 289
自然公園法　530
自然との共存　153
自然の循環　214
自然破壊　200
持続可能な社会　214
持続可能な社会システム　204
持続可能な発展　210
シタデル・アウトレット　73
七人社展覧会　10
実業学校令　680
実業教育費国庫補助法　252, 680
シックハウス　171
実験計画法　429, 432
実験設計学　328
実在する文化　342
実世界指向インタラクション　468
湿度調節材　220
室内化された家具　81
実用機能のデザイン　254
『実用主義の庭園』　317
実用新案法　475, 477
質量保存の法則　210
指定文化財　541
自転車専用車線　181
自転車の安全利用の促進及び自転車等の駐車対策の総合的促進に関する法律　520
自動制御　407
自動販売機　192
シドニー・オペラハウス　76
シトロエンDS19　34
シナージェティクス・モデル　396
シナプス　434
シナリオ　451, 454
シナリオ分析法　421
シネクティックス（法）　397, 421
地場産業　258
地盤　196
渋谷の大型画像表示群　87
絞り込み　644
シマノ・デュラエース7700系　56
シミュレーション　441
市民参加　284
　　——のデザイン　284
注連縄　157, 173
ジャイロセンサ　327
社会　344
　　——の科学　344
社会革新　394
社会集団　344
社会的構成主義　448
社会的不利益　234
ジャガーXJ6　42

ジャガー広告　99
ジャスト・イン・タイム（JIT）方式　590
斜張橋　190
シャネル・スーツ　18
ジャパン・デザインハウス　11
ジャパン・バッシング　492
シャープ　GF-202ST　43
シャープ・液晶ビューカム　25, 53
ジュヴェーヴィシュ・ハル　133
重回帰式　432
重回帰分析　403, 421, 429, 432, 436
住環境イメージ　236
住居の機能　168
住空間　70, 71
修景　543
習作　120
就寝分離論　168
重心法　440
住生活のデザイン　168
重相関係数　403, 432
収束的思考　396
従属変数　403
住宅改善の方針　317
住宅は住むための機械である　316
集団規定　520, 524
集団方式　692
重伝建地区（重要伝統的建造物群保存地区）　541, 542
自由度調整済み重相関係数　432
周辺視　389
住民参加　269
重要伝統的建造物群保存地区（重伝建地区）　541, 542
重要文化財　540
重要無形文化財　540
重要無形民俗文化財　541
重要有形民俗文化財　541
ジョエ・ソファー　320
種間競争　315
主観特徴空間　382
種管理技術　183
縮約　333, 427, 437
樹形　183
種構成　182
主成分分析　397, 402, 421, 429
出願の変更　485
首都圏整備法　272
首都建設法　272
種内競争　315
樹木　90
シュレーダー邸　70
準学士　681
循環（型）社会　167, 199, 210
循環型社会形成推進基本法　501
循環型・輪廻転生のデザイン　210
順推論　434, 442
準耐火建築物　525, 526, 529
準耐火構造　525, 526
準不燃材料　525, 527

準防火地域　529
背負子　254
省エネ住宅　199
障害をもったアメリカ人法（ADA）　240
仕様規定　523
商業空間　72, 73
商業サイン　192
状況的行為　415
商業美術家協会　10
詳細デザイン　644
消臭材　220
上足文化　169
状態遷移図　451
情動　364
消費　344
尚美会　8
消費革命　309
消費記号論　318
消費者　166, 499
消費社会　210
消費者問題対策委員会（COPOLCO）　504
商標　477, 488
商標法　475
情報　192, 444, 604
　　——の構成　448
　　——のデザイン　192, 445, 636
消防活動支援　525
情報空間　86, 87
情報交流　700, 702
情報システムおよびサービス委員会（INFCO）　504
情報社会　678
情報処理機器アクセシビリティ指針　230
情報処理特性　446
情報ネットワーク社会　704
消防法　473, 519, 528
上路橋　190
食寝分離論　168
食生活のデザイン　158
植生構造　183
職人　250
『職人歌合』　250
食の文明　158
食品加工産業　162
食品リサイクル法　501
植物季節のデザイン（フェノロジーデザイン）　183
植物配置　182
書籍デザイン　106-109
書体デザイン　116-119
ショッピング　237
ジョブアサインマネジメント　619
書面出願　483
ジョーンズ・サイクロン　24
シーランチ　126
自立自存　267
シルク・ドゥ・ソレイユ　83
ジン　71
新金山町基本構想　536

新幹線0系　41
新規性の喪失の例外規定　483
シーン景観　194
信号音　187
人工物　356, 450
人工物科学　348
人材育成　557, 586, 692
人材育成システム　696
審査主義　478
新人教育　692
人生儀礼　156
新全国総合開発計画　531
新素材　614
身体運動の記述　341
身体障害者モデル都市事業　238
身体的ハンディキャップ者　223
　　──と安全　234
　　──と移動　232
　　──と機器・設備　228
　　──と住宅　226
　　──と情報　230
身体特性　224
身体の科学　330
人的ネットワーク　614
浸透枡　199
審判制度　485
新聞デザイン　114
進歩主義　20
シンボリック・アナリスト　574
『シンボルの哲学』　318
新領域デザイン　583

■ス
図按（図案）　8
図案精英会　8
透垣　172
水準　432
水晶宮（クリスタルパレス）　60, 82
水道法　473, 520
随伴陰性変動（CNV）　333
推論　428
スウォッチ・ビート　58
崇高（サブライム）　21
数理　374
数理計画法　421
数量化法　382
数量化理論　402
数量化理論Ⅰ類　421, 429, 436
数量化理論Ⅱ類　421, 436
数量化理論Ⅲ類　421, 429
数量化理論Ⅵ類　421
スカイハウス　71
図記号規格の制定手順　515
図記号原図　515
図記号の標準化　594
スキルベース　448
スケジュールマネジメント　619
スケッチ　452
スケッチ化　441

スケールモデル　452
スタイリングデザイン　16
スタジオ・アルキミア　321
スタッキング椅子　42
スタッキングスツール　38
スチールパイプ椅子モデルB3　28
スティレ・リバティ　12
図と地　374
ストリートファニチュア　78, 79
ストーリーボード　452, 454
スーパーカブC100　24, 36
スーパーグラフィック　126, 127
スーパースタジオ　320
スバル360　24, 35
スファブルグ広場　65
スプリンクラー設備　528
『住まいの原型Ⅰ』　168
スモカ新聞広告　98
寸法最適化　410

■セ
生活　302, 308
生活改善展覧会　308
生活改善同盟　170
生活改善同盟会　317
生活科学　302, 306
生活科学研究所　317
生活学　304
生活環境　240
生活環境デザイン　223
生活環境博物館（エコミュージアム）　287, 290
生活規範　308
『生活空間の創造』　296
生活財生態学　306
生活史　306
生活志向　308
生活者主体のデザイン　164
生活障害　309
生活設計　154
生活デザイン　154
生活のための芸術　12
生活様式　306
制御　406
　　──のデザイン科学　406
セイコー・ファイブ　24, 40
セイコー・ランナーズS229　48
再生資源利用促進法（リサイクル法）　501
正準相関分析　383, 403, 421
精神機能　333
精神的教養　342
製造物　500
製造物責任　472, 498
製造物責任法（PL法）　472, 498, 500-502
生態系の多様性　184
生体内負荷　331
『成長の限界』　210
性能規定　523, 529
生の飛躍　20

製品開発とPL法　500
製品科学研究所　550
製品計画　624
製品言語　318
製品事故　235
製品設計　644
製品デザイン　644
製品美術館　12
生物　208
生物生息環境　183
生物多様性　297
生物多様性条約　297
生物多様性保全　200
西武百貨店新聞広告　101
生理形態学　367
生理指標　338
生理人類学　326
生理の科学　332
生理反応　332, 338
生理反応説　364
セインズベリー・グリニッチ・ペニンシュラ　73
背負梯子　254
世界インダストリアルデザイン会議（ICSID）　11, 348, 551, 552
世界クラフト会議　11
『世界商業美術全集』　108
世界貯蓄会議1976　122
『世界地理地図帳』　125
世界デザイン会議（WoDeCo）　11, 22, 552
世界デザイン博覧会　11, 552
世界貿易機構（WTO）　504
世界保健機構（WHO）　512
積雪地振興法　272
関守石　172
セクターボード（SB）　513
セクチコンシリーズ　35
世田谷まちづくりセンター　292
設計　328
　　──の科学　328
設計プロセス　450
折衷主義　20
説明変数　403, 432
セルロース　205
ゼロックス新聞広告　100
繊維　164
繊維産業　165
『全宇宙誌』　109
前期高齢者　222
1925年様式　13
線形構造　436, 461
全国総合開発（計画）　272, 531
全国デザインセンター会議　552
専修学校　682
専修学校制度　682
専修学校設置基準　682
先（出）願主義　478, 484
線図　378
先創作者主義　478

センソリウム 92
全体意匠 482
せんだいメディアテーク 77
前頭正中線θ律動 333
鮮度保持材 220
セントラル・ベヘーア保険会社 74
線の構成 94
選抜教育 693
『1870年から今日までのドイツデザイン史』 311
旋盤 245
全米防火協会(NFPA) 522
専門委員会(TC) 504, 512
専門学校 682
　　——におけるデザイン教育 682
専門教育 693
専門士 682
専門職制度 696
専用実施権 485
戦略的企業コミュニケーション 657

■ソ
騒音 186
相関係数 403
早期審理制度 485
雑木林 201
造形力 574, 685
相互インタラクション 449
総合制高校 681
総合特徴空間 383
相互結合ニューラルネットワークモデル 434
相互参照 384
創作法 477
操作フロー図 452
創出感性 380
装飾主義 20
装飾美術家協会(SAD) 13
装飾美術館 12
装飾美術中央同盟 12
創造的行為 396
創造能力 685
創造のカタリスト 574
双対尺度法 421, 429, 604
装置用図記号 512-514
装置用図記号標準 514
測色標準観測者 389
属性 408
組織運営 611
組織のマネジメント 603
訴訟 499
外湯巡り 290
ソニー 96
ソニーTR-610 24, 36
ソニー・ウォークマンTPS-L2 25, 46
ソニー・ドデカホーン 43
ソニー・プレイステーション 55
ソニー・プロフィールKX-27HF1 25, 47
ソフトウェアプロトタイプ 452

ソラーナのサイン計画 129
ソーラーパネル 198
ソラーリ・チフラ 34
ソリューションデザイン 632
　　——の定義 633
　　——のプロセス 634
ソリューションビジネス 632
　　——の定義 632
ソリューションメニュー 633
損害賠償請求権 486

■タ
ダイアグラム 124, 125, 387
『第一機械時代の理論とデザイン』 15, 310
耐火規定 523
体格 224
大学のデザイン教育 684
耐火建築物 525, 526, 529
耐火構造 525, 526
第三次全国総合開発計画 531
『第三の波』 700
大衆文化 16
対称性 375
代数積 440
台所 161
　　——の近代化 162
ダイナースカード 24, 32
第七回秋の秀彩会 122
ダイナミックビジュアライゼーション 384
ダイナミックプログラミング 381
第二次農業構造改善事業 289
大日本図按協会 8
ダイニング 169
大宝律令 522
タイポグラファー 583
タイポグラフィ 386
ダイマクシオン・ハウス 60
『タイムズ』 14
タイムズスクエア 86
タイムズ・ニューローマン 114
太陽エネルギー 198
第4次S-Tog 56
タウンモビリティー 592
高床住居 168
宅地造成等規制法 520
タグチメソッド 433
多系進化 313
ターゲット戦略 306
多孔質 220
多孔質環境のデザイン 220
多次元尺度法 382
多重共線性 432
タスク
　　——の構造化 461
　　——の制御 461
　　——の分岐 461
　　——のリンク構造 461
タスク分析 460

多属性効用理論 421
脱構築 20
脱市場文明 700
タッチスクリーン 230
ダットサン240Z 44
タッパーウェア 31
多点探索 442
棚田 289
棚田支援市民ネットワーク 289
田の字型プラン 168
多変量解析 354, 382, 420, 428
　　——によるデザイン分析 428
多摩ニュータウン鶴牧・落合地区 69
ダム 66, 67
多様型産業創出 278
多様性科学 296, 324
樽業 245
『誰のためのデザイン?』 21, 326
単系進化 313
タンジビリティー 582
タンジブルインタフェース 469
単体規定 524

■チ
地域 266, 273
　　——のアイデンティティ 266
地域開発 276, 322
地域活性化 268
地域活性化資源 273
地域間交流 288
　　——のデザイン 288
地域共同体 202
地域産業クラスター 276
地域資源 273, 274
地域資源活性 268
地域資源調査 272, 275
地域志向型博物館 287
地域社会 286
地域主義 272
地域振興 272, 274
地域振興デザイン 268-271, 282
地域調査 274
地域デザイン 280, 576
地域分散型発電システム 198
『ちいさなうさこちゃん』 112
チェ・ゲバラの精神 123
チェックリスト法 421
知覚 334
　　——のフィールド 384
知覚感性 380
知覚現象 388
近さの要因 334
地下住居 168
地球温暖化防止 200
地球環境保全政策 198
『地球のためのデザイン』 20
地形 196
地産地消 243, 269
知識経営革命(ナレッジマネジメント革命)

| 723

586
知識ベース　449
地床式住居　170
知的財産　476, 480
知的財産権　472, 477, 481, 488
　　——の抽出　489
　　——の取り扱い　489
知的財産権法　472, 474, 480
　　——の沿革　478
知的所有権保護合同国際事務局　477
千歳飴の袋　102
チバウ文化センター　77
地方デザイン開発推進事業　551
チャリティ法　294
チャンキング　446
注意資源　447
中間技術論　322
中間検査　519
中古衣料　167
駐車場法　473, 520
中心視　389
沖積層　196
注文服　166
中路橋　190
チューリングマシン　367
長寿　238
調整力　574
超臨界水　204
超臨界水状態　204
超臨界のデザイン　204
調和　376
著作権　477, 488
著作権法　475, 477, 480
　　——の沿革　480
直感　350

■ツ
通商産業省デザイン課　550
通常実施権　485
通信機械工業会（CIAJ）　594
使い勝手（ユーザビリティ）　452, 652
『使い易さの発見』　701
筑波科学技術博覧会　678
筑波センタービルの広場　64
筑波大学感性評価特別プロジェクト　365
角樽　255
ツリーグラフ　422
吊橋　190
鶴見つばさ橋　67

■テ
帝国工芸会　10
『帝国工芸』誌　10
ディジタル・エクイップメント社　75
ディジタルグラフィック　90-93
ディジタルデザイン　584, 646
『ディジタル・ハーモニー』　90
ディジタルフォントデザイン　584
ディジタルワークフロー　646

テイジン・ネオン広告塔　135
適合性評価委員会（CASCO）　504
適合性評価評議会（CAB）　513
適合度関数　442
適材適所　408
適正技術論　322
適用除外　521
テクノロジカル・サブライム　21
テクノロジーとパフォーマンス　83
デザイナー育成　697
デザイナーマネジメント　612
デザイン　6, 152, 476-478, 700
　　——とアルゴリズム　462
　　——と経営　570
　　——の開発管理　648
　　——の仮説提示　701
　　——の啓発教育　688
　　——の知的財産権　488
　　——の日　552
　　——の評価　652
　　——の方法論　600
　　——の目的　660
　　——の歴史　4
デザインイヤー　552
デザインNPO　575
デザインオフィス　614, 616
デザインオリエンティッド　408
デザイン開発　650
デザインカウンシル（CoID）　551
デザイン科学　301, 396, 404
デザイン学　679
『デザイン学研究』誌　421
デザイン価値　604, 688
デザイン環境　603, 610
デザイン記号論　318
デザイン教育　4, 8, 12, 136, 678-680, 684, 686-690
　　——におけるアルゴリズム　463
デザイン行政　550
デザイン契約　488
デザイン高度化特定事業　551
デザイン功労者大臣表彰　552
デザインコーディネーター　667
デザインコンサルティング料　668
デザインコンセプト　620, 622
デザインサーベイ　307
デザイン産業　578
デザイン産業協会　13
デザイン史　4, 310
デザイン支援環境　362
デザイン資産　602
デザイン市場　580
デザイン市場規模　580
デザイン情報　599
デザイン奨励審議会　492
デザイン振興　8, 550
デザイン人材育成センター　553
デザインスケッチ　644
デザインセンター　281, 552

デザイン組織　575, 586
　　——の経営　574
デザインソリューションのメニュー　633
デザインツール　603
デザイン提案　644
デザインデータベース　481
デザイン天気予報　605
デザインビジネス　553, 670
　　——と知的財産権　488
デザインプロセス　428, 463, 612, 660
　　——の事例　635
デザイン分析　426
デザイン分野　583
デザインマネジメント　281-283, 572, 598, 600-603, 619, 648
　　——の方法論　602
デザインマネジャー　598
デザインモデル　652
デザインユニット　182
デザインルールづくり　649
デ・ステイル　13
手すり　233
データ
　　——の解釈　402
　　——の形式化　402
　　——の評価　402
データマネジメント　619
手づくり　244-247, 545
デッサウ・バウハウス　134
デノテーション　319
テーブル付スタッキングチェア　175
テーブルの風景　95
デマテル法（DEMATEL法）　352, 403, 421, 422
デュアルリビング　169
テライロンBA22　44
田園都市　60
電気エネルギー　188
電気こたつ　314
電気炊飯器　314
伝建地区（伝統的建造物群保存地区）　532, 541, 542
伝産協会（伝統的工芸品産業振興協会）　547
伝産法（伝統的工芸品産業の振興に関する法律）　242, 253, 473, 544, 546
　　——による助成制度　546
　　——のしくみ　545
　　——の制定　544
　　——の成立　545
電子技術　404
電子情報技術産業協会（JEITA）　594
電子・通信諮問委員会（ACET）　513
電子番組ガイド（EPG）　637
電磁両立性諮問委員会　513
電柱　192
伝統　254, 257
伝統技術　258, 395
伝統工芸　248

伝統工芸産業　258
伝統工芸士　253, 548
伝統工法　185
伝統産業　258, 544
　　——の機械化　245
伝統産業支援センター　253
伝統的建造物群　532, 540
伝統的建造物群保存地区（伝建地区）260, 532, 541, 542
伝統的建造物群保存地区（伝建地区）制度　532, 542
伝統的建造物群保存法　473
伝統的工芸　248
伝統的工芸材料　546
伝統的工芸品　242, 259, 544-546, 548
　　——の定義　545
伝統的工芸品産業　243, 252, 544-548
　　——の振興に関する法律（伝産法）242, 253, 473, 544, 546
伝統的工芸品産業振興協会（伝産協会）547
伝統的工芸用具　546
伝統的造形文化　242
伝統的町並み　261
　　——のデザイン　260
電動ろくろ　245
電熱併給（コジェネレーション）　198
天然記念物　541
天然繊維　165
テンプレートマッチング　381

■ト
トイ・ストーリー　95
ドイツ工作連盟（展）　12
ドイツ村　291
ドゥカティM900"Monster"　50
東京駅八重洲口・テレワークセンター　75
東京オリンピック　24
　　——のピクトグラム　130
東京オリンピック'64（第2号）　105
東京家禽センター　126
東京ガーデニングショー　137
東京勧業博覧会　9
東京芸術大学　8
東京工業学校　9
東京工業大学　9
東京高等工業学校　9
東京高等工芸学校　10
東京国際フォーラム　189
東京コレクション　19
東京市区改正条例　523
東京大学工学部　8
東京デザインネットワーク（TDN）　597
東京美術学校　8
東京ミレナリオ　83
洞窟居住　168
道具のデザイン　175
統計の解析法　397
陶磁器業　245

湯治場　290
東芝RC-10K　34
同潤会アパート　304
等身大開発　270
道路　64, 65
十勝沖地震　523
特徴記載書　485
特定家庭用機器再商品化法（家電リサイクル法）　199
特定行政庁　519, 520
特定空港周辺航空機騒音対策特別措置法　520
特定非営利活動促進法（NPO法）　294, 295
特定非営利活動法人（NPO）　294
特別史跡　541
特別町民制度　288
特別天然記念物　541
特別名勝　541
独立変数　403
都市基盤整備公団　169
都市空間　62, 63
都市計画法　260, 520-523, 531
土壌改良材　220
トーストマスター1B9　31
特化型産業創出　278
特許　488
特許条例　478
特許庁インターネットホームページ　486
特許電子図書館（IPDL）　486
特許法　475, 477
徒弟学校規程　680
徒弟契約証書　251
徒弟制度　250
トーネット社　246
トポロジー　374
『ドムス』誌　115
富山県工芸学校　680
トヨタ・セルシオ　53
トラス橋　190
トランジットモール　181
トランスジェネレーショナルデザイン　241
西の市　82
トリムライン　33
トリレンジアミン（TDA）　206
トリレンジイソシアネート（TDI）　206
トレードドレス　475

■ナ
ナイキ・エアーシリーズAIR MAX　46
内国絵画共進会　8
内国勧業博覧会　8
内装制限　527
内発的計画　268
内発的地域主義　272
内発的地域振興計画　287
内容検索　380
ナイロン　18, 165
ナイロンストッキング　18

中庭式住居　168
長湯温泉　290
ナショナル・飛鳥SE-200　41
ナショナル・アルファチューブTH28-D01X　25, 52
ナショナルMC-1000C　41
ナショナルSL-10　47
ナショナル・オーデュボン協会　75
ナショナル・セパレNI-N2000L　52
ナチュラル・ステップ　214
ナチュラルマッピング　448
生ゴミ　161
ナレッジマネジメント革命（知識経営革命）　586
難燃材料　525, 527
南部建築法同盟（SBCC）　522

■ニ
新潟地震　523
II型　575
ニコレットモールとストリートファニチュア　78
ニコンF　24, 37
『20世紀デザイン』　2
ニーズ　625
2001年宇宙の旅　71
日常　156
日常生活密着　270
2DK　169
日本アルミ・丸瓶　33
日本インダストリアルデザイナー協会（JIDA）　10, 550, 552, 594
日本電子部品信頼性センター　513
日本工業標準調査会（JISC）　504, 513
日本産業デザイン振興会　493, 496, 551, 553, 652
日本色彩研究所　606
日本事務機械工業会（JBMA）　596
日本住宅公団　169
日本手工芸品輸出事業　551
日本消費者協会　166
日本図案会　8
日本生活学会　3
日本宣伝美術会　10
『日本その日その日』　283
日本デザイン学会　3, 11, 420
日本デザインコミッティ　550
日本デザイン事業協同組合　553, 660
日本デザイン賞　552
日本電気計器検定所　513
日本のデザイン産業　578
日本品質保証機構　513
日本舞踊、UCLA　105
日本貿易振興会（JETRO）　10, 551
日本マーケティング協会　624
日本民具学会　3
日本民芸館　255
日本民俗建築学会　3
日本優秀デザイン商品輸出事業　551

725

ニューアーバニズムデザイン 179
ニュー・インターナショナル・スタイル 321
ニュータイポグラフィ 14
ニューデザイン 321
ニュートン・メッセージパッド 54
ニューヨーク近代美術館(MoMA) 24, 310
『ニューヨーク・ヘラルド・トリビューン日曜版』 114
ニューヨーク・ペリーズパーク 179
ニューラルネットワーク 383, 403, 429, 434, 442
　──によるデザイン予測 434
ニューラルネットワーク-遺伝的アルゴリズム 435
ニューラルネットワークモデル 421, 430
ニュー・ルック 18
ニューローマン体 14
ニューロン 434
『にらめっこ』 113
人間科学 346
人間工学 340
人間軸のデザイン 161
人間生活技術 394
認知科学 334, 340
認知構造の計測 363
認知説 364
認知的人工物 356
認知的節約の原理 446
認知的属性 352
認知特性 446
認知不安 447
任天堂ファミコン 50, 55

■ヌ
ヌード(知覚の学習) 94
濡れ感覚 354

■ネ
ネットスケープ・ナビゲータ 55
燃料 221

■ノ
『ノイエ・グラーフィク』誌 115
農家住宅 157
農展(農商務省主催図案及応用作品展覧会) 9
脳波 333
能力障害 228, 234
農林漁業体験民宿制度 288
ノーストップシティ 320
ノーマライゼーション 223, 226, 418
ノンステップバス 180

■ハ
バイアスカット 18
排煙設備 527, 528
バイオマス 205
廃棄物処理法 199, 501

ハイテクガラスの樹 125
ハイパーリンク構造 461
ハウジングメーカー 171
バウハウス 13, 24, 60, 310, 684
　──のアルファベット 117
　──の業績報告書 117
バウハウス・テーブルスタンド 27
パウリスタ大通りの道路標識 128
パークアンドライドシステム 199
バグズ・ライフ 95
ハーグの印刷所のカタログ 117
博物館 286
函館夜景 84
箱髭図 402
ハザード曲線 197
橋 66, 67, 190
　──のデザイン 190
バジェットマネジメント 619
パース 378
パス解析 421
バスストッププロジェクト 79
破線実務 484
パソコン電子出願 483
パーソナルビュー 356
バタフライスツール 35
パターン認識 446
『パタン・ランゲージ』 261
バーチャルリアリティ 464
パッケージ 102, 103
パッケージデザイン 583, 641
パッケージャー 574
発酵促進剤 220
発散的思考 396
パッシブ・ソーラーハウス 171
発生的認識論 448
ハッセルブラード 28
発想 396
発話プロトコル分析法 399
パーティション 333
場と流れ 177
　──のデザイン 176
パートナーシップ型 576
ハートビル法 238, 418, 521
パナソニック・トレンクル6500 58
ハニカム構造 220
パニックス・ダム 66
場の景観 194
ハーバープレイス 85
ハプティックインタフェース 464
パブリック・チャリティ 294
ハム 121
ハムラビ法典 522
嵌め込み 374
パラトゥーラ 83
パリ・アップル・エキスポ 83
バリアフリー 180
バリアフリー型住宅 171
バリアフリーデザイン 240, 584, 594
バリオガウディ 126

パリ条約 477, 481, 483
パリ大改造計画 60
パリのデファンスの新副都心 63
パリ万博 78, 82
バーリントン・ゼファー号 29
バルコポスター 100
ハレ(晴れ) 156
ハーレー・ダビッドソンFXR-S 50
バレンタイン 25
万国博覧会 8, 82
反装飾 13
パンタロン 18
パンツ・スーツ 18
ハンディキャップ 234, 240
パンティストッキング 18
判定制度 486
ハンディ・バーディ 58
ハンブルク美術工芸館 12
判別分析(法) 382, 403, 436
反毛 167

■ヒ
ピア 181
比叡山 172
『稗と麻の哀史』 164
ヒエラルキー型組織 347
美学 351, 364
光空間 84, 85
光のデザイン 188
美観 191
微気象設計 183
ピクトグラム 130, 131
　アメリカ運輸省の── 131
『ビジネスウィーク』誌 17
ビジネス機械・情報システム産業協会 (JBMIA) 594
ビジネス方法の発明 480
ビジネスモデルパテント 480
ビジュアルコミュニケーションデザイン 386, 583
ビジュアルシンボル 386
ビジュアルデザイン 386
美術 248
美術工芸 248
非常口誘導(灯)図記号 509
非常用エレベーター 527
非常用照明 527
非常用進入口 527, 528
ビジョンデザイン 658
ピース 103
ヒストグラム 402
非線形構造 436
左利き 174
ビック・クリスタルスティックボールペン 32
避難 234, 524, 527
避難階 527
避難階段 527
避難路 527

非日常　156
美の条例　535
秘密意匠（制度）　485
ヒモイス　33
100％デザイン　662
ヒューマノイド　341
ヒューマノイドロボット　341
ヒューマンインタフェース　404, 601, 636
ヒューマンインタフェースデザイン　231, 450, 636
ヒューマン・センタード・デザイン　326
ヒューマン・デザイン・テクノロジー　326
ヒューマン・ブレイン・コンピュータ　396
ヒューリスティクス評価　452
ヒューリスティック思考　447
評価グリッド法　653
評価のための情報　604
兵庫県出石　127
表出派　348
表出法　349
標準観測者　389
標準管理評議会（SMB）　512
標準適用スパン　190
標準偏回帰係数　432
表象　345
評点法　421
表面　374
　　――の周期性　375
表面筋電図　332
病理形態学　367
日吉ダム　66
広場　64, 65, 178

■フ
ファイバーリサイクル　167
ファイロファックス　28
ファジィグラフ　421
ファジィ推論　421, 429, 440
ファジィ積分　421
ファジィ理論　440
ファジィルール　440
ファッションデザイン　18
ファニュエルホール・マーケットプレイス　176
ファンクショナリズム　316
フィードバック　335
フィードバック制御　407
フィードフォワード制御　407
風景デザイン　195
風力発電（機）　198, 199
フェストCDD9.6ES　57
フェノロジーデザイン（植物季節のデザイン）　183
フェミニズム　311
フェライン（登録協会）　294
フォアコート・プラザ　68
フォルクスワーゲン広告　98

フォルクスワーゲン・ニュービートル　57
不確定性原理　376
ブガッティ・ロイヤル　29
不競法（不正競争防止法）　474, 477, 479, 480
福井地震　523
複眼思考　270
福祉　180, 238
　　――のデザイン科学　418
　　――のまちづくり条例　238
福祉用具（法）　228, 418
福特主義　312
符号　312
『ふしぎなかず』　111
富士通OASYS100　48
不正競争防止法（不競法）　474, 477, 479, 480
　　――の沿革　479
仏教　174
物極必反　312
ブックデザイン　583
復興国土計画要綱　272
不登録事由　484
ブナコ・木の大鉢　46
不燃材料　525, 526, 527
部分意匠　479, 482
部分意匠制度　484
プライオリティ法　422
プライバシー　262
ブラウン・クオーツ　49
ブラウン・シェーバーS-50　32
プラグイン・シティ　63, 320
プラクシス48　320
プラクシス型　592
ブラッセル改正会議　479
プラティーク型　592
ブランド資産論　658
不利　228
振り袖火事　522
ブリヂストン・トランジットT20SCX　57
プリムターン　58
フリモントストリートのアーケード　87
フリーランスデザイナー人口　578
プリンセス　33
プール演算則　426
ブルガリ・エキセントリカ　48
ブルゴイユ・ワイングラス　29
ふるさと創生事業　288
故郷づくり　275
ふるさと村　288
ブルージーンズ　19
ブレインストーミング　397
プレタポルテ　19
プレート　196
プロジェクション・クロック・ジオ　59
プロジェクトマネジメント　619
プロジェティスタ　590
プロシューマー　626, 700
フロス・アルコ　39

プロダクトセマンティックス　367
フローチャート　461, 462
プロデュース機能　590
プロトコル分析　328, 421, 452, 459
プロトタイプ　452
プロパテント政策　480
フロムファースト　72
文化　286, 342-344
　　――の科学　342
　　――の画一性　312
文化財　540, 541
文化財指定　541
文化財法　473
文化財保護制度　540
文化財保護法　260, 530
文化施設　76, 77, 286
『文化人類学序説』　342
文化生活　342
文化生態学　314, 315
文化庁長官　541
『文化変化の理論』　313
文化変容　312
文化立法　477
分散分析　402

■ヘ
平均寿命　222
併合極小縮約　427
閉合の要因　334
並置　384
閉路グラフ　422
壁面緑化　183
ヘーグ改正会議　479
ヘーグ改正条約　479, 481
ヘゲモニー　324
ベスト・ポケットコダック　26
ベスパ150GS　36
ベック・デ・ローダーフェリペⅡ世橋　67
ベッドのデザイン　330
ヘッドマウンテッドディスプレイ（HMD）　464, 465, 469
ベネトン広告　101
ペピータ　120
ベルヌ条約　477, 480
ヘルベチカ　119
ベルリン改正会議　480
ベルリン計画　61
ベルリン工芸美術館　12
ベルリン・フィルハーモニック・コンサートホール　76
便化　9
偏回帰係数　432
『ペンギン・ブック』　106
変数減少法　432
変数増加法　432
変数増減法　432
変遷景観　194
偏相関係数　403
ベンチャーキャピタル　590

変動緩和作用　183

■ホ
防火規定の内容　525
防火区画　526
防火構造　525, 526, 529
防火地域　529
防火戸　529
防火の規定　524
防火壁　526
防災
　——の設計　196
　——のデザイン　196
方式主義　482
保健　239
歩行者モール　180
ポスター　9, 104, 105
ポストアヴァンギャルド　321
ポスト産業主義　321
ポストモダニズム　321
『ポストモダニズムの建築言語』　321
ポストモダン　15, 20
ポストラディカリズム　321
ボストン・ガヴァメントセンター　176
ホーソン実験　346
ポツダム広場のソニー・センター　63
ポップアート　14
ポップカルチャー　310
ボディコンシャス　19
ボディベースドデザイン　331
ホートンプラザ　73, 178
ボランタリーセクター　294
ボランティア　294
ポリエステル　18, 165
ボールチェア（グローブチェア）　80
ボルボ新聞広告　101
本意匠　485
ホンダ・シビック　24, 25, 45
ホンダ・ドリーム CB750Four　43
ポンピドゥー国立芸術文化センター　77

■マ
マキタ・充電式ドライバドリル　55
マキタ・電動カンナ・モデル1000　37
曲げ加工　246
マーケットリサーチ　592
マーケティング　624-626
　——の定義　624
マーケティング・コミュニケーション
　658
マーケティング情報　600, 605
マーケティングプロセス　625
マーケティングマネジメント　625
マーケティングミックス　625
マスカスタマイゼーション　17
マスカルチャー　16
マスセット・木登り林　44
マスターマニピュレータ　464
まちづくり　238, 284, 542, 592

まちづくり条例　532
まちづくりワークショップ　292
町家　261
まちワーク　292
マッキントッシュ128k　25, 52
祭　156
マテリアルオリエンティッド　408
マトリックス型組織　347
マトリックス法　421
マネジメント　282, 346, 605
マネジリアルマーケティング　624
『マヤコフスキーの詩集』　106
マラケシュ会議　198
『マルセル・デュシャン語録』　109
マルチディシプリン　667
マルチメディア　466
　——とインタフェース　466
マルチモーダルインタフェースデザイン
　638
マルチモーダルインタラクション　468
マルチン式計測法　327
マンマシンインタフェース　386, 404

■ミ
右利き　174
ミクロン　32
水　204
水辺景観　195
水辺のデザイン　184
道　180
　——のデザイン　180
三越呉服店　9
ミッシェル・ノルの実験　94
緑のデザイン　182
ミニィ・バーディ　58
ミニスカート　18
箕　255
みのじ遊々市　177
ミノルタα7000　37
宮城沖地震　523
ミヤケイッセイプリーツポスター　93
ミュンヘン工芸学校　12
ミュンヘンの歩行都市計画　62
未来派創設宣言　13
未来派への言葉　116
ミラノ国際家具見本市（ミラノサローネ）
　662, 664
ミリタリールック　18
ミレニアムイベント　83
民家　221
民具　254
民芸　254
民芸論　255
民族衣裳　255
民俗的思考　157
民俗文化財　540
民法　474

■ム
無過失責任　498
無形文化財　540
蒸し曲げ法　246
無審査主義　478
息子たちを遠方から連れ戻せ　120
無方式主義　480, 482
村おこし　268
蒸れ感覚　354
室戸台風　523

■メ
明治神宮内苑・外苑　69
名勝　541
メタ情報　637
メディアリテラシー　345
メビウスの帯　374
メルセデス・シンプレックス　26
メンタルモデル　447, 652
メンフィス　321

■モ
モガ　18
木炭　220
目的建築　316
目的動作空間　227
目的動作空間設計　227
目的変数　403, 432
文字　390
　——とレイアウト　390
モーションキャプチャー　359
文字レイアウト　391
モダニズム　13
モダニズムデザイン　20
モダリティ　451
モデル　455
モダンデザイン　310
モダンデザイン運動　6
『モダンデザインの根源』　311
『モダンデザインの先覚者たち』　310
『モダンデザインの展開』　15
『モダンデザインのパイオニア』　24
木工旋盤　246
木工用鉋　244
木工ろくろ　245
モデラー　599
モデリング　592
モデルチェンジ　16
モード　345, 455
モードレス　455
モノレール　181
モバイルコンピューティング　639
『模範家庭』　308
模倣　10
籾殻燻炭　219
モリサワ・ポスター　93
モリス・マーシャル・フォークナー商会
　12
森永キャラメル　102

森の書物 91
森の墓園 68
モールトンAM-7 40
モルフェー 366
モロゾフ・チョコレートショップ北野工房のまち 103
問題解決 402
　——のデザイン科学 402
問題発見 402
モンロー・イン・ザ・ネット 95

■ヤ
ヤマギワ・KシリーズS471 45
ヤマハDX-7 51
ヤング・レポート 480

■ユ
唯美主義 12
有形文化財 540
融合科学 395
友禅図案会 8
ユカ坐 170
ユカ坐回帰現象 170
ユーゲントシュティル 12
ユーザー 652, 700, 702
　——の価値基準 429
ユーザインタフェース 404, 460, 628, 631
　——の構造化と基準 460
ユーザインタフェース設計方法 628
ユーザインタフェースデザイン 628, 630
ユーザー視点 703
ユーザセンタードデザイン 668
ユーザーテスト 399
ユーザー特性 235
ユーザーニーズの調査 592
ユーザビリティ(使い勝手) 452, 652
ユーザビリティテスト 452
輸出工芸展 9
輸出生産物用生産物賠償責任保険(海外PL保険) 502
輸出デザイン法 550
ユニオンカーバイド社 74
ユニバーサルチェアモデル4860 42
ユニバーサルデザイン 22, 180, 236, 240, 418, 584, 594, 698
ユニバース 118
ユビキタスコンピューティング 469, 639
湯曲げ法 246
「夢街道」シリーズ 101
ユーロスター 49
ユーロトラム 54

■ヨ
よい概念モデル 335
よいかたちの要因 334
よい連続の要因 334
用賀プロムナード 180
容器包装リサイクル法(容器包装に係る分別収集及び再商品化の促進に関する法律) 199
『雍州府志』 250
腰痛 331
余暇 304
『欲望の対象となるもの』 311
横浜ベイブリッジ 67
予測平方和 432
欲求の5段階説 346
『ヨーロッパ地図』 124
ヨーロッパ
　——のデザイン界 662
　——の伝統的看板 133

■ラ
ライカ 27
ライティングデザイナー 584
ライフイメージ 155
ライフサイクルアセスメント(LCA) 199
『ライフ』誌 115
ライフスタイル 306
ライフヒストリー 306
ライフライン 160
ラ・ヴィレット公園 68
ラウンジチェア 38
ラクソL-1 30
ラスベガス 85
ラッキーストライク 102
ラッセル・ライト計画 550
ラディッシュ 121
ラバン-ノーテーション 341
ラフ集合 353, 429, 436
　——を用いたデザイン予測 436
ラーメン橋 190
ランドー・アソシエイツ 96
ランドスケープ 68, 69
ランドスケープデザイナー 584
ランドスケープデザイン 178
ランボルギーニ・カウンタック 45

■リ
リオ宣言 198
リサイクル 210
リサイクル社会 205
リサイクルデザイン 210
リサイクル法(再生資源の利用の促進に関する法律) 199
リソース 384
立体商標制度 475
離島振興法 272
リバーウォーク 62
リフト付き路線バス 180
流行 166
流通業務市街地の整備に関する法律 520
量産 644
旅館「くらしき」の道標型看板 133
緑地景観 195
旅行時間マップ 125
臨海副都心台場地区 127
リンカーン・コンチネンタル 38

『リンゴと蝶』 110
輪廻転生のデザイン 217

■ル
類縁 426
類縁関係 353, 426
ルイス・ポールセンPH5ペンダント 36
類同性の要因 334
類否判断 484
累木式住居 168
ルールベース 449

■レ
レ・アール広場 64
レイアウト 390
レイアウト図 452
レインボーブリッジ 84
歴史的集落・町並みの保存 541, 542
レゴブロック 31
レッチワース田園都市 62
レパートリー・グリッド法 653
レーヨン 165
レ・リナンデューセルジーポントワーズの集合住宅 127
レンズ付きフィルム 642
連想 353
レンダリング 378

■ロ
ロコス 131
路地 178
ロックフェラーセンター・プラザ 179
ロットリング・バリアント 39
ロバストデザイン 432
ロボット 341, 407
ロボット工学 340
ローマ改正会議 480
ローマ・クラブ 210
ローマテリアル 216
ローライ・フレックス 28
ロレックス 28
ロンドン改正会議 479
ロンドン大火 522
ロンドン地下鉄 14
　——のサイン用書体 128
ロンドン地下鉄路線図 125
ロンドン・デザインミュージアム 15

■ワ
ワークショップ 292
ワークプレイス 450
ワコール・ショールーム看板 134
ワシントン改正条約会議 479
ワシントン国立動物園サイン計画 129
藁 157, 216, 257
ワラボー 218

人名索引

■ア
アイソファーノ，ダニエル　292
青戸修　72
赤瀬達三　128
アーカー，デヴィッド　658
浅井忠　9
浅葉克己　101
芦原義信　194
アスプルンド，グンナール　68
吾妻兼次郎　137
AZUMI　662
アドニー，チャールス　99
アトフィールド，ジュディ　311
アーノルド，マグダ　364
アハ，メハメド・F.　114
アマート，アル　99
アライア，アスディン　19
アリストテレス　366
アルキメデス　366
アールト，アルヴァ　70
アールニオ，エーロ　80
アルペン，L.　449
アルンツ，ゲルト　130
アレクサンダー，クリストファー　261
アンウィル，パーカー　62
マンジャロッティ，アンジェロ　35
アーンスタイン，シェリー　284
安藤政吉　304
アンドリーセン，マーク　55
アンドリュー，ポール　63, 85
アンパス，エミリオ　321

■イ
五十嵐威暢　494
池田均　43
石井裕　469
石岡瑛子　99, 100
石川松太郎　308
石川慶文　495
石黒忠篤　304
石崎豪　93, 359
石田英一郎　342
石田梅岩　700
泉靖一　168
磯崎新　321
市川和彦　135
市川亀久弥　396
出原栄一　90
井手馬太郎　8
糸井重里　101
伊藤憲治　135
伊東豊雄　77, 496
井上毅　680
井上尚一　556
井上木它　98
イームズ，チャールス　3, 16, 31, 60
岩倉信弥　45

岩田義治　494
岩谷松平　656

■ウ
ヴァレ，ジーノ　34
ヴァン・デ・ヴェルデ　12, 13
ヴィヴァレリ，カルロ・L.　115
ヴィオネ，マドレーヌ　18
ヴィゴッキー　357
ウィットニー，ジョン　90
ウィトゲンシュタイン　352
ウィノグラード，T.　448, 449
ウィリアムズ，ドン　99
ヴィルモット，J.M.　79
上野泰　69
ウェブ，マイク　63
ヴェンチューリ，ロバート　320
ウォーカー，J.A.　4
ウォード，トーマス・B.　396
ウォルト，シャルル・フレデリック　18
ウォーン，フレデリック　124
内田繁　81
内田祥三　316
宇津木欣一　133
ウッダム，ジョナサン　321
ウッツォン，ヨーン　76
ウッド，イアン　124
梅田正徳　80, 321

■エ
エッカート，ジョン・P.　94
エッフェル，ギュスターヴ　84
エンゲストローム，Y.　357
メンディーニ，アレッサンドロ　79

■オ
オーウェル，ジョージ　312
大木理人　101
大河内一男　304
大高猛　103
太田徹也　125
太田幸夫　131
大塚紀元　45
大橋正　121
岡倉天心　8
岡田三郎助　9
岡部憲明　85
奥田義人　308
オースマン　60, 78
オヤマ，テリー　52
折下吉延　69
オルテンバーグ，クレス　320
カー，K.H.　4

■カ
海保博之　595
カーク，ウォーレン　63
ガーゲン，K.J.　448
篭山京　304

柏木博　318
カスティリオーニ，アキッレ　39
片岡敏郎　98
勝井三雄　93
カッサンドル，A・ムーロン　104, 118
カッシーラ　366
勝見勝　10, 11, 105, 387
加藤和彦　468
ガーフィンケル，H.　449
鎌田正　48
鎌田経世　128
亀倉雄策　37, 97, 105, 493
カラトラバ，サンティアゴ　67
カール，エリック　110
カルボーン　198
川上元美　67
川喜田煉七郎　10
川久保玲　19
カワーダイン，ジョージ　30
川野洋　90
河原敏文　91
河村暢夫　55
カンディンスキー　367
カーン，ルイス・I.　76

■キ
木檜恕一　317
菊竹清訓　71
北原進　72
北村幸三　494
ギーディオン，ジークフリート　3, 16, 24, 310
キニアー，ジョック　128
ギーニ，マッシモ・イオザ　79
キーピング，チャールズ　113
ギブソン，J.J.　21, 335, 414, 449
ギマール，エルンスト　12, 82
木村譲三郎　36
木村恒久　130
ギャロウェイ，アーウィン　98
キューブリック，スタンリー　71
吉良康宏　51
ギル，E.　128

■ク
クエスタ，マイク　99
クック，ピーター　63
クッター，マーカス　118
熊沢蕃山　283
蔵田周忠　10, 304
クラポ，ギー　79
倉俣史朗　45, 72, 321
クリスチャンセン，ゴッドフレード・キアク　31
クリスト&ジャンヌ=クロード　82
グリーン，デイヴィッド　63
グルーエン，ビクター　178
クールハース，レム　68
グレイヴ，マイケル　321

グレイザー，ミルトン　122
クレージュ，アンドレ　18
クレッチュマー　366
クレー，パウル　367
クレム，G.　342
グレン，シルビア・ガルフォリ・キール　124
黒川雅之　495
黒川真頼　248
グロピウス，ワルター　13, 60, 134, 296, 310
クロンプトン，デニス　63
クローン，ヘルムート　98
桑沢洋子　682
クワント，マリー　18
クーン，T.　328

■ケ
ゲイト，ジョー　124
ゲーテ　366
ゲデス，B.　16
ケーニグ，ジュリアン　98
ゲーリー，フランク　79
ゲルストナー，カール　108, 118
ゲール，ヤン　177
ゲロー，ジョン　396
剣持勇　38, 72

■コ
小池新二　4, 137
小泉純一郎　121
幸田露伴　656
河野鷹思　108
小島啓二　468
コー，ジョン　87
小杉二郎　618
後藤禎佑　55
小林洋　495
小林稔　469
コホネン，T.　430
コマイ，レイ　128
小松眞一郎　103
小室信蔵　9
ゴルチェ，ジャン・ポール　19
コレン，スタンレー　174
コロンボ，ジョエ　3, 42
コンラン，テレンス　663
今和次郎　304-306

■サ
斎藤鎮雄　492
サイネル，ジョセフ　16
サイモン，H.A.　328, 348
サヴィニャック，レイモン　121
佐伯胖　701
酒井孝夫　135
坂田栄一郎　101
坂野登　174
佐々木達三　35, 618

サザーランド，アイヴマン　94
サッカラ，ジョン　664
サッチマン，ルーシー　415
ザッパー，リチャード　663
佐藤和子　320
ザヌーゾ，マルコ　44
サノフ，ヘンリー　292
佐野利器　316
サフディ，モシェ　71
サラモン，レスター　294, 295
サリヴァン　316
沢渡朔　100
サンダース，E.　449
サンテリア　13
サンローラン，イブ　18

■シ
シェーファー，ヘルヴィン　311
ジェームス，ウィリアム　364
ジェンクス，チャールズ　15, 321
塩谷康　495
篠原修　194
シーブライト，ジョン　124
清水幾太郎　4
ジャーディ　178
シャネル，ガブリエルココ　18
ジャレ，ジャンミッシェル　83
シャロウン，ハンス　76
シャーン，ベン　120
シュナイダー，ラルフ　32
シューベック　133
シュマッハー，E.F.　322
シュレーディンガー　366
ジョブス，スティーブ　52
ジョンストン，エドワード　128
ジョンストン，サイモン　91
シール，タミコ　52
進士五十八　195

■ス
杉浦康平　109, 125
杉浦俊作　125
杉浦非水　10
杉田豊　113
杉本英之　100
鈴木八朗　100
スタインバーグ，ソール　123
スタルク，フィリップ　664
スチュワート，J.H.　313
ステラ，フランク　320
ストウファッチャー，バーバラ　126
ストランスキー，ボブ　99
スパーク，ペニー　2, 320
スピーケルセン，ヨハン・オットー・V.　63
スミッソン，アリソン&ピーター　61
スワ，マサキ　396

■セ
セイヤーズ，D.L.　136
セガール，ルーファス　124
芹沢銈介　133
ゼレ，ゲルト　311, 318
センダック，モーリス　111

■ソ
ソシュール，フェルディナン・ド　318, 448
ソットサス，エットーレ　79, 320, 321
園田恭一　302
ソフィチ，アルデンゴ　116

■タ
タイラー，E.　342
ダーウィン，チャールズ　364
タウト，ブルーノ　9, 258, 550
高崎勝二　101
高田賢三　19
高田修地　125
高田忠　492, 558
高田哲男　495
高梨豊　100
高橋九一　164
瀧口修造　109
田口玄一　433
竹内彰一　468
武田五一　9
ダスカニオ，コラディーノ　36
タッパー，アール・S.　31
ターナー，エドワード　43
田中一光　105, 130
田中晴太　495
田中太郎　40
田辺信一　302
田辺麗子　494, 495
田村剛　317
ダン，リチャード　97

■チ
千葉陶　44
チヒョルト，ヤン　14, 106
チームUSIS　128
チュミ，ベルナール　68
チューリング，アラン・M.　367

■ツ
槌屋治紀　95
ツバルト，ピエト　117
坪井恭平　128

■テ
デイヴィス，ポール　123
ディオール，クリスチャン　18
ティーグ，W.　16
ディクソン，トム　663
デイブ，テッド　136
テイラー，フレデリック　346
デ・ザーコ　316

731

手島精一　9, 308
デューリング, D.　137
寺垣武　54
デリダ, ジャック　20
デ・ルッキ, ミケーレ　321, 663

■ト
ドゥースブルフ　13
時実利彦　302
トシ, パオロ　124
トスカーニ, オリビエロ　101
戸田ツトム　91
トービン, ウイリアム　98
ドーフスマン, ルー　99
トフラー, アルビン　700
富本憲吉　12
トムソン, ダーシー　366
トム, ルネ　367
豊口克平　316
豊田喜一郎　606
トライポッド・デザイン　58
ドラッガー, ピーター・F.　346
ドレフュス, H.　16, 33
トロクスラー, ニクラウス　119
ドローグデザイン　663, 664
トンプソン, ポール　664

■ナ
内藤多仲　316
長尾確　468
中垣信夫　125
長沢岳夫　100, 101
中島健　69
仲條正義　72
永野順造　304
中村貴俊　495
中村誠　99
中山正和　396
ナタリーニ, アドルフォ　320

■ニ
ニコルス, デブラ　129
西尾正左衛門　26
西川潔　129
西村佳哲　92
西山夘三　168, 305, 306
ニーチェ　20
ニッツォーリ, マルチェロ　35
ニーマイヤー, オスカー　115
ニーマン, フィリップ　54
ニューソン, マーク　664
ニールセン, エンス　56
ニールセン, ヤン　3

■ネ
ネイダー, R.　17
ネルソン, G.　16

■ノ
ノイス, エリオット　39, 96
ノイブルグ, ハンス　115
ノイ, ミッシェル　94
ノイラート, オットー　14, 130, 386
納富介次郎　8, 680
ノグチ, イサム　33, 69
野田俊彦　316
ノーマン, アーノルド・ドナルド　21, 326, 356, 399, 448, 652
ノールトン, ケン　94

■ハ
バイヤー, ハーバート　117, 125
バウムガルテン, A. G.　364
パクストン, ジョゼフ　60, 82
橋口五葉　9
橋田規子　495
バスコニ, クラウデ　64
バス, ソール　112
パース, チャールズ・S.　318
ハーズバーグ, フレデリック　346
パースリー, ティム　54
パーセル, テリー　396
バーソロミュー, ジョン　124
パツォウスカー, クヴィエタ　111
パッカード, V.　17
バッカー, ハイス　663
ハッグマン　62
バックリー, W.　302
ハッチンス　357
ハッテン, リチャード　663, 664
バッド, エドワード・G.　29
鳩山春子　308
バトラー=イシャーウッド=バートレット　78
バーナード, チェスター　346
バナム　15
羽生道雄　494
パパート, S. A.　448
パパネック, ヴィクター　17, 20
濱岡周忠　316
濱田増治　10
ハーモン, レオン　94
早川良雄　122, 134
早崎治　105
林孝和　495
林知己夫　402
パラゾオ, ピーター・R.　114
原田昭　468
原田隆司　354
原弘　108
バルト, ロラン　318
バルナック, オスカー　27
ハルプリン, ローレンス　65, 68, 78, 178, 292
バレンシアガ, クリストバル　18
ハワード, エベネザー　60
バンジェルター, ワルター　118

ハンセン, モーゲン　56
バンデゴン　126
パントン, ベルナール　81
バンハム, レイナー　310

■ヒ
ピアジェ, J.　448
ピアース, C. S.　328, 396
ピアノ, レンゾ　77, 85, 573
東泉一郎　92
樋口忠彦　66
ビドー, ピエール　84
平山英三　8
ヒリス, ダニエル　52
ビル, マックス　14, 107
広橋桂子　130
ピントーリ, ジョバンニ　104

■フ
ファロ・ガッジ, A.　354
ファンガー, P. O.　354
ファン・デル・ローエ, ミース　13
フィッシャー, R. A.　432
フィッシャー, ゲイリー　50
フィンク, ロナルド・A.　396
フェノロサ　8
フォスター　79
フォーティ, アドリアン　311
フォード, ヘンリー　6, 624
ブガッティ, エットーレ　29
福沢諭吉　275
福地複一　8
福永光男　137
ブーケ, ミシェル　91
藤田畊玉　132
藤幡正樹　92
藤原新也　100
藤森健次　40
伏屋房男　37
プファリ, ブルーノ　118
フライヤー, ディヴィッド・L.　124
ブラウン, マックス　32
ブラックバーン, ブルース　97
ブラトン　366
フラー, リチャード・バックミンスター　60
ブランジ, アンドレア　320, 321
フリードマン, ヨナ　61
ブルーナ, ディック　112
ブロイヤー, マルセル　28
ブロックマン, ヨゼフ・ミューラー　104, 115
ブロディ, ネヴィル　92
プロビンチャリ, ミケーレ　34
プロプスト, ロバート　81
フンデルトヴッサー　137

■ヘ
ペウスナー, ニコラス　15, 24, 310

ヘスター, ランディ 292
ベック, ヘンリー 125
ヘッド, ハワード 47
ヘニングセン, ポール 36
ペリアン, シャルロット 550
ベリーニ, マリオ 320
ベルク, オギュスタン 195
ベルクソン 20
ヘルツバーガー, ヘルマン 74
ベルトーニ, フラミニオ 34
ベルトーネ 45
ベーレンス, ペーター 136
ヘロン, ロン 63
ペンクリーチ, ジョージ 64

■ホ
ボアズ, フランツ 256
星野克美 318, 319
ボス, リチャード 95
ポズナー 316
ボソジ, ソラブ 658
ホーソン, オードリー 256
ポッパー, K. R. 328
ボードリヤール, J. 318
ボーフィル, リカルド 126
ホフマン, E. 119
ポメロイ, リサ 119
ホライン, ハンス 321
ポランニー, マイケル 656
堀浩一 396
ホールト, マーク 91
ポワレ, ポール 18
本多静六 69
ポンティ, ジオ 115, 320
ポンティ, ネグロ 58

■マ
米谷美久 46
マイヤー, ジョン 34
前田ジョン 93, 359
前田正名 275
マクナマラ, フランク 32
マクレガー, ダグラス 346
マジストゥレッティ, ヴィコ 320
桝田弘司 100
マズロー, エイブラハム 346
マゾッキ, ジアーニ 115
松尾良彦 44
マッカーデル, クレア 18
松下幸之助 10, 618
松本操 85
マノック, ジェリー 52
マリ, イエラ 110
マリ, エンゾ 110
マリネッティ, F. T. 13, 116
マルチン 327
マンジーニ, エツィオ 22
マンフォード, ルイス 24

■ミ
水口弘志 129
水野錬太郎 481
三石巌 302
三井緑 51
ミックラミング 469
ミディンガー, M. 119
薬袋公明 85
三宅一生 19
宮下孝雄 606
宮本常一 306
ミュアー, ハミッシュ 91
ミュラー, ゲルド・A. 42
三好学 194

■ム
ムーア, チャールズ 64
ムーア, ロビン 292
武者利光 354
ムテジウス 12, 13
ムナーリ, ブルーノ 112
村越愛策 128
村越襄 105
ムルグ, オリヴィエ 71

■メ
メイス, ロン 240, 241
メイヨー, エルトン 346
メン, クリスチャン 67
メンディーニ, アレッサンドロ 320, 321, 663

■モ
モークリー, ジョン・W. 94
モース 283
望月好夫 46
モホリ=ナギ, L. 117
モラスッティ, ブルーノ 35
モリ, クスキ 54
森嶋紘 135
モリス, ウィリアム 2, 12, 249, 310
モリス, チャールズ 318
モリスン, スタンリ 114
モリソン, ジャスパー 662, 664
森英恵 19
森正洋 37, 494
森本厚吉 170, 304
森谷延雄 10
モールトン, アレックス 40
モンドリアン 13

■ヤ
ヤコブセン, ヤック 30
柳宗悦 133, 254, 255
柳宗理 35, 38, 255, 495
山下芳郎 130
山名文夫 120
山藤章二 121
山部赤人 172

山本耀司 19
ヤーン, ヘルムート 63

■ユ
湯川秀樹 152
ユッカー, カール・J. 27
幸村真佐男 95

■ヨ
横須賀功光 99
吉田章夫 44
吉武泰水 169

■ラ
ライス, ピーター 85
ライト, フランク・ロイド 115
ライト, ラッセル 550
ラインホルト, ハイデッケ 28
ラウス, ジェームズ・W. 85
ラスムッセン, J. 448
ラネキー, ジーン 31
ラバン, ルドルフ 341
ラーマーカース, レニー 663
ラムス, ディーター 49
ラリック, ルネ 29
ランガー, スザンヌ 318
ラング, ヘルムート 19
ランクロ, ジャン・フィリップ 126, 127
ランド, ポール 96, 105, 107

■リ
リエティ, ファビオ 126
リキテンスタイン, ロイ 320
リシツキー, エル 106, 117
リード, ハーバート 24
リートフェルト, ヘリット・トーマス 70
リーブス, ビル・T. 95
リンチ, M. 384
リントン, R. 342

■ル
ル・コルビュジェ 13, 61, 70, 115, 316, 317
ルタンス, セルジュ 103
ルッツ, ハンス 65
ルドフスキー, B. 3, 168

■レ
レヴィ=ストロース, C. 328, 448
レウェレンツ, S. 68
レオーニ, レオ 110
レミ, テヨ 663, 664
レン, サンディア 469

■ロ
ロイピン, ヘルベルト 120
ローウィ, レイモンド 16, 30, 96, 102, 103, 618
ロジャース, リチャード 77
ロース 13

733

ローゼ，リチャード・P. 107, 115
ローソン，ブライアン 396
ロックウェル，ノーマン 122
ローディク，アニタ 658
ローベル，カール・ヘンリク 214
ローレンス，ピーター 572

■ワ
ワイザー，マーク 469, 639
ワグネル，G. 8
ワーゲンフェルド，ウィルヘルム 27
和田三蔵 606
渡辺力 33, 38
和辻哲郎 195

欧文索引

α波 333
β波 333
δ波 333
θ波 333
Σ 5000 54

■A
ACET(Advisory Committee on Electronics and Telecommunications) 513
ACOS(Advisory Committee on Safty) 513
activity theory 357
ADA 240
Advisory Committee on Electromagnetic Compatibility 513
Advisory Committee on Environmental Aspects 513
Aesthetica 364
AFNOR 504
AHP(Analytic Hierarchy Process) 429
AIBO 59, 575
AKARI 37D 33
ANSI 504
A-POC 575
Apple II 49
application for design registration 482
Appropriate Technology 322
ARP 51
artifact(s) 356, 450
artificial science 348
associated design 485
AVE 49

■B
back propagation法 434
BCリフト 55
behavior science 340
BIPM(Bureau International des Poids et Measures) 512
BIS 504
BOCA 522
BREATHING EARTH 92
Broken Line Practice 484

BSI 504

■C
CAB(Conformity Assessment Board) 513
CAE(Computer Aided Engineering) 410
CASCO(Committee on Conformity Assessment) 504
CBS広告 99
CC 657
CG 94, 95, 584
CI(Corporate Identity) 96, 97, 598, 657
CIAJ 594
CIAM 13
CIE 389
Civil Law 474
CNV 333
Coca Cola 96
cognitive artifacts 356
cognitive process of kansei 380
cognitive science 340
CoID 551
conjecturerefutation 328
conservation of biodiversity 200
content-based information retrieval 380
COPOLCO(Committee on Consumer Policy) 504
Cp統計量 432
creative process of kansei 380
criterion variable 432
CRX Project User Interface Guidelines 596
cultura animi 342
culture construct 342

■D
David Kelley Design(DKD) 666
Defacto Standard 701
DEMATEL(法) 352, 403, 421, 422
Design and Industries Association 13
Design for the World 576
design gazette 485
design register 485
design registration 482
design right 482
Deutscher Werkbund 12
DEVCO(Committee on Developing Country Matter) 504
DIE KUNSTISMEN 117
DIN 504

■E
electroencephalogram 333
electromyogram 332
ENIAC 94
EOS 504
EPG(Electronic Program Guide) 637
EPR 501
ereigenete Verein 294
ERP 333
EU 97

exclusive license 485
explanatory variable 432
EXPO'85筑波科学万博ストリートファニチュア 79

■F
factor 432
Fm θ 333
FNN(fuzzy neural networks) 441
fordism 312
foveal vision 389
Frog Design 666
FRP(Fiber Reinforced Plastic) 190
FTA(Fault Tree Analysis) 421
FUSE 1 frontshop international 1991 92
Futurism 13
Futurist Typography 116
fuzzy inference 440

■G
G型しょうゆさし 39
Gマーク制度 11, 472, 492, 550
──の民営化 553
Geneplore Model 396
Gestalt 374
GF space 381
GM 16, 624
GOMS 452
Graphical Symbols 505
Graphical Symbols for use on equipment 512
green-modes 180
GUI(Graphical User Interface) 465, 468, 636

■H
Haptic Screen 464
HMD 464, 465, 469
HTML(Hyper Text Markup Language) 637
Human-Computer Interaction 448
human engineering 340

■I
IBM 96
IBMコンピュータ 105
IBMセレクトリック 39
IBM・PC 48
ICA 14
ICBO 522
ICE 41
ICIDH 234
ICONTEC 504
ICSID 11, 348, 551, 552
ID TWO 666
IDAS(International Design School for Advanced Studies) 671, 672
IDEA 17
IDSA 17

IEC（International Electrotechnical Commission） 472, 503, 504, 512, 594
　——の主な組織　512
　——の歴史　512
IEC 60417　514, 517
IEC 80416　516
IECEE（IEC System Comformity Testing to Standards for Safty of Electrical Equipment）　513
IECQ（Quality Assessment System for Electronic Components）　513
IEC電気機器安全規格適合試験制度　513
IEC電子部品品質認証制度　513
ILO（International Labour Organization）　512
iMac　15
impressing velocity project　90, 92
INFCO（Information System and Services）　504
In Search of Muscular Axis　91
Intellectual Property　477
Intellectual property laws　474
Intermediate Technology　322
International Electrical Congress　512
IPCC　198
IPDL　486
IRAM　504
IS（International Standard）　506
ISM法　352, 422
ISO（International Organization for Standardization）　199, 472, 503, 504, 508, 512
　——の組織機能　504
　——の目的　504
ISO/TC145図記号委員会　509
ISO/TC145組織・機能　509
ISO 13407　453
ISOガイド　508
ISO国際規格　508
ISO国際規格策定手順　510
ITS（Intelligent Transport Systems）　181
ITU（International Telecommunication Union）　512

■J
JBMA　596
JBMIA　594
JBS　504
J・Cデコー社の電子情報装置　86
JEITA　594
JETRO　10, 551
JIDA　10, 550, 552, 594
JIDAデザインミュージアム1号館　595
JIS　506
JISC　504, 513
JIT方式　590
JR東日本標準サイン　129
juxtaposition　384
JWG11　ISO/TC145・IEC/SC3C調整委員会　509

■K
KIDP　671
KJ法　293, 397, 421, 694
Kultur　342
Kultur Geschichte　342

■L
LAMY2000　42
Landshaft　194
LCA（Life Cycle Assessment）　199
LCD　596
level　432
Lisa　52
LRT環境整備とストリートファニチュア　79

■M
Mチェア　51
materials planning　409
materials science　409
MDA（Minimum Dimension Analysis）　397, 421
MDS/MDA　402
Min-Max　440
MoMA　24, 310
MOOG　51
morphology　366
multi-collinearity　432
multiple correlation coefficient　432
multiple regression analysis　432
multiple regression equation　432
mutual interaction　449

■N
NASA　97
『New Design in Exhibitions』　107
NFPA　522
NGO（Non Governmental Organization）　294
nLDK型住居　169
NM法　397
nonexclusive license　485
normative theory　200
NPO（Non Profit Organization）　294
NPO法　294, 295
NPOセンター　295
NTT　97
NTTDoCoMo　97

■O
『Octavo』誌　91

■P
P3モデル　59
PAデザイン　326
PAデザイン賞　327
PANTOWER　81
partial regression coefficient　432
Patent Law　475

P-BOFER　598
perceptual field　384
peripheral vision　389
personal view　356
physiognomy　366
Picto　53
PLセンター　498, 499
PL法　472, 498, 500-502
　——と国際社会　502
　——とデザイン　500
PL保険　499
Pop culture　310
POSA（Partial Order Scalogram Analysis）　421
principal design　485
Propriete Industries　477

■R
real culture　342
representation　345
Research in Modern Typography　119
Return to Square　95
『Rules of The Game』　124

■S
S1　30
S4　56
SAA　504
SAD　13
SADI（Samsung Art & Design Institute）　672
SAZ　504
SB（Sector Board）　513
SBCC　522
SC3C（Graphical Symbols for Use on Equipment）　514
SCC　504
『Schiff nach Europa』　108
SD法（semantic differential method）　349, 354, 420, 432
SF space　382
Shell Oil　96
SIDE　628
Simulated Color Mosaic　90
SIS　504
situated action　415
SMB（Standardization Management Board）　512
SN比　433
SNV　504
SNZ　504
SOM（Self Organization Map）　430
SonicFlow　639
sound effect　467
standard colorimetric observer　389
standard partial regression coefficient　432
stem and leaf　402
Stile Liberty　12
Strategic Corporate Communication　657

735

Symbol original　515

■T
T型　575
Tシャツ　19
T120 ボンネビル　43
tacit knowledge　328
TAL　452
Talkman　468
TC（Technical Committee）　504, 512
TC3（Technical Committee 3）　513
TCVN　504
TDA　206
TDI　206
TDM（Transportation Demand Management）　181
TDN　597
Technical Advisory Committee　513
TGV　41, 49
『The Art of Living』　123
The Discovery　122

『THE HIGHWAYMAN』　113
『The New Architecture』　107
『Thoughts on Design』　107
TMB（Technical Management Board）　504
Trademark Law　475
TSE　504

■U
UAM　13
UF space　383
UML（Unified Modeling Language）　453
unique green　389
UNSCC　504
USロボティクス・パイロット 1000/5000　56
User Participatory Design　453
Utility Model Law　475

■V
variational modeling　440

■W
WalkNavi　639
WHO（World Health Organization）　512
WIGGLET　93
WIPO（World Intellectual Property Organization）　477
WoDeCo　11, 22, 552
WTO　504
WTO TRIP'S 協定　480
WYSIWYG（What You See Is What You Get）　637

■X
X理論Y理論　346

■Z
ZKM芸術メディアテクノロジーセンター　15
Zweckbau　316

| デザイン事典 | 定価は外函に表示 |

2003 年 10 月 10 日　初版第 1 刷
2005 年 1 月 30 日　　　第 2 刷

編集者	日本デザイン学会
発行者	朝　倉　邦　造
発行所	株式会社 朝倉書店

東京都新宿区新小川町6-29
郵便番号　1 6 2 - 8 7 0 7
電　話　03（3260）0141
Ｆ Ａ Ｘ　03（3260）0180
http://www.asakura.co.jp

〈検印省略〉

Ⓒ 2003 〈無断複写・転載を禁ず〉　　エス・エム・アイ・渡辺製本

ISBN 4-254-68012-0　C 3570　　Printed in Japan

前筑波大 小川　泰・京大 宮崎興二編	研究の広がりと面白さを示す。〔内容〕なわばりの構造／シートが変形して生物体ができる／相貫体を作りながら考える／黄金比と準結晶／自然界のパターン／奇妙な曲面達／4次元建築に住む／医学でのステレオロジー／4次元の目／銀河の旅
かたちの科学 10058-2 C3040　A 5 判 208頁 本体3700円	
元東京造形大 清水千之助著 **造形の科学** 10052-3 C3040　B 5 判 132頁 本体5200円	本書は技術的創造とシステム構造を前提として、物質の構造や生物の形態から論を広げ、複雑な都市設計まで多量の図で解説。〔内容〕システム設計／グリッド・システム／インダストリアル・システムズ・パターン／数理システム／樹状形態
前千葉大 小川一行著 **かたちと意識** 　　　―隠された主体を尋ねて― 20083-8 C3050　A 5 判 212頁 本体4500円	科学とデザイン世界の橋わたしをめざす。〔内容〕かたちの不思議／知覚空間の基本原理／ゲシュタルト理論／生体内での情報の変容／知覚の古典力学／トポロジー／意識についての省察／色の世界のメタ・モデル／メタ・モデルと量子力学／他
高次元科学会編 **自然界の 4 次元** 10133-3 C3040　B 5 判 168頁 本体5000円	多次元の世界を「かたち」を通して興味深く考察〔内容〕物理学と次元／化学と 4 次元／ 4 次元世界の動物とかたち／宇宙と高次元空間／結晶学と 4 次元／ 4 次元のブラベ格子／原子核と 4 次元／ 4 次元の海／ 4 次元のかたちを見る／他
江森康文・大山　正・深尾謹之介編 **色　　その科学と文化** 10014-0 C3040　A 5 判 240頁 本体4500円	"色"を総合的に科学したユニークな手引き書。〔内容〕色の知覚と心理／色覚の生理と異常／発光と吸収／色の物理と表示／照明と色彩／染料と顔料／カラー印刷／カラー写真／カラーテレビ／植物の色／景観の色彩／日本人と色／画家と色彩
K.ゲルストナー著　元沖縄県芸大 阿部公正訳 **色　　　の　　　形** 10078-7 C3040　B 5 変判 184頁 本体15000円	"形は色のからだであり、色は形の心である"という、現代を代表するゲルストナーの色彩論、形態論およびその相互作用をカラー図版によって示した待望の翻訳。〔内容〕色彩の世界／形のシステム／形の調和／カラーサイン／色の形／照応
前筑波大 金子隆芳著 色彩科学選書 1 **色　の　科　学** 　　―その心理と生理と物理― 10537-1 C3340　A 5 判 184頁 本体4300円	色彩学の基礎理論を明快・簡潔に解説した入門書〔内容〕色の見え方の様相／眼の生理光学／明度の心理物理学／測色学序論／色空間の幾何学／物体色の限界／カラーオーダシステム／生理的三原色／色覚の神経モジュール説／主観色現象／他
マツダプランニングオフィス 松田　豊著 色彩科学選書 2 **色彩のデザイン** 10538-X C3340　A 5 判 240頁 本体4000円	色彩設計のノウハウ100項目を見開き 2 頁で解説〔内容〕生活の色彩／繊維の発色効果／布地の色彩設計／カラーデザイン考／配色とカラーコーディネート／流行色の考察／インテリアの色彩／モノ・商品の色／色相・色調別流行色傾向分析
女子美術大 福田邦夫著 色彩科学選書 3 **色　彩　調　和　論** 10539-8 C3340　A 5 判 176頁 本体3800円	奥行きの深い色彩調和論を第一人者の手で明快に解説。〔内容〕色彩調和論の問題点／カラーシステムと秩序の原理／秩序の原理と明瞭性の原理／類似の原理となじみの原理／趣味は争うべからず―色彩調和の人民投票／色彩調和観の時代変遷
東工大 内川惠二著 色彩科学選書 4 **色覚のメカニズム** 　　―色を見る仕組み― 10540-1 C3340　A 5 判 224頁 本体4800円	〔内容〕色の視覚／色覚系の構造／色覚のフロントエンド―三色型色覚／色覚の伝達系―輝度・色型色覚／色弁別／色覚の時空間特性／色の見え／表面色知覚／色のカテゴリカル知覚／色の記憶と認識／付録：刺激光の強度の単位，OSA表色系，他
環境デザイン研究会編 **環境をデザインする** 26623-5 C3070　B 5 判 208頁 本体5000円	より良い環境形成のためのデザイン。〔執筆者〕吉村元男／岩村和夫／竹原あき子／北原理雄／世古一穂／宮崎清／上山良子／杉山和雄／渡辺仁史／清水忠男／吉田紗栄子／村越愛策／面出薫／鳥越けい子／勝浦哲夫／仙田満／柘植喜治／武邑光裕
内堀繁生・藤城幹夫編 **現代のインテリア** 68003-1 C3052　A 4 判 188頁 本体25000円	一流デザイナーの作品および優れた品質，機能，デザインを持つインテリアプロダクツをカラー写真で収録。〔内容〕作家／家具／テーブルウェア／スモールアイテム／アートワーク／音響／照明／テキスタイル／キッチンユニット／セラミック

日本色彩学会編

色 彩 科 学 事 典

10104-X C3540　　　　A5判 352頁 本体10000円

色彩に関する514の項目を，日本色彩学会の73人の執筆者を動員して，事典風の解説をとりながらも関連の話題を豊富に盛込み，楽しみながら読めるよう配慮をもってまとめられたユニークな事典。色彩だけでなく明るさについても採録されているので照明関係者にとっても役立つ内容。色彩材料に関しては文化的背景についても簡潔ななかにもかなり深く解説されているので，色彩にかかわるすべての人，またそれ以外の研究者・技術者にとっても知識の宝石箱として活用できる事典

形の科学会編

形 の 科 学 百 科 事 典

10170-8 C3540　　　　B5判 916頁 本体35000円

生物学，物理学，化学，地学，数学，工学など広範な分野から200名余の研究者が参画。形に関するユニークな研究など約360項目を取り上げ，「その現象はどのように生じるのか，またはその形はどのようにして生まれたのか」という素朴な疑問を念頭に置きながら，謎解きをするような感覚で自然の法則と形の関係，形態形成の仕組み，その研究の手法，新しい造形物などについて，読み物的に解説。各頁には関連項目を示し，読者が興味あるテーマを自由に読み進められるように配慮

前東工大　清家　清監修

インテリアデザイン辞典

68004-X C3570　　　　A5判 420頁 本体16000円

インテリアデザインの目標や内容，それに領域などを示すとともに，インテリアにかかわる歴史・計画・設計・構造・材料・施工および関連用語など，広範に及ぶインテリアデザインの全分野にわたって基礎的用語を約4000項目えらんで，豊富な写真・図によりビジュアルに解説した。インテリアデザイナー，建築家，工業デザイナーや学生・生徒諸君，インテリア産業・住宅関連産業にたずさわる方々および広くインテリアデザインに関心をもつ一般の方々の座右の書

剣持　仁・川上信二・垂見健三・藤盛啓治編

家 具 の 事 典

68008-2 C3572　　　　A5判 880頁 本体35000円

われわれの周囲にある各種の家具類は人間工学，心理学，生理学などの面から見直されながら，生活様式に適応できるように変遷してきた。本書は家具の歴史から素材，デザイン，生産などについて，その基本概念や加工技術を具体的に解説。〔内容〕〈基礎編〉家具の役割／デザインの手法／家具の移り変わり／〈実務編〉家具のデザイン／材料・構造・技術（木材・籐・竹，金属，プラスチック，接着，塗装）／生産計画／ケーススタディ（木製家具，金属家具，プラスチック家具）

共立女短大 城　一夫著

西 洋 装 飾 文 様 事 典

68009-0 C3570　　　　A5判 532頁 本体22000円

古代から現代まで，西洋の染織，テキスタイルデザインを中心として，建築，インテリア，家具，ガラス器，装幀，グラフィックデザイン，絵画，文字，装身具などにみられる様々な装飾文様，図像およびそれに関するモチーフ，様式名，人名，地名，技法など約1800項目を50音順に平易に解説〔項目例〕アイリス／インカ／渦巻水波／エッシャー／黄道帯十二宮／ガウディ／奇想様式／孔雀／月桂樹／ゴシック様式／更紗／獅子／ストライプ／聖書／象眼／太陽／チェック／壺／庭園／他

実用インテリア辞典編集委員会編

実 用 イ ン テ リ ア 辞 典

68010-4 C3570　　　　A5判 520頁 本体20000円

インテリアコーディネーター，インテリアプランナーの資格制度が発足して，インテリアを学ぶ方々が増えつづけている。本書は，長年インテリアの教育・研究に携わった筆者らが，インテリアの計画と設計，歴史，構造と材料，施工と生産，インテリアエレメント，住宅政策および関連法規などの諸分野から，内容の検討を重ねて約4300項目を選び，図を多数使ってビジュアルにわかりやすく解説した用語辞典。インテリア資格試験の受験者，学生，インテリア産業界の方々の座右書

慶大 山崎信寿編

足 の 事 典

20096-X C3050　　B5判 216頁 本体9800円

数百万年前に二足歩行により手を解放してきた足を改めて見直し，健康や物作りの基礎となる様々なデータを収載。〔内容〕解剖(体表，骨格，筋・血管・神経，時代的変化，足の異常等)／形態(測り方，計測データ，形態特徴，体表面積等)／生理(皮膚感覚，発汗と不感蒸泄，むくみ，利き足，足刺激の効用等)／歩行(足趾の動き，アーチ・寸法の変化，足底圧変化，着力点軌跡，床反力等)／動態(足表面・足首の柔軟性，関節の靱帯物性，モデル解析，足指の力，ハイヒール歩行等)

三島済一総編集　岩田　誠・金井　淳・酒田英夫・澤　充・田野保雄・中泉行史編

眼 の 事 典

30070-0 C3547　　A5判 656頁 本体20000円

眼は生物にとって生存に不可欠なものであり，眼に対しては動物は親しみと畏怖の対象である。ヒトにとっては生存のみならず，Quality of Lifeにおいて重要な役割を果たしており，何故モノが見え，色を感じるのかについて科学や眼に纏わる文化，文学の対象となってきている。本事典は眼についての様々な情報を収載，また疑問に応える『眼に関するエンサイクロペディア』として企画。〔内容〕眼の構造と機能／眼と脳／眼と文化／眼の補助具／眼の検査法／眼と社会環境／眼の疾患

前九州芸工大 佐藤方彦編

日 本 人 の 事 典

10176-7 C3540　　B5判 736頁 本体28500円

日本人と他民族との相違はあるのか，日本人の特質とは何か，ひいては日本人とは何か，を生理人類学の近年の研究の進展と蓄積されたデータを駆使して，約50の側面から解答を与えようとする事典。豊富に挿入された図表はデータブックとしても使用できるとともに，資料に基づいた実証的な論考は日本人論・日本文化論にも発展できよう。〔内容〕起源／感覚／自律神経／消化器系／泌尿器系／呼吸機能／体力／姿勢／老化／体質／寿命／諸環境と日本人／日本人と衣／日本人の文化／他

くらしき作陽大 馬淵久夫・前東芸大 杉下龍一郎・九州国立博物館 三輪嘉六・筑波大 沢田正昭・文化財研 三浦定俊編

文 化 財 科 学 の 事 典

10180-5 C3540　　A5判 536頁 本体12000円

近年，急速に進展している文化財科学は，歴史科学と自然科学諸分野の研究が交叉し，行き交う広場の役割を果たしている。この科学の広汎な全貌をコンパクトに平易にまとめた総合事典が本書である。専門家70名による7編に分けられた180項目の解説は，増加する博物館・学芸員にとってハンディで必須な常備事典となるであろう。〔内容〕文化財の保護／材料からみた文化財／文化財保存の科学と技術／文化財の画像観察法／文化財の計測法／古代人間生活の研究法／用語解説／年表

産業技術総合研究所人間福祉医工学研究部門編

人間計測ハンドブック

20107-9 C3050　　B5判 928頁 本体36000円

基本的な人間計測・分析法を体系的に平易に解説するとともに，それらの計測法・分析法が製品や環境の評価・設計においてどのように活用されているか具体的な事例を通しながら解説した実践的なハンドブック。〔内容〕基礎編(形態・動態，生理，心理，行動，タスクパフォーマンスの各計測，実験計画とデータ解析，人間計測データベース)／応用編(形態・動態適合性，疲労・覚醒度・ストレス，使いやすさ・わかりやすさ，快適性，健康・安全性，生活行動レベルの各評価)

K.クラーク／C.ペドレッティ著　細井雄介・佐藤栄利子・横山　正・村上陽一郎・養老孟司訳　斎藤泰弘編集協力

レオナルド・ダ・ヴィンチ素描集
【英国王室ウィンザー城所蔵】

10106-6 C3040　　A3変判 988頁 本体220000円

レオナルド・ダ・ヴィンチの素描の代表作を蒐めた，英国王室ウィンザー城収蔵の全作品を収載。鮮明な図版に加え，レオナルド研究の第一人者K.クラークらの詳細な解説を，日本を代表するレオナルド研究者陣が翻訳。第1巻では素描の歴史，様式とテクニックの発展，さらに第2巻に収載した550枚の動植物・風景・風・水の動きの研究・科学的スケッチ等を詳細解説。第3巻では解剖に関する150枚・書き込みを収載し解説。最高の印刷技術でレオナルドの素描を原寸大で再現している

上記価格(税別)は2004年12月現在